The Learner's
ENGLISH—RUSSIAN
DICTIONARY

by
S. Folomkina and H. Weiser

with Foreword
and article on orthography by
Morris Halle

THE M.I.T. PRESS
Massachusetts Institute of Technology
Cambridge, Massachusetts

195948

CONTENTS

The Russian Alphabet

Letters	Names	Principal Sound Values								
		1	2	3	4	5	6	7	8	9
Аа	[a]	[a,	ʌ,	ə,	—	iᵉ	—	ɪ	—	i̇ᵉ]
Бб	[be]	[b,	bᵇ,	p,	pᵇ]					
Вв	[ve]	[v,	vᵇ,	f,	fᵇ]					
Гг	[ge]	[g,	gᵇ,	k,	kᵇ]					
Дд	[de]	[d,	dᵇ,	t,	tᵇ]					
Ее	[ye]	[e,	ye,	ə,	yə,	iᵉ,	yiᵉ,	ɪ,	yɪ,	i̇ᵉ]
Жж	[zhe]	[zh,	zhᵇ:,	sh,	—]					
Зз	[ze]	[z,	zᵇ,	s,	sᵇ]					
Ии	[i]	[i,	i̇]							
Йй	([i-krátkəyə])	[y]								
Кк	[ka]	[k,	kᵇ,	g,	gᵇ]					
Лл	[el]	[l,	lᵇ]							
Мм	[em]	[m,	mᵇ]							
Нн	[en]	[n,	nᵇ]							
Оо	[o]	[o,	ʌ,	ə]						
Пп	[pe]	[p,	pᵇ,	b,	bᵇ]					
Рр	[er]	[r,	rᵇ]							
Сс	[es]	[s,	sᵇ,	z,	zᵇ]					
Тт	[te]	[t,	tᵇ,	d,	dᵇ]					
Уу	[u]	[u]								
Фф	[ef]	[f,	fᵇ,	v,	vᵇ]					
Хх	[kha]	[kh,	khᵇ,	gh,	—]					
Цц	[tse]	[ts,	—,	dz,	—]					
Чч	[chᵇe]	[chᵇ,	chᵇ,	j̄ᵇ,	jᵇ]					
Шш	[sha]	[sh,	—,	zh,	—]					
Щщ	[shᵇ:a]	[shᵇ:,	shᵇ:,	zhᵇ:,	zhᵇ:]					
ъ	([tᵇvᵇórdi̇y znák])	—(disjunctive)								
Ыы	[i̇]	[i̇]								
ь	([mᵇákhkᵇiy znák])	[ᵇ]								
Ээ	[e]	[e]								
Юю	[yu]	[u,	yu]							
Яя	[ya]	[a,	ya,	ə,	yə,	iᵉ,	yiᵉ,	ɪ,	yɪ]	

FOREWORD

There has long been a need for a dictionary designed especially for the English-speaking student who seeks to gain active mastery of Russian. Such a student needs much more than the one or two synonyms, sporadically supplemented by idiomatic expressions, that are found in most foreign language dictionaries. He needs detailed indications about how each Russian word is inflected and about its accentuation in the various inflected forms. He also needs to be told as much as possible about the usage of the different words, for words in one language are only too often used quite differently than their nearest synonyms in a second language. Information of this type has hitherto been available only in multivolume dictionaries, which are expensive, hard to handle, and, moreover, not being compiled with an English-speaking user in mind, frequently fail to discuss difficulties that would be encountered by such a user.

This dictionary was planned especially to meet the needs outlined, and the compilers have successfully achieved their objective. Their selection of entries for inclusion in the dictionary is consistently sound. They have managed to cover quite fully the everyday vocabulary of the educated speaker of current standard Russian. Their choice of examples to illustrate the use of different words is excellent. They have paid special attention to phrase units, idioms, and compound words whose meaning, though self-evident to the native speaker of Russian, presents difficulties to the English-speaking student. Finally, they have provided extensive information about the inflection of the words and about their accentual peculiarities. The value of the dictionary is further enhanced by the supplement, which contains elaborate grammatical tables, lists of inflectional and derivational suffixes, a detailed "Guide to Russian Pronunciation," and an essay on the relationship between Russian sounds and letters. In short, the English-speaking student of Russian has here a most useful and badly needed tool. May I express the hope that it will lessen the drudgery and increase the pleasure of those who have set out on the by no means smooth road of mastering the tongue of Pushkin, Tolstoi, and Dostoevski.

MORRIS HALLE

Cambridge 1963

HOW TO USE THE DICTIONARY

Words are given in alphabetical order.

The sign ~ (tilde) stands for the head-word, whenever the head-word is repeated within the article, e. g.,

> **addition** дополнéние...; in ~ (*Read:* in addition) в дополнéние.

Bold-type Roman numerals indicate lexical homonyms. Such homonyms are given as separate head-words, e. g.,

> **match I** *sb* (*for making fire*) спи́чка...
> **match II** *sb* **1.** (*competition*) состязáние...
> **hand I** *sb* (*limb*) рукá...
> **hand II** *v* (*pass*) передавáть...

Standard-type Roman numerals indicate grammatical homonyms within the article, e. g.,

> **let I 1.** (*permit*) разрешáть...; **II** *modal verb*...
> **be I 1.** (*of location*) быть...; **II** *link-verb, with predicatives*...; **III** *modal* (*of obligation, plan*)...; **IV** *aux*...

Bold-type Arabic numerals separate different meanings of the English word, e. g.,

> **knock I** *sb* **1.** (*sound*) стук...; **2.** (*blow*) удáр...
> **lame** *a* **1.** (*crippled*) хромóй...; **2.** (*unconvincing*) неубеди́тельный...

A *semicolon* separates examples (word-combinations, phrases and sentences) illustrating the use of the head-word, e. g.,

> **land**...; plot of ~ учáсток земли́...; buy / sell ~ покупáть / продавáть зéмлю; who owned the ~? комý принадлежáла э́та зе мля?..

Semicolons are also used to separate groups of words within the square brackets, if they belong to different logical groups, e. g.,

lake... [1) deep глубо́кое, blue голубо́е, calm споко́йное...; 2) cross перепльíть];...

Commas are used:

a) within the square brackets, to separate words which can combine freely with the head-word. e. g.,

hair *collect* во́лосы *pl*... [1) black чёрные, brown кашта́новые, red рьíжие...];...

b) in English examples and in translations, to show words and phrases which may be substituted for each other, e. g.,

habit...; he has a ~, he is in the ~ of coming home late (*Read*: he has a habit of coming home late *or* he is in the habit of coming home late) у него́ привьíчка по́здно приходи́ть домо́й;...

dark I *sb* ...; we wanted to get home before ~ мы хоте́ли добра́ться домо́й до темноты́, за́светло... (*Read*: мы хоте́ли добра́ться домо́й до темноты́ *or* мы хоте́ли добра́ться домо́й за́светло).

c) to separate gender and number forms. In such cases the order is: masculine gender, feminine gender, neuter gender; singular number precedes plural, e. g.,

guilty I.... винова́т *m*, винова́та *f*, винова́ты *pl*;...

born: be ~ роди́ться...; I was ~ in 1936 я роди́лся, родила́сь в ты́сяча девятьсо́т три́дцать шесто́м году́... (*Read*: я роди́лся в ты́сяча девятьсо́т три́дцать шесто́м году́, я родила́сь в ты́сяча девятьсо́т три́дцать шесто́м году́).

brave...; be ~! мужа́йся!, мужа́йтесь!

A *colon* following an English head-word with no translation indicates that the word either is given only as an element of a set phraseological combination, or that no general translation of the head-word can be given, e. g.,

deal I *sb*: a great, good ~ мно́го...

good I *sb*: there may be some ~ in it в э́том мо́жет быть не́который смысл; it will do him ~ э́то пойдёт ему́ на по́льзу; what's the ~ of staying here? како́й смысл здесь остава́ться?; there's no ~ denying... бесполе́зно отрица́ть...

hard II *adv*: he worked ~ он мно́го рабо́тал; he tried ~ он о́чень стара́лся; it was raining ~ шёл си́льный дождь; he was breathing ~ он тяжело́ дыша́л.

The square brackets contain free word-combinations, illustrating the use of the given head-word. Words within the square brackets agree in form with the translation of the head-word.

To avoid overburdening the dictionary, examples within the square brackets have in the main been selected to illustrate different classes of concepts, while examples of the same concept class have been avoided, e. g.,

fine *a* **1.** (*excellent*) прекра́сный ... [man челове́к, day день, view вид, climate кли́мат, dinner обе́д]; прекра́сная [weather пого́да, trip пое́здка, play пье́са]; прекра́сное [place ме́сто, suggestion предложе́ние];... (*Read*: fine man прекра́сный челове́к..., fine weather прекра́сная пого́да..., fine place прекра́сное ме́сто).

Standard-type Arabic numerals with round brackets within the square brackets are used to separate words belonging to different grammatical categories, e. g.,

day 1. день *m* ... [1) cold холо́дный, warm тёплый, hot жа́ркий...; 2) begins начина́ется, comes наступа́ет, passes прохо́дит; 3) spend проводи́ть, name, fix назнача́ть...];...

Standard-type Arabic numerals with round brackets also denote various meanings of phraseological units and compound verbs such as "to put on", e. g.,

go...; go on 1) (*continue*) продолжа́ть...; 2) (*happen*) происходи́ть...; go out 1) (*leave*) выходи́ть...; 2) (*stop burning*) ту́хнуть...

delight II *v*: be ~ed 1) (*be charmed*) восхища́ться...; 2) (*be happy*): I am ~ed to meet you я о́чень рад(а) познако́миться с ва́ми...

do...; it, that will do 1) (*enough*) дово́льно...; 2) (*good enough*) годи́тся...

Words in *round brackets* after bold-type Arabic numerals indicate which meaning of the head-word is translated, e. g.,

idea 1. (*plan, thought*) иде́я *f*...; **2.** (*conception*) представле́ние *n*...

deal II *v* **1.** (*have relations*) иметь... дело...;
2. (*look into*) рассматривать...; **3.** (*concern*) касаться...; **4.** (*sell*) торговать...

It must be noted that these indications of the meanings of the head-word are not intended as definitions. Their object is merely to point to that meaning which is being translated in the given case. The indications of meaning may take the form of synonyms (*see the examples above*), or they may simply point to the field of functioning of the given word-meaning, e. g.,

heat II *v* **1.** (*of food, etc.*) разогревать...; **2.** (*of house*) топить...
heel 1. (*of shoe*) каблук *m*...; **2.** (*of foot, stocking*) пятка *f*...

Round brackets also indicate words which are not obligatory in the given word-combination, words frequently omitted in speech, e. g.,

definite...; there is nothing ~ (as) yet пока (ещё) нет ничего определённого.
dawn *sb* ...; (утренняя) заря *f*...
dear *a*... дорогой...; those things are always ~er in winter эти вещи всегда (стоят) дороже зимой...

Finally, round brackets contain references to grammatical tables (*see p.* 11, Notes on Articles in the Dictionary).

The vertical wavy line { indicates a variant translation connected with the given word-meaning, e. g.,

dawn *sb* **1.** (*daybreak*) рассвет *m*...; { (*sunrise*) (утренняя) заря *f*...
dead *a* (*of living beings*) мёртвый...; { (*of animals*) дохлый...; { (*of plants*) засохший...

A slanting line / separates words or phrases which freely combine with one of the grammatical forms of the head-word, e. g.,

defence...; in ~ of the plan / theory в защиту плана / теории...; (*Read*: in defence of the plan в защиту плана, in defence of the theory в защиту теории).
eager...; they were ~ to meet the author / to show their work to everyone / to be home again им очень хотелось познакомиться с автором / пока-

зáть всем свою рабóту / снóва быть дóма...; (*Read*: they were eager to meet the author им óчень хотéлось познакóмиться с áвтором; they were eager to show their work to everyone им óчень хотéлось показáть всем свою рабóту; they were eager to be home again им óчень хотéлось снóва быть дóма).

Set-phrases or phraseological combinations are given in bold type and are set off by the signs ⊙ and ◇. If the meaning of the set-phrase is connected with one of the meanings of the head-word, the sign ⊙ precedes the set-phrase, which is placed at the end of the material illustrating the use of the head-word, e. g.,

summer лéто *n*...; ⊙ **Indian** ~ бáбье лéто.
head I *sb* **1.** (*part of body*) головá *f*...; ⊙ **from** ~ **to foot** с ног до головы́; **lose one's** ~ теря́ть... гóлову...; **2.** (*chief person, chief position*) главá *m*...; ⊙ **at the** ~ во главé;...

If the meaning of the set-phrase is distant from the various meanings of the head-word, the set-phrase is placed at the end of the entire article and is set off by the sign ◇, e. g.,

way...; **2.** (*route, direction*) путь...; ⊙ **be in one's** ~ мешáть..., *perf* помешáть... (*with dat*)...; **lose one's** ~ заблуди́ться...; ◇ **by the** ~ кстáти; **a** ~ **out** вы́ход (*m* 1f) (из положéния)...

Notes on Articles in the Dictionary

Grammatical information includes the following:
1) The part of speech is indicated wherever the form of the word does not show to which part of speech it belongs, e. g.,

heap *sb* кýча *f*...
hide *v* **1.** (*put, keep out of sight*) пря́тать...
fair *a* **1.** (*just*) справедли́вый...

2) The part of speech is indicated as well in the case of homonyms, e. g.,

half I *sb* половина *f*...
half II *adv*... наполови́ну...
face I *sb*... лицó *n*...
face II *v* **1.**.... стоя́ть... лицóм (к *with dat*)...

3) Gender of Russian n o u n s is indicated, as well as the number of the table containing the model according to which the given noun is declined, e. g.,

> **hill** холм *m* (1d)...
> **family** семья́ *f* (24c)...
> **suit I** *sb* (*clothes*) костю́м *m* (1f)...

If the declension of a noun is not in full accordance with the model in the table, the deviation from the norm is indicated within the round brackets, e. g.,

> **thousand** ты́сяча *f* (25a, *instr sg* ты́сячью)...
> **track**...; 2. (*road, path*) тропа́ *f* (19g, *dat pl* тропа́м)...

This means that all of the forms of the noun "ты́сяча" (including position of stress) are parallel to the model in table 25a, with the exception of the instrumental case, singular, where the word has the form "ты́сячью". The noun "тропа́" is declined according to the model in table 19g, except for the dative plural, where the form is "тропа́м".

4) With regard to a d j e c t i v e s, the masculine, feminine and neuter forms are given, and sometimes the form of the plural as well (in combination with nouns of the corresponding gender and number). The table of the adjective's declension is given after the form of the masculine singular, e. g.,

> **dangerous 1.** (*perilous*) опа́сный (31b) [man челове́к, enemy враг, step шаг]; опа́сная [work рабо́та, game игра́, road доро́га]; опа́сное [place ме́сто, journey путеше́ствие];... (*Read*: dangerous man опа́сный челове́к, dangerous enemy опа́сный враг..., dangerous work опа́сная рабо́та, dangerous game опа́сная игра́..., dangerous place опа́сное ме́сто, dangerous journey опа́сное путеше́ствие).

If no square brackets are given with an adjective, the masculine gender of the adjective is listed, e. g.,

> **hasty** поспе́шный (31b); ~ departure поспе́шный отъе́зд;...
> **fair** *a* 1. (*just*) справедли́вый (31b)...; 2. (*moderate, average*) неплохо́й (33a); he has a ~ knowledge of the subject у него́ неплохи́е зна́ния по э́тому предме́ту;...

5) V e r b s are given in the forms of the imperfective and perfective aspects. The numbers in the round brackets indicate the table of their conjugation, e. g.,

happen 1. (*occur*) происходи́ть (152), *perf* произойти́ (206);...

In a few illustrative examples where both perfective and imperfective verb aspects are commonly used, the prefix forming the perfective aspect is given in round brackets, e. g.,

wish II *v* ...; she ~ed him to write to her она́ хоте́ла, что́бы он ей (на)писа́л;... (*Read:* она́ хоте́ла, что́бы он ей писа́л *or* написа́л).

As with nouns, forms deviating from the model in the table are given after the number of the conjugation table. In a very few cases, the conjugation paradigm is given in full, as it does not coincide with any of the models, e. g.,

spread *v*...; **3.** (*also* ~ out; *cover*) расстила́ть (64), *perf* расстели́ть (расстелю́, рассте́лешь, рассте́лет, рассте́лем, рассте́лете, рассте́лют, *past* расстели́л)...

If a verb has no perfective aspect, the words *no perf* appear after the table number of the imperfective aspect, e. g.,

talk II *v* **1.** (*converse*) разгова́ривать (65), *no perf*...
hate *v* **1.** (*loathe, detest*) ненави́деть (109), *no perf*...

Perfective aspect forms which are rarely used are not given. However, in such cases, the words *no perf* do not appear, e. g.,

admire восхища́ться (64) [*with instr* him им, her е́ю,...];...

If a verb is not followed by nouns in square brackets, the case of nouns in combination with the verb is indicated in round brackets, e. g.,

harm II *v* вреди́ть (153), *perf* повреди́ть (153) (*with dat*);...
help II *v* **1.** (*assist*) помога́ть (64), *perf* помо́чь (248) (*with dat*);...
disturb 1. (*trouble*) беспоко́ить (151) (*with acc*); I'm sorry to ~ you прости́те, что я вас беспоко́ю;...

If the Russian verb is used with a definite preposition, the preposition and the case of the noun following it are indicated in round brackets, e. g.,

> **hunt** *v* **1**.... охо́титься (177) (на *with acc*);...
> **follow** **1**. (*go, come after*) сле́довать (244), *perf* после́довать (244) (за *with instr*)...

If the English verb also requires a definite preposition, the preposition is listed in the round brackets, together with the Russian preposition and the case of the noun following, e. g.,

> **talk II** *v* (*converse*) разгова́ривать (65), *no perf* (with, to — с *with instr*; about— о *with abl*)...

In many cases all information of this character is given within the square brackets before the corresponding group of words, e. g.,

> **forget** забыва́ть (64), *perf* забы́ть (210) [1) *with acc* name фами́лию, face лицо́, friends друзе́й, facts фа́кты...; 2) о *with abl* (about) the time о вре́мени; 3) *with inf* to go пойти́, to send посла́ть,...];...

Compound verbs (such as "to take off", "to put on", *etc.*) are given in bold type before set-phrases. These verbs are treated in the same way as ordinary verbs, e. g.,

> **hold** *v* **1**. (*grasp*) держа́ть (47)...; **2**. (*contain*) вмеща́ть (64)...; **3**. (*arrange*) проводи́ть (152)...;
> ~ **back** 1) (*hide*) скрыва́ть (64), *perf* скрыть (209) [*with acc* facts фа́кты, information све́дения, news изве́стия]; 2) (*restrain*) сде́рживать (65), *perf* сдержа́ть (47) [*with acc* crowd толпу́; tears слёзы]...

6) P r e p o s i t i o n s, which ordinarily have numerous equivalents, are given with descriptive explanation but without separate translation. The various Russian translations of the English preposition appear in the illustrative examples. Each new translation of the preposition is given in bold type the first time it appears, e. g.,

> **at** *prep* **1**. (*in expressions denoting position*): at the window / door / table у (*with gen*) окна́ / две́ри / стола́; at the corner на (*with abl*) углу́; ...at the beginning / end в (*with abl*) нача́ле / конце́;...

Where all the Russian translations of the English preposition govern the same case in the noun following, the case is indicated immediately after the definition of the English preposition, e. g.,

> **from** *prep* **1.** (*of movement away*) *with gen*: he took a book ~ the shelf он взял книгу с полки; on our way ~ the theatre по доро́ге из теа́тра;... he took the heavy bag ~ her он взял у неё тяжёлую су́мку;...

Where the Russian translations of the English preposition govern different cases, the required case is indicated in round brackets after the Russian preposition, e. g.,

> **for** I *prep*...; **2.** (*of aim, purpose, destination*): the book is ~ children э́та кни́га для (*with gen*) дете́й;... send ~ the doctor! пошли́те за (*with instr*) до́ктором!; they fought ~ their freedom они́ боро́лись за (*with acc*) свобо́ду; they left ~ Moscow они́ уе́хали в (*with acc*) Москву́;...

* *
*

Included in the square brackets are those words which freely combine with the given head-word.

Square brackets after head-word nouns contain adjectives, verbs and also nouns which can combine with the head-word.

For adjectives, the square brackets contain nouns; for verbs — nouns and adverbs; for adverbs — verbs and sometimes adjectives.

English words within the brackets agree with the English head-word; Russian words—with the Russian translation of the head-word, e. g.,

> **health** *sb* здоро́вье *n* (18d) [1) good хоро́шее, excellent прекра́сное, satisfactory удовлетвори́тельное, ill, bad плохо́е, poor сла́бое, delicate хру́пкое; 2) improves улучша́ется, fails сдаёт, becomes, gets worse ухудша́ется; 3) improve улучша́ть, preserve сохрани́ть, protect охраня́ть, restore восстанови́ть];... (*Read:* 1) good health хоро́шее здоро́вье, excellent health прекра́сное здоро́вье...; 2) health improves здоро́вье улучша́ется, health fails здоро́вье сдаёт...; 3) improve

health улучша́ть здоро́вье, preserve health со-
храни́ть здоро́вье...).

fruit фру́кты *pl* (1f) [1) fresh све́жие, green зелёные, ripe спе́лые, sweet сла́дкие, early ра́нние...;
2) grows расту́т, ripens созрева́ют, spoils по́ртятся]...
(*Read*: 1) fresh fruit све́жие фру́кты, green fruit
зелёные фру́кты...; 2) fruit grows фру́кты расту́т,
fruit ripens фру́кты созрева́ют...).

The examples following the square brackets have been
selected to illustrate the use of the head-word either in
combinations in which the head-word appears not in its
initial form, or in extended phrases and sentences.

In the case of certain words (for example, names of
months, days of the week, numerals), for the sake of economy
of space, references are made to some one of the words of
the semantic group, where a detailed exposition of the use
of the word will be found. Such references are made only
in cases where the word referred to is of the same gender,
and where the use coincides, e. g.,

    twelve двена́дцать (39c); *see* eight.
    forty со́рок (39f); *see* eight, thirty.
    January янва́рь *m* (2b); *see* April.

If the head-word in question is characterized by any use
other than those given under the word referred to, the
reference is indicated after the examples, e. g.,

    carriage (*of train*) ваго́н *m* (1f); first-class ~ ва-
го́н пе́рвого кла́сса; *see* car 2.

List of Abbreviations

a — adjective
abl — ablative case
acc — accusative case
adv — adverb
affirm — affirmative
Am.— American
collect — collective(ly)
colloq — colloquial(ly)
comp — comparative degree
conj — conjunction
dat — dative case
f — feminine (gender)
fig — figurative(ly)
gen — genitive case
geogr — geography
imperf — imperfective aspect
indecl — indeclinable
inf — infinitive
instr — instrumental case
inter — interrogative
interj — interjection
iron — ironical(ly)
m — masculine (gender)
maths — mathematics
med — medicine
mil — military
n — neuter (gender)

neg — negative
nom — nominative case
part — participle
perf — perfective aspect
pers — person
pl — plural
pp — past participle
prep — preposition
pron dem — demonstrative pronoun
pron indef — indefinite pronoun
pron pers — personal pronoun
pron poss — possessive pronoun
pron rel — relative pronoun
sb — substantive, noun
sg — singular
smb — somebody
smth — something
superl — superlative degree
v — verb
usu — usually

кто-л. — кто-либо
что-л. — что-либо

Dictionaries Used in Compiling This Book

Among the works consulted in compiling the present dictionary, the following may be mentioned in particular:

The S h o r t e r   O x f o r d English Dictionary, vol. I-II. Oxford, 1956.

W e b s t e r ' s New Collegiate Dictionary, 2nd ed. London, 1951.

H o r n b y, G a t e n b y, W a k e f i e l d. The Advanced Learner's Dictionary of Current English. London, 1958.

K e n k y u s h a ' s Dictionary of English Collocations. Tokyo.

T h o r n d i k e & L o r g e. The Teacher's Word Book of 30,000 words. New York, 1944.

P a l m e r, H. E. A Grammar of English Words, Longmans, Green and Co. London.

M u r e t - S a n d e r s. Encyclopaedic English-German and German-English Dictionary, Langenscheidtsche Verlagsbuchhandlung. Berlin-Schöneberg.

W e b s t e r ' s Dictionary of Synonyms, 1st ed. G & C Merriam Co. Springfield, Mass., U.S.A.

М ю л л е р В. К. Англо-русский словарь, 7-е изд., Государственное издательство иностранных и национальных словарей. Москва, 1960.

О ж е г о в С. И. Словарь русского языка, 4-е изд., Государственное издательство иностранных и национальных словарей. Москва, 1960.

Словарь наиболее употребительных слов английского, немецкого и французского языков под ред. проф. И. В. Р а х м а н о в а, Государственное издательство иностранных и национальных словарей. Москва, 1960.

Русско-английский словарь под общим руководством проф. А. И. С м и р н и ц к о г о, 4-е изд., Государственное издательство иностранных и национальных словарей. Москва, 1959.

A

ability спосо́бность *f* (29c) [develop развива́ть]; спосо́бности *pl* [considerable значи́тельные, much больши́е, little небольши́е]; he as much ~ for mathematics у него́ больши́е спосо́бности к матема́тике; he has no ~ for painting у него́ нет (ника́ких) спосо́бностей к рисова́нию; { (*power to do things*) уме́ние *n* (18c); the ~ to read / write уме́ние чита́ть / писа́ть.

able: be ~ мочь (248), *perf* смочь (248); he says he isn't ~ to come он говори́т, что не мо́жет прийти́; I shall not be ~ to come tomorrow я не смогу́ за́втра прийти́; he hasn't been ~ to help us он не мог нам помо́чь; she wasn't ~ to tell the difference between them она́ не могла́ их различи́ть; we weren't all ~ to get into the hall мы все не могли́ войти́ в зал; I wasn't ~ to do anything for them я ниче́м не мог им помо́чь; { уме́ть (98), *perf* суме́ть (98); we want to be ~ to speak, read and write Russian мы хоти́м уме́ть говори́ть, чи-

та́ть и писа́ть по-ру́сски; he wasn't ~ to make his point of view clear он не суме́л я́сно вы́разить свою́ то́чку зре́ния.

aboard на борту́; ~ the ship / the plane на борту́ (*with gen*) парохо́да / самолёта; we went ~ the ship at nine мы се́ли на парохо́д в де́вять (часо́в).

about I *adv* **1.** (*approximately*) о́коло (*usu with numerals in gen*); ~ three hours / two pounds о́коло трёх часо́в / двух фу́нтов; ~ half an hour о́коло получа́са; a man ~ forty (years old) мужчи́на о́коло сорока́ лет; **2.** (*everywhere*) повсю́ду; there were books and papers all ~ повсю́ду лежа́ли кни́ги и бума́ги; don't leave your things ~! не разбра́сывай(те) свои́х веще́й!

about II *prep* **1.** (*concerning*) *with abl*: a book ~ travels кни́га о путеше́ствиях; he spoke / thought / wrote ~ his work он говори́л / ду́мал / писа́л о свое́й рабо́те; we were talking ~ you / ~ many things мы говори́ли о вас / о мно́гом;

I'm not talking ~ that я **об** (*before vowels*) э́том не говорю́; I read ~ it in the newspaper я чита́л об э́том в газе́те; are you talking ~ me? вы говори́те обо мне́?; ~ everything обо всём; I want to ask ~ the train time-table я хочу́ узна́ть расписа́ние поездо́в; **2.** (*approximately*) *with gen* at ~ 12 o'clock / one o'clock / midnight о́коло двена́дцати часо́в / ча́са / полу́ночи; **3.** (*from place to place*) *with dat*: walk ~ the town / room / garden / streets ходи́ть по го́роду / ко́мнате / са́ду / у́лицам; **4.** (*in*) *with abl*: there was something pleasant / strange / attractive/ unusual ~ her face бы́ло что́-то прия́тное / стра́нное / привлека́тельное / необы́чное в её лице́; ◇ **what** ~...? как насчёт...?; *see* what.

above I *adv* наверху́; is the family ~ leaving? семья́ наверху́ выезжа́ет?; on the floor ~ этажо́м вы́ше.

above II *prep* **1.** (*higher than*) *with instr*: ~ the earth / house **над** землёй / до́мом; ~ the trees / clouds над дере́вьями / облака́ми; ~ me **надо** мной; **2.** (*more than*) ~ two hundred people свы́ше двухсо́т челове́к; ⊙ ~ **all** бо́льше всего́, в пе́рвую о́чередь; *see* all.

abroad за грани́цей [live жить, study учи́ться, travel путеше́ствовать]; { за гра-

ни́цу [go (по)е́хать, send smth / smb посыла́ть что́-л. / кого́-л.]; a trip ~ по́ездка за грани́цу; come from ~ прие́хать из-за грани́цы; we often receive letters from ~ мы ча́сто получа́ем пи́сьма из-за грани́цы.

absent: please, make a list of those ~ соста́вьте, пожа́луйста, спи́сок отсу́тствующих; be ~ отсу́тствовать (65); is anyone ~ today? сего́дня кто́-нибудь отсу́тствует?, кто сего́дня отсу́тствует?

absent-minded рассе́янный (31b) [person челове́к, look взгляд]; he / she is rather ~ он / она́ дово́льно рассе́ян / рассе́янна.

absolutely соверше́нно; I am ~ sure я соверше́нно уве́рен(а); you are ~ right / wrong вы соверше́нно пра́вы / непра́вы; we were ~ exhausted мы бы́ли соверше́нно изму́чены; he had ~ nothing to say ему́ бы́ло соверше́нно не́чего сказа́ть; he said ~ nothing он соверше́нно ничего́ не сказа́л.

accent произноше́ние *n, no pl* (18c) [1) good хоро́шее, poor плохо́е; 2) improve улучша́ть, correct исправля́ть]; { акце́нт *m* (1f); she speaks with an ~ она́ говори́т с акце́нтом; he has a foreign ~ у него́ иностра́нный акце́нт; he has practically no ~ он говори́т почти́ без акце́нта.

accept принима́ть (64) *perf* приня́ть (232) [*with*

acc gift, present пода́рок, invitation приглаше́ние, proposal, offer предложе́ние, challenge вы́зов]; the motion was ~ed unanimously предложе́ние бы́ло при́нято единогла́сно; he / they ~ed our help gratefully он / они́ с благода́рностью при́нял / при́няли на́шу по́мощь; I shall not ~ his apology я не приму́ его́ извине́ний; I'm afraid they will not ~ our plan бою́сь, что они́ не при́мут на́шего пла́на.

accident 1. (*catastrophe*) несча́стный слу́чай *m* (13c); bad, serious ~ тяжёлый несча́стный слу́чай; there was an ~ произошёл несча́стный слу́чай; the scene of the ~ ме́сто происше́ствия, катастро́фы; he was in an automobile ~, he had an automobile ~ он попа́л в автомоби́льную катастро́фу; **2.** (*chance*) случа́йность *f* (29c); a pure ~ чи́стая случа́йность; it was an ~ э́то была́ случа́йность; ⊙ by ~ случа́йно; I met him quite by ~ я встре́тил его́ соверше́нно случа́йно.

accompany 1. (*go with*) сопровожда́ть (64), *no perf* (*with acc*); will the guide ~ us everywhere? гид всю́ду бу́дет нас сопровожда́ть?; the delegation was accompanied by a group of experts делега́цию сопровожда́ла гру́ппа специали́стов; they came accompanied by their guide они́ пришли́

в сопровожде́нии (своего́) ги́да; **2.** (*play music*) аккомпани́ровать (245), *no perf* (*with dat*); she accompanied herself on the piano она́ аккомпани́ровала себе́ на (*with abl*) роя́ле; she was accompanied by the orchestra она́ выступа́ла в сопровожде́нии орке́стра.

accomplish сде́лать (65); you can ~ a good deal in a week за неде́лю вы мо́жете сде́лать дово́льно мно́го; ⊙ ~ **wonders, miracles** соверша́ть чудеса́; in a short time they ~ed wonders in the field за коро́ткое вре́мя они́ соверши́ли в э́той о́бласти чудеса́.

according: ~ to *prep* 1) (*as stated by*) *with dat*: ~ to the documents согла́сно докуме́нтам; ~ to the newspaper согла́сно сообще́ниям в газе́те; ~ to him по его́ слова́м; 2) (*in accordance*) *with instr*: ~ to the agreement / plan в соотве́тствии с догово́ром / пла́ном.

account *sb* отчёт *m* (1f) [1) accurate то́чный, detailed подро́бный; 2) give дава́ть, publish (о)публикова́ть, write (на)писа́ть]; ◇ **take into** ~ принима́ть (64) во внима́ние, *perf* приня́ть (232) во внима́ние (*with acc*); you must take everything into ~ вы всё должны́ приня́ть во внима́ние; **on** ~ **of** из-за (*with gen*); on ~ of him из-за него́; on ~ of the bad weather из-за плохо́й пого́ды.

accuse обвиня́ть (223), *perf* обвини́ть (158) [1) *with acc* woman же́нщину, young man молодо́го челове́ка; 2) в *with abl* of the theft в кра́же, of the crime в преступле́нии, of murder в уби́йстве]; I don't want to ~ anybody я никого́ не хочу́ обвиня́ть; the woman was ~d of taking the money (*gerund is rendered by clause with Russian verb in past, usu perf*) же́нщину обвини́ли в том, что она́ взяла́ де́ньги.

accustomed: be, get, grow ~ привыка́ть (64), *perf* привы́кнуть (125) (to — к *with dat*); gradually he got ~ to physical labour постепе́нно он привы́к к фи́зическому труду́; she soon grew ~ to her new surroundings она́ ско́ро привы́кла к но́вой обстано́вке; I am not ~ to ha'ving dinner so late я не привы́к(ла) так по́здно обе́дать; she wasn't ~ to anyone criticizing her она́ не привы́кла к тому́, чтобы её кто́-нибудь критикова́л.

ache *v* боле́ть (98), *no perf*; my head / tooth ~s у (*with gen*) меня́ боли́т голова́ / зуб; I ~d all over у меня́ всё боле́ло.

achieve добива́ться (64), *perf* доби́ться (182) [*with gen* success успе́ха, good results хоро́ших результа́тов, great improvements больши́х улучше́ний]; they

have ~d very much они́ о́чень мно́гого доби́лись; we ~d nothing мы ничего́ не доби́лись.

acquaintance знако́мый *m* (31b) [old ста́рый, new но́вый]; знако́мая *f* (31b); they have ~s everywhere у них везде́ есть знако́мые; you will find many ~s there вы там найдёте мно́го знако́мых; ◇ make the ~ знако́миться (168), *perf* познако́миться (168) (of —c *with instr*); I made his ~ on board the ship / at a party я познако́мился с ним на парохо́де / на ве́чере.

across *prep*: **1.** (*to the other side*) *often conveyed by prefix* пере- *or* про- *attached to verbs in perf*: walk, go / run ~ a street / square / road перейти́ / перебежа́ть (*with acc*) у́лицу / пло́щадь / доро́гу; ride, go ~ a bridge перее́хать мост; swim ~ a river переплы́ть ре́ку; we flew ~ Belgium мы пролете́ли над Бе́льгией; **2.** (*on the other side*): the bus stop was ~ the street остано́вка авто́буса была́ на противополо́жной стороне́ у́лицы; **3.** (*over, denoting position*): a tree lay ~ the road поперёк (*with gen*) доро́ги лежа́ло де́рево; there was no bridge ~ the river че́рез (*with acc*) ре́ку не́ было моста́.

act I *sb* **1.** (*action*) посту́пок *m* (4d) [brave сме́лый, courageous му́жественный, kind до́брый, humane гума́нный, unexpected неожи́данный]; it was a cruel ~ э́то был жесто́кий посту́пок; 2. (*of a play*) де́йствие *n* (18c); a tragedy in five ~s траге́дия в пяти́ де́йствиях; Act One пе́рвое де́йствие, де́йствие пе́рвое.

act II *v* 1. (*take steps*) де́йствовать (244), *no perf*; we had to ~ at once мы должны́ бы́ли де́йствовать неме́дленно; 2. (*behave*) поступа́ть (64), *perf* поступи́ть (147) [in a strange way, strangely стра́нно, recklessly неосмотри́тельно, rashly необду́манно, right пра́вильно, unselfishly благоро́дно]; he ~ed like a real friend он поступи́л как настоя́щий друг; you didn't ~ right вы поступи́ли непра́вильно; 3. (*play, perform*) игра́ть (64), *perf* сыгра́ть (64); he ~ed Othello он игра́л Оте́лло; who ~ed Desdemona? кто игра́л Дезде́мону?

action 1. (*doing*) де́йствие *n* (18c); *usu pl* де́йствия [quick бы́стрые, slow ме́дленные, decisive реши́тельные, united совме́стные]; a man of ~ челове́к де́йствия; ⊙ **take ~** де́йствовать (244); we had to take immediate ~ нам пришло́сь де́йствовать неме́дленно; 2. (*deed*) посту́пок *m* (4d); we judge people by their ~s мы су́дим о лю́дях по их посту́пкам; we all approved of her ~ мы все одо́брили её посту́пок.

active акти́вный (31b) [person челове́к]; акти́вная [support подде́ржка]; акти́вное [resistance сопротивле́ние]; the most ~ members of the club са́мые акти́вные чле́ны о́бщества; he took an ~ part in the affair он принима́л акти́вное уча́стие в э́том де́ле.

activity де́ятельность *f*, *no pl* (29c) [economic экономи́ческая, political полити́ческая].

actor арти́ст *m* (1e), актёр *m* (1e) [great вели́кий, well-known изве́стный, famous знамени́тый, popular популя́рный, favourite люби́мый, talented тала́нтливый, professional профессиона́льный, bad плохо́й, poor посре́дственный]; an ~ of unusual versatility необыча́йно разносторо́нний арти́ст; the ~ plays the leading / a minor part э́тот актёр игра́ет гла́вную / второстепе́нную роль; he became an ~ он стал актёром; he was a great success as an ~ как актёр он име́л большо́й успе́х; this ~ is very popular with the audience э́тот арти́ст по́льзуется большо́й популя́рностью у зри́телей.

actress арти́стка *f* (22c), актри́са *f* (19a).

actual действи́тельный (31b) [fact факт]; действи́тельная [reason причи́на];

in ~ life в действи́тельно-
сти.

actually в действи́тельно-
сти, на са́мом де́ле (*more
colloq*); ~, he had no plan /
choice в действи́тельности
у него́ не́ было никако́го
пла́на / вы́бора; do you ~
think so? вы на са́мом де́ле
так ду́маете?; the cost will
~ be the same сто́имость
факти́чески бу́дет та́ же.

add добавля́ть (223), *perf*
доба́вить (168) (*with gen or
acc*); ~ sugar / water доба́-
вить са́хару / воды́; ~ salt
to the soup посоли́ть суп;
{ прибавля́ть (223), *perf*
приба́вить (168), добавля́ть,
perf доба́вить; he ~ed three
more names to the list он
доба́вил в спи́сок ещё три
фами́лии; she ~ed a few
words / lines to the end of
the letter она́ приба́вила,
приписа́ла не́сколько слов /
строк в конце́ письма́; "I
know", he ~ed sadly „Я
зна́ю", — доба́вил он пе-
ча́льно; I have nothing to ~
мне не́чего доба́вить.

addition дополне́ние *n*
(18c); in ~ в дополне́ние;
in ~ to what has been said в
дополне́ние к (*with dat*) то-
му́, что бы́ло ска́зано; in ~
to this в дополне́ние к
э́тому; I have many other
things to do in ~ кро́ме
э́того, поми́мо э́того мне ещё
на́до мно́гое сде́лать.

additional дополни́тель-
ный (31b) [tax нало́г]; до-
полни́тельная [payment

пла́та, work рабо́та]; допол-
ни́тельные [difficulty, difficulties тру́дности]; there is
no ~ charge for luggage
(дополни́тельная) пла́та за
прово́з багажа́ не взима́ет-
ся.

address I *sb* а́дрес *m* (1l)
[1) right, correct пра́виль-
ный, wrong непра́вильный;
home дома́шний, office слу-
же́бный; permanent посто-
я́нный, temporary вре́мен-
ный; 2) forget забы́ть, remember вспо́мнить, write
написа́ть, change измени́ть];
return ~ обра́тный а́дрес;
give your name and ~! ска-
жи́те ва́шу фами́лию и а́д-
рес!; write to this ~! пи-
ши́те по э́тому а́дресу!;
letters should be sent to
the above ~ пи́сьма сле́дует
направля́ть по ука́занному
вы́ше а́дресу; what's your ~?
како́й ваш а́дрес?; ⊙ ~
book записна́я кни́жка
f (22f).

address II *v* 1. (*write address*) адресова́ть (243)
[*with acc* letter письмо́,
parcel посы́лку]; the letter
was ~ed to her письмо́ бы́ло
адресо́вано (*with dat*) ей; 2.
(*make speech*) выступа́ть
(64), *perf* вы́ступить (170);
he ~ed the meeting / the
audience он вы́ступил на
(*with abl*) собра́нии / пе́ред
(*with instr*) аудито́рией.

administration администра́-
ция *f* (23c); the hotel /
railroad / theatre ~ адми-
нистра́ция гости́ницы / же-

лéзной доро́ги / теа́тра; I
have spoken to the ~ я
обрати́лся к администра́-
ции; that is a question for
the ~ to decide э́тот вопро́с
должна́ реши́ть админист-
ра́ция.

admire восхища́ться (64)
[*with instr* him им, her
éю, architecture архитек-
ту́рой, building зда́нием,
picture карти́ной, the view
of the sea ви́дом на́ мо́ре];
we ~d their acting мы вос-
хища́лись их игро́й; I ~
his ability to learn foreign
languages я восхища́юсь его́
спосо́бностями к иностра́н-
ным языка́м.

admit 1. (*grant*) допус-
ка́ть (64), *perf* допусти́ть
(162); I ~ that я допуска́ю
э́то; I ~ that a mistake may
have been made я допуска́ю,
что произошла́ оши́бка;
{ (*confess*) признава́ть (63),
perf призна́ть (64); he
didn't ~ that he had been
wrong он не призна́л, что
был непра́в; **2.** (*allow in*)
впуска́ть (64), *perf* впусти́ть
(162) (*with acc*); passengers
are not being ~ted on to the
platform yet пассажи́ров
ещё не впуска́ют на плат-
фо́рму; I was ~ted at once
меня́ сра́зу пропусти́ли.

adopt 1. (*decide on*) прини-
ма́ть (64), *perf* приня́ть
(232) [*with acc* decision ре-
ше́ние; **2.** (*take child*) усы-
новля́ть (223), *perf* усыно-
ви́ть (164) [*with acc* a
child ребёнка].

advance I *sb* **1.** (*forward
movement*) продвиже́ние *n*,
no pl (18c) [stop приостано-
ви́ть]; every new ~ ка́ждое
но́вое продвиже́ние вперёд;
2. (*increase*) повыше́ние *n*
(18c) (in — *with gen*); ~ in
prices / wages повыше́ние
цен / зарпла́ты; ◇ in ~
зара́нее; arrangements must
be made in ~ на́до всё
устро́ить зара́нее; we must
know in ~ мы должны́
знать зара́нее; we bought
tickets in ~ мы зара́нее
купи́ли биле́ты.

advance II *v* продвига́ться
(64), *perf* продви́нуться
(126) [1) rapidly бы́стро,
slowly ме́дленно; considerably значи́тельно; 2) two
kilometres на два киломе́т-
ра]; I don't feel that I am
advancing я не чу́вствую,
что продвига́юсь вперёд;
they have ~d very far
они́ далеко́ продви́нулись.

advantage преиму́щество
n (14c); many ~s мно́го
преиму́ществ; the new plan
has one great ~ over the
old но́вый план име́ет одно́
большо́е преиму́щество пе́-
ред (*with instr*) ста́рым; ◇
take ~ воспо́льзоваться
(244) (of — *with instr*); take
~ of an offer воспо́льзовать-
ся предложе́нием; he took
~ of the opportunity / our absence он воспо́льзовался воз-
мо́жностью / на́шим отсу́т-
ствием; I took ~ of his being
there я воспо́льзовался тем,
что он был там; take ~ of

every opportunity испо́льзовать ка́ждую возмо́жность.

adventure приключе́ние *n* (18c) [interesting интере́сное, dangerous опа́сное, strange стра́нное, extraordinary необыча́йное]; relate / recall / расска́зывать / вспомина́ть о приключе́нии; an ~ story / film приключе́нческий расска́з / фильм; we had many interesting ~s у нас бы́ло мно́го интере́сных приключе́ний.

advertisement объявле́ние *n* (18c); put, place an ~ in the newspaper дать объявле́ние в газе́ту; the ~ says... в объявле́нии говори́тся...; according to the ~ согла́сно объявле́нию.

advice сове́т *m* (1f) [1) good хоро́ший, friendly дру́жеский; 2) get, receive получа́ть, give дава́ть, forget забыва́ть, remember по́мнить; appreciate цени́ть]; ignore ~ пренебрега́ть сове́том; I followed his ~ я после́довал его́ сове́ту; he gave us much useful ~ он дал нам мно́го поле́зных сове́тов; I need your ~ мне ну́жен ваш сове́т; take my ~! послу́шайтесь меня́!; I want to ask your ~ я хочу́ попроси́ть у вас сове́та; I took your ~ and brought my warm things (with me) по ва́шему сове́ту я захвати́л с собо́й тёплые ве́щи; my ~ is to pay no attention to it я вам сове́тую не обраща́ть на э́то внима́ния.

advise сове́товать (244), *perf* посове́товать (244) (*with dat*); what did he ~ you to do? что он (по)сове́товал вам сде́лать?; where would you ~ us to go first? куда́ бы вы посове́товали нам пойти́, пое́хать в пе́рвую о́чередь?; I don't ~ you to do that я вам не сове́тую э́того де́лать.

affair де́ло *n* (14d) [1) unpleasant неприя́тное, important ва́жное; 2) settle ула́дить]; business ~s комме́рческие дела́; state of ~s состоя́ние дел; straighten out one's ~s ула́дить свои́ дела́; ⊙ **it's none of my / your** ~ э́то не моё / не ва́ше де́ло.

affect 1. (*have influence*) влия́ть (223), *perf* повлия́ть (223) (на *with acc*); bad weather always ~s his mood плоха́я пого́да всегда́ влия́ет на его́ настрое́ние; this will not ~ our decision э́то не повлия́ет на на́ше реше́ние; **2.:** that doesn't ~ you э́то к вам не отно́сится.

affection привя́занность *f* (29c); his ~ for his sister / his old friend его́ привя́занность к (*with dat*) сестре́ / своему́ ста́рому дру́гу.

afford позво́лить (168) себе́; I couldn't ~ the trip last year я не мог(ла́) позво́лить себе́ э́ту пое́здку в про́шлом году́; she couldn't ~ such an expensive coat она́ не могла́ позво́лить себе́ купи́ть тако́е дорого́е пальто́; she couldn't ~ to buy more than one ticket у неё хвати́ло де́нег всего́ на оди́н биле́т; I can't ~ it я не могу́ себе́ э́того позво́лить; you can't ~ to miss any more lessons вам бо́льше нельзя́ пропуска́ть уро́ки.

afraid: be ~ боя́ться (222), *no perf* (of — *with gen*); I am not ~ of him я его́ не бою́сь; you have nothing to be ~ of вам не́чего боя́ться; there is nothing to be ~ of не́чего боя́ться; she is ~ to go alone она́ бои́тся е́хать одна́; I am very much ~ you won't find the house я о́чень бою́сь, что вы не найдёте э́тот дом; I'm ~ not бою́сь, что нет.

Africa А́фрика *f* (22b); in ~ в А́фрике; to ~ в А́фрику; to travel about ~ путеше́ствовать по А́фрике; the countries / peoples of ~ стра́ны / наро́ды А́фрики.

African *a* африка́нский (33b).

after I *prep*: **1.** (*behind*) *with instr*: walk / run ~ him / her идти́ / бежа́ть за ним / ней; **2.** (*following*) *with gen*: ~ dinner / supper по́сле обе́да / у́жина; ~ that по́сле э́того; ~ three o'clock по́сле трёх часо́в; the (next) street / stop ~ this (one) сле́дующая у́лица / остано́вка по́сле э́той); he spoke ~ me он вы́ступил по́сле меня́; ◇ one ~ another оди́н за други́м, друг за дру́гом;

~ **all** в конце́ концо́в; *see* all.

after II *conj* по́сле того́ как; where did you go ~ buying the tickets?, where did you go ~ you bought the tickets? куда́ вы пошли́ по́сле того́, как купи́ли биле́ты?; I'll arrange everything ~ I get back home я всё устро́ю по́сле того́, как верну́сь домо́й; soon ~ I saw him... вско́ре по́сле того́, как я его́ ви́дел(а)...

afternoon: in the ~ днём; this ~ сего́дня днём; yesterday / tomorrow ~ вчера́ / за́втра днём; at five (o'clock) in the ~ в пять часо́в дня; late in the ~ к ве́черу; ◇ good ~! до́брый день!, здра́вствуй(те)!

again 1. (*anew*) опя́ть; he is late ~ он опя́ть опа́здывает; I've lost the key ~ я опя́ть потеря́л ключ; { *in neg sentences* бо́льше; we never saw him ~ мы его́ никогда́ бо́льше не ви́дели; I shan't go there ~ я туда́ бо́льше не пойду́, не пое́ду; **2.** (*one more time*) ещё раз; I shall try ~ я попро́бую ещё раз; we are going ~ on Saturday мы ещё раз пойдём в суббо́ту; once ~ ещё раз; ⊙ ~ **and** ~ мно́го раз; I have told you ~ and ~ that it is impossible я говори́л(а) вам, тебе́ мно́го раз, что э́то невозмо́жно.

against *prep* **1.** (*opposed to*) *with gen*: half the group were ~ the idea половина компании была **против** этого предложения; I have nothing ~ him я ничего против него не имею; ~ my will против моего желания; vote ~ a proposal голосовать против предложения; fight ~ war бороться против войны; that's ~ the rule / law это противоречит правилам / закону; **2.**: ~ the background of the sea **на** фоне моря; the trees were black ~ the bright sky деревья выглядели чёрными на фоне яркого неба; **3.** (*for support*) *with dat* lean ~ a wall / post прислониться **к** стене / столбу

age 1. (*years lived*) возраст *m* (1f); at an early / advanced ~ в раннем / преклонном возрасте; at the ~ of ten / forty в возрасте десяти / сорока лет; people of all ~s люди всех возрастов; **2.** (*times*) эпоха *f* (22b), век *m* (1*l*); the ~ of Shakespeare эпоха Шекспира; the Stone Age каменный век; the Middle Ages Средние века; ⊙ **for ~s 1.**) (*long time*) очень долго; the building stood for ~s дом простоял очень долго; **2.**) *colloq* давно; I haven't seen her for ~s я её давно не видел(а).

ago тому назад; two days / a year ~ два дня / год тому назад; long ~ давно; not long ~ недавно; long, long ~ давным-давно.

agree 1. (*concur*) соглашаться (64), *perf* согласиться (199) [1] with him с (*with instr*) ним; to the conditions на (*with acc*) условия; **2)** beforehand заранее]; he ~d at once / at last он сразу же / наконец согласился; did she ~ to come? согласилась ли она прийти?; do you ~? вы согласны?; **2.** (*arrange*) договариваться (65), *perf* договориться (158); we ~d to meet here мы договорились встретиться здесь; we ~d that he was to go first мы договорились, что он поедет первым.

agreeable приятный (31b) [voice голос, conversation разговор]; приятная [trip поездка]; приятное [face лицо].

agreement 1. (*treaty, contract*) соглашение *n* (18c) [1) trade, trading торговое, mutual взаимное; **2)** make заключить, sign подписать, break нарушить]; an ~ on exchange of students соглашение об обмене студентами; the ~ between the two countries соглашение между двумя странами; { договор *m* (1f) [1) important важный; **2)** have иметь, carry out выполнить]; **2.** (*consent*) согласие *n* (18c); he gave his ~ он дал своё согласие; he nodded in ~ он кивнул в знак согласия; we could not come to an ~ мы никак не могли договориться.

agricultural сельскохозяйственный (31b) [district район]; сельскохозяйственная [country страна, machines техника]; сельскохозяйственные [products, produce продукты]; ~ problems проблемы сельского хозяйства.

agriculture сельское хозяйство n (14c) [1) modern современное, backward отсталое, developed, improved развитое; 2) develops развивается, decays приходит в упадок, depends on зависит от; 3) study изучать, develop развивать].

ahead 1. (denoting direction) вперёд [go идти, move продвигаться, run бежать]; **2.** (denoting position) впереди; ~ of us впереди нас; ◇ **get** ~ (of) опередить (153) (with acc); we didn't want them to get ~ of us мы не хотели, чтобы они нас опередили; ~ **of time** досрочно; we were through with our work ~ of time мы закончили свою работу досрочно.

aim I sb цель f (29c) [1) main главная, basic основная; 2) set поставить]; reach, achieve ~ достигать цели; his ~ in life цель его жизни.

aim II v 1. (take aim) целиться (157) [в with acc at a target в мишень, at a bird в птицу]; 2. (direct) направлять (223), perf направить (168) (at — на with

acc); our foreign policy ~s at promoting peace throughout the world наша внешняя политика направлена на укрепление мира во всём мире.

air воздух m (4c) [clean, clear чистый, fresh свежий, morning утренний]; in the ~ в воздухе; into the ~ в воздух; ⊙ **in the open** ~ под открытым небом, на свежем воздухе; the meeting took place in the open ~ собрание состоялось под открытым небом; **by** ~ самолётом; we shall get there much faster by ~ самолётом мы попадём туда гораздо быстрее.

airfield аэродром m (1f); we must get to the ~ half an hour before taking off мы должны приехать на аэродром за полчаса до вылета.

airmail авиапочта f (19c); I sent the letter (by) ~ я отправил(а) письмо авиапочтой.

alarm sb 1. (anxiety) тревога f, no pl (22b); with ~ in her voice... с тревогой в голосе...; everybody rushed out of the house in ~ все в тревоге выбежали из дома; 2. (warning) тревога; false ~ ложная тревога; air-raid ~ воздушная тревога; give the ~ бить тревогу.

alert: on the ~ настороже; he was on the ~ all the time он всё время был настороже.

alike похо́жий (34b); they are not at all ~ они́ совсе́м не похо́жи; they are ~ in appearance вне́шне они́ похо́жи друг на дру́га; they are very much ~ они́ о́чень похо́жи.

alive живо́й (31a); she is ~ она́ жива́; his parents are still ~ его́ роди́тели ещё жи́вы; as long as I am ~ пока́ я жив(а́); remain ~ оста́ться в живы́х; ○ **more dead than** ~ ни жив, ни мёртв; she was more dead than ~ она́ была́ ни жива́, ни мертва́.

all *pron* весь *m*, вся *f*, всё *n*, все *pl* (41e); ~ day весь день; ~ the cake весь пиро́г; ~ his life вся его́ жизнь; ~ afternoon вся втора́я полови́на ˅дня; we waited ~ night мы жда́ли всю ночь; ~ the time всё вре́мя; is that ~? э́то всё?; that is ~ I want э́то всё, что мне ну́жно; ~ the passengers все пассажи́ры; ~ the money все де́ньги; ~ the others все остальны́е; ~ of us / you все мы / вы; ~ together все вме́сте; they were ~ there они́ все там бы́ли; in ~ directions во всех направле́ниях; from ~ sides со всех сторо́н; ◇ **first of** ~ пре́жде всего́; I must finish my job first of ~ пре́жде всего́ я до́лжен, должна́ зако́нчить (свою) рабо́ту; **best, most of** ~ бо́льше всего́; we enjoyed the boat trip best, most of ~

бо́льше всего́ нам понра́вилась пое́здка на парохо́де; **at** ~ 1) совсе́м не; I am not at ~ tired я совсе́м не уста́л(а); not bad at ~ совсе́м непло́хо; 2) (*in general*) вообще́; he did not come at ~ он вообще́ не пришёл; 3): Thank you! — Not at ~! Спаси́бо! — Пожа́луйста!; ~ **the same** всё равно́; it is ~ the same to me мне всё равно́; **after** ~ в конце́ концо́в; we decided not to go after ~ в конце́ концо́в мы реши́ли не идти́; **above** ~ бо́льше всего́, в пе́рвую о́чередь; we wanted above ~ to see the museums бо́льше всего́ мы хоте́ли осмотре́ть музе́и.

alliance сою́з *m* (1f).

allow разреши́ть (64), *perf* разреши́ть (171) (*with dat*); I cannot ~ you to do that я не могу́ разреши́ть вам сде́лать э́то; ~ me to introduce myself разреши́те мне предста́виться; that is not ~ed э́то не разреша́ется; smoking is not ~ed кури́ть не разреша́ется; passengers are ~ed 20 kilograms of luggage free of charge пассажи́рам разреша́ется взять беспла́тно два́дцать килогра́ммов багажа́.

ally сою́зник *m* (4a) [old ста́рый, true, faithful ве́рный, tried испы́танный]; the two countries had always been allies э́ти две страны́ всегда́ бы́ли сою́зниками;

you will find no allies among those present вы не найдёте сторо́нников среди прису́тствующих.

almost почти́; ~ all (of) the actors почти́ все арти́сты; ~ all the way почти́ всю доро́гу; ~ all the time почти́ всё вре́мя; ~ always почти́ всегда́; ~ seven o'clock почти́ семь часо́в; ~ a hundred почти́ сто.

alone 1. (*by oneself*) оди́н *m*, одна́ *f*, одно́ *n*, одни́ *pl* (39a); he was ~ он был оди́н; she was ~ она́ была́ одна́; live / work / sit ~ жить / рабо́тать / сиде́ть одному́, одно́й, одни́м; he lived ~ он жил оди́н; I want to be ~ я хочу́ побы́ть оди́н, одна́; **2.** (*exclusively*) то́лько оди́н; this fact ~ is enough доста́точно то́лько одного́ э́того фа́кта; over three million square metres of dwelling-house space were built last year in Moscow ~ в одно́й то́лько Москве́ постро́ено в про́шлом году́ свы́ше трёх миллио́нов квадра́тных ме́тров жило́й пло́щади; you ~ can decide то́лько вы мо́жете реши́ть; ◇ **leave, let smb** ~ оставля́ть кого́-л. в поко́е; leave her ~! оста́вьте её в поко́е!

along *prep* **1.** (*denoting direction*) *with dat*: he walked / ran ~ the street / the bank он шёл / бежа́л **по** у́лице / бе́регу реки́; **2.** (*denoting position*) *with gen*: there are trees ~ the road

вдоль доро́ги расту́т дере́вья; the road runs ~ the river доро́га идёт вдоль реки́.

aloud вслух [think ду́мать, read чита́ть, say сказа́ть, произнести́].

alphabet алфави́т *m* (1f) [1] Latin лати́нский, Russian ру́сский; 2) know знать, learn вы́учить].

already уже́ (*Russian verb in past tense after the word* уже́ *is usu used in perf*); the others were ~ there остальны́е бы́ли уже́ там; we have ~ had our breakfast мы уже́ поза́втракали; we've ~ ordered the tickets мы уже́ заказа́ли биле́ты; I have ~ arranged it я уже́ договори́лся, договори́лась об э́том, устро́ил(а) э́то; it is ~ late уже́ по́здно.

also то́же; that bag is mine э́тот чемода́н то́же мой; they ~ agreed with me они́ то́же согласи́лись со мно́й.

alter изменя́ть (223), *perf* измени́ть (156) [*with acc* plans пла́ны], way of living о́браз жи́зни]; { меня́ть (223), *no perf* (*with acc*); that doesn't ~ the situation э́то не меня́ет положе́ния; the dress had to be ~ed пла́тье ну́жно бы́ло переде́лать.

although *conj* хотя́; ~ it was late, we decided to go хотя́ бы́ло (уже́) по́здно, мы реши́ли пойти́.

altogether 1. (*in all*) всего́; there are ten of us ~

нас всего́ де́сять челове́к;
2. (*completely*) совсе́м; you
are ~ wrong вы совсе́м не
пра́вы; that isn't ~ what
I wanted to say э́то не совсе́м то, что я хоте́л(а) сказа́ть; it isn't ~ bad э́то не
так уж пло́хо, э́то совсе́м
непло́хо.

always всегда́; I ~ get up
at seven я всегда́ встаю́ в
семь часо́в; I shall ~ remember that day я всегда́ бу́ду
по́мнить э́тот день; it isn't
~ so hot in May в ма́е
не всегда́ так жа́рко; we
don't ~ spend our vacation
together мы не всегда́ прово́дим о́тпуск вме́сте; almost ~ почти́ всегда́.

a. m.: at six / eleven a.
m. в шесть / оди́ннадцать
часо́в утра́; at two / three
(o'clock) a. m. в два / три
часа́ но́чи.

amateur люби́тель *m* (3a);
I am only an ~ я то́лько
люби́тель; ~ evening ве́чер
самоде́ятельности; ~ performance люби́тельский
спекта́кль.

amaze: he was ~d at,
by her attitude он был удивлён (*with instr*) её отноше́нием; she was ~d to see
him there она́ была́ удивлена́, уви́дев его́ там; we
were ~d at the number of
people мы бы́ли удивлены́
при ви́де тако́го коли́чества
люде́й.

amazing удиви́тельный
(31b) [success успе́х]; удиви́тельная [beauty красота́,

strength си́ла, speed ско́рость, thing вещь]; удиви́тельное [ability уме́ние,
variety разнообра́зие].

ambassador посо́л *m* (1a);
our ~ to India наш посо́л
в (*with abl*) Инди́и; he was
appointed ~ to China он
был назна́чен посло́м в
(*with acc*) Кита́й.

ambition (*strong desire*)
(си́льное) жела́ние *n* (18c)
[secret та́йное]; that is
my only ~ э́то моё еди́нственное жела́ние; his life ~
was to become a singer стать
певцо́м бы́ло его́ заве́тным
жела́нием.

ambulance ско́рая по́мощь
f, *no pl* (30b); we had to
call an ~ пришло́сь вы́звать ско́рую по́мощь; he
was taken away in an ~ его́
увезли́ в маши́не ско́рой
по́мощи.

America Аме́рика *f* (22b)
North / South ~ Се́верная,
Южная Аме́рика; Latin /
Лати́нская Аме́рика; in ~
в Аме́рике.

American I *sb* америка́нец *m* (10b), америка́нка
f (22c); he is an ~ он америка́нец; she is an ~ она́
америка́нка; a group of ~s
гру́ппа америка́нцев; he is
an ~ by birth он ро́дом из
Аме́рики.

American II *a* америка́нский (33b) [film фильм,
writer писа́тель]; америка́нская [newspaper газе́та];
америка́нские [athletes
спортсме́ны]; the ~ people

наро́д Аме́рики, америка́нский наро́д; the ~ government прави́тельство Аме́рики; ~ art иску́сство Аме́рики.

among *prep* 1. (*denoting position*) *with gen*: ~ the houses / books / mountains среди́ домо́в / книг / гор; 2. (*singling out*) *with gen*: there were many children ~ them среди́ них бы́ло мно́го дете́й; Ann was ~ the guests Анна была́ среди́, в числе́ госте́й; 3. (*denoting distribution*) *with instr*: divide the work ~ the three of you раздели́те рабо́ту ме́жду ва́ми тремя́.

amount I *sb* коли́чество *n* (14c) [considerable значи́тельное, large большо́е, small ма́лое]; vast ~s of raw material огро́мное коли́чество сырья́.

amount II *v* составля́ть (223), *perf* соста́вить (168); what, how much does it ~ to? ско́лько э́то составля́ет?; the bill ~ed to 20 dollars счёт соста́вил два́дцать до́лларов.

amuse 1. (*entertain*) развлека́ть (64), *perf* развле́чь (103) (*with acc*); he wanted to ~ the children он хоте́л развле́чь дете́й; his stories always ~ us его́ расска́зы всегда́ нас развлека́ют; 2.: ~ oneself развлека́ться (64), *perf* развле́чься (103); he was amusing himself by turning over the pages of an old magazine он развле-

ка́лся тем, что перели́стывал страни́цы ста́рого журна́ла.

amusing заба́вный (31b) [incident слу́чай, child ребёнок]; заба́вная [play пье́са, scene сце́на]; заба́вное [sight зре́лище]; it was all very ~ всё э́то бы́ло о́чень заба́вно.

analysis ана́лиз *m* (1f) [1) profound глубо́кий, superficial пове́рхностный; 2) give дава́ть]; the book gives an ~ of the events в кни́ге даётся ана́лиз собы́тий.

ancient дре́вний (32) [city го́род, custom обы́чай]; дре́вняя [civilization цивилиза́ция, culture культу́ра]; дре́вние [ruins разва́лины].

and *conj* 1. (*connecting*) и; Ann ~ Mary Анна и Мари́я; seven ~ six семь и шесть; read ~ write чита́ть и писа́ть; he took the letter ~ began to read it он взял письмо́ и на́чал его́ чита́ть; ~ now и вот, а тепе́рь; ~ others и други́е; { с; you ~ I мы с тобо́й, с ва́ми; my friend ~ I мы с това́рищем; bread ~ butter хлеб с ма́слом; three ~ a half три с полови́ной; { *in numerals not translated*: a hundred ~ fifty-four сто пятьдеся́т четы́ре; 2. (*opposing*) а; I shall go ~ you will stay here я пойду́, а вы оста́нетесь здесь; it was on Tuesday ~ not on Wednesday э́то бы́ло во вто́рник, а не в сре́ду; ~ why not? а почему́ (бы и) нет?; ◇ ~ so on и так да́лее; *see* so I.

angle 1. у́гол *m* (1d) [right прямо́й, sharp о́стрый]; you are looking at the picture from an ~ вы смо́трите на карти́ну сбо́ку; **2.** (*point of view*) то́чка (*f* 22f) зре́ния; look at what has happened from another ~ поду́майте о происше́дшем с друго́й то́чки зре́ния.

angry серди́тый (31b) [voice го́лос, look взгляд]; серди́тое [face лицо́, expression выраже́ние]; be ~ серди́ться (152), *perf* рассерди́ться (152) (with — на *with acc*); don't be ~ with her не серди́тесь на неё; is she very ~? она́ о́чень се́рдится?; I am ~ with you я на вас сержу́сь; we were ~ with him for coming late мы серди́лись на него́ за то, что он опозда́л; he became, got ~ он рассерди́лся; her words made him ~ её слова́ рассерди́ли его́.

animal живо́тное *n* (31b) [1) big большо́е, small ма́ленькое, dangerous опа́сное, hungry голо́дное, wild ди́кое, domestic дома́шнее; 2) lives живёт, dies умира́ет, is hungry хо́чет есть; 3) buy покупа́ть, catch лови́ть, like люби́ть, feed корми́ть, kill ;бива́ть]; ~ instincts живо́тные инсти́нкты; ~ husbandry ;ивотново́дство *n* (14c).

anniversary годовщи́на *f* (19c); the 20th ~ of the

founding of the university двадца́тая годовщи́на основа́ния университе́та; on September 10 we shall mark our newspaper's twenty-fifth ~ деся́того сентября́ мы бу́дем пра́здновать два́дцать пя́тую годовщи́ну на́шей газе́ты; in honour of this ~... в честь э́той годовщи́ны...

announce объявля́ть (223), *perf* объяви́ть (166) [in the newspapers в газе́тах, over the radio по ра́дио, at the meeting на собра́нии]; the new price-rates were ~d yesterday вчера́ был объя́влен но́вый прейскура́нт; he ~d his intention to retire он объяви́л о своём реше́нии уйти́ в отста́вку; the programme hasn't been ~d yet програ́мма ещё не объя́влена.

announcement объявле́ние *n* (18c); I read the ~ in the newspaper я прочита́л объявле́ние в газе́те; the ~ appeared yesterday / recently объявле́ние появи́лось вчера́ / неда́вно; I have an important ~ to make мне ну́жно сде́лать ва́жное сообще́ние.

annoy раздража́ть (64) (*with acc*); the slightest noise ~ed her её раздража́л мале́йший шум; he was very ~ed он был о́чень раздражён; how ~ing! как неприя́тно!

annual ежего́дный (31b) [festival фестива́ль, vacation óтпуск]; ежегóдная [expedition экспедиция, exhibition выставка]; ежегóдное [meeting собрáние, journey, trip путешéствие]; ежегóдные [payments платежи].

another 1. (*different*) другóй (33a); we were in ~ room мы были в другóй кóмнате; there is ~ way to do it э́то мóжно сдéлать (и) инáче; one after ~ один за другим, однá за другóй; planes were taking off one after ~ самолёты поднимáлись один за другим; he showed us the pictures one after ~ он нам покáзывал картинки однý за другóй; 2. (*one more*) ещё (один); may I have ~ cup of tea? дáйте мне, пожáлуйста, ещё чáшку чáю; we need ~ ticket нам нýжен ещё один билéт; ◇ one ~ друг дрýга; we have always helped one ~ мы всегдá помогáли друг дрýгу; they were satisfied with one ~ они были довóльны друг дрýгом; the houses are close to one ~ домá стоя́т недалекó друг от дрýга.

answer I *sb* отвéт *m* (1f) [1] right, correct прáвильный, wrong непрáвильный, clever ýмный, foolish глýпый, short крáткий, clear я́сный, polite вéжливый, strange стрáнный, unexpected неожи́данный; positive положи́тельный; final окончáтельный; 2) depends

on зави́сит от, shows покáзывает, doesn't satisfy не удовлетворя́ет; 3) get, receive получáть, know знать, send посылáть, expect ожидáть]; an ~ to a question отвéт на вопрóс; wait for an ~ ждать отвéта; there is no ~ отвéта не бýдет; he didn't give any definite ~ он не дал никакóго определённого отвéта; she made no ~ онá ничегó не отвéтила; in ~ to your question... в отвéт на ваш вопрóс...

answer II *v* отвечáть (64), *perf* отвéтить (177) [1] calmly спокóйно, well хорошó, vaguely неопределённо; 2) на *with acc* question на вопрóс, letter на письмó]; she did not ~ him at all онá ничегó ему́ не отвéтила; they haven't ~ed yet они́ ещё не отвéтили; that is a difficult question to ~ на э́тот вопрóс трýдно отвéтить; ~ the telephone! подойди́(те) к телефóну!; ~ the bell! открóй(те) дверь!

anxious: be ~ 1) (*worry*) беспокóиться (151), *perf* обеспокóиться (151); mother is ~ about you мáма беспокóится о (*with abl*) тебé; don't be ~ if I am late не беспокóйтесь, éсли я опоздáю; 2) (*be eager*) óчень хотéть (133); we are ~ to know the results мы óчень хоти́м знать результáты; we were ~ to get there as soon as possible нам óчень хоте́лось добра́ться туда́ как мо́жно скоре́е.

any *pron indef* 1. *in affirm sentences* любо́й *m*, люба́я *f*, любо́е *n*, любы́е *pl* (31a); take ~ bus! сади́тесь на любо́й автобус!; ~ of you / them любо́й из вас / них; ~ colour will do подойдёт любо́й цвет; you may take ~ book вы мо́жете взять любу́ю кни́гу; come at ~ time you like приходи́те в любо́е вре́мя; 2. *in inter sentences before countables* како́й-нибудь *m*, кака́я-нибудь *f*, како́е-нибудь *n*, каки́е-нибудь *pl* (33a); is there ~ shop near here? есть ли здесь побли́зости како́й-нибудь магази́н?; is there ~ hotel nearby? есть ли здесь побли́зости кака́я-нибудь гости́ница?; did you find ~ dress your size? вы нашли́ како́е-нибудь пла́тье ва́шего разме́ра?; have you ~ toys for children? есть ли у вас каки́е-нибудь игру́шки?; 3. *in neg sentences* никако́й *m*, никака́я *f*, никако́е *n*, никаки́е *pl* (33a) (*in Russian often omitted*); I don't see ~ books here я не ви́жу здесь никаки́х книг; he didn't buy ~ butter он не купи́л (никако́го) ма́сла; we haven't ~ grapes today у нас нет сего́дня виногра́да; 4. *in neg and inter sentences before uncountables; not translated, Russian noun is used in nom sg in inter and gen sg in neg*:

have you ~ water / bread / paper? есть ли у вас вода́ / хлеб / бума́га?; I couldn't buy ~ good berries anywhere я нигде́ не мог(ла́) купи́ть хоро́ших я́год; we haven't ~ sugar in the house у нас в до́ме нет са́хара; ◇ ~ **more** 1) ещё; are there ~ more questions? есть ещё вопро́сы?; come to me if you have ~ more trouble приходи́те ко мне, е́сли у вас бу́дут ещё каки́е-либо затрудне́ния; 2) *in neg sentences* бо́льше; I haven't ~ more money у меня́ нет бо́льше де́нег; we can't spend ~ more time here мы не мо́жем здесь бо́льше остава́ться.

anybody *pron indef* 1. *in inter sentences* кто́-нибудь (41a); was there ~ there? там был кто́-нибудь?; did you speak to ~? вы с ке́м-нибудь говори́ли?; does ~ else want to go to the exhibition? кто́-нибудь ещё хо́чет пойти́ на вы́ставку?; did you give the key to ~? вы отдава́ли кому́-нибудь ключ?; 2. *in neg sentences* никто́ (41a); there isn't ~ in the office в кабине́те никого́ нет; I can't find ~ я никого́ не могу́ найти́; we haven't spoken to ~ yet мы ещё ни с кем не говори́ли; it's no secret to ~ э́то ни для кого́ не секре́т; I'm not speaking of ~ here я не говорю́ ни о ко́м из прису́тствующих; 3. *in* *affirm sentences* любо́й *m*, люба́я *f* (31a); ~ can understand that любо́й мо́жет э́то поня́ть; he knows the city better than ~ else он зна́ет э́тот го́род лу́чше всех.

anyhow всё равно́; it is too late ~ всё равно́ сли́шком по́здно; ~ we haven't enough money у нас всё равно́ недоста́точно де́нег; that wouldn't have helped ~ э́то всё равно́ не помогло́ бы.

anyone *pron indef see* anybody.

anything *pron indef* 1. *in inter sentences* что́-нибудь (41a); do you need ~ else? вам ну́жно ещё что́-нибудь?; did you see ~ interesting there? вы ви́дели там что́--нибудь интере́сное?; are you interested in ~ in particular? что вас осо́бенно интересу́ет?; did they talk about ~ important? они́ говори́ли о чём-нибудь ва́жном?; are they putting on ~ new this year? они́ ста́вят в э́том году́ что́-нибудь но́вое?; 2. *in neg sentences* ничто́ (41a); I can't see ~ я ничего́ не ви́жу; he wasn't afraid of ~ он ничего́ не боя́лся; I wasn't thinking of ~ in particular я ни о чём не ду́мал; I don't object to ~ я ни про́тив чего́ не возража́ю; you needn't do ~ вам ничего́ не ну́жно де́лать; 3. *in affirm sentences* всё; you can do ~ you like вы мо́жете де́лать всё, что хоти́те.

anyway всё равно́; *see* anyhow.

anywhere 1. *in inter sentences, indicating place, position* где́-нибудь; does he live ~ near here? он живёт где́-нибудь побли́зости?; did you see him ~? не ви́дели ли вы его́ где́-нибудь?; 2. *in inter sentences, indicating direction* куда́-нибудь; did you go ~ yesterday? ходи́ли ли вы вчера́ куда́-нибудь?; are you going ~ tomorrow? вы за́втра куда́-нибудь идёте?; 3. *in neg sentences, indicating place, position* нигде́; I can't find my bag ~ я нигде́ не могу́ найти́ свою́ су́мку; not ~ нигде́; I haven't been ~ for ages я давно́ нигде́ не́ был; 4. *in neg sentences, indicating direction* никуда́; we didn't go ~ yesterday мы вчера́ никуда́ не ходи́ли; I'm not going ~ я никуда́ не иду́; 5. *in affirm sentences, indicating place, position* везде́; you can buy the book ~ вы мо́жете купи́ть э́ту кни́гу везде́; we can have dinner ~ мы мо́жем пообе́дать в любо́м ме́сте; 6. *in affirm sentences, indicating direction* куда́ уго́дно; we are willing to go ~ мы согла́сны идти́ куда́ уго́дно.

apart 1. (*aside*) в стороне́; she was standing a little ~ from the others она́ стоя́ла немно́го в стороне́ от други́х; 2.: take a watch ~ разобра́ть часы́; I can't

fell them ~ я не могу́ их различи́ть.

apartment кварти́ра *f* (19c) [new но́вая, big, large больша́я, two-room двухко́мнатная, well-furnished хорошо́ обста́вленная]; rent / furnish an ~ снима́ть / обставля́ть кварти́ру; they have moved to a new ~ они́ перее́хали на но́вую кварти́ру; we have had our ~ painted мы отремонти́ровали свою́ кварти́ру; ~ house жило́й дом.

a p o l o g i z e извиня́ться (223), *perf* извини́ться (158); I want to ~ for coming late я хочу́ извини́ться за (*with acc*) опозда́ние; he ~d for keeping us waiting он извини́лся за то, что заста́вил нас ждать; you should' have ~d to him ты до́лжен был извини́ться перед (*with instr*) ни́м; he ~d to us он уже́ извини́лся перед (*with instr*) на́ми.

apology извине́ние *n* (18c); accept an ~ приня́ть извине́ния.

apparatus прибо́р *m* (1f) [1] complex сло́жный, efficient экономи́чный, simple просто́й, special специа́льный; 2) use применя́ть, connect присоединя́ть, install установи́ть.

apparently по-ви́димому; they were ~ not interested in art они́, по-ви́димому, не интересова́лись иску́сством; ~ no one knew when the plane was leaving по-ви́димому, никто́ не знал, когда́ вылета́ет самолёт.

appeal I *sb* (*call*) обраще́ние *n* (18c); the ~ was signed by thousands обраще́ние подписа́ли ты́сячи люде́й.

appeal II *v* (*address*) обраща́ться (64), *perf* обрати́ться (161) (to — к *with dat*); he ~ed to the people around him он обрати́лся к окружа́ющим; we have ~ed to the administration for help мы обрати́лись к дире́кции с про́сьбой о по́мощи.

appear (*become seen*) появля́ться (223), *perf* появи́ться (166); the plane ~ed at last наконе́ц, самолёт появи́лся; the sun ~ed from behind the clouds со́лнце появи́лось из-за туч; he ~ed again two years later он сно́ва появи́лся че́рез два го́да; she ~s in the first act она́ появля́ется на сце́не в пе́рвом де́йствии.

appearance 1. (*coming into view, to light*) появле́ние *n* (18c); the audience always applauded his ~ on the stage зри́тели всегда́ аплоди́ровали при его́ появле́нии на сце́не; 2. (*outward look*) вне́шний вид *m* (1f); the ~ of the house вне́шний вид до́ма; we all liked the ~ of the room нам всем понра́вился вне́шний вид ко́мнаты; { вне́шность *f* (29c); ~s are deceiving вне́шность обма́нчива; he is very young in ~ он вне́шне о́чень мо́лод.

appetite аппети́т *m* (1f) [1] good хоро́ший, bad, poor плохо́й; 2) improves улучша́ется; 3) lose потеря́ть]; I have no ~ у меня́ нет аппети́та; ⊙ the ~ comes with the eating аппети́т прихо́дит во вре́мя еды́.

applaud аплоди́ровать (245), *no perf (with dat)*; the audience ~ed the singer зри́тели аплоди́ровали певцу́, певи́це; when he finished everyone began to ~ когда́ он ко́нчил, все на́чали аплоди́ровать.

applause аплодисме́нты *no sg* (1f); a roar / burst of ~ гром / взрыв аплодисме́нтов; the audience burst into ~ зри́тели разрази́лись аплодисме́нтами.

apple я́блоко *n* (14c, *nom, acc pl* я́блоки) [1] red кра́сное, hard жёсткое, sweet сла́дкое, ripe спе́лое, juicy со́чное; 2) cut ре́зать, eat есть]; baked ~ печёное я́блоко; ~ cake я́блочный пиро́г; ~ sauce я́блочный со́ус; ◇ the ~ of one's eye зени́ца о́ка; guard this paper like the ~ of your eye! береги́(те) э́тот докуме́нт как зени́цу о́ка!

application заявле́ние *n* (18c) [write написа́ть, make, file пода́ть]; your ~ has been accepted / rejected ва́ше заявле́ние при́нято / не при́нято; I have received no answer to my ~ я ещё не получи́л отве́та на своё заявле́ние.

apply обраща́ться (64), *perf* обрати́ться (161) [1) к with *dat* to the director к дире́ктору; 2) за with *instr* for help за по́мощью, for advice за сове́том, for information за спра́вками]; who must I ~ to? к кому́ я до́лжен, должна́ обрати́ться?

appoint назнача́ть (64), *perf* назна́чить (174); he was ~ed last year его́ назна́чили в про́шлом году́; N. was ~ed chief engineer / director / head of the expedition Н. был назна́чен (with *instr*) гла́вным инжене́ром / дире́ктором / нача́льником экспеди́ции.

appreciate цени́ть (156), *perf* оцени́ть (156) [with *acc* kindness любе́зность, qualities досто́инства, merits заслу́ги]; he thought that he was not ~d он счита́л, что его́ не це́нят; I didn't ~ Shakespeare until I was thirty я оцени́л Шекспи́ра то́лько в три́дцать лет; she doesn't ~ music она́ не понима́ет му́зыки.

appreciation 1. (*understanding*) понима́ние *n* (18c), *often conveyed by verb* понима́ть (64) (with *acc*); he had a fine ~ of art он прекра́сно понима́л иску́сство; **2.** (*gratitude*) призна́тельность *f* (29c); I wish to express my ~ я хочу́ вы́разить свою́ призна́тельность.

approach *v* приближа́ться (64), *perf* прибли́зиться

(189) (к *with dat*); the train was ~ing Moscow / the station поезд приближа́лся к Москве́ / к ста́нции; we didn't recognize them until they ~ed nearer мы их не узна́ли, пока́ они́ не прибли́зились; winter was ~ing приближа́лась зима́.

approval одобре́ние *n* (18c) [express выража́ть, merit заслужи́ть]; the plan met with general ~ план встре́тил всео́бщее одобре́ние; she smiled (in) ~ она́ одобри́тельно улыбну́лась.

approve одобря́ть (223), *perf* одо́брить (159) [*with acc* plan план, suggestion предложе́ние, decision реше́ние]; the majority ~d of the idea большинство́ одо́брило э́ту мысль; I can't ~ of your decision я не одобря́ю ва́шего реше́ния.

approximately приблизи́тельно, приме́рно; it will cost ~ 25 roubles э́то бу́дет сто́ить приблизи́тельно два́дцать пять рубле́й; that's ~ what I was thinking э́то, приме́рно, то, что я ду́мал; I know ~ where the museum is я приме́рно зна́ю, где нахо́дится э́тот музе́й.

April апре́ль *m* (3c); ~ has thirty days в апре́ле три́дцать дней; this / last ~ в апре́ле э́того / про́шлого го́да; in ~, 1960 в апре́ле ты́сяча девятьсо́т шестидеся́того го́да; on the tenth of ~, on ~ tenth деся́того апре́ля; today is the tenth of

~ сего́дня деся́тое апре́ля; at the beginning / end of ~ в нача́ле / конце́ апре́ля; by ~ к апре́лю; during ~ в тече́ние апре́ля; from ~ to August с апре́ля по а́вгуст; it has been warm since ~ с апре́ля уже́ (ста́ло) тепло́.

apron пере́дник *m* (4d) [long дли́нный, clean чи́стый]; she put on an ~ она́ наде́ла пере́дник; she was wearing a white ~ на ней был бе́лый пере́дник.

architect архите́ктор *m* (1e); the underground stations were built by outstanding ~s ста́нции метро́ бы́ли постро́ены по прое́ктам выдаю́щихся архите́кторов.

architecture архитекту́ра *f* (19c) [modern совреме́нная, Gothic готи́ческая]; they are interested in ~ они́ интересу́ются архитекту́рой.

area пло́щадь *f* (29b); 1,000 square kilometres in ~ пло́щадь в ты́сячу квадра́тных киломе́тров.

argue спо́рить (178), *perf* поспо́рить (178) (with — с *with instr*, about — о *with abl*); why ~? заче́м спо́рить?; don't ~ with me! не спо́рь(те) со мной!; what are you arguing about? о чём вы спо́рите?

argument 1. (*debate*) спор *m* (1f) [long до́лгий, interesting интере́сный, useless бесполе́зный]; begin an ~ вступи́ть в спор; **2.** (*reason*) до́вод *m* (1f) [strong убеди́тельный]; ~s for and against до́воды за и про́тив; give ~s приводи́ть до́воды.

arise возника́ть (64), *perf* возни́кнуть (125); difficulties / questions / obstacles / doubts arose возни́кли тру́дности / вопро́сы / препя́тствия / сомне́ния; a disagreement arose over the question of payment по вопро́су о платеже́ возни́кли разногла́сия; certain difficulties have arisen возни́кли не́которые затрудне́ния.

arithmetic арифме́тика *f* (22b); my ~ is weak я слаб в арифме́тике.

arm I *sb* (*limb*) рука́ *f* (22g) [left ле́вая, right пра́вая]; *often pl* ~s ру́ки [long дли́нные, short коро́ткие, thin худы́е]; break / hurt one's ~ слома́ть / уши́бить ру́ку; take smb by the ~ взять кого́-л. за́ руку; carry smb in one's ~s нести́ кого́-л. на рука́х; take the child in one's ~s взять ребёнка на́ руки.

arm II *v* вооружа́ть (64), *perf* вооружи́ть (171); they were ~ed они́ бы́ли вооружены́; he was ~ed with a knife он был вооружён (*with instr*) ножо́м.

arm-chair кре́сло *n* (14a) [1) deep глубо́кое, comfortable удо́бное; 2) sit down in сесть в]; sit in an ~ сиде́ть в кре́сле.

armed вооружённый (31b); ~ resistance воо-

ружённое сопротивле́ние; ~ forces вооружённые си́лы.

arm-in-arm по́д руку; walk, go ~ идти́ по́д руку.

arms *pl* ору́жие *n*, *no pl* (18c) [carry носи́ть]; ~ industry вое́нная промы́шленность; ⊙ **lay down one's** ~ сложи́ть ору́жие; **take (up)** ~ взя́ться за ору́жие.

army а́рмия *f* (23c) [1) big больша́я, strong мо́щная; 2) defends защища́ет, fights сража́ется, liberates освобожда́ет, occupies занима́ет]; send / destroy an ~ посыла́ть / уничтожа́ть а́рмию; serve in an ~ служи́ть в а́рмии; join the ~ поступа́ть на вое́нную слу́жбу; he is in the ~ он вое́нный.

around I *adv* круго́м; go ~! обойди́те круго́м!; to look ~ посмотре́ть вокру́г; ⊙ all ~ повсю́ду.

around II *prep* 1. (*in circle*) *with gen*: ~the house / table / tree вокру́г до́ма / стола́ / де́рева; 2. (*approximately*) *with gen*: ~ six o'clock о́коло шести́ часо́в.

arouse вызыва́ть (64), *perf* вы́звать (53) [*with acc* interest интере́с, anxiety беспоко́йство, alarm трево́гу, excitement волне́ние]; the article / book ~d widespread discussion статья́ / кни́га вы́звала широ́кую диску́ссию.

arrange 1. (*make plans*) устра́ивать (65), *perf* устро́ить (151) [*with acc* concert концерт, meeting собрание, party вечер, trip поездку]; meetings with prominent scientists were ~d были организованы встречи с выдающимися деятелями науки; **2.** (*put in order*) приводить (152) в порядок, *perf* привести (219) в порядок [*with acc* hair волосы, flowers цветы, books книги]; all these matters must be ~d все эти дела надо привести в порядок; **3.** (*agree*) договариваться (65), *perf* договориться (158); we have ~d to meet at the theatre мы договорились встретиться у театра.

arrangement 1. (*plan*) план *m* (1f); I don't like the ~ мне этот план не нравится; **2.** (*agreement*) договорённость *f*, *no pl* (29c); according to our ~... согласно нашей договорённости...; make an ~ with smb договориться с кем-л.; we have made ~s for you to be met мы договорились (о том), чтобы вас встретили.

arrest *v* арестовать (243) (*with acc*); he was ~ed and tried его арестовали и судили.

arrival приезд *m* (1f) [1] unexpected неожиданный; 2) *with gen* of a delegation делегации, of the guests гостей]; our ~ in Moscow наш приезд в Москву; on the day of our ~ в день нашего приезда; they will be informed of your ~ им

сообщат о вашем приезде; on my ~ in Moscow, I went to see the Kremlin по приезде в Москву я отправился, отправилась осматривать Кремль.

arrive приезжать (64), *perf* приехать (71); the delegation will ~ on Wednesday делегация приедет в среду; what time do we ~? в котором часу мы приедем?; when I ~d home they were already there когда я приехал домой, они уже были там.

art искусство *n* (14c) [1] modern современное, ancient античное, national национальное, decadent упадочническое, realistic реалистическое, abstract абстрактное; 2) develops развивается, reflects отражает; 3) love любить, study изучать, understand понимать, appreciate ценить]; history of ~ история искусства; in ~ в искусстве; ~ exhibition выставка произведений искусства; book on ~ книга по искусству; the group is interested in ~ группа интересуется искусством.

article 1. (*written item*) статья *f* (24b) [interesting интересная; newspaper газетная]; read / write / translate an ~ читать / писать / переводить статью]; in the ~ в статье; the ~ says that... в статье говорится, что...; ⊙ **leading** ~ передовая статья́ ; 2. (*object*) предме́т *m* (1f); household ~s предме́ты дома́шнего обихо́да; toilet ~s туале́тные принадле́жности; ~s of clothing предме́ты оде́жды.

artificial иску́сственный (31b) [silk шёлк]; иску́сственная [leather ко́жа]; иску́сственное [lake о́зеро; respiration дыха́ние]; иску́сственные [flowers цветы́].

artist худо́жник *m* (4a) [1) great вели́кий, well--known изве́стный, real и́стинный, talented тала́нтливый; 2) draws рису́ет, creates создаёт, paints a picture пи́шет карти́ну, works on a picture рабо́тает над карти́ной]; he was recognized as a great ~ он был при́знан вели́ким худо́жником.

as I *conj* 1. (*because*) так как; as I was busy I couldn't call you up так как я был за́нят, я не мог вам позвони́ть; as you know... как вы зна́ете...; 2. (*when*) когда́; as I was leaving the house it began to rain когда́ я уходи́л и́з дому, пошёл дождь; ◇ **as for, as to** что каса́ется (*with gen*); as for me I can be ready at any time что каса́ется меня́, то я могу́ быть гото́в(а) в любо́е вре́мя; **as if** как бу́дто (бы); *see* if.

as II *adv* как; I'm talking as your friend я с ва́ми говорю́ как друг; { в ка́честве; he worked as head master

for three years он рабо́тал в ка́честве дире́ктора шко́лы три го́да; ⊙ as usual как всегда́; he came late as usual как всегда́, он пришёл по́здно; as well 1) не то́лько..., но и...; 2) (*too*) та́кже; *see* well II.

as III: as ... as так же... как; it's as far as from here to the centre э́то так же далеко́, как отсю́да до це́нтра; I get up as early as you do я встаю́ так же ра́но, как и вы; it is as warm now as in summer сейча́с тепло́, как ле́том; { тако́й же... как; my coat is as warm as yours моё пальто́ тако́е же тёплое, как и ва́ше; **as much as** сто́лько (же), ско́лько; I've given you as much money as I can я вам дал(а́) сто́лько де́нег, ско́лько смог(ла́); I can put as much in this bag as you can in yours я могу́ положи́ть в э́тот чемода́н сто́лько же, ско́лько вы в свой; **as soon as** как то́лько; come as soon as you can приходи́те, как то́лько вы смо́жете; he left as soon as the meeting was over он ушёл, как то́лько ко́нчилось собра́ние.

ashamed: I am ~ of you мне сты́дно за (*with acc*) вас; aren't you ~? как вам не сты́дно?; he was ~ of what he had done ему́ бы́ло сты́дно за то, что он сде́лал; I am ~ to say that it is true мне сты́дно сказа́ть, но э́то так.

ashore (*denoting direction*) на бе́рег; come, go ~ сходи́ть на бе́рег; we went ~ at Sochi в Со́чи мы сошли́ на бе́рег; { (*denoting position*) на берегу́; we shall have two days ~ мы проведём два дня на берегу́; many people are still ~ мно́гие оста́лись ещё на берегу́.

ash-tray пе́пельница *f* (21c); he moved the ~ nearer он придви́нул к себе́ пе́пельницу.

Asia А́зия *f* (23c); ~ Minor Ма́лая А́зия.

Asiatic *a* азиа́тский (33b).

aside 1. (*denoting direction*) в сто́рону; please, step ~ ! отойди́те, пожа́луйста, в сто́рону!; she drew him ~ она́ отвела́ его́ в сто́рону; **2.** (*denoting position*) в стороне́; he was sitting ~ from the others он сиде́л в стороне́ от други́х.

ask 1. (*inquire*) спра́шивать (65), *perf* спроси́ть (152) (*with acc*); I shall ~ my husband я спрошу́ своего́ му́жа; ~ him how to get there спроси́(те) его́, как туда́ прое́хать; may I ~ you a question? мо́жно вас спроси́ть?; **2.** (*request*) проси́ть (152), *perf* попроси́ть (152) (*with acc*); ~ him to help us попроси́(те) его́ помо́чь нам; ~ him to come in попроси́(те) его́ войти́; I ~ed for another room я попроси́л дать мне другу́ю ко́мнату; **3.** (*invite*) приглаша́ть (64), *perf* при-

гласи́ть (199) (*with acc*); we shall ~ him to dinner мы его́ пригласи́м на обе́д; he ~ed me to his house он пригласи́л меня́ к себе́ (домо́й).

asleep: be ~ спать (77), *no perf* [fast кре́пко]; he was still ~ when we came когда́ мы пришли́, он всё ещё спал; fall ~ засыпа́ть (64), *perf* засну́ть (130) [at once сра́зу же]; I didn't fall ~ until two o'clock я засну́л то́лько в два часа́; I couldn't fall ~ till two o'clock я не мог засну́ть до двух часо́в.

ass осёл *m* (1b) [stubborn упря́мый].

assistance по́мощь *f, no pl* (30b) [1] much больша́я, effective эффекти́вная, necessary необходи́мая; 2) give, render ока́зывать, offer предлага́ть]; he refused all ~ он отказа́лся от вся́кой по́мощи; we hope to receive your ~ мы наде́емся на ва́шу по́мощь; thank you for your ~ благодарю́ вас за по́мощь.

assistant 1. (*helper*) помо́щник *m* (4a); the engineer came with two ~s инжене́р пришёл с двумя́ помо́щниками; **2.** (*second in charge*) замести́тель *m* (3a); ~ director / manager замести́тель дире́ктора / нача́льника.

association о́бщество *n* (14c) [athletic спорти́вное, scientific нау́чное, student студе́нческое]; join an ~

вступи́ть в о́бщество; be / become a member of an ~ быть / стать чле́ном о́бщества.

assume предполага́ть (64), *perf* предположи́ть (175); I ~d that everything would be ready я предполага́л(а), что всё бу́дет гото́во; let us ~ that everything goes well предполо́жим, что всё бу́дет хорошо́.

assure уверя́ть (223), *perf* уве́рить (157) (*with acc*); he ~d me that it had been a misunderstanding он меня́ уве́рил, что произошла́ оши́бка; I ~ you уверя́ю вас.

astonish удивля́ть (223), *perf* удиви́ть (164) (*with acc*); his answer ~ed me его́ отве́т удиви́л меня́; I was ~ed at his behaviour я был удивлён (*with instr*) его́ поведе́нием.

at *prep* 1. (*in expressions denoting position*): at the window / door / table у (*with gen*) окна́ / две́ри / стола́; at the corner на (*with abl*) углу́; at the station / airfield на вокза́ле / аэродро́ме; to get off at the second stop выходи́ть на второ́й остано́вке; at a distance of 1,000 kilometres на расстоя́нии ты́сячи киломе́тров; at the beginning / end в (*with abl*) нача́ле / конце́; at a hotel в гости́нице; at the shop / chemist's в магази́не / апте́ке; at the top наверху́; at the bottom

of the page внизу́ страни́цы; at home до́ма; 2. (*in expressions denoting time*): at this / that / any time в (*with acc*) э́то / то / любо́е вре́мя; at the same time в то же вре́мя; at nine o'clock в де́вять часо́в; at ten minutes past nine де́сять мину́т деся́того; at a quarter past nine в че́тверть деся́того; at half past nine в полови́не деся́того; at a quarter to ten без че́тверти де́сять; at ten minutes to ten без десяти́ де́сять; at night но́чью; 3. (*in expressions denoting occupation*): at a lesson / meeting / concert на (*with abl*) уро́ке / собра́нии / конце́рте; at a party на ве́чере; I was at work я был на рабо́те; at the theatre / cinema в (*with abl*) теа́тре / кино́; at dinner / breakfast / supper / the table за (*with instr*) обе́дом / за́втраком / у́жином / столо́м; 4. *in various phrases*: we looked at him мы смотре́ли на него́; he shouted at us он крича́л на нас; they laughed at him они́ смея́лись над ним; she smiled at me она́ улыбну́лась мне; I am surprised at you я удивля́юсь вам; she knocked at the door она́ постуча́ла в дверь; at the age of thirty в во́зрасте тридцати́ лет; at the sight of the sea при ви́де мо́ря

attach 1. (*join*) присоеди ня́ть (223), *perf* присоедини́ть (158) (to — к *with* *dat*); we were ~ed to the English group of tourists нас присоедини́ли к англи́йским тури́стам; **2.** (*ascribe*) придава́ть (63), *perf* прида́ть (214) (*with acc*); I ~ much significance to these facts я придаю́ э́тим фа́ктам большо́е значе́ние; he ~ed no importance to the incident он не придава́л э́тому слу́чаю никако́го значе́ния.

attack *v* напада́ть (64), *perf* напа́сть (55) [1) на *with acc* city на го́род, country на страну́, the enemy на врага́, people на люде́й; 2) at dawn на рассве́те, at night но́чью, suddenly неожи́данно]; his opponents ~ed the theory его́ проти́вники напа́ли на э́ту тео́рию.

attempt *sb* попы́тка *f* (22d) [bold сме́лая, awkward неуклю́жая, unsuccessful неуда́чная]; the ~ failed попы́тка не удала́сь; this time the ~ was successful на э́тот раз попы́тка увенча́лась успе́хом; we have made several ~s to improve matters мы сде́лали не́сколько попы́ток улу́чшить положе́ние.

attend посеща́ть (64), *perf* посети́ть (161) [1) *with acc* school шко́лу, lectures ле́кции, lessons заня́тия; 2) regularly системати́чески]; she ~ed two or three lectures она́ посети́ла две—три ле́кции.

attention внима́ние *n* (18c) [attract привлека́ть,

distract отвлека́ть]; he listened with great ~ он слу́шал с больши́м внима́нием; she drew our ~ to one of the pictures она́ обрати́ла на́ше внима́ние на одну́ из карти́н; ⊙ **pay** ~ обраща́ть (64) внима́ние, *perf* обрати́ть (161) внима́ние (to — на *with acc*); he paid no ~ to me он не обрати́л на меня́ никако́го внима́ния; pay much / little ~ обраща́ть мно́го / ма́ло внима́ния; you must pay more ~ to your clothes вам сле́дует обраща́ть бо́льше внима́ния на свой костю́м.

attitude отноше́ние *n* (18c) [favourable благожела́тельное, hostile враждёбное, friendly дру́жеское]; his ~ towards others его́ отноше́ние к (*with instr*) други́м; his ~ in this question его́ пози́ция в э́том вопро́се.

attract привлека́ть (64), *perf* привле́чь (103) (*with acc*); one picture ~ed me меня́ привлекла́ одна́ карти́на; she didn't want to ~ attention она́ не хоте́ла привлека́ть к себе́ внима́ние; he wasn't much ~ed by the prospect его́ не о́чень привлека́ла така́я перспекти́ва.

attractive привлека́тельный (31b) [view вид]; привлека́тельная [appearance вне́шность, woman же́нщина, smile улы́бка]; привлека́тельное [face лицо́].

audience (*in theatre, etc.*) зри́тели *usu pl* (3a); (*at lecture, etc.*) слу́шатели *usu pl* (3a); the ~ applauded зри́тели аплоди́ровали; the ~ liked the play пье́са понра́вилась зри́телям; he was given a warm reception by the ~ он был тепло́ встре́чен аудито́рией.

August а́вгуст *m* (1f); *see* April.

aunt (*relative*) тётка *f* (22c); we were at my ~'s мы бы́ли у мое́й тётки; ~ Emma тётя Э́мма.

Australia Австра́лия *f* (23c).

Australian *a* австрали́йский (33b).

author а́втор *m* (1e) [*with gen* of a book кни́ги, of an article статьи́, of a story расска́за]; who is the ~ of the book? кто а́втор э́той кни́ги?; a book by a French ~ кни́га францу́зского а́втора; my favourite ~ мой люби́мый а́втор, писа́тель.

automatic автомати́ческий (33b) [switch выключа́тель, apparatus прибо́р]; автомати́ческое [controls управле́ние].

automobile автомоби́ль *m* (3c), (авто)маши́на *f* (19c); *see* саг.

autumn о́сень *f* (29c) [1) early ра́нняя, late по́здняя, warm тёплая, dry суха́я, rainy дождли́вая, sunny со́лнечная; 2) approaches приближа́ется, comes на-

ступа́ет]; in ~ о́сенью; last / this ~ о́сенью про́шлого / э́того го́да; at the beginning / end of ~ в нача́ле / конце́ о́сени; by ~ к о́сени; early / late in ~ ра́нней / по́здней о́сенью; ~ rains / flowers осе́нние дожди́ / цветы́; ~ weather осе́нняя пого́да.

average I *sb*: on an ~ в сре́днем; we pay ten dollars a month on an ~ мы пла́тим в сре́днем де́сять до́лларов в ме́сяц.

average II *a* 1. (*arithmetical mean*) сре́дний (32) [harvest урожа́й]; сре́дняя [cost, price цена́]; сре́днее [amount, quantity коли́чество]; 2. (*ordinary*) сре́дний, рядово́й; the ~ employee рядово́й слу́жащий.

avoid избега́ть (64), *perf* избежа́ть (74) [*with gen* danger опа́сности, notice внима́ния, difficulty тру́дности, meeting встре́чи]; he ~ed my eyes он избега́л моего́ взгля́да; we wanted to ~ unpleasantness мы хоте́ли избежа́ть неприя́тностей; he ~ed her eyes он избега́л смотре́ть ей в глаза́; she tried to ~ appearing in public она́ избега́ла появля́ться, стара́лась не появля́ться на лю́дях.

awake I *a*: be ~ не спать; at seven, I was already ~ в семь часо́в я уж не спал; we were still ~ when they came back мы ещё не спа́ли, когда́ они́ верну́лись.

awake II v просыпа́ться (64), *perf* проснýться (130) [early ра́но, late по́здно, at seven o'clock в семь часо́в]; it was still dark when I awoke когда́ я проснýлся, проснýлась, бы́ло ещё темно́.

award v присужда́ть (64), *perf* присуди́ть (152) [*with acc* prize пре́мию, title зва́ние]; he was ~ed first prize ему́ была́ присуждена́ пе́рвая пре́мия; he was ~ed an order его́ награди́ли о́рденом.

aware: be ~ 1) (*know*) знать (64), *no perf*; are you ~ that..? вы зна́ете о том, что..?; 2) (*be conscious*) сознава́ть (63), *no perf* (*with acc*); I was fully ~ of the danger я прекра́сно сознава́л(а) всю опа́сность.

away 1. *often expressed by prefix* y- *attached to verbs*: go ~ уе́хать; take, carry ~ уноси́ть; гип ~ убега́ть; please, take these things ~! убери́те, пожа́луйста, э́ти ве́щи!; 2.: he is ~ on a journey он сейча́с путеше́ствует; how long will he be ~? ско́лько вре́мени его́ не бýдет?; it is sixty kilometres ~ э́то в шести́десяти киломе́трах отсю́да.

awful ужа́сный (31b); what ~ weather! кака́я ужа́сная пого́да!; it was ~! э́то бы́ло ужа́сно!

awhile немно́го; let's wait ~! подождём немно́го!

awkward 1. (*clumsy*) неуклю́жий (34b) [man челове́к, gesture жест]; неуклю́жая [girl де́вушка]; неуклю́жее [movement движе́ние]; 2. (*embarrassing*) нело́вкий (33b) [moment моме́нт]; нело́вкое [situation положе́ние].

B

baby ребёнок *m* (4b) [1) small, little ма́ленький, healthy здоро́вый, pretty краси́вый; 2) cries пла́чет, plays игра́ет, weighs ве́сит; is hungry хо́чет есть, is sleepy хо́чет спать, wakes просыпа́ется]; bathe, wash / feed ~ купа́ть / корми́ть ребёнка; put the ~ to bed уложи́ть ребёнка спать; two babies два ребёнка; five babies пять дете́й; with a ~ in her arms с ребёнком на рука́х; I must give the ~ his milk на́до дать ребёнку молока́; a ~ carriage де́тская коля́ска.

back I *sb* 1. (*part of body*) спина́ *f* (19g, *acc sg* спи́ну) [hurts боли́т]; lie / sleep on one's ~ лежа́ть / спать на спине́; he stood with his ~ to the window / door он стоя́л спино́й к окну́ / к две́ри; she turned her ~ to me она́ повернулась ко мне спиной; he fell on his ~ он упал на спину; he carried the whole load on his ~ он тащил весь груз на своей спине; 2. (*opposite to front*) задняя сторона *f* (19j); the ~ of the house задняя сторона дома; at the ~ of the book в конце книги; the ~ of a chair спинка стула; the ~ of one's head затылок *m* (4d).

back II *a* задний (32); задние [rows ряды]; ~ number of a magazine / newspaper старый номер журнала / газеты; ⊙ ~ **door** чёрный ход *m* (1k).

back III *adv* назад [go идти, run бежать, turn поворачивать]; we went ~ by train мы возвратились поездом; { обратно; send smth ~ отослать что-л. обратно; ⊙ ~ **and forth** взад и вперёд; stop walking ~ and forth! перестань(те) ходить взад и вперёд!

background 1. (*contrasting surface*) фон *m* (1f); on, against a white / dark / black ~ на белом / тёмном / чёрном фоне; on, against the ~ of the sky на фоне неба; 2. (*opposite to foreground*) задний план (1f); there is a little house in the ~ of the picture на заднем плане картины маленький домик.

backward *a* отсталый (31b) [district район, people народ]; отсталая [country

страна]; отсталое [agriculture сельское хозяйство].

bacon грудинка *f* (22d); ~ and eggs жареная грудинка с яйцами; slice ~ нарезать грудинку ломтиками.

bad *a* 1. (*not good*) плохой (33a) (*comp* хуже, *see* worse I; *superl* (наи)худший, *see* worst II) [child ребёнок, man человек, friend друг, light свет, taste вкус]; плохая [weather погода, room комната, book книга]; плохое [seat место, meat мясо, manners поведение]; плохие [news вести, marks отметки]; I feel ~ я плохо себя чувствую; she looks ~ она плохо выглядит; not ~! неплохо!; not so ~! не так плохо!; is that very ~? это очень плохо?; what's ~ in that? что в этом плохого?; I don' see anything ~ in that я не вижу в этом ничего плохого; it's not (really) so ~ не так уж плохо; it looks / sounds pretty ~ это выглядит / звучит довольно плохо; ⊙ things are, look ~ with him плохи у (*with gen*) него дела!; **things, matters went from ~ to worse** дела шли всё хуже и хуже; 2. (*severe*) сильный (31b); сильная [pain боль, headache головная боль, toothache зубная боль]; I caught a ~ cold я сильно простудился; { (*serious*) серьёзный (31b); серьёзная [mistake ошибка, illness болезнь].

badly 1. (*not well*) плохо (*comp* хуже, *see* worse II; *superl* хуже всего, *see* worst III) [hear слышать, *see* видеть, speak говорить, write писать]; the work was done работа была сделана плохо; you are ~ informed вы плохо информированы; ~ brought up плохо воспитанный; **2.** (*very much*) очень; I need a rest ~ мне очень нужен отдых; he wants to see you ~ он очень хочет вас видеть; he needs help ~ он очень нуждается в помощи.

bag *sb* **1.** (*ladies'*) сумка *f* (22d) [1) heavy тяжёлая, convenient удобная, empty пустая, open открытая, leather кожаная, beach пляжная; 2) lies лежит, opens открывается]; buy / carry / open / close / drop / forget / leave a ~ покупать / нести / открывать / закрывать / уронить / забыть / оставить сумку; I put my money into my ~ я положила деньги в сумку; she took her handkerchief out of her ~ она вынула из сумки платок; look in my ~! посмотри у меня в сумке!; there was nothing in the ~ в сумке ничего не было; **2.** (*for luggage*) чемодан *m* (1f); five ~s пять чемоданов; I carried the two heavy ~s to my room я отнёс два тяжёлых чемодана в комна-

ту; can I have my ~? можно взять чемодан?; I've packed my ~ я уложил(а) вещи в чемодан; **3.** (*for papers, etc.*) портфель *m* (3c) [leather кожаный, roomy вместительный]; I left my ~ at home я забыл портфель дома.

baggage багаж *m*, *no pl* (5b); *see* luggage.

bake печь (103), *perf* испечь (103) [*with acc* cake пирог, apples яблоки].

balance *sb* (*equilibrium*) равновесие *n* (18c); keep / lose one's ~ сохранять / терять равновесие.

balcony балкон *m* (1f); the door to the ~ дверь на балкон; she came out on the ~ она вышла на балкон; they were standing on the ~ они стояли на балконе; he looked down from the ~ at the crowd below он смотрел с балкона на толпу внизу.

bald лысый (31b) [old man старик]; лысая [head голова]; ~ spot лысина *f* (19c)

ball I *sb* (*used in games*) мяч *m* (7b) [1) rubber резиновый; 2) rolls катится, bounces прыгает; 3) catch поймать, drop уронить, hold держать, pick up поднимать, throw бросать]; play ~ играть в мяч.

ball II *sb* (*dancing party*) бал *m* (1k); give a ~ устраивать бал; invite smb to a ~ пригласить кого-л. на бал

ballet балéт *m* (1f); I am fond of the ~ я люблю балéт.

band *sb* (*of musicians*) оркéстр *m* (1f) [plays игрáет]; jazz ~ джаз *m* (1f).

bandage *v* бинтовáть (243), *perf* забинтовáть (243) [1) *with acc* arm, hand рýку, head гóлову; 2) *with instr* with a bandage бинтóм, with a handkerchief платкóм]; his right eye was ~d у негó был забинтóван прáвый глаз.

bank I *sb* (*land along the side of river*) бéрег *m* (4h) [high высóкий, low нúзкий, steep крутóй, sloping полóгий, green зелёный]; climb (up) the ~ взбирáться на бéрег; go, walk along the ~ идтú вдоль бéрега; sit / stand on the ~ сидéть / стоять на берегý; swim to the ~ плыть к бéрегу; on the right / left ~ на прáвом / лéвом берегý; both ~s óба бéрега.

bank II *sb* (*office where money is kept*) банк *m* (4d); the money is in the ~ дéньги в бáнке; I must go to the ~ мне нáдо пойтú в банк; he has 1,000 dollars in the ~ у негó в бáнке тысяча дóлларов; { сберегáтельная кáсса *f* (19c); see savings-bank.

bar *sb*: ~ of soap кусóк мыла; ~ of chocolate плúтка шоколáда.

bare *a* (*not covered*) гóлый (31b): гóлая [arm рукá]; гóлое [body тéло]; гóлые [shoulders плéчи; fields поля]; don't lie in the sun with a ~ head! не лежú на сóлнце с непокрытой головóй!

barefoot(ed) босóй (31a); ~ children босые дéти.

barely едвá; I have ~ enough money to get home мне едвá хвáтит дéнег на поéздку домóй; we were ~ in time to catch the last bus мы едвá успéли на послéдний автóбус.

bargain *sb* **1.** (*in trade*) сдéлка *f* (22d) [good выгодная, bad невыгодная]; they made a number of important ~s онú заключúли ряд вáжных сдéлок; **2.** (*cheap purchase*): you got a ~ вы дёшево купúли; she got her furniture at ~ prices онá купúла мéбель по дешёвке; ⊙ it's a ~! по рукáм!

bark *v* лáять, (64 *pastná*лял) the dogs ~ed all night собáки лáяли всю ночь; the dog began to ~ собáка залáяла.

barn сарáй *m* (13c); in the ~ в сарáе; come into the ~ войтú в сарáй.

barrel бóчка *f* (22f) [round крýглая, wooden деревянная, heavy тяжёлая]; ~ of beer бóчка пúва; five ~s пять бóчек.

base *sb* бáза *f* (19c); military ~ воéнная бáза; naval ~ воéнно-морскáя бáза.

basis оснóва *f* (19c); on a sound / scientific ~ на здоро́вой / нау́чной осно́ве; { основа́ние n (18c); on the ~ of these facts на основа́нии э́тих фа́ктов.

basket корзи́на f (19c); a ~ of fruit / eggs / vegetables корзи́на с (*with instr*) фру́ктами / я́йцами / овоща́ми; with a ~ on her arm с корзи́ной на руке́.

basket-ball баскетбо́л m (1f); play ~ игра́ть в баскетбо́л; ~ game игра́ в баскетбо́л; ~ team баскетбо́льная кома́нда.

bath ва́нна f (19c) [hot горя́чая, medicinal лече́бная, pine salts хво́йная]; take, have a ~ принима́ть ва́нну; lie in a ~ лежа́ть в ва́нне; please, fill the ~! налейте ва́нну, пожа́луйста!; ~ towel махро́вое полоте́нце.

bathe купа́ться (64), *perf* вы́купаться (64a); we ~d in the sea / in the river мы купа́лись в мо́ре / в реке́.

bathing sb купа́ние n (18c); it was too cold for ~ бы́ло сли́шком хо́лодно для купа́ния; he is fond of ~ он лю́бит купа́ться.

bath-room ва́нная f (31b), ва́нная ко́мната f (19c); come out of the ~ вы́йти из ва́нной (ко́мнаты); he is in the ~ он в ва́нной (ко́мнате).

battle sb бой m (13a) [1) decisive реши́тельный, fierce ожесточённый; 2) went on продолжа́лся, begins начина́ется, ended, is over окон-

чился; 3) win вы́играть, lose проигра́ть]; the ~ lasted several hours бой дли́лся не́сколько часо́в; we went into ~ мы пошли́ в бой; great ~s больши́е бои́; { сраже́ние n (18c); the ~ for the town of N. сраже́ние за го́род H.; fight in a ~ уча́ствовать в сраже́нии.

bay sb (*part of sea*) зали́в m (1f); we entered the ~ мы зашли́ в зали́в; we went sailing in the ~ мы ката́лись на я́хте, на па́русной ло́дке по зали́ву; the village is on the shore of a little ~ дере́вня располо́жена на берегу́ небольшо́го зали́ва.

be I 1. (*of location*) быть (210) (*in Russian usu omitted in present*); they are in the other room они́ в друго́й ко́мнате; the big shops are in the centre of the city больши́е магази́ны — в це́нтре го́рода; where is the newspaper? где газе́та?; he is not at home его́ нет до́ма; how long have you been here? ско́лько вре́мени вы уже́ здесь?; we have been together since the beginning of the trip мы вме́сте с нача́ла пое́здки; I was there twice я там был(а́) два ра́за; we haven't been to a concert for ages мы не́ были на конце́рте це́лую ве́чность; there was only one window on the top floor на ве́рхнем этаже́ бы́ло то́лько одно́ окно́; we shall be (at) home after eight мы бу́дем до́ма по́сле восьми́; he said he would be in the restaurant он сказа́л, что бу́дет в рестора́не; there will be many people there там бу́дет мно́го наро́ду; **2.** (*come from*) быть (ро́дом); he is from the North / France / Warsaw он (ро́дом) с Се́вера / из Фра́нции / из Варша́вы; where are you from? отку́да вы ро́дом?; **II** *link-verb, with predicatives* быть (*in Russian omitted in present*); he is a doctor / teacher / engineer он врач / преподава́тель / инжене́р; my room is not large моя́ ко́мната небольша́я; his plays are very interesting его́ пье́сы о́чень интере́сны; that is the most important thing э́то са́мое гла́вное; is this a new district? э́то но́вый райо́н?; what is the Russian for "napkin"? как по-ру́сски „napkin"?; the Russian for "napkin" is "салфе́тка": it is a feminine noun по-ру́сски „napkin" „салфе́тка", э́то существи́тельное же́нского ро́да; everything is ready всё гото́во; we are all ready мы все гото́вы; I am very glad я о́чень рад(а); it is cold / hot / cool today сего́дня хо́лодно / жа́рко / прохла́дно; today is Monday сего́дня понеде́льник; it is ten o'clock now сейча́с де́сять часо́в; you are right / wrong вы пра́вы / непра́вы; are you sure of that? вы уве́рены в

э́том?; that is very kind of you э́то о́чень любе́зно с ва́шей стороны́; yesterday was Tuesday вчера́ был вто́рник; it was cold yesterday вчера́ бы́ло хо́лодно; it was about three o'clock бы́ло о́коло трёх часо́в; I was ill я был бо́лен, я была́ больна́; { *with instr*: he was / will be a musician / doctor / engineer он был / бу́дет музыка́нтом / врачо́м / инжене́ром; the play was / will be interesting / amusing / dull пье́са была́ / бу́дет интере́сной / весёлой / ску́чной; **III** *modal (of obligation, plan)*: we are to start / leave on Monday мы должны́ отпра́виться / вы́ехать в понеде́льник; the doctor said I was not to leave the house врач сказа́л, что мне нельзя́ выходи́ть из до́му; she was to come at six она́ должна́ была́ прийти́ в шесть часо́в; **IV** *aux* **1.** *in continuous forms not translated, Russian verb in imperf*: they are studying Russian они́ изуча́ют ру́сский язы́к; he was sitting in an arm-chair reading a book он сиде́л в кре́сле и чита́л кни́гу; what will you be doing tomorrow? что вы бу́дете де́лать за́втра?; **2.** *in passive constructions* быть, *English verb rendered by Russian passive participle, short form*: the house was built дом был постро́ен; the work will be carried out in time рабо́та бу́дет вы́полнена во́время; { *not translated; passive construction conveyed by Russian impersonal construction, with verb in 3d pers pl*: your luggage will be sent to the hotel ваш бага́ж отпра́вят в гости́ницу; you will be informed вам сообща́т об э́том; you will be told вам ска́жут; we were taken to a museum нас повели́ в музе́й; we were given three meals a day нас корми́ли три ра́за в день; **be about** (*intend*) собира́ться (64), *perf* собра́ться (44); he was about to leave when the telephone rang он (уже́) собра́лся уходи́ть, когда́ зазвони́л телефо́н; she was about to say something but he interrupted her она́ собира́лась что́-то сказа́ть, но он её переби́л; **be back** возвраща́ться (64), *perf* верну́ться (130) [soon ско́ро, in two days че́рез два дня]; I'll be back in a moment, minute я сейча́с приду́; **be behind** отстава́ть (64), *perf* отста́ть (51) (от *with gen*); she was far behind the others in mathematics она́ си́льно отста́ла от други́х по, в матема́тике; **be in**: is he in? (*in office*) он у себя́?; (*at home*) он до́ма?; he is not in его́ нет; он идти́ (207); what is on at the Art Theatre? что идёт в Худо́жественном Теа́тре?; **be out** не быть до́ма, на ме́сте; he is out at the moment его́ сейча́с нет (до́ма, на ме́сте); **be over** конча́ться (64), *perf* ко́нчиться (172); the play / conference / match / concert will be over at eleven o'clock пье́са / конфере́нция / матч / конце́рт ко́нчится в оди́ннадцать часо́в; ◇ **how are you?** 1) (*of one's health*) как вы себя́ чу́вствуете?; 2) (*of one's matters*) как вы пожива́ете?; **how are things?** как дела́?; **what is it?** в чём де́ло?; **there is, are** *see* there; **be going** (*intend*) собира́ться (64), *perf* собра́ться (44); *see go* 6.

beach пляж *m* (6c); a sand ~ песча́ный пляж; there were many people on the ~ на пля́же бы́ло мно́го наро́ду; he used to walk along the ~ он, быва́ло, ходи́л по пля́жу.

bear I *sb* (*animal*) медве́дь *m* (3a).

bear II *v* (*endure*) терпе́ть (120), *no perf*; I can't ~ his manner of speaking не терплю́ его́ мане́ру говори́ть; ~ it a little longer потерпи́(те) ещё немно́го.

beard борода́ *f* (19j) [long дли́нная, black чёрная]; an old man with a ~ стари́к с бородо́й.

beast зверь *m* (3e); wild ~ ди́кий зверь.

beat *v* 1. (*give blows*) бить (181), *perf* поби́ть (181) [*with acc* child ребёнка, dog соба́ку, horse ло́шадь]; he was often ~en его́ ча́сто би́ли; 2. (*pulsate*) би́ться (181), *no perf*; I could feel my heart ~ing я чу́вствовал(а), как бьётся моё се́рдце; my heart began to ~ faster моё се́рдце заби́лось сильне́е; 3. (*defeat*) разбива́ть (64), *perf* разби́ть (181) [*with acc* enemy врага́].

beautiful краси́вый (31b) [city го́род, house дом, view вид, voice го́лос]; краси́вая [girl де́вушка, woman же́нщина; street у́лица]; краси́вое [dress пла́тье, face лицо́, lake о́зеро, place ме́сто]; краси́вые [children де́ти, eyes глаза́, hair во́лосы]; how ~ she is! как она́ краси́ва!; more ~ краси́вее; a most ~ place весьма́ краси́вое ме́сто; the most ~ house са́мый краси́вый дом; how ~! как краси́во!; { (*fine*) прекра́сный (31b) [day день]; прекра́сная [weather пого́да]; the weather was ~ была́ прекра́сная пого́да.

beauty (*quality*) красота́ *f* (19g) [unusual необыча́йная, rare ре́дкая, striking порази́тельная]; I can see no ~ in the picture не ви́жу никако́й красоты́ в э́той карти́не; we admired the ~ of the mountains мы восхища́лись красото́й гор.

because I *conj* потому́ что; we decided not to go ~ it was late мы реши́ли не идти́, потому́ что бы́ло по́здно; not ~ I don't want to... не потому́, **что я не** хочу́...

because II: ~ of *prep with gen*: the plane was late ~ of the bad weather самолёт опозда́л **из-за** плохо́й пого́ды; it's all ~ of you э́то всё из-за вас.

become станови́ться (147), *perf* стать (51) (*with instr*); he became an actor / doctor / writer он стал арти́стом / врачо́м / писа́телем; the days are becoming shorter дни стано́вятся коро́че; his condition became better / worse его́ состоя́ние улу́чшилось / уху́дшилось; ~ angry рассерди́ться; ~ interested заинтересова́ться; ~ pale побледне́ть; ~ rich разбогате́ть; what has ~ of him? что с ним ста́ло?; what became of his money after he died? что ста́ло с (его́) деньга́ми по́сле его́ сме́рти?

becoming *a*: that hat / dress is very ~ to you э́та шля́па / э́то пла́тье вам о́чень идёт; is this colour ~ to me? мне идёт э́тот цвет?

bed *sb* (*furniture*) крова́ть *f* (29c) [comfortable удо́бная, wide широ́кая]; there were two ~s in the room в ко́мнате бы́ло две крова́ти; she put, spread fresh linen on the ~ она́ постели́ла чи́стое бельё на крова́ть; lie on a ~ лежа́ть на крова́ти; put a child to ~ уложи́ть ребёнка в крова́ть; { (*place for sleeping*) посте́ль *f* (29c) [hard жёсткая, soft мя́гкая]; get into ~

лечь в постéль; get out of ~ встать с постéли; lie in ~ лежáть в постéли ⊙ go to ~ ложи́ться (175) спать, *perf* лечь (249) спать; she has gone to ~ онá ужé леглá (спать); **make** a ~ стели́ть (156) постéль, *perf* постели́ть (156) постéль.

bed-clothes *pl* постéльные принадлéжности (29c).

bedroom спáльня *f* (20f); she went upstairs to her ~ онá поднялáсь навéрх в свою спáльню; she is upstairs in her ~ онá наверхý в своéй спáльне; there are two ~s, a dining-room and a kitchen in the flat в квартúре две спáльни, столóвая и кýхня.

beer пúво *n*, *no pl* (14d) [dark тёмное, light свéтлое, bitter гóрькое]; a bottle / glass of ~ бутылка / стакáн пúва.

beet свёкла *f* (19c).

before I *adv* рáньше; the place where I lived ~ ... там, где я рáньше жил(á)...; I have heard that ~ я э́то слы́шал(а) рáньше; have you ever been there ~? вы рáньше никогдá там нé были?; why didn't you think of that ~? почемý вы не подýмали об э́том рáньше?; ⊙ **long** ~ задóлго до (*with gen*); you will be there long ~ me вы там бýдете задóлго до меня; long ~ that happened задóлго до тогó, как э́то случúлось.

before II *prep* **1.** (*earlier than*) *with gen*: ~ six o'clock до шести́ часóв; ~ the tenth of October / the end of the month до десятого октябрá / до концá мéсяца; they got there ~ us они́ приéхали тудá до нас; long ~ that, then задóлго до э́того; ~ 1917 до ты́сяча девятьсóт семнáдцатого гóда; **2.** (*anterior in succession*) *with instr*: ~ dinner пéред обéдом; ~ leaving пéред отъéздом; { *before gerund*; *conveyed by conj* пéред тéм как; *gerund translated by inf in perf*; ~ starting / returning пéред тéм, как отпрáвиться / вернýться; **3.** (*in front of*) *with instr*: ~ the house / us пéред дóмом / нáми; ~ me передо мнóй.

before III *conj* до тогó, как; we went to France ~ we came here мы éздили во Фрáнцию до тогó, как приéхали сюдá; they had been told everything ~ I got there им всё ужé рассказáли до тогó, как я пришёл тудá.

beforehand зарáнее; we got everything ready ~ мы всё приготóвили зарáнее; tickets must be reserved ~ билéты нáдо заказáть зарáнее.

beg óчень проси́ть (148), *perf* попроси́ть (148) (*with acc*); we all ~ged him not to go that day мы все óчень проси́ли егó не éхать в тот день; ⊙ I ~ **your pardon!** извини́те!, прости́те!

begin 1. (*initiate*) начинáть (64), *perf* начáть· (87) [1] *with acc* book кнúгу, story рассказ, work рабóту, new life нóвую жизнь; 2) *with Russian verbs in inf imperf* to read, reading читáть, to speak, speaking говорúть, to work, working рабóтать, to understand понимáть, to think дýмать; 3) at once сейчáс же, again ещё раз, early рáно, in July в ию́ле, in winter зимóй, in time вóвремя, well хорошó]; ~ again! начнúте ещё раз!; shall I ~? мóжно начинáть?; she began to set the table онá начала накрывáть на стол; we shall ~ tomorrow мы начнём зáвтра; let's ~! начнём!; it is ~ning to rain начинáется дождь; what shall we ~ with? с чегó мы начнём?; ~ at the beginning! начнúте с началá!; 2. (*be initiated*) начинáться (64), *perf* начáться (87); the holidays began on Monday канúкулы началúсь в понедéльник; at what time does the performance ~? когдá начинáется спектáкль?; the concert is ~ning концéрт начинáется; the meeting began half an hour ago собрáние началóсь полчасá тому назáд; ~ning with Friday начинáя с пя́тницы; ◇ **to** ~ **with** во-пéрвых.

beginning *sb* начáло *n* (14a) [1] good хорóшее, bad плохóе, unusual необы́чное;

2) forget забы́ть, read прочитáть, remember пóмнить, understand поня́ть; 3) *with gen* of a letter письмá, of the month мéсяца]; the ~ of the book is interesting начáло кнúги интерéсно; at the ~ of summer в начáле лéта; from (the) ~ to (the) end с началá до концá; he quickly wrote the ~ of the article он бы́стро написáл начáло статьú.

behind I *adv* сзáди; she was walking a little ~ онá шла немнóго сзáди; he came up from ~ он подошёл сзáди; ⊙ **be, fall, lag** ~ отставáть (64), *perf* отстáть (51) (от *with gen*); don't lag ~! не отставáй(те)!; *also see* be, fall.

behind II *prep with instr*: he was standing ~ me он стоя́л за мнóй; there was a pretty little garden ~ the house за дóмом был красú-вый сáдик; it was done ~ my back э́то бы́ло сдéлано за моéй спинóй; ⊙ **from** ~ из-за (*with gen*); the sun came out from ~ the clouds сóлнце вы́шло из-за туч.

being *sb* 1.: human ~ человéк *m* (*sg* 4a, *pl* лю́ди, людéй, лю́дям, людéй, людь-мú, лю́дях); 2. (*existence*) существовáние *n* (18c); come into ~ возникáть (64), *perf* вознúкнуть (125); new cities have come into ~ вознúкли нóвые городá.

believe 1. (*accept as true*) вéрить (157), *perf* повéрить

(157) (*with dat*); I don't ~
you я вам не вéрю; he ~d
what they said он повéрил
томý, что онú говорúли; I
couldn't ~ my own eyes /
ears я не вéрил сóбственным
глазáм / ушáм; ~ me! по-
вéрь(те) мне!; 2. (*think*)
дýмать (65), *no perf*; I ~
he is here дýмаю, что он
здесь.

bell 1. звонóк *m* (4f);
there's, there goes the second
~! втoрóй звонóк!; we have
five minutes to, before the ~
до звонкá остáлось пять
минýт; did I hear a ~? ктó-
-то звонúл?; ring the ~!
позвонúте!; she got up to
answer the ~ онá пошлá
откры́ть дверь; the tele-
phone ~ телефóнный зво-
нóк; 2. (*in church*) кóлокол
m (1l); the ~s were ringing
колоколá звонúли.

belong 1. (*be owned*) при-
надлежáть (46), *no perf*
(*with dat*); who does the
house ~ to? комý принадле-
жúт э́тот дом?; do these
things ~ to you? э́ти вéщи
вáши?; 2. (*be among*) относú-
ться (148), *no perf* (to — к
with dat); Shakespeare ~s
to the great humanists of
the Renaissance Шекспúр
относится к велúким гума-
нúстам эпóхи Возрождé-
ния.

below I *adv* нúже; they
live ~ on the third floor онú
живýт нúже, на четвёртом
этажé; on the floor ~ эта-
жóм нúже.

below II *prep* 1. (*lower
than*) *with gen*: ~ zero
нúже нуля́; ~ the average
нúже срéднего; 2. (*under*)
with instr: ~ the house /
bridge под дóмом / мостóм.

belt *sb* (*lady's*) пóяс *m*
(1l), (*man's*) ремéнь *m* (2d)
[leather кóжаный, broad,
wide ширóкий, narrow ýз-
кий]; put on your black ~!
надéнь чёрный пóяс!; you
can wear the dress with a ~
or without э́то плáтье мóжно
носúть с пóясом úли без
негó; there is no ~ to this
dress к э́тому плáтью нет
пóяса.

bench скамéйка *f* (22f)
[long длúнная, low нúзкая,
wooden деревя́нная]; she
was sitting on the front ~
онá сидéла на пéрвой ска-
мéйке; he sat down on a ~
~ он сел на скамéйку.

bend *v* 1. (*stoop*) скло-
ня́ться (223), *perf* скло-
нúться (160) [над *with instr*
over books над кнúгами,
over child над ребёнком];
~ forward наклонúться вперёд; { (*become curved*) сги-
бáться (64), *perf* согнýться
(130); the branch bent but
did not break вéтка согнý-
лась, но не сломáлась; 2.
(*lower*) наклоня́ть (223),
perf наклонúть (160) [*with
acc* head гóлову].

benefit *sb* пóльза *f* (19c)
[great большáя]; what ~
is there in it for you? какáя
вам от э́того пóльза?; the
trip will be of great ~ to

all of us поездка будет очень
полезна для всех нас; it was
done for your special ~ это
было сделано именно ради
вас; ◇ let's give him the ~
of the doubt не будем пока
осуждать его.

berry ягода *f* (19c); *usu
pl* ягоды [1) big большие,
fresh свежие, sweet сладкие, sour кислые; 2) grow
растут, smell пахнут; 3) eat
есть, hunt for искать, pick
собирать]; we had berries
and cream for dessert на
сладкое у нас были ягоды
со сливками.

beside *prep* (*by*) *with
instr*: he stood ~ me он
стоял рядом со мной; she
sat down ~ her mother она
села рядом с матерью; {
(*near*) *with gen*: the house
stands ~ a little lake дом
стоит около маленького озера.

besides I *adv* кроме того;
I didn't want to go and ~
I was very tired мне не хотелось идти, и, кроме того,
я очень устал(а).

besides II *prep with gen*:
there were four guests ~ me
кроме меня было ещё четверо гостей; what did you
buy ~ these books? что вы
ещё купили кроме этих
книг?; didn't he say any-
thing ~ that? он разве ничего не сказал кроме этого?;
I don't know anything ~
what I have told you я
ничего не знаю кроме того,
что я уже вам сказал(а).

best I *sb*: do one's ~
сделать всё возможное; I
shall do the ~ I can я
сделаю всё, что могу; he
tried his ~ он сделал всё от
него зависящее.

best II *a* (наи)лучший
(34b) (*superl of* хороший)
[advice совет, result результат, way способ]; (наи-)
лучшая [room комната,
road дорога]; (наи)лучшее
[place место, solution решение]; the ~ room in the
hotel самый лучший номер в гостинице; my ~
friend мой лучший друг; my
~ dress моё самое лучшее
платье; the ~ thing you
can do is to tell him everything самое лучшее, что вы
можете сделать, это сказать
ему всё; that will be ~ of
all это будет лучше всего.

best III *adv* лучше всего
(*superl of* хорошо); I work
~ in the morning я лучше всего работаю утром;
{ (*most*) больше всего; which
city did you like ~? какой
город вам больше всего
понравился?

bet I *sb* пари *n indecl*
[make заключать, win выиграть, lose проиграть]; he
did it on a ~ он сделал
это на пари.

bet II *v* спорить (157),
perf поспорить (157); I'm
willing to ~ готов(а) поспорить; I ~ he doesn't know...
спорю, что он не знает...;
I'll ~ you anything / a
dollar (that) he won't agree

спо́рю на что уго́дно / на до́ллар, что он не согласи́тся; what do you ~? на что вы спо́рите?

be tray 1. (*give away to enemy*) предава́ть (63), *perf* преда́ть (214) [*with acc* one's country ро́дину, one's friends друзе́й]; **2.** (*reveal*) выдава́ть (63), *perf* вы́дать (215) [*with acc* secret та́йну, person челове́ка]; his eyes ~ed his anxiety глаза́ выдава́ли его́ беспоко́йство.

better I *a* лу́чший (34b) (*comp of* хоро́ший) [way спо́соб, dinner обе́д, train по́езд]; лу́чшая [life жизнь, work рабо́та, game игра́]; лу́чшее [future бу́дущее, place ме́сто, treatment отноше́ние]; лу́чшие [friends друзья́, houses, homes дома́, conditions усло́вия]; things were becoming ~ and ~ дела́ станови́лись всё лу́чше и лу́чше; I am ~ мне ста́ло лу́чше; this is no ~ э́то не лу́чше; his second play wasn't much ~ than the first его́ втора́я пье́са была́ не намно́го лу́чше пе́рвой.

better II *adv* лу́чше (*comp of* хорошо́); I like it much ~ мне э́то нра́вится гора́здо бо́льше; she played a little ~ this time на э́тот раз она́ игра́ла немно́го лу́чше; you should have known ~ вам сле́довало бы знать лу́чше; ◇ **had** ~ лу́чше бы; you had ~ go yourself вам лу́чше бы пойти́ самому́, само́й; he had ~

not say anything about it ему́ лу́чше бы ничего́ не говори́ть об э́том; hadn't you ~ tell them everything? не лу́чше ли вам рассказа́ть им всё?; **so much the** ~ тем лу́чше.

between *prep* **1.** (*in middle*) *with instr:* ~ Moscow and Leningrad ме́жду Москво́й и Ленингра́дом; ~ the window and the door ме́жду окно́м и две́рью; **2.** (*mean amount, distance*) *with gen:* ~ two and three months / kilometres / roubles / pounds от двух до трёх ме́сяцев / кило-ме́тров / рубле́й / фу́нтов; **3.** (*among*) *with instr:* divide the work ~ them раздели́те рабо́ту ме́жду ни́ми; ☉ ~ ourselves ме́жду на́ми.

beyond *prep* **1.** (*on further side*) *with instr:* ~ river / hill / sea / forest за реко́й / холмо́м / мо́рем / ле́сом; **2.** (*to further side*) *with acc:* ~ the hill / sea за холм / мо́ре; ~ the river за́ реку; **3.** *in various phrases:* ~ doubt / control вне (*with gen*) сомне́ния / контро́ля; ~ me, my comprehension, understanding вы́ше (*with gen*) моего́ понима́ния; ~ my powers не в мои́х си́лах.

bicycle велосипе́д *m* (1f) [new но́вый, two-wheel двухколёсный, three-wheel трёхколёсный, child's де́тский]; ride a ~ е́хать на велосипе́де.

big большо́й (34a) [house

дом, factory заво́д, harvest урожа́й, city го́род, collective farm колхо́з, ship парохо́д, trunk сунду́к]; больша́я [hat шля́па; mistake оши́бка; river река́, country страна́, door дверь; dining-room столо́вая, hotel гости́ница]; большо́е [building зда́ние, window окно́, lake о́зеро, event собы́тие]; больши́е [clock часы́, apples я́блоки, trees дере́вья, mountains го́ры]; two ~ bags два больши́х чемода́на; two ~ rooms две больши́е ко́мнаты; a room with two ~ windows ко́мната с двумя́ больши́ми о́кнами; in back of the ~ house за больши́м до́мом; he has become a ~ man он стал больши́м челове́ком; he is the manager of a ~ factory он дире́ктор большо́го заво́да; they came in a ~ bus они́ прие́хали в большо́м авто́бусе; the flowers were in ~ baskets цветы́ бы́ли в больши́х корзи́нах; this dress / coat is too ~ for me э́то пла́тье / пальто́ мне (сли́шком) велико́; these shoes are too ~ for me э́ти ту́фли мне велики́; my ~ brother мой ста́рший брат; my ~ sister моя́ ста́ршая сестра́.

bill (*for services, etc.*) счёт *m* (1*l*); electricity / telephone ~ счёт за электри́чество / телефо́н; he handed in a ~ он по́дал счёт; I have paid the ~ я уплати́л(а) по счёту; we have received a ~ for the furniture мы получи́ли счёт за ме́бель.

bind (*tie*) свя́зывать (65), *perf* связа́ть (48) [*with acc* arms ру́ки, legs но́ги; logs брёвна]; he was bound by his promise он был свя́зан обеща́нием; ~ **up** перевя́зывать (65), *perf* перевяза́ть (48) [*with acc* wound ра́ну, broken arm сло́манную ру́ку].

birch берёза *f* (19c).

bird пти́ца *f* (21a) [1) beautiful краси́вая, hungry голо́дная, little ма́ленькая, migratory перелётная; 2) disappeared исче́зла, flew away улете́ла, is singing поёт, came to my window прилете́ла к моему́ окну́]; catch / feed a ~ пойма́ть / корми́ть пти́цу; shoot at a ~ стреля́ть в пти́цу; watch a ~ наблюда́ть за пти́цей; there were ~s in the trees на дере́вьях сиде́ли пти́цы; ◇ **kill two** ~**s with one stone** одни́м вы́стрелом уби́ть двух за́йцев.

birth рожде́ние *n* (18c); ~ of a child рожде́ние ребёнка; she has given ~ to five children она́ родила́ пятеры́х дете́й.

birthday день (*m* 2c) рожде́ния; today is her ~ сего́дня день её рожде́ния; he gave her a pin for her ~ в день её рожде́ния он подари́л ей бро́шку; on her eighteenth ~ в день её восемнадцатиле́тия; I was at her ~ party я был у неё на дне рожде́ния; ⊙ **Happy** ~! (поздравля́ю, поздравля́ем) с днём рожде́ния!

bit кусо́чек *m* (4d); ~s of meat кусо́чки мя́са; ⊙ a ~ немно́го; I am a ~ tired я немно́го уста́л(а); wait a ~! подожди́(те) немно́го!; **not a** ~ ничу́ть; he wasn't a ~ angry он ничу́ть не рассерди́лся; I'm not a ~ cold мне ничу́ть не хо́лодно.

bitter 1. (*acrid*) го́рький (33b) [drink напи́ток, pill порошо́к]; го́рькая [salt соль]; **2.** (*hard to bear*) го́рький; ~ truth го́рькая пра́вда; ~ disappointment го́рькое разочарова́ние; ~ tears го́рькие слёзы; with a ~ laugh с го́рьким сме́хом; **3.** (*fierce*) ожесточённый (31b); ~ struggle ожесточённая борьба́; ~ enemy злейший враг.

black *a* чёрный (31b) [suit костю́м, fur мех, scarf шарф, tie га́лстук; coffee ко́фе]; чёрная [caviare икра́; sweater ко́фта]; чёрное [spot пятно́]; чёрные [eyes глаза́, hair во́лосы, shoes ту́фли].

blame *v* вини́ть (158), *no perf*; you have only yourself to ~ вы должны́ вини́ть то́лько самого́ себя́; you can't ~him for it нельзя́ вини́ть его́ за э́то; we couldn't ~ him for refusing мы не могли́ поста́вить ему́ в вину́ то, что он отказа́лся; { *often conveyed by* винова́т(a); I am not to ~ я не вино-

ва́т(a); who is to ~? кто винова́т (в э́том)?; she herself was to ~ for the whole thing она́ сама́ была́ во всём винова́та.

blanket одея́ло *n* (14c) [big большо́е, thin то́нкое, thick то́лстое, warm тёплое]; she had covered herself with two ~s она́ укры́лась двумя́ одея́лами; the child was wrapped in a warm ~ ребёнок был заку́тан в тёплое одея́ло.

blind I *sb*: the ~ слепы́е *pl* (31a).

blind II *a* слепо́й (31a) [man челове́к]; слепа́я [woman же́нщина]; become, go ~ осле́пнуть (127); he was ~ to all her faults он был слеп ко всем её недоста́ткам.

block I *sb* **1.** (*piece*) кусо́к *m* (4f); ~ of marble кусо́к мра́мора; ~ of stone глы́ба (19c); ~ of wood чурба́н *m* (1f); **2.** (*of city streets*) кварта́л *m* (1f); walk two ~s down the street! пройди́те два кварта́ла (вниз) по у́лице!

block II *v* (*stop movement*) прегражда́ть (64), *perf* прегради́ть (153) [*with acc* way путь, road доро́гу, passage прохо́д, river ре́ку, street у́лицу]; ~ **up** прегражда́ть, *perf* прегради́ть (*with acc*); the cars ~ed up the entrance маши́ны прегради́ли вход.

blood кровь *f* (29c); a drop of ~ ка́пля кро́ви;

there was ~ on his face на
его лице была кровь; his
hands were stained with ~
его руки были запачканы
кровью; he was covered
with ~ он был в крови;
~ flowed, ran from his
mouth кровь текла у него
изо рта; we stopped the ~ at
last наконец, мы останови-
ли кровотечение; ~ test ана-
лиз крови; ⊙ **it is**, runs in
his ~это у него в крови.

blossom *sb* цвет *m* (1*l*);
the trees were covered with
white ~s дере́вья были
покры́ты бе́лыми цвета́ми;
the apple-trees were in ~
яблони цвели; ⊙ **burst into**
~ расцвета́ть (64), *perf* рас-
цвести́ (242).

blouse кофточка *f* (22f),
блузка *f* (22d) [1] white бе́-
лая, yellow жёлтая, clean
чи́стая, thin то́нкая, silk
шёлковая, expensive доро-
га́я]; wear / wash / iron /
change / put on / take off a
~ носи́ть / стира́ть / гла́-
дить / переоде́ть / наде́ть /
снять кофточку; mother
gave her a nylon ~ for her
birthday в день рожде́ния
ма́ма подари́ла ей нейло́но-
вую кофточку.

blow I *sb* уда́р *m* (1f); the
first / last ~ пе́рвый / по-
сле́дний уда́р; strike a ~
наноси́ть уда́р; it was a
heavy ~ to him для него́
э́то был тяжёлый уда́р.

blow II *v* (*of wind*) дуть
(131), *perf* поду́ть (131); a
strong wind was ~ing дул

си́льный ве́тер; ~ **out** (*extinguish*) потуши́ть (175)
[*with acc* candle свечу́,
match спи́чку, light свет];
~ **over** утиха́ть (64), *perf*
ути́хнуть (125); the storm
blew over бу́ря ути́хла;
~ **up** (*explode*) взрыва́ть
(64), *perf* взорва́ть (50)
[*with acc* bridge мост, building зда́ние]; ⊙ ~ **one's
nose** сморка́ться (64), *perf*
вы́сморкаться (64a).

blue *a* (*of light shade*) го-
лубо́й (31a) [suit костю́м,
flower цвето́к]; голуба́я
[wall стена́, blouse кофточ-
ка]; голубо́е [sky не́бо,
dress пла́тье]; голубы́е [eyes
глаза́]; pale, light ~ све́тло-
-голубо́й; dark ~ тёмно-
-голубо́й; { (*of dark shade*)
си́ний (32); she wore a (dark)
~ coat она́ была́ в си́нем
пальто́; dark ~ is becoming
to her ей идёт си́ний цвет;
⊙ **black and** ~: he was
black and ~ он был весь
в синяка́х.

Board *sb* (*management*)
правле́ние *n* (18c); ~ **of Di-
rectors** правле́ние; { мини-
сте́рство *n* (14c); ~ **of
Education / Health** Мини-
сте́рство просвеще́ния /
здравоохране́ния.

board *sb* **1.** (*plank*) доска́ *f*
(22g, *gen pl* досо́к); a house
made of ~s дом из досо́к;
2. (*food*) стол *m* (1c); ~ **and
lodging** кварти́ра и стол;
how much did you pay for
your ~? ско́лько вы плати́-
ли за стол?; **3.** (*deck*) борт *m*

1 *l*); there were sixty passengers on ~ the ship на борту́ парохо́да бы́ло шестьдеся́т пассажи́ров; we went on ~ мы се́ли на парохо́д.

boast *v* хва́статься (65), *perf* похва́статься (65) (of — *with instr*); he loved to ~ of his son's success он люби́л хва́статься успе́хами своего́ сы́на; he ~ed that he would have the finest house in town он хва́стался, что у него́ бу́дет са́мый лу́чший дом в го́роде; not much, nothing to ~ of не́чем похва́статься; the hotel / the dinner was nothing to ~ of гости́ницей / обе́дом нельзя́ бы́ло похва́статься.

boat 1. (*row-boat, sail-boat*) ло́дка *f* (22d) [1) heavy тяжёлая, light лёгкая; 2) sails плывёт, sails to, comes to подхо́дит, прича́ливает к, sails away, goes away from отхо́дит, отча́ливает от, sinks то́нет]; the ~ is leaky ло́дка течёт; they hired a ~ они́ взя́ли ло́дку напрока́т; they got into the ~ они́ се́ли в ло́дку; they got out of the ~ они́ вы́шли из ло́дки; they pulled the ~ up on the shore они́ вы́тащили ло́дку на бе́рег; can you row a ~? вы уме́ете грести́?; let's go for a row in a ~! поката́емся на ло́дке!; 2. (*ship*) парохо́д *m* (1f); when does the ~ leave? когда́ отхо́дит парохо́д?; we went to Sochi by ~ мы пое́хали в Со́чи на парохо́де; he took a ~ for Odessa он отпра́вился в Оде́ссу на парохо́де; how much does it cost to go by ~? ско́лько сто́ит биле́т на парохо́д?; we met on the ~ мы познако́мились на парохо́де; we went on board, aboard the ~ in the evening мы се́ли на парохо́д ве́чером; ◇ we're all in the same ~ мы все в одина́ковом положе́нии.

boating: go ~ ката́ться (64) на ло́дке, *perf* поката́ться (64) на ло́дке.

body 1. те́ло *n* (14d) [human челове́ческое, healthy здоро́вое, naked го́лое]; 2. (*main part*) основна́я часть *f* (29b) [with gen of the letter письма́, of the report докла́да].

boil *v* 1. (*bubble*) кипе́ть (115), *perf* вскипе́ть (115); the kettle / soup is ~ing ча́йник / суп кипи́т; the milk ~ed over молоко́ убежа́ло; 2. (*cook*) вари́ть (156), *perf* свари́ть (156) [with acc vegetables о́вощи, fish ры́бу, meat мя́со, potatoes карто́фель, eggs я́йца]; 3. (*heat to the boiling point*) кипяти́ть (176), *perf* вскипяти́ть (176) [with acc water во́ду, milk молоко́]; ~ linen кипяти́ть бельё.

bold сме́лый (31b) [plan план; step шаг]; сме́лая [attempt попы́тка]; I wasn't ~ enough to refuse у меня́ не хвати́ло сме́лости отказа́ться.

bone кость *f* (29b); there are many ~s in this fish в э́той ры́бе мно́го косте́й; a ~ stuck in his throat кость застря́ла у него́ в го́рле; he broke a ~ in his hand он слома́л ру́ку; the ~ healed slowly кость сраста́лась ме́дленно; my ~s ache у меня́ ко́сти боля́т; we were frozen to the ~ мы соверше́нно окочене́ли; ◇**I felt it in my** ~s я э́то предчу́вствовал(а); я был(а́) уве́рен(а) в э́том.

book I *sb* кни́га *f* (22b) [1] interesting интере́сная, dull ску́чная, amusing занима́тельная, serious серьёзная, thick то́лстая, Russian ру́сская, favourite люби́мая, open откры́тая, autobiographical автобиографи́ческая, expensive дорога́я]; a library ~ библиоте́чная кни́га; buy / begin / open / close / forget / read / remember / translate / understand a ~ покупа́ть / нача́ть / откры́ть / закры́ть / забы́ть / чита́ть / по́мнить / переводи́ть / понима́ть кни́гу; a ~ on art / literature / economics / physics кни́га по иску́сству / литерату́ре / эконо́мике / фи́зике; ~s by Tolstoy кни́ги Толсто́го; the ~ has three hundred pages в кни́ге три́ста страни́ц; I liked the ~ мне понра́вилась э́та кни́га; the ~ shows / criticizes / tells в кни́ге пока́зывается / критику́ется / расска́зывается;

at the beginning / end of the ~ в нача́ле / конце́ кни́ги; the main character in the ~ гла́вный геро́й кни́ги; the name of the ~ назва́ние кни́ги; he took a ~ from the shelf он взял кни́гу с по́лки; his bag is full of ~s его́ портфе́ль по́лон книг.

book II *v* зака́зывать (65), *perf* заказа́ть (48) (*with acc*); he ~ed plane / theatre tickets он заказа́л биле́ты на самолёт / в теа́тр; train tickets must be ~ed two days in advance железнодоро́жные биле́ты сле́дует зака́зать за два дня.

booking-office (биле́тная) ка́сса *f* (19c); can you tell me where the ~ is? скажи́те, пожа́луйста, где (биле́тная) ка́сса?; they will tell you at the ~ вам ска́жут в ка́ссе; there was a long line at the ~ пе́ред ка́ссой стоя́ла больша́я о́чередь.

bookshelf кни́жная по́лка *f* (22d) [new но́вая, long дли́нная]; they have bookshelves built into the wall у них кни́жные по́лки вде́ланы в сте́ну; the bookshelves go up to the ceiling кни́жные по́лки дохо́дят до потолка́.

bookshop кни́жный магази́н *m* (1f); where can I find a good ~? где мо́жно найти́ хоро́ший кни́жный магази́н?; you can get the book in any ~ вы мо́жете купи́ть э́ту кни́гу в любо́м кни́жном магази́не; I saw

them coming out of the big
~ around the corner я ви-
дел(а), как они вышли из
большого книжного мага-
зина за углом.

boot ботинок *m* (4d, *gen
pl* ботинок); *usu pl* ботинки [1] leather кожаные,
worn (out) изношенные; 2)
wear носить, put on наде-
вать, take off снимать, repair, mend чинить]; { (*high
boot*) сапог *m* (4g); *usu pl*
сапоги; he was wearing ~s
он был в сапогах.

border *sb* (*boundary*) граница *f* (21c); the ~ runs
along the river граница
проходит вдоль реки; along
the ~ вдоль границы; when
we came to the ~... когда
мы подошли к границе ;
the village is on the ~
between the Soviet Union
and Poland село находится
на границе Советского Со-
юза с Польшей; we were met
at the ~ нас встретили на
границе, we shall cross the
~ early in the morning мы
переедем границу рано ут-
ром; ~ zone пограничная
зона.

bore *v*: be ~d скучать
(64), *no perf*; she was ~d
ей было скучно; we began
to be ~d нам стало скучно

born: be ~ родиться
(153); I was ~ in 1936
я родился, родилась в ты-
сяча девятьсот тридцать ше-
стом году; she was ~ in
February, 1936 она родилась
в феврале тысяча девять-

сот тридцать шестого года;
we were ~ on the same day
мы родились в один и тот
же день; where were you ~?
где вы родились?; he went
back to the place where he
was ~ он вернулся на роди-
ну.

borrow занимать (64),
perf занять (233) [1] *with
acc* money деньги, things
вещи; 2) у *with gen* from a
friend у приятеля, from a
neighbour у соседа]; he is
always ~ing money from
someone он постоянно занимает у кого-нибудь деньги.

boss хозяин *m* (1r).

both I *pron* оба *m, n*,
обе *f* (39i); ~ brothers /
windows оба брата / окна;
I have explained to ~ of you
what you are to do я объяс-
нил(а) вам обоим, что надо
делать; cars were moving in
~ directions машины дви-
гались в обоих направлени-
ях; ~ sisters / books обе
сестры / книги; he had parcels in ~ hands в обеих
руках у него были свёртки;
he / she was holding on
with ~ hands он держал-
ся / она держалась обеими
руками; there are fruit-
-trees on ~ sides of the road
по обеим сторонам дороги
растут фруктовые деревья;
they are ~ here / wrong
они оба, обе здесь / не-
правы; we shall ~ go мы
оба, обе пойдём

both II: ~...and...*conj*
как..., так и...; he speaks ~

Russian and English well
он хорошо говори́т как по-
-ру́сски, так и по-англи́й-
ски; my brother and I ~
believe that... как брат, так
и я ду́маем, что...

bother *v* 1. (*be in the way*)
меша́ть (64), *perf* помеша́ть
(64) (*with dat*); is the child
~ing you? ребёнок вам не
меша́ет?; { (*trouble*) беспо-
ко́ить (151), *perf* побеспо-
ко́ить (151) (*with acc*); I
didn't want to ~ you мне
не хоте́лось вас беспоко́ить;
2. (*trouble oneself*) беспоко́-
иться (151), *no perf*; please,
don't ~! не беспоко́йтесь,
пожа́луйста!

bottle буты́лка *f* (22d)
[1] *with gen* of milk молока́, of water воды́, of wine
вина́; 2) lies лежи́т, stands
стои́т]; break / open / drink
a ~ разби́ть / откры́ть /
вы́пить буты́лку; be careful
of these ~s! осторо́жно с
э́тими буты́лками!; ⊙ hot-
-water ~.гре́лка *f* (22d)

bottom *sb* 1. дно *n*, *no pl*
(14a); at the ~ of the sea /
river на дне мо́ря / реки́;
2. (*lower part*) ни́жняя часть
f (29b); the ~ of the monument ни́жняя часть па́мят-
ника; the ~ of the building
фунда́мент зда́ния; at the
~ of the page / stairs внизу́
страни́цы / ле́стницы; ⊙ get
to the ~ добра́ться (44) до
су́ти; I must get to the ~
of this я до́лжен добра́ться
до су́ти де́ла; from the ~
of one's heart от всей души́.

bound *a*: be ~ направ-
ля́ться (223), *perf* напра́-
виться (168); our ship was ~
for Leningrad наш парохо́д
направля́лся в Ленингра́д;
where are you ~ for? ку-
да́ вы направля́етесь?

bourgeois *a* буржуа́зный
(31b) [system строй]; бур-
жуа́зная [country страна́];
буржуа́зное [government
прави́тельство, state госу-
да́рство].

bourgeoisie буржуази́я *f*
(23b).

bow I *sb* покло́н *m* (1f).

bow II *v* кла́няться (226),
perf поклони́ться (160) (*with
dat*); he ~ed to the audience
он поклони́лся зри́телям.

bowl *sb* ча́шка *f* (22f) [1)
deep глубо́кая, wooden де-
ревя́нная; 2) *with gen* of
milk молока́, of porridge,
cereal ка́ши].

box *sb* 1. (*for packing*)
я́щик *m* (4d) [1) heavy
тяжёлый, empty пусто́й,
wooden деревя́нный; 2)
stands стои́т; 3) *carry* нести́,
close закрыва́ть, leave ос-
тавля́ть, open открыва́ть];
the refrigerator was packed in
a big ~ холоди́льник был
упако́ван в большо́й я́щик;
put things into a ~ скла́ды-
вать ве́щи в я́щик; 2. (*made
of paper, etc.*) коро́бка *f*
(22d) [light лёгкая, pretty
краси́вая, lacquered лаки-
ро́ванная, carved резна́я];
a ~ of matches / sweets,
candy коро́бка спи́чек / кон-
фе́т.

box — 68 —

boxing *sb* бокс *m*, *no pl* (1f).

box-office театра́льная ка́сса *f* (19c); tickets are on sale at the ~ биле́ты мо́жно купи́ть в театра́льной ка́ссе.

boy ма́льчик *m* (4a) [clever у́мный, foolish глу́пый, strong си́льный, lazy лени́вый, nice ми́лый, quiet споко́йный, strange стра́нный]; she has two ~s у неё два ма́льчика; they didn't let the ~in ма́льчика не впусти́ли.

brain 1. мозг *m* (4c); **2.** *usu pl* (*mind*): he has lots of ~s он о́чень у́мный; he racked his ~(s) он лома́л себе́ го́лову; hasn't he more ~(s) than that? неуже́ли он не мог лу́чше приду́мать?

branch *sb* **1.** (*bough*) ве́тка *f* (22d); the ~es were loaded down with fruit ве́тки сгиба́лись под тя́жестью плодо́в; **2.** (*auxiliary division*) отделе́ние *n* (18c); the company has ~es in many cities компа́ния име́ет отделе́ния во мно́гих города́х; **3.** (*field*) о́трасль *f* (29c); an important ~ of science / industry ва́жная о́трасль нау́ки / промы́шленности.

brave хра́брый (31b) [man челове́к, soldier солда́т, deed посту́пок, answer отве́т]; хра́брая [girl де́вушка]; be ~! мужа́йся, мужа́йтесь!; I wasn't ~ enough to tell him the truth у меня́ не хвати́ло сме́лости сказа́ть ему́ пра́вду.

bread хлеб *m* (1*l*) [1) dry сухо́й, fresh све́жий, soft мя́гкий; 2) buy покупа́ть, cut ре́зать]; give me some ~, please! да́йте мне, пожа́луйста, хле́ба!; a piece of ~ кусо́к хле́ба; ~ and butter хлеб с ма́слом; ⊙ **brown / white** ~ чёрный / бе́лый хлеб.

break *v* **1.** (*destroy*) лома́ть (64), *perf* слома́ть (64) [*with acc* box я́щик, door дверь, tree де́рево, wall сте́ну, roof кры́шу]; { лома́ть [one's arm, hand ру́ку, one's leg но́гу; pencil каранда́ш, watch часы́]; who broke the chair? кто слома́л стул?; ~ into two parts, pieces разлома́ть на две ча́сти; { (*of glass, etc.*) разби́ть (182) [*with acc* cup ча́шку, mirror зе́ркало, window окно́, eye-glasses очки́, thermometer гра́дусник; ice лёд]; who broke this plate? кто разби́л таре́лку?; ~ to pieces разби́ть вдре́безги; **2.** (*be destroyed*) лома́ться (64), *perf* слома́ться (64); the knife broke нож слома́лся; { (*of glass, etc.*) разби́ться (182); the cup broke ча́шка разби́лась; **3.** (*violate*) наруша́ть (64), *perf* нару́шить (174) [*with acc* law зако́н, rule пра́вило, custom обы́чай]; ~ **down** 1) лома́ться, *perf* слома́ться; the machine, car broke down маши́на слома́лась; 2) сдава́ть (63), *perf* сдать (214); his health broke down его́ здоро́вье сда́ло; 3) не вы́держать (52); she broke down and began to cry она́ не вы́держала и распла́калась; ~ **into:** ~ into laughter разрази́ться (191) сме́хом; ~ into tears распла́каться (90); ~ into blossom распусти́ться (162), расцвести́ (242); ~ **out** вспы́хнуть (125); a fire broke out near here yesterday вчера́ неподалёку отсю́да вспы́хнул пожа́р.

breakfast за́втрак *m* (4d) [1) early ра́нний, late по́здний, cold холо́дный, hot горя́чий; 2) make гото́вить]; at ~ за за́втраком; after / before ~ по́сле / до за́втрака; ~ is ready за́втрак гото́в; what will you have for ~ что вы хоти́те на за́втрак?; we have eggs for ~ у нас на за́втрак я́йца; ○ have ~ за́втракать (65), *perf* поза́втракать (65); they were having ~ они́ за́втракали: we had a big ~ мы пло́тно поза́втракали; have you had your ~? вы уже́ поза́втракали?; we usually have ~ at eight o'clock обы́чно мы за́втракаем в во́семь часо́в.

breath дыха́ние *n* (18c); ○ **be out of** ~ запыха́ться (64); **catch one's** ~ перевести́ (219) дыха́ние; **hold one's** ~ затаи́ть (198) дыха́ние; **take a (deep)** ~ глубоко́ вздохну́ть (130).

breathe дыша́ть (47), *no perf* [heavily тяжело́]; I

couldn't ~ я не мог дыша́ть; don't ~! не дыши́те!; we went out to ~ the air мы вы́шли подыша́ть во́здухом.

brick *sb* кирпи́ч *m* (7b); the house was made of ~s дом был постро́ен из кирпича́; a ~ building кирпи́чное зда́ние.

bride неве́ста *f* (19a).

bridegroom жени́х *m* (4e).

bridge (*over river, etc.*) мост *m* (1c) [1) new но́вый, stone ка́менный, wooden дере́вянный; 2) joins the two parts of the town соединя́ет две ча́сти го́рода; 3) build стро́ить, cross перейти́, blow up взорва́ть]; the old ~ was destroyed ста́рый мост был разру́шен; ~ over the river мост че́рез ре́ку.

brief *a* кра́ткий (33b) [answer отве́т]; кра́ткая [speech речь]; кра́ткое [introduction введе́ние, letter письмо́, summary резюме́]; I shall be ~ я бу́ду кра́ток; ~ but expressive words кра́ткие, но вырази́тельные слова́; ○ **in** ~ вкра́тце.

brief-case портфе́ль *m* (3c); *see* bag 3.

bright 1. (*intense in colour*) я́ркий (33b) [colour цвет, fire ого́нь, light свет]; я́ркая [star звезда́]; the sun was ~ со́лнце я́рко свети́ло; 2. (*filled with light*) све́тлый (31b) [night ночь, room ко́мната]; ~ future све́тлое бу́дущее; 3. (*clear*) я́сный (31b) [day день]; я́сное [sky не́бо]; 4. (*shining*) блестя́щий (35) [metal мета́лл]; блестя́щая [steel сталь]; блестя́щие [eyes глаза́, hair во́лосы]; 5. (*clever*) смышлёный (31b) [boy ма́льчик, pupil учени́к].

brilliant блестя́щий (35) [orator ора́тор, scientist учёный]; блестя́щая [career карье́ра, idea мысль]; блестя́щее [speech выступле́ние]; блестя́щие [results результа́ты].

bring 1. (*carry*) приноси́ть (152), *perf* принести́ (113) [*with acc* letter письмо́, glass of water стака́н воды́, newspaper газе́ту, smth to eat что́-нибудь пое́сть]; she brought her purchases home она́ принесла́ свои́ поку́пки домо́й; ~ the book with you! принеси́(те) с собо́й кни́гу!; he brought good / bad news он принёс хоро́шие / плохи́е ве́сти; it brought him fame / wealth / happiness э́то принесло́ ему́ сла́ву / бога́тство / сча́стье; 2. (*of people*) приводи́ть (152), *perf* привести́ (219); ~ him here! приведи́(те) его́ сюда́!; he brought his sister to the party он привёл на ве́чер свою́ сестру́; ~ **about** приводи́ть, *perf* привести́ к (*with dat*); it brought about great changes / downfall / defeat э́то привело́ к больши́м измене́ниям / паде́нию / пораже́нию; ~ **back** (*return*) возвраща́ть (64), *perf* возврати́ть (161) [*with acc* money де́ньги,

magazines журна́лы]; ~ **up** воспи́тывать (65), *perf* воспита́ть (64) [*with acc* children дете́й]; ◇ ~ **to an end** зака́нчивать (65), *perf* зако́нчить (172) (*with acc*).

broad широ́кий (33b) [belt по́яс]; широ́кая [street у́лица, river река́, road доро́га, smile улы́бка]; широ́кое [field по́ле, highway шоссе́, space простра́нство]; ◇ ~ **hint** я́сный намёк *m* (1c); we had to give him several ~ hints пришло́сь дать ему́ не́сколько я́сных намёков; in ~ **outline** в о́бщих черта́х; I can give you a ~ outline могу́ рассказа́ть вам в о́бщих черта́х.

broadcast *v* 1. передава́ть (63) по ра́дио, *perf* переда́ть (214) по ра́дио [*with acc* the news после́дние изве́стия, music му́зыку, play пье́су, speech речь, выступле́ние, football game футбо́льный матч]; 2. передава́ться (63) по ра́дио; the concert will be ~ конце́рт бу́дет передава́ться по ра́дио.

broken *a* сло́манный (31b) [box я́щик, chair стул, knife нож]; сло́манная [arm рука́, leg нога́; machine маши́на, stairs ле́стница]; сло́манные [clock, watch часы́]; ‖ разби́тый (31b) [glass стака́н]; разби́тая [cup ча́шка, plate таре́лка]; разби́тое [mirror зе́ркало, window окно́]; with a ~ **heart** с разби́тым се́рдцем.

brook ручей *m* (11b) [cross переходить, fall into упасть в, jump across перепрыгнуть через]; bathe in a ~ купаться в ручьé; the ~ dried up ручей высох.

brother брат *m* (1i); two ~s два брата; five ~s пять братьев; younger / elder ~ младший / старший брат; he always helped his ~ он всегда помогал брату; we considered the older ~ more capable мы считали старшего брата более способным; my ~ and I мы с братом.

brown *a* коричневый (31b) [suit костюм, bag портфель, pencil карандаш]; коричневая [car машина, ribbon лента, skirt юбка, hat шляпа]; коричневое [coat пальто, dress платье]; коричневые [shoes туфли, ботинки]; ~ hair каштановые волосы; ~ eyes карие глаза; light ~ светло-коричневый; dark ~ тёмно-коричневый; { (tanned) загорелый (31b) [boy мальчик]; загорелая [girl девушка, skin кожа]; загорелое [face лицо]; загорелые [arms руки].

brush I *sb* щётка *f* (22d) [stiff жёсткая, soft мягкая].

brush II *v* чистить (193), *perf* вычистить (193a), почистить (193) [*with acc* teeth зубы, clothes одежду, shoes туфли].

build строить (151), *perf* выстроить (151a), построить

(151) [1) *with acc* bridge мост, house дом, factory завод, school школу, city город, road дорогу, railway железную дорогу; 2) quickly быстро, slowly медленно, well хорошо]; the station was built of reinforced concrete вокзал был построен из железобетона; how long did the factory take to ~? сколько потребовалось времени, чтобы построить этот завод?

building (*structure*) здание *n* (18c) [1) new новое, high высокое; 2) stands стоит, faces выходит на; 3) build строить]; in the ~ в здании; leave the ~ уходить из здания; office ~ ведомственное здание.

bulb (*electric lamp*) лампочка *f* (22f); the ~ has burnt out лампочка перегорела.

bull бык *m* (4e) [angry свирепый, stubborn упрямый]; drive / catch a ~ гнать / поймать быка.

bullet пуля *f* (20e); the ~ hit him in the leg пуля попала ему в ногу.

bunch: ~ of keys связка (*f* 22d) ключей; ~ of grapes гроздь (*f* 29c) винограда; ~ of flowers букетик (*m* 4d) цветов.

burden *sb* 1. (*load*) тяжесть *f* (29c); he bent under the ~ он согнулся под тяжестью; be a ~ быть в тягость; I'm afraid I shall be a ~ to you я боюсь быть вам в тягость; his life seemed / became a ~ to him жизнь казáлась / стáла емý в тя́гость.

bureau бюрó *n indecl*; information ~ спрáвочное бюрó; tourist ~ турúстское бюрó; we asked at the ~ мы обратúлись в бюрó за спрáвками.

burn *v* 1. (*be on fire*) горéть (115), *perf* сгорéть (115); a fire / house was ~ing костёр / дом горéл; dry wood ~s easily сухúе дровá хорошó горя́т; the house ~ed to the ground дом сгорéл дотлá; his eyes ~ у негó горя́т глазá; her face was ~ing with shame её лицó горéло от стыдá; 2. (*destroy by fire*) сжигáть (64), *perf* сжечь (145) [*with acc* letter письмó, village дерéвню, house дом]; I want to ~ these old papers я хочý сжечь э́ти стáрые бумáги; 3. (*hurt by fire*) обжигáть (64), *perf* обжéчь (145) [*with acc* hand рýку, finger пáлец]; don't ~ yourself! не обожгúсь!, не обожгúтесь!

burst *v* 1. (*break*) лóпаться (65), *perf* лóпнуть (125); the bottle / tire ~ буты́лка / шúна лóпнула; 2. (*break into*) врывáться (64), *perf* ворвáться (50) (into — в *with acc*); he ~ into the room он ворвáлся в кóмнату; ☉ ~ into tears расплáкаться (90); ~ into laughter расхохотáться (73); ~ out laughing рассмея́ться (227);

~ into blossom расцветáть (64), *perf* расцвестú (242).

bury 1. (*of dead body*) хоронúть (156), *perf* похоронúть (156) (*with acc*); he was buried far from home егó похоронúли далекó от рóдины; 2. (*cover with earth*) закáпывать (65), *perf* закопáть (64) (*with acc*); he buried the box under a tree он закопáл я́щик под дéревом; she buried her face in her hands онá закры́ла лицó рукáми.

bus 1. (*with petrol engine*) автóбус *m* (1f) [1) convenient, comfortable удóбный, crowded перепóлненный, empty пустóй; 2) runs, goes идёт, stops останáвливается, passes проезжáет, comes подъезжáет; 3) get on, take сесть на]; wait for a ~ ждать автóбуса; get off a ~ выходúть из автóбуса; by ~ на автóбусе; 2. (*with electric motor*) троллéйбус *m* (1f).

bush куст *m* (1c) [1) thick пы́шный, tall высóкий; 2) plant сажáть, trim подрезáть].

business 1. (*commercial enterprise*) дéло *n* (14d) [1) profitable дохóдное, growing растýщее, flourishing процветáющее; 2) open откры́ть, run вестú]; put money into a ~ вложúть дéньги в дéло; he made a lot of money out of, from the ~ на э́том дéле он нáжил большúе дéньги; ~ interests деловы́е интерéсы; he has a ~ in London у негó в Лóндоне де́ло; do ~ with smb вести́ де́ло с кем-л.; they were talking ~ у них был делово́й разгово́р; he is, was away on ~ он уе́хал по де́лу; I've come on ~ я пришёл, прие́хал по де́лу; 2. (*affair*) де́ло; an unpleasant, nasty ~! неприя́тное де́ло!; what ~ is that of yours? како́е вам де́ло?; none of your ~! не ва́ше де́ло!; stick to ~! бли́же к де́лу!

busy заня́то́й (31a), за́нятый (31b) [man, person челове́к]; занята́я [woman же́нщина]; I shall be ~ on Wednesday я бу́ду за́нят, занята́ в сре́ду; he was ~ until four он был за́нят до четырёх часо́в; the line is ~ телефо́н за́нят; she was ~ cooking dinner она́ была́ занята́ приготовле́нием обе́да.

but I *prep* (*except*) *with gen*: everyone ~ you has agreed все, кро́ме вас, согласи́лись; no one ~ an expert could have seen the difference никто́, кро́ме специали́ста, не мог заме́тить ра́зницу; I can come any day ~ Thursday я могу́ прийти́ в любо́й день, кро́ме четверга́.

but II *conj* **1.** но; he wanted to come with us ~ he couldn't он хоте́л прийти́ с на́ми, но не смог; her dress was simple ~ attractive у неё бы́ло просто́е, но краси́вое пла́тье; yes, ~ how / when

/ where / why? да, но как / когда́ / где / почему́?; **2.** a; ~ what if he isn't at home? а что, е́сли его́ нет до́ма?; I'm ready ~ you aren't я гото́в(а), а вы — нет.

butter *sb* ма́сло *n* (14d) [fresh све́жее, sweet несолёное, salt солёное]; a pound / kilogram of ~ фунт / килогра́мм ма́сла; she spread ~ on her bread она́ нама́зала хлеб ма́слом; give me some ~, please! да́йте мне, пожа́луйста, ма́сла!

button I *sb* **1.** (*on clothing*) пу́говица *f* (21c) [mother-of-pearl перламу́тровая, glass стекля́нная, wooden деревя́нная]; sew on / lose a ~ приши́ть / потеря́ть пу́говицу; I want to change the ~s on my coat я хочу́ смени́ть пу́говицы на (своём) пальто́; a ~ came off my coat у меня́ на пальто́ оторвала́сь пу́говица; **2.** (*in bell, etc.*) кно́пка *f* (22d); press the ~! нажми́(те) кно́пку!

button II *v* застёгивать (65), *perf* застегну́ть (130) (*with acc*); ~ (up) your coat! застегни́(те) пальто́!

buy покупа́ть (64), *perf* купи́ть (169) (*with acc*); where did you ~ your hat? где вы купи́ли шля́пу?; they bought their furniture cheap они́ дёшево купи́ли ме́бель; she used to ~ her clothes at a shop in town она́ покупа́ла оде́жду в одно́м из магази́нов в го́роде; he bought the flowers from an old woman он купи́л цветы́ у (одно́й) стару́хи.

by I *adv* ми́мо; they went / ran / rode by они́ прошли́ / пробежа́ли / прое́хали ми́мо; the bus went by without stopping авто́бус прое́хал ми́мо не остана́вливаясь; the days went by проходи́ли дни; ◇ **by and by** че́рез не́которое вре́мя.

by II *prep* **1.** (*near*) *with gen*: by the window / fire / river у окна́ / костра́ / реки́; { (*beside*) *with instr*: sit by me! сядь ря́дом со мной!; he was walking by her side он шёл ря́дом с ней; **2.** (*past*) *with gen*: he walked by me он прошёл ми́мо меня́; we rode by the house / gate мы прое́хали ми́мо до́ма / воро́т; **3.** (*on, in*) *with abl*: by ship / car на парохо́де / маши́не; { *often not translated, Russian sb used in instr*: by plane / train / tram / bus самолётом / по́ездом / трамва́ем / авто́бусом; by sea мо́рем; by airmail авиапо́чтой; **4.** (*of, denoting authorship*; *not translated, Russian sb used in gen*): a play by Fletcher пье́са Фле́тчера; a picture by Repin карти́на Ре́пина; **5.** (*before*) *with dat*: I shall be there by five o'clock я бу́ду там к пяти́ часа́м; by three o'clock we had had our dinner к трём часа́м мы уже́ пообе́дали; by that time к тому́ вре́мени; by the fifth of May к пя́тому ма́я; by the end of the day к концу́ дня; by then к тому́ вре́мени; by tomorrow к за́втрашнему дню; by now уже́; **6.** *in passive constructions, not translated, Russian sb used in instr*: Moscow was founded by Yury Dolgorooky in 1147 Москва́ была́ осно́вана Ю́рием Долгору́ким в 1147 году́; **7.** (*by means of*) *not translated, Russian sb used in instr*: they achieved success by hard work они́ доби́лись успе́ха упо́рным трудо́м; he improved his Russian by much reading он улу́чшил свои́ зна́ния ру́сского языка́ тем, что мно́го чита́л; **8.** *in various phrases*: hold / pull / take / catch a person by the hand держа́ть / тащи́ть / брать / схвати́ть челове́ка за́ руку; what do you mean by that? что вы хоти́те э́тим сказа́ть?

C

cabbage капу́ста *f* (19c) [fresh све́жая, sour ки́слая]; a head of ~ коча́н капу́сты; ⊙ ~ **soup** щи *no sg* (щей, щам, щи, ща́ми, щах); ~ soup with sour cream щи со смета́ной; this ~ soup is tasty э́ти щи вку́с-

ные; a plate of ~ soup та-
ре́лка щей.

cabin 1. (*of plane*) каби́на
f (19c); the pilot came out
of the ~ лётчик вы́шел из
каби́ны; **2.** (*of ship*) каю́та
f (19c); I'm going to my ~ я
пойду́ к себе́ в каю́ту; **3.**
(*hut*) хи́жина *f* (19c); they
lived in little ~s они́ жи́-
ли в ма́леньких хи́жинах.

cab-stand стоя́нка (*f* 22d)
такси́; is there a ~ anywhere
near? есть ли побли́зости
стоя́нка такси́?

café кафе́ *n indecl*; many
~s мно́го кафе́; he went
into a ~ он вошёл в ка-
фе́; we were in a ~ мы бы́-
ли в кафе́; he came out of
a ~ он вы́шел из кафе́.

cage кле́тка *f* (22d); like a
bird in a ~ как пти́ца в
кле́тке.

cake *sb* **1.** (*plain one*) пи-
ро́г *m* (4g) [1) fresh све́жий,
sweet сла́дкий; 2) smells
good хорошо́ па́хнет; 3) buy
покупа́ть, cut ре́зать, eat
есть, make, bake печь];
a piece of ~ кусо́к пирога́;
will you have some ~?
мо́жно вам отре́зать кусо́к
пирога́?; **2.** (*large one with
icing, etc.*) торт *m* (1f);
3. (*small one*) пиро́жное *n*
(31b); two / five ~s два /
пять пиро́жных; tea and
a ~ чай с пиро́жным; **4.**
(*bar*) кусо́к *m* (4f); a ~ of
soap кусо́к мы́ла.

call I *sb* **1.** (*shout*) крик *m*
(4c); ~ for help крик о по́-
мощи; **2.** (*slogan*) призы́в *m*

(1f); thousands answered
our ~ ты́сячи люде́й от-
кли́кнулись на наш призы́в;
3. (*telephone call*) звоно́к (*m*
4f) по телефо́ну; I shall
wait for your ~ я бу́ду
ждать ва́шего звонка́; **4.**
(*summons*) вы́зов *m* (1f)
[urgent сро́чный]; the doctor had five ~s у до́ктора
бы́ло пять вы́зовов.

call II. *v* **1.** (*ask*) звать
(68), *perf* позва́ть (68)
(*with acc*); please, ~ your
sister to the 'phone! позови́-
те, пожа́луйста, ва́шу сест-
ру́ к телефо́ну!; your mother
is ~ing you тебя́ зовёт
ма́ма; **2.** (*give name*) назы-
ва́ть (64), *perf* назва́ть (68)
(*with acc*); they ~ed the
child Tom они́ назва́ли ребёнка (*with instr*) То́мом;
{ (*give nickname*) звать, *no
perf*; what do they ~ him at
home? как его́ зову́т до́ма?;
3. (*be named*) называ́ться
(64), *no perf*; what do you ~
this? как э́то называ́ется?;
we stopped at a place ~ed
N. мы останови́лись в мес-
те́чке, кото́рое называ́лось
Н ; **4.** (*summon*) вызыва́ть
(64), *perf* вы́звать (53)
[*with acc* taxi такси́, doctor
врача́, ambulance ско́рую
по́мощь]; ~ on (*visit*) за-
ходи́ть (152), *perf* зайти́
(206); ~ on smb заходи́ть
к (*with dat*) кому́-л ; I shall
~ on him tomorrow я зайду́
к нему́ за́втра; ~ up зво-
ни́ть (158), *perf* позвони́ть
(158) (*with dat*); ~ me up

when you get home позвони́те мне, когда́ придёте домо́й.

calm I *a* споко́йный (31b) [man челове́к, voice го́лос]; споко́йное [manner поведе́ние, sea мо́ре]; he was ~ он был споко́ен; become ~ успоко́иться; be ~! споко́йно!; he tried to be ~ but he could not он стара́лся быть споко́йным, но не мог; { (*not windy*) ти́хий (33b) [evening ве́чер]; ти́хая [night ночь, weather пого́да].

calm II *v* успока́ивать (65), *perf* успоко́ить (151) (*with acc*); ~ **down** успока́иваться (65), *perf* успоко́иться (151); she ~ed down at last наконе́ц, она́ успоко́илась; the sea ~ed down мо́ре успоко́илось; ~ down! успоко́йтесь!

camera фотоаппара́т *m* (1f) [expensive дорого́й, cheap дешёвый]; a ~ hung from his shoulder фотоаппара́т висе́л у него́ че́рез плечо́; does your ~ take good pictures? ваш фотоаппара́т хорошо́ снима́ет?

camp *sb* ла́герь *m* (3d) [summer ле́тний, winter зи́мний, children's де́тский]; pioneer ~ пионе́рский ла́герь; ~ life жизнь в ла́гере; they spent the summer in a ~ in the mountains они́ провели́ ле́то в ла́гере в гора́х.

campaign кампа́ния *f* (23c) [political полити́ческая, election предвы́борная]; during the election ~ во вре́мя предвы́борной кампа́нии.

can 1. (*be able to do*) мочь (248), *perf* смочь (248); I can't come at that time я не могу́ прийти́ в э́то вре́мя; I think I ~ help you ду́маю, что могу́ вам помо́чь; ~ you find out? вы не мо́жете узна́ть?; he / she / they couldn't wait он / она́ / они́ не мог / могла́ / могли́ ждать; she couldn't have said that она́ не могла́ сказа́ть э́того; it was the only thing he could do э́то еди́нственное, что он мог сде́лать; where ~ they have gone куда́ они́ могли́ де́ться?; what ~ have happened? что могло́ случи́ться?; I can't imagine не могу́ себе́ предста́вить; come as soon as you ~ приходи́те как мо́жно скоре́е; do as much as you ~ де́лайте, ско́лько мо́жете; ~ I see you for minute, moment? мо́жно вас на мину́точку?; that can't be true э́того не мо́жет быть; 2. (*know how to do*) уме́ть (98), *perf* суме́ть (98); ~ you swim? вы уме́ете пла́вать?

candidate кандида́т *m* (1e); ~ for president кандида́т в президе́нты.

candle свеча́ *f* (25d) [went out поту́хла, burns гори́т]; light / blow out a ~ заже́чь / потуши́ть свечу́; by the light of a ~ при све́те свечи́.

candy конфе́та *f* (19c); chocolate ~ шокола́дные конфе́ты; a box of candies коро́бка конфе́т; don't give the child ~ before dinner! не дава́йте ребёнку конфе́т пе́ред обе́дом!

canned консерви́рованный (31b); ~ fruit консерви́рованные фру́кты; ~ goods консе́рвы; ~ meat мясны́е консе́рвы; ~ vegetables овощны́е консе́рвы; ~ fish ры́бные консе́рвы.

cap (*boy's*) ке́пка *f* (22d) [grey се́рая, sports спорти́вная]; { (*part of uniform*) фура́жка *f* (22f) [school шко́льная, soldier's солда́тская]; { (*lady's*) ша́почка *f* (22f) [bright я́ркая, woollen шерстяна́я, knitted вя́заная, fur мехова́я]; { (*man's*) ша́пка *f* (22d) [fur мехова́я]; put on / take off / wear a ~ наде́ть / снять / носи́ть ке́пку, фура́жку, ша́пку.

capable спосо́бный (31b) [man челове́к, pupil учени́к]; he is ~ of anything он на всё спосо́бен.

cape I *sb* (*garment*) плащ *m* (7b); a ~ with a hood плащ с капюшо́ном.

cape II *sb geogr* мыс *m* (1f).

capital I *sb* (*city*) столи́ца *f* (21a); Moscow is the ~ of the Soviet Union Москва́ — столи́ца Сове́тского Сою́за; they went to live in the ~ они́ перее́хали (жить) в столи́цу; the population of the ~ населе́ние столи́цы.

capital II *sb* (*money*) капита́л *m* (1f); invest / increase / double ~ вложи́ть / увели́чить / удво́ить капита́л; the company has a ~ of £ 100,000 компа́ния располага́ет капита́лом в сто ты́сяч фу́нтов.

capitalist I *sb* капитали́ст *m* (1e).

capitalist II *a* капиталисти́ческий (33b) [city го́род, world мир]; капиталисти́ческая [country страна́, industry промы́шленность]; капиталисти́ческое [production произво́дство].

captain капита́н *m* (1e) [*with gen* of a ship парохо́да, of a team кома́нды].

capture *v* захва́тывать (65), *perf* захвати́ть (162) [*with acc* city го́род, ship парохо́д, prisoners пле́нных].

car 1. (*motor-car*) (авто-)маши́на *f* (19c) [1) fast бы́страя, one's own со́бственная; 2) goes fast бы́стро е́дет, stops остана́вливается, stands стои́т, rides away уезжа́ет]; start / repair a ~ заводи́ть / ремонти́ровать маши́ну; he got into the ~ он сел в маши́ну; she got out of the ~ она́ вы́шла из маши́ны; we sat in the ~ мы сиде́ли в маши́не; he put the ~ in the garage он поста́вил маши́ну в гара́ж; we went by ~ мы пое́хали на маши́не; 2. (*of train*) ваго́н *m* (1f); we shall be in the first / last ~ мы бу́дем в пе́рвом / после́днем ваго́не; а porter came into our ~ носи́льщик вошёл в наш ваго́н; he went into the next ~ он перешёл в сле́дующий ваго́н; smoking ~ ваго́н для куря́щих.

card 1. (*membership certificate*) биле́т m (1f); party ~ парти́йный биле́т; trade--union ~ профсою́зный биле́т; **2.** (*for correspondence*) откры́тка f (22d); send / receive a ~ посыла́ть / получа́ть откры́тку; the ~ said that the goods had been received в откры́тке бы́ло ска́зано, что това́ры уже́ полу́чены; **3.** (*for game*) ка́рта f (19c); win / lose at ~s выи́грывать / прои́грывать в ка́рты; we played ~s мы игра́ли в ка́рты.

care I *sb* (*attention, protection*) ухо́д m (1f); the car requires constant ~ маши́на тре́бует постоя́нного ухо́да; the children received excellent ~ за детьми́ был прекра́сный ухо́д; under doctor's ~ под наблюде́нием врача́; ⊙ **take** ~ 1) (*look after*) забо́титься (177), *perf* позабо́титься (177) (of — о *with abl*); take ~ of the children / one's parents забо́титься о де́тях / о роди́телях; all these things must be taken ~ of now сейча́с на́до обо всём э́том позабо́титься; { (*of things*) уха́живать (65), *no perf* (of — за *with instr*); he took ~ of the flowers in the garden он уха́живал за цвета́ми в саду́; 2) (*be careful*) следи́ть (153) (за *with instr*); he took ~ what he said / did он следи́л за тем, что он говори́л / де́лал; take ~! осторо́жно!

care II *v* **1.** (*like*) люби́ть (169), *no perf* (*with acc*); I don't ~ much for meat / fish / cards / dancing я не о́чень люблю́ мя́со / ры́бу / ка́рты / та́нцы; { (*love*) люби́ть; she didn't really ~ for her husband она́ по-настоя́щему не люби́ла своего́ му́жа; **2.** (*be interested*): I don't ~ what happens мне всё равно́, что бу́дет; I don't think he ~s я ду́маю, что ему́ всё равно́.

career карье́ра f (19c) [brilliant блестя́щая, fine прекра́сная, future бу́дущая]; that's the end of his ~ э́то — коне́ц его́ карье́ры; he thought only of his ~ он ду́мал то́лько о свое́й карье́ре.

careful 1. (*cautious, watchful*) осторо́жный (31b) [person челове́к]; I shall be ~ with your books я бу́ду осторо́жен, осторо́жна с ва́шими кни́гами; (be) ~! осторо́жно!; in future you must be more ~ в бу́дущем вы должны́ быть осторо́жнее; be ~ not to lose the tickets! смотри́(те), не потеря́й(те) биле́ты!; **2.** (*done with care*) тща́тельный (31b) [medical examination меди́цинский осмо́тр]; тща́тельная [work рабóта, preparations подготóвка]; тщáтельное [investigation расслéдование].

careless 1. (*without due care*) небрéжный (31b) [person человéк, boy мáльчик]; небрéжная [girl дéвушка, work рабóта]; небрéжное [attitude отношéние]; you mustn't be so ~! нельзя́ быть таки́м небрéжным!; she was always ~ about her clothes онá всегдá небрéжно относи́лась к своéй одéжде; **2.** (*incautious*) неосторóжный (31b) [action, act постýпок, step шаг]; неосторóжное [remark замечáние]; that was ~ of you с вáшей сторóны э́то бы́ло неосторóжно.

carpet ковёр *m* (1d) [1] cheap дешёвый, expensive дорогóй, oriental востóчный, Persian перси́дский, rich роскóшный; 2] clean чи́стить, beat выбивáть; the floor was covered with a thick ~ на полý лежáл тóлстый ковёр.

carriage (*of train*) вагóн *m* (1f); first-class ~ вагóн пéрвого клáсса; see car 2.

carry (*bear, convey*) нести́ (113), *perf* понести́ (113) [1] *with acc* bag, suit-case чемодáн, bag сýмку, portféль, box корóбку, child ребёнка, plate тарéлку; 2] in one's hand в рукé, in one's arms на рукáх, on one's back на спинé]; I shall ~ my bags myself я сам(á) понесý свой чемодá-

ны; they carried everything out of the room они́ всё вы́несли из кóмнаты; { (*of transport*) везти́ (219), *perf* повезти́ (219); the ship carried wheat парохóд вёз пшени́цу; ~ **out** выполня́ть (223), *perf* вы́полнить (159) [*with acc* plan план, work рабóту, threat угрóзу, promise обещáние, order прикáз, request прóсьбу].

cart телéга *f* (22b); we put our luggage in the ~ мы положи́ли багáж на телéгу.

case 1. (*happening*) слýчай *m* (13c) [difficult трýдный, sad печáльный]; I remember one ~ я пóмню оди́н слýчай; we have had many such ~s у нас бы́ло мнóго подóбных слýчаев; ⊙ **in that** ~ в такóм слýчае; **in any** ~ во вся́ком слýчае; call me up in any ~ в любóм слýчае позвони́(те) мне; **in** ~ в слýчае; I shall be here in ~ you need me в слýчае, éсли я вам понáдоблюсь, я бýду здесь; **2.** (*matter for trial*) дéло *n* (14d) [1] clear я́сное, complicated запýтанное; 2] win вы́играть, lose проигрáть].

cast *v* (*throw*) бросáть (64), *perf* брóсить (149) (*with acc*); ~ a glance бросáть взгляд; the trees ~ long shadows от дерéвьев пáдали дли́нные тéни

castle (*palace*) зáмок *m* (4d) [ancient стари́нный, ruined разрýшенный]; we went to see the ~ мы пошли осматривать за́мок.

cat ко́шка *f* (22e) [1) black and white чёрная с бе́лым, lazy лени́вая, hungry голо́дная; 2) jumps пры́гает].

catch 1. (*seize*) лови́ть (169), *perf* пойма́ть (64) [*with acc* bird пти́цу, fish ры́бу; boy ма́льчика; ball мяч; 2) by the hand, arm за́ руку]; **2.** (*be in time*) успе́ть (98) (на *with acc*); we caught the last bus / tram / train мы успе́ли на после́дний авто́бус / трамва́й / по́езд; **3.** (*get infected*) заража́ться (64), *perf* зарази́ться (191) (*with instr*); the child caught the measles ребёнок зарази́лся ко́рью; he caught cold он простуди́лся; ~ up догоня́ть (223), *perf* догна́ть (96) (*with acc*); he caught up with us он нас догна́л; ◊ ~ sight уви́деть (109) (of — *with acc*); see sight; ~ fire загоре́ться (115); see fire I.

catching *a* (*infectious*) зара́зный (31b); the disease isn't ~ э́та боле́знь не зара́зна.

cattle скот *m*, collect (1a) [feed корми́ть, raise выра́щивать]; care for ~ уха́живать за ското́м.

cause I *sb* **1.** (*reason for*) причи́на *f* (19c) [important ва́жная, main гла́вная, unknown неизве́стная]; ~ and effect причи́на и сле́дствие; one of the main ~s of war одна́ из гла́вных причи́н войны́; **2.** (*advocated movement*) де́ло *n* (14d); the ~ of peace де́ло ми́ра; he fought for the ~ of the working class он боро́лся за де́ло рабо́чего кла́сса.

cause II *v* (*bring about*) причиня́ть (223), *perf* причини́ть (158) [*with acc* pain боль, suffering страда́ние, trouble неприя́тности]; { (*arouse, produce*) вызыва́ть (64), *perf* вы́звать (53) (*with acc*); the incident ~d much talk э́тот слу́чай вы́звал мно́го то́лков; the news ~d a sensation э́та но́вость вы́звала сенса́цию.

caviare икра́ *f*, *no pl* (19f) [black чёрная, red кра́сная, pressed па́юсная]; ~ sandwich бутербро́д с икро́й.

cease 1. (*come to end*) прекраща́ться (64), *perf* прекрати́ться (161); gradually, the rain / noise ~d дождь / шум постепе́нно прекрати́лся; the firing ~d стрельба́ прекрати́лась; work never ~d рабо́та не прекраща́лась; **2.** (*bring to end*) прекраща́ть (64), *perf* прекрати́ть (161) (*with acc*); they had to ~ work им пришло́сь прекрати́ть рабо́ту; ~ fire прекрати́ть стрельбу́.

ceiling потоло́к *m* (4f) [high высо́кий, low ни́зкий]; there were bookshelves up to the ~ по́лки бы́ли до потолка́.

celebrate пра́здновать (245), *perf* отпра́здновать

(245) [*with acc* anniversary годовщи́ну, victory побе́ду]; they ~d their silver wedding last year в про́шлом году́ они́ отпра́здновали серебряную сва́дьбу.

cellar подва́л *m* (1f); go down into the ~ спусти́ться в подва́л; come up out of the ~ вы́йти из подва́ла.

cent цент *m* (1f); two ~s два це́нта; five ~s пять це́нтов; the oranges are five ~s apiece апельси́ны сто́ят пять це́нтов шту́ка; he gave me ten ~s change он дал мне де́сять це́нтов сда́чи.

centimetre сантиме́тр *m* (1f); ten ~s де́сять сантиме́тров; two ~s higher / deeper / wider на два сантиме́тра вы́ше / глу́бже / ши́ре; a ~ and a half полтора́ сантиме́тра; two and a half ~s два с полови́ной сантиме́тра; five ~s less на пять сантиме́тров ме́ньше.

central центра́льный (31b) [point пункт]; центра́льная [square пло́щадь, station ста́нция]; ⊙ ~ **heating** центра́льное отопле́ние (18c).

centre центр *m* (1f) [*with gen* of a city го́рода, of a district райо́на]; in the ~ в це́нтре; administrative / cultural ~ администрати́вный / культу́рный центр.

century век *m* (4h); the XXth ~ двадца́тый век; in the XIXth ~ в девятна́дцатом ве́ке; at the end / beginning of the ~ в конце́ / нача́ле ве́ка; for centuries в тече́ние веко́в; many centuries ago мно́го веко́в наза́д.

certain 1. (*some*) не́который (31b); ~ people think… не́которые лю́ди ду́мают…; under ~ conditions при не́которых усло́виях; to a ~ extent до не́которой сте́пени; 2. *predic* (*sure*) уве́рен *m*, уве́рена *f*, уве́рены *pl*; he was ~ он был уве́рен; she was ~ that she had seen him somewhere она́ была́ уве́рена, что где́-то ви́дела его́; ⊙ for ~ наверняка́.

certainly коне́чно; may I see you? — Certainly мо́жно с ва́ми поговори́ть? — Коне́чно.

certificate *sb* свиде́тельство *n* (14c); birth ~ свиде́тельство о рожде́нии; marriage ~ свиде́тельство о бра́ке.

chain *sb* цепь *f* (29b) [long дли́нная, iron желе́зная, heavy тяжёлая]; they have thrown off their ~s они́ сбро́сили с себя́ це́пи; a ~ of events цепь собы́тий; { (*small one*) цепо́чка *f* (22f); a thin gold ~ то́нкая золота́я цепо́чка.

chair 1. (*furniture*) стул *m* (1m) [1) comfortable удо́бный, soft мя́гкий, hard жёсткий, broken сло́манный; 2) stands стои́т, shakes кача́ется; 3) bring приноси́ть, offer предложи́ть]; sit down on a ~ сесть на стул; he sat on a ~ он сиде́л на сту́ле; he fell off his ~ он упа́л со сту́ла; he got up from his ~ он встал со сту́ла; take a ~! сади́тесь!; he didn't offer me a ~ он не предложи́л мне сесть; a row of ~s ряд сту́льев; 2. (*in university*) ка́федра *f* (19c); literature / chemistry ~ ка́федра литерату́ры / хи́мии; an instructor in the history ~ ассисте́нт, преподава́тель ка́федры исто́рии; head of the ~ заве́дующий ка́федрой; ~ meeting заседа́ние ка́федры.

chairman председа́тель *m* (3a) [*with gen* of a meeting собра́ния, of a committee комите́та, of a collective farm колхо́за]; he was elected ~ его́ избра́ли председа́телем.

chalk мел *m*, *no pl* (1f); piece of ~ кусо́к ме́ла; write with ~ писа́ть ме́лом.

challenge *sb* вы́зов *m* (1f); accept a ~ принима́ть вы́зов.

champion 1. (*prize-winner*) чемпио́н *m* (1e) [new но́вый, former пре́жний, future бу́дущий, recognized при́знанный]; boxing / swimming / tennis ~ чемпио́н по бо́ксу / пла́ванию / те́ннису; world / European ~ чемпио́н ми́ра / Евро́пы; 2. (*fighter*) боре́ц *m* (9b); ~s for peace борцы́ за мир.

chance 1. (*opportunity*) возмо́жность *f* (29c); he has had many ~s у него́ бы́ло мно́го возмо́жностей; didn't you get a ~ to speak to

him? у тебя́ не́ было возмо́жности поговори́ть с ним?; he was not given the ~ to learn у него́ не́ было возмо́жности учи́ться; we gave him another ~ мы да́ли ему́ возмо́жность испра́виться; 2. (*favourable occasion*) слу́чай *m* (13c); it was a good ~ to speak to her э́то был удо́бный слу́чай для разгово́ра с ней; you will never get another ~ like this вам никогда́ не предста́вится друго́й тако́й слу́чай; ⊙ by ~ случа́йно; he found the letter by ~ он случа́йно нашёл письмо́; she learned about it by ~ она́ узна́ла об э́том случа́йно; 3. (*possibility*) шанс *m* (1f); *usu pl* ша́нсы; he has, stands a good ~ to win у него́ хоро́шие ша́нсы на вы́игрыш.

change I *sb* 1. (*alteration*) измене́ние *n* (18c) [great большо́е, important ва́жное, rapid, quick бы́строе]; without ~ без измене́ний; ~ in, of conditions / policy измене́ние усло́вий / поли́тики; we have had to make certain ~s in our plans нам пришло́сь не́сколько измени́ть на́ши пла́ны; many ~s have taken place since then мно́гое измени́лось с тех пор; { переме́на *f* (19c); ~ for the better / worse переме́на к лу́чшему / ху́дшему; 2. (*small coins*) ме́лочь *f*, *collect* (30b); I have no (small) ~ у меня́ нет ме́лочи; he took some ~ out of his pocket он вы́нул из карма́на ме́лочь; have you got any ~ about you? нет ли у вас с собо́й ме́лочи?; can you give me ~ for a dollar? вы не мо́жете разменя́ть мне до́ллар?; **3.** (*money difference, residue*) сда́ча *f* (25a); give ~ дать сда́чу; here is your ~ вот ва́ша сда́ча; don't forget your ~! возьми́те сда́чу!

change II *v* **1.** (*alter*) меня́ть (223), *no perf*, изменя́ть (223), *perf* измени́ть (160) [*with acc* appearance вид, direction направле́ние, plan план]; we haven't ~d anything мы ничего́ не измени́ли; **2.** (*be altered*) меня́ться (223), *no perf*, изменя́ться (223), *perf* измени́ться (160) [(very) much си́льно, (very) little немно́го, at once сра́зу, gradually постепе́нно]; you haven't ~d at all вы совсе́м не измени́лись; the weather has ~d пого́да измени́лась; the appearance of the town is completely ~d вид го́рода соверше́нно измени́лся; **3.** (*of dress*) переодева́ться (64), *perf* переоде́ться (116); she went to ~ her dress она́ пошла́ переоде́ться; don't bother changing! не на́до переодева́ться!; **4.** (*of transport*) де́лать (65) переса́дку, *perf* сде́лать (65) переса́дку; you will have to ~ twice вам придётся два ра́за сде́лать переса́дку; we ~d trains at Kharkov в Ха́рькове мы

сде́лали переса́дку; ◇ ~ one's mind переду́мать (65); *see* mind I.

chapter глава́ *f* (19g) [1] long дли́нная, short коро́ткая, interesting интере́сная, first пе́рвая, last после́дняя]; read / write / begin / finish / skip a ~ прочита́ть / написа́ть / нача́ть / ко́нчить / пропусти́ть главу́; she has read four ~s / five ~s она́ прочита́ла четы́ре главы́ / пять глав; I haven't come to that ~ yet я ещё не дошёл, дошла́ до э́той главы́.

character 1. (*nature of person, thing*) хара́ктер *m* (1f) [strong си́льный, weak сла́бый, fine прекра́сный, independent незави́симый]; man of strong ~ челове́к си́льного хара́ктера; they differ greatly in ~ они́ си́льно отлича́ются хара́ктерами; the ~ of the work / soil / climate хара́ктер рабо́ты / по́чвы / кли́мата; the two articles differ greatly in ~ э́ти две статьи́ си́льно отлича́ются друг от дру́га по своему́ хара́ктеру; **2.** (*personage in book, play, etc.*) де́йствующее лицо́ *n* (*sg* 14a, *pl* 14c) [1] good положи́тельное, bad отрица́тельное, important ва́жное; 2) is described опи́сывается]; the main ~ in the novel гла́вный геро́й рома́на.

charge I *sb* (*money required*) пла́та *f*, *no pl* (19c); no extra ~ is made никака́я дополнительная плата не взимается; free of ~ бесплатно.

charge II sb (responsibility, trust): he is in ~ of the expedition он начальник экспедиции; who is in ~? кто заведующий?, кто начальник?; he was put in ~ ему поручили заведование.

charge III v (name price) usu rendered by брать (42), perf взять (236); what did they ~ you for the work? сколько с вас взяли за работу?; how much will you ~ for remodelling this coat? сколько вы возьмёте за переделку этого пальто?; they ~d me three dollars они взяли с меня три доллара.

charm sb обаяние n (18c); a woman / man of great ~ женщина / человек большого обаяния.

' charming (attractive) обаятельный (31b) [man человек]; обаятельная [girl девушка, wife жена, smile улыбка]; { (lovely) прелестный (31b) [house дом, story рассказ]; прелестная [apartment квартира, room комната]; прелестное [place место].

cheap I a дешёвый (31b) [dinner обед, gift подарок]; дешёвая [flat квартира, trip поездка]; дешёвое [coat пальто]; дешёвые [fruit фрукты, watch часы]; I am looking for something ~er мне нужно что-нибудь подешевле; third class tickets are about ten dollars ~er билеты третьего класса дешевле примерно на десять долларов.

cheap II adv дёшево; buy / sell smth ~ купить / продать что-л. дёшево.

cheat обманывать (65), perf обмануть (129) (with acc); he ~ed me он обманул меня; he ~ed me out of ten dollars он обманул меня на десять долларов.

check v (examine) проверять (223), perf проверить (157) [with acc addresses адреса, amount количество, weight вес]; the pilot ~ed both motors лётчик проверил оба мотора; all the figures must be ~ed необходимо проверить все цифры.

cheek щека f (22g); usu pl ~s щёки [red красные, pale бледные, sunken впалые]; my ~s are cold у меня замёрзли щёки; he kissed her ~ он поцеловал её в щёку.

cheerful весёлый (31b) [voice голос]; весёлая [smile улыбка]; весёлое [face лицо]; he looked ~ у него был весёлый вид; we all felt more ~ when the rain stopped мы все повеселели, когда перестал дождь; in a ~ mood в весёлом настроении.

cheese сыр m (1k) [fresh свежий, nice вкусный, sharp острый, soft мягкий, Swiss швейцарский]; do you

like bread and ~? вы лю́-
бите хлеб с сы́ром?; a ~
sandwich бутербро́д с сы́-
ром; have some ~! возьми́
(-те), пожа́луйста, сы́ру!

chemical *a* хими́ческий
(33b) [plant заво́д]; хими́-
ческая [industry промы́ш-
ленность]; ~ engineer ин-
жене́р-хи́мик; ~ fertilizers
минера́льные удобре́ния.

chemist 1. (*scientist*) хи́-
мик *m* (4a); **2.** (*druggist*) ап-
те́карь *m* (3a); a ~'s shop
апте́ка *f* (22b).

chemistry хи́мия *f* (23c);
he studied ~ он изуча́л
хи́мию; he was enrolled in
the ~ department он посту-
пи́л на хими́ческий факуль-
те́т.

cherry ви́шня *f* (20f) [ripe
спе́лая]; pick cherries соби-
ра́ть ви́шню.

chess ша́хматы *no sg*
(19c); play ~ игра́ть в ша́х-
маты; let's have a game of ~
сыгра́ем па́ртию в ша́хматы;
a ~ tournament ша́хматный
турни́р; the world ~ champion чемпио́н ми́ра по ша́х-
матам.

chest (*breast*) грудь *f*
(29b) [broad широ́кая, narrow у́зкая, weak сла́бая];
I have a pain in the ~ у меня́
боли́т грудь; he struck him
in the ~ он уда́рил его́ в
грудь.

chicken (*food*) ку́рица *f*
(21a) [hard жёсткая, soft
мя́гкая, boiled варёная,
fried жа́реная]; ~ soup ку-
ри́ный бульо́н.

chief I *sb* нача́льник *m*
(4a); ~ of police / staff
нача́льник поли́ции / шта́-
ба; did you speak to the ~?
вы говори́ли с нача́льни-
ком?

chief II *a* **1.** (*most important*) гла́вный (31b), основ-
но́й (31a) [entrance вход];
гла́вная, основна́я [topic
те́ма, concern забо́та]; **2.**
(*head*) гла́вный [engineer
инжене́р].

chiefly гла́вным о́бразом;
the delegation was made up
~ of scientists делега́ция
состоя́ла, гла́вным о́бразом,
из учёных; this applies ~
to teachers and students э́то
отно́сится, гла́вным о́бра-
зом, к преподава́телям и
студе́нтам.

child ребёнок *m* (4b)
[pretty краси́вый, charming
очарова́тельный, spoiled из-
бало́ванный, capricious кап-
ри́зный, healthy здоро́вый,
sickly боле́зненный, silly
глу́пый, favourite люби́-
мый]; two children два ребёнка; five children пять
дете́й; she was going to
have a ~ она́ была́ бере́мен-
на; she put the ~ to bed
она́ уложи́ла ребёнка в
крова́ть; you mustn't spoil
the ~ нельзя́ балова́ть ребёнка; children's literature
де́тская литерату́ра; children's theatre де́тский те-
а́тр.

childhood де́тство *n* (14c)
[happy счастли́вое, joyless
безра́достное]; he spent his

~ in a little village де́тство он провёл в ма́ленькой дере́вушке; I have known him since ~ я зна́ю его́ с де́тства.

chin подборо́док *m* (4d) [round кру́глый, sharp, pointed о́стрый].

china фарфо́р *m* (1f) [expensive дорого́й, beautiful краси́вый, old стари́нный].

Chinese I *sb* 1. (*language*) -кита́йский язы́к *m* (4g); read / write ~ чита́ть / писа́ть по-кита́йски; 2. (*nationality*) кита́ец *m* (10b), китая́нка *f* (22c); the ~ кита́йцы *pl* (10b).

Chinese II *a* кита́йский (33b) [people наро́д, language язы́к]; кита́йская [industry промы́шленность, revolution револю́ция]; кита́йское [art иску́сство].

chocolate шокола́д *m* (1f); a bar of ~ пли́тка шокола́да; a box of ~(s) коро́бка шокола́дных конфе́т.

choice вы́бор *m*, *no pl* (1f) [large большо́й, small небольшо́й, wide широ́кий]; I had no ~ у меня́ не́ было вы́бора; take your ~! выбира́й(те)!; you made a bad ~ вы сде́лали плохо́й вы́бор.

choke 1. (*stifle*) души́ть (175), *perf* задуши́ть (175) [*with acc* person челове́ка]; tears / sobs ~d her её души́ли слёзы / рыда́ния; 2. (*be stifled*) задыха́ться (64), *perf* задохну́ться (130) [от *with gen* with anger от гне́ва, with tears от слёз, with sobs от рыда́ний]; he felt he was

choking он чу́вствовал, что задыха́ется.

choose выбира́ть (64), *perf* вы́брать (43) [*with acc* book кни́гу, picture карти́ну, seat ме́сто]; she didn't know which to ~ она́ не зна́ла, что вы́брать.

Christmas рождество́ *n* (14e); come for the ~ holidays прие́хать на рождество́.

Christmas-tree ёлка *f* (22d).

church це́рковь *f* (29b) [Catholic католи́ческая, Russian orthodox ру́сская правосла́вная, Protestant протеста́нтская]; go to ~ ходи́ть в це́рковь.

cigarette сигаре́та *f* (19c); *usu pl* ~s сигаре́ты [strong кре́пкие, mild некре́пкие]; light / put out / smoke / offer / throw away a ~ заже́чь / потуши́ть / кури́ть / предложи́ть / бро́сить сигаре́ту; have a ~, please! возьми́те, пожа́луйста, сигаре́ту!; package of ~s па́чка сигаре́т; { (*Russian, with paper holder*) папиро́са *f* (19c).

cinema 1. (*pictures*) кино́ *n indecl*; to like the ~ люби́ть кино́; ~ star кинозвезда́ *f* (19f); 2. (*theatre*) кинотеа́тр *m* (1f); go to the ~ ходи́ть в кино́; we were at the ~ yesterday вчера́ мы бы́ли в кино́.

circle *sb* 1. круг *m* (*sg* 4c, *pl* 4f) [draw начерти́ть, нарисова́ть]; they stood in a ~ они́ образова́ли круг; ⊙ **everything began to go round**

in ~s голова́ пошла́ кру́гом; **2.** (*group*) круг; a ~ of friends круг друзе́й; business ~s деловы́е круги́; in high political ~s в высо́ких полити́ческих круга́х; **3.** (*for study, etc.*) кружо́к *m* (4f); literary ~ литерату́рный кружо́к; Russian ~ кружо́к (по изуче́нию) ру́сского языка́.

circumstance (*condition*) обстоя́тельство *n* (14c); in, under these ~s при таки́х обстоя́тельствах; under no ~s ни при каки́х обстоя́тельствах.

circus цирк *m* (4c); we bought tickets to the ~ мы купи́ли биле́ты в цирк; ~ performance цирково́е представле́ние.

citizen граждани́н *m* (1o), гражда́нка *f* (22c); they are ~s of various countries они́ явля́ются гра́жданами разли́чных стран.

city го́род *m* (1*l*) [1] old ста́рый, ancient стари́нный, modern совреме́нный, noisy шу́мный, industrial промы́шленный; 2) grows растёт, changes меня́ется, spreads расширя́ется; 3) build стро́ить, destroy разруша́ть]; ~ people, dwellers городски́е жи́тели; ~ outskirts окра́ины го́рода; they moved to the ~ они́ перее́хали в го́род; in cities and villages в города́х и сёлах; what ~ were you born in? в како́м го́роде вы роди́лись?; what ~ do you come

from? вы из како́го го́рода?; we got to the ~ late at night мы прие́хали в го́род по́здно но́чью.

civil 1. (*of citizens*) гражда́нский (33b); ~ code гражда́нский ко́декс; ~ war гражда́нская война́; ~ law гражда́нское пра́во; **2.** (*polite*) ве́жливый (31b) [answer отве́т].

claim *v* **1.** (*assert*) утвержда́ть (64), *no perf*; he ~s that he wasn't told to come он утвержда́ет, что ему́ не веле́ли приходи́ть; I don't ~ to know everything я не утвержда́ю, что всё зна́ю; **2.** (*demand*) претендова́ть (243), *no perf* [на *with acc* right на пра́во, post на ме́сто, money на де́ньги].

class I *sb* (*social stratum*) класс *m* (1f); working ~ рабо́чий класс; middle ~ сре́дняя буржуази́я; upper ~ 1) кру́пная буржуази́я; 2) аристокра́тия; propertied / ruling ~ иму́щий / пра́вящий класс; the ~ struggle кла́ссовая борьба́.

class II *sb* **1.** (*studies*) заня́тие *n* (18c); *usu pl* ~es заня́тия [1] begin начина́ются, are over конча́ются, are held прово́дятся; 2) attend посеща́ть, miss пропуска́ть, conduct вести́]; I have ~es until three у меня́ заня́тия до трёх часо́в; let's go to the pictures after ~es пойдёмте по́сле заня́тий в кино́; ~es in literature / Russian заня́тия по литературе / русскому языку; **2.** (*of train, etc.*): first-~ carriage / ticket вагóн / билéт пéрвого клáсса; we travelled third-~ мы éхали в трéтьем клáссе; **3.** (*quality*) кáчество *n* (14c); high / low ~ goods товáры высóкого / нúзкого кáчества; a first-~ play первоклáссная пьéса.

clay глúна *f* (19c) [soft мягкая, hard твёрдая]; ~ dishes / figure / pipe глúняная посýда / фигýрка / трýбка.

clean I *a* (*not dirty or marked*) чúстый (31b) [table стол, sheet of paper лист бумáги]; чúстая [shirt рубáшка, street улица, room кóмната]; чúстое [linen бельё, dress плáтье]; ~ person чистоплóтный человéк; we want everything to be ~ мы хотúм, чтобы всё было чúсто.

clean II *v* чúстить (193), *perf* вычистить (193a), почúстить (193) [*with acc* one's clothes плáтье, one's shoes тýфли]; ~ vegetables чúстить óвощи; she ~ed (up) the room онá убралá кóмнату; I want this suit ~ed я хочý отдáть этот костюм в (хим)чúстку.

clear I *a* **1.** (*cloudless*) ясный (31b) [day день]; ясная [weather погóда]; ясное [sky нéбо]; **2.** (*easy to understand*) ясный; it's not quite ~ to me мне не совсéм ясно; the meaning of the word is ~ значéние слóва ясно; the reason / situation is ~ причúна / ситуáция ясна; the question is ~ вопрóс ясен; it became ~ that... стáло ясно, что...; **3.** (*transparent, pure*) прозрáчный (31b); прозрáчная [water водá]; { *fig* чúстый; my conscience is ~ моя сóвесть чистá.

clear II *v*: ~ **up 1)** (*make clear*) выяснять (223), *perf* выяснить (159) [*with acc* question вопрóс, matter дéло, a few points нéкоторые момéнты]; **2)** (*make clean*) убирáть (64), *perf* убрáть (42) [*with acc* yard двор, construction site стройтельную площáдку); **3)** (*of weather*) проясняться (223), *perf* проясниться (158); the weather soon ~ed up вскóре погóда прояснúлась.

clearly ясно [speak говорúть, write писáть, hear слышать, distinguish различáть]; it was ~ impossible to get there that day было ясно, что мы не смóжем тудá добрáться в тот же день.

clever 1. (*intelligent*) умный (31b) [answer отвéт, plan план]; умная [idea мысль]; умное [face лицó]; умные [eyes глазá]; that wasn't very ~ of you с вáшей сторонý это было не óчень умно; **2.** (*skilful*): be ~ at smth хорошó дéлать что-л.; he is very ~ at translation он хорошó перевóдит; she is very ~ at arranging parties она́ хорошо́ устра́ивает вечера́.

climate кли́мат *m* (1f) [hot жа́ркий, cold холо́дный, dry сухо́й, damp вла́жный, mild мя́гкий, severe суро́вый]; the ~ agreed with her кли́мат был для неё подходя́щим; he needs a warmer ~ ему́ ну́жен бо́лее тёплый кли́мат; she didn't stand the ~ well она́ пло́хо переноси́ла э́тот кли́мат.

climb *v* 1. (*reach top*) влеза́ть (64), *perf* влезть (111) [на *with acc* tree на де́рево, ladder на ле́стницу]; { взбира́ться (64), *perf* взобра́ться (44) [на *with acc* hill на холм, mountain на́ гору]; 2. (*go up*) поднима́ться (64), *perf* подня́ться (232) [по *with dat* the stairs по ле́стнице]; ~ **down** 1) слеза́ть (64), *perf* слезть (111) [с *with gen* tree с де́рева]; 2) спуска́ться (64), *perf* спусти́ться (162) [с *with gen* mountain с горы́]; ~ **over** перелеза́ть (64), *perf* переле́зть (111) [че́рез *with acc* fence че́рез забо́р, wall че́рез сте́ну].

cloak-room гардеро́б *m* (1f); you can leave your parcels / take off your things in the ~ вы мо́жете оста́вить свёртки / разде́ться в гардеро́бе.

clock часы́ *no sg* (1c) [1) beautiful краси́вые, old ста́рые, antique стари́нные]; 2) goes иду́т, stopped останови́лись; 3) set ста́вить, wind заводи́ть, repair чини́ть]; it is two o'clock by this ~ по э́тим часа́м сейча́с два (часа́); the ~ struck twelve часы́ проби́ли двена́дцать; the ~ is ten minutes fast / slow часы́ спеша́т / отстаю́т на де́сять мину́т.

close I *v* 1. (*shut*) закрыва́ть (64), *perf* закры́ть (209) [1) *with acc* bag су́мку, book кни́гу, box коро́бку, door дверь, one's eyes глаза́, one's mouth рот, window окно́, factory заво́д; 2) quickly бы́стро, tight пло́тно, softly ти́хо]; the door was ~d дверь была́ закры́та; 2. (*bring to end*) закрыва́ть, *perf* закры́ть [*with acc* meeting собра́ние, congress съезд]; 3. (*be shut*) закрыва́ться (64), *perf* закры́ться (209) [early ра́но, late по́здно, at nine o'clock в де́вять часо́в]; office / shop ~s учрежде́ние / магази́н закрыва́ется.

close II *a* 1. (*of people*) бли́зкий (33b) [friend друг, relative ро́дственник]; 2. (*near*) rendered by Russian *adv* бли́зко; ~ to бли́зко от (*with gen*); the bus stop is ~ to my house остано́вка авто́буса бли́зко от моего́ до́ма; 3. (*almost*): it was ~ to five o'clock бы́ло почти́ пять часо́в; he must be ~ to sixty ему́ должно́ быть ско́ро шестьдеся́т; 4. (*stuffy*) ду́шный (31b); ду́шная [room ко́мната]; it was very ~ бы́ло о́чень ду́шно.

closely 1. (*attentively*) внима́тельно [examine рассма́тривать, watch следи́ть, listen слу́шать]; **2.** (*intimately*) бли́зко, те́сно; ~ connected те́сно свя́заны.

cloth мате́рия *f* (23c) [cheap дешёвая, expensive дорога́я, heavy тяжёлая, thick пло́тная, thin то́нкая, cotton хлопчатобума́жная, woollen шерстяна́я]; a coat made of the finest ~ пальто́ сде́лано из лу́чшей мате́рии; a length of ~ for a suit отре́з на костю́м.

clothes *pl* оде́жда *f*, collect, *no pl* (19c) [1] warm тёплая, summer ле́тняя, winter зи́мняя; 2) are packed упако́вана, hang виси́т]; { пла́тье *n*, collect (18d) [1] beautiful краси́вое, fashionable мо́дное, light лёгкое, dark тёмное, modest скро́мное, simple просто́е, loud крича́щее; ready-made гото́вое; 2) cost much до́рого сто́ит]; buy / brush / put on / take off / tear / wash / wear ~ покупа́ть / чи́стить / надева́ть / снима́ть / разорва́ть / стира́ть / носи́ть оде́жду, пла́тье; I must change my ~ мне ну́жно переоде́ться; her mother makes all her ~ её мать сама́ всё ей шьёт; he pays no attention to his ~ он не обраща́ет никако́го внима́ния на свой костю́м.

clothing collect оде́жда *f*, *no pl* (19c); men's / women's ~ мужска́я / же́нская оде́жда.

cloud *sb* **1.** (*light*) о́блако *n* (14d, *gen pl* облако́в) [1] white бе́лое, dark тёмное; 2) appears появля́ется, disappears исчеза́ет, floats плывёт]; { *fig* о́блако; a ~ of dust / smoke о́блако пы́ли / ды́ма; **2.** (*heavy*) ту́ча *f* (25a) [1] leaden свинцо́вая, grey се́рая, black чёрная, low ни́зкая; 2) covers the horizon закрыва́ет горизо́нт]; ~s began to gather на́чали собира́ться ту́чи.

club (*society*) клуб *m* (1f); athletic ~ спорти́вный клуб; workers' ~ рабо́чий клуб; ~ members чле́ны клу́ба; ~ meeting собра́ние чле́нов клу́ба.

clumsy неуклю́жий (34b) [man челове́к, gesture жест]; неуклю́жая [attempt попы́тка, evasion увёртка; furniture ме́бель]; неуклю́жее [movement, motion движе́ние, sentence предложе́ние].

coal у́голь *m* (*sg* у́гля, у́глю, у́голь, у́глем, у́гле, *pl* у́гли, у́глей, у́глям, у́гли, у́глями, у́глях) [1] black чёрный, good хоро́ший; 2) burns гори́т; 3) burn сжига́ть, haul вози́ть, mine добыва́ть, load грузи́ть, unload вы́грузить]; a ton of ~ то́нна у́гля.

coast (*морско́й*) бе́рег *m* (4h); on the ~ на берегу́; near the ~ о́коло бе́рега; we went along the ~ мы шли по бе́регу; the road runs along the ~ доро́га идёт вдоль бе́рега; when we approached, neared the ~ ... когда́ мы приблизи́лись к бе́регу...; Black Sea ~ Черномо́рское побе́режье.

coat (*garment*) пальто́ *n indecl* [1] new но́вое, warm тёплое, light лёгкое, summer ле́тнее, winter зи́мнее, mid-season демисезо́нное; 2) hangs виси́т, lies лежи́т; 3) buy покупа́ть, brush чи́стить, put on наде́ть, take off снять, wear носи́ть]; I am having a ~ made я шью себе́ пальто́; I must have my ~ cleaned мне ну́жно отда́ть пальто́ в чи́стку; this ~ is too big / small for me э́то пальто́ мне велико́ / мало́; what colour is your new ~? како́го цве́та ва́ше но́вое пальто́?; what did your ~ cost you? ско́лько сто́ило ва́ше пальто́?; two ~s два пальто́; a fur ~ мехова́я шу́ба *f* (19c).

cock пету́х *m* (4e).

cocoa кака́о *n indecl*; cup of hot ~ ча́шка горя́чего кака́о.

coexistence сосуществова́ние *n, no pl* (18c); peaceful ~ of countries with different political systems ми́рное сосуществова́ние стран с разли́чными полити́ческими систе́мами.

coffee ко́фе *m indecl* [1] hot горя́чий, strong кре́пкий, fresh то́лько что зава́ренный, black чёрный;

2) becomes cold остыва́ет, smells good хорошо́ па́хнет; 3) drink пить, make пригото́вить]; will you have a cup of ~? не вы́пьете ли вы ча́шку ко́фе?; I have ~ with sugar but without cream я пью ко́фе с са́харом, но без сли́вок; we have ~ only for breakfast мы пьём ко́фе то́лько за за́втраком; is there any ~ left? есть ещё ко́фе?

coin *sb* моне́та *f* (19c) [silver сере́бряная, small ме́лкая]; a few ~s не́сколько моне́т.

coincidence совпаде́ние *n* (18c) [pure, sheer чи́стое, strange, odd стра́нное, remarkable удиви́тельное]; it is difficult to believe that it was a mere ~ тру́дно пове́рить, что э́то бы́ло про́сто совпаде́ние.

cold I *sb* **1.** (*of temperature*) хо́лод *m* (1*l*); he can't stand the ~ of winter он не выно́сит зи́мних холодо́в; the meat was kept in the ~ мя́со держа́ли на хо́лоде; **2.** (*illness*) на́сморк *m* (4d); I have a ~ у меня́ на́сморк; have you anything for a ~? у вас есть что́-нибудь от на́сморка?; ⊙ **have, catch ~** простужа́ться (64), *perf* простуди́ться (152); she has, catches ~s very often она́ ча́сто простужа́ется; he has caught ~ again он опя́ть простуди́лся; don't catch ~! не простуди́тесь!; she has had a bad ~ for two days она́ уже́ два дня си́льно просту́жена.

cold II *a* холо́дный (31b) [breakfast за́втрак, dinner обе́д, supper у́жин; day день, wind ве́тер; reception приём]; холо́дная [room ко́мната, water вода́, weather пого́да, night ночь, winter зима́]; холо́дное [meat мя́со; morning у́тро]; it is ~ today сего́дня хо́лодно; it's getting ~er стано́вится холодне́е; it is ~ out на у́лице хо́лодно; when the ~ weather began... когда́ наступи́ли холода́...; I am, feel ~ мне хо́лодно; are you ~? вам не хо́лодно?; my feet are ~ у меня́ замёрзли но́ги; your dinner is getting ~ ваш обе́д остыва́ет; he was very ~ to us он отнёсся к нам о́чень хо́лодно.

collar (*of coat, jacket*) воротни́к *m* (4g) [wide широ́кий, fur мехово́й]; he put, turned up his ~ он по́днял воротни́к; { (*of shirt, blouse*) воротничо́к *m* (4f) [clean чи́стый, dirty гря́зный, fresh све́жий, separate отде́льный, starched накрахма́ленный].

collect 1. (*bring, gather together*) собира́ть (64), *perf* собра́ть (42) [*with acc* stamps ма́рки, coins моне́ты, signatures, names по́дписи, data да́нные, evidence све́дения]; I couldn't ~ my thoughts я не мог(ла́) собра́ться с мы́слями; **2.** (*come*

together) собира́ться (64), *perf* собра́ться (42); a big crowd ~ed собрала́сь больша́я толпа́.

collection 1. (*selected specimens*) колле́кция *f* (23c) [1) valuable це́нная, unusual необы́чная; 2) *with gen* of stamps ма́рок, of coins моне́т, of pictures карти́н, of rare books ре́дких книг]; add to a ~ допо́лнить колле́кцию; **2.** (*collecting money*) сбор (*m* 1f) (де́нег); make, take up a ~ for the earthquake victims организова́ть сбор (де́нег) в по́льзу пострада́вших от землетрясе́ния.

collective коллекти́вный (31b) [labour труд]; ○ ~ **farm** колхо́з *m* (1f) [big, large большо́й, rich бога́тый, poor бе́дный, flourishing процвета́ющий]; they live / work on a big ~ farm они́ живу́т / рабо́тают в большо́м колхо́зе; they have just returned from a ~ farm они́ то́лько что верну́лись из колхо́за; the ~ farm chairman председа́тель колхо́за; ~ farm fields колхо́зные поля́; the ~ farm raises much fruit э́тот колхо́з выра́щивает мно́го фру́ктов; ~ **farmer** колхо́зник *m* (4a), колхо́зница *f* (21a); the ~ farmers elected him chairman колхо́зники избра́ли его́ председа́телем.

college институ́т *m* (1f); engineering / agricultural ~ техни́ческий / сельскохозя́йственный институт; teachers' training / medical / педагогический / медицинский институт; enter ~ поступить в институт; graduate from ~ окончить институт; ~ boy студент; ~ girl студентка; he goes to ~ он учится в институте.

colloquial разговорный (31b) [style стиль]; разговорная [speech речь, phrase фраза, idiom идиома]; разговорное [expression выражение, word слово].

colonel полковник *m* (4a).

colonial колониальный (31b) [regime режим]; колониальная [country страна, war война]; колониальные [possessions владения]; the colonial peoples are fighting for their freedom колониальные народы борются за свою свободу.

colony колония *f* (23c); many colonies have gained independence многие колонии добились независимости; large and small colonies are fighting to be free nations народы больших и малых колоний борются за свою свободу.

colour цвет *m* (1*l*) [1] bright яркий, light светлый, dark тёмный, soft мягкий, ugly некрасивый, cherry вишнёвый, pale rose бледно-розовый, dark blue тёмно-синий; 2] changes меняется, runs линяет, fades выцветает]; what ~ is your new dress? какого цвета

ваше новое платье?; the ~ is becoming to you этот цвет вам идёт; ~ film цветной фильм.

column 1. (*of marchers*) колонна *f* (19c); they marched in ~s они шли колоннами; **2.** (*of building*) колонна; behind a ~ за колонной; **3.** (*of numbers, etc.*; *in newspaper*) столбец *m* (9c); in the second ~ во втором столбце.

comb I *sb* гребёнка *f* (22d); have you got a ~? нет ли у вас гребёнки?; can, will you lend me your ~ for a minute? дайте мне гребёнку на минуту!; I haven't got my ~ with me у меня нет с собой гребёнки.

comb II *v* (*make smooth*) причёсывать (65), *perf* причесать (57) (*with acc*).

combination сочетание *n* (18c) [happy, lucky удачное, strange странное, rare редкое]; ~ of colours / words сочетание цветов / слов; ~ of circumstances стечение обстоятельств.

come 1. (*on foot*) приходить (152), *perf* прийти (206) [1] home домой, to work на работу, to the theatre в театр, from work с работы, from the theatre из театра; 2] at five o'clock в пять часов, early рано, late поздно, in time вовремя, today сегодня, tomorrow завтра, again ещё раз]; he came first / last он пришёл первым / последним; he

came to see her the next day
на другой день он пришёл
к ней в гости; I can ~
whenever you say я могу
прийти, когда хотите; I
shall ~ as soon as I can
я приду, как только смо-
гу; they came nearer они
подошли ближе; ~ for me
/ for the books at about
ten зайди(те) за мной / за
книгами в десять часов;
~ at once! приходи(те)
сейчас же!; ~ as soon as you
can! приходите скорее!; ~
here! иди(те) сюда!; ~ with
me! идём(те) со мной!; {
(*of time*) наступать (64),
perf наступить (169); summer has ~ наступило лето;
night came наступила ночь;
election day came наступил
день выборов; **2.** (*by transport*) приезжать (64), *perf*
приехать (71); he often ~s
to town он часто приезжает
в город; we came to Moscow
the day before yesterday
мы приехали в Москву по-
завчера; when will you ~
again? когда вы приедете
ещё раз?; we have ~ from
India мы приехали из Ин-
дии; visitors came from
abroad гости приехали из-за
границы; where did he ~
from? откуда он приехал?;
what did he ~ here for?
зачём он сюда приехал?;
3. (*result*) выходить (152),
perf выйти (208); nothing
came of it из (*with gen*) этого ничего не вышло; what do
you think will ~ of it? как

вы думаете, что из этого
выйдет?; it didn't ~ out the
way we wanted вышло не так,
как мы хотели; ~ **across**
встретить (177) (*with acc*)
we came across him in a shop
мы (случайно) встретили
его в магазине; I came across
the word several times я
встретил это слово несколько раз; ~ **along** идти (207)
вместе, *perf* пойти (206)
вместе; ~ along! пойдём(те)
с нами!; ~ **back** (*return*)
возвращаться (64), *perf* воз-
вратиться (161), вернуться
(130) [в *with acc* to town
в город, home домой]; he
never came back on больше
не возвращался; ~ **in** вхо-
дить (152), *perf* войти
(206); ~ in! войдите!; ~
into the room / house / shop
войти в (*with acc*) комнату /
дом / магазин; ~ **out** (*emerge*)
выходить (152), *perf* выйти (208); he came out to us он
вышел к нам; she came out
of the room / dining-room /
shop она вышла из (*with
gen*) комнаты / столовой /
магазина; ~ **up** подходить
(152), *perf* подойти (206)
(to — к(о) *with dat*); she
came up to me она подошла
ко мне; ◇ ~ **to one's mind**
приходить в голову, *perf*
прийти в голову; *see* mind
I; ~ **to an end** кончаться (64),
perf кончиться (172); *see* end
I; ~ **true** сбываться (64),
perf сбыться (210); *see* true.
   comfortable удобный
(31b) [chair стул, couch ди-

ván]; удобная [clothes одежда]; удобное [seat место]; удобные [shoes туфли]; I am quite ~ мне очень удобно; I don't feel ~ about refusing мне неудобно отказаться; { (well equipped) комфортабельный (31b) [ship пароход, plane самолёт]; комфортабельная [flat квартира].

coming a наступающий (35) [year год, month месяц, holiday праздник]; наступающая [autumn осень, winter зима, spring весна]; наступающее [summer лето]; not this Monday, the ~ Monday не в этот понедельник, а в следующий; during the ~ year в течение будущего года.

command I sb (usu written) приказ m (1f); the ~ was signed by the general приказ был подписан генералом; { (spoken) команда f (19c); everyone heard the ~ все слышали команду

command II v 1. (order) приказывать (65), perf приказать (48) (with dat); the captain ~ed his men to advance капитан приказал своим солдатам двигаться вперёд; 2. (have authority over) командовать (245), no perf [with instr army армией, ship кораблём, regiment полком].

comment sb замечание n (18c); are there any ~s on the plan? есть ли какие-либо замечания по плану?

commit (do) совершать (64), perf совершить (171) [with acc crime преступление, murder убийство, terrible mistake ужасную ошибку, unpardonable act непростительный проступок]; he ~ted suicide он покончил с собой.

committee комитет m (1f) [1) executive исполнительный, organizing организационный, strike стачечный, district районный; 2) holds meetings, meets заседает, studies a question изучает вопрос, takes up, considers a question рассматривает вопрос; votes голосует, decides решает; 3) elect избирать, appoint назначать]; investigation ~ комитет по расследованию; member of the ~ член комитета; chairman / secretary of the ~ председатель / секретарь комитета; ⊙ **Central Committee of the Communist Party** Центральный Комитет Коммунистической партии.

common I sb общее n (35); they have much / nothing in ~ у них много / ничего нет общего.

common II a 1. (mutual) общий (35) [language язык]; общее [effort стремление, desire желание]; общие [interests интересы]; 2. (ordinary) простой (31a); the ~ people want peace простые люди хотят мира; 3. (widespread) распространённый

(31b) [flower цвето́к]; распространённая [error оши́бка]; распространённое [phenomenon явле́ние]; knowledge of foreign languages is rather ~ зна́ние иностра́нных языко́в дово́льно распространено́; ◇ ~ sense здра́вый смысл m (1f); see sense.

communism коммуни́зм m (1f) [fight for боро́ться за, build стро́ить]; the way, road to ~ путь к коммуни́зму.

communist I sb коммуни́ст m (1e) [convinced убеждённый, faithful пре́данный]; he became a ~ он стал коммуни́стом.

communist II a коммунисти́ческий (33b); ~ worker рабо́чий-коммуни́ст; ~ newspaper коммунисти́ческая газе́та; the Communist Party of the Soviet Union Коммунисти́ческая па́ртия Сове́тского Сою́за; ⊙ **the Young Communist League** Коммунисти́ческий сою́з молодёжи, комсомо́л m, no pl (1e).

community 1. (public) о́бщество n (14c); interests of the ~ интере́сы о́бщества; work for the welfare of the ~ рабо́тать на бла́го о́бщества; ~ centre / club обще́ственный центр / клуб; **2.** общи́на f (19c) [large больша́я, rural, village дереве́нская].

companion 1. (friend) това́рищ m (8a); they were happy to see their son and his ~s again они́ бы́ли ра́ды

опя́ть уви́деть сы́на и его́ това́рищей; **2.** (fellow traveller) спу́тник m (4a), попу́тчик m (4a), спу́тница f (21a), попу́тчица f (21a); I couldn't find any ~, so I went alone я не мог найти́ себе́ попу́тчиков, поэ́тому пошёл оди́н.

company 1. (firm) компа́ния f (23c) [influential влия́тельная, oil нефтяна́я, machine-building машинострои́тельная]; he works for a big ~ он рабо́тает в кру́пной компа́нии; **2.** (society) о́бщество n (14c) [pleasant прия́тное, dull ску́чное]; he avoided ~ он избега́л о́бщества; I don't enjoy their ~ мне неинтере́сно в их о́бществе; ⊙ **keep smb** ~ соста́вить кому́-л. компа́нию; **3.** (guests) го́сти pl (3e); they always had a lot of ~ у них всегда́ быва́ло мно́го госте́й; the ~ broke up го́сти разошли́сь; **4.** (companion) собесе́дник m (4a); he was never good ~ он никогда́ не́ был интере́сным собесе́дником.

compare v сра́внивать (65), perf сравни́ть (158) [with acc two things две ве́щи, figures ци́фры, results результа́ты]; the two books can't be ~d э́ти две кни́ги нельзя́ сравни́ть; (as) ~d with по сравне́нию с (with instr); the weather is not bad, ~d with last year пого́да неплоха́я по сравне́нию с про́шлым го́дом.

comparison сравне́ние *n* (18c); I don't want to draw, make any ~ я не хочу́ проводи́ть никаки́х сравне́ний; ⊙ **by, in** ~ **with** по сравне́нию с (*with instr*); the play is poor in ~ with some of his others пье́са бле́дная по сравне́нию с его́ не́которыми други́ми пье́сами; the buildings seemed small by ~ with those in the capital дома́ нам каза́лись ма́ленькими по сравне́нию с дома́ми в столи́це.

compartment (*of carriage*) купе́ *n indecl* [1] empty пусто́е, occupied за́нятое; 2) occupy заня́ть]; enter, come into the ~ войти́ в купе́; the whole ~ was at our disposal всё купе́ бы́ло в на́шем распоряже́нии.

compel (*force*) заставля́ть (223), *perf* заста́вить (168) (*with acc*); circumstances ~led him to act as he did обстоя́тельства заста́вили его́ поступи́ть и́менно так; he was ~led by illness to give up the work боле́знь заста́вила его́ отказа́ться от э́той рабо́ты; nothing could ~ him to change his decision ничто́ не могло́ заста́вить его́ измени́ть своё реше́ние.

competition 1. конкуре́нция *f* (23c) [free свобо́дная, open откры́тая, sharp, keen о́страя, foreign иностра́нная]; the company tried to crush all ~ компа́ния стара́лась подави́ть вся́кую кон-

куре́нцию; 2. (*contest*) соревнова́ние *n* (18c); sports ~ спорти́вное соревнова́ние; socialist ~ социалисти́ческое соревнова́ние.

complain жа́ловаться (244), *perf* пожа́ловаться (244) [1) на *with acc* of the noise на шум, of a headache на головну́ю боль, about the hotel service на обслу́живание в гости́нице, about her husband на му́жа; 2) *with dat* to her mother ма́тери, to the director дире́ктору]; what do you ~ of? на что вы жа́луетесь?; I can't ~ не могу́ пожа́ловаться.

complaint жа́лоба *f* (19c); do you wish to make a ~? вы хоти́те пода́ть жа́лобу?; that is a serious ~ э́то серьёзная жа́лоба; we have never received any ~s about the quality of the goods мы никогда́ не получа́ли жа́лоб относи́тельно ка́чества това́ров; she came with a ~ against one of the salesmen она́ пришла́ с жа́лобой на одного́ из продавцо́в.

complete *a* 1. (*absolute*) по́лный (31b) [ruin крах, failure прова́л, success успе́х]; по́лная [victory побе́да, surprise неожи́данность]; по́лное [defeat пораже́ние, satisfaction удовлетворе́ние]; with ~ assurance с по́лной уве́ренностью; 2. (*whole*) по́лный; the ~ works of Shakespeare по́лное собра́ние сочине́ний Шекспи-pa; I want to give you a ~ picture я хочу́ дать вам по́лную карти́ну.

completely (*wholly*) соверше́нно; you are ~ wrong вы соверше́нно непра́вы; she ~ forgot она́ соверше́нно забы́ла; the party was ~ spoiled, ruined ве́чер был соверше́нно испо́рчен; { (*thoroughly*) вполне́; I understand ~ я вполне́ понима́ю; he was ~ satisfied он был вполне́ дово́лен; I agree ~ я вполне́ согла́сен, согла́сна.

complicated сло́жный (31b) [question вопро́с]; сло́жная [situation ситуа́ция, machine маши́на, system систе́ма, operation опера́ция]; сло́жное [matter, affair де́ло]; the whole thing is getting more ~ де́ло всё бо́льше усложня́ется; there's nothing ~ in this в э́том нет ничего́ сло́жного.

comrade това́рищ *m* (8a) [real настоя́щий, true ве́рный, loyal пре́данный]; he and two ~s он и два его́ това́рища, он с двумя́ това́рищами.

conceal (*hide*) скрыва́ть (64), *perf* скрыть (209) [*with acc* bad news плохи́е но́вости, изве́стия, truth пра́вду, real facts и́стинные фа́кты, feelings чу́вства]; she ~ed what had happened она́ скры́ла случи́вшееся.

concern *v* 1. (*be connected*) каса́ться (64), *no perf* (*with gen*); this ~s everyone э́то

каса́ется всех; that doesn't ~ me э́то меня́ не каса́ется; ⊙ as ~s что каса́ется (*with gen*); as ~s me, I am always ready что каса́ется меня́, то я всегда́ гото́в(а); as ~s, ~ing your first question... что каса́ется ва́шего пе́рвого вопро́са...; 2.: be ~ed (*anxious*) беспоко́иться (151) (about — о *with abl*); he wasn't ~ed about what people would say он не беспоко́ился о том, что ска́жут лю́ди; we are ~ed about her health мы беспоко́имся о её здоро́вье.

concert конце́рт *m* (1f); we seldom go to ~s мы ре́дко быва́ем на конце́ртах; he gave a number of ~s он дал ряд конце́ртов; we heard the ~ over the radio мы слу́шали конце́рт по ра́дио; did you enjoy the ~? вам понра́вился конце́рт?; be at the ~ быть на конце́рте; the ~ was broadcasted конце́рт передава́лся по ра́дио.

conclude 1. (*finish*) зака́нчивать (65), *perf* зако́нчить (172) [*with acc* speech речь, lecture ле́кцию, talk бесе́ду, negotiations перегово́ры]; he ~d with a quotation from Shakespeare он зако́нчил своё выступле́ние цита́той из Шекспи́ра; 2. (*settle*) заключа́ть (64), *perf* заключи́ть (171) [*with acc* treaty, pact догово́р, agreement соглаше́ние, transaction сде́лку].

conclusion 1. (*end*) заключе́ние *n* (18c) [*with gen* of a speech ре́чи]; ⊙ in ~ в заключе́ние; in ~ I should like to say that... в заключе́ние хо́чется сказа́ть, что...; **2.** (*settlement*) заключе́ние [*with gen* of a treaty догово́ра, of an agreement соглаше́ния]; **3.** (*decision, point of view*) вы́вод *m* (1f) [right, correct пра́вильный, wrong, mistaken непра́вильный, logical логи́чный, opposite противополо́жный]; we have come to the ~... мы пришли́ к вы́воду...; what ~ can be drawn from these facts? кака́я вы́вод мо́жно сде́лать из э́тих фа́ктов?; your ~ is not supported by the facts ваш вы́вод не подтвержда́ется фа́ктами.

condemn (*censure*) осужда́ть (64), *perf* осуди́ть (152) (*with acc*); his action was ~ed by everyone его́ посту́пок был все́ми осуждён.

condition *sb* **1.** *usu pl* ~s (*circumstances*) усло́вия (18c) [1) living жили́щные, favourable благоприя́тные, normal норма́льные, intolerable невыноси́мые; 2) improve улучша́ются, grow worse ухудша́ются; 3) study изуча́ть, improve улучша́ть]; working ~s усло́вия (для) рабо́ты; under, in such ~s при таки́х усло́виях; ~s have changed усло́вия измени́лись; **2.** (*stipulation*) усло́вие *n* (18c); what are your ~s? каковы́ ва́ши усло́вия?; we can't meet these ~s мы не мо́жем удовлетвори́ть э́ти усло́вия; I cannot accept these ~s я не могу́ согласи́ться на э́ти усло́вия; he agreed on ~ that we should help him он согласи́лся при усло́вии, что мы ему́ помо́жем; **3.** (*state*) состоя́ние *n* (18c) [splendid прекра́сное, satisfactory удовлетвори́тельное, critical угрожа́ющее]; the ~ of affairs состоя́ние дел; his ~ has improved состоя́ние (его́ здоро́вья) улу́чшилось.

conduct *sb* (*behaviour*) поведе́ние *n* (18c) [1) good хоро́шее, bad плохо́е, improper неприли́чное, shocking неслы́ханное, inexcusable непрости́тельное; 2) explain объясни́ть]; we were surprised at his ~ мы бы́ли удивлены́ его́ поведе́нием; I can't excuse his ~ я не могу́ извини́ть его́ поведе́ния.

conductor 1. (*of tram, bus*) конду́ктор *m* (1h); ask the ~! спроси́(те) конду́ктора!; **2.** (*of orchestra*) дирижёр *m* (1e).

conference конфере́нция *f* (23c) [1) important ва́жная, annual ежего́дная; 2) takes place происхо́дит]; at a ~ на конфере́нции; come to a ~ прие́хать на конфере́нцию; take part in a ~ принима́ть уча́стие в конфере́нции; call / arrange / hold / open / close a ~ созва́ть / устро́ить / проводи́ть

/ откры́ть / закры́ть конфе-
ре́нцию.

confess признава́ться
(63), *perf* призна́ться (64);
he ~ed that he had known it
for some time он призна́лся,
что уже́ не́которое вре́мя
знал об э́том.

confidence 1. (*assurance*)
уве́ренность *f* (29c); there
was much ~ in his tone /
look / manner / answer в
его́ то́не / взгля́де / мане́ре
/ отве́те бы́ло мно́го уве́-
ренности; he began to lose ~
он на́чал теря́ть уве́рен-
ность; with ~ с уве́ренно-
стью, уве́ренно; **2.** (*trust*)
дове́рие *n* (18c) [full по́лн-
ное]; have, put, place ~ in
доверя́ть (*with dat*); I have
much ~ in him я ему́ о́чень
доверя́ю; I don't put much
~ in what he says я не
о́чень доверя́ю тому́, что он
говори́т.

congratulate поздравля́ть
(223), *perf* поздра́вить
(168) [*with acc* mother мать,
uncle дя́дю, friend дру́га];
~ him / her on his / her
birthday поздра́вить его́ / её
с днём рожде́ния; I ~ you!
поздравля́ю вас!

congress съезд *m* (1f)
[opens открыва́ется, closes
закрыва́ется, lasts продолж-
жа́ется]; the ~ met, took
place in 1958 съезд состоя́лся
в ты́сяча девятьсо́т пять-
деся́т восьмо́м году́; writers' ~ съезд писа́телей;
we shall be present at the ~
мы бу́дем прису́тствовать

на съе́зде; after the ~ по́сле
съе́зда; before the ~ пе́ред
съе́здом.

connect 1. (*join*) соеди-
ня́ть (223), *perf* соедини́ть
(158) (*with acc*); the new
road ~s two important centres но́вая доро́га соединя́ет
два ва́жных це́нтра; **2.** (*associate*) свя́зывать (65), *perf*
связа́ть (48) (*with acc*); the
events are not ~ed in any
way э́ти собы́тия ника́к не
свя́заны; he is no longer ~ed
with us он с на́ми уже́ не
свя́зан.

connection (*link*) связь *f*
(29c) [close те́сная, direct
пряма́я]; { *often pl* свя́зи
[1] trade торго́вые, business делов́ые; 2) establish
установи́ть, break off по-
рва́ть, expand расши́рить];
⊙ in ~ with в связи́ с (*with
instr*); in ~ with your
work / request в связи́ с
ва́шей рабо́той / про́сьбой;
in this ~ в э́той связи́.

conquer 1. (*overcome*) пре-
одолева́ть (64), *perf* пре-
одоле́ть (98) [*with acc* difficulties тру́дности, temptation искуше́ние]; { (*defeat*)
побежда́ть (64), *perf* побе-
ди́ть (153) [*with acc* enemy
врага́, opponent проти́вни-
ка]; **2.** (*take possession of
by force*) завоёвывать (65),
perf завоева́ть (247) [*with
acc* country страну́.]

conscience со́весть *f* (29 c);
my ~ is clear моя́ со́весть
чиста́; his ~ bothered him
со́весть му́чила его́; I

did it to relieve, satisfy my ~ я это сделал(а) для очистки совести.

consciousness сознáние *n* (18с); he lost ~ он потерял сознáние; he regained, recovered ~ он пришёл в сознáние.

consent *sb* соглáсие *n* (18с); by common ~ с общего соглáсия; give ~ to давáть соглáсие на (*with acc*); he refused to give his ~ to the plan он отказáлся дать своё соглáсие на этот план; ⊙ **silence gives, means ~** молчáние — знак соглáсия.

consequence 1. (*result*) послéдствие *n* (18с); *usu pl* ~s послéдствия [possible возмóжные, serious серьёзные, terrible ужáсные, unpleasant неприятные, indirect кóсвенные]; he will have to take the ~s ему придётся отвечáть за послéдствия; as a ~ в результáте; **2.** (*importance*) значéние *n*, *no pl* (18с); it's of small, little ~ это не имéет большóго значéния; it's of no ~ это не имéет никакóго значéния.

consider 1. (*believe, think*) считáть (64), *perf* счесть (139); I ~ it important я считáю, что это вáжно; we didn't ~ the time wasted мы не считáли, что зря потеряли врéмя; I ~ it my duty to tell you (я) считáю своим дóлгом сообщить вам; **2.** (*give thought*) обдýмывать (65), *perf* обдýмать (65) (*with acc*); we must ~ the

matter carefully мы должны тщáтельно обдýмать этот вопрóс.

considerable (*large*) значительный (31b) [growth рост]; значительная [part часть, help пóмощь, sum сýмма]; значительное [increase увеличéние, decrease снижéние, distance расстояние]; it will take ~ time это займёт мнóго врéмени; I have ~ doubts у меня большие сомнéния; the number is ~ значительное колúчество; to a ~ extent в значительной стéпени.

consideration (*attention*) внимáние *n* (18с); we were treated with great, much ~ к нам отнеслись с большим внимáнием; ⊙ **take into** ~ принимáть (64) во внимáние, *perf* принять (232) во внимáние (*with acc*); we shall take it into ~ мы примем это во внимáние; **have ~ (for)** считáться (64), *perf* посчитáться (64) (с *with instr*); he has no ~ for others он не считáется с другими.

consist (*be composed*) состоять (222), *no perf* (of — из *with gen*); the delegation ~ed of five people делегáция состояла из пяти человéк; the course ~ed of thirty lessons курс состоял из тридцати урóков.

constant (*continual, regular*) постоянный (31b) [noise шум; visitor гость]; постоянное [persecution преслéдование]; постоянные [complaints жа́лобы, arguments спо́ры, quarrels ссо́ры].

constantly постоя́нно; she was ~ interrupted её постоя́нно прерыва́ли; he is ~ late он постоя́нно опа́здывает; he was ~ being asked for advice к нему́ постоя́нно обраща́лись за сове́том.

constitution (*code of laws*) конститу́ция *f* (23c); democratic ~ демократи́ческая конститу́ция; the ~ was adopted конститу́ция была́ принята́; according to the ~ согла́сно конститу́ции.

construction (*process of building*) строи́тельство *n* (14c); he is working on a ~ job он рабо́тает на строи́тельстве; ~ plans пла́ны строи́тельства; large-scale ~ строи́тельство большо́го масшта́ба.

contain (*have, hold*) содержа́ть (47), *no perf* (*with acc*); the book ~s a good deal of useful information кни́га соде́ржит мно́го поле́зных све́дений.

contents *pl* содержа́ние *n*, *no pl* (18c) [1] *with gen* of book кни́ги, of story расска́за; 2) tell, relate рассказа́ть]; the ~ in brief кра́ткое содержа́ние; we discussed both the form and the ~ of the play мы обсуди́ли как фо́рму, так и содержа́ние пье́сы.

contest *sb* состяза́ние *n* (18c); sports ~ спорти́вное состяза́ние; { ко́нкурс *m*

(1f); the second international figure-skating ~ was held состоя́лся второ́й междунаро́дный ко́нкурс по фигу́рному ката́нию.

continent матери́к *m* (4g) [big, large большо́й, southern ю́жный]; the largest cities of the American ~ са́мые больши́е города́ америка́нского контине́нта.

continue 1. (*go on doing*) продолжа́ть (64), *perf* продо́лжить (172) [*with acc* story расска́з, meeting собра́ние, game игру́]; ~ to argue, arguing / to read, reading продолжа́ть спо́рить / чита́ть; may I ~? мо́жно продолжа́ть?; if you ~ in this way... е́сли вы бу́дете так продолжа́ть...; 2. (*go on*) продолжа́ться (64), *no perf*; the meeting ~d собра́ние продолжа́лось; this ~d for some time так продолжа́лось не́которое вре́мя; the argument ~d спор продолжа́лся; ⊙ to be ~d продолже́ние сле́дует.

contrary *sb*: on the ~ наоборо́т.

contrast *sb* контра́ст *m* (1f) [complete по́лный, striking рази́тельный]; the colours form a pleasant ~ э́ти цвета́ создаю́т прия́тный контра́ст.

control I *sb* контро́ль *m* (3c) [1] full, complete по́лный, direct непосре́дственный, poor сла́бый; 2) gain, establish установи́ть, lose потеря́ть, strengthen, tight-

en усилить ˌweaken осла́-
бить]; circumstances beyond
our ~ prevented us from
writing earlier по незави́ся-
щим от нас обстоя́тельствам
мы не написа́ли вам ра́ньше;
⊙ be under the ~ of быть
в ве́дении (*with gen*); the
railways are under the ~ of
the ministry желе́зные до-
ро́ги нахо́дятся в ве́дении
министе́рства.

control II *v* (*restrain*)
сде́рживать (65), *perf* сдер-
жа́ть (47) [*with acc* anger
гнев, emotions чу́вства,
tears слёзы]; he couldn't ~
his temper он не мог совла-
да́ть с собо́й; ~ yourself!
возьми́те себя́ в ру́ки!

convenient удо́бный (31b)
[day день, hour час]; удо́б-
ная [bag су́мка, flat квар-
ти́ра]; удо́бное [time вре́мя,
place ме́сто]; the time is not
~ for me э́то вре́мя мне
неудо́бно; if it is ~ for
you е́сли вам э́то удо́бно.

conversation разгово́р *m*
(1f) [1] pleasant прия́тный,
long дли́нный, lively жи-
во́й, witty остроу́мный; 2)
carry on вести́, interrupt
прерва́ть, keep up поддё́р-
живать, turn поверну́ть];
I have had two ~s with him
over the telephone мы с ним
два ра́за разгова́ривали по
телефо́ну; { бесе́да *f* (19c);
I have enjoyed our ~ мне
о́чень понра́вилась на́ша бе-
се́да.

convince убежда́ть (64),
perf убеди́ть (153) [1] *with*

acc one's friends свои́х дру-
зе́й, one's parents роди́телей;
2) в *with abl* of somebody's
mistake в чьей-л. оши́бке];
we finally ~d him that he
was wrong наконе́ц, мы его́
убеди́ли (в том), что он не-
пра́в; he was still not ~d
он всё же нé был убеждён;
your arguments are not convincing ва́ши до́воды не-
убеди́тельны.

cook *v* гото́вить (168), *perf*
пригото́вить (168) [*with acc*
dinner обе́д, eggs я́йца, meat
мя́со, vegetables о́вощи];
none of us can ~ никто́ из
нас не уме́ет гото́вить; she
~ed a meal for them она́
пригото́вила им еду́; who ~s
for you? кто вам гото́вит?

cool *a* (*between warm and
cold*) прохла́дный (31b) [day
день, evening ве́чер], wind
ве́тер]; прохла́дная [water
вода́]; прохла́дное [place
ме́сто, morning у́тро]; I
shall feel ~er here мне здесь
бу́дет прохла́днее; it was ~
in the shade в тени́ бы́ло
прохла́дно; it's about the
~est place in the city э́то,
пожа́луй, са́мое прохла́дное
ме́сто в го́роде.

copper медь *f* (29c); it is
made of ~ э́то сде́лано из
ме́ди; ~ coin ме́дная моне́-
та.

copy I *sb* 1. (*facsimile*) ко́-
пия *f* (23c); did you make
copies of these documents?
вы сня́ли ко́пии с э́тих до-
куме́нтов?; typewritten ~
отпеча́танная на маши́нке

ко́пия; photostatic ~ фото-ко́пия *f* (23c); ⊙ **rough** ~ чернов
́
и́к *m* (4g); make / write a rough ~ first! снача́-ла сде́лайте / напиши́те чернов
и́к!; 2. (*one of a number of books, etc.*) экземпля́р *m* (1f); I have two copies of the book у меня́ два экземпля́ра э́той кни́ги; how many copies shall I buy? ско́лько экземпля́ров купи́ть?; { (*issue*) но́мер *m* (1l); old copies of the newspaper / magazine ста́рые номера́ газе́ты / журна́ла.

copy II *v* 1. (*rewrite*) перепи́сывать (65), *perf* переписа́ть (57) (*with acc*); he copied the names into his notebook он переписа́л э́ти фами́лии в свою́ записну́ю кни́жку; I had to ~ the whole letter мне пришло́сь переписа́ть всё письмо́; 2. (*imitate*) подража́ть (64), *no perf* (*with dat*); she copies everything her friend does она́ подража́ет всему́, что де́лает её подру́га.

corn 1. хлеб *m* (1l) [plant се́ять, grow выра́щивать, harvest убира́ть]; 2. *Am.* кукуру́за *f* (19c); the cattle is fed on ~ скот ко́рмят кукуру́зой; ~ field кукуру́зное по́ле.

corner у́гол *m* (1d) [right-hand пра́вый, left-hand ле́вый]; she sat in a ~ она́ сиде́ла в углу́; the house is at, on the ~ дом нахо́дится на углу́; he lives round the ~ он живёт за угло́м;

he went round, turned the ~ он заверну́л за́ угол; go, walk as far as the ~, to the ~ иди́те до угла́; from all ~s of the earth со всех концо́в земли́.

correct I *a* пра́вильный (31b) [answer отве́т, address а́дрес]; пра́вильная [idea мысль]; пра́вильное [decision реше́ние, impression впечатле́ние]; that is absolutely ~ э́то соверше́нно пра́вильно; that is more or less ~ э́то бо́лее и́ли ме́нее пра́вильно; is this the ~ (telephone) number? э́тот но́мер пра́вильный?; that's not quite ~ э́то не совсе́м пра́вильно.

correct II *v* исправля́ть (223), *perf* испра́вить (168) [*with acc* mistake оши́бку, list спи́сок]; please, ~ me if I am wrong е́сли я ошибу́сь, попра́вьте меня́, пожа́луйста; have you ~ed everything? вы всё испра́вили?

correspond (*write letters*) перепи́сываться (65), *no perf* [c *with instr* with a friend с дру́гом, with one's parents с роди́телями]; she ~ed with my sister for many years она́ мно́го лет перепи́сывалась с мое́й сестро́й; we haven't ~ed for years мы уже́ не́сколько лет не перепи́сываемся.

corridor коридо́р *m* (1f) [dark тёмный, long дли́нный, narrow у́зкий, wide широ́кий]; go further along the ~! иди́те да́льше по коридо́ру!; on both sides of the ~ по обе́им сторона́м коридо́ра; all the rooms are off the ~ все ко́мнаты выхо́дят в коридо́р; they were standing in the ~ они́ стоя́ли в коридо́ре.

cosmic косми́ческий (33b) [ray луч, flight полёт]; косми́ческое [space простра́нство]; ~ age век ко́смоса.

cosmos ко́смос m (1f); into the ~ в ко́смос; from, out of the ~ из ко́смоса; the conquest of the ~ завоева́ние ко́смоса.

cost I sb сто́имость f, no pl (29c) [1) great больша́я, small небольша́я; 2) with gen of the trip пое́здки, of a ticket биле́та, of the construction строи́тельства; 3) pay оплати́ть]; ◇ at all ~s, at any ~ во что́ бы то ни ста́ло.

cost II v сто́ить (151), no perf [two pounds два фу́нта, five roubles пять рубле́й; too much сли́шком до́рого; one's life жи́зни]; how much will it ~? ско́лько э́то бу́дет сто́ить?; the trip doesn't ~ much путеше́ствие сто́ит недо́рого; what did it ~ you? ско́лько вы заплати́ли?; it ~ him a lot of trouble э́то сто́ило ему́ мно́го хлопо́т; how much does it ~ to go by plane? ско́лько сто́ит биле́т на самолёт?

cottage (small house in country) да́ча f (25a) [1) little небольша́я, summer ле́тняя, winter зи́мняя, well-

-furnished хорошо́ обста́вленная, cosy ую́тная; with modern conveniences с удо́бствами; 2) near the city недалеко́ от го́рода; near Moscow под Москво́й]; we took a ~ for the summer мы сня́ли да́чу на ле́то; they came to see us in our ~ они́ прие́хали к нам на да́чу; they are living in a ~ они́ живу́т на да́че; they built a three-room ~ они́ постро́или да́чу из трёх ко́мнат.

cotton хлопчатобума́жный (31b) [suit костю́м]; хлопчатобума́жная [shirt руба́шка, clothes оде́жда, blouse блу́зка, table-cloth ска́терть, cloth ткань]; хлопчатобума́жное [dress пла́тье, underwear бельё, blanket одея́ло]; ⊙ ~ wool ва́та f, no pl (19c).

couch дива́н m (1f) [soft мя́гкий, big большо́й, wide широ́кий, comfortable удо́бный]; lie down / sit down on a ~ лечь / сесть на дива́н; lie / sit on a ~ лежа́ть / сиде́ть на дива́не; there was an old-fashioned ~ standing in the corner в углу́ стоя́л старомо́дный дива́н.

cough v ка́шлять (226), perf ка́шлянуть (126); she began to ~ она́ начала́ ка́шлять.

council сове́т m (1f); town ~ городско́й, муниципа́льный сове́т; Council of Ministers сове́т мини́стров; World Peace Council Всеми́рный

Совéт Мира; Security Council Совéт Безопáсности.

count *v* 1. (*find number of*) считáть (64), *perf* сосчитáть (64) [*with acc* days дни, money дéньги, people людéй, things вéщи]; I ~ed two hundred people in the hall я насчитáл в зáле двéсти человéк; I shall ~ to three я бýду считáть до трёх; there were five of us not ~ing children нас бы́ло пять человéк, не считáя детéй; 2. (*be considered*) считáться (64), *no perf*; that doesn't ~ э́то не считáется; ~ on рассчи́тывать (65) на (*with acc*), *no perf*; can we ~ on you? мóжно на вас рассчи́тывать?; we ~ed on your help мы рассчи́тывали на вáшу пóмощь; we ~ed on him to finish the job мы рассчи́тывали на то, что он закóнчит рабóту.

country 1. (*land*) странá *f* (19g) [1) beautiful краси́вая, free свобóдная, great вели́кая, democratic демократи́ческая, agricultural сельскохозя́йственная, industrial промы́шленная; 2) buys покупáет, sells продаёт, changes изменя́ется, develops развивáется, fights бóрется, helps помогáет]; come to a ~ поéхать в странý; visit / know / love / defend a ~ посещáть / знать / люби́ть / защищáть странý; attack a ~ нападáть на странý; help a ~ помогáть странé; travel in, about a ~ путешéствовать по странé;

leave a ~ уезжáть из страны́; capital / language / people / customs of a ~ столи́ца / язы́к / нарóд / обы́чаи страны́; from all parts of the ~ со всех концóв страны́; an agreement between two countries соглашéние мéжду двумя́ странáми; the ~ is rich in iron and coal странá богáта желéзом и ýглем; { (*state*) госудáрство *n* (14c) [foreign инострáнное, socialist социалисти́ческое, capitalist капиталисти́ческое]; 2. (*native land*) рóдина *f* (19c); my / our ~ моя́ / нáша рóдина; fight / die for one's ~ сражáться / умерéть за рóдину; 3. (*rural place*) дерéвня *f* (20f, *gen pl* деревéнь); they live in the ~ они́ живýт в дерéвне; a young fellow from the ~ пáрень из дерéвни; { (*place outside city*): we decided to go to the ~ мы реши́ли поéхать зá город; we spent the day in the ~ мы провели́ день зá городом.

couple 1. *sb* (*two people*) пáра *f* (19c); there were a few ~s on the floor нéсколько пар танцевáли; happy ~ счастли́вая пáра; 2. *colloq*: a ~ of нéсколько (*with gen*); we stayed, stopped there a ~ of hours / days / weeks мы там останови́лись на нéсколько часóв / дней / недéль.

courage мýжество *n* (14c); I hadn't the ~ to tell her the truth мне не хвати́ло мýжества сказáть ей прáвду; ~! мужа́йся, мужа́йтесь!; don't lose ~! не теря́йте му́жества !; he plucked, mustered up ~ он набра́лся ду́ху; ⊙ take ~ набра́ться (42) сме́лости.

course *sb* **1.** (*flow*) тече́ние *n* (18c); change the ~ of a river измени́ть тече́ние реки́; **2.** (*series*) курс *m* (1f); ~ of lectures / treatments курс ле́кций / лече́ния; preparatory / correspondence ~ подготови́тельный / зао́чный курс; **3.** (*dish*) блю́до *n* (14c); meat ~ мясно́е блю́до; three-dinner обе́д из трёх блюд; ◇ of ~ коне́чно; of ~ not коне́чно, нет; in the ~ в тече́ние (*with gen*); in the ~ of a month / a few days in тече́ние ме́сяца / не́скольких дней; the ~ of events ход (*m* 1f) собы́тий.

court *sb* **1.** (*for trials*) суд *m* (1d); the case was taken to ~ де́ло бы́ло пе́редано в суд; he testified, gave evidence in ~ он дал показа́ния на суде́; the ~ sentenced him to two years in prison суд приговори́л его́ к двум года́м лише́ния свобо́ды; ~ case суде́бное де́ло; ~ trial суде́бный проце́сс; **2.** (*for games*) площа́дка *f* (22d); volley-ball ~ волейбо́льная площа́дка.

courtyard двор *m* (1c); *see* yard I.

cousin двою́родный брат *m* (1i), двою́родная сестра́ *f* (*sg* 19b, *pl* сёстры, сестёр,

сёстрам, сестёр, сёстрами, сёстрах).

cover *v* покрыва́ть (64), *perf* покры́ть (209) (*with acc*); the ground was ~ed with snow земля́ была́ покры́та сне́гом; clouds ~ed the sky облака́ покры́ли не́бо; { (*hide, protect*) закрыва́ть (64), *perf* закры́ть (209) (*with acc*); she ~ed her face / eyes / ears with her hands она́ закры́ла лицо́ / глаза́ / у́ши рука́ми; ~ the child with a blanket! закро́й ребёнка одея́лом!

cow *sb* коро́ва *f* (19a); feed / milk a ~ корми́ть / дои́ть коро́ву; how much milk do these ~s give? ско́лько молока́ даю́т э́ти коро́вы?

coward *sb* трус *m* (1e) [great большо́й]; what a ~ you are! како́й ты трус!; don't be a ~! не будь тру́сом!; he is too much of a ~ to go alone он сли́шком большо́й трус, что́бы пойти́ одному́.

crack *sb* **1.** (*sharp noise*) треск *m* (4c) [loud гро́мкий, sudden неожи́данный]; the glass broke with a ~ стака́н с тре́ском ло́пнул; **2.** (*break*) тре́щина *f* (19c) [wide широ́кая, small небольша́я]; there was a ~ in the cup / wall на ча́шке / на стене́ была́ тре́щина.

cream **1.** (*thick milk*) сли́вки *no sg* (22d) [fresh све́жие, thick густы́е, whipped сби́тые]; coffee with ~ ко́фе со сливками; we have no ~ у нас нет сливок; the ~ turned sour сливки скисли; do you take ~ in your tea? вы пьёте чай со сливками?; ⊙ **sour** ~ сметана *f*, *no pl* (19c); 2. (*cosmetic*) крем *m* (1f); face ~ крем для лица; shaving ~ крем для бритья.

create создавать (63), *perf* создать (214) [*with acc* impression впечатление]; Dickens ~d many wonderful characters in his works в своих произведениях Диккенс создал много замечательных типов; the characters ~d by Gogol герои, созданные Гоголем.

creature существо *n* (14e) [beautiful прекрасное, charming очаровательное, strange странное]; ⊙ **poor ~!** бедняжка!

credit (*honour*) похвала *f* (19h); he deserves ~ for what he has done он заслуживает похвалы за то, что он сделал; he is cleverer than we gave him ~ for он умнее, чем мы думали; ⊙ **do smb** ~ делать честь кому-л.; it does ~ to you это делает вам честь.

crew экипаж *m* (6c) [*with gen* of a boat корабля, of a plane самолёта]; the ~ consisted of ten men экипаж состоял из десяти человек.

crime преступление *n* (18c) [1] horrible ужасное, great большое, political политическое, war военное; 2) commit совершать; ~s against humanity преступления против человечества; he confessed to the ~ он сознался в преступлении; he was punished for the ~ он понёс наказание за это преступление.

criticism (*appraisal*) критика *f* (22b) [just справедливая, friendly дружеская, sharp резкая, helpful полезная]; the article called forth much ~ статья вызвала большую критику.

crop *sb* урожай *m* (13c) [1] average средний, big большой, poor плохой, unusual необыкновенный; 2) bear, produce приносить, reap, harvest собрать]; potato / apple ~ урожай картофеля / яблок.

cross *v* 1. (*on foot*) переходить (152), *perf* перейти (206) [*with acc* street улицу, road дорогу, field поле]; let's ~ to the other side перейдём на другую сторону; { (*in vehicle*) переезжать (64), *perf* переехать (71) [*with acc* bridge мост, square площадь, border границу]; 2. (*lie across*) пересекать (64), *perf* пересечь (103) (*with acc*); the road / railroad ~es the island / forest дорога / железная дорога пересекает остров / лес; ~ **off, out** вычёркивать (65), *perf* вычеркнуть (125) (*with acc*); your name was ~ed out ваша

фамилия была вычеркнута;
~ out what is unnecessary!
вычеркните ненужное!

crowd sb толпа f (19g)
[1] noisy шумная, huge
огромная; 2) collects собирается, disperses расходит-
ся, fills заполняет, surges
forward подаётся вперёд,
sweeps past проносится
мимо]; ~ of people толпа
народа; he wasn't noticed
in the ~ его не заметили
в толпе; he pushed through
the ~ он пробился сквозь
толпу; among the ~ в тол-
пе.

crowded переполненный
(31b) [hall зал, tram трамвай, bus автобус]; перепол-
ненная [room комната]; ~
streets улицы, полные на-
рода; the streets were ~
улицы были полны народа.

cruel жестокий (33b)
[blow удар, person чело-
век, master хозяин]; же-
стокая [smile улыбка]; же-
стокое [punishment нака-
зание, decision решение,
treatment обращение, face
лицо]; don't be so ~! не
будь(те) так жесток(и)!;
that was ~ of her это было
жестоко с её стороны.

crush v 1. (press) разда-
вить (147) [with acc glass
стекло, plate тарелку, insect насекомое]; 2. (suppress)
подавлять (223), perf
подавить (147) [with acc revolt, uprising восстание, resistance сопротивление]: the
woman was ~ed with grief

женщина была подавлена
горем.

cry I sb (shout) крик m
(4c) [1] loud громкий, angry гневный; 2) with gen of
pain боли, of joy радости;
3) hear слышать, utter из-
давать]; it sounded like the
~ of a child это было похо-
же на крик ребёнка; {
(weeping) плач m (8b).

cry II v 1. (weep) плакать
(90), no perf [1) softly тихо,
bitterly горько; 2) от with
gen with pain от боли,
with shame от стыда, with
joy от радости]; she began
to ~ она заплакала; don't
~! не плачь(те)!; 2. (shout)
кричать (46), perf крикнуть
(125) [loudly громко, happily радостно]; "I refuse!"
he cried „Я отказываюсь!",—
крикнул он; we cried to
him to stop мы крикнули,
чтобы он остановился; ~
out вскрикивать (65), perf
вскрикнуть (125) [от with
gen with pain от боли, with
fright от испуга, with fear
от страха, with joy от ра-
дости]; he cried out at the
top of his voice он кричал
во весь голос.

cucumber огурец m (9c).
cultural культурный (31b)
[level уровень].

culture культура f (19c)
[1) ancient древняя, Oriental восточная, Greek гречес-
кая]; study the ancient ~
изучать древнюю культуру;
man of great ~ человек
большой культуры; develop-

ment of ~ развитие культу́ры; centre of ~ центр культу́ры, культу́рный центр.

cup 1. (*for tea, etc.*) ча́шка (22f) [*with gen* of tea ча́ю, of milk молока́]; ~ and saucer ча́шка с блю́дцем; pour a ~ нали́ть ча́шку; break a ~ разби́ть ча́шку; will you have another ~ of tea? не хоти́те ли ещё ча́шку ча́ю?; 2. (*prize*) ку́бок *m* (4d) [crystal ~ серебряный / хруста́льный ку́бок; they were awarded the ~ им присуди́ли ку́бок; they won the ~ они́ вы́играли ку́бок.

cure I *sb* (*treatment*) лече́ние *n* (18c) [successful успе́шное, long дли́тельное]; a new ~ for tuberculosis но́вое лече́ние туберкулёза; she went to Sochi for a ~ она́ пое́хала на лече́ние в Со́чи; no effective ~ for this disease has been found эффекти́вный ме́тод лече́ния э́того заболева́ния ещё не на́йден.

cure II *v* вы́лечить (172) [*with acc* patient больно́го, illness, disease боле́знь]; he was finally ~d его́, наконе́ц, вы́лечили; my cold is ~d я вы́лечился от на́сморка; how can I ~ you of the habit? как тебя́ отучи́ть от э́той привы́чки?

curious (*inquisitive*) любопы́тный (31b) [glance взгляд, question вопро́с, neighbour сосе́д]; любопы́тная [woman же́нщина]; I am

~ to know why мне любопы́тно узна́ть, почему́.

current I *sb* тече́ние *n* (18c) [swift бы́строе, strong си́льное, slow ме́дленное]; swim against the ~ плыть про́тив тече́ния; struggle with the ~ боро́ться с тече́нием; swim with the ~ плыть по тече́нию; the boat was carried away by the ~ ло́дку унесло́ тече́нием.

current II *a* (*present*) теку́щий (35) [month ме́сяц, year год]; ~ events теку́щие собы́тия.

curse *v* 1. (*swear at*) руга́ться (64); 2. (*consign to devil*) проклина́ть (64), *perf* прокля́сть (229) (*with acc*).

curtain 1. (*at window*) занаве́ска *f* (22d); draw the ~s задёрнуть (126) занаве́ски; please, draw the ~s задёрните, пожа́луйста, занаве́ски; 2. (*on stage*) за́навес *m* (1f); when the ~ rose / fell... когда́ за́навес подня́лся / опусти́лся...

cushion поду́шка *f* (22f) [soft мя́гкая, hard жёсткая, silk шёлковая, velvet ба́рхатная, embroidered вы́шитая]; put another ~ under his head! положи́(те) ещё одну́ поду́шку ему́ под го́лову!

custom обы́чай *m* (13c) [1) very old, ancient стари́нный, Russian ру́сский, national национа́льный, long-established давно́ устано́вленный; 2) break наруша́ть, keep up, maintain поддéрживать, forget забыва́ть]; according to the usual ~ согла́сно общепри́нятому обы́чаю; it is a ~ with us тако́в наш обы́чай; the ~ still exists э́тот обы́чай ещё существу́ет.

customer (*buyer*) покупа́тель *m* (3a) [regular постоя́нный, old ста́рый, dissatisfied недово́льный]; he wanted to attract, draw more ~s он хоте́л привле́чь бо́льше покупа́телей; they began to lose their ~s они́ на́чали теря́ть свои́х покупа́телей; we must think of our ~s мы должны́ (по)ду́мать о на́ших покупа́телях; the ~s were satisfied покупа́тели бы́ли дово́льны.

cut *v* 1. ре́зать (49) [with *instr* with a knife ножо́м, with scissors но́жницами]; 2. (*divide*) разреза́ть (64), *perf* разре́зать (49) (with *acc*); she ~ the meat and put it on the pan она́ разре́зала мя́со и положи́ла его́ на сковороду́; 3. (*cut off*) отреза́ть (64), *perf* отре́зать (49) (with *acc*); please, ~ me a piece of cake! отре́жь(те) мне, пожа́луйста, кусо́к пирога́!; 4. (*slice*) нареза́ть (64), *perf* наре́зать (49) (with *acc*); the bread was already ~ хлеб уже́ был наре́зан; 5. (*wound*) поре́зать (49) [with *acc* hand ру́ку, finger па́лец]; ~ **down** 1) (*fell*) руби́ть (156), *perf* сруби́ть (156) (with *acc*); they ~ down the trees они́ руби́ли дере́вья; 2) (*lower*) снижа́ть (64), *perf* сни́зить (189) [with *acc* price це́ну, wages зарпла́ту, tax нало́г]; 3) (*decrease*) сокраща́ть (64), *perf* сократи́ть (161) (with *acc*); we have ~ down the number to twenty-five мы сократи́ли коли́чество до двадцати́ пяти́.

D

daily I *a* ежедне́вный (31b) [rise, increase рост]; ежедне́вная [newspaper газе́та]; ежедне́вные [visits посеще́ния, meetings встре́чи]; ~ problems бытовы́е вопро́сы; ◇ ~ bread хлеб насу́щный.

daily II *adv* ежедне́вно; the newspaper is published ~ газе́та выхо́дит ежедне́вно; hundreds of letters are received ~ ежедне́вно прихо́дят со́тни пи́сем; thousands use the underground ~ ты́сячи люде́й ежедне́вно по́льзуются метро́.

damage I *sb* 1. (*harm, injury*) поврежде́ние *n* (18c) [much, heavy большо́е, slight небольшо́е, considerable значи́тельное]; the flood caused much ~ наводне́ние нанесло́ большие повреждéния; the fire didn't do much ~ to the house дом не óчень сúльно пострадáл от пожáра; **2.** (*loss*) убúток *m* (4d); he had to pay for the ~ ему́ пришлóсь возместúть убы́тки.

damage II *v* (*spoil*) повреждáть (64), *perf* повредúть (176); the early frost ~d the crops рáнние зáморозки повредúли посéвам; the car had been ~d in an accident автомобúль был повреждён в результáте катастрóфы.

dance I *sb* **1.** тáнец *m* (10c) [Russian ру́сский, classical классúческий, national национáльный, folk нарóдный]; every step in the ~ кáждое па тáнца; may I have the next ~ with you? разрешúте приглаcúть вас на слéдующий тáнец!; ~ music танцевáльная му́зыка; **2.** (*dancing party*) тáнцы *pl* (10c); she went to a ~ онá пошлá на тáнцы; they met at a ~ онú познакóмились на тáнцах; ~s are held every Saturday in the club-house кáждую суббóту в помещéнии клу́ба устрáиваются тáнцы; she came home late from a ~ онá пóздно пришлá домóй с тáнцев.

dance II *v* танцевáть (243) [well хорошó, badly плóхо, slowly мéдленно, together вмéсте, all evening весь вéчер]; I don't ~ я не танцу́ю; I can't ~ a waltz я не умéю танцевáть вальс; they ~d to the music of a violin онú танцевáли под скрúпку.

danger 1. (*peril*) опáсность *f* (29c) [1] constant постоя́нная, grave серьёзная, possible возмóжная, great большáя; 2) exaggerate преувелúчить, underestimate недооценúть]; in ~ в опáсности; out of ~ вне опáсности; avoid, keep out of ~ избегáть опáсности; he is no longer in ~ он ужé вне опáсности; in case of ~ в слу́чае опáсности; we warned him of the ~ мы предупредúли егó об (э́той) опáсности; **2.** (*threat*) угрóза *f* (19c); a ~ to peace / society / life / health угрóза (*with dat*) мúру / óбществу / жúзни / здорóвью; you are in no ~ вам ничтó не грозúт.

dangerous 1. (*perilous*) опáсный (31b) [man человéк, enemy враг, step шаг]; опáсная [work рабóта, game игрá, road дорóга]; опáсное [place мéсто, journey путешéствие]; it may be ~ э́то мóжет быть опáсно; it will be ~ for you to go alone вам опáсно идтú одномý, однóй; **2.** (*risky*) рискóванный (31b) [plan план, way спóсоб, step шаг].

dare *v* сметь (98), *perf* посмéть (98); no one ~d to oppose them никтó не смел им противорéчить; who would ~ to say such a thing? кто осмéлится сказáть та кýю вещь?; how ~ you speak to me that way? как вы смéете так говори́ть со мно́й?; we hardly ~d (to) look up мы боя́лись подня́ть глаза́; don't you ~ touch my things! не смéй(те) тро́гать мои́х вещéй!; just you ~! посмéй(те) то́лько!; ◇ I ~ say навéрное; I ~ say she was tired навéрное, она́ уста́ла.

dark I *sb* (*absence of light*) темнота́ *f, no pl* (19h); don't read in the ~! не чита́й(те) в темноте́!; she was afraid of the ~ она́ боя́лась темноты́; we couldn't make out the number in the ~ в темноте́ мы не могли́ разобра́ть но́мер; we wanted to get home before ~ мы хотéли добра́ться домо́й до темноты́, за́светло; he arrived after ~ он при́был по́сле наступлéния темноты́; from dawn to ~ от зари́ до зари́.

dark II *a* 1. (*not light*) тёмный (31b) [forest лес, suit костю́м, colour цвет]; тёмная [night ночь, room ко́мната, street у́лица; skin ко́жа]; тёмное [place мéсто, dress пла́тье, coat пальто́]; тёмные [clouds ту́чи, eyes глаза́, hair во́лосы]; the house was all ~ дом был погружён в темноту́; it is ~ темно́; it was already too ~ to read чита́ть бы́ло ужé сли́шком темно́; it is getting ~ стано́вится темно́, темнéет; it was pitch ~ in the room в ко́мнате была́ кромéшная тьма; 2. (*in combination with colours*) тёмно-; ~ grey тёмно-сéрый; ~ green тёмно-зелёный; ~ blue тёмно-си́ний; ~ brown тёмно-кори́чневый.

darling *sb* дорого́й *m*, дорога́я *f* (33a).

dash *v* (*move quickly*) броса́ться (64), *perf* бро́ситься (149); they ~ed forward они́ бро́сились вперёд; he ~ed to the door он бро́сился к двéри; { помча́ться (46); the boy ~ed downstairs ма́льчик помча́лся вниз по лéстнице; he ~ed off to tell them the news он помча́лся сообщи́ть им но́вость; he ~ed by me он промча́лся ми́мо меня́; { (*run*) вбежа́ть (74), вы́бежать (74a), подбежа́ть (74); he ~ed into the room он вбежа́л в ко́мнату; he ~ed out of the room он вы́бежал из ко́мнаты; he ~ed up to me он подбежа́л ко мнé.

date 1. (*day of month*) число́ *n* (14a) [1) definite определённое, approximate] прибли́зительное, specified, scheduled устано́вленное, exact то́чное; 2) fix, set установи́ть, remember по́мнить, name назна́чить, change измени́ть, decide on установи́ть]; what is the ~ today? како́е сего́дня число́?; please, write the ~ and the month про́сьба написа́ть число́ и мéсяц; there was no ~ on the letter / document на письме́ / докуме́нте не́ было числа́; { да́та *f* (19c) [important ва́жная, historic истори́ческая, significant знамена́тельная]; { (*day*) день *m* (2c); ~ of birth день рожде́ния; on a given ~ в определённый день; the exhibitions will open on the same ~ вы́ставки откро́ются в оди́н и тот же день; the opening / closing ~ of the exhibition / tournament/congress день откры́тия / закры́тия вы́ставки / турни́ра / съе́зда; at the earliest possible ~ как мо́жно ра́ньше; 2 (*period*) пери́од *m* (1f); the manuscript is of earlier ~ ру́копись отно́сится к бо́лее ра́ннему пери́оду; the statue is of unknown / uncertain ~ ста́туя неизве́стного / неустано́вленного пери́ода; 3. *colloq* (*appointment*) свида́ние *n* (18c); I have a ~ у меня́ свида́ние; to make a ~ назна́чить свида́ние; to keep a ~ прийти́ на свида́ние; to break a ~ не прийти́ на свида́ние.

daughter дочь *f* (*sg* до́чери, до́чери, дочь, до́черью, до́чери, *pl* до́чери, дочере́й, дочеря́м, дочере́й, дочерьми́, дочеря́х) [grown-up взро́слая, married заму́жняя, only еди́нственная, adopted приёмная, seven--year-old семиле́тняя]; they have two ~s у них две до́чери; she came with her ~ она́ пришла́ с до́черью.

dawn *sb* 1. (*daybreak*) рассве́т *m* (1f); at ~ на рассве́те; before ~ до рассве́та; ~ was coming рассвета́ло; { (*sunrise*) (у́тренняя) заря́ *f* (*sg* 20a, *pl* зо́ри, зорь, заря́м, зо́ри, зо́рями, зо́рях); from ~ to dark от зари́ до зари́; 2. (*beginning*) заря́; the ~ of a better life заря́ лу́чшей жи́зни.

day 1. день *m* (2c) [1) cold холо́дный, warm тёплый, hot жа́ркий, rainy дождли́вый, long дли́нный, short коро́ткий, beautiful прекра́сный, bright я́сный, sunny со́лнечный, busy за́нятый, free свобо́дный, dull скро́мный, happy счастли́вый, lucky уда́чный, pleasant прия́тный, quiet споко́йный, terrible ужа́сный, hard тру́дный, working рабо́чий, first пе́рвый, last после́дний, seven-hour семичасово́й, every ка́ждый, important ва́жный, sad печа́льный; 2) begins начина́ется, comes наступа́ет, passes прохо́дит; 3) spend проводи́ть, name, fix назнача́ть, gain вы́играть, lose потеря́ть]; a summer / winter ~ ле́тний / зи́мний день; every three ~s ка́ждые три дня; in two ~s че́рез два дня; five ~s ago пять дней (тому́) наза́д; the next ~ на сле́дующий день; all ~ long весь день; three times a ~ три ра́за в день; what ~ is it today? како́й сего́дня день?;

some ~ когда́-нибудь; ~ and night днём и но́чью; at the end of the ~ в конце́ дня; by the end of the ~ к концу́ дня; (on) that ~ в тот день; in the good old ~s в до́брые ста́рые времена́; Victory Day День побе́ды; May Day день Пе́рвого ма́я; ⊙ **every other** ~ через день; *see* other II; **the** ~ **before yesterday** позавчера́; *see* yesterday; **the** ~ **after tomorrow** послеза́втра; **one** ~ одна́жды; **one of these** ~s, **the other** ~ на дня́х; *see* other II; ~ **after** ~ день за днём.

dead *a* (*of living beings*) мёртвый (31b) [man челове́к]; мёртвая [bird пти́ца]; мёртвое [body те́ло]; she was ~ when they cameкогда́ они́ пришли́, она́ была́ мертва́; his parents are ~ его́ роди́тели у́мерли; he fell ~ он упа́л мёртвым; she was half ~ with fear она́ была́ полуживо́й от стра́ха; { (*of animals*) до́хлый (31b); the ~ cat до́хлая ко́шка; { (*of plants*) засо́хший (34b) [flower цвето́к]; засо́хшее [tree де́рево, plant расте́ние].

deaf *a* глухо́й (33a); become ~ оглохну́ть (126); ~ man глухо́й.

deal I *sb*: a great, good ~ мно́го [*with gen* of time вре́мени, of money де́нег, of trouble хлопо́т, of talk разгово́ров]; he talks / writes / reads a good ~ он мно́го говори́т / пи́шет / чита́ет; he

knows a great ~ about art он мно́го зна́ет об иску́сстве; it means a great ~ to me для меня́ э́то о́чень мно́го зна́чит; he had a great ~ to say about the matter он мно́го говори́л об э́том де́ле, по э́тому вопро́су; I'd give a good ~ to know what happened there я бы мно́гое дал(а́), чтобы знать, что же там произошло́.

deal II *v* 1. (*have relations*) име́ть (98) де́ло(with — с *with instr*); he is an easy / difficult / impossible person to ~ with с ним легко́ / тру́дно / невозмо́жно име́ть де́ло; 2. (*look into*) рассма́тривать (65), *perf* рассмотре́ть (101) (*with acc*); there is a special commission that ~s with such matters есть специа́льная коми́ссия, кото́рая рассма́тривает таки́е дела́; { (*take care of*) занима́ться (64), *perf* заня́ться (233) (*with instr*); who usually ~s with such matters? кто обы́чно занима́ется таки́ми вопро́сами?; Mr. Brown himself always ~s with the important questions ми́стер Бра́ун всегда́ сам реша́ет ва́жные вопро́сы; 3. (*concern*) каса́ться (64), *no perf* (*with gen*); the book ~s with a number of subjects в кни́ге рассма́тривается ряд вопро́сов; there is considerable literature ~ing with the question по э́тому вопро́су име́ется больша́я литерату́ра;

4. (*sell*) торговáть (243), *no perf* (*with instr*); this shop ∼s in antiques э́тот магази́н торгу́ет антиквáрными предмéтами; the firm ∼s in household goods / furniture э́та фи́рма торгу́ет предмéтами домáшнего обихóда / мéбелью.

dear *a* **1.** (*high in price*) дорогóй (33a); the gifts / flowers were not ∼ подáрки / цветы́ бы́ли недороги́ми; I think two pounds is very ∼ я считáю, что два фу́нта — э́то óчень дóрого; is it as ∼ as that? неужéли так дóрого?; those things are always ∼er in winter э́ти вéщи всегдá (стоя́т) дорóже зимóй; that's too ∼ э́то сли́шком дóрого; that's not at all ∼ э́то совсéм недóрого; { *fig*: the mistake cost him ∼ э́та оши́бка ему́ дóрого стóила; **2.** (*loved*) дорогóй; his children were very ∼ to him его́ дéти бы́ли ему́ óчень дóроги; the tradition is ∼ to the English people э́та тради́ция дорогá англи́йскому нарóду; **3.** (*as address*) дорогóй; my ∼ friend мой дорогóй друг!; Dear Pete дорогóй Пéтя!; Dear Mary дорогáя Мари́я!; Dear Mother and Father дороги́е мáма и пáпа!; { *in official letters* уважáемый (31b); Dear Mr. Brown уважáемый ми́стер Брáун!; Dear Sirs уважáемые господá!

death смерть *f* (29b) [1] sudden внезáпная, unexpect-

ed неожи́данная, terrible ужáсная, untimely преждеврéменная, tragic траги́ческая, violent наси́льственная, natural естéственная; 2) hasten ускóрить, mourn оплáкивать]; after / before his ∼ пóсле / до егó смéрти; they took his ∼ very hard они́ тяжелó пережи́вáли егó смерть; he was on, at the point of ∼ он был при́ смерти; to the day of one's ∼ до послéднего дня своéй жи́зни; he was condemned, sentenced to ∼ егó приговори́ли к смéртной кáзни; he was beaten / tortured to ∼ егó изби́ли / замýчили дó смерти; the prisoners were put to ∼ плéнных казни́ли; a crime punishable by ∼ преступлéние, котóрое карáется смéртной кáзнью; he died the ∼ of a hero он ýмер смéртью герóя; it meant the ∼ of all our hopes / plans э́то был конéц всех нáших надéжд/плáнов.

debt долг *m* (*sg* 4c, *pl* 4f) [1] small небольшóй, great, heavy большóй, outstanding неоплáченный; 2) acknowledge признáть, pay уплати́ть, repay отдáть]; he was heavily, deeply in ∼ у негó бы́ли больши́е долги́; settle a ∼ вернýть долг; he was in ∼ to all his friends он задолжáл (*with dat*) всем свои́м друзья́м; I owed him a ∼ я был дóлжен ему́; he always tried to keep out of ∼ он всегдá старáлся не дéлать долгóв; ⊙ **fall, run into** ~ влезáть (64) в долги́, *perf* влезть (111) в долги́.

deceive обмáнывать (65), *perf* обману́ть (129) (*with acc*); he tried to ~ us он хотéл нас обману́ть; we were ~d by his appearance нас обману́ла егó внéшность; appearances are deceiving внéшность чáсто обмáнчива; you mustn't ~ yourself into thinking it will be easy не обмáнывайте себя́, рассчи́тывая на то, что э́то легкó.

December декáбрь *m* (2b); *see* April.

decide 1. (*settle, choose*) решáть (64), *perf* реши́ть (171) [1] *with acc* question вопрóс, matter дéло; 2) definitely окончáтельно, quickly бы́стро]; we cannot ~ such a serious question hastily мы не мóжем поспéшно реши́ть такóй серьёзный вопрóс; I haven't yet ~d where to go for the summer я ещё не реши́л(а), куда́ поéхать лéтом; you must ~ one way or the other вы должны́ реши́ть, да и́ли нет; it was ~d by a majority vote э́то бы́ло решенó большинствóм голосóв; what have you ~d on? что же вы реши́ли?; the court ~d in favour of, for / against the prisoner суд вы́нес решéние в пóльзу / прóтив подсуди́мого; **2.** (*resolve*) реши́ть (171); she ~d to become an actress онá реши-

ла стать актри́сой; they ~d not to go that day они́ реши́ли не éхать в э́тот день.

decision решéние *n* (18c) [1] definite определённое, final окончáтельное, quick бы́строе, sudden неожи́данное, wise му́дрое, correct прáвильное, favourable благоприя́тное, unanimous единоглáсное, fair справедли́вое; 2) take, make приня́ть, change, alter измени́ть, reconsider пересмотрéть]; we did not agree with the ~ мы не согласи́лись с э́тим решéнием; what was the ~ on that question? какóе решéние бы́ло при́нято по э́тому вопрóсу?; the ~ rests, lies with you решéние остаётся за вáми.

deck пáлуба *f* (19c) [clean чи́стая, white бéлая, broad широ́кая, slanting поло́гая]; they went up on ~ они́ подняли́сь на пáлубу; the third-class ~ was deserted на пáлубе трéтьего клáсса никогó нé было; we looked down from the ~ мы смотрéли с пáлубы.

declare (*announce*) объявля́ть (223), *perf* объяви́ть (166) (*with acc*); ~ war on smb объяви́ть кому́-л. войну́; she ~d her intention to marry онá объяви́ла о своём намéрении вы́йти зáмуж; he ~d that he would never return он заяви́л, что никогдá бóльше не вернётся.

deep *a* 1. (*going far down*) глубо́кий (33b) [snow снег, well коло́дец, layer слой]; глубо́кая [dish, plate таре́лка, river река́, pit я́ма; wound ра́на]; глубо́кое [sea мо́ре, lake о́зеро]; глубо́кие [roots ко́рни]; the lake is three metres ~ о́зеро глуби́но́й в три ме́тра; the snow lay ~ in the valley снег в доли́не лежа́л то́лстым сло́ем; { *fig* глубо́кий] ~ sleep / sigh глубо́кий сон / вздох; ~ thinker глубо́кий мысли́тель; ~ secret, mystery глубо́кая та́йна; ~ insight глубо́кое понима́ние; it made a ~ impression э́то произвело́ большо́е впечатле́ние; he made a ~ study of the question он глубоко́ изуча́л э́тот вопро́с; ~ in his heart глубоко́ в душе́; 2. (*of sounds — low*) ни́зкий (33b) [voice го́лос, bass бас]; 3. (*of colours — dark*) тёмный (31b); ~ blue тёмно-си́ний; ~ green тёмно-зелёный; 4. (*occupied*) погружённый (31b) (in — в with acc); usu short form is used: he was ~ in thought он был погружён в свои́ мы́сли.

deer оле́нь *m* (3a) [young молодо́й, swift бы́стрый, wild ди́кий, wounded ра́неный]; hunt ~ охо́титься за оле́нем; shoot / wound a ~ подстрели́ть, уби́ть / ра́нить оле́ня.

defeat I *sb* (*overthrow*) пораже́ние *n* (18c) [1) complete по́лное, severe тяжёлое; 2) meet with потерпе́ть, admit призна́ть, inflict нанести́; 3) in a war в войне́, in a struggle в борьбе́, in a battle в би́тве, в бою́; in the election на вы́борах]; the battle ended in the complete ~ of the enemy сраже́ние око́нчилось по́лным пораже́нием врага́; they suffered a crushing ~ они́ бы́ли на́ голову разби́ты; the reason for their ~ причи́на их пораже́ния; lead to ~ привести́ к пораже́нию; they were threatened with complete ~ им грози́ло по́лное пораже́ние; { (*failure*) круше́ние *n* (18c); ~ of plans / hopes / schemes круше́ние пла́нов / наде́жд / прое́ктов.

defeat II *v* наноси́ть (148) пораже́ние, *perf* нанести́ (113) пораже́ние [with dat enemy врагу́, army а́рмии, enemy forces вра́жеским си́лам, opponents проти́вникам]; ~ the rival team победи́ть кома́нду проти́вника; he was ~ed by a large majority он не прошёл большинство́м голосо́в.

defence защи́та *f* (19c) (against — от with gen); ~ against attack защи́та от нападе́ния; ~ against wind / rain / cold / disease защи́та от ве́тра / дождя́ / хо́лода / боле́зни; they hurried to our ~ они́ поспеши́ли к нам на по́мощь; in ~ of the plan / theory в защи́ту пла́на / тео́рии; in ~ of peace в защи́ту ми́ра; he had nothing to say in his own ~ ему́ не́чего бы́ло сказа́ть в свою́ защи́ту; ~ of children, the weak and aged защи́та дете́й, сла́бых и престаре́лых; { оборо́на f, no pl (19c) [1] stubborn упо́рная, strong мо́щная, weak сла́бая; 2) with gen of the country страны́, of the city го́рода]

defend 1. защища́ть (64), perf защити́ть (187) [1] with acc city го́род, country страну́, friend дру́га, cause де́ло, point of view то́чку зре́ния, theory тео́рию; 2) от with gen from, against his enemies от всех враго́в; 3) to the last до после́днего; bravely хра́бро, courageously му́жественно]; he ~ed what he considered to be right он защища́л то, что счита́л пра́вильным; 2.: ~ oneself защища́ться (64), perf защити́ться (187):

definite определённый (31b) [answer отве́т, plan план, way спо́соб, hour час, day день]; определённая [purpose цель, policy поли́тика, opinion то́чка зре́ния]; определённое [time вре́мя, place ме́сто, quantity, amount коли́чество, attitude отноше́ние]; for a ~ period на определённый срок; could you be more ~? вы не могли́ бы говори́ть бо́лее определённо?; let's make it ~ дава́йте договори́мся определённо; there is nothing ~ (as) yet пока́

(ещё) нет ничего́ определённого.

degree 1. (level, extent) сте́пень f (29b); to a greater / lesser ~ в бо́льшей / ме́ньшей сте́пени; to a certain ~ до изве́стной сте́пени; to such a ~ до тако́й сте́пени; chemistry has developed to a remarkable ~ in the past few years за после́дние не́сколько лет хи́мия дости́гла необыча́йно высо́кого у́ровня; science has attained, reached a high ~ of development нау́ка дости́гла высо́кой сте́пени разви́тия; ⊙ by ~s постепе́нно; she became calmer by ~s она́ постепе́нно успоко́илась; **2.** (division on thermometer) гра́дус m (1f); it was two ~s below zero бы́ло два гра́дуса ни́же нуля́; the thermometer stood at thirty ~s below zero гра́дусник пока́зывал три́дцать гра́дусов ни́же нуля́; he has a temperature of over thirty-eight ~s у него́ температу́ра вы́ше тридцати́ восьми́ гра́дусов; **3.** (scientific title) сте́пень; he has, holds the ~ of doctor у него́ учёная сте́пень до́ктора (нау́к); the honorary ~ of doctor was conferred on him ему́ бы́ло присво́ено почётное зва́ние до́ктора; he took a ~ at Oxford University он око́нчил Оксфо́рдский университе́т.

delay I sb заде́ржка f (22f) [considerable больша́я,

short, slight небольша́я, some кака́я-то]; a two-hour ~ заде́ржка на два часа́; the ~ was due to engine trouble заде́ржка произошла́ из-за неиспра́вности мото́ра; cause, result in a ~ привести́ к заде́ржке; without ~ без заде́ржки.

delay II *v* 1. (*hold back*) заде́рживать (65), *perf* задержа́ть (47) (*with acc*); bad weather ~ed the construction work плоха́я пого́да задержа́ла строи́тельные рабо́ты; be ~ed заде́рживаться (65), *perf* задержа́ться (47); I was ~ed at the office я задержа́лся на рабо́те; the plane was ~ed by bad weather самолёт задержа́лся из-за плохо́й пого́ды; 2. (*postpone*) откла́дывать (65), *perf* отложи́ть (175) (*with acc*); you mustn't ~ нельзя́ откла́дывать; we had to ~ our journey a few days на́шу пое́здку пришло́сь отложи́ть на не́сколько дней.

delegate делега́т *m* (1e) [comes приезжа́ет, attends a conference прису́тствует на конфере́нции, speaks выступа́ет, votes голосу́ет, demands тре́бует, proposes предлага́ет]; send ~s to a congress / conference посла́ть делега́тов на съезд / конфере́нцию; the ~s from France / India делега́ты (из) Фра́нции / Индии.

delegation делега́ция *f* (23c) [1) foreign иностра́н-

ная, trade торго́вая, trade-union профсою́зная; 2) *with gen* of workers рабо́чих; 3) arrives приезжа́ет, visits посеща́ет, negotiates ведёт перегово́ры].

delicate 1. (*fine*) то́нкий (33b) [china фарфо́р, flavour арома́т, scent за́пах; hint намёк]; то́нкая [work рабо́та, irony иро́ния]; то́нкие [features черты́ лица́, lace кружева́]; 2. (*weak*) сла́бый (31b) [child ребёнок]; сла́бое [health здоро́вье]; сла́бые [shoots ростки́]; { хру́пкий (33b); 3. (*soft, tender*) не́жный (31b) [flower цвето́к, complexion цвет лица́]; не́жная [skin ко́жа]; 4. (*ticklish*) щекотли́вый (31b) [question вопро́с]; щекотли́вое [situation положе́ние]; 5. (*precise*) чувстви́тельный (31b) [instrument прибо́р].

delight I *sb* восто́рг *m* (4d) [great большо́й, utmost полне́йший]; to the ~ of the children к восто́ргу де́тей; to the ~ of everybody к всео́бщему восто́ргу; the news was received with ~ но́вость была́ встре́чена с восто́ргом.

delight II *v*: be ~ed 1) (*be charmed*) восхища́ться (64) (*with instr*); we were ~ed by the performance мы бы́ли восхищены́ представле́нием; they were ~ed with everything they saw они́ восхища́лись всем уви́денным; she was ~ed with the gift она́ была́ восхищена́ пода́рком; 2) (*be happy*): I am ~ed to meet you я о́чень ра́д(а) познако́миться с ва́ми; we shall be ~ed to have you with us мы бу́дем о́чень ра́ды, е́сли вы бу́дете с на́ми; we were all ~ed at the news мы все о́чень обра́довались, когда́ узна́ли э́ту но́вость.

delightful (*of inanimate things*) замеча́тельный (31b) [story расска́з, film фильм, day день]; замеча́тельная [thing вещь, book кни́га, trip, journey пое́здка, weather пого́да, room ко́мната]; замеча́тельное [place ме́сто, performance представле́ние, dress пла́тье]; we spent a ~ evening there мы замеча́тельно провели́ там ве́чер; we have had a ~ time мы замеча́тельно провели́ вре́мя; { (*of people*) очарова́тельный (31b) [man челове́к]; очарова́тельная [girl де́вушка]; очарова́тельные [children де́ти].

deliver 1. (*bring*) доставля́ть (223), *perf* доста́вить (168) [*with acc* letter письмо́, telegram телегра́мму, parcel свёрток, посы́лку, goods това́ры]; we can ~ all your purchases to your house мы мо́жем доста́вить (*with dat*) вам на́ дом все ва́ши поку́пки; milk / bread is ~ed to the house молоко́ / хлеб прино́сят на́ дом; 2. (*give*) передава́ть (63), *perf* переда́ть (214) (*with acc*); did you ~ my

message? вы переда́ли то, что я проси́л(а)?; ◇ ~ a lecture чита́ть (64) ле́кцию; *see* lecture I.

demand I *sb* 1. (*claim, request*) тре́бование *n* (18c) [1] reasonable разу́мное, just справедли́вое, natural закономе́рное, sudden неожи́данное, repeated многокра́тное, insistent упо́рное; 2) make вы́двинуть, meet, satisfy, grant удовлетвори́ть, reject отклони́ть, consider рассмотре́ть]; ~ for higher wages / shorter hours / better conditions тре́бование (*with gen*) бо́лее высо́кой зарпла́ты / сокраще́ния рабо́чего дня / лу́чших усло́вий; the money will be paid back on ~ де́ньги бу́дут возвращены́ по пе́рвому тре́бованию; 2. (*need*) спрос *m*, *no pl* (1f) [1] big, large большо́й, limited ограни́ченный, constant, steady постоя́нный, rising, increasing увели́чивающийся; 2) на *with acc* for labour на рабо́чую си́лу, for consumers' goods на това́ры широ́кого потребле́ния, for cars на автомаши́ны, for high-quality foods на высокока́чественные пищевы́е проду́кты; 3) increases, rises увели́чивается, falls off снижа́ется; 4) satisfy, meet удовлетвори́ть]; there is a great ~ for books in our country в на́шей стране́ большо́й спрос на кни́ги; new synthetic materials are in great ~ но́вые синтети́ческие тка́ни име́ют большо́й спрос.

demand II *v* тре́бовать (244), *perf* потре́бовать (244) [*with gen* answer отве́та, peace ми́ра, freedom свобо́ды, one's rights свои́х прав, higher wages повыше́ния зарпла́ты, shorter hours сокраще́ния рабо́чего дня]; he ~ed that we should give him an immediate answer он потре́бовал, что́бы мы отве́тили ему́ неме́дленно; this ~s serious thought / research э́то тре́бует серьёзного внима́ния / иссле́дования; we don't know what is ~ed of us мы не зна́ем, что от нас тре́буется; I am willing to pay whatever you ~ я гото́в(а) заплати́ть сто́лько, ско́лько вы потре́буете.

democracy демокра́тия *f* (23c); ⊙ **People's Democracies** стра́ны наро́дной демокра́тии.

democratic демократи́ческий (33b) [law зако́н, path of development путь разви́тия]; демократи́ческая [republic респу́блика, country страна́, system систе́ма, organization организа́ция, party па́ртия]; демократи́ческое [government прави́тельство, institution учрежде́ние]; демократи́ческие [views взгля́ды, ideas иде́и].

demonstration (*manifestation*) демонстра́ция *f* (23c) [1) tremendous огро́м-

ная, people's всенаро́дная, organized организо́ванная, peaceful ми́рная, spontaneous стихи́йная, May-Day первома́йская; 2) begins начина́ется, is over конча́ется]; ~s were held, took place in many cities демонстра́ции состоя́лись во мно́гих города́х; thousands of people came out in a giant peace ~ ты́сячи люде́й вы́шли на демонстра́цию в защи́ту ми́ра.

dense густо́й (31a) [forest лес, fog тума́н, smoke дым]; густы́е [clouds облака́].

deny 1. (*refuse to acknowledge*) отрица́ть (64), *no perf*; he denied that he had seen me он отрица́л, что ви́дел меня́; you cannot ~ that he has always been your friend нельзя́ отрица́ть того́, что он всегда́ был ва́шим дру́гом; 2. (*refuse to admit*) отверга́ть (64), *perf* отве́ргнуть (126) [*with acc* accusation, charge обвине́ние; 3. (*refuse to grant*) отка́зывать (65), *perf* отказа́ть (48) [в *with abl* request в про́сьбе]; ~ demand / claim отверга́ть тре́бование / прете́нзию; he denied himself everything он себе́ во всём отка́зывал.

department 1. (*section*) отде́л *m* (1f); women's clothing ~ отде́л же́нского пла́тья; gifts ~ отде́л пода́рков; ~ manager заве́дующий отде́лом; ⊙ ~ **store** универса́льный магази́н *m*

(1f), *usu* универма́г *m* (4c);
2. (*part of university*) фа-
культе́т *m* (1f); ~ of physics and mathematics фи́-
зико-математи́ческий фа-
культе́т; foreign language ~
факульте́т иностра́нных
языко́в; **3.** (*ministry*) депар-
та́мент *m* (1f); Department
of Education департа́мент
просвеще́ния; State De-
partment Госуда́рственный
департа́мент; { (*governmen-
tal body*) ве́домство *n* (14c);
police ~ полице́йское ве́-
домство.

depend 1. (*of conditions*)
зави́сеть (117), *no perf* [1)
chiefly гла́вным о́бразом,
entirely по́лностью, solely
то́лько; 2) от *with gen* on
you от вас, on the weather
от пого́ды, on the condi-
tions от усло́вий, on the
distance от расстоя́ния, on
his ability от его́ спосо́б-
ности]; that doesn't ~ on
me э́то от меня́ не зави́сит;
it ~s on how hard you work
э́то зави́сит от того́, ско́лько
вы бу́дете рабо́тать; it will
~ on where we go э́то зави́-
сит от того́, куда́ мы пое́дем;
{ (*of help, support*) зави́-
сеть; he ~s on his father /
parents он зави́сит от от-
ца́ / роди́телей; **2.** (*trust*)
полага́ться (64), *perf* поло-
жи́ться (175) (on — на
with acc); you may ~ on
him вы мо́жете на него́ по-
ложи́ться; is he to be ~ed
on? на него́ мо́жно поло-
жи́ться? { (*have faith*) рас-

счи́тывать (65), *no perf* (on —
на *with acc*); I ~ on you я
на вас рассчи́тываю; we
are ~ing on you to get
everything ready мы рас-
счи́тываем, что вы всё при-
гото́вите; I ~ed on you for
the money я рассчи́тывал(а),
что вы дади́те мне де́-
нег; ◇ that ~s! как ска-
за́ть!

depth глубина́ *f* (19g)
[great больша́я, usual
обы́чная]; at a ~ of 30 metres на глубине́ тридцати́
ме́тров; to a ~ of 30 me-
tres на глубину́ тридцати́
ме́тров; 30 metres in ~ глу-
бино́й в три́дцать ме́тров;
measure the ~ измеря́ть
глубину́; what is the ~ of
this lake? какова́ глубина́
э́того о́зера?

descend 1. (*go down*) спу-
ска́ться (64), *perf* спусти́ть-
ся (162) [1) mountain с
(*with gen*) горы́, stairs
по (*with dat*) ле́стнице;
2) into a mine в (*with acc*)
ша́хту, to the cellar в под-
ва́л, to the bottom на (*with
acc*) дно; 3) slowly ме́д-
ленно, rapidly, swiftly бы́-
стро, with difficulty с
трудо́м]; **2.** (*pass on*) пе-
реходи́ть (152), *perf* пе-
рейти́ (206) [from father to
son от отца́ к сы́ну, from
generation to generation от
поколе́ния к поколе́нию];
the estate had ~ed to
him from his grandfather
име́ние перешло́ к нему́
по насле́дству от де́да.

describe опи́сывать (65), *perf* описа́ть (57) [1) *with acc* person челове́ка, place ме́сто, thing вещь, room ко́мнату, objects предме́ты, face лицо́, appearance вне́шность; 2) exactly, faithfully то́чно, poorly пло́хо, fully по́лно, in detail дета́льно]; it's difficult / impossible to ~ the scene in words тру́дно / невозмо́жно описа́ть э́ту сце́ну слова́ми; I can't ~ the effect her singing had on me я не могу́ переда́ть то впечатле́ние, кото́рое произвело́ на меня́ её пе́ние; he was ~d as a man of uncommon will-power он изображён челове́ком необыча́йной си́лы во́ли.

description описа́ние *n* (18c) [1) short, brief кра́ткое, detailed подро́бное, vivid я́ркое, humorous юмористи́ческое, unforgettable незабыва́емое; 2) *with gen* of a person челове́ка, of smb's appearance чьей-л. вне́шности, of a machine станка́, of the sea мо́ря, of the events собы́тий, of the scenery приро́ды, пейза́жа]; it is beyond ~ э́то не поддаётся описа́нию; the man answered to the ~ they had received вне́шность э́того челове́ка соотве́тствовала (тому́) описа́нию, кото́рое они́ получи́ли.

desert I *sb* пусты́ня *f* (20e) [vast обши́рная,

boundless бескра́йняя]; live /grow in the ~ жить / расти́ в пусты́не; cross the ~ пересека́ть пусты́ню; transform a ~ into a garden преврати́ть пусты́ню в сад.

desert II *v* 1. (*abandon*) оставля́ть (223), *perf* оста́вить (168) [*with acc* one's friends свои́х друзе́й, one's family свою́ семью́]; he could not ~ them in distress / in time of danger он не мог их оста́вить в беде́ / в мину́ту опа́сности; 2. (*run away*) дезерти́ровать (245); they ~ed (from) the ship они́ дезерти́ровали с корабля́; they ~ed to the enemy они́ перешли́ на сто́рону врага́.

deserve заслу́живать (65) [1) *with gen* attention внима́ния, reward награ́ды, punishment наказа́ния, good treatment хоро́шего обраще́ния]; *perf* заслужи́ть (175) [*with acc* praise похвалу́, reward награ́ду, punishment наказа́ние, love любо́вь]; he hasn't ~d that from you он э́того от вас не заслужи́л; she ~d better она́ заслу́живала лу́чшей у́части, лу́чшего; we felt they ~d praise for what they had done мы счита́ли, что они́ заслужи́ли похвалу́ за то, что (они́) сде́лали.

design *sb* 1. (*plan*) прое́кт *m* (1f) [1) *with gen* of, for a park па́рка, of, for a house до́ма; 2) draw чер-

ти́ть, draw up разрабо́-
тать]; **2.** (*ornament*) узо́р
m (1f) [1) complex сло́ж-
ный, simple просто́й, at-
tractive краси́вый; 2) на *with*
abl on the cloth на тка́ни,
on the vase на ва́зе, on
the wallpaper на обо́ях];
a ~ in colour цветно́й узо́р;
a ~ in black and white
узо́р чёрным по бе́лому.

desire *sb* (*wish*) жела́ние
n (18c) [1) sincere и́скрен-
нее, strange стра́нное, intense, strong си́льное; 2)
with inf to help помо́чь,
to be friends with us дру-
жи́ть с на́ми]; I have no
~ to begin all over again
у меня́ нет никако́го жела́-
ния начина́ть всё снача́ла;
he had enough money to
satisfy all his ~s у него́
бы́ло доста́точно де́нег, чтобы удовлетвори́ть все свои́
жела́ния; her only ~ was
to see her children happy
её еди́нственным жела́ни-
ем бы́ло ви́деть свои́х де-
те́й счастли́выми.

desk **1.** (*at home, in*
office) пи́сьменный стол
m (1c) [antique стари́нный,
office конто́рский]; a ma-
hogany ~ пи́сьменный стол
из кра́сного де́рева; pa-
pers on the ~ бума́ги на
пи́сьменном столе́; he sat
at a big ~ он сиде́л за
больши́м пи́сьменным сто-
ло́м; behind the ~ позади́
пи́сьменного стола́; **2.** (*at*
school) па́рта *f* (19c); the
pupils sat two to a ~ уче-

ники́ сиде́ли на па́ртах по́
дво́е.

despair *sb* отча́яние *n*
(18c) [deep глубо́кое, utter
по́лное]; in ~ в отча́янии;
he was filled with ~ им
овладе́ло отча́яние; I was
driven almost to ~ я чуть
бы́ло не впа́л(а) в отча́яние.

desperate отча́янный (31b)
[cry крик, battle бой]; отча́-
янная [attempt попы́тка];
отча́янное [effort уси́лие;
position положе́ние, condition состоя́ние]; ~ person,
man отча́явшийся челове́к;
be / grow, become ~ быть /
стать (*with instr*) отча́ян-
ным; the state of affairs is
getting ~ положе́ние (дел)
стано́вится отча́янным; the
danger he was in made him
~ опа́сность, кото́рая ему́
угрожа́ла, сде́лала его́ от-
ча́янным.

destroy уничтожа́ть (64),
perf уничто́жить (174) [1)
with acc document доку-
ме́нт, evidence ули́ки, enemies враго́в, opponents про-
ти́вников, buildings дома́,
crop урожа́й; 2) completely
по́лностью, partially ча-
сти́чно, mercilessly беспо-
ща́дно, deliberately наме́-
ренно]; the house was ~ed
in a flood / fire / storm дом
был уничто́жен во вре́мя
(*with gen*) наводне́ния /
пожа́ра / бу́ри; { разру-
ша́ть (64), *perf* разру́шить
(174) (*with acc*); we had
to rebuild what was ~ed
нам пришло́сь сно́ва стро́-

ить то, что бы́ло уничто́жено; he felt his whole life was ~ed он ду́мал, что вся его́ жизнь разру́шена.

destruction разруше́ние *n* (18c) [1] wilful, deliberate наме́ренное, complete по́лное; 2) cause вызыва́ть]; escape, avoid ~ избежа́ть разруше́ния.

detail *sb* подро́бность *f* (29c); *usu pl* ~s подро́бности [1] all все, important, significant ва́жные, minor второстепе́нные, technical техни́ческие; 2) leave out, omit опусти́ть, include включи́ть, tell then рассказа́ть; 3) *with gen* of a plan пла́на, of a report докла́да, of a description описа́ния, of a story расска́за, исто́рии); describe in ~ подро́бно описа́ть; I haven't time to explain in ~ мне не́когда объясня́ть подро́бно; you needn't give all the ~s мо́жно не сообща́ть всех подро́бностей; ⊙ **go into ~, enter into ~(s)** вдава́ться в подро́бности.

determine 1. (*define*) определя́ть (223), *perf* определи́ть (164) [1] *with acc* size, extent разме́ры, time вре́мя, day день, amount коли́чество, policy поли́тику, attitude отноше́ние, one's course of action ли́нию поведе́ния, outcome исхо́д, result результа́т; 2) beforehand, in advance зара́нее,

precisely то́чно, approximately, roughly приблизи́тельно, for all time навсегда́, at once сра́зу]; this ~d his fate э́то определи́ло его́ судьбу́; 2. (*resolve*) реша́ть (64), *perf* реши́ть (46) [not to go не пойти́, to leave at once сра́зу уе́хать, to try again попыта́ться сно́ва; to sell their lives dearly до́рого отда́ть свою́ жизнь]; I was ~d to do nothing of the kind я твёрдо реши́л(а) ничего́ подо́бного не де́лать; they were ~d to do everything in their power они́ реши́ли сде́лать всё возмо́жное.

develop 1. (*make larger, more mature, more perfect*) развива́ть (64), *perf* разви́ть (180) [*with acc* agriculture се́льское хозя́йство, industry промы́шленность; high speeds больши́е ско́рости]; industry is, has been ~ed to a high degree промы́шленность высоко́ развита́; industry has not yet been ~ed промы́шленность ещё ма́ло развита́; 2. (*become larger, more mature, more perfect*) развива́ться (64), *perf* разви́ться (180) [quickly, rapidly бы́стро, slowly ме́дленно, gradually постепе́нно, physically физи́чески, correctly пра́вильно, well хорошо́, poorly пло́хо]; country / trade / industry ~ed rapidly страна́ / торго́вля/ промы́шленность бы́стро развивáлась; events were developing very slowly собы́тия развива́лись о́чень ме́дленно.

development (*growth*) разви́тие *n* (18c) [1] mental у́мственное, physical физи́ческое, economic экономи́ческое, political полити́ческое, historical истори́ческое, rapid бы́строе, slow ме́дленное, gradual постепе́нное; 2) *with gen* of science нау́ки, of art иску́сства; 3) arrest, stop приостанови́ть]; watch / follow the ~ наблюда́ть / следи́ть за разви́тием; a stage, step in the ~ эта́п в разви́тии; promote / prevent ~ спосо́бствовать / препя́тствовать разви́тию.

devote посвяща́ть (64), *perf* посвяти́ть (161) [1] *with acc* all one's time всё своё вре́мя, one's life свою́ жизнь; 2) *with dat* to studies заня́тиям, to research иссле́дованиям, to a cause де́лу; 3) wholly, entirely по́лностью, chiefly гла́вным о́бразом]; ~ oneself посвяща́ть себя́; she ~d herself to music / to her children она́ посвяти́ла себя́ му́зыке / свои́м де́тям.

devoted *a* пре́данный (31b) [father оте́ц, husband муж, friend друг]; пре́данная [mother мать, wife жена́]; she is ~ to her family она́ пре́дана свое́й семье́.

diamond бриллиа́нт *m* (1f) [1] sparkling искря́щийся, flashing сверка́ющий, pure чи́стый, black чёрный; 2) wear носи́ть]; a ~ of the first water бриллиа́нт чи́стой воды́; ~ ring бриллиа́нтовое кольцо́; { алма́з *m* (1f).

dictionary слова́рь *m* (2b) [big большо́й, complete по́лный, pocket карма́нный, little кра́ткий]; use a ~ по́льзоваться словарём; look up a word in a ~ иска́ть сло́во в словаре́; I couldn't find the word in the ~ я не мог(ла́) найти́ э́того сло́ва в словаре́; English-Russian ~ а́нгло-ру́сский слова́рь; Russian-English ~ ру́сско-англи́йский слова́рь.

die *v* умира́ть (64), *perf* умере́ть (118) [1] от *with gen* of an illness от боле́зни, of, from wounds от ран; 2) за *with acc* for one's country за ро́дину, for one's ideals за свои́ идеа́лы]; he ~d young / poor он у́мер (*with instr*) молоды́м / бе́дным; he ~d fighting for freedom он у́мер, боря́сь за свобо́ду; what did she ~ of от чего́ она́ умерла́?; { *fig*: I laughed so, I thought I'd ~ я так смея́лся, что ду́мал, что умру́; I'm dying for a drink *colloq* умира́ю, хочу́ пить; I'm dying to see the play *colloq* до́ смерти хо́чется посмотре́ть э́ту пье́су

difference ра́зница *f* (21c) [в *with abl* in temperature в температу́ре, in age в во́зрасте, in weight в ве́се, in price в цене́, in length в длине́]; I can't see any ~ between them я не ви́жу ме́жду ни́ми никако́й ра́зницы; it makes a great ~ э́то суще́ственная ра́зница; { разли́чие n (18c) [1] slight незначи́тельное, great большо́е, considerable значи́тельное, some не́которое; 2) в *with abl* in character в хара́ктере, in opinion во мне́ниях, in conditions в усло́виях, in behaviour в поведе́нии, in one's approach в подхо́де, in one's attitude в отноше́нии, in one's appraisal в оце́нке]; what's the ~ between the words? в чём разли́чие ме́жду э́тими слова́ми?; ⊙ **make a ~**: it makes no ~ to me мне э́то безразли́чно; does it make any ~ to you? не всё ли вам равно́?; what does it make? кака́я ра́зница?

different 1. (*not alike, not the same*) ра́зный (31b); *usu pl* ра́зные; live in ~ cities жить в ра́зных города́х; those are ~ questions / problems э́то ра́зные вопро́сы / пробле́мы; you may look at it from ~ points of view э́то мо́жно рассма́тривать с ра́зных то́чек зре́ния; we have ~ opinions on that subject у нас ра́зные мне́ния по э́тому вопро́су; it can be done in ~ ways э́то мо́жно сде́лать по-ра́зному; the words are ~ but the meaning is almost the same э́то ра́зные слова́, но их значе́ние почти́ одина́ково; the two things are quite ~ э́ти две ве́щи соверше́нно ра́зные; { (*various*) разли́чный (31b); *usu pl* разли́чные [colours цвета́, things ве́щи, ideas мы́сли, opinions мне́ния]; we visited many ~ places and met ~ people мы посети́ли мно́го разли́чных мест и познако́мились с ра́зными, разли́чными людьми́; there may be ~ opinions on that subject по э́тому вопро́су мо́гут быть разли́чные мне́ния; **2.** (*another, other*) друго́й (33a), ино́й (31a) [way спо́соб, address а́дрес, question вопро́с]; друга́я, ина́я [life жизнь, food пи́ща, atmosphere атмосфе́ра]; друго́е, ино́е [matter де́ло]; put on a ~ coat! наде́нь(те) друго́е пальто́!; I can show you a ~ way я могу́ вам показа́ть друго́й путь; have you anything ~? у вас есть что́-нибудь друго́е?; she has become entirely ~ она́ ста́ла совсе́м друго́й; I have a ~ opinion on that subject у меня́ друго́е мне́ние по э́тому вопро́су; in ~ conditions в ины́х усло́виях, при други́х усло́виях; that's a ~ matter э́то (совсе́м) друго́е де́ло; it was quite ~ from what I had expected э́то бы́ло совсе́м не то, что я ожида́л(а).

difficult тру́дный (31b) [examination экза́мен, ques-

tion вопрóс, lesson урóк];
трýдная [problem проблéма, task задáча, work рабóта]; трýдное [situation положéние, word слóво]; it's too ~ for her для неё э́то слишком трýдно; it's ~ to say трýдно сказáть; it is a ~ thing to do / explain э́то трýдно сдéлать / объяснить; it is a ~ question to answer на э́тот вопрóс трýдно отвéтить; how ~ it is! как э́то трýдно!; there is nothing ~ about it в э́том нет ничегó трýдного; he is a very ~ person он óчень тяжёлый человéк.

difficulty 1. (*quality of being difficult*) трýдность *f* (29c); *usu pl* трýдности; we didn't think of the difficulties мы не подýмали о трýдностях; the ~ of mastering a foreign language трýдности овладéния инострáнным языкóм; encounter, meet with difficulties встрéтиться, столкнýться с трýдностями; overcome difficulties преодолéть трýдности; it presents no ~ э́то не представляет никаких трýдностей; the ~ lay in the fact that... трýдность заключáлась в том, что...; it caused additional difficulties э́то сóздало дополнительные трýдности; I have ~ in learning / remembering / understanding мне трýдно вы́учить / запóмнить / поня́ть; we had

~ in finding the house нам бы́ло трýдно найти дом; she had ~ in breathing ей бы́ло трýдно дышáть; with ~ с трудóм; he walked / ran / spoke / understood with ~ он ходил / бежáл / говорил / понимáл с трудóм; without, with no ~ без трудá; I understood him without the slightest ~ я пóнял егó без малéйшего трудá;   **2.** (*obstacle*) затруднéние *n* (18c); *often pl* затруднéния [1] great большие, serious серьёзные, considerable значительные, unexpected неожиданные, tremendous огрóмные, unavoidable неизбéжные; financial дéнежные; 2) foresee предвидеть, overcome преодолéть]; a ~ arose возникло затруднéние; what's the ~? в чём затруднéние?

dig *v* копáть (64) [*with acc* ground зéмлю, hole я́му, grave могилу; potatoes картóфель]; we had to ~ for over an hour нам пришлóсь копáть бóльше чáса; ~ **through** прорыть (209) (*with acc*); a tunnel was dug through the mountain в горé был прорыт туннéль; ~ **up** выкáпывать (65), *perf* вы́копать (64a) (*with acc*); the box had been dug up and taken away я́щик вы́копали и унесли.

dim 1. (*not bright*) тýсклый (31b) [light свет]; тýсклая [lamp лáмпа];   **2.**

(*not clear*) сму́тный (31b); сму́тное [memory, recollection воспомина́ние, perception, idea представле́ние]; the events had grown ~ in her mind э́ти собы́тия стёрлись из её па́мяти; 3. (*not distinct*) нея́сный (31b); нея́сная [shape, figure фигу́ра]; нея́сные [outlines очерта́ния].

dinner обе́д *m* (1f) [1] tasty вку́сный, excellent превосхо́дный; 2) is ready гото́в, is on the table на столе́, is, was over ко́нчился; 3) order заказа́ть, make гото́вить, bring нести́, serve подава́ть]; it's time for ~ (уже́) пора́ обе́дать; he has gone to ~ он пошёл обе́дать; before ~ пе́ред обе́дом; after ~ по́сле обе́да; during ~ во вре́мя обе́да; at ~ за обе́дом; a four-course ~ обе́д из четырёх блюд; what will you have for ~? что вы хоти́те на обе́д?; we invited him to ~ мы пригласи́ли его́ на обе́д; he ate a big ~ он пло́тно пообе́дал; ⊙ have ~ обе́дать (65), *perf* пообе́дать (65); when / at what time do you have ~? когда́ / в како́е вре́мя вы обе́даете?; have you had ~? вы (уже́) обе́дали?; they had ~ in a restaurant они́ пообе́дали в рестора́не.

direct I *a* прямо́й (31a) [road, path путь; train по́езд; answer отве́т, person челове́к]; пряма́я [line

direct II *v* 1. (*aim*) направля́ть (223), *perf* напра́вить (168) [with *acc* attention внима́ние, thoughts мы́сли, gaze, eyes взор, efforts уси́лия, one's steps шаги́]; the book / his criticism is ~ed against his opponents кни́га / его́ кри́тика напра́влена про́тив (with *gen*) его́ оппоне́нтов; 2. (*manage*) руководи́ть (153), *no perf* (with *instr* work рабо́той, affairs дела́ми, construction строи́тельством]; 3. (*show way*) пока́зывать (65) доро́гу, *perf* показа́ть (48) доро́гу; an old man ~ed them to the camp стари́к показа́л (with *dat*) им доро́гу в ла́герь; can you ~ me to the underground? вы мне не пока́жете доро́гу к метро́?; 4. (*conduct orchestra, choir*) дирижи́ровать (245), *no perf* (with *instr*); who ~ed the orchestra? кто дирижи́ровал орке́стром?; 5. (*address*) адресова́ть (243); ~ smth to smb адресова́ть что-л. кому́-л.; the letter was ~ed to me письмо́ бы́ло адресо́вано мне; his remark was not ~ed at anyone in particular его́ замеча́ние ни к кому́ в ча́стности не относи́лось.

direction 1. (*course*) направле́ние *n* (18c) [new но́вое, different друго́е, opposite противополо́жное, right пра́вильное, wrong непра́вильное]; walk / run / move / fly in the ~ of the city идти́ / бежа́ть / дви́гаться / лете́ть по направле́нию к (*with dat*) го́роду; all of them were going in the same ~ все они́ шли в одно́м направле́нии; they went in that ~ они́ пошли́ в э́том направле́нии; they were coming from all ~s они́ шли, е́хали со всех сторо́н; he has a good / poor sense of ~ он хорошо́ / пло́хо ориенти́руется; he has no sense of ~ он совсе́м не уме́ет ориенти́роваться; 2. (*instruction*) указа́ние *n* (18c); *usu pl* ~s указа́ния [1] full подро́бные, exact то́чные, clear я́сные, written пи́сьменные, confusing противоречи́вые; 2) give дать, read чита́ть]; obey, follow ~s сле́довать указа́ниям; according to the ~s согла́сно указа́ниям; we have received no ~s мы не получи́ли никаки́х указа́ний; { (*order*) распоряже́ние *n* (18c); the manager gave ~s that work was to be stopped дире́ктор о́тдал распоряже́ние прекрати́ть рабо́ту.

directly I *adv* **1.** (*straight*) пря́мо [look посмотре́ть, point указа́ть, lead вести́, go идти́, е́хать, influence влия́ть]; the animal was coming ~ at him зверь шёл пря́мо на него́; the light

fell ~ on his face свет па́дал пря́мо на его́ лицо́; **2.** (*at once*) неме́дленно; they left ~ они́ неме́дленно вы́ехали.

directly II *conj colloq* (*as soon as*) как то́лько; let us know ~ you get to town да́йте нам знать, как то́лько (вы) прие́дете в го́род.

director 1. (*head of enterprise*) дире́ктор *m* (1h); go to the ~ пойти́ к дире́ктору; complain to the ~ жа́ловаться дире́ктору; speak to the ~ (по)говори́ть с дире́ктором; ask the ~ спроси́ть дире́ктора; he was made, appointed ~ он был назна́чен дире́ктором; **2.** (*orchestra leader*) дирижёр *m* (1e) [talented тала́нтливый, splendid великоле́пный, gifted одарённый, versatile многосторо́нний]; **3.** (*play producer*) режиссёр *m* (1e); ~ of the film / play режиссёр фи́льма / пье́сы.

dirty гря́зный (31b) [suit костю́м, handkerchief плато́к]; гря́зная [clothes оде́жда, room ко́мната, work рабо́та]; гря́зное [linen бельё, face лицо́, dress пла́тье]; гря́зные [hands ру́ки]; where did you get so ~? где вы так испа́чкались?; it was a ~ affair, business э́то бы́ло гря́зное де́ло.

disappear (*vanish*) исчеза́ть (64), *perf* исче́знуть

(125) [gradually постепе́нно, for ever навсегда́, altogether совсе́м]; he ~ed without leaving a trace он исче́з, не оста́вив никаки́х следо́в; where did you ~ to? куда́ вы исче́зли?; my hat has ~ed моя́ шля́па исче́зла; suddenly all his confidence ~ed внеза́пно вся его́ уве́ренность исче́зла; { (pass from view) скрыва́ться (64), perf скры́ться (209); the sun ~ed behind a cloud со́лнце скры́лось за о́блаком; the ship ~ed from view парохо́д скры́лся из ви́ду.

disappoint разочаро́вывать (65), perf разочарова́ть (243) (with acc); the exhibition ~ed us вы́ставка разочарова́ла нас; **2.:** be ~ed разочаро́вываться (243) (in—в with abl); we are ~ed in him мы в нём разочарова́лись; they were ~ed at, with the results они́ бы́ли разочаро́ваны (with instr) результа́тами; we were ~ed at not seeing you there мы бы́ли разочаро́ваны, что вас там не ви́дели; we felt, were ~ed when the concert was put off мы расстро́ились, когда́ отложи́ли конце́рт; take / buy this coat, you won't be ~ed возьми́те / купи́те э́то пальто́, вы не бу́дете жале́ть; how ~ing! как доса́дно!

disappointment разочаро́вание n (18c) [complete по́л-ное, great большо́е, bitter го́рькое, terrible ужа́сное; 2) show показа́ть, conceal, hide скрыть]; to. my ~ к своему́ разочарова́нию; the results were a ~ to us результа́ты не оправда́ли на́ших ожида́ний.

discover 1. (get knowledge of hitherto unknown) открыва́ть (64), perf откры́ть (209) [with acc continent матери́к, country страну́, sea мо́ре, way to split the atom спо́соб расщепле́ния а́тома]; **2.** (find) обнару́живать (65), perf обнару́жить (174) [1] with acc iron оге желе́зную руду́, oil нефть, theft кра́жу, defect недоста́ток, дефе́кт, mistake оши́бку, plot за́говор, hiding-place убе́жище, storehouse склад; 2) by accident случа́йно, too late сли́шком по́здно; 3) in the North на се́вере, deep in the earth глубоко́ в земле́, on the seashore на берегу́ мо́ря, in the forest в лесу́]; their escape was not ~ed until the next day их побе́г был обнару́жен то́лько на сле́дующий день; **3.** (find out, learn) узнава́ть (63), perf узна́ть (64) (with acc); if you can ~ anything about him, let us know е́сли вы смо́жете узна́ть о нём что-л., сообщи́те нам; we ~ed that they knew nothing of what had happened мы узна́ли, что им ничего́ не́ было изве́стно о том, что случи́лось; we have ~ed his real name мы узна́ли его́ настоя́щую фами́лию.

discovery откры́тие *n* (18c) [1] great вели́кое, important ва́жное, brilliant блестя́щее, epoch-making истори́ческое; 2) *with gen of* America Аме́рики, of the law of gravitation зако́на притяже́ния]; it was an amazing ~ to him для него́ э́то яви́лось удиви́тельным откры́тием; make a ~ сде́лать откры́тие; he made a number of discoveries он сде́лал ряд откры́тий; he is known for his scientific discoveries он изве́стен свои́ми нау́чными откры́тиями.

discuss обсужда́ть (64), *perf* обсуди́ть (152) [1] *with acc* matter, question вопро́с, plan план, problem пробле́му, results результа́ты, everything всё; 2) from all angles, sides со всех сторо́н]; ~ at length / frequently / heatedly обсужда́ть до́лго / ча́сто / бу́рно; we can ~ that later мы мо́жем обсуди́ть э́то поздне́е; we ~ed what we should do next мы обсуди́ли, что нам де́лать да́льше; that's not a question to be ~ed э́то вопро́с, не подлежа́щий обсужде́нию; I shan't ~ my reasons for refusing я не бу́ду обсужда́ть причи́ны своего́ отка́за; they held a meeting to ~ the situation они́

созва́ли совеща́ние, что́бы обсуди́ть созда́вшееся положе́ние.

discussion (*long talk*) обсужде́ние *n* (18c) [1] long дли́тельное, lively живо́е; 2) *with gen of* a book кни́ги, of a speech выступле́ния]; after a long ~ по́сле дли́тельного обсужде́ния; the question is still under ~ э́тот вопро́с всё ещё обсужда́ется; { (*debate*) диску́ссия *f* (23c); hold, conduct a ~ проводи́ть диску́ссию; terminate / stop / renew the ~ зако́нчить / прекрати́ть / возобнови́ть диску́ссию; the matter caused much ~ э́тот вопро́с вы́звал большу́ю диску́ссию.

disease боле́знь *f* (29c) [1] chronic хрони́ческая, contagious зара́зная, dangerous опа́сная, terrible ужа́сная, serious серьёзная, fatal сме́ртельная, hereditary насле́дственная, incurable неизлечи́мая, mental психи́ческая, occupational профессиона́льная; 2) treat лечи́ть, cure вы́лечить, eradicate, stamp out ликвиди́ровать, carry переноси́ть]; catch a ~ зарази́ться боле́знью; fight, combat a ~ боро́ться с боле́знью; children's ~ де́тская боле́знь; heart ~ боле́знь се́рдца.

dish 1. (*porcelain*) *often collect pl* ~es посу́да *f*, *no pl* (19c) [beautiful краси́вая, dirty гря́зная, delicate, fragile тóнкая]; clear, put away / wash the ~es убирáть / мыть посýду; 2. (*big plate, bowl*) блюдо *n* (14c); 3. (*food*) блюдо [1] meat мяснóе, fish рыбнóе; cold холóдное, hot горячее, good, tasty вкýсное, favourite любимое, light лёгкое, special осóбое, appetizing аппетитное, national национáльное; 2) cook, prepare готóвить, choose выбрать, prefer предпочитáть].

distance расстояние *n* (18c) [1) long, great большóе, short небольшóе; 2) cover покрыть, walk пройти]; at a ~ of two miles на расстоянии двух миль; what is the ~ between Moscow and Leningrad? каковó расстояние от Москвы до Ленингрáда?; it's quite a ~ это довóльно далекó; it's no ~ at all это совсéм недалекó; in the ~ вдали; there was a river in the ~ вдали былá рекá; it's within walking ~ from my house от моегó дóма тудá мóжно дойти пешкóм; you must look at the picture from a ~ на эту картину нáдо смотрéть издали.

distant (*not near*) отдалённый (31b) [sound звук, shot выстрел, noise шум]; отдалённое [place мéсто; resemblance схóдство]; { (*very far away*) дáльний (32); ~ countries дáльние стрáны; ~ relative дáльний рóд-

ственник; the ~ past далёкое прóшлое.

distinct 1. (*definite*) явный (31b) [progress прогрéсс]; явная [tendency тендéнция]; явное [improvement улучшéние]; 2. (*clear*) отчётливый (31b) [sound звук]; his voice over the telephone wasn't very ~ егó гóлос по телефóну был недостáточно отчётлив.

distress *sb* (*sorrow*) гóре *n* (15a); she was in great ~ у неё былó большóе гóре; his behaviour was a great ~ to his mother егó поведéние óчень огорчáло мать.

district райóн *m* (1f) [manufacturing заводскóй, agricultural сельскохозяйственный, poor бéдный, rich богáтый, residential жилóй, business деловóй, densely, thickly populated густонаселённый]; the ~ has been built up considerably райóн значительно застрóен; election ~ избирáтельный óкруг; ~ centre райóнный центр; ~ council райóнный совéт.

disturb 1. (*trouble*) беспокóить (151) (*with acc*); I'm sorry to ~ you простите, что я вас беспокóю; her son's behaviour ~ed her поведéние сына беспокóило её; he was asleep and I didn't want to ~ him он спал, и я не хотéл(а) егó беспокóить; { побеспокóить (151) (*with acc*); excuse me, I shall have to ~ you простите, я вас побеспокою; 2. (*interrupt*) мешать (64), *perf* помешать (64) (*with dat*); the noise in the next room ~ed us нам мешал шум в соседней комнате; will it ~ you if we talk? вам не помешает наш разговор?; you are not ~ing us at all вы нам совсем не мешаете.

divide делить (156), *perf* разделить (156) [*with acc* work работу, group группу, money деньги, things вещи, time время, land землю]; the river ~s the town into two parts река делит город на две части; the field is ~d into two equal halves поле разделено на две равные половины; the children are ~d into groups according to their age дети делятся на группы в зависимости от возраста; how much is 20 ~d by five? сколько будет двадцать, делённое на пять?; opinions are ~d мнения расходятся.

division 1. (*act of dividing*) разделение *n* (18c) [1] fair справедливое, unjust несправедливое; 2) *with gen* of labour труда; of the land земли, of property имущества, of responsibility ответственности, of power власти]; 2. (*section*) отдел *m* (1f); he works in our ~ он работает в нашем отделе; 3. (*part of army*) дивизия *f* (23c); several more ~s

were sent to the front ещё несколько дивизий были отправлены на фронт.

do I 1. (*carry out*) делать (65), *perf* сделать (65); he did nothing all day весь день он ничего не делал; I shall do everything you say я сделаю всё, что вы говорите; we shall do our best мы сделаем всё возможное; what shall we do today? что мы будем сегодня делать?; I have very much to do мне многое нужно сделать; do whatever / as you like делайте что / как хотите; what are you doing? что вы делаете?; I don't know what to do я не знаю, что делать; this is what I did вот что я сделал(а); I wouldn't do that я бы так не сделал(а); do what, whatever you can for him! сделай(те) для него всё, что вы сможете!; do as I say! делай(те) как я говорю!; I did it yesterday я сделал это вчера; 2. (*work*) работать (65); what does your brother do? кем работает ваш брат?; II *aux*, *not translated*: do you live in Moscow? вы живёте в Москве?; I don't know him я его не знаю; III (*in requests*) *rendered by* прошу (вас); do come! приходите, прошу вас!; do tell us! прошу вас, расскажите!; IV *as verb-substitute, conveyed by Russian verb repeated*: I shall go if you do я пойду́, е́сли вы пойдёте; I don't know as much as he does я не зна́ю сто́лько, ско́лько он зна́ет; **do away** (*abolish*) поко́нчить (172) (with — с *with instr*); that sort of thing should be done away with с тако́го ро́да веща́ми должно́ быть поко́нчено; **do without** обходи́ться (152), *perf* обойти́сь (206) (без *with gen*); we shall have to do without him придётся обойти́сь без него́; you'll do without the book a few days вы обойдётесь без э́той кни́ги не́сколько дней; ◇ **do one's duty** выполня́ть (223) свой долг, *perf* вы́полнить (159) свой долг; *see* duty I; **do good** идти́ на по́льзу; it will do him good to get up early ему́ пойдёт на по́льзу, е́сли он бу́дет ра́но встава́ть; **have to do with** 1) (*have relations with*) име́ть де́ло с (*with instr*); I won't, don't want to have anything to do with him я не хочу́ име́ть с ним де́ла; 2) (*be connected*) име́ть отноше́ние к (*with dat*); he has nothing to do with it он не име́ет к э́тому никако́го отноше́ния; **it, that will do** 1) (*enough*) дово́льно; that will do, you may sit down! дово́льно, сади́тесь!; 2) (*good enough*) годи́тся; will this dress do for the theatre? годи́тся ли э́то пла́тье для теа́тра?; that won't, will

never do! э́то не годи́тся!

doctor *sb* **1.** (*medical*) врач *m* (7a) [1] experienced о́пытный, conscientious добросо́вестный, trust-worthy внуша́ющий дове́рие; 2) calls on, visits a patient посеща́ет больно́го, prescribes предпи́сывает, advises, recommends сове́тует, gives medicine выпи́сывает лека́рство, forbids запреща́ет, examines a patient's heart слу́шает се́рдце больно́го, examines a patient осма́тривает больно́го, treats a patient ле́чит больно́го, takes a patient's temperature ме́ряет больно́му температу́ру]; call a ~ вы́звать врача́; send for a ~ посла́ть за врачо́м; go to a ~ идти́ к врачу́; has the ~ called? врач уже́ был?; you need a ~ вам ну́жно пойти́ к врачу́; don't take that medicine without consulting a ~ без врача́ не принима́й(те) э́того лека́рства; I would discuss it with a ~ я бы поговори́л(а) об э́том с врачо́м; children's ~ де́тский врач; **2.** (*scientific degree*) до́ктор *m* (1h); Doctor of Science до́ктор нау́к.

dog *sb* соба́ка *f* (22a) [1] black чёрная, faithful пре́данная, terrible стра́шная, savage, fierce свире́пая, stray беспризо́рная, pedigreed поро́дистая; 2) barks ла́ет, howls во́ет, whimpers скули́т, bites куса́ется]; tie

up / let loose / train a ~
привязáть / спустúть / учúть
собáку; hunting ~ охóт-
ничья собáка; watch ~
сторожевáя собáка.

doll кýкла *f* (19c) [pretty
красúвая, nice симпатúч-
ная, wooden деревя́нная,
talking говоря́щая]; give /
hold / buy / break a ~ по-
дарúть / держáть / купúть
/ сломáть, разбúть кýклу;
~'s house кýкольный дó-
мик; she has a face like a
~ у неё кýкольное лицó.

dollar дóллар *m* (1f); one
~ одúн дóллар; two ~s два
дóллара; five ~s пять дóлларов; thirty-one ~s трú-
дцать одúн дóллар; he earns
ten ~s a day он зарабá-
тывает дéсять дóлларов
в день; he gave me two ~s
change он дал мне два дóллара сдáчи; have you got
change for a ~? вы не мó-
жете разменя́ть дóллар?;
he charged me twelve ~s
он взял с меня́ двенáдцать
дóлларов; we paid in ~s
мы (за)платúли дóлларами;
that's equal to about four
~s э́то равнó приблизú-
тельно четырём дóлларов;
a ~ and a half полторá
дóллара; less / more than
a ~ мéньше / бóльше дóл-
лара..

domestic *a* 1. домáшний
(32); домáшняя [life жизнь,
work рабóта]; домáшние
[cares забóты, troubles хлó-
поты]; ~ animals домáш-
ние живóтные; ⊙ ~ **science**

домовóдство *n* (14c); 2. (*produced in one's country*) отé-
чественный (31b); ~ goods /
products отéчественные товáры / продýкты; ~ pro-
duction отéчественное про-
извóдство; ~ brand отé-
чественная мáрка; { (*within one's country*) внýтрен-
ний (32); ~ trade внýт-
ренняя торгóвля; ~ af-
fairs внýтренние делá.

door дверь *f* (29b) [open
откры́тая, closed закры́тая,
heavy тяжёлая, wide широ́-
кая, oak дубóвая]; open /
close / lock the ~ откры́ть /
закры́ть / заперéть дверь;
close the ~ behind me!
закрóйте за мнóй дверь!;
leave the ~ open / ajar
остáвить дверь откры́той
/ приоткры́той; knock, rap
on, at the ~ стучáть в
дверь; stand at the ~ сто-
я́ть у двéри; the ~ into
the next room дверь в со-
сéднюю кóмнату; he saw
her to the ~ он проводúл
её до двéри; they closed /
slammed the ~ in his face
онú закры́ли / захлóпнули
дверь пéред егó нóсом;
{ *fig*: the ~s to fame opened
before him пéред нúм от-
кры́лся путь к слáве; ⊙
front ~ парáдное *n* (31b);
they came in at, through
the front ~ онú вошлú
чéрез парáдное; **back** ~
чёрный ход *m* (1k); **next** ~:
he lives next ~ он живёт
ря́дом; next ~ to the post-
-office ря́дом с пóчтой; **out**

of ~s на откры́том во́з-
духе.

double I *a* двойно́й (31a)
[layer слой, blow уда́р];
двойна́я [door дверь, work
рабо́та]; двойно́е [window
окно́, quantity коли́чество];
⊙ ~ game двойна́я игра́ *f*
(19g).

double II *v* удва́ивать (65),
perf удво́ить (151) [*with acc*
efforts уси́лия, income до-
хо́д, amount, quantity ко-
ли́чество]; it will ~ our
work э́то увели́чит на́шу
рабо́ту вдво́е.

double III *adv* вдво́е бо́ль-
ше; everything cost ~ всё
сто́ило вдво́е бо́льше; we
shall have to pay ~ the
amount, price нам придётся
плати́ть вдво́е бо́льше; it
will take us ~ the time
э́то займёт у нас вдво́е
бо́льше вре́мени.

doubt I *sb* сомне́ние *n*
(18c) [some не́которое, great
большо́е, grave серьёзное,
slight небольшо́е]; there
is no ~ без сомне́ния;
I have no ~ that you will
succeed у меня́ нет сомне́-
ний в том, что вам э́то
уда́стся; there is not much
~ about it в э́том нет боль-
ши́х сомне́ний; no ~ безу-
сло́вно; it was beyond ~
э́то бы́ло вне вся́кого сом-
не́ния; you think, no ~,
that I am wrong безусло́вно,
вы счита́ете, что я не прав;
you will, no ~, help us
безусло́вно, вы помо́жете
нам; I have ~s as to his

sincerity у меня́ есть сом-
не́ния насчёт его́ и́скрен-
ности; the results are still
in ~ результа́ты ещё не
я́сны.

doubt II *v* сомнева́ться
(64), *no perf* (в *with abl*);
~ the truth of smth сомне-
ва́ться в пра́вильности че-
го́-л.; ~ the facts сомне-
ва́ться в пра́вильности фа́к-
тов; we do not ~ your
ability мы не сомнева́емся
в ва́ших спосо́бностях; I
don't ~ that he wrote it
himself я не сомнева́юсь в
том, что он написа́л э́то
сам; I ~ whether they will
succeed сомнева́юсь, что э́то
им уда́стся; I ~ that that
was what he meant сомне-
ва́юсь, что он хоте́л э́то
сказа́ть; I have ~ed him
all along я всё вре́мя в
нём сомнева́лся.

dove го́лубь *m* (3e).

down I *adv* (*of direction*)
вниз; he ran ~ and opened
the door он побежа́л вниз
и откры́л дверь; she looked ~ and did not answer
она́ смотре́ла вниз и не
отвеча́ла.

down II *prep*: go / run
~ the hill идти́ / бежа́ть
вниз по (*with dat*) холму́;
she fell ~ the stairs она́
упа́ла **с** (*with gen*) ле́ст-
ницы; they live ~ the
street они́ живу́т **да́льше по**
(*with dat*) э́той у́лице; they
went on ~ the road они́
пошли́ да́льше по доро́ге;
the tears ran ~ her cheeks

слёзы катились по её щека́м.

dozen дю́жина *f* (19с); half a ~ полдю́жины; a ~ eggs / oranges дю́жина (*with gen*) яи́ц / апельси́нов; he used to buy them by the ~ он их покупа́л дю́жинами; ~s of times мно́го раз; ~s of people деся́тки люде́й.

drag *v* 1. (*pull along*) тащи́ть (173), *no perf* [1] *with acc* stone ка́мень, logs брёвна, box я́щик, boat ло́дку, cart теле́гу, man челове́ка; 2) hardly, scarcely едва́, slowly ме́дленно, with difficulty с трудо́м, by a great effort с больши́м уси́лием; 3) into the room в ко́мнату, out of the room из ко́мнаты; to the third floor на четвёртый эта́ж; 4) by the hand за́ руку, by the hair за́ волосы]; she ~ged the child by the hand она́ тащи́ла ребёнка за́ руку; I don't want to be ~ged into the affair я не хочу́, чтобы меня́ вме́шивали в э́то де́ло; 2. (*pass slowly*) ме́дленно тяну́ться (129); time ~ged (on) вре́мя ме́дленно тяну́лось; the days / years ~ged·by дни / го́ды ме́дленно тяну́лись.

draw I *v* (*pull*) тащи́ть (173) [1] *with acc* cart теле́гу, boat ло́дку; 2) slowly ме́дленно, with difficulty с трудо́м]; the horse drew the cart up the hill with difficulty ло́шадь с трудо́м тащи́ла теле́гу в го́ру; ~ aside отводи́ть (152) в сто́рону, *perf* отвести́ (219) в сто́рону (*with acc*); he drew me aside он отвёл меня́ в сто́рону; ~ back отступа́ть (64), *perf* отступи́ть (169); he drew back a few paces он отступи́л на не́сколько шаго́в; the enemy drew back враг, неприя́тель отступи́л; ~ on натя́гивать (65), *perf* натяну́ть (129) (*with acc*); she drew on her gloves она́ натяну́ла перча́тки; ~ oneself up вы́прямиться (165);he drew himself up он вы́прямился; ⋄ ~ a conclusion де́лать (65) вы́вод, *perf* сде́лать (65) вы́вод; I don't want to ~ any conclusions я не хочу́ де́лать никаки́х вы́водов; ~ to a close, end подходи́ть (152) к концу́; ~ a deep breath глубоко́ вздохну́ть (130).

draw II *v* 1. (*of artistry*) рисова́ть (243), *perf* нарисова́ть (243) [1] *with acc* picture карти́ну, face лицо́, dog соба́ку, tree· де́рево, house дом, caricature карикату́ру; 2) well хорошо́, poorly пло́хо, excellently отли́чно; 3) *with instr* with a pencil карандашо́м, with a piece of chalk ме́лом; 4) на, в *with abl* on the wall на стене́, in a sketch-book в альбо́ме]; 2. (*of draughting*) черти́ть (192), *perf* начерти́ть (192) [*with acc* diagram диагра́м-

му, plan план]; ~ up составля́ть (223), perf соста́вить (168) [with acc document докуме́нт, agreement
соглаше́ние, contract догово́р, will завеща́ние].

dreadful ужа́сный (31b)
[fire пожа́р, wind ве́тер, day
день, person челове́к]; ужа́сная [accident катастро́фа,
tragedy траге́дия, weather
пого́да, loss поте́ря, thing
вещь]; ужа́сное [earthquake
землетрясе́ние, collision
столкнове́ние, attitude отноше́ние]; he had many ~
experiences in the war на
войне́ ему́ пришло́сь пережи́ть мно́го ужа́сного; she
looked simply ~ colloq она́
вы́глядела про́сто ужа́сно.

dream I sb **1.** (in sleep) сон
m (1d) [bad плохо́й, pleasant прия́тный, funny смешно́й, foolish глу́пый, terrible стра́шный]; I had a
~ about you я вас ви́дел
во сне́; **2.** (cherished hope)
мечта́ f (19h, gen pl мечта́ний); it is my ~ э́то
моя́ мечта́; their ~s came
true их мечты́ сбыли́сь;
she had ~s of becoming
an actress она́ мечта́ла
стать актри́сой.

dream II v **1.** сни́ться (158),
perf присни́ться (158); I ~ed
that I was in a dark forest
мне сни́лось, что я в тёмном лесу́; am I ~ing? э́то
мне сни́тся?; you must
have dreamt it вам э́то,
наве́рно, присни́лось; { ви́
деть (109) во сне́, perf уви́

деть (109) во сне́; I ~ed
about you last night вчера́
я ви́дел(а) вас во сне́;
2. (imagine, long for) мечта́ть (64), no perf (of — на
with abl); he ~ed of being
home again он мечта́л о
возвраще́нии домо́й; she ~
ed of going to Italy она́
мечта́ла пое́хать в Ита́
лию; he ~ed of success
and fame он мечта́л об
успе́хе и сла́ве; **3.** (think)
приходи́ть (152) в го́лову,
perf прийти́ (206) в го́лову; I never ~ed of seeing
you here мне не приходи́ло
в го́лову, что я вас здесь
уви́жу; I didn't ~ of offending you мне не приходи́ло в го́лову вас обижа́ть; I shouldn't ~ of
going alone мне не пришло́
бы в го́лову пойти́ одному́,
одно́й.

dress I sb (frock) пла́тье
n (18d) [1] cotton хлопчатобума́жное, silk шёлковое, woollen шерстяно́е, nylon нейло́новое, beautiful
краси́вое, charming преле́стное, fashionable мо́дное,
light лёгкое, simple, plain
просто́е, white.бе́лое, cheap
дешёвое, expensive дорого́е,
clean чи́стое, worn поно́
шенное, torn рва́ное, favourite люби́мое, summer
ле́тнее, evening вече́рнее;
2) costs сто́ит, hangs виси́т, lies лежи́т, looks new
вы́глядит но́вым; **3)** buy
купи́ть, alter переде́лать,
clean чи́стить, wash сти

ра́ть, iron гла́дить, hang
пове́сить, put on наде́ть,
take off снять, wear носи́ть,
try on приме́рить, change
переоде́ть]; this ~ is too
small / big for me э́то пла́-
тье мне сли́шком мало́ /
велико́; the ~ doesn't fit
пла́тье пло́хо сиди́т; what
colour is your new ~?
како́го цве́та ва́ше но́вое
пла́тье?; the ~ is becoming
to her э́то пла́тье ей идёт;
she couldn't afford the ~
пла́тье ей бы́ло не по кар-
ма́ну; I am having two ~es
made я шью себе́ два пла́-
тья.

   dress II *v* 1. (*put clothes
on smb*) одева́ть (64),
perf оде́ть (116) (*with acc*);
she ~ed the children она́
оде́ла дете́й; 2. (*put clothes
on oneself*) одева́ться (64),
perf оде́ться (116) [quickly
бы́стро, hastily поспе́шно,
warmly тепло́, neatly акку-
ра́тно]; she was warmly
~ed она́ была́ тепло́ оде́-
та; it took him ten minutes
to ~ ему́ понадо́билось
де́сять мину́т, что́бы
оде́ться, { (*wear clothes*)
одева́ться, *no perf* [well
хорошо́, simply про́сто,
modestly скро́мно, fash-
ionably мо́дно]; she al-
ways ~ed well она́ всегда́
хорошо́ одева́лась; she was
~ed in white она́ была́
в бе́лом; he was ~ed in
a long coat and a black
hat он был в дли́нном паль-
то́ и чёрной шля́пе; he was

~ed in a uniform он был в
фо́рме.

   drink I *sb* напи́ток *m* (4d)
[cold холо́дный, refresh-
ing освежа́ющий, pleas-
ant прия́тный, alcoholic ал-
кого́льный]; may I have
a ~ of water? мо́жно мне
вы́пить воды́?; we had a ~
of beer мы вы́пили пи́ва.

   drink II *v* пить (180),
perf вы́пить (186) [from,
out of a glass из стака́на,
from, out of a cup из ча́ш-
ки]; ~ water / milk / wine
пить (*with acc*) во́ду /
молоко́ / вино́; ~ a glass
of milk вы́пить (*with acc*)
стака́н молока́; ~ water /
beer вы́пить (*with gen*) во-
ды́ / пи́ва; I'd like something cold to ~ я хоте́л(а)
бы вы́пить чего́-нибудь хо-
ло́дного; ⊙ ~ (**a toast**)
to smb вы́пить за чьё-л.
здоро́вье.

   drive *v* 1. (*urge, force*)
гнать (94), *no perf* (*with acc*);
they drove the cattle to the
river они́ гна́ли скот к
реке́; the enemy was driven
out of the country враг
был и́згнан из страны́;
2. (*control*) управля́ть (223),
no perf [*with instr* car ма-
ши́ной, tractor тра́ктором,
engine парово́зом]; 3. (*ride*)
е́хать (71), *no perf*; we
were driving along a broad
highway мы е́хали по ши-
ро́кому шоссе́; ~ **across**
переезжа́ть (64), *perf* пе-
рее́хать (71); ~ **away** уез-
жа́ть (64), *perf* уе́хать (71);

~ **by** éхать мимо, *perf* проéхать (71) мимо; they drove by us они проéхали мимо нас; ~ **off** уезжáть, *perf* уéхать; ~ **past** проезжáть (64), *perf* проéхать; ~ **up** подъезжáть (64), *perf* подъéхать (71).

driver води́тель *m* (3a) [experienced о́пытный, skilful умéлый, careless неосторо́жный]; taxi ~ води́тель такси́; tractor ~ тракторист *m* (1e); engine ~ машини́ст *m* (1e).

drop I *sb* **1.** (*of liquid*) кáпля *f* (20f, *gen pl* кáпель) [*with gen* of water воды́, of perspiration по́та]; she drank it to the last ~ онá вы́пила всё до послéдней кáпли; ~s of rain кáпли дождя́; { (*medicine*) кáпли *no sg* (20d); the doctor prescribed some ~s for his heart врач прописáл ему́ сердéчные кáпли; take ten ~s a day принимáйте по дéсять кáпель в день; **2.** (*sudden fall*) пониже́ние *n* (18c) [1) sudden внезáпное, unexpected неожи́данное, sharp рéзкое, slight небольшо́е; 2) *with gen* in prices цен, in temperature температу́ры].

drop II *v* **1.** (*let fall*) роня́ть (223), *perf* урони́ть (160) [*with acc* glass стакáн, cup чáшку, handkerchief платóк]; you've ~ped something! вы чтó-то урони́ли!; careful, don't ~ that vase! осторо́жнее, не

урони́те э́ту вáзу!; { *fig*: please, ~ this letter into a pillar-box! опусти́те, пожáлуйста, э́то письмó в почтóвый я́щик!; **2.** (*fall*) пáдать (65), *perf* упáсть (55) [*на with acc* to the ground на зéмлю, to the floor нá пол]; leaves / apples / blossoms ~ ли́стья / я́блоки / цветы́ пáдают; my watch ~ped into the water мои́ часы́ упáли в вóду; **3.** (*give up*) бросáть (64), *perf* брóсить (149) (*with acc*); he ~ped his work / studies он брóсил рабóту / учёбу; he has ~ped smoking он брóсил кури́ть; { (*interrupt*) прекращáть (64), *perf* прекрати́ть (161) (*with acc*); let's ~ the argument! прекрати́м э́тот спор!; let's ~ the subject! остáвим э́ту тéму!; **4.** (*become lower*) снижáться (64), *perf* сни́зиться (189); prices are ~ping цéны снижáются; the temperature has ~ped температу́ра сни́зилась; his voice ~ped to a whisper егó гóлос пони́зился до шёпота; ~ **in** заходи́ть (152), *perf* зайти́ (206); I must ~ in at the library мне ну́жно зайти́ в (*with acc*) библиотéку; ~ **in** if you are in the neighbourhood заходи́те, éсли (вы) бу́дете побли́зости!; ◇ ~ **a line** черкну́ть нéсколько строк; *see* **line I** 6.

drown 1. (*die in water*) тону́ть (129), *perf* утону́ть

(129); he is ~ing! он
тонет!; she almost ~ed
она чуть не утонула; he
saved the children from
~ing он спас тонувших
детей; 2. (*cause to die in
water*) топить (169), *perf*
утопить (169) (*with acc*);
they wanted to ~ him
они хотели утопить его;
3. (*be stronger than*) заглу-
шать (64), *perf* заглушить
(171) (*with acc*); the noise in
the hall ~ed his voice
шум в зале заглушал его
голос.

   dry I *a* 1. (*not wet*) су-
хой (33a) [climate климат,
air воздух]; сухая [road дорога, soil земля; clothes
одежда; skin кожа; weath-
er погода]; сухое [throat
горло; linen бельё, towel
полотенце; summer лето];
сухие [hair волосы, lips губы; fields поля]; we sat
near the fire until we were
~ мы сидели у костра,
пока не обсохли; keep your
feet ~! не промочите но-
ги!; his mouth was ~ у
него во рту было сухо;
~ year засушливый год;
⊙ ~ **land** суша (25a); 2.
(*dull*) скучный (31b) [per-
son человек]; скучная [lec-
ture лекция, subject тема].

   dry II *v* 1. сушить (175),
perf высушить (172) [*with
acc* linen бельё, vegetables
овощи, hair волосы]; 2.
(*wipe*) вытирать (64), *perf*
вытереть (122) [1) *with acc*
hands руки, feet ноги,

dishes посуду; 2) *with instr*
on a towel полотенцем, with
a napkin салфеткой, with
one's handkerchief носовым
платком]; she stopped crying
and dried her eyes она
перестала плакать и вы-
терла глаза; ~ **up** высыхать
(64), *perf* высохнуть (128);
the rivers and the wells
had dried up реки и ко-
лодцы высохли; we had
to wait for the roads to
~ up пришлось ждать,
пока не высохли дороги.

   duck *sb* утка *f* (22c); shoot
a ~ подстрелить утку; raise,
breed ~s разводить уток.

   dull *a* 1. (*stupid*) тупой (31a) [pupil ученик, person человек, look взгляд];
2. (*not sharp*) тупой [knife
нож]; тупая [razor бритва,
needle иголка]; become ~
затупиться; 3. (*uninteresting*)
скучный (31b) [film фильм,
story рассказ, report до-
клад, speaker докладчик];
скучная [book книга, play
пьеса, party вечеринка, work
работа, lecture лекция, conversation беседа, music музыка, life жизнь]; скучное
[meeting заседание, repe-
tition of facts повторение
фактов]; why are you so
~ today? почему вы се-
годня такой скучный, та-
кая скучная?; 4. (*grey, cloud-
ed*) пасмурный (31b) [day
день]; пасмурная [weather
погода]; 5. (*muffled*) глу-
хой (33a) [sound звук, explosion взрыв].

dumb немой (31a).

during *prep* (*throughout*) *with gen*: ~ his whole life в течение всей его жизни; ~ the last three days in течение последних трёх дней; ~ the last few years в течение последних нескольких лет; { (*in the course of*) *with gen*: по one spoke ~ the dinner никто не говорил **во время** обеда; he was wounded twice ~ the war во время войны он был дважды ранен; someone must have been here ~ my absence наверное, кто-то был здесь в моё отсутствие.

dust *sb* пыль *f, no pl* (29c); a thick layer of ~ толстый слой пыли; a thin film of ~ тонкий слой пыли; the furniture was covered with ~ мебель была покрыта пылью; she brushed, wiped the ~ from the book она смахнула пыль с книги; she beat the ~ out of the carpets она выбила пыль из ковров; she swept up the ~ она смела пыль; the trucks raised a cloud of ~ грузовики подняли облако пыли; everything was thick with ~ всё было покрыто толстым слоем пыли; the ~ got into my eyes пыль попала мне в глаза.

Dutch *a* голландский (33b).

Dutchman голландец *m* (10b).

duty I *sb* **1.** (*obligation*) долг *m* (*sg* 4c, *pl* 4f) [1) public общественный, sacred священный, moral моральный, first, primary первейший; 2) forces, compels заставляет, obliges обязывает]; children's ~ to their parents долг детей по отношению к (*with dat*) родителям; my ~ as a teacher / officer / scientist... мой долг учителя / офицера / учёного...; I feel it is, I consider it my ~ to tell you / warn you (я) считаю своим долгом сказать вам / предупредить вас; he has a strong sense of ~ у него сильно развито чувство долга; ⊙ **do, fulfil one's ~** выполнить (159) свой долг; he did, fulfilled his ~ to his country он исполнил свой долг перед (*with instr*) родиной; **2.** (*function*) обязанность *f* (29c); *often pl* обязанности [1) public, social общественные, official служебные, domestic домашние, numerous многочисленные, pressing неотложные; 2) carry out, perform выполнять]; neglect one's duties не выполнять своих обязанностей; shirk one's duties уклониться от своих обязанностей; he forgot / remembered his duties он забыл / вспомнил о своих обязанностях; ⊙ **be on ~** дежурить (178), *no perf*, быть на дежурстве; **go on / off ~** начать / кончить дежурство; **man on** ~ дежу́рный *m* (31b); doctor on ~ дежу́рный врач; officer on ~ дежу́рный офице́р.

duty II *sb (tax)* по́шлина *f* (19c); pay ~ плати́ть по́шлину; a ~ is imposed on all such articles, all such articles are subject to ~ все подо́бные предме́ты облага́ются по́шлиной.

duty-free: these goods are ~ э́ти това́ры не облага́ются по́шлиной.

E

each ка́ждый (31b) [day день, time раз, city го́род]; ка́ждая [part часть, side сторона́, country страна́]; ка́ждое [word сло́во, letter письмо́, proposal предложе́ние]; at ~ station на ка́ждой ста́нции; ~ of you / us / them ка́ждый из вас / нас / них; books cost two shillings ~ ка́ждая кни́га сто́ит два ши́ллинга; the fare is fifty dollars ~ way биле́т сто́ит пятьдеся́т до́лларов в оди́н коне́ц; ☉ ~ **other** друг дру́га; look for / love / hate / respect ~ other иска́ть / люби́ть / ненави́деть / уважа́ть друг дру́га; we can help ~ other мы мо́жем помо́чь друг дру́гу; they are exactly like ~ other они́ о́чень похо́жи друг на дру́га.

eager: be ~ о́чень хоте́ть (133), *perf* захоте́ть (133); they were ~ to meet the author / to show their work to everyone / to be home again им о́чень хоте́лось познако́миться с а́втором / показа́ть всем свою́ рабо́ту / сно́ва быть до́ма; I wasn't ~ to begin all over again мне не о́чень хоте́лось начина́ть всё снача́ла; be ~ for knowledge жа́ждать *(with acc)* зна́ний.

eagle орёл *m* (1b); mountain ~ го́рный орёл; ~ eye орли́ный глаз.

ear 1. *(organ of hearing)* у́хо *n* (*sg* у́ха, у́ху, у́хо, у́хом, у́хе, *pl* у́ши, уше́й, уша́м, у́ши, уша́ми, уша́х); *usu pl* ~s у́ши [long дли́нные, red кра́сные]; his ~s became red у него́ покрасне́ли у́ши; I didn't believe my own ~s я не ве́рил(а) со́бственным уша́м; my ~s are ringing у меня́ звени́т в уша́х; my ~s are cold у меня́ замёрзли у́ши; he took the boy by the ~ он взял ма́льчика за́ ухо; he whispered a few words in her ~ он шепну́л ей на́ ухо не́сколько слов; ☉ **in at one ~ and out at the other** в одно́ у́хо вошло́, в друго́е вы́шло; 2. *(ability to distinguish sound)* слух *m*, *no pl* (4c) [good хоро́ший, excellent прекра́сный, sharp то́нкий]; he has a good ~ for music у него́ хоро́ший музыка́льный слух; she has no ~ for music у неё нет слу́ха; play by ~ игра́ть по слу́ху, на слух; we strained our ~s but could hear nothing мы напрягли́ слух, но ничего́ не могли́ услы́шать.

early I *a* ра́нний (32) [hour час, breakfast за́втрак, train по́езд]; ра́нняя [spring весна́, autumn о́сень]; ра́ннее [summer ле́то, development разви́тие]; ра́нние [vegetables о́вощи]; it was still ~ бы́ло ещё ра́но; you are ~ вы ра́но пришли́; it's too ~ to judge the results ещё (сли́шком) ра́но суди́ть о результа́тах; in the ~ part of the 19th century в нача́ле девятна́дцатого ве́ка; ⊙ at your **earliest convenience** как мо́жно ра́ньше.

early II *adv* 1. (*not late*) ра́но [get up встава́ть, go to bed ложи́ться спать, have breakfast за́втракать, leave уйти́, уе́хать, come home прийти́ домо́й]; ~ in the morning ра́но у́тром; ~ one morning одна́жды ра́но у́тром; the shops close ~ on Saturdays по суббо́там магази́ны закрыва́ются ра́но; come ~! приходи́(те) пора́ньше!; 2. (*near beginning*) в нача́ле; ~ in the month /

year / summer в нача́ле ме́сяца / го́да / ле́та.

earn 1. (*get wages, etc.*) зараба́тывать (65), *perf* зарабо́тать (65) [much мно́го, very little о́чень ма́ло, enough доста́точно, £ 400 а year четы́реста фу́нтов в год]; how much does he ~? ско́лько он зараба́тывает?; he ~ed good pay он хорошо́ зараба́тывал; ⊙ ~ **one's living** зараба́тывать себе́ на жизнь; 2. (*merit, deserve*) заслужи́ть (175) [*with acc* good rest хоро́ший о́тдых, praise похвалу́, trust дове́рие, award награ́ду].

earth 1. (*also* Earth; *planet*) Земля́ *f* (20b); round the ~ вокру́г Земли́; 2. (*ground*) земля́; buried deep in the ~ зары́то глубоко́ в земле́; the leaves were falling to the ~ ли́стья па́дали на зе́млю; high above the ~ высоко́ над землёй; 3. (*world, land and sea*) свет *m* (1f); from all corners of the ~ со всех концо́в све́та; the happiest man on ~ счастли́вейший челове́к на све́те; ◇ **how on** ~? *colloq* каки́м о́бразом?; how on ~ did you find out? каки́м о́бразом вы узна́ли (об э́том)?; **why on** ~? *colloq* с како́й ста́ти?; why on ~ should I do that? с како́й ста́ти я до́лжен, должна́ э́то де́лать?

ease *sb* 1.: at ~ свобо́дно; he was at ~ in any company он чу́вствовал себя́ свобо́дно в любо́м о́бществе; he didn't feel at ~ он чу́вствовал себя́ нело́вко; ⊙ **be, feel ill at** ~ нело́вко себя́ чу́вствовать (244); *see* ill; 2.: with ~ легко́; he could solve any problem with ~ он легко́ мог реши́ть любу́ю зада́чу.

easily легко́ [learn smth научи́ться чему́-л., get tickets доста́ть биле́ты, do the job сде́лать (э́ту) рабо́ту, find the house найти́ дом]; you can ~ see why вы легко́ поймёте, почему́; you can ~ get to the theatre in half an hour за полчаса́ вы легко́ смо́жете добра́ться до теа́тра.

east *sb* восто́к *m* (4c); in the ~ на восто́ке; go to the ~ е́хать на восто́к; the town lies to the ~ of Moscow э́тот го́род располо́жен к восто́ку от (*with gen*) Москвы́; from the ~ с восто́ка; from ~ to west с восто́ка на за́пад; an ~ wind восто́чный ве́тер; the ~ side of the house восто́чная сторона́ до́ма.

eastern *a* восто́чный (31b) [coast бе́рег, custom обы́чай]; восто́чная [side сторона́]; восто́чное [country госуда́рство].

easy (*not difficult*) лёгкий (33b) [question вопро́с, way спо́соб]; лёгкая [task зада́ча, work рабо́та, game игра́]; лёгкое [solution реше́ние]; that's ~ э́то легко́;

it won't be ~ to do э́то бу́дет нелегко́ сде́лать; languages are ~ for him ему́ легко́ даю́тся языки́; it was no ~ job э́то была́ нелёгкая зада́ча; that's the easiest way э́то са́мый лёгкий спо́соб; he gave her easier work to do он дал ей бо́лее лёгкую рабо́ту; ⊙ **easier said than done** ле́гче сказа́ть, чем сде́лать.

eat (*take food*) есть (212), *perf* съесть (212) [1] *with acc* fish ры́бу, chicken ку́рицу, meat мя́со, apple я́блоко, potatoes карто́фель, fruit фру́кты, everything всё, cheese sandwich бутербро́д с сы́ром; 2) little ма́ло, much мно́го, quickly бы́стро, slowly ме́дленно; 3) *with instr* with a fork ви́лкой, with one's hands рука́ми; 4) *with abl* in the kitchen на ку́хне, in the restaurant в рестора́не; she doesn't ~ well она́ пло́хо ест; you haven't ~en anything вы ничего́ не съе́ли; I don't want anything to ~ я не хочу́, мне не хо́чется есть; where can we get something to ~? где нам пое́сть?; what did you have to ~? что вы е́ли?; { *often conveyed by Russian verbs* за́втракать (65), *perf* поза́втракать (65), обе́дать (65), *perf* пообе́дать (65); he didn't ~ his, any breakfast он не за́втракал; we usually ~ in мы обы́чно обе́даем до́ма; I shall ~ out today я сегодня обедаю не дома; do you want to ~ now? хотите сейчас пообедать?; we shall ~ when we get back мы пообедаем, когда вернёмся.

economic экономический (33b); экономическая [geography география, policy политика, independence независимость]; экономическое [condition положение, development развитие].

edge sb (*boundary, limit*) край m (13a) [*with gen* of table стола, of chair стула]; on the ~ of a precipice на краю пропасти; at the ~ of the lake на берегу озера; the ~ of the forest опушка (f 22f) леса.

edition издание n (18c) [first первое, new новое, revised исправленное, abridged сокращённое, cheap дешёвое, pocket карманное, two-volume двухтомное]; publish, bring out a new ~ выпускать (64) новое издание, *perf* выпустить (163) новое издание; an ~ of 25,000 copies тираж (в) двадцать пять тысяч экземпляров; a complete ~ of Shakespeare полное собрание сочинений Шекспира.

editor редактор m (1e); chief ~ главный редактор; associate ~ заместитель редактора; newspaper / magazine ~ редактор газеты / журнала.

education 1. (*schooling*) образование n (18c) [1) ele-mentary, primary начальное, secondary среднее, general общее, all-round всестороннее, vocational профессиональное, commercial коммерческое, music музыкальное, university университетское; 2) receive, get получить, complete закончить, continue продолжать, have right to иметь право на]; system of ~ система образования; a man, person of no ~ человек без образования; { (*instruction*) обучение n (18c) [1) pre-school дошкольное, universal всеобщее, compulsory обязательное, free бесплатное, eight-year восьмимилетнее; 2) pay for платить за]; ⊙ higher ~ высшее образование; **2.** (*breeding, upbringing*) воспитание n (18c) [proper, correct правильное]; one's character depends in part on one's ~ характер человека отчасти зависит от его воспитания.

effect sb результат m (1f); ⊙ have an ~ подействовать (on—на *with acc*); the sea air had a very good ~ on him морской воздух очень хорошо на него подействовал; my words had little ~ on her мои слова мало на неё подействовали; this will have no ~ on my decision это не повлияет на моё решение.

effort усилие n (18c) [heroic героическое, tremendous огромное, last последнее];

{ усилия *pl* [constant постоянные, vain, ineffectual тщётные]; it cost him much ~ это стоило ему больши́х усилий; it won't require much ~ это не потре́бует больши́х усилий; by continued постоя́нных усилий; ⊙ **make an** ~ прилага́ть (64) уси́лия, *perf* приложи́ть (175) уси́лия; I shall make every possible ~ я приложу́ все уси́лия; **without** ~ без труда́.

egg яйцо́ *n* (16c, *gen pl* яи́ц) [1] fresh све́жее, bad ту́хлое, raw сыро́е, hard-boiled круто́е, boiled варёное; 2) boil вари́ть, break разби́ть]; soft--boiled ~ яйцо́ всмя́тку; fried ~s яи́чница *f* (21c); scrambled ~s омле́т *m* (1f); white of ~ бело́к *m* (4f); yellow of ~ желто́к *m* (4f).

eight во́семь (39c); ~ days во́семь дней; ~ people во́семь челове́к; ~ and four is, makes twelve во́семь плюс четы́ре равня́ется двена́дцати, бу́дет двена́дцать; ~ times ten is eighty во́семью де́сять бу́дет во́семьдесят, во́семь умно́жить на де́сять бу́дет во́семьдесят; ~ from sixteen is, leaves ~ от шестна́дцати отня́ть во́семь бу́дет во́семь; sixteen minus ~ is, leaves ~ шестна́дцать ми́нус во́семь бу́дет во́семь; eighty-~ во́семьдесят во́семь; ~ hundred восемьсо́т (39e); there

are ~ of us нас во́семь челове́к; ~ of us во́семь (челове́к) из нас; he / she is ~ years old ему́ / ей во́семь лет; the clock struck ~ часы́ проби́ли во́семь; it is a quarter / twenty minutes to ~ без че́тверти / двадцати́ мину́т во́семь; it is a quarter / twenty minutes / half past ~ че́тверть / два́дцать мину́т / полови́на девя́того; it is just ~ (o'clock) сейча́с ро́вно во́семь (часо́в); you must be here at ~ (o'clock) sharp вы должны́ быть здесь ро́вно в во́семь (часо́в).

eighteen восемна́дцать (39c); *see* eight.

eighty во́семьдесят (39d); *see* eight, thirty.

either I *pron* **1.** (*any*) любо́й (31a) [boy ма́льчик; way спо́соб; suit костю́м]; люба́я [road доро́га, side сторона́]; любо́е [decision реше́ние, time вре́мя]; ~ of you can go любо́й из вас мо́жет пойти́, пое́хать; ~ will do любо́й, люба́я подойдёт; you may go by ~ road вы мо́жете пойти́ по любо́й доро́ге; **2.** (*both*) о́ба *m*, о́бе *f*, о́ба *n* (39i); I don't like ~ of the houses мне о́ба до́ма не нра́вятся, ни оди́н из э́тих домо́в мне не нра́вится; we don't need ~ of these things о́бе э́ти ве́щи нам не нужны́.

either II *adv* то́же; I don't know ~ я то́же не

зна́ю; I didn't like it ~ мне э́то то́же не понра́вилось.

either III *conj*: ~... or... и́ли..., и́ли...; ~ today or on Monday и́ли сего́дня, и́ли в понеде́льник; ~ at work or at home и́ли на рабо́те, и́ли до́ма; { *in neg sentences* ни..., ни...}; I haven't seen ~ him or his son я не ви́дел ни его́, ни его́ сы́на.

elect *v* (*choose by vote*) избира́ть (64), *perf* избра́ть (42) [1) *with acc* chairman председа́теля, president президе́нта, members чле́нов, representative представи́теля; 2) *with instr* by secret ballot та́йным голосова́нием, by a large majority подавля́ющим большинство́м голосо́в; 3) unanimously единогла́сно]; he was ~ed chairman его́ избра́ли (*with instr*) председа́телем; he was ~ed to parliament / congress его́ избра́ли в (*with acc*) парла́мент / конгре́сс.

election (*voting*) вы́боры *no sg* (1f) [next сле́дующие, coming предстоя́щие, last после́дние; general всео́бщие, annual ежего́дные]; the ~ will be held, take place in March вы́боры состоя́тся в ма́рте ме́сяце; at, in the ~ на вы́борах, во вре́мя вы́боров; ~ campaign предвы́борная кампа́ния.

electric электри́ческий (33b) [current ток, wire про́вод, light свет]; электри́ческая [energy эне́ргия, lamp ла́мпа, razor бри́тва, stove пли́тка]; электри́ческое [lighting освеще́ние]; электри́ческие [clock часы́]; ~ railway электрифици́рованная желе́зная доро́га; ~ power plant электроста́нция *f* (23c).

elephant слон *m* (1a).

eleven оди́ннадцать (39c); *see* eight.

else *adv* ещё; who ~ was there? кто ещё был там?; what ~ do you need? что ещё вам ну́жно?; someone ~ кто́-нибудь ещё; it must have been someone ~ наве́рное, э́то был кто́-то друго́й; somewhere ~ где́-нибудь ещё; we'll have to look somewhere ~ придётся поиска́ть ещё в друго́м ме́сте; tell us something ~! расскажи́(те) нам что́-нибудь ещё!; nothing ~ бо́льше ничего́; she wanted to travel more than anything ~ бо́льше всего́ она́ хоте́ла путеше́ствовать.

emergency: in an ~ в слу́чае необходи́мости; ~ case э́кстренный слу́чай; ~ measures э́кстренные ме́ры.

employ (*engage*) нанима́ть (64), *perf* наня́ть (233) (*with acc*); he was ~ed immediately его́ сра́зу на́няли; be ~ed рабо́тать (65), служи́ть (175); she is ~ed in a publishing house она́ рабо́тает в изда́тельстве.

empty *a* пустóй (31a) [bus автóбус, house дом, hall зал]; пустáя [bottle бутылка, room кóмната, car машина, street улица]; пустóе [seat мéсто]; the hall was half ~ зал был наполовину пуст.

enable дать (214) возмóжность (*with dat*); the money he earned ~d him to travel дéньги, котóрые он зарабóтал, дáли ему возмóжность путешéствовать; the investigation will ~ us to draw theoretical conclusions éто исслéдование даст нам возмóжность сдéлать теоретические выводы.

encounter стáлкиваться (65), *perf* столкнýться (130); ~ difficulties / opposition столкнýться с (*with instr*) трýдностями / сопротивлением; they ~ed unexpected obstacles они натолкнýлись на (*with acc*) неожиданные препятствия.

end I *sb* конéц (9c) [1) happy счастливый, sad печáльный, strange стрáнный, usual обычный; 2) forget забыть, know знать, remember пóмнить, understand понять; 3) *with gen* of a book книги, of a film фильма, of a letter письмá, of a story расскáза, of a street улицы, of the day дня, of winter зимы, of the year гóда, of one's life жизни]; the ~ is clear / interesting конéц ясен / интерéсен; the ~ shows…/

explains… в концé покáзывается…/ объясняется…; at the ~ в концé; by, towards the ~ к концý; from (the) beginning to (the) ~ с начáла до концá; at both ~s на обóих концáх; from both ~s с обóих концóв; he went to the ~ of the road он дошёл до концá дорóги; ⊙ **come to an** ~ кончáться (64), *perf* кóнчиться (172); the play came to an ~ пьéса кóнчилась; **put an** ~ **to smth** положить (175) конéц (*with dat*) чему-л.; **in the** ~ в концé концóв; ◇ **make both** ~s **meet** сводить (152) концы с концáми, *perf* свести (219) концы с концáми; for years they could hardly make both ~s meet они годáми едвá сводили концы с концáми.

end II *v* кончáться (64), *perf* кóнчиться (172); the road~s here дорóга кончáется здесь; everything ~ed happily всё кóнчилось хорошó; how does the story ~? чем кончáется расскáз?; I don't know how all this will ~ не знáю, чем всё éто кóнчится; the game ~ed in a draw игрá кóнчилась вничью; it ~ed by our going there кóнчилось тем, что мы пошли тудá.

enemy враг *m* (4e) [dangerous опáсный, political политический]; his bitter ~ егó злéйший враг; defeat / beat / destroy the ~

победи́ть / разби́ть / уничто́жить врага́; fight (against) the ~ боро́ться с враго́м; he had many enemies у него́ бы́ло мно́го враго́в; his enemies attacked him его́ враги́ вы́ступили про́тив него́; ~ forces / planes / troops вра́жеские си́лы / самолёты / войска́.

engineer инжене́р *m* (1e) [chief гла́вный; mining го́рный, experienced о́пытный, qualified квалифици́рованный, capable спосо́бный]; electrical ~ инжене́р-эле́ктрик; civil ~ инжене́р-строи́тель; he is working as chief ~ он рабо́тает гла́вным инжене́ром.

English I *sb* 1. (*language*) англи́йский язы́к (4g); know / study ~ знать / изуча́ть англи́йский язы́к; read / speak / write / understand ~ чита́ть / говори́ть / писа́ть / понима́ть по-англи́йски; translate from ~ into Russian переводи́ть с англи́йского языка́ на ру́сский; ~ teacher учи́тель англи́йского языка́; what is the ~ for "стол"? как по-англи́йски „стол"?; 2. *nationality*): the ~ англича́не *pl* (1o).

English II *a* англи́йский (33b) [people наро́д, writer писа́тель, custom обы́чай]; англи́йская [book кни́га, literature литерату́ра, industry промы́шленность]; англи́йское [government прави́тельство, art иску́сство];

~ history исто́рия А́нглии; with an ~ accent с англи́йским акце́нтом; I am ~ я англича́нин, англича́нка.

enjoy 1. получа́ть (64) удово́льствие, *perf* получи́ть (173) удово́льствие [от *with gen* performance от спекта́кля, party от ве́чера]; we ~ed the trip very much мы получи́ли большо́е удово́льствие от пое́здки; did you ~ the book? вам понра́вилась кни́га?; I have ~ed seeing you again мне бы́ло прия́тно сно́ва повида́ться с ва́ми; 2.: ~ oneself хорошо́, прия́тно проводи́ть (152) вре́мя, *perf* хорошо́, прия́тно провести́ (219) вре́мя; we ~ed ourselves very much, greatly мы о́чень хорошо́ провели́ вре́мя; good-bye, ~ yourselves! до свида́ния, жела́ю вам прия́тно провести́ вре́мя!

enormous огро́мный (31b) [building дом, city го́род, success успе́х]; огро́мная [sum су́мма, price цена́, difference ра́зница, loss поте́ря]; огро́мное [quantity коли́чество, change измене́ние]; the cost was ~ э́то сто́ило огро́мных де́нег.

enough I *a* доста́точный (31b); he hasn't ~ experience у него́ нет доста́точного о́пыта; { *often conveyed by* доста́точно *followed by Russian noun in gen*; ~ people/ money / paper / time / space / opportunities доста́точно люде́й / де́нег / бума́ги / вре́мени / ме́ста / возмо́жностей; { *as predicative*; *often conveyed by verb* хвата́ть; that's ~ хва́тит; I'm afraid there isn't, won't be ~ бою́сь, что не хва́тит; there wasn't ~ for everybody всем не хвати́ло; it's just ~ как раз хва́тит; that's quite ~ э́того вполне́ хва́тит, э́того вполне́ доста́точно; that's more than ~ э́то бо́льше, чем доста́точно.

enough II *adv* доста́точно; it was warm ~ бы́ло доста́точно тепло́; fast ~ доста́точно бы́стро; I don't know him well ~ я его́ зна́ю недоста́точно хорошо́; would you be kind ~ to help me? вы не бу́дете так добры́ помо́чь мне?; that's good ~ for me э́то меня́ устра́ивает.

enter 1. (*come, go into*) входи́ть (152), *perf* войти́ (206) [в *with acc* house в дом, building в зда́ние]; we noticed her as soon as she ~ed the room мы её заме́тили, как то́лько она́ вошла́ в ко́мнату; 2. (*join, become student*) поступи́ть (147) (в *with acc*); he ~ed the university in 1947 он поступи́л в университе́т в ты́сяча девятьсо́т со́рок седьмо́м году́; ~ **into** входи́ть в, *perf* войти́ в (*with acc*); that didn't ~ into our plans э́то не входи́ло в на́ши пла́ны;

does that ~ into the cost of the ticket? вхо́дит ли э́то в сто́имость биле́та?; ◇ ~ **one's mind, head** приходи́ть (152) кому́-л. в го́лову, *perf* прийти́ (206) кому́-л. в го́лову; it didn't ~ my mind that he would go to the station мне не пришло́ в го́лову, что он пое́дет на вокза́л.

entire (*with indefinite article*) це́лый (31b) [day день, month ме́сяц, year год]; це́лая [week неде́ля]; це́лое [summer ле́то]; ~ books have been written on the question це́лые тома́ посвящены́ э́тому вопро́су; { (*with definite article*) весь (41e) [day день]; вся [week неде́ля]; всё [summer ле́то]; the ~ book is devoted to the question вся кни́га посвящена́ э́тому вопро́су; the ~ second part вся втора́я часть.

entirely (*absolutely*) соверше́нно; that is ~ wrong э́то соверше́нно непра́вильно; you are ~ mistaken вы соверше́нно непра́вы; I forgot about it ~ я соверше́нно забы́л(а) об э́том; I disagree ~ я соверше́нно не согла́сен, не согла́сна.

entrance (*doorway*) вход *m* (1f); main ~ гла́вный вход; at the ~ у вхо́да; the ~ to the theatre / museum вход в теа́тр / музе́й; No ~! вход запрещён!; there is no ~ fee вход беспла́тный.

equal *a* (*same in measure*)
ра́вный (31b); ра́вные [parts
ча́сти, sides сто́роны]; divide into two ~ parts разде-
ли́ть на две ра́вные ча́-
сти; ~ rights ра́вные права́;
~ pay одина́ковая зарпла́-
та; an ~ number, amount
ра́вное коли́чество; the
forces were not ~ си́лы
бы́ли нера́вными; on ~
terms на ра́вных нача́лах.

escape *v* 1. (*get free*) бе-
жа́ть (74), *perf* убежа́ть (74);
the prisoner ~d пле́нный
бежа́л; no one could ~
from the island никто́ не
мог убежа́ть с э́того о́ст-
рова; they ~d to the woods
они́ убежа́ли в лес; 2.
(*avoid*) избега́ть (64), *perf*
избежа́ть (74) [*with gen* punishment наказа́ния, jus-
tice правосу́дия, conse-
quences после́дствий, death
сме́рти]; we barely ~d being
caught нас едва́ не пой-
ма́ли; they wanted to ~
from the heat of the city
они́ хоте́ли спасти́сь от
духоты́, жары́ в го́роде.

especially осо́бенно; it
was ~ important / interesting / necessary бы́ло осо́-
бенно ва́жно / интере́сно /
ну́жно; it was ~ cold /
hot бы́ло осо́бенно хо́лод-
но / жа́рко; an ~ difficult
task осо́бенно тру́дная за-
да́ча; ~ in spring / at night /
after dinner осо́бенно вес-
но́й / но́чью / по́сле обе́да;
~ when he is tired осо́-
бенно, когда́ он уста́л; we

enjoyed the theatre ~ нам
осо́бенно понра́вился теа́тр.

Europe Евро́па *f* (19c).

European *a* европе́йский
(33b); ~ countries европе́й-
ские стра́ны.

even *adv* 1. (*still*) да́же
[better лу́чше, worse ху́-
же, more бо́льше, less ме́нь-
ше, faster быстре́е, higher
вы́ше]; 2. да́же; ~ now
да́же сейча́с; ~ in summer
да́же ле́том; ~ in his sleep
да́же во сне́; clear ~ to a
child да́же ребёнку я́сно;
they didn't ~ smile они́
да́же не улыбну́лись; they
knew they couldn't finish
in time ~ if they worked
day and night они́ зна́ли,
что не зако́нчат во́время,
да́же е́сли они́ бу́дут ра-
бо́тать и днём и но́чью;
he didn't understand it ~
after I explained on не по́-
нял э́того да́же по́сле того́,
как я ему́ объясни́л(а); ~
though he knew... хотя́ он
и знал...

evening ве́чер *m* (1*l*) [beau-
tiful прекра́сный, warm
тёплый, winter зи́мний];
every ~ ка́ждый ве́чер;
the whole ~ весь ве́чер;
in the ~ ве́чером; late
in the ~ по́здно ве́чером;
at seven o'clock in the
~ в семь часо́в ве́чера;
(on) Sunday ~ в воскре-
се́нье ве́чером; one ~ од-
на́жды ве́чером; this ~
сего́дня ве́чером; yesterday / tomorrow ~ вчера́ /
за́втра ве́чером; two ~s

ago позавчера́ ве́чером; towards ~ к ве́черу; we spent the ~ at home мы провели́ ве́чер до́ма; ~ school вече́рняя шко́ла; ~ dress вече́рнее пла́тье; ⊙ **good** ~! до́брый ве́чер!

event (*occurrence*) собы́тие *n* (18c) [1] happy ра́достное, important ва́жное, historical истори́ческое, outstanding выдаю́щееся; 2) takes place происхо́дит]; mark / celebrate an ~ отме́тить / отпра́здновать собы́тие; it was a great ~ in his life э́то бы́ло больши́м собы́тием в его́ жи́зни; current ~s теку́щие собы́тия; ◇ **in any** ~ во вся́ком слу́чае; **in either** ~ в любо́м слу́чае.

ever *in interrogative expressions* когда́-нибудь; have you ~ seen him before? вы когда́-нибудь ра́ньше ви́дели его́?; have you ~ been there? вы когда́-нибудь бы́ли там?; if you ~ see him... е́сли вы когда́-нибудь уви́дите его́...; { *in negative expressions* никогда́; no one ~ asked him его́ никто́ никогда́ не спра́шивал; nothing of the kind had ~ happened to him ничего́ подо́бного с ним никогда́ (ра́ньше) не случа́лось; she hardly ~ comes here она́ почти́ никогда́ сюда́ не прихо́дит; { *in comparisons* когда́-либо; more than ~ бо́льше, чем когда́-либо; busier than ~

бо́лее за́нят, занята́, чем когда́-либо; ◇ **for** ~ навсегда́; I shall remember it for ~ я запо́мню э́то навсегда́.

every ка́ждый (31b) [man челове́к, day день, house дом]; ка́ждая [street у́лица, opportunity возмо́жность]; ка́ждое [morning у́тро, letter письмо́, suggestion, proposal предложе́ние]; ~ two or three days ка́ждые два — три дня; ~ few minutes ка́ждые не́сколько мину́т; he comes home late ~ night ка́ждый ве́чер он по́здно возвраща́ется домо́й; ~ person we spoke to ка́ждый челове́к, с кото́рым мы разгова́ривали; ~ time we went there... ка́ждый раз, когда́ мы туда́ ходи́ли...; ◇ ~ **now and then** вре́мя от вре́мени.

everybody все *pl* (41e); ~ knows that все э́то зна́ют; it was clear to ~ всем бы́ло я́сно; there is enough for ~ всем хва́тит; has ~ got a ticket? у всех есть биле́ты?; he's that way with ~ он так поступа́ет со все́ми; we must think of ~ мы должны́ поду́мать обо всех; ~ else is ready все остальны́е гото́вы; ~ hasn't got that much money не у всех сто́лько де́нег.

everyday *a* обы́чный (31b) [occurrence слу́чай]; обы́чные [words слова́].

everything всё (41e); ~ is ready всё гото́во; he for•

got ~ он всё забы́л; I can't take care of ~ myself я не могу́ сам(а́) обо всём ду́мать; we shall do ~ we can мы сде́лаем всё возмо́жное; thank you for ~ спаси́бо за всё; after ~ she had gone through... по́сле всего́, что она́ пережила́...; I can't agree with ~ you say я не могу́ согласи́ться со всем, что вы говори́те; she is dissatisfied with ~ она́ всем недово́льна.

everywhere везде́; I have looked ~ я иска́л(а) везде́; ~ in the city везде́ в го́роде; he has been ~ он везде́ побыва́л; ~ in the world повсю́ду в ми́ре; people came from ~ лю́ди прие́хали отовсю́ду.

evidently очеви́дно; he had ~ heard nothing about it очеви́дно, он ничего́ об э́том не слы́шал; you have ~ forgotten вы, очеви́дно, забы́ли; he ~ doesn't intend to return очеви́дно, он не наме́рен возврати́ться; the work is ~ too difficult for him очеви́дно, э́та рабо́та трудна́ для него́ сли́шком трудна́, э́та рабо́та ему́ не под си́лу.

exactly (*precisely*) то́чно; I don't remember ~ where я не по́мню то́чно, где; she repeated the whole conversation ~ она́ то́чно повтори́ла весь разгово́р; at ~ 12 o'clock ро́вно в двена́дцать часо́в; { (*just*) как раз; that is ~ what I

said / think э́то как раз то, что я сказа́л(а) / ду́маю; it is ~ what I need э́то как раз то, что мне ну́жно; { совсе́м; not ~ the same thing не совсе́м то же са́мое; not ~ so не совсе́м так.

examination 1. (*test*) экза́мен *m* (1f) [strict стро́гий; difficult тру́дный; oral у́стный, written пи́сьменный]; entrance ~ вступи́тельный экза́мен; pass an ~ сдать экза́мен; fail in an ~ не сдать экза́мен; a history / language ~ экза́мен по (*with dat*) исто́рии / языку́; an ~ in Russian экза́мен по ру́сскому языку́; ⊙ **take an** ~ держа́ть (47) экза́мен, сдава́ть (63) экза́мен; **2.** (*inspection*) осмо́тр *m* (1f) [1] thorough, careful тща́тельный; superficial пове́рхностный; 2) shows пока́зывает, proves подтвержда́ет].

examine 1. (*inspect*) рассма́тривать (65), *perf* рассмотре́ть (101) [1] carefully внима́тельно, thoroughly тща́тельно; 2) *with acc* documents докуме́нты, every word ка́ждое сло́во, machine маши́ну]; all proposals were ~d by the commission коми́ссия рассмотре́ла все предложе́ния; **2.** *med* осма́тривать (65), *perf* осмотре́ть (101) [*with acc* patient больно́го, wounded man ра́неного]; { выслу́шивать (65), *perf* вы́слушать

(64a) *(with acc)*; the doctor ~d my heart and lungs врач выслушал у меня сéрдце и лёгкие; **3.** *(test)* экзаменовáть (243), *perf* проэкзаменовáть (243) *(with acc)*; he will ~ the whole course он бýдет экзаменовáть весь курс; who ~d you in physics? кто экзаменовáл вас по фúзике?; he had been examining all day он весь день принимáл экзáмены.

example примéр *m* (1f) [concrete конкрéтный, striking я́ркий, classical класси́ческий]; he gave, cited many ~s to show... он привёл мнóго примéров, чтóбы показáть...; I can't think of a good ~ я не могý придýмать хорóшего примéра; it can be seen from this ~ that... из э́того примéра вúдно, что...; let's take the following ~ возьмём слéдующий примéр; can you give me an ~ of how the word is used? вы не мóжете дать мне примéр употреблéния слóва?; he was an ~ to all the other students он был примéром для *(with gen)* всех другúх студéнтов; don't follow his ~! не слéдуй(те) егó примéру!; ⊙ **for** ~ напримéр; take for ~ the latest events in Africa возьмúте, напримéр, послéдние собы́тия в Áфрике.

excellent отлúчный (31b) [actor артúст, artist ху-

дóжник, worker рабóтник; advice совéт, answer отвéт, dinner обéд, way спóсоб]; отлúчная [chance возмóжность; road дорóга, book кнúга, weather погóда]; отлúчное [education воспитáние, grasp понимáние, explanation объяснéние]; we were given ~ food нас отлúчно кормúли.

except *prep* крóме *(with gen)*; every day ~ Saturday кáждый день, крóме суббóты; everyone has agreed ~ you все, кроме вас, соглáсны; ~ one man / boy крóме однóго человéка / мáльчика; ~ one or two rooms крóме однóй — двух кóмнат; I can eat anything ~ eggs я могý есть всё, крóме яúц.

exception исключéние *n* (18c); there was but one ~ бы́ло всегó однó исключéние; this case is an ~ э́тот слýчай явля́ется исключéнием; I can make no ~s я не могý сдéлать никакúх исключéний; with many / few / rare ~s за *(with instr)* мнóгими / нéсколькими / рéдкими исключéниями; everyone agreed with the ~ of Smirnov все согласúлись, за исключéнием *(with gen)* Смирнóва; all members without ~ are required to pay dues все члéны без исключéния должны́ платúть члéнские взнóсы; the ~ proves the rule исключéния подтверждáют прáвило;

there is no rule without ~s нет пра́вил без исключе́ний.

exchange v 1. (*one thing for another*) обме́нивать (65), *der f* обмени́ть (160) (*with acc*); can I ~ my purchase for something else? мо́жно ли обменя́ть поку́пку на что́-нибудь друго́е?; 2. (*interchange*) обме́ниваться (65), *perf* обменя́ться (223) [*with instr* opinions мне́ниями, experience о́пытом, ideas мы́слями, stamps ма́рками]; we ~d seats мы поменя́лись места́ми.

excited взволно́ванный (31b) [talk разгово́р]; взволно́ванная [speech речь]; взволно́ванное [face лицо́]; she was so ~ that she could not speak она́ была́ так взволно́вана, что не могла́ говори́ть; be, get ~ волнова́ться (243); don't get ~! не волну́йтесь!; there is nothing to get ~ about волнова́ться не́ о чем; she gets ~ over little things она́ волну́ется из-за (*with gen*) пустяко́в.

excuse I sb 1. (*pardon*) извине́ние n (18c); please, give them my ~s переда́йте им, пожа́луйста, мои́ извине́ния; 2. (*attempted explanation*) отгово́рка f (22d); poor ~ неуда́чная отгово́рка; he began to make ~s он на́чал опра́вдываться; she refused to listen to his ~s она́ стказа́лась слу́шать его́ оправда́ния.

excuse II v (*pardon*) проща́ть (64), прости́ть (187) (*with acc*); ~ me! прости́те (меня́)!; ~ me for interrupting прости́те, что я вас переби́л; ~ my coming late прости́те за (*with acc*) опозда́ние; I can't ~ such conduct я не могу́ прости́ть тако́е поведе́ние.

exercise sb 1. (*mental training*) упражне́ние n (18c) [difficult тру́дное, special специа́льное]; ~s in grammar / translation упражне́ния по (*with dat*) грамма́тике / перево́ду; ~s to develop skill in speech упражне́ния для разви́тия на́выков у́стной ре́чи; ~s for the violin / piano упражне́ния для скри́пки / пиани́но; I couldn't do the second ~ я не мог(ла́) сде́лать второ́е упражне́ние; 2. pl ~s (*physical*) гимна́стика f, no pl (22b), заря́дка f, no pl (22d); morning ~s у́тренняя заря́дка; do one's ~s де́лать гимна́стику, занима́ться гимна́стикой; you ought to do ~s every day вам сле́дует ка́ждый день занима́ться гимна́стикой.

expect 1. (*wait for*) ждать (82), no perf with acc and gen friend дру́га, letter письмо́, письма́, telegram телегра́мму; with gen good weather хоро́шей пого́ды, rain дождя́]; we shall ~ you at four o'clock мы бу́дем вас ждать в четы́ре часа́; we didn't ~ you (to come) today мы вас сего́дня не жда́ли; when do you ~ him back? когда́ вы его́ ждёте обра́тно?; he evidently did not ~ such an answer очеви́дно, он не ожида́л тако́го отве́та; it was to be ~ed э́того сле́довало ожида́ть; it wasn't as bad as we ~ed э́то бы́ло не так пло́хо, как мы ожида́ли; **2.** (*bank on*) рассчи́тывать (65), *no perf* (на *with acc*); we ~ed help from them мы рассчи́тывали на их по́мощь; he ~ed to be met at the station он рассчи́тывал на то, что его́ встре́тят на вокза́ле; we don't ~ to be away long мы не ду́мали до́лго отсу́тствовать.

expense *usu pl* ~s (*cost*) расхо́ды (1f) [1) great больши́е, extra дополни́тельные; 2) cover покры́ть; cut down сократи́ть; share дели́ть, double удво́ить, increase увели́чить]; living ~s расхо́ды на жизнь; ◇ **at the** ~ за счёт (*with gen*); sometimes students are sent abroad at the ~ of the government иногда́ студе́нты посыла́ются за грани́цу за счёт госуда́рства.

experience *sb* **1.** (*knowledge, skill*) о́пыт *m, no pl* (1f) [considerable значи́тельный, practical практи́ческий, necessary необходи́мый, valuable це́нный, enough доста́точный]; much / little ~ мно́го / ма́ло о́пы-

та; according to my ~ по своему́ о́пыту; I know from ~ я зна́ю по о́пыту; he lacks ~ ему́ не хвата́ет о́пыта; his opinion is based on long ~ in working with children его́ мне́ние осно́вано на большо́м о́пыте рабо́ты с детьми́; **2.** (*work seniority*) стаж *m* (6c); five years' ~ пятиле́тний стаж рабо́ты; how much ~ have you had? како́й у вас стаж (рабо́ты)?

explain объясня́ть (223), *perf* объясни́ть (158) [1) *with acc* task зада́чу, word сло́во, meaning значе́ние; 2) *with dat* to me мне, to the visitors посети́телям, to the children де́тям]; will you ~ what this means? объясни́те, пожа́луйста, что э́то зна́чит?; you needn't ~ further не ну́жно бо́льше объясня́ть; that can easily be ~ed э́то легко́ объясни́ть; I can't ~ why... я не могу́ объясни́ть, почему́...; you should have ~ed everything to them вы должны́ бы́ли им всё объясни́ть.

explanation объясне́ние *n* (18c) [1) clear я́сное, brief кра́ткое, full, complete по́лное, simple просто́е, acceptable приёмлемое, satisfactory удовлетвори́тельное; 2) give, offer дать, understand понима́ть, find найти́]; with no ~ без вся́кого объясне́ния; from this ~ we can see... из э́того объяснéния вѝдно…; I can give по ~ я не могу́ дать никако́го объясне́ния; it needs по ~ э́то не нужда́ется в объясне́нии.

express *v* выража́ть (64), *perf* вы́разить (188) [*with acc* sympathy сочу́вствие, thanks благода́рность]; it's difficult to ~ in words э́то тру́дно 'вы́разить слова́ми; her face ~ed nothing её лицо́ ничего́ не выража́ло; I can't ~ everything I feel я не могу́ вы́разить всего́, что я чу́вствую.

expression 1. (*of face*) выраже́ние *n* (18c) [happy счастли́вое, sad печа́льное, gloomy мра́чное, grave серьёзное, satisfied дово́льное, sly хи́трое]; **2.** (*group of words*) выраже́ние [1] common обы́чное, complicated сло́жное, colloquial разгово́рное, slang жарго́нное, technical техни́ческое; 2) use употребля́ть, remember запомина́ть, recall вспо́мнить]; the ~ is rarely / frequently used э́то выраже́ние ре́дко / ча́сто употребля́ется; the word is used in only a few ~s э́то сло́во употребля́ется то́лько в не́скольких выраже́ниях.

extremely кра́йне; an ~ difficult / complicated / unpleasant question кра́йне тру́дный / сло́жный / неприя́тный вопро́с; it is ~ necessary э́то кра́йне необходи́мо; they worked slowly они́ рабо́тали кра́йне ме́дленно; it would be ~ kind of you э́то бы́ло бы о́чень любе́зно с ва́шей стороны́; I shall be ~ thankful я бу́ду о́чень благода́рен.

eye глаз *m* (1*l*, *gen pl* глаз); *usu pl* ~s глаза́ [1] dark тёмные, blue голубы́е, brown ка́рие; beautiful краси́вые, kind до́брые, sad печа́льные, tired уста́лые, weak сла́бые; 2) close закрыва́ются, hurt боля́т, shine сия́ют; 3) to close закрыва́ть, to open открыва́ть]; she opened her ~s wide она́ широко́ откры́ла глаза́; I saw it with my own ~s я э́то ви́дел(а) со́бственными глаза́ми; I did not believe my (own) ~s я не пове́рил(а) свои́м (со́бственным) глаза́м; he looked into her ~s он посмотре́л ей в глаза́; he was a hero in the ~s of his son он был геро́ем в глаза́х своего́ сы́на.

F

face 1 *sb* (*of person*) лицо́ *n* (16c, *gen pl* лиц) [1] [beautiful краси́вое, ugly не- | краси́вое, clever у́мное, foolish глу́пое; round кру́глое, oval ова́льное, thin худо́е, sunburnt загоре́лое; angry серди́тое, excited возбуждённое, frightened испу́ганное, happy счастли́вое, pale бле́дное, red кра́сное, sad печа́льное, tired уста́лое, haggard измождённое, attractive привлека́тельное, charming очарова́тельное, disagreeable неприя́тное; 2) recognize узна́ть, remember по́мнить, ·hide спря́тать, cover with one's hands закры́ть рука́ми]; he struck the man across, in the ~ он уда́рил мужчи́ну по лицу́; look me in the ~! посмотри́ мне в лицо́!; she laughed in my ~ она́ рассмея́лась мне в лицо́; my ~ was burning у меня́ горе́ло лицо́; I'll say it (straight) to his ~ я ему́ скажу́ э́то пря́мо в лицо́; he was red in the ~ with anger его́ лицо́ покрасне́ло от гне́ва; I could tell by his ~ that he was angry мне бы́ло я́сно по выраже́нию его́ лица́, что он се́рдится; she will never show her ~ here again она́ бо́льше никогда́ не пока́жется здесь; ◇ in the ~ of пе́ред лицо́м (with gen); in the ~ of danger пе́ред лицо́м опа́сности; ~ to ~ лицо́м к лицу́; when they came to ~... когда́ они́ столкну́лись лицо́м к лицу́...

face II v **1.** (have face towards — of position) стоя́ть (222) лицо́м (к with dat); he ~d, stood facing the audience он стоя́л лицо́м к аудито́рии; { (of movement) повора́чиваться (65) лицо́м, perf поверну́ться (130) лицо́м (к with dat); he ~d, turned to ~ the audience он поверну́лся лицо́м к аудито́рии; **2.** (be directed towards) выходи́ть (152), no perf; our windows ~ north / south на́ши о́кна выхо́дят на се́вер / на юг; the house ~d a park дом выходи́л в парк; **3.** fig: ~ facts призна́ть фа́кты; ~ danger / death стоя́ть пе́ред лицо́м опа́сности / сме́рти; how can I ~ her? как я могу́ смотре́ть ей в глаза́?

fact факт m (1f) [1) concrete конкре́тный, real, actual по́длинный, obvious очеви́дный, important ва́жный, well-known хорошо́ изве́стный, established устано́вленный, indisputable неопроверж́имый; 2) admit призна́ть, check прове́рить, explain объясни́ть, conceal скрыть, forget забы́ть, disclose вскрыть, ignore игнори́ровать, mention упомяну́ть, point out указа́ть на]; set forth / collect ~s излага́ть / собира́ть фа́кты; among other ~s... среди́ други́х фа́ктов...; it seems strange but it's a ~ стра́нно, но факт; I know it for a ~ я э́то зна́ю наве́рное; is that a ~? э́то действи́тельно так?; he gave ~s

to show that... он привёл
фа́кты, пока́зывающие,
что...; the ~ that he left
shows... тот факт, что он
уе́хал, пока́зывает...; ~s
are stubborn things фа́кты—
упря́мая вещь; ⊙ the ~
is..., the ~ of the matter
is... де́ло в том, что...; the
~is, he was not alone де́ло в
том, что он был не оди́н;
in ~, as a matter of ~
на са́мом де́ле, в са́мом
де́ле; as a matter of ~
we could have done much
more на са́мом де́ле мы
могли́ бы сде́лать гора́здо
бо́льше.

factory (*plant*) заво́д *m*
(1f) [1] chemical хими́че-
ский, automobile автомо-
би́льный, modern совреме́н-
ный, military вое́нный, machine-building машиностро-
и́тельный, tractor тра́ктор-
ный, experimental экспе-
римента́льный; 2) makes,
produces производит, puts
out выпуска́ет, works ра-
бо́тает, supplies поставля́-
ет; 3) build стро́ить, equip
обору́довать]; { фа́брика
f (22b) [textile тексти́ль-
ная, shoe обувна́я]; go to
a ~ идти́ на заво́д, на фа́б-
рику; he works at, in a
~ он рабо́тает на заво́де,
на фа́брике; he went to
work at, in a ~ он пошёл
рабо́тать на заво́д, на фа́б-
рику; manage, run a ~
управля́ть заво́дом, фа́б-
рикой; the ~ employs over
2,000 men на заво́де, на

фа́брике за́нято свы́ше
двух ты́сяч челове́к; ~
workshops заводски́е, фаб-
ри́чные цеха́; ~ workers
заводски́е, фабри́чные ра-
бо́чие; ~ trade mark фа-
бри́чная ма́рка.

fade 1. (*lose strength or*
freshness) вя́нуть (132), *perf*
завя́нуть (132), увя́нуть
(132); the flowers have ~d
цветы́ завя́ли; her beauty ~d
её красота́ увя́ла; her eyes /
her hair had ~d её глаза́ /
во́лосы потускне́ли; 2. (*lose*
colour) линя́ть (223), *perf*
полиня́ть (223); will the
material ~? линя́ет ли э́та
мате́рия?; the dress ~d
when we washed it пла́тье
полиня́ло, когда́ мы его́
вы́стирали; the colours ~d
in the sun кра́ски вы́го-
рели на со́лнце; 3. (*die*
away) замира́ть (64), *perf*
замере́ть (118); the sound /
his voice ~d in the distance
звук / его́ го́лос за́мер вда-
ли́.

fail 1. (*not succeed*) не
удава́ться(63), *perf* не уда́ть-
ся (214); the attempt ~ed
попы́тка не удала́сь; we
wanted to get through early
but we ~ed мы хоте́ли
ра́но зако́нчить, но э́то
нам не удало́сь; I tried
to convince him, but ~ed
я попыта́лся убеди́ть его́,
но э́то мне не удало́сь;
he was sure that he would
not ~ this time он был
уве́рен, что на э́тот раз он
добьётся успе́ха; the plan

~ed план провали́лся; { прова́ливаться (65), *perf* провали́ться (156); he ~ed in the examination он провали́лся на экза́мене; he felt that he had ~ed completely ему́ показа́лось, что он оконча́тельно провали́лся; 2. (*grow weak*) нача́ть (87) сдава́ть; his eyesight was beginning to ~ его́ зре́ние на́чало сдава́ть; his health was ~ing его́ здоро́вье на́чало сдава́ть.

failure прова́л *m* (1f) [complete по́лный]; be a ~ провали́ться; the whole affair ended in ~ всё де́ло провали́лось; the attempt was a ~ попы́тка не удала́сь; the plan / experiment was a ~ план / экспери́мент провали́лся; the play ended in ~, the play was a ~ пье́са провали́лась; the party was a ~ ве́чер не уда́лся; the business was a ~ from the start с са́мого нача́ла де́ло бы́ло обречено́ на неуда́чу; she was a complete ~ as an actress как актри́са она́ потерпе́ла по́лное фиа́ско; he was a ~ in whatever he did ему́ никогда́ ничего́ не удава́лось; how do you explain his ~ to come? чем вы объясни́те то, что он не пришёл?

faint I *a* 1. (*weak*) сла́бый (31b) [sound звук, voice го́лос]; сла́бая [attempt попы́тка]; сла́бое [resistance сопротивле́ние, breathing дыха́ние]; I feel ~ мне ду́рно; 2. (*vague*) сла́бый; there was a ~ hope that he would return была́ сла́бая наде́жда на то, что он вернётся; I haven't the ~est idea я не име́ю ни мале́йшего представле́ния; there isn't the ~est chance нет ни мале́йшей возмо́жности.

faint II *v* па́дать (65) в о́бморок, *perf* упа́сть (55) в о́бморок; she would ~ if we told her она́ упала́ бы в о́бморок, е́сли бы мы сказа́ли ей э́то; { теря́ть (223) созна́ние, *perf* потеря́ть (223) созна́ние; he ~ed from loss of blood он потеря́л созна́ние от поте́ри кро́ви; she ~ed because of the heat от жары́ она́ потеря́ла созна́ние.

fair *a* 1. (*just*) справедли́вый (31b); справедли́вая; справедли́вое [demand тре́бование, decision реше́ние]; be ~! бу́дь(те) справедли́вы!; that's not ~! э́то несправедли́во!; it's only ~ to say... справедли́вости ра́ди ну́жно сказа́ть...; 2. (*moderate, average*) неплохо́й (33a); he has a ~ knowledge of the subject у него́ неплохи́е зна́ния по э́тому предме́ту; we have a ~ chance of success у нас неплохи́е ша́нсы на успе́х; 3. (*light in colour*) све́тлый (31b); све́тлая [skin ко́жа]; све́тлые [hair во́лосы]; she is ~ она́ блонди́нка; 4. (*of weather — fine, clear*) я́сный (31b) [day день]; in ~ weather you can see the mountains clearly в я́сную пого́ду мо́жно отчётливо ви́деть го́ры.

fairly 1. (*justly*) справедли́во [share, divide раздели́ть, judge суди́ть]; he did not act ~ towards me он поступи́л несправедли́во по отноше́нию ко мне́; **2.** (*moderately*) дово́льно; ~ good worker дово́льно хоро́ший рабо́тник; ~ exact figures дово́льно то́чные ци́фры; he is a ~ good player он дово́льно хоро́ший игро́к; I can see ~ well from here отсю́да мне дово́льно хорошо́ ви́дно; speak Russian / understand / translate ~ well дово́льно хорошо́ говори́ть по-ру́сски / понима́ть / переводи́ть; ~ quickly дово́льно бы́стро.

faithful 1. (*loyal*) ве́рный (31b) [husband муж, friend друг]; ве́рная [wife жена́]; he is always ~ to his friends / word / promise / cause он всегда́ ве́рен (*with dat*) свои́м друзья́м / своему́ сло́ву / своему́ обеща́нию / де́лу; **2.** (*accurate*) то́чный (31b) [account отчёт, translation перево́д]; то́чная [version ве́рсия, copy ко́пия]; то́чное [description описа́ние].

fall I *v* па́дать (65), *perf* упа́сть (55) [1] с *with gen* off a chair со сту́ла, off a table со стола́, from a tree с де́рева; 2), in the street на у́лице, on the ice на льду́; to the ground на зе́млю, on, to the floor на́ пол]; plate / tree / snow / person ~s таре́лка / де́рево / снег / челове́к па́дает; he fell down он упа́л; something has ~en into my eye что́-то попа́ло мне в глаз; it fell out of your pocket э́то вы́пало у вас из карма́на; { (*become lower, less*) па́дать, *perf* упа́сть; price / temperature / shadow ~s цена́ / температу́ра / тень па́дает; his spirits fell у него́ упа́ло настрое́ние; the choice fell on me вы́бор пал на меня́; the task fell to me э́та зада́ча вы́пала на мою́ до́лю; when night fell... когда́ наступи́ла ночь...; **II** *as link-verb, usu conveyed by verbs in perf:* ~ asleep засну́ть (130); ~ ill заболе́ть (98); ~ silent замолча́ть (46); ~ behind отстава́ть (63), *perf* отста́ть (51) (от — *with gen*); she soon fell behind the others она́ ско́ро отста́ла от (*with gen*) други́х; he fell behind in his work он отста́л в свое́й рабо́те; try not to ~ behind! стара́йся не отстава́ть!; ◇ ~ to pieces разва́ливаться (65), *perf* развали́ться (156); ~ in love влюби́ться (169) (with — в *with acc*); see love I.

false *a* **1.** (*incorrect, not true*) ло́жный (31b); ло́жная [alarm трево́га, information информа́ция]; ло́жное [notion, conception представле́ние, impression впечатле́ние, position положе́ние]; ло́жные [evidence показа́ния]; { (*dishonest, deceitful*) неве́рный (31b) [friend друг]; he was ~ to his friends он обма́нывал свои́х друзе́й; 2. (*counterfeit*) фальши́вый (31b) [document докуме́нт]; фальши́вая [signature по́дпись, coin моне́та]; фальши́вые [money де́ньги]; { (*artificial*) иску́сственный (31b); иску́сственные [teeth зу́бы, hair во́лосы].

fame (*popularity*) изве́стность *f* (29c) [world, world-wide всеми́рная, rising расту́щая, great, widespread широ́кая]; win, achieve ~ доби́ться изве́стности; gain / acquire ~ получи́ть / приобрести́ изве́стность; his first book brought him ~ его́ пе́рвая кни́га принесла́ ему́ изве́стность; his ~ as a writer / poet / great actor... его́ изве́стность как писа́теля / поэ́та / большо́го арти́ста...; his ~ spread all over the country он стал изве́стен всей стране́; { (*glory*) сла́ва *f* (19c); she dreamed of ~ она́ мечта́ла о сла́ве.

familiar знако́мый (31b) [sound звук, way спо́соб, gesture жест, passage отры́вок, voice го́лос]; знако́мая [song пе́сня, tune мело́дия, street у́лица, name фами́лия, subject те́ма]; зна-

ко́мое [face лицо́, place ме́сто, expression выраже́ние]; ~ sight знако́мая карти́на; I am ~ with the contents я знако́м(а) с (*with instr*) содержа́нием; these facts are ~ to everyone э́ти фа́кты знако́мы (*with dat*) всем; her face seemed ~ to me её лицо́ каза́лось мне знако́мым.

family семья́ *f* (24c) [1) large больша́я, numerous многочи́сленная, poor бе́дная, rich, wealthy бога́тая, famous изве́стная; working-class рабо́чая, middle-class меща́нская, aristocratic аристократи́ческая, happy счастли́вая, intellectual интеллиге́нтная; 2) lives together живёт вме́сте, (re)moves переезжа́ет]; the whole ~ came пришла́ вся семья́; he was the youngest in the ~ он был са́мым мла́дшим в семье́; the ~ consisted of six people семья́ состоя́ла из шести́ челове́к; he has a large ~ у него́ больша́я семья́; love / support, maintain / desert one's ~ люби́ть / подде́рживать / покида́ть, оставля́ть семью́; he left his ~ in Australia он оста́вил свою́ семью́ в Австра́лии; ~ life / quarrel семе́йная жизнь / ссо́ра; ~ likeness, resemblance фами́льное схо́дство.

famous изве́стный (31b), знамени́тый (31b) [man челове́к, writer писа́тель, scientist учёный, theatre теа́тр]; изве́стная [actress актриса]; he became ~ all over the world он стал известен всему́ ми́ру; the city is now ~ as a seaside resort тепе́рь э́тот го́род изве́стен как морско́й куро́рт; the place is ~ for its beautiful scenery э́то ме́сто сла́вится (*with instr*) свое́й прекра́сной приро́дой; he was ~ for his wit он сла́вился свои́м остроу́мием.

far I *a* далёкий (33b); it's very ~ from here отсю́да о́чень далеко́; the airport is ~ from the city аэропо́рт нахо́дится далеко́ от го́рода; Saturn is the planet ~thest from Earth Сату́рн — са́мая да́льняя плане́та от Земли́; which is ~ther, the tram-stop or the bus-stop? что да́льше, трамва́йная и́ли автобу́сная остано́вка?; it's a little ~ther this way but the road is better э́тот путь немно́го да́льше, но доро́га лу́чше; ⊙ **how** ~: how ~ is it from here? ско́лько на́до идти́, е́хать отсю́да?; how ~ is it from Paris to Rome? ско́лько киломе́тров от Пари́жа до Ри́ма?, ско́лько на́до е́хать от Пари́жа до Ри́ма?

far II *adv* 1. (*of distance*) далеко́; don't go ~! не ходи́ далеко́!; we haven't ~ very ~ to go нам не на́до далеко́ идти́; they don't live ~ from here они́ живу́т недалеко́ отсю́да; **2.**

(*much*) намно́го; ~ better / more намно́го лу́чше / бо́льше; ~ more difficult намно́го трудне́е; it would be ~ more interesting to us to see the capital нам бы́ло бы намно́го интере́снее осмотре́ть столи́цу; that's ~ more important э́то намно́го важне́е; ◇ **so** ~ 1) (*for the time being*) пока́; everything is all right so ~ пока́ всё в поря́дке; 2): I shouldn't go so ~ as to say that... я бы не сказа́л(а), что...; **so** ~ **as** наско́лько; so ~ as I know наско́лько мне изве́стно; so ~ as I can see наско́лько я понима́ю; **things** (**matters**) **went so** ~ **that...** де́ло дошло́ до того́, что...; **by** ~ намно́го; his work is the best by ~ его́ рабо́та намно́го лу́чше други́х; ~ **from it** совсе́м нет; ~ **from** далеко́ не; I am ~ from sure я далеко́ не уве́рен(а); she is ~ from being a singer она́ далеко́ не певи́ца.

fare (*money paid for transport*): what is the ~ to Warsaw? ско́лько сто́ит биле́т до Варша́вы?; I have already paid the ~ я уже́ заплати́л(а); the ~ in the underground is higher прое́зд на метро́ сто́ит доро́же.

farm *sb* фе́рма *f* (19c) [rich бога́тая, poor бе́дная]; work / live on a ~ рабо́тать / жить на фе́рме; {

крестья́нское хозя́йство *n* (14c).

farmer фе́рмер *m* (1e).

fashion 1. (*style*) мо́да *f* (19c) [new но́вая, latest са́мая после́дняя]; ~s change мо́ды меня́ются; ⊙ in ~ в мо́де; those hats are no longer in ~ таки́е шля́пы бо́льше не в мо́де; **out of** ~ старомо́дный (31b); **2.** (*manner*) not translated, adjective conveyed by adv: in a very strange ~ о́чень стра́нно.

fast I *a* (*swift*) ско́рый (31b); ⊙ **be** ~ (*of clock, watch*) спеши́ть (171), *no perf*; my watch / this clock is ten minutes ~ мои́ часы́ / э́ти часы́ спеша́т на де́сять, мину́т.

fast II *adv* (*swiftly*) бы́стро [speak, talk говори́ть, walk идти́, ride е́хать, run бежа́ть, fly лета́ть, work рабо́тать].

fasten 1. (*tie one thing to another*) привя́зывать (65), *perf* привяза́ть (48) [1) tightly кре́пко, loosely свобо́дно, securely про́чно, надёжно; 2) *with instr* with a горе верёвкой, with a string бечёвкой]; they ~ed the horse to a tree они́ привяза́ли ло́шадь к де́реву; **2.** (*tie two things together*) свя́зывать (65), *perf* связа́ть (48) (*with acc*); they ~ed his hands and feet они́ связа́ли ему́ ру́ки и но́ги; ~ these books together! свяжи́(те) э́ти кни-

ги (вме́сте)!; he ~ed his tie он завяза́л га́лстук; **3.** (*fix one thing to another*) прикрепля́ть (223), *perf* прикрепи́ть (164) [1) *with acc* diagram схе́му, map ка́рту, chart табли́цу, badge значо́к; 2) *with dat* to the wall к стене́, to the blackboard к доске́, to a high pole к высо́кому шесту́; 3) *with instr* with a pin була́вкой, with thumbtacks кно́пками]; **4.** (*button*) застёгивать (65), *perf* застегну́ть (130) [*with acc* blouse блу́зку, coat пальто́]; **5.** (*be buttoned*) застёгиваться (65), *no perf*; the dress ~s up the back пла́тье застёгивается сза́ди; **6.** (*lock*) запира́ть (64), *perf* запере́ть (118) (*with acc*); he looked to see whether all the doors and windows were ~ed он посмотре́л, все ли две́ри и о́кна за́перты; ~ the door / the gate! запри́те дверь / воро́та!

fat I *sb* (*of pork*) са́ло *n, no pl* (14d); I can't eat ~ я не могу́ есть са́ло; the potatoes had been fried in ~ карто́шка была́ поджа́рена на са́ле; { (*grease*) жир *m* (1k); chicken / goose ~ кури́ный / гуси́ный жир.

fat II *a* **1.** (*greasy*) жи́рный (31b) [soup суп]; жи́рная [food пи́ща, ham ветчина́]; this meat is too ~ э́то мя́со сли́шком жи́рное; I can't eat anything ~ я не могу́ есть жи́рного; **2.**

(*well-fed*) упи́танный (31b) [child ребёнок]; упи́танная [sheep овца́]; **3.** (*stout*) по́лный (31b) [man челове́к]; по́лная [woman же́нщина]; I'm getting, becoming ~ я полне́ю; **4.** (*thick*) то́лстый (31b) [parcel паке́т, purse кошелёк]; то́лстая [book кни́га].

fate судьба́ *f* (19i), у́часть *f* (29c); decide / share ~ реши́ть / раздели́ть судьбу́; accept one's ~ мири́ться со свое́й судьбо́й, у́частью; it is impossible to escape, avoid one's ~ невозмо́жно избежа́ть свое́й судьбы́; the same ~ awaits him его́ ждёт та́ же у́часть; she knew nothing of her son's ~ она́ ничего́ не зна́ла о судьбе́ своего́ сы́на; we learned the ~ of the ship years afterwards мы узна́ли о судьбе́ корабля́ спустя́ мно́го лет; he deserved a better ~ он заслу́живал лу́чшей у́части.

father *sb* оте́ц *m* (9a) [1) good хоро́ший, kind до́брый, cruel жесто́кий, strict стро́гий, indulgent снисходи́тельный; 2) supports his family соде́ржит семью́, brings up children воспи́тывает дете́й]; the ~ of a large family оте́ц большо́й семьи́; love / hate / respect one's ~ люби́ть / ненави́деть / уважа́ть отца́; obey one's ~ слу́шаться отца́; they were afraid of their ~ они́ боя́лись отца́; he re-

sembles, takes after his ~ он похо́ж на отца́; she came with her ~ она́ пришла́ с отцо́м; she never had a ~'s care она́ никогда́ не зна́ла отцо́вской ла́ски.

fault 1. (*shortcoming*) недоста́ток *m* (4d); we all have our ~s у всех нас есть недоста́тки; his mother couldn't see his ~s мать не ви́дела его́ недоста́тков; ⊙ find ~ придира́ться (64), *perf* придра́ться (44) (with — к *with dat*); he found ~ with everything он ко всему́ придира́лся; he is always finding ~ он всегда́ придира́ется; **2.** (*blame*) вина́ *f* (19g); it happened through no ~ of mine э́то случи́лось не по мое́й вине́; it's not his ~ он не винова́т; it's her own ~ она́ сама́ винова́та; whose ~ is it? кто винова́т в э́том?; ⊙ at ~ винова́т *m*, винова́та *f*; I suppose I am at ~ наве́рное, винова́т(а) я; she is at ~ for the whole thing она́ во всём винова́та.

favour *sb* (*kind act*) одолже́ние *n* (18c); please, do me a ~ and come! сде́лайте одолже́ние, приходи́те!; will you do me a ~? сде́лайте мне одолже́ние!; I don't want any ~s я не хочу́ никаки́х одолже́ний; I appreciate the ~ благодарю́ за одолже́ние; ⊙ in ~ 1) (*to the advantage*) в по́льзу (*with gen*); the score was three to two in ~ of the rival team счёт был три — два в пользу противника; the score was two to one in our ~ счёт был два — один в нашу пользу; 2) (*in support*) в защиту (*with gen*); he spoke in ~ of the plan он выступал в защиту плана; 3): be in ~ быть за; the majority were in ~ большинство было за; those in ~, raise your hands! кто за, подними́те ру́ки!; I am in ~ of going я за то, чтобы идти́.

favourite *a* люби́мый (31b) [actor актёр, writer писа́тель, colour цвет, flower цвето́к, story расска́з]; люби́мая [book кни́га, game игра́, picture карти́на, subject те́ма]; люби́мое [expression выраже́ние, name и́мя, place ме́сто, occupation заня́тие]; that's my ~ song э́то моя́ люби́мая пе́сня.

fear I *sb* 1. (*dread*) страх *m* (4c) [1] constant постоя́нный; 2) *with instr* of the future пе́ред бу́дущим; 3) feel почу́вствовать, overcome преодоле́ть]; her eyes were wide with ~ её глаза́ бы́ли широко́ откры́ты от стра́ха; she turned pale with ~ она́ побледне́ла от стра́ха; he trembled with ~ он дрожа́л от стра́ха; in constant ~ of their lives в постоя́нном стра́хе за (*with acc*) свою́ жизнь; a man without ~ бесстра́шный челове́к;

2. *usu pl* ~s (*anxiety*) опасе́ния (18c); our ~s were well grounded на́ши опасе́ния име́ли серьёзные основа́ния; there is no reason for your ~s для ва́ших опасе́ний нет основа́ний; { *often conveyed by Russian verb* опаса́ться (64), *no perf*; you need have no ~ вы не должны́ опаса́ться; we went slowly for ~ we might miss the house мы е́хали ме́дленно, боя́сь, что прое́дем ми́мо до́ма.

fear II *v* (*be afraid*) боя́ться (222), *no perf* [*with gen* person челове́ка, death сме́рти, consequences после́дствий]; you have nothing to ~ вам не́чего боя́ться; what is there to ~? чего́ тут боя́ться?

feather *sb* перо́ *n* (14g); *usu pl* ~s пе́рья [1] white бе́лые, black чёрные; 2) *with gen* of a bird пти́цы]; as light as a ~ лёгкий как пёрышко.

feature 1. *usu pl* ~s (*of face*) черты́ (19h) лица́ [delicate, fine то́нкие, handsome краси́вые, regular пра́вильные, irregular непра́вильные]; she has regular ~s у неё пра́вильные черты́ лица́; 2. (*element*) черта́ *f* (19h) [important ва́жная, characteristic характе́рная, main, chief гла́вная, distinguishing отличи́тельная, prominent, outstanding выдаю́щаяся, common о́бщая, strange стра́нная]; the plan

has some undesirable ~s
в пла́не име́ются не́которые
нежела́тельные моме́нты;
honesty is his most outstanding ~ отличи́тельной чер-
то́й его́ хара́ктера явля́ется
че́стность.

February февра́ль *m* (2b);
see April.

feed *v* (*give food*) кор-
ми́ть (169), *perf* накорми́ть
(169) [1] *with acc* people
люде́й, child ребёнка, animals живо́тных, cow ко-
ро́ву, chickens кур; 2) well
хорошо́, badly пло́хо, in the
morning у́тром]; she fed the
children она́ накорми́ла
дете́й; they fed us (on)
oatmeal нас корми́ли (*with
instr*) овся́ной ка́шей.

feel *v* 1. (*of health, emotions, etc.*) чу́вствовать (244)
себя́, *perf* почу́вствовать
(244) себя́ [1] well хоро-
шо́, bad пло́хо, better лу́ч-
ше, worse ху́же; 2) *with
instr* ill больны́м, happy
счастли́вым, sure уве́рен-
ным, tired уста́лым]; how
do you ~? как вы себя́
чу́вствуете?; I hope you
will ~ better soon наде́-
юсь, что вы ско́ро бу́дете
лу́чше себя́ чу́вствовать; I
~ hot / cold мне жа́рко /
хо́лодно; I don't ~ hungry
я не хочу́ есть; I began to
~ sleepy мне захоте́лось
спать; she felt very anxious,
worried она́ почу́вствовала
си́льное беспоко́йство; do
you ~ comfortable? вам
удо́бно?; 2. (*sense*) чу́вство-

вать, *perf* почу́вствовать
(*with acc*); you will ~ the
effect of the medicine soon
ско́ро вы почу́вствуете де́й-
ствие лека́рства; 3. (*consider*) счита́ть (64), *no perf*;
I felt it my duty to help
them я счита́л(а) свои́м
до́лгом помо́чь им; I didn't
~ I had the right to
refuse я не счита́л(а) себя́
в пра́ве отка́зываться; ◇
~ like хоте́ться (*subject
rendered by dat*); I didn't
~ like meeting them мне
не хоте́лось с ни́ми встре-
ча́ться; do you ~ like coming along? вам не хо́чет-
ся пойти́ с на́ми?; I don't
~ like it мне не хо́чется.

feeling *sb* чу́вство *n* (14c)
[1] good хоро́шее, strange
стра́нное, strong си́льное,
vague нея́сное, definite
определённое; 2) *with gen*
of shame стыда́, of guilt
вины́, of joy ра́дости]; I
have a ~ that I have for-
gotten something у меня́
тако́е чу́вство, что я что́-то
забы́л(а); I had a ~ that
something was wrong у ме-
ня́ бы́ло предчу́вствие, что
что́-то нела́дно; ⊙ hurt smb's
~s обижа́ть (64) кого́-л.,
perf оби́деть (109) кого́-л.;
we didn't want to hurt
his ~s мы не хоте́ли его́
оби́деть.

fellow *colloq* (*man, young
man*) челове́к *m, no pl*
(4a) [clever у́мный, foolish глу́пый, pleasant,
agreeable прия́тный, jolly

весёлый, young молодо́й, strange стра́нный]; a good ~ он сла́вный ма́лый; my dear ~! дорого́й мой!; poor ~! бедня́га!; be a good ~! будь дру́гом!

fence sb забо́р m (1f) [1] high высо́кий, low ни́зкий, stone ка́менный; 2) build постро́ить, break down слома́ть]; he jumped over the ~ он перепры́гнул че́рез забо́р; a gate in the ~ кали́тка в забо́ре.

festival фестива́ль m (3c); youth ~ фестива́ль молодёжи; film ~ кинофестива́ль.

few a ма́ло (with gen); he had ~ friends у него́ бы́ло ма́ло друзе́й; there were ~ people there там бы́ло ма́ло наро́ду; he had very ~ opportunities to travel у него́ бы́ло о́чень ма́ло возмо́жностей путеше́ствовать; we have too ~ good players у нас сли́шком ма́ло хоро́ших игроко́в; there are ~er cases of the kind nowadays в на́ши дни происхо́дит всё ме́ньше слу́чаев тако́го ро́да; ☉ a ~ не́сколько [with gen friends друзе́й, pages страни́ц, trees дере́вьев, weeks неде́ль, words слов, hours часо́в]; I was there a ~ times я был(а́) там не́сколько раз; we have only a ~ minutes left у нас оста́лось всего́ не́сколько мину́т; a ~ days later спустя́ не́сколько дней.

field sb 1. (land) по́ле n (15a) [1) broad широ́кое, open откры́тое, green зелёное, bare го́лое, fertile плодоро́дное, ploughed вспа́ханное, planted засе́янное, cotton хло́пковое, corn кукуру́зное; 2) cross перейти́, plough вспаха́ть]; the ~s were covered with snow поля́ бы́ли покры́ты сне́гом; they lived across a big ~ они́ жи́ли по ту сто́рону большо́го по́ля; they worked in the ~ они́ рабо́тали в по́ле; 2. (sphere) о́бласть f (29b) [important ва́жная, scientific нау́чная, unexplored неиссле́дованная]; in the ~ of art / science в о́бласти (with gen) иску́сства / нау́ки; he is a specialist in many ~s он специали́ст во мно́гих областя́х; that's not in my ~ э́то не по мое́й специа́льности.

fierce 1. (intense) си́льный (31b); си́льная [heat жара́, storm бу́ря]; 2. (infuriated) свире́пый (31b) [look взгляд, man челове́к, wind ве́тер]; свире́пое [animal живо́тное]; 3. (violent) ожесточённый (31b) [argument спор, battle бой]; ожесточённая [struggle, fight борьба́].

fifteen пятна́дцать (39c); see eight.

fifty пятьдеся́т (39d); see eight, thirty.

fight I sb 1. (struggle) борьба́ f, no pl (19g) [1)

fig — 172 —

fierce ожесточённая, stubborn упо́рная, unequal нера́вная, terrible стра́шная, determined реши́тельная, constant постоя́нная; 2) за *with acc* for peace за мир, for independence за незави́симость, for freedom за свобо́ду; 3) про́тив *with gen* against disease про́тив боле́зни, against war про́тив войны́, against racial discrimination про́тив ра́совой дискримина́ции); begin / stop a ~ нача́ть / прекрати́ть борьбу́; win / lose a ~ вы́играть / проигра́ть борьбу́; **2.** (*with fists, etc.*) дра́ка *f* (22b); watch a ~ наблюда́ть дра́ку; interfere in a ~ вмеша́ться в дра́ку; begin a ~ вступи́ть в дра́ку.

fight II *v* **1.** (*struggle*) боро́ться (203), *no perf* [1) про́тив *with gen* against war про́тив войны́, against fascism про́тив фаши́зма; с *with instr* (against) an enemy с враго́м; 2) за *with acc* for freedom за свобо́ду, for one's rights за свои́ права́, for peace за мир, for a better future за лу́чшее бу́дущее; for one's life за свою́ жизнь]; ~ a fire боро́ться с пожа́ром; **2.** (*with weapons*) сража́ться (64) [for one's country за ро́дину, in a war на войне́, in a battle в бою́, at the front на фро́нте]; he fought like a hero он сража́лся **как** геро́й; **3.** (*with fists*) дра́ться (42), *perf* подра́ться (42); they began to ~ over a football они́ подрали́сь из-за футбо́льного мяча́; they fought until it was too dark to see они́ драли́сь, пока́ не стемне́ло.

figure *sb* **1.** (*number*) ци́фра (19c); *usu pl* ~s ци́фры [correct пра́вильные, exact то́чные, approximate приблизи́тельные, official официа́льные]; change / correct / increase the ~s измени́ть / испра́вить / увели́чить ци́фры; quote / publish ~s приводи́ть / публикова́ть ци́фры; add ~s скла́дывать чи́сла; **2.** (*body*) фигу́ра *f* (19c) [beautiful краси́вая, tall высо́кая, splendid прекра́сная, slim стро́йная, ugly некраси́вая]; she had kept her ~ у неё хорошо́ сохрани́лась фигу́ра; she has a good ~ у неё хоро́шая фигу́ра.

fill (*make full*) заполня́ть (223), *perf* запо́лнить (159) [*with acc* hall зал]; the hall was ~ed to capacity зал был наби́т до отка́за; { наполня́ть (223), *perf* напо́лнить (159) [*with acc* glass стака́н, bottle буты́лку]; her eyes (were) ~ed with tears её глаза́ напо́лнились слеза́ми; he ~ed the glasses again он сно́ва напо́лнил бока́лы; ~ in, ~ up заполня́ть, *perf* запо́лнить (*with acc*); will you please ~ up this form запо́лните, пожа́-

луйста, э́ту анке́ту, э́тот бланк.

final *a* 1. (*last*) заключи́тельный (31b) [examination экза́мен, concert конце́рт]; заключи́тельная [scene сце́на, chapter глава́]; 2. (*decisive*) оконча́тельный (31b) [result результа́т, answer отве́т]; оконча́тельное [decision, solution реше́ние]; is that ~? э́то оконча́тельно?

finally (*at last*) наконе́ц [get получи́ть, arrive прие́хать, reach дости́чь, find найти́, learn узна́ть]; they finished ~ наконе́ц, они́ ко́нчили; he ~ arrived наконе́ц, он появи́лся; ~, I wish to say... наконе́ц, я хочу́ сказа́ть...; they ~ decided not to go в конце́ концо́в они́ реши́ли не е́хать.

find 1. находи́ть (152), *perf* найти́ (206) [1] *with acc* mistake оши́бку, street у́лицу, time вре́мя, word сло́во, the best way лу́чший спо́соб, solution реше́ние, friend дру́га, job рабо́ту, the things she needed то, что ей бы́ло ну́жно; 2) в *with abl* in a book в кни́ге, in a shop в магази́не, in one's pocket у себя́ в карма́не; 3) quickly бы́стро, by chance случа́йно]; he found an excuse for not going он нашёл предло́г для того́, что́бы не идти́; 2. (*consider*) находи́ть, *perf* найти́; he found his work interesting он находи́л свою́

рабо́ту интере́сной; we found it necessary to leave at once мы нашли́ ну́жным неме́дленно уе́хать; 3. (*discover*) обнару́живать (65), *perf* обнару́жить (174) (*with acc*); we found that we had been mistaken мы обнару́жили, что оши́блись; we found a number of mistakes that had been overlooked мы обнару́жили ряд оши́бок, кото́рые бы́ли пропу́щены; we found it difficult to understand him нам тру́дно бы́ло его́ понима́ть, поня́ть; 4.: ~ oneself ока́зываться (65), *perf* оказа́ться (48); we found ourselves far from home мы оказа́лись далеко́ от до́ма; he found himself in a rather difficult position он оказа́лся в дово́льно затрудни́тельном положе́нии; ~ **out** узнава́ть (63), *perf* узна́ть (64) (*with acc*); they found out where he worked они́ узна́ли, где он рабо́тал; I've found out the real reason я узна́л(а) и́стинную причи́ну.

fine *a* 1. (*excellent*) прекра́сный (31b) [man челове́к, day день, view вид, climate кли́мат, dinner обе́д], прекра́сная [weather пого́да, trip пое́здка, play пье́са]; прекра́сное [place ме́сто, suggestion предложе́ние]; you look ~ вы прекра́сно вы́глядите; I feel ~ я прекра́сно себя́ чу́вствую; everything is ~ делá идýт прекрáсно; we had a ~ time мы прекрáсно провелú врéмя; that's ~! прекрáсно!; 2. (*slender, delicate*) тóнкий (33b) [silk шёлк]; тóнкая [work рабóта, material матéрия]; тóнкие [features чертú лицá, thread нúтки].

finger пáлец *m* (10c); *usu pl* ~s пáльцы [long длúнные, thin худúе, тóнкие, strong сúльные, slender тóнкие]; cut / burn / prick / scratch a ~ обрéзать / обжéчь / уколóть / поцарáпать пáлец; she wore a gold ring on her middle ~ онá носúла на срéднем пáльце золотóе кольцó; he pointed his ~ at a boy он показáл пáльцем на мáльчика; she dipped her ~ into the water онá окунýла пáлец в вóду.

finish *v* 1. (*bring to end*) кончáть (64), *perf* кóнчить (172) [1] *with acc* book кнúгу, breakfast зáвтрак, work рабóту; 2) *with inf* writing писáть, reading читáть, working рабóтать; 3) quickly бúстро, early рáно, late пóздно, in time вóвремя, at five o'clock в пять часóв]; ~ by evening / in spring / next year / in a few minutes кóнчить к вéчеру / весной / в бýдущем годý / чéрез нéсколько минýт; he was the first to ~ он кóнчил пéрвым; as soon as I ~ как тóлько я кóнчу; you'll have to ~ today сегóдня вам

нáдо кóнчить; ~ your dinner and come along! кончáйте обéдать и пойдёмте!; ~ your tea! допéйте чай!; when did you ~? когдá вы кóнчили?; I want to ~, to be ~ed with the whole thing я хочý покóнчить со всем э́тим дéлом; that's ~ed с э́тим покóнчено; everything is ~ed between us мéжду нáми всё кóнчено; 2. (*come to end*) кончáться (64), *perf* кóнчиться (172); when did the play ~? когдá кóнчилась пьéса?

fire I *sb* 1. огóнь *m* (2c) [bright я́ркий]; put a kettle on the ~ постáвить чáйник на огóнь; take a kettle off the ~ снять чáйник с огня́; she held the meat over the ~ онá держáла мя́со над огнём; the ~ went out огóнь погáс; keep away from the ~! держúтесь подáльше от огня́!; we poured water on the ~ мы залúли огóнь водóй; put out / light a ~ потушúть / зажéчь огóнь; he threw the papers into the ~ он брóсил бумáги в огóнь; 2. (*destructive burning*) пожáр *m* (1f) [1] terrible стрáшный, forest леснóй; 2) starts, begins начинáется, broke out вспúхнул, destroys уничтожáет, rages бушýет; 3) cause вúзвать, stop прекратúть, put out потушúть]; people came running to fight the ~ лю́ди бежа́ли туши́ть пожа́р; ⊙ **set** ~ **to** поджига́ть (64), *perf* подже́чь (145) (*with acc*); they set ~ to the house они́ подожгли́ дом; **catch** ~ загоре́ться (115); the curtains caught ~ загоре́лись што́ры; **be on** ~ горе́ть (115), *no perf*; his clothes were on ~ его́ оде́жда горе́ла; the house was on ~ дом горе́л.

fire II *v* (*shoot*) стреля́ть (223), *perf* стрельну́ть (130); ~ **a gun** стреля́ть из ружья́, из пулемёта; he ~d at the bird twice он два ра́за стреля́л в (*with acc*) пти́цу; guns were firing on all sides пулемёты стреля́ли со всех сторо́н; the men had stopped firing солда́ты прекрати́ли стрельбу́.

firm I *sb* фи́рма *f* (19c) [1) **big**, **large** кру́пная, **foreign** иностра́нная, **leading** веду́щая, **trading** торго́вая, **prosperous** процвета́ющая; 2) **deals in agricultural equipment** име́ет де́ло с (*with instr*) сельскохозя́йственным обору́дованием, **trades** торгу́ет, **supplies** поставля́ет, **hires** нанима́ет, **negotiates** ведёт перегово́ры]; the ~ employs two hundred men в фи́рме за́нято две́сти челове́к; deal with a ~ име́ть де́ло с фи́рмой; he is a representative of a big ~ он представи́тель кру́пной фи́рмы.

firm II *a* 1. (*solid*) про́чный (31b) [foundation фун-

да́мент]; про́чная [basis осно́ва]; ⊙ ~ **ground** су́ша *f* (25a); 2. (*steady*) твёрдый (31b) [step шаг, character хара́ктер]; твёрдое [decision, resolution реше́ние, belief убежде́ние, purpose наме́рение]; he said it in a ~ voice он сказа́л э́то твёрдым го́лосом; guide with a ~ hand руководи́ть твёрдой руко́й; ~ prices усто́йчивые це́ны; 3. (*decisive*) реши́тельный(31b); ~ measures реши́тельные ме́ры; he looked ~ он вы́глядел реши́тельно.

first I *num*, *a* пе́рвый *m*, пе́рвая *f*, пе́рвое *n*, пе́рвые *pl* (31b); I shall take the ~ train я уе́ду пе́рвым по́ездом; that is his ~ book э́то его́ пе́рвая кни́га; (for) the ~ time (в) пе́рвый раз; the ~ of June пе́рвое ию́ня; he was the ~ to come / to leave он пришёл / ушёл пе́рвым; who is ~? кто пе́рвый?; he won ~ place / ~ prize он завоева́л пе́рвое ме́сто / пе́рвый приз; you go ~ вы иди́те пе́рвым; ⊙ ~ **name** и́мя *n* (15b); *see* name.

first II *adv* (*for the first time*) впервы́е; when I ~ met him... когда́ я его́ впервы́е встре́тил(а)...; the idea ~ came to me э́та мысль впервы́е пришла́ в го́лову мне; { (*to begin with*) снача́ла; we went home ~ снача́ла мы пое́хали домо́й; have your dinner

~! снача́ла пообе́дайте!; ⊙ at ~ снача́ла; we were doubtful at ~ снача́ла мы сомнева́лись; at ~ he didn't want to снача́ла он не хоте́л; it was difficult at ~ снача́ла бы́ло тру́дно; ~ of all пре́жде всего́; see all.

fir-tree ель *f* (29c).

fish *sb* ры́ба *f* (19a) [1) fresh све́жая, frozen заморо́женная, smoked копчёная, boiled варёная, fried жа́реная; 2) swims пла́вает, spoils по́ртится, smells па́хнет]; catch / clean a ~ лови́ть / чи́стить ры́бу; buy / sell ~ покупа́ть / продава́ть ры́бу; boil / fry a ~ вари́ть / жа́рить ры́бу; do you like ~? вы лю́бите ры́бу?; we had ~ for dinner на обе́д у нас была́ ры́ба.

fit I *a* (*proper*): she had no dress ~ for the occasion у неё не́ было пла́тья, подходя́щего для тако́го слу́чая; the meat wasn't ~ to eat мя́со нельзя́ бы́ло есть; the film isn't ~ for children э́тот фильм не для дете́й; he is ~ for nothing today сего́дня он ни на что не спосо́бен; he has recovered but he isn't ~ for work yet он попра́вился, но ещё не мо́жет рабо́тать; ⊙ **feel** ~ чу́вствовать себя́ хорошо́.

fit II *v* (*of clothes*): the dress / coat ~s (her) well пла́тье / пальто́ хорошо́ на

ней сиди́т; the dress doesn't ~ (her) пла́тье пло́хо сиди́т на ней; these shoes don't quite ~ э́ти ту́фли не совсе́м подхо́дят по разме́ру.

five пять (39c); *see* eight.

fix 1. (*appoint*) назнача́ть (64), *perf* назна́чить (174) [*with acc* day день, date число́, time вре́мя, place ме́сто]; our departure was ~ed for 10 o'clock наш отъе́зд был назна́чен на де́сять часо́в; we didn't ~ a definite time мы не назна́чили определённого вре́мени; **2.** (*mend*) чини́ть (160), *perf* почини́ть (160) [*with acc* machine маши́ну, shoes ту́фли, table стол, chair стул]; I must have my watch ~ed мне на́до почини́ть часы́; ~ up привести́ (219) в поря́док (*with acc*); I must ~ up the room мне на́до привести́ ко́мнату в поря́док.

flag *sb* флаг *m* (4c) [1) big большо́й, bright я́ркий, foreign иностра́нный, national госуда́рственный, naval морско́й; 2) waves развева́ется, hangs виси́т]; carry / hold / hang (out) a ~ нести́ / держа́ть / выве́шивать флаг.

flame пла́мя *n*, *no pl* (15b) [1) bright я́ркое, dazzling, blinding ослепи́тельное, steady ро́вное, yellow жёлтое, white бе́лое; 2) bursts out вспы́хивает, spreads распространя́ется, flares up поднима́ется столбо́м, dies down угаса́ет]; put out,

extinguish / fan a ~ по-
тушить / раздуть пламя;
the house was in ~s дом
был объят пламенем; the
~s rose higher пламя под-
нималось всё выше; the
gas burnt with a steady,
bright ~ газ горел ровным,
ярким пламенем; tongues
of ~ языки пламени.

flash I *sb* вспышка *f*
(22f) [1) sudden внезапная,
brilliant яркая, unexpected
неожиданная, blinding ос-
лепительная; 2) *with gen*
of lightning молнии; of
anger гнева, of indignation
возмущения]; a ~ of hope
проблеск надежды; in a
~ в одно мгновение.

flash II *v* 1. (*shine*) свер-
кать (64), *perf* сверкнуть
(130); a light ~ed in the
darkness в темноте сверкнул
свет; 2. (*move quickly*) мель-
кать (64), *perf* мелькнуть
(130); a light ~ed in the
darkness в темноте мельк-
нул огонёк; lightning ~ed in
the sky на небе сверкнула
молния; the thought ~ed
into, through my mind у
меня мелькнула мысль.

flat I *sb* (*apartment*)
квартира *f* (19c) [conve-
nient удобная, clean чистая,
quiet тихая, noisy шумная,
two-room двухкомнатная,
four-room четырёхкомнат-
ная, furnished меблирован-
ная, up-to-date современ-
ная, expensive дорогая];
they took a ~ of three
rooms они наняли квартиру

из трёх комнат; the ~
consists of two rooms and
a kitchen квартира состоит
из двух комнат и кухни;
look for / find / rent a
~ искать / найти / снять квартиру; they live in a ~ of
five rooms они занимают
квартиру из пяти комнат;
they have moved to, into
a new ~ они переехали на
новую квартиру; there were
no ~s vacant in the house
в доме не было свободных
квартир.

flat II *a* плоский (33b)
[top верх]; плоская [surface
поверхность, plain равни-
на]; плоское [bottom дно];
he spread the paper ~ on
the table он расстелил бумагу на столе; the soldier
was lying ~ on the ground
солдат плашмя лежал на
земле; ~ plate мелкая та-
релка.

flight *sb* полёт *m* (1f);
~ into space, the cosmos
полёт в космос; non-stop
~ беспосадочный перелёт.

float *v* (*move in a definite direction*) плыть (217),
no perf; the boat ~ed down
the river лодка плыла вниз
по реке; clouds were ~ing
in the sky облака плыли
по небу; { (*without direction indicated*) плавать (65),
no perf; a spot of oil ~ed
on the surface капля масла
плавала на поверхности.

flock *sb* (*of animals*) ста-
до *n* (14d) [*with gen* of
sheep овец]; { (*of birds*) стая

f (23b) [*with gen* of ducks у́ток]; people came in ~s лю́ди приходи́ли толпа́ми.

flood *sb* 1. (*deluge*) наводне́ние *n* (18c) [1) terrible ужа́сное, destructive разруши́тельное; 2) subsides спада́ет, destroys разруша́ет, caused great damage причини́ло больши́е разруше́ния]; many houses were carried away by, in the ~ мно́го домо́в бы́ло снесено́ наводне́нием; 2. *fig* (*stream*) пото́к *m* (4c); a ~ of tears / reproaches / words пото́к слёз / упрёков / слов; a ~ of anger волна́ гне́ва.

floor *sb* 1. (*in room*) пол *m* (1k) [stone ка́менный, painted кра́шеный, parquet парке́тный, polished натёртый]; there were rugs on the ~ на полу́ лежа́ли ковры́; she picked the letter up from the ~ она́ подняла́ письмо́ с по́ла; wash / sweep the ~ мыть / подмета́ть пол; 2. (*of house*) эта́ж *m* (5b); ground ~ пе́рвый эта́ж; first ~ второ́й эта́ж; the last / top ~ после́дний / ве́рхний эта́ж; live on the fifth ~ жить на шесто́м этаже́; go up to the third ~ подня́ться на четвёртый эта́ж; go down to the second ~ спусти́ться на тре́тий эта́ж; on the next ~ этажо́м вы́ше; two ~s up / down двумя́ этажа́ми вы́ше / ни́же; ◇ **take the ~** брать (42) сло́во,

perf взять (236) сло́во; **ask for the ~** проси́ть (152) сло́ва; **give the ~** предоста́вить (168) сло́во (*with dat*); Mr. R. has the ~ сло́во предоставля́ется господи́ну Р.

flour мука́ *f*, *no pl* (22g, *acc sg* муку́) [white бе́лая, dark тёмная, high-grade высокока́чественная]; add ~ доба́вить муки́; sprinkle with ~ посы́пать мукой; made (out) of white ~ испечённый из бе́лой муки́.

flow *v* течь (103), *no perf*; the water ~s through these pipes вода́ течёт по э́тим тру́бам; the river ~s through a valley река́ протека́ет по доли́не; the water ~ed over the floor вода́ разлила́сь по́ полу; the milk ~ed out of the bottle молоко́ вы́текло из буты́лки.

flower *sb* цвето́к *m* (4f) [1) beautiful краси́вый, fresh све́жий, early ра́нний, wild, field полево́й, fragrant души́стый, spring весе́нний, autumn осе́нний, artificial иску́сственный, favourite люби́мый, withered увя́дший; 2) grows растёт, smells па́хнет, withered завя́л, died засо́х, opens раскрыва́ется; 3) plant сажа́ть, grow выра́щивать, pick рвать, water полива́ть]; bouquet / bunch of ~s буке́т / буке́тик цвето́в; the room was full of ~s ко́мната была́ полна́ цвето́в; she smelled the ~s она́ поню́хала цветы́;

the fruit-trees were in ~ зацвели фрукто́вые дере́вья.

fly *v* 1. (*in no particular direction*) лета́ть (64), *no perf*; butterflies were ~ing everywhere всю́ду лета́ли ба́бочки; { (*in definite direction*) лете́ть (119), *perf* полете́ть (119) [1] fast бы́стро, high высоко́, low ни́зко, p st ми́мо, far далеко́; 2) over the mountains че́рез го́ры, across the sea че́рез мо́ре, to the South на юг]; the bird flew away пти́ца улете́ла; the bird flew to our window пти́ца прилете́ла к на́шему окну́; he flew to London он полете́л в Ло́ндон; we were ~ing to London мы лете́ли в Ло́ндон; we flew over many cities мы пролете́ли над мно́гими города́ми; 2.(*dash*): she flew out of the room она́ вы́летела из ко́мнаты; she flew past me она́ пролете́ла ми́мо меня́; something flew into my eye что́-то попа́ло мне в глаз; ◇ ~ into a rage прийти́ (206) в я́рость; *see* rage I.

fog *sb* тума́н *m* (1f) [1] thick, dense густо́й; 2) cleared рассе́ялся, spread стели́лся, thickened сгусти́лся]; we lost our way in the ~ мы заблуди́лись в тума́не; cars were moving slowly in the ~ маши́ны ме́дленно дви́гались в тума́не.

fold скла́дывать (65), *perf* сложи́ть (175) [1] *with acc*

letter письмо́, paper бума́гу, cloth мате́рию, blanket одея́ло, towel полоте́нце; 2) carefully осторо́жно, carelessly небре́жно, neatly аккура́тно, in two вдво́е, in three втро́е]; he ~ed (up) his newspaper он сложи́л газе́ту; she ~ed her dresses and put them away она́ сложи́ла свои́ пла́тья и убрала́ их; he ~ed back his sleeves он засучи́л рукава́.

follow 1. (*go, come after*) сле́довать (244), *perf* после́довать (244) (за *with instr*); they ~ed him to the house они́ сле́довали за ним до до́ма; ~ me! сле́дуй(те) за мной!; I ~ed him into the room я после́довал(а) за ним в ко́мнату; ~ this road to the end иди́те по э́той доро́ге до конца́; I ~ed your advice / instructions я после́довал (*with dat*) ва́шему сове́ту / ва́шим указа́ниям; he ~ed his father's example он после́довал приме́ру своего́ отца́; the lecture was ~ed by questions за ле́кцией после́довали вопро́сы; 2. (*understand, keep up*) следи́ть (153), *no perf* (за *with instr*); we could hardly ~ his movements мы едва́ могли́ следи́ть за его́ движе́ниями; I can't ~ when you speak so fast я не могу́ следи́ть за ва́шей мы́слью, когда́ вы так бы́стро говори́те; ◇ as ~s:

our plan is as ~s... наш план такой...; the idea is as ~s... идея заключается в следующем...; the names are as ~s... фамилии следующие...

following следующий (35) [day день, month месяц, year год]; следующая [week неделя, winter зима, station станция, page страница]; следующее [suggestion предложение, explanation объяснение]; следующие [questions вопросы, names фамилии, numbers цифры]; it can be done in the ~way... это может быть сделано следующим образом...

fond: be ~ любить (169), no perf [with acc of children детей, of his son сына, of his grandparents дедушку и бабушку; of football футбол], of card games играю в карты]; he was ~ of going for long walks in the evening по вечерам он любил совершать длительные прогулки.

food пища f (25a) [good хорошая, cheap дешёвая, special особая, extra дополнительная, sufficient достаточная, light лёгкая, heavy тяжёлая, fresh свежая, tasty вкусная, coarse грубая, simple простая]; cook / eat / swallow ~ готовить / есть / глотать пищу; he refused all ~ он отказался от всякой пищи; the coarse ~ doesn't agree with him

он плохо переносит грубую пищу; he had gone without ~ for several days он уже несколько дней подряд ничего не ел; it provided him ~ for thought это давало ему пищу для размышлений.

fool I sb дурак m (4e), дура f (19a); what a ~ I was not to agree! какой я дурак, что не согласился!; he's no ~ он совсем не дурак; she's no ~ она совсем не дура; ⊙ **make a ~ of smb** (по)ставить (157) кого-л. в глупое положение; you may make a ~ of yourself вы можете поставить себя в глупое положение; I don't want to make a ~ of myself я не хочу ставить себя в глупое положение.

fool II v обманывать (65), perf обмануть (129) (with acc); they ~ed him они его обманули.

foolish глупый (31b) [boy мальчик, answer ответ, question вопрос]; глупая [girl девочка, mistake ошибка, idea идея]; глупое [suggestion предложение, face лицо]; how ~ of me! как глупо с моей стороны!; don't be ~! не будь дураком!; he didn't want to do anything ~ он не хотел поступать безрассудно.

foot 1. (limb) нога f (22g) [left левая, right правая]; cut / hurt / break one's ~ порезать / ушибить / сломать ногу; he pushed, kicked the ball with his ~ он толкнул мяч ногой; she got her feet wet она промочила ноги; he could hardly stand on his feet он едва мог стоять на ногах; I have been standing on my feet all day я весь день на ногах; 2. (bottom) подножие n (18c); at the ~ of the mountain у подножия горы.

football футбол m (1f); play ~ играть в футбол; a ~ game футбольная встреча; ~ match футбольный матч.

for I prep 1. (of time) with gen: ~ a week / month / year / hour в течение недели / месяца / года / часа; ~ a few days в течение нескольких дней; ~ some time в течение некоторого времени; ~ centuries в течение веков; we searched ~ hours мы искали несколько часов; they would play chess ~ hours они часами играли в шахматы; { (of time limits) with acc: they decided to go away ~ a month они решили уехать на месяц; I want to lie down ~ an hour я хочу прилечь на час; we shall stay here ~ a while мы останемся здесь на некоторое время; 2. (of aim, purpose, destination, etc.): the book is ~ children эта книга для (with gen) детей; I shall do all I can ~ him я сделаю для него

всё, что могу; send ~ the doctor! пошлите за (with instr) доктором!; they fought ~ their freedom они боролись за (with acc) свободу; they left ~ Moscow они уехали в (with acc) Москву; the letter is ~ you это письмо вам; 3. (of price): I bought this hat ~ five roubles я купил(а) эту шляпу за (with acc) пять рублей; what will you give me ~ this watch? сколько вы дадите за эти часы?; I wouldn't do it ~ twice the money я бы не сделал(а) этого и за двойную плату; not ~ the world ни за что на свете; 4. (for the sake of) with gen: he works ~ his children он работает ради своих детей; we did it ~ fun мы сделали это ради шутки; I might go ~ curiosity's sake я мог бы пойти ради любопытства; 5. in syntactical verb complexes, not translated, complex often conveyed by clause: we waited ~ him to begin мы ждали, пока он начнёт; send ~ someone to help us! пошлите за кем-нибудь, кто бы нам помог!; we are looking ~ a gift to send mother мы ищем подарок, чтобы послать матери; { syntactical complexes after adjectives conveyed by pronoun or noun in dat and adjective: it would be better ~ you to go at once вам было бы лучше пойти сейча́с же; that's hard ~ me to understand мне э́то тру́дно поня́ть; it is necessary ~ all of you to understand that вам всем необходи́мо э́то поня́ть; it will be good ~ him ему́ э́то бу́дет поле́зно; 6. *in various phrases*: I'm sorry ~ him мне жаль его́; what do you want ~ dinner? что вы хоти́те **на** (*with acc*) обе́д?; everyone is ~ the plan все **за** (*with acc*) план; good ~ him! так ему́ и на́до!; he works ~ a big company он рабо́тает **в** (*with abl*) кру́пной компа́нии; we had to wait ~ her нам пришло́сь её подожда́ть; if it weren't ~ you е́сли бы не вы; he was late ~ dinner он опозда́л **к** (*with dat*) обе́ду; ~ the last time в после́дний раз.

for II *conj* так как; I have come to you ~ I have no one else to turn to я пришёл к вам, так как мне не́ к кому обрати́ться.

force I *sb* **1.** (*strength*) си́ла *f* (19c) [1] physical физи́ческая; tremendous огро́мная, destructive разруши́тельная; 2) *with gen* of a blow уда́ра, of the wind ве́тра, of the waves волн]; we had to use ~ нам пришло́сь примени́ть си́лу; by ~ наси́льно; **2.** (*power, influence*) си́ла [moral мора́льная, inspiring вдохновля́ющая, unifying объединя́ющая, natural есте́ственная, social обще́ственная]; ~ of

character / will си́ла хара́ктера / во́ли; by ~ of habit в си́лу привы́чки; **3.** *usu pl* ~s (*of military power*) си́лы (19c); armed / naval / air ~s вооружённые / вое́нно-морски́е / вое́нно-возду́шные си́лы; send an armed ~ against smb посла́ть вооружённый отря́д про́тив (*with gen*) кого́-л.; ◊ **come into** ~ вступа́ть (64) в си́лу, *perf* вступи́ть (169) в си́лу; **be in** ~ быть в си́ле; **by** ~ **of circumstances** в си́лу обстоя́тельств.

force II *v* **1.** (*compel*) заставля́ть (223), *perf* заста́вить (168) (*with acc*); they could not ~ him to speak они́ не могли́ заста́вить его́ говори́ть; bad weather ~d them to postpone their journey плоха́я пого́да заста́вила их отложи́ть пое́здку; why should I ~ myself to do what I don't want to? почему́ я до́лжен заставля́ть себя́ де́лать то, что мне не хо́чется?; circumstances ~d him to refuse обстоя́тельства заста́вили его́ отказа́ться; **2.**: be ~d: I am ~d to think that... я вы́нужден(а) ду́мать, что...; they were ~d to take immediate measures они́ бы́ли вы́нуждены приня́ть сро́чные ме́ры.

forehead лоб *m* (1d) [broad широ́кий, high высо́кий, low ни́зкий, wrinkled морщи́нистый, smooth гла́дкий]; he had a scar on his

~ у него́ на лбу́ был шрам; he wrinkled his ~ он намо́рщил лоб.

foreign 1. (*of another country*) иностра́нный (31b) [language язы́к, flag флаг, city го́род, plane самолёт]; иностра́нная [literature литерату́ра, army а́рмия, newspaper газе́та, name фами́лия]; иностра́нное [country госуда́рство, word сло́во]; ~ trade вне́шняя торго́вля; **2.** (*alien*) чу́ждый (31b); ~ custom чу́ждый обы́чай; it is ~ to his nature э́то чу́ждо его́ хара́ктеру.

foresee предви́деть (109), *no perf* (*with acc*); we didn't ~ all the difficulties мы не предви́дели всех э́тих тру́дностей.

forest лес *m* (1*l*) [1) dense густо́й, thick дрему́чий; 2) stretches for miles and miles тя́нется на мно́гие ми́ли; 3) plant сажа́ть, cut down выруба́ть]; edge of a ~ опу́шка ле́са; go to a ~ идти́ в лес; go through a ~ идти́ по́ лесу; rest / be lost / live / walk in a ~ отдыха́ть / заблуди́ться / жить / гуля́ть в лесу́; road / path in the ~ доро́га / тропи́нка в лесу́; the mountains are covered with ~s го́ры покры́ты леса́ми; ~ fire лесно́й пожа́р.

forget забыва́ть (64), *perf* забы́ть (210) [1) *with acc* name фами́лию, face лицо́, friends друзе́й, facts фа́кты, language язы́к, the end of the story коне́ц расска́за, the name of a book назва́ние кни́ги; 2) o *with abl* (about) the time о вре́мени; 3) *with inf* to go пойти́, to send посла́ть, to telephone позвони́ть, to bring принести́]; he always ~s everything он всегда́ всё забыва́ет; I shall never ~ я никогда́ не забу́ду; I have forgotten where she lives / what he wanted / when we must be there я забы́л(а), где она́ живёт / что он хоте́л / когда́ мы должны́ быть там; don't ~! не забу́дь(те)!; ~ it! забу́дь(те) об э́том!; I completely forgot я совсе́м забы́л(а); I haven't forgotten at all я совсе́м не забы́л(а).

forgive проща́ть (64), *perf* прости́ть (187) (*with acc*); ~ me! прости́те меня́; I shall never ~ you я никогда́ вас не прощу́; I can't ~ him such conduct не могу́ прости́ть ему́ тако́е поведе́ние; ~ me for interrupting прости́те, что я вас перебива́ю; I shall never ~ you for forgetting your promise я никогда́ не прощу́ вам того́, что вы забы́ли своё обеща́ние.

fork *sb* (*for eating*) ви́лка *f* (22d) [clean чи́стая, long дли́нная, silver сере́бряная]; hold / wash a ~ держа́ть / мыть ви́лку; use a ~ по́льзоваться ви́лкой; take / eat smth with a ~ взять / есть что-л. ви́лкой;

two ~s were missing не хвата́ло двух ви́лок.

form I *sb* **1.** (*shape*) фо́рма *f* (19c); in the ~ of a square box в фо́рме квадра́тного я́щика; **2.** (*human body*) фигу́ра *f* (19c); we could make out a vague ~ in the darkness в темноте́ мы могли́ различи́ть нея́сную фигу́ру; she had a slender, graceful ~ у неё была́ то́нкая изя́щная фигу́ра; **3.** (*arrangement*) фо́рма; classic ~ класси́ческая фо́рма; in dialogue ~ в фо́рме диало́га; in the ~ of lectures в ви́де ле́кций; published in the ~ of an article и́зданный в ви́де статьи́; the same idea is expressed in a different ~ э́та же мысль вы́ражена ина́че; in an abridged ~ в сокращённом ви́де; **4.** (*kind*) фо́рма; a mild / dangerous ~ of the disease лёгкая / опа́сная фо́рма э́той боле́зни; { вид *m* (1f); in powder ~ в ви́де порошка́; various ~s of transport разли́чные ви́ды тра́нспорта; **5.** (*document*) анке́та *f* (19c); fill in, out, up a ~ запо́лнить анке́ту; { (*blank*) бланк *m* (4c); telegraph ~ телегра́фный бланк; **6.** (*class in school*) класс *m* (1f); pupils of the seventh ~ ученики́ седьмо́го кла́сса.

form II *v* **1.** (*give shape, put together*) образова́ть(243) [*with acc* circle круг; cloud о́блако]; **2.** (*develop*) формирова́ть (243), *perf* сформирова́ть(243) [*with acc* mind ум, character хара́ктер]; I don't want the child to ~ bad habits я не хочу́, что́бы у ребёнка развива́лись дурны́е привы́чки; **3.** (*organize*) организова́ть (243) [*with acc* club клуб, circle кружо́к, orchestra орке́стр]; **4.** (*conceive*) составля́ть (223), *perf* соста́вить (168) (*with acc*); you can ~ some idea of the ship's size мо́жно соста́вить себе́ представле́ние о разме́рах корабля́.

former 1. (*belonging to past*) пре́жний (32); in ~ times / years в пре́жние времена́ / го́ды; our ~ teacher наш ста́рый преподава́тель; the ~ director бы́вший дире́ктор; the ~ owners бы́вшие владе́льцы; **2.** (*preceding*) предше́ствующий (35); the ~ speaker предше́ствующий ора́тор; **3.** (*first of two*) пе́рвый (31b); the ~ of the two names mentioned in the letter пе́рвая из двух упомя́нутых в письме́ фами́лий.

formerly ра́ньше; more people came here ~ ра́ньше сюда́ приезжа́ло бо́льше наро́ду; this was ~ a fashionable resort ра́ньше э́то был мо́дный куро́рт; she was ~ a cinema actress ра́ньше она́ была́ киноактри́сой.

forth: and so ~ и так да́лее; *see* so I; back and

forth взад и вперёд; *see* back III.

fortune: she came into a ~ она получила наследство; he made a ~ он разбогател; he married a ~ он женился на деньгах; it's worth a ~ это целое состояние; it cost him a ~ это стоило ему очень дорого.

forty сорок (39f); *see* eight, thirty.

forward *adv* вперёд; move / push / go / run ~ двигаться / толкать / идти / бежать вперёд; ~! вперёд!

foundation 1. (*base*) фундамент *m* (1f) [1) stone каменный, firm прочный, solid крепкий, sound надёжный; 2) build строить, lay заложить]; **2.** (*basis*) основа *f* (19c); the ~s of the theory / hypothesis основы этой теории / гипотезы; it undermines the very ~s это подрывает самые основы; on this ~ на этом основании; the rumour has some ~ in fact этот слух в некоторой степени основан на фактах; the rumour has no ~ слух ни на чём не основан.

four четыре (39b); *see* three.

fourteen четырнадцать (39c); *see* eight.

fox лисица *f* (21a); sly ~ хитрая лиса.

frame *sb* (*wooden border, large*) рама *f* (19c), (*small*) рамка *f* (22d) [wide широкая, narrow узкая]; the picture was (set) in a gilt ~ картина была, в позолоченной раме; ◇ ~ of mind настроение *n* (18c); in a happy / sad / anxious / discontented ~ of mind в счастливом / печальном / беспокойном / недовольном настроении.

frank *a* (*honest*) искренний (32) [advice совет, man человек]; искреннее [opinion мнение, pleasure удовольствие]; { (*candid*) откровенный (31b) [reply, answer ответ, person человек]; откровенное [face лицо]; откровенные [words слова]; let's be ~ будем откровенны; I'll be perfectly ~ with you я вам скажу совершенно откровенно.

free I *a* 1. свободный (31b) [people народ, man человек, citizen гражданин, world мир]; свободная [country страна, life жизнь, press печать]; свободные [elections выборы]; you are ~ to choose вам предоставляется свобода выбора; ⊙ set ~ освобождать (64), *perf* освободить (153) (*with acc*); *see* set II; **2.** (*not busy, unoccupied*) свободный [day день, hour час, evening вечер]; свободное [minute минута]; свободное [morning утро, time время]; I shall be ~ all morning я буду свободен, свободна всё утро; are you ~ this evening? вы свободны сегодня вечеро́м?; when will you be ~? когда́ вы освободи́тесь?; come and see us when you are ~ приходи́те к нам, когда́ бу́дете свобо́дны; is this seat ~? э́то ме́сто свобо́дно?; 3. (*no charge*) беспла́тный (31b) [concert конце́рт, ticket биле́т]; беспла́тное [education обуче́ние]; the lecture is ~ of charge вход на ле́кцию свобо́дный; entrance is ~ of charge вход беспла́тный; give smth away ~ отда́ть что-л. беспла́тно.

free II *v* (*liberate*) освобожда́ть (64), *perf* освободи́ть (153) [*with acc* country страну́, city го́род, people наро́д]; he was ~d of all his duties его́ освободи́ли от всех обя́занностей; he managed to ~ his arms ему́ удало́сь освободи́ть ру́ки.

freedom свобо́да *f* (19c); defend / love / win ~ защища́ть / люби́ть / завоева́ть свобо́ду; ~ of action свобо́да де́йствий; ~ of speech / press свобо́да сло́ва / печа́ти; he fought for the ~ of his people он боро́лся за свобо́ду своего́ наро́да; they demanded complete ~ они́ тре́бовали по́лной свобо́ды.

freeze *v* (*change into ice*) замерза́ть (64), *perf* замёрзнуть (126); the water / river froze вода́ / река́ замёрзла; { (*feel very cold*) мёрзнуть (126), *perf* замёрзнуть; I am freezing я замёрз(ла); my hands / feet are frozen у меня́ замёрзли ру́ки / но́ги.

French I *sb* **1.** (*language*) францу́зский язы́к *m* (4g); read / speak / write ~ чита́ть / говори́ть / писа́ть по-францу́зски; **2.** (*nationality*): the ~ францу́зы *pl* (1e).

French II *a* францу́зский (33b); he is ~ он францу́з; she is ~ она́ францу́женка.

frequent *a* ча́стый (31b) [visitor посети́тель, guest гость]; ча́стая [mistake оши́бка]; ча́стое [repetition повторе́ние]; accidents have become more ~ несча́стные слу́чаи ста́ли бо́лее ча́стыми.

frequently ча́сто; go / come / visit / return ~ ча́сто ходи́ть, е́здить / приходи́ть, приезжа́ть / посеща́ть / возвраща́ться; he was ~ seen его́ ча́сто ви́дели; the word is ~ used э́то сло́во ча́сто употребля́ется; I have ~ thought... я ча́сто ду́мал(а)...

fresh (*not spoiled, new, pure, recent*) све́жий (34b) [bread хлеб, cheese сыр; air во́здух, wind ве́тер; complexion цвет лица́]; све́жая [fish ры́ба, food пи́ща]; све́жее [meat мя́со, butter ма́сло, milk молоко́]; све́жие [eggs я́йца, vegetables о́вощи, fruit фру́кты; news но́вости, facts фа́кты]; he looked young and ~ он вы́глядел молоды́м и све́жим; the event is still ~ in my mind э́то собы́тие ещё свежо́ в мое́й па́мяти; ~ water (not salt) пре́сная вода́; she took a ~ sheet of paper она́ взяла́ чи́стый лист бума́ги.

Friday пя́тница f (21c); this / next / last ~ в э́ту / сле́дующую / про́шлую пя́тницу; on ~ в пя́тницу; the ~ after next че́рез пя́тницу; (on) ~ night в ночь с пя́тницы на суббо́ту; (on) ~ morning / afternoon / evening в пя́тницу у́тром / днём / ве́чером; every ~ по пя́тницам; every other ~ че́рез пя́тницу; by ~ к пя́тнице; from ~ to Monday с пя́тницы до понеде́льника; it has not rained since ~ с пя́тницы не́ было дождя́; beginning with ~ начина́я с пя́тницы.

friend друг m (sg 4a, pl друзья́, друзе́й, друзья́м, друзе́й, друзья́ми, друзья́х) [good хоро́ший, dear дорого́й, new но́вый, old ста́рый, real настоя́щий, true ве́рный, devoted пре́данный, close бли́зкий]; { подру́га f (22a); find / visit / lose one's ~s найти́ / посети́ть / потеря́ть друзе́й; help one's ~s помога́ть друзья́м; she is a ~ of mine она́ моя́ подру́га; my best ~s мои́ лу́чшие друзья́; she has many ~s у неё мно́го друзе́й; he missed his ~s он скуча́л по друзья́м; they became great ~s они́ ста́ли больши́ми друзья́ми; { това́рищ m (8a); school ~

шко́льный това́рищ; my ~ and I мы с това́рищем; ⊙ **make** ~s with smb подружи́ться (171) с (with instr) кем-л.; they quickly made ~s они́ бы́стро подружи́лись.

friendly дру́жеский (33b) [advice сове́т, look, glance взгляд]; дру́жеская [game игра́, talk бесе́да]; дру́жеское [attitude отноше́ние]; we are on ~ terms мы в дру́жеских отноше́ниях; he took my arm in a ~ way он дру́жески взял меня́ под руку; { дру́жественный (31b) ~ country дру́жественная страна́; we have ~ relations with many countries мы нахо́димся в дру́жественных отноше́ниях со мно́гими стра́нами.

friendship дру́жба f (19c) [1) firm про́чная, lasting до́лгая, warm серде́чная, growing расту́щая, long-standing давни́шняя; 2) grows растёт]; their ~ lasted all their lives их дру́жба продолжа́лась всю жизнь; ~ of the peoples дру́жба наро́дов; offer / value / keep ~ предложи́ть / цени́ть / сохрани́ть дру́жбу; promote ~ способствовать дру́жбе; live in ~ жить в дру́жбе; there's not much ~ between us ме́жду на́ми нет большо́й дру́жбы.

frighten пуга́ть (64), perf испуга́ть (64) [with acc child ребёнка, horse ло́шадь, birds птиц]; how you ~ed me! как вы меня испугали!; be ~ed испугаться; she was so ~ed that she could not speak она так испугалась, что не могла говорить; I was never so ~ed in my life я никогда в жизни не был так напуган; I am not at all ~ed! я совсем не испугался!; don't be ~ed! не пугайтесь!; she looked ~ed она выглядела испуганной.

from *prep* **1.** (*of movement away*) *with gen*: he took a book ~ the shelf он взял книгу с полки; on our way ~ the theatre по дороге из театра; he is coming home ~ the South / ~ Leningrad / ~ abroad он приезжает домой с Юга / из Ленинграда / из-за границы; he took the heavy bag ~ her он взял у неё тяжёлую сумку; **2.** (*of distances*): we are fifty kilometres ~ Moscow мы находимся на расстоянии пятидесяти километров от (*with gen*) Москвы; is it far ~ here? далеко ли это отсюда?; is it far ~there? далеко ли это оттуда?; you can see the tower ~ everywhere башня видна отовсюду; **3.** (*of time*) *with gen*: I lived there ~ 1945 to 1950 я там жил(а) с тысяча девятьсот сорок пятого по тысяча девятьсот пятидесятый год; I shall be here ~ three to, till five я буду здесь с

трёх до пяти часов; ~ that moment с этого момента; ~ that time on с этого времени; ~ the first day с первого дня; **4.** (*of source*) *with gen*: he is ~ Australia он родом из Австралии; you can understand ~ the book / poem / report... из книги / стихотворения / доклада можно понять...; it follows ~ what you have said это вытекает из того, что вы сказали; I got a letter ~ my brother я получил письмо от брата; the men were suffering ~ cold and hunger солдаты страдали от холода и голода; everything I have heard or seen судя по тому, что я слышал(а) и видел(а); he was suffering ~ a bad cold у него был сильный насморк; **5.** (*in various phrases*): he borrowed ten dollars ~ me он занял у (*with gen*) меня десять долларов; he bought the flowers ~ the girl он купил у девушки цветы; he has translated a book ~ Russian into English он перевёл книгу с (*with gen*) русского языка на английский; ~ (the) beginning to (the) end с начала до конца; ~ place to place с места на место; ~ time to time время от времени; ⊙ ~ under *see* under; ~ behind из-за; *see* behind **II**.

front I *sb* (*military*) фронт *m* (1j); when did he return from the ~? когда́ он верну́лся с фро́нта;? he was at the ~ он был на фро́нте; united ~ еди́ный фронт.

front II *sb* (*forward part*) пере́дняя сторона́ *f* (19j); the ~ of the house / building пере́дняя сторона́ до́ма / зда́ния.

front III: in ~ *adv* впереди́; go, walk / ride / run in ~ идти́ / е́хать / бежа́ть впереди́.

front IV: in ~ (of) *prep* 1) (*before*) *with instr:* in ~ of the house / door пе́ред до́мом / две́рью; he stopped in ~ of me он останови́лся передо мной; I couldn't see anything in ~ of me я ничего́ не мог ви́деть перед собо́й; the book is right, directly in ~ of you кни́га пря́мо перед ва́ми; 2) (*more advanced*) *with gen:* they are far in ~ of us они́ далеко́ **впереди́** нас; a man with a flag marched in ~ of the column впереди́ коло́нны шёл челове́к с фла́гом.

frost *sb* моро́з *m* (1f) [1] hard, sharp си́льный, biting жгу́чий, light лёгкий; 2) kills убива́ет, damages вреди́т]; it was fifteen degrees of ~ last night вчера́ но́чью бы́ло пятна́дцать гра́дусов моро́за.

fruit фру́кты *pl* (1f) [1] fresh све́жие, green зелёные, ripe спе́лые, sweet сла́дкие, early ра́нние, spoiled испо́рченные, dried сy-

хи́е, juicy со́чные, tropical тропи́ческие; stewed варёные, canned консерви́рованные; 2) grows расту́т, ripens созрева́ют, spoils по́ртятся]; eat / pick / dry ~ есть / собира́ть / суши́ть фру́кты; bowl of ~ ва́за с фру́ктами; { *usu pl* ~s *fig* плоды́ (1k); the ~s of one's work / labour плоды́ рабо́ты / труда́.

full по́лный (31b) [account отчёт; box я́щик, tram трамва́й, glass стака́н, hall зал, stomach желу́док]; по́лная [cup ча́шка, plate таре́лка]; по́лное [description описа́ние, silence молча́ние, agreement согла́сие]; she had a ~ round face у неё бы́ло по́лное, кру́глое лицо́; the hall was ~ of people зал был по́лон (*with gen*) наро́ду; his life was ~ of adventure его́ жизнь была́ полна́ приключе́ний; we waited a ~ hour мы жда́ли це́лый час; the car was going at ~ speed маши́на е́хала на по́лной ско́рости; ⊙ in ~ по́лностью; write your name in ~! напиши́те фами́лию по́лностью!; we have paid in ~ мы по́лностью расплати́лись; ~ name и́мя и фами́лия; write your ~ name and address! напиши́те своё и́мя, фами́лию и а́дрес!; in ~ swing в (по́лном) разга́ре.

fully вполне́; ~ satisfactory work вполне́ удовлетвори́тельная рабо́та; I am ~ aware я вполне понимаю; she agreed ~ она была вполне согласна.

fun: we had a lot of ~ at the party нам было очень весело на вечере; it's ~ to look at the little bears забавно смотреть на маленьких медвежат; it will be ~ if we all go together будет весело, если мы поедем все вместе; what ~ is there in going alone? какой интерес идти одному, одной?; ⊙ in, for ~ шутки ради; we did it in ~ мы сделали это шутки ради; the question was asked in ~ вопрос был задан в шутку; **make ~ of** смеяться (227) над (*with instr*); don't make ~ of him! не смейтесь над ним!; they made ~ of his ideas они высмеяли его идеи.

funny 1. (*amusing*) смешной (31a) [story рассказ, anecdote, joke анекдот]; смешная [habit привычка, hat шляпа]; the end of the film was ~ конец фильма был смешной; that's simply ~! просто смешно!; there's nothing ~ about it в этом нет ничего смешного; I thought the play (was) very ~ пьеса мне показалась очень смешной; he looked so ~ он выглядел таким смешным; { забавный (31b) [child ребёнок]; забавная [song песенка, picture картина]; it will be very ~ это будет очень забавно; **2.** (*queer*) странный (31b);

that's ~! странно!; he gave us some ~ explanations он дал нам какое-то странное объяснение; it sounds ~ это звучит странно; that's a ~ way to talk странно так говорить; that's a ~ way to look at it странно так рассуждать.

fur *sb* мех *m* (4h) [thick, bushy пушистый, smooth гладкий, warm тёплый, expensive дорогой]; a ~ coat меховая шуба; a ~ hat меховая шапка.

furnish 1. (*supply*) снабжать (64), *perf* снабдить (153) (*with instr*); see provide 2; **2.** (*install furniture*) обставлять (223), *perf* обставить (168) [1) *with acc* house дом, room комнату, flat квартиру; 2) well хорошо, beautifully красиво, tastefully со вкусом, luxuriously роскошно]; the living room was ~ed in modern style гостиная была обставлена в современном стиле.

furniture мебель *f, collect* (29c) [1) new новая, old-fashioned старомодная, modern современная, heavy тяжёлая, antique старинная, simple, plain простая, expensive дорогая, cheap недорогая, second-hand подержанная; 2) buy покупать, sell продавать, damage повредить, move двигать, change менять, order заказывать, deliver доставлять на дом]; kitchen ~ кухонная мебель; set of ~ гарнитур мебели; there is too much ~ in the room в комнате слишком много мебели.

further I *a* 1. (*in future, continued*) дальнейший (34b); ~ development дальнейшее развитие; till ~ notice вплоть до дальнейшего уведомления; we need no ~ help в дальнейшем помощь нам не нужна; ~ discussion is useless дальнейшее обсуждение бесполезно; 2. (*additional*) дополнительный (31b); ~ information дополнительные сведения.

further II *adv* дальше; I should like to say, ~ ... далее хочется сказать...; what happened ~? что случилось потом?

future I *sb* будущее *n* (35)

[better лучшее, bright светлое, happy счастливое, wonderful чудесное, remote далёкое, brilliant блестящее, uncertain неопределённое]; in ~ в будущем; in the near / immediate ~ в недалёком / ближайшем будущем; the ~ will show будущее покажет; to predict the ~ предсказать будущее; fight for a better ~ бороться за лучшее будущее; make plans for the ~ строить планы на будущее; he has a great ~ before him у него большое будущее.

future II *a* будущий (35) [home дом, city город]; будущая [work работа]; будущее [generation поколение]; my ~ wife моя будущая жена.

G

gain *v* 1. (*attain*) добиваться (64), *perf* добиться (181) [*with gen* victory победы, aim цели, independence независимости, advantage преимущества, fame славы, liberty свободы, position положения]; what can we ~ by staying here? чего мы добьёмся, если останемся здесь?; 2. (*receive*) приобретать (64), *perf* приобрести (242) (*with acc*); he ~ed much experience он приобрёл большой опыт; { получать (64), *perf* получить (175) (*with acc*); the book / theory ~ed wide popularity книга / теория получила широкое известность; ◇ ~ time выиграть (64a) время; ~ weight поправляться (223), *perf* поправиться (168); I have ~ed two pounds / kilograms я поправился на два фунта / килограмма; *also see* weight; ~ the upper hand одержать (47) верх; neither side could ~ the upper hand ни одна из сторо́н не могла́ одержа́ть верх.

game *sb* 1. (*form of play*) игра́ *f* (19g) [1] difficult тру́дная, easy лёгкая, simple проста́я, dull ску́чная, interesting интере́сная, complicated сло́жная, favourite люби́мая, children's де́тская; 2) begins начина́ется, is over ко́нчилась, continues продолжа́ется]; the ~ ended in a draw игра́ ко́нчилась вничью́; begin / continue / stop / win / lose a ~ нача́ть / продолжа́ть / прекрати́ть / вы́играть / проигра́ть игру́; I don't like the ~ мне не нра́вится э́та игра́; we watched the ~ мы следи́ли за игро́й; we sat down to a ~ of cards мы се́ли игра́ть в ка́рты; we played various ~s мы игра́ли в ра́зные и́гры; 2. (*form of contest*) матч *m* (8b), встре́ча *f* (25a); football ~ футбо́льный матч; volley-ball / basket-ball ~ волейбо́льная / баскетбо́льная встре́ча; { (*round*) па́ртия *f* (23c); a ~ of chess / tennis па́ртия в ша́хматы / те́ннис.

garden 1. (*of flowers and trees*) сад *m* (1k) [beautiful краси́вый, old ста́рый]; go out into the ~ вы́йти в сад; sit in the ~ сиде́ть в саду́; walk about in the ~ гуля́ть по са́ду; the ~ is full of flowers сад по́лон цвето́в; plant a ~ разби́ть сад; 2. (*of vegetables*) ого-

ро́д *m* (1f); in the ~ на огоро́де; the vegetables are fresh from the ~ э́ти о́вощи то́лько что (принесли́) с огоро́да; water the ~ полива́ть огоро́д.

gas *sb* газ *m* (1f) [1] burns well хорошо́ гори́т, fills a room наполня́ет ко́мнату, escapes утека́ет; 2) turn on включи́ть, turn off вы́ключить]; I smell ~ я чу́вствую за́пах га́за; she put the kettle on the ~ она́ поста́вила ча́йник на газ.

gate 1. (*at entrance to facto y grounds, stadium, etc.*) воро́та, *no sg* (воро́т, воро́там, воро́та, воро́тами, воро́тах) [heavy тяжёлые, iron желе́зные, open откры́тые, closed закры́тые]; open / close / lock the ~s откры́ть / закры́ть / запере́ть воро́та; stand at the ~ стоя́ть у воро́т; come in through the ~ войти́ че́рез воро́та; 2. (*at entrance to garden, etc.*) кали́тка *f* (22d) [small небольша́я, wooden деревя́нная]; go in at a ~, through a ~ войти́ че́рез кали́тку.

gather 1. (*collect*) собира́ть (64), *perf* собра́ть (44) [*with acc* one's things свои́ ве́щи, books and papers кни́ги и бума́ги, berries я́годы, harvest урожа́й]; ~ flowers рвать цветы́; { (*bring together*) собира́ть [*with acc* facts фа́кты, evidence ули́ки; children дете́й, crowd толпу́]; 2.

(*come together*) собира́ться (64), *perf* собра́ться (44) [in the street на у́лице, around the speaker вокру́г ора́тора, at a corner на углу́]; clouds are ~ing in the sky на не́бе собира́ются ту́чи; the schoolchildren ~ed in the yard шко́льники собрали́сь во дворе́.

gay (*merry*) весёлый (31b) [laugh, laughter смех, voice го́лос, dance та́нец]; весёлая [smile улы́бка, music му́зыка; party компа́ния].

general I *sb* генера́л *m* (1e).

general II *a* 1. (*not detailed*) о́бщий (35) [idea смысл, conclusion вы́вод]; о́бщая [tendency тенде́нция]; о́бщее [impression впечатле́ние, notion поня́тие]; ⊙ in ~ вообще́; he doesn't read much in ~ он вообще́ ма́ло чита́ет; I agree in ~ вообще́ я согла́сен; in ~ I shouldn't mind вообще́ я бы не возража́л(а); 2. (*universal*) всео́бщий (35); ~ election всео́бщие вы́боры; ~ strike всео́бщая забасто́вка; ~ opinion о́бщее мне́ние.

generally (*as a rule*) обы́чно; I go home at five ~ обы́чно я иду́ домо́й в пять часо́в; we are ~ at home in the evening ве́чером мы обы́чно (быва́ем) до́ма; ⊙ ~ speaking вообще́ говоря́; I see nothing wrong in it, ~ speaking вообще́ говоря́,

я ничего́ плохо́го в э́том не ви́жу.

generation поколе́ние *n* (18c) [younger мла́дшее, older ста́ршее, rising подраста́ющее, future бу́дущее, new но́вое]; from ~ to ~ из поколе́ния в поколе́ние.

generous 1. (*noble-minded*) великоду́шный (31b) [person челове́к, impulse поры́в, action посту́пок]; великоду́шная [help по́мощь]; великоду́шное [attitude отноше́ние, decision реше́ние]; he is always ~ to others он всегда́ великоду́шен к други́м; 2. (*open-handed*) ще́дрый [gift пода́рок]; ще́драя [nature нату́ра]; he is ~ with his money он ще́дро тра́тит де́ньги; 3. (*large*) большо́й (34a); больша́я [portion по́рция]; большо́е [quantity, amount коли́чество].

gentle 1. (*kind, soft*) мя́гкий (33b) [person челове́к, nature хара́ктер, voice го́лос]; he was ~ but firm он был мя́гок, но насто́йчив; 2. (*caressing*) ла́сковый (31b), не́жный (31b) [voice го́лос, look взгляд]; ла́сковая, не́жная [smile улы́бка]; ла́сковое, не́жное [touch прикоснове́ние]; 3. (*light*) лёгкий (33b) [wind ве́тер]; лёгкое [breathing дыха́ние].

gentleman 1. джентльме́н *m* (1e); he acted like a ~ он вёл себя́ как поря́дочный человек; you must be more of a ~! вы должны быть более воспитанным человеком!; 2. (in addresses): ladies and gentlemen! дамы и господа!

gently 1. (tenderly) мягко [speak говорить]; 2. (quietly) тихо [close the door закрыть дверь, laugh засмеяться, say сказать]; 3. (carefully) осторожно [move smth aside отодвинуть что-либо, lower smth to the ground опустить что-л. на землю; touch прикоснуться].

geography география f (23c).

geology геология f (23c).

German I sb 1. (language) немецкий язык (4g); read / speak / write / understand ~ читать / говорить / писать / понимать по-немецки; translate from ~ / into ~ переводить с немецкого языка / на немецкий язык; 2. (nationality) немец m (10b), немка f (22c); the ~s немцы pl (10b).

German II a немецкий (33b).

get I 1. (receive) получать (64), perf получить (175) [with acc letter письмо, answer ответ, newspaper газету, diploma диплом, job, work работу, right право, education образование]; { (obtain) доставать (63), perf достать (51) [with acc a book from the library книгу в библиотеке, medicine лекарство, two tickets два билета, one's new

coat from the closet своё новое пальто из шкафа]; ~ some money from the drawer! достань(те) деньги из ящика!; can you ~ me three tickets? вы не можете достать мне три билета?; where did you ~ your bathing-suit? где вы достали, купили купальный костюм?; I must ~ a pair of summer shoes мне нужно купить летние туфли; did you ~ my message? вам передали то, что я просил(а)?; 2. (reach) добираться (64), perf добраться (44) (to—до with gen); when we got home... когда мы добрались домой...; how long will it take you to ~ here? сколько вам нужно времени, чтобы добраться сюда?; { (on foot) приходить (152), perf прийти (206); he usually ~s home late он обычно приходит домой поздно; when they got back / to the station... когда они пришли назад... / на вокзал...; { (by transport) доехать (71); you can ~ there in ten minutes by car на машине вы доедете туда за десять минут; the post, mail ~s here at about nine почта приходит примерно в девять; 3. (have) иметь (98), no perf; I've got a new hat у меня новая шляпа; have you got a minute to spare? у вас есть свободная минута?; I haven't got a penny about, with me у меня с собой нет ни копейки денег; you haven't got much time left у вас осталось мало времени; II *in combination with infinitive* (*must*): he's got to understand он должен понять; you've got to go вы должны пойти; it's got to be done это должно быть сделано; what has she got to do? что она должна сделать?; I've got to make a telephone call я должен позвонить; III *link-verb* (*become*) становиться (147), *perf* стать (51); it got dark стало темно; she is ~ting better ей становится лучше; the days are ~ting longer дни становятся длиннее; he soon got to be an expert он скоро стал специалистом; { *often conveyed by verb derived from adjective*: she got tired она устала; he got angry он рассердился; they got excited они разволновались; he began to ~ interested он начал интересоваться, он заинтересовался; he got old and grey он постарел и поседел; he never ~s drunk он никогда не пьянеет; we couldn't ~ rid of him мы не могли от него избавиться; she got frightened она испугалась; she got her feet wet она промочила ноги; we'll ~ it all done in a minute мы сейчас всё устроим; they got (to) talking они начали разговаривать; ~ **back** вернуться (130); when did you

~ **back?** когда вы вернулись?; ~ **in** войти (206); we couldn't get in мы не могли войти; ~ **off** выходить (152), *perf* выйти (208); we got off the plane мы вышли из (*with gen*) самолёта; ~ **on** садиться (152), *perf* сесть (239); we got on the bus / plane / ship мы сели на (*with acc*) автобус / самолёт / пароход; ~ **out** выйти (208); ~ **up** вставать (63), *perf* встать (51); he always ~s up early он всегда рано встаёт; she got up and left the room она встала и вышла из комнаты; ◇ how are you ~ting on, along? как вы поживаете?; ~ **into trouble** попасть (55) в беду, иметь (98) неприятности; I don't ~ you я вас не понимаю.

giant гигант *m* (1f); ~ **factory** гигантский завод; ~ **movement** гигантское движение.

gift 1. (*present*) подарок *m* (4d) [1] expensive дорогой, fine прекрасный; 2) receive получить]; he gave her ~s он сделал ей подарки; birthday ~ подарок в день рождения; **2.** (*talent*) способность *f* (29c); *usu pl* способности; he has a remarkable ~ for languages у него замечательные способности к (*with dat*) языкам.

girl (*child*) девочка *f* (22e) [sweet милая, nice славная, charming очаровательная, clever умная, obedient послу́шная]; { (*young woman*) де́вушка *f* (22e) [modest скро́мная, pretty хоро́шенькая].

give 1. дава́ть (63), *perf* дать (214) [*with acc* money де́ньги, ticket биле́т, answer отве́т, cup of tea ча́шку ча́ю; right пра́во, opportunity возмо́жность, advice сове́т]; don't ~ the child sweets! не дава́йте ребёнку конфе́т!; I shall ~ you time until tomorrow я вам даю́ срок до за́втра; ~ me a chance to think! да́й(те) поду́мать!; this will ~ you some idea of the construction cost э́то даст вам како́е-то представле́ние о сто́имости строи́тельных рабо́т; we were ~n instructions нам да́ли указа́ния; we were all ~n work immediately всем нам сра́зу да́ли рабо́ту; how much did you ~ him? ско́лько вы ему́ заплати́ли?; can you ~ us any information? не могли́ ли вы дать нам каки́е-либо све́дения?; they never gave him a chance to show what he could do они́ никогда́ не дава́ли ему́ возмо́жности прояви́ть себя́; he gave me his promise / his word он дал мне обеща́ние / че́стное сло́во; I'd ~ a lot to know what really happened я бы мно́гое дал(а́), чтобы узна́ть, что произошло́ на са́мом де́ле; 2. (*arrange*) устра́ивать (65), *perf* устро́ить

(151) [*with acc* party ве́чер, reception приём]; they gave a dinner in his honour они́ да́ли обе́д в его́ честь; ⊙ ~ a concert дава́ть концéрт, *perf* дать концéрт; he gave a concert a week ago он дал концéрт недéлю тому́ наза́д; ~ back отдава́ть (63), *perf* отда́ть (214) (*with acc*); I'll ~ the money back to you tomorrow я вам отда́м де́ньги за́втра; ~ up отказа́ться (48) (от *with gen*); we had to ~ up the idea нам пришло́сь отказа́ться от э́той мы́сли; he gave up smoking он бро́сил кури́ть; ◇ ~ a lecture чита́ть (64) ле́кцию, *perf* прочита́ть (64) ле́кцию; *see* lecture I; ~ an idea пода́ть мысль (*with dat*); who gave you that idea? кто по́дал вам э́ту мысль?

glad рад *m*, ра́да *f*, ра́ды *pl*; I am ~ to see you я рад вас ви́деть; she seemed ~ to see me каза́лось, она́ была́ ра́да меня́ ви́деть; we shall be ~ to help you мы бу́дем ра́ды помо́чь вам; I am ~ that you are coming with us я рад, что вы идёте с на́ми.

glance I *sb* взгляд *m* (1f) [quick бы́стрый, hasty торопли́вый, critical крити́ческий]; cast a ~ at smb бро́сить взгляд на (*with acc*) кого́-л.; ⊙ at a ~ с одного́ взгля́да; you could see at a ~ that they were different сра́зу бы́ло ви́дно, что они́ ра́зные.

glance II *v* (*look quickly at*) взгляну́ть (129) (*at*—на *with acc*); she didn't even ~ at him она́ да́же не взгляну́ла на него́.

glass *sb* **1.** (*material*) стекло́ *n* (14b) [dark тёмное, sharp о́строе, thick то́лстое, thin то́нкое, transparent прозра́чное]; made of ~ сде́лано из стекла́; ~ door стекля́нная дверь; **2.** (*tumbler*) стака́н *m* (1f) [1) clean чи́стый, dirty гря́зный, full по́лный, empty пусто́й, broken разби́тый; 2) bring принести́, drop урони́ть, hold держа́ть, wash мыть]; a ~ of water / milk стака́н воды́ / молока́; there was nothing left in the ~ в стака́не ничего́ не оста́лось; he poured some of the liquid out of the ~ он отли́л из стака́на немно́го жи́дкости; { (*for wine*) рю́мка *f* (22d); he drank two ~es of wine он вы́пил две рю́мки вина́; **3.** *pl* ~es (*spectacles*) очки́, *no sg* (4f) [wear носи́ть, put on наде́ть, break разби́ть].

gloomy мра́чный (31b) [person челове́к, appearance look вид, house дом]; мра́чная [street у́лица, room ко́мната]; мра́чное [face лицо́, building зда́ние]; why are you so ~? почему́ у вас тако́й мра́чный вид?; in a ~ mood в мра́чном настрое́нии.

glove перча́тка *f* (22d); *usu pl* ~s перча́тки [new но́вые, old ста́рые, leather ко́жаные, silk шёлковые, nylon нейло́новые]; I've lost one of my ~s я потеря́л(а) одну́ перча́тку; put on / take off one's ~s наде́ть / снять перча́тки; a pair of ~s па́ра перча́ток.

go **1.** (*move in a definite direction, on foot*) идти́ (207), *perf* пойти́ (206) [1) quickly бы́стро, straight ahead пря́мо, back наза́д; 2) home домо́й, along the road по доро́ге, along, up, down the street по у́лице, across the bridge че́рез мост, by the house ми́мо до́ма, to a shop в магази́н]; I must go now мне пора́ идти́; go up the stairs поднима́ться по ле́стнице; go downstairs спуска́ться по ле́стнице; where are you ~ing? куда́ вы идёте?; { (*by transport*) е́хать (71), *perf* пое́хать (71) [1) на *with abl* by car на маши́не, by train на по́езде, пое́здом, by ship на парохо́де, парохо́дом; 2) to Moscow в Москву́, to the country за́ город, to the sea к мо́рю, to the South на юг, abroad за грани́цу, there туда́]; go by plane лете́ть самолётом; go by sea е́хать мо́рем; go on a trip отпра́виться в путеше́ствие; does this train go to Leningrad? э́тот по́езд идёт в Ленингра́д?; **2.** (*of repeated movements*) ходи́ть (152); he went there every day он ходи́л туда́ ка́ждый день; we used to go there very often мы (быва́ло) ча́сто ходи́ли туда́; we don't go there any more мы бо́льше туда́ не хо́дим; the ship goes from Odessa to Batumi э́тот парохо́д хо́дит из Оде́ссы в Бату́ми; there is a train that ~es there twice a week есть по́езд, кото́рый хо́дит туда́ два ра́за в неде́лю; 3. (attend, be present) ходи́ть [to the cinema в кино́, to the theatre в теа́тр, to school в шко́лу, to work на рабо́ту]; are you ~ing to the lecture tomorrow? вы пойдёте за́втра на ле́кцию?; we often went to her house мы ча́сто ходи́ли к ней в го́сти; 4. (act, work) ходи́ть; is your watch ~ing? хо́дят ли ва́ши часы́?; 5. with gerund пойти́, пое́хать (usu conveyed by infinitive); they went swimming / skating / skiing они́ пошли́ купа́ться / ката́ться на конька́х / ката́ться на лы́жах; she has gone shopping она́ пошла́ в магази́н; 6.: be ~ing собира́ться (64), perf собра́ться (44); that is just what I was ~ing to say я как раз собира́лся, собира́лась сказа́ть э́то; I am ~ing to see him tomorrow я собира́юсь повида́ть его́ за́втра; we are ~ing to take a trip down the Volga мы собира́емся пое́хать вниз по Во́лге; go away (on foot) уходи́ть (152), perf уйти́ (206); (by transport)

уезжа́ть (64), perf уе́хать (71); he went away without saying good-bye он ушёл не попроща́вшись; go by (pass) проходи́ть (152), perf пройти́ (206); two years went by прошло́ два го́да; go down 1) (set) заходи́ть (152), perf зайти́ (206); the sun went down со́лнце зашло́; 2) (sink) · идти́ ко дну́, perf пойти́ ко дну́; the boat went down ло́дка пошла́ ко дну́; 3) (become calm) стиха́ть (64), perf сти́хнуть (126); the wind went down a little ве́тер немно́го стих; 4) (become lower) снижа́ться (64), perf сни́зиться (189); prices have gone down це́ны сни́зились; go on 1) (continue) продолжа́ть (64), no perf; he went on working, with his work он продолжа́л рабо́тать; go on, please! продолжа́йте, пожа́луйста!; 2) (happen) происходи́ть (152), perf произойти́ (206); what's ~ing on here? что здесь происхо́дит?; go out 1) (leave) выходи́ть (152), perf вы́йти (208); he went out of the room он вы́шел из ко́мнаты; 2) (stop burning) ту́хнуть (126), perf поту́хнуть (126); the fire went out костёр, пожа́р поту́х; the lights went out огни́ поту́хли; go up (rise) повыша́ться (64), perf повы́ситься (149); prices went up це́ны повы́сились; ◊ it ~es without saying само́ собо́й разумёется; go to sleep засыпа́ть (64), *perf* засну́ть (130); *see* sleep I; go to bed ложи́ться (175) спать, *perf* лечь (249) спать; *see* bed; let smb / smth go отпуска́ть (64) кого́-л. / что́-л., *perf* отпусти́ть (162) кого́-л. / что́-л.

goat козёл *m* (1a), коза́ *f* (19e).

god 1. бог *m* (4i); believe in ~ ве́рить в бо́га; **2.** *in exclamations*: my ~! бо́же мой!; by ~! ей-бо́гу!; honest to ~ че́стное сло́во; ~ forbid! не дай бог!, изба́ви бог!; ~ bless you! бу́дьте здоро́вы!

gold I *sb* зо́лото *n* (14d) [1) pure, solid чи́стое; 2) search for иска́ть, find найти́]; pay in ~ плати́ть зо́лотом; made of ~ сде́лано из зо́лота.

gold II *a* золото́й (31a); ~ watch золоты́е часы́; ~ ring золото́е кольцо́; ~ medal / chain золота́я меда́ль / цепо́чка.

golden 1. (*of colour*) золоти́стый (31b); ~ hair золоти́стые во́лосы; **2.** *fig*: золото́й (31a); the ~ age золото́й век; ~ mean золота́я середи́на; ~ opportunity прекра́сный слу́чай.

good I *sb*: there may be some ~ in it в э́том мо́жет быть не́который смысл; it will do him ~ э́то пойдёт ему́ на по́льзу; what's the ~ of staying here? како́й смысл здесь остава́ться?; there's no ~ deny-

ing... бесполе́зно отрица́ть...; ◊ for ~ навсегда́; he has left for ~ он уе́хал навсегда́.

good II *a* хоро́ший (34b) (*comp* лу́чше, *see* better I; *superl* (наи)лу́чший, *see* best II) [man челове́к, doctor врач, teacher преподава́тель, worker рабо́чий, writer писа́тель, story расска́з, friend друг, breakfast за́втрак, suit костю́м, way спо́соб, advice сове́т]; хоро́шая [mother мать; book кни́га, idea иде́я; trip пое́здка, weather пого́да, work, job рабо́та, thing вещь, news но́вость, walk прогу́лка, clothes оде́жда, wages, pay зарпла́та]; хоро́шее [dress пла́тье, coat пальто́, seat ме́сто, beginning нача́ло, suggestion предложе́ние, quality ка́чество]; хоро́шие [watch, clock часы́, results результа́ты, teeth зу́бы, people лю́ди]; it's ~ to be home again хорошо́ быть сно́ва до́ма; it's a ~ thing you didn't go хорошо́, что вы не пошли́; he was ~ to me он хорошо́ со мной обраща́лся; we had a ~ rest мы хорошо́ отдохну́ли; that's ~ of you э́то о́чень любе́зно с ва́шей стороны́; it's ~ for nothing э́то ни на что не годи́тся; she's ~ at languages она́ спосо́бна к языка́м; ◊ a ~ deal дово́льно мно́го (*with gen*); a ~ deal of money дово́льно мно́го де́-

нег; a ~ deal of the time до-
во́льно мно́го вре́мени; **have
a ~ time** хорошо́ проводи́ть
(152) вре́мя, *perf* хорошо́
провести́ (219) вре́мя; *see*
time; ~ **sense** здра́вый
смысл *m* (1f).

good-bye I *sb*: say ~ про-
ща́ться (64), *perf* попро-
ща́ться (64); say ~ **to smb**
проща́ться с (*with instr*)
кем-л.; he said ~ to us
он попроща́лся с на́ми.

good-bye II *interj* до сви-
да́ния.

goose гусь *m* (3e).

government прави́тель-
ство *n* (14c) [1] democratic
демократи́ческое, revolu-
tionary революцио́нное,
people's наро́дное; 2) consists of состои́т из, issues
a decree издаёт ука́з, passes
a law принима́ет зако́н,
forbids запреща́ет, resigns
подаёт в отста́вку; 3) elect
избра́ть, uphold подде́ржи-
вать, lead возгла́вить];
a member of the ~ член
прави́тельства; ~ official
госуда́рственный служа́-
щий, чино́вник.

governor (*ruler*) губерна́-
тор *m* (1e); ~ of a colony /
state губерна́тор коло́нии /
шта́та.

gradually постепе́нно; it
was getting ~ colder посте-
пе́нно станови́лось холодне́е;
she ~ realized her mistake
постепе́нно она́ поняла́, осо-
зна́ла свою́ оши́бку;|their rela-
tions ~ changed их отноше́-
ния постепе́нно измени́лись.

graduate *v* (*finish school*)
ока́нчивать (65), *perf* око́н-
чить (172) [*with acc* from
school шко́лу, from the
university университе́т,
from an institute институ́т];
he ~d from college two
years ago он око́нчил инсти-
ту́т два го́да тому́ наза́д;
I shall remain here after
I ~ по́сле оконча́ния я
оста́нусь здесь.

grandfather дед *m* (1e),
де́душка *m* (27a).

grandmother ба́бушка *f*
(22e).

grapes *pl* виногра́д *m*,
no pl (1f) [1] ripe спе́лый,
sweet сла́дкий; 2) grow
выра́щивать, pick соби-
ра́ть]; a bunch of ~ кисть
виногра́да.

grass трава́ *f* (19g) [1]
green зелёная, dry суха́я,
tall высо́кая, soft мя́гкая,
thick густа́я; 2) grows растёт, turns brown желте́ет];
cut / eat ~ подреза́ть / есть
траву́; lie in the ~ лежа́ть в
траве́, на траве́.

grateful (*thankful*) бла-
года́рный (31b); we are ~ to
you for all you have done
мы благода́рны (*with dat*)
вам за всё, что вы сде́лали;
we shall be ~ for any in-
formation you can give us
мы бу́дем благода́рны за
(*with acc*) любы́е све́дения,
кото́рые вы смо́жете нам
дать.

grave *sb* моги́ла *f* (19c);
dig a ~ рыть моги́лу; ⊙
have one foot in the ~

стоя́ть одно́й ного́й в моги́ле.

gray *a* 1. (*of colour*) се́рый (31b) [suit костю́м, colour цвет]; се́рая [bird пти́ца, hat шля́па]; се́рое [coat пальто́, sky не́бо]; се́рые [eyes глаза́, thread ни́тки]; she was wearing a ~ dress она́ была́ в се́ром пла́тье; pale, light ~ све́тло-се́рый; dark ~ тёмно-се́рый; 2. (*of hair*) седо́й (31a); ~ hair седы́е во́лосы; a woman with ~ hair седа́я же́нщина; he was all ~ он был совсе́м сед.

great 1. (*most outstanding*) вели́кий (33b) [hero геро́й, man челове́к, writer писа́тель, artist худо́жник, actor арти́ст, people наро́д; deed по́двиг]; вели́кая [nation страна́]; 2. (*of size, significance, etc.*) большо́й (34a) [step шаг, day день, holiday пра́здник]; больша́я [army а́рмия, country страна́; mistake оши́бка, part часть, difference ра́зница, victory побе́да]; большо́е [battle сраже́ние, event собы́тие, distance расстоя́ние, change измене́ние, number число́]; ~ friends больши́е друзья́]; the ~er part бо́льшая часть; he was silent the ~er part of the way бо́льшую часть пути́ он молча́л; twice as ~ в два ра́за, вдво́е бо́льше; the ~est problem са́мая больша́я пробле́ма; no ~er than (it was) before he

бо́льше, чем э́то бы́ло ра́ньше.

greatly о́чень [surprised удивлён, удивлена́, upset расстро́ен(а), disappointed разочаро́ван(а), pleased дово́лен, дово́льна]; you are ~ mistaken вы о́чень ошиба́етесь; he has changed ~ он о́чень измени́лся.

green *a* 1. (*of colour*) зелёный (31b) [bank бе́рег, light свет, colour цвет, suit костю́м]; зелёная [grass трава́, hat шля́па]; зелёное [tree де́рево, dress пла́тье]; зелёные [fields поля́, leaves ли́стья, hills холмы́, eyes глаза́]; 2. (*unripe*) зелёный; зелёные [fruit фру́кты, berries я́годы, apples я́блоки].

greet 1. здоро́ваться (65), *perf* поздоро́ваться (65) (c *with instr*); he ~ed each of the delegates он поздоро́вался с ка́ждым делега́том; { (*hail*) приве́тствовать (244) (*with acc*); he was ~ed by thousands ты́сячи люде́й приве́тствовали его́; 2. (*meet*) встреча́ть (64), *perf* встре́тить (177) (*with acc*); he was ~ed with loud applause / by dead silence его́ встре́тили гро́мкими аплодисме́нтами / гробовы́м молча́нием.

grey се́рый (31b); *see* gray.

groan *v* стона́ть (93), *no perf*; he ~ed with pain он стона́л от бо́ли.

ground *sb* 1. (*earth's surface*) земля́ *f* (20b); he fell to the ~ он упа́л на зе́млю;

they raised, lifted the tree from the ~ они́ по́дняли де́рево с земли́; he lay / sat on the ~ он лежа́л / сиде́л на земле́; he sat down on the ~ он сел на зе́млю; the ~ was covered with snow / grass земля́ была́ покры́та сне́гом / траво́й; far below ~ глубоко́ под землёй; high above the ~высоко́ над землёй; their plans fell to the ~ их пла́ны ру́хнули; ⊙~ floorпе́рвый эта́ж m(6c); 2. (soil) по́чва f (19c) [dry суха́я, wet вла́жная, fertile плодоро́дная, firm твёрдая]; dig the ~ рыть зе́млю; 3. (reason) основа́ние n (18c); on what ~? на како́м основа́нии?; you have no ~ for thinking so у вас нет основа́ний так ду́мать; on the ~ of illness из-за боле́зни.

group sb гру́ппа f (19c); a small ~ of people небольша́я гру́ппа люде́й; they came out in ~s of three and four они́ вы́шли гру́ппами в три и четы́ре челове́ка; they stood in ~s они́ стоя́ли гру́ппами.

grow I 1. (increase) расти́ (240), perf вы́расти (241); my hair ~s quickly / slowly во́лосы у меня́ расту́т бы́стро / ме́дленно; when he grew up... когда́ он вы́рос...; some trees grew in the field на по́ле росло́ не́сколько дере́вьев; do these flowers ~ in cold countries? э́ти цветы́ расту́т в холо́д-

ных стра́нах?; his influence has ~n lately за после́днее вре́мя его́ влия́ние возросло́; 2. (raise) выра́щивать (65), perf вы́растить (163) [with acc corn хлеб, кукуру́зу, maize кукуру́зу, potatoes карто́фель, vegetables о́вощи]; II as link-verb, often conveyed by verbs formed from adjectives: ~ old старе́ть; ~ pale бледне́ть; ~ angry (рас)серди́ться; it was ~ing dark темне́ло; it was ~ing late станови́лось по́здно.

growth (increase) рост m, no pl (1f) [1) rapid бы́стрый, slow ме́дленный, constant постоя́нный, gradual постепе́нный; 2) stimulate стимули́ровать, stop приостанови́ть]; hinder ~ препя́тствовать, меша́ть ро́сту, promote the ~ спосо́бствовать ро́сту; a rapid ~ in numbers бы́строе увеличе́ние коли́чества.

guarantee v обеспе́чиваıь (65), perf обеспе́чить (174) [with acc peace мир, work рабо́ту, the right to work пра́во на труд]; I can ~ that the money will be returned я гаранти́рую, что де́ньги бу́дут возвращены́.

guard I sb 1. (watch) охра́на f (19c) [strong си́льная, constant постоя́нная]; strengthen the ~ уси́лить охра́ну; two soldiers stood ~ before the door два солда́та охраня́ли вход; when the ~ was changed... когда́ произошла́ сме́на карау́ла...; ⊙ **be on one's** ~ быть насторо́же; he was on his ~ он был насторо́же; **off one's** ~ враспло́х; it caught him off his ~ э́то заста́ло его́ враспло́х; 2. (*in train*) проводни́к *m* (4g).

guard II *v* охраня́ть (223), *no perf* [*with acc* house дом, gate воро́та, road доро́гу, camp ла́герь, prisoner пле́нного; one's interests свои́ интере́сы]; we must ~ the health of our children мы должны́ охраня́ть здоро́вье на́ших дете́й.

guess I *sb* предположе́ние *n* (18c) [strange стра́нное, unfounded необосно́ванное]; your ~ is right ва́ше предположе́ние пра́вильно; it was a pure ~ э́то бы́ло то́лько предположе́ние.

guess II *v* уга́дывать (65), *perf* угада́ть (64); ~ what I have in my hand! угада́йте, что у меня́ в руке́!; you would never ~ her age вы бы никогда́ не угада́ли, ско́лько ей лет; I can ~ what you are thinking я могу́ угада́ть, о чём вы ду́маете; you can ~ the rest об остально́м вы мо́жете догада́ться.

guest гость *m* (3e); invite / entertain ~s приглаша́ть / занима́ть госте́й; we are expecting ~s мы ожида́ем госте́й; the ~s left early го́сти ушли́ ра́но; will you be my ~? прошу́ вас быть мои́м го́стем.

guide I *sb* гид *m* (1e);

they followed their ~ они́ пошли́ за ги́дом; the ~ took us through the museum гид, экскурсово́д провёл нас по музе́ю.

guide II *v*: we had no one to ~ us нас не́кому бы́ло вести́; he ~d us through the forest он вёл нас через лес; I shall be ~d by your advice я бу́ду руково́дствоваться ва́шим сове́том.

guilty 1. (*having done wrong*) винова́тый (31b) [look вид]; { *usu translated by short form* винова́т *m*, винова́та *f*, винова́ты *pl*; he felt he was ~ of nothing он счита́л, что (он) ни в чём не винова́т; she couldn't imagine what she was ~ of она́ не могла́ себе́ предста́вить, в чём винова́та; 2. (*having committed crime*) *usu translated by short form* вино́вен *m*, вино́вна *f*, вино́вны *pl*; the court found him ~ of several crimes суд призна́л его́ вино́вным в (*with abl*) не́скольких преступле́ниях; the court found him not ~ суд призна́л его́ невино́вным, оправда́л его́.

gulf зали́в *m* (1f).

gun 1. (*hand-weapon*) ружьё *n* (18a) [carry носи́ть, hold держа́ть, raise подня́ть, lower опусти́ть, load заряди́ть]; shoot a ~ стреля́ть из ружья́; ⊙ **automatic** ~ автома́т *m* (1f); 2. (*cannon*) пу́шка *f* (22f) [1) big больша́я, heavy тяжёлая; 2) shoots стреля́ет].

H

habit (*custom*) привычка
f (22f) [funny, odd, strange
странная, foolish глупая,
harmful вредная, old старая,
unpleasant неприятная];
acquire a ~ приобрести
привычку; break off, drop /
overcome a ~ бросить /
преодолеть привычку; we
must cure, break him of the
~ of interrupting people
мы должны отучить его от
привычки перебивать лю-
дей; he has a ~, he is in
the ~ of coming home late у
него привычка поздно при-
ходить домой; he fell into
the ~ of talking to himself
он усвоил привычку гово-
рить сам с собой; it has
become a ~ with him это
стало у него привычкой, это
вошло у него в привычку.

hair *collect* волосы *pl*
(1j, *gen* волос) [1] black
чёрные, brown каштановые,
red рыжие, grey седые, dark
тёмные, blonde, light светлые, long длинные, curly
вьющиеся, dyed крашеные,
smooth гладкие, straight
прямые, thick густые, thin
редкие, soft мягкие, wavy
волнистые; 2) grows ра-
стут, falls (out) выпадают];
comb / curl one's ~ при-
чёсывать / завивать волосы;
I must have my ~ cut мне
надо подстричь волосы; she
washed her ~ она вымыла
голову; I want to have my ~

done я хочу сделать при-
чёску; ◇ it made my ~
stand on end у меня волосы
встали дыбом.

half I *sb* половина f (19c)
[*with gen* (of) the people
людей, the shops магази-
нов, the houses домов, the
time времени, the money
денег, one's pay зарплаты];
three and a ~ три с поло-
виной; about ~ около по-
ловины; the first / second
~ of the day первая /
вторая половина дня; ~ a
kilometre полкилометра; ~
the way полдороги; ~ dozen
полдюжины; ~ an hour
полчаса; ~ an hour ago
полчаса тому назад; an
hour and a ~ полтора часа;
a year and a ~ полтора года;
~ past one половина вто-
рого; ~ past twelve половина первого; ~ past eleven
половина двенадцатого;
you must get here by ~
past two вам надо приехать
сюда к половине третьего;
I'll come at about ~ past
five я приду примерно к
половине шестого; the train
leaves at ~ past nine in
the morning поезд отходит
в половине десятого утра;
from ~ past six to ~ past
seven с половины седьмого
до половины восьмого.

half II *adv* (*of qualities*)
наполовину; ~ white / red
наполовину белое / крас-

ное; the glass was ~ full of wine стака́н был до полови́ны напо́лнен вино́м; the work was ~ done рабо́та была́ наполови́ну сде́лана; { *often shortened to* полу-; ~ empty полупусто́й; ~ dead полуживо́й; ~ raw полусыро́й; ~ wool полушерстяно́й; ⊙ ~ **and** ~ попола́м; they shared the expenses ~ and ~ они́ дели́ли расхо́ды попола́м.

hall 1. (*large room*) зал *m* (1f) [1) big большо́й, spacious просто́рный, light све́тлый, empty пусто́й, full по́лный; 2) decorate украша́ть, come into входи́ть в]; the ~ was packed зал был перепо́лнен; the ~ seats two hundred people зал вмеща́ет две́сти челове́к; the meeting was held in the ~ собра́ние проводи́лось в за́ле; everyone left the ~ все вы́шли из за́ла; **2.** (*corridor*) коридо́р *m* (1f); wait in the ~, please подожди́те, пожа́луйста, в коридо́ре; the door opens into a wide ~ дверь выхо́дит в широ́кий коридо́р; *see* corridor; **3.** (*entrance room*) пере́дняя *f* (32) [stand in the ~ стоя́ть в пере́дней; go out into the ~ вы́йти в пере́днюю.

ham (*cured pork*) ветчина́ *f* (19g); ~ sandwich бутербро́д с ветчино́й.

hammer I *sb* молото́к *m* (4f) [iron желе́зный, wooden деревя́нный, heavy тяже́-

лый, light лёгкий]; strike / beat with a ~ ударя́ть / бить молотко́м.

hammer II *v* **1.** (*drive nails*) вбива́ть (64), *perf* вбить (185) (*with acc*); ~ in a nail вбить гвоздь; { (*fix lid, etc.*) прибива́ть (64), *perf* приби́ть (182) (*with acc*) he ~ed down the lid of the box он приби́л кры́шку я́щика; **2.** (*make noise with fist, etc.*) стуча́ть (46); ~ at, on the door / table стуча́ть в дверь / по́ столу; someone was ~ing at a typewriter кто́-то стуча́л на маши́нке.

hand I *sb* (*limb*) рука́ *f* (22g) [right пра́вая, left ле́вая, clean чи́стая, dirty гря́зная, cold холо́дная, warm тёплая, bony костля́вая, soft мя́гкая, strong кре́пкая, wet мо́края, dry суха́я, gentle не́жная, steady твёрдая, shaking, trembling дрожа́щая]; hold / seize / hold out / hold up, raise one's ~ держа́ть / схвати́ть / протяну́ть / подня́ть ру́ку; cut / hurt one's ~ поре́зать / ушиби́ть ру́ку; offer / take / shake one's ~ предложи́ть / взять / пожа́ть ру́ку; wash one's ~s мыть ру́ки; catch / hold / lead / take / pull smb by the ~ пойма́ть / держа́ть / вести́ / взять / тащи́ть кого́-л. за́ руку; carry / hold smth in one's ~s нести́ / держа́ть что-л. в рука́х; with bare ~s го́лыми рука́ми; my ~s are cold у меня холодные руки, у меня озябли руки; he put his ~ into his pocket он сунул руку в карман; he took his ~s out of his pockets он вынул руки из карманов; his ~s were shaking у него дрожали руки; he didn't dare lift a ~ against her он не посмел поднять на неё руку; ⊙ ~s up! руки вверх!; ~s off! руки прочь!; shake ~s пожать (82) руку, руки, здороваться (65) за руку, *perf* поздороваться (65) за руку; *see* shake; by ~ ручной работы; these rugs are made by ~ эти ковры ручной работы; ◇ have on one's ~s иметь на руках; he had a big family on his ~s у него на руках большая семья; bind, tie ~ and foot связать (48) по рукам и ногам; he was bound ~ and foot он был связан по рукам и ногам; take, have a ~ in участвовать (244) в (*with abl*); I'm sure he had a ~ in the affair я уверен(а), что он участвовал в этом деле; on the one ~ с одной стороны; on the other ~ с другой стороны; get the upper ~ одержать (47) верх (of—над *with instr*); live from ~ to mouth жить (194) впроголодь; try one's ~ перепробовать (245) (at—*with acc*); he tried his ~ at many trades он перепробовал много профессий.

hand II *v* (*pass*) передавать (63), *perf* передать (214) (*with acc*); ~ me those papers, please! передайте, пожалуйста, эти бумаги!; { (*deliver personally*) вручать (64), *perf* вручить (171) (*with acc*); I ~ed the note to him myself я сам вручил (*with dat*) ему записку; ~ in подавать (63), *perf* подать (214) (*with acc*); you must ~ in a request нужно подать заявление.

handkerchief (носовой) платок *m* (4f) [1] clean чистый, white белый, soiled грязный, ladies' женский, men's мужской, starched накрахмаленный; 2) take out вынуть, drop уронить, pick up поднять, lose потерять, wash стирать, iron гладить]; she put a ~ to her eyes она приложила платок к глазам; she waved her ~ она помахала носовым платком; he tied, bound a ~ around her arm он завязал ей руку платком.

handle I *sb* ручка *f* (22f) [1] long длинная, thick толстая, metal металлическая, wooden деревянная; 2) *with gen* of a pail, bucket ведра, of a saucepan сковородки, of a door двери; 3) breaks off, falls off, comes off отламывается]; the ~ is broken ручка сломана; he turned the ~ он повернул ручку.

handle II *v* 1. (*touch*) трогать (65) руками *perf* тро-

нуть (126) рука́ми (*with
acc*); please, don't ~ the
things / books on my desk!
не тро́гайте, пожа́луйста,
веще́й / книг на моём столе́!;
2. (*manage, treat*) обраща́ть-
ся (64), *no perf* (с *with
instr*); he doesn't know how
to ~ a gun / machines он
не уме́ет обраща́ться с ору́-
жием / маши́нами; can you
~ a typewriter? вы уме́ете
обраща́ться с пи́шущей ма-
ши́нкой?; ~ that box
carefully! осторо́жно обра-
ща́йтесь с э́тим я́щиком!;
they ~d him roughly они́ об-
раща́лись с ним гру́бо; she
knows how to ~ children
она́ уме́ет обраща́ться с
детьми́; **3.** (*deal with*): he
~d the matter well / clev-
erly он хорошо́ / умно́ по-
вёл э́то де́ло; let me ~ it!
да́йте я э́то сде́лаю!; let me
~ him да́йте я уговорю́ его́.

handsome (*beautiful*) кра-
си́вый (31b) [man мужчи́-
на, fellow па́рень, gesture
жест]; краси́вая [appearance
вне́шность]; краси́вое [build-
ing зда́ние, face лицо́].

hang *v* **1.** (*suspend*) ве́шать
(65), *perf* пове́сить (149)
[1) *with acc* picture карти́ну,
portrait портре́т, coat паль-
то́, suit костю́м, curtains
занаве́ски; 2) on the wall
на́ стену, in the closet в
шкаф, over the window на
окно́]; he hung his head он
пове́сил го́лову; **2.** (*be sus-
pended*) висе́ть (110), *no perf*
[1) high высоко́, straight

пря́мо; 2) on a hook на
крючке́, on a chain на це-
по́чке, on, by a string на ве-
рёвке, in the air в во́здухе,
over the table над столо́м,
round one's neck на ше́е];
picture / coat / lamp ~s
карти́на / пальто́ / ла́мпа
виси́т; ~ **about** слоня́ться
(223), *no perf*; why are those
men ~ing about? почему́
э́ти лю́ди слоня́ются без
де́ла?; ~ **on** держа́ться (47);
~ on to my arm! держи́-
тесь за мою́ ру́ку!; can
you ~ on a little long-
er? вы мо́жете продер-
жа́ться ещё немно́го?;
~ **over** нависа́ть (64) над,
perf нави́снуть (126) над
(*with instr*); a threat hung
over him над ним нави́сла
угро́за; ~ **up** выве́шивать
(65), *perf* вы́весить (150)
(*with acc*); they hung up a
notice, an announcement
они́ вы́весили объявле́-
ние.

happen 1. (*occur*) происхо-
ди́ть (152), *perf* произойти́
(206); an accident ~ed произошёл несча́стный слу́чай;
these events ~ed long ago э́ти
собы́тия произошли́ давно́;
{ случа́ться (64), *perf* слу-
чи́ться (171); it ~s very often
э́то случа́ется о́чень ча́сто;
that never ~s э́то никогда́ не
случа́ется; it ~ed yesterday / last week / a month
ago / last summer э́то слу-
чи́лось вчера́ / на про́шлой
неде́ле / ме́сяц тому́ на-
за́д / про́шлым ле́том; what

has ~ed? что случи́лось?; has anything ~ed? что́-нибудь случи́лось?; what ~ed to him? что с (*with instr*) ним случи́лось?; how / when / where did it ~? как / когда́ / где э́то случи́лось, произошло́?; nothing special has ~ed ничего́ осо́бенного не случи́лось; that might ~ to anyone э́то могло́ случи́ться с ка́ждым; that often ~s to me too э́то со мной то́же ча́сто случа́ется; anything may ~ всё мо́жет быть; I'm afraid something may ~ while I am away бою́сь, что что́-либо случи́тся в моё отсу́тствие; it ~ed through no fault of his own э́то случи́лось не по его́ вине́; it so ~ed that nobody had heard about the affair случи́лось так, что никто́ не слы́шал об э́том де́ле; 2. *if followed by inf often rendered by adv* случа́йно; do you ~ to know / remember? вы случа́йно не зна́ете / не по́мните?; I ~ed to have the receipt with me случа́йно у меня́ с собо́й была́ квита́нция; I ~ed to be out случа́йно меня́ не́ было до́ма; I ~ed to be in the room случа́йно я был, была́ в ко́мнате; ⊙ as it ~s в то́м-то и де́ло; as it ~s, I know all about it already в то́м-то и де́ло, что я уже́ всё об э́том зна́ю.

happy 1. (*fortunate*) счастли́вый (31b) [man чело-

ве́к, child ребёнок, day день, chance слу́чай]; счастли́вая [family семья́, life жизнь, accident случа́йность]; счастли́вое [face лицо́, future бу́дущее, childhood де́тство]; the happiest day in her life са́мый счастли́вый день в её жи́зни; she looked ~ она́ вы́глядела счастли́вой; he was ~ to be home again он был сча́стлив, что верну́лся домо́й; I hope you will be ~ жела́ю вам сча́стья; ⊙ **Happy birthday!** (поздравля́ю, поздравля́ем) с днём рожде́ния!; **Happy New Year!** с Но́вым го́дом!; 2. (*pleased*): be ~ рад *m*, ра́да *f*, ра́ды *pl*; we shall be ~ to see you мы бу́дем ра́ды вас ви́деть; how ~ I am! как я рад(а)!

harbour *sb* га́вань *f* (29c) [fine, splendid прекра́сная, natural есте́ственная, convenient удо́бная]; enter the ~ войти́ в га́вань; the ship left ~ парохо́д поки́нул га́вань.

hard I *a* 1. (*not soft*) твёрдый (31b) [stone ка́мень, pencil каранда́ш]; твёрдая [surface пове́рхность]; твёрдое [apple я́блоко]; { жёсткий (33b) [chair стул, couch дива́н]; жёсткая [bed крова́ть, pillow поду́шка]; жёсткое [seat сиде́нье]; the ground was ~ земля́ была́ твёрдая; 2. (*difficult*) тру́дный (31b) [examination экза́мен, question вопро́с, language язы́к]; трудная [task зада́ча, problem пробле́ма, book кни́га, work рабо́та]; тру́дное [word сло́во]; it is ~ to say / understand тру́дно сказа́ть / поня́ть; it was ~er than we had expected э́то бы́ло трудне́е, чем мы ожида́ли; 3. (*heavy, difficult to bear*) тяжёлый (31b) [day день, year год, case слу́чай, man челове́к, look взгляд, labour труд, blow уда́р]; тяжёлая [work рабо́та, life жизнь, winter зима́]; тяжёлые [times времена́, conditions усло́вия]; things were ~ for him, it was ~ for him ему́ бы́ло тяжело́; the ~est thing for him to bear was the inactivity са́мым тяжёлым для него́ бы́ло безде́йствие; it is ~ for me to think that he could do such a thing мне тяжело́ ду́мать, что он мог сде́лать таку́ю вещь.

hard II *adv*: he worked ~ он мно́го рабо́тал; he tried ~ он о́чень стара́лся; it was raining ~ шёл си́льный дождь; he was breathing ~ он тяжело́ дыша́л.

hardly 1. (*with difficulty*) с трудо́м; I was so tired, I could ~ walk я так уста́л(а), что с трудо́м мог(ла́) идти́; we could ~ recognize / understand him мы с трудо́м узна́ли / по́няли его́; I can ~ believe it я с трудо́м могу́ пове́рить э́тому; 2. (*scarcely*) едва́; we had ~ left the house when it began to rain едва́ мы вы́шли и́з дому, как пошёл дождь; 3. (*almost*) почти́; ~ anybody stayed behind почти́ никто́ не оста́лся; she ate ~ anything она́ почти́ ничего́ не е́ла.

hare за́яц *m* (10b).

harm I *sb* вред *m* (1c); it may do more ~ than good э́то мо́жет принести́ бо́льше вреда́, чем по́льзы; it will do him no ~ if he works a bit ему́ не повреди́т, е́сли он немно́го порабо́тает; I am sure they will come to no ~ я уве́рен, что с ни́ми ничего́ (плохо́го) не случи́тся; they were safe from ~ они́ бы́ли в безопа́сности; it will do no ~ if we begin tomorrow не стра́шно, е́сли мы начнём за́втра; what ~ is there in our drinking a glass of beer? что стра́шного в том, что мы вы́пьем стака́н пи́ва?; { (*damage*) уще́рб *m* (1f) [great большо́й, serious серьёзный, immeasurable неизмери́мый]; the storm caused little ~ бу́ря не причи́нила большо́го уще́рба; ◇ mean no ~: he meant no ~ он не хоте́л никого́ оби́деть.

harm II *v* вреди́ть (153), *perf* повреди́ть (153) (*with dat*); it won't ~ him to walk a few miles ему́ не повреди́т, е́сли он пройдёт пешко́м не́сколько миль; it will ~ his reputation э́то повреди́т его́ репута́ции; fast driving won't ~ the car быстрая езда не повредит машине.

harvest I *sb* **1.** (*crop*) урожай *m* (13c) [1) good хороший, big большой, rich богатый, excellent прекрасный; 2) gather, reap собирать, ruin, destroy погубить]; wheat ~ урожай пшеницы; this year's ~ урожай этого года; the last ~ прошлогодний урожай; **2.** (*reaping*) уборка (*f* 22d) урожая; everybody helped with the ~ все помогали в уборке урожая.

harvest II *v* собирать (64) урожай, *perf* собрать (44) урожай; the crops were ~ed in time урожай был вовремя собран.

hasty поспешный (31b); ~ departure поспешный отъезд; ~ answer необдуманный ответ; ~ decision необдуманное решение; we mustn't do anything ~ не надо спешить.

hat шляпа *f* (19c) [new новая, old старая, black чёрная, soft мягкая, felt фётровая, straw соломенная, stylish модная]; put on / take off / wear a ~ надеть / снять / носить шляпу; hang (up) / put a ~ повесить / положить шляпу; try on / buy a ~ примерять / покупать шляпу; that ~ becomes you, looks nice on you эта шляпа вам идёт; this ~ is small on me эта шляпа мне мала; knitted ~ вязаная шапочка.

hate *v* **1.** (*loathe, detest*) ненавидеть (109), *no perf* [*with acc* person человека, such people таких людей, war войну, inactivity бездействие, cold weather холодную погоду, his way of talking его манеру говорить]; **2.** (*dislike strongly*) очень не любить (169); I ~ to ask him for favours я очень не люблю просить его об одолжении; he ~s to get up early / write letters он очень не любит рано вставать / писать письма.

have I 1.: I ~ a new suit / bag у меня новый костюм / портфель; he has a large family у него большая семья; we ~ very little time у нас очень мало времени; my brother has no money у моего брата нет денег; they are having a meeting now у них сейчас совещание; he has many things to do у него много дел; people ~ different tastes у людей разные вкусы; everyone has his own point of view у каждого своя точка зрения; { *in past and future tenses, often in present tense interrogative sentences, verb* быть *is used*: ~ you any questions / money? у вас есть вопросы / деньги?; ~ you time to speak to me? у вас есть время поговорить со мной?; he had neither friends nor money у него не было ни друзей, ни денег; you will ~ a lot of work у вас будет мно́го рабо́ты; I ~n't had a chance to speak to him yet у меня́ ещё не́ было возмо́жности поговори́ть с ним; { *(be characterized by)* име́ть (98), *no perf (with acc)*; the books ~ much in common э́ти кни́ги име́ют мно́го о́бщего; the play has no end пье́са не име́ет конца́, у пье́сы нет конца́; the building has two entrances зда́ние име́ет два вхо́да; the word has two meanings сло́во име́ет два значе́ния; the question has great importance for all of us э́тот вопро́с име́ет ва́жное значе́ние для всех нас; ⊙ ~ **to do with** 1) *(be connected)* име́ть отноше́ние к *(with dat)*; what has that to do with the question? како́е э́то име́ет отноше́ние к да́нному вопро́су?; he has nothing to do with it он не име́ет к э́тому никако́го отноше́ния; 2) *(deal)* име́ть де́ло с *(with instr)*; I won't, don't want to ~ anything to do with him я не хочу́ име́ть с ним де́ла; **2.** *(equivalent to there is)* conveyed by adverbial phrase at beginning: the book has more than five hundred pages in it в кни́ге бо́льше пятисо́т страни́ц; the play has three acts в пье́се три де́йствия; April has thirty days в апре́ле три́дцать дней; his eyes had something strange in them в его́ глаза́х бы́ло что́-то стра́нное; **3.**: ~ breakfast

за́втракать (65), *perf* поза́втракать (65); *see* breakfast; ~ dinner обе́дать (65), *perf* пообе́дать (65); *see* dinner; ~ supper у́жинать (65), *perf* поу́жинать (65); *see* supper; **II** *as modal verb* **1.** *with infinitives, as past and future tense forms of* must: we had to go home мы должны́ бы́ли идти́ домо́й; you will ~ to help him вам придётся помо́чь ему́; excuse me, but I had to go to the doctor прости́те, но я до́лжен был идти́ к врачу́; **2.** *with complex object:* I must ~ my shoes repaired мне ну́жно почини́ть ту́фли; I am having a dress made я шью себе́ пла́тье; please ~ the books sent to my house! пришли́те, пожа́луйста, мне кни́ги домо́й!; can you ~ everything ready by nine o'clock? смо́жете ли вы пригото́вить всё к девяти́ часа́м?; ◇ ~ **a good time** хорошо́ проводи́ть (152) вре́мя, *perf* хорошо́ провести́ (219) вре́мя; *see* time; **had better** лу́чше бы; *see* better **II.**

hay се́но *n* (14d); new-mown ~ свежеско́шенное се́но; make ~ коси́ть и суши́ть се́но; sleep / lie in the ~ спать / лежа́ть на се́не.

he *pron pers* он *(3d pers sg m)* (40b); it is he э́то он; he is a doctor / teacher / engineer он врач / учи́тель / инжене́р; he works hard он мно́го рабо́тает; he will do it himself он сде́лает э́то сам; he was here yesterday он был здесь вчера́; he may be late он, возмо́жно, опозда́ет; he has many friends у него́ мно́го друзе́й; he likes modern music ему́ нра́вится совреме́нная му́зыка; he and I мы с ним; he and his sister он с(о свое́й) сестро́й; he would like to stay ему́ хоте́лось бы оста́ться; *also see* him.

head I *sb* 1. (*part of body*) голова́ *f* (19j) [1) grey седа́я, bald лы́сая, round кру́глая, beautiful краси́вая; 2) aches, hurts боли́т, shakes трясётся, goes round идёт кру́гом]; raise, lift / turn / bend one's ~ подня́ть / поверну́ть / наклони́ть го́лову; hurt one's ~ ушиби́ть го́лову; nod one's ~ кивну́ть (голово́й); he struck his ~ against the door он уда́рился голово́й о дверь; he was wounded in the ~ он был ра́нен в го́лову; hit / beat smb on the ~ уда́рить / бить кого́-л. по голове́; what put that idea into your ~? отку́да у вас така́я иде́я?; he dove ~ first он нырну́л голово́й вниз; he is a ~ taller than I он на́ голову вы́ше меня́; ⊙ **from** ~ **to foot** с ног до головы́; **lose one's** ~ теря́ть (223) го́лову, *perf* потеря́ть (223) го́лову; he lost his ~ altogether, completely он совсе́м потеря́л го́лову; **keep one's** ~ сохраня́ть

(223) споко́йствие, *perf* сохрани́ть (158) споко́йствие; 2. (*chief person, chief position*) глава́ *m* (19g) [*with gen* of a government прави́тельства, of a family семьи́, of a delegation делега́ции]; ~ editor / doctor гла́вный реда́ктор / врач; ~ bookkeeper ста́рший бухга́лтер; ~ waiter метрдоте́ль *m* (3a); ⊙ **at the** ~ во главе́ (*with gen*); he marched at the ~ of the column он шёл во главе́ коло́нны; at the ~ of the list в нача́ле спи́ска; at the ~ of the page наверху́ страни́цы.

head II *v* 1. (*be first or main figure*) возглавля́ть (223), *perf* возгла́вить (168) [*with acc* movement движе́ние, government прави́тельство, rebellion мяте́ж]; they came in ~ed by the chairman они́ вошли́ во главе́ с председа́телем; 2. (*move*) направля́ться (223), *perf* напра́виться (168) [south на юг, east на восто́к, home домо́й; straight for me пря́мо ко мне].

headache головна́я боль *f* (29c) [bad си́льная, slight небольша́я, terrible ужа́сная]; I have a ~ у меня́ боли́т голова́; I have a splitting ~ *colloq* у меня́ трещи́т голова́; she suffers from frequent ~s у неё ча́сто быва́ют головны́е бо́ли, у неё ча́сто боли́т голова́; the noise gave me a ~

от шу́ма у меня́ заболе́ла голова́; this will relieve your ~э́то облегчи́т ва́шу головну́ю боль; this will take away your ~ у вас от э́того пройдёт головна́я боль.

health sb здоро́вье n (18d) [1) good хоро́шее, excellent прекра́сное, satisfactory удовлетвори́тельное, ill, bad плохо́е, poor сла́бое, delicate хру́пкое; 2) improves улучша́ется, fails сдаёт, becomes, gets worse ухудша́ется; 3) preserve сохрани́ть, protect охраня́ть, restore восстанови́ть]; injure one's ~ повреди́ть здоро́вью; it affected her ~ э́то (пло́хо) повлия́ло. на её здоро́вье; it undermined his ~ э́то подорва́ло его́ здоро́вье; his ~ was ruined его́ здоро́вье бы́ло подо́рвано; be in good ~ быть здоро́вым; smoking is bad for his ~ куре́ние пло́хо отража́ется на его́ здоро́вье; he had to go away for his ~ ему́ пришло́сь уе́хать лечи́ться; I wish you the best of ~ жела́ю вам до́брого здоро́вья; ⊙ **(to) your ~!** (за) ва́ше здоро́вье!; **drink to smb's ~** пить за чьё-л. здоро́вье.

healthy здоро́вый (31b) [person челове́к, child ребёнок, body органи́зм, climate кли́мат, way of living о́браз жи́зни]; здоро́вая [life жизнь, woman же́нщина, food пи́ща]; здоро́вое [place ме́сто, heart се́рдце]; be / look ~ быть / вы́глядеть (with

instr) здоро́вым; it isn't ~ to keep such late hours так по́здно ложи́ться вре́дно (для здоро́вья).

heap sb ку́ча f (25a) [with gen of stones камне́й, of leaves ли́стьев, of papers бума́ги]; there was a ~ of books lying in a corner в углу́ лежа́ла ку́ча книг; his clothes had been thrown into a ~ его́ оде́жда была́ бро́шена в ку́чу; { pl ~s colloq ма́сса f (19c); ~s of time / money ма́сса вре́мени / де́нег.

hear 1. слы́шать (76), perf услы́шать (76) [1) with acc answer отве́т, question вопро́с, news но́вости, noise шум, sound звук, shout, cry крик, voice го́лос, shot вы́стрел, laughter смех, conversation разгово́р; 2) distinctly отчётливо, clearly я́сно]; she doesn't ~ well она́ пло́хо слы́шит; do you ~ me well? вы меня́ хорошо́ слы́шите?; I can't ~ a thing! я ничего́ не слы́шу!; I have never ~d anything like it я никогда́ ничего́ подо́бного не слы́шал(а); I haven't ~d anything about it я об э́том ничего́ не слы́шал(а); we've never ~d of him мы никогда́ о нём ничего́ не слы́шали; we didn't ~ of it until the next day мы об э́том услы́шали то́лько на сле́дующий день; we ~d it over the radio мы услы́шали э́то по ра́дио; we are happy to ~ that you are well мы ра́ды слы́шать, что вы здоро́вы; I am sorry to ~ that you are not well мне о́чень жаль, что вы нездоро́вы; { *complex object following* hear *conveyed by clause introduced by* как: we ~d someone talking мы слы́шали, как кто́-то разгова́ривал; he ~d them singing in the next room он слы́шал, как они́ пою́т в сосе́дней ко́мнате; we ~d someone cry out мы услы́шали, как кто́-то кри́кнул; we ~d him open the door мы слы́шали, как он откры́л дверь; ⊙ not (want to) ~ of: I won't ~ of it! я и слы́шать об э́том не хочу́!; he wouldn't ~ of it об э́том он и слы́шать не хоте́л; 2. (*have news*): we often ~ from him мы ча́сто получа́ем от него́ пи́сьма; let us ~ from you soon! напиши́те нам поскоре́е!

heart се́рдце n (*sg 16a, pl* сердца́, серде́ц, сердца́м, сердца́, сердца́ми, сердца́х) [bad плохо́е, weak сла́бое, strong кре́пкое; cold холо́дное, soft мя́гкое, unfeeling бесчу́вственное; 2) beats бьётся, stops остана́вливается, throbs, pounds си́льно бьётся; 3) affect повлия́ть на, weaken осла́бить, strengthen укрепи́ть]; I could feel my ~ beating я чу́вствовал(а), как бьётся моё се́рдце; she felt a pain in her ~ она́ почу́вствовала боль в се́рдце; that is bad

for your ~ э́то пло́хо для ва́шего се́рдца; it broke his ~ э́то разби́ло его́ се́рдце; her ~ was heavy у неё бы́ло тяжело́ на се́рдце; ~ attack серде́чный припа́док; ◇ take smth to ~ принима́ть (64) что-л. бли́зко к се́рдцу; don't take it to ~! не принима́йте э́то бли́зко к се́рдцу!; have the ~: how could she have the ~ to do that! как то́лько она́ смогла́ э́то сде́лать!; I didn't have the ~ to refuse я не мог(ла́) отказа́ться; with all one's ~ от всей души́, от всего́ се́рдца; I wish you success with all my ~ от всей души́ жела́ю вам успе́ха; at ~ в глубине́ души́; from the (bottom of one's) ~ от души́; by ~ наизу́сть; I know the number by ~ я зна́ю э́тот но́мер наизу́сть; lose ~ па́дать (65) ду́хом, *perf* упа́сть (55) ду́хом.

heat I *sb* (*high temperature of air*) жара́ f, *no pl* (19g) [unbearable невыноси́мая, oppressive гнету́щая, terrible стра́шная]; I can't stand, bear ~ я не выношу́ жары́; we wanted to escape from the ~ мы хоте́ли изба́виться от жары́; we didn't feel the ~ so much on the seashore на берегу́ мо́ря мы не так си́льно чу́вствовали жару́; the ~ in the room made her feel faint от жары́ в ко́мнате ей ста́ло пло́хо.

heat II *v* 1. (*of food, etc.*) разогрева́ть (64), *perf* ра-

зогре́ть (98) (*with acc*); she
~ed the soup она́ разогре́ла
суп; we had to ~ the engine
нам пришло́сь разогрева́ть
мото́р; 2. (*of house*) топи́ть
(169), *no perf*; the oven is
~ed by coal э́та печь то́-
пится у́глем; it's time to
begin ~ing пора́ начина́ть
топи́ть.

heaven: she was in (the)
seventh ~ она́ была́ на
седьмо́м не́бе; good ~s!
бо́же мой!; thank ~! сла́ва
бо́гу!

heavy 1. тяжёлый (31b)
[bag чемода́н, box я́щик,
blow уда́р]; тяжёлая [work
рабо́та, furniture ме́бель,
clothes оде́жда, burden но́-
ша, food пи́ща]; тяжёлое
[coat пальто́]; that bag is
too ~ for you to carry э́тот
чемода́н сли́шком тяжёл для
вас; with a. ~ heart с тяжёлым се́рдцем; his heart
was ~ у него́ бы́ло тяжело́
на душе́; my head is ~ у
меня́ тяжёлая голова́; **2.**
(*of unusual degree, extent*):
~ rain си́льный дождь; ~
storm си́льная бу́ря; ~ layer
то́лстый слой; ~ fog гу-
сто́й тума́н; ~ debt боль-
шо́й долг.

heel 1. (*of shoe*) каблу́к *m*
(4g) [1] high высо́кий, low
ни́зкий, worn-down сто́птан-
ный; 2) break слома́ть,
mend, fix почини́ть, nail
приби́ть]; **2.** (*of foot, stocking*) пя́тка *f* (22d).

height 1. (*of inanimate objects*) высота́ *f* (19g) [1) con-

siderable значи́тельная,
great больша́я, tremendous
огро́мная; 2) *with gen* of the
building зда́ния, of the tree
де́рева, of the mountain
горы́]; a tree thirty metres
in ~ де́рево высото́й в три́д-
цать ме́тров; the plane flew
at a ~ of ten thousand metres самолёт лете́л на высоте́
десяти́ ты́сяч ме́тров; he
fell from a ~ of five metres
он упа́л с высоты́ пяти́ ме́т-
ров; { (*utmost degree*): he
was at the ~ of his fame он
был на верши́не сла́вы; the
party was at its ~ ве́чер был
в по́лном разга́ре; the flood
was at its ~ наводне́ние
дости́гло вы́сшей то́чки;
2. (*of people*) рост *m* (1f);
a man of average ~ челове́к
сре́днего ро́ста; he is above
/ below the average ~ он
вы́ше / ни́же сре́днего ро́-
ста; he was over six feet in ~
он был ро́стом бо́льше ше-
сти́ фу́тов.

help I *sb* по́мощь *f* (30b)
[1] great больша́я, considerable значи́тельная, kind
любе́зная, friendly дру́же-
ская, mutual взаи́мная, financial де́нежная, mate-
rial материа́льная, moral
мора́льная, invaluable не-
оцени́мая, disinterested бес-
коры́стная, generous вели-
коду́шная; 2) came in time
пришла́ во́время; enabled
сде́лала возмо́жным]; render, give / offer / promise
~ оказа́ть / предложи́ть /
обеща́ть по́мощь; get / as-

cept / reject ~ получи́ть/приня́ть/отве́ргнуть по́мощь; they need your ~ они́ нужда́ются в ва́шей по́мощи; we asked them for ~ мы попроси́ли их о по́мощи; we have sent for ~ мы посла́ли за по́мощью; with their ~ с их по́мощью; with the ~ of a dictionary / his friends с по́мощью (*with gen*) словаря́ / свои́х друзе́й; I want to thank you for your ~ я хочу́ поблагодари́ть вас за ва́шу по́мощь; the money was a great ~ де́ньги бы́ли о́чень кста́ти; can I be of any ~? я могу́ вам чём-нибудь помо́чь?; there's no ~ for it э́тому нельзя́ помо́чь.

help II *v* 1. (*assist*) помога́ть (64), *perf* помо́чь (248) (*with dat*); friend / brother / doctor / father / someone ~ed him друг / брат / врач / оте́ц / кто́-то помо́г ему́; medicine ~ed her лека́рство ей помогло́; I shall be glad to ~ you я бу́ду ра́д(а) вам помо́чь; we shall ~ you мы вам помо́жем; will you ~ me to find my things / lift this box? вы не помо́жете мне найти́ мои́ ве́щи / подня́ть э́тот я́щик?; he ~ed me very much with my work он мне о́чень помо́г в рабо́те; may I ~ you with your coat? разреши́те вам помо́чь (наде́ть пальто́)!; that won't ~ э́то не помо́жет; he ~ed us by checking the figures он помо́г нам тем, что прове́-

рил ци́фры; ~! помоги́те!; 2. (*prevent, avoid*): it can't be ~ed ничего́ не поде́лаешь; we couldn't ~ laughing мы не могли́ удержа́ться от сме́ха; I can't ~ thinking we made a mistake я не перестаю́ ду́мать, что мы сде́лали оши́бку; I can't ~ it if you are nervous я не винова́т(а) в том, что вы не́рвничаете; he didn't do more than he could ~ он сде́лал ми́нимум того́, что мог; 3. (*at table*): may I ~ you to some meat? разреши́те положи́ть вам мя́са?; ~ yourself to some sweets! возьми́те конфе́ты!; he ~ed himself to a glass of water он нали́л себе́ стака́н воды́; she ~ed herself to some more potatoes она́ положи́ла себе́ ещё карто́феля.

hen ку́рица *f* (21c) [1) big больша́я, white бе́лая; 2) lays eggs несёт я́йца, cackles куда́хчет].

her I *pron poss* её (40b); *see* his I.

her II *pron pers* её *gen*, *after prep* неё; I don't know ~ я её не зна́ю; we can't go without ~ без неё мы не мо́жем е́хать; we have no news from ~ мы не име́ли от неё никаки́х изве́стий; besides / except ~ поми́мо / кро́ме неё; { ей *dat, after prep* ней; we gave ~ two tickets, we gave two tickets to ~ мы да́ли ей два биле́та; help ~! помоги́(те) ей!; I envy ~ я ей зави́дую; he said to ~ / told ~ он ей сказа́л; show ~ the way to N. Street! покажи́(те) ей доро́гу на у́лицу Н.!; we have explained everything to ~ мы ей всё объясни́ли; it seemed to ~ ей (по)каза́лось; it was not clear to ~ ей бы́ло нея́сно; it was easy / difficult for ~ to get there ей бы́ло легко́ / тру́дно туда́ попа́сть; we went up to ~ мы подошли́ к ней; { её *acc, after prep* неё; we met ~ я saw ~ at the station мы встре́тили / ви́дели её на вокза́ле; we asked ~ to help us мы попроси́ли её помо́чь нам; don't bother ~ ! не беспоко́й(те) её!; we took ~ with us мы взя́ли её с собо́й; we all love ~ мы все её лю́бим; { е́ю, ей *instr, after prep* не́ю, ней; I am very displeased with ~ я о́чень е́ю недово́лен; I'll go / speak with ~ я пойду́ / поговорю́ с ней; don't laugh at ~! не сме́йтесь над ней; { ней *abl*; we often spoke ~ thought about ~ мы ча́сто говори́ли /ду́мали о ней; he married ~ он жени́лся на ней; { *conveyed in Russian by nom*: let ~ do it herself! пусть она́ сде́лает э́то сама́!; let ~ try! пусть она́ попро́бует!; let ~ answer the letter! пусть она́ отве́тит на письмо́!; I am surprised at ~ она́ меня́ удивля́ет; { it was nice of ~ to wire us с её стороны́ бы́ло о́чень ми́ло посла́ть нам телегра́мму.

herd ста́до *n* (14d) [1) *with gen* of cows коро́в, of deer оле́ней, of elephants слоно́в; 2) drive гнать, guard охраня́ть, protect защища́ть, look after пасти́]; take the ~ out to pasture выгоня́ть ста́до на па́стбище.

here 1. (*of position*) здесь; do you live ~? вы здесь живёте?; there are too many people ~ здесь сли́шком мно́го наро́ду; I shall be ~ till six я бу́ду здесь до шести́ часо́в; I'll wait for you ~ я подожду́ вас здесь; sit ~ with me! ся́дьте здесь ря́дом со мной!; **2.** (*of direction*) сюда́; come ~! иди́те сюда́!; bring those books ~! принеси́те э́ти кни́ги сюда́!; from ~ отсю́да; is it far from ~? э́то далеко́ отсю́да?; it's near ~ э́то недалеко́ отсю́да; **3.** вот; ~ is the book you were looking for вот кни́га, кото́рую вы иска́ли; ~ they are! вот они́!; ~ he comes! вот он идёт!; ~ we are home again вот мы и пришли́ домо́й; ~ I am! а вот и я!; ◇ look ~!; *see* look II; ~ you are! пожа́луйста!; ~'s to: ~'s to a good trip! вы́пьем за хоро́шее путеше́ствие!

hero 1. геро́й *m* (13b) [great вели́кий, famous изве́стный, national национа́льный, real настоя́щий]; he became a ~ он стал геро́ем; he fought like a ~ он сража́лся как геро́й; ⊙ **Hero of the Soviet Union** Геро́й

Сове́тского Сою́за; **Hero of Socialist Labour** Геро́й Социалисти́ческого Труда́; **2.** (*main character*) геро́й [*with gen* of the story расска́за, of the novel рома́на, of the film фи́льма].

heroic герои́ческий (33b) [deed. посту́пок]; герои́ческая [struggle борьба́]; геро́йское [past про́шлое].

heroine герои́ня *f* (20c).

hers *absolute pron poss* её (40b); *see* his II.

herself I *emphatic pron* **1.** сама́ (41d); she ~ saw / read / said it она́ сама́ э́то ви́дела / чита́ла / сказа́ла; **2.** (*alone, without help from others*) сама́ (41b), одна́ (39a); she did it ~ она́ сде́лала э́то сама́; she had to do all the work ~ ей само́й пришло́сь сде́лать всю рабо́ту; ⊙ (all) by ~ 1) сама́; she learned the language by ~, without a teacher она́ вы́учила язы́к сама́, без учи́теля; 2) (*alone*) одна́; she lived there all by ~ она́ жила́ совсе́м одна́; II *pron refl* **1.** себя́ *gen*; she has never done anything for ~ alone она́ никогда́ ничего́ не де́лала то́лько для себя́; { себе́ *dat*; she often asked ~ this question она́ ча́сто задава́ла себе́ э́тот вопро́с; she bought ~ a new dress она́ купи́ла себе́ но́вое пла́тье; { себя́ *acc*; she blamed ~ for the whole thing она́ во всём вини́ла себя́; she often caught ~ thinking of him она́

ча́сто лови́ла себя́ на том, что ду́мает о нём; she looked at ~ in the mirror она́ посмотре́ла на себя́ в зе́ркало; { собо́й *instr*; she was pleased with ~ она́ была́ дово́льна собо́й; she was proud of ~ она́ горди́лась собо́й; { себе́ *abl*; she talked very much of ~ она́ о́чень мно́го говори́ла о себе́; she thinks of ~ alone она́ ду́мает то́лько о себе́; **2.** *often conveyed by* -сь, -ся *attached to verb*: she hurt ~ она́ уши́блась; she couldn't tear ~ away from the book она́ не могла́ оторва́ться от кни́ги.

hesitate колеба́ться (86), *no perf*; he ~d for a moment с мину́ту он колеба́лся; she didn't ~ an instant, a moment она́ ни мину́ты не колеба́лась; don't ~ to ask! не стесня́йтесь спра́шивать!

hide *v* **1.** (*put, keep out of sight*) пря́тать (75), *perf* спря́тать (75) [1] *with acc* money де́ньги, letter письмо́, one's face лицо́; 2) in a drawer в я́щик(е), under the table-cloth под ска́терть(ю); in one's hands в рука́х; behind one's back за спино́й]; they hid the boat well они́ хорошо́ спря́тали ло́дку; { (*conceal*) скрыва́ть (64), *perf* скрыть (209) [*with acc* the truth пра́вду, one's feelings свои́ чу́вства]; you can't ~ the truth from her вы не мо́жете скрыть от (*with gen*) неё пра́вду; clouds hid the sun облака́ закры́ли со́лнце; the bed was hidden by a curtain посте́ль была́ скры́та за́навесом; she did not try to ~ her satisfaction она́ не пыта́лась скрыть своего́ удовлетворе́ния; 2. (be concealed) пря́таться (75), perf спря́таться (75) [in a corner в углу́, behind a tree за де́ревом, under the table под столо́м].

high I a высо́кий (33b) [house дом, ceiling потоло́к, hill холм, bank бе́рег; voice го́лос]; высо́кая [mountain гора́, wall стена́; temperature температу́ра; pay за́работная пла́та]; высо́кое [quality ка́чество; window окно́, tree де́рево, pressure давле́ние, position положе́ние]; a tree five metres ~ де́рево высото́й в пять ме́тров; ~ in the mountains / in the sky высоко́ в гора́х / в не́бе; how ~ is the ceiling? како́й высоты́ потоло́к?; the price is too ~ э́то сли́шком высо́кая цена́; I haven't a very ~ opinion of him я о нём не о́чень высо́кого мне́ния; he drove at a very ~ speed он е́хал на о́чень большо́й ско́рости; he was a man of the ~est ideals он был челове́ком с высо́кими идеа́лами; it will cost him ten roubles at the ~est э́то бу́дет ему́ сто́ить са́мое бо́льшее де́сять рубле́й; at ~ noon то́чно в по́лдень; ◇ ~ school сре́дняя шко́ла f (19c); ~er

school вы́сшая шко́ла; ~er education вы́сшее образова́ние n (18c); it's ~ time давно́ пора́; it's ~ time you knew вам давно́ пора́ знать; in ~ spirits в хоро́шем настрое́нии.

high II adv высоко́ [jump пры́гать, fly лета́ть]; you've hung the picture too ~ вы сли́шком высоко́ пове́сили карти́ну; he held his head ~ он высоко́ держа́л го́лову.

highly 1. (in a high degree) высоко́; a ~ paid employee высоко́ опла́чиваемый рабо́тник; they thought very ~ of him / of his work они́ бы́ли о́чень высо́кого мне́ния о нём / о его́ рабо́те; she spoke ~ of you она́ о́чень положи́тельно о вас отзыва́лась; 2. (very much) о́чень; he was ~ praised его́ о́чень хвали́ли; { весьма́; it's ~ possible э́то весьма́ возмо́жно; it's ~ desirable э́то весьма́ жела́тельно.

hill холм m (1d) [low ни́зкий, high высо́кий, steep круто́й, distant далёкий]; climb a ~ взбира́ться на холм; go up a ~ подня́ться на холм; go down a ~ спусти́ться с холма́; at, on the top of a ~ на верши́не холма́; beyond the ~s за холма́ми; among the ~s среди́ холмо́в.

him pron pers его́ gen, after prep него́; I don't know ~ я его́ не зна́ю; we can't go without ~ без него́ мы не мо́жем е́хать; we have no news from ~ мы не име́ем от него́ никаки́х изве́стий; besides / except / поми́мо / кро́ме него́; { ему́ *dat, after prep* нему́; we gave ~ two tickets, we gave two tickets to ~ мы да́ли ему́ два биле́та; help ~! помоги́(те) ему́!; she said to ~, told ~ она́ ему́ сказа́ла; show ~ the way to N. Street! покажи́(те) ему́ доро́гу на у́лицу Н.!; I envy ~ я ему́ зави́дую; we have explained everything to ~ мы ему́ всё объясни́ли; it seemed to ~ ему́ показа́лось; it was easy / difficult for ~ to get there ему́ бы́ло легко́ / тру́дно попа́сть туда́; we went up to ~ мы подошли́ к нему́; { его́ *acc, after prep* него́; we met / saw / found ~ at the station мы встре́тили / ви́дели / нашли́ его́ на вокза́ле; don't bother ~! не беспоко́й(те) его́!; she asked ~ about his trip она́ спроси́ла его́ о пое́здке; we took ~ with us мы взя́ли его́ с собо́й; I love ~ я его́ люблю́; she married ~ она́ вы́шла за него́ за́муж; { им *instr, after prep* ним; I am very displeased with ~ я им о́чень недово́лен; work done by ~ is always satisfactory рабо́та, вы́полненная им, всегда́ удовлетвори́тельна; we are proud of ~ мы им горди́мся; I'll go / speak with ~ я пойду́ / поговорю́ с ним;

everybody was laughing at ~ все смея́лись над ним; { нём *abl*; we often remembered / spoke / thought about ~ мы ча́сто вспомина́ли / говори́ли / ду́мали о нём; we were disappointed in ~ мы в нём разочарова́лись; { *conveyed in Russian by nom*: let ~ do it himself! пусть он сде́лает э́то сам!; I am surprised at ~ он меня́ удивля́ет; we were invited by ~ он нас пригласи́л; { it was nice of ~ to wire us с его́ стороны́ бы́ло о́чень ми́ло посла́ть нам телегра́мму.

himself I *emphatic pron* 1. сам (41d); he ~ saw / read / said it он сам э́то ви́дел / чита́л / сказа́л; 2. (*alone*) сам (41d), оди́н (39a); the boy did it ~ ма́льчик сде́лал э́то сам; he had to do all the work ~ ему́ самому́ пришло́сь сде́лать всю рабо́ту; ⊙ **(all) by ~** 1) сам; can he do it (all) by ~? он суме́ет сде́лать э́то сам?; 2) (*alone*) оди́н; he lived all by ~ он жил совсе́м оди́н; he went there all by ~ он пошёл туда́ совсе́м оди́н; II *pron refl* 1. себя́ *gen*; he has never done anything for ~ alone он никогда́ ничего́ не де́лал то́лько для себя́; { себе́ *dat*; he often asked ~ this question он ча́сто задава́л себе́ э́тот вопро́с; he bought ~ a coat он купи́л себе́ пальто́; { себя́ *acc*; he blamed ~ for the

whole thing он во всём
винил себя; he often caught
~ thinking of it он часто
ловил себя на том, что ду́-
мает об э́том; he looked at ~
in the mirror он посмотре́л
на себя в зе́ркало; { собо́й
instr; he was displeased
with ~ он был недово́лен
собо́й; he was proud of ~
он горди́лся собо́й; { себе́
abl; he talked very much
of ~ он о́чень мно́го гово-
ри́л о себе́; he thinks of
~ alone он ду́мает то́лько
о себе́; 2. *often conveyed by*
-ся *attached to verb*: he hurt
~ он уши́бся; he couldn't
tear ~ away from the book
он не мог оторва́ться от
кни́ги.

hire *v* 1. (*of people*) нани-
ма́ть (64), *perf* наня́ть (233)
[*with acc* workers рабо́чих,
servant слугу́, maid слу-
жа́нку]; 2. (*of things*)
брать (42) напрока́т, *perf*
взять (236) напрока́т (*with
acc*); we ~d a boat / bicy-
cles / costumes мы взя́ли
напрока́т ло́дку / велоси-
пе́ды / костю́мы; 3. (*of hall,
theatre*) снима́ть (64), *perf*
снять (232) (*with acc*).

his I *prov poss* его́ (40b)
[house дом, mother мать,
family семья́, children де́ти,
things ве́щи, friends друзья́,
attitude отноше́ние, decision реше́ние, attention вни-
ма́ние, conduct поведе́ние,
help по́мощь, work рабо́та,
future бу́дущее]; those are
~ things, not mine э́то

его́ ве́щи, а не мои́; all ~
troubles все его́ неприя́т-
ности; I took ~ hat by mistake по оши́бке я взял его́
шля́пу; one of ~ friends
оди́н из его́ това́рищей;
{ *when person of subject coincides with person of poss
pron* свой *m*, своя́ *f*, своё *n*,
свой *pl* (41d); he told me
about ~ trip он рассказа́л
мне о свое́й пое́здке; he gave
me ~ address он дал мне
свой а́дрес; { свой *is often
omitted in Russian*: he took
off ~ coat он снял пальто́;
he put the letter into ~
pocket он положи́л письмо́
в карма́н; he washed ~
hands он вы́мыл ру́ки; II
absolute pron poss его́; I met
a friend of ~ yesterday
вчера́ я встре́тил его́ прия́-
теля; is this magazine ~ or
yours? э́тот журна́л его́
и́ли ваш?

historical истори́ческий
(33b) [fact факт, novel ро-
ма́н]; истори́ческая [date
да́та, figure фигу́ра]; исто-
ри́ческое [event собы́тие,
place ме́сто].

history исто́рия *f* (23c) [1)
early ра́нняя, world всеми́р-
ная; strange стра́нная, unusual необы́чная, interesting
интере́сная, long дли́нная,
brief кра́ткая, glorious сла́в-
ная; 2) *with gen* of England
А́нглии, of the country го-
суда́рства, of literature ли-
терату́ры, of the theatre
теа́тра, of human thought
челове́ческой мы́сли]; study

/ know / teach ~ изучáть / знать / преподавáть истóрию; be interested in ~ интересовáться истóрией; the case will go down in ~ э́тот слýчай войдёт в истóрию; an important event in ~ вáжное собы́тие в истóрии; a ~ teacher преподавáтель истóрии; ⊙ ancient ~ дрéвняя истóрия; medieval ~ истóрия срéдних веков; modern ~ нóвая истóрия.

hit v 1. (*deliver blow*) ударя́ть (223), *perf* удáрить (157) [1] *with acc* child ребёнка, woman жéнщину, man мужчи́ну, horse лóшадь; 2) on the head по головé, in the face в лицó, in the back в спи́ну, on the back по спинé, in the arm по рукé; 3) *with instr* with one's fist кулакóм, with a stick пáлкой]; don't ~ the child! не бéйте ребёнка!; he ~ his head against the table он удáрился головóй о (*with acc*) стол; 2. (*strike*) попадáть (64), *perf* попáсть (55) (в *with acc*); he ~ the mark, target он попáл в цель; the stone ~ him in the head кáмень попáл емý в гóлову.

hockey хоккéй *m* (13c); play ~ игрáть в хоккéй; ~ game игрá в хоккéй; we went to (see) a ~ game yesterday мы вчерá ходи́ли на хоккéй.

hold v 1. (*grasp*) держáть (47), *no perf* [1] *with acc*

spoon лóжку, knife нож, fork ви́лку, pen рýчку, gun ружьё, vase вáзу, cup чáшку, money дéньги, coin монéту, горе верёвку, umbrella зóнтик, child ребёнка, hand рýку; 2) tight, firmly крéпко, carelessly небрéжно; 3) in one's hand в рукé, in one's arms на рукáх, under one's arm под мы́шкой, in his mouth во ртý]; she held the child by the hand онá держáла ребёнка зá руку; they were ~ing hands они́ держáлись зá руки; 2. (*contain*) вмещáть (64), *perf* вмести́ть (187) (*with acc*); the bottle ~s half a litre of water э́та буты́лка вмещáет пол-ли́тра воды́; how many people does this hall ~? скóлько человéк вмещáет э́тот зал?; this bag won't ~ all my things э́тот чемодáн не вмещáет всех мои́х вещéй; 3. (*arrange*) проводи́ть (152), *perf* провести́ (219) [*with acc* meeting собрáние, election вы́боры, investigation расслéдование, festival фестивáль]; ~ back 1) (*hide*) скрывáть (64), *perf* скрыть (209) [*with acc* facts фáкты, information свéдения, news извéстия]; 2) (*restrain*) сдéрживать (65), *perf* сдержáть (47) [*with acc* crowd толпý; tears слёзы]; ~ on 1) (*grip firmly*) держáться (47), *no perf*; ~ on to my hand! держи́тесь за (*with acc*) мою́ рýку!; ~ on! держи́тесь!;

2) (*stop*): ~ on! постойте!; ~ **out** 1) (*stretch*) протя́гивать (64), *perf* протяну́ть (129) (*with acc*); she held out her hand она́ протяну́ла ру́ку; 2) (*resist*) держа́ться, *perf* продержа́ться (47); we couldn't ~ out any longer мы не могли́ бо́льше держа́ться; they held out for three weeks они́ продержа́лись три неде́ли; ~ **up** 1) (*raise*) поднима́ть (64), *perf* подня́ть (232) (*with acc*); she held up her hand она́ подня́ла ру́ку; 2) (*detain*) заде́рживать (65), *perf* задержа́ть (47); (*with acc*); we were held up for two days нас задержа́ли на два дня; the trains were held up by the storm поезда́ бы́ли заде́ржаны бу́рей; ◇ ~ **one's breath** затаи́ть (198) дыха́ние; ~ **a person to his promise, word** наста́ивать (65) на выполне́нии кем-л. да́нного им обеща́ния; we shall ~ you to your word мы бу́дем тре́бовать, чтобы вы сдержа́ли своё сло́во; ~ **someone responsible: we** shall ~ you responsible for the work вы бу́дете отвеча́ть за (*with acc*) э́ту рабо́ту; we shall ~ you responsible if anything goes wrong вы бу́дете отвеча́ть, е́сли что-л. случи́тся.

hole 1. (*in clothing*) дыра́ *f* (19g); a ~ in a sock / shoe / suit дыра́ на (*with abl*) носке́ / в боти́нке / на костю́ме; I burned a ~ in my dress я прожгла́ дыру́ на пла́тье; there must be a ~ in your pocket наве́рное, у вас в карма́не дыра́; I must mend a ~ in my stocking мне на́до зашто́пать дыру́ на чулке́; **2.** (*in wall, etc.*) отве́рстие *n* (18c) [в *with abl* in the roof в кры́ше, in the fence в забо́ре]; they chopped a ~ in the ice они́ проруби́ли отве́рстие во льду́; they got into the garden through a ~ in the fence они́ пробрали́сь в сад че́рез отве́рстие в забо́ре; **3.** (*in earth, etc.*) я́ма *f* (19c); they dug a deep ~ in the ground они́ вы́копали глубо́кую я́му; they filled up the ~ with earth они́ засы́пали я́му землёй; the ~ was full of water я́ма была́ полна́ воды́.

holiday 1. (*festival*) пра́здник *m* (4c) [1] great большо́й, national национа́льный, international междунаро́дный, annual ежего́дный, traditional традицио́нный, religious религио́зный, public всенаро́дный; 2) celebrate, mark отме́тить]; this is a ~ for all of us э́то для всех нас пра́здник; we are going to Moscow for the ~s на пра́здники мы пое́дем в Москву́; before the ~ до пра́здника; after the ~ по́сле пра́здника; just before the ~ пе́ред са́мым пра́здником; in a ~ mood в пра́здничном настрое́нии; **2.** (*vacation for schoolchildren, students*) кани́кулы, *no sg* (19c) [long дли́нные, short коро́ткие, winter зи́мние, summer ле́тние]; where are you going for the ~? куда́ вы пое́дете на кани́кулы?; **3.** (*leave*) о́тпуск *m* (4h) [1) two weeks' двухнеде́льный, a month's ме́сячный; 2) for a month на ме́сяц, for two weeks на две неде́ли; 3) give дать, get получи́ть, take взять]; I shall spend my ~ at the seashore я проведу́ о́тпуск на берегу́ мо́ря; he is away on a ~ он в о́тпуске; he has returned from his ~ он верну́лся из о́тпуска.

home I *sb* дом *m* (1*l*); he leaves ~ early он ра́но уезжа́ет и́з дому; he left ~ when he was very young он ушёл из роди́тельского до́ма о́чень молоды́м; I'll bring some dishes from ~ я принесу́ посу́ду и́з дому; ~ cooking дома́шние обе́ды; ~ industries оте́чественная промы́шленность; ~ affairs вну́тренние дела́ страны́; ⊙ **at** ~ до́ма; I shall be at ~ until eleven я бу́ду до́ма до оди́ннадцати; he is not at ~ его́ нет до́ма; will anyone be at ~? кто́-нибудь бу́дет до́ма? my mother stayed at ~ моя́ мать оста́лась до́ма; he always felt at ~ there он всегда́ чу́вствовал себя́ там как до́ма.

home II *adv* домо́й; come / come back / go / hurry ~ прийти́ / верну́ться / идти́, е́хать / спеши́ть домо́й; she

rang up ~ она́ позвони́ла домо́й; on the way ~ по доро́ге домо́й.

honest 1. (*truthful*) че́стный (31b) [person челове́к, boy ма́льчик]; че́стное [face лицо́]; ~? че́стное сло́во?; **2.** (*frank*) открове́нный (31b); I'll be quite ~ with you я бу́ду с ва́ми соверше́нно открове́нен; I'll give you my ~ opinion я вам скажу́ открове́нно.

honour *sb* честь *f*, *no pl* (29c) [great больша́я]; a matter of ~ де́ло че́сти; I consider it an ~ to be here я счита́ю за честь быть здесь; they gave a dinner in his ~ они́ да́ли обе́д в честь него́; the child was named in ~ of his grandfather ребёнка назва́ли в честь де́да; a monument was erected in ~ of the event в честь э́того собы́тия был воздви́гнут па́мятник; I give you my word of ~ даю́ вам че́стное сло́во; he gave me his word of ~ он дал мне че́стное сло́во; he is a man of ~ он че́стный челове́к; he is an ~ to his school / country он де́лает честь (*with dat*) свое́й шко́ле / стране́.

hope I *sb* наде́жда *f* (19c) [great больша́я, faint сла́бая, vain напра́сная]; that is our only ~ э́то на́ша еди́нственная наде́жда; we have little ~ of success у нас ма́ло наде́жды на (*with acc*) успе́х; she waited in the ~ of seeing him again она́ ждала́ в наде́жде уви́деть его́ сно́ва; we had lost all ~ мы потеря́ли вся́кую наде́жду; is there any ~ that he will recover? есть ли наде́жда (на то), что он попра́вится?

hope II *v* наде́яться (224), *no perf;* I ~ to see you soon (я) наде́юсь вско́ре уви́деть вас; we ~ that you will come again мы наде́емся, что вы придёте ещё раз; let us ~ so бу́дем наде́яться; I ~ so наде́юсь, что да; I ~ not наде́юсь, что нет; everyone ~d for his success все наде́ялись на (*with acc*) его́ успе́х; we ~ to finish by the first мы рассчи́тываем зако́нчить к пе́рвому.

horse ло́шадь *f* (29a) [1) old ста́рая, young молода́я, black вороная, white бе́лая; 2) runs бежи́т, gallops бежи́т гало́пом, jumps пры́гает, shies шара́хается]; hold | lead | stop | beat, whip а ~ держа́ть / вести́ / останови́ть / бить ло́шадь; get on a ~ сесть на ло́шадь; get off a ~ слезть с ло́шади; ride a ~ е́хать на ло́шади; jump / fall off a ~ спры́гнуть / упа́сть с ло́шади; feed / water a ~ корми́ть / пои́ть ло́шадь; he works like а ~ он рабо́тает как ло́шадь.

hospital больни́ца *f* (21c) [new но́вая, big больша́я, modern совреме́нная, well--equipped хорошо́ обору́дованная]; he is in a ~ он лежи́т в больни́це; how long were you in ~? ско́лько вре́мени вы пролежа́ли в больни́це?; he had to be taken to a ~ его́ пришло́сь положи́ть в больни́цу; when did he come out of (the) ~? когда́ он вы́шел из больни́цы?; we went to the ~ to see him мы пое́хали в больни́цу навести́ть его́; ⊙ **maternity** ~ роди́льный дом *m* (1l).

hostile вражде́бный (31b) [tone тон]; вражде́бное [attitude отноше́ние]; ~ army вра́жеская а́рмия.

hot горя́чий (35) [breakfast за́втрак, coffee ко́фе, tea чай, dinner обе́д, soup суп, air во́здух, wind ве́тер; argument спор]; горя́чая [water вода́, plate таре́лка, food пи́ща]; горя́чее [milk молоко́]; he has a very ~ temper он о́чень горя́чий челове́к; { (*of weather, etc.*) жа́ркий (33b) [climate кли́мат, day день]; жа́ркая [weather пого́да]; жа́ркое [place ме́сто, season вре́мя го́да, summer ле́то]; I am ~ мне жа́рко; what a ~ day! како́й жа́ркий день!; it was ~ in the room в ко́мнате бы́ло жа́рко; it's terribly ~ out на у́лице стра́шно жа́рко; it got very ~ ста́ло о́чень жа́рко; ◇ **get into ~ water** попа́сть (55) в затрудни́тельное положе́ние.

hotel гости́ница *f* (21c) [modern совреме́нная, old--fashioned старомо́дная, large больша́я, new но́вая, comfortable удо́бная, expensive дорога́я, cheap дешё́вая]; we stopped, stayed at a ~ мы останови́лись в гости́нице; come to a ~ прие́хать в гости́ницу; leave a ~ уе́хать из гости́ницы; we took a room in a ~ мы сня́ли но́мер в гости́нице; the ~ accommodates 1,000 гости́ница вмеща́ет ты́сячу челове́к; how far is it to the ~? далеко́ ли до гости́ницы?

hour час *m* (1k); two / three / four ~s два / три / четы́ре часа́; five / six ~s пять / шесть часо́в; about two ~s о́коло двух часо́в; two ~s later, in two ~s че́рез два часа́; half an ~ полчаса́; a quarter of an ~ че́тверть часа́; an ~ and a half полтора́ часа́; six ~s passed прошло́ шесть часо́в; we have half an ~ left у нас оста́лось полчаса́; the train was an ~ late по́езд опозда́л на час; the meeting lasted more than an ~, over an ~ собра́ние продолжа́лось бо́льше часа́; sixty kilometres an ~ шестьдеся́т киломе́тров в час; we used to talk for ~s мы, быва́ло, разгова́ривали часа́ми; it is an ~'s ride / walk from here отсю́да приме́рно час езды́ / ходьбы́; at such an early / late ~ в тако́й ра́нний / по́здний час; at any ~ of the day or night в любо́й час дня и́ли но́чи; it

will take about an ~ потре́буется приме́рно час; I have an ~ to spare у меня́ есть свобо́дный час; ⊙ **office** ~s часы́ приёма; **dinner** ~ переры́в (*m* 1f) на обе́д.

house *sb* дом *m* (1*l*) [1] nice хоро́ший, stone ка́менный, wooden деревя́нный, brick кирпи́чный, empty, vacant пусто́й, neighbouring сосе́дний; 2) stands стои́т, burns гори́т, looks old вы́глядит ста́рым, faces the garden выхо́дит в сад; 3) build стро́ить, buy купи́ть, rent, let сдава́ть, heat ота́пливать, search обыска́ть, burn сжечь, set fire to поджечь, pull, tear down сноси́ть, repair ремонти́ровать, rob огра́бить, occupy занима́ть]; who owns the ~? кому́ принадлежи́т э́тот дом?; the third ~ from the corner тре́тий дом от угла́; in front of the ~ пе́ред до́мом; behind the ~ позади́ до́ма; inside the ~ внутри́ до́ма; round the ~ вокру́г до́ма; you will wake the whole ~ вы разбу́дите весь дом; all over the ~ по всему́ до́му; come to my ~! приходи́те ко мне!; apartment ~ многокварти́рный дом; dwelling ~ жило́й дом; ◇ the House of Commons пала́та (19c) о́бщин; the House of Lords пала́та ло́рдов; the House of Representatives пала́та представи́телей.

how 1. как; ~ did it happen? как э́то случи́лось?; ~ did you get here? как вы сюда́ прие́хали?; ~ is she? как она́?; ~ do you feel? как вы себя́ чу́вствуете?; ~ does she look? как она́ вы́глядит?; ~ do you like my dress? как вам нра́вится моё пла́тье?; ~ can you say that? как вы мо́жете э́то говори́ть?; I don't know ~ he found out я не зна́ю, как он узна́л; I don't know ~ I can help you (я) не зна́ю, как вам помо́чь; . ~ often does he come here? как ча́сто он сюда́ прихо́дит?; ~ so? как так?; ~ is it done? как э́то де́лается?; ~ can you manage it? как вы мо́жете э́то устро́ить?; ~ foolish! как глу́по!; ~ strange! как стра́нно!; ~ long is this room? какова́ длина́ э́той ко́мнаты?; 2.: ~ many?, ~ much? ско́лько?; ~ much did you pay? ско́лько вы заплати́ли?; ~ much does he owe you? ско́лько он вам до́лжен?; ~ many times have I told you? ско́лько раз я вам говори́л(а)!; ~ many days will it take you to finish the work? ско́лько вам потре́буется дней, что́бы зако́нчить рабо́ту?; ~ many people live here? ско́лько челове́к живёт здесь?; ~ old are you? ско́лько вам лет?; ~ long will the trip last? ско́лько вре́мени продли́тся путе-

ше́ствие?; ◇ ~ **do you do?** здра́вствуйте!; ~ **are you getting on?** как вы пожива́ете?; ~ about a что, е́сли; ~ about going together? а что, е́сли пое́хать вме́сте?; ~ about beginning today? а что, е́сли нача́ть сего́дня?

however *conj* одна́ко; ~, I see that I was wrong одна́ко, я ви́жу, что оши́бся, оши́блась; if, ~, you think... е́сли, одна́ко, вы счита́ете...; ~, as you see... одна́ко, как ви́дите...

huge огро́мный (31b) [box я́щик; success успе́х]; огро́мная [mass ма́сса, wave волна́, sum су́мма]; огро́мное [building зда́ние, quantity коли́чество, satisfaction удовлетворе́ние].

human челове́ческий (33b) [race род, voice го́лос]; ⊙ ~ **being** челове́к *m* (*sg* 4a, *pl* лю́ди, люде́й, лю́дям, люде́й, людьми́, лю́дях).

humour *sb* ю́мор *m* (1f) [real настоя́щий, brilliant блестя́щий]; a sense of ~ чу́вство ю́мора; the story is full of ~ расска́з по́лон ю́мора; I can't appreciate his ~ я не могу́ оцени́ть его́ ю́мор.

hundred I *sb* со́тня *f* (20f); ~s of men / books / kilometres со́тни люде́й / книг / киломе́тров; ~s of thousands со́тни ты́сяч; many ~s of miles мно́гие со́тни миль.

hundred II *num* сто (39f); two ~ две́сти (39g); three ~ три́ста (39g); five ~ пятьсо́т (39e); one ~ and fifty сто пятьдеся́т; more than a ~, over a ~ бо́льше ста; several ~ people не́сколько сот челове́к; about a ~ о́коло ста.

hungry голо́дный (31b) [man челове́к, child ребё́нок]; I am ~ я хочу́ есть; are you ~? вы хоти́те есть?; I am not ~ я не хочу́ есть; they often went ~ они́ ча́сто голода́ли.

hunt *v* 1. (*for game*) охо́титься (176) (на *with acc*); ~ wolves / deer охо́титься на волко́в / оле́ней; they went ~ing они́ пое́хали на охо́ту; 2. (*search*) иска́ть (83), *no perf* (*with acc*); ~ for the lost document иска́ть пропа́вший докуме́нт; we have been ~ing for you all day мы вас и́щем весь день; we ~ed all over the house мы обыска́ли весь дом.

hurry I *sb* спе́шка *f* (22f); why all this ~? к чему́ вся э́та спе́шка?; there is no ~ не на́до спеши́ть; I'm in a ~ я спешу́; they are in a ~ to leave они́ спеша́т уе́хать; what's your ~? почему́ вы торо́питесь?

hurry II *v* спеши́ть (171), *perf* поспеши́ть (171); don't ~! не спеши́те!; please ~! поторопи́тесь, пожа́луйста!; we must ~ or we'll be late на́до поторопи́ться, а то мы опозда́ем; he hurried to the station он поспеши́л на вокза́л; we hurried to get everything ready мы поспеши́ли всё пригото́вить; he hurried away, off он поспе́шно ушё́л; she hurried out of the house она́ торопли́во вы́шла из до́му.

hurt *v* 1. (*cause pain*) ушиби́ть (201) [*with acc* finger па́лец, hand, arm ру́ку, head го́лову]; it ~s me to cough мне бо́льно ка́шлять; he was badly ~ in an accident он си́льно пострада́л во вре́мя катастро́фы; fortunately, no one was ~ к сча́стью, никто́ не пострада́л; these shoes ~ me э́ти ту́фли мне жмут; it ~s me to think that he is a bad friend мне бо́льно ду́мать, что он плохо́й това́рищ; 2.: ~ oneself ушиби́ться (201); did you ~ yourself? вы не ушибли́сь?; 3. (*feel pain*) боле́ть (98), *no perf*; my hand / back / foot ~s у меня́ боли́т рука́ / спина́ / нога́; my eyes ~ у меня́ боля́т глаза́; 4. (*offend*) обижа́ть (64), *perf* оби́деть (109) (*with acc*); you ~ her feelings вы её́ оби́дели; she was deeply ~ она́ была́ глубоко́ оби́жена; I didn't mean to ~ you я не хоте́л(а) вас оби́деть.

husband муж *m* (*sg* 6b, *pl* мужья́, муже́й, мужья́м, мужья́ми, мужья́х); she came with her ~ она́ пришла́ с му́жем; they live with her ~'s people они́ живу́т с роди́телями му́жа; I must ask my ~ мне на́до спроси́ть му́жа; please, give this to your ~ переда́йте э́то, пожа́луйста, ва́шему му́жу.

I

I *pron pers* я (*1st pers sg*) (40a); I am here я здесь; I shall do it myself я э́то сде́лаю сам(á); you and I мы с ва́ми; my sister and I мы с сестро́й; neither my friend nor I ни я, ни мой друг; it is I э́то я; it was I who called э́то я звони́л(a); I shall bring the book with me я принесу́ кни́гу с собо́й; I have many friends у меня́ мно́го друзе́й; I like summer mo*гe* мне бо́льше нра́вится ле́то; I have no time у меня́ нет вре́мени; I haven't got my passport with me у меня́ с собо́й нет па́спорта; may I speak to you? мо́жно с ва́ми погово́рить?; I'm coming иду́; I want / should like to go with them мне хо́чется / хоте́лось бы пое́хать с ни́ми; I think so ду́маю, что да, ду́маю, что э́то так; *also see* me.

ice *sb* лёд *m* (1d) [1] thick то́лстый, thin то́нкий, hard кре́пкий, clear чи́стый, transparent прозра́чный, artificial иску́сственный, slippery ско́льзкий, dry сухо́й; 2) breaks лома́ется, melts та́ет, cracks трещи́т; 3) cut руби́ть, crush кроши́ть, break разби́ть, melt растопи́ть]; the river is covered with ~ река́ покры́та льдо́м; she slipped / fell on the ~ она́ поскользну́лась / упа́ла на льду́; they fished through holes in the ~ они́ уди́ли ры́бу подо льдо́м; the water under the ~ was cold вода́ подо льдо́м была́ холо́дной; put some more ~ in your glass! положи́те себе́ в стака́н ещё льду!; your fingers are as cold as ~ у тебя́ па́льцы как лёд.

idea 1. (*plan, thought*) иде́я *f* (23b) [new но́вая, original оригина́льная, wonderful чуде́сная, brilliant блестя́щая, foolish глу́пая, strange стра́нная, simple проста́я, sensible разу́мная]; criticize / defend / support an ~ критикова́ть / защища́ть / поддержа́ть иде́ю; fight for an ~ боро́ться за иде́ю; explain / understand / express / propose an ~ объясни́ть / поня́ть / вы́разить / предложи́ть иде́ю; the main ~ of the book основна́я мысль э́той кни́ги; the ~ came to my mind мне в го́лову пришла́ мысль; his ~ seems very good его́ иде́я ка́жется óчень хорóшей; the ~ is spreading э́та идея получáет всё бóльшее распространéние; we had to give up the ~ нам пришлóсь отказáться от э́той идéи; I rather like the ~ of spending a week on board ship мне нрáвится идéя провести́ недéлю на парохóде; I hate the ~ of moving мне ненави́стна самá мысль о перее́зде; where did you get the ~ that I don't want to go? откýда вы взя́ли, что я не хочý éхать?; 2. (*conception*) представлéние n (18c); I haven't the slightest, faintest ~ у меня́ нет ни малéйшего представлéния; this will give you some ~ of the size of the task э́то даст вам какóе-то представлéние о (*with abl*) размéрах стоя́щей перед нáми задáчи; we had no ~ where to find him мы не имéли никакóго представлéния, где егó искáть.

ideal I *sb* идеáл *m* (1f) [high, lofty .высóкий, exálted возвы́шенный, unattainable недосягáемый]; find one's ~ найти́ свой идеáл; reach one's ~ дости́чь своегó идеáла; he was true to his ~s он был вéрен свои́м идеáлам.

ideal II *a* идеáльный (31b) [person человéк, husband муж, way спóсоб, method мéтод]; идеáльная [weather погóда, chance возмóжность]; идеáльное [place

мéсто]; идеáльные [conditions услóвия]; it would be ~ if you could come for a week or two бы́ло бы идеáльно, éсли бы вы могли́ приéхать на недéлю—нá две.

idle *a* 1. (*not working*): the machines stood ~ маши́ны бездéйствовали; I can't be, stand ~ when everyone is working я не могý ничегó не дéлать, когдá все рабóтают; 2. (*useless*) прáздный (31b); ~ talk прáздный разговóр; it isn't an ~ question э́то не прáздный вопрóс.

if 1. (*on condition*) éсли; if he is free, he will help you éсли он бýдет свобóден, он вам помóжет; if you see him give him my best regards éсли вы егó уви́дите, передáйте емý привéт; we shall go if it doesn't rain мы поéдем, éсли не бýдет дождя́; if I knew, I should tell you éсли бы я знáл(а), я бы вам сказáл(а); if you had left earlier, you wouldn't have been late éсли бы вы вы́ехали рáньше, вы бы не опоздáли; if you are in town, call me up! éсли вы бýдете в гóроде, позвони́те мне!; I'll help him if I can я помогý емý, éсли смогý; even if you thought so, you shouldn't have said it дáже éсли вы так дýмали, не нáдо бы́ло бы э́того говори́ть; if it's not too much trouble éсли э́то вас не óчень затрудни́т; if I were you... éсли бы я был(á) на ва́шем ме́сте...; if only I knew! е́сли бы я знáл(a)!; **2.** *(whether)* ли; I want to ask if he is there я хочý спроси́ть, там ли он; ask the guide if there is a train in the morning спроси́те ги́да, есть ли у́тром по́езд; I don't know if I can come (я) не зна́ю, смогý ли я прие́хать; I wonder if she knows интере́сно, зна́ет ли она́; ◇ **as if** бýдто (бы); he acted as if he knew nothing он вёл себя́ так, как бýдто ничего́ не знал; he turned as if he wanted to say something он обернýлся, как бýдто бы хоте́л что́-то сказа́ть; it looks as if we shall not be able to go похо́же (на то), что мы не смо́жем пое́хать.

ill *a (sick, unwell)*: I feel ~ я чýвствую себя́ *(with* in str*)* больны́м, больно́й; she came home quite ~ она́ пришла́ домо́й совсе́м больна́я; he looks quite ~ он вы́глядит совсе́м больны́м; she is ~ она́ больна́; he is very seriously ~ он о́чень бо́лен; they are both ~ они́ о́ба больны́; ∮ *often conveyed by verb* боле́ть (98); he is often ~ он ча́сто боле́ет; she has been ~ for a long time она́ уже́ давно́ боле́ет; how long has he been ~? ско́лько вре́мени он уже́ боле́ет?; I hope you won't be ~ long наде́юсь вы недо́лго бýдете боле́ть; ⊙ **fall** ~ заболе́ть (98); she fell ~

last night она́ заболе́ла вчера́ но́чью; he fell ~ suddenly он внеза́пно заболе́л; I think I am falling ~ дýмаю, что я заболева́ю; ◇ **be, feel** ~ **at ease** нело́вко себя́ чýвствовать (244); he always felt ~ at ease in her presence в её присýтствии он всегда́ чýвствовал себя́ нело́вко; I could see that he was ~ at ease я ви́дел(a), что емý бы́ло нело́вко.

illness боле́знь *f* (29с) [serious тяжёлая, long дли́тельная]; he was prevented by ~ from coming он не мог прийти́ из-за боле́зни.

illustrate иллюстри́ровать (245) [1) *with acc* book кни́гу, lecture ле́кцию, article статью́; 2) *with* in str with pictures карти́нками, with charts and diagrams схе́мами и табли́цами, with slides диапозити́вами, by examples приме́рами]; he gave comparative figures to ~ his point он привёл сравни́тельные ци́фры, что́бы проиллюстри́ровать свою́ то́чку зре́ния; the book is richly ~d кни́га бога́то иллюстри́рована.

imagination воображе́ние *n* (18с) [rich бога́тое, vivid живо́е, poor бе́дное[; he leaves the rest to the reader's ~ всё остально́е он предоставля́ет воображе́нию чита́теля; it must have been my ~ очеви́дно, э́то мне показа́лось.

imagine 1. (*give rein to fantasy*) воображать (64), *perf* вообразить (191); you are imagining things вы это только воображаете; don't ~ that I'll forget! не думайте, что я забуду!; don't ~ it will be easy не воображайте, что это будет легко; { представлять (223) себе, *perf* представить (168) себе; let us ~ that the plan is successful представим себе, что план удастся; we couldn't ~ that he would run away мы не могли себе представить, что он убежит; ~! представьте себе!; I can ~ what he said могу себе представить, что он говорил; I can ~ how unpleasant it was могу себе представить, как это было неприятно; **2.** (*suppose, grant*) предполагать (64), *perf* предположить (175); let's ~ that you are right предположим, что вы правы; **3.** (*guess*) догадываться (65), *perf* догадаться (64); it's easy to ~ why легко догадаться, почему.

immediate 1. (*instant*) немедленный (31b); take ~ action действовать немедленно; we received an ~ reply, answer мы немедленно получили ответ; he needs an ~ operation он нуждается в срочной операции; it had an ~ effect это оказало немедленное воздействие; **2.** (*direct*) непосредственный (31b); his ~ superior его непосредственный начальник; **3.** (*closest*) ближайший (34b); our ~ neighbours наши ближайшие соседи; his ~ family его ближайшие родственники.

immediately 1. (*instantly*) немедленно; we must go ~ нам надо немедленно идти; we stopped ~ мы сразу же остановились; we shall begin ~ мы сразу же начнём; **2.** (*just*): ~ before the war как раз перед войной; ~ after the war сразу после войны; ~ after that... сразу же после этого...

importance важность *f* (29c) [realize понимать, show показать, underestimate недооценить, overrate переоценить, emphasize подчеркнуть, acquire приобрести, recognize, admit признать]; a matter of especial / great / basic, primary / vital ~ дело особой / большой / первостепенной / жизненной важности; of the highest, utmost ~ очень важный; it is difficult to overestimate the ~ of the event трудно переоценить важность этого события; it has great ~ for the whole country это имеет большое значение для всей страны; ◇ be of ~ иметь (98) значение; it is of no ~ to us для (*with gen*) нас это не имеет значения; attach ~ придавать (64) значение (*with dat*); we attached no ~ to his words мы не придавáли никакóго значéния егó словáм.

important вáжный (31b) [person человéк; fact факт, question вопрóс, paper докумéнт]; вáжная [problem проблéма, part часть, news нóвость, reason причúна, work рабóта]; вáжное [letter письмó, place мéсто, event собы́тие, meeting собрáние, decision решéние, matter дéло]; it's very ~ to everyone э́то óчень вáжно для (with gen) всех; it is ~ that everyone should understand вáжно, чтóбы все пóняли; it is ~ for him to go at once вáжно, чтóбы он поéхал немéдленно; why is that so ~? почемý э́то так вáжно?; it's not very / so ~ э́то не óчень / не так вáжно; the most ~ thing is to begin сáмое вáжное — начáть; it seemed very ~ to me then тогдá мне э́то показáлось óчень вáжно.

impossible невозмóжный (31b) [time-limit срок]; that is ~ э́то невозмóжно; it is ~ to work here здесь невозмóжно рабóтать; I don't see anything ~ in it не вúжу в э́том ничегó невозмóжного; heart operations were formerly considered ~ опéрации на сéрдце рáньше считáлись невозмóжными; ~ demand / condition невыполнúмое трéбование / услóвие; ~ task невыполнúмая задáча; ~

story невероя́тная истóрия; it is ~ for me to leave now я сейчáс никáк не могý уéхать; will it be ~ for you to get here by Wednesday? не смóжете ли вы приéхать сюдá к средé?

impression впечатлéние n (18c) [good хорóшее, bad плохóе, deep глубóкое, first пéрвое, favourable благоприя́тное, unfavourable неблагоприя́тное, general óбщее, false лóжное, indelible неизгладúмое]; she makes a very good ~ онá производит óчень хорóшее впечатлéние; his work made a good ~ on everyone егó рабóта произвелá на (with acc) всех хорóшее впечатлéние; he gave us his ~s of his trip он рассказáл нам о свойх впечатлéниях от путешéствия; I don't want to give you a wrong ~ я не хочý, чтóбы у вас сложúлось непрáвильное впечатлéние; his speech left a very bad ~ егó речь произвелá óчень плохóе впечатлéние; I was under the ~ that you had agreed мне показáлось, что вы согласúлись; that's the ~ I got, received так мне показáлось.

improve 1. (make better) улучшáть (64), perf улучшúть (172) [with acc conditions услóвия, knowledge знáния, work рабóту]; the system of education must be ~d слéдует улучшúть систе́му образова́ния; 2. (*become better*) улучша́ться (64), *perf* улу́чшиться (172); conditions of work have ~d greatly усло́вия рабо́ты намно́го улу́чшились; she has ~d in health она́ попра́вилась; I hope the weather will ~ (я) наде́юсь, что пого́да улу́чшится.

improvement улучше́ние *n* (18c) [great, marked большо́е, considerable значи́тельное, vast огро́мное, further дальне́йшее, rapid бы́строе, constant постоя́нное, distinct я́вное]; there is still room for ~ ещё есть что улучша́ть; a number of ~s have been made был внесён ряд усоверше́нствований; there is little ~ as yet улучше́ний пока́ ещё ма́ло.

in *prep* 1. (*within bounds*) *with abl*: in Moscow в Москве́; in the Soviet Union в Сове́тском Сою́зе; in the United States в Соединённых Шта́тах; in Africa в Афри́ке; in Asia в А́зии; in the room в ко́мнате; in the world в ми́ре; in some countries в не́которых стра́нах; in town в го́роде; in the country в дере́вне; in the air в во́здухе; in the fifth row в пя́том ряду́; in the middle в середи́не; in the book в кни́ге; in art в иску́сстве; in science в нау́ке; I looked up the word in the dictionary я посмотре́л(а) э́то сло́во в словаре́; in a certain sense в не́котором смы́сле; in the yard во дворе́; in all parts во всех частя́х; in the street на у́лице; in the East / West / North / South на восто́ке / за́паде / се́вере / ю́ге; in the picture на карти́не; in his face в его́ лице́; he works in a factory он рабо́тает на заво́де; 2. (*of movement in definite direction*) *with acc*: we arrived in Moscow мы прие́хали в Москву́; he put the money in his pocket он положи́л де́ньги в карма́н; look in the mirror! посмотри́те в зе́ркало!; he put his hand in the water он су́нул ру́ку в во́ду; 3. (*of time-limits*) *with abl*: in January в январе́; in 1956 в ты́сяча девятьсо́т пятьдеся́т шесто́м году́; in the twentieth century в двадца́том ве́ке; never in my life никогда́ в жи́зни; in the past / future в про́шлом / бу́дущем; in the morning у́тром; in the afternoon днём; in the evening ве́чером; in spring весно́й; in summer ле́том; in autumn о́сенью; in winter зимо́й; 4. (*of time periods*) *with acc*: I shall come to see you in two days я к вам приду́ че́рез два дня; he came back in fifteen minutes он верну́лся че́рез пятна́дцать мину́т; in a day or two че́рез день — два́; he finished the whole job in two hours он ко́нчил всю рабо́ту за два часа́: in the year that he was here за год, что он был здесь; **5.** *in various phrases*: be interested in интересоваться (*with instr*); he is interested in questions of economy он интересуется вопросами экономики; is he interested in languages? он интересуется языками?; in order в порядке; everything was in order всё было в порядке; in the sun на солнце; they lay in the sun они лежали на солнце; in this way таким образом.

include включать (64), *perf* включить (171) (*with acc*); does the price ~ postage? эта цена включает почтовые расходы?; these expenses were not ~d in the budget эти расходы не были включены в (*with acc*) бюджет; two chemists were ~d in the delegation в делегацию были включены два химика; there were ten of us including the guide нас было десять человек, включая гида.

income доход *m* (1f) [1) annual годовой, high большой, steady постоянный, sufficient достаточный; 2) increases увеличивается, decreases уменьшается, falls снижается; 3) increase увеличить, double удвоить]; ~ tax подоходный налог.

increase I *sb* увеличение *n* (18c) [marked заметное, sharp резкое, steady, constant постоянное, consid-

erable значительное, slight незначительное, rapid быстрое, sudden внезапное, gradual постепенное]; ~ in prices / population / wages / production увеличение (*with gen*) цен / населения / заработной платы / производства; an ~ over last year's figures увеличение по сравнению с данными прошлого года.

increase II *v* **1.** (*make greater, more*) увеличивать (65), *perf* увеличить (174) [*with acc* output выпуск продукции, cost себестоимость, size размер(ы), choice выбор, quantity, number количество, value ценность]; this will ~ our chances of winning это увеличит наши шансы на выигрыш; **2.** (*become greater, more*) увеличиваться (65), *perf* увеличиться (174); the number of similar cases has ~d количество подобных случаев увеличилось; output has ~d twenty per cent выпуск продукции увеличился на двадцать процентов; interest in foreign languages has ~d интерес к иностранным языкам возрос.

indeed: ~ we all think so в самом деле мы все так думаем; yes, ~! О да!; thank you very much ~ очень вам признателен, признательна; I am very glad ~ я действительно очень рад(а).

independence независимость *f* (29c) [national национальная, political политическая, economic экономическая]; gain ~ добиться независимости; fight for ~ бороться за независимость; the people of the colony declared their ~ народ колонии объявил о своей независимости.

independent *a* 1. (*free*) независимый (31b); ~ country независимая страна; ~ state независимое государство; 2. (*unaided*) самостоятельный (31b) [person человек; action поступок]; самостоятельная [woman женщина]; самостоятельное [opinion мнение]; she began her ~ life at the age of 20 двадцати лет она начала самостоятельную жизнь; she wanted to be ~ of her parents она не хотела зависеть от (*with gen*) своих родителей.

industrial промышленный (31b) [city город, district район]; промышленная [country страна, part часть]; промышленное [development развитие]; ~ centre / growth центр / рост промышленности; ~ workers рабочие, занятые в промышленности.

industry промышленность *f* (29c) [1] large-scale крупная, chief, main ведущая, local местная, growing растущая; heavy тяжёлая, light лёгкая, chemical химическая, machine-building машиностроительная, automobile автомобильная, war военная; 2) develops развивается, expands расширяется, flourishes процветает, springs up появляется, supplies снабжает]; a branch of ~ отрасль промышленности; one of the leading industries одна из ведущих отраслей промышленности.

influence I *sb* влияние *n* (18c) [good хорошее, bad плохое, evil, harmful вредное, dangerous опасное, great большое, favourable благотворное, cultural культурное, lasting продолжительное]; the ~ of environment / the family / education влияние окружения / семьи / образования; under the ~ of под влиянием (*with gen*); it had, exercised a great ~ in shaping his character это оказало большое влияние на формирование его характера; it may have a bad ~ on the child это может оказать плохое влияние на ребёнка.

influence II *v* влиять (223), *perf* повлиять (223) (на *with acc*); his friends / relatives ~d him его товарищи / родственники повлияли на него; no one seemed able to ~ him казалось, что никто не может повлиять на него; the high mountains ~ the climate э́ти высо́кие го́ры влия́ют на кли́мат.

inform (*let know*) сообща́ть (64), *perf* сообщи́ть (171); we must ~ them immediately на́до сообщи́ть (*with dat*) им неме́дленно; you must ~ the post-office of the change in your address вам необходи́мо сообщи́ть на по́чту об изме-не́нии а́дреса; you will be ~ed by letter вам сообща́т письмо́м; we were wrongly ~ed as to the date нам непра́вильно сообщи́ли чис-ло́; please, keep me ~ed about any new developments пожа́луйста, держи́те меня́ в ку́рсе дальне́йшего хо́да собы́тий.

information све́дение *n* (18c); *usu pl* све́дения [1] complete по́лные, useful поле́зные, accurate то́чные, reliable надёжные, exhaus-tive исче́рпывающие, general о́бщие, interesting интере́с-ные; 2) get, receive получи́ть, give дать, provide предоста́вить, accumulate накопи́ть, confirm подтвер-ди́ть]; furnish ~ снабди́ть све́дениями; he came to ask for ~ он пришёл за спра́вкой; he has acquired a great mass of ~ он собра́л большо́е коли́чество све́де-ний; we require more ~ нам ну́жно бо́льше све́дений; we lack ~ on the subject нам недостаёт све́дений по э́тому вопро́су; according to our ~ согла́сно на́шим све́де-ниям; the book contains ~ on a number of questions кни́га соде́ржит све́дения по ря́ду вопро́сов; ⊙ ~ **desk** спра́вочный отде́л *m* (1f); ask at the ~ desk! обрати́-тесь в спра́вочный отде́л!

inhabitant (*dweller*) жи́-тель *m* (3a); the ~s of the town / village жи́тели го́-рода / дере́вни; the ~s now number over 300,000 в на-сто́ящее вре́мя число́ жи́-телей превыша́ет три́ста ты́-сяч; ⟨ (*occupant*) жиле́ц *m* (9b) [new но́вый, old ста́-рый, temporary вре́менный]; the ~s of the house жильцы́ до́ма.

injure повреди́ть (153) [1] accidentally случа́йно, badly, seriously серьёзно, slightly слегка́; 2) *with acc* one's health своё здоро́вье]; be ~d in an accident / in a fire / in the war пострада́ть во вре́мя катастро́фы / во вре́мя пожа́ра / на войне́; he ~d his arm / leg / head / eyes он повреди́л себе́ ру́-ку / но́гу / го́лову / глаза́; he was ~d in the war его́ ра́нили на войне́; this may ~ his reputation э́то мо́жет повреди́ть его́ репута́ции.

ink *sb* черни́ла *no sg* (14d) [black чёрные, blue си́ние, green зелёные, red кра́с-ные]; I have no ~ in my pen у меня́ в ру́чке нет черни́л; she spilled ~ on the book она́ пролила́ на кни́гу черни́ла; you have ~ on your hands у вас ру́ки в чер-

ни́лах; please write in ~!
пиши́те, пожа́луйста, чер-
ни́лами!; fountain-pen —
черни́ла для авторучки.

innocent *a* **1.** (*ingenuous,
harmless*) неви́нный (31b)
[look взгляд, child ребёнок,
story расска́з]; неви́нная
[joke шу́тка]; неви́нное
[amusement развлече́ние];
2. (*not guilty*) невино́вный
(31b) [person челове́к]; he
was ~ of the crime он был
невино́вен в (*with abl*) пре-
ступле́нии; he was found ~
in court суд призна́л его́
невино́вным.

inquire (*ask for information*) справля́ться (223),
perf спра́виться (168), уз-
нава́ть (63), *perf* узна́ть
(64); they had come to ~
after his health они́ пришли́
спра́виться, узна́ть о (*with
abl*) его́ здоро́вье; have
you ~d about plane tick-
ets? вы узнава́ли, спра́в-
ля́лись о биле́тах на са-
молёт?; you must ~ at the
post-office вам на́до спра́-
виться на по́чте; they ~d
his name, address and oc-
cupation они́ спроси́ли у
него́ фами́лию, а́дрес и про-
фе́ссию; they ~d into the
matter они́ рассле́довали
э́то де́ло.

insect насеко́мое *n* (31b)
[1] harmful вре́дное, harmless безвре́дное, flying
лета́ющее, dangerous опа́с-
ное; 2) harms вреди́т, destroys уничтожа́ет, bites ку-
са́ется, stings жа́лит]; col-

lect / kill / exterminate ~s
собира́ть / убива́ть / уни-
чтожа́ть насеко́мых; swarm,
cloud of ~s рой насеко́мых.

inside I *sb*: I have never
seen the ~ of the house я
никогда́ не́ был, не была́ вну-
три́ э́того до́ма; there were
initials on the ~ на вну́-
тренней стороне́ бы́ли ини-
циа́лы; ⊙ ~ out наизна́нку;
he turned his pockets ~
out он вы́вернул карма́ны
наизна́нку.

inside II *a* вну́тренний
(32) [circle круг, pocket
карма́н]; вну́тренняя [door
дверь].

inside III *adv* внутри́;
there was nothing ~внутри́
ничего́ не́ было; it was dark
~ внутри́ бы́ло темно́; ◇ ~
of в преде́лах (*with gen*); ~
of a week / month / year в
преде́лах неде́ли / ме́сяца
/ го́да.

inside IV *prep* (*in*): ~ the
house **внутри́** (*with gen*)
до́ма; ~ the box в (*with
abl*) коробке.

insist наста́ивать (65),
perf настоя́ть (222) (on— на
with abl); I don't ~ я не на-
ста́иваю; of course, I can't ~
on it коне́чно, я не могу́ на
э́том наста́ивать; do you ~
on these conditions? вы на-
ста́иваете на э́тих усло́ви-
ях?; he ~ed on his complete
innocence он наста́ивал на
том, что он соверше́нно
невино́вен; he ~ed that
his theory was sound он
наста́ивал на том, что его́

теория правильна; they
~ed on my being present
они настаивали на моём
присутствии; he ~ed on
leaving at once он настаивал
на немедленном отъезде;
I don't ~ on your believing
his story я не настаиваю на
том, чтобы вы верили его
рассказу; the man ~s on
speaking to you этот человек настаивает на том, чтобы поговорить с вами; all
right, if you ~ ладно, раз
уж вы настаиваете.

inspire вдохновлять (223),
perf вдохновить (164) (*with
acc*); the music / her beauty
/ the news ~d him музыка
/ её красота / эта новость
вдохновила его; his first
success ~d him to further
attempts первый успех вдох-
новил его на (*with acc*) даль-
нейшие попытки; the news
~d us with hope / courage
это известие вселило в нас
надежду / мужество.

instance *sb* (*example*) пример *m* (1f) [concrete кон-
кретный, only единственный,
striking поразительный];
such ~s could be multiplied
эти примеры можно было
бы умножить; he cited a
number of ~s он привёл
несколько примеров; { (*case*)
случай *m* (13c); we have
observed a number of ~s
of the kind мы наблюдали
целый ряд аналогичных
случаев; in the present ~
в данном случае; in every
~ в каждом случае; in

each separate ~ в каждом
отдельном случае; ◇ for ~
например; the first case,
for ~… первый случай, на-
пример…; take, for ~, the
question of personnel возьмём, например, вопрос о
кадрах.

instant *sb* мгновение *n*
(18c); for an ~ I thought
I was dreaming на мгнове-
ние я подумал(а), что это
сон; the ~ I said it, I was
sorry как только я это
сказал, я раскаялся; do it
this ~! сделайте это сей-
час же!; { (*moment*) минута
f (19c); I knew there wasn't
an ~ to lose я знал(а), что
нельзя терять ни минуты;
he didn't hesitate even an ~
он ни минуты не колебался;
he was back in an ~ он
вернулся через минуту.

instantly моментально;
the medicine works ~ это
лекарство действует мо-
ментально; his face cleared
~ его лицо мгновенно про-
яснилось.

instead: ~ of *prep with
gen*: ~ of this вместо этого);
~ of me / him / her / them
/ you вместо меня / него
/ неё / них / вас; we decided
to go on Wednesday ~ of
Tuesday мы решили по-
ехать в среду вместо втор-
ника; he put on my hat ~ of
his own он надел мою шляпу
вместо своей; why are you
reading ~ of working? по-
чему ты читаешь вместо
того, чтобы работать?; ~ of

answering he sat down and looked at me вместо того, чтобы ответить, он сел и посмотрел на меня.

institution учреждение *n* (18c) [educational просветительное, government государственное, public общественное]; ~ of higher learning высшее учебное заведение, вуз.

instruction 1. (*teaching*) обучение *n* (18c) [practical практическое, theoretical теоретическое, sound основательное, effective эффективное, modern современное, oral устное, technical техническое]; 2. *pl* ~s (*orders*) указания (18c) [1) strict строгие, definite определённые, clear ясные, detailed детальные, exact, precise точные; 2) give дать, issue издать, carry out выполнить, violate нарушить]; follow ~s следовать указаниям; await, wait for ~s ждать указаний; according to ~s согласно указаниям; on your ~s по вашим указаниям; we received no ~s мы не получили никаких указаний; ~s were sent at once сразу же были посланы указания.

instrument 1. (*apparatus*) прибор *m* (1f) [1) delicate тонкий, precise точный, special специальный, recording записывающий; 2) break сломать, repair починить, damage повредить]; every change is recorded by special ~s каждое изменение фиксируется специальными приборами; 2. (*musical*) (музыкальный) инструмент *m* (1f); do you play an ~? вы играете на каком-л. музыкальном инструменте?; 3. (*means, weapon*) орудие *n* (18c) [powerful мощное, effective действенное]; he is a mere ~ in their hands он слепое орудие в их руках.

insult I *sb* оскорбление *n* (18c); it was an ~ to his honour это было оскорблением его чести; I will not listen to such ~s я отказываюсь слушать такие оскорбления.

insult II *v* оскорблять (223), *perf* оскорбить (164) [*with acc* person человека]; you are ~ing me вы меня оскорбляете; why did you ~ him so? почему вы его так оскорбили?; I didn't mean to ~ you я не хотел(а) вас оскорбить.

intellectuals *pl* интеллигенция *f*, *collect* (23c).

intelligent 1. (*sensible*) разумный (31b) [person человек, answer ответ]; разумное [proposal предложение, decision решение, being существо]; разумные [parents родители]; 2. (*clever*) умный (31b) [person человек]; умное [face лицо]; умные [eyes глаза].

intend 1. (*propose*): he ~s он намерен; she ~s она намерена; they ~ они на-

ме́рены; he doesn't ~ to
wait long он не наме́рен
до́лго ждать; do you ~ to
stay there long? вы наме́ре-
ны до́лго там пробы́ть?; what
do you ~ to do when you
get there? что вы наме́рены
де́лать, когда́ прие́дете?;
we ~ed to leave that very
night мы намерева́лись
уе́хать в тот же ве́чер; how
do you ~ to arrange mat-
ters? как вы ду́маете ула́-
дить э́ти дела́?; we didn't
~ to spend so much мы не
ду́мали тра́тить сто́лько
де́нег; 2. (plan): be ~ed
предназнача́ться (64), no
perf; the building was ~ed
as a museum зда́ние пред-
назнача́лось для (with gen)
музе́я; the dictionary is ~ed
for second-year students
э́тот слова́рь предназна-
ча́ется для студе́нтов второ́-
го ку́рса; his remark was
~ed for me его́ замеча́ние
относи́лось ко мне́; who is
the gift ~ed for? кому́
предназнача́ется э́тот по-
да́рок?

intention (aim) наме́ре-
ние n (18c) [1] good хоро́-
шее, sincere и́скреннее;
2) conceal скрыть]; aban-
don one's ~ отказа́ться от
своего́ наме́рения; declare
one's ~ объяви́ть о своём
наме́рении; he had the best
of ~s у него́ бы́ли наилу́ч-
шие наме́рения; he has declared his ~ of giving up
work он объяви́л о своём на-
ме́рении бро́сить рабо́ту;

I haven't the slightest ~,
have no ~ of accepting я не
наме́рен(а) соглаша́ться; he
came with the ~ of discussing all our complaints он
прие́хал с наме́рением
обсуди́ть все на́ши жа́лобы;
we had every ~ of finishing
the work in time у нас бы́ли
лу́чшие наме́рения ко́нчить
рабо́ту в срок; { (plan) за́-
мысел m (1f) [1] original
первонача́льный; 2) disclose,
reveal откры́ть].

interest I sb 1. (special attention) интере́с m (1f) [1]
great большо́й, special, particular осо́бый, considerable
значи́тельный, deep глубо́-
кий, lively живо́й; intense
напряжённый, keen о́стрый;
2) grows возраста́ет, increases
увели́чивается, diminishes
уменьша́ется, centres round
one character сосредото́чи-
вается вокру́г одного́ из
геро́ев; 3) arouse вы́звать,
show прояви́ть, lose по-
теря́ть, maintain поддёржи-
вать]; his work is of particular ~ to students of art
его́ рабо́та представля́ет
осо́бый интере́с для изу-
ча́ющих иску́сство; the book
is of no ~ to us для нас э́та
кни́га не представля́ет
никако́го интере́са; the theatre was his chief ~ in life
бо́льше всего́ в жи́зни он ин-
тересова́лся теа́тром; ⊙ take
an ~ интересова́ться (243)
(in — with instr); he took
much / little ~ in my work он
о́чень / ма́ло интересова́лся

моей работой; he always took an ~ in young people он всегда интересовался молодёжью; { проявлять (223) интерес, *perf* проявить (147) интерес (in— к *with dat*); he always took a lively ~ in our affairs он всегда проявлял живой интерес к нашим делам; **2.** (*importance*) значение *n* (18c); a matter of local / public / general ~ вопрос, имеющий местное / общественное / общее значение; the book / work has scientific / educational ~ эта книга / работа имеет научное / воспитательное значение; **3.** *often pl* ~s (*advantage*) интересы [consider учитывать, defend защищать, guard охранять]; it is in your own ~s это в ваших интересах; in the ~s of science / culture в интересах науки / культуры; it will serve the best ~s of everyone это будет служить интересам каждого; he always looked after his own ~s он всегда заботился о своих собственных интересах; **4.** (*percentage rate*) проценты *pl* (1f) [1) high высокие, low низкие, moderate умеренные; 2) compute, reckon высчитывать, lower снизить, raise увеличить, receive получить, pay платить]; the ~ amounted to a considerable sum проценты достигли значительной суммы; they pay 6% annual ~ они

платят шесть процентов годовых.

interest II *v* интересовать (243), *perf* ·заинтересовать (243) (*with acc*); that doesn't ~ me это меня не интересует; the experiment ~ed me эксперимент заинтересовал меня; we want to ~ them in our work мы хотим заинтересовать их нашей работой; the offer ~ed him это предложение заинтересовало его; { be ~ed интересоваться (243), *perf* заинтересоваться (243) (*with instr*); he is ~ed in literature / chemistry / flying / the subject он интересуется литературой / химией / лётным делом / этим предметом; he wasn't the least, a bit ~ed он совсем не интересовался; she wasn't ~ed in how or where I lived она не интересовалась, где и как я живу; we don't know what he is ~ed in мы не знаем, чем он интересуется; become, get ~ed заинтересоваться (*with instr*); he became ~ed in philosophy он заинтересовался философией.

interesting интересный (31b) [concert концерт, fact факт, conversation разговор, magazine журнал, person человек, museum музей, story рассказ]; интересная [book книга, game игра, work работа, life жизнь]; интересное [meeting совещание, place место, face лицо́]; it is very ~ to all of us всем нам э́то о́чень интере́сно; there is nothing ~ there там нет ничего́ интере́сного; there were many ~ things in the museum в музе́е бы́ло мно́го интере́сного; I can't tell you anything ~ я не могу́ вам рассказа́ть ничего́ интере́сного; the most ~ thing was that... са́мым интере́сным бы́ло то, что...

interfere 1. (*meddle*) вме́шиваться (65), *perf* вмеша́ться (64) (in — в *with acc*); don't ~ in my affairs! не вме́шивайтесь в мои́ дела́!; I don't like interfering in other people's affairs я не люблю́ вме́шиваться в чужи́е дела́; they would have quarrelled if I hadn't ~d они́ бы поссо́рились, е́сли бы я не вмеша́лся; you had no right to ~ вы не име́ли пра́ва вме́шиваться; 2. (*hinder, bother*) меша́ть (64), *perf* помеша́ть (64) (with — *with dat*); please, don't ~ with me! не меша́йте мне, пожа́луйста!; something always ~s всегда́ что-то меша́ет; I hope I am not interfering наде́юсь, я не меша́ю?

international междунаро́дный (31b) [holiday пра́здник, festival фести-ва́ль, agreement, treaty догово́р]; междунаро́дная [trade торго́вля, organization организа́ция, conference конфере́нция]; междуна-

ро́дное [law пра́во, situation положе́ние, rule пра́вило]; междунаро́дные [affairs дела́, events собы́тия, relations отноше́ния]; events of ~ significance собы́тия междунаро́дного значе́ния.

interrupt 1. (*break into*) прерыва́ть (64), *perf* прерва́ть (50) [1] *with acc* speaker выступа́ющего, conversation разгово́р, work рабо́ту]; 2) rudely гру́бо]; please, don't ~! не прерыва́йте, пожа́луйста!; sorry to ~ you прости́те, что я вас прерыва́ю; may I ~ you for a moment? мо́жно вас прерва́ть на мину́ту?; we were ~ed several times нас прерыва́ли не́сколько раз; he was ~ed by a sudden noise in the corridor его́ прерва́л внеза́пный шум в коридо́ре; 2. (*prevent, break continuity*) меша́ть (64), *perf* помеша́ть (64) (*with dat*); the war ~ed construction война́ помеша́ла строи́тельству; I'm busy, don't ~ me now! я сейча́с за́нят, не меша́йте мне!; no one will ~ us here нам здесь никто́ не помеша́ет.

interval 1. (*recurring space of time*) интерва́л m(1f); at long / short / regular ~s с больши́ми / коро́ткими / регуля́рными интерва́лами; at ~s of three minutes с интерва́лом в три мину́ты; there is a long ~ between trains поезда́ хо́дят с больши́ми интерва́лами; 2.

(*pause*) па́уза *f* (19c); after a short / long ~ he began to speak по́сле кра́ткой / дли́нной па́узы он на́чал говори́ть.

into *prep* **1.** (*of movement within*) *with acc*: ~ the house / room / underground **в** дом / ко́мнату / метро́; ~ the air / water в во́здух / во́ду; she put the money ~ her bag / pocket / box она́ положи́ла де́ньги в су́мку / карма́н / коро́бку; we got ~ the car мы се́ли в маши́ну; something has fallen ~ my eye что́-то попа́ло мне в глаз; **2.** (*of division*) *with acc*: divide the money ~ three parts дели́ть де́ньги **на** три ча́сти; they divided the field ~ equal parts они́ раздели́ли по́ле на ра́вные ча́сти; she cut the apple / broke the bread ~ three parts она́ разре́зала я́блоко / разломи́ла хлеб на́ три ча́сти; **3.** *in various phrases*: translate from Russian ~ English переводи́ть с ру́сского **на** (*with acc*) англи́йский язы́к; the water turned ~ ice вода́ преврати́лась в (*with acc*) лёд; she grew (up) ~ a beautiful woman она́ преврати́лась в краси́вую же́нщину.

introduce 1. (*bring in*) вводи́ть (152), *perf* ввести́ (219) [*with acc* system систе́му, new method но́вый ме́тод, custom обы́чай]; the subject was ~d last year э́тот предме́т был введён в про́шлом году́; **2.** (*present*) представля́ть (223), *perf* предста́вить (168) (*with acc*); the chairman ~d the speaker председа́тель предста́вил ле́ктора; please, ~ me to your sister предста́вьте меня́ (*with dat*) ва́шей сестре́, пожа́луйста; allow me to ~ my friend разреши́те мне предста́вить своего́ дру́га; let me ~ myself разреши́те предста́виться; { (*make acquainted*) знако́мить (168), *perf* познако́мить (168); we have not been ~d нас не познако́мили; we have already been ~d нас уже́ познако́мил...

invent 1. (*devise*) изобрета́ть (64), *perf* изобрести́ (242) [*with acc* machine маши́ну, device приспособле́ние, way спо́соб, instrument прибо́р]; who ~ed the first airplane? кто изобрёл пе́рвый самолёт?; **2.** (*think up*) выду́мывать (65), *perf* вы́думать (64а) (*with acc*); I think he ~ed the whole story я ду́маю, что он вы́думал всю э́ту исто́рию; he had to ~ an excuse quickly ему́ ну́жно бы́ло бы́стро приду́мать предло́г.

invention (*new device*) изобрете́ние *n* (18c) [1) labour-saving эконо́мящее труд, useful поле́зное, valuable це́нное, remarkable замеча́тельное; 2) make сде́лать, use испо́льзовать, test испы́тывать]; the ~ of the steam-

-engine изобретéние (*with gen*) паровóго двúгателя; patent an ~ приобрестú патéнт на изобретéние; the ~ was put into use immediately изобретéние бы́ло немéдленно испóльзовано на прáктике.

invitation приглашéние *n* (18c) [1) kind любéзное, cordial сердéчное, written пúсьменное, urgent, pressing настóйчивое; 2) accept приня́ть, receive получúть, deliver вручúть, передáть, send послáть]; they came at the ~ of the writers' club онú приéхали по приглашéнию клýба писáтелей; we had to decline their ~ нам пришлóсь отклонúть их приглашéние; we refused their ~ мы отказáлись от их приглашéния; ~ card пригласи́тельный билéт.

invite приглашáть (64), *perf* приглаcúть (199) (*with acc*); they ~d me to go with them онú приглаcúли меня́ поéхать с нúми; she ~d us into the house онá пригласúла нас войтú в дом; why weren't they ~d? почемý их не приглаcúли?; we were all ~d to the wedding всех нас приглаcúли на свáдьбу; he ~d me to the theatre он приглаcúл меня́ в теáтр; you are ~d вас приглашáют; ~ him to dinner! приглаcú(те) егó на cбéд!

iron *sb* 1. (*metal*) желéзо *n* (14c); the handle was made of ~ рýчка былá сдéлана из желéза; ~ bed / door желéзная кровáть / дверь; ~ bars желéзные прýтья; ~ will желéзная вóля; 2. (*for pressing clothes*) утю́г *m* (4g) [heavy тяжёлый, travelling дорóжный, electric электрúческий, hot горя́чий].

island óстров *m* (1*l*) [1) green зелёный, uninhabited ненаселённый, deserted покúнутый; 2) lies off the shore нахóдится недалекó от бéрега; 3) visit посетúть]; come to an ~ приéхать на óстров; live on an ~ жить на óстрове; an ~ in the Atlantic óстров в Атлантúческом океáне; the ~ is a kilometre and a half long óстров длинóй в полторá киломéтра.

it I *pron pers as substitute for masculine nouns in nom* он (40b); *see* he; *as substitute for feminine nouns in nom* онá (40b); *see* she; *as substitute for neuter nouns in nom* онó (40b); it (*the letter*) was well written онó (*письмó*) бы́ло хорошó напúсано; it (*the window*) gives a great deal of light онó (*окнó*) даёт мнóго свéта; it (*the sky*) was covered over with dark clouds онó (*нéбо*) бы́ло покры́то тёмными тýчами; it (*the sea*) raged for three days онó (*мóре*) бушевáло три дня; II *pron dem* э́то (41b); what is this? It is my new dress что э́то? Э́то моё нóвое плáтье; who is there? It is I кто там? Это я; who is that girl? It is his sister from Leningrad кто эта дéвушка? Это егó сестрá из Ленингрáда; who was it? It was the postman кто это был? Это был почтальóн; is it true? это прáвда?; it's a lie это ложь; it is he who said that úменно он это сказáл; III *in impersonal constructions, not translated:* it is snowing идёт снег; it is summer сейчáс лéто; it was spring / winter былá веснá / зимá; it is cold / dark / late хóлодно / темнó / пóздно; it was cold бы́ло хóлодно; it will be cold бýдет хóлодно; it is five o'clock (сейчáс) пять часóв; it's a nice-day today сегóдня хорóший день; it was a beautiful day был прекрáсный день; it is about 700 kilometres to Leningrad до Ленингрáда óколо семисóт киломéтров; it's an hour's ride тудá нáдо éхать час; it is difficult to believe her story трýдно повéрить её рассказу; it is too bad óчень жаль; it is your turn вáша

óчередь; it is never too late to learn учúться никогдá не пóздно; it is clear that they will do nothing я́сно, что онú ничегó не сдéлают, не бýдут дéлать; it is important that everyone should realize вáжно, чтóбы все пóняли; it isn't clear to me why мне не я́сно, почемý; it is difficult for us to leave at present сейчáс нам трýдно уéхать; it seems to me мне кáжется; it seemed to her that she was alone in the city ей показáлось, что онá однá в гóроде; it's possible that they went home возмóжно, что онú поéхали домóй.

Italian I *sb* **1.** (*language*) итальянский язы́к (4g); speak ~ говорúть по-итальянски; **2.** (*nationality*) итальянец *m* (10b), итальянка *f* (22c).

Italian II *a* итальянский (33b).

its *pron poss with reference to masculine and neuter nouns* егó, свой *m*, своё *n* (40c); *with reference to feminine nouns* её, свой; *see* his I.

itself *see* himself, herself.

J

jacket (*men's garment*) пиджáк *m* (4g) [1) long длúнный, warm тёплый, light лёгкий, woollen шерстянóй, dark тёмный, striped полосáтый, checked клéтчатый; 2) clean, brush чúстить, hang вéшать, put on надевáть, take off снять, wear носúть]; { (*woman's*

garment) жакéт *m* (1f); {
(*short coat*) кýртка *f* (22d)
[thick тóлстая, padded вáт-
ная].

January янвáрь *m* (2b);
see April.

Japanese I *sb* 1. (*language*)
япóнский язы́к *m* (4g);
speak ~ говори́ть по-япóн-
ски; 2. (*nationality*) япó-
нец *m* (10b), япóнка *f* (22c);
the ~ *pl* япóнцы (10b).

Japanese II *a* япóнский
(33b).

jar I *sb* (*physical shock*)
толчóк *m* (4f); we felt a
slight ~ when the plane
touched the ground когдá
самолёт коснýлся земли́,
мы почýвствовали лёгкий
толчóк; the car stopped suddenly with a ~ вдруг ма-
ши́на рéзко останови́лась;
2. (*mental shock*): the unexpected news gave me quite
a ~ э́то неожи́данное извé-
стие потрясло́ меня́.

jar II *sb* (*vessel*) бáнка *f*
(22d) [1) tall высóкая, wide
широ́кая, heavy тяжёлая,
glass стекля́нная; 2) *with
gen* of jam варéнья, of
honey мёда, of pickles со-
лёных огурцóв, of stewed
fruit компóта, of mayon-
naise майонéза]; ~ of caviare бáночка икры́; open
/ close / cover a ~ откры́ть
/ закры́ть / накры́ть бáнку;
I can't get these berries
out of the ~ я не могý достáть э́ти я́годы из бáнки;
put the butter into a ~!
положи́(те) мáсло в бáнку!

jealous 1.(*suspicious*) рев-
ни́вый (31b) [husband муж];
ревни́вая [wife женá]; be
~ ревновáть (243); he is
~ of his wife он ревнýет
(*with acc*) свою́ женý; he
is ~ of his wife's friends
он ревнýет женý к (*with
dat*) её друзья́м; 2. (*envious*):
be ~ зави́довать (245),
perf позави́довать (245) (of—
with dat); he is ~ of other
people's success он зави́дует
успéху другúх; she is ~ of
her friends / fellow-workers
онá зави́дует свои́м друзь-
я́м / товáрищам по рабóте.

jewels *pl* драгоцéнности
(29c) [1) glittering, flashing
блестя́щие; 2) put on на-
дéть, wear носи́ть, keep
храни́ть, hide спря́тать, love
люби́ть, steal укрáсть]; the
~ were kept in a safe драгоцéнности храни́лись в
сéйфе; her fingers were covered with ~ её пáльцы
бы́ли уни́заны драгоцéн-
ностями.

job *sb* 1. (*work*) рабóта
f (19c) [steady постоя́нная,
easy лёгкая, hard тяжё-
лая]; find / look for / get
a ~ найти́ / искáть / по-
лучи́ть рабóту; he was willing to take any ~ он был
готóв взять любýю рабóту;
he lost his ~ он потеря́л
рабóту; he needed a ~ badly
емý óчень былá нужнá ра-
бóта; he gave up, threw up
the ~ он отказáлся от э́той
рабóты; he quit the ~ он
ушёл с э́той рабóты; he was

out of a ~ он был без рабо́ты; ⊙ do a good / bad ~ хорошо́ / пло́хо сде́лать (65) (with acc); the barber did a good ~ on my hair парикма́хер хорошо́ причеса́л меня́; he did a good ~ on, with the translation of the book он хорошо́ перевёл кни́гу; 2. (task) зада́ча f (25a); you've given me a hard ~ вы мне за́дали тру́дную зада́чу; taking care of children is no easy ~ расти́ть дете́й — нелёгкая зада́ча; ◇ a bad ~ безнадёжное де́ло; he gave it up as a bad ~ он реши́л, что э́то безнадёжное де́ло; a bad ~! пло́хо де́ло!

join v 1. (connect) соединя́ть (223), perf соедини́ть (158) (with acc); ~ smth together соедини́ть что-л. вме́сте; the bridge ~s the two parts of the town мост соединя́ет две ча́сти го́рода; the two towns are ~ed by a railway два го́рода соединены́ желе́зной доро́гой; they ~ed hands они́ взя́лись за́ руки; ~ forces / efforts объедини́ть си́лы / уси́лия; 2. (unite with) присоединя́ться (223), perf присоедини́ться (158) [1) к with dat our party к на́шей компа́нии, the guests к гостя́м, them к ним, the others к остальны́м, the strike к забасто́вке; 2) immediately сра́зу же, a little later немно́го по́зже]; they ~ed the crowd in the square они́

присоедини́лись к толпе́ на пло́щади; I shall ~ you as soon as I am free я присоединю́сь к вам, как то́лько освобожу́сь; I'll ~ you gladly я с ра́достью присоединю́сь к вам; the other children ~ed in the game други́е де́ти присоедини́лись к игре́; we all ~ed in the singing / dancing мы все присоедини́лись к пою́щим / танцу́ющим; he ~ed in the conversation он вступи́л в разгово́р; 3. (become member) вступа́ть (64), perf вступи́ть (169) [в with acc party в па́ртию, club в клуб, society в о́бщество]; ~ the army поступи́ть на вое́нную слу́жбу; ~ the navy поступи́ть во флот.

joke sb шу́тка f (22d) [good хоро́шая, old, stale ста́рая, stupid, silly глу́пая]; family ~ семе́йная шу́тка; tell a ~ рассказа́ть анекдо́т; he meant it as a ~ он сказа́л э́то в шу́тку; I don't like such ~s я не люблю́ таки́х шу́ток; everyone laughed at his ~ все смея́лись над его́ шу́ткой; I don't see the ~ я не понима́ю, в чём соль (шу́тки); that's no ~ э́то не шу́тка; the ~ was on me э́та шу́тка предназнача́лась мне; ⊙ play a ~ подшу́чивать (65), perf подшути́ть (192) (on — над with instr); we decided to play a ~ on her мы реши́ли подшути́ть над ней; he was not angry when we played ~s on him он не сердился, когда мы подшучивали над ним.

journal (*magazine*) журнал *m* (1f) [scientific научный, serious серьёзный, illustrated иллюстрированный, monthly ежемесячный].

journey *sb* путешествие *n* (18c) [1) long длительное, pleasant приятное; 2) lasts длится, takes a month занимает месяц, ends кончается; 3) make совершать, plan планировать, postpone откладывать, shorten сократить; 4) round the world вокруг света, to distant lands в дальние страны]; we had a long ~ before us нам предстояло длительное путешествие; we set out on our ~ мы отправились в путешествие; go on a ~ отправиться в путешествие; I wished him a safe ~ я пожелал ему счастливого путешествия.

joy радость *f* (29c) [boundless безграничная, immense огромная]; with eyes full of ~ с глазами, полными радости; the ~ of working creatively радость творческой работы; you can imagine their ~ when the boy returned home вы можете представить себе их радость, когда мальчик вернулся домой; his heart was filled with ~ его сердце было преисполнено радости; they clapped their hands /

shouted with ~ они хлопали в ладоши / кричали от радости; it was a great ~ to him to hear her sing для него было большой радостью услышать её пение.

judge I *sb* 1. (*in court, at athletic contest*) судья *m* (24a) [1) fair справедливый, impartial беспристрастный, experienced опытный, prejudiced, biassed пристрастный; 2) decides решает, states заявляет, examines the facts рассматривает факты]; he was elected / appointed ~ его выбрали / назначили судьёй; 2. (*connoisseur*) знаток *m* (4e) [*with gen* of fine arts изобразительных искусств, of music музыки, of books книг, of poetry поэзии]; he is a keen, shrewd ~ of character он тонкий знаток человеческого характера; I am no ~ of architecture я не знаток архитектуры.

judge II *v* судить (152), *no perf* [1) fairly справедливо, honestly честно; 2) по *with dat* by, from the results по результатам, by the statistics по статистическим данным, by appearances по внешнему виду, by his appearance по его внешности; by what people say по тому, что говорят, by public opinion руководствуясь общественным мнением]; ~ for yourself! судите сами!; judging from what you say... судя по тому, что вы говори́те...; as far as I can ∼... насколько я могу суди́ть...; he didn't ∼ the distance correctly он непра́вильно определи́л расстоя́ние; it's hard to ∼ in such cases тру́дно вы́сказать своё мне́ние в таки́х слу́чаях.

judgement 1. (*decision in court*) реше́ние *n* (18c); the ∼ was for him реше́ние бы́ло в его́ по́льзу; the ∼ was against him реше́ние бы́ло не в его́ по́льзу; the court passed ∼ in his favour суд вы́нес реше́ние в его́ по́льзу; **2.** (*ability to form opinion*): the mistake was the result of hasty ∼ оши́бка была́ сле́дствием скороспе́лого реше́ния; he always showed excellent ∼ in choosing people он всегда́ хорошо́ разбира́лся в лю́дях.

juice сок *m* (4c) [1] sweet сла́дкий, sour ки́слый, orange апельси́новый, tomato тома́тный, berry я́годный; 2) drink пить, squeeze вы́жимать, pour off слить]; a glass of grape ∼ стака́н виногра́дного со́ка.

July ию́ль *m* (2b); *see* April.

jump пры́гать (65), *perf* пры́гнуть (125) [1] high высоко́, down вниз, to the side, aside в сто́рону, back наза́д; 2) into the water в во́ду, into the train в по́езд, on to the table на стол]; they ∼ed with, for joy они́ пры́гали от ра́дости; he ∼ed to his feet он вско-

чи́л на́ ноги; he ∼ed (up) он вскочи́л; the rabbit ∼ed out of the bush за́яц вы́скочил из-за куста́; the spring ∼ed out пружи́на вы́скочила; ∼ **off** спры́гнуть (125) с (*with gen*); ∼ off a train / bridge спры́гнуть с по́езда / моста́; ∼ **out** вы́прыгнуть (128), ∼ out of the window вы́прыгнуть из (*with gen*) окна́; ∼ out of bed спры́гнуть с (*with gen*) крова́ти; ∼ **over** перепры́гнуть (125) че́рез (*with acc*); he ∼ed over the fence / the ditch / the gate он перепры́гнул че́рез забо́р / кана́ву / воро́та.

June ию́нь *m* (2b); *see* April.

junior *a* (*younger, inferior in rank*) мла́дший (34b) [partner компаньо́н]; мла́дшие [grades, forms, classes кла́ссы]; she is ten years my ∼ она́ на де́сять лет моло́же меня́.

just I *a* справедли́вый (31b) [peace мир, person челове́к]; справедли́вые [laws зако́ны]; she wanted to be ∼ она́ хоте́ла быть справедли́вой.

just II *adv* 1. (*at that moment*) то́лько что; I have ∼ spoken, was ∼ speaking to him я то́лько что говори́л(а) с ним; I had ∼ come in when the telephone rang как то́лько я вошёл, зазвони́л телефо́н; 2. (*precisely, exactly*) как раз; you are ∼ in time вы пришли́ как раз во́время; that is ∼

what I wanted to say это
как раз то, что я хотел(а)
сказать; that is ~ what
he needs это как раз то,
что ему нужно; it was ~
twelve o'clock было ровно
двенадцать часов.

justice (*fairness*) спра-
ведливость *f* (29c); there is
much ~ in his criticism / remarks в его критике / за-
мечаниях много справедли-
вого; there is much ~ in his
decision его решение во мно-
гом справедливо; we felt
the decision was a violation
of ~ мы сочли это решение
несправедливым; for the
sake of ~ ради справедли-
вости; in ~ to him, I must
say... отдавая ему долж-
ное, следует сказать...

justify оправдывать (65),

perf оправдать (64) (*with
acc*); I believe the results
will fully ~ the cost я считаю, что (предполагаемые)
результаты полностью оп-
равдают расходы; he tried
to ~ himself on the ground
that he had been too busy
он пытался оправдаться тем,
что был слишком занят;
nothing can ~ such con-
duct / negligence ничто не
может оправдать подобное
поведение / подобную не-
брежность; good intentions
alone can't ~ you одни
хорошие побуждения не мо-
гут служить вам оправда-
нием; he thought he was
justified in asking for more
money он считал себя в
праве (по)просить больше
денег.

К

keen 1. (*sharp*) острый
(31b) [knife нож, sword меч,
edge край]; острая [razor
бритва]; **2.** (*cutting*) резкий
(33b) [wind ветер]; ~ frost
трескучий мороз; **3.** (*pen-
etrating*) проницательный
(31b) [mind ум, glance
взгляд]; проницательные
[eyes глаза]; **4.** (*fine, delicate*) тонкий (33b) [taste
вкус]; тонкая [irony иро-
ния]; тонкое [sense of humour чувство юмора, un-
derstanding, insight по-
нимание]; **5.** (*intense*) силь-

ный (31b) [hunger голод,
interest интерес]; сильная
[pain боль]; ⊙ **be ~ on**
smth увлекаться (64) (*with
instr*) чем-л.; they are very
~ on modern music они очень
увлекаются современной
музыкой; I'm not ~ on the
idea я не увлечён этой идеей.

keep 1. хранить (158), *no
perf* [1] *with acc* things вещи,
clothes одежду, books книги; 2) in a drawer в ящике,
in a clothes-closet в шкафу,
in two big bags в двух больших чемоданах, on book-

shelves на кни́жных по́лках]; will you ~ this for me? не сохрани́те ли вы э́то для меня́?; the medicine must be kept in a cold place э́то лека́рство на́до храни́ть в холо́дном ме́сте; { держа́ть (47), *no perf* (*with acc*); he kept his hands in his pockets он держа́л ру́ки в карма́нах; can you ~ all that in your head? мо́жете ли вы удержа́ть всё э́то в голове́?; she kept her hat on она́ не снима́ла шля́пы; 2. (*maintain*) содержа́ть (47), *no perf* (*with acc*); they couldn't ~ such a big house они́ не могли́ содержа́ть тако́й большо́й дом; they kept two servants они́ держа́ли двух слуг; she kept everything in good order она́ всё (со)держа́ла в поря́дке; 3. (*detain*) заде́рживать (65), *perf.* задержа́ть (47) (*with acc*); please, don't ~ me, I am late не заде́рживайте меня́, пожа́луйста, я опа́здываю; I was kept there over an hour меня́ там задержа́ли бо́льше ча́са; what kept you so long? что вас так задержа́ло?; 4. (*continue*) продолжа́ть (64), *no perf*; he kept (on) talking / walking он продолжа́л говори́ть / идти́; she kept looking at me она́ продолжа́ла смотре́ть на меня́; I ~ thinking he was right я продолжа́ю ду́мать, что он был прав; ~ from: we couldn't ~ him

from going мы не могли́ удержа́ть его́ от э́той пое́здки; I couldn't ~ from smiling я не мог(ла́) не улыбну́ться; ~ on продолжа́ть, *no perf*; they kept on working они́ продолжа́ли рабо́тать; she kept on trying она́ не оста́вила свои́х попы́ток; ~ up успева́ть (64), *perf* успе́ть (98); I can't ~ up with you я не успева́ю за (*with instr*) ва́ми; try to ~ up with us! постара́йтесь не отстава́ть!; ◇ ~ one's promise / word сдержа́ть (47) (своё) обеща́ние / сло́во; ~ an agreement вы́полнить (159) догово́р; ~ a secret храни́ть та́йну; *see* secret I.

key (*to a lock*) ключ *m* (7b) [lose потеря́ть, find найти́, look for иска́ть, leave оста́вить]; the ~ fits / does not fit э́тот ключ подхо́дит / не подхо́дит; he turned the ~ он поверну́л ключ; this is not the right ~ э́то не тот ключ; the ~ to the door / drawer / bag ключ от (*with gen*) две́ри / я́щика / чемода́на; he opened the door with his own ~ он откры́л дверь со́бственным ключо́м; the ~ to the problem ключ к (*with dat*) реше́нию вопро́са; you will find ~s to the exercises at the back of the book вы найдёте ключ к упражне́ниям в конце́ кни́ги; ~ industry веду́щая о́трасль промы́шленности.

kick v (*strike*) ударя́ть
(223) ного́й, *perf* уда́рить
(157) ного́й [*with acc* dog
соба́ку, ball мяч]; the horse
~ed him in the chest ло́-
шадь уда́рила его́ в грудь;
they ~ed him out они́ его́
вы́гнали; they ~ed him
down the stairs они́ спусти́-
ли его́ с ле́стницы.

kid sb (*small child*) ребёнок m (4b); a woman
with three ~s же́нщина с
тремя́ детьми́.

kill v 1. (*put to death,
slay*) убива́ть (64), *perf*
уби́ть (180) (*with acc*); he
was ~ed in an accident / at
the front он был уби́т во вре́-
мя катастро́фы / на фро́нте;
we were afraid the shock
/ news would ~ her мы
боя́лись, что э́тот уда́р /э́то
изве́стие убьёт её; ~ oneself поко́нчить с собо́й; she
~ed herself она́ поко́нчила
с собо́й; 2. (*exterminate*)
уничтожа́ть (64), *perf* уни-
что́жить (174) [*with acc* in-
sects насеко́мых, pests вре-
ди́телей, germs микро́бов];
3. (*destroy*) губи́ть (169),
perf погуби́ть (169) [*with
acc* reputation репута́цию];
the unexpected frost ~ed
the flowers / buds неожи́-
данные за́морозки погуби́-
ли цветы́ / по́чки; ◇ ~
time уби́ть вре́мя; ~ two
birds with one stone одни́м
вы́стрелом уби́ть двух за́й-
цев.

kilogram(me) килогра́мм
m (1f); two ~s два кило-

гра́мм; five ~s of flour
пять килогра́ммов муки́.

kilometre киломе́тр m
(1f); two ~s два киломе́тра;
five ~s пять киломе́тров;
at a distance of ten ~s на
расстоя́нии десяти́ кило-
ме́тров.

kind I sb (*sort*) вид m (1f)
[different друго́й, special
осо́бый, new но́вый]; various
~s of flowers / trees / birds
разли́чные ви́ды цветов / де-
ре́вьев / птиц; a new ~ of
fuel но́вый вид то́плива;
{ сорт m (1*l*); several ~s of
apples я́блоки ра́зных сор-
то́в; { (*type*) род m, *no pl*
(1f); all ~s of work вся́кого
ро́да рабо́та; there were
all ~s of people there там
бы́ли вся́кие лю́ди; I don't
like that ~ of discussion
я не люблю́ подо́бных ди-
ску́ссий; she wasn't used to
that ~ of treatment она́
не привы́кла к тако́го ро́да
обраще́нию; ⊙ what ~ что
за; what ~ of man is he? что
он за челове́к?; what ~ of
(a) place is it? что э́то за
ме́сто?; **nothing of the** ~
ничего́ подо́бного; *see* nothing.

kind II a 1. (*good*) до́брый
(31b) [father оте́ц, friend
друг, man челове́к, neighbour сосе́д]; до́брая [wom-
an же́нщина]; до́брое [face
лицо́]; you are very ~
вы о́чень добры́; 2. (*gra-
cious, obliging*) любе́зный
(31b); with a ~ smile с лю-
бе́зной улы́бкой; it is very

~ of you это очень любе́зно с ва́шей стороны́; would you be so ~... не бу́дете ли вы так любе́зны...; would you be ~ enough to answer at once бу́дьте любе́зны отве́тить сра́зу.

kindly *adv* любе́зно; he ~ agreed / promised он любе́зно согласи́лся / обеща́л; he spoke very ~ to us он говори́л с на́ми о́чень любе́зно; ~ come here! бу́дьте любе́зны, подойди́те сюда́!; would you ~ explain to me... вы не бу́дете так любе́зны объясни́ть мне...

kindness любе́зность *f* (29c); he did it out of ~ он сде́лал э́то из любе́зности; I shall never forget your ~ я никогда́ не забу́ду ва́шей любе́зности; he treated us with great ~ он был с на́ми о́чень любе́зен.

king коро́ль *m* (2a); ~ of England коро́ль А́нглии; under, in the reign of King George во вре́мя ца́рствования короля́ Гео́рга; railroad / oil ~ железнодоро́жный / нефтяно́й коро́ль; ◇ ~'s English литерату́рный англи́йский язы́к.

kingdom 1. короле́вство *n* (14c); the United Kingdom Объединённое короле́вство; **2.** (*now fig or in tales*) ца́рство *n* (14b); animal ~ живо́тный мир.

kiss I *sb* поцелу́й *m* (13c) [passionate стра́стный, brotherly бра́тский, maternal матери́нский, last по-

сле́дний]; he gave her a ~ on the cheek / forehead / lips он поцелова́л её в (*with acc*) щёку / лоб / гу́бы; she blew him a ~ она́ посла́ла ему́ возду́шный поцелу́й.

kiss II *v* целова́ть (243), *perf* поцелова́ть (243) (*with acc*) [tenderly, affectionately не́жно, ardently горячо́, passionately стра́стно]; he ~ed her hand он поцелова́л ей ру́ку; she ~ed the children она́ поцелова́ла дете́й; she ~ed his forehead она́ поцелова́ла его́ в лоб.

kitchen ку́хня *f* (20e) [clean чи́стая, bright све́тлая, big больша́я, little ма́ленькая]; she is in the ~ она́ на ку́хне; she went to the ~ она́ пошла́ на ку́хню; ~ table ку́хонный стол.

kitten котёнок *m* (4b); two ~s два котёнка; five ~s пять котя́т; she fed the ~ она́ накорми́ла котёнка.

knee коле́но *n* (*sg* 14a, *pl* 29c) [bend сгиба́ть, hurt ушиби́ть, dislocate вы́вихнуть, scratch оцара́пать]; her ~s shook у неё дрожа́ли коле́ни; he fell on his ~s он упа́л на коле́ни; we were up to our ~s in water мы стоя́ли по коле́но в воде́; he took the baby on his ~ он взял ребёнка (себе́) на коле́ни.

knife *sb* нож *m* (5b) [1) big большо́й, sharp о́стрый, blunt, dull тупо́й, long дли́нный, pocket карма́нный, hunting охо́тничий; 2) break слома́ть, hold держа́ть, seize схвати́ть, sharpen точи́ть; cut / kill / open with a ~ ре́зать / уби́ть / откры́ть ножо́м; he took a ~ out of his pocket он вы́нул нож из карма́на.

knock I *sb* **1.** (*sound*) стук *m* (4c) [1] heavy тяжёлый, sharp ре́зкий, loud гро́мкий, timid ро́бкий, hesitant нереши́тельный; 2) в *w th acc* on, at the door в дверь, at the window в окно́]; there came a ~ at the door послы́шался стук в дверь; **2.** (*blow*) уда́р *m* (1f) [heavy си́льный]; a ~ on the head уда́р по голове́.

knock II *v* **1.** (*rap*) стуча́ть (46), *perf* постуча́ть (46) [1] в *with acc* at, on the door в дверь, on the window в окно́, on the wall в сте́ну; 2) softly ти́хо, loudly гро́мко, twice два ра́за]; she ~ed, but no one came to the door она́ постуча́ла, но никто́ не откры́л дверь; ~ again! постучи́те ещё раз!; { (*make noise*) стуча́ть, *no perf*; the engine, motor is ~ing мото́р стучи́т; **2.** (*give blow*) ударя́ть (223), *perf* уда́рить (157) (*with acc*); he ~ed the man on the head он уда́рил челове́ка по голове́; he ~ed his head on the table он уда́рился (*with instr*) голово́й об стол; { (*strike*): he ~ed the gun out of the man's hand он вы́бил ружьё из рук э́того чело-

ве́ка; ~ **down** сбить (181) с ног (*with acc*); ~ **off** сбива́ть (64), *perf* сбить (*with acc*); I was almost ~ed off my feet меня́ чуть не сби́ли с ног.

know знать (64), *no perf* [1] *with acc* answer отве́т, reason причи́ну, way доро́гу, story исто́рию, word сло́во, meaning значе́ние, end коне́ц, truth пра́вду, several languages не́сколько языко́в; 2) now тепе́рь, well хорошо́, beforehand зара́нее, by heart наизу́сть]; I ~ them well я их хорошо́ зна́ю; I don't ~ anyone here я никого́ здесь не зна́ю; we ~ very little about him мы о́чень ма́ло о нём зна́ем; do you ~ why / where / when? вы (не) зна́ете, почему́ / где / когда́?; nobody ~s никто́ не зна́ет; God ~s! бог (его́) зна́ет!; I don't ~ what it means я не зна́ю, что э́то зна́чит; we didn't ~ where to go мы не зна́ли, куда́ пойти́; how do you ~? отку́да вы зна́ете?; how should I ~? отку́да мне знать?; if I knew, I'd tell you е́сли бы я знал(а), я бы вам сказа́л(а); I'll let you ~ я дам вам знать; as far as I ~ насколько мне изве́стно.

knowledge зна́ние (18c); *usu pl* зна́ния [1] vast, wide обши́рные, deep глубо́кие, sufficient доста́точные, necessary необходи́мые, superficial пове́рхностные, limited ограни́ченные, theoretical теорети́ческие, scientific нау́чные; 2) broaden расши́рить, increase увели́чить, accumulate накопи́ть, communicate переда́ть, spread распространя́ть, use, utilize испо́льзовать, test, examine прове́рить]; gain, acquire ~ приобрести́ зна́ния; possess ~ облада́ть зна́ниями; ~ of foreign languages / history зна́ние иностра́нных языко́в / исто́рии; he has a thorough ~ of the subject он глубоко́ зна́ет предме́т; thirst for ~ жа́жда зна́ний; without the ~ of his parents / teacher без ве́дома роди́телей / учи́теля; ◇ **to the best of my** ∽... наско́лько мне изве́стно...; **it is common ~ that...** общеизве́стно, что...

L

labour *sb* труд *m* (1f) [physical физи́ческий, mental у́мственный, hard, heavy тяжёлый, patient кропотли́вый, forced принуди́тельный, voluntary доброво́льный, skilled квалифици́рованный, cheap дешёвый]; lighten, ease the ~ облегчи́ть труд; save ~ эконо́мить труд; division of ~ разделе́ние труда́; the task requires much ~ выполне́ние э́того зада́ния тре́бует большо́го труда́; he succeeded by, through honest ~ он доби́лся успе́ха че́стным трудо́м; his ~ was in vain он напра́сно труди́лся.

lack I *sb* 1. (*absence*) отсу́тствие *n* (18c) [utter, complete, total по́лное]; it shows a ~ of sympathy / understanding э́то свиде́тельствует об отсу́тствии сочу́вствия / понима́ния; for ~ of a better term / word за неиме́нием лу́чшего те́рмина / сло́ва; 2. (*deficiency*) недоста́ток *m* (4d); ~ of time / money недоста́ток вре́мени / де́нег; the plants died for ~ of water расте́ния поги́бли из-за недоста́тка воды́; he seemed to feel a ~ of air ему́ каза́лось, что ему́ не хвата́ет во́здуха; he never felt any ~ of money он никогда́ не чу́вствовал недоста́тка в деньга́х.

lack II *v* 1. (*be without*) нужда́ться (64), *no perf* (в *with abl*); the only thing the child ~s is fresh air э́тот ребёнок нужда́ется то́лько в све́жем во́здухе; { *often rendered by negative construction*: he ~s a sense of proportion / humour у него́ нет чу́вства ме́ры / ю́мора; the project ~s originality э́тот прое́кт неоригина́лен; he ~ed foresight он был .

непредусмотрителен; **2.** (*be
deficient in*) не хватáть (64),
perf не хватúть (192) (*with
gen*); we ~ both time and
money нам не хватáет ни
врéмени, ни дéнег; I ~
words to describe her beauty
мне не хватáет слов для
описáния её красоты́; he
~ed courage and will-power
ему́ не хватáло мýжества
и сúлы вóли.

lad пáрень *m* (3e) [good
хорóший, young молодóй,
handsome красúвый, strong
сúльный, brave хрáбрый];
a ~ of sixteen шестнадца-
тилéтний пáрень.

lake óзеро *n* (*sg* 14d, *pl*
14f) [1] deep глубóкое, blue
голубóе, calm спокóйное,
placid тúхое; 2) cross пере-
плы́ть]; on the shore of the
~ на берегý óзера; we swam
/ fished in the ~ мы купá-
лись / удúли ры́бу в óзере;
we went boating on the ~
мы катáлись на лóдке по
óзеру; there is a small island in the ~ на óзере есть
мáленький óстров; the ~
is five kilometres long, two
kilometres wide and four
metres deep óзеро длинóй
в пять киломéтров, ширú-
нóй в два киломéтра и глу-
бинóй в четы́ре мéтра; he
lives across the ~ он живёт
на противополóжной сто-
ронé óзера; a land of ~s
and mountains странá озёр
и гор.

lame *a* **1.** (*crippled*) хро-
мóй (31a) [man человéк,

child ребёнок]; **хромáя** [girl
дéвушка; horse лóшадь]; he
was ~ in the left foot, leg он
хромáл на лéвую нóгу; we
were afraid she would be ~
all her life мы боя́лись, что
онá бýдет хромáть всю
жизнь; **2.** (*unconvincing*) не-
убедúтельный (31b); his explanation sounded ~ егó
объяснéние звучáло неубе-
дúтельно; ~ excuse неудáч-
ная отговóрка.

lamp лáмпа *f* (19c) [1]
bright я́ркая, big большáя,
table настóльная, electric
электрúческая; 2) burns го-
рúт, gives much light даёт
мнóго свéта, hangs over
the table висúт над столóм,
stands стоúт, shines свéтит,
flickers мигáет]; switch on,
turn on / switch off, turn
off a ~ включúть / выклю-
чить лáмпу; break a ~ разбúть лáмпу; in the light of
the ~ при свéте лáмпы;
street ~ ýличный фонáрь
m (2b).

land I *sb* **1.** (*earth, soil*)
землá *f* (20b) [fertile пло-
дорóдная, rich богáтая,
cultivated обрабóтанная,
barren бесплóдная, poor
бéдная]; plot of ~ учáсток
землú; vast sections of ~
обшúрные учáстки землú;
till, cultivate / irrigate the
~ обрабáтывать / орошáть
зéмлю; nationalize the ~
национализúровать зéмлю;
buy / sell ~ покупáть / про-
давáть зéмлю; who owned
the ~? комý принадлежáла

э́та земля́?; take away the ~ отня́ть зе́млю; **2.** (*earth, contrasted to sea*) су́ша *f* (25a); on ~ and sea на су́ше и на́ мо́ре; { земля́; at last they reached ~ наконе́ц, они́ дости́гли земли́; far from ~ далеко́ от земли́; **3.** (*country*) страна́ *f* (19g); throughout the ~ по всей стране́; in all ~s во всех стра́нах; return from foreign ~s возврати́ться из чужи́х стран; from distant ~s из далёких стран; it was his native ~ э́то была́ его́ ро́дина.

land II *v* **1.** (*of ship's passengers*) выса́живаться (65) на бе́рег, *perf* вы́садиться (154) на бе́рег; we ~ed early in the morning мы вы́садились на бе́рег ра́но у́тром; the troops ~ed on the coast of Normandy войска́ вы́садились на берегу́ Норма́ндии; **2.** (*of boat, ship*) прича́ливать (65), *perf* прича́лить (157) (at—к *with dat*); the boat ~ed at a little wharf ло́дка прича́лила к ма́ленькой при́стани; the ship ~ed at a small port парохо́д бро́сил я́корь в (*with abl*) ма́леньком порту́; at what time do we ~? в кото́ром часу́ мы прибыва́ем?; **3.** (*of plane*) приземля́ться (223), *perf* приземли́ться (158); the plane ~ed in a fog самолёт приземли́лся в тума́не; we ~ed at an airfield far from the city мы приземли́лись на

(*with abl*) аэродро́ме далеко́ от го́рода.

language язы́к *m* (4g) [1) ancient дре́вний, dead мёртвый, modern совреме́нный, national национа́льный, colloquial разгово́рный, elevated высокопа́рный, official официа́льный, foreign иностра́нный, Russian ру́сский, English англи́йский, rich бога́тый, poor бе́дный; 2) changes меня́ется, develops развива́ется, is enriched обогаща́ется, expresses выража́ет; 3) know знать, study изуча́ть, forget забы́ть, understand понима́ть]; the ~ of the country язы́к страны́; the country where the ~ is spoken страна́, где говоря́т на э́том языке́; the ~ of the book / of Shakespeare язы́к произведе́ния / Шекспи́ра; the book is written in simple / clear ~ кни́га напи́сана просты́м / я́сным языко́м; we want to learn to read and speak the ~ мы хоти́м научи́ться чита́ть и говори́ть на э́том языке́; you can master the ~ in a few years вы мо́жете овладе́ть э́тим языко́м за не́сколько лет; he wants to translate from foreign ~s into his own он хо́чет переводи́ть с (*with gen*) иностра́нных языко́в на (свой) родно́й; those who study foreign ~s изуча́ющие иностра́нные языки́; what ~ are they speaking? на како́м языке́ они́ говоря́т?

lap *sb* коле́ни *pl* (коле́-
ней, коле́ням, коле́ни, ко-
ле́нями, коле́нях *or* коле́н,
коле́нам, коле́ни, коле́на-
ми, коле́нах); there was a
book on his ~ кни́га лежа́ла
у него́ на коле́нях; the little
girl was sitting on her mother's ~ де́вочка сиде́ла на ко-
ле́нях у ма́тери.

large *a* большо́й (34a)
[city го́род, factory, plant
заво́д, house дом, hall зал,
piece кусо́к]; больша́я [coun-
try страна́, river река́,
room ко́мната, hotel гости́-
ница, station ста́нция, family семья́, sum су́мма,
part часть]; большо́е [win-
dow окно́, building зда́ние,
number число́, amount, quantity коли́чество]; too /
very ~ сли́шком / о́чень
большо́й]; slightly / somewhat ~r немно́го / несколько бо́льше; twice as ~ вдво́е
бо́льше; several times as ~
(в) не́сколько раз бо́льше;
half as ~ вдво́е ме́ньше;
on a ~ scale в больши́х
масшта́бах; a ~ majority
значи́тельное большинство́.

largely (*to a great extent*)
в основно́м; the audience
was made up ~ of young people аудито́рия состоя́ла в
основно́м из молодёжи; the
treatment consists ~ of diet
в основно́м лече́ние заклю-
ча́лось в дие́те.

last I *a* 1. (*after all others*)
после́дний (32) [bus ав-
то́бус, train по́езд, row ряд,
house дом, time раз, chance

шанс]; после́дняя [attempt
попы́тка, hope наде́жда,
page страни́ца, drop ка́пля,
stop остано́вка]; после́днее
[letter письмо́, word сло́во,
visit посеще́ние]; he was /
came / began ~ он был /
пришёл / на́чал после́дним;
the house before the ~, the
next to the ~ house пред-
после́дний дом; 2. (*prior
to present*) про́шлый (31b)
[month ме́сяц, year год,
century век, Monday по-
неде́льник]; ~ spring / autumn / winter про́шлой вес-
но́й / о́сенью / зимо́й; ~
summer про́шлым ле́том;
it happened last March э́то
случи́лось в ма́рте про́ш-
лого го́да; they came
week они́ прие́хали на про́ш-
лой неде́ле; that was the
week before ~ э́то бы́ло на
позапро́шлой неде́ле;
night вчера́ но́чью, ве́чером;
◇ at ~ наконе́ц; they came
at ~ наконе́ц, они́ при-
е́хали; we found the place
at ~ наконе́ц, мы нашли́
э́то ме́сто.

last II *adv* в после́дний
раз; when did you ~ write
to them / hear from them?
когда́ вы (в) после́дний раз
им писа́ли / получа́ли от
них изве́стия?; it's a long
time since I ~ saw him про́-
шло́ мно́го вре́мени с тех
пор, как я его́ ви́дел(а) в
после́дний раз.

last III *v* 1. (*continue*)
продолжа́ться (64), *no perf*;
the concert / dinner ~ed

(for) two hours конце́рт / обе́д продолжа́лся два часа́; it may ~ a whole month э́то мо́жет продолжа́ться це́лый ме́сяц; it can't ~ long / for ever э́то не мо́жет продолжа́ться до́лго / ве́чно; how long do you think it will ~? как вы ду́маете, ско́лько э́то бу́дет продолжа́ться?; the rain ~ed all night дождь шёл всю ночь; no matter how long it ~s ско́лько бы э́то ни продолжа́лось; **2.** (*suffice*) хвата́ть (64), *perf* хвати́ть (192); their food ~ed five days / a week запа́сов пи́щи им хвати́ло на (*with acc*) пять дней / на неде́лю.

late I *a* (*not early*) по́здний (32) [supper у́жин, dinner обе́д, hour час]; по́здняя [spring весна́]; по́зднее [summer ле́то]; по́здние [flowers цветы́]; ~ in autumn по́здней о́сенью; ~ in the evening / at night по́здно ве́чером / но́чью; it is ~ по́здно; at a ~ hour в по́здний час; two hours / a few days ~r че́рез два часа́ / не́сколько дней; the ~st news после́дние изве́стия; at the ~st са́мое по́зднее; I shall be there on Wednesday at the ~st я бу́ду там са́мое по́зднее в сре́ду; by five o'clock at the ~st са́мое по́зднее в пять часо́в; ⊙ be ~ опа́здывать (65), *perf* опозда́ть (64) [на *with acc* for a meeting на собра́ние, for a train на по́езд, for

an appointment на свида́ние, for school на заня́тия; к *with dat* for dinner к обе́ду, for the beginning к нача́лу]; don't be ~! не опа́здывай(те)!; he was ten minutes / an hour ~ он опозда́л на де́сять мину́т / на час; I am afraid we shall be ~ (я) бою́сь, что мы опозда́ем; hurry, or you'll be ~! поторопи́тесь, ина́че вы опозда́ете!

late II *adv* по́здно; I shall be home ~ я бу́ду до́ма по́здно; I shall come home ~ я приду́ домо́й по́здно; he went to bed very ~ yesterday evening вчера́ он о́чень по́здно лёг спать; I shall speak to you ~r я поговорю́ с ва́ми по́зже; ~r that day по́зже в тот же день; no ~r than twelve o'clock не по́зже двена́дцати часо́в; ⊙ ~r on по́зже; **sooner or ~r** ра́но и́ли по́здно; **better ~ than never** лу́чше по́здно, чем никогда́.

lately (за, в) после́днее вре́мя; she hasn't written to us ~ за после́днее вре́мя она́ нам не пи́шет; have you been there ~? вы не́ были там после́днее вре́мя?; I haven't been feeling well ~ (в) после́днее вре́мя я нева́жно себя́ чу́вствую; ~ people have begun to take an interest in his work в после́днее вре́мя его́ рабо́той на́чали интересова́ться; until ~ his art was not appreciated до после́днего времени его искусство не понимали.

laugh I sb смех m, no pl (4c) [loud громкий, merry весёлый, foolish глупый, nervous нервный]; we heard a loud ~ from the next room мы услышали громкий смех из соседней комнаты; we had a good ~ over the whole affair и посмеялись же мы над всем этим (делом)!

laugh II v смеяться (227), no perf (at — над with instr) [loudly громко, softly тихо, heartily от души, scornfully презрительно, hysterically истерично]; stop ~ing! перестань(те) смеяться!; we heard them ~ing мы слышали, как они смеялись; I couldn't help ~ing я не мог не рассмеяться; she began to ~ она начала смеяться; she ~ed in my face она рассмеялась мне в лицо; they ~ed at me они смеялись надо мной; they will ~ at you они будут смеяться над вами; what / who are you ~ing at? над чем / над кем вы смеётесь?; don't make me ~! не смешите меня!; ~ off отделываться (65) смехом, perf отделаться (65) смехом; he tried to ~ the whole thing off от (with gen) всего этого он попытался отделаться смехом.

laughter смех m, no pl (4c); he was greeted by a roar of ~ его встретили громким смехом; see laugh

I; ⊙ **burst into** ~ расхохотаться (73); they burst into ~ они расхохотались.

law 1. (regulation) закон m (1f) [1] new новый, strict строгий, humane гуманный, wise мудрый, unwritten неписаный, universal всеобщий; 2) forbids, prohibits запрещает, allows разрешает, provides предусматривает, demands требует, gives a right даёт право, exists существует, is in force действует; 3) draw up составлять, pass принять, approve одобрить, change изменить, repeal, do away with отменить, break, violate нарушить]; according to the ~ согласно закону; there is a ~ according to which... есть закон, согласно которому...; it is against the ~ to hunt here охота здесь запрещена законом; you are entitled to it by ~ вы имеете на это право по закону; nature's ~s законы природы; 2. (science) право n, no pl (14d) [criminal уголовное, civil гражданское, international международное]; he is studying ~ он изучает право.

lawyer (one who presents case in court) адвокат m (1e) [1] famous известный, talented талантливый; 2] advises советует, defends a case защищает дело, represents his client представляет своего клиента, wins a case выигрывает **дело,**

loses a case проигрывает дело]; he is a ~ by profession он юрист по профессии; you must go to a good ~ вам надо обратиться к хорошему адвокату; you must consult a ~ надо получить консультацию у юриста.

lay v **1.** класть (55), perf положить (175) (with acc); they laid the wounded man on a stretcher они положили раненого на (with acc) носилки; he laid a hand on my shoulder он положил руку мне на плечо; **2.** fig: this laid the foundation for his future success это положило начало его будущему успеху; the scene is laid in a small town in England действие происходит в маленьком городке Англии; they tried to ~ the blame on me они попытались свалить вину на меня; ~ aside откладывать (65), perf отложить (175) (with acc); he had had to ~ his work aside on должен был отложить свою работу; ~ down: ~ down one's life отдать свою жизнь; ~ down one's arms сложить оружие; ◇ ~ the table накрывать (64) на стол, perf накрыть (209) на стол; see table; ~ stress подчёркивать (65), perf подчеркнуть (130) (on—with acc); he laid stress on that fact он подчеркнул этот факт; he laid stress on the necessity of immediate action он подчеркнул, что необходимо действовать немедленно; ~ eyes увидеть (109) (on—with acc); he ran away the moment he laid eyes on us как только он нас увидел, он убежал.

layer слой m (13a) [1) thick толстый, thin тонкий, smooth ровный, outer внешний; 2) with gen of paint краски, of clay глины, of dirt грязи, of snow снега]; everything was covered with a thick ~ of dust всё было покрыто толстым слоем пыли.

lazy ленивый (31b) [boy мальчик, man человек]; ленивая [girl девушка]; how ~ you are! какой ты ленивый!; what a ~ fellow he is! какой он лентяй!; I'm too ~ to get up early мне лень рано вставать; you have become very ~ ты стал очень ленив(ым); don't be ~! не ленись!, не ленитесь!

lead v **1.** вести (219), perf повести (219) [1) with acc child ребёнка, horse лошадь; group группу; 2) into the room в комнату, along the road по дороге, up, down the street по улице, through a forest через лес, across a field через поле]; she led the child by the hand она вела ребёнка за руку; they led him out of the house они вывели его из дома; she led them down into the cellar она́ повела́ их в по́греб; she led him up to her mother она́ подвела́ его́ к свое́й ма́тери; the guide led us through all the rooms гид провёл нас по всем ко́мнатам; **2.** (*end in*) приводи́ть (152), *perf* привести́ (219) (to — к *with dat*); it led to good results э́то привело́ к хоро́шим результа́там; it will lead to trouble э́то приведёт к неприя́тностям; unity of action will ~ to victory / to peace объединённые уси́лия приведу́т к побе́де / к ми́ру; it didn't ~ to anything э́то ни к чему́ не привело́; **3.** (*go, be road to*) вести́, *no perf* [to the square к пло́щади, to the mountains в го́ры, to the city к го́роду, to the bridge к мо́сту, to my house к моему́ до́му]; the street / road / path ~s to the river э́та у́лица / доро́га / тропи́нка ведёт к реке́; the road led away from the city доро́га вела́ в сто́рону от го́рода; where does this road ~ to? куда́ ведёт э́та доро́га?; **4.** (*head*) возглавля́ть (223), *perf* возгла́вить (168) [*with acc* delegation делега́цию; the struggle for peace борьбу́ за мир]; he led the movement / party он стоя́л во главе́ движе́ния / па́ртии; ~ **away** уводи́ть (152), *perf* увести́ (219) (*with acc*); she led the child away она́ увела́ ребёнка.

leader вождь *m* (2a) [great вели́кий, acknowledged при́знанный, tried испы́танный, experienced о́пытный, outstanding выдаю́щийся]; he was the ~ of the party он был вождём па́ртии; ⦃ (*head*) руководи́тель *m* (3a); the ~ of the delegation руководи́тель делега́ции; one of the ~s of the movement оди́н из руководи́телей движе́ния; the orchestra, band ~ дирижёр орке́стра.

leading веду́щий (35); he played a ~ role, part in the affair он игра́л веду́щую роль в э́том де́ле; one of the ~ men of the epoch оди́н из выдаю́щихся люде́й (э́той) эпо́хи; ⊙ ~ **article** передова́я статья́ *f* (24b); ~ **question** наводя́щий вопро́с *m* (1f).

leaf (*of plant*) лист *m* (1m), *pl* leaves ли́стья [1] green зелёные, yellow жёлтые, dry, withered сухи́е, falling па́дающие; 2) drop, fall па́дают, turn yellow желте́ют]; the ground was covered with dead leaves земля́ была́ покры́та опа́вшими ли́стьями.

league (*union*) сою́з *m* (1f); the ~ between the two powers сою́з ме́жду двумя́ держа́вами; he felt they were in ~ against him он счита́л, что они́ в сою́зе про́тив него́; they formed a voluntary ~ они́ образова́ли доброво́льное о́бщество.

lean I *a* (*thin*) худо́й (31a) [man челове́к]; худа́я [figure фигу́ра; horse ло́шадь]; худо́е [face лицо́].

lean II *v* **1.** (*incline*) наклоня́ться (223), *perf* наклони́ться (160); he ~ed over the table он наклони́лся над (*with instr*) столо́м; he ~ed back, backward он отки́нулся наза́д; he ~ed forward он наклони́лся вперёд; she ~ed out of the window она́ вы́сунулась из окна́; he ~ed down and looked into the boy's face он наклони́лся и посмотре́л ма́льчику в лицо́; **2.** (*rest smth against*) прислоня́ть (223), *perf* прислони́ть (158) (*with acc*); we ~ed the ladder against the wall мы прислони́ли ле́стницу к (*with dat*) стене́; **3.** (*rest one's back, shoulder*) прислоня́ться (223), *perf* прислони́ться (158) [к *with dat* against the wall к стене́, against the door к две́ри, against each other друг к дру́гу]; { (*support oneself*) опира́ться (64), *perf* опере́ться (141) [о, на *with acc* on the table о стол, on a cane на тро́сточку]; ~ on my arm! обопри́сь на мою́ ру́ку!

leap I *sb* прыжо́к *m* (4f); it was a difficult / dangerous ~ э́то был тру́дный / опа́сный прыжо́к; he covered the distance in one ~ он покры́л э́то расстоя́ние одни́м прыжко́м; it was

a ~ in the dark, into the unknown э́то был прыжо́к в неизве́стность; science today is developing by great ~s совреме́нная нау́ка развива́ется гига́нтскими шага́ми.

leap II *v* пры́гать (65), *perf* пры́гнуть (126); he ~ed to his feet / out of his chair / on his horse он вскочи́л на́ ноги / со сту́ла / на ло́шадь; he ~ed out of the window он вы́прыгнул из окна́; he ~ed over the fence / wall он перепры́гнул че́рез (*with acc*) забо́р / сте́ну.

learn 1. (*study*) учи́ть (173), *perf* вы́учить (172) [l) *with acc* lesson уро́к, Russian ру́сский язы́к, poem стихотворе́ние, song пе́сню; 2) пло́хо badly, thoroughly, well хорошо́, by heart наизу́сть]; he is ~ing French now сейча́с он изуча́ет францу́зский язы́к; { (*gain knowledge*) учи́ться (173), *perf* научи́ться (173) [l) *with inf* to dance танцева́ть, to play chess игра́ть в ша́хматы, to swim пла́вать, to speak Russian говори́ть по-ру́сски; 2) at school в шко́ле, from one's parents у роди́телей]; he ~ed to speak Russian in a short time / quickly / with difficulty он за коро́ткое вре́мя / бы́стро / с трудо́м научи́лся говори́ть по-ру́сски; we ~ed very much from them мы мно́гому от них научились; 2. (*find out*) узнава́ть (63), *perf* узна́ть (64) [1) *with acc* facts фа́кты, news но́вость, truth пра́вду, results результа́ты, reason причи́ну; 2) *o with abl* about the change об измене́нии; 3) by chance случа́йно, from the newspaper из газе́ты, from a friend от прия́теля]; I ~ed about it yesterday / last year я э́то узна́л(а) вчера́ / в про́шлом году́; when I ~ed about the change, it was too late когда́ я узна́л(а) об э́том измене́нии, бы́ло (уже́) по́здно; you will ~ everything when the time comes в своё вре́мя вы обо всём узна́ете, когда́ придёт вре́мя, вы обо всём узна́ете.

least I *sb*: at ~ по кра́йней ме́ре; we need at ~ two hours more to finish нам ну́жно ещё по кра́йней ме́ре два часа́, чтобы зако́нчить; it's two miles from here at ~ отсю́да по кра́йней ме́ре две ми́ли; you can ask him, at ~ во вся́ком слу́чае, вы мо́жете его́ спроси́ть; not (in) the ~ совсе́м не, ничу́ть не; he's not (in) the ~ tired / hungry / upset он ничу́ть, совсе́м не уста́л / не го́лоден / не расстро́ен; I'm not the ~ interested / worried / afraid я совсе́м не интересу́юсь / не волну́юсь / не бою́сь.

least II *a* са́мый ма́ленький (33b), наиме́ньший (34b) (*superl of* ма́лень-

кий); you haven't the ~ chance of success у вас нет ни мале́йшего ша́нса на успе́х; we'd like to get there in the ~ possible time нам хоте́лось бы туда́ попа́сть в наикратча́йший срок, возмо́жно скоре́е.

least III *adv* ме́ньше всего́ (*superl of* ма́ло).

leather ко́жа *f* (25a) [real настоя́щая, imitation иску́сственная, black чёрная, soft мя́гкая, fine то́нкая]; her bag was made of ~ её су́мка была́ сде́лана из ко́жи; the book was bound in ~ переплёт кни́ги был из ко́жи; ~ shoes ко́жаные ту́фли; ~ jacket / belt ко́жаный жаке́т / ремень.

leave I *sb* 1. (*vacation*) о́тпуск *m* (1*l*); he is on ~ он в о́тпуске; he has three weeks' / month's ~ у него́ трёхнеде́льный / ме́сячный о́тпуск; I'm on ~ until the twentieth я в о́тпуске до двадца́того; he asked for a week's ~ он проси́л дать ему́ о́тпуск на неде́лю; he took a month's ~ он взял о́тпуск на ме́сяц; he went home for his ~ он пое́хал домо́й в о́тпуск, на вре́мя о́тпуска; she spent her ~ at the seashore она́ провела́ свой о́тпуск на берегу́ мо́ря; he hasn't returned from his ~ yet он ещё не верну́лся из о́тпуска; 2. (*permission*) разреше́ние *n* (18c); you had no right to go away without ~ вы не име́ли пра́ва уе́хать без разреше́ния; he asked for ~ to attend lectures он попроси́л разреше́ния посеща́ть ле́кции; mother gave him ~ to stay until ten мать разреши́ла ему́ оста́ться до десяти́ часо́в; 3. (farewell): he took ~ of his family and friends он попроща́лся со свое́й семьёй и друзья́ми.

leave II v 1. (go away on foot) уходи́ть (152), perf уйти́ (206); he has just left он то́лько что ушёл; he left the house early он ра́но ушёл из дому; it's time we left нам уже́ пора́ уходи́ть; don't ~ without seeing me! не уходи́те, не поговори́в со мной!; { (ride away) уезжа́ть (64), perf уе́хать (71); he left Moscow он уе́хал из (with gen) Москвы́; he left for Moscow он уе́хал в (with acc) Москву́; 2. (part from) оставля́ть (223), perf оста́вить (168) [with acc one's family свою́ семью́, one's friends свои́х друзе́й, one's home свой дом]; ~ one's country поки́нуть свою́ ро́дину; she left her job она́ ушла́ с рабо́ты; he left school when he was 16 он бро́сил шко́лу, когда́ ему́ бы́ло шестна́дцать лет; 3. (of train, ship, etc.) отправля́ться (223), perf отпра́виться (168) [early ра́но, late по́здно, tomorrow за́втра, in the afternoon днём, next Friday в сле́-

дующую пя́тницу, at twelve o'clock в двена́дцать часо́в]; the bus / train / ship is leaving авто́бус / по́езд /парохо́д отправля́ется; the first train ~s at eight пе́рвый по́езд отхо́дит в во́семь часо́в; the train had already left по́езд уже́ ушёл; 4. (not take) оставля́ть, perf оста́вить [1] with acc book кни́гу, one's things свои́ ве́щи; 2) on a chair на сту́ле, at home до́ма, on the table на столе́, in a drawer в я́щике]; we left him at home мы оста́вили его́ до́ма; she left the child with her mother она́ оста́вила ребёнка у свое́й ма́тери; I must have left the letter in my other suit я, наве́рное, оста́вил(а) письмо́ в друго́м костю́ме; where did you ~ your coat? где вы оста́вили своё пальто́?; have we left anything (behind)? мы ничего́ не оста́вили, не забы́ли?; you can ~ your bags here вы мо́жете оста́вить свои́ чемода́ны здесь; I shall ~ all that to you я оста́влю всё э́то вам; did he ~ a note for me? он мне не оста́вил запи́ски?; did he ~ a message? он ничего́ не передава́л?; he left all his money to his wife он оста́вил все свои́ де́ньги жене́; who left the window open? кто оста́вил окно́ откры́тым?; ~ it until tomorrow! оста́вьте э́то до за́втра!; 5. (remain): we have an hour left у нас остáлся одúн час; we have very little money left у нас остáлось óчень мáло дéнег; what's left? что остáлось?; how much time have we got left? скóлько у нас остáлось врéмени?; ~ out пропускáть (64), *perf* пропустúть (162) *(with acc)*; you left out a word вы пропустúли слóво; have I left anyone / anything out? я никогó / ничегó не пропустúл(а)?; make sure you haven't left anything out провéрьте, не пропустúли ли вы чегó-л.; ◇ ~ smb alone оставлять когó-л. в покóе; *see* alone.

lecture I *sb* лéкция *f* (23c) [1] dull, boring скýчная, interesting интерéсная, free бесплáтная; 2) o *with abl* on music о мýзыке, on Russian literature о рýсской литературе, on the latest developments in science о послéдних достижéниях наýки]; go to a ~ идтú на лéкцию; be present at a ~ присýтствовать на лéкции; listen to / interrupt / miss a ~ слýшать / прервáть / пропустúть лéкцию; the ~ was in Russian / English лéкция былá прочúтана на рýсском / англúйском языкé; I liked the ~ лéкция мне понрáвилась; we took, had a course of ~s мы прослýшали курс лéкций; we received, got very much from his ~s мы мнóго получúли

от егó лéкций; ~ course лекциóнный курс; ⊙ **deliver, give a** ~ читáть (64) лéкцию, *perf* прочитáть (64) лéкцию; he delivered, gave a course of ~s in physics / linguistics он читáл курс лéкций по *(with dat)* фúзике / языкознáнию; 2. *(scolding)* нотáция *f* (23c); his mother gave him a ~ for his behaviour егó мать прочлá емý нотáцию за егó повелéние.

lecture II *v* 1. *(give lecture)* читáть (64) лéкцию, *perf* прочитáть (64) лéкцию; he ~s well / brilliantly он хорошó / блестяще читáет лéкции; he ~s in a dull voice он читáет лéкции скýчным гóлосом; he ~d to us in, on phonetics / the theory of literature / Russian art он читáл нам лéкции по фонéтике / теóрии литературы / рýсскому искýсству; he ~s to the students of the foreign language department он читáет лéкции студéнтам факультéта инострáнных языкóв; 2. *(scold)* бранúть (158) *(with acc)*; he ~d me severely for being late он сúльно бранúл меня за *(with acc)* опоздáние; she ~d the girl on her conduct онá бранúла дéвушку за её повелéние; stop lecturing me! перестáньте читáть мне нотáции!

left I *sb* лéвая сторонá (19g); go / turn to the ~! идúте / свернúте налéво!;

the post-office is to the ~ of
the hotel по́чта нахо́дится
нале́во от (*with gen*) го-
сти́ницы; keep to the ~!
держи́тесь ле́вой стороны́!;
the man to the ~ челове́к
сле́ва; from ~ to right сле́ва
напра́во; go more to the
~! (иди́те) леве́е!; look to
your ~! посмотри́те нале́во!

left II *a* ле́вый (31b) [eye
глаз, bank бе́рег]; ле́вая
[arm рука́, leg, foot нога́,
side сторона́]; he writes
with his ~ hand он пи́шет
ле́вой руко́й.

left-hand *a* ле́вый (31b);
on the ~ side of the street
на ле́вой стороне́ у́лицы.

leg 1. (*limb*) нога́ *f* (22g)
[wounded ра́неная, swollen
распу́хшая]; he has long
/ short / crooked / sturdy,
strong ~s у него́ дли́нные
/ коро́ткие / кривы́е / си́ль-
ные но́ги; my ~ hurts у
меня́ боли́т нога́; break /cut
/ hurt one's ~ слома́ть /
поре́зать / ушиби́ть но́гу;
2. (*support*) но́жка *f* (22f);
often pl ~s но́жки [1) thin
то́нкие, thick то́лстые,
heavy тяжёлые) 2) *with gen*
of a table стола́, of a chair
сту́ла]; one of the ~s broke
одна́ но́жка слома́лась; ◇
run one's ~s off сби́ться
(181) с ног.

lend дава́ть (63) взаймы́,
perf дать (214) взаймы́
[1) *with acc* money де́ньги;
2) willingly охо́тно, grudg-
ingly неохо́тно, with pleasure с удово́льствием]; **can**

you ~ me a little money?
вы не мо́жете дать мне
взаймы́ немно́го де́нег?; I
shall ~ you as much as I
can я вам дам взаймы́
сто́лько, ско́лько смогу́;
I'd ~ you the book if it
were mine я бы дал(а́)
вам кни́гу, е́сли бы она́
была́ мое́й; ⊙ ~ **a** (helping) **hand** помо́чь (248)
(*with dat*); can you ~ me
a hand with this transla-
tion? вы не помо́жете мне
сде́лать э́тот перево́д?

length 1. (*of distance*)
длина́ *f*, *no pl* (19g) [1)
great больша́я, any люба́я,
equal одина́ковая, neces-
sary ну́жная; 2) *with gen* of
a street у́лицы, of a dress
пла́тья, of a room ко́мнаты,
of a wave волны́]; find /
know / increase / reduce
/ measure the ~ узна́ть /
знать / увели́чить / уме́нь-
шить / изме́рить длину́; the
room is five metres in ~
длина́ ко́мнаты — пять ме́т-
ров; a ship 100 feet in ~
кора́бль длино́й в сто фу́-
тов; 2. (*of time*) продолжи́-
тельность *f*, *no pl* (29c);
the ~ of the day продол-
жи́тельность дня; pro-
long, increase the ~ of
life увели́чить продолжи́-
тельность жи́зни; reduce
the ~ of the process by
one-half вдво́е уме́ньшить
продолжи́тельность про-
це́сса; ◇ **at** ~ 1) (*at last*)
наконе́ц; **at** ~ **the day**
arrived наконе́ц, наступи́л

этот день; we reached home at ∼ наконе́ц, мы пришли́ домо́й; 2) (*in detail*) подро́бно; they discussed the matter at ∼ они́ подро́бно обсуди́ли э́тот вопро́с.

less I *sb*: he wouldn't take ∼ он не соглаша́лся взять ме́ньше; this car is worth ∼ э́та маши́на сто́ит ме́ньше; they offered ∼ они́ предложи́ли ме́ньше.

less II *a* 1. ме́ньший (34b) (*comp of* ма́ленький); he read the second part with ∼ interest он прочита́л втору́ю часть с ме́ньшим интере́сом; 2. (*smaller quantity*) ме́ньше (*comp of* ма́ло) [*with gen* time вре́мени, money де́нег, trouble забо́т, knowledge зна́ний, space пло́щади, room ме́ста, opportunities возмо́жностей]; there were ∼ people here today than yesterday сего́дня здесь бы́ло ме́ньше наро́ду, чем вчера́; we shall have (much) ∼ work у нас бу́дет (намно́го) ме́ньше рабо́ты; the number of applications has grown ∼ число́ заявле́ний уме́ньшилось.

less III *adv* (*in combination with adjectives and adverbs*) ме́нее; the task is ∼ difficult зада́ча ме́нее тру́дная; this book is ∼ interesting э́та кни́га ме́нее интере́сная; it is no ∼ important э́то не ме́нее ва́жно; his visits became ∼ frequent он стал нас ре́же навеща́ть; ∼ carefully / quick-ly ме́нее осторо́жно / бы́стро; ∼ necessary ме́нее необходи́мо; he was no ∼ surprised он был не ме́нее удивлён; ☉ **more** or ∼ бо́лее и́ли ме́нее; *see* more III; { (*in combination with verbs*) ме́ньше (*comp of* ма́ло) [eat есть, pay плати́ть, sleep спать, talk говори́ть]; the doctor told him to work ∼ врач веле́л ему́ ме́ньше рабо́тать; the ∼ you think about it, the better for you чем ме́ньше вы об э́том бу́дете ду́мать, тем лу́чше для вас.

lesson уро́к *m* (4c) [1) interesting интере́сный, boring, dull ску́чный, daily ежедне́вный, first пе́рвый, next сле́дующий, important ва́жный; 2) begins начина́ется, is over (о)ко́нчился, lasts forty-five minutes продолжа́ется со́рок пять мину́т; 3) begin начина́ть, interrupt прерва́ть, miss пропуска́ть, attend посеща́ть; know знать, understand понима́ть, learn учи́ть, prepare гото́вить]; a Russian ∼ уро́к ру́сского языка́; at the ∼ на уро́ке; at the beginning / end of the ∼ в нача́ле / конце́ уро́ка; during the ∼ во вре́мя уро́ка; after the ∼ по́сле уро́ка; the whole ∼ весь уро́к; half the ∼ полови́на уро́ка; have you done, prepared your ∼? вы приготови́ли уро́к?; let us read Lesson Fourteen! прочтём четырнадцатый урок!; the ~s of history уроки истории; let this be a ~ to you пусть это послужит вам уроком; they got a good ~ они получили хороший урок; ⊙ give ~s давать (63) уроки, *perf* дать (214) уроки; take ~s брать (42) уроки; conduct a ~ вести (219) урок.

let I 1. (*permit*) разрешать (64), *perf* разрешить (171) (*with dat*); ~ me help you разрешите вам помочь; ~ me say a few words разрешите мне сказать несколько слов; ~ me explain разрешите мне объяснить; ~ me think дайте подумать; please, ~ them come with us разрешите, пожалуйста, им пойти с нами; I wouldn't ~ him speak to me like that я бы не позволил(а) ему так со мной разговаривать; ~ me do it for you разрешите мне сделать это за вас; ⊙ ~ smb know дать (214) кому-л. знать; ~ smb / smth go отпускать (64) кого-л. / что-л., *perf* отпустить (162) кого-л. / что-л.; 2. (*rent, hire*) сдавать (63), *perf* сдать (214) [*with acc* room комнату, cottage дачу]; they ~ rooms они сдают комнаты; the house is to ~ дом сдаётся; have you a room to ~? у вас не сдаётся комната?; II *modal verb*; *combined with first pers pl pron and verb, conveyed by imperative of*

main verb: ~'s go! пойдёмте!; ~'s not wait any longer! не будем больше ждать!; ~'s try! попробуем!; ~'s work a little longer! поработаем ещё немного!; ~'s talk things over! давайте всё обсудим!; ~'s sit here a while! давайте посидим здесь немного!; ~'s send them a telegram! пошлём им телеграмму!; ~'s not think / speak of it! не будем думать / говорить об этом!; { *combined with third pers pron conveyed by* пусть; ~ him come tomorrow! пусть он придёт завтра!; ~ her go, if she likes пусть она идёт, если хочет; ~ them think whatever they like пусть они думают, что хотят.

letter 1. (*written message*) письмо *n* (14a) [1] long длинное, short короткое, nice милое, important важное, cold холодное, kind любезное, private частное, official официальное, business деловое, anonymous анонимное; ordinary простое, registered заказное; 2) write писать, answer отвечать на, open распечатать, read читать, receive получать, send посылать, deliver вручать, post, mail посылать, keep хранить, throw away выбросить]; in your ~ в вашем письме; the beginning / end of the ~ начало / конец письма; the ~ says в письме го-

ворится; we haven't had
a ~ from him for a month
уже целый месяц мы не
получали от него писем;
the ~ was signed by the
secretary письмо было под-
писано секретарём; a ~ of
recommendation рекоменда-
тельное письмо; 2. *(alphabetical unit)* буква (19c);
capital / small ~s прописные / строчные буквы; there
are more ~s in the Russian alphabet than in the
English в русском алфавите больше букв, чем в английском.

level I *sb* уровень *m* (3c)
[1] low низкий, high высокий, average средний;
cultural культурный, intellectual интеллектуальный, economic экономический, scientific научный;
2) *with gen* of knowledge
знаний, of development
развития, of technical development техники]; reach
a high ~ of production достичь высокого уровня производства; one thousand
feet above sea ~ тысяча
футов над уровнем моря;
on a ~ with the stage на
одном уровне со сценой;
raise the cultural ~ поднять культурный уровень.

level II *a* ровный (31b);
~ ground ровное место;
~ surface ровная поверхность; ~ plain равнина *f*
(19c); he spoke in a cold, ~
voice он говорил холодным,
ровным голосом; the water

was ~ with his chest вода
была ему по грудь; she
held the thermometer ~
with his eyes она поднесла
термометр к его глазам.

liberty свобода *f* (19c);
fight for / defend / uphold
~ бороться за / защищать /
отстаивать свободу; long
for ~ жаждать свободы;
he was at ~ to come and
go when he pleased он мог
приходить и уходить по
своему усмотрению; I have
taken tle ~ of writing you
я взял, взяла на себя смелость написать вам.

library библиотека *f* (22b)
[fine прекрасная, magnificent великолепная, rich
богатая, poor бедная, free
бесплатная, circulating,
public публичная, private
личная, частная; technical
техническая, scientific научная]; take, borrow books
from a ~ брать книги из
библиотеки; there were over
half a million books in the
~ в библиотеке было свыше
полумиллиона книг; this is
a ~ book это библиотечная
книга.

lie I *sb* (*untruth*) ложь *f*,
no pl (лжи, лжи, ложь,
ложью, лжи) [deliberate сознательная, bare-faced нахальная, transparent откровенная, nasty гадкая,
white невинная]; that is a
~ это ложь; she told a ~
она солгала; I can't stand
~s я не выношу лжи; she
invented all sorts of ~s

она всячески лгала; I won't listen to such ~s я и слушать не буду такую ложь.

lie II v (tell untruth) лгать (91), perf солгать (91) [intentionally, deliberately намеренно]; he ~s constantly он постоянно лжёт; he ~d to her он ей солгал; don't ~ to me! не лгите!; how can you ~ so? как вы можете так лгать?; she is lying about the facts она перевирает факты; I could see that he was lying мне было ясно, что он лжёт.

lie III v 1. (recline) лежать (46), no perf [1) on a couch на диване, on a shelf на полке, on the ground на земле, in the grass на траве, in the sun на солнце; under a tree под деревом, behind the chair за стулом, in front of you перед вами; 2) quietly тихо, still неподвижно, face down лицом вниз]; books and papers lay about everywhere повсюду лежали книги и бумаги; the doctor advised me to ~ in bed today врач посоветовал мне полежать сегодня в постели; 2. (be located) находиться (152), no perf; the town ~s two miles south of the river город находится на две мили южнее реки; the town ~s on both sides of the river город расположен по обеим сторонам реки; ~ down ложиться (175), perf лечь (249);

he lay down on the couch он лёг на (with acc) диван; they all lay down around the fire все легли вокруг костра.

life жизнь f (29c) [interesting интересная, difficult трудная, easy лёгкая, happy счастливая, hard тяжёлая, miserable, wretched несчастная, long долгая, short короткая, quiet спокойная, family семейная, public общественная, village, rural деревенская, city, town городская]; the happiest days of his ~ самые счастливые дни его жизни; throughout his ~ всю свою жизнь; way of ~ образ жизни; in real ~ в действительности; for ~ на всю жизнь; never in one's ~ никогда в жизни; during, in the course of one's ~ в течение своей жизни; early in (one's) life в молодости; begin / end one's ~ начать / кончить жизнь; sacrifice one's ~ пожертвовать жизнью; they saved his ~ они спасли ему жизнь; he devoted his ~ to the struggle for freedom он посвятил свою жизнь борьбе за свободу; he risked his ~ он рисковал (своей) жизнью; he spent his ~ in a little town он провёл свою жизнь в маленьком городе; he was always full of ~ он всегда был полон жизни; © lead a ~: he led a quiet / simple

~ он вёл тихий / простой образ жизни.

lift I *sb* **1.** (*elevator*) лифт *m* (1f); they went up / came down in the ~ они поднялись / спустились в лифте; **2.** (*ride*): give a ~ подвезти (219) (*with acc*); they gave me / him a ~ to the station они подвезли меня / его до станции.

lift II *v* поднимать (64), *perf* поднять (232) [1) *with acc* box ящик, stone камень, cover крышку; 2) easily легко, carefully осторожно, slowly медленно, with difficulty с трудом]; two men could hardly ~ the trunk два человека с трудом могли поднять этот сундук; he ~ed his head / eyes он поднял голову / глаза; she never ~ed a finger to help him она и пальцем не пошевелила, чтобы ему помочь.

light I *sb* (*illumination*) свет *m*, *no pl* (1f) [1) bright яркий, weak слабый, blinding, dazzling ослепительный, soft мягкий, insufficient недостаточный, blue синий, brilliant сверкающий, dim тусклый; 2) burns горит, flashes вспыхивает, flickers мигает, goes on зажёгся, went out погас]; turn on / turn off the ~ зажечь / погасить свет; don't read in such poor ~! не читайте при таком плохом свете! in the ~ of the moon при свете луны; { *fig:* in

the ~ of the new facts в свете новых фактов; your explanation puts the matter in a new ~ ваше объяснение представляет дело в ином свете; can you give me a ~? разрешите прикурить?; ⊙ **traffic** ~ светофор *m* (1f); we had to stop for traffic ~s нам пришлось остановиться у светофора; **come to** ~ обнаруживаться (65), *perf* обнаружиться (174); these facts came to ~ much later эти факты обнаружились (на-)много позже; **throw** ~ проливать (64) свет, *perf* пролить (183) свет (on—на *with acc*); his discoveries threw ~ on the whole problem его открытия пролили свет на всю (эту) проблему.

light II *a* (*not dark*) светлый (31b) [complexion цвет кожи, suit костюм]; светлая [room комната, material материя]; светлые [hair волосы, eyes глаза]; it was already ~ when they awoke было уже светло, когда они проснулись; it was beginning to get ~ светало; { *in combination with colours* светло-; ~ green светло-зелёный; ~ blue светло-синий; ~ grey светло-серый.

light III *a* **1.** (*not heavy*) лёгкий (33b) [weight вес, box ящик, bag, suit-case чемодан; breakfast завтрак]; лёгкая [burden ноша, food пища]; she is as ~ as a feather она легка как пёрышко; { (*thin*) лёгкий [jacket жакéт]; лёгкое [dress, clothes плáтье, coat пальтó, blanket одеяло]; 2. (*not difficult, not serious*) лёгкий; ~ work / music лёгкая рабóта / мýзыка; ~ reading лёгкое чтéние; ~ punishment мягкое наказáние; a ~ rain was falling шёл небольшóй дождь; she is a ~ sleeper онá чýтко спит; this is not a ~ task это нелёгкая задáча.

light IV *v* 1. (*make burn*) зажигáть (64), *perf* зажéчь (145) [*with acc* match спичку, cigarette сигарéту, lamp лáмпу, gas газ]; 2. (*illuminate*) освещáть (64), *perf* освети́ть (161) (*with acc*); the streets were brightly lit ýлицы бы́ли я́рко освещены́; ~ up (*illuminate*) освещáть, *perf* освети́ть; a flash of lightning lit up the sky вспы́шка мóлнии освети́ла нéбо; her face lit up when she saw him её лицо́ проси́яло, когдá онá уви́дела егó.

lightly легкó [dance танцевáть, jump пры́гать, strike удáрить, press сжать, step ступáть, run бежáть]; { слегкá [push толкнýть, touch трóнуть]; she smiled ~ онá слегкá улыбнýлась.

lightning мóлния *f* (23c) [flashed вспы́хнула, lit up the sky освети́ла нéбо, struck a tree удáрила в дéрево]; the ~ set fire to a house дом загорéлся от мóлнии; she is afraid of ~ онá бои́тся мóлнии; the news spread like ~ (эта) нóвость распространи́лась молниенóсно; with the speed of ~, with ~ speed с быстротóй мóлнии.

like I *a* (*resembling*) похóж *m*, похóжа *f*, похóже *n*, похóжи *pl*; the daughter is, looks ~ her mother дочь похóжа на (*with acc*) мать; the cloth looks ~ silk эта матéрия похóжа на шёлк; what is he ~? что он за человéк?; that's ~ him это на негó похóже; it looks ~ it похóже на это; people / things ~ that такие лю́ди / вéщи; it was ~ a beautiful dream это бы́ло похóже на прекрáсный сон; don't talk ~ that! не говори́те так!; at a time ~ this в такóе врéмя; I never saw anything ~ it я никогдá не ви́дел(а) ничегó подóбного; I didn't say anything ~ that я не говори́л(а) ничегó подóбного.

like II *adv* (*in the manner of*) как; I can't sing ~ you я не могý петь, как вы; the girl draws ~ a real artist дéвушка рисýет, как настоя́щий худóжник; he swims ~ a fish он плáвает как ры́ба; they were behaving ~ children они́ вели́ себя́, как дéти.

like III *v* 1. (*have taste for*) люби́ть (169), *no perf* (*with acc*); I ~ apples я люблю́ я́блоки; she doesn't ~ fish онá не лю́бит ры́бу;

he ~s music very much он
о́чень лю́бит му́зыку; I ~
to swim / travel / work in
the morning / get up early
я люблю́ пла́вать / путе-
ше́ствовать / рабо́тать у́т-
ром / встава́ть ра́но; he ~s
to be praised он лю́бит, когда́
его́ хва́лят; he doesn't ~
to be told he is wrong он
не лю́бит, когда́ ему́ гово-
ря́т, что он непра́в; 2. (be
attracted, enjoy) нра́виться
(168), *perf* понра́виться
(168); I ~ this house / her
voice мне нра́вится (*with
acc*) э́тот дом / её го́лос;
how do you ~ my new hat?
как вам нра́вится моя́ но́-
вая шля́па?; she ~d him
very much он ей о́чень нра́-
вился; I didn't ~ the play
at all э́та пье́са мне совсе́м
не понра́вилась; you can do
anything you ~ вы мо́жете
де́лать всё, что вам нра́вит-
ся; she ~d the singing most
of all ей бо́льше всего́ по-
нра́вилось пе́ние; he ~d
her more and more она́ ему́
нра́вилась всё бо́льше и
бо́льше; she didn't ~ any
of the people there ей никто́
там не понра́вился; 3. (*desire*) хоте́ть (133), *no perf*;
where would you ~ to go?
куда́ бы вы хоте́ли пойти́,
пое́хать?; I'd ~ to stay
at home / rest a little я
хоте́л(а) бы оста́ться до́ма
/ немно́го отдохну́ть; I
shouldn't ~ him to think so
я бы не хоте́л(а), что́бы он
так ду́мал; we should ~

you to come at about ten
мы хоте́ли бы, что́бы вы
пришли́ о́коло десяти́.

likely вероя́тно; he isn't
~ to come вероя́тно, он
не придёт; it's quite ~
that they are not expecting
us весьма́ вероя́тно, что они́
нас не ждут; it's hardly ~ to
happen э́то вряд ли слу-
чи́тся; he will most ~ refuse скоре́е всего́ он отка́-
жется; they are ~ to come
any day они́ мо́гут прие́хать
со дня на́ день.

limit I *sb* (*boundary*)
грани́ца *f* (21c); the limits
of the town / district гра-
ни́цы го́рода / райо́на; the
law holds within definite
~s зако́н де́йствует в определённых грани́цах; { (*extreme point*) преде́л *m* (1f)
[fixed устано́вленный, highest вы́сший]; reach the ~ до-
сти́чь преде́ла; there is a
~ to my patience есть преде́л
(*with dat*) моему́ терпе́нию;
there is a ~ to everything
всему́ есть преде́л; we must
set a ~ to the expense /
time мы должны́ установи́ть
преде́л расхо́дов / вре́ме-
ни; he exceeded the speed
~ он превы́сил ско́рость;
age ~ преде́льный во́зраст.

limit II *v* ограни́чивать
(65), *perf* ограни́чить (174)
[*with acc* amount коли́чест-
во, number число́, time
вре́мя, expenses расхо́ды];
their circle of friends was
~ed круг их знако́мых,
друзе́й был ограни́чен; his

power is ~ed его власть
ограни́чена; they were ~ed
for time они́ бы́ли ограни́-
чены во вре́мени; my time
is ~ed у меня́ вре́мя огра-
ни́чено; all speeches were
~ed to ten minutes все вы-
ступле́ния бы́ли ограни́че-
ны десятью мину́тами; we
don't want to ~ you in
any way мы ниче́м не хо-
ти́м вас ограни́чивать.

line I *sb* 1. (*mark on surface*) ли́ния *f* (23c) [1] long
дли́нная, crooked крива́я,
straight пряма́я, wavy вол-
ни́стая, double двойна́я,
imaginary вообража́емая; 2)
from A to B от А до Б]; draw
a ~ проводи́ть черту́, ли́-
нию; draw a thick ~ прове-
сти́ жи́рную черту́; above /
below the ~ над / под чер-
то́й; 2. (*of communications*)
ли́ния [telephone телефо́н-
ная, telegraph телегра́фная,
railway железнодоро́жная,
bus автобусная, air возду́ш-
ная; direct пряма́я, main
гла́вная, branch бокова́я];
damage / cut / build a ~
повреди́ть / перере́зать /
стро́ить ли́нию; operate a
~ эксплуати́ровать ли́нию;
the ~ extends for many
miles / runs parallel to the
road / stops here ли́ния тя́-
нется на мно́го миль / идёт
паралле́льно доро́ге / кон-
ча́ется здесь; the ~s join
at N. э́ти ли́нии соединя́-
ются у Н.; all along the ~
по всей ли́нии; { (*of telephone*); the ~ is busy за́-

нято; hold the ~! не ве́-
шайте (телефо́нную) тру́б-
ку!; 3. (*course of action
procedure*) ли́ния; ~ of action ли́ния поведе́ния; the
main ~ in the book / play
гла́вная ли́ния (*with gen*)
кни́ги / пье́сы; ~ of thought
ход мы́сли; choose the ~ of
least resistance вы́брать
ли́нию наиме́ньшего со-
противле́ния; take, follow
the ~ of least resistance пой-
ти́ по ли́нии наиме́ньшего
сопротивле́ния; 4. (*queue*)
о́чередь *f* (29b); stand in ~
стоя́ть в о́череди; get into
~ стать в о́чередь; be first /
last in ~ быть пе́рвым / по-
сле́дним в о́череди; at the
beginning / end of the ~
в нача́ле / конце́ о́череди;
5. (*row*) ряд *m* (1k); a long
~ of cars / tents дли́нный
ряд маши́н / пала́ток; in
the first ~ of houses в пе́р-
вом ряду́ домо́в; 6. (*of writing, print*) строка́ *f* (22g,
acc sg строку́); the sixth
~ from the top / bottom
шеста́я строка́ све́рху / сни́-
зу; quote / memorize famous
~s цити́ровать / вы́учить
изве́стные стро́ки; ⊙ drop a
~ черкну́ть не́сколько
строк; drop us a ~ when you
get there! черкни́те нам не́-
сколько строк, когда́ вы
прие́дете!; 7. *pl* ~s (*outline*) ли́нии (23c) [1] fine
прекра́сные, strict стро́гие,
classical класси́ческие; 2)
with gen of a building
зда́ния, of a ship корабля́];

8. (*cord*) верёвка *f* (22d); hang clothes / linen on a ~ вешать одежду / бельё на верёвку; the ~ broke верёвка оборвалась.

line II *v* (*stand in row, of things*) тянуться (129), *no perf*; the streets were ~d with trees по обеим сторонам улиц тянулись деревья; { (*of people*) стоять (222), *no perf*; the street was ~d with people по обеим сторонам улицы стояли люди; ~ **up** строиться (151),*perf* построиться (151); the men ~d up at the window мужчины построились у окна.

line III *v* (*put in lining*): the coat was ~d with silk пальто было на шёлковой подкладке; a coat ~d with fur пальто на меху.

linen *sb* (*underwear, bedclothes*) бельё *n*, *collect* (18a) [1] clean чистое, dirty грязное, fresh свежее, fine тонкое, starched накрахмаленное; 2) change менять, wash стирать, iron гладить, hang (out) вешать, put on надевать].

lion лев *m* (1a); as bold as a ~ храбрый как лев; he fought like a ~ он сражался, как лев; ◇ get the ~'s share получить (175) львиную долю.

lip губа *f* (19d) [upper верхняя, lower нижняя]; cut one's ~ порезать губу; { *pl* ~s губы (19d) [1) red красные, full полные, thin

тонкие, thick толстые, dry сухие, trembling дрожащие; 2) bite закусить, press together сжать, paint красить, lick облизывать]; read smb's ~s читать по губам; her ~s were blue with cold её губы посинели от холода; with a cold smile on her ~s с холодной усмешкой на губах; his name is on everyone's ~s его имя у всех на устах.

liquid I *sb* жидкость *f* (29c) [1) colourless бесцветная, transparent прозрачная, green зелёная, hot горячая, boiling кипящая; 2) dries up высыхает, boils out выкипает]; in the form of a ~ в виде жидкости; pour off / dilute the ~ слить / разбавить жидкость; he poured the ~ into a glass он налил жидкость в стакан.

liquid II *a* жидкий (33b); ~ soap жидкое мыло; ~ food жидкая пища.

list I *sb* список *m* (4d) [1) long длинный, alphabetical алфавитный, full, complete полный; 2) make, compile, draw up составить, hang up вывесить, extend продолжить, publish опубликовать, read прочитать; 3) *with gen* of names фамилий, of passengers пассажиров]; his name was first / last in the ~ его фамилия была первой / последней в списке; in the above ~ в вышеуказанном спи́ске; below we give a ~ of the goods ни́же приво́дится спи́сок това́ров; my name was taken out of the ~ моя́ фами́лия была́ вы́черкнута из спи́ска.

list II *v* 1. (*draw up*) составля́ть (223) спи́сок, *perf* соста́вить (168) спи́сок [*with gen* books книг, names фами́лий, paintings карти́н]; **2.** (*enter in*) вноси́ть (148) в спи́сок, *perf* внести́ (113) в спи́сок (*with acc*); ~ a name внести́ фами́лию в спи́сок; all the machines are ~ed in the catalogue все маши́ны внесены́ в катало́г; these items are ~ed as household articles э́ти ве́щи включены́ в спи́сок предме́тов дома́шнего обихо́да; the stories are ~ed under the heading of scientific fiction э́ти расска́зы бы́ли помещены́ под ру́брикой «Нау́чно-фантасти́ческая литерату́ра».

listen 1. (*try to hear*) слу́шать (65), *no perf* [1] *with acc* to a song пе́сню, to music му́зыку, to a voice го́лос, to a speech речь, to a story расска́з, to his explanation его́ объясне́ние, to his reasons, to his arguments его́ до́воды; to the girl де́вушку, to a speaker ора́тора; 2) closely, attentively внима́тельно, intently напряжённо, sympathetically сочу́вственно; I could see that she wasn't ~ing мне бы́ло я́сно, **что**

она́ не слу́шает; we ~ed to every word he said мы прислу́шивались к ка́ждому его́ сло́ву; we ~ed for the footsteps in the hall мы прислу́шались к (*with dat*) шага́м в вестибю́ле; ~ here! послу́шайте!; 2. (*obey*) слу́шаться (65), *perf* послу́шаться (65) (*with gen*); you should have ~ed to me вам сле́довало бы меня́ послу́шаться; don't ~ to them! не слу́шайтесь их!; I wish he had ~ed to your advice! как я хоте́л(а) бы, что́бы он послу́шался ва́шего сове́та!; ~ in слу́шать ра́дио; we ~ed in to the president's speech мы слу́шали по ра́дио речь президе́нта.

literary литерату́рный (31b); ~ works литерату́рные сочине́ния; ~ career литерату́рная карье́ра; the word is too ~ for colloquial speech э́то сло́во сли́шком кни́жное для разгово́рной ре́чи.

literature литерату́ра *f* (19c) [Russian ру́сская, Soviet сове́тская, foreign иностра́нная, classical класси́ческая, contemporary совреме́нная, national национа́льная, progressive прогресси́вная; scientific нау́чная, technical техни́ческая, reactionary реакцио́нная, decadent декаде́нтская]; ~ teacher преподава́тель литерату́ры; nineteenth century ~ литерату́ра девятна́дцатого **ве́ка**; ~ on the subject литература по этому вопросу; famous characters in ~ известные литературные герои; the history of ~ история литературы; study / read / translate / appreciate ~ изучать / читать / переводить / понимать литературу; ~ department литературный факультет.

little I *sb* немногое *n* (33b); the ~ I have read is excellent то немногое, что я прочёл, прекрасно; I'll tell you what ~ I know я вам расскажу то немногое, что я знаю; we have accomplished very ~ мы сделали очень немногое; he did what ~ he could он сделал то немногое, что мог; ⊙ a ~ немного [*with gen* water воды, money денег, cake пирога]; give me a ~ more (sugar) please! дайте мне ещё немного (сахару), пожалуйста!; a ~ more / less / further немного больше / меньше / дальше; a ~ later / earlier немного позже / раньше; a ~ better / worse немного лучше / хуже; these shoes are a ~ big / small on me эти туфли мне немного велики / малы; it's a ~ more expensive это немного дороже; it will cost a ~ less это будет стоить немного меньше; I feel a ~ better я чувствую себя немного лучше; it will take a ~ over two hours это займёт немного больше двух ча-

сов; wait a ~ (longer)! подождите (ещё) немного!; it's a ~ after five сейчас немного больше пяти часов; she was a ~ upset она была немного расстроена; I want to rest a ~ я хочу немного отдохнуть; there is only a ~ left осталось только немного; change it a ~! измените это немного!; let's walk a ~! давайте немного пройдёмся!; we spoke a ~ мы немного поговорили; I know a ~ about it я немного об этом знаю; ~ by ~ постепенно; ~ by ~ he told us the whole story постепенно он рассказал нам всю историю; ~ by ~ we began to understand понемногу мы начали понимать.

little II *a* 1. (*small*) маленький (33b) (*compr* меньший, *superl* самый маленький) [child ребёнок, mouth рот, piece кусочек, garden сад, house дом, flower цветок, town город]; маленькая [river река, village деревня, group группа, dog собака, bird птичка]; маленькое [lake озеро, window окно, animal животное]; маленькие [hands руки, feet ноги, shoes туфли, eyes глаза, ears уши, watch часы]; { небольшой (34a) [town город, interval перерыв]; небольшая [difference разница]; небольшое [change изменение]; 2. (*small quantity, insufficient*) мало (*comp* ме́ньше, *superl* ме́ньше всего́) [*with gen* meat мя́са, milk молока́; work рабо́ты, money де́нег, knowledge зна́ний]; we have ~ time left у нас оста́лось ма́ло вре́мени; there was ~ hope, we had ~ hope of seeing him again у нас бы́ло ма́ло наде́жды сно́ва его́ уви́деть; he has too ~ experience у него́ сли́шком ма́ло о́пыта; they gave me very ~ information они́ сообщи́ли мне о́чень ма́ло све́дений.

little III *adv* ма́ло (*comp* ме́ньше, *superl* ме́ньше всего́); he reads / knows / tries too ~ он сли́шком ма́ло чита́ет / зна́ет / стара́ется; she's changed very ~ она́ о́чень ма́ло измени́лась; he always tries to do as ~ as possible он всегда́ стара́ется де́лать как мо́жно ме́ньше.

live *v* 1. (*be alive*) жить (194), *no perf* [in the nineteenth century в девятна́дцатом ве́ке, from 1875 to 1926 с ты́сяча восемьсо́т се́мьдесят пя́того до ты́сяча девятьсо́т два́дцать шесто́го го́да]; he ~d to the age of eighty он до́жил до восьми́десяти лет; he ~d a hard / long life он про́жил тру́дную / до́лгую жизнь; 2. (*dwell*) жить (1) in the Soviet Union в Сове́тском Сою́зе, in England в Áнглии, in America в Аме́рике, abroad за грани́цей; in town в го́роде, in the country

в дере́вне, на да́че, on a farm на фе́рме; in N. Street на у́лице Н., across the street напро́тив, not far from here недалеко́ отсю́да, round the corner за угло́м, in a small flat, apartment в небольшо́й кварти́ре, in a tent в пала́тке, in a hotel в гости́нице, on the ground floor на пе́рвом этаже́, on the first floor на второ́м этаже́, next door to us ря́дом с на́ми; 2) с *with instr* with one's family вме́сте с семьёй, with one's parents (вме́сте) с роди́телями]; he ~d alone, (all) by himself он жил оди́н; where do you ~? где вы живёте?; I have been living here for three months я здесь живу́ уже́ три ме́сяца; 3. (*have as food*) пита́ться (64), *no perf* (on — *with instr*); he ~d on fruit and vegetables он пита́лся то́лько одни́ми фру́ктами и овоща́ми; { (*depend on for support*) жить [на *with acc* on one's wages на зарпла́ту, on seventy-five dollars a week на се́мьдесят пять до́лларов в неде́лю]; ◇ long ~! да здра́вствует!; long ~ peace throughout the world! да здра́вствует мир во всём ми́ре!

lively (*brisk*) оживлённый (31b) [conversation разгово́р, party ве́чер]; оживлённое [discussion обсужде́ние]; they were having a ~ conversation они́ оживлённо разгова́ривали, бесе́довали; he seemed well and ~ он каза́лся здоро́вым и бо́дрым; she was very ~ at the party на ве́чере она́ была́ о́чень оживлена́; she gave a ~ description of her trip abroad она́ жи́во описа́ла своё путеше́ствие за грани́цу; the children were very ~ де́ти бы́ли оживлены́.

load I *sb* 1. (*burden*) груз *m* (1f) [1) heavy тяжёлый, huge, tremendous огро́мный; 2) haul, transport транспорти́ровать, deliver доставля́ть]; 2. *pl* ~s *colloq* ма́сса *f* (19c) [*with gen* of time вре́мени, of money де́нег, of people наро́ду].

load II *v* 1. (*place burden*) грузи́ть (190), *perf* нагрузи́ть (190) [1) *with acc* ship парохо́д, truck грузови́к, cart телéгу, car маши́ну; 2) *with instr* with bricks кирпичо́м, with boxes я́щиками]; he was ~ed (down) with parcels он был нагру́жен паке́тами; the table was ~ed with food стол ломи́лся от яств; 2. (*charge*) заряжа́ть (64), *perf* заряди́ть (152) [*with acc* gun ружьё; camera фотоаппара́т].

local *a* ме́стный (31b) [custom обы́чай, committee комите́т]; ме́стная [newspaper газе́та]; ме́стное [government управле́ние]; ме́стные [conditions усло́вия, authorities вла́сти, news но́вости]; ⊙ ~ colour ме́стный колори́т *m* (1f).

locate 1. (*determine place*) определя́ть (223) местонахожде́ние, *perf* определи́ть (158) местонахожде́ние (*with gen*); we can't ~ the village on the map мы не мо́жем определи́ть по ка́рте местонахожде́ние э́той дере́вни; 2.: be ~d быть располо́женным (in — в *with abl*); the office is ~d somewhere in this building конто́ра нахо́дится где́-то в э́том зда́нии; the tourist camp was ~d high above sea level тури́стский ла́герь был располо́жен высоко́ над у́ровнем мо́ря.

lock I *sb* замо́к *m* (4f) [1) heavy тяжёлый, iron желе́зный, safe надёжный, complicated сло́жный, rusty ржа́вый; 2) open откры́ть, break, force слома́ть, pull off, wrench off сорва́ть]; put a ~ on the door / box / gate пове́сить замо́к на дверь / я́щик / воро́та; the ~ opens with a special key замо́к открыва́ется специа́льным ключо́м; this key doesn't fit the ~ э́тот ключ не подхо́дит к замку́; the key to the ~ ключ от замка́; ⊙ under ~ and key под замко́м; the papers were kept under ~ and key докуме́нты храни́лись под замко́м.

lock II *v* 1. запира́ть (64), *perf* запере́ть (142) [*with acc* door дверь, trunk сунду́к, gate воро́та, калитку, bag чемода́н]; we were ~ed out / in дверь была́ заперта́, и мы не могли́ войти́ / вы́йти; **2.** запира́ться (65), *perf* запере́ться (142); the door doesn't ~ easily дверь запира́ется с трудо́м; he ~ed himself in his room он заперся́ у себя́ в ко́мнате; ~ **up** запира́ть, *perf* запере́ть; ~ up the money in a drawer! запри́(те) де́ньги в я́щик!; don't forget to ~ up when you leave! не забу́дьте запере́ть дверь, когда́ вы уйдёте!

log (*large*) бревно́ *n* (14a) [1] heavy тяжёлое, thick то́лстое, rough неотёсанное, smooth гла́дкое, dry сухо́е, wet сыро́е; 2) saw пили́ть, roll кати́ть, drag тащи́ть, split раска́лывать]; ~ cabin, hut бреве́нчатый до́мик; { (*small one*) поле́но *n* (*sg* 14a, *pl* 14g).

lonely (*companionless*) одино́кий (33b); ~ person одино́кий челове́к; ~ life одино́кая жизнь; she felt ~ in the empty house она́ чу́вствовала себя́ одино́кой в пусто́м до́ме; he led a ~ life он вёл уединённый о́браз жи́зни; **2.** (*deserted*) пусты́нный (31b) [house дом]; пусты́нная [road доро́га, street у́лица]; пусты́нное [place ме́сто]; { (*isolated*) уединённый (31b); they went to a ~ place in the mountains они́ уе́хали в уединённое ме́сто в гора́х.

long I *a* **1.** (*of space measurement*) дли́нный (31b) [corridor коридо́р, pole шест,

post столб; nose нос; list спи́сок]; дли́нная [line ли́ния, road доро́га, stick па́лка, handle ру́чка, beard борода́]; дли́нное [dress пла́тье; word сло́во, sentence предложе́ние, letter письмо́]; дли́нные [arms ру́ки, legs но́ги, fingers па́льцы, hair во́лосы]; a ~ street больша́я у́лица; a ~ room продолгова́тая ко́мната; a ~ distance большо́е расстоя́ние; a room twelve feet ~ ко́мната длино́ю в двена́дцать фу́тов; how ~ is this table? какова́ длина́ э́того стола́?; the sleeves are too ~ рукава́ сли́шком длинны́; I want to make this dress a little ~er мне хо́чется немно́го удлини́ть пла́тье; **2.** (*of time, quantity*) дли́нный [day день; argument спор]; дли́нная [night ночь, speech речь]; дли́нное [summer ле́то; meeting заседа́ние]; the day seemed very ~ день каза́лся о́чень дли́нным; { до́лгий (33b); ~ life до́лгая жизнь; ~ time до́лгое вре́мя; after a ~ wait по́сле до́лгого ожида́ния; set out on a ~ journey отпра́виться в дли́тельное путеше́ствие; he needs a ~ rest ему́ ну́жен продолжи́тельный о́тдых; we had a ~ talk about it мы до́лго обсужда́ли э́тот вопро́с; ⊙ **for a ~ time** *see* time.

long II *adv* до́лго; it won't last ~ э́то до́лго не

продли́тся; it lasted ~er than we thought it would э́то продолжа́лось до́льше, чем мы ду́мали; how ~ will you be away? ско́лько вре́мени, как до́лго вы бу́дете отсу́тствовать?; don't be ~! не заде́рживайтесь!; ~ afterwards спустя́ до́лгое вре́мя; keep the book as ~ as you like! держи́те э́ту кни́гу (сто́лько), ско́лько хоти́те!; as ~ as I live пока́ я жив(а́); all day ~ весь день; all night ~ всю ночь; it rained all night ~ дождь шёл всю ночь; { давно́; ~ ago давно́; I forgot it ~ ago я давно́ об э́том забы́л(а); it happened ~ ago э́то случи́лось давно́; not ~ ago неда́вно; he returned not ~ ago он неда́вно верну́лся; ⊙ ~ before задо́лго до (with gen); see before I; any ~er, no ~er бо́льше; I can't wait any ~er я не могу́ бо́льше ждать; she doesn't live here any ~er она́ здесь бо́льше не живёт; she could stand it no ~er бо́льше она́ э́того не могла́ терпе́ть.

long III v 1. (desire) о́чень хоте́ть (133), perf захоте́ть (133); he ~ed to be (at) home again он о́чень хоте́л, ему́ о́чень хоте́лось опя́ть быть до́ма; we are ~ing to see you мы о́чень хоти́м вас ви́деть; 2. (yearn) тоскова́ть (243), no perf [по with dat for friends по друзья́м, for home по до́му].

look I sb 1. (glance) взгляд m (1f) [quick бы́стрый, significant многозначи́тельный, vacant отсу́тствующий, suspicious подозри́тельный, angry серди́тый, sharp о́стрый]; cast, throw a ~ броса́ть взгляд; will you have, take a ~ at these papers? вы не посмо́трите э́ти докуме́нты?; I didn't get a good ~ at him я его́ не рассмотре́л(а) хорошо́нько; he gave a last ~ round он после́дний раз огляде́лся вокру́г; let me have a ~ at your work! позво́льте мне взгляну́ть на ва́шу рабо́ту!; 2. (expression) выраже́ние n (18c) [strange стра́нное, frightened испу́ганное, worried озабо́ченное, confident уве́ренное]; with a ~ of surprise / fear on his face с выраже́нием удивле́ния / испу́га на лице́; { pl ~s (appearance) вне́шность f, no pl (29c); good ~s краси́вая вне́шность; don't judge a man by his ~s не суди́те о челове́ке по его́ вне́шности; you can't judge a thing only by its ~s нельзя́ суди́ть о ве́щи то́лько по её вне́шнему ви́ду.

look II v 1. (direct eyes) смотре́ть (101), perf посмотре́ть (101) [1] closely, carefully внима́тельно, coldly хо́лодно, suspiciously подозри́тельно, doubtfully с сомне́нием; 2) up вверх, down вниз, to the right направо, to the left налéво, back назáд, straight ahead прямо вперёд, everywhere всюду; 3) на *with acc* at me на меня, at the picture на картину, at the sky на нéбо, at one's watch на (свой) часы́; 4) out of the window из окнá, in the mirror в зéркало, into the water в вóду, into the distance вдаль]; he wasn't ~ing at us он не смотрéл на нас; what are you ~ing at? на что вы смóтрите?; ~ at it from my point of view посмотри́те на э́то с моéй тóчки зрéния; ~ behind you! оглянúтесь!; ⊙ ~ here! 1) (*in this direction*) посмотри́те сюдá!; 2) (*listen*) послу́шайте!; 2.(*seem*)вы́глядеть(108), *no perf* (*with instr*); he ~ed calm / old / strange он вы́глядел спокóйно / стáрым / стрáнно; she ~ed ill and miserable онá вы́глядела больнóй и несчáстной; she ~s well / better онá вы́глядит хорошó / лу́чше; she ~s young for her age онá вы́глядит мóлодо для свои́х лет; she ~ed like an old woman онá вы́глядела стару́хой; what does he ~ like? что он из себя́ представля́ет?; the dress ~s nice on her э́то плáтье ей идёт; he doesn't ~ like his brother он не похóж на своегó брáта; ~ after присмáтривать (65) за, *perf* присмотрéть (101) за (*with instr*); her mother ~s after the house /

children её мать присмáтривает за дóмом / за детьми́; ~ for искáть (83) [*with acc* person человéка; book кни́гу, flat квартúру, place мéсто, job рабóту]; what / who are you ~ing for? что / когó вы и́щете?; I'll ~ for it я поищу́ (э́то); ~ forward ждать (91) с нетерпéнием (*with gen*); we are ~ing forward to seeing you мы с нетерпéнием ждём встрéчи с вáми; ~ out 1) (*take care of*) позабóтиться (177) (for — о *with abl*); he can ~ out for himself он сам о себé мóжет позабóтиться; 2) (*face*) выходи́ть (152), *no perf* (on, over — на *with acc*); the windows ~ out over, on the river óкна выхóдят нá реку; 3) (*be careful*): ~ out! осторóжно!; ~ up смотрéть (101), *perf* посмотрéть (101) (*with acc*); I ~ed up the word in the dictionary я посмотрéл(а) э́то слóво в словарé; ~ it up in the list! посмотри́те в спи́ске!; ◇ it ~s like похóже, что...; it ~s like rain похóже (на то), что пойдёт дождь; it doesn't ~ like they will be through soon не похóже, что они́ скóро кóнчат.

loose *a* (*not tight*) свобóдный (31b) [jacket жакéт, collar воротни́к]; свобóдное [coat пальтó, dress плáтье]; the skirt is too ~ for me э́та ю́бка мне сли́шком **свобóдна, широкá**; the string around the parcel came ~ на пакете развязалась верёвка; with her hair ~ с распу́щенными волоса́ми.

lose 1. (*misplace, be deprived*) теря́ть (223), *perf* потеря́ть (223) [*with acc* book кни́гу, money де́ньги, key ключ; voice го́лос; time вре́мя, freedom свобо́ду, health здоро́вье; friends друзе́й, father отца́, parents роди́телей; thread of a story нить расска́за]; we mustn't ~ a moment нельзя́ теря́ть ни мину́ты; you have nothing to ~ вам не́чего теря́ть; you didn't ~ much вы ма́ло потеря́ли; have you lost anything? вы что́-нибудь потеря́ли?; ⊙ ~ **sight** потеря́ть (223) из ви́ду (*of — with acc*); see sight; ~ **one's temper** выходи́ть (152) из себя́, *perf* вы́йти (208) из себя́; see temper; ~ **one's way** заблуди́ться (152); see way; ~ **an opportunity** упуска́ть (64) возмо́жность, *perf* упусти́ть (162) возмо́жность; see opportunity; ~ **weight** худе́ть (98), *perf* похуде́ть (98); see weight; 2. (*fail to win*) прои́грывать (65), *perf* проигра́ть (64) [*with acc* game игру́, bet пари́, race го́нки, war войну́, battle сраже́ние, case де́ло]; what if he ~s? (a) что е́сли он проигра́ет?

loss 1. (*deprivation*) поте́ря *f* (20e) [1] heavy тяжёлая, serious серьёзная, ter-

rible ужа́сная; 2) *with gen* of time вре́мени, of blood кро́ви, of one's eyesight зре́ния, of prestige прести́жа]; they suffered great ~es они́ понесли́ больши́е поте́ри; inflict heavy ~es on the enemy нанести́ врагу́ больши́е поте́ри; his death was a great ~ to science его́ смерть была́ большо́й поте́рей для нау́ки; she couldn't get over the ~ of her husband она́ не могла́ пережи́ть поте́рю му́жа; it is no great ~ to us э́то для нас небольша́я поте́ря; 2. (*disappearance*) пропа́жа *f* (25a); the ~ was discovered the next morning пропа́жа была́ обнару́жена на сле́дующее у́тро; 3. (*financial detriment*) убы́ток *m* (4d) [cause причини́ть, estimate оцени́ть, compensate компенси́ровать, suffer понести́]; the war / storm caused enormous ~es война́ / бу́ря причини́ла огро́мные убы́тки; ◇ **at a** ~: he was at a ~ for words он не мог найти́ ну́жных слов; we were at a ~ what to do мы не зна́ли, что предприня́ть, де́лать.

lost *a* потеря́нный (31b); make up for ~ time наверста́ть потеря́нное вре́мя; ~ opportunities упу́щенные возмо́жности; they were given up for ~ их счита́ли поги́бшими.

lot I *sb*: a ~, ~s мно́го [*with gen* of time вре́мени, of work рабо́ты, of money де́нег, of interesting people интере́сных люде́й, of other things други́х веще́й, of ways спо́собов]; he has a ~ to learn ему́ ещё мно́гому ну́жно учи́ться; we still have a ~ to do нам ещё мно́гое ну́жно сде́лать; he knows a ~ он мно́го зна́ет; he can do a ~ for you он мо́жет мно́гое для вас сде́лать; what a ~ of people there are here! как мно́го здесь наро́ду!; I'd give a ~ to know the truth я бы мно́гое дал(а́), что́бы узна́ть пра́вду; it will do her ~s of good ей э́то бу́дет о́чень поле́зно.

lot II *adv*: a ~ мно́го; he works / reads / translates a ~ он мно́го рабо́тает / чита́ет / перево́дит; { *before adjectives and adverbs* гора́здо, намно́го; a ~ more/ better / faster гора́здо бо́льше / лу́чше / быстре́е; we have a ~ further to go нам ещё мно́го идти́, е́хать; it will cost us a ~ less нам э́то бу́дет сто́ить гора́здо дешёвле; a ~ he knows! мно́го ли он зна́ет!

loud I *a* гро́мкий (33b) [voice го́лос, shout, cry крик, sound звук, laughter смех]; гро́мкая [music му́зыка]; in a ~ voice / whisper гро́мким го́лосом / шёпотом; a ~ noise си́льный шум.

loud II *adv* гро́мко; don't talk so ~! не говори́те так гро́мко!; speak ~er! го

вори́те гро́мче!; they laughed and shouted so ~ они́ так гро́мко смея́лись и крича́ли.

love I *sb* любо́вь *f* (любви́, любви́, любо́вь, любо́вью, любви́) (1) deep си́льная, глубо́кая, great больша́я, real настоя́щая, passionate стра́стная, tender нежная, first пе́рвая, only еди́нственная; 2) к *with dat* of one's country к ро́дине; gain, win smb's ~ завоева́ть чью-л. любо́вь; ⊙ **fall in** ~ влюби́ться (169) (with — в *with acc*); they fell in ~ with each other at first sight они́ влюби́лись друг в дру́га с пе́рвого взгля́да; he fell in ~ with her он в неё влюби́лся; **be in** ~ быть влюблённым (with — в *with acc*); he was in ~ with her он был в неё влюблён; **give, send one's** ~ посыла́ть (64), передава́ть (63) приве́т (to — *with dat*); give my ~ to your mother переда́йте приве́т ва́шей ма́тери; Anne sends her ~ А́нна шлёт приве́т; my sister sends her ~ to you моя́ сестра́ шлёт вам приве́т.

love II *v* люби́ть (169), *no perf* (1) *with acc* girl де́вушку, one's family семью́, one's parents роди́телей, one's country ро́дину, freedom свобо́ду; music му́зыку, art иску́сство; adventure приключе́ния; animals живо́тных; 2) dearly о́чень, deeply си́льно, глу

бокó, passionately стрáст-
но, faithfully прéданно, sincerely úскренне]; she ~s
to sing онá (óчень) лю́бит
петь; they ~d each other
они́ люби́ли друг дру́га;
⊙ I'd ~ to мне óчень хо-
тéлось бы; I'd ~ to go
with you мне (óчень) хо-
тéлось бы поéхать с вáми.

lovely 1. (*beautiful*) пре-
лéстный (31b) [child ребёнок, day день, gift подáрок];
прелéстная [woman жéн-
щина, girl дéвушка]; пре-
лéстные [eyes глазá, hair
вóлосы]; thank you for your
~ flowers спаси́бо за вáши
прелéстные цветы́; 2. *colloq*
(*delightful*)прекрáсный (31b);
we have had a ~ time мы
прекрáсно провели́ врéмя;
what a ~ weather! какáя
прекрáсная погóда!; how ~!
как прекрáсно!

low I *a* 1. (*not high*) ни́з-
кий (33b) [shore, bank бéрег, hill холм; chair стул;
forehead лоб; voice гóлос;
standard of living у́ровень
жи́зни]; ни́зкая [tempera-
ture температу́ра, wages зáработная плáта, зарплáта,
price ценá]; ни́зкое [quali-
ty кáчество; pressure дав-
лéние]; the temperature is
a bit ~er today температу́ра
сегóдня немнóго ни́же; we
had a rather ~ opinion of
him / of his work мы бы́ли
невысóкого мнéния о нём /
о егó рабóте; 2. (*not loud*)
ти́хий (33b); he spoke in a
~ voice / whisper он гово-

ри́л ти́хим гóлосом / шё-
потом.

low II *adv* ни́зко [fly ле-
тáть, hang висéть, bow клá-
няться].

lower I *a* ни́жний (32);
~ deck ни́жняя пáлуба;
~ jaw ни́жняя чéлюсть;
~ floors ни́жние этажи́.

lower II *v* 1. (*let down*)
спускáть (64), *perf* спусти́ть
(162) [*with acc* flag флаг];
they ~ed the boat into the
water они́ спусти́ли лóдку
нá воду; she ~ed her eyes
онá опусти́ла глазá; 2. (*reduce*) снижáть (64), *perf* сни́-
зить (189) [*with acc* price
цéну, wages зáработную
плáту]; his resistance to
illness was ~ed сопроти́в-
ля́емость егó органи́зма по-
ни́зилась; the land has ~ed
in value земéльный учá-
сток пони́зился в ценé; his
salary was ~ed ему́ сни́-
зили жáлованье.

luck счáстье *n*, *no pl*
(18d); I wish you (good) ~
желáю вам счáстья; per-
haps it will bring us ~ мóжет быть это принесёт нам
счáстье; what ~! какóе
счáстье!; what bad, rot-
ten ~! какóе несчáстье!;
his ~ changed счáстье ему́
измени́ло; it's a matter of
pure ~ это дéло тóлько
слу́чая; it was a stroke of
(good) ~ это был счастли́вый
слу́чай; ~ was against him
судьбá былá прóтив негó;
{ *often conveyed by verb*
везти́ (219), *perf* повезти́

(219); he always has ~ емý всегдá везёт; I never have any ~ мне никогдá не везёт; just my ~! не везёт!; some people have (all the) ~! везёт же (нékоторым) лю́дям!; he's had a lot of bad ~ lately (за) послéднее врéмя емý óчень не везёт; you are out of ~! вам не повезлó!; you are in ~ вам повезлó!; we had the ~ to find him at home нам посчастли́вилось застáть егó дóма; better ~ next time! вам повезёт в другóй, слéдующий раз!

lucky счастли́вый (31b) [man человéк, chance слýчай, day день]; счастли́вая [idea мысль]; it was ~ for you that he didn't see you

к счáстью он вас не замéтил; you had a ~ escape this time на э́тот раз вам удалóсь избежáть опáсности.

luggage багáж *m*, *no pl* (6c); we haven't much ~ у нас немнóго багажá; will you look after the ~? 1) вы не присмóтрите за багажóм?; 2) позабóтьтесь, пожáлуйста, о багажé.

lunch зáвтрак *m* (4c); *see* breakfast.

luxury рóскошь *f*, *no pl* (30b); a life of ~ роскóшная жизнь; live in ~ жить в рóскоши; we can't afford such luxuries мы не мóжем себé позвóлить такóй рóскоши; he denied himself every ~ он не позволя́л себé никаки́х изли́шеств

M

machine маши́на *f* (19c) [1) complicated слóжная, simple простáя, powerful мóщная, steam-driven парова́я; 2) runs by electricity приводится в движéние с пóмощью электри́чества, breaks down ломáется, gets out of order выхóдит из строя́, has a capacity of... обладáет мóщностью в..., does the work of 100 men выполня́ет рабóту стá человéк]; operate, run, handle a ~ управля́ть маши́ной; the ~ requires no special knowledge to operate

для управлéния э́той маши́ной не трéбуется осóбых знáний; { станóк *m* (4f); start / regulate / stop a ~ пускáть / регули́ровать / останáвливать маши́ну, станóк; damage / repair a ~ пóртить / исправля́ть маши́ну, станóк; invent / install a ~ изобретáть / устанáвливать маши́ну, станóк; work at a ~ рабóтать у станкá; made by ~ сдéлано маши́нным спóсобом.

machinery *collect* 1. (*machines*) тéхника *f* (22b) [modern совремéнная, expen-

sive дорогостоя́щая, out of
date устаре́вшая]; the factory is equipped with modern ~ заво́д оснащён совре-
ме́нной те́хникой; { ма-
ши́ны *pl* (19c), станки́ *pl*
(4f); new ~ was installed
бы́ли устано́влены но́вые
маши́ны, станки́; **2.** *fig*
аппара́т *m* (1f); the ~ of
government госуда́рствен-
ный аппара́т.

mad 1. (*insane*) сумасше́д-
ший (34b); he is ~ он су-
масше́дший; are you ~, have
you gone ~? вы с ума́ со-
шли́?; you will drive me
~ вы меня́ сведёте с ума́;
they ran like ~ они́ бежа́ли,
как сумасше́дшие; **2.** (*rashly foolish*) безу́мный (31b)
[plan план]; безу́мная [ven-
ture зате́я, idea иде́я, ex-
penditure, spending тра́та];
what a ~ thing to do! како́е
безу́мие!; **3.** (*infatuated*) по-
ме́шанный (31b) (about — на
with abl); she is ~ about
dancing / music / the ballet она́ поме́шана на та́н-
цах / му́зыке / бале́те; he
was ~ about her он был без
ума́ от неё; **4.** (*furious*): be
~ быть вне себя́ (with —
от *with gen*); he was ~ with
anger / envy / jealousy он
был вне себя́ от гне́ва / за́-
висти / ре́вности.

magazine (*publication*)
журна́л *m* (1f) [1] weekly
еженеде́льный, monthly еже-
ме́сячный; technical техни́-
ческий, political полити́че-
ский, foreign иностра́нный,

serious серьёзный, favourite люби́мый, illustrated ил-
люстри́рованный; **2)** read
чита́ть, publish издава́ть,
receive получа́ть]; subscribe
to a ~ подписа́ться на жур-
на́л; ~ for women журна́л
для же́нщин; fashion ~
журна́л мод; an article in
a ~ статья́ в журна́ле;
the ~ contains articles on
various subjects в журна́ле
име́ются статьи́ по разли́ч-
ным вопро́сам.

magnificent великоле́п-
ный (31b) [voice го́лос, artist худо́жник, view вид,
city го́род]; великоле́пная
[picture карти́на, furniture
ме́бель, apartment кварти́-
ра]; великоле́пное [build-
ing зда́ние]; великоле́пные
[hair во́лосы, streets у́лицы,
jewels бриллиа́нты]; the acting was ~ игра́ (актёров)
была́ великоле́пной.

maid (*servant*) служа́нка
f (22c), прислу́га *f* (22a) [ex-
cellent прекра́сная, perfect
идеа́льная, careless небре́ж-
ная, неаккура́тная, effi-
cient квалифици́рованная];
hire / dismiss a ~ наня́ть /
уво́лить служа́нку; she
worked as a ~ она́ рабо́та-
ла прислу́гой; she had her
own ~ у неё была́ своя́ со́б-
ственная прислу́га; they
needed a ~ to take care of
the child им нужна́ была́
прислу́га для ухо́да за ребёнком.

mail I *sb* (*post*) по́чта *f*
(19c) [morning у́тренняя,

afternoon дневна́я]; the ~ comes early / late по́чта прихо́дит ра́но / по́здно; when does the ~ come? когда́ прихо́дит по́чта?; is there any ~ for me? есть ли для меня́ по́чта?; I shall send the money / books by ~ я пошлю́ де́ньги / кни́ги по по́чте, по́чтой; the letter was sent by registered ~ письмо́ бы́ло отпра́влено, по́слано заказны́м; please answer by return ~ отве́тьте, пожа́луйста, с обра́тной по́чтой; the letter may have been lost in the ~s возмо́жно, письмо́ потеря́лось на по́чте.

mail II _v_ посыла́ть (64) по по́чте, по́чтой, _perf_ посла́ть (61) по по́чте, по́чтой; _see_ post III.

main I _sb_: in the ~ в основно́м; the facts are correct, in the ~ фа́кты, в основно́м, пра́вильны; they were young people, in the ~ э́то была́, в основно́м, молодёжь.

main II _a_ (_chief_) гла́вный (31b) [city го́род, district райо́н; question вопро́с]; гла́вная [street у́лица; reason причи́на]; гла́вное [place ме́сто]; гла́вные [events собы́тия, forces си́лы]; the ~ character in the book гла́вный геро́й кни́ги; the ~ thing is to get started гла́вное — нача́ть; that is our ~ aim, purpose in coming here э́то гла́вная цель на́шего прихо́да, прие́зда

сюда́; { (_basic_) основно́й (31a) [question вопро́с, way, method спо́соб, argument до́вод]; основна́я [part часть, work рабо́та, problem пробле́ма]; his ~ occupation его́ основно́е заня́тие; the ~ idea of the book основна́я мысль, иде́я кни́ги; the ~ current in literature today основно́е тече́ние, направле́ние в совреме́нной литерату́ре.

major I _sb_ майо́р _m_ (1e).

major II _a_ (_greater_) бо́льший (34b); the ~ part бо́льшая часть; the ~ part of his life / time бо́льшая часть его́ жи́зни / вре́мени; { (_important_) большо́й (34a); work of ~ importance рабо́та большо́й ва́жности; a task of ~ significance ва́жная зада́ча.

majority (_greater part, number_) большинство́ _n, no pl_ (14e); great, vast, overwhelming ~ подавля́ющее большинство́; the ~ of people / students большинство́ (_with gen_) люде́й / уча́щихся; in the ~ of cases, instances в большинстве́ слу́чаев; they form, make up the ~ of the population они́ составля́ют большинство́ населе́ния; they were in the ~ их бы́ло большинство́; he was elected by a large ~ он был и́збран подавля́ющим большинство́м голосо́в.

make _v_ 1. де́лать (65), _perf_ сде́лать (65) [_with acc_ bench скаме́йку, bricks кирпичи́, hats шля́пы; choice вы́бор, remark замеча́ние, offer, proposal предложе́ние, attempt попы́тку, comparison сравне́ние]; ~ a dress / suit шить пла́тье / костю́м; his suit was made to order его́ костю́м был сде́лан на зака́з; ~ a house / bridge / road стро́ить дом / мост / доро́гу; ~ a garden разби́ть сад; ~ a list соста́вить спи́сок; ~ an agreement / treaty заключа́ть соглаше́ние / догово́р; ~ a sensation / impression произвести́ сенса́цию / впечатле́ние; you have made a mistake вы сде́лали оши́бку; he made a report он сде́лал докла́д; he made a statement to the newspaper он сде́лал заявле́ние в газе́те; I can ~ no exceptions я не могу́ сде́лать никаки́х исключе́ний; he made a brilliant career он сде́лал блестя́щую карье́ру; ⊙ **made (out) of** сде́лан *m*, сде́лана *f*, сде́лано *n*, сде́ланы *pl* из (*with gen*); the door is made (out) of glass / wood дверь сде́лана из стекла́ / де́рева; what is it made of? из чего́ э́то сде́лано?; **2.** (*produce*) производи́ть (152) [*with acc* shoes, footwear о́бувь, cars маши́ны, paper бума́гу, electrical equipment электри́ческое обору́дование, chemical products химика́лии]; we have begun to ~ more and better goods мы на́чали производи́ть бо́льше това́ров и лу́чшего ка́чества; ⊙ **made in** изгото́влено в (*with abl*); made in the USSR изгото́влено в СССР; **3.** (*prepare, arrange*) гото́вить (157), *perf* пригото́вить (157) [*with acc* breakfast за́втрак, dinner обе́д, soup суп]; ~ coffee свари́ть ко́фе; ~ a fire разже́чь костёр, развести́ ого́нь; **4.** (*gain, acquire*): ~ money зарабо́тать де́ньги; ~ a living зараба́тывать на жизнь; ~ a profit получи́ть при́быль; **5.** (*compel*) заставля́ть (223), *perf* заста́вить (168) (*with acc*); they made me do the work over они́ заста́вили меня́ переде́лать рабо́ту; nothing could ~ her speak ничто́ не могло́ заста́вить её говори́ть; you made us wait over an hour вы заста́вили нас ждать бо́льше ча́са; what made you think of that? что вас заста́вило поду́мать об э́том?; don't ~ me laugh! не смеши́те меня́!; it ~s me think you are right э́то заставля́ет меня́ ду́мать, что вы пра́вы; **6.** *combination of* make *and noun or adjective; often conveyed by verb derived from adjective or noun:* ~ (a) noise шуме́ть; ~ the acquaintance познако́миться; ~ angry рассерди́ть; it will ~ him very angry э́то его́ о́чень рассе́рдит; ~ sad огорчи́ть; it ~s me sad to think we cannot agree меня́ огорча́ет мысль,

что мы не мо́жем пола́дить;
~ **out** 1) (*distinguish*) разбира́ть (64), *perf* разобра́ть
(44) (*with acc*); I can't ~
out some of the words /
his handwriting я не могу́
разобра́ть не́которые слова́ / его́ по́черк; 2) (*understand*) понима́ть (64), *perf*
поня́ть (233) (*with acc*); we
couldn't ~ out what he
wanted мы не могли́ поня́ть, чего́ он хо́чет; I can't
~ him out я не могу́ его́
поня́ть; ~ **up** 1) (*fabricate*)
выду́мывать (65), *perf* вы́думать (64a) (*with acc*); the
whole story was made up
вся э́та исто́рия была́ вы́думана; 2) (*restore friendship*)
помири́ться (158); they've
made (it) up они́ помири́лись; 3) (*arrange*) договори́ться (158); we made up
to meet in front of the theatre мы договори́лись встре́титься у теа́тра; ◇ ~ **the
best of** примири́ться с (*with
instr*); we'll have to ~
the best of it придётся (с
э́тим) примири́ться; ~ **up
one's mind** реши́ть (171);
see mind **I**; ~ **sure** прове́рить (157) (*with acc*); *see* sure;
~ **a difference** *see* difference; ~ **a fool of smb**
(по)ста́вить (157) кого́-л. в
глу́пое положе́ние; *see*
fool **I**.

   man *sb* 1. (*person, individual*) челове́к *m* (*sg* 4a,
pl лю́ди, люде́й, лю́дям, лю́дей, людьми́, лю́дях) [good
xоро́ший, bad дурно́й; rich
бога́тый, poor бе́дный, young
молодо́й, strong си́льный,
weak сла́бый, fat, stout по́лный, thin худо́й, худоща́вый; busy занято́й, clever
у́мный, dangerous опа́сный,
free свобо́дный, great вели́кий, honest че́стный, interesting интере́сный, kind
до́брый, nice симпати́чный,
well-known изве́стный, lucky
счастли́вый, capable спосо́бный, educated образо́ванный, prominent, outstanding выдаю́щийся, cultivated, cultured культу́рный, well-dressed хорошо́
оде́тый, well-read начи́танный, quiet ти́хий, married
жена́тый]; tall / short ~
челове́к высо́кого / небольшо́го ро́ста; the average ~
обы́чный, заурядный челове́к; a ~ of his word челове́к сло́ва; a ~ of iron челове́к желе́зной во́ли; the
first ~ in the cosmos пе́рвый челове́к в ко́смосе; a
middle-aged ~ челове́к сре́дних лет; a ~ of about thirty челове́к лет тридцати́;
he became a new ~ он стал
други́м челове́ком; a business ~ делово́й челове́к;
the factory employs over
one thousand men на заво́де
рабо́тает свы́ше ты́сячи челове́к; one ~ alone can't
handle all this work оди́н
челове́к не спра́вится со
всей э́той рабо́той; he's the
best ~ for the job он бо́льше всего́ подхо́дит для э́той
рабо́ты; ⊙ old ~ стари́к *m*

(4a); **2.** (*grown male*) мужчи́на *m* (19a) [handsome, good-looking краси́вый, ugly некраси́вый, grown-up взро́слый]; there was a ~ at the door у две́ри стоя́л како́й-то мужчи́на; two men stood behind him за ним стоя́ло дво́е мужчи́н; it is a ~'s profession э́то мужска́я профе́ссия; he grew up into a tall, broad-shouldered ~ он преврати́лся в высо́кого широкопле́чего мужчи́ну.

manage 1. (*conduct*) руководи́ть (153), *no perf* [with *instr* factory фа́брикой, business торго́вым предприя́тием, department отде́лом]; he ~s the theatre он руководи́т теа́тром; { (*handle*) обраща́ться (64), *no perf* (c *with instr*); he knows how to ~ people он уме́ет обраща́ться с людьми́; **2.** (*contrive*) справля́ться (223), *perf* спра́виться (168) (c *with instr*); we must ~ without help мы должны́ спра́виться без посторо́нней по́мощи; he'll ~ somehow он ка́к-нибудь (с э́тим) спра́вится; can you ~ all that work alone? смо́жете ли вы одни́ спра́виться со всей э́той рабо́той?; { (*succeed*) суме́ть (98); I think we can ~ to finish in time я ду́маю, что мы суме́ем зако́нчить (э́ту рабо́ту) своевре́менно; we ~d to get two tickets мы суме́ли, нам удало́сь доста́ть два биле́та.

manner 1. (*way*) о́браз *m*, *no pl* (1f); in this ~ таки́м о́бразом; in the same ~ таки́м же о́бразом; in a strange ~ стра́нным о́бразом; in the proper ~ надлежа́щим о́бразом; ~ of life / thinking о́браз жи́зни / мы́слей; { (*method*) спо́соб *m* (1f); in an entirely new ~ соверше́нно но́вым спо́собом; he was treated in the usual ~ его́ лечи́ли обы́чным спо́собом; we have not worked out any ~ of determining мы ещё не вы́работали спо́соба, ме́тода определе́ния; **2.** (*behaviour*) мане́ра *f* (19c); ~ of speaking / treating people мане́ра говори́ть / обраща́ться с людьми́; I don't like her ~ of interrupting any conversation мне не нра́вится её мане́ра вме́шиваться в любо́й разгово́р; **3.** *pl* ~s: the children have very bad / shocking ~s э́ти де́ти пло́хо / ужа́сно себя́ веду́т; she has no ~s она́ не уме́ет себя́ вести, она́ пло́хо воспи́тана; he ought to be taught ~s его́ ну́жно, сле́дует научи́ть хоро́шим мане́рам, его́ ну́жно научи́ть вести́ себя́; it is bad ~s to speak so loud неприли́чно так гро́мко говори́ть; the children have good table ~s де́ти уме́ют вести́ себя́ за столо́м.

manufacture I *sb* произво́дство *n* (14c); goods of

home, domestic / foreign ~ товары отечественного /иностранного производства; iron / steel ~ производство железа / стали; large-scale ~ of synthetics крупное производство синтетических изделий; prohibit the ~ of atomic weapons запретить производство атомного оружия; this acid is used in the ~ of paper эта кислота применяется при изготовлении бумаги.

manufacture II *v* производить (152) [*with acc* furniture мебель, clothing одежду, consumer goods товары широкого потребления, household articles предметы домашнего обихода, arms, armament оружие]; the machines are ~d at a new plant эти станки производятся на новом заводе; tractors are ~d on a large scale тракторы производятся в большом масштабе.

many I *sb* многие *pl* (33b); ~ do not think so многие думают не так; ~ of my friends многие из (*with gen*) моих друзей; I have spoken to ~ of them я со многими из них говорил(а); it seemed strange to ~ of us многим из нас это показалось странным; you don't see ~ like it таких вы увидите немного; are there ~ like him? много ли таких, как он?; only one was taken on out of the ~ who applied из боль-

шого числа обратившихся был принят только один; there are still ~ left in the camp в лагере ещё многие остались.

many II *a* много [1) *with gen* friends друзей, people людей, times раз, things вещей, reasons причин, ways, means способов, attempts попыток, errors, mistakes ошибок, trends течений, enemies врагов, arguments доводов, others других, indications указаний, changes изменений, doubtful cases сомнительных случаев; 2) very очень, too слишком, fairly, rather довольно, so так]; we have had ~ offers у нас было много предложений; twice as ~ вдвое больше; three times as ~ в три раза больше; ten times as ~ в десять раз больше; half as ~ вдвое меньше; for ~ years в течение многих лет; so ~ people столько человек, людей, так много людей; take as ~ as you need берите (столько), сколько вам нужно; there were so ~ that I didn't know which to choose их было так много, что я не знал(а), что выбрать; ⊙ how ~? сколько?; how ~ people / things / days? сколько человек / вещей / дней?; how ~ are there in your family? сколько человек в вашей семье?; how ~ of you are there? сколько вас (человек)?

map *sb* ка́рта *f* (19c) [1) economic экономи́ческая, political полити́ческая; large больша́я; detailed подро́бная; 2) *with gen* of the world ми́ра, of Europe Евро́пы; 3) hangs виси́т, shows пока́зывает]; large-scale / small-scale ~ ка́рта кру́пного / ме́лкого масшта́ба; make / study a ~ изготовля́ть / изуча́ть ка́рту; look at a ~ смотре́ть на ка́рту; I can't find the city / river on the ~ я не могу́ найти́ э́тот го́род / э́ту реку́ на ка́рте.

March март *m* (1f); *see* April.

march *v* 1. (*move with regular steps*) маршировать (243), *perf* промаршировать (243) [along, past the reviewing stand ми́мо трибу́ны; in time to the music под му́зыку]; 2. (*walk*) идти́ (207) [down the road по доро́ге, along the street по у́лице]; they ~ed twenty miles a day они́ проходи́ли по два́дцать миль в день.

mark I *sb* 1. (*target*) цель *f* (29c); hit the ~ попа́сть в цель; miss the ~ промахну́ться; beside, wide of the ~ ми́мо це́ли; 2. (*sign*) знак *m* (4c); question ~ вопроси́тельный знак; ~s of punctuation зна́ки препина́ния; quotation ~s кавы́чки (22f); { ма́рка *f* (22d); trade ~ фабри́чная ма́рка; 3. (*indication*) знак [*with gen* of friendship дру́жбы, of

respect уваже́ния, of appreciation призна́ния]; { след *m* (1k); *usu pl* ~s следы́ [*with gen* of wear но́ски, of use употребле́ния]; ~s of age при́знаки ста́рости; 4. (*lines, etc.*) поме́тка *f* (22d); pencil / ink ~s поме́тки карандашо́м / черни́лами; rub out all the ~s стере́ть все поме́тки; 5. (*at school*) отме́тка *f* (22d) [good хоро́шая, average сре́дняя, bad, poor, low плоха́я]; receive / give a ~ получа́ть / ста́вить отме́тку; a ~ for a test отме́тка за контро́льную рабо́ту; ◇ **up to the ~** на высоте́, хоро́ший; he does not feel quite up to the ~ он себя́ чу́вствует не совсе́м хорошо́.

mark II *v* 1. (*make sign*) отмеча́ть (64), *perf* отме́тить (177) (*with acc*); she ~ed the passage in the book in pencil она́ карандашо́м отме́тила (ну́жный) отры́вок в кни́ге; some of the names were ~ed with an asterisk не́которые фами́лии бы́ли отме́чены звё́здочкой; the price of each article is ~ed on the slip цена́ ка́ждого предме́та обозна́чена на ка́рточке; 2. (*evaluate*) ста́вить (168) оце́нку, *perf* поста́вить (168) оце́нку; the teacher had not ~ed the papers учи́тель не поста́вил оце́нок за рабо́ты; ~ **off** отделя́ть (223), *perf* отдели́ть (156) (*with acc*); part of the field was ~ed off by a white line on the ground часть по́ля была́ отделена́ бе́лой черто́й, поло́сой; ~ **out** размеча́ть (64), *perf* разме́тить (177) (*with acc*); a square was ~ed out on the ground на земле́ был разме́чен большо́й квадра́т; ◇ ~ **my words!** запо́мните мои́ слова́!; ~ **time** (*make no progress*) топта́ться (70) на ме́сте.

market *sb* ры́нок *m* (4d); go to the ~ идти́ на ры́нок; buy / sell smth on the ~ покупа́ть / продава́ть что-л. на ры́нке; the ~ was flooded with low-price goods ры́нок был наводнён дешёвыми това́рами; the ~ price ры́ночная цена́.

marriage брак *m* (4c) [happy счастли́вый, successful уда́чный, early ра́нний]; a proposal of ~ предложе́ние о бра́ке; a ~ for love / money брак по любви́ / по расчёту; a relation by ~ ро́дственник по му́жу, по жене́; announce a ~ объявля́ть о бра́ке; ~ ceremony церемо́ния бракосочета́ния; ~ licence разреше́ние на брак.

married *a* (*of women*) заму́жняя (32) [woman же́нщина, daughter дочь, sister сестра́]; they have a ~ daughter у них заму́жняя дочь; she is ~ to my cousin она́ за́мужем за (*with instr*) мои́м двою́родным бра́том; we didn't know that she was ~ мы не зна́ли, что она́ за́мужем; { (*of men*) жена́тый (31b) [man челове́к, son сын, brother брат]; he is ~ to my sister он жена́т на (*with abl*) мое́й сестре́; they have been ~ for over a year они́ жена́ты уже́ бо́льше го́да; their ~ life was very happy их брак был о́чень счастли́вым; ⊙ **get married** пожени́ться (156); they got married last year они́ пожени́лись в про́шлом году́.

marry (*of women*) выходи́ть (152) за́муж, *perf* вы́йти (208) за́муж (за *with acc*); she married young она́ ра́но вы́шла за́муж; she said she would never ~ она́ сказа́ла, что никогда́ не вы́йдет за́муж; she married him / a lawyer / my uncle она́ вы́шла за́муж за него́ / за адвока́та / за моего́ дя́дю; who did she ~? за кого́ она́ вы́шла за́муж?; her mother wanted her to ~ the young man её мать хоте́ла, что́бы она́ вы́шла за́муж за э́того молодо́го челове́ка; she married twice она́ два ра́за была́ за́мужем; she married again two years later она́ сно́ва вы́шла за́муж че́рез два го́да; { (*of men*) жени́ться (156) (на *with abl*); he married when he was over thirty он жени́лся, когда́ ему́ бы́ло за три́дцать; he never married он так и не жени́лся; he married her / my sister / a singer / a rich woman он жени́лся на ней /

на моёй сестре́ / на певи́це / на бога́той же́нщине.

marvellous изуми́тельный (31b) [city го́род, voice го́лос, character хара́ктер]; изуми́тельная [beauty красота́, trip пое́здка]; изуми́тельное [place ме́сто, summer ле́то]; we had a ~ time мы изуми́тельно прове́ли вре́мя; it was simply ~! э́то бы́ло про́сто изуми́тельно!

mass sb 1. (*large number, quantity*) ма́сса f, no pl (19c) [with gen of people люде́й, of buildings домо́в]; ~ production серийное производство; 2. pl ~es ма́ссы no sg (19c); the toiling ~es трудя́щиеся ма́ссы; educate the ~es обуча́ть ма́ссы; bring culture to the ~es нести́ культу́ру в ма́ссы.

master I sb 1. (*owner*) хозя́ин m (1r) [with gen of the house до́ма; of the horse ло́шади, of the dog соба́ки]; he was always complete ~ of himself он всегда́ прекра́сно владе́л собо́й; 2. (*artist*) ма́стер m (1h); the old ~s ста́рые мастера́; he became a ~ of his trade он стал ма́стером своего́ де́ла; 3. (*in school*) учи́тель m (3b); the third-form ~ учи́тель тре́тьего кла́сса; the chemistry ~ учи́тель хи́мии; 4. (*degree in science*) маги́стр m (1e); Master of Arts маги́стр иску́сств.

master II v 1. (*learn*) овладева́ть (64), perf ов-

ладе́ть (98) (*with instr*); he has ~ed the instrument thoroughly он в соверше́нстве владе́ет (музыка́льным) инстру́ментом; he never really ~ed the language он по-настоя́щему так и не овладе́л языко́м; 2. (*control*): the horse was difficult to ~ с ло́шадью бы́ло тру́дно спра́виться; he couldn't ~ the impulse to laugh aloud он не мог удержа́ться, что́бы гро́мко не рассмея́ться.

match I sb (*for making fire*) спи́чка f (22f); box of ~es коро́бка спи́чек; light, strike a ~ заже́чь спи́чку; have you got a ~? у вас есть спи́чки?; he threw the ~ away он вы́бросил спи́чку; the ~ went out спи́чка поту́хла.

match II sb 1. (*competition*) состяза́ние n (18c) [1) begins начина́ется, ends конча́ется; 2) hold устра́ивать, watch смотре́ть, win вы́играть, lose проигра́ть]; championship ~ состяза́ние на пе́рвенство; tennis / wrestling / boxing ~ состяза́ние по (*with dat*) те́ннису / борьбе́ / бо́ксу; participate in a ~ уча́ствовать в состяза́нии; the ~ ended in a tie, in a draw состяза́ние ко́нчилось вничью; a ~ between the two strongest teams состяза́ние ме́жду двумя́ сильне́йшими кома́ндами; { матч m (8b); football ~ футбо́льный матч; 2. (*equal*) ра́вный m (31b); I have

never seen his ~я не встре-
ча́л(а) ра́вного ему́; he
found his ~ он встре́тил
досто́йного проти́вника; he
was, proved no ~ for me
он оказа́лся слабе́е меня́; 3.
(*of marriage*) па́ртия *f* (23c);
he was a good ~ он был
для неё хоро́шей па́ртией;
she made a good ~ она́ сде́-
лала хоро́шую па́ртию; 4.
(*harmony*): the colours are
a good ~ цвета́ гармони́ч-
но сочета́ются.

match III *v* 1. (*harmo-
nize*) сочета́ться (64); these
colours don't ~ э́ти цвета́
пло́хо сочета́ются; she wore
a blue dress with hat and
gloves to ~ на ней бы́ло
голубо́е пла́тье и шля́па с
перча́тками в тон; 2. (*be
equal*): no one could ~ him
in strength никто́ не мог
сопе́рничать с ним в си́ле;
the boxers were equally
~ed боксёры бы́ли равны́
по си́лам.

material *sb* 1. (*textiles*)
мате́рия *f* (23c) [1) cotton
хлопчатобума́жная, wool-
len шерстяна́я, silk шёлковая; heavy тяжёлая, light
лёгкая; 2) shrinks сади́тся,
fades линя́ет]; suit ~ мате́-
рия для (*with gen*) костю́ма;
a dress made of thick ~
пла́тье, сши́тое из пло́т-
ной мате́рии; where did you
buy the ~? где вы купи́ли
э́ту мате́рию?; 2. (*subject-
-matter, data*) материа́л *m*
(1f) [1) sufficient доста́точ-

ный, ample оби́льный, об-
ши́рный, rich бога́тый, illustrative иллюстрати́вный,
interesting интере́сный; 2)
gather, collect собира́ть, find
найти́, look for иска́ть, take
брать, present представ-
ля́ть]; ~ for a book / play /
report материа́л для (*with
gen*) кни́ги / пье́сы / док-
ла́да; the ~ is arranged
under three headings (весь)
материа́л расположе́н под
тремя́ ру́бриками; the ~ is
drawn from various sources
материа́л взят из разли́ч-
ных исто́чников; ⊙ **raw
~(s)** сырьё *n*, *no pl* (18a).
mathematics матема́ти-
ка *f* (22b); higher ~ вы́с-
шая матема́тика.

matter I *sb* 1. (*case*) де́ло
n (14d) [1) urgent сро́чное,
pressing неотло́жное, private ча́стное, personal ли́ч-
ное, simple просто́е, complicated сло́жное; 2) settle,
adjust, arrange ула́дить,
clear up вы́яснить, complicate усложни́ть, simplify
упрости́ть]; a ~ of the utmost importance де́ло перво-
степе́нной ва́жности; the ~
was turned over to me де́ло
бы́ло пе́редано мне; he dis-
missed the ~ from his mind
он переста́л об э́том ду́мать;
that won't help ~s э́то не
помо́жет де́лу; ⊙ **it's no
laughing ~** э́то нешу́точ-
ное де́ло; 2. (*question*) во-
про́с *m* (1f) [1) important
ва́жный, serious серьёзный;
2) explain объясни́ть, think

over обду́мать, take up, raise подня́ть, discuss обсуди́ть, decide реши́ть]; a ~ of common interest вопро́с, представля́ющий о́бщий интере́с; it's not only a ~ of money э́то не то́лько вопро́с де́нег; in regard to, concerning th's ~... что каса́ется э́того вопро́са...; he handles all ~s concerning labour он занима́ется вопро́сами труда́; it's only a ~ of a few days э́то вопро́с всего́ не́скольких дней; a ~ of life and death вопро́с жи́зни и сме́рти; ⊙ what's the ~? в чём де́ло?; what's the ~ with...? что случи́лось с... (*with instr*)?; what's the ~ with her? что с ней случи́лось?; there's something the ~ что́-то случи́лось; there's something the ~ with the engine что́-то случи́лось с (*with instr*) мото́ром; he has, there is something the ~ with his heart у него́ что́-то с се́рдцем; as a ~ of fact на са́мом де́ле, в са́мом де́ле; *see* fact; no ~ how как бы ни; no ~ how I try, they are not satisfied как бы я ни стара́лся, они́ всё равно́ не быва́ют дово́льны; no ~ how busy he is... как бы он ни́ был за́нят...; no ~ how much you give him... ско́лько бы вы ему́ ни да́ли...; no ~ what / when / where / who что / когда́ / где, куда́ / кто бы ни; no ~ what he

said... что бы он ни говори́л...; no ~ where he went... куда́ бы он ни пошёл...; no ~ where he was... где бы он ни́ был...; no ~ who he spoke to... с кем бы он ни говори́л...

matter II *v* име́ть (98) значе́ние; it doesn't ~ э́то не име́ет значе́ния; it doesn't ~ much э́то не име́ет большо́го значе́ния; what does it ~? како́е э́то име́ет значе́ние?; it ~s very much to me для (*with gen*) меня́ э́то име́ет большо́е значе́ние; what does it ~ to you what they think? како́е для вас име́ет значе́ние, что они́ ду́мают?

May *sb* май *m* (13c); *see* April; ⊙ the First of ~, ~ Day Пе́рвое ма́я; ~ Day is a great international holiday Пе́рвое ма́я — большо́й междунаро́дный пра́здник.

may 1.(*of permission*) мочь (248); you ~ come tomorrow, if you like е́сли хоти́те, вы мо́жете прийти́ за́втра; he said, that I might wait here он сказа́л, что я могу́ подожда́ть здесь; { *in questions, often conveyed by* мо́жно: ~ I come in? мо́жно войти́?; ~ I speak to you for a minute? мо́жно с ва́ми поговори́ть?; ~ I ask you a few questions? мо́жно зада́ть вам не́сколько вопро́сов?; of course, you ~ пожа́луйста, коне́чно, мо́жно; we ~ hope that matters

will soon improve мо́жно
наде́яться, что вско́ре дела́
пойду́т лу́чше; **2.** (*of possibility*) мочь; he ~ be
late он мо́жет опозда́ть;
he ~ come today он мо́жет
прийти́, прие́хать сего́дня;
you ~ not find him вы мо́-
жете не найти́ его́; they ~
have gone home already
они́ могли́ уже́ уе́хать до-
мо́й; they ~ think I've
forgotten about it они́ мо́-
гут поду́мать, что я за-
бы́л(а) об э́том; he ~ do
anything он мо́жет сде́лать,
что уго́дно; { *often conveyed
by* возмо́жно, *introduc-
ing clause*: the train ~
be late возмо́жно, (что) по́-
езд опозда́ет; it ~ rain воз-
мо́жно, бу́дет дождь; I ~
see him today возмо́жно,
(что) я его́ сего́дня уви́жу;
he ~ not even have thought
of it возмо́жно, что он об
э́том и не поду́мал; that
~ be so возмо́жно, что э́то
так; they ~ be sitting there
waiting они́, возмо́жно, си-
дя́т там и ждут; ⊙ ~ be
возмо́жно; ~ be he was
too busy он, возмо́жно,
был сли́шком за́нят; ~ be
they don't want to они́,
возмо́жно, не хотя́т.

me *pron pers* меня́ (40a)
gen; except me кро́ме меня́;
you didn't understand me
вы меня́ не по́няли; you
can go there without me
вы мо́жете пое́хать туда́
без меня́; there were two
other people besides me

кро́ме меня́ бы́ло ещё дво́е;
will you do that for me?
мо́жете вы э́то сде́лать для
меня́?; did you receive a
letter from me two months
ago? вы получи́ли от меня́
письмо́ два ме́сяца тому́
наза́д?; { мне *dat*; he gave
me two books, he gave two
books to me он дал мне две
кни́ги; help me! помоги́(те)
мне!; it is not clear to me
мне э́то нея́сно; it seems
to me мне ка́жется; she
said to me, she told me она́
мне сказа́ла; he came up
to me он подошёл ко мне́;
it was not easy for me to
do it мне бы́ло нелегко́
э́то сде́лать; let me help
you! позво́льте мне помо́чь
вам!; he has explained everything to me он всё
объясни́л; { меня́ *acc*; you
can see me there at five
o'clock вы мо́жете уви́деть
меня́ там в пять часо́в; didn't
you notice me? вы меня́
не заме́тили?; take me with
you! возьми́(те) меня́ с со-
бо́й!; { мно́ю *instr*; are you
satisfied, pleased with me?
вы мно́ю дово́льны?; he
followed me он сле́довал
за мно́ю; come with me!
пойдём(те) со мно́ю!; don't
laugh at me! не сме́йтесь
надо мно́ю!; { мне *abl*;
they were talking about me
они́ говори́ли обо мне́; I am
afraid that you are disappointed in me бою́сь, что
вы во мне́ разочарова́лись;
{ I'll take the children with

те я возьму с собой детей; it was foolish of me not to follow your advice с моей стороны было глупо не послушаться вашего совета.

meal: where can we get a good ~? где можно хорошо поесть?; you can get good ~s there cheap вы можете там хорошо и недорого, дёшево поесть; he ate a hearty ~ он плотно поел; the ~ was simple but tasty еда была простой, но вкусной; we cooked our own ~s мы сами себе готовили; we had a light ~ before starting мы слегка закусили, поели перед отъездом, уходом; a four-course ~ costs about a dollar обед из четырёх блюд стоит около доллара; they gave us four ~s a day нас кормили четыре раза в день; she tried not to eat between ~s она старалась не есть между завтраком, обедом и ужином; you must have at least one hot ~ a day вы должны по крайней мере один раз в день есть что-нибудь горячее.

mean v 1. (denote) значить (174), no perf, означать (64), no perf; I don't know what the word ~ я не знаю, что означает это слово; what does the word "лес" ~? что означает слово „лес"?; 2. (have significance) иметь (98) значение; it ~s nothing to

him для (with gen) него это не имеет никакого значения; the trip ~s very much to all of us эта поездка имеет для нас всех большое значение; it meant little to her для неё это не имело большого значения; what does it ~ to you? какое это имеет для вас значение?; 3. (have in mind): what do you ~ (by that)? что вы хотите этим сказать?; I ~ (to say)... я хочу сказать...; I didn't ~ to offend you я не хотел(а) вас обидеть; it was meant as a joke этого не нужно было принимать всерьёз; I am sure he meant well я уверен(а), что у него были лучшие намерения, что он не имел в виду ничего плохого; who(m) do you ~? кого вы имеете в виду?; do you ~ me? вы меня имеете в виду?; the gift was meant for you этот подарок был предназначен вам; ◇ what do you ~? как вы смеете?; what do you ~ by talking to me like that? как вы смеете со мной так разговаривать?

meaning sb значение n (18c) [1) deep, profound глубокое, real настоящее, different другое, broad, wide широкое, precise точное, figurative переносное, hidden скрытое, ambiguous двусмысленное, сомнительное; 2) explain объяснять, learn узнавать, understand понима́ть, change меня́ть, convey передава́ть, determine устана́вливать, grasp схва́тывать, distort искажа́ть, illustrate иллюстри́ровать, acquire приобрета́ть]; the ~ of the word isn't clear (to me) значе́ние э́того сло́ва (мне) нея́сно; the word has many ~s э́то сло́во име́ет мно́го значе́ний; I looked up the ~ of the word in the dictionary я посмотре́л(а) значе́ние э́того сло́ва в словаре́; at first I didn't appreciate the full ~ of his words снача́ла я не по́нял, не поняла́ по́лностью значе́ния его́ слов.

means 1. (*method, way*) спо́соб *m* (1f) [safe безопа́сный, sure ве́рный]; we have no ~ of knowing it у нас нет спо́соба узна́ть э́то; we must find some ~ of proving мы должны́ найти́ како́й-л. спо́соб доказа́тельства; I have used every possible ~ я испо́льзовал(а) все возмо́жные сре́дства; by peaceful ~ ми́рным путём; by some ~ or other каки́м-то спо́собом, тем и́ли ины́м спо́собом; 2. (*agency*) сре́дство *n* (14c); ~ of communication сре́дства сообще́ния; ~ of subsistence сре́дства к существова́нию; we must try every ~ на́до испро́бовать любы́е, все возмо́жные сре́дства; ◇ **by ~ (of)** посре́дством (*with gen*); **by all ~** во что бы то ни ста́ло; **by no ~** нико́им

о́бразом, ни в ко́ем слу́чае.

meantime *adv* тем вре́менем.

meanwhile *adv* тем вре́менем; ~, I'll get everything ready тем вре́менем я всё пригото́влю.

measure I *sb* ме́ра *f* (19c); *usu pl* ~s ме́ры [1) immediate сро́чные, strict стро́гие, effective де́йственные, preventive предупреди́тельные, legislative зако́нные; 2) take принима́ть, approve одобря́ть, suggest, propose предлага́ть]; all the necessary ~s were taken бы́ли при́няты все необходи́мые ме́ры; none of the ~s taken were successful ни одна́ из при́нятых мер не увенча́лась успе́хом; he felt that all ~s were justified он счита́л, что любы́е ме́ры опра́вданы; I do not object to the ~s you have taken я не возража́ю про́тив при́нятых ва́ми мер.

measure II *v* измеря́ть (223), *perf* изме́рить (178) [*with acc* length длину́, depth глубину́, width ширину́, height высоту́]; the loss cannot be ~d in terms of money alone поте́ри измеря́ются не то́лько деньга́ми.

meat мя́со *n, no pl* (14d) [1) cold холо́дное, soft мя́гкое, tender не́жное, tough жёсткое, raw сыро́е, frozen заморо́женное, lean по́стное, fat жи́рное, boiled варёное, roasted жа́реное, stewed тушёное; fresh свежее, spoiled испорченное; 2) smells пахнет, spoils портится, costs one rouble fifty copecks стоит один рубль пятьдесят копеек; 3) buy покупать, cook готовить, roast жарить, eat есть, heat up подогревать]; ~ and potatoes мясо с картошкой; ~ and vegetables мясо с овощами; a piece of ~ кусок мяса; we had ~ for dinner у нас на обед было мясо; ~ soup мясной суп.

medical медицинский (33b) [advice совет, staff персонал]; медицинская [aid помощь]; медицинское [institution учреждение, attention, service, care обслуживание, equipment оборудование]; ~ supplies медикаменты.

medicine 1. (*science*) медицина *f* (19c); in the field of ~ в области медицины; every means known to ~ все известные (в) медицине средства; practise ~ практиковать, иметь практику; **2.** (*remedy, drug*) лекарство *n* (14c) [1) new новое, special особое, good хорошее, effective эффективное, действенное, patent патентованное; 2) helps помогает, smells пахнет, acts, takes effect действует, tastes bad невкусное; 3) prescribe прописывать, give давать, drink пить, take in принимать, try пробовать]; a bottle of ~ бутылка с лекарством;

a good ~ for a cold хорошее лекарство от (*with gen*) простуды; the ~ must be taken every three hours / after meals это лекарство надо принимать через каждые три часа / после еды.

meet 1. (*encounter*) встречать (64), *perf* встретить (177) [1] *with acc* friend товарища, enemy врага; train поезд; 2) at the corner на углу, in the street на улице, near the library около, возле библиотеки, at the station на вокзале, on the way по дороге; 3) by chance случайно, unexpectedly неожиданно, in secret тайно]; ~ smb often / seldom часто / редко встречать кого-л.; you will be met at the station вас встретят на вокзале; she couldn't avoid ~ing him она не могла избежать встречи с ним; { встречаться (64), *perf* встретиться (177) [c *with instr* with difficulties с трудностями, with obstacles с препятствиями]; the suggestion met with general approval предложение встретило всеобщее одобрение; ~ with an accident попасть в катастрофу; they met with an accident с ними произошёл несчастный случай; **2.** (*come together*) встречаться, *perf* встретиться; we arranged to ~ in front of the theatre мы договорились встретиться перед театром; they never met again они бо́льше не встреча́лись; they used to ~ sometimes at parties они иногда́ встреча́лись в гостя́х; when we last met... когда́ мы встре́тились в после́дний раз...; they continued to ~ from time to time они продолжа́ли встреча́ться вре́мя от вре́мени; 3. (gather) собира́ться (64), perf собра́ться (44); the club ~s on Wednesdays чле́ны клу́ба собира́ются по сре́дам; we ~ once a week мы собира́емся раз в неде́лю; 4. (become acquainted) знако́миться (168), perf познако́миться (168) (c with instr); ~ my wife! познако́мьтесь с мое́й жено́й!; they met at a party они познако́мились на ве́чере; ◇ ~ half-way идти́ (207) навстре́чу, perf пойти́ (206) навстре́чу (with dat); he was always ready to ~us halfway он всегда́ был гото́в пойти́ нам навстре́чу; make both ends ~ своди́ть (152) концы́ с конца́ми, perf свести́ (219) концы́ с конца́ми; see end I.

meeting sb 1. (assembly) собра́ние n (18c) [1] important ва́жное, secret та́йное, short коро́ткое, непродолжи́тельное, special специа́льное, open откры́тое, political полити́ческое, trade-union профсою́зное, annual ежего́дное, general о́бщее, regular очередно́е; 2) begins начина́ется, is over окончи-лось, lasts продолжа́ется, takes place происхо́дит, opens with a speech открыва́ется выступле́нием; 3) hold проводи́ть, call созва́ть, interrupt прерыва́ть, arrange устра́ивать, open откры́ть, close закры́ть]; be present at a ~, attend a ~ прису́тствовать на собра́нии; preside at a ~ председа́тельствовать на собра́нии; speak at a ~ выступа́ть на собра́нии; address a ~ обрати́ться к собра́вшимся; the chairman of the ~ председа́тель собра́ния; we have a ~ today у нас сего́дня собра́ние; he came home late from the ~ он по́здно верну́лся домо́й с собра́ния; go to the ~ идти́ на собра́ние; where did you go after the ~ was over? куда́ вы пошли́, когда́ ко́нчилось собра́ние?; how often do you have ~s? как ча́сто у вас быва́ют собра́ния?; 2. (encounter) встре́ча f (25a) [unexpected неожи́данная, pleasant прия́тная]; let's arrange a ~ place договори́мся о ме́сте встре́чи; avoid a ~ with smb избега́ть встре́чи с (with instr) кем-л.; the ~ was unexpected to both of them встре́ча была́ для них обо́их неожи́данной.

melt (become liquid) та́ять (146), perf раста́ять (146); the ice / snow ~ed лёд / снег раста́ял; the ice-cream has ~ed моро́женое раста́яло.

member член *m* (1e) [1) active акти́вный, old ста́рый, honorary почётный; 2) *with gen* of a committee комите́та, of the government прави́тельства, of parliament парла́мента, of a party па́ртии]; become a ~ of the club стать чле́ном клу́ба; among the ~s of the club / family среди́ чле́нов клу́ба / семьи́.

memory 1. (*power of remembering*) па́мять *f*, *no pl* (29c) [1) good хоро́шая, poor плоха́я; visual зри́тельная, mechanical механи́ческая; 2) develop развива́ть, strain напряга́ть, improve совершенствовать, overburden, tax перегружа́ть, train тренирова́ть]; the name has slipped, escaped from my ~ э́то и́мя вы́пало у меня́ из па́мяти; I have a good ~ for dates / faces у меня́ хоро́шая па́мять на (*with acc*) да́ты / ли́ца; his name will remain / live in our ~ for ever его́ и́мя наве́ки оста́нется / бу́дет жить в на́шей па́мяти; the scene impressed itself on my ~ э́та сце́на запечатле́лась в мое́й па́мяти; honour the ~ почти́ть па́мять; commit a poem / facts to ~ запо́мнить стихотворе́ние / фа́кты; he was speaking from ~ он говори́л наизу́сть, по па́мяти; ⊙ in ~ в па́мять; a meeting in ~ of the victims of fascism собра́ние, посвящён-

ное па́мяти (*with gen*) жертв фаши́зма; 2. (*recollection*) воспомина́ние *n* (18c); I have a clear / only a confused ~ of what happened у меня́ я́сное / то́лько сму́тное воспомина́ние о том, что случи́лось; we have pleasant / vivid memories у нас оста́лись прия́тные / я́ркие воспомина́ния; it brought back the ~ of those happy days э́то напо́мнило о тех счастли́вых днях.

mend *v* (*repair*) чини́ть (156), *perf* почини́ть (156) [*with acc* chair стул, watch часы́, road доро́гу]; where can I get my shoes ~ed где я могу́ почини́ть свои́ ту́фли, боти́нки?; ~ broken window вста́вить стекло́; ⟨ (*sew up*) штопать (65), *perf* заштопать (65)[*with acc* socks носки́, stockings чулки́, dress пла́тье, linen бельё]; ◇ ~ one's ways испра́виться (168); he promised to ~ his ways он обеща́л испра́виться.

mental у́мственный (31b) [labour, труд]; у́мственная [work рабо́та]; у́мственное [effort уси́лие, strain напряже́ние]; у́мственные [capacities спосо́бности]; ~ calculation у́стный счёт; ~ patient психи́ческий больно́й; I made a ~ note я отме́тил(а) про себя́, я сде́лал(а) себе́ заме́тку.

mention *v* упомина́ть (64), *perf* упомяну́ть (129) (*with acc*); he ~ed your name twice он два́жды упомяну́л ваше имя; he never even ~ed it он никогда даже не упоминал об (*with abl*) этом; not to ~ all the other reasons не говоря уже о всех других причинах; ◇ **don't ~ it!** не стоит (благодарности)!

mercy пощада *f* (19c); beg, plead for ~ просить пощады; we had, took ~ on him мы пощадили (*with acc*) его; they were treated without ~ с ними обращались беспощадно; they showed no ~ to their enemies они не щадили своих врагов; ⊙ **at the ~ of** во власти (*with gen*); he was at the ~ of his enemies он был во власти своих врагов.

mere (*only*): he was a ~ child at the time в то время он был совсем ребёнком; she was frightened at the ~ thought of it она пугалась при одной мысли об этом; out of ~ politeness только из вежливости; it's a ~ trifle это сущий пустяк.

merely только; it was ~ a suggestion это было только предложение; I ~ want to know я только хочу знать; I asked ~ because I didn't know я спросил(а) только потому, что не знал(а); I don't think it's ~ a question of pride я не думаю, что это только вопрос самолюбия; you have ~ to ask вы должны только спросить.

merit *sb* достоинство *n* (14c); *usu pl* ~s достоинства [understand понять, appreciate оценить, belittle умалять, underestimate недооценивать]; the plan has its ~s (этот) план имеет свои достоинства; the proposal has a number of other ~s это предложение имеет ряд других достоинств; we discussed the relative ~s of the two proposals мы обсуждали относительные достоинства обоих предложений; we shall judge the case on its ~s мы будем судить по существу дела; the contestants were rewarded according to their ~s участники соревнования были награждены по заслугам.

merry весёлый (31b) [laugh смех, child ребёнок, look взгляд]; весёлая [game игра, company компания, song песня]; весёлое [face лицо]; весёлые [eyes глаза].

message *sb* (*information*) сообщение *n* (18c); this is the latest ~ from the expedition это последнее сообщение, полученное от экспедиции; we didn't receive your ~ until after the meeting мы получили ваше сообщение только после собрания; { (*note*) записка *f* (22d); I was handed this ~ at the meeting мне передали эту записку на собрании; did he leave a ~? он не оставил записки?, он ничего́ не проси́л переда́ть?; { *if oral, often conveyed by verb* передава́ть (63), *perf* переда́ть (214); I was asked to give you a ~... меня́ проси́ли переда́ть (*with dat*) вам...; I received a telephone ~ мне переда́ли по телефо́ну.

metal мета́лл *m* (1f) [hard твёрдый, rare ре́дкий, precious драгоце́нный]; piece / sheet of ~ кусо́к / лист мета́лла; the pole is made of some kind of ~ столб сде́лан из како́го-то мета́лла.

method 1. (*way*) спо́соб *m* (1f) [1) new но́вый, old ста́рый, different друго́й, sure ве́рный, modern совреме́нный, practical практи́ческий, economical эконо́мичный, ideal идеа́льный, approved при́нятый, primitive примити́вный, antiquated допото́пный; 2) adopt приня́ть, apply, use применя́ть, change (из)меня́ть, think out разрабо́тать, try про́бовать, invent приду́мать, изобрести́]; we must think of some ~ of cutting down expenses необходи́мо приду́мать спо́соб (как) сократи́ть расхо́ды; **2.** (*system*) ме́тод *m* (1f) [oral у́стный, modern совреме́нный]; various ~s of language teaching разли́чные ме́тоды обуче́ния языку́; we are studying Russian by, according to a new ~ мы изуча́ем ру́сский язы́к по но́вому ме́тоду; he has his own ~ of working у него́ свой ме́тод рабо́ты; they have their own ~ of training people у них свой со́бственный ме́тод подгото́вки рабо́тников.

metre метр *m* (1f); two ~s два ме́тра; five ~s пять ме́тров; twenty-one ~s два́дцать оди́н метр; a ~ and a half полтора́ ме́тра; a ~ longer на оди́н метр бо́льше; at a two ~s' distance, at a distance of two ~s на расстоя́нии двух ме́тров; the room is five ~s long ко́мната длино́й в пять ме́тров.

middle I *sb* середи́на *f* (19c); in the ~ of the room / book / story / river в середи́не (*with gen*) ко́мнаты / кни́ги / расска́за / реки́; in the ~ of the day / January в середи́не дня / января́; in the ~ of the night среди́ но́чи, в по́лночь.

middle II *a* сре́дний (32); ~ finger сре́дний па́лец; ~ rows сре́дние ряды́; a man of ~ age челове́к сре́дних лет; ⊙ ~ **school** сре́дняя шко́ла *f* (19c).

middle-aged пожило́й (31a) [man челове́к]; пожила́я [woman же́нщина]; пожилы́е [people лю́ди].

midnight по́лночь *f* (30b); at ~ в по́лночь; any time before ~ в любо́е вре́мя до полу́ночи, до двена́дцати; after ~ по́сле полу́ночи.

midst середи́на *f* (19c); in the ~ of the forest в

середи́не ле́са; in our ~ среди́ нас; in the ~ of the storm в разга́р што́рма.

mild 1. (*not severe*) мя́гкий (33b) [person челове́к, reproach упрёк; tone тон; climate кли́мат]; мя́гкая [winter зима́, weather пого́да; criticism кри́тика]; мя́гкое [punishment наказа́ние]; in ~ tones в мя́гких тона́х; **2.** (*not sharp*) сла́бый (31b) [wind ве́тер]; ~ wine сла́бое, не́жное вино́.

mile ми́ля *f* (20e); two / three / four ~s две/ три / четы́ре ми́ли; five ~s пять миль; twenty-one ~s два́дцать одна́ ми́ля; it's about two ~s from here э́то отсю́да приблизи́тельно в двух ми́лях; the car was doing, making over 60 ~s an hour маши́на е́хала со ско́ростью, превыша́ющей шестьдеся́т миль в час; there was no house within three ~s в ра́диусе трёх миль не́ было ни одного́ до́ма; we could see for ~s and ~s бы́ло ви́дно на мно́го миль вокру́г; at a three ~s' distance, at a distance of three ~s на расстоя́нии трёх миль.

military *a* вое́нный (31b) [plane самолёт, transport тра́нспорт, camp ла́герь]; вое́нная[uniform фо́рма, map ка́рта, training подгото́вка, school шко́ла, strategy страте́гия, base ба́за]; вое́нное [ship су́дно]; вое́нные [forces си́лы, preparations приготовле́ния, ex-

penditure расхо́ды]; ~ train во́инский по́езд; for ~ purposes для вое́нных це́лей; he wore ~ clothes он был в вое́нной фо́рме; he is a ~ man он вое́нный; in ~ circles в вое́нных круга́х.

milk *sb* молоко́ *n*, *no pl* (14f) [1] fresh све́жее, rich густо́е, жи́рное, condensed сгущённое, pasteurized пастеризо́ванное, loose разливно́е; 2) buy покупа́ть, drink пить, boil кипяти́ть]; glass of ~ стака́н молока́; the ~ turned / turned sour молоко́ сверну́лось / проки́сло; ~ bottle моло́чная буты́лка; ~ soup моло́чный суп; sour ~ простоква́ша *f* (25a).

mill *sb* **1.** (*factory*) фа́брика *f* (22b); textile ~ текстильная фа́брика; { (*plant*) заво́д *m* (1f); steel ~ сталелите́йный заво́д; **2.** (*for grinding grain, etc.*) ме́льница *f* (21c).

million миллио́н *m* (1f); two ~ два миллио́на; five ~ пять миллио́нов.

mind I *sb* ум *m* (1d); man of great ~ челове́к большо́го ума́; develop one's ~ развива́ть ум; travel broadens the ~ путеше́ствие расширя́ет кругозо́р(челове́ка); he has a good ~ у него́ хоро́шая голова́; it never entered my ~ э́то никогда́ не приходи́ло мне в го́лову; the name has gone out of my ~ completely

эта фами́лия соверше́нно вы́-
летела у меня́ из головы́;
⊙ have smth on one's ~
име́ть (98) что-л. на уме́;
he has something on his
~ у него́ что́-то на уме́;
bear, keep in ~ име́ть в
виду́; bear in ~ that you
must be back before twelve
име́йте в виду́, что вы
должны́ возврати́ться до
двена́дцати часо́в; change
one's ~ переду́мать (65);
you haven't changed your
~, I hope я наде́юсь, вы
не переду́мали; come to
one's ~ приходи́ть (152)
в го́лову, perf прийти́ (206)
в го́лову; a brilliant idea
came to his ~ ему́ пришла́
в го́лову блестя́щая мысль;
it didn't come to my ~
мне э́то не пришло́ в го́-
лову; the name doesn't
come to my ~ я ника́к не
могу́ вспо́мнить фами́лию);
make up one's ~ реши́ть
(171); I made up my ~ to
go to the Caucasus я ре-
ши́л(а) пое́хать на Кав-
ка́з; I haven't made up my
~ what to do я ещё не
реши́л(а), что мне де́лать;
go out of one's ~ сходи́ть
(152) с ума́, perf сойти́ (206)
с ума́; have you gone out
of your ~? вы (что) с ума́
сошли́?

mind II v 1. (object) возра-
жа́ть (64), perf возра-
зи́ть (153); do you ~ if
I smoke? вы не возража́ете,
е́сли я закурю́?; do you ~
if I close the window? вы

не возража́ете, е́сли я за-
кро́ю окно́?; would you ~
closing the window? вы не
закро́ете окно́?; she
doesn't ~ the cold она́ не
бои́тся хо́лода, она́ не об-
раща́ет внима́ния на хо́-
лод; it wasn't what he
said that we ~ed мы возра-
жа́ли не про́тив того́,
что он сказа́л; if you don't
~, we should like to leave
now е́сли вы ничего́ не
име́ете про́тив, мы бы ушли́
сейча́с; I shouldn't ~ a
cold drink я бы не прочь
вы́пить чего́-нибудь хо-
ло́дного; I shouldn't ~ something to eat я бы не прочь
что́-нибудь съесть; 2. (look
after) забо́титься (177), perf
позабо́титься (177) (o with
abl); who will ~ the children when you are away?
кто позабо́тится, возьмёт
на себя́ забо́ту о де́тях,
когда́ вы уе́дете?; will you
~ my things while I go
and find out? вы не при-
смо́трите за мои́ми веща́-
ми, пока́ я схожу́ узна́ю?;
3. (be careful): ~! осторо́ж-
но! ~ the step! осторо́жно,
ступе́нька!; ~ where you're
going! смотри́те, куда́ вы
идёте!; ◇ ~ your own business! занима́йся, зани-
ма́йтесь свои́м де́лом!;
don't ~! не обраща́йте
внима́ния!; don't ~ what
they say не обраща́й(те)
внима́ния на то, что они́
говоря́т; never ~! 1) (in
answer to apology) ничего́!;

2) (*don't bother*) не беспокойтесь!; *see* never.

mine I *sb* ша́хта *f* (19c); he worked in a ~ он рабо́тал на ша́хте; the ~ was shut down ша́хта была́ закры́та; they blew up the ~s они́ взорва́ли ша́хты; { *fig* исто́чник *m* (4c); he was a ~ of information он был исто́чником информа́ции.

mine II *absolute pron poss* мой *m*, моя́ *f*, моё *n*, мои́ *pl* (40c); he is an old friend of ~ он мой ста́рый прия́тель; this hat is not ~ э́то не моя́ шля́па; it's no business of ~ э́то не моё де́ло; those things are not ~ э́то не мои́ ве́щи; are these magazines yours or ~? э́ти журна́лы ва́ши и́ли мои́?

ministry министе́рство *n* (14c); Ministry of° Foreign Affairs Министе́рство иностра́нных дел; Ministry of Foreign Trade Министе́рство вне́шней торго́вли; Ministry of Agriculture Министе́рство се́льского хозя́йства; Ministry of Health Министе́рство здравоохране́ния.

minute *sb* (60 *seconds*) мину́та *f* (19c); ten ~s passed прошло́ де́сять мину́т; we haven't a ~ to spare нам нельзя́ теря́ть ни мину́ты; wait a ~! подожди́те мину́ту!; the train leaves in three ~s по́езд отойдёт че́рез три мину́ты; it will take us twenty-five ~s to get there нам ну́жно два́дцать пять мину́т, что́бы туда́ добра́ться; he was five ~s late он опозда́л на пять мину́т; it is twelve ~s to six сейча́с без двена́дцати мину́т шесть; it is seven ~s past four семь мину́т пя́того; every ~ seemed an hour ка́ждая мину́та каза́лась ча́сом; every few ~s (че́рез) ка́ждые не́сколько мину́т; in a ~ че́рез мину́ту; just a ~! сейча́с!; I'll tell him the ~ he gets here я ему́ скажу́, как то́лько он придёт; after a five-~ rest по́сле пятимину́тного о́тдыха.

minutes *pl* (*record*) протоко́л *m* (1f); take ~ писа́ть протоко́л; read the ~ of the last meeting чита́ть протоко́л после́днего собра́ния.

mirror *sb* зе́ркало *n* (14d) [1) round кру́глое, cracked тре́снутое, broken разби́тое; 2) broke разби́лось, hangs виси́т, reflects отража́ет; 3) hold держа́ть, look in смотре́ть в, break разби́ть]; she looked at herself in the ~ она́ посмотре́лась в зе́ркало; she was standing in front of the ~ она́ стоя́ла пе́ред зе́ркалом.

miss *v* 1. (*be absent*) пропуска́ть (64), *perf* пропусти́ть (162) [*with acc* lecture ле́кцию, lesson уро́к, meeting собра́ние, one's dinner обе́д, the beginning of a film нача́ло фи́льма, the most interesting part са́мую интере́сную часть, one important detail одну́ ва́жную дета́ль]; hurry, or we'll ~ the beginning of the play поторопи́тесь, ина́че мы пропу́стим нача́ло спекта́кля; **2.** (*not notice, not see*) пропуска́ть, *perf* пропусти́ть [*with acc* several mistakes не́сколько оши́бок]; I ~ed the house in the dark в темноте́ я прошёл, прошла́ ми́мо до́ма; it's a big shop, you can't ~ it э́то большо́й магази́н, вы не мо́жете не заме́тить его́; I ~ed what you said я не расслы́шал(а), что вы сказа́ли; { (*not understand*) не поня́ть (233) [*with gen* the real meaning и́стинного значе́ния, the significance, importance· ва́жности]; **3.** (*fail to take advantage*) упуска́ть (64), *perf* упусти́ть (162) (*with acc*); ~ an opportunity / chance, occasion упусти́ть возмо́жность / слу́чай; **4.** (*long for*) скуча́ть (64), *no perf* [о *with abl* one's friends о това́рищах, one's parents о роди́телях, one's brother о бра́те, the sea о мо́ре; по *with abl* one's sister по сестре́, one's family по семье́, one's country по ро́дине]; we ~ed you very much нам о́чень вас недостава́ло, мы о́чень скуча́ли по вас; **5.** (*be late*) опа́здывать (65), *perf* опозда́ть (64) (на *with acc*);

~ a train / bus / boat опозда́ть на по́езд / авто́бус / парохо́д; **6.** (*fail to hit*) не попа́сть (55) (в *with acc*); he ~ed his aim он не попа́л в цель, он промахну́лся; **7.** (*notice absence*): when did you ~ your bag? когда́ вы заме́тили, что портфе́ля нет?; the child was ~ed immediately ребёнка сра́зу хвати́лись.

mistake *sb* оши́бка *f* (22d) [great больша́я, slight небольша́я, serious серьёзная, strange стра́нная, foolish глу́пая, bad гру́бая, obvious очеви́дная, common обы́чная, inexcusable непрости́тельная, fatal роково́я]; find / make / hear / miss a ~ найти́ / сде́лать / услы́шать / пропусти́ть оши́бку; explain / correct / repeat / see / understand a ~ объясни́ть/ испра́вить / повтори́ть / уви́деть / поня́ть оши́бку; where's the ~? в чём (здесь) оши́бка?; it would be a great ~ to think so бы́ло бы большо́й оши́бкой так ду́мать; I think he is making a great ~ я счита́ю, что он де́лает большу́ю оши́бку; the ~ is not clear to me мне непоня́тна оши́бка; it would be no ~ to say... не бу́дет оши́бкой сказа́ть...; ⊙ by ~ по оши́бке; I took the wrong letter by ~ по оши́бке я взял, взяла́ не то́ письмо́.

mistaken: be ~ ошиба́ться (64), *perf* ошиби́ться (201); you are ~ вы ошибáетесь; we thought we would have an easy job, but we were ~ мы дýмали, что рабóта бýдет лёгкой, но мы ошиблись; I'm never ~ about such things я никогдá не ошибáюсь в (with abl) такúх вещáх.

mix 1. (*stir*) смéшивать (65), *perf* смешáть (64) (*with acc*); she ~ed the powder with water онá смешáла порошóк с водóй; everything is, got ~ed up in my mind всё смешáлось у меня в головé; 2. (*associate*) общáться (64), *no perf* (with — с *with instr*); he doesn't ~ with the other students он не общáется с другúми студéнтами; he / she doesn't ~ well он / онá необщúтелен / необщúтельна; ~ up пýтать (65), *perf* спýтать (65) (*with acc*); I always ~ up their names я всегдá пýтаю их фамúлии; you've got everything ~ed up вы всё спýтали.

mixture смесь *f* (29c) [1] chemical химúческая, queer, strange стрáнная, bitter гóрькая, sour кúслая; 2) shake взбáлтывать, stir размéшивать, pour out выливáть]; her feelings were a ~ of joy and anxiety онá чýвствовала одновремéнно и рáдость и беспокóйство.

model I *sb* 1. (*pattern*) образéц *m* (9c); new ~s were exhibited были выставлены нóвые образцы;

we all took him as our ~ для всех нас он служúл образцóм; he was a ~ of discipline / industry он был примéром (*with gen*) дисциплинúрованности / трудолюбúя; he was held up to us as a ~ его стáвили нам в примéр; { модéль *f* (29c); clay / wax ~ модéль из глúны / вóска; a new ~ in cars нóвая модéль автомашúн; { (*miniature*) макéт *m* (1f); ~ of ship / plane / theatre / new city макéт парохóда / самолёта / теáтра / нóвого гóрода; 2. (*fashion*) фасóн *m* (1f), модéль; the latest ~s in hats / clothes / men's suits послéдние фасóны, модéли (*with gen*) шляп / плáтья / мужскúх костюмов.

model II *a* (*perfect*) образцóвый (31b) [husband муж, child ребёнок, plan план]; образцóвая [school шкóла, discipline дисциплúна]; образцóвое [behaviour, conduct поведéние, service обслýживание].

modern *a* совремéнный (31b) [city гóрод, factory завóд, man человéк, writer писáтель, artist худóжник, method мéтод, way спóсоб]; совремéнная [civilization цивилизáция, life жизнь, idea идéя, conception концéпция, furniture мéбель, industry промышленность, literature литератýра, play пьéса]; совремéнное [education образовáние, art искусство, equipment оборудование]; in ~ times в наше время.

modest скромный (31b) [person человек; answer ответ, gift подарок, little house домик]; скромная [girl девушка, smile улыбка; price цена, food еда]; скромное [conduct, behaviour поведение; wish желание]; he was always ~ about his achievements он никогда не распространялся о своих достижениях.

moment (*instant*) мгновение *n* (18c); it lasted only a few ~s это длилось всего несколько мгновений; I'll be with you in just a ~ я сию минуту к вам приду; wait a ~! подождите минуту!; just a ~! одну минуту!; you haven't a ~ to lose вам нельзя терять ни минуты; it was all done in a ~ всё было сделано моментально; { (*point in time*) момент *m* (1f); at this ~, at that ~ в этот момент; it might happen at any ~ это может случиться в любой момент; the ~ he saw me... как только он меня увидел...; go this very ~! идите сейчас же!; it was the happiest ~ in his life это был самый счастливый момент в его жизни; it was an unpleasant, awkward ~ это был неприятный момент; you must choose the right ~ надо выбрать подходящий момент; I can't say

at the ~ в данный момент я не могу сказать.

Monday понедельник *m* (4c); this / next / last ~ в этот / следующий / прошлый понедельник; the ~ after next через понедельник; on ~ в понедельник; (on) ~ night в ночь с понедельника на вторник; (on) ~ morning / afternoon / evening в понедельник утром / днём / вечером; every ~ по понедельникам; from ~ to Thursday с понедельника до четверга; we haven't seen him since ~ мы его не видели с понедельника; beginning with ~ начиная с понедельника.

money деньги *no sg* (денег, деньгам, деньги, деньгами, деньгах) [count считать, divide делить, earn зарабатывать, get доставать, lose терять, offer предлагать, pay платить, receive получать, repay, return отдавать, waste расточать, raise доставать]; save ~ 1) (*in bank*) откладывать деньги; 2) (*economize*) экономить деньги; I haven't any ~ у меня нет денег; he had little / enough / a lot of ~ у него было мало / достаточно / много денег; he spent all his ~ он истратил все свои деньги; where can, will we get the ~? где нам достать денег?; we haven't much ~ left у нас осталось не так много денег; I haven't got that much

~ у меня́ нет таки́х де́нег; the rest of the ~ остальны́е де́ньги, оста́ток де́нег; he was short of ~ у него́ не хвати́ло де́нег; he never has any ~ он всегда́ без де́нег; he thought he could buy anything for ~ он ду́мал, что всё мо́жно купи́ть за де́ньги; he'd do anything for ~ за де́ньги он всё сде́лает.

month ме́сяц *m* (10d) [1] cold холо́дный, warm тёплый, hot жа́ркий, rainy дожд-ли́вый; first пе́рвый, last после́дний; 2) begins начи-на́ется, has twenty-eight days име́ет два́дцать во́семь дней, is over ко́нчился]; one ~ оди́н ме́сяц; two ~s два ме́сяца; five / twelve ~s пять / двена́дцать ме́сяцев; we have been here for over a ~ мы здесь бо́льше ме́-сяца; this / next / last ~ в э́том / бу́дущем / про́шлом ме́сяце; January is the first ~ in the year янва́рь — пе́рвый ме́сяц в году́; win-ter / summer / spring / au-tumn ~s зи́мние / ле́тние / весе́нние / осе́нние ме́ся-цы; during the summer ~s в ле́тние ме́сяцы; we spent a ~ in the country мы про-вели́ ме́сяц в дере́вне; the whole ~ весь ме́сяц; a whole ~ це́лый ме́сяц; once / twice a ~ раз / два ра́-за в ме́сяц; in two ~s, two ~s later че́рез два ме́-сяца; two ~s ago два ме́-сяца тому́ наза́д; the best picture I've seen in ~s лу́ч-ший фильм, кото́рый я ви́дел(а) за после́дние не́-сколько ме́сяцев; he has been working on the plan for ~s он уже́ не́сколько ме́сяцев рабо́тает над э́тим пла́ном; for ~s before a ~ за не́сколько ме́сяцев до э́того.

mood настрое́ние *n* (18c) [1] good хоро́шее, bad пло-хо́е, wonderful чуде́сное, excellent отли́чное, gay весё-лое; 2) changes меня́ется, depends on зави́сит от]; her ~ became better у неё улу́чшилось настрое́ние; I am not in a ~ to argue with you у меня́ нет настрое́-ния с ва́ми спо́рить; the rain spoiled our ~ complete-ly дождь соверше́нно ис-по́ртил нам настрое́ние.

moon *sb* луна́ *f*, *no pl* (19d) [1] bright я́ркая, round кру́глая, full по́лная; 2) rises всхо́дит, hides, goes behind a cloud скрыва́ет-ся за о́блако, shines све́-тит, comes out from behind a cloud выхо́дит из-за о́б-лака]; there was no ~ луны́ не́ было; in the light of the ~ при све́те луны́; send a rocket to the ~ посла́ть раке́ту на луну́; half ~ (полу)ме́сяц *m* (10d); new ~ новолу́ние *n* (18c).

moral I *sb* **1.** (*lesson*) мо-ра́ль *f*, *no pl* (29c); the ~ of the story мора́ль (*with gen*) э́той исто́рии, э́того расска́за; { *pl* ~s (*conduct*) мора́ль; **a person of loose**

~s безнра́вственный челове́к.

moral II *a* мора́льный (31b) [duty долг]; мора́льная [victory побе́да, support подде́ржка]; мора́льное [right пра́во, obligation обяза́тельство]; ~ question вопро́с мора́ли; you have no ~ right to refuse вы не име́ете мора́льного пра́ва отка́зываться.

more I *sb* 1. (*additional quantity, number*): I can bring you ~ я могу́ вам ещё принести́; have you any ~? у вас есть ещё?; would you like some ~? вы не хоти́те ещё?; yes, just a little ~ да, ещё немно́го; there are a few ~ left оста́лось ещё не́сколько; what ~ do you want? что ещё вы хоти́те?; I'll tell you ~ when I see you я вам ещё расскажу́, когда́ я вас уви́жу; 2. (*greater quantity, number*): I have no ~ to say мне бо́льше не́чего сказа́ть; there is much ~, there are many ~ есть ещё мно́го.

more II *a* 1. (*additional*) ещё; two ~ days ещё два дня; one / two / three ~ ещё оди́н, одна́ / два, две / три; let's try one ~ time попро́буем ещё оди́н раз; I must say one ~ thing я до́лжен ещё ко́е-что сказа́ть; I need a little ~ time мне ну́жно ещё немно́го вре́мени; bring me some ~ bread, please! принеси́те мне, пожа́луйста, ещё хле-

ба!; have you any ~ money? есть ли у вас ещё де́ньги?; I have a little ~ work to do у меня́ оста́лось ещё немно́го рабо́ты; 2. (*larger in number, quantity, etc.*) бо́льше; it's ~ a question of style э́то бо́льше вопро́с сти́ля; I have no ~ patience у меня́ бо́льше нет терпе́ния; we have no ~ time у нас бо́льше нет вре́мени; it will take ~ time э́то займёт бо́льше вре́мени; it's ~ than we need э́то бо́льше, чем нам ну́жно.

more III *adv* 1. (*to greater degree, in greater quantity*) бо́льше; you must read / work ~ вам на́до бо́льше чита́ть / рабо́тать; he knows ~ about machines than I do он бо́льше меня́ разбира́ется в те́хнике; 2. (*auxiliary, forming comparative degree of adjectives and adverbs*) *often conveyed by ending of adjective or adverb:* ~ interesting / profitable / important интере́снее / вы́годнее / важне́е; ~ often / seldom / rapidly ча́ще / ре́же / быстре́е; { бо́лее; ~ rare бо́лее ре́дкий; ~ understandable бо́лее поня́тный; а ~ reasonable decision бо́лее разу́мное реше́ние; ⊙ ~ and ~ всё бо́льше и бо́льше; I like him ~ and ~ он мне всё бо́льше и бо́льше нра́вится; I am ~ and ~ convinced... я всё бо́льше убежда́юсь...; the ~ the... чем бо́льше, тем...; the ~

I think of his idea, the less I like it чем бо́льше я ду́маю о его́ иде́е, тем ме́ньше она́ мне нра́вится; the ~ words you know the easier it will be for you to read чем бо́льше слов вы бу́дете знать, тем ле́гче вам бу́дет чита́ть; ~ **or less** бо́лее и́ли ме́нее; the words have ~ or less the same meaning э́ти слова́ име́ют бо́лее и́ли ме́нее одина́ковое значе́ние; 3. (*again*) бо́льше; I won't do that any ~ я так бо́льше не бу́ду поступа́ть.

moreover кро́ме того́; бо́льше того́.

morning у́тро n (14d) [beautiful прекра́сное, cold холо́дное, bright я́сное, quiet споко́йное, sunny со́лнечное, rainy дождли́вое]; one ~ одна́жды у́тром; in the ~ у́тром; tomorrow / yesterday ~ за́втра / вчера́ у́тром; on Sunday ~ в воскресе́нье у́тром; all ~ всё у́тро; every ~ ка́ждое у́тро; that ~ в то у́тро; I'll do it this ~ я э́то сде́лаю сего́дня у́тром; when ~ came... когда́ наступи́ло у́тро...; when he got up in the ~... у́тром, когда́ он встал...; at three / six o'clock in the ~ в три часа́ / шесть часо́в утра́; at one / two o'clock in the ~ в час / два часа́ но́чи; the ~ newspaper у́тренняя газе́та; ⊙ **Good** ~! до́брое у́тро!

Moscow Москва́ f (19c); live in ~ жить в Москве́;

come to ~ прие́хать в Москву́; leave ~ уе́хать из Москвы́; on the way to ~ по доро́ге в Москву́; near ~ недалеко́ от Москвы́; he left for ~ он уе́хал в Москву́.

most I sb 1. (*majority*) большинство́ n, no pl (14e); ~ of them большинство́ из (*with gen*) них; ~ of my friends большинство́ (*with gen*) мои́х друзе́й; ~ of the members promised to come большинство́ чле́нов обеща́ло прийти́; 2. (*greater part*) бо́льшая часть f (29b); they live in the country ~ of the time бо́льшую часть (*with gen*) вре́мени они́ живу́т на да́че; ~ of the money isn't his бо́льшая часть де́нег принадлежи́т не ему́; that is the ~ I can do э́то са́мое бо́льшее, что я могу́ сде́лать; ◇ **at (the)** ~ са́мое бо́льшее; it will take half an hour at ~ э́то займёт са́мое бо́льшее полчаса́.

most II a (*greatest in number, quantity, degree, etc.*). ~ people / cities / dictionaries большинство́ (*with gen*) люде́й / городо́в / словаре́й; in ~ cases в большинстве́ слу́чаев; ⊙ **for the** ~ **part** бо́льшей ча́стью; they were students and teachers for the ~ part э́то бы́ли бо́льшей ча́стью студе́нты и преподава́тели.

most III adv 1. (*above all*) бо́льше всего́; I like

travelling ~ бо́льше всего́ я люблю́ путеше́ствовать; what you need ~ is practice бо́льше всего́ вам нужна́ пра́ктика; 2. (*auxiliary forming superlative degree of adjectives and adverbs*) са́мый *m*, са́мая *f*, са́мое *n*, са́мые *pl* (41d); the ~ important question са́мый ва́жный вопро́с; the ~ difficult problem са́мая тру́дная пробле́ма; the ~ progressive movement са́мое прогресси́вное движе́ние; the ~ urgent màtters са́мые неотло́жные дела́; 3. (*very*) весьма́; a ~ interesting exhibition весьма́ интере́сная вы́ставка; a ~ serious danger весьма́ серьёзная опа́сность; we are ~ concerned мы весьма́ обеспоко́ены; we were ~ pleased to learn it мы бы́ли о́чень ра́ды узна́ть об э́том.

mostly бо́льшей ча́стью, в основно́м; it's ~ a question of time в основно́м, бо́льшей ча́стью, э́то вопро́с вре́мени; they were ~ young people э́то бы́ли, бо́льшей ча́стью, в основно́м, молоды́е лю́ди; it's ~ because I don't want to leave home э́то, в основно́м, потому́, что я не хочу́ уходи́ть и́з дому; he's at home ~ in the evening по вечера́м он обы́чно до́ма; the telephone calls are ~ for you в основно́м, звоня́т вам.

mother *sb* мать *f* (29a) [young молода́я, kind до́брая,

good, devoted пре́данная, tender не́жная, loving лю́бящая, strict стро́гая]; the ~ of a family мать семьи́ства; she is like her ~ она́ похо́жа на свою́ мать; my ~'s house дом мое́й ма́тери; my dear ~ моя́ дорога́я мать; Dear Mother! (*in address*) дорога́я ма́ма!; my ~ and I мы с ма́мой; she went with her ~ она́ пое́хала с ма́терью.

motion *sb* 1. (*movement*) движе́ние *n* (18c) [rapid бы́строе, slow ме́дленное, constant постоя́нное]; in ~ в движе́нии; we could hardly follow the ~s of his hands мы едва́ могли́ следи́ть за движе́ниями его́ рук; ⊙ **set, put in ~** приводи́ть (152) в движе́ние, *perf* привести́ (219) в движе́ние (*with acc*); 2. (*proposal*) предложе́ние *n* (18c) [make сде́лать, second поддержа́ть, adopt приня́ть, reject отклони́ть]; does anyone wish to make a ~? каки́е бу́дут предложе́ния?; the ~ is carried предложе́ние при́нято; those for the ~, raise your hands! кто за э́то предложе́ние, прошу́ подня́ть ру́ки!; the ~ was adopted by a large majority предложе́ние бы́ло при́нято значи́тельным большинство́м голосо́в.

motor дви́гатель *m* (3c) [1) powerful мо́щный, electric электри́ческий; 2) works рабо́тает, stops остана́вливается, breaks down ломается; 3) start пусти́ть, stop останови́ть, test испыта́ть, clean чи́стить, repair ремонти́ровать]; there's something wrong with the ~ что́-то случи́лось с дви́гателем, что́-то испо́ртилось в мото́ре.

mountain гора́ *f* (19d) [high высо́кая, steep крута́я, snow-covered покры́тая сне́гом]; ascend / climb a ~ подня́ться / взобра́ться на́ гору; descend a ~ спусти́ться с горы́; at the top of a ~ на верши́не горы́; at the foot of a ~ у подно́жья горы́; cross the ~s пересе́чь го́ры; fly over the ~s перелете́ть че́рез го́ры; high in the ~s высоко́ в гора́х; ~ river го́рная река́; a ~ range цепь гор, го́рная цепь.

mouth 1. рот *m* (1d) [1) small ма́ленький, wide широ́кий, beautiful краси́вый, ugly некраси́вый, full по́лный; 2) open открыва́ть, close закрыва́ть, wipe вытира́ть]; my ~ was dry у меня́ пересо́хло во рту́; he kept his ~ shut, closed он не открыва́л рта; hold in one's ~ держа́ть во рту́; take smth out of one's ~ вы́нуть что-л. изо рта́; 2. (*of river*) у́стье *n* (18d); ◇ you took the words out of my ~ я как раз хоте́л(а) э́то сказа́ть.

move *v* 1. (*change position of smth*) дви́гать (65),

perf дви́нуть (126) (*with acc*); we couldn't ~ the heavy table мы не могли́ подви́нуть э́тот тяжёлый стол; she ~d the books aside она́ отодви́нула кни́ги в сто́рону; he ~d the picture nearer он придви́нул карти́ну бли́же (к себе́); we shall need a tractor to ~ the stone нам пона́добится тра́ктор, что́бы сдви́нуть э́тот ка́мень (с ме́ста); the doctor said he mustn't be ~d врач запрети́л его́ тро́гать; he wouldn't ~ a finger to help you он и па́льцем не пошевели́т, что́бы вам помо́чь; 2. (*change position*) дви́гаться (65), *perf* дви́нуться (126); we were afraid to ~ мы боя́лись дви́нуться с ме́ста; the whole crowd ~d forward вся толпа́ дви́нулась вперёд; ~ aside, please! подви́ньтесь, пожа́луйста!; the train was moving slowly по́езд дви́гался, шёл ме́дленно; don't ~ until I tell you! не дви́гайтесь, пока́ я вам не скажу́; 3. (*change residence*) переезжа́ть (64), *perf* перее́хать (71); they ~d long ago они́ давно́ перее́хали; we shall ~ to another city мы перее́дем в друго́й го́род; the office has been ~d to the third floor э́то учрежде́ние перее́хало на четвёртый эта́ж; they ~d in / out last week они́ въе́хали / вы́ехали на про́шлой неде́ле; 4. (*affect*) трóгать (65), *perf* трóнуть (126) (*with acc*); nothing we could say seemed to ~ him чтó бы мы ни говори́ли, егó ничтó не трóгало; we were ~d to tears by her story её расскáз трóнул нас до слёз.

movement 1. (*physical*) движéние *n* (18c) [slow мéдленное, rapid бы́строе, clumsy неуклю́жее, sudden внезáпное, graceful грациóзное]; the ~s of the troops движéние войск; we could hardly follow the ~s of his hands мы с трудóм могли́ уследи́ть за движéниями егó рук; he lay without ~ он лежáл, не шевеля́сь; **2.** (*social*) движéние [1] mass мáссовое, working-class рабóчее, political полити́ческое; 2) lead, head возглáвить, support поддержáть, organize организовáть, crush подавля́ть]; oppose a ~ препя́тствовать движéнию; peace ~ движéние за мир; a ~ to reform the laws / to abolish child labour движéние за рефóрму закóнов / за запрещéние дéтского трудá; thousands joined the ~ ты́сячи (людéй) присоедини́лись к э́тому движéнию; the ~ was gaining strength (э́то) движéние уси́ливалось.

movies *pl* кинó *n indecl*; we're going to the ~ tomorrow зáвтра мы идём в кинó; I always enjoy the ~ я всегдá получáю удовóльствие от кинó.

much I *n* мнóго(е) (31b); we have very ~ to look forward to у нас ещё мнóгое впереди́; is there ~ left? мнóго остáлось?; he didn't say ~ он мáло сказáл.

much II *a* мнóго (*with gen*); have you (got) very ~ work? у вас óчень мнóго рабóты?; there isn't ~ time left остáлось мáло врéмени; there is always ~ rain here здесь всегдá мнóго дождéй; he gave me ~ good advice он дал мне мнóго хорóших совéтов; he will be getting twice as ~ money он бýдет получáть вдвóе бóльше дéнег; the rent is half as ~ квартплáта вдвóе мéньше; don't make so ~ noise! не шуми́те так!; ⊙ how ~? скóлько?; how ~ time have we left? скóлько у нас остáлось врéмени?; how ~ did that suit cost you? скóлько вам стóил э́тот костю́м?; how ~ material will I need? скóлько мне понáдобится матéрии?

much III *adv* мнóго; she works very much now онá сейчáс óчень мнóго рабóтает; do you know ~ about him? вы егó хорошó знáете?; I haven't thought about it ~ я об э́том не дýмал(а); I liked the picture very ~ мне э́та карти́на óчень понрáвилась; I am very interested in the subject я óчень интересýюсь э́тим вопрóсом; you know how

~ he likes his work вы зна́ете, как он лю́бит свою́ рабо́ту; have we ~ farther to go? нам ещё далеко́ идти́, е́хать?; { *(to intensify meaning of adjectives and adverbs in comparative degree)* гора́здо; ~ better / worse / more / less гора́здо лу́чше / ху́же / бо́льше / ме́ньше; ~ faster / slower / easier / more pleasant гора́здо быстре́е / ме́дленнее / ле́гче / прия́тнее; ~ more interesting гора́здо интере́снее.

mud грязь *f* (29c); his shoes were covered with ~ его́ боти́нки бы́ли в грязи́; the car got stuck in the ~ маши́на завя́зла в грязи́.

murder I *sb* уби́йство *n* (14c) [1) cold-blooded хладно́кро́вное; 2) commit соверши́ть]; it was sheer ~! э́то бы́ло про́сто уби́йство!; he was arrested for ~ он был аресто́ван за уби́йство; he was accused of ~ его́ обвини́ли в уби́йстве.

murder II *v* убива́ть (64), *perf* уби́ть (181) *(with acc)*; he was ~ed он был уби́т.

murmur I *sb* 1. *(low sound)*: ~ of bees жужжа́ние пчёл; low ~ of voices приглушённый шум голосо́в; ~ of a brook, stream журча́ние ручья́; her voice sank to a ~ она́ сни́зила го́лос до шёпота; 2. *(complaint)* ро́пот *m* (1f); he agreed without a ~ он безро́потно согласи́лся.

murmur II *v* *(speak in a very low voice)* бормота́ть (70), *perf* проборомота́ть (70) *(with acc)*; she ~ed his name она́ проборомота́ла его́ и́мя.

muscle му́скул *m* (1f); hard / soft ~s твёрдые / вя́лые му́скулы; he strained a ~ он напря́г му́скулы; not a ~ in his face moved ни оди́н му́скул не дро́гнул на его́ лице́; { мы́шца *f* (21c); leg ~s мы́шцы *(with gen)* ноги́.

museum музе́й *m* (11b) [1) interesting интере́сный, well-known изве́стный; 2) opens at eight открыва́ется в во́семь, closes закрыва́ется; 3) visit посеща́ть, see осма́тривать]; go to a ~ идти́ в музе́й; there are many interesting things in the ~ в э́том музе́е мно́го интере́сного; as we left the ~... выходя́ из музе́я..., покида́я музе́й...; Museum of Fine Arts музе́й изобрази́тельных иску́сств; the Pushkin Museum музе́й и́мени Пу́шкина.

music му́зыка *f* (22b) [beautiful, wonderful замеча́тельная, bad плоха́я, modern совреме́нная, classical класси́ческая, symphony симфони́ческая, chamber ка́мерная, national национа́льная, folk наро́дная; sad гру́стная, gay весёлая]; appreciate / understand / love ~ цени́ть / понима́ть / люби́ть му́зыку; compose ~ сочиня́ть му́зыку; play ~

исполнять музыкальное произведение; they danced to the ~ of an orchestra они танцевали под оркестр; I have no ear for ~ у меня нет слуха; ~ school музыкальная школа.

must 1. (*expressing obligation, in positive sentences*): you ~ be here early tomorrow завтра вы должны быть здесь рано; I ~ go home я должен, должна идти домой; ~ you leave already? вы уже должны уходить?; where / when ~ he go? куда / когда он должен идти?; you ~ try at any rate во всяком случае, вы должны попытаться; { (*in negative sentences*) нельзя; you ~n't make any noise here здесь нельзя шуметь; we ~n't wait any longer нам нельзя больше ждать; you know you ~n't interrupt ты знаешь, что нельзя перебивать; **2.** (*expressing probability*) должно быть; it ~ be late already должно быть уже поздно; she ~ be at home она, должно быть, дома; they ~ have left должно быть, они уже ушли, уехали; you ~ not have understood him вы, должно быть, его не поняли.

mustard горчица *f* (21c).

mutual взаимный (31b); взаимная [aid помощь]; взаимное [respect уважение, understanding понимание].

my *pron poss* мой (40c) [brother брат, teacher учитель, friend друг, husband муж, son сын; house дом, answer ответ, duty долг, bag портфель, suit костюм]; моя [sister сестра, daughter дочь, family семья, wife жена, room комната, work работа, hat шляпа, mistake ошибка, gratitude, thanks благодарность, aim цель, head голова, right arm, hand правая рука, left leg, foot левая нога]; моё [coat пальто, opinion мнение, decision решение; mood настроение, attention внимание, first impression первое впечатление, right право, position положение]; мои [watch часы, money деньги, things вещи; friends друзья, children дети; hopes надежды, plans планы]; all my things все мои вещи; both my sisters обе мои сестры; this book isn't my own эта книга не моя (собственная); give him my best wishes / regards! передай(те) ему мои наилучшие пожелания / мой привет!; { *when person of subject coincides with person of poss pron* свой *m*, своя *f*, своё *n*, свои *pl* (40c); I have finished my work я закончил(а) свою работу; I explained my point of view я объяснил(а) свою точку зрения; { свой *is often omitted in Russian*: I put on my coat я надел(а) пальто; I've hurt my foot я ушиб(ла) ногу.

myself I *emphatic pron*
1. сам(а́) (41d); I ~ saw /
read it я сам(а́) э́то ви́дел(а)
/ чита́л(а); **2.** (*alone, without
help from others*) сам(а́)
(41d), оди́н *m*, одна́ *f* (39a)
I can do it ~ я могу́ э́то
сде́лать сам(а́); I shall finish it (by) ~ я ко́нчу э́то
сам(а́); ⊙ **(all) by** ~ 1)
сам(а́); 2) оди́н, одна́; I
was there all by ~ я был
там (совсе́м) оди́н; II *pron
refl* **1.** себя́ *gen*; I had to do
everything for ~ мне самому́
му́ пришло́сь всё для себя́
де́лать; { себе́ *dat*; I often ask ~ this question я
ча́сто задаю́ себе́ э́тот во-
про́с; I made ~ a cup of
tea я завари́л(а) себе́ ча́ш-
ку ча́ю; { себя́ *acc*; I did
not recognize ~ я (сам)
себя́ не узна́л; I put ~
in his position я поста́вил(а)

себя́ на его́ ме́сто; I tried
to pull ~ together я пы-
та́лся взять себя́ в ру́ки;
{ собо́й *instr*; I wasn't satisfied with ~ я был недово́-
лен собо́й; { себе́ *abl*; I
don't want to talk about
~ я не хочу́ говори́ть о
себе́; **2.** *often conveyed by*
-ся, -сь *attached to verb*;
I always wash ~ with cold
water я всегда́ умыва́юсь
холо́дной водо́й; I dressed
~ quickly я бы́стро оде́лся.

mystery: it's a ~ to
me для меня́ э́то зага́дка;
it's a ~ to me how he got
there so quickly для меня́
зага́дка, как он туда́ так
бы́стро прие́хал; why make
a ~ of it? для чего́ из э́того
де́лать секре́т, та́йну?; the
~ was soon solved, cleared
up э́та та́йна вско́ре была́
раскры́та.

N

nail I *sb* гвоздь *m* (2d)
[1] iron желе́зный, wooden
деревя́нный, long большо́й,
crooked согну́тый; 2) hammer (in) вбить, заби́ть, draw
out, pull out вы́тащить].

nail II *sb* но́готь *m* (3h);
usu pl ~s но́гти [1] long
дли́нные, short коро́ткие,
dirty гря́зные; 2) grow pa-
сту́т]; cut / trim one's ~s
обреза́ть / подреза́ть но́г-
ти; to bite one's ~s куса́ть
но́гти.

naked **1.** (*not covered*) го́-
лый (31b) [child ребёнок];
го́лая [rock скала́]; he was
~ to the waist он был об-
нажён по по́яс; **2.** (*not dis-
guised*): the ~ truth го́-
лая пра́вда; ⊙ **see** **with**
the ~ **eye** ви́деть (109) не-
вооружённым гла́зом.

name *sb* **1.** (*of living beings*) и́мя *n* (15b) [1] real
настоя́щее, well-known из-
ве́стное, famous знамени́-
тое, forgotten забы́тое, fa-

miliar знакомое, beautiful красивое, strange странное; 2) change изменить, forget забыть, give дать, learn узнать, remember помнить, write написать, write down записать]; one's full ~ полное имя; give one's ~ назвать своё имя и фамилию; what is your ~? как тебя, Вас зовут?; his ~ is Ivan его зовут (with instr) Иваном; he didn't give his right ~ он не назвал своего настоящего имени; a man, Peter by ~, by the ~ of Peter человек, по имени Пётр; I know him only by ~ я его знаю только по имени; he is known under the ~ of N. он известен под именем N.; maiden ~ девичья фамилия; assumed ~ псевдоним; ⊙ one's first, Christian ~ имя n (15b); call me by my first ~! зови(те) меня по имени!; family ~ фамилия f (23c); his Christian ~ is Tom and his family ~ is Smith зовут его Томом, а фамилия его — Смит; 2. no pl (reputation) имя [good доброе]; bad, ill ~ дурная репутация; he is a man with a ~ он человек с именем; ruin one's ~ загубить своё имя; 3. (of inanimate objects) название n (18c) [1) new новое, strange странное, Latin латинское; 2) with gen of a book книги, of a play пьесы, of a village деревни, of a street улицы, of a

station станции, of a thing вещи]; what is the ~ of this square? как называется эта площадь?; ◇ call smb ~s ругать (64) кого-л.

narrow a 1. (not wide) узкий (33b) [belt пояс, ремень, corridor коридор, passage проход, bridge мост]; узкая [path тропинка, street улица, road дорога, valley долина; door дверь, room комната, bed кровать, stairs лестница; skirt юбка, ribbon лента, crack щель]; узкое [window окно, opening отверстие, space пространство; dress платье]; узкие [margins поля, shoes туфли, trousers брюки, hands руки]; the room was long and ~ комната была длинная и узкая; become, get ~ сужаться (64), perf сузиться (155); the river became ~(er) at this point река в этом месте сужалась; 2. (too small): the dress is ~ in the shoulders это платье мне узко в плечах; the coat is too ~ for me / her пальто мне / ей слишком узко; the suit is too ~ for him костюм ему слишком узок; the skirt is ~ for her юбка ей узка; 3. (limited) узкий; a ~ circle of friends узкий круг друзей, знакомых; in the ~ meaning of the word в узком смысле слова.

nation 1. (people) народ m (1f); the entire ~ весь

наро́д; peace-loving / freedom-loving ~s миролюби́вые / свободолюби́вые наро́ды; the customs of a ~ обы́чаи наро́да; { на́ция f (23c); ⊙ **United Nations Organization** Организа́ция Объединённых На́ций; **2.** (*country, state*) госуда́рство n (14c).

national a национа́льный (31b) [hero геро́й, holiday пра́здник, custom обы́чай, language язы́к; income дохо́д, budget бюдже́т; theatre теа́тр]; национа́льная [literature литерату́ра, music му́зыка, culture культу́ра, tradition тради́ция]; национа́льное [art иску́сство]; ~ economy наро́дное хозя́йство; ~ industry оте́чественная промы́шленность; { госуда́рственный (31b) [flag флаг, anthem гимн].

native a родно́й (31a) [town го́род, language язы́к]; ~ country, land ро́дина f (19c).

natural a **1.** (*pertaining to nature*) приро́дный (31b); ~ resources приро́дные бога́тства; ~ forces си́лы приро́ды; ~ phenomena явле́ния приро́ды; { (*produced by nature, unchanged*) есте́ственный (31b) [gas газ, growth рост]; есте́ственная [barrier прегра́да]; есте́ственное [obstacle препя́тствие, increase увеличе́ние]; in a ~ state в есте́ственном состоя́нии; **2.** (*in-born, not acquired*) врождённый (31b)

[instinct инсти́нкт, talent тала́нт]; врождённая [fear боя́знь]; **3.** (*normal, expected*) есте́ственный [result результа́т]; есте́ственная [death смерть, reaction реа́кция]; есте́ственное [wish, desire жела́ние, development разви́тие]; it is only ~ э́то вполне́ есте́ственно.

naturally 1. (*in a natural manner*) непринуждённо; he speaks / behaves / acts ~ он говори́т / ведёт себя́ / игра́ет непринуждённо; **2.** (*of course*) коне́чно, есте́ственно; ~, I refused such an offer я, коне́чно, отказа́лся от тако́го предложе́ния; I should like to get home as soon as possible, ~ коне́чно, я бы хоте́л(а) попа́сть домо́й возмо́жно скоре́е.

nature 1. приро́да f (19c); descriptions of ~ описа́ние приро́ды; powers / laws of ~ си́лы / зако́ны приро́ды; love / study / observe / conquer / change ~ люби́ть / изуча́ть / наблюда́ть / покоря́ть / изменя́ть приро́ду; imitate ~ подража́ть приро́де; **2.** (*character of person*) нату́ра f (19c) [generous ще́драя, широ́кая, strong си́льная, vigorous де́ятельная]; { (*disposition*) хара́ктер m (1f) [kind, sweet до́брый, good хоро́ший, unpleasant неприя́тный, ill, bad плохо́й]; ⊙ by ~ по нату́ре; she was shy, timid / reserved / kind by ~ по нату́ре она́ была́ застéнчива / сдéржанна / добрá; she is pleasant by ~ у неё приятный харáктер; 3. (*character of thing*) прирóда; it is in the ~ of things это в прирóде вещéй; { (*kind, sort*) род *m, no pl* (1f); things of this ~ do not interest me такóго рóда вéщи меня не интересýют.

navy воéнно-морскóй флот *m* (1f) [powerful мóщный]; serve in the ~ служи́ть в воéнно-морскóм флóте; enter the ~ поступи́ть на слýжбу в воéнно-морскóй флот.

near I *a* бли́зкий (33b) [relation рóдственник]; the house / shop / post-office / river is quite ~ дом / магази́н / пóчта / рекá совсéм бли́зко; the mountains seem quite ~ кáжется, что гóры совсéм бли́зко; the ~est station is N. ближáйшая стáнция — Н.; take me to the ~est post-office / hotel! проводи́те меня до ближáйшей пóчты / гости́ницы!; I shall take you to the ~est tram-stop я провожý вас до ближáйшей трамвáйной останóвки; show me the ~est way to the underground station! покажи́те мне ближáйший путь к стáнции метрó!; { (*of time*) ближáйший (34b); in the ~ future в ближáйшем бýдущем; the holiday / end / examination is ~ скóро

прáздник / конéц / экзáмен.

near II *adv* бли́зко [come подойти́, live жить, sit сидéть, stand стоять, stop останови́ться]; he came ~er он подошёл бли́же.

near III *prep* 1. (*not far from*) *with gen*: ~ the house / river / window вóзле дóма / реки́ / окнá; he lives ~ the park / station / road / Moscow / me он живёт óколо пáрка / стáнции / дорóги / Москвы́ / меня; there were no railways ~ the village óколо этой дерéвни нет желéзной дорóги; ~ here недалекó отсюда; ~ there недалекó оттýда; 2. (*about*) *with gen*: he is ~ fifty emý óколо пяти́десяти (лет).

nearly (*almost*) почти́; it's ~ one / five o'clock now сейчáс почти́ час / пять часóв; the dress was ~ ready плáтье бы́ло почти́ готóво; { *with verbs* чуть не; she ~ died of fright онá чуть не умерлá со стрáха; I ~ forgot я чуть не забы́л(а); he stumbled and ~ fell он споткнýлся и чуть не упáл.

neat (*tidy*) аккурáтный (31b) [handwriting пóчерк]; аккурáтная [girl дéвушка, room кóмната, clothes одéжда, work рабóта]; аккурáтное [dress плáтье]; аккурáтные [piles of papers стóпки бумáг, rows of figures ряды́ цифр].

necessary *a* необходи́мый (31b) [advice совéт]; необходи́мая [part часть, help по́мощь, sum су́мма, procedure процеду́ра, qualifications квалифика́ция]; необходи́мое [medicine лека́рство, time вре́мя]; необходи́мые [means сре́дства, instructions указа́ния, measures ме́ры]; { after be translated by short form: light and air are ~ to life свет и во́здух необходи́мы для жи́зни; it is ~ for you to be there вам необходи́мо там быть; it is ~ to do it at once необходи́мо э́то сде́лать сейча́с же; it is ~ that you should be present необходи́мо, чтобы вы прису́тствовали; if ~ е́сли ну́жно; I shall take with me only what is ~ я возьму́ с собо́й то́лько необходи́мое; we have everything (that is) ~ у нас есть всё необходи́мое.

necessity необходи́мость f, no pl (29c); there is no ~ for you to stay here any longer вам нет необходи́мости здесь до́льше остава́ться; there was no ~ for them to treat him so они́ не должны́ бы́ли так с ним обраща́ться; in case of ~ в слу́чае необходи́мости.

neck 1. (part of body) ше́я f (23b) [1) long дли́нная, thin то́нкая, beautiful краси́вая, bare обнажённая; 2) with gen of a bird пти́цы, of an animal живо́тного]; my ~ is stiff у меня́ онеме́ла ше́я; fall on smb's ~

бро́ситься кому́-л. на ше́ю; wring smb's ~ сверну́ть кому́-л. ше́ю; the water was up to his ~ он был по ше́ю в воде́; ⊙ break one's ~ сверну́ть себе́ ше́ю; risk one's ~ рискова́ть (243) (свое́й) голово́й; 2. (of bottle) го́рлышко n (sg 14a, pl 22f) [wide широ́кое, narrow у́зкое].

need v: I ~ more time / ten minutes мне ну́жно ещё вре́мя / де́сять мину́т; she / he ~s rest ей / ему́ ну́жен о́тдых; we ~ a book / a room нам нужна́ кни́га / ко́мната; you ~ two tickets вам ну́жно два биле́та; they ~ a good teacher им ну́жен хоро́ший учи́тель; I ~ a watch / money мне нужны́ часы́ / де́ньги; children ~ good care де́тям ну́жен хоро́ший ухо́д; ring me up if you ~ me позвони́те мне, е́сли я вам бу́ду ну́жен, нужна́; the factory ~s workers заво́ду нужны́ рабо́чие; I / we ~ it very much, badly мне / нам э́то о́чень ну́жно; do you ~ anything else? вам ещё что́-нибудь ну́жно?; it is exactly what I ~ э́то как раз то, что мне ну́жно; I / they ~ed a dictionary мне / им был ну́жен слова́рь; I shall ~ the book tomorrow э́та кни́га мне бу́дет нужна́ за́втра; ~ you go? вам ну́жно идти́?; he doesn't ~ to be told twice ему́ не ну́жно говори́ть два́жды;

you ~n't have done it вам не нужно было делать этого; must I send the telegram at once? No, you needn't я должен послать телеграмму немедленно? Нет, не нужно; I ~ hardly say, that... вряд ли мне нужно говорить, что...

needle иголка *f* (22d) [*sharp* острая, *thin* тонкая, *sewing* швейная]; thread a ~ вдеть нитку в иголку; sew with a ~ шить иголкой.

neglect *v* (*disregard*) пренебрегать (64), *perf* пренебречь (102) [*with instr* one's duties своими обязанностями, warning предупреждением, one's health своим здоровьем]; { (*pay little attention*) запускать (64), *perf* запустить (162) [*with acc* one's affairs свои дела, home хозяйство, studies занятия]; ~ one's children / family не уделять должного внимания своим детям / семье.

negotiations *pl* переговоры (1d) [1) successful успешные, long длительные; 2) carry on вести, break off прервать, resume возобновить]; enter into ~ with smb вступить с кем-л. в переговоры; after long ~ a peace treaty was signed мирный договор был подписан после длительных переговоров.

Negro негр *m* (1e).

neighbour сосед *m* (*sg* 1e, *pl* 3a) [good хороший, kind добрый, nice приятный]; he is a ~ of ours он наш сосед; they are my next-door ~s они мои ближайшие соседи, соседи по дому; he often visited his ~s он часто навещал своих соседей; be on good terms with one's ~s быть в хороших отношениях со своими соседями; their nearest ~ lived a kilometre away их ближайший сосед жил на расстоянии километра; { соседка *f* (22c).

neighbouring соседний (32) [house дом, town город]; соседняя [room комната, farm ферма]; соседнее [country государство, field поле].

neither I *pron* ни один *m*, ни одна *f*, ни одно *n* (39a) (*verb in sentence translated in negative*); ~ boy was over fifteen ни одному из мальчиков не было больше пятнадцати (лет); ~ of the girls ни одна из девушек; ~ of the decisions ни одно из решений; { ни тот ни другой *m*, ни та ни другая *f*, ни то ни другое *n* (33a); ~ of them could swim ни тот ни другой (из них) не умел плавать; in ~ case would you get there before the first ни в том ни в другом случае вы бы не смогли приехать туда до первого.

neither II *adv* тоже, также; she cannot swim, ~ can her brother она не умеет плавать, её брат тоже; I

don't like it.— Neither do
I мне э́то не нра́вится.—
Мне то́же; they weren't at
the party.— Neither were
we их не́ было на ве́чере.—
Нас то́же; we shan't go
there.— Neither shall I мы
туда́ не пое́дем.— Я то́же.

neither III *conj:* ~... nor
ни... ни (*verb in sentence
is translated in negative*);
~ you nor I know / remember
where to go ни вы, ни я не
зна́ем / не по́мним, куда́ ид-
ти́; he has ~ mother nor
father у него́ нет ни ма́те-
ри, ни отца́; it is ~ cold
nor warm today сего́дня не
тепло́ и не хо́лодно; he ~
wrote nor called me up он
мне не написа́ли не позво-
ни́л.

nephew племя́нник *m* (4a).

nerve *sb* **1.** нерв *m* (1f);
2. *pl* ~s не́рвы [strong кре́п-
кие, weak сла́бые]; he has
~s of iron, steel у него́
желе́зные не́рвы; ⊙ **get
on one's** ~s де́йствовать
на не́рвы (*with dat*); that
noise gets on my / his ~s
э́тот шум де́йствует мне /
ему́ на не́рвы.

nervous не́рвный (31b)
[child ребёнок, man, per-
son челове́к, gesture жест];
не́рвная [system систе́ма,
disease боле́знь, woman
же́нщина, work рабо́та];
не́рвное [shock потрясе́ние,
movement движе́ние]; be ~
не́рвничать (65); she was
very ~ она́ о́чень не́рвни-
чала; I wasn't at all ~

я совсе́м не не́рвничал(а);
at first he was so ~ that
he couldn't speak снача́ла
он так не́рвничал, что не
мог говори́ть; she did not
seem, look ~ каза́лось, что
она́ не не́рвничает; don't be
~! не не́рвничай(те)!; become, get ~ нача́ть не́рв-
ничать.

nest *sb* гнездо́ *n* (14f)
[1) warm тёплое, empty пу-
сто́е; 2) of straw из соло́мы;
3) build, make вить, de-
fend защища́ть, leave по-
кида́ть]; return to one's ~
верну́ться в своё гнездо́;
a hornets' ~ оси́ное гнез-
до́.

net *sb* **1.** (*for fishing,
etc.*) сеть *f* (29b) [1) thin
то́нкая, fishing рыболо́в-
ная; 2) spread расста́вить,
draw out, up выта́скивать,
mend чини́ть]; catch fish
with a ~ лови́ть ры́бу се́-
тью; be caught in a ~ по-
па́сть в се́ти; **2.** (*for sports,
etc.*) се́тка *f* (22d); tennis /
volley-ball ~ те́ннисная /
волейбо́льная се́тка; hit the
~ попа́сть в се́тку.

never никогда́ (*verb in
sentence is translated in negative*); I ~ thought of
that before я никогда́ ра́нь-
ше не ду́мал(а) об э́том;
I shall ~ agree я никогда́
не соглашу́сь; I would ~
have thought that he would
do that я бы никогда́ не
поду́мал(а), что он э́то сде́-
лает; ~ in my life have I
seen anything like it никог-

да́ в жи́зни я не ви́дел(а) ничего́ подо́бного; I shall ~ forget it я никогда́ э́того не забу́ду; ~ before / after ег никогда́ до э́того / по́сле э́того; he had ~ been there before он там никогда́ ещё не́ был; ~ again никогда́ бо́льше; I ~ want to see him again я бо́льше (никогда́) не хочу́ его́ ви́деть; I ~ said such a thing я никогда́ не говори́л(а) э́того; ◇ ~ mind! 1) (*in answer to apology*) ничего́!; excuse me for forgetting to post the letter. Never mind, we'll send it tomorrow прости́те, что я забы́л опусти́ть письмо́. — Ничего́, мы отпра́вим его́ за́втра; 2) (*don't bother*) не беспоко́йтесь!; ~ mind, I'll get it myself не беспоко́йтесь, я сам(а́) доста́ну.

nevertheless тем не ме́нее; I tried not to forget the tickets, ~ I did я стара́лся не забы́ть биле́ты, тем не ме́нее я их забы́л; he felt ill, but he went to work ~ он чу́вствовал себя́ совсе́м больны́м, но тем не ме́нее он пошёл на рабо́ту.

new но́вый (31b) [factory завод, city го́род, house дом; friend друг, teacher учи́тель; subject предме́т, kind вид; но́вая [book кни́га, idea мысль, иде́я, play пье́са, star звезда́, job рабо́та, station ста́нция, school шко́ла, tendency тенде́нция];

но́вое [coat пальто́, dress пла́тье, invention изобрете́ние, discovery откры́тие, achievement достиже́ние]; there are many ~ words on this page на э́той страни́це мно́го но́вых слов; it was a completely ~ world to him для него́ э́то был соверше́нно но́вый мир; begin a ~ life нача́ть но́вую жизнь; he felt like a ~ man он чу́вствовал себя́ други́м челове́ком; anything ~? что но́вого?; that is ~ to me для меня́ э́то но́вость; that's not ~ э́то не но́во; nothing ~ ничего́ но́вого; something ~ что́-нибудь но́вое.

news (*of things unknown*) но́вость f (29b) [1) good хоро́шая, bad плоха́я, important ва́жная, great больша́я, sad печа́льная, unexpected неожи́данная; 2) spreads распространя́ется; 3) bring приноси́ть, spread распространя́ть, hear услы́шать, learn узна́ть]; tell smb the ~ расска́зывать кому́-л. но́вости; have you heard the ~? вы слы́шали но́вость?; I have good ~ у меня́ хоро́шие но́вости; that's ~ to me для меня́ э́то но́вость; that's no ~ to me для меня́ э́то не но́вость; what's the latest ~? каковы́ после́дние но́вости?; { (*information*) изве́стие n (18c); I've had no ~ from him for a long time я давно́ не име́ю от него́ ника́ких изве́стий; tell / bring the ~ сообща́ть / приноси́ть изве́стия; the latest ~ после́дние изве́стия; broadcast / listen to the ~ передава́ть (по ра́дио) / слу́шать изве́стия; ⊙ **break the** ~ сообщи́ть (171) неприя́тную но́вость.

newspaper газе́та *f* (19c) [old ста́рая, morning у́тренняя, evening вече́рняя, today's сего́дняшняя, yesterday's вчера́шняя, foreign иностра́нная, daily ежедне́вная]; receive / buy / read a ~ получа́ть / покупа́ть / чита́ть газе́ту; subscribe to a ~ подписа́ться на газе́ту; the ~ says... в газе́те говори́тся...; in the ~ в газе́те; learn smth from the ~ узна́ть что-л. из газе́ты; write to the ~ писа́ть в газе́ту; ~ article газе́тная статья́; ⊙ ~ **man** корреспонде́нт *m* (1e).

next I *a* сле́дующий (35) [day день, time раз, train по́езд, question вопро́с]; сле́дующая [station ста́нция, stop остано́вка, street у́лица, page страни́ца, chapter глава́]; ~ month в сле́дующем ме́сяце; (the) morning на сле́дующее у́тро; (the) ~ day / evening на сле́дующий день / ве́чер; (the) ~ week на сле́дующей неде́ле; ~ Monday / Tuesday / Thursday в сле́дующий понеде́льник / вто́рник / четве́рг; ~ Wednesday / Saturday / Friday в сле́дующую сре́ду / суб-

бо́ту / пя́тницу; ~ Sunday в сле́дующее воскресе́нье; the ~ time I go there... когда́ я пойду́ туда́ в сле́дующий раз...; the ~ thing to do сле́дующее, что на́до сде́лать; who is ~? кто сле́дующий?; Tom was the ~ to come сле́дующим пришёл Том; on the ~ floor этажо́м вы́ше; { (*with seasons, year*) бу́дущий (35); ~ year в бу́дущем году́; ~ January / June в январе́ / ию́не бу́дущего го́да; ~ spring / winter / autumn бу́дущей весно́й / зимо́й / о́сенью; ~ summer бу́дущим ле́том; ~ the harvest бу́дущий урожа́й; ⊙ ~ **door** *see* door.

next II *adv* (*after that*) пото́м; what happened ~? что случи́лось пото́м?; { (*further*) да́льше; what must we do ~? что нам де́лать да́льше?; what ~? что же да́льше?; { (*again*) в сле́дующий раз; when shall I see you ~? когда́ я вас уви́жу в сле́дующий раз?

next III *prep* **1.** (*very near to*): our hotel was ~ (to) the post-office на́ша гости́ница была́ **ря́дом с** (*with instr*) по́чтой; he placed his chair ~ (to) hers он поста́вил свой стул ря́дом с её сту́лом; I sat ~ to him я сиде́л(а) ря́дом с ним; the big tree ~ to the house большо́е де́рево о́коло (*with gen*) до́ма; **2.** (*after*) with gen: the largest city ~ to Paris

са́мый большо́й го́род **по́сле**
Пари́жа; ~ to Beethoven
he liked Bach best of all
по́сле Бетхо́вена он бо́ль-
ше всего́ люби́л Ба́ха; ◇
~ to **nothing** почти́ ни-
чего́.

nice 1. (*pretty*) краси́вый
(31b) [colour цвет, flower
цвето́к, city, town го́род,
garden сад]; краси́вая [hat
шля́па, thing вещь, street
у́лица, room ко́мната]; кра-
си́вое [dress пла́тье, place
ме́сто]; she looked very ~
in her new dress в но́вом
пла́тье она́ вы́глядела о́чень
краси́вой; **2.** (*attractive,
kind*) ми́лый (31b) [man че-
лове́к, child ребёнок, boy
ма́льчик]; ми́лая [woman
же́нщина, family семья́];
ми́лые [people лю́ди]; he was
~ to me он был со мно́ю
о́чень мил, любе́зен; it was
~ of her to come here с её
стороны́ бы́ло о́чень ми́ло
прийти́ сюда́; **3.** (*pleasant*)
прия́тный (31b) [day день,
party ве́чер; taste вкус];
прия́тная [music му́зыка,
song пе́сня; trip прогу́лка,
поездка, weather пого́да,
company компа́ния]; it is
very ~ to the taste / the
feel э́то о́чень прия́тно на
вкус / на о́щупь; **4.** (*tasty*)
вку́сный (31b) [breakfast
за́втрак, dinner обе́д, cake,
pie пиро́г, soup суп]; вку́с-
ная [food еда́]; вку́сное [ap-
ple я́блоко, ice-cream моро́-
женое, wine вино́]; вку́с-
ные [fruit фру́кты]; there

were a lot of ~ things there
там бы́ло мно́го вку́сных
веще́й.

niece племя́нница *f* (21a).
night 1. ночь *f* (30b) [1)
beautiful, fine прекра́сная,
bright све́тлая, dark тёмная, long дли́нная, cold хо-
ло́дная, hot ду́шная, stormy
бу́рная, quiet ти́хая, sleepless бессо́нная, restless
беспоко́йная, summer лет-
няя, winter зи́мняя; 2)
comes, falls наступа́ет; 3)
spend провести́]; stay over
~ оста́ться на́ ночь; he
had a good / bad ~ он
хорошо́ / пло́хо спал но́-
чью; all ~ (long) всю ночь
(напролёт); tomorrow ~ за́-
втра но́чью; at ~ но́чью;
every ~ ка́ждую ночь; in
the middle of the ~ среди́
но́чи; he returned late at
~ он верну́лся по́здно но́-
чью; from morning till late
at ~ с утра́ до по́здней но́-
чи; one ~ одна́жды но́чью;
~ and day днём и но́чью;
at this time of ~ в э́то
вре́мя но́чи; ~ train / plane
ночно́й по́езд / самолёт; ⊙
good ~! споко́йной но́чи!,
до свида́ния!; **2.** (*evening*)
ве́чер *m* (1*l*); last ~ вчера́
ве́чером; the ~ before last
позавчера́ ве́чером; from
morning till ~ с утра́ до ве́-
чера; ⊙ **first** ~ (*of theatre*) премье́ра *f* (19c).

nine де́вять (39c); *see*
eight.

nineteen девятна́дцать
(39c); *see* eight.

ninety девяно́сто (39f); *see* eight, thirty.

no I *negative particle* нет; yes or no? да и́ли нет?; no, it is not нет; no, I don't нет; no, he hasn't нет; no, I'm not нет; no, thank you нет, спаси́бо.

no II *a* 1. (*not any*) ника́кой (31a) (*verb translated in negative*); there was no harm in it в э́том не́ было никако́го вреда́; { *with* be and have *in present tense translated by* нет *followed by Russian sb in gen*: we have no time у нас нет вре́мени; I have no money / tickets у меня́ нет де́нег / биле́тов; there are no trees / people there там нет дере́вьев / люде́й; he has no choice у него́ нет вы́бора; 2. (*not*) не; he is no fool он не дура́к; he is no genius он не ге́ний; 3. (*in prohibitions*) не; no smoking! не кури́ть!; no talking! не разгова́ривать!

no III *adv* (*with adjective in comp*) не; he's no better / worse ему́ не лу́чше / не ху́же; the weather is no worse today than yesterday сего́дня пого́да не ху́же, чем вчера́; no smaller не ме́ньше; no larger не бо́льше; no easier не ле́гче; no more / less than forty не бо́лее / ме́нее сорока́.

noble *a* благоро́дный (31b) [action, deed посту́пок, man челове́к, mind ум]; благоро́дная [aim цель]; благо-ро́дное [animal живо́тное, birth происхожде́ние, feel-ing чу́вство].

nobody никто́ (41a) (*followed by verb in negative*); ~ knew / saw him его́ никто́ не знал / не ви́дел; ~ knew about it никто́ об э́том не знал; ~ lives there там никто́ не живёт; there was ~ there там никого́ не́ было; I saw ~ there я там никого́ не ви́дел(а); I spoke to ~ я ни с кем не говори́л(а); he made friends with ~ there он ни с кем там не подружи́лся; ~ else could help them никто́ друго́й не мог им помо́чь; I saw ~ but him я никого́ не ви́дел(а), кро́ме него́.

nod *v* 1. (*bow one's head*) кива́ть (64), *perf* кивну́ть (130); he ~ded to me as he passed проходя́ ми́мо, он кивну́л (*with dat*) мне; he ~ded (in) agreement он кивну́л в знак согла́сия; 2. (*doze*) дрема́ть (66), *no perf*; she was ~ding in her arm-chair / over her book она́ дрема́ла в кре́сле / над кни́гой.

noise шум *m, no pl* (1f) [1] loud си́льный, terrible ужа́сный, deafening оглуши́тельный; 2) *with gen* of the traffic у́личного движе́ния, of the street у́лицы, of the machines маши́н, станко́в, of the water воды́; 3) begins начина́ется, stops прекраща́ется; 4) hear слышать, stop прекраща́ть]; the ~ gets on my nerves э́тот шум де́йствует мне на не́рвы; he heard a ~ он услы́шал како́й-то шум; she was frightened by the ~ её испуга́л шум; a ~ woke her её разбуди́л како́й-то шум; there was so much ~ that I couldn't hear anything бы́ло так шу́мно, что я не мог(ла́) ничего́ услы́шать; I couldn't hear him because of the ~ я не слы́шал(а) его́ из-за шу́ма; ⊙ make (a) ~ шуме́ть (115), no perf; the children made much ~ де́ти си́льно шуме́ли; don't make any ~! не шуми́(те)!; don't make so much ~! не шуми́те так си́льно!; we tried to make as little ~ as possible мы стара́лись как мо́жно ме́ньше шуме́ть.

none I *pron* никто́ (41a) (*followed by verb in negative*); ~ of us / you / them никто́ из нас / вас / них; ~ of my friends никто́ из мои́х друзе́й; I saw ~ of the people I wanted to see я не ви́дел(а) никого́ из тех, кого́ хоте́л(а) повида́ть; ~ of them came никто́ из них не пришёл; ~ but a very brave man could do that никто́, кро́ме о́чень сме́лого челове́ка, не мог э́того сде́лать; { ни оди́н *m*, ни одна́ *f*, ни одно́ *n* (39a); I saw ~ of my friends я не ви́дел(а) никого́ из мои́х друзе́й; we visited ~ of

those places мы не посети́ли ни одного́ из э́тих мест; ~ of the rooms was big enough ни одна́ из ко́мнат не была́ доста́точно велика́; { *in short answers often not translated*: have you any money about you? — No, I have ~ у вас есть с собо́й де́ньги? — Нет.

none II *adv* ничу́ть не; ~ the worse / better (ничу́ть) не ху́же / не лу́чше; he seemed ~ the worse for having slept in the open air он вы́глядел ничу́ть не ху́же оттого́, что спал на откры́том во́здухе.

nonsense чепуха́ *f*, *no pl* (22g, *acc* чепуху́), ерунда́ *f*, *no pl* (19g); that's ~ э́то чепуха́; don't talk ~! не говори́(те) ерунду́!

noon по́лдень *m* (2c); at ~ в по́лдень.

nor: neither... ~ ни... ни; *see* neither III.

normal *a* норма́льный (31b) [person, man челове́к, level у́ровень]; норма́льная [temperature температу́ра]; норма́льное [development разви́тие]; under ~ conditions при норма́льных усло́виях; when everything became ~ again когда́ всё пришло́ опя́ть в норма́льное состоя́ние.

north *sb* се́вер *m* (1f); the North Pole се́верный по́люс; North America Се́верная Аме́рика; *see* east.

northern се́верный (31b); *see* eastern.

nose нос *m* (1k) [1) big большо́й, long дли́нный, straight прямо́й, turned up курно́сый, ugly некраси́вый, swollen распу́хший; 2) *with gen* of a man челове́ка, of a dog соба́ки]; his ~is bleeding у него́ и́з носу идёт кровь.

not *negative particle* не; ~ now не сейча́с; ~ he не он; ~ everybody не все; ~ today не сего́дня; ~ here не здесь; he does ~ read / speak French он не чита́ет / не говори́т по-францу́зски; I shall ~ go there я не пойду́ туда́; he has ~ come yet он ещё не пришёл; I am ~ a doctor я не врач; it is ~ late yet ещё не по́здно; I asked you ~ to do it я вас проси́л(а) не де́лать э́того; he left early so as ~ to be late он вы́шел ра́но, что́бы не опозда́ть; { *in short answers in combination with auxiliary verb not translated*: no, I have ~ нет; no, I don't нет; no, we shall ~ нет; { *at end of phrases* нет; I hope / think ~ я наде́юсь / ду́маю, что нет; why ~? почему́ нет?; perhaps ~ возмо́жно, что нет; ~ yet (пока́) ещё нет.

note I *sb (of music)* но́та *f* (19c) [high высо́кая, low ни́зкая, false фальши́вая]; reach a high ~ взять высо́кую но́ту.

note II *sb* **1.** (*letter, message*) запи́ска *f* (22d) [short коро́ткая]; write / send smb a ~ написа́ть / посла́ть кому́-л. запи́ску; answer a ~ отве́тить на запи́ску; leave a ~ for smb оста́вить кому́-л. запи́ску; **2.** *usu pl* ~s (*reminder*) за́писи (29c); I must look at my ~s мне ну́жно посмотре́ть в свои́ за́писи; look through one's ~s просма́тривать свои́ за́писи; ⊙ **take (down)** ~s де́лать (65) за́писи; take ~s at a lecture запи́сывать ле́кцию; **3.** (*diplomatic*) но́та *f* (19c); exchange ~s обменя́ться но́тами; **4.** (*comment*) примеча́ние *n* (18c); see the ~ at the bottom of the page / at the end of the book смотри́ примеча́ние внизу́ страни́цы / в конце́ кни́ги.

notebook тетра́дь *f* (29c) [1) clean чи́стая, special осо́бая; 2) для *with gen* for words для слов]; buy / show a ~ покупа́ть / пока́зывать тетра́дь; write a ~ писа́ть в тетра́ди.

nothing ничто́ (41a) (*followed by verb in negative*); ~ can help us now тепе́рь ничто́ не мо́жет нам помо́чь; ~ could comfort her ничто́ не могло́ её уте́шить; ~ pleased him ничто́ ему́ не нра́вилось; we read / knew ~ about it мы ничего́ об э́том не чита́ли / не зна́ли; ~ in the world, ~ on the earth ничто́ на све́те; he was afraid of ~ он ничего́ не боя́лся; { *with pron, adv* *and adjectives* ничего (41а); he told us ~ new он не рассказа́л нам ничего́ но́вого; he added ~ else он ничего́ бо́льше не доба́вил; there is ~ difficult / strange / interesting / funny about it в э́том нет ничего́ тру́дного / стра́нного / интере́сного / смешно́го; ~ special happened yesterday ничего́ осо́бенного вчера́ не произошло́; { *before inf* не́чего; you have ~ to be afraid of вам не́чего боя́ться; he had ~ to say ему́ не́чего бы́ло сказа́ть; it means ~ to him для него́ э́то не име́ет никако́го значе́ния; ⊙ **there is** ~ **like** нет ничего́ лу́чше (*with gen*); there's ~ like a good walk in the morning! нет ничего́ лу́чше хоро́шей прогу́лки у́тром!; ~ **of the kind, sort** ничего́ подо́бного; I said ~ of the kind ничего́ подо́бного я не говори́л(а); **come to** ~ потерпе́ть (120) крах; all his plans came to ~ все его́ пла́ны потерпе́ли крах; **can do** ~ **but, be able to do** ~ **but**: I could do ~ but wait / agree мне ничего́ не остава́лось де́лать, как ждать / согласи́ться; **have** ~ **to do with** не име́ть никако́го отноше́ния к (*with dat*); it has ~ to do with the matter we are discussing э́то не име́ет никако́го отноше́ния к вопро́су, кото́рый мы обсужда́ем; it has ~ to do with me э́то не име́ет ко мне ни-

како́го отноше́ния; **for** ~ беспла́тно; he did it for ~ он сде́лал э́то беспла́тно.

notice *v* (*see*) замеча́ть (64), *perf* заме́тить (177) (*with acc*); at first I didn't ~ him снача́ла я его́ не заме́тил(а); I ~d a letter on the table я заме́тил(а) на столе́ письмо́; we didn't ~ anything special мы не заме́тили ничего́ осо́бенного; did you ~ the scar on his cheek? вы заме́тили у него́ на щеке́ шрам?

notion (*idea*) поня́тие *n* (18c) [1] concrete конкре́тное, abstract абстра́ктное, new но́вое; 2) convey переда́ть]; it was a new ~ to him для него́ э́то бы́ло но́вое поня́тие; I have no ~ (of) what he means я не име́ю поня́тия о том, что он хо́чет сказа́ть; I haven't got the slightest ~ why я не име́ю ни мале́йшего поня́тия, почему́.

novel *sb* рома́н *m* (1f) [1] famous знамени́тый, well--known изве́стный, favourite люби́мый, latest после́дний; 2) read чита́ть, write писа́ть, publish издава́ть]; a ~ by, of Tolstoy рома́н (*with gen*) Толсто́го; the ~ was a success рома́н име́л успе́х; the ~ is sold out рома́н распро́дан.

November ноя́брь *m* (2b); *see* April.

now I *adv* (*at the moment*) сейча́с; what are you doing

~? что ты сейча́с де́лаешь?; what shall we do ~? что мы сейча́с бу́дем де́лать?; he is here ~ он сейча́с здесь; not ~ не сейча́с; { (*at the present time*) тепе́рь; I thought so and ~ I know for certain я так ду́мал, а тепе́рь зна́ю наве́рное; the house isn't empty any longer, somebody is living there ~ дом уже́ бо́льше не пусту́ет, тепе́рь там кто́-то живёт; by ~ к э́тому вре́мени; they must be home by ~ к э́тому вре́мени они́ должны́ быть уже́ до́ма; from ~ начина́я с э́того моме́нта; from ~ on, we shall speak only Russian начина́я с э́того моме́нта, мы бу́дем говори́ть то́лько по-ру́сски; up to ~, up till ~ до сих по́р; we don't ·know up to ~ why he left до сих по́р мы не зна́ем, почему́ он ушёл, уе́хал; ⊙ **just** ~ то́лько что; he was here just ~ он то́лько что был здесь; ~ **and then** времена́ми, иногда́; I see him ~ and then я его́ иногда́ ви́жу.

now II *conj:* ~ **that** тепе́рь когда́; ~ **that you know him better...** тепе́рь, когда́ вы его́ лу́чше зна́ете...; ~ ... ~ то ... то; he says ~ one thing ~ another он говори́т то одно́, то друго́е; we heard of him ~ here, ~ there мы слы́шали о нём то тут, то там.

nowhere 1. (*denoting place*) нигде́ (*followed by verb in negative*); I could find the book ~ я нигде́ не мог найти́ э́ту кни́гу; ~ **in the world, on earth** нигде́ в ми́ре; ~ **else** бо́льше нигде́; **2.** (*denoting direction*) никуда́; he goes ~ он никуда́ не хо́дит; this road leads ~ э́та доро́га никуда́ не ведёт; we can go ~ this summer э́тим ле́том мы никуда́ не смо́жем пое́хать; I have ~ to go мне не́куда идти́.

number *sb* **1.** (*quantity*) число́ *n*, *no pl* (14a) [1) great, large большо́е, small небольшо́е, equal ра́вное, considerable значи́тельное; total о́бщее; 2) know знать, determine определи́ть, learn узна́ть, increase увели́чить, remember запо́мнить, double удво́ить]; the ~ **of** people / tourists / goods число́ люде́й / тури́стов / това́ров; there was a large ~ **of** people there там бы́ло о́чень мно́го наро́ду; **2.** (*numeral*) но́мер *m* (1*l*) [*with gen* of the house до́ма, of the flat кварти́ры, of the bus авто́буса, of the train по́езда]; can you tell me his telephone ~? вы не мо́жете мне сказа́ть но́мер его́ телефо́на?; I don't remember the ~ **on, of** his house я не по́мню но́мера его́ до́ма; room ~ **five** ко́мната но́мер пять; **3.** (*issue*) но́мер *m* [*with gen* of a magazine, journal журна́ла, of a newspaper газе́ты]; back ~ ста́рый но́мер; missing ~ недоста́ющий но́мер; ◇ a ~ of не́сколько (*with gen*); a ~ of books / students не́сколько книг / студе́нтов; a ~ of people ряд люде́й.

numeral ци́фра *f* (19c); Arabic / Roman ~s ара́бские / ри́мские ци́фры.

numerous многочи́сленный (31b); многочи́сленные [visitors посети́тели, books кни́ги, examples приме́ры, cases слу́чаи, opportunities возмо́жности, ways спо́собы].

nurse *sb* 1. ня́ня *f* (20c) [kind-hearted до́брая, experienced о́пытная, old ста́рая]; the children were in the park with their ~ де́ти бы́ли в па́рке с ня́ней; 2. (*medical*) (медици́нская) сестра́ *f* (19b).

nut оре́х *m* (4c) [1) hard твёрдый; 2) crack расколо́ть].

O

oak дуб *m* (1k).

oath кля́тва *f* (19c) [solemn торже́ственная]; take, swear an ~ дава́ть кля́тву; be bound by ~ быть свя́занным кля́твой; be true to one's ~ быть ве́рным кля́тве.

obey слу́шаться (65), *perf* послу́шаться (65) [1) *with acc* mother мать, parents роди́телей; 2) willingly охо́тно]; you must ~ him вы должны́ его́ слу́шаться; he didn't ~ anybody он никого́ не слу́шался; he ~ed her in everything он слу́шался её во всём; { повинова́ться (243), *no perf* (*with dat*); ~ an order повинова́ться прика́зу.

object I *sb* 1. (*thing*) предме́т *m* (1f) [round кру́глый, distant отдалённый]; the strange ~ attracted their at-

tention э́тот стра́нный предме́т привлёк их внима́ние; { *fig* предме́т; an ~ of admiration / ridicule предме́т восхище́ния / насме́шек; 2. (*purpose, aim*) цель *f* (29c) [clear я́сная, real настоя́щая]; the ~ of my visit is... це́лью моего́ посеще́ния явля́ется...; he has no ~ in life у него́ нет це́ли в жи́зни; they undertook the voyage with the ~ of discovering new lands они́ предприня́ли э́то пла́вание с це́лью откры́ть но́вые зе́мли.

object II *v* (*oppose*) возража́ть (64), *perf* возрази́ть (153) [про́тив *with gen* to the plan про́тив пла́на, to the proposal, suggestion про́тив предложе́ния]; I ~ to your going there / smoking here (*verbal noun conveyed* *by* clause *introduced by* того, чтобы *with Russian verb in past imperf)* я возража́ю про́тив того́, чтобы вы шли туда́ / кури́ли здесь; I don't ~ я не возража́ю; if you don't ~ е́сли вы не возража́ете.

objection возраже́ние *n* (18c) [strong, serious серьёзное]; I have an ~ я возража́ю; he had no ~ он не возража́л; there is no ~ возраже́ний нет; is there any ~ to my leaving my things here? вы не возража́ете, е́сли я оста́влю здесь свои ве́щи?; have you any ~ to my bringing a friend? вы не возража́ете, е́сли я приведу́ с собо́й прия́теля?

oblige: be ~d быть обя́занным (to—*with dat*); I am much ~d to you for your help я вам о́чень обя́зан(а) за (*with acc*) ва́шу по́мощь; { (*be forced*) быть вы́нужденным; he was ~d to wait all day он был вы́нужден ждать це́лый день; you are not ~d to come with us if you don't want to вы не обя́заны идти́ с на́ми, е́сли вам не хо́чется.

observe (*watch*) наблюда́ть (64), *no perf* [1] за *with instr* the movement of the clouds за движе́нием облако́в, the development of events за разви́тием собы́тий, the changes taking place за происходя́щими измене́ниями; 2) attentively, carefully внима́тельно, keep-

ly с интере́сом, closely при́стально, patiently терпели́во].

obstacle препя́тствие *n* (18c) [1] unexpected неожи́данное, serious серьёзное, slight небольшо́е, unforeseen непредви́денное; 2) meet with, encounter встре́тить, overcome преодоле́ть].

obtain 1. (*get*) получа́ть (64), *perf* получи́ть (175) [*with acc* information све́дения, data да́нные]; ~ experience приобрести́ о́пыт; 2. (*gain*) доби́ться (182) [*with gen* good results хоро́ших результа́тов, position положе́ния, victory побе́ды, prize приза]; he ~ed what he wanted он доби́лся того́, чего́ хоте́л.

obvious я́вный (31b) [success успе́х]; я́вная [mistake оши́бка, falsehood ложь]; я́вное [misunderstanding недоразуме́ние, hypocrisy лицеме́рие, dissatisfaction недово́льство]; it was ~ that we had failed бы́ло очеви́дно, что мы потерпе́ли неуда́чу.

occasion *sb* 1. (*circumstance*) слу́чай *m* (13c) [favourable благоприя́тный]; when the ~ presented itself... когда́ предста́вился слу́чай...; on the ~ of her birthday / his arrival по слу́чаю (*with gen*) её дня рожде́ния / его́ прие́зда; on many ~s не раз; I've met him on several ~s я его́ встреча́л(а) несколько раз; on, upon all ~s в любо́м слу́чае, во всех слу́чаях; he had never had any ~ to do manual work ему́ никогда́ не приходи́лось выполня́ть физи́ческую рабо́ту; ⊙ **seize**, **take the** ~ воспо́льзоваться (245) слу́чаем; 2. (*event*) собы́тие *n* (18c); this is a great ~ э́то большо́е собы́тие; to celebrate the ~ отме́тить собы́тие; on this happy ~ по слу́чаю э́того ра́достного собы́тия; 3. (*need*) необходи́мость *f* (29c); if the ~ arises е́сли возни́кнет необходи́мость; { основа́ние *n* (18c); there is no ~ to worry нет никаки́х основа́ний для беспоко́йства.

occasionally иногда́; we meet ~ мы иногда́ встреча́емся; it rained ~ иногда́ шёл дождь; he writes ~ иногда́ он пи́шет; friends ~ drop in at my place ко мне́ иногда́ захо́дят друзья́.

occupation I *sb* 1. (*employment*) заня́тие *n* (18c) [favourite люби́мое, daily ежедне́вное, useful поле́зное, interesting интере́сное]; look for some ~ иска́ть себе́ заня́тие; 2. (*trade*) профе́ссия *f* (23c); it's not an ~ for women э́то не же́нская профе́ссия.

occupation II *sb* (*invasion*) оккупа́ция *f* (23c); temporary ~ of a country / region вре́менная оккупа́ция страны́ / райо́на.

occupy I *v* 1. (*be in possession of, use*) занима́ть (64), *perf* заня́ть (233) [*with acc* house дом, apartment кварти́ру, seat ме́сто]; the house was occupied by an old man and his wife дом занима́л стари́к со свое́й жено́й; 2. (*fill mind, thoughts, etc.*) занима́ть; his work occupied most of his time рабо́та занима́ла бо́льшую часть его́ вре́мени; he was occupied with his thoughts он был за́нят (*with instr*) свои́ми мы́слями.

occupy II *v* (*capture*) оккупи́ровать (245) [*with acc* country страну́, territory террито́рию, region райо́н, town, city го́род]; the village was occupied by the enemy дере́вня была́ оккупи́рована (*with instr*) проти́вником.

occur 1. (*happen*) случа́ться (64), *perf* случи́ться (171); if anything ~s I shall let you know е́сли что-нибудь случи́тся, я дам вам знать; when did the accident ~? когда́ произошёл несча́стный слу́чай?; 2. (*come to one's mind*) приходи́ть (152) в го́лову, *perf* прийти́ (206) в го́лову; it ~red to me / him that... мне / ему́ пришло́ в го́лову, что...; didn't it ~ to you to telephone home? вам не пришло́ в го́лову позвони́ть домо́й?; it never ~red to me мне э́то никогда́ не приходи́ло в го́лову.

ocean океа́н *m* (1f) [1) vast огро́мный, boundless бесконе́чный, calm споко́йный, stormy бу́рный, raging бушу́ющий; 2) extends простира́ется, washes the shores омыва́ет берега́; 3) cross пересе́чь]; the ~ is calm океа́н споко́ен; an island in the ~ о́стров в океа́не; on the shore of the ~ на берегу́ океа́на; fly across the ~ перелете́ть че́рез океа́н; ☉ **a drop in the** ~ ка́пля в мо́ре.

o'clock: it is one ~ now сейча́с час; it is two / three / four ~ два / три / четы́ре часа́; at five / ten ~ в пять / де́сять часо́в; he came about / after / before six ~ он пришёл о́коло / по́сле / до шести́ часо́в; it is almost seven ~ by my watch на мои́х часа́х почти́ семь часо́в; at eleven ~ sharp ро́вно в оди́ннадцать часо́в.

October октя́брь *m* (2b); *see* April.

odd *adj* 1. (*of numbers*) нечётный (31b); ~ number нечётное число́; 2. (*occasional*) случа́йный (31b); he makes a living by doing ~ jobs он живёт на случа́йные за́работки; 3. (*strange*) стра́нный (31b) [person челове́к, way спо́соб]; стра́нная [manner мане́ра, look, appearance вне́шность]; стра́нное [behaviour поведе́ние, impression впечатле́ние]; how ~! как стра́нно!

of *prep* 1. (*pertaining, belonging to*) *prepositional phrase translated in gen*: London is the capital of England Ло́ндон — столи́ца А́нглии; the house of my neighbour / friend / father дом моего́ сосе́да / дру́га / отца́; the back of the house за́дняя сторона́ до́ма; the bank of the river бе́рег реки́; the son of my friend сын моего́ дру́га; the wall of the garden / room стена́ са́да / ко́мнаты; the end / beginning of the train / month / street коне́ц / нача́ло по́езда / ме́сяца / у́лицы; member of the party / government / circle / delegation член па́ртии/прави́тельства/ кружка́ / делега́ции; novel / story / works of Dickens рома́н / расска́з / произведе́ния Ди́ккенса; { (*in dates*) the first of July / November пе́рвое ию́ля / ноября́; 2. (*in weights and measures*) *prepositional phrase translated in gen*: glass of milk / tea / coffee / wine стака́н молока́ / ча́ю / ко́фе / вина́; pound of bread / butter / meat фунт хле́ба / ма́сла / мя́са; { (*of partitive relation*): piece of wood / meat кусо́к де́рева / мя́са; two metres of cloth два ме́тра мате́рии; hundreds / thousands of people со́тни / ты́сячи люде́й; a quarter of an hour / a mile че́тверть ча́са / ми́ли ́ (всего́) коли́-

чества; many / some of my friends мно́гие / не́которые **из** (*with gen*) мои́х друзе́й; none / some of them никто́ / не́которые из них; sixty of them шестьдеся́т из них; which of you... кто из вас...; five of us пя́теро из нас; **3.** (*in references to material*) *with gen*: it is made of iron / wood / glass / paper / silk э́то сде́лано **из** желе́за / де́рева / стекла́ / бума́ги / шёлка; house of stone / brick дом из ка́мня / кирпича́; **4.** (*in expressions denoting quality*) *prepositional phrase is translated in gen*: man of strong character челове́к си́льного хара́ктера; children of the same age де́ти одного́ и того́ же во́зраста; { *often conveyed by adj*: man of importance / influence / wealth ва́жный / влия́тельный / бога́тый челове́к; **5.** (*in expressions denoting reason, cause*) *with gen*: he died of hunger / an unknown disease / fright он у́мер **от** го́лода / неизве́стной боле́зни / испу́га; what did she die of? от чего́ она́ умерла́?; **6.** (*denoting origin*) *with gen*: he comes of working-class people он (происхо́дит) **из** рабо́чей семьи́; **7.** (*about, concerning*) *with abl*: story of the boys' adventures расска́з **о** приключе́ниях ма́льчиков; tell smb of an event рассказа́ть кому́-л. о собы́тии; hear / learn / speak /

think of smth услы́шать / узна́ть / говори́ть / ду́мать о чём-л.; remind smb of smth напо́мнить кому́-л. о чём-л.; **8.** *in various phrases*: of late **за** после́днее вре́мя; be afraid of smth / smb боя́ться чего́-л. / кого́-л.; be ashamed of smth стыди́ться (*with gen*) чего́-либо; work, piece of art произведе́ние иску́сства; be proud of smth / smb горди́ться (*with instr*) чем-л. / кем-либо; be sure of smth / smb быть уве́ренным **в** (*with abl*) чём-л. / ком-л.; get rid of smth изба́виться **от** (*with gen*) чего́-л.; to the south / west of N. к ю́гу / за́паду от (*with gen*) N.; within a mile of the village на расстоя́нии ми́ли от дере́вни; the town / village of N. го́род / дере́вня (*with nom*) N.; the city of Dublin го́род Ду́блин; it is kind / foolish of him to do so **с** его́ стороны́ любе́зно / глу́по так поступи́ть.

off I *adv* **1.** (*denoting distance, removal*) *usu not translated*: a long way ~, far ~ далеко́; **2.** *conveyed by various prefixes attached to verb, meaning conclusive action*: switch ~, turn ~ the light вы́ключить свет; turn ~ the water закры́ть во́ду; cut ~ отре́зать; tear ~ оторва́ть; ⊙ **be well** ~ быть хорошо́ обеспе́ченным; he is well ~ он хорошо́ обеспе́чен; **be badly** ~

быть бе́дным; he is badly ~ он бе́ден.

off II *prep* **1.** (*from*) *with gen*: the plate / pen fell ~ the table таре́лка / ру́чка упа́ла **со** стола́; fall ~ a horse упа́сть с ло́шади; he took all the things ~ the table он убра́л всё со стола́; **2.** (*at a distance from*) *with gen*: a village a few kilometres ~ the main road дере́вня в не́скольких киломе́трах **от** большо́й доро́ги; ~ the coast неподалёку от бе́рега.

offend 1. (*hurt feelings*) обижа́ть (64), *perf* оби́деть (109) (*with acc*); his words ~ed her его́ слова́ её оби́дели; I'm sorry if I've ~ed you прости́те, е́сли я вас оби́дел(а); he was ~ed at, by my remark моё замеча́ние оби́дело его́; **2.:** be ~ed обижа́ться (64), *perf* оби́деться (109); she is easily ~ed она́ ча́сто обижа́ется; are you ~ed with me? вы на (*with acc*) меня́ (не) оби́делись?

offer I *sb* предложе́ние *n* (18c) [make сде́лать, accept приня́ть, decline, reject отклони́ть]; refuse an ~ отказа́ться от предложе́ния; an ~ of help предложе́ние по́мощи; you ought to accept the ~ вам сле́довало бы приня́ть э́то предложе́ние; thank you for your kind ~ спаси́бо за ва́ше любе́зное предложе́ние.

offer II *v* (*proffer*) предлага́ть (64), *perf* предложи́ть (175) [1) *with dat* him ему́, the guests гостя́м; 2) *with acc* tickets биле́ты, money де́ньги, cup of tea ча́шку ча́ю; help по́мощь, post ме́сто; 3) *with inf in perf* to buy купи́ть, to help помо́чь, to do smth сде́лать что-л., to go somewhere сходи́ть куда́-л.]; he ~ed me a chair он предложи́л мне сесть.

office 1. (*place of business*) учрежде́ние *n* (18c); work at, in an ~ рабо́тать в учрежде́нии; { (*administrative centre*) конто́ра *f* (19c); head of the ~ дире́ктор конто́ры; inquire at the ~ спра́виться в конто́ре; editorial ~ реда́кция *f* (23c); **2.** (*ministry*) министе́рство *n* (14c); Foreign Office Министе́рство иностра́нных дел; Home Office Министе́рство вну́тренних дел; War Office Вое́нное министе́рство.

officer офице́р *m* (1e); ~ of the day дежу́рный офице́р.

official *a* (*not private*) официа́льный (31b) [reception приём, document докуме́нт, answer отве́т]: официа́льное [statement сообще́ние]; { (*concerning one's work*) служе́бный (31b); ~ duties служе́бные обя́занности.

often ча́сто; we ~ have dinner early мы ча́сто обе́даем ра́но; it is ~ very hot here in summer ле́том здесь ча́сто быва́ет о́чень жа́рко; do you ~ go to the theatre? вы ча́сто хо́дите в теа́тр?; we don't go there ~ мы не ча́сто туда́ хо́дим; how ~ как ча́сто?

oil *sb* 1. (*mineral*) нефть *f* (29c) [refined очи́щенная]; search, look for / find / discover ~ иска́ть / найти́ / обнару́жить нефть; 2. (*food*) ма́сло *n*, *no pl* (14d); vegetable ~ расти́тельное ма́сло.

old 1. (*of age*) ста́рый (31b) [man челове́к, worker рабо́чий, teacher учи́тель]; ста́рая [woman же́нщина]; ста́рое [tree де́рево, face лицо́]; become, grow ~ ста́риться (178), *perf* соста́риться (178); he is growing ~ он старе́ет; look ~ вы́глядеть ста́рым; I'm ~er than you я ста́рше вас; he was the ~est among us он был са́мым ста́ршим из нас; ⊙ **how** ~?: how ~ are you? ско́лько вам лет?; how ~ is she? ско́лько ей лет?; **be... years old**: I'm eighteen years ~ мне восемна́дцать лет; when I was ten years ~... когда́ мне бы́ло де́сять лет...; he is five years ~er than I am он ста́рше меня́ на́ пять лет; the baby is four months ~ ребёнку четы́ре ме́сяца; an ~ man стари́к *m* (4e); an ~ woman стару́ха *f* (22a); ~ **people** *pl* старики́ (4e); ~ **age** ста́рость *f* (29c); live to an ~ age дожи́ть до ста́рости;

2. (*of existence, use, etc.*) ста́рый [factory, plant заво́д, house дом, town го́род, bag портфе́ль, garden сад]; ста́рая [machine маши́на, thing вещь, clothes оде́жда, furniture ме́бель]; ста́рое [dress пла́тье, building зда́ние]; this wine is ~er э́то вино́ бо́лее ста́рое; this is my ~est dress э́то моё са́мое ста́рое пла́тье; 3. (*former*) пре́жний (32), бы́вший (34b) [director дире́ктор, president президе́нт, teacher учи́тель]; 4. (*ancient*) стари́нный (31b) [custom обы́чай, family род, castle за́мок]; стари́нная [song пе́сня, proverb посло́вица, book кни́га, tower ба́шня, square пло́щадь]; стари́нное [story преда́ние].

on I *adv* 1. *with verbs*: read on продолжа́ть чита́ть; he walked on он продолжа́л идти́; 2. (*of clothes*): she had a new coat / dress on на ней бы́ло но́вое пальто́ / пла́тье; ◇ **be on** идти́ (207); *see* be.

on II *prep* 1. (*denoting place*) *with abl*: be / lie on the table / ground / window находи́ться / лежа́ть на столе́ / земле́ / окне́; carry smth on one's back / head / shoulders нести́ что-л. на спине́ / голове́ / плеча́х; be / stand on a hill / the Thames / the bank находи́ть-ся / стоя́ть на холме́ / Те́мзе / берегу́; a ring on one's finger кольцо́ на па́льце on earth на земле́; on land на су́ше; **2.** (*denoting direction*) *with acc*: put / throw / drop smth on the table / ground положи́ть / бро́сить / урони́ть что-л. **на** стол / зе́млю; drop smth on the floor урони́ть что-л. на́ пол; hang smth on the wall пове́сить что-л. на́ сте́ну; stick a stamp on a letter накле́ить ма́рку на письмо́; **3.** (*of time*) *with acc*: on Sunday / Monday / Wednesday **в** воскресе́нье / понеде́льник / сре́ду; (on) that day / evening **в** тот день / ве́чер; on the next, following day **на** сле́дующий день; { *prepositional phrase translated in gen*: on the first of September пе́рвого сентября́; { *prepositional phrase translated in instr*: on a cold winter night холо́дной зи́мней но́чью; on the morning of the first of May у́тром пе́рвого ма́я; **4.** (*concerning*): a book on music кни́га **по** (*with abl*) му́зыке; a lecture on literature / Dickens ле́кция **о** (*with abl*) литерату́ре / Ди́ккенсе; speak / write on the events of the day говори́ть / писа́ть о собы́тиях дня; a paper, report on this subject докла́д **на** (*with acc*) э́ту те́му; speak on the subject говори́ть на те́му; congratulate smb on smth поздра́вить кого́-л. **с** (*with instr*) чем-л.; **5.** *with acc*: live on one's wages / a hundred rou-

bles a month жить **на** за́работную пла́ту / сто рубле́й в ме́сяц; spend money / time on smth тра́тить де́ньги / вре́мя на что-л.; on this account на э́том основа́нии; live on fish пита́ться ры́бой; **6.** (*of simultaneous action*) *with abl*: on arrival **по** прие́зде; { *gerundial phrase conveyed by verbal adverb*: on coming home придя́ домо́й; on entering the room войдя́ в ко́мнату; **7.** *in various phrases*: depend on smth зави́сеть **от** (*with gen*) чего́-л.; on the way to the theatre **по** доро́ге в теа́тр; on business по де́лу; on trust **на** ве́ру; be on a holiday быть **в** о́тпуске; on all sides **со** всех сторо́н; on both sides **с** обе́их сторо́н; on foot пешко́м; on the whole в о́бщем, в це́лом; on horseback верхо́м; on purpose наро́чно.

once 1. (*of occasion in past*) одна́жды; I ~ went there with my brother одна́жды я пошёл туда́ с бра́том; my mother ~ told me that... одна́жды моя́ мать сказа́ла мне, что...; { (*some time ago*) когда́-то; I was very fond of him ~ когда́-то он мне о́чень нра́вился; I ~ knew a girl who... когда́-то я знал(а) де́вушку, кото́рая...; he ~ lived in Italy когда́-то он жил в Ита́лии; ⊙ ~ **upon a time** когда́-то; *see* time; **2.** (*one time, on one occa-*

sion only) (оди́н) раз; he read it only ~ он прочита́л э́то то́лько оди́н раз; ~ more ещё раз; ~ a month / week / year раз в ме́сяц / в неде́лю / в год; I've been there only ~ я был(а́) там то́лько оди́н раз; ~ or twice раз и́ли два; ◇ at ~ сра́зу же; we agreed at ~ мы сра́зу же согласи́лись; he went there at ~ он сра́зу же пошёл туда́; all at ~ 1) (*suddenly*) внеза́пно; all at ~, we heard a loud noise внеза́пно мы услы́шали си́льный шум; 2) (*all together*) все вме́сте; don't talk all at ~! не говори́те все вме́сте!; ~ for all раз и навсегда́; understand ~ for all that that is not allowed! пойми́те раз и навсегда́, что э́то не разреша́ется!

one I *num* оди́н *m*, одна́ *f*, одно́ *n* (39а); ~ boy оди́н ма́льчик; ~ room одна́ ко́мната; ~ window одно́ окно́; ~ in ten оди́н из десяти́; ~ of the largest cities in Europe оди́н из крупне́йших городо́в Евро́пы; ~ hundred сто; ~ thousand (одна́) ты́сяча; ~ more question ещё оди́н вопро́с; ~ of them / us оди́н из них / нас; Part One часть пе́рвая; Room One ко́мната но́мер оди́н; ⊙ ~ or two не́сколько; ~ by ~ 1) (*not together*) по одному́; 2) (*following each other*) оди́н за други́м.

one II *a* (*a certain*): ~ morning / night / evening одна́жды у́тром / но́чью / ве́чером; ~ winter day одна́жды в зи́мний день; I met him ~ night я встре́тил(а) его́ ка́к-то ве́чером; at ~ time I didn't like it когда́-то мне э́то не нра́вилось.

one III *pron* 1. (*as substitute of sb*) *not translated*: take my pen! — Thank you, I have ~ возьми́те мою́ ру́чку! — Спаси́бо, у меня́ есть; this dress is more expensive than that ~ э́то пла́тье доро́же того́; which ~ will you take? како́е вы возьмёте?; I need a better ~ мне ну́жно полу́чше; 2. *pron indef, not translated, verb often translated in 2nd pers sg*: ~ never knows what may happen никогда́ не зна́ешь, что мо́жет случи́ться; { *phrase conveyed by impersonal construction*: how can ~ do it? как э́то мо́жно сде́лать?; where can ~ buy it? где э́то мо́жно купи́ть?; ◇ ~ after the other, another оди́н за други́м; another друг дру́га; *see* another.

oneself *pron refl* 1. (самого́) себя́ (40b); recognize ~ узна́ть самого́ себя́; do smth for ~ де́лать что-л. для самого́ себя́; one can't think only of ~ нельзя́ ду́мать то́лько о (само́м) себе́; 2. *conveyed by* -ся *attached to* *verb*: wash ~ умыва́ться; find ~ оказа́ться; forget ~ забыва́ться; hurt ~ уши-би́ться.

onion лук *m*, *no pl* (1k).

only I *a* еди́нственный (31b) [child ребёнок, example приме́р, answer отве́т]; еди́нственная [daughter дочь]; this is the ~ book I could find on the question э́то еди́нственная кни́га, кото́рую я смог(ла́) найти́ по э́тому вопро́су; he was an ~ child, and was very spoiled он был еди́нственным и о́чень избало́ванным ребёнком.

only II *adv* то́лько; I need ~ five minutes мне ну́жно то́лько пять мину́т; I thought of it ~ now я поду́мал(а) об э́том то́лько сейча́с; I ~ wanted to say that... я то́лько хоте́л(а) сказа́ть, что...; he not ~ heard it, he saw it too он не то́лько слы́шал, но и ви́дел э́то; ~ you can help us то́лько вы мо́жете нам помо́чь; ~ then did I realize то́лько тогда́ я по́нял, поняла́.

open I *a* (*not shut*) откры́тый (31b) [bag портфе́ль, box я́щик, suit-case чемода́н]; откры́тая [door дверь, book кни́га]; откры́тое [window окно́]; откры́тые [eyes глаза́]; all the windows were ~ все о́кна бы́ли откры́ты; the door was wide ~ дверь была́ широко́ откры́та; who left the door ~? кто оста́вил дверь от-

кры́той?; a book lay ~ on the table раскры́тая кни́га лежа́ла на столе́; in the ~ sea / field в откры́том мо́ре / по́ле; { (*ready for business*) откры́т *m*, откры́та *f*, откры́то *n*, откры́ты *pl*; are the shops ~ now? магази́ны сейча́с откры́ты?; the shop / museum is ~ from nine to eight (o'clock) магази́н / музе́й откры́т с девяти́ до восьми́ (часо́в); ⊙ in the ~ air под откры́тым не́бом, на све́жем во́здухе; *see* air.

open II *v* 1. (*unclose*) открыва́ть (64), *perf* откры́ть (209) [1] *with acc* box коро́бку, я́щик, door дверь, window окно́, cage кле́тку, book кни́гу; mouth рот, eyes глаза́; 2) quickly бы́стро, slowly ме́дленно, with difficulty с трудо́м, without any difficulty без труда́]; ~ the door wide широко́ откры́ть дверь; ~ a letter распеча́тать письмо́; { (*start*) открыва́ть, *perf* откры́ть [*with acc* meeting собра́ние, congress съезд; exhibition вы́ставку, shop магази́н, museum музе́й; account счёт]; 2. (*become unclosed*) открыва́ться (64), *perf* откры́ться (209); the door ~ed дверь откры́лась; the window wouldn't ~ окно́ (ника́к) не открыва́лось; the box ~ed quite easily я́щик легко́ откры́лся; { (*begin work*) открыва́ться, *perf* откры́ться [at nine o'clock в де́-

вять часо́в, in the morning
у́тром]; the museum / the
shop ~s at eight o'clock
музе́й / магази́н открыва́ет-
ся в во́семь часо́в.

opera о́пера *f* (19c) [classi-
cal класси́ческая, Italian
италья́нская]; compose /
hear an ~ написа́ть / слу́-
шать о́перу; I am very
fond of the ~ я о́чень лю-
блю́ о́перу; the ~ is a great
success э́та о́пера име́ет
большо́й успе́х; go to the
~ пойти́ в о́перу; I enjoyed
the ~ я получи́л(а) большо́е
удово́льствие от э́той о́пе-
ры; an ~ by Tschaikovsky
о́пера (*with gen*) Чайко́вско-
го; I have two tickets for
the ~ у меня́ два биле́та в
о́перу.

operate 1. (*run*) управ-
ля́ть (223), *no perf* [*with
instr* machine станко́м, ма-
ши́ной]; **2.** (*perform surgical operation*) опери́ровать
(245) [1) *with acc* on the
wounded man ра́неного;
2) *with acc* for appendicitis
аппендици́т]; he was ~d
on его́ опери́ровали; he
was ~d (on) for appendicitis его́ опери́ровали по по́-
воду аппендици́та.

operation (*of surgery*) опе-
ра́ция *f* (23c) [serious серьёзная, complicated сло́жная,
painful боле́зненная]; I must
have an ~ мне на́до сде́-
лать опера́цию; the ~ failed
/ was successful опера́-
ция прошла́ неуда́чно/ уда́ч-
но; ⊙ **perform an ~** де́-

лать (65) опера́цию, *perf*
сде́лать (65) опера́цию.

opinion (*estimation*) мне́-
ние *n* (18c); have a high /
low ~ of smth быть о (*with
abl*) чём-л. высо́кого / ни́з-
кого мне́ния; what is your
~ of him? како́го вы о нём
мне́ния?; give one's ~ вы́-
сказать своё мне́ние; share
smb's ~ разделя́ть чьё-л.
мне́ние; I am of the ~ that
we should agree я счита́ю,
что нам сле́дует согласи́ть-
ся; in the ~ of the majority по мне́нию большин-
ства́; there may be different ~s on that subject по
э́тому вопро́су мо́гут быть
разли́чные мне́ния; we have
different ~s on that sub-
ject у нас ра́зные мне́ния по
э́тому вопро́су; ⊙ **in my
~** по-мо́ему.

opponent проти́вник *m* (4a)
[strong си́льный, weak, fee-
ble сла́бый, defeated побеж-
дённый]; meet one's ~
встре́титься с проти́вником;
defeat one's ~ нанести́ по-
раже́ние проти́внику; si-
lence one's ~ заста́вить за-
молча́ть своего́ проти́вника.

opportunity (*favourable
occasion, possibility*) воз-
мо́жность *f* (29c); find / give
an ~ to do smth найти́ /
дать, предоста́вить возмо́ж-
ность сде́лать что-л.; have
an ~ to do, of doing smth
име́ть возмо́жность сде́-
лать что-л.; lose, miss an
~ упусти́ть возмо́жность;
you mustn't lose this ~

вам нельзя́ упуска́ть э́той возмо́жности; it gave us an ~ to discuss the matters э́то дало́ нам возмо́жность обсуди́ть э́тот вопро́с; he takes every ~ of speaking Russian он по́льзуется ка́ждой возмо́жностью, чтобы говори́ть по-ру́сски; I'm glad to have this ~ to speak to you я ра́д(а), что име́ю возмо́жность поговори́ть с ва́ми; { (*good chance*) слу́чай *m* (13c) [rare ре́дкий, favourable благоприя́тный, splendid блестя́щий]; let the ~ slip, lose the ~ упусти́ть удо́бный слу́чай; I was waiting for an ~ to speak to you alone я ждал(а́) удо́бного слу́чая, чтобы поговори́ть с ва́ми наедине́; ⊙ **take, seize the ~** 1) воспо́льзоваться (245) возмо́жностью; 2) воспо́льзоваться удо́бным слу́чаем.

opposite I *a* 1. (*facing*) противополо́жный (31b) [bank бе́рег, house дом, corner у́гол]; противополо́жная [side сторона́]; he lives on the ~ side of the street он живёт на противополо́жной стороне́ у́лицы; at the ~ end на противополо́жном конце́; 2. (*entirely different*) обра́тный (31b); in the ~ direction в обра́тном направле́нии; 3. (*contrary*) противополо́жный; it led to results ~ to what was expected э́то привело́ к результа́там, противополо́жным ожида́е-

мым; ~ aims / views / interests противополо́жные це́ли / взгля́ды / интере́сы.

opposite II *adv* напро́тив; he lives just ~ он живёт как раз напро́тив.

or *conj* 1. (*introducing alternative*) и́ли; black ~ white чёрное и́ли бе́лое; are you coming or going? вы пришли́ и́ли ухо́дите?; shall you be here tomorrow or not? вы за́втра здесь бу́дете и́ли нет?; two or three pounds два и́ли три, два — три фу́нта; sooner or later ра́но и́ли по́здно; ⊙ **either... or...** и́ли... и́ли...; *see* either III; 2. (*otherwise*) ина́че; we must hurry or we shall be late нам на́до спеши́ть, ина́че мы опозда́ем; put on your warm things or you will catch cold оде́ньтесь потепле́е, ина́че вы просту́дитесь.

orange *sb* апельси́н *m* (1f) [1] ripe спе́лый, sour ки́слый, juicy со́чный; 2) peel чи́стить]; ~ juice апельси́новый сок.

orchestra оркéстр *m* (1f) [1] excellent прекра́сный, poor плохо́й; 2) plays игра́ет]; conduct an ~ дирижи́ровать оркéстром; play in the ~ игра́ть в оркéстре; listen to an ~ слу́шать оркéстр.

order I *sb* 1. (*arrangement*) поря́док *m*, *no pl* (4d) [good хоро́ший, strict стро́гий]; ~ was restored поря́док был восстано́влен; ⊙

put smth in ~ приводи́ть (152) что-л. в поря́док, *perf* привести́ (219) что-л. в поря́док; **keep** ~ подде́рживать (65) поря́док; **keep smth in (good)** ~ держа́ть (47) что-л. в поря́дке; **be in** ~ быть (210) в поря́дке; everything was in ~ всё бы́ло в поря́дке; **be out of** ~ быть в неиспра́вности; the engine was out of ~ мото́р был в неиспра́вности; my liver is out of ~ у меня́ пе́чень не в поря́дке; **2.** *often pl* ~s (*command*) прика́з *m* (1f); obey ~s подчиня́ться прика́зу; disobey ~s не подчиня́ться прика́зу; give an ~ отда́ть прика́з; the officer gave ~s to retreat офице́р дал прика́з отступа́ть; they received ~s to start at once они́ получи́ли прика́з неме́дленно отправля́ться; **3.** (*request*) зака́з *m* (1f) [1) на *with acc* for goods на това́ры; 2) receive получи́ть, give сде́лать, fill вы́полнить]; ⊙ **make to** ~ де́лать (65) на зака́з; is your coat made to ~ or ready-made? ва́ше пальто́ сде́лано на зака́з и́ли гото́вое?; **4.** (*of money sent*) перево́д *m* (1f); postal / money ~ почто́вый / де́нежный перево́д; **5.** (*award*) о́рден *m* (1l); he was awarded an ~ его́ награди́ли о́рденом; ◇ **in ~ to** что́бы; we took a taxi in ~ not to be late что́бы не опозда́ть, мы взя́ли такси́.

order II *v* **1.** (*command*) прика́зывать (65), *perf* приказа́ть (48) (*with dat*); the officer ~ed the soldiers to set out in five minutes офице́р приказа́л солда́там отправля́ться че́рез пять мину́т; he ~ed the gate to be locked он приказа́л, что́бы закры́ли воро́та; **2.** (*make reservation, arrangement*) зака́зывать (65), *perf* заказа́ть (48) [1) *with acc* dinner обе́д, tickets биле́ты, clothes пла́тье; 2) in advance зара́нее]; he ~ed supper for nine o'clock он заказа́л у́жин на де́вять часо́в; I've ~ed you a new dress, I've ~ed a new dress for you я заказа́л(а) для (*with gen*) вас но́вое пла́тье; we've already ~ed the tickets мы уже́ заказа́ли биле́ты.

ordinary 1. (*usual*) обы́чный (31b) [day день, procedure поря́док]; обы́чная [food пи́ща, school шко́ла, thing вещь, work рабо́та, price цена́]; обы́чное [occupation заня́тие]; **2.** (*average, common*) обыкнове́нный (31b) [man челове́к]; обыкнове́нные [people лю́ди]; she was an ~ girl она́ была́ обыкнове́нной де́вушкой.

ore руда́ *f* (19g); iron ~ желе́зная руда́; discover ~ откры́ть месторожде́ние руды́; large deposits of iron ~ больши́е за́лежи желе́зной руды́.

organization 1. *no pl* (*act of organizing*) организация *f* (23c); he is engaged in the ~ of a new club / circle он занят организацией (*with gen*) нового клуба / кружка; skill in ~ умение организовать; the work of ~ организационная работа; **2.** (*organized body of persons*) организация [large крупная; military военная, public общественная, charitable благотворительная].

organize организовать (243) [*with acc* party партию, society общество, institution учреждение, exhibition выставку, expedition экспедицию, workers рабочих].

original I *sb* подлинник *m* (4c); this is not the ~, it's only a copy это не подлинник, а только копия; make several copies of the ~ сделать несколько копий с подлинника; in the ~ в подлиннике; read Tolstoy in the ~ читать Толстого в подлиннике.

original II *a* **1.** (*genuine*) подлинный (31b) [document документ]; подлинная [signature подпись, manuscript рукопись]; ~ copy подлинник *m* (4d). **2.** (*earliest, first*) первоначальный (31b) [plan план, variant вариант, text текст]; in its ~ state в своём первоначальном виде; **3.** (*constructive, inventive*) оригинальный (31b) [writer писатель, mind ум]; оригинальная [idea мысль].

other I *sb* *usu* *pl* ~s: all the ~s все остальные; please, tell the ~s! сообщите, пожалуйста, остальным!; and ~s и другие; a few / many ~s некоторые / многие другие; there are no ~s других нет.

other II *a* **1.** (*different*) другой *m*, другая *f*, другое *n*, другие *pl* (33a); the house is on the ~ side of the street дом находится на другой стороне улицы; we must find some ~ way мы должны найти какой-л. другой способ; put your bag in your ~ hand! возьми(те) сумку в другую руку!; { (*the rest of*) остальные (31a); the ~ books / houses / things остальные книги / дома / вещи; we shall visit the ~ museums tomorrow остальные музеи мы посетим завтра; **2.** (*additional to this*) *often conveyed by* ещё; how many ~ brothers have you? сколько у вас ещё братьев?; do you know any ~ way? вы знаете какой-либо ещё способ?; *also see* another 2; ◊ **the ~ day** на днях; I saw him the ~ day я его видел(а) на днях; **every ~**: every ~ day / week через день / неделю; I go there every ~ day я хожу туда через день; write on every ~ line! пиши(те) через строчку!

other III *pron* другой *m*, другая *f*, другое *n*, другие *pl* (33a); one or ~ тот и́ли друго́й; ⊙ **each** ~ друг дру́га; *see* each.

otherwise *conj* ина́че; I went early, ~ I would have missed him я пошёл ра́но, ина́че я бы его́ не заста́л.

ought 1. (*expressing duty, obligation*): you ~ to go there at once вы должны́ неме́дленно пойти́ туда́; { ~ not *in impersonal sentences conveyed by* нельзя́, не сле́дует; it ~ not to be allowed э́того нельзя́ разреша́ть; **2.** (*expressing desirability*) сле́довало бы *preceded by Russian noun or pronoun in dat*; you ~ to have been there / done it вам сле́довало бы там быть / э́то сде́лать; **3.** (*expressing probability*) *rendered by* вероя́тно, по всей вероя́тности; if he started early, he ~ to be there by now е́сли он отпра́вился ра́но, то, по всей вероя́тности, он сейча́с уже́ там.

our *pron poss* наш (40d) [house дом, city го́род, teacher учи́тель, answer отве́т, duty долг]; на́ша [room ко́мната, family семья́, work рабо́та, mistake оши́бка, friendship дру́жба, station ста́нция, aim цель, gratitude, thanks благода́рность]; на́ше [voyage путеше́ствие, decision реше́ние, attention внима́ние, suggestion предложе́ние, attitude отноше́ние, right пра́во]; на́ши [things ве́щи, friends дру-

зья́, hopes наде́жды, plans пла́ны]; all ~ things все на́ши ве́щи; ~ own flat на́ша (со́бственная) кварти́ра; { *when person of subject coincides with person of poss pron* свой *m*, своя́ *f*, своё *n*, свой *pl* (40d); we finished ~ work мы зако́нчили свою́ рабо́ту; we explained ~ point of view мы объясни́ли свою́ то́чку зре́ния; we took all ~ things мы взя́ли все свои́ ве́щи; { свой *is often omitted in Russian*: we spent ~ holidays in the South мы провели́ о́тпуск на Ю́ге; we left ~ key on the table мы забы́ли ключ на столе́; we had no place to put ~ things нам не́куда бы́ло положи́ть ве́щи.

ours *absolute pron poss* наш *m*, на́ша *f*, на́ше *n*, на́ши *pl* (40d); he is an old friend of ~ он наш ста́рый друг; this dog is not ~ э́та соба́ка не на́ша; it's no business of ~ э́то не на́ше де́ло; those things are not ~ э́то не на́ши ве́щи; we had dinner with some friends of ~ мы пообе́дали со свои́ми друзья́ми.

ourselves I *emph pron* **1.** са́ми (41d); we saw / read it ~ мы са́ми э́то ви́дели / чита́ли; **2.** (*alone, without help from others*) одни́ (39a); we can't do it ~ мы не смо́жем сде́лать э́того са́ми; ⊙ **(all) by** ~ 1) са́ми; we tried to learn the language by ~, without a teacher мы пыта́лись изучи́ть язы́к са́ми, без учи́теля; we certainly can't do the work (all) by ~ мы, коне́чно, не смо́жем вы́полнить э́ту рабо́ту са́ми; 2) одни́; we can't go there by ~ мы не мо́жем е́хать туда́ одни́; II *pron refl* 1. себя́ *gen*; we didn't recognize ~ in those clothes в э́тих костю́мах мы (са́ми) себя́ не узна́ли; { себе́ *dat*; we bought ~ new skis мы купи́ли себе́ но́вые лы́жи; we tried to find work for ~ мы пыта́лись найти́ себе́ рабо́ту; { себя́ *acc*; we put ~ in their position мы поста́вили себя́ на их ме́сто; we can depend only on ~ мы мо́жем полага́ться то́лько на себя́; { собо́й *instr*; we were not satisfied with ~ мы бы́ли недово́льны собо́й; { себе́ *abl*; we were thinking more of ~ мы бо́льше ду́мали о себе́; we told them everything about ~ мы им рассказа́ли о себе́ всё; 2. *conveyed by* -ся, -сь *attached to verb*; we always wash ~ with cold water мы всегда́ умыва́емся холо́дной водо́й; we washed ~ in the river every morning по утра́м мы умыва́лись в реке́; we couldn't tear ~ away from the book мы не могли́ оторва́ться от кни́ги.

out I *adv combined* ,*with verbs of motion often ren-*

dered by prefix вы-: run ~ выбега́ть, вы́бежать; go ~ выходи́ть, вы́йти; pull ~ выта́скивать, вы́тащить; take ~ вынима́ть, вы́нуть, выта́скивать, вы́тащить; push ~ выта́лкивать, вы́толкнуть; cut ~ выреза́ть, вы́резать; ◇ be ~ не быть до́ма, на ме́сте; *see* be; **inside** ~ наизна́нку; *see* inside I.

out II *prep*: ~ of 1) (*from*) *with gen*: take smth ~ of one's pocket / bag / box вынима́ть что-л. из карма́на / су́мки, портфе́ля / я́щика, коро́бки; go / run ~ of the room / house / garden вы́йти / вы́бежать из ко́мнаты / до́ма / са́да; we pulled the boat ~ of the water мы вы́тащили ло́дку из воды́; look ~ of the window смотре́ть из окна́; 2) (*in references to material*) *with gen*: ~ of glass / stone / iron / paper ~ of стекла́ / ка́мня / желе́за / бума́ги; he made this table ~ of an old box он сде́лал э́тот стол из ста́рого я́щика; 3) (*denoting part, group, etc.*) *with gen*: two tourists ~ of ten два тури́ста из десяти́; one day ~ of seven оди́н день из семи́; 4) (*denoting cause, reason*) *with gen*: do smth ~ of pity сде́лать что-л. из жа́лости; ~ of fear из стра́ха; 5) *in various phrases*: be ~ of danger быть вне опа́сности; ~ of control вне контро́ля; ~ of place неуме́стный; be ~ of one's mind быть безу́мным; be ~ of temper вы́йти из себя́.

outside I *sb* (*outer part*) нару́жная сторона́ *f* (19j) [*with gen* of the house до́ма, of the wall стены́, of the box я́щика]; ⊙ **from the ~** извне́.

outside II *adv* (*denoting place*) снару́жи [be быть, находи́ться,lie лежа́ть,stand стоя́ть]; the house was painted green ~ снару́жи дом был покра́шен в зелёный цвет; ~ and inside снару́жи и внутри́; ¦ (*denoting motion*) нару́жу [go вы́йти].

over I *adv combined with verbs, often rendered by prefix* пере-: jump ~ перепры́гивать, перепры́гнуть; swim ~ переплыва́ть, переплы́ть; fly ~ перелета́ть, перелете́ть; ◇ **all ~** повсю́ду; all ~ the world во всём ми́ре; we travelled all ~ the country мы путеше́ствовали по всей стране́; ~ **again** опя́ть; I had to do the work ~ again мне пришло́сь сде́лать э́ту рабо́ту сно́ва; ~ **and** ~ **again** мно́го раз; I have told you so ~ and ~ again я вам говори́л(а) э́то мно́го раз; **be ~** конча́ться (64), *perf* ко́нчиться (172); see be.

over II *prep* **1.** (*above*): a plane flew ~ the town / village самолёт лете́л **над** (*with instr*) го́родом / дере́вней; the lamp hung ~

the table ла́мпа висе́ла над столо́м; ~ my head над мое́й голово́й; a bridge ~ the river мост **че́рез** (*with acc*) реку́; **2.** (*from one side to the other side*) *with acc*: jump / climb ~ the fence перепры́гнуть / переле́зть **че́рез** забо́р; **3.** (*across*) *with gen*: ~ the sea **по ту сто́рону** океа́на; **4.** (*about*) *with abl*: he has travelled ~the whole country он путеше́ствовал **по** всей стране́; **5.** (*above, more than*) *with gen*: ~ a hundred **бо́лее** ста; ~ a year бо́лее го́да; ~ ten kilometres бо́лее десяти́ киломе́тров; **6.** *in various phrases*: ~ a bottle **за** (*with instr*) буты́лкой вина́; go to sleep ~ one's work / book засну́ть **за** рабо́той / кни́гой; stumble ~ a stone споткну́ться **о** (*with acc*) ка́мень; throw a shade ~ smth броса́ть тень **на** (*with acc*) что-л.; laugh ~ smth смея́ться **над** (*with instr*) чем-л.

overcome преодолева́ть (64), *perf* преодоле́ть (98) [*with acc* difficulties тру́дности, obstacles препя́тствия, habit привы́чку]; ~ the enemy победи́ть врага́; ~by, with rage охва́ченный я́ростью; ~by the heat изнурённый жаро́й.

owe (*be in debt*): he ~s me five dollars он до́лжен (*with dat*) мне пять до́лларов; how much do I ~ you? ско́лько я вам должен, должна?; you ~ me two roubles for the tickets вы мне должны два рубля за билеты; I want to pay you part of what I ~ you я хочу заплатить вам часть того, что я вам должен, должна; now I don't ~ уси anything теперь я вам ничего не должен, должна; please, pay for me, and I shall ~ you the money заплатите, пожалуйста, за меня, я вам после верну эти деньги.

owl сова *f* (19e).

own I *a* собственный (31b) [house дом, garden сад]; собственная [car машина]; соб-

ственное [opinion мнение]; it was his ~ idea это была его (собственная) мысль; I saw it with my ~ eyes я видел(а) это собственными глазами; I live in my ~ house я живу в собственном доме.

own II *v* (*possess*) владеть (98) [*with instr* land землёй, house домом, library библиотекой, boat лодкой, shop магазином].

owner владелец *m* (10a) [*with gen* of a house дома, of a factory фабрики, of a yacht яхты]; who is the ~ of this house? кто владелец этого дома?

P

pack *v* 1. (*put together*) запаковывать (65), *perf* запаковать (243) [1] *with acc* books книги, clothes одежду, things вещи; 2) neatly аккуратно, hurriedly поспешно, carefully тщательно, quickly быстро; 3) в *with acc* into a suitcase в чемодан, into a box в ящик]; have you ~ed (up) your things? вы уложили свои вещи?; 2. (*prepare for a journey*) укладываться (65), *perf* уложиться (175); I need half an hour to ~ мне нужно полчаса, чтобы уложиться; I'm just going to ~ я как раз собираюсь на-

чать укладываться; you'd better begin ~ing at once вам лучше сразу же начать укладываться.

package свёрток *m* (4d) [*with gen* of books книг]; she put her ~s down on the table она положила свёртки на стол; the ~ was tied round with a ribbon свёрток был перевязан ленточкой; { (*in envelope, etc.*) пакет *m* (1f); this ~ was left by a messenger этот пакет оставил посыльный.

page *sb* страница *f* (21c) [clean чистая, first первая, last последняя]; begin / divide / find / write a ~ начать / разделить / найти /

написа́ть страни́цу; turn
(over) the ~ переверну́ть
страни́цу; turn to ~ 25! от-
кро́йте два́дцать пя́тую
страни́цу!; open the book
at ~ 25! откро́йте кни́гу
на два́дцать пя́той страни́-
це!; read the text on ~ 25!
чита́йте текст на два́дцать
пя́той страни́це!; the book
has three hundred ~s в
кни́ге три́ста страни́ц; how
many ~s have you written /
read? ско́лько страни́ц вы
написа́ли / прочита́ли?;
there's a ~ missing in my
book в мое́й кни́ге не хва-
та́ет страни́цы; the ~s of
history страни́цы исто́рии.

   pain sb 1. (ache) боль f
(29c) [1] sharp, severe о́ст-
рая, dull тупа́я, unbear-
able невыноси́мая, constant
постоя́нная; 2) feel чу́в-
ствовать, give, cause причи-
ня́ть, stand выноси́ть,
bear терпе́ть, suffer испы́-
тывать]; attacks of ~ при́-
ступы бо́ли; groan / cry with
~ стона́ть / пла́кать от бо́-
ли; feel much ~ чу́вство-
вать си́льную боль; a ~ in
the back / leg боль в спи-
не́ / ноге́; I've got a ~ in
my chest у меня́ боли́т
грудь; she has ~s all over
у неё всё боли́т; his words
gave her much ~ его́ слова́
причини́ли ей боль; 2. pl
~s (effort) стара́ния (18c);
for my ~s за мои́ стара́ния;
take (great) ~s приложи́ть
(больши́е) стара́ния; spare
no ~s сде́лать всё возмо́ж-

ное; all my ~s went for
nothing все мои́ стара́ния ни
к чему́ не привели́.

   paint v 1. (make pictures)
рисова́ть (243), perf нари-
сова́ть (243), писа́ть (57),
написа́ть (57) [1] with acc
picture карти́ну, portrait
портре́т, landscape пей-
за́ж; 2) skilfully мастерски́,
well хорошо́]; a picture ~ed
by Repin карти́на Ре́пина,
карти́на, напи́санная Ре́пи-
ным; ~ in oil писа́ть мас-
лом; 2. (describe) опи́сывать
(65), perf описа́ть (57)
(with acc); what words can
~ the beauty of the sea?
каки́е слова́ мо́гут описа́ть
красоту́ мо́ря?; 3. (colour,
put paint on) кра́сить (149),
perf покра́сить (149) [with
acc house дом, door дверь,
gate воро́та, walls сте́ны]; he
~ed the door white / brown
он покра́сил дверь в бе́лый /
кори́чневый цвет; I shall
~ the door green я покра́шу
дверь в зелёный цвет; I
want to have the fence ~ed
я хочу́ покра́сить забо́р;
what colour are the walls
~ed? в како́й цвет покра́-
шены сте́ны?

   painter 1. (artist) худо́ж-
ник m (4a) [talented та-
ла́нтливый, famous знаме-
ни́тый, gifted одарённый];
a ~ of the 18th century ху-
до́жник восемна́дцатого ве́-
ка; 2. (worker) маля́р m (1a).

   painting (picture) карти́-
на f (19c); what a fine
~ you have on the wall

there! кака́я великоле́пная карти́на виси́т у вас на стене́!; I've bought several old ~s я купи́л(а) не́сколько стари́нных карти́н.

pair *sb* 1. (*set of two things*) па́ра *f* (19c) [*with gen* of shoes ту́фель, of gloves перча́ток, of stockings чуло́к, of socks носко́в]; show me another ~! покажи́те мне другу́ю па́ру!; 2.: a ~ of trousers брю́ки; a ~ of scissors но́жницы; 3.(*of people*) па́ра [happy счастли́вая, handsome краси́вая]; ⊙ in ~s па́ра ми.

palace дворе́ц *m* (9c) [splendid великоле́пный, magnificent роско́шный, ancient стари́нный]; live in a ~ жить во дворце́; go over, through a ~ осма́тривать дворе́ц.

pale *a* бле́дный (31b) [child ребёнок, colour цвет]; бле́дная [girl де́вочка]; бле́дное [face лицо́]; become, turn, grow ~ бледне́ть (98), *perf* побледне́ть (98); she looked / was / seemed very ~ она́ вы́глядела / была́ / каза́лась о́чень бле́дной; she was ~ with fright / fear она́ побледне́ла от испу́га / стра́ха; { *in combination with colours* бле́дно-; ~ green бле́дно-зелёный; ~ blue бле́дно-голубо́й.

paper *sb* 1. (*material*) бума́га *f* (22b) [thin то́нкая, thick то́лстая, плотная, clean чи́стая, smooth гла́д-

кая, rough шерохова́тая, crumpled смя́тая, torn разо́рванная]; write on ~ писа́ть на бума́ге; tear / cut ~ рвать / ре́зать бума́гу; a piece / sheet of ~ кусо́к / лист бума́ги; made of ~ сде́ланный из бума́ги; о́ brown ~, wrapping ~ обёрточная (31b) бума́га; 2. (*newspaper*) газе́та *f* (19c); *see* newspaper; 3. *pl* ~s (*documents*) докуме́нты (1f); where are my ~s? где мои́ докуме́нты?; bring your ~s with you! принеси́(те) с собо́й докуме́нты!; sign these ~s! подпиши́(те) э́ти докуме́нты!

parade *sb* (*review of troops, etc.*) пара́д *m* (1f) [1) military вое́нный, majestic вели́чественный; 2) hold устра́ивать]; watch a ~ смотре́ть пара́д.

parcel 1. (*package*) свёрток *m* (4d) [1) small небольшо́й, neat аккура́тный; 2) bring принести́, carry нести́, deliver переда́ть]; ~s of different sizes свёртки разли́чных разме́ров; 2. (*sent by mail*) посы́лка *f* (22d); send / deliver / receive a ~ посла́ть / вручи́ть / получи́ть посы́лку.

pardon *sb*: (I beg your) ~! извини́те!, прости́те!

parents *pl* роди́тели (3a) [kind до́брые, old ста́рые, young молоды́е, devoted пре́данные, loving лю́бящие]; support one's ~ ока́зывать роди́телям материа́льную по́мощь; help one's ~ помога́ть роди́телям; love one's ~ люби́ть свои́х роди́телей; lose one's ~ потеря́ть роди́телей; miss one's ~ скуча́ть о роди́телях; she lives with her ~ она́ живёт со свои́ми роди́телями; he has no ~ его́ роди́телей нет в живы́х; his ~ died when he was a little boy его́ роди́тели у́мерли, когда́ он был ма́леньким ма́льчиком; his ~ are still alive его́ роди́тели ещё жи́вы.

park I *sb* парк *m* (4c) [beautiful краси́вый, old ста́рый, neglected запу́щенный, big, large большо́й]; walk about, in a ~ гуля́ть в па́рке; sit in the ~ сиде́ть в па́рке; come into, to the ~ приходи́ть в парк; a corner of a ~ уголо́к па́рка; all the ~s are free вход во все па́рки беспла́тный.

park II *v* (*of cars*) ста́вить (168) маши́ну, *perf* поста́вить (168) маши́ну; he ~ed his car in a street near by он поста́вил маши́ну на прилега́ющей у́лице; no ~ing! стоя́нка маши́н запрещена́!

parliament парла́мент *m* (1f) [call созва́ть, set up образова́ть, elect избра́ть]; member of ~ член парла́мента; the bill was passed by ~ законопрое́кт был при́нят парла́ментом.

part I *sb* 1. (*portion, division*) часть *f* (29b) [1)]

equal ра́вная, great, large больша́я, greater бо́льшая, smaller ме́ньшая, important ва́жная, first пе́рвая, better, best лу́чшая, worse ху́дшая; 2) *with gen* of a book кни́ги, of a country страны́, of the population населе́ния, of the town го́рода, of the work рабо́ты, of the time вре́мени]; for the greater ~ of the year бо́льшую часть го́да; I overheard ~ of their conversation я слы́шал часть их разгово́ра; break / cut / divide smth into two ~s лома́ть / ре́зать / дели́ть что-л. на две ча́сти; the lower ~ of his face was hidden ни́жняя часть его́ лица́ была́ закры́та; 2. (*share*) до́ля *f* (20e); I had only a small ~ in these events моё уча́стие в э́тих собы́тиях невелико́; I have done my ~ я сде́лал свою́ часть рабо́ты; 3. (*district*) райо́н *m* (1f) [*with gen* of a town го́рода, of a country страны́]; from all ~s of the country со всех концо́в страны́; I am a stranger in these ~s я никогда́ не быва́л(а) в э́тих места́х; the southern ~s of the country ю́жные райо́ны страны́; 4. (*division of book, etc.*) часть; Part One / Two часть пе́рвая / втора́я; 5. (*side in dispute, etc.*) сторона́ *f* (19j); for my ~ с мое́й стороны́; on his ~ с его́ стороны́; he always takes his brother's ~ он всегда́ становится на сторону своего брата; he took the ~ of the boy он стал на сторону мальчика; there was no objection on the ~ of the majority со стороны большинства не было никаких возражений; 6. (role) роль f (29b) [1) leading ведущая, minor второстепенная; 2) act, play, perform играть, know знать, forget забыть]; who performed the ~ of Othello? кто играл роль Отелло?; he acted his ~ well он хорошо сыграл свою роль; ◇ take ~ принимать (64) участие, perf принять (233) участие [в with abl in a battle в сражении, in a competition в соревновании, in a demonstration в демонстрации, in a game в игре; in a performance в спектакле, in the struggle, fight в борьбе, in a strike в забастовке, in the discussion в обсуждении, in a congress в съезде, in a concert в концерте, in a play в пьесе]; take an active ~ принимать активное участие.

part II v (separate) расставаться (63), perf расстаться (51) (with — c with instr); he was sorry to ~ with the book ему было жаль расставаться с книгой; they ~ed at the gate они расстались у ворот; let's ~ friends! расстанемся друзьями!

particular a 1. (special) особый (31b); I have nothing ~ to do this evening у меня нет никаких особых дел на сегодняшний вечер; give ~ thanks to N.! передайте особую благодарность Н.!; { often rendered by именно этот, эта, это (41b); why did you choose that ~ town? почему вы выбрали именно этот город?; why are you doing it in that ~ way? почему вы это делаете именно так?; ⊙ in ~ в особенности; we talked about everything in general and nothing in ~ мы говорили обо всём вообще и ни о чём в особенности; 2. (difficult to please): she is very ~ about her clothes она обращает большое внимание на свою одежду; he's ~ about what he eats он требователен к еде.

particularly (especially) особенно; it was not ~ interesting это было не особенно интересно; I was ~ pleased to see an old friend of mine at the party на вечере мне было особенно приятно повидать своего старого друга.

partly (to some extent) отчасти; it was ~ my fault отчасти я был(а) сам(а) виноват(а); { (in part) частично; the machine was made ~ of wood and ~ of metal станок был сделан частично из дерева, а частично из металла; ~ dining-room, ~ living-room гостиная и столовая одновременно.

party I *sb* па́ртия *f* (23c) [1] communist коммунисти́ческая, socialist социали́сти́ческая, revolutionary революцио́нная, bourgeois буржуа́зная, reactionary реакцио́нная, ruling пра́вящая, opposition оппози́цио́нная, democratic демократи́ческая, labour лейбори́стская, liberal либера́льная, conservative консервати́вная; 2) leads ведёт, unites объединя́ет, teaches у́чит, fights бо́рется]; build / lead a ~ созда́ть / возгла́вить па́ртию; form / organize / split a ~ образова́ть / организова́ть / расколо́ть па́ртию; join a ~ вступи́ть в па́ртию; be a member of a ~, be a ~ member быть чле́ном па́ртии; congress of a ~ съезд па́ртии; ~ leader парти́йный руководи́тель; the leader of a ~ вождь па́ртии; ~ meeting парти́йное собра́ние; ~ card парти́йный биле́т; ~ committee парти́йный комите́т; the Communist Party of the Soviet Union Коммунисти́ческая па́ртия Сове́тского Сою́за; the Central Committee of the Communist Party of the Soviet Union Центра́льный Комите́т Коммунисти́ческой па́ртии Сове́тского Сою́за.

party II *sb* 1. (*reception*) ве́чер *m* (1*l*) [1] big большо́й, pleasant прия́тный, dull, boring ску́чный, gay весёлый,

family семе́йный; 2) is over око́нчился, takes place происхо́дит; 3) arrange, give устра́ивать]; come to a ~ прийти́ на ве́чер; invite smb to a ~ пригласи́ть кого́-л. на ве́чер; be at a ~ быть на ве́чере; leave the ~ уйти́ с ве́чера; we have a ~ today сего́дня у нас ве́чер; yesterday I was at a birthday ~ я был(а́) вчера́ на дне рожде́ния; New-Year ~ нового́дний ве́чер; guests at a ~ го́сти, приглашённые на ве́чер; enjoy oneself at a ~ хорошо́ провести́ вре́мя на ве́чере; enjoy the ~ получи́ть удово́льствие от ве́чера; we are going to a ~ tonight сего́дня мы идём в го́сти, на ве́чер; bring smb to a ~ привести́ кого́-л. на ве́чер; meet smb at a ~ встре́тить кого́-л. в гостя́х; dinner ~ зва́ный обе́д; farewell ~ проща́льный обе́д, у́жин; 2. (*company*) компа́ния *f* (23c) [gay весёлая, pleasant прия́тная, boring ску́чная, small небольша́я]; entertain a ~ развлека́ть компа́нию; the whole ~ went away вся компа́ния ушла́; make up a ~ соста́вить компа́нию; 3. (*side*) сторона́ *f* (19j); the interested / disinterested ~ заинтересо́ванная / незаинтересо́ванная сторона́; both parties were interested in settling the matter о́бе сто́роны бы́ли заинтересо́ваны в том, чтобы уладить это дело.

pass *v* **1.** (*walk by*) проходить (152), *perf* пройти (206); I ~ed Mr. N. just now я только что прошёл мимо (*with gen*) мистера N.; you ~ the post-office вы пройдёте мимо почты; I saw him ~ half an hour ago я видел(а), как он прошёл полчаса тому назад; let me ~, please! позвольте мне, пожалуйста, пройти!; { (*ride by*) проезжать (64), *perf* проехать (71); we ~ed through a forest / several villages мы проехали (*with acc*) лес / несколько деревень; the train ~ed the station without stopping поезд прошёл станцию, не останавливаясь; **2.** (*of time*) пройти; a day / month / year ~ed прошёл день / месяц / год; the night / week ~ed very quickly ночь / неделя прошла очень быстро; some time ~ed прошло некоторое время; two years / two hours ~ed прошло два года / два часа; **3.** (*spend*) проводить (152), *perf* провести (219) (*with acc*); the guests ~ed the time pleasantly гости приятно провели время; **4.** (*give, hand on*) передавать (63), *perf* передать (214) [1] *with acc* salt соль, bread хлеб, dish тарелку; 2) *with dat* to one's neighbour соседу, to me мне]; please, ~ the bread! передай(те), пожалуйста, хлеб!; **5.** (*stand*) выдержать (52) [*with acc* test испытание]; { (*of examinations*) сдать (214) (*with acc*); all the pupils / students ~ed (the examination) все ученики / студенты сдали экзамен; **6.** (*adopt, accept*) принимать (64), *perf* принять (232) [*with acc* law закон, resolution резолюцию]; ~ **away** (*disappear*) проходить (152), *perf* пройти (206); the pain ~ed away боль прошла; ~ **by** (*go past*) проходить мимо, *perf* пройти мимо; he ~ed by он прошёл мимо; ◇ **in** ~ing мимоходом; she mentioned it in ~ing она упомянула об этом мимоходом.

passage 1. (*opening*) проход *m* (1f) [narrow узкий, wide широкий]; look for / find a ~ искать / найти проход; { (*road*) проезд *m* (1f); the ~ was too narrow for the truck проезд был слишком узок для грузовика; **2.** (*corridor*) коридор *m* (1f) [narrow узкий, dark тёмный, ill-lighted плохо освещённый]; there was a door at the end of the ~ в конце коридора была дверь; **3.** (*extract*) отрывок *m* (4d) [1) long длинный, difficult трудный, interesting интересный; 2) read читать, learn by heart выучить наизусть, quote цитировать, recite прочитать наизусть]; he read us a ~ from the book он прочитал нам отрывок из книги.

passenger пассажи́р *m* (1e), пассажи́рка *f* (22c).

passer-by прохо́жий *m* (34b) [chance случа́йный, late запозда́лый]; none of the passers-by никто́ из прохо́жих; they addressed the first ~ они́ обрати́лись к пе́рвому встре́чному.

passion 1. (*strong feeling*) страсть *f* (29b) [1) secret та́йная; 2) к *with dat* for cleanliness к чистоте́; 3) conceal, hide скрыва́ть]; have a ~ for smb пита́ть к кому́-л. страсть; **2.** (*fit of rage*) при́ступ (*m* 1f) я́рости; ⊙ **be in a** ~ серди́ться (152); **fly into a** ~ прийти́ (206) в я́рость.

passport па́спорт *m* (1f) [1) foreign заграни́чный, Soviet сове́тский; 2) give дава́ть, receive получа́ть, renew обме́нивать, show предъявля́ть, lose теря́ть].

past I *sb* про́шлое *n* (31b) [1) dim, distant отдалён-ное, recent неда́внее; 2) forget забы́ть, bury похорони́ть, remember по́мнить]; she was thinking of the ~ она́ ду́мала о про́шлом; in the ~ в про́шлом; we know nothing of his ~ мы ничего́ не зна́ем о его́ про́шлом; don't let's rake up the ~! не бу́дем вспомина́ть про́шлое!

past II *a* про́шлый (31b), исте́кший (34b) [year год, month ме́сяц]; in times ~ в мину́вшие времена́; ~ events мину́вшие собы́тия;

for the ~ few days / weeks (за) после́дние не́сколько дней / неде́ль.

past III *adv* ми́мо; walk, go / drive / run / fly / rush ~ пройти́ / прое́хать / пробежа́ть / пролете́ть / промча́ться ми́мо.

past IV *prep* **1.** (*of time*) *with gen*: it is half / a quarter / twenty minutes ~ three полови́на / че́тверть / два́дцать мину́т четвёртого; ~ midnight по́сле полу́но-чи; **2.** (*by*) *with gen*: he went ~ us он прошёл **ми́мо** нас; they ran ~ the house они́ пробежа́ли ми́мо до́ма.

path (*track, road*) тропа́ *f* (19g), тропи́нка *f* (22d) [1) narrow у́зкая, broad широ́-**кая**, winding изви́листая, straight пряма́я; 2) leads to the river ведёт к реке́, turns to the right свора́чи-вает напра́во]; a ~ by the river / through the forest, woods тропи́нка о́коло реки́ / через лес; follow, go along a ~ идти́ по тропи́нке; turn on to the ~ сверну́ть на тропи́нку.

patience терпе́ние *n* (18c) [1) great большо́е, admira-ble зави́дное; 2) lose потеря́ть]; require, demand ~ тре́бовать терпе́ния; I've lost all ~ with him я потеря́л(а) с ним вся́кое терпе́-ние; my ~ was exhausted моё терпе́ние истощи́лось; you must have the ~ of an angel у вас, наве́рное, а́н-гельское терпе́ние.

patient I *sb* (*sick person*) больнóй *m*, больнáя *f* (31a); receive ~s принимáть больнЫх; .the doctor calls on, visits a ~ врач посещáет больнóго; examine / treat a ~ осмáтривать / лечить больнóго; take a ~'s temperature мéрить больнóму температýру; take a ~ to hospital положить больнóго в больнúцу; take care of a ~ ухáживать за больнЫм.

patient II *a* (*showing, having patience*) терпелúвый (31b); she was very ~ with the child онá былá óчень терпелúва с ребёнком; please, be ~! имéйте, пожáлуйста, терпéние!

pattern *sb* (*ornamental design*) узóр *m* (1f) [complicated слóжный, original оригинáльный]; imitate / embroider a ~ копúровать / вышивáть узóр; ~ on a carpet узóр на коврé.

pause I *sb* (*interval*) пáуза *f* (19c) [long длúнная, short, brief корóткая, unexpected неожúданная]; a long ~ followed послéдовала длúнная пáуза; make a ~ сдéлать пáузу; after a short ~ пóсле корóткой пáузы; she went on without a ~ онá продолжáла, не останáвливаясь.

pause II *v* (*stop*) дéлать (65) пáузу, *perf* сдéлать (65) пáузу, останáвливаться (65), *perf* остановúться (166); he ~d он сдéлал пáузу.

pay I *sb* (*wages*) зáработная плáта *f* (19c), *often* зарплáта *f* (19c) [high высóкая, low нúзкая, weekly недéльная, good хорóшая]; receive one's ~ получáть зáработную плáту; he received an increase in ~ емý увелúчили зарплáту; his ~ was cut емý урéзали зарплáту; he came for his ~ он пришёл за зарплáтой.

pay II *v* 1. (*give money*) платúть (192), *perf* заплатúть (192), уплатúть (192) [1] *with acc* money дéньги, ten dollars дéсять дóлларов; 2) much мнóго, little мáло, enough достáточно; in advance вперёд; 3) за *with acc* for one's work за рабóту]; how much did you ~ for your new coat? скóлько вы заплатúли за вáше нóвое пальтó?; who paid for the tickets? кто платúл за билéты?; you must ~ him the money вы должны заплатúть емý дéньги; I'll ~ for you я заплачý за вас; you must ~ him what you owe вы должны вернýть емý долг; ~ one's debts расплатúться с долгáми; ~ at the desk! платúте в кáссу!; you will have to ~ extra вам придётся платúть дополнúтельно; ~ all the expenses оплатúть все расхóды; 2. (*be profitable*) окупáться (64), *perf* окупúться (169); the business does not ~ предприятие не окупáет себя; it will ~ in the long run в конце́ концо́в э́то оку́пится; { *often rendered by* сто́ит; it doesn't ~ to begin over again не сто́ит начина́ть всё снача́ла; it might ~ to wait a while longer возмо́жно, сто́ит подожда́ть ещё немно́го; ◇ ~ **attention** обраща́ть (64) внима́ние, *perf* обрати́ть (161) внима́ние (to —на *with acc*); *see* attention.

peace мир *m*, *no pl* (1f) [1) long-standing, lasting про́чный; 2) guarantee обеспе́чивать, win завоева́ть]; fight for ~ боро́ться за мир; defend ~ защища́ть мир; the peoples of the whole world demand / want ~ наро́ды всего́ ми́ра тре́буют / хотя́т ми́ра; live at ~ with smb жить с кем-л. в ми́ре; a policy of ~ поли́тика ми́ра; ~ treaty ми́рный догово́р; in time of ~ в ми́рное вре́мя; ⊙ **the World Peace Congress** Всеми́рный конгре́сс сторо́нников ми́ра; **make** ~ 1) (*conclude treaty*) заключи́ть (176) мир; 2) (*make up quarrel*) помири́ться (156); **leave smb in** ~ оста́вить (168) кого́-л. в поко́е.

peaceful ми́рный (31b) [labour труд, town го́род; man челове́к]; ми́рная [life жизнь, scene сце́на]; ми́рное [existence существова́ние, country госуда́рство].

pear гру́ша *f* (25a).

pea(s) горо́х *m*, *no pl* (4c).

peasant крестья́нин *m* (1p), крестья́нка *f* (22c).

peculiar 1. (*individual*) характе́рный (31b); ~ features характе́рные черты́; a style ~ to the 18th century стиль, характе́рный для восемна́дцатого ве́ка; 2. (*odd, queer*) стра́нный (31b) [man челове́к]; стра́нная [habit привы́чка, way мане́ра]; стра́нное [behaviour поведе́ние, attitude отноше́ние]; there was something ~ about him в нём бы́ло что́-то стра́нное.

pen ру́чка *f* (22f) [1) broken сло́манная; 2) doesn't write не пи́шет, writes badly пло́хо пи́шет]; drop / pick up / take a ~ урони́ть / подня́ть / взять ру́чку; write with a ~ писа́ть ру́чкой; I have no more ink in my ~ у меня́ в ру́чке бо́льше нет черни́л; fountain ~ авторучка.

pencil каранда́ш *m* (5b) [1) hard жёсткий, твёрдый, soft мя́гкий, sharp о́стрый, broken сло́манный; 2) does not write не пи́шет, writes badly пло́хо пи́шет; 3) break слома́ть, sharpen очини́ть]; write / draw with a ~ писа́ть / рисова́ть карандашо́м; coloured ~s цветны́е карандаши́.

people 1. *pl* (*persons*) лю́ди (люде́й, лю́дям, люде́й, людьми́, лю́дях) [simple просты́е, common обы́чные, hard-working трудолюби́вые]; most ~ мно́гие (лю.

ди), большинство (людéй); all the ~ все (лю́ди); half (of) the ~ полови́на (людéй); there were many ~ in the square на пло́щади бы́ло мно́го наро́ду; how many ~ are there in your family? ско́лько челове́к в ва́шей семье́?; who are these ~? кто э́ти лю́ди?; they are quite different ~ они́ совсе́м ра́зные лю́ди; he avoids ~ он избега́ет люде́й; ⊙ young ~ молодёжь *f, collect* (30a); old ~ *pl* стари́ки (4e); working ~ трудя́щиеся *pl* (35); 2. *(nation)* наро́д *m* (1f) [Russian ру́сский, Soviet сове́тский, Chinese кита́йский, English англи́йский; free свобо́дный, great вели́кий, independent незави́симый]; the ~s of Africa / of the USSR наро́ды А́фрики / СССР; the oppressed / colonial ~s угнетённые / колониа́льные наро́ды; a true son of the ~ ве́рный сын наро́да; a ~'s government наро́дное прави́тельство; a ~'s republic наро́дная респу́блика; 3. *collect* (*population, inhabitants*) населе́ние *n, no pl* (18c) [*with gen* of the town го́рода, of the village дере́вни, of the country страны́]; country ~ дереве́нские жи́тели; 4. *pl* (*relatives*) родны́е (31a); my wife's ~ are staying with us now сейча́с у нас гостя́т родны́е мое́й жены́; I'd like you to meet my ~ я

бы хоте́л(а), что́бы вы познако́мились с мои́ми родны́ми; 5. (*as equivalent to impersonal* you, one) *not translated, Russian verb in 3d pers pl*: ~ say... говоря́т...; never mind what ~ say не обраща́йте внима́ния на то, что говоря́т; ~ often think... ча́сто ду́мают, полага́ют...

per cent проце́нт *m* (1f); ten ~ of all the students де́сять проце́нтов всех студе́нтов; they carried out the plan 100 ~ они́ вы́полнили план на сто проце́нтов; that is fifty ~ of our money / of our income э́то пятьдеся́т проце́нтов на́ших де́нег / на́шего дохо́да; the number of books in our library is ten ~ more than last year коли́чество книг в на́шей библиоте́ке на де́сять проце́нтов бо́льше, чем в про́шлом году́.

perfect *a* 1. (*faultless, excellent*) прекра́сный (31b) [example приме́р, образе́ц, way спо́соб, plan план]; прекра́сная [weather пого́да, acting игра́, visibility ви́димость]; безупре́чный (31b), безукори́зненный (31b); his behaviour was ~ его́ поведе́ние бы́ло безупре́чным; she had ~ features у неё безукори́зненные черты́ (лица́); she wanted everything to be ~ она́ хоте́ла, что́бы всё бы́ло безупре́чным; 2. (*complete, thorough*) соверше́нный (31b),

по́лный (31b), *often superl*
полне́йший (34b); in ~ silence в по́лном молча́нии;
in ~ harmony в по́лной гар-
мо́нии; ~ nonsense полней-
шая чепуха́; I am a ~
stranger here я здесь совер-
ше́нно но́вый челове́к.

perfectly 1. (*excellently*)
прекра́сно; the work was
done ~ рабо́та была́ пре-
кра́сно вы́полнена; she acted
the part ~ она́ прекра́сно
сыгра́ла э́ту роль; I understand your objections ~
я прекра́сно понима́ю ва́ши
возраже́ния; **2.** (*completely*) соверше́нно; you are ~
right вы соверше́нно пра́-
вы; he was ~ happy он
был соверше́нно сча́стлив;
he was ~ satisfied он был
вполне́ удовлетворён.

perform 1. (*do, carry out*)
выполня́ть (223), *perf* вы́-
полнить (159) [*with acc* one's
duty свой долг, one's duties
свои́ обя́занности, task за-
да́ние, зада́чу]; ⊙ ~ miracles соверша́ть (64) чудеса́;
~ an experiment проводи́ть
(152) экспериме́нт, *perf* про-
вести́ (219) экспериме́нт; ~
an operation де́лать (65) опе-
ра́цию, *perf* сде́лать (65) опе-
ра́цию; **2.** (*act in play,
dance, etc.*) исполня́ть (223),
perf исполнить (158) [1]
with acc dance та́нец, role,
part роль; 2) with great
skill с больши́м мастерст-
во́м; brilliantly блестя́ще;
with great success с боль-
ши́м успе́хом].

performance 1. (*of theatre*) спекта́кль *m* (3c) [good
хоро́ший, bad, poor пло-
хо́й, perfect, excellent пре-
кра́сный, wonderful чуде́сный,
memorable запомина́ющий-
ся]; we enjoyed the ~ very
much мы получи́ли от спек-
та́кля большо́е удово́льствие;
the ~ made, produced a deep
impression on us спекта́кль
произвёл на нас большо́е
впечатле́ние; { (*of circus,
etc.*) представле́ние *n* (18c);
the next ~ is at 8 p. m.
сле́дующее представле́ние
состои́тся в во́семь часо́в
ве́чера; **2.** (*acting*) испол-
не́ние *n* (18c) [1) excellent,
perfect прекра́сное, bad,
poor плохо́е, talented та-
ла́нтливое, remarkably good
удиви́тельно хоро́шее; 2)
with gen of the role, part
ро́ли, of the dance та́нца].

perhaps возмо́жно; ~ he
did not know about it воз-
мо́жно, что он не знал об
э́том; are you going to the
party?—Perhaps вы пойдёте
на ве́чер? — Возмо́жно.

period 1. (*definite portion
of time*) пери́од *m* (1f) [long
до́лгий, short коро́ткий,
непродолжи́тельный]; an
important ~ in history ва́ж-
ный пери́од (в) исто́рии; for a
short ~ of time в тече́ние
коро́ткого пери́ода]; **2.**
(*epoch, times*) эпо́ха *f* (22b)
[early ра́нняя, remote от-
далённая]; the ~ of the
French Revolution эпо́ха
францу́зской револю́ции;

live in, during a ~ of great
scientific discoveries жить
в эпóху (*with gen*) велúких
наýчных открытий.

permanent (*constant*) постоянный (31b) [income
дохóд]; постоянная [job
рабóта, feature чертá]; постоянное [occupation за-
нятие, residence местожú-
тельство, state состояние].

permission разрешéние *n*
(18c); ask / give / receive ~
просúть / дать / получúть
разрешéние; refuse ~ не
дать разрешéния; ~ was
granted immediately разрешéние бы́ло данó срáзу
же.

permit *v* (*allow*) разре-
шáть (64), *perf* разрешúть
(171) [1] *with dat* one's
pupils свои́м ученикáм,
one's son своемý сы́ну; 2)
willingly охóтно]; smoking
is not ~ted here здесь не
разрешáется курúть; { по-
зволя́ть (223), *perf* позвóлить (157) (*with dat*); ~ me
to point out that... позвó-
льте мне отмéтить, что...;
if the weather ~s éсли по-
звóлит погóда.

person (*human being*) человéк *m* (*sg* 4a, *pl* лю́ди,
людéй, лю́дям, людéй, людь-
мú, лю́дях) [young молодóй, nice прия́тный, interesting интерéсный, un-
pleasant неприя́тный, im-
portant вáжный]; who is
that ~ you were talking to?
с кем э́то вы разговáрива-
ли?; a ~ whom I cannot

bear человéк, котóрого я
не выношý; what kind of
~ is she? что онá за человéк?; she / he has always
been a ~ of firm character
онá / он всегдá былá / был
человéком твёрдого харáк-
тера; he is a very important
~ он óчень вáжная персó-
на; there was not a single
~ there там нé было ни ду-
шú; ⊙ in ~ сам(á) лúчно.

personal лúчный (31b)
[visit визúт, question вопрóс, example примéр, con-
tribution вклад]; лúчная
[responsibility отвéтствен-
ность]; лúчное [matter дéло, opinion мнéние, letter
письмó]; лúчные [savings
сбережéния, belongings вé-
щи]; that is my ~ opin-
ion э́то моё лúчное мнéние.

persuade (*convince*) убеж-
дáть (64), *perf* убедúть (153)
(*with acc*); that argument
won't ~ anybody э́тот дó-
вод никогó не убедúт; we
tried to ~ him to postpone
his departure мы пытáлись
убедúть егó отложúть отъéзд.

'phone *v* звонúть (158) по
телефóну, *perf* позвонúть
(158) по телефóну; *see* telephone II.

photograph *sb* фотогрá-
фия *f* (23c) [old стáрая,
faded вы́цветшая, good хо-
рóшая]; look at the ~ смотрéть фотогрáфию; she showed me ~s of her family онá
показáла мне фотогрáфии
своéй семьú; ⊙ take a ~,
~s фотографúровать (245),

perf сфотографи́ровать (245); *see* picture.

physical (*of body, not mind*) физи́ческий (33b) [labour труд]; физи́ческая [strength си́ла, work рабо́та]; физи́ческое [strain напряже́ние, condition состоя́ние]; ⊙ ~ **exercises** гимна́стика *f, no pl* (22b), заря́дка *f, no pl* (22d); *see* exercise 2; ~ **culture** физкульту́ра *f* (19c).

physician врач *m* (7a), до́ктор *m* (1h); *see* doctor 1.

physics фи́зика *f* (22b).

pianist пиани́ст *m* (1e), пиани́стка *f* (22c).

piano роя́ль *m* (3c); play the ~ игра́ть на роя́ле; we danced to the ~ мы танцева́ли под роя́ль; she accompanied herself on the ~ она́ аккомпани́ровала себе́ на роя́ле; { (*upright*) ~ пиани́но *n indecl.*

pick *v* 1. (*gather*) собира́ть (64), *perf* собра́ть (44) [*with acc* berries я́годы, fruit фру́кты, mushrooms грибы́, flowers цветы́]; ~ apples снима́ть я́блоки; 2. (*choose*) выбира́ть (64), *perf* вы́брать (43), отбира́ть (64), *perf* отобра́ть (44) (*with acc*); we ~ed a beautiful spot for our camp мы вы́брали краси́вое ме́сто для на́шего ла́геря; we want to ~ the right person мы хоти́м вы́брать подходя́щего челове́ка; ~ **out** (*choose*) выбира́ть, *perf* вы́брать (*with acc*); ~ **up** (*lift up*) подни-

ма́ть (64), *perf* подня́ть (232) [1) *with acc* pencil каранда́ш; 2) с *with gen* from the ground с земли́, from the floor с по́ла]; ~ **up** all those things! подними́те все э́ти ве́щи!; he stooped and ~ed up the pin он наклони́лся и по́днял бу́лавку.

picture *sb* 1. (*painting, drawing*) карти́на *f* (19c) [1) beautiful краси́вая, ugly некраси́вая, well-known изве́стная, original по́длинная; 2) hangs виси́т, produces a deep impression производит большо́е впечатле́ние]; draw, make / paint a ~ рисова́ть / писа́ть карти́ну; hang / take down a ~ пове́сить / снять карти́ну; look at a ~ смотре́ть на карти́ну; what do you see in the ~? что вы ви́дите на э́той карти́не?; exhibit one's ~s вы́ставить свои́ карти́ны; an exhibition of ~s вы́ставка карти́н; a ~ painted by Repin карти́на Ре́пина; { *fig:* the story / film gives a true ~ of life э́тот расска́з / фильм правди́во отража́ет жизнь; ⊙ **take** ~s фотографи́ровать (245), *perf* сфотографи́ровать (245) [1) *with acc* of one's children свои́х дете́й, of the river ре́ку, of the monument па́мятник; 2) in the forest в лесу́, in the park в па́рке, at the river на реке́, in front of the house пе́ред до́мом]; I want to take some ~s here

я хочу́ сде́лать здесь не́-
сколько сни́мков; she loves
to take ~s она́ о́чень лю́бит
фотографи́ровать; he takes
good ~s он хорошо́ фото-
графи́рует; he doesn't, can't
take good ~s он пло́хо
фотографи́рует; 2. *pl* ~s
(*cinema*) кино́ *n indecl*; he
went to the (moving) ~s
он пошёл в кино́.

pie (*large cake*) пиро́г *m*
(4g) [make де́лать, bake
печь, eat есть, cut ре́зать];
a piece of ~ кусо́к пирога́;
{ (*small cake*) пирожо́к *m*
(4f).

piece *sb* 1. (*part, bit*) ку-
со́к *m* (4f) [1] ig, large
большо́й, hard твёрдый,
жёсткий, soft мя́гкий, nice
вку́сный; 2) *with gen* of
bread хле́ба, of meat мя́са,
of cake пирога́; 3) cut от-
ре́зать, choose вы́брать];
small ~ ма́ленький кусо́-
чек; cut / break / tear smth
into ~s разре́зать / разло-
ма́ть / разорва́ть что-л. на
куски́; a ~ of paper листо́к
бума́ги; a ~ of ground уча́-
сток земли́; the glass broke
into ~s стака́н вдре́безги
разби́лся; ⊙ take to ~s раз-
бира́ть (64) на ча́сти, *perf*
разобра́ть (44) на ча́сти
(*with acc*); 2.: a ~ of art
худо́жественное произведе́-
ние *n* (18c); a ~ of music
музыка́льное произведе́ние;
a ~ of poetry стихотворе́ние
n (18c); a dramatic ~ драма-
ти́ческое произведе́ние; ~ of
advice сове́т *m* (1f); ~ of

news но́вость *f* (29 b); ~ of
information све́дение *n* (18c).

pig свинья́ *f* (24a) [pedi-
greed поро́дистая, fat жи́р-
ная]; raise, breed ~s раз-
води́ть свине́й.

pigeon го́лубь *m* (3e).

pile I *sb* (*confused heap*)
гру́да *f* (19c), ку́ча *f* (25a)
[*with gen* of bricks кирпи-
че́й, of rubbish му́сора, of
stones камне́й]; put smth
in a ~ скла́дывать что-л.
в гру́ду, ку́чу; { (*orderly
heap*) сто́пка *f* (22d) [1) neat
аккура́тная, even ро́вная;
2) *with gen* of papers бума́г,
of books книг, of notebooks
тетра́дей].

pile II *v* (*also* ~ up) скла́-
дывать (65) в ку́чу, *perf* сло-
жи́ть (175) в ку́чу (*with acc*);
we ~d the boxes in a corner
of the room мы сложи́ли я́щи-
ки в углу́ ко́мнаты; ~ up in a
heap скла́дывать в ку́чу;
all the things were ~d up
on the floor все ве́щи лежа́ли
ку́чей на полу́; the table
was ~d up with books стол
был зава́лен кни́гами.

pillow *sb* поду́шка *f* (22f)
[soft мя́гкая, hard жёст-
кая]; sleep on a ~ спать
на поду́шке; put a ~ un-
der one's head положи́ть
поду́шку под го́лову; lay,
put one's head on a ~ по-
ложи́ть го́лову на поду́шку.

pilot 1. (*on plane*) лётчик
m (4a), пило́т *m* (1e); 2. (*on
boat*) ло́цман *m* (1e).

pin *sb* була́вка *f* (22d)
[sharp о́страя]; pin with

a ~ заколо́ть була́вкой;
⊙ **safety** ~ англи́йская
була́вка.

pine *sb* сосна́ *f* (19i).

pink *a* ро́зовый (31b) [col-
our цвет, scarf шарф, silk
шёлк]; ро́зовая [sweater вя́-
заная кфто́чка, blouse кфто́-
чка; liquid жи́дкость];
ро́зовое [dress пла́тье]; ро́-
зовые [cheeks щёки].

pioneer пионе́р *m* (1e),
пионе́рка *f* (22c).

pipe *sb* 1. (*tube*) труба́ *f*
(19g); 2. (*for smoking*) тру́б-
ка *f* (22d); a clay ~ гли́-
няная тру́бка; smoke / light
a ~ кури́ть / заже́чь тру́б-
ку; he took the ~ out of
his mouth он вы́нул тру́б-
ку изо рта́.

pity I *sb* жа́лость *f* (29c);
feel ~ for smb испы́тывать
жа́лость к (*with dat*) кому́-л.;
a feeling of ~ чу́вство жа́-
лости; arouse ~ вызыва́ть
жа́лость; out of ~ из жа́-
лости; have, take ~ on smb
сжа́литься над (*with instr*)
кем-л.; 2.: it's a ~ жаль;
it's a ~ (that) you did not
come жаль, что вы не при-
шли́; it's a ~ you did not
tell me before жаль, что вы
не сказа́ли мне ра́ньше;
what a ~! как жаль!

pity II *v* жале́ть (98), *perf*
пожале́ть (98) (*with acc*);
he is to be pitied его́ сле́-
дует пожале́ть; { *often rendered by* жаль (*with acc*);
I ~ you мне вас жаль; I ~
him, poor fellow! мне его́
жаль, бедня́гу!

place I *sb* 1. (*particular
area, spot*) ме́сто *n* (14d)
[1] dangerous опа́сное,
well-known изве́стное, quiet
споко́йное, small небольш-
шо́е, dry сухо́е, wet мо́крое,
вла́жное, dark тёмное, light
све́тлое, noisy шу́мное; 2)
choose, pick выбира́ть, find
найти́, know знать, leave
поки́нуть, show показа́ть];
go from ~ to ~ переходи́ть,
переезжа́ть с ме́ста на ме́сто;
it is a good ~ for a vacation э́то хоро́шее ме́сто для
о́тдыха; I can't be in two
~s at once я не могу́ быть
сра́зу в двух места́х; the
~ where he was born ме́сто,
где он роди́лся; 2. (*seat*) ме́-
сто [convenient удо́бное,
empty пусто́е]; keep, hold
a ~ for smb заня́ть кому́-л.
ме́сто; change ~ with smb
поменя́ться с кем-л. места́-
ми; go back to one's ~
верну́ться, идти́ на своё
ме́сто; ⊙ **take one's** ~
(*sit down*) сади́ться (153),
perf сесть (239); the delegates took their ~s round
the table делега́ты се́ли
вокру́г стола́; 3. (*house*):
come round to my ~ this
evening! приходи́те ко мне
сего́дня ве́чером!; how can I
get to your ~? как мне до-
бра́ться до вас?, до ва́шего
до́ма?; 4. (*job, position*) ме́-
сто [good хоро́шее, va-
cant свобо́дное]; look for /
get a ~ иска́ть / получи́ть
ме́сто; she lost her ~ она́
потеря́ла своё ме́сто; who

will take the ~ of the present manager? кто займёт ме́сто тепе́решнего управля́ющего?; **5.** (*position in race, competition*) ме́сто [1] first пе́рвое, second второ́е, last после́днее; 2) in the race на ска́чках, в го́нках, in jumping по прыжка́м, in skating по конька́м; 3) hold держа́ть, take, get, win заня́ть]; first ~ was won by N. пе́рвое ме́сто за́нял Н.; ◇ **take** ~ происходи́ть (152), *perf* произойти́ (206); the event took ~ two years ago э́то собы́тие произошло́ два го́да тому́ наза́д; what took ~ there? что там произошло́?; many events have taken ~ since then с тех пор произошло́ мно́го собы́тий; when will the meeting take ~? когда́ состои́тся собра́ние?; **in the first** ~ во-пе́рвых; **in the second** ~ во-вторы́х; **out of** ~ 1) (*not in the proper place*) не на ме́сте; these books are out of ~ э́ти кни́ги (лежа́т) не на ме́сте; 2) (*unsuitable*) неуме́стный (31b); his remark was out of ~ его́ замеча́ние бы́ло неуме́стно.

place II *v* помеща́ть (64), *perf* помести́ть (187) (*with acc*); I was ~d in a room with two other girls меня́ помести́ли в ко́мнату с двумя́ други́ми де́вушками; the advertisement was ~d in the morning paper объявле́ние бы́ло помещено́ в у́тренней газе́те; { (*put, lay*)

класть (55), *perf* положи́ть (175) [1] *with acc* book кни́гу, things ве́щи; 2) на *with acc* on the table на стол, on the bench на скамью́]; he ~d his hand on the child's head он положи́л ру́ку на го́лову ребёнка; { (*put, stand*) ста́вить (168), *perf* поста́вить (168) [1] *with acc* chair стул, arm-chair кре́сло, glass стака́н, vase ва́зу; 2) by the wall о́коло стены́, к стене́, on the table на стол].

plain I *sb* **1.** (*open country*) равни́на *f* (19c) [endless бескра́йняя]; **2.** *pl* ~s сте́пи (29b).

plain II *a* **1.** (*simple*) просто́й (31a) [dinner обе́д, man челове́к]; проста́я [food пи́ща]; просто́е [dress пла́тье]; **2.** (*clear*) я́сный (31b); the meaning is ~ enough значе́ние доста́точно я́сно; **3.** (*not pretty*) некраси́вый (31b); некраси́вая [woman же́нщина]; некраси́вое [face лицо́].

plan I *sb* план *m* (1f) [1] excellent прекра́сный, dangerous опа́сный, simple просто́й, successful уда́чный, detailed подро́бный; 2) *with gen* of a building зда́ния, of a town го́рода, of action де́йствий; 3) draw начерти́ть; carry out осуществи́ть, change измени́ть, make соста́вить, study изучи́ть, suggest предложи́ть, think out приду́мать]; follow a ~ сле́довать пла́ну;

s

_poil smb's ~s сорва́ть чьи-либо пла́ны; the ~ was successful план уда́лся; the ~ failed план не уда́лся; your ~ is not clear to me ваш план мне нея́сен; tell / write about one's ~s for the future говори́ть / писа́ть о свои́х пла́нах на бу́дущее; be against a ~ возража́ть про́тив пла́на; I have a different ~ у меня́ друго́й план; what are your ~s for today? каковы́ ва́ши пла́ны на сего́дня?; everything went according to ~ всё шло по пла́ну.

plan II v **1.** (intend) намерева́ться (65), no perf; they ~ned to spend the day at the exhibition они́ намерева́лись провести́ день на вы́ставке; { (hope) рассчи́тывать (65), no perf (на with acc); they ~ned their holiday in June они́ рассчи́тывали на о́тпуск в ию́не; **2.** (think out) проду́мать (65); I have ~ned the whole thing to the smallest detail я проду́мал(а) всё до мельча́йших подро́бностей.

plane (aeroplane) самолёт m (1f) [1] large большо́й, foreign иностра́нный, special специа́льный; 2) has appeared появи́лся, flies лети́т, leaves at 12 o'clock отправля́ется, вылета́ет в двена́дцать часо́в, lands приземля́ется]; get on the ~ сесть на самолёт; get off the ~ сойти́ с самолёта; go by ~ лете́ть самолётом;

fly in a ~ лете́ть на самолёте; ~s were taking off one after another самолёты поднима́лись оди́н за други́м; no one knew when the ~ was leaving никто́ не знал, когда́ вылета́ет самолёт.

plant I sb (factory) заво́д m (1f) [1] modern совреме́нный, chemical хими́ческий, automobile автомоби́льный; 2) is under construction стро́ится, stands, is idle безде́йствует, is producing at full capacity рабо́тает на по́лную мо́щность]; work at a ~ рабо́тать на заво́де; the manager of the ~ дире́ктор заво́да.

plant II sb (of trees, bushes, etc.) расте́ние n (18c) [1] wild ди́кое, rare ре́дкое, useful поле́зное, strange стра́нное; 2) grows растёт, dies засыха́ет]; grow / cultivate / water a ~ выра́щивать / культиви́ровать / полива́ть расте́ние; study the life of ~s изуча́ть жизнь расте́ний.

plant III v (put into ground) сажа́ть (64), perf посади́ть (152) [with acc flowers цветы́, potatoes карто́фель, trees дере́вья, forest лес, seedlings расса́ду; 2) early in spring ра́нней весно́й, late in autumn по́здней о́сенью]; ~ a garden / park разби́ть сад / парк.

plate sb (dish) таре́лка f (22d) [deep глубо́кая, flat ме́лкая, broken разби́тая, clean чи́стая, empty пуста́я]; wash / break a ~ мыть / разби́ть таре́лку; fill a ~ with vegetables напо́лнить таре́лку овоща́ми; a ~ of soup / porridge таре́лка су́пу / ка́ши; a ~ of sandwiches таре́лка с бутербро́дами; put a ~ on the table ста́вить таре́лку на стол; he put some meat on his ~ он положи́л себе́ на таре́лку мя́са.

platform (*at railway station*) платфо́рма *f* (19c) [long дли́нная, empty пуста́я, open откры́тая, covered кры́тая]; go, walk along the ~ идти́ по платфо́рме, вдоль платфо́рмы.

play I *sb* (*dramatic piece*) пье́са *f* (19c) [1] interesting интере́сная, dull, boring ску́чная, funny смешна́я, serious серьёзная, popular популя́рная; 2) is on идёт, has been running for two weeks идёт две неде́ли, begins начина́ется, is over око́нчилась, is a success име́ет успе́х, fails прова́ливается, lasts three hours идёт три часа́]; read / write / stage / see a ~ чита́ть / писа́ть / ста́вить / смотре́ть пье́су; take part in a ~ уча́ствовать в пье́се; a ~ about young people пье́са о молодёжи; a ~ by Chekhov пье́са (*with gen*) Че́хова; I liked the ~ пье́са мне понра́вилась; at the beginning / at the end / in the middle of the ~ в на

ча́ле / в конце́ / в середи́не пье́сы; the characters in a ~ де́йствующие ли́ца пье́сы, в пье́се; who is the author of the ~? кто а́втор э́той пье́сы?; the main idea of the ~ is... основна́я мысль э́той пье́сы заключа́ется в...

play II *v* 1. (*amuse oneself*) игра́ть (64) [1] в *with acc* chess в ша́хматы, football в футбо́л, tennis в те́ннис, volley-ball в волейбо́л, a game в игру́; 2) с *with instr* with the children с детьми́, with one's friend с прия́телем, with a dog с соба́кой]; ~ (at) school / circus игра́ть в (*with acc*) шко́лу / в цирк; ~ for hours игра́ть часа́ми; **2.** (*act on stage*) игра́ть, *perf* сыгра́ть (64), исполня́ть (223), *perf* испо́лнить (179) [1] *with acc* the part of Hamlet роль Га́млета; 2) very well о́чень хорошо́]; the actor ~ed his part very well э́тот арти́ст о́чень хорошо́ сыгра́л свою́ роль; { (*produce music*) игра́ть [на *with abl* the piano на роя́ле, the violin на скри́пке]; ⊙ ~ **a joke, trick** подшу́чивать (65), *perf* подшути́ть (192) (on— над *with instr*); see joke.

player игро́к *m* (4e).

pleasant прия́тный (31b) [colour цвет, day день, man челове́к, voice го́лос, companion спу́тник, surprise сюрпри́з]; прия́тная [meeting встре́ча, news но́вость, trip поездка, work работа, woman женщина]; приятное [time время, morning утро, journey путешествие]; it is ～ to be out of doors on such a day приятно в такой день быть на воздухе.

please v 1.; be ～d быть довольным (with — *with instr*); I'm ～d with him я им доволен; she was very ～d with the gift / the flowers она была очень довольна подарком / цветами; I'm ～d with his results я доволен, довольна его результатами, успехами; { *before inf often rendered by* рад *m*, рада *f*, рады *pl*; I was ～d to meet him я был рад с ним познакомиться; 2. (*in requests*) пожалуйста; ～, give me some water! дайте мне, пожалуйста, воды!; do it for me, ～! сделайте это для меня, пожалуйста!

pleasure удовольствие *n* (18c) [1) great, much большое, real истинное; 2) receive, get получать, give доставлять]; it is a great ～ to work with you работать с вами большое удовольствие; it spoiled all our ～ это испортило нам всё удовольствие; with ～ с удовольствием; I shall do it with ～ я с удовольствием сделаю это.

plenty sb множество *n*, no pl (14c); ～ of много (*with gen*); ～ of food / money много еды / денег; don't hur-

ry, there's ～ of time! не спешите, ещё много времени!; there are ～ of reasons why I think so есть много причин, почему я так думаю.

plough v пахать (69), *perf* вспахать (69) [*with acc* land землю]; the field had just been ～ed поле было только что вспахано.

plow v пахать (69); *see* plough.

plum слива *f* (19c) [ripe спелая, sour кислая]; pick ～s собирать сливы.

p. m.: at four p. m. в четыре часа дня; at five / eleven p. m. в пять / одиннадцать часов вечера.

pocket sb карман *m* (1f) [empty пустой, deep глубокий, inside внутренний]; put smth into one's ～ положить что-л. в карман; take smth out of one's ～ вынуть, достать что-л. из кармана; put, thrust one's hands into one's ～s засунуть руки в карманы; it fell out of your ～ это выпало из вашего кармана; a coat / trousers ～ карман пальто / брюк.

poem стихотворение *n* (18c) [1) beautiful красивое, well-known известное, lyric лирическое; 2) know знать, learn by heart учить наизусть, remember помнить, write писать, quote цитировать]; that is my favourite ～ это моё любимое стихотворение.

poet поэ́т *m* (1e) [well--known изве́стный, modern совреме́нный, great кру́пный, minor второстепе́нный].

point I *sb* 1. (*dot*) то́чка *f* (22f); the ~ where the two lines cross то́чка, где пересека́ются две ли́нии; a ~ on the map то́чка на ка́рте; 2. (*tip, sharp end*) ко́нчик *m* (4d) [*with gen* of a pencil карандаша́, of a knife ножа́, of a needle иглы́, of a stick па́лки]; 3. (*item*) пункт *m* (1f) [important ва́жный, major основно́й, minor второстепе́нный]; the main ~s of the plan основны́е пу́нкты пла́на; we could not agree on several ~s мы не могли́ договори́ться по не́скольким пу́нктам; 4. (*the essential thing*) суть (*f* 29c) де́ла; he came to the ~ at once он сра́зу же перешёл к су́ти де́ла; keep to the ~ приде́рживаться (су́ти) де́ла; speak, stick, keep to the ~ говори́ть по существу́ де́ла; I don't see your ~ я не понима́ю вас; don't get off the ~! не отвлека́йтесь от су́ти де́ла!; the ~ is... де́ло в том, что...; 5. (*side*) сторона́ *f* (19g); his weak ~s его́ сла́бые сто́роны; mathematics is not his strong ~ матема́тика не явля́ется его́ си́льной стороно́й; ◇ be on the ~ of doing smth собира́ться (64) что-л. сде́лать, *perf* собра́ться (44) что-л. сде́лать;

he was on the ~ of leaving when the telephone rang он собра́лся уже́ уходи́ть, когда́ зазвони́л телефо́н; she was on the ~ of losing consciousness она́ чуть не потеря́ла созна́ние; ~ of view то́чка (*f* 22f) зре́ния; see view.

point II *v* (*show*) ука́зывать (64), *perf* указа́ть (48) [на *with acc* to a large building на большо́е зда́ние, to a chair на стул, to, at the mark на знак]; ~ one's finger at smth указа́ть на что-л. па́льцем; ~ out (*show*) отмеча́ть (64), *perf* отме́тить (177) (*with acc*); she ~ed out several mistakes in the article она́ отме́тила в статье́ не́сколько оши́бок.

poison I *sb* яд *m* (1f) [1) chemical хими́ческий, strong си́льный, swift бы́стро де́йствующий, deadly смерте́льный; 2) give дать, take приня́ть].

poison II *v* 1. отравля́ть (223), *perf* отрави́ть (166) [*with acc* food еду́; smb кого́-л.]; it ~ed his whole life э́то отравля́ло всю его́ жизнь; 2.: ~ oneself отрави́ться (166).

pole I *sb* столб *m* (1c) [tall высо́кий, wooden деревя́нный]; climb up a ~ взбира́ться на столб.

pole II *sb* (*ends of earth's axis*) по́люс *m* (1f); the North / South Pole Се́верный / Ю́жный по́люс.

police поли́ция *f* (23c); he was wanted by the ~ его́ разы́скивала поли́ция.

policeman полице́йский *m* (33b), полисме́н *m* (1e).

policy поли́тика *f* (22b) [successful успе́шная, wise му́драя, peaceful ми́рная, firm твёрдая]; change / continue / condemn / carry out a ~ измени́ть / продолжа́ть / осуди́ть / проводи́ть поли́тику; abandon a ~... отказа́ться от поли́тики...; peace ~ ми́рная поли́тика.

polite ве́жливый (31b) [answer, reply отве́т, refusal отка́з, tone тон; person челове́к, child ребёнок]; ве́жливая [smile улы́бка, phrase фра́за]; ве́жливое [letter письмо́]; he was very ~ to us он был с (*with instr*) на́ми о́чень ве́жлив.

political полити́ческий (33b) [enemy враг, argument спор, question вопро́с, move шаг]; полити́ческая [demonstration демонстра́ция, strike забасто́вка, struggle борьба́, victory побе́да, freedom свобо́да, life жизнь, party па́ртия, article статья́, mistake оши́бка]; полити́ческое [event собы́тие]; полити́ческие [differences разногла́сия, rights права́]; for ~ reasons по полити́ческим соображе́ниям.

politics *pl* поли́тика *f*, *no pl* (22b); be interested in ~ интересова́ться полити-

кой; talk ~ разгова́ривать о поли́тике; ⊙ **power** ~ поли́тика с пози́ции си́лы.

pond пруд *m* (1c) [artificial иску́сственный, shallow ме́лкий, deep глубо́кий]; swim in a ~ купа́ться в пруду́.

pool лу́жа *f* (25a); ⊙ **swimming** ~ бассе́йн (*m* 1f) для пла́вания.

poor 1. (*not rich*) бе́дный (31b) [man челове́к, district райо́н]; бе́дная [country страна́, family семья́, farm фе́рма]; бе́дное [village село́]; be ~ быть бе́дным; he / she was very ~ он / она́ был / была́ о́чень бе́ден / бедна́; become ~ обедне́ть (98); the country is ~ in minerals страна́ бедна́ (*with instr*) ископа́емыми; 2. (*unfortunate, arousing pity*) несча́стный (31b); ~ animal несча́стное живо́тное; ~ woman несча́стная же́нщина; ⊙ ~ **thing** бедня́га *m, f* (22e), бедня́жка *m, f* (22e); 3. (*bad*) плохо́й (33a) [harvest, crop урожа́й, result результа́т]; плоха́я [ground земля́, soil по́чва]; плохо́е [health здоро́вье, quality ка́чество, condition состоя́ние]; it made a ~ impression э́то не произвело́ впечатле́ния.

popular (*admired by people*) популя́рный (31b) [hero геро́й, author, writer писа́тель, person челове́к]; he is very ~ with the students он по́льзуется большо́й популя́рностью у (*with gen*) студéнтов; the style is becoming more and more ~ э́та мóда стано́вится всё бóлее популя́рной, распространённой.

population населéние *n* (18c) [1] large большóе; 2] *with gen* of a country страны́, of a town гóрода]; the ~ of the district consists mainly of fishermen населéние э́того райóна состои́т глáвным óбразом из рыбакóв.

porch крыльцó *n* (16c) [wooden деревя́нное, low ни́зкое, broad ширóкое]; go up on the ~ подня́ться на крыльцó; sit on the ~ сидéть на крыльцé.

porridge кáша *f* (25a) [hot горя́чая, cold холóдная]; eat / cook ~ есть / вари́ть кáшу; feed smb ~ корми́ть когó-л. кáшей.

port (*harbour*) порт *m* (1j) [large, big большóй, free откры́тый, main основнóй, глáвный]; enter ~ войти́ в порт; arrive at a ~ прибы́ть в порт; ~ of destination, call порт назначéния.

portion *sb* 1. (*part*) часть *f* (29b) [big большáя]; divide into ~s дели́ть на чáсти; 2. (*helping*) пóрция *f* (23c) [large большáя, second вторáя, double двойнáя].

position 1. (*state, condition*) положéние *n* (18c) [difficult трýдное, awkward неудóбное, favourable

благоприя́тное]; the present ~ положéние (дел) в настоя́щий момéнт; in our present ~... в нáшем тепéрешнем положéнии...; he found himself in a rather difficult ~ он оказáлся в довóльно затрудни́тельном положéнии; put yourself in my ~! постáвьте себя́ на моё мéсто!; 2. (*place, locality, situation*) расположéние *n* (18c) [*with gen* of the town гóрода, of the army áрмии]; 3. (*attitude*) пóза *f* (19c) [uncomfortable неудóбная, strange стрáнная, unusual необы́чная]; he was lying in a very uncomfortable ~ он лежáл в óчень неудóбной пóзе; take up a determined ~ приня́ть реши́тельную пóзу; 4. (*employment*) мéсто *n* (14d) [suitable подходя́щее, former прéжнее]; he has a good ~ in an office у негó хорóшее мéсто в контóре; it was difficult for him to get a ~ ему́ бы́ло трýдно получи́ть мéсто; a well-paid ~ хорошó оплáчиваемое мéсто; give up a ~ отказáться от мéста.

possess (*own*) владéть (98), *no perf* [*with instr* land землёй, house дóмом, property собственностью]; { (*have*) обладáть (64), *no perf* [*with instr* power влáстью, right прáвом, ability способностью, many good qualities мнóгими хорóшими кáчествами].

possession 1. (*ownership*) владе́ние n (18c); come into ~ of an estate вступи́ть во владе́ние (*with instr*) име́нием; take ~ of smth стать владе́льцем (*with gen*) чего́-л.; ⊙ be in ~ of име́ть (98) в распоряже́нии (*with acc*); we are in ~ of all the information в на́шем распоряже́нии есть все необходи́мые да́нные; **2.** *usu pl* ~s (*property*) владе́ния *no sg* (18c) [great больши́е, vast обши́рные]; { со́бственность f, *no pl* (29c); personal / private ~s ли́чная / ча́стная со́бственность.

possibility возмо́жность f (29c); is there any ~ of finding them? есть ли кака́я-л. возмо́жность их найти́?; the job offers good possibilities for advancement э́та рабо́та даёт больши́е возмо́жности для продвиже́ния.

possible возмо́жный (31b) [result результа́т, way спо́соб, way out вы́ход из положе́ния, answer отве́т]; возмо́жная [change переме́на]; возмо́жное [solution реше́ние, improvement улучше́ние, complication осложне́ние]; if (it is) ~ е́сли возмо́жно; it is quite ~ that he will come in the evening вполне́ возмо́жно, что он придёт ве́чером; we shall do everything ~ мы сде́лаем всё возмо́жное; come as quickly as ~ приходи́те возмо́жно быстре́е; as much as ~ возмо́жно бо́льше; is it ~ for

you to stay here any longer? вы смо́жете ещё оста́ться здесь?; is that ~? не мо́жет быть!

post I *sb* **1.** (*position*) до́лжность f (29b) [1) vacant свобо́дная, honorary почётная, good хоро́шая, responsible отве́тственная; 2) hold занима́ть, receive получа́ть]; he was appointed to the ~ of director он был назна́чен на до́лжность (*with gen*) дире́ктора; **2.** (*place of guard*) пост m (1c); frontier ~ пограни́чный пост; observation ~ наблюда́тельный пост; attack / seize / desert a ~ напа́сть на / захвати́ть / поки́нуть пост; the soldiers stood at their ~ солда́ты стоя́ли на посту́.

post II *sb* (*office*) по́чта f (19c); will you take the letter to the ~? вы не отнесёте письмо́ на по́чту?; { (*mail*) по́чта; by ~ по по́чте; I'll send you the book by ~ я пошлю́ вам кни́гу по по́чте; has the ~ come yet? по́чта уже́ пришла́?; the morning / evening ~ у́тренняя / вече́рняя по́чта; by return of ~ с обра́тной по́чтой.

post III *v* **1.** (*send by mail*) отправля́ть (223), *perf* отпра́вить (168) [*with acc* letter письмо́, parcel посы́лку]; when was the letter ~ed? когда́ бы́ло отпра́влено письмо́?

post-card откры́тка f (22d); *see* card 2.

post-office почто́вое отделе́ние *n* (18c), по́чта *f* (19c); the main ~ гла́вный почта́мт; the nearest ~ is in N. street ближа́йшая по́чта нахо́дится на у́лице Н.; go to the ~ идти́ на по́чту; you can receive the money at the ~ вы мо́жете получи́ть де́ньги на по́чте; is there a ~ near here? есть ли здесь (где́-нибудь) побли́зости по́чта?

pot *sb* (*for cooking*) кастрю́ля *f* (20e); { ~ of soup кастрю́ля су́пу; { (*for tea*) ча́йник *m* (4c); a ~ of tea ча́йник (с ча́ем); { (*for flowers, etc.*) горшо́к *m* (4f).

potato карто́фель *m collect, no pl* (3d) [1] new молодо́й, boiled варёный, fried жа́реный, baked печёный; 2) buy покупа́ть, eat есть, cut ре́зать, plant сажа́ть, grow выра́щивать, boil вари́ть, fry жа́рить, bake печь]; the ~es are ready карто́фель гото́в; we had meat and ~es for dinner на обе́д у нас бы́ло мя́со с карто́фелем.

pound 1. (*of weight*) фунт *m* (1k); two ~s of butter два фу́нта ма́сла; 2. (*of money*) фунт сте́рлингов.

pour 1. (*cause to flow*) лить (180), *no perf* [1] *with acc* water во́ду, milk молоко́, liquid жи́дкость; 2) carefully осторо́жно]; ⊙ it is ~ing льёт дождь; 2. (*fill glass, cup*) налива́ть '(64),

perf нали́ть (180) [1] *with gen* water воды́, tea ча́ю, wine вина́, oil ма́сла; 2) в *with acc* into a bottle в буты́лку, into a glass в стака́н, into a basin в таз]; ~ yourself another cup of tea! нале́йте себе́ ещё ча́шку ча́ю!; she ~ed a cup of tea она́ налила́ ча́шку ча́ю; 3. (*flow*) ли́ться (180), *no perf*; water was ~ing out of the tap вода́ лила́сь из кра́на; ~ out налива́ть (64), *perf* нали́ть (180) (*with acc*), разлива́ть (64), разли́ть (183) (*with acc*); ~ out tea разлива́ть чай.

poverty бе́дность *f* (29c), нищета́ *f, no pl* (19d) [terrible ужа́сная]; live in ~ жить в бе́дности, в нищете́; sink into ~ впасть в нищету́.

powder *sb* 1. (*ground fine*) порошо́к *m* (4f); soap ~ мы́льный порошо́к; egg ~ яи́чный порошо́к; grind to fine ~ смоло́ть в ме́лкий порошо́к; take ~s принима́ть порошки́; 2. (*of cosmetics*) пу́дра *f* (19c); 3. (*explosive*) по́рох *m* (4c); smokeless ~ безды́мный по́рох.

power 1. (*strength, force*) си́ла *f* (19c) [1] extraordinary необыкнове́нная, exceptional исключи́тельная; 2) *with gen* of a blow уда́ра]; { (*energy*) эне́ргия *f* (23c) [electric электри́ческая, atomic а́томная, mechanical механи́ческая]; 2. (*ability*) спосо́бность *f* (29c);

often translated as си́лы *no sg* (19c) [mental у́мственные, physical физи́ческие]; it is not within my ~ to help you я не в си́лах вам помо́чь; I'll do everything in my ~ я сде́лаю всё, что в мои́х си́лах; **3.** (*large country*) держа́ва *f* (19c); the Great Powers вели́кие держа́вы; naval ~ морска́я держа́ва; **4.** (*right to govern*) власть *f, no pl* (29b); sovereign, supreme ~ верхо́вная власть; Soviet power сове́тская власть; in ~ у вла́сти.

powerful 1. (*strong*) мо́щный (31b) [engine мото́р, blow уда́р]; мо́щная [machine маши́на, force си́ла, army а́рмия, support подде́ржка]; мо́щное [movement движе́ние]; **2.** (*influential*) могу́щественный (31b) [man челове́к]; могу́щественная [state держа́ва].

practical (*useful*) практи́ческий (33b) [advice сове́т, result результа́т]; практи́ческая [benefit по́льза, help по́мощь]; практи́ческое [use, application примене́ние]; it's of no ~ use э́то не име́ет (никако́й) практи́ческой по́льзы.

practically (*really*) факти́чески; ~ everybody факти́чески все; his power was ~ unlimited факти́чески его́ власть была́ неограни́ченной.

practice 1. (*performance*) пра́ктика *f* (22b) [shows по-

ка́зывает]; medical ~ медици́нская пра́ктика; put a theory / plan / suggestion into ~ осуществля́ть тео́рию / план / предложе́ние; ☉ **in** ~ на пра́ктике; it's rather simple in ~ на пра́ктике э́то дово́льно про́сто; **2.** (*repeated action*) пра́ктика [much больша́я, regular системати́ческая, constant постоя́нная, sufficient доста́точная]; what you need is more ~ вам ну́жно бо́льше пра́ктики; ☉ **be out of** ~ разучи́ться (173); I used to play well but I'm out of ~ now я игра́л хорошо́, но тепе́рь разучи́лся.

praise I *sb* похвала́ *f* (19h); deserve / receive ~ заслужи́ть / получи́ть похвалу́; beyond ~ вы́ше вся́кой похвалы́; he didn't receive much ~ его́ не о́чень хвали́ли; his efforts are worthy of great ~ его́ уси́лия заслу́живают большо́й похвалы́.

praise II *v* **1.** (*express approval*) хвали́ть (156), *perf* похвали́ть (156) [1] *with acc* book кни́гу, pupil ученика́; 2) highly о́чень]; he ~d her work он похвали́л её рабо́ту; **2.** (*express admiration*) превозноси́ть (148), *perf* превознести́ (113); ~ to the skies превозноси́ть до небе́с.

pray моли́ться (156), *perf* помоли́ться (156) [1] в *with abl* in church в це́ркви; 2) to God бо́гу; 3) о *with abl* for help

о по́мощи, for forgiveness
о проще́нии].

prayer моли́тва *f* (19c);
say one's ~s прочита́ть мо-
ли́тву.

precious 1. (*costly, valuable*)
драгоце́нный (31b) [stone
ка́мень, metal мета́лл];
2. (*dear*) дорого́й (33a); ~
memories дороги́е воспо-
мина́ния; his independence
was very ~ to him его́ неза-
ви́симость была́ ему́ о́чень
дорога́.

prefer предпочита́ть (64),
perf предпоче́сть (139); I
~ the town to the country
я предпочита́ю (*with acc*)
го́род (*with dat*) дере́вне; I
~ a light breakfast as a
rule как пра́вило, я пред-
почита́ю лёгкий за́втрак;
I ~ staying, to stay at home
я предпочита́ю оста́ться до́-
ма; which do you ~: to
go to the theatre or to the
cinema tonight? что вы пред-
почита́ете, пойти́ сего́дня
ве́чером в теа́тр и́ли в
кино́?

preparation приготовле́-
ние *n* (18c); *often pl* ~s
приготовле́ния, подгото́в-
ка *f* (22d) [к *with dat* for
the holiday к пра́зднику,
for the contest к соревнова́-
ниям, for the festival к фе-
стива́лю]; my ~s are com-
plete, finished мои́ пригото-
вле́ния око́нчены; make
~s for the departure / festival / party гото́виться к
(*with dat*) отъе́зду / фести-
ва́лю / ве́черу.

prepare 1. (*make, get ready*)
гото́вить (168), *perf* при-
гото́вить (168) [*with acc* report, paper докла́д, speech
речь; dinner обе́д]; we ~d
everything beforehand / in
time мы всё пригото́вили
зара́нее / во́время; **2.** (*get
oneself ready*) гото́виться
(168), *perf* пригото́виться
(168) [1] к *with dat* for
an examination к экза́-
мену, for a party к ве́черу,
for a meeting к встре́че,
for a trip к пое́здке, путе-
ше́ствию; 2) to do smth
де́лать что-л., to go to the
country е́хать за́ город, to
write писа́ть; 3) beforehand
зара́нее].

presence прису́тствие *n*
(18c); your ~ is required,
obligatory ва́ше прису́т-
ствие необходи́мо; your ~ is
requested вас про́сят при-
су́тствовать; he said it in
the ~ of many people он
сказа́л э́то в прису́тствии
мно́гих; ⊙ ~ of mind при-
су́тствие ду́ха; he preserved,
kept his ~ of mind он со-
храни́л прису́тствие ду́ха.

present I *sb* настоя́щее
n (35); at ~ в настоя́щее
вре́мя; he is away on holiday at ~ в настоя́щее вре́-
мя он в о́тпуске.

present II *a* **1.** прису́т-
ствующий (35); all those
~ все прису́тствующие; be
~ прису́тствовать [на *with
abl* at a meeting на собра́-
нии, at a conference на кон-
фере́нции, at a lecture на

лекции, at a concert на
концерте, at a lesson на
уроке]; everybody was ~
присутствовали все; he was
~ when the letter was read
он был там, когда читалось
письмо; 2. *(existing now)*
настоящий (35); at the ~
moment в настоящий мо-
мент; at the ~ time в на-
стоящее время; in the ~
circumstances / conditions
при   сложившихся   об-
стоятельствах / условиях;
{ *(now)* теперешний (32);
the ~ director, manager теперешний директор.

present III *sb (gift)* подарок *m* (4d) [1) expen-
sive дорогой, modest скромный, beautiful чудный; 2)
buy покупать, bring приносить, make, give делать,
hand вручать, receive по-
лучать, take брать, принимать, send посылать]; re-
fuse a ~ отказаться от подарка; thank smb for a ~
благодарить кого-л. за подарок; a ~ for smb пода-
рок *(with dat)* кому-л., для
(with gen) кого-л.; a birthday ~ подарок ко дню рож-
дения; I have a little ~ for
you у меня есть для вас
небольшой подарок; make
a ~ of smth дарить *(with
acc)* что-л.; I gave him a
pen as a ~ я подарил(а)
ему ручку.

present IV *v* 1. *(give as
gift)* дарить (156), *perf* по-
дарить (156) [*with acc* watch
часы, flowers цветы, box of

sweets коробку конфет]; ~
smb with smth дарить что-
-либо *(with dat)* кому-л.;
the watch was ~ed to him
on that occasion по этому
случаю ему были подаре-
ны часы; he was ~ed with
a book / watch ему подарили
книгу / часы; 2. *(arouse)*
представлять (223), *perf*
представить (168) *(with acc)*;
it ~ed no particular difficulty это не представило особых затруднений; the dis-
covery ~s much interest to
scientists это открытие представляет большой интерес
для ученых.

president президент *m*
(1e).

press I *sb (newspaper, etc.)*
печать *f* (29c); appear in
the ~ появиться в печати;
get a book ready for the ~
подготовить книгу к печати.

press II *v* 1. нажимать
(64), *perf* нажать (79) [1)
with acc button кнопку звон-
ка, trigger курок; 2) lightly
слегка, heavily сильно]; 2.
(squeeze gently) пожимать
(64), *perf* пожать (79) [*with
acc* hand руку]; 3. *(iron)*
гладить (155), *perf* выгладить
(154) [*with acc* clothes
одежду]; I must have my
suit ~ed мне нужно выгла-
дить костюм.

pressure I. *(weight)* дав-
ление *n* (18c) [1) high высокое, low низкое; 2) *with
gen* of the atmosphere ат-
мосферы, of the water воды];
at high ~ при высоком дав-

лёнии; ⊙ **blood** ~ кровяно́е давле́ние [high повы́шенное, low пони́женное]; **2.** (*strong influence*) давле́ние, влия́ние *n* (18c); it was done under ~ э́то бы́ло сде́лано под давле́нием.

pretend де́лать (65) вид, *perf* сде́лать (65) вид; he ~ed to be interested / tired / happy он сде́лал вид, что заинтересо́ван / уста́л / сча́стлив; she ~ed not to notice us / not to know about it она́ сде́лала вид, что не заме́тила нас / что ничего́ не зна́ла об э́том; he ~ed that he was busy он сде́лал вид, что за́нят; { притворя́ться (223), *perf* притвори́ться (158); the animal ~ed to be dead живо́тное притвори́лось (*with instr*) мёртвым.

pretty I *a* (*charming*) хоро́шенький (33b) [baby ребёнок, flower цвето́к]; хоро́шенькая [girl де́вушка, cap ша́почка]; хоро́шенькое [face ли́чико, dress пла́тьице]; how ~ she is! кака́я она́ хоро́шенькая!; what a ~ place! како́е преле́стное ме́сто!; she is very ~ она́ о́чень хоро́шенькая.

pretty II *adv* дово́льно; ~ good / bad / tired дово́льно хоро́ший / плохо́й / уста́лый; ~ well / badly / late / hot дово́льно хорошо́/пло́хо / по́здно / жа́рко; I feel ~ well / bad я чу́вствую себя́ дово́льно хорошо́ / пло́хо.

prevent 1. предотвраща́ть (64), *perf* предотврати́ть (161) [*with acc* accident несча́стный слу́чай, fire пожа́р, war войну́, all chance of mistake вся́кую возмо́жность оши́бки]; **2.** (*hinder*) меша́ть (64), *perf* помеша́ть (64); the rain ~ed us from coming дождь помеша́л (*with dat*) нам прийти́; what ~ed you from coming? что помеша́ло вам прийти́? ~ smb from doing smth не дать (*with dat*) кому́-л. сде́лать что-л.; the noise ~ed him from speaking / working шум не дава́л ему́ (возмо́жности) говори́ть / рабо́тать.

previous предыду́щий (35); we had more rain last year than in ~ years в про́шлом году́ бы́ло бо́льше дожде́й, чем в предыду́щие го́ды; he had not slept the two ~ nights он не спал две предыду́щие но́чи; ~ attempts have shown that the task is not easy предыду́щие попы́тки показа́ли, что э́та зада́ча нелёгкая.

price цена́ *f* (19g) [1] high высо́кая, low ни́зкая; 2) на *with acc* of bread на хлеб, of fruit на фру́кты; *with gen* of cloth мате́рии, of furniture ме́бели]; ~s are going up, rising це́ны расту́т, повыша́ются; raise / lower ~s повы́сить / сни́зить це́ны; at a high / low ~ по высо́кой / ни́зкой цене́; at any ~ за любу́ю це́ну; I bought it at a low ~ я купи́л(а) э́то дёшево; what is the` ~ of a pair of shoes? ско́лько стоя́т ту́фли?; at the ~ of one's life ценой (свое́й) жи́зни.

pride sb го́рдость f (29c); his ~ did not allow him to ask for favours его́ го́рдость не позволя́ла ему́ проси́ть об одолже́нии; he was the ~ of the school он был го́рдостью шко́лы; he spoke of his son with ~ он с го́рдостью говори́л о своём сы́не.

priest свяще́нник m (4a).

principle при́нцип m (1f); in ~ в при́нципе; on ~ из при́нципа; it's a question, matter of ~ э́то принципиа́льный вопро́с; the main ~s of the theory основны́е при́нципы тео́рии.

print v печа́тать (64), perf напеча́тать (64) [with acc book кни́гу, memoirs мемуа́ры, article статью́].

prison тюрьма́ f (19i); throw, put smb in, into ~, take smb to ~ посади́ть кого́-л. в тюрьму́; escape from ~ убежа́ть из тюрьмы́; he spent two years in ~ он был в тюрьме́ два го́да; let smb out of ~ вы́пустить кого́-л. из тюрьмы́.

prisoner 1. (arrested person) заключённый m (31b), аресто́ванный m (31b); 2. (of war) пле́нный m (31b); ⊙ **take (smb)** ~ брать (42) (кого́-л.) в плен, perf взять (236) (кого́-л.) в плен;

he was taken ~ его́ взя́ли в плен.

private 1. (not public) ча́стный (31b) [house дом]; ча́стная [property со́бственность, school шко́ла]; ча́стные [lessons уро́ки]; 2. (personal) ли́чный (31b) [income дохо́д, office кабине́т, secretary секрета́рь]; ли́чные [affairs дела́]; for ~ reasons по ли́чным причи́нам; I have come on ~ business, matter я пришёл, пришла́ по ли́чному де́лу.

prize (reward) приз m (1k); he was awarded first ~ ему́ был присуждён пе́рвый приз; { (premium) пре́мия f (23c); money ~ де́нежная пре́мия; receive a ~ for good work получи́ть пре́мию за (with acc) хоро́шую рабо́ту.

probably вероя́тно; they have ~ gone home already они́, вероя́тно, уже́ ушли́ домо́й; you ~ don't know вы, вероя́тно, не зна́ете; we shall ~ finish our work tomorrow вероя́тно, мы за́втра зако́нчим свою́ рабо́ту.

problem пробле́ма f (19c) [complicated сло́жная, important ва́жная, vital жи́зненно ва́жная, great больша́я]; solve a ~ реши́ть пробле́му; the ~ is... пробле́ма заключа́ется в...; several ~s arose возни́кло не́сколько пробле́м.

process проце́сс m (1f) [long дли́тельный, complex сло́жный, vital жи́зненный, chemical хими́ческий, biological биологи́ческий].

produce *v* **1.** (*manufacture*) производи́ть (152), *perf* произвести́ (219) [*with acc* goods това́ры, machines станки́, textiles тексти́льные това́ры; noise шум]; ⊙ ~ **an impression** производи́ть впечатле́ние; **2.** (*show*) предъявля́ть (223), *perf* предъяви́ть (156) [*with acc* ticket биле́т, pass про́пуск, passport па́спорт; papers докуме́нты].

production (*manufacturing process*) произво́дство *n* (14c) [*with gen* of machines маши́н, of industrial goods промы́шленных това́ров, of consumer goods това́ров широ́кого потребле́ния]; increase in ~ увеличе́ние произво́дства; decrease in ~ упа́док произво́дства; speed up ~ ускори́ть произво́дство; hinder / stop ~ заде́рживать / прекрати́ть произво́дство.

profession (*occupation*) специа́льность *f* (29c); what is your ~? кто вы по специа́льности?; he is a teacher by ~ он по профе́ссии учи́тель.

professor профе́ссор *m* (1h).

profit *sb* (*money gain*) при́быль *f* (29c) [1) high, large больша́я; 2) receive получа́ть, increase увели́чивать]; make a ~ on, out of smth извлека́ть при́быль из (*with gen*) чего́-л.

progress *sb* прогре́сс *m*, *no pl* (1f); ⊙ **make** ~ де́лать (65) успе́хи, *perf* сде́лать (65) успе́хи; make great / little / good ~ де́лать больши́е / небольши́е / хоро́шие успе́хи; he made much ~ in Russian он сде́лал больши́е успе́хи в изуче́нии ру́сского языка́; make no ~ не сде́лать никаки́х успе́хов.

promise I *sb* обеща́ние *n* (18c) [give дава́ть, break не вы́полнить, carry out вы́полнить]; remember to carry out your ~! не забу́дьте вы́полнить своё обеща́ние!; ⊙ **keep one's** ~ сдержа́ть (своё) обеща́ние.

promise II *v* обеща́ть (64), *no perf* (*with acc*); he ~d me his support он обеща́л (*with dat*) мне подде́ржку; he ~d to help me on обеща́л помо́чь мне; she always does everything she ~s она́ всегда́ де́лает то, что обеща́ет; do you ~? вы (мне э́то) обеща́ете?

pronounce (*say*) произноси́ть (148), *perf* произнести́ (113) [1) *with acc* sound звук, word сло́во, sentence предложе́ние; 2) correctly пра́вильно, incorrectly непра́вильно, distinctly отчётливо].

proof *sb* (*evidence*) доказа́тельство *n* (14c) [1) convincing, good убеди́тельное; 2) give, offer приводи́ть]; I can give you more than one ~ that it is true я могу́ привести́ не одно́ доказа́тельство того́, что э́то пра́вда; what ~ can you give, offer? как вы мо́жете (э́то) доказа́ть?

proper (*suitable*) подходя́щий (35); подходя́щее [time вре́мя, amount коли́чество]; a ~ dress for the occasion пла́тье, подходя́щее для тако́го слу́чая; { (*right, as it ought to be*) надлежа́щий (35) [reply отве́т]; надлежа́щее [attitude отноше́ние, quantity коли́чество, quality ка́чество]; do the ~ thing сде́лать то, что пола́гается; ~ behaviour прили́чное поведе́ние.

properly (*in the right way*) до́лжным о́бразом, как сле́дует; do smth ~ сде́лать что-л. до́лжным о́бразом; behave ~ вести́ себя́ до́лжным о́бразом; ⊙ ~ **speaking** со́бственно говоря́.

property (*ownership*) со́бственность *f* (29c) [private ча́стная, public обще́ственная]; { (*possessions*) иму́щество *n* (14c) [immovable недви́жимое, valuable це́нное, personal ли́чное]; all the ~ went to the eldest son всё иму́щество перешло́ к ста́ршему сы́ну.

proposal предложе́ние *n* (18c) [1) serious серьёзное, reasonable разу́мное, unacceptable неприе́млемое, strange стра́нное, practical де́льное; 2) accept приня́ть, approve одо́брить, support поддержа́ть]; second a ~

присоедини́ться к предложе́нию; the ~ is worth considering сто́ит поду́мать над э́тим предложе́нием; at the meeting he made a number of ~s на собра́нии он внёс ряд предложе́ний; many were in favour of the ~ мно́гие бы́ли за э́то предложе́ние.

propose 1. (*suggest*) предлага́ть (64), *perf* предложи́ть (175) [with *acc* plan, scheme план, toast тост]; a number of plans were ~d бы́ло предло́жено не́сколько прое́ктов; he ~d that the question should be settled at the meeting он предложи́л реши́ть э́тот вопро́с на собра́нии; 2. (*offer marriage*) де́лать (65) предложе́ние, *perf* сде́лать (65) предложе́ние; he ~d to her он сде́лал (with *dat*) ей предложе́ние.

prospect sb (*outlook*) перспекти́ва *f* (19c); *usu pl* перспекти́вы [1) good хоро́шие, gloomy мра́чные, cheerful, splendid блестя́щие, promising многообеща́ющие, uncertain неопределённые; 2) на with *acc* for the future на бу́дущее]; the ~ that opened before him was not very bright перед ни́м открыва́лись не о́чень блестя́щие перспекти́вы; he has excellent ~s у него́ блестя́щие перспекти́вы; what are the ~s of getting there this week? каки́е перспекти́вы на то, чтобы попа́сть туда́ на э́той неде́ле?

protect (*defend*) защища́ть (64), *perf* защити́ть (161) [1] *with acc* children дете́й, friends друзе́й, one's country ро́дину; 2) от *with gen* from the enemy от враго́в, from danger от опа́сности]; she tried to ~ her children from, against the rain / wind она́ стара́лась защити́ть дете́й от дождя́ / ве́тра; he wore dark glasses to ~ his eyes from the sun он носи́л тёмные очки́, что́бы защити́ть глаза́ от со́лнца.

protection (*defence*) защи́та *f* (19c) [1) reliable надёжная; 2) *with gen* of children дете́й, of one's own interests свои́х интере́сов; 3) от *with gen* against, from enemies от враго́в, from danger от опа́сности]; ask, appeal for ~ проси́ть защи́ты; take smb under one's ~ взять кого́-л. под свою́ защи́ту.

protest I *sb* проте́ст *m* (1f) [1) express вы́разить, make, lodge заяви́ть; 2) про́тив *with gen* against the preparation of a new war про́тив подгото́вки но́вой войны́, against illegal action про́тив незако́нных де́йствий]; the new bill roused general / unanimous ~ но́вый законопрое́кт вы́звал всео́бщий / единоду́шный проте́ст; numerous ~s многочи́сленные проте́сты.

protest II *v* (*raise an objection*) протестова́ть (243) [1) про́тив *with gen* against

smth про́тив чего́-л.; 2) energetically энерги́чно, absolutely категори́чески]; he ~ed against the adoption of the resolution он протестова́л про́тив приня́тия э́той резолю́ции.

proud го́рдый (31b) [man челове́к, answer, reply отве́т, look взгляд]; го́рдая [woman же́нщина, smile улы́бка]; го́рдое [face лицо́]; be ~ of smb / smth горди́ться (*with instr*) кем-л. / чем-л.; she was ~ of her son / her success она́ горди́лась свои́м сы́ном / свои́м успе́хом; I am ~ that he is my friend я горжу́сь тем, что он мой друг; he was too ~ to ask us to help him он был сли́шком горд, что́бы проси́ть нас о по́мощи.

prove 1. (*demonstrate truth*) дока́зывать (65), *perf* доказа́ть (48) [1) *with acc* facts фа́кты; 2) *with dat* to smb кому́-л., to everybody всем]; can you ~ it? вы мо́жете э́то доказа́ть?; his guilt was ~d его́ вина́ была́ дока́зана; it's easy to ~ that... легко́ доказа́ть, что...; he was unable to ~ that it was true он не мог доказа́ть, что э́то пра́вда; ~ the contrary доказа́ть обра́тное; 2. (*turn out*) ока́зываться (65), *perf* оказа́ться (48) (*with instr*); she ~d to be a more interesting person than we had thought она́ оказа́лась бо́лее интере́сным челове́ком, чем мы ду́мали; he

~d himself (to be) a coward он оказа́лся тру́сом.

provide 1. (*make provision*) обеспе́чивать (65), *perf* обеспе́чить (174) [*with acc* for one's children дете́й, for one's family свою́ семью́, for one's parents роди́телей, for the future бу́дущее]; 2. (*supply*) снабжа́ть (64), *perf* снабди́ть (153) [*with instr* with money деньга́ми, with the necessary equipment необходи́мым снаряже́нием, with clothes оде́ждой]; he was ~d with everything he needed он был снабжён всем необходи́мым.

public I *sb* пу́блика (22b); general ~ широ́кая пу́блика; ⊙ in ~ публи́чно; she had never before spoken in ~ она́ никогда́ ра́ньше не выступа́ла публи́чно.

public II *a* 1. (*not private*) обще́ственный (31b) [park парк; figure де́ятель]; обще́ственная [life жизнь]; обще́ственное [opinion мне́ние, place ме́сто]; ~ library публи́чная библиоте́ка; 2. (*concerning the entire nation*) наро́дный (31b) [holiday пра́здник]; наро́дное [education образова́ние].

publish 1. (*issue*) издава́ть (63), *perf* изда́ть (214) [*with acc* book кни́гу]; the book was first ~ed in 1950 кни́га была́ впервы́е и́здана в ты́сяча девятьсо́т пятидеся́том году́; the novel was ~ed in two volumes

рома́н был и́здан в двух тома́х; 2. (*make public*) публикова́ть (243), *perf* опубликова́ть (243) [1] *with acc* decree ука́з, information све́дения, news но́вости, results результа́ты, account отчёт; 2) в *with abl* in a newspaper в газе́те, in a magazine в журна́ле]; his article was ~ed in yesterday's newspaper его́ статья́ была́ опублико́вана во вчера́шней газе́те.

pull *v* (*draw*) тащи́ть (175) [1] *with acc* boat ло́дку, box я́щик; 2) hard с уси́лием, with difficulty с трудо́м]; ~ smb by the hand тащи́ть кого́-л. за́ руку; the horse was ~ing a cart ло́шадь тащи́ла теле́гу; ~ **down** (*destroy*) сноси́ть (148), *perf* снести́ (113) [*with acc* old house ста́рый дом, building зда́ние]; ~ **on** (*put on*) натя́гивать (65), *perf* натяну́ть (129) [*with acc* clothes оде́жду, shoes боти́нки, socks носки́]; ~ **out** выта́скивать (65), *perf* вы́тащить (172) (*with acc*); he ~ed out a purse он вы́тащил кошелёк; I must have a tooth ~ed (out) мне на́до вы́тащить зуб; ◇ ~ **oneself together** взять (236) себя́ в ру́ки.

punish *v* нака́зывать (65), *perf* наказа́ть (48) [*with acc* the boy ма́льчика, the pupil ученика́; 2) за *with acc* for telling a lie за ложь, for coming late за опозда́ние, for negligence за хала́тность;

3) severely, cruelly жестоко, justly справедливо]; he must be ~ed егó нýжно наказáть; he has been ~ed enough он достáточно наказан.

punishment наказáние *n* (18c) [severe сурóвое, just справедливое, undeserved незаслýженное, humiliating унизительное]; deserve ~ заслýживать наказáния; avoid, escape ~ избежáть наказáния; the ~ for smth наказáние за (*with acc*) что-л.

pupil ученик *m* (4e) [1) good хорóший, bad, poor плохóй, capable спосóбный, lazy ленивый, diligent прилéжный, excellent прекрáсный; 2) goes to school хóдит в шкóлу, does exercises дéлает упражнéния, learns, studies ýчится, does his lessons дéлает урóки, gets, receives good marks получáет хорóшие отмéтки, graduates from school кончáет шкóлу, leaves school уxóдит из шкóлы, takes an examination дéржит экзáмен, passes his examinations сдаёт экзáмены, fails провáливается, works hard мнóго рабóтает, хорошó занимáется, is absent отсýтствует, is present присýтствует, attends classes, lessons посещáет занятия, is late опáздывает, is in the sixth class, form, grade ýчится в шестóм клáссе]; explain smth to a ~ объяснить что-л. ученикý; the teacher gave the ~ a good mark учитель постáвил ученикý хорóшую отмéтку; a seventh-class, a seventh-grade ~ ученик седьмóго клáсса.

purchase I *sb* (*thing bought*) покýпка *f* (22d) [valuable цéнная, good хорóшая]; make ~s дéлать покýпки; the table was piled with ~s стол был завáлен покýпками.

purchase II *v* (*buy*) покупáть (64), *perf* купить (169) [*with acc* picture картину, car машину]; a dearly ~d victory побéда, кýпленная дорогóй ценóй.

pure 1. (*unmixed*) чистый (31b) [silk шёлк]; чистая [water водá, wool шерсть]; чистое [gold зóлото, silver серебрó]; 2. (*sheer*) чистéйший (34b); it was a ~ coincidence это былó чистéйшим совпадéнием; a ~ chance, accident чистéйшая случáйность; we found the place by ~ chance мы нашли это мéсто чисто случáйно.

purpose (*object, intention*) намéрение *n* (18c) [definite определённое, honest чéстное, criminal престýпное]; it was done with a definite ~ это былó сдéлано с определённой цéлью; he came with no other ~ than to rest он приéхал тóлько с цéлью отдохнýть; what was the ~ of his visit? каковá былá цель егó посещéния?; what ~ can it serve? для чего э́то ну́жно?; my ~ was to help him у меня́ бы́ло наме́рение помо́чь ему́; for this ~ с э́той це́лью; ⊙ **on** ~ наро́чно; he did it on ~ он сде́лал э́то наро́чно.

purse кошелёк *m* (4f) [1) full по́лный, empty пусто́й; 2) open откры́ть, close закры́ть, hide спря́тать, put into one's pocket положи́ть в карма́н]; he took some coins out of his ~ он вы́нул из кошелька́ не́сколько моне́т.

pursue (*follow*) пресле́довать (244), *no perf* [1) *with acc* enemy врага́, fugitive беглеца́; aim цель; 2) persistently упо́рно, relentlessly безжа́лостно].

push *v* (*thrust*) толка́ть (64), *perf* толкну́ть (130) [1) *with acc* boat ло́дку, door дверь, hand-cart теле́жку, wheel-barrow та́чку; 2) hard си́льно, with difficulty с трудо́м, carefully осторо́жно, back наза́д, forward вперёд, aside в сто́рону; 3) *with instr* with one's hand руко́й, with one's foot ного́й, with one's elbow ло́ктем]; somebody ~ed me and I fell кто́-то меня́ толкну́л, и я упа́л; ~ smb / smth into a room втолкну́ть кого́-л. / что-л. в ко́мнату; ~ smb / smth into the water столкну́ть кого́-л. / что-л. в во́ду; don't ~! не толка́йтесь!; he was ~ing the hand-cart from

behind он подта́лкивал теле́жку сза́ди; we ~ed our way through the crowd мы пробива́лись сквозь толпу́; ⊙ ~ **open** распахну́ть (130) (*with acc*); he ~ed the door / window open он распахну́л дверь / окно́; ~ **away** отта́лкивать (65), *perf* оттолкну́ть (130) (*with acc*); he ~ed his plate away он оттолкну́л от себя́ таре́лку; ~ **out** выта́лкивать (65), *perf* вы́толкнуть (128) (*with acc*); ~ smb out of the room вы́толкнуть кого́-л. из ко́мнаты.

put 1. (*of things that lie*) класть (55), *perf* положи́ть (175) [1) *with acc* book кни́гу, box коро́бку, pen ру́чку, one's things свои́ ве́щи, watch часы́, dress пла́тье, key ключ; 2) into a bag в су́мку, into a box в я́щик, в коро́бку, into the corner в у́гол, into one's pocket в карма́н, on the table на стол, on the shelf на по́лку; I don't remember where I ~ the tickets я не по́мню, куда́ положи́л(а) биле́ты; where did you ~ my book? куда́ вы положи́ли мою́ кни́гу?; ~ it here / there! положи́те э́то сюда́ / туда́!; ~ one's hand into one's pocket су́нуть ру́ку в карма́н; ~ those things together! положи́те э́ти ве́щи вме́сте!; { (*of things that stand*) ста́вить (168), *perf* поста́вить (168) [*with acc* chair стул, lamp ла́мпу, plate таре́лку]; ~ **flow-**

ers into water ста́вить цветы́ в во́ду; ~ smth on the stove ста́вить что-л. на плиту́; ⊙ ~ **oneself in the place of smb** ста́вить себя́ на ме́сто (*with gen*) кого́-л., *perf* поста́вить себя́ на ме́сто кого́-л.; ~ **yourself in my place!** поста́вьте себя́ на моё ме́сто!; **2.** (*find place for*) помеща́ть (64), *perf* помести́ть (187) [*with acc* guest го́стя; advertisement in newspaper объявле́ние в газе́те]; we ~ him upstairs мы помести́ли его́ наверху́; **3.** (*express*) выража́ть (64), *perf* вы́разить (188) (*with acc*); ~ **into words** вы́разить слова́ми; I wouldn't ~ it that way я бы э́того так не сказа́л(а); perhaps, I've ~ it badly возмо́жно, я неуда́чно вы́разился; I don't know how to ~ that in Russian я не зна́ю, как э́то сказа́ть по-ру́сски; ~ **aside** 1) (*move away*) откла́дывать (65) в сто́рону, *perf* отложи́ть (175) в сто́рону [*with acc* book кни́гу, letter письмо́]; 2) (*save*) откла́дывать, *perf* отложи́ть [*with acc* money де́ньги]; ~ aside money for a rainy day отложи́ть де́ньги на чёрный день; ~ **away** 1) (*remove to proper place*) убира́ть (64), *perf* убра́ть (42) [*with acc* one's things свои́ ве́щи, books кни́ги]; ~ everything away! убери́те всё!; 2) (*hide*) пря́тать (75), спря́тать (75) (*with acc*); he ~

the letter away somewher^e он куда́-то спря́тал э́то письмо́; ~ **down** 1) (*crush*) подавля́ть (223), *perf* подави́ть (166) [*with acc* revolt восста́ние]; 2) (*write*) запи́сывать (65), *perf* записа́ть (57) (*with acc*); he ~ down my address он записа́л мой а́дрес; ~ **off** (*postpone*) откла́дывать, *perf* отложи́ть (*with acc*); the meeting had to be ~ off a whole week собра́ние пришло́сь отложи́ть на (*with acc*) це́лую неде́лю; don't ~ it off till tomorrow! не откла́дывайте э́того до за́втра!; I'll ~ off my visit till later я отложу́ своё посеще́ние на бу́дущее; ~ **on** надева́ть (64), *perf* наде́ть (116) [*with acc* coat пальто́, cap ша́пку, dress пла́тье, warm clothes тёплую оде́жду, shoes ту́фли, боти́нки, skates коньки́, watch часы́]; ~ on one's clothes оде́ться; ~ **out** (*extinguish*) туши́ть (175), *perf* потуши́ть (175) [*with acc* candle свечу́, fire ого́нь, пожа́р, lamp ла́мпу, gas газ]; ~ **up with** (*bear*) терпе́ть (120), *no perf* (*with acc*); I won't ~ up with his insolence any longer я не хочу́ бо́льше терпе́ть его́ де́рзость; ◇ ~ **an end to smth** положи́ть (175) коне́ц (*with dat*) чему́-л.

puzzle *v* **1.** (*perplex*) приводи́ть (152) в недоуме́ние, *perf* привести́ (219) в недоуме́ние (*with acc*); his let ter ~d ме его письмо́ привело́ меня́ в недоуме́ние; 2.: be ~d быть озада́ченным; he was

~d by her reply, answer он был озада́чен (*with instr*) её отве́том.

Q

quality 1. (*worth, value*) ка́чество *n, no pl* (14c) [1] best лу́чшее, high вы́сшее, good хоро́шее, poor ни́зкое; 2) guarantee гаранти́ровать, improve повыша́ть, улучша́ть]; goods of excellent ~ това́ры отли́чного ка́чества; the food was of the highest ~ проду́кты бы́ли вы́сшего ка́чества; of superior ~ бо́лее высо́кого ка́чества; in ~ по ка́честву; judging both by the ~ and the quantity... судя́ как по ка́честву, так и по коли́честву...; 2. (*property*) свойство *n* (14c) [rare ре́дкое, particular осо́бое, remarkable замеча́тельное]; radioactivity is a ~ of definite isctopes радиоакти́вность — сво́йство определённых изото́пов; possess rare qualities облада́ть ре́дкими сво́йствами; 3. (*merit*) досто́инство *n* (14c); the qualities of a play / novel досто́инства пье́сы / рома́на; he had so many good qualities that everybody loved him у него́ бы́ло так мно́го досто́инств, что его́ все люби́ли; moral qualities мора́льные досто́инства; { (*characteristic*) ка́честв о;

personal qualities ли́чные ка́чества; he had all the qualities of a good organizer он облада́л все́ми ка́чествами хоро́шего организа́тора.

quantity (*amount*) коли́чество *n, no pl* (14c) [1] large большо́е, considerable значи́тельное, enormous огро́мное, small небольшо́е, sufficient доста́точное; 2) determine, measure определи́ть, increase увели́чить, diminish, decrease уме́ньшить]; a certain ~ of water / gas / goods не́которое коли́чество воды́ / га́за / това́ров; the ~ of chemicals / food коли́чество хими́калий / проду́ктов; in large quantities в большо́м коли́честве; we are striving for both quality and ~ мы стреми́мся как к улучше́нию ка́чества, так и к увеличе́нию коли́чества.

quarrel I *sb* ссо́ра *f* (19c) [sudden неожи́данная, old ста́рая, давни́шняя]; avoid a ~ избега́ть ссо́ры; start a ~ with smb зате́ять ссо́ру с кем-л.; the argument came to an open ~ спор дошёл до откры́той ссо́ры; what was the cause of the ~? что яви́лось причи́ной ссо́ры?; they had a bitter ~ over it они́ си́льно поссо́рились из-за (with gen) э́того; he had a ~ with his father он поссо́рился с отцо́м; make up a ~ ула́живать ссо́ру.

quarrel II *v* ссо́риться (157), *perf* поссо́риться (157) (with — с· *with instr*; about — из-за *with gen*); they often ~ они́ ча́сто ссо́рятся; what are they ~ling about? из-за чего́ они́ ссо́рятся ; he ~led with his best friend он поссо́рился со свои́м лу́чшим дру́гом; let's not ~ over it! не бу́дем из-за э́того ссо́риться!

quarter *sb* **1.** (*one fourth*) че́тверть *f* (29b); a ~ of a mile / an hour / a pound / a century / the distance че́тверть ми́ли / ча́са / фу́нта / ве́ка / расстоя́ния; an hour and a ~ час с че́твертью; three ~s три че́тверти; three and a ~ три с че́твертью; **2.** (*of time*) че́тверть; it's a ~ to three без че́тверти три; it's a ~ past three че́тверть четвёртого; he came at a ~ to five он пришёл без че́тверти пять; **3.** (*three months*) кварта́л *m* (1f) [first пе́рвый, last после́дний]; rent for the ~ пла́та за кварта́л; at the end / beginning of the ~ в конце́ / нача́ле кварта́ла; ◇ **at close** ~s на бли́зком расстоя́нии; now he saw her at close ~s тепе́рь он

ви́дел её на бли́зком расстоя́нии.

queen короле́ва *f* (19a); the Queen of England короле́ва А́нглии.

queer 1. (*strange, odd*) стра́нный (31b) [man, person челове́к, way спо́соб, look взгляд, custom обы́чай, noise шум]; стра́нная [woman же́нщина, room ко́мната, manner мане́ра, thing вещь]; стра́нное [feeling чу́вство, sensation ощуще́ние]; he looked rather ~ он вы́глядел дово́льно стра́нно; **2.** (*suspicious, doubtful*) подозри́тельный (31b) [fellow субъе́кт]; подозри́тельная [character ли́чность]; there is something ~ about it здесь что́-то нела́дно.

question *sb* **1.** (*query*) вопро́с (1f) [1) difficult тру́дный, unexpected неожи́данный, leading наводя́щий, strange стра́нный, polite ве́жливый; 2) ask зада́ть, repeat повтори́ть, understand поня́ть]; answer a ~ отве́тить на вопро́с; may I ask you a ~? могу́ я вам зада́ть (оди́н) вопро́с?; are there any ~s? есть ли (каки́е-нибудь) вопро́сы?; in answer to your ~ ...; в отве́т на ваш вопро́с...; it is difficult / easy to answer that ~ на э́тот вопро́с тру́дно / легко́ отве́тить; I have a ~ to ask (you) у меня́ к вам вопро́с; fire ~s at smb засы́пать кого́-л. вопро́сами; **2.** (*matter*) вопро́с (1) im-

portant ва́жный, delicate
щекотли́вый, basic основ-
но́й, main гла́вный; economic экономи́ческий, polit-
ical полити́ческий; 2) study
изуча́ть, raise подня́ть,
solve разреши́ть, complicate
усложни́ть, settle ула́дить,
discuss обсужда́ть, consider
рассма́тривать]; touch upon
the ~ of salary косну́ться
вопро́са зарпла́ты; there are
several ~s I must talk to
you about мне ну́жно об-
суди́ть с ва́ми не́сколько
вопро́сов; I'm very much
interested in this ~ меня́
о́чень интересу́ет э́тот воп-
ро́с; it's a ~ of money /
time э́то вопро́с де́нег / вре́-
мени; **3.** (*doubt*) сомне́ние
n (18c); there is some ~ as
to his ability есть не́кото-
рые сомне́ния относи́тельно
его́ спосо́бностей; beyond ~
вне сомне́ний; without ~ без
сомне́ния; there was not the
slightest ~ as to her honesty
не́ было ни мале́йшего со-
мне́ния относи́тельно её
че́стности; there is, can be
no ~ that he is right /
wrong безусло́вно он прав /
непра́в; ◇ **out of the** ~ не
мо́жет быть и ре́чи; it's out
of the ~ об э́том не мо́жет
быть и ре́чи.

quick *a* (*rapid*) бы́стрый
(31b) [answer отве́т, glance,
look взгляд]; бы́страя [reac-
tion реа́кция]; бы́строе
[movement движе́ние]; бы́ст-
рые [steps шаги́]; with a ~
movement бы́стрым движе́-
нием; be ~! быстре́е!, ско-
ре́е!; a ~ change of mood
бы́страя переме́на настрое́-
ния.

quickly бы́стро [walk, go
идти́, grow расти́, come
back, return верну́ться, finish ко́нчить, disappear ис-
че́знуть, put on наде́ть,
take off снять, run бежа́ть,
move дви́гаться, agree со-
гласи́ться]; come as ~ as
possible! приходи́(те) воз-
мо́жно скоре́е!; he ~ opened
the door and ran out он
бы́стро откры́л дверь и
вы́бежал; she turned to him
~ она́ бы́стро поверну́лась к
нему́.

quiet *a* **1.** (*calm*) споко́й-
ный (31b) [person, man че-
лове́к, child ребёнок, day
день, evening ве́чер, answer
отве́т]; споко́йная [game
игра́, life жизнь]; споко́й-
ное [lake о́зеро, sea мо́ре,
place ме́сто]; he seemed
/ remained ~ он каза́л-
ся / остава́лся споко́йным;
there was no wind and
everything was ~ ве́тра
не́ было и всё вокру́г бы́ло
ти́хо; a ~ night ти́хая
ночь; **2.** (*not noisy or loud*)
ти́хий (33b) [voice го́лос,
town го́род]; ти́хая [street
у́лица]; ти́хие [movements
движе́ния]; lie / stand / sit ~
ти́хо лежа́ть / стоя́ть / си-
де́ть; in a ~ voice ти́хо; be
~, please! ти́ше, пожа́луй-
ста!; ask the children to
be ~! попроси́(те) дете́й
не шуме́ть!

quietly 1. (*calmly*) спокойно [explain объяснять, speak говорить, work работать, sleep спать, live жить]; **2.** (*noiselessly*) тихо [come in войти, disappear исчезнуть, lie лежать, sit сидеть, open открыть, put положить]; speak ~, please! говори(те), пожалуйста, тише!; we wanted to leave ~ мы хотели тихо уйти.

quite 1. (*completely, entirely*) совсем; I am ~ ill я совсем болен;- he doesn't feel ~ well он не совсем хорошо себя чувствует; the work isn't ~ finished yet работа ещё не совсем закончена; we ~ forgot about it мы совсем забыли об этом; she is ~ alone она совсем одна; I don't ~ understand you я вас не совсем понимаю; { (*fully*) вполне; I am ~ satisfied with your work я вполне удовлетворён вашей работой; he speaks Russian ~ well он говорит по-русски вполне хорошо; I ~ agree with you я вполне с вами согласен; that's ~ enough этого вполне достаточно; it's ~ possible это вполне возможно; you're ~ right вы совершенно правы; **2.** (*to a considerable extent, rather*) довольно; it has become ~ cold / warm стало довольно холодно / тепло; he has become ~ a good musician он стал довольно хорошим музыкантом; for ~ some time довольно долго.

quote *v* цитировать (245), *perf* процитировать (245) (*with acc*); ~ Shakespeare цитировать Шекспира; he ~d a few lines from "Hamlet" он процитировал несколько строк из «Гамлета».

R

rabbit кролик *m* (4a).
race *sb* (*of sports*) гонки *pl* (22d); automobile / motor-cycle ~ автомобильные / мотоциклетные гонки; run a ~ участвовать в гонках; start a ~ начать гонки; be at the ~s быть на гонках; { соревнования *pl* (18c); swimming / skating ~ соревнования по плаванию / по конькам; win a ~ выиграть в соревнованиях; ⊙ **arms** ~ гонка (*f* 22d) вооружений.

radio радио *n indecl* [turn on включить, turn off выключить, listen to слушать]; hear smth / smb over the ~ услышать (*with acc*) что-л. / кого-л. по радио; listen to a concert / music / a play / the news over the ~ слушать по радио концерт / музыку / пьесу / последние известия; speak / sing over the ~

выступа́ть / петь по ра́дио; he is learning French by ~ он изуча́ет францу́зский язы́к по ра́дио.

rage I *sb* (*anger*) я́рость *f*, *no pl* (29c); he was in a ~ он был в я́рости; with ~ с я́ростью; he was mad with ~ им овладе́ла я́рость; he was beside himself with ~ он был вне себя́ от я́рости; ⊙ **fly into a** ~ прийти́ (206) в я́рость; he flew into a ~ он пришёл в я́рость.

rage II *v* 1. (*of illness*) свире́пствовать (65), *no perf*; an epidemic of grippe ~d throughout the country эпиде́мия гри́ппа свире́пствовала по всей стране́; 2. (*of nature*) бушева́ть (246); the storm, tempest ~d for three days бу́ря бушева́ла три дня; the fire ~d пожа́р бушева́л; the sea was raging мо́ре бушева́ло.

rail *sb* 1. (*bar*) пери́ла *no sg* (14c) [wooden деревя́нные, iron желе́зные, low ни́зкие]; hold on to the ~ держа́ться за пери́ла; lean over the ~ облокоти́ться на пери́ла; 2. (*for transport*) рельс *m* (1f); *usu pl* ~s ре́льсы [tram трамва́йные]; run on ~s е́хать по ре́льсам; the train ran off the ~s по́езд сошёл с ре́льсов; ⊙ **by** ~ по желе́зной доро́ге; the goods were sent by ~ това́ры бы́ли отпра́влены по желе́зной доро́ге.

railroad желе́зная доро́га *f* (22b); by ~ по желе́зной доро́ге; build a ~ стро́ить желе́зную доро́гу; ~ **bridge** железнодоро́жный мост.

railway желе́зная доро́га *f* (22b); ~ **station** / **line** / **accident** железнодоро́жная ста́нция / ли́ния / катастро́фа; ~ **company** железнодоро́жная компа́ния; *see* railroad.

rain I *sb* дождь *m* (2b) [1) heavy си́льный, thin ме́лкий, autumn осе́нний, refreshing освежа́ющий, sudden внеза́пный; 2) begins начина́ется, stops, ceases прекраща́ется]; drops of ~ дождевы́е ка́пли; has the ~ stopped yet? дождь уже́ переста́л?; we had much ~ last summer про́шлым ле́том у нас бы́ло мно́го дожде́й; the plants need ~ расте́ниям ну́жен дождь; there was no sign of ~ при́знаков дождя́ не́ было; the ~ poured down steadily дождь лил, не перестава́я; the first drops of ~ fell упа́ли пе́рвые ка́пли дождя́.

rain II *v*: it ~s, it is ~ing идёт дождь; it often ~s in autumn о́сенью ча́сто идёт дождь; it is ~ing (now) сейча́с идёт дождь; does it often ~ there? там ча́сто иду́т дожди́?; it was ~ing hard шёл си́льный дождь; it ~ed all morning but at last it stopped всё у́тро шёл дождь, но, наконе́ц, он переста́л; do you think it will ~ tomorrow? как вы ду́маете, бу́дет за́втра

дождь?; if it ~s tomorrow
we shall not go если за́втра бу́дет дождь, то мы не пойдём; it was ~ing a
little шёл небольшо́й дождь;
⊙ it ~ed cats and dogs
дождь лил как из ведра́.

raise *v* **1.** (*lift*) поднима́ть (64), *perf* подня́ть (232) [1] *with acc* one's hand ру́ку, one's head го́лову, one's eyes глаза́, one's eyebrows бро́ви; curtain за́навес, dust пыль; **2)** with difficulty с трудо́м, slowly ме́дленно, with one hand одно́й руко́й; in one's arms на́ руки, to one's shoulder на плечо́, above one's head над голово́й; from the ground с земли́]; ~ one's hat приподня́ть шля́пу; ~a flag подня́ть флаг; **2.**: ~ oneself поднима́ться (64), *perf* подня́ться (232); he ~d himself from the ground он подня́лся с земли́; **3.** (*render higher*) повыша́ть (64), *perf* повы́сить (149) [*with acc* prices це́ны, wages, pay зарпла́ту, taxes нало́ги; one's voice го́лос]; **4.** (*grow, cultivate*) выра́щивать (65), *perf* вы́растить (163) [*with acc* corn хлеб, oats овёс, wheat пшени́цу, crop урожа́й]; ¦ (*breed*) разводи́ть (152) [*with acc* cattle скот, pigs свине́й, horses лошаде́й, chickens кур, ducks у́ток, geese гусе́й].

rank *sb* **1.** (*row*) ряд *m* (1k); he has always been in the first ~ of fighters for peace он всегда́ был в пе́рвых ряда́х борцо́в за мир; **2.**

(*position*) ранг *m* (4c); an officer of high ~ офице́р высо́кого ра́нга; a scientist of the highest ~ учёный с мировы́м и́менем; a discovery of the first ~ откры́тие первостепе́нной ва́жности.

rapid *a* (*swift*) бы́стрый (31b) [growth рост, answer, response отве́т]; бы́страя [speech речь, river река́]; бы́строе [movement движе́ние, improvement улучше́ние, increase увеличе́ние]; with ~ steps бы́стрыми шага́ми.

rapidly бы́стро [speak говори́ть, work рабо́тать, change меня́ть, dress одева́ться].

rare *a* (*not common*) ре́дкий (33b) [metal мета́лл, stone ка́мень]; ре́дкая [book кни́га, ability спосо́бность]; ре́дкое [plant расте́ние, edition изда́ние, word сло́во, animal живо́тное, phenomenon явле́ние, name и́мя]; such flowers are very ~ in this country таки́е цветы́ о́чень ре́дко встреча́ются в э́той стране́; a man of ~ erudition челове́к ре́дкой эруди́ции.

rat кры́са *f* (19a).

rate *sb* (*speed*) ско́рость *f* (29b) [high больша́я, ordinary обы́чная, unusual необыкнове́нная]; go at a ~ of sixty kilometres an hour е́хать со ско́ростью шести́десяти киломе́тров в час; ◇ **at any** ~ во вся́ком слу́ чае; I shall be back before ten at any ~ во всяком случае, я вернусь до десяти (часов); at any ~ we can help you во всяком случае, мы сможем вам помочь.

rather 1. (*somewhat, to some extent*) довольно; we came home ~ late мы пришли домой довольно поздно; the film is ~ interesting этот фильм довольно интересный; he speaks Russian ~ well / slowly он говорит по-русски довольно хорошо / медленно; I am ~ tired я порядком устал(а); in a ~ strange fashion довольно странным образом; **2.** (*of preference*): I would ~ go today than tomorrow я предпочёл, предпочла бы пойти сегодня, а не завтра; he said he would ~ stay at home он сказал, что он предпочёл бы остаться дома; I'd ~ not speak of it я бы предпочёл, предпочла об этом не говорить.

raw *a* **1.** (*unprocessed*) необработанный (31b); необработанная [leather кожа]; необработанные [hides шкуры]; { *often rendered by sb* сырец *m* (9c); ~ silk шёлк-сырец; ~ cotton хлопок-сырец; ~ spirits спирт-сырец; ⊙ ~ **material(s)** сырьё *n, no pl* (18a); **2.** (*not cooked*) сырой (31a) [potatoes картофель]; сырая [fish рыба, food пища]; сырое [meat мясо]; сырые [vegetables овощи].

ray *sb* луч *m* (7b) [1) bright яркий, pale бледный, thin тонкий; 2) *with gen* of light света, of sunlight солнца, of moonlight луны]; the ~s of the sun penetrated into the dark room лучи солнца проникли в тёмную комнату; a ~ of sunlight fell on the sleeping boy луч солнца упал на спящего мальчика; ~ of hope луч надежды.

reach *v* **1.** (*be able to touch*) доставать (63), *perf* достать (51) (*with acc*); the book is too high, I can't ~ it книга стоит слишком высоко, я не могу её достать; I can't ~ so high я не могу достать так высоко; please, ~ me that box! достань(те) (*with dat*) мне, пожалуйста, ту коробку!; I can't ~ the top shelf я не могу достать до (*with gen*) верхней полки; **2.** (*attain*) достигать (64), *perf* достичь (205), достигнуть (130) [*with gen* the top of the mountain вершины горы, the coast берега, one's destination места назначения]; not a sound ~ed our ears ни один звук не достигал наших ушей; ~ old age / middle age достичь старости / средних лет; { (*arrive*) прибывать (64), *perf* прибыть (210) (в *with acc*); when does the train ~ London? когда поезд прибывает в Лондон?; the ship ~ed the port safely пароход благополучно прибыл в порт; { (*get to*) попадать (64), *perf* попасть (55); how can I ~ the port? как мне попасть в (*with acc*) порт?; we were afraid we should not ~ home before the rain began мы боялись, что не попадём домой до того, как начнётся дождь; your letter didn't ~ me ваше письмо так и не попало ко (*with dat*) мне; { (*establish connection*) связываться (65), *perf* связаться (48) (с *with instr*); we can ~ him when he gets to London мы сможем с ним связаться, когда он приедет в Лондон; I was not able to ~ him by phone я не мог(ла) с ним связаться по телефону; ~ **out** (*stretch out*) протягивать (65) руку, *perf* протянуть (129) руку (for — за *with instr*); he ~ed out and took a box from the table он протянул руку и взял коробку со стола; he ~ed his hand out for the book / bread он протянул руку за книгой / хлебом.

read *v* 1. читать (64), *perf* прочитать (64) [1) *with acc* book книгу, story рассказ, novel роман, newspaper газету, music ноты, poetry стихи, letter письмо, telegram телеграмму; 2) aloud вслух, to oneself про себя; attentively внимательно, quickly быстро, with difficulty с трудом, once один раз, twice два раза,

fluently бегло, expressively выразительно]; learn to ~ учиться читать; I read about it in the newspaper я прочитал об (*with abl*) этом в газете; she read us a very interesting story она прочитала нам очень интересный рассказ; he can ~ Russian / many languages он может читать по-русски / на многих языках; bring / give me smth to ~! принеси(те) / дай(те) мне что-нибудь почитать!; children like to be read to дети любят, когда им читают; I have no time to ~ у меня нет времени почитать; ~ Byron in the original / translation читать Байрона в подлиннике / в переводе; ⊙ ~ **between the lines** читать между строк; it was easy to ~ between the lines... легко было прочесть между строк...; 2. (*say*): the letter / telegram ~s... в (*with abl*) письме / телеграмме говорится...; ~ **out** читать вслух.

reader 1. (*one who reads*) читатель *m* (3a) [exacting требовательный, strict строгий, careful внимательный]; читательница *f* (21a); 2. (*book*) хрестоматия *f* (23c); compile / read a ~ составлять / читать хрестоматию; Russian literary ~ хрестоматия по русской литературе.

reading чтение *n* (18c) [close внимательное]; teach

~ обучáть чтéнию; { *often conveyed by verb* читáть (64); he is fond of ~ он óчень лю́бит читáть.

ready (*prepared*) готóвый (31b) [answer отвéт]; { *usu short form is used* готóв *m*, готóва *f*, готóво *n*, готóвы *pl* (for — к *with dat*); breakfast / dinner is ~ зáвтрак / обéд готóв; are you ~? вы готóвы?; they are always ~ to help они́ всегдá готóвы помóчь; everything is ~ всё готóво; I am not quite ~ yet я ещё не совсéм готóв(а); we hurried to get everything ~ мы поспеши́ли всё приготóвить; they were ~ to give in они́ бы́ли готóвы уступи́ть; are you ~ for the trip? вы готóвы к поéздке?

real *a* (*genuine, true*) настоя́щий (35) [artist худóжник, writer писáтель, friend друг, comrade товáрищ, hero герóй; diamond бриллиáнт]; настоя́щая [friendship дрýжба, love любóвь]; настоя́щее [adventure приключéние, art искýсство, discovery откры́тие]; ~ silk натурáльный шёлк; that is not his ~ name э́то не егó и́мя; it is a ~ pleasure to hear him speak слýшать егó — и́стинное удовóльствие; { (*existing in fact*) пóдлинный (31b) [fact факт]; пóдлинная [reason причи́на]; пóдлинное [event собы́тие]; the ~ truth и́стинная прáвда;

this is a story / picture of ~ life э́то рассказ / картина из реáльной жи́зни; show one's ~ character показáть своё и́стинное лицó.

realize 1. (*understand*) понимáть (64), *perf* поня́ть (233) [with acc one's mistake, error свою́ оши́бку, one's situation своё положéние]; we soon ~d that we had a difficult task before us вскóре мы пóняли, что перед нáми стои́т трýдная задáча; she ~d how much it meant to her онá поняла́, как мнóго э́то знáчило для неё; at first he did not ~ what had happened сначáла он не пóнял, что произошлó; **2.** (*make real*) осуществля́ть (223), *perf* осуществи́ть (164) [with acc plan, scheme план, one's dreams свои́ мечты́]; he ~d his ambition он дости́г свое́й цéли.

really (*indeed*) действи́тельно; do you ~ want to go there? вы действи́тельно хоти́те тудá пойти́?; the ~ important questions must be discussed first действи́тельно вáжные вопрóсы должны́ быть обсуждены́ в пéрвую óчередь; { (*actually*) на сáмом дéле; tell me what you ~ think about it скажи́те мне, что вы на сáмом дéле дýмаете об э́том; he is ~ an outstanding person он на сáмом дéле выдаю́щийся человéк; you don't ~ think so не мóжет быть, что вы на са́мом де́ле так ду́маете.

rear sb **1.** (*place behind front lines*) тыл *m* (1k); penetrate deep into the enemy's ~ прони́кнуть в глубо́кий тыл врага́; in the ~ в тылу́; cover the ~прикрыва́ть тыл; fall upon, attack the enemy's ~ напа́сть на врага́ с ты́ла; **2.** (*back part*) за́дняя сторона́ *f* (19j) [*with gen* of a house до́ма, of a building зда́ния]; in, at the ~ of the house в (*with abl*) за́дней ча́сти до́ма.

reason sb **1.** (*motive*) причи́на *f* (19c) [1] important ва́жная, real и́стинная, serious серьёзная, special осо́бая, main гла́вная, obvious очеви́дная; 2) *with gen* for the refusal отка́за, for leaving отъе́зда]; conceal the ~s скрыва́ть причи́ны; the ~ is not clear to me причи́на мне неясна́; there are many ~s why he did it есть мно́го причи́н, почему́ он э́то сде́лал; he refused to tell us the ~ он отказа́лся сообщи́ть нам причи́ну; for that ~ по э́той причи́не; for some ~ or other по той и́ли ино́й причи́не; ⊙ **listen to smb's ~s** слу́шать (65) чьи-л. объясне́ния; **2.** (*basis*) основа́ние *n* (18c); *usu pl* основа́ния; have a ~ име́ть основа́ния; I have a ~ for it у меня́ есть для (*with gen*) э́того основа́ния; there is a ~ to believe that... есть ос

нова́ния полага́ть, что...; I have a ~ for doing so у меня́ есть основа́ния так поступа́ть; have you any ~ for saying such things? есть ли у вас основа́ния для того́, что́бы говори́ть таки́е ве́щи?; have you any ~ to complain? есть ли у вас основа́ния жа́ловаться?

recall v (*remember*) вспомина́ть (64), *perf* вспо́мнить (179) [*with acc* name и́мя, event собы́тие, story исто́рию]; I can't ~ how we went there я ника́к не могу́ вспо́мнить, как мы туда́ е́хали.

receipt sb (*document*) квита́нция *f* (23c); give / receive, get a ~ дать / получи́ть квита́нцию; here is your ~! вот ва́ша квита́нция!; { (*acknowledgement*) распи́ска *f* (22d); please send me a ~ for the money! пришли́те мне, пожа́луйста, распи́ску в получе́нии де́нег!; sign a ~ расписа́ться, дать распи́ску.

receive 1. (*get*) получа́ть (64), *perf* получи́ть (173) [*with acc* letter письмо́, newspaper газе́ту, mail по́чту, answer, reply отве́т, news изве́стия, money де́ньги, present пода́рок, order прика́з, wages, pay зарпла́ту, warning предостереже́ние, education образова́ние, support подде́ржку; wound ране́ние]; **2.** (*entertain*, *admit*) принима́ть (64), *perf* приня́ть (232) [1] *with acc* guests гостей, visitors посетителей, patients больных; 2) warmly тепло, coldly холодно]; he ~s on Mondays он принимает по понедельникам.

recent недавний (32) [incident случай]; недавняя [attempt попытка, trip поездка]; недавнее [event событие, journey путешествие, discovery открытие, invention изобретение; past прошлое].

recently недавно; the novel was ~ published роман был недавно опубликован; I met her ~ at the theatre я её недавно встретил(а) в театре; have you been to see them ~? вы бывали у них последнее время?

reception приём *m* (1f) [warm тёплый, cold холодный, enthusiastic восторженный]; the visitors were given a warm ~ гостям был оказан тёплый приём.

recognize 1. (*identify*) узнавать (63), *perf* узнать (64) [1) *with acc* person человека, face лицо, voice голос, handwriting почерк, tune мелодию; 2) with difficulty с трудом, at once сразу же, from far издали]; no one will ~ you in that disguise вас никто не узнает в этом костюме; I could hardly ~ him я с трудом узнал(а) его; you'll ~ him by his manner of speaking вы узнаете его по (*with dat*) его манере говорить; when he returned to the village he came from, he did not ~ it когда он вернулся в свою родную деревню, он её не узнал; **2.** (*acknowledge formally*) признавать (63), *perf* признать (64) [*with acc* government правительство, country государство; claim претензию, obligation обязательство]; **3.** (*acknowledge*) признавать, *perf* признать [facts факты]; he is ~d as an authority его признают (*with instr*) авторитетом; he was ~d as the finest musician of his day он был признан лучшим музыкантом своего времени.

recommend рекомендовать (243), *perf* порекомендовать (243) [*with acc* person человека, doctor врача, lawyer юриста, book книгу]; the doctor ~ed a change of climate доктор рекомендовал перемену климата; he ~ed me for the job он рекомендовал меня на эту работу; can you ~ a book for me to read? вы не можете порекомендовать (*with dat*) мне книгу для чтения?; I ~ that you should consult this doctor / follow his advice я вам рекомендую проконсультироваться у этого врача / последовать его совету; he ~ed that the building be pulled down он рекомендовал снести это здание.

record *sb* **1.** (*account*) отчёт *m* (1f) [1] annual ежего́дный, full по́лный, detailed подро́бный; 2) publish публикова́ть, make де́лать, write написа́ть]; ⊙ **keep a ~ of** вести́ (219) за́пись (*with gen*); he kept a careful ~ of his expenses он вёл тща́тельную за́пись свои́х расхо́дов; **on** — зарегистри́рованный (31b); a number of attempts are on ~ зарегистри́рован ряд попы́ток; 2. (*highest achievement*) реко́рд *m* (1f) [1) world мирово́й, new но́вый; 2) break, beat поби́ть, set up установи́ть]; swimming ~ реко́рд по пла́ванию; 3. (*disc*) пласти́нка *f* (22d) [gramophone патефо́нная]; put on / play / break a ~ поста́вить / проигра́ть / разби́ть пласти́нку.

recover 1. (*get well*) поправля́ться (223), *perf* попра́виться (168) (from — от *with gen*); he has fully, completely ~ed он совсе́м попра́вился; he is ~ing slowly он ме́дленно поправля́ется; he ~ed from his illness он вы́здоровел; he has not quite ~ed yet он ещё не совсе́м попра́вился; { (*get back*) восстана́вливать (65), *perf* восстанови́ть (166) [*with acc* health здоро́вье, strength си́лы]; he ~ed his sight его́ зре́ние восстанови́лось; 2. (*come to oneself*) приходи́ть (152) в себя́, *perf* прийти́ (206) в себя́ (от *with gen*); she quickly ~ed from the shock / from her as-

tonishment, her surprise она́ бы́стро овладе́ла собо́й; ~ consciousness приходи́ть в созна́ние.

red *a* 1. кра́сный (31b) [colour цвет, flower цвето́к, light свет, flag флаг; beret бере́т, tie га́лстук]; кра́сная [blood кровь; hat шля́па, rose ро́за]; кра́сное [flame пла́мя, dress пла́тье, face лицо́]; кра́сные [lips гу́бы, eyes глаза́, cheeks щёки; berries я́годы, apples я́блоки]; pale ~ light ~ све́тло-кра́сный; dark ~ тёмно-кра́сный; he was ~ in the face with anger он покрасне́л от гне́ва; he painted the gate ~ он покра́сил кали́тку в кра́сный цвет; eyes were ~ with crying её глаза́ покрасне́ли от (*with gen*) слёз; he was ~ with excitement / cold он покрасне́л от возбужде́ния / моро́за; turn ~ красне́ть (98), *perf* покрасне́ть (98) (with — от *with gen*); he turned ~ with embarrassment он покрасне́л от смуще́ния; the leaves turned ~ ли́стья покрасне́ли; 2. (*of hair*) ры́жий (34b) [colour цвет]; ры́жая [cow коро́ва; beard борода́]; ры́жие [hair во́лосы]; ◇ **Red Cross** Кра́сный Крест

reduce (*make lower*) снижа́ть (64), *perf* сни́зить (189) [*with acc* prices це́ны, wages зарпла́ту; pressure давле́ние]; he ~d speed to forty kilometres an hour он снизил скорость до (*with gen*) сорока километров в час; prices have been ~d by ten per cent цены снижены на (*with acc*) десять процентов; { (*make less in quantity*) уменьшать (64), *perf* уменьшить (172) [*with acc* expenses расходы, influence влияние, number количество, temperature температуру].

refer 1. (*allude*) ссылаться (64), *perf* сослаться (61) [на *with acc* to a book на книгу, to literary sources на литературные источники, to the data на данные, to the letter на письмо]; you may ~ to me if necessary если будет нужно, можете сослаться на меня; the author ~s to events of the past автор ссылается на события прошлого; · 2. (*concern*) относиться (148), *no perf* (to — к *with dat*); these remarks do not ~ to you эти замечания к вам не относятся; what I am saying ~s to all those present то, что я говорю, относится ко всем присутствующим.

reflect (*give back as image*) отражать (64), *perf* отразить (191) [*with acc* light свет, sound звук; event событие]; the article ~ed public opinion статья отразила общественное мнение; the mirror ~ed her pale face в зеркале отразилось её бледное лицо; the surface of the lake ~ed the trees на поверхности озера отражались деревья.

refuse *v* **1.** (*reject*) отказываться (65), *perf* отказаться (48) [1) от *with gen* money от денег, invitation от приглашения, present от подарка, offer от предложения; 2) *with inf* to do сделать, to go пойти, to help помочь; 3) outright наотрез, without hesitation без колебаний, definitely окончательно]; I asked him to join us but he ~d я попросил(а) его присоединиться к нам, но он отказался; he ~d to explain anything / to meet them он отказался объяснить что-л./встретиться с ними; I had to ~ мне пришлось отказаться; **2.** (*deny*) отказывать (65), *perf* отказать (48) (в *with abl*); I can't ~ her anything я ни в чём не могу ей отказать; he ~d to gra nt my request он отказал мне в моей просьбе.

regard I *sb* **1.** (*consideration*) уважение *n* (18c) (for — к *with dat*); he has no ~ for others у него нет уважения к другим; he acts without any ~ for other people он поступает, не считаясь с другими; out of ~ for you из уважения к вам; **2.** *pl* ~s (*good wishes*) привет *m* (1f); send, give one's ~s передавать привет; my best ~s to your wife! мой сердечный привет (*with dat*) вашей жене!; give her my kind, best ~s! передайте ей мой сердечный привет!

regard II v (*consider*) считать (64), *no perf* (*with acc*); she ~ed him as her friend / enemy она считала его (*with instr*) своим другом / врагом; he ~ed it as an insult он считал это оскорблением; I ~ it as a high honour я считаю это большой честью; ⊙ **as ~s, with ~ to** что касается (*with gen*); as ~s your letter / behaviour... что касается вашего письма / поведения, то...; with ~ to your request... что касается вашей просьбы...

regiment sb полк m (4g); serve in a ~ служить в полку; a ~ of soldiers полк солдат.

region район m (1f) [vast обширный, uninhabited ненаселённый, distant отдалённый]; the forest / steppe ~ лесной / степной район.

register v 1. (*write down*, *record*) регистрировать (245), *perf* зарегистрировать (245) [*with acc* birth рождение, marriage брак, death смерть, date дату, fact факт]; election results are ~ed immediately результаты выборов немедленно регистрируются; 2. (*of post, mail*) send, have a letter ~ed посылать заказное письмо.

regret I sb 1. (*remorse*) сожаление n (18c) [1) sincere искреннее, deep глубокое;

2) express выразить, feel чувствовать]; with (much) ~ с (большим) сожалением; to my ~ I must refuse к сожалению, я должен отказаться; have no ~s не сожалеть (о *with abl*); 2. pl ~s (*apologies*) извинения (18c); please accept my ~s! примите мои извинения!

regret II v (*be sorry*) сожалеть (98), *no perf* [о *with abl* mistake, error об ошибке, what has happened о случившемся]; I ~ (that) I cannot come сожалею, что я не могу прийти; I ~ to say... с сожалением должен, должна сказать (,что)...; we ~ to inform you... с сожалением сообщаем вам...

regular a 1. (*systematic*) регулярный (31b); регулярная [correspondence переписка]; регулярные [lessons занятия, visits посещения]; have ~ meals регулярно питаться; lead a ~ life вести размеренный образ жизни; { (*steady*) постоянный (31b) [income доход, source of income источник дохода]; постоянная [work работа, salary зарплата]; ~ army регулярная армия; ~ troops регулярные войска; he has no ~ work у него нет постоянной работы; 2. (*symmetrical*) правильный (31b); she has ~ features у неё правильные черты лица; ~ teeth ровные зубы; 3. (*ordinary*) обы́чный (31b); we shall do it in the ~ way мы сде́лаем э́то обы́чным путём; it was his ~ time for returning from work э́то бы́ло его́ обы́чное вре́мя возвраще́ния с рабо́ты.

reject отверга́ть (64), *perf* отве́ргнуть (127) [*with acc* scheme, plan план, offer предложе́ние]; the proposal was ~ed предложе́ние бы́ло отве́ргнуто.

relation I *sb* (*connection*) отноше́ние *n* (18c); that has no ~ to the question э́то не име́ет никако́го отноше́ния к да́нному вопро́су; { *usu pl* ~s отноше́ния (18c) [1) trade торго́вые, business делов́ые, commercial комме́рческие; strained натя́нутые, peaceful ми́рные, friendly дру́жественные; 2) between two countries ме́жду двумя́ стра́нами, between them ме́жду ни́ми, with smb с кем-л.; 2) establish установи́ть, break off порва́ть, strengthen упро́чить]; our ~s have always been excellent на́ши отноше́ния всегда́ бы́ли прекра́сными; ⊙ **with ~ to** что каса́ется (*with gen*).

relation II *sb* (*relative*) ро́дственник *m* (4a), ро́дственница *f* (21c); *see* relative.

relative *sb* (*relation*) ро́дственник *m* (4a), ро́дственница *f* (21a); I have many / no ~s у меня́ мно́го / нет ро́дственников; he is

a distant / close ~ of mine он мой да́льний / бли́зкий ро́дственник; lose one's ~s потеря́ть свои́х ро́дственников; go to see, visit one's ~s навести́ть ро́дственников; he a ~ of yours? он ваш ро́дственник?

release *v* освобожда́ть(64), *perf* освободи́ть (153) [1) *with acc* all of us всех нас, some of them не́которых из них; 2) *with gen* from an obligation от обяза́тельства; from prison из тюрьмы́]; he was ~d он был освобождён.

relief 1. (*ease, comfort*) облегче́ние *n* (18c) [1) great большо́е, considerable значи́тельное; 2) feel почу́вствовать, bring принести́]; he sighed with ~ он вздохну́л с облегче́нием; the treatment brought, gave some / much ~ лече́ние принесло́ не́которое / большо́е облегче́ние; tears brought her no ~ слёзы не принесли́ ей облегче́ния; what a ~! како́е облегче́ние!; **2.** (*aid*) по́мощь *f*, *no pl* (30b) [receive получа́ть, give оказы́вать]; ~ of disaster victims по́мощь (*with dat*) потерпе́вшим бе́дствие; Red Cross ~ по́мощь Кра́сного Креста́; ~ committee комите́т по́мощи; come / hasten to the ~ of the victims прийти́ / поспеши́ть на по́мощь пострада́вшим.

relieve (*ease*) облегча́ть (64), *perf* облегчи́ть (171) [*with acc* pain боль, anxiety беспокойство, suffering страдание]; she felt ~d она почувствовала облегчение.

religion религия *f* (23c).

religious религиозный (31b) [person человек, ceremony обряд, custom обычай, holiday праздник]; религиозное [teaching учение].

rely полагаться (64), *perf* положиться (175) [1) *na with acc* on one's friend на товарища; (up)on smb's word на чьё-л. слово, on smb's promise на чьё-л. обещание; 2) fully полностью]; you can ~ on him вы можете на него положиться; I ~ on you to arrange everything я рассчитываю (на то), что вы всё устроите.

remain *v* 1. (*be left*) оставаться (63), *perf* остаться (51); only one ticket ~ed остался только один билет; after the fire nothing ~ed of the house после пожара от дома ничего не осталось; 2. (*stay*) оставаться, *perf* остаться; I shall ~ here all summer / for a long time я здесь останусь на всё лето / надолго; she ~ed at home она осталась дома; we all stood up, but he ~ed sitting мы все встали, а он остался сидеть; 3. (*continue to be*): he ~ed silent он (по-прежнему) молчал; he ~ed unconscious in spite of all our efforts несмотря на все наши усилия, он не приходил в сознание; let

us ~ friends! останемся друзьями!

remark *sb* замечание *n* (18)c [important важное, witty остроумное]; make a ~ заметить; he made a few ~s он сказал несколько слов.

remarkable замечательный (31b) [person человек, scientist учёный, success успех, speaker оратор]; замечательная [victory победа, beauty красота]; замечательное [event событие, discovery открытие, achievement достижение]; the city is ~ for its monuments этот город славится своими памятниками.

remedy *sb* (*medicine*) средство *n* (14c) [1) good хорошее, remarkable замечательное, new новое, strong сильное, effective эффективное; 2) от *with gen* for a cold от насморка, for the illness от болезни]; try the new ~! попробуйте новое средство!

remember (*not to forget*) помнить (179), *no perf* [1) *with acc* events события, smb's name чью-л. фамилию, smb's face чьё-л. лицо, facts факты, poem стихотворение, story рассказ, word слово; 2) very well очень хорошо, vaguely смутно]; I ~ that we turned to the right я помню, что мы свернули направо; I don't ~ where it was я не помню, где это было; I can hardly ~

her face я едва́ по́мню её лицо́; as far as I — наско́лько я по́мню; he —ed his promise он по́мнил своё обеща́ние; do you — how it's done? вы по́мните, как э́то де́лается?; I shall always — that day я всегда́ бу́ду по́мнить э́тот день; — what I told you запо́мните, что я вам сказа́л(а); I must — to buy some ink мне на́до не забы́ть купи́ть черни́л; { (*recall*) вспомина́ть (64), *perf* вспо́мнить (179); I can't — where I put the tickets я не могу́ вспо́мнить, куда́ я положи́л(а) биле́ты; I didn't — it until I came home я вспо́мнил(а) об (*with abl*) э́том то́лько тогда́, когда́ пришёл, пришла́ домо́й; she couldn't — his name / the title of the book она́ не могла́ вспо́мнить (*with acc*) его́ и́мя / назва́ние кни́ги.

remind напомина́ть (64), *perf* напо́мнить (179) [1) *with dat* him ему́, her ей, them им; 2) о *with abl* of, about his promise о его́ обеща́нии; 3) to do smth сде́лать что-л.]; — him that we must leave in the morning! напо́мните ему́, что мы должны́ вы́ехать у́тром!; — them of, about their promise! напо́мните им о их обеща́нии!; if I forget, please, — me е́сли я забу́ду, напо́мните мне, пожа́луйста; that —s me of a story I once read э́то напомина́ет

мне расска́з, кото́рый я одна́жды чита́л(а); he —s me of his father он мне напомина́ет (*with acc*) своего́ отца́.

remove *v* 1. (*do away with*) устраня́ть (223), *perf* устрани́ть (158) [*with acc* obstacles препя́тствия, difficulties тру́дности, cause of illness причи́ну заболева́ния, all suspicion вся́кое подозре́ние]; 2. (*take away*) убира́ть (64), *perf* убра́ть (42) [1] *with acc* things ве́щи, table-cloth ска́терть; 2) from the table, desk со стола́]; 3.(*take off*) снима́ть(64), *perf* снять (232) [*with acc*]; he —d his hat / coat он снял шля́пу / пальто́.

render 1. (*give*) ока́зывать (65), *perf* оказа́ть (48) [*with acc* assistance, aid, help по́мощь, service услу́гу, honour честь]; 2. (*perform*) исполня́ть (223), *perf* испо́лнить (179) [1] *with acc* role роль, play пье́су, sonata сона́ту; 2) very well о́чень хорошо́, poorly пло́хо].

renew (*begin again*) возобновля́ть (223), *perf* возобнови́ть (164) [*with acc* subscription подпи́ску; friendship дру́жбу, attack ата́ку, lease аре́нду, contract контра́кт, demand тре́бование, efforts попы́тки].

rent I *sb* (*money paid*) пла́та *f* (19c) [1) high высо́кая, low ни́зкая, moderate уме́ренная; 2) за *with acc* for flat за кварти́ру]; pay the

~ вноси́ть пла́ту; ground ~ (аре́ндная) пла́та за зе́млю.

rent II *v* **1.** (*hire*) снима́ть (64), *perf* снять (232) [1] *with acc* room ко́мнату, house дом, cottage да́чу, hall зал, office конто́ру; 2) *with gen* from the owner у владе́льца, from the company у компа́нии]: { (*for long periods*) арендова́ть (243) [*with acc* land зе́млю, farm фе́рму, garden сад, mill ме́льницу]; **2.** (*let*) сдава́ть (63) (в наём), *perf* сдать (214) (в наём) [*with acc* rooms ко́мнаты, apartment кварти́ру]; { (*for long periods*) сдава́ть в аре́нду, *perf* сдать в аре́нду [*with acc* field по́ле, farm фе́рму].

repair I *sb* **1.** ремо́нт *m* (1f) [1] general капита́льный, current теку́щий; 2) *with gen* of house до́ма, of machinery обору́дования]; be under ~ быть в ремо́нте; the road is still under ~ доро́га всё ещё ремонти́руется; this house needs a lot of ~s э́тот дом тре́бует серьёзного ремо́нта; the shop is closed for ~s магази́н закры́т на ремо́нт. 2. (*of condition*) испра́вность *f* (29c); in good ~ в по́лной испра́вности; in bad ~ в неиспра́вности; keep smth in ~ содержа́ть что-л. в испра́вности; be out of ~ нужда́ться в ремо́нте.

repair II *v* ремонти́ровать (245), *perf* отремонти́-

ровать (245) [1] *with acc* boat ло́дку, clock, watch часы́, road доро́гу, house дом, street у́лицу, car маши́ну; 2) quickly бы́стро, well хорошо́]; it will take all summer to ~ the house на ремо́нт до́ма пона́добится всё ле́то; my shoes need ~ing мои́ ту́фли ну́жно почини́ть; I must have my watch ~ed мне ну́жно почини́ть часы́.

repeat *v* (*say again*) повторя́ть (223), *perf* повтори́ть (158) [1] *with acc* mistake оши́бку, one's name свою́ фами́лию, one's address свой а́дрес, question вопро́с, word сло́во, request про́сьбу; 2) again and again ещё и ещё раз, slowly ме́дленно, after me за мной, word for word сло́во в сло́во]; please, ~ what you said повтори́те, пожа́луйста, (то) что вы сказа́ли; ~, please! повтори́те, пожа́луйста!; I ~, we shall be unable to do it повторя́ю, что мы не смо́жем э́того сде́лать.

reply I *sb* отве́т *m* (1f) [1] brief кра́ткий, satisfactory удовлетвори́тельный, angry серди́тый, immediate неме́дленный; 2) give дать, deliver переда́ть, send посла́ть, receive получи́ть, write написа́ть]; say smth in ~ сказа́ть что-л. в отве́т; he made no ~ он ничего́ не отве́тил; in ~ to your letter... в отве́т на ва́ше письмо́...

reply II *v* отвечáть (64), *perf* отвéтить (177) [на *with acc* to a question на вопрóс, to criticism на крити́ку]; "Yes", he replied „Да",— отвéтил он; I have written them twice but they have not yet replied я писа́л(а) им ужé два́жды, но они́ ещё ничегó не отвéтили.

report I *sb* 1. докла́д *m* (1f) [1) interesting интерéсный, dull ску́чный, detailed подрóбный, long дли́нный, short корóткий, scientific нау́чный; 2) о *with abl* on Dickens о Ди́ккенсе, on music о му́зыке; 3) begins начина́ется, is over кóнчился, lasts for an hour продолжа́ется час; 4) prepare готóвить, make дéлать, discuss обсужда́ть, interrupt прерыва́ть, write писа́ть]; listen to the ~ слу́шать докла́д; at the beginning / end of the ~ в нача́ле / концé докла́да; the ~ was followed by a lively discussion докла́д вы́звал оживлённую диску́ссию; a number of important questions were taken up in the ~ в докла́де был затрóнут ряд ва́жных вопрóсов; 2. (*account*) сообщéние *n* (18c) [1) false лóжное, correct пра́вильное, daily ежеднéвное, full пóлное; 2) о *with abl* of the events о собы́тиях; 3) issue, publish опубликова́ть, send посла́ть, receive получи́ть]; according to a ~ by Reuter's

agency по сообщéнию аге́нтства Рéйтер.

report II *v* 1. докла́дывать (65), *perf* доложи́ть (175) [о *with abl* request о прóсьбе, demands о трéбованиях, claim о претéнзии]; scouts ~ed the presence of enemy planes разве́дчики доложи́ли о нали́чии самолётов проти́вника; 2. (*relate, give account*) сообща́ть (64), *perf* сообщи́ть (171); he ~ed what he had seen он сообщи́л о (*with abl*) том, что ви́дел; it is ~ed that... сообща́ют, что...; Reuter's agency ~s that... как сообща́ет аге́нтство Рéйтер...

represent (*be deputy for*) представля́ть (223), *no perf* [*with acc* country страну́, state штат, company компа́нию, firm фи́рму]; { (*be typical*) быть, явля́ться представи́телем (*with gen*); he ~s the modern school of painting он явля́ется представи́телем совремéнной шкóлы живопи́си.

representative *sb* (*delegate*) представи́тель *m* (3а) [1) accredited полномóчный; 2) *with gen* of a country страны́, госуда́рства, of a government прави́тельства, of the people наро́да, of the firm фи́рмы, of the delegation делега́ции, of the press печа́ти]; send / elect / appoint smb one's ~ посла́ть / избра́ть / назна́чить когó-л. свои́м пред ставителем; meet with the ~ встретиться с представителем; we chose him as our ~ мы выбрали его нашим представителем; three ~s from the Soviet Union were at the congress на съезде присутствовали три представителя Советского Союза.

republic *sb* республика *f* (22b) [democratic демократическая, bourgeois буржуазная, people's народная, Soviet советская, independent независимая, sovereign суверенная]; proclaim / form a ~ провозгласить / образовать республику; defend the ~ защищать республику.

reputation репутация *f* (23c) [bad плохая, good хорошая]; he has a good ~ он человек с хорошей репутацией; he has a good ~ as a doctor как врач он пользуется хорошей репутацией; win, gain a ~ завоевать репутацию; blacken / ruin smb's ~ очернить / погубить чью-л. репутацию; an actor with a nation-wide ~ актёр, известный всей стране.

request *sb* просьба *f* (19c) [o *with abl* for help о помощи, for more money о дополнительной сумме денег, for information о сведениях]; we did it at your ~ мы сделали это по вашей просьбе; grant smb's ~ удовлетворить чью-л. просьбу; refuse a ~ отказать в просьбе.

require (*demand*) требовать (244), *perf* потребовать (244) [*with gen* much time много времени; little effort мало усилий, money денег, food пищи]; the matter ~s great care это дело требует большой осторожности; you will have everything you ~ у вас будет всё, что вам потребуется.

rescue I *sb*: hurry / come to the ~ поспешить / прийти на помощь.

rescue II *v* (*save*) спасать (64), *perf* спасти (221) [1) *with acc* person человека, animal животное; 2) от *with gen* from danger от опасности, from enemies от врагов]; they were ~d by some fishermen их спасли рыбаки; planes were immediately sent to ~ the sailors для спасения моряков были немедленно посланы самолёты.

research *sb* (*investigation*) исследование *n* (18c) [scientific научное, profound глубокое, further дальнейшее]; he is doing, carrying on ~ in electronics он занят исследованиями в области электроники; ~ work научно-исследовательская работа.

resemble быть похожим (на *with acc*); she ~s her mother она похожа на мать; he ~d his elder brother он был похож на старшего брата; the two brothers ~ each other оба брата похожи друг на друга.

reserve *v* (*arrange for in advance*; *for oneself*) оставля́ть (223) за собо́й, *perf* оста́вить (168) за собо́й [*with acc* room at a hotel но́мер в гости́нице, tickets биле́ты, seat ме́сто]; { (*for somebody*) брони́ровать (245), *perf* заброни́ровать (245) (*with acc*).

resist (*oppose*) сопротивля́ться (223), *no perf* [1] *with dat* enemy врагу́; disease боле́зни; 2) staunchly сто́йко, courageously му́жественно, stubbornly упо́рно]; he couldn't ~ any longer бо́льше он не мог сопротивля́ться; { (*withstand*) не поддава́ться (63), *perf* не подда́ться (214) [*with dat* temptation искуше́нию, appeal угово́рам]; he couldn't ~ her smile он не мог устоя́ть про́тив (*with gen*) её улы́бки.

resistance (*opposition*) сопротивле́ние *n* (18c) [1) stubborn упо́рное, determined реши́тельное, faint сла́бое, sudden неожи́данное; 2) break down сломи́ть]; he made no ~ он не оказа́л никако́го сопротивле́ния; ⊙ **put up** ~ ока́зывать (65) сопротивле́ние, *perf* оказа́ть (48) сопротивле́ние (*with dat*).

respect I *sb* **1.** (*esteem*) уваже́ние *n* (18c) [1) deep глубо́кое, great большо́е, sincere и́скреннее, merited заслу́женное; 2) к *with dat* for a person к челове́ку,

for old age к ста́рости; 3) show проявля́ть]; he was treated with great, deep ~ by everybody все относи́лись к нему́ с больши́м уваже́нием; he was treated with little ~ с ним обраща́лись непочти́тельно; out of ~ to you из уваже́ния к вам; she has the greatest ~ for him она́ пита́ет к нему́ велича́йшее уваже́ние; deserve everyone's ~ заслужи́ть всео́бщее уваже́ние; she has no ~ for him whatever она́ не пита́ет к нему́ никако́го уваже́ния; school-teachers should be treated with ~ к учителя́м ну́жно относи́ться с уваже́нием; **2.** (*regard*) отноше́ние *n* (18c); in this ~ в э́том отноше́нии; in other ~s в други́х отноше́ниях; in all ~s во всех отноше́ниях; they are like each other in some ~s в не́котором отноше́нии они́ о́чень похо́жи друг на дру́га; in that ~, you are quite right в э́том отноше́нии вы соверше́нно пра́вы; ⊙ **with ~ to** (*concerning, as to*) что каса́ется (*with gen*); with ~ to your letter... что каса́ется ва́шего письма́...

respect II *v* уважа́ть (64), *no perf* [1] *with acc* person челове́ка, parents роди́телей; memory па́мять, rights права́; 2) deeply глубоко́]; he is ~ed by everybody его́ все уважа́ют; he ~ed his teacher он уважа́л своего́ учи́теля; we all ~ed him for his fairness мы все уважа́ли его́ за *(with acc)* справедли́вость.

responsibility 1. *(obligation)* отве́тственность *f, no pl* (29c) [1) great больша́я, serious серьёзная, full, complete по́лная; 2) bear нести́, place upon smb возложи́ть на кого́-л.]; take the ~ брать на себя́ отве́тственность; he did it on his own ~ он сде́лал э́то на свою́ отве́тственность; ~ for the consequences rests with him отве́тственность за *(with acc)* после́дствия лежи́т на нём; **2.** *pl* responsibilities *(duties)* обя́занности (29c); he has very many responsibilities у него́ о́чень мно́го обя́занностей; that's not my ~ э́то не вхо́дит в мои́ обя́занности.

responsible отве́тственный (31b); отве́тственное [position, post положе́ние, task зада́ние, decision реше́ние]; be ~ for smth / smb to smb отвеча́ть за *(with acc)* что-л. / кого́-л. пе́ред *(with instr)* кем-л.; he is ~ for the work он отвеча́ет за э́ту рабо́ту.

rest I *sb (remainder)* оста́льно́е *n,* оста́льны́е *pl* (31a); the ~ of the things / money / students оста́льны́е ве́щи / де́ньги / студе́нты; keep the ~ for yourself! оста́льно́е оста́вьте себе́!; the ~ of them went home оста́льны́е пошли́ до-мо́й; { оста́льна́я часть *f* (29b); the ~ of the story / day / way оста́льна́я часть *(with gen)* расска́за / дня / доро́ги; the ~ of the time оста́льно́е вре́мя.

rest II *sb (repose)* о́т-дых *m* (4c) [1) long продолжи́тельный, short кра́т-кий, quiet споко́йный, deserved заслу́женный, complete по́лный; 2) give дать, guarantee обеспе́чить, deserve заслужи́ть]; he needs a ~ ему́ ну́жен о́тдых; we had a few minutes' / a ten minute ~ мы отдохну́ли не́сколько / де́сять мину́т; he worked all day without any ~ он рабо́тал весь день без о́тдыха; you must go away for a ~ вам ну́жно пое́хать отдохну́ть; a day of ~ день о́тдыха; take, have a (good) ~ (хорошо́) отдохну́ть; let's stop and have a ~! дава́йте остано́вимся отдохну́ть!; she had a good night's ~ она́ хорошо́ вы́спалась но́чью; we had several ~s on our way up the mountain взбира́ясь на́ гору, мы не́сколько раз остана́вливались отдохну́ть.

rest III *v (repose)* о́т-дыха́ть (64), *perf* отдохну́ть (130); I'm going to lie down and ~ я собира́юсь лечь отдохну́ть; he ~ed a little / (for) an hour / a few minutes он отдохну́л немно́го / час / не́сколько мину́т; let's ~ here! дава́йте здесь отдохнём!; he never ~ed till the work was finished он ни ра́зу не отдохну́л, пока́ не зако́нчил рабо́ту.

restaurant рестора́н *m* (1f) [cheap дешёвый, expensive дорого́й, good хоро́ший]; have dinner at a ~ обе́дать в рестора́не; go to a ~ пойти́ в рестора́н; ~ car ваго́н-рестора́н.

restore (*rebuild*, *recover*) восстана́вливать (65), *perf* восстанови́ть (166) [1) *with acc* city го́род, railway желе́зную доро́гу, bridge мост; one's health своё здоро́вье; 2) completely по́лностью, partly части́чно]; Sevastopol has been completely ~d since the end of the war со вре́мени оконча́ния войны́ Севасто́поль по́лностью восстано́влен; he felt completely ~d он чу́вствовал себя́ оконча́тельно попра́вившимся; { (*renovate*) реставри́ровать (245) [*with acc* building зда́ние, painting карти́ну].

result I *sb* результа́т *m* (1f) [1) excellent прекра́сный, good хоро́ший, bad, poor плохо́й, possible возмо́жный, unforeseen непредви́денный, unexpected неожи́данный, surprising удиви́тельный; 2) is the same остаётся тем же, improves улучша́ется, shows пока́зывает; 3) get получа́ть, show пока́зывать; learn узнава́ть, know знать, foresee пред-

ви́деть]; expect / achieve, obtain good ~s ожида́ть / доби́ться хоро́ших результа́тов; yield good ~s дава́ть хоро́шие результа́ты; this led to good ~s э́то привело́ к хоро́шим результа́там; this time the ~s are quite different на э́тот раз результа́ты соверше́нно ины́е; with the same ~s с те́ми же результа́тами; he was satisfied / pleased / displeased with the ~s он был удовлетворён / дово́лен / недово́лен результа́тами; see the ~s of one's work ви́деть результа́ты свое́й рабо́ты; with no ~ безрезульта́тно; ☉ as a ~ в результа́те (*with gen*); he is unable to walk as a ~ of the fall в результа́те паде́ния он не мо́жет ходи́ть; as a ~ of our attempts / efforts... в результа́те на́ших попы́ток / уси́лий...

result II *v* (*end*) ока́нчиваться (65), *perf* око́нчиться (172) (in — *with instr*); their conversation ~ed in a quarrel / reconciliation их разгово́р око́нчился ссо́рой / примире́нием; ~ in complete failure око́нчиться по́лной неуда́чей.

resume *v* (*take up again*) возобновля́ть (223), *perf* возобнови́ть (164) [*with acc* work рабо́ту, lessons уро́ки, studies заня́тия, discussion обсужде́ние, attempts попы́тки].

retire *v* 1. (*withdraw*) удаля́ться (223), *perf* удали́ться (158) (to — в *with acc*); she ~d to her room она́ удали́лась в свою́ ко́мнату; 2. (*leave army*) выходи́ть (152) в отста́вку, *perf* вы́йти (208) в отста́вку; he ~d at the age of 50 он вы́шел в отста́вку в пятидесятиле́тнем во́зрасте; { (*withdraw from office, business*) уходи́ть (152) на пе́нсию, *perf* уйти́ (206) на пе́нсию; he ~d он ушёл на пе́нсию; he will ~ on a pension at 60 он уйдёт на пе́нсию, когда́ ему́ бу́дет шестьдеся́т лет.

retreat *v* (*withdraw*) отступа́ть (64), *perf* отступи́ть (162); the enemy was ~ing враг отступа́л; the army ~ed into the mountains а́рмия отступи́ла в го́ры; the troops had to ~ before the enemy войска́м пришло́сь отступи́ть под на́тиском неприя́теля.

return I *sb* 1. (*coming back*) возвраще́ние *n* (18c) [1) unexpected неожи́данное; 2) из *with gen* from Italy из Ита́лии, from the voyage из путеше́ствия; from abroad из-за грани́цы; 3) *with gen* of a traveller путеше́ственника, of a ship парохо́да]; the ~ of spring возвраще́ние весны́; on one's ~ по возвраще́нии; I'll do it immediately on my ~ from the country я э́то сде́лаю сра́зу же по возвраще́нии

из дере́вни; 2.: ~ ticket / address обра́тный биле́т / а́дрес; ~ voyage обра́тное путеше́ствие; by ~ (of) post, mail обра́тной по́чтой; ◇ many happy ~s (of the day)! поздравля́ю, поздравля́ем с днём рожде́ния!; in ~ в обме́н.

return II *v* 1. (*give back*) возвраща́ть (64), *perf* возврати́ть (161) [*with acc* money де́ньги, book кни́гу, ticket биле́т]; I am ~ing your book with thanks с благода́рностью возвраща́ю вам кни́гу; 2. (*come back*) возвраща́ться (64), *perf* возврати́ться (161) [1) home домо́й, to the country в дере́вню, to London в Ло́ндон, to the front на фронт, to the room в ко́мнату; 2) из *with gen* from the theatre из теа́тра, from the trip из пое́здки, from London из Ло́ндона, from abroad из-за грани́цы; 3) immediately сра́зу же, late по́здно, early ра́но]; { *perf* верну́ться (130) [unexpectedly неожи́данно, in time во́время, on the same day в тот же день, two weeks later че́рез две неде́ли, at five o'clock в пять часо́в]; they ~ed by the same way они́ верну́лись той же доро́гой; he ~ed to get his coat он верну́лся, что́бы взять пальто́; they did not ~ until the next morning они́ верну́лись то́лько на сле́дующее у́тро; when do you expect him to ~? когда́ вы ждёте его́ наза́д?; when must you ~ to the office? когда́ вам ну́жно верну́ться в конто́ру?; we shall ~ to this question later мы вернёмся к э́тому вопро́су по́зже.

reveal 1. (*show*) пока́зывать (65), *perf* показа́ть (48) (*with acc*); he didn't want to ~ his real feelings / his ignorance он не хоте́л пока́зывать свои́ и́стинные чу́вства / своё неве́жество; { обнару́живать (65), *perf* обнару́жить (174) (*with acc*); ~ the truth обнару́жить пра́вду; the discussion / conversation ~ed the fact that... в проце́ссе обсужде́ния / разгово́ра обнару́жилось, что...; **2.** (*make known*) выдава́ть (63), *perf* вы́дать (215) [*with acc* secret секре́т]; { разоблача́ть (64), *perf* разоблачи́ть (171) [*with acc* plot за́говор].

review *sb* **1.** (*critical examination*) обозре́ние *n* (18c) [1) short кра́ткое, full, detailed подро́бное, political полити́ческое; weekly еженеде́льное; 2) *with gen* of current events теку́щих собы́тий]; the ~ is published in a newspaper / magazine, journal обозре́ние напеча́тано в газе́те / журна́ле; **2.** (*criticism*) реце́нзия *f* (23c); write / publish / read a favourable ~ of a book / play писа́ть / публикова́ть / чита́ть положи́тель-ную реце́нзию на (*with acc*) кни́гу / пье́су.

revolt *sb* восста́ние *n* (18c) [flares up вспы́хивает, takes place происхо́дит]; provoke / repress / support a ~ вы́звать / подави́ть / поддержа́ть восста́ние; in ~ охва́ченный восста́нием.

revolution револю́ция *f* (23c) [1) bourgeois буржуа́зная, democratic демократи́ческая, socialist социалисти́ческая; 2) is victorious побежда́ет]; take part in the ~ принима́ть уча́стие в револю́ции; the Revolution of 1905, the 1905 Revolution револю́ция ты́сяча девятьсо́т пя́того го́да; the Great October Socialist Revolution Вели́кая Октя́брьская социалисти́ческая револю́ция.

revolutionary I *sb* револю-ционе́р *m* (1e), револю-ционе́рка *f* (22c).

revolutionary II *a* револю-цио́нный (31b) [flag флаг; holiday пра́здник, call призы́в]; революцио́н-ная [party па́ртия, army а́рмия, idea иде́я, struggle борьба́; song пе́сня]; револю-цио́нное [movement движе́ние; government прави́тельство].

reward I *sb* **1.** (*prize*) награ́да *f* (19c); receive / deserve a ~ for smth получи́ть / заслужи́ть награ́ду за (*with acc*) что-л.; as a ~, in ~ for smth в награ́ду за что-л.; **2.** (*fee*) вознагражде́-

ние *n* (18c) [great, large большо́е, sufficient доста́точное]; offer / give / receive / promise a ~ предложи́ть / дать / получи́ть / обеща́ть вознагражде́ние; refuse a ~ отказа́ться от вознагражде́ния; ~ for one's services вознагражде́ние за (*with acc*) труды́, услу́ги; whoever returns the lost purse will receive a ~ наше́дший уте́рянный кошелёк полу́чит вознагражде́ние.

reward II *v* **1.** (*give prize*) награжда́ть (64), *perf* награди́ть (153) (*with acc*); ~ smb for smth награди́ть кого́-л. за (*with acc*) что-л.; she ~ed him with a smile она́ награди́ла его́ улы́бкой; **2.** (*give fee*) вознагражда́ть (64), *perf* вознагради́ть (153) [1) generously щедро; 2) *with acc* boy ма́льчика; 3) за *with acc* for one's services за труды́]; her patience was ~ed её терпе́ние бы́ло вознаграждено́.

ribbon *sb* **1.** (*narrow strip of cloth*) ле́нта *f* (19c) [silk шёлковая, bright я́ркая, dark тёмная]; with a ~ in her hair с ле́нтой в волоса́х; tie with a ~ перевяза́ть ле́нтой; **2.** *pl* ~s (*tatters*) кло́чья (18d); torn to ~s разо́рванный в кло́чья; ~s of mist кло́чья тума́на.

rice рис *m* (1f).

rich *a* **1.** (*wealthy*) бога́тый (31b) [man челове́к, city го́род]; бога́тая [country

страна́, farm фе́рма, family семья́, village дере́вня]; become ~ богате́ть (98), *perf* разбогате́ть (98); he became ~ он разбогате́л; { (*costly, abundant*) бога́тый (31b) [gift пода́рок; harvest урожа́й]; бога́тая [clothes оде́жда; library библиоте́ка, collection колле́кция]; бога́тое [dress пла́тье]; the country is ~ in forests / minerals страна́ бога́та (*with instr*) леса́ми / минера́лами; soil ~ in iron бога́тая желе́зом земля́; **2.** (*fertile*) плодоро́дный (31b) [district райо́н]; плодоро́дная [land земля́, soil по́чва]; плодоро́дное [field по́ле].

rid: get ~ избавля́ться (223), *perf* изба́виться (157) (of — от *with gen*); I did not know how to get ~ of him я не знал(а), как от него́ изба́виться; you can easily get ~ of your cold вы легко́ мо́жете изба́виться от на́сморка.

ride *v* **1.** (*on horseback*) е́хать (71) верхо́м [fast бы́стро, recklessly сломя́ го́лову, carefully осторо́жно]; he rode twenty miles он прое́хал верхо́м два́дцать миль; she ~s well она́ хорошо́ е́здит верхо́м; he was too old to ~ он был сли́шком стар для того́, что́бы е́хать верхо́м; he jumped on his horse and rode away, off он вскочи́л на ло́шадь и уе́хал, умча́лся; he is

learning to ~ он у́чится
е́здить верхо́м; **2.** (*travel*)
е́хать; ~ a bicycle / in a
car / in, on a cart е́хать
на (*with abl*) велосипе́де /
на маши́не / на теле́ге; ~ in
a bus / in a train е́хать в
(*with abl*) авто́бусе /в по́езде.

rifle *sb* (*for hunting*) ружьё *n* (18a); load a ~ заря-
ди́ть ружьё; shoot a ~ стре-
ля́ть из ружья́; he was
armed with a ~ он был вооружён ружьём; { *mil* вин-
то́вка *f* (22d).

right I *sb* (*claim*) пра́-
во *n* (14d); *usu pl* ~s пра-
ва́ [1] equal ра́вные, political полити́ческие; 2) defend защища́ть, guarantee
обеспе́чивать, enjoy, have
име́ть, lose теря́ть, re-
ceive получи́ть, win за-
воева́ть, maintain отста́и-
вать; fight for one's ~s
боро́ться за свои́ права́;
the ~ to work пра́во на
труд; the ~ to vote пра́во го́-
лоса; women have equal ~s
with men же́нщины име́ют
ра́вные права́ с мужчи́на-
ми; demand one's ~s тре́-
бовать свои́х прав; reserve
the ~ сохраня́ть за собо́й
пра́во; ~s and duties права́
и обя́занности; you have
no ~ to do that вы не име́-
ете пра́ва де́лать э́то.

right II *sb* (*opposite to
left*) пра́вая сторона́ *f* (19j);
go / turn to the ~! иди́те /
сверни́те напра́во!; on the
~ напра́во, спра́ва; you'll
see the shop on your ~ спра́-
ва вы уви́дите магази́н; keep
to the ~! держи́тесь пра́вой
стороны́!

right III *a* (*opposite to
left*) пра́вый (31b) [eye глаз,
shoe боти́нок, bank бе́рег];
пра́вая [arm, hand рука́,
foot, leg нога́, shoe ту́фля,
side сторона́]; пра́вое [ear
у́хо].

right IV *a* **1.** (*justified*)
пра́вый (31b); I don't consider him ~ я не счита́ю его́
пра́вым; { *after* to be *short
form is used* прав *m*,
права́ *f*, пра́вы *pl*; she
is quite ~ она́ соверше́нно
права́; you are not ~ вы
непра́вы; it's not ~ of
him to do that он непра́в,
поступа́я так; { (*correct*) пра́-
вильный (31b); my watch
is ~ мои́ часы́ иду́т пра́-
вильно; can you tell me
the ~ time? не ска́жете ли
вы мне то́чно, кото́рый сей-
ча́с час?; take the ~ road
пойти́ по пра́вильной до-
ро́ге; I've just put my
watch ~ я то́лько что пра́-
вильно поста́вил часы́;**2.** (*appropriate*) ну́жный (31b)
[man челове́к, number но́-
мер]; ну́жная [book кни́га,
page страни́ца, room ко́м-
ната]; ну́жное [medicine ле-
ка́рство, word сло́во];
what's the ~ thing to do?
что ну́жно сде́лать?; {
(*suitable*) подходя́щий (35);
he is the ~ man for the job
он как раз подходя́щий че-
лове́к для э́той рабо́ты;
it's just the ~ colour э́то

как раз тот цвет, кото́рый ну́жен; ◇ **all ~** *colloq* 1) (*I agree*) хорошо́; 2): he / she is all ~ он / она́ здоро́в / здоро́ва; the telegram said that everything was all ~ в телегра́мме сообща́лось, что всё в поря́дке; **it serves him / them ~** подело́м ему́ / им, так ему́ / им и на́до.

right V *adv* 1. (*correctly*) пра́вильно; you did it ~ вы сде́лали э́то пра́вильно; he guessed ~ first time в пе́рвый раз он угада́л пра́вильно; 2. (*exactly*) то́чно; ~ in the middle то́чно в середи́не; ~ to the end до са́мого конца́; it's ~ here / there э́то как раз здесь / там; ~ across как раз напро́тив; ~ now сейча́с (же); 3. (*straight*) пря́мо; go ~ on! иди́те да́льше пря́мо!; ⊙ ~ **away** сейча́с; I'll come ~ away я сейча́с приду́.

ring I *sb* 1. (*circlet*) кольцо́ *n* (16c) [gold золото́е, plain просто́е, wedding обруча́льное]; wear a ~ on a finger носи́ть (на па́льце) кольцо́; 2. (*circle*) круг *m* (*sg* 4c, *pl* 4f); the children formed a ~ де́ти вста́ли в круг; they danced in a ~ они́ води́ли хорово́д.

ring II *v* 1. (*make sound*) звони́ть (158), *perf* позвони́ть (158); ~ the bell! позвони́те (в звоно́к)!; did you ~? вы звони́ли?; the telephone rang зазвони́л телефо́н; 2. (*sound*) звене́ть (100), *perf* прозвене́ть

(100); the bell is ~ing звени́т звоно́к; ~ **up** звони́ть (по телефо́ну), *perf* позвони́ть (по телефо́ну) [1] *with dat* one's friends свои́м друзья́м, one's wife жене́; 2) home домо́й, the station на вокза́л, the theatre в теа́тр]; ~ **me up!** позвони́те мне!

ripe спе́лый (31b) [peach пе́рсик]; спе́лая [pear гру́ша, melon ды́ня]; спе́лое [apple я́блоко]; спе́лые [fruit фру́кты, berries я́годы, nuts оре́хи].

rise *v* 1. (*stand up*) поднима́ться (64), *perf* подня́ться (232); he rose from his chair он подня́лся со (*with gen*) сту́ла; ~ to one's feet / from one's knees подня́ться на́ ноги / с коле́н; they rose from the table они́ вста́ли из-за стола́; { (*go up*) поднима́ться, *perf* подня́ться; the airplane rose into the air самолёт подня́лся в во́здух; 2. (*get up*) встава́ть (63), *perf* встать (51) [early ра́но, at eight o'clock в во́семь часо́в]; 3. (*tower up*) возвыша́ться (64), *no perf*; the mountains ~ two thousand feet above sea-level го́ры возвыша́ются на две ты́сячи фу́тов над у́ровнем мо́ря; 4. (*of sun, moon*) восходи́ть (152), *perf* взойти́ (206); the sun / moon is rising со́лнце / луна́ восхо́дит; what time does the sun ~ now? в кото́ром часу́ тепе́рь восхо́дит со́лнце?; the moon had not risen yet луна́ ещё не взошла́; **5.** (*arise, ascend*) поднима́ться, *perf* подня́ться; the wind is rising поднима́ется ве́тер; smoke / mist was rising поднима́лся дым / тума́н; the curtain rose за́навес подня́лся; the river was rising вода́ в реке́ прибыва́ла; **6.** (*become higher*) повыша́ться (64), *perf* повы́ситься (149); prices, costs have risen це́ны повы́сились; his temperature rose у него́ повы́силась температу́ра.

risk I *sb* риск *m, no pl* (4c) [great большо́й]; there's no ~ в э́том нет (никако́го) ри́ска; he was ready for any ~s он был гото́в идти́ на любо́й риск; take the ~ идти́ на риск; run ~(s) подверга́ться ри́ску; I don't want to run the ~ of losing the papers я не хочу́ подверга́ться ри́ску потеря́ть докуме́нты; at the ~ of one's own life с ри́ском для жи́зни; there's not much ~ of his catching cold он не рискуе́т простуди́ться; at one's own ~ на свой риск.

risk II *v* рискова́ть (243) [*with instr* one's life свое́й жи́знью, money деньга́ми, happiness сча́стьем]; he ~ed his life in trying to save the child он рискова́л жи́знью, пыта́ясь спасти́ ребёнка.

river река́ *f* (22g) [1) big,

great больша́я, long дли́нная, narrow у́зкая, wide широ́кая, dangerous опа́сная, deep глубо́кая, shallow ме́лкая, fast бы́страя, quiet ти́хая; frozen замёрзшая; 2) freezes over замерза́ет; becomes wider стано́вится ши́ре, turns to the east повора́чивает на восто́к, flows течёт, overran its banks вы́шла из берего́в, runs through a town протека́ет че́рез го́род, falls, runs into the sea впада́ет в мо́ре]; a mountain ~ го́рная река́; cross the ~ переправля́ться че́рез ре́ку; go, walk along the ~ идти́ вдоль реки́; swim / bathe in the ~ пла́вать / купа́ться в реке́; go / travel up / down the ~ е́хать / путеше́ствовать вверх / вниз по реке́; change the course of the ~ изменя́ть тече́ние реки́; in the middle of the ~ на середи́не реки́; by, near the ~ у реки́; bridge across the ~ мост че́рез ре́ку; the ~ is a hundred kilometres long / fifty metres wide река́ длино́й в сто киломе́тров / ширино́й в пятьдеся́т ме́тров; the Volga ~ река́ Во́лга; the banks of the ~ берега́ реки́; there is an island in the ~ на реке́ есть о́стров; he lives on the other side of the ~, across the ~ он живёт на противополо́жном, на том берегу́ реки́.

road доро́га *f* (22b) [1) good хоро́шая, wide широ́-

кая, narrow узкая, old старая, long длинная, straight прямая, main главная, muddy грязная, dusty пыльная, paved мощёная; dangerous опасная; 2) begins at N. начинается у, от Н., crosses пересекает, leads to the river ведёт к реке, turns to the left сворачивает налево; lies through the forest проходит через лес]; country ~ просёлочная дорога; a ~ along the river / in the forest дорога вдоль реки / в лесу; the beginning / end of the ~ начало / конец дороги; build / repair / make a ~ строить / ремонтировать / прокладывать дорогу; cross / find / know the ~ перейти / искать / знать дороге; go, walk along the ~ идти вдоль дороги, по дороге; go up, down the ~ идти по дороге; follow the ~ идти по дороге; stand on the ~ стоять на дороге; this is the shortest ~ to the station это кратчайшая дорога на станцию; I don't know the ~ to the village / to the station я не знаю дороги в эту деревню / на станцию; is this the right ~ to N.? я правильно иду в Н.?; be on the right ~ быть на верной дороге; the two ~s meet at the bridge две дороги сходятся у моста; he lives on the other side of the ~, across the ~ он

живёт по ту сторону дороги.

roar I *sb* (*of animals, machines*) рёв *m, no pl* (1f) [1) terrible ужасный, deafening оглушительный; 2) *with gen* of a lion льва; of an engine мотора]; { (*loud noise*) шум *m* (1f) [*with gen* of the wind ветра, of the storm бури, of the waves волн]; ~ of laughter / applause взрыв смеха / аплодисментов; { грохот *m, no pl* (1f) [*with gen* of cannons, guns орудий].

roar II *v* (*of animals*) рычать (171); the tiger was ~ing тигр рычал; { (*of natural phenomena*) бушевать (244); the wind / storm ~ed ветер / шторм бушевал; { грохотать (70); the guns ~ed орудия грохотали; ~ with laughter хохотать во всё горло.

rob грабить (168), *perf* ограбить (168) [*with acc* person человека, house дом, shop магазин]; { (*when thing stolen is mentioned*) красть (55), *perf* украсть (55); he was ~bed of his watch / money у (*with gen*) него украли (*with acc*) часы / деньги.

rock I *sb* 1. (*cliff*) скала *f* (19g) [bare голая, steep отвесная]; run against a ~ наскочить на скалу; 2. (*stone*) камень *m* (3g) [hard твёрдый, flat плоский, big большой]; sit on a ~ сидеть на камне; take (up) /

pick up / throw a ~ взять / поднять / бросить ка́мень.

rock II v **1.** кача́ть (64) [*with acc* baby ребёнка, cradle колыбе́ль]; the waves ~ed the boat во́лны кача́ли ло́дку; **2.** (*also* ~ oneself) раска́чиваться (65); he ~ed from side to side он раска́чивался из стороны́ в сто́рону.

roll v **1.** (*move by turning over*) кати́ться (192); stones were ~ing down the hill по скло́ну холма́ кати́лись ка́мни; the ball ~ed under the table мяч укати́лся под стол; **2.** (*move smth by turning over and over*) кати́ть (192) [*with acc* ball мяч, wheel колесо́, barrel бо́чку]; **3.** (*make round*) свёртывать (65), *perf* сверну́ть (130) [*with acc* cigarette папиро́су, paper бума́гу]; ~ wool into a ball сма́тывать (65) шерсть в клубо́к, *perf* смота́ть (64) шерсть в клубо́к; he was ~ing something in his fingers он верте́л что́-то в рука́х; ~ up свёртывать, *perf* сверну́ть [*with acc* carpet ковёр, map ка́рту].

roof (*top of building*) кры́ша f (25a) [1) iron желе́зная, slate ши́ферная, tiled черепи́чная, flat пло́ская; 2) leaks протека́ет]; climb on to the ~ влезть на кры́шу; fall off a ~ упа́сть с кры́ши; live under the same ~ жить под одно́й кры́шей.

room sb **1.** (*part of house*) ко́мната f (19c) [1) big, large больша́я, warm тёплая, cold холо́дная, light, bright све́тлая, dark тёмная, empty пуста́я, gloomy мра́чная, cosy ую́тная; narrow у́зкая, long дли́нная, square квадра́тная, spacious просто́рная, well-furnished хорошо́ обста́вленная, untidy неря́шливая]; a flat of two ~s кварти́ра из двух ко́мнат; in the corner / in the middle of the ~ в углу́ / посереди́не ко́мнаты; air the ~ прове́тривать ко́мнату; clean, tidy up, do a ~ убира́ть ко́мнату, убира́ться в ко́мнате; come into the ~, enter the ~ входи́ть в ко́мнату; leave the ~, go out of the ~ выходи́ть из ко́мнаты; lock the ~ запере́ть ко́мнату; occupy / let / rent a ~ занима́ть / сдава́ть / снима́ть ко́мнату; furnish a ~ обставля́ть ко́мнату ме́белью; the ~ is five metres long and four metres wide ко́мната длино́й в пять ме́тров и ширино́й в четы́ре ме́тра; the ~ has two windows, there are two windows in the ~ в ко́мнате два окна́; there is much light in the ~ в ко́мнате мно́го све́та; he locked himself in his ~ он заперся́ в свое́й ко́мнате; how many ~s are there in this house? ско́лько ко́мнат в э́том до́ме?; **2.** (*space*) ме́сто n, *no pl* (14d); we need more ~ for this furniture для э́той ме́бели ну́жно бо́льше ме́ста; there is plenty of, a lot of ~ here здесь мно́го ме́ста; this table takes up very little ~ э́тот стол занима́ет о́чень ма́ло ме́ста; there wasn't ~ to turn round не́где бы́ло поверну́ться; leave ~ for the books! оста́вьте ме́сто для (*with gen*) книг!; is there ~ for me? для меня́ хва́тит ме́ста?; make ~ for his things! освободи́те ме́сто для его́ веще́й!

root *sb* (*of plants*) ко́рень *m* (3g) [*with gen* of a tree де́рева, of a plant расте́ния]; pull smth up by the ~s вы́тащить что-л. с корня́ми; ⊙ **take** ~ пуска́ть (64) ко́рни, *perf* пусти́ть (162) ко́рни.

rope *sb* (*thick cord*) верёвка *f* (22d) [thick то́лстая, strong кре́пкая]; tie up a boat with a ~ привяза́ть ло́дку верёвкой; throw / coil a ~ бро́сить / смота́ть верёвку; { (*on ships, etc.*) кана́т *m* (1f).

rose *sb* ро́за *f* (19c) [red кра́сная, crimson а́лая, fragrant души́стая]; bouquet of ~s буке́т роз.

rotten (*decayed*) гнило́й (31a) [stump пень]; гнило́е [wood, tree де́рево]; гнилы́е [fruit фру́кты, vegetables о́вощи].

rouble рубль *m* (2b); two / three / four ~s два /три / четы́ре рубля́; it costs five ~s э́то сто́ит пять рубле́й; he paid two ~s for the tick-

ets он заплати́л за биле́ты два рубля́.

rough *a* 1. (*not soft*) гру́бый (31b); гру́бая [cloth ткань, wool шерсть, clothes оде́жда]; гру́бое [towel полоте́нце]; { (*not smooth*) шерохова́тый (31b); ~ paper / surface шерохова́тая бума́га / пове́рхность; ~ skin шерша́вая ко́жа; her hands were ~ with hard work от тяжёлой рабо́ты её ру́ки ста́ли шерша́выми; ~ logs неотёсанные брёвна; ~ road неро́вная доро́га; 2. (*harsh, rude*) гру́бый [voice го́лос, reply, answer отве́т]; гру́бая [joke шу́тка, game игра́]; гру́бое [treatment обраще́ние]; гру́бые [manners мане́ры]; don't be so ~ with her! не бу́дьте с не́ю так гру́бы!; 3. (*stormy*) бу́рный (31b) [ocean океа́н]; бу́рное [sea мо́ре]; ~ weather непого́да; 4. (*approximate*) приме́рный (31b) [plan план]; this will give you a ~ idea э́то даст вам приме́рное представле́ние; ⊙ ~ **copy** черновик *m* (4g); *see* copy I.

round I *a* кру́глый (31b) [table стол, ball мяч]; кру́глая [plate таре́лка, moon луна́, hat шля́па]; кру́глое [face лицо́, apple я́блоко, mirror зе́ркало]; кру́глые [eyes глаза́, clock, watch часы́]; the pond was quite ~ пруд был соверше́нно кру́глым; as ~ as a ball кру́глый как шар.

round II *adv* 1. (*in a circle, on all sides*) вокру́г; a crowd soon gathered ~ вско́ре вокру́г собрала́сь толпа́; for a mile ~ на ми́лю вокру́г; 2. (*by a longer way*) круго́м; you must go ~ вам придётся идти́ круго́м; 3. (*back*) обра́тно; he turned ~ он поверну́л обра́тно; 4. *with verbs:* look ~ огля́дываться (65), *perf* огляну́ться (130); come ~ заходи́ть (152), *perf* зайти́ (206); ◇ ~ **about** вокру́г да о́коло.

round III *prep* 1. (*around*): the children danced ~ the tree / table де́ти танцева́ли **вокру́г** (*with gen*) де́рева / стола́; ~ the world вокру́г све́та; sit / stand ~ the table сиде́ть / стоя́ть вокру́г стола́; a wall ~ the garden стена́ вокру́г са́да; the shop is ~ the corner мага́зин **за** (*with instr*) угло́м; he went, turned ~ the corner он заверну́л **за** (*with acc*) у́гол; 2. (*about*) *with dat:* walk ~ the town / park ходи́ть **по** го́роду / па́рку.

rouse (*arouse*) возбужда́ть (64), *perf* возбуди́ть (153)[*with acc* suspicions подозре́ния, interest интере́с, sympathy сочу́вствие, indignation возмуще́ние, enthusiasm энтузиа́зм].

row I *sb* . ряд *m* (1k) [front пере́дний, back за́дний, first пе́рвый]; sit in the first ~ of the stalls сиде́ть в пе́рвом ряду́ парте́ра; the second seat in the third ~ второ́е ме́сто в тре́тьем ряду́; he had a seat in the second ~ у него́ бы́ло ме́сто во второ́м ряду́; a ~ of houses / trees / chairs ряд домо́в / дере́вьев / сту́льев.

row II *v* грести́ (218), *no perf* [*with instr* with oars вёслами, with all one's strength изо все́х сил; against the current про́тив тече́ния]; can you ~ a boat? вы уме́ете грести́?

rub *v* тере́ть (121) (*with acc*); she ~bed the furniture with a cloth она́ тёрла ме́бель тря́пкой; ~ it dry! вы́трите э́то до́суха!; ~ **out** стира́ть (64), *perf* стере́ть (124) (*with acc*); ~ out a word стере́ть сло́во; ◇ ~ **one's hands (together)** потира́ть (64) ру́ки.

rubber рези́на *f, no pl* (19c) [artificial иску́сственная, synthetic синтети́ческая]; made of ~ сде́ланный из рези́ны; ~ shoes рези́новые ту́фли.

rude (*impolite*) гру́бый (31b) [tone тон, answer отве́т, person челове́к]; manners гру́бые мане́ры; be ~ to smb быть гру́бым с кем-л.; he was very ~ to her он был о́чень груб с не́ю; he spoke in a deliberately ~ tone он говори́л наро́чито гру́бым то́ном.

rug (*large carpet*) ковёр *m* (1d) [1] thick то́лстый,

woollen шерстяной; 2) lies on the floor лежит на полу]; put a ~ on the floor положить ковёр на пол; spread a ~ on the floor расстелить ковёр на полу; fine ~s hung on the walls на стенах висели прекрасные ковры; { (*small mat*) коврик *m* (4d).

ruin I *sb* 1. *usu pl* ~s развалины (19c) [1) ancient древние, picturesque живописные, famous знаменитые; 2) *with gen* of a city города, of a building здания, of a castle замка; 3) visit посещать, see осматривать]; be buried under, beneath the ~s быть погребённым под развалинами; the church fell to ~s long ago церковь давно превратилась в развалины; 2. (*destruction*) крах *m, no pl* (4c) [1) complete полный; 2) *with gen* of a firm фирмы; of one's hopes надежд]; lead to ~ привести к гибели, краху.

ruin II *v* 1. (*destroy*) разрушать (64), *perf* разрушить (174) [*with acc* city город; hopes надежды, plans планы]; 2. (*make bankrupt*) разорять (223), *perf* разорить (158) (*with acc*); he was ~ed он был разорён; 3. (*spoil*) губить (169), *perf* погубить (169) [*with acc* one's health здоровье, one's reputation свою репутацию, one's carreer карьеру, one's life свою жизнь, dress платье; ambition ~ed

him честолюбие погубило его; the storm ~ed the crops буря погубила урожай.

rule I *sb* правило *n* (14a) [1) general общее; 2) *with gen* of conduct поведения; of a club клуба]; against the ~s против правил; as a ~ как правило; the ~s of the game правила игры; traffic ~s правила движения; obey / disobey the ~s подчиняться / не подчиняться правилам; keep the ~s выполнять правила; break the ~s нарушать правила; make it a ~! возьмите это себе за правило!; he made it a ~ never to go to bed late он взял себе за правило никогда не ложиться поздно; it's a ~ with us у нас такое правило.

rule II *v* (*govern*) править (168), *no perf* [*with instr* (over) the country страной].

run *v* 1. (*of people, animals; with direction implied*) бежать (74), *perf* побежать (74) [1) quickly быстро, with difficulty с трудом; 2) to smb к кому-л., after smb за кем-л., towards the forest по направлению к лесу]; we all ran to help her мы все побежали ей на помощь; she ran to meet him она побежала ему навстречу; ~ home at once! сейчас же беги(те) домой!; he ran as fast as he could он бежа́л изо все́х си́л; he soon came ~ning back вско́ре он прибежа́л наза́д; he ran into the room он вбежа́л в ко́мнату; he ran out of the room он вы́бежал из ко́мнаты; { (*with no direction implied*) бе́гать (65); most children like to ~ большинство́ дете́й лю́бит бе́гать; **2.** (*of vehicles, ships*) ходи́ть (152), *no perf*; trains ~ every five minutes поезда́ хо́дят ка́ждые пять мину́т; bus 40 ~s along this street по э́той у́лице хо́дит автобус но́мер со́рок; does bus two ~ along this street? второ́й (автобус) идёт по э́той у́лице?; **3.** (*flow*) течь (103), *no perf*; the river ~s at the bottom of the valley река́ течёт по дну доли́ны; the river ~s into the sea река́ впада́ет в мо́ре; tears ran down her cheeks слёзы текли́ по её щека́м; **4.** (*lead*) вести́ (219), *no perf*; the road ~s to the sea доро́га ведёт к (*with dat*) мо́рю; **5.** (*manage*) руководи́ть (153), *no perf* [*with instr* factory заво́дом, theatre теа́тром]; ~ a meeting вести́ собра́ние; **6.** (*drive*) управля́ть (223), *no perf* [*with instr* car маши́ной, truck грузовико́м, machine, lathe станко́м]; **7.** (*be on*) идти́ (207), *no perf*; the film has been ~ning for a fortnight э́тот фильм идёт уже́ две неде́ли; the play ran (for) six months

пье́са шла шесть ме́сяцев; ~ across натолкну́ться (130) на (*with acc*); ~ away убега́ть (64), *perf* убежа́ть (74); she was frightened and ran away она́ испуга́лась и убежа́ла; he ran away from home when he was ten когда́ ему́ бы́ло де́сять лет, он убежа́л и́з дому; ~ into 1) (*collide*) нае́хать (71) на (*with acc*); he ran into a tree он нае́хал на де́рево; 2) (*meet accidentally*) случа́йно встре́тить (*with acc*); I ran into him at the library я случа́йно встре́тил(а) его́ в библиоте́ке; ~ out 1) (*come out running*) выбега́ть (65), *perf* вы́бежать (74a); she ran out in great excitement она́ вы́бежала в си́льном волне́нии; 2) (*come to end*) конча́ться (64), *perf* ко́нчиться (172); their food supplies ran out их продово́льственные запа́сы ко́нчились; we've ~ out of bread у нас ко́нчился хлеб; ~ over (*kill*) задави́ть (157) (*with acc*); he was ~ over by a car его́ задави́ло маши́ной.

rush I *sb* **1.** (*sudden increase*) напо́р *m* (1f); ~ of water напо́р воды́; ~ of work наплы́в рабо́ты; ~ of blood прили́в кро́ви; **2.** (*rapid movement*) спе́шка *f* (22f); what is the ~? к чему́ э́та спе́шка?, почему́ така́я спе́шка?

rush II *v* (*move rapidly*) броса́ться (64), *perf* бро́-

ситься (149) [at smb на (*with acc*) кого́-л., forward вперёд, back наза́д]; they ~ed out of the room они́ бро́сились из ко́мнаты; he ~ed into the room он ворва́лся в ко́мнату; the people ~ed down the street лю́ди мча́лись по у́лице.

Russian I *sb* 1. (*language*) ру́сский язы́к *m* (4g) [1) good хоро́ший, пра́вильный, correct пра́вильный, broken ло́маный; 2) know знать, study изуча́ть, teach преподава́ть]; read / speak / write / understand ~ чита́ть / говори́ть / писа́ть / понима́ть по-ру́сски; translate from ~ / into ~ переводи́ть с ру́сского языка́

/ на ру́сский язы́к; say it in ~! скажи́те э́то по-ру́сски!; what is the ~ for "a tree"? что зна́чит по-ру́сски „a tree"?; the ~ for"a tree" is "де́рево" „a tree" по-ру́сски „де́рево"; 2. (*nationality*) ру́сский *m*, ру́сская *f* (33b); the ~s ру́сские *pl*.

Russian II *a* ру́сский (33b) [language язы́к, artist худо́жник, actor арти́ст, writer писа́тель, scientist учёный, people наро́д, custom обы́чай, ballet бале́т]; ру́сская [history исто́рия, literature литерату́ра, music му́зыка, song пе́сня, culture культу́ра, science нау́ка]; ру́сское [word сло́во, art иску́сство].

S

sack *sb* мешо́к *m* (4f) [1) large большо́й, full по́лный, empty пусто́й, heavy тяжёлый; 2) *with gen* of grain зерна́, of potatoes карто́феля, of flour муки́; 3) carry нести́, weigh взве́шивать, empty опорожня́ть, tie завя́зывать, fill with smth наполня́ть чем-л.].

sacrifice *v* же́ртвовать (244), *perf* поже́ртвовать (244) [*with instr* life жи́знью, топеу деньга́ми, name и́менем, position положе́нием]; he ~d his life to save the drowning child он поже́ртвовал свое́й жи́з-

знью, спаса́я утопа́ющего ребёнка.

sad (*distressing*) печа́льный (31b) [end коне́ц, look взгляд, day день]; печа́льная [news но́вость]; печа́льное [event собы́тие]; { (*melancholy*) гру́стный (31b) [film фильм, story расска́з]; гру́стная [music му́зыка, song пе́сня]; гру́стное [face лицо́, expression выраже́ние лица́]; гру́стные [eyes глаза́, thoughts мы́сли]; she looked ~ она́ вы́глядела гру́стной, печа́льной; I felt ~ мне бы́ло гру́стно; make smb ~ опеча́лить кого́-л.; he was ~ because his child had fallen ill он был гру́стен, потому́ что его́ ребёнок заболе́л.

safe *a* 1. (*not in danger*) безопа́сный (31b) [way спо́соб, road, way путь]; безопа́сное [place ме́сто]; be / feel ~ from danger быть / чу́вствовать себя́ в безопа́сности; 2. (*unharmed*) невреди́мый (31b); he came home ~ from the war он верну́лся с войны́ невреди́мым; ⊙ ~ **and sound** це́лый и невреди́мый.

safety безопа́сность *f* (29c) [1) complete по́лная; 2) guarantee гаранти́ровать]; he was anxious about the ~ of his children он беспоко́ился о безопа́сности свои́х дете́й; in ~ в безопа́сности.

sail I *sb* (*canvas*) па́рус *m* (1*l*) [1) swells, fills надува́ется, droops виси́т; 2) put up подня́ть, lower опусти́ть]; ⊙ **set** ~ 1) (*put up*) подня́ть паруса́; 2) (*begin voyage*) отпра́виться (в пла́вание); they set ~ for South America они́ отпра́вились в (*with acc*) Ю́жную Аме́рику.

sail II *v* 1. (*move*) плыть (217), *no perf* [up the river вверх по реке́, along the coast вдоль бе́рега, southward(s) на юг]; the boat ~ed down the river ло́дка плыла́ вниз по реке́; 2. (*start voyage*): when does the boat, steamer ~? когда́ отправля́ется парохо́д?; we ~ tomorrow on the "Pobeda" мы отправля́емся за́втра на тѐплохо́де «Побе́да»; the ship was ready to ~ парохо́д был гото́в к отправле́нию; when does the next boat ~ for Odessa? когда́ отправля́ется, идёт в Оде́ссу сле́дующий парохо́д?

sailor (*seaman*) моря́к *m* (4e); his brother is a ~ его́ брат моря́к; { (*of rank*) матро́с *m* (1e).

sake: for the ~ of ра́ди (*with gen*); for the ~ of our friendship ра́ди на́шей дру́жбы; she did it for her brother's ~ она́ сде́лала э́то ра́ди своего́ бра́та; for my ~ ра́ди меня́; for the ~ of variety ра́ди разнообра́зия; ⊙ **for God's** ~! ра́ди бо́га!

salad сала́т *m* (1f) [vegetable овощно́й, fruit фру́ктовый, fish ры́бный, meat мясно́й; tasty вку́сный].

salary жа́лованье *n*, *no pl* (18c) [1) good хоро́шее, small небольшо́е, high большо́е, poor ничто́жное; monthly ежеме́сячное; 2) get, receive получа́ть, increase увели́чивать, pay плати́ть, raise повыша́ть, reduce уменьша́ть]; a ~ of 60 dollars a week жа́лованье в шестьдеся́т до́лларов в неде́лю; live on one's ~ жить на жа́лованье.

sale прода́жа *f*, *no pl* (25a); for ~ для прода́жи; the house was for ~ дом

предназнача́лся для прода́-
жи; offer / set out goods
for ~ предложи́ть / разло-
жи́ть това́ры для прода́-
жи; ⊙ be **on** ~ быть в
прода́же; the book is no
longer on ~ кни́ги уже́ нет
в прода́же; silk stockings
are on ~ everywhere шёлковые чулки́ продаю́тся вез-
де́.

salt *sb* соль *f* (29b); give
/ pass me the ~, please!
да́йте / переда́йте мне, по-
жа́луйста, соль!; put ~
in(to) the soup соли́ть суп;
there is not enough ~ in the
meat мя́со недосо́лено; a
pinch of ~ щепо́тка со́ли;
put / add some ~ положи́ть
/ доба́вить (немно́го) со́ли;
~ water солёная вода́.

same тот же са́мый *m*,
та же са́мая *f*, то же са́мое
n, те же са́мые *pl* (31b);
on the ~ day в тот же (са́-
мый) день; at the ~ time
в то же са́мое вре́мя; we
have lived in the ~ house for
ten years мы живём в том
же са́мом до́ме де́сять лет;
⊙ all the ~ всё равно́; *see*
all.

sanatorium санато́рий *m*
(12b) [big большо́й, excellent прекра́сный, special
специа́льный]; he was in a ~
for a month он ме́сяц был
в санато́рии; the ~ was
high in the mountains / on
the seashore / in forest са-
нато́рий находи́лся высоко́
в гора́х / на берегу́ мо́ря /
в лесу́; he went to a ~ on

the Black Sea он пое́хал
в санато́рий на берегу́ Чёр-
ного мо́ря; he returned from
the ~ fully recovered он вер-
ну́лся из санато́рия оконча́-
тельно попра́вившимся.

sand *sb* песо́к *m* (4f) [fine
ме́лкий, yellow жёлтый,
clean чи́стый]; heap of ~
ку́ча песку́; his feet sank
in the ~ его́ но́ги тону́ли
в песке́; the road was covered with ~ доро́га была́ по-
сы́пана песко́м; the ~s of
the desert пески́ пусты́ни;
there is a beautiful ~ beach
there там прекра́сный пес-
ча́ный пляж.

satisfaction удовлетво-
ре́ние *n* (18c) [1) full по́л-
ное, great большо́е; 2) find
найти́, get получи́ть]; he
found much ~ in his work /
in doing that sort of work он
нашёл удовлетворе́ние в
(*with abl*) свое́й рабо́те /
выполня́я таку́ю рабо́ту;
he had a feeling of ~ он ис-
пы́тывал чу́вство удовлет-
воре́ния; settle a matter to
everybody's ~, to the ~
of everybody ула́дить де́ло
ко всео́бщему удово́льствию;
it would be a great ~ to me
мне э́то бу́дет о́чень прия́тно.

satisfactory удовлетво-
ри́тельный (31b) [answer
отве́т, result результа́т, way
спо́соб]; удовлетвори́тель-
ная [mark отме́тка]; удов-
летвори́тельное [condition,
state состоя́ние, explanation
объясне́ние]; the student's
progress is quite ~ успе́хи

этого студéнта вполнé удовлетворительны; ~ price приéмлемая ценá.

satisfy 1. (*gratify*) удовлетворять (223), *perf* удовлетворить (158) [*with acc* curiosity любопытство, claim трéбование, request прóсьбу]; nothing satisfies him егó ничтó не удовлетворяет; ~ one's hunger / thirst утолить гóлод / жáжду; ⊙ **be satisfied** быть удовлетворённым, довóльным (*with instr*); I am satisfied with the answer / results / work я удовлетворён, удовлетворенá отвéтом / результáтами / рабóтой; she remained quite satisfied онá остáлась вполнé удовлетворённой; we were not satisfied with our journey мы были недовóльны своим путешéствием; 2. (*comply with*) удовлетворять, *no perf* [*with dat* demands трéбованиям, one's taste вкýсам]; the goods must ~ a number of requirements товáры должны удовлетворять цéлому ряду трéбований; I think we can ~ all your conditions я дýмаю, что мы смóжем выполнить все вáши услóвия.

Saturday суббóта *f* (19c); *see* Friday.

sausage колбасá *f* (19g) [boiled варёная, smoked копчёная]; bread and ~ бутербрóд с колбасóй.

save *v* 1. (*rescue*) спасáть (64), *perf* спасти (221) [1] *with acc* child ребёнка, expedition экспедицию, somebody's life чью-л. жизнь, property имýщество; 2) от *with gen* from danger от опáсности, from death от смéрти, from destruction от разрушéния]; the doctor ~d his life врач спас емý жизнь; he ~d the child from drowning он спас тóнущего ребёнка; ⊙ ~ **the situation** спасти положéние; his unexpected arrival ~d the situation егó неожиданное появлéние спаслó положéние; 2. (*not spend*) берéчь (102), *perf* сберéчь (102) [*with acc* strength силы, time врéмя]; { (*of money*) копить (156), *perf* накопить (156) (*with acc*); he ~d £ 10 during the winter for his summer holiday / for the trip зá зиму он накопил дéсять фýнтов на лéтний óтпуск / на поéздку; 3. (*avoid loss, spending*) экономить (168), *perf* сэкономить (168) [*with acc* time врéмя, money дéньги, one shilling один шиллинг]; if we go by this road we can ~ half an hour éсли мы пойдём по этой дорóге, мы сэконóмим полчасá; that will ~ me a lot of trouble это избáвит меня от мнóгих хлопóт; ~ **up** копить (дéньги); he has never ~d up any money он никогдá не копил дéнег.

savings *pl* сбережéния *no sg* (18c) [1] considerable

значи́тельные, modest не-
большие; 2) have име́ть,
spend истра́тить, lose по-
теря́ть]; he invested all
his ~ in the business в это
де́ло он вложи́л все свои́
сбереже́ния; the purchase
of the house took all his ~
все его́ сбереже́ния ушли́
на поку́пку до́ма.

savings-bank сберега́-
тельная ка́сса *f* (19c), сбер-
ка́сса *f* (19c); keep money
in a ~ храни́ть де́ньги
в сберега́тельной ка́ссе; have
/ open / close an account
at a ~ име́ть / откры́ть/
закры́ть счёт в сберега́-
тельной ка́ссе; he took
fifty roubles from the ~,
out of the ~ он взял в сбе-
рега́тельной ка́ссе пятьде-
ся́т рубле́й.

saw I *sb* пила́ *f* (19g)
[sharp о́страя, circular
кру́глая, electric электри́-
ческая]; set / sharpen a ~
пра́вить / точи́ть пилу́.

saw II *v* пили́ть (156),
no perf [*with acc* wood дро-
ва́, log бревно́, tree де́рево];
~ **off** отпи́ливать (65), *perf*
отпили́ть (156) (*with acc*);
he ~ed off a branch он
отпили́л ве́тку.

say *v* 1. (*express in words*)
сказа́ть (48) [1) *with acc* a
few words не́сколько слов,
something что́-то; 2) *with
dat* to the teacher препода-
ва́телю; 3) aloud вслух,
softly ти́хо, in a loud voice
гро́мко, quietly споко́йно,
slowly ме́дленно, quickly

бы́стро, rudely гру́бо, sadly
печа́льно, politely ве́жливо,
thoughtfully заду́мчиво; in
French по-францу́зски, in
good Russian на хоро́шем
ру́сском языке́; in fun в шу́т-
ку; in earnest серьёзно,
without the slightest foundation без(о) вся́ких осно-
ва́ний]; ~ what you want!
скажи́те, что вы хоти́те;
what did he ~? что он ска-
за́л?; she was so surprised /
frightened that she could
not ~ a word она́ так уди-
ви́лась / испуга́лась, что не
могла́ сказа́ть ни сло́ва;
he didn't ~ anything to
me about it он мне ничего́
об э́том не сказа́л; it is
hard, difficult to ~ тру́дно
сказа́ть; I must ~ one more
thing я до́лжен ещё кое-что́
сказа́ть; I have something
to ~ to you мне на́до вам
ещё кое-что́ сказа́ть; I have
nothing to ~ мне не́чего
сказа́ть; repeat what you
said! повтори́те (то), что вы
сказа́ли!; I shall do everything you ~ я сде́лаю всё,
что вы ска́жете; he said so
он так сказа́л; who said
that, so? кто э́то сказа́л?;
~ to oneself сказа́ть про
себя́; easier said than done
ле́гче сказа́ть, чем сде́лать;
"Yes", he said, said he „Да",
сказа́л он; he said that
his friend's name was Jack
он сказа́л, что его́ прия́теля
зову́т Дже́ком; { говори́ть
(158), *no perf*; what is he
~ing? что он говори́т?; he

always said what he thought
он всегда́ говори́л то, что
ду́мал; what you ~ is im-
possible то, что вы гово-
ри́те, невозмо́жно; I don't
believe a word you ~ я
не ве́рю ни одному́ ва́шему
сло́ву; they ~, people
that... говоря́т, что...; what
right have you to ~ that?
како́е вы име́ете пра́во так
говори́ть?; he ~s (that) he
is busy он говори́т, что
(он) за́нят; it is said that...
говоря́т, что...; he is said
to be a good singer говоря́т,
что он хоро́ший певе́ц; ~ it
again! повтори́те ещё раз!;
I am glad to ~ that... я
ра́д(а) сообщи́ть, что...; you
don't ~ so! не мо́жет быть!;
I should ~ я ду́маю, по-
лага́ю; ⊙ ~ good morning,
good afternoon to smb здо-
ро́ваться (65), perf поздоро́-
ваться (65) с (with instr)
кем-л.; ~ good night,
good-bye to smb проща́ть-
ся (64), perf попроща́ться
(64) с (with instr) кем-л.;
he said good-bye and left
the room он попроща́лся
и вы́шел из ко́мнаты; 2.:
the letter / telegram / newspaper ~s... в письме́ / в те-
легра́мме / в газе́те гово-
ри́тся...; ◇ it goes without ~ing само́ собо́й
разуме́ется; that is to ~
то́ есть; on January
13th — that is to ~, next
week трина́дцатого января́,
то́ есть, че́рез неде́лю;
I ~! послу́шайте!; ~ a

(good) word for smb за мо́л-
вить (168) за (with gen) ко-
го́-л. слове́чко.

scale sb (of size) масшта́б
m (1f) [large кру́пный,
small ме́лкий]; { fig: on
a large, vast / small / un-
precedented ~ в больши́х /
небольши́х / невида́нных
масшта́бах; on the widest
~ в широ́ких масшта́бах;
produce / manufacture smth
on a large ~ производи́ть /
выпуска́ть что-л. в большо́м
масшта́бе; construction was
undertaken on a large/broad
~ строи́тельство бы́ло пред-
при́нято в кру́пных / широ́-
ких масшта́бах.

scarcely (with difficulty)
едва́; we could ~ see each
other in the darkness в тем-
ноте́ мы едва́ могли́ ви́деть
друг дру́га; I could ~ believe my eyes / my ears я
едва́ ве́рил(а) свои́м глаза́м/
свои́м уша́м; I ~ understood
him я с трудо́м понима́л(а)
его́; { (hardly) вряд ли; ~
anybody believes that /
thinks so вряд ли кто́-ни-
будь ве́рит э́тому / так ду́-
мает.

scare v пуга́ть (64), perf
напуга́ть (64) (with acc); the
sudden noise ~d the child
неожи́данный шум напуга́л
ребёнка; how you ~d me!
как ты меня́ испуга́л(а)!

scatter 1. (throw) раз-
бра́сывать (65), perf раз-
броса́ть (64) [1] with acc
things ве́щи, papers бума́-
ги, clothes оде́жду, seeds се-

мена́;2) everywhere повсю́ду, here and there там и тут, over the floor по́ полу]; books and papers were ~d about the room / on the chairs по ко́мнате / на сту́льях бы́ли разбро́саны кни́ги и бума́ги; 2. (be dispersed) рассе́иваться (65), perf рассе́яться (224); the crowd ~ed толпа́ рассе́ялась; the clouds gradually ~ ed облака́ постепе́нно рассе́ялись.

scene 1. (place) ме́сто n (14d) [with gen of the battle сраже́ния, бо́я, of the crime преступле́ния, of the accident катастро́фы]; 2. (picture) карти́на f (19c) [unpleasant неприя́тная, peaceful ми́рная, familiar знако́мая, funny, amusing заба́вная]; a typical ~ of Chinese life типи́чная карти́на из кита́йской жи́зни; ~s of family life карти́ны семе́йной жи́зни; he watched the whole ~ from the window он наблюда́л всю карти́ну из окна́; it's difficult / impossible to describe the ~ in words тру́дно / невозмо́жно описа́ть э́ту карти́ну слова́ми; the whole ~ unfolded before his eyes вся э́та сце́на развёртывалась перед его́ глаза́ми, происходи́ла у него́ на глаза́х; the ~ remained fixed in his memory э́та карти́на запечатле́лась в его́ па́мяти; 3. (quarrel) сце́на f (19c); make a ~ устра́ивать (65) сце́ну, perf устро-

ить (151) сце́ну; she made̯ a ~ она́ устро́ила (ему́ сце́ну; 4. (division of play) сце́на [poor, weak сла́бая, effective эффе́ктная, strong си́льная]; the famous duel ~ in the tragedy "Hamlet" знамени́тая сце́на поеди́нка в траге́дии «Га́млет»; the ~ between Macbeth and the witches сце́на Ма́кбета и ведьм; the ~ opens with a monologue сце́на открыва́ется моноло́гом; { явле́ние n (18c); Act II, Scene I де́йствие второ́е, явле́ние пе́рвое; 5. (stage setting) декора́ция f (23c) [beautiful прекра́сная, splendid великоле́пная]; the ~ was painted by Korovin декора́ции бы́ли напи́саны Коро́виным; the ~s are changed, shifted during the intervals декора́ции меня́ются во вре́мя антра́ктов; the ~ is a square in Venice сце́на представля́ет собо́ю пло́щадь в Вене́ции; ⊙ behind the ~s за кули́сами; change of ~ переме́на (19c) обстано́вки.

scent sb 1. (smell) за́пах m (4c) [1) strong си́льный, pleasant прия́тный, delightful восхити́тельный, fresh све́жий; 2) with gen of roses роз, of hay се́на, of flowers цвето́в, of smoke ды́ма; 3) smell чу́вствовать]; I hate that ~ я о́чень не люблю́ э́тот за́пах; 2. (perfume) духи́ no sg (4f) [expensive дороги́е, cheap дешё-вые, strong кре́пкие, pleasant прия́тные]; she put some ~ on her handkerchief она́ надуши́ла носово́й плато́к; a bottle of ~ флако́н духо́в; put on, use ~ души́ться (175), *perf* надуши́ться(175).

scheme *sb* (*plan*) план *m* (1f)[simple просто́й, detailed дета́льный]; { (*secret or dishonest plan*) план [cunning хи́трый, secret та́йный]; Iago's treacherous ~ succeeded кова́рный план Я́го увенча́лся успе́хом; { про́иски *no sg* (4c); the enemy's ~ was discovered in time про́иски врага́ бы́ли во́время раскры́ты.

school *sb* **1.** (*building*) шко́ла *f* (19c) [large больша́я, small небольша́я]; build / open a new ~ стро́ить / откры́ть но́вую шко́лу; there are two ~s in our street на на́шей у́лице две шко́лы; { (*institution for teaching*) шко́ла [English англи́йская, private ча́стная, night, evening вече́рняя; elementary нача́льная, secondary сре́дняя; music музыка́льная]; general educational ~, ~ for, of general education общеобразова́тельная шко́ла; ~ for adults, adult ~ шко́ла для взро́слых; vocational, occupational ~ профессиона́льная шко́ла; village ~ се́льская шко́ла; graduate from, finish ~ ока́нчивать шко́лу; leave ~ уходи́ть из шко́лы, оставля́ть шко́лу; go to ~ учи́ться в шко́ле, ходи́ть в шко́лу;

~ is free обуче́ние в шко́ле беспла́тное; boys' / girls' ~ мужска́я / же́нская шко́ла; co-educational ~ шко́ла совме́стного обуче́ния; ~ friend шко́льный това́рищ; ~ subjects шко́льные предме́ты; he did well at ~ в шко́ле он хорошо́ учи́лся; ⊙ **send a child to** ~ отда́ть (214) ребёнка в шко́лу; **2.** (*lessons*) заня́тия *usu pl* (18c); ~ begins at 9 o'clock заня́тия (в шко́ле) начина́ются в де́вять часо́в; ~ is over заня́тия (в шко́ле) око́нчились; there will be no ~ today сего́дня в шко́ле не бу́дет заня́тий; after ~ по́сле заня́тий, по́сле уро́ков; miss / attend ~ пропуска́ть / посеща́ть заня́тия в шко́ле; the boys are still at ~ ма́льчики ещё в шко́ле, на уро́ках; they haven't come from ~ yet они́ ещё не пришли́ из шко́лы; **3.** (*tendency*) шко́ла [modern совреме́нная, well-known изве́стная, scientific нау́чная]; the Dutch ~ of painting голла́ндская шко́ла жи́вописи; found a ~ основа́ть шко́лу; belong to a ~ принадлежа́ть к шко́ле.

schoolboy шко́льник *m* (4a).

schoolchildren *pl* шко́льники (4a).

schoolgirl шко́льница *f* (21a).

science нау́ка *f* (22b) [1] exact то́чная, applied прикладна́я, pure чи́стая, modеrn совреме́нная; 2) develops развива́ется, explains объясня́ет]; ~ and art нау́ка и иску́сство; progress in ~ прогре́сс в нау́ке; field / branch of ~ о́бласть / о́трасль нау́ки; in ~ в нау́ке; a revolution in ~ переворо́т в нау́ке; he devoted himself to ~ он посвяти́л себя́ нау́ке; that is the greatest achievement of modern ~ э́то велича́йшее достиже́ние совреме́нной нау́ки; ⊙ **natural** ~s есте́ственные нау́ки; **social** ~s обще́ственные нау́ки.

scientific нау́чный (31b) [journal журна́л, report, paper докла́д; research worker рабо́тник, сотру́дник, method ме́тод, approach подхо́д; нау́чная [basis ба́за, book кни́га]; нау́чное [discovery откры́тие, research иссле́дование, achievement достиже́ние, definition определе́ние; society о́бщество, institution учрежде́ние]; нау́чные [knowledge зна́ния]; on a ~ foundation на нау́чной осно́ве; ~ degree учёная сте́пень; in the ~ world в учёном ми́ре.

scientist учёный m (31b) [great вели́кий, famous знамени́тый, well-known изве́стный, outstanding выдаю́щийся, prominent кру́пный, talented тала́нтливый, gifted одарённый, brilliant блестя́щий]; he is one of the most outstanding

~s of today он оди́н из са́мых выдаю́щихся учёных на́шего вре́мени.

scissors pl но́жницы no sg (21c) [sharp о́стрые, blunt тупы́е]; a pair of ~ но́жницы; cut with ~ ре́зать но́жницами.

score sb (of sports, games) счёт m (1f); what is the ~? како́й счёт?; they won by a ~ of two to one они́ вы́играли со счётом два — оди́н; keep the ~ вести́ счёт; the ~ was five to three in favour of the Spartak team счёт был пять—три в по́льзу кома́нды «Спарта́к»; ◇ **settle old** ~s своди́ть ста́рые счёты (with — c with instr).

scorn sb (contempt) презре́ние n (18c) [express выража́ть, show пока́зывать, feel чу́вствовать, hide, conceal скрыва́ть]; treat smb with ~ презира́ть кого́-л.; full of ~ по́лный презре́ния.

scream v (give loud cry) крича́ть (46), perf закрича́ть (46) [1) loudly гро́мко, shrilly пронзи́тельно; 2) от with gen with fright от испу́га, with pain от бо́ли]; ~ for help крича́ть о по́мощи; the baby ~ed all night ребёнок крича́л всю ночь; don't ~so! не кричи́ так!; stop ~ing! переста́нь крича́ть!; { вскри́кнуть (125) [от with gen with pain от бо́ли, with surprise от удивле́ния, with delight от восхище́ния].

screen *sb* (*of cinema, etc.*) экра́н *m* (1f) [large большо́й, wide широ́кий]; on the ~ на экра́не; cinema ~ кино-экра́н.

sea мо́ре *n* (15a) [1) calm споко́йное, vast огро́мное, stormy, rough бу́рное, raging бушу́ющее; 2) cross пересе́чь]; the ~ is calm мо́ре споко́йно; the ~ is very deep / shallow there в э́том ме́сте о́чень глубоко́ / ме́лко; fly across the ~ перелете́ть че́рез мо́ре; go to the ~ е́хать к мо́рю; live at, by, near the ~ жить у мо́ря, на берегу́ мо́ря; swim in the ~ купа́ться в мо́ре; be at ~ находи́ться, быть в мо́ре; the ship was far out at ~ парохо́д был далеко́ в мо́ре; go by ~ е́хать мо́рем, на парохо́де; he spent his vacation by the ~ он провёл свой о́тпуск, свои́ кани́кулы у мо́ря; in the open ~ в откры́том мо́ре.

seal *v* (*also* ~ up) (*close*) запеча́тывать (65), *perf* запеча́тать (65) [1) *with acc* letter письмо́, envelope конве́рт, parcel посы́лку; bottle буты́лку; 2) tightly про́чно, carefully тща́тельно, carelessly небре́жно]; the envelope was not ~ed конве́рт не́ был запеча́тан.

search I *sb* по́иски *no sg* (4d) [1) fruitless напра́сные, long до́лгие, careful тща́тельные; 2) begin нача́ть, make производи́ть,

discontinue прекрати́ть; 3) *with gen* for a missing person пропа́вшего челове́ка, for something lost поте́рянной ве́щи]; give up the ~ отказа́ться от по́исков; the ~ was (not) successful по́иски (не) увенча́лись успе́хом; ⊙ **in ~ of** в по́исках (*with gen*); in ~ of a way out / a new method / data / work в по́исках вы́хода / но́вого ме́тода / да́нных / рабо́ты; a plane was sent out in ~ of the expedition на по́иски экспеди́ции был вы́слан самолёт.

search II *v* (*look for, seek*) иска́ть (83), *no perf* [1) *with acc* for a key ключ, for a person челове́ка, for a child ребёнка; for shelter убе́жище; for a solution реше́ние, for a way out вы́ход; 2) carefully, thoroughly тща́тельно, (for) a long time до́лго, persistently упо́рно]; what are you ~ing for? что вы и́щете?; I have been ~ing for the letter / document for half an hour я уже́ полчаса́ ищу́ э́то письмо́ / э́тот докуме́нт; { (*examine*) обы́скивать (65), *perf* обыска́ть (83) [*with acc* house дом, person челове́ка, desk пи́сьменный стол, suit-case чемода́н]; they ~ed every part of the forest они́ обыска́ли весь лес; he ~ed his pockets but didn't find the key он обыска́л все карма́ны, но ключа́ не нашёл; he ~ed his memory but he couldn't

remember the name он на-
пря́г па́мять, но не мог
вспо́мнить и́мени.

season *sb* 1. (*part of
year*) вре́мя (*n* 15b) го́да [hot
жа́ркое, cold холо́дное, wet
дождли́вое, dry сухо́е, nice
прия́тное, warm тёплое];
there are four ~s существу́ют
четы́ре вре́мени го́да; spring
is my favourite ~ весна́—
моё люби́мое вре́мя го́да;
spring is the most pleasant ~
here са́мое прия́тное вре́мя
го́да здесь —весна́; 2. (*period
of specified activity*) сезо́н
m (1f) [theatre театра́льный,
football футбо́льный].

seat I *sb* 1. (*place to sit*)
ме́сто *n* (14d) [1) empty,
vacant пусто́е, comfortable
удо́бное; 2) at a table за
столо́м; in a train в по́езде;
3) find найти́, give уступа́ть,
дава́ть, offer предложи́ть,
occupy заня́ть, choose вы́-
брать]; he jumped / rose
from his ~ он вскочи́л /
подня́лся со своего́ ме́ста;
she went to her ~ она́ по-
шла́ на своё ме́сто; ⊙ **take a
~** сади́ться (152), *perf*
сесть (239); won't you take
a ~?, take a ~, please!
сади́тесь, пожа́луйста!; **2.**
(*of theatre, etc.*) ме́сто [in
the first row в пе́рвом ряду́,
in the stalls в парте́ре, in
a box в ло́же, in the dress-
-circle в бельэта́же, in the
pit в амфитеа́тре]; he reserved, booked two ~s он
оста́вил за собо́й два ме́ста;
show smb to his ~ провести́

кого́-л. на его́ ме́сто; there
are 1,000 ~s here здесь ты́-
сяча мест; there were no
~s in the hall в за́ле не́
бы́ло свобо́дных мест.

seat II *v* 1. (*make sit down*)
сажа́ть (64), *perf* посади́ть
(152), усади́ть (152) (*with
acc*); they ~ed him in the
arm-chair они́ усади́ли его́
в кре́сло; ⊙ **be ~ed** са-
ди́ться (152); please, be
~ed! сади́тесь, пожа́луйста!;
2.: ~ oneself сади́ться (152),
perf сесть (239); she ~ed
herself on the couch она́
се́ла на дива́н.

second I *sb* секу́нда *f*
(19c); in a ~ че́рез секу́нду;
just a ~! (одну́) секу́нду!;
wait a ~! подожди́те (одну́)
секу́нду!

second II *num* (*after first*)
второ́й *m*, втора́я *f*, второе́
n (31a); live on the ~ floor
жить на тре́тьем этаже́; *see*
third **II**.

secret I *sb* та́йна *f* (19c)
[great больша́я, impor-
tant ва́жная]; know / learn
/ reveal a ~ знать / узна́ть
/ откры́ть та́йну; dead ~
глубо́кая та́йна; tell smb
a ~ рассказа́ть кому́-л.
та́йну; this must be a
~ between us э́то должно́
оста́ться ме́жду на́ми, э́то
бу́дет на́шей та́йной; { сек-
ре́т *m* (1f) [tell расска-
за́ть, disclose откры́ть,
learn узна́ть]; it's a ~ э́то
секре́т; ⊙ **in** ~ по секре́ту;
I was told about the matter
in ~ мне рассказа́ли об

э́том по секре́ту; **keep a ~** храни́ть (158) та́йну; this woman can keep a ~ э́та же́нщина уме́ет храни́ть та́йну; **be in the ~** быть посвящённым в та́йну; **let smb into a ~** посвяти́ть (161) кого́-л. в та́йну.

secret II *a* 1. (*hidden*) потайно́й (31a) [drawer я́щик, store склад, passage прохо́д, pocket карма́н]; потайна́я [door дверь, staircase ле́стница]; потайно́е [place ме́сто, hiding-place убе́жище]; he escaped through a ~ door он скры́лся че́рез потайну́ю дверь; 2. (*kept concealed*) секре́тный (31b) [document докуме́нт, treaty догово́р]; секре́тная [service слу́жба, arrangement договорённость]; секре́тное [agreement соглаше́ние]; **◊ top ~** соверше́нно секре́тно; **keep smth ~** держа́ть (47) что-л. в та́йне; I asked him to keep the matter ~ я попроси́л(а) его́ держа́ть э́то де́ло в та́йне; 3. (*not shown, concealed*) та́йный (31b) [marriage брак, sign знак, plot за́говор]; та́йная [love любо́вь, trip пое́здка]; та́йное [feeling чу́вство, influence влия́ние].

secretary 1. (*office worker*) секрета́рь *m* (2a) [1) experienced о́пытный, efficient де́льный, excellent отли́чный, private ли́чный; 2) *with gen* of the committee комите́та; of the meeting собра́ния;

3) explains объясня́ет, writes down, puts down запи́сывает, answers a telephone call отвеча́ет по телефо́ну]; elect / appoint a ~ выбира́ть / назнача́ть секретаря́; speak to the ~ говори́ть с секретарём; ask the ~ обрати́ться к секретарю́; the director's ~ секрета́рь дире́ктора; the ~ will tell you everything you need to know секрета́рь ска́жет (вам) всё, что вам ну́жно знать; 2. (*minister*) мини́стр *m* (1e); Secretary of State 1) (*in England*) мини́стр; 2) (*in USA*) госуда́рственный секрета́рь, мини́стр иностра́нных дел; Foreign Secretary (*in England*) мини́стр иностра́нных дел; Home Secretary мини́стр вну́тренних дел.

secure *v* 1. (*ensure*) обеспе́чивать (65), *perf* обеспе́чить (174) [*with acc* victory побе́ду, good results хоро́шие результа́ты, increase увеличе́ние, support подде́ржку]; 2. (*get*) достава́ть (63), *perf* доста́ть (51) [*with acc* tickets биле́ты, seat at the theatre биле́т в теа́тр].

see 1. (*have, use power of sight*) ви́деть (109), *no perf* [well хорошо́, badly пло́хо, far далеко́]; he doesn't ~ well он пло́хо ви́дит; we could ~ nothing as it was dark мы ничего́ не ви́дели, так как бы́ло темно́; I looked but saw nothing я посмотре́л(а), но ничего́ не увиде́л(а); what do you ~ in the picture? что вы ви́дите на карти́не?; what do, can you ~ there? что вы там ви́дите?; { (*perceive*) ви́деть, *perf* увиде́ть (109) [1] *with acc* кого́-л.; difference ра́зницу, results результа́ты, mistake, error оши́бку; 2) long ago давно́, not long ago, recently неда́вно, two days ago два дня наза́д; 3) in the distance вдали́, in the street на у́лице, in the picture на карти́не, in a dream во сне́]; I saw some people in the garden я ви́дел(а) в саду́ каки́х-то люде́й; have you seen today's newspaper? вы ви́дели сего́дняшнюю газе́ту?; I saw it with my own eyes я ви́дел(а) э́то свои́ми со́бственными глаза́ми; I saw him come я ви́дел(а), как, что он пришёл; she saw him approaching the house она́ ви́дела, как он подходи́л к до́му; he was seen to come ви́дели, как, что он пришёл; let me ~ your picture / your letter! да́йте мне посмотре́ть ва́шу карти́ну / ва́ше письмо́!; he has seen a lot, very much in his life он мно́гое ви́дел в свое́й жи́зни; { (*look*) смотре́ть (101), *perf* посмотре́ть (101) [*with acc* film фильм, play пье́су, new program но́вую програ́мму, match матч, game игру́, performance спек-

та́кль]; ~ who it is! посмотри́(те), кто э́то, кто там!; ~ what you have done! посмотри́те, что вы сде́лали!; ~ page 45 смотри́ (-те) страни́цу со́рок пять; ⊙ ~ the world; life увиде́ть, повида́ть свет; ~ the light увиде́ть свет; the book saw the light only after his death кни́га уви́дела свет то́лько по́сле его́ сме́рти; 2. (*meet, visit, talk to*) ви́деть, *perf* увиде́ть (*with acc*); it's a long time since I saw you last я давно́ вас не ви́дел(а); I am glad to ~ you ра́д(а) вас ви́деть; have you seen anything of Tom the last few days? вы ви́дели, встреча́ли То́ма э́ти дни?; I don't ~ you much these days я что́-то ма́ло, ре́дко вас ви́жу после́днее вре́мя; I shall never ~ him again я бо́льше никогда́ его́ не уви́жу; may I ~ the director? не могу́ ли я ви́деть дире́ктора?; I'll be ~ing him tomorrow я за́втра его́ уви́жу; I think you must ~ a doctor я ду́маю, что вам на́до пойти́ к врачу́; I've come to ~ you я пришёл навести́ть вас; come and ~ me some time! приходи́те ка́к-нибудь навести́ть меня́!, заходи́те ка́к-нибудь ко мне!; 3. (*understand*) понима́ть (64), *perf* поня́ть (233) [*with acc* joke шу́тку, fraud обма́н]; now, do you ~? тепе́рь вы понима́ете?; ~ why / how понимáть почему́, зачéм /как; I ~ понимáю; as far as I can ~ наскóлько я понимáю; don't you ~? рáзве непонятно?; don't, can't you ~ what I mean? рáзве непонятно, что я хочу́ сказáть?; he saw at once that he had made a mistake он срáзу же пóнял, что сдéлал оши́бку; I don't ~ why he didn't want to come не понимáю, почему́ он не захотéл прийти́; 4. (think, consider) подýмать (65); let me ~! дáйте мне подýмать!; I'll ~ я подýмаю; 5. (attend to, supervise) проследи́ть (153); ~ (to it) that the door is locked! проследи́те, чтóбы закры́ли дверь!; will you ~ (to it) that all the necessary documents are prepared? вы не проследи́те за тем, чтóбы приготóвили все необходи́мые докумéнты?; ~ that it is done проследи́те, чтóбы это бы́ло сдéлано; { (take care of) позабóтиться (177) (to— o with abl); leave it to me, I'll ~ to it! остáвьте это мне, я об этом позабóчусь; 6. (accompany) провожáть (64), perf проводи́ть (152) (with acc); he saw her to the door / bus- stop он проводи́л её до (with gen) двéри / автóбусной останóвки; may I ~ you home? разреши́те проводи́ть вас домóй!; 7. (find out) узнáть (64); go and ~ whether T. is here! пойди́те

узнáйте, здесь ли T.!; I don't know, but I'll ~ я не знáю, но постарáюсь узнáть; ⊙ ~ for oneself убеди́ться (153); go and ~ for yourself! пойди́те и убеди́тесь сáми!; ~ about (take care of) позабóтиться о (with abl); I'll ~ about the luggage / rooms я позабóчусь о багажé / кóмнатах; ~ off провожáть, perf проводи́ть (with acc); we went to the station to ~ him off мы поéхали на вокзáл проводи́ть егó.

seed sb 1. сéмя n (15b), gen pl семя́н); 2. collect семенá pl (15b) 1) with gen of a plant растéния, of fruit фрýктов, of berries я́год; 2) sow сéять, scatter разбрáсывать].

seek (search for) искáть (83), no perf [with gen shelter убéжища, safety безопáсности, help, aid пóмощи, support поддéржки, protection защи́ты].

seem казáться (48), perf показáться (48) (to — with dat); it ~s to me / him that... мне / емý кáжется, что...; it ~s so to me мне так кáжется; that's how it ~s to me мне так кáжется; it does not ~ cold to me мне не кáжется, что хóлодно; it ~ed that nobody knew anything about the matter казáлось, что никтó ничегó об этом не знал; it ~s so как бýдто так; it ~s cold / warm today ceго́дня, ка́жется, хо́лодно / тепло́; he ~ed glad to see me каза́лось, он был рад меня́ ви́деть; she ~ed to want to say something каза́лось, она́ хоте́ла что́-то сказа́ть; he is not what he ~s он не тако́в, каки́м ка́жется; you don't ~ to understand one thing... вы, ка́жется, одного́ не понима́ете...; { *adj and sb after* seem *are translated in instr*: he ~ed tired / calm / surprised / quite happy он каза́лся уста́лым / споко́йным / удивлённым / вполне́ счастли́вым; the work did not ~ difficult / easy / hard рабо́та не каза́лась тру́дной / лёгкой/тяжёлой; every minute ~de an hour ка́ждая мину́та каза́лаеь ча́сом.

seize 1. (*grasp, take hold of*) хвата́ть (64), схва́тывать (65), *perf* схвати́ть (192) [1] *with acc* boy ма́льчика, letter письмо́; 2) by the arm за́ руку, by the collar за во́рот, by the shoulder за плечо́; 3) firmly, tightly кре́пко, quickly бы́стро]; he ~d me by the hand он схвати́л меня́ за́ руку; he ~d the rope он ухвати́лся за кана́т; he ~d the weapon он схвати́лся за ору́жие; 2. (*capture, take possession of*) захва́тывать (65), *perf* захвати́ть (192) [*with acc* city го́род, ship кора́бль, property со́бственность, fortress кре́пость]; the village was ~d on the first day of the war дере́вня была́ захва́чена в пе́рвый день войны́; 3. (*be affected*) охва́тывать (65), *perf* охвати́ть (192); fear / panic ~d them их охвати́л страх / охвати́ла па́ника; he was ~d with remorse / with shame его́ охвати́ло чу́вство раска́яния / стыда́; 4. (*make use*) воспо́льзоваться (244) [*with instr* opportunity слу́чаем].

seldom ре́дко; after that we ~ heard from him по́сле э́того мы ре́дко получа́ли от него́ изве́стия; he is ~ here in the afternoon он ре́дко быва́ет здесь днём; it ~ rains here здесь ре́дко идёт дождь.

select *v* (*pick out*) выбира́ть (64), *perf* вы́брать (43) [1] *with acc* gift пода́рок, suitable person подходя́щего челове́ка; 2) carefully тща́тельно]; { (*choose*) отбира́ть (64), *perf* отобра́ть (44) [*with acc* the best singers лу́чших певцо́в, the most typical cases наибо́лее типи́чные слу́чаи, the best samples лу́чшие образцы́] the finest plants were ~ed and sent to the exhibition лу́чшие расте́ния бы́ли ото́браны и по́сланы на вы́ставку.

self- *in compound words* само-; ~-confidence самоуве́ренность *f* (29c); ~-command самооблада́ние *n* (18c); ~-defence самозащи́та *f* (19c); ~-sacrifice самопоже́ртвование *n* (18c).

sell продава́ть (63), *perf* прода́ть (214) [1) *with acc* goods това́ры, food проду́кты, furniture ме́бель, house дом; 2) *with dat* to smb кому́-л.; 3) cheap дёшево, dear(ly) до́рого, profitably вы́годно, for ten dollars за де́сять до́лларов, at a loss с убы́тком, at a reduced price по сни́женной цене́, for cash за нали́чные де́ньги]; the shop ~s furniture / clothes в магази́не продаётся ме́бель / оде́жда; go to any shop ~ing leather goods! зайди́те в любо́й магази́н продаю́тся изде́лия из ко́жи!; ~ out распродава́ть (63), *perf* распрода́ть (214) (*with acc*); that size is sold out э́тот разме́р уже́ распро́дан.

senate сена́т *m* (1f).

senator сена́тор *m* (1e).

send 1. (*dispatch*) посыла́ть (64), *perf* посла́ть (61) [1) *with acc* answer отве́т, letter письмо́, parcel посы́лку, present пода́рок, flowers цветы́, invitation приглаше́ние, car маши́ну; messenger посы́льного, boy ма́льчика; 2) abroad за грани́цу, to Moscow в Москву́, (to) smb кому́-л., back наза́д; 3) за *with instr* for the tickets за биле́тами, for newspapers за газе́тами; 4) by rail по желе́зной доро́ге, by mail, by post по по́чте, by air mail возду́шной по́чтой]; ~ him with a message! пошли́те его́ с запи́ской!; we

sent him a telegram мы посла́ли ему́ телегра́мму; the factory sent him to study заво́д посла́л его́ учи́ться; I have a telegram to ~ мне ну́жно посла́ть телегра́мму; ⊙ ~ a child to school отда́ть (214) ребёнка в шко́лу; ~ one's love посыла́ть (64), передава́ть (63) приве́т (to — *with dat*); see love I; 2. (*ask to come*) посыла́ть (64), *perf* посла́ть (61) [1) *with acc* the boy ма́льчика, the servant слугу́; 2) за *with instr* for the doctor за врачо́м, for him за ним]; did you ~ for me? вы посыла́ли за мной?; ~ off (*dispatch*) отсыла́ть (64), *perf* отосла́ть (61) [*with acc* letter письмо́, parcel посы́лку, goods това́ры]; this parcel must be sent off today э́ту посы́лку на́до отпра́вить сего́дня.

sense *sb* 1. (*feeling*) чу́вство *n* (14c) [*with gen* of duty до́лга, of humour ю́мора, of proportion ме́ры, of security безопа́сности, of danger опа́сности]; he has a strong ~ of duty у него́ си́льно ра́звито чу́вство до́лга; { ощуще́ние *n* (18c) [*with gen* of pain бо́ли, of cold хо́лода]; ⊙ come to one's ~s приходи́ть (152) в себя́, *perf* прийти́ (206) в себя́; 2. (*judgement*, *brains*) смысл *m*, *no pl* (1f); he has plenty of ~ он о́чень разу́мный челове́к; what's the ~ of doing it? како́й смысл де́лать э́то?; there is no ~ in leaving now нет никако́го смы́сла сейча́с уходи́ть; there's a lot of ~ in what he says в том, что он говори́т, мно́го разу́много; talk ~ говори́ть разу́мно, де́льно; ⊙ **common** ~ здра́вый смысл; there is much common ~ in his proposal в его́ предложе́нии мно́го здра́вого смы́сла; **3.** (*meaning*) смысл [1] strict то́чный, literal буква́льный; 2) *with gen* of a word сло́ва, of a phrase фра́зы]; in a good / bad ~ в хоро́шем / плохо́м смы́сле сло́ва; in what ~ did you use the word? в како́м смы́сле вы употреби́ли э́то сло́во?; ⊙ **make** ~ име́ть (98) смысл; it makes no ~ э́то не име́ет никако́го смы́сла; she couldn't make ~ of what he said она́ не могла́ поня́ть смы́сла того́, что он сказа́л; **in a (certain)** ~ в изве́стном смы́сле.

sentence I (*sbphrase*) предложе́ние *n* (18c) [1) simple просто́е, long дли́нное, complicated запу́танное, сло́жное, difficult тру́дное; 2) write написа́ть, read прочита́ть, dictate диктова́ть, translate перевести́, repeat повтори́ть]; he did not understand the last ~ in the text он не по́нял после́днего предложе́ния в те́ксте.

sentence II *sb* (*of law*) пригово́р *m* (1f) [1) severe суро́вый, nominal ус-

ло́вный, final оконча́тельный; 2) pass выноси́ть, announce объявля́ть, carry out привести́ в исполне́ние.

sentence III *v* приговори́ть (158) (*with acc*); he was ~d to death / to three years' imprisonment он был приговорён к (*with dat*) сме́рти / к трёхле́тнему заключе́нию.

separate I *a* отде́льный (31b) [house дом, entrance вход; question вопро́с]; отде́льная [apartment кварти́ра, part часть, room ко́мната]; отде́льное [building зда́ние]; all these ~ cases have something in common все э́ти отде́льные слу́чаи име́ют что́-то о́бщее; keep this book / medicine ~ from the others! храни́те э́ту кни́гу / э́то лека́рство отде́льно от други́х, остальны́х.

separate II *v* **1.** (*divide, set apart*) отделя́ть (223), *perf* отдели́ть (156) (*with acc; from* — от *with gen*); the Channel ~s England from France проли́в Ла-Ма́нш отделя́ет А́нглию от Фра́нции; we ~d the good apples from the bad мы отдели́ли хоро́шие я́блоки от плохи́х; { разделя́ть (223), *perf* раздели́ть (156) (*with acc*); the river ~s the village into two equal parts река́ разделя́ет дере́вню на две ра́вные ча́сти; the two parts of the city are ~d by a river две ча́сти го́рода разделя́ются реко́й; **2.** (*part*) расставаться (63), *perf* расстаться (51); we talked until midnight and then ~d мы проговорили до полуночи, а затем расстались; { разлучаться (64) (from — с *with instr*); he did not want to be ~d from his friend он не хотел разлучаться со своим другом.

September сентябрь *m* (2b); *see* April.

series 1. серия *f* (23c) [1) complete полная, unfinished незаконченная, new новая; 2) *with gen* of textbooks учебников, of lectures лекций]; **2.** (*a number of*) ряд *m* (1k); a ~ of events / of questions ряд (*with gen*) событий / вопросов; they won a ~ of battles они выиграли ряд сражений.

serious серьёзный (31b) [person человек; question вопрос, examination экзамен]; серьёзная [article статья, book книга, problem проблема, mistake ошибка, reason причина, disease болезнь]; серьёзное [face лицо; difficulty затруднение, matter дело, objection возражение, warning предупреждение, offer предложение]; the matter requires ~ consideration этот вопрос требует серьёзного рассмотрения; he looked very ~ он выглядел очень серьёзным; are you ~? вы серьёзно (это говорите)?; I want to have a ~ talk with you я

хочу серьёзно поговорить с вами.

seriously серьёзно [think думать, speak говорить]; he was ~ wounded / ill он был серьёзно ранен / болен.

servant слуга *m* (22g, *acc sg* слугу), служанка *f* (22c); engage, hire / keep / dismiss a ~ нанимать / держать / увольнять слугу.

serve *v* **1.** (*of military forces*) служить (175) [в *with abl* in the army в армии, in the navy в военно-морском флоте]; he ~d in the army for twenty-five years он прослужил в армии двадцать пять лет; **2.** (*wait on, attend to*) обслуживать (65), *perf* обслужить (175) [1) *with acc* customer посетителя; 2) well хорошо, fast, quickly быстро; 3) в *with abl* at a hotel в гостинице, in a shop в магазине, at a restaurant в ресторане]; **3.** (*bring food to table*) подавать (63), *perf* подать (214) [*with acc* dinner обед, coffee кофе, soup суп, fish рыбу]; dinner is ~d обед подан; breakfast was ~d in the garden завтрак был подан в саду; **4.** (*be used as*) служить [*with instr* as a shelf полкой, as a seat, chair стулом, as a bed постелью]; we sat down around the box that ~d as a table мы сели вокруг ящика, который служил нам столом; ~ a purpose служить цели; { (*satisfy*) годиться (153), *no perf*; the bag isn't very good but it will ~ чемодан не очень хороший, но он годится; what purpose can it ~? на что это (годится)?; ◇ it ~s him / them right поделом ему / им, так ему / им и надо.

service sb 1. (employment) служба f (19c) [long долгая, short непродолжительная, hard тяжёлая, easy лёгкая]; he returned home after two years of military ~ он вернулся домой после двух лет службы в армии; 2. (attendance) обслуживание n, no pl (18c) [1) medical медицинское; excellent прекрасное, poor плохое; 2) в with abl in a shop в магазине, in, at a restaurant в ресторане; 3) improve улучшать]; the ~ at this hotel is very good в этой гостинице очень хорошее обслуживание; they complained of the poor ~ они жаловались на плохое обслуживание; ⊙ **public** ~s коммунальные услуги (22b); 3. (favour) услуга f (22b) [immense огромная, great большая]; do a ~ оказать услугу; offer one's ~s предложить свои услуги; I am at your ~ я к вашим услугам; can I be of any ~ (to you)? чем (я) могу быть вам полезен?; render smb a great ~ оказать кому-л большую услугу; professional ~s профессиональные услуги; you will need a law-

yer's ~s вам потребуются услуги юриста.

set I sb (of things) набор m (1f) [with gen of instruments инструментов]; ∤ комплект m (1f) [1) complete полный, incomplete неполный; 2) with gen of books книг, of textbooks учебников, of chairs стульев]; dinner / tea ~ обеденный / чайный сервиз; toilet ~ туалетный прибор; ⊙ **radio** ~, **wireless** ~ (радио-) приёмник m (4c).

set II v (put, place) ставить (168), perf поставить (168) [1) with acc box ящик, table стол, chair стул; trap капкан, ловушку; food еду; 2) carefully осторожно, hastily поспешно, firmly прочно]; 2. (go below horizon) садиться (153), perf сесть (239), заходить (152), perf зайти (206); the sun was ~ting солнце садилось; the moon has ~ луна зашла; at what time does the sun ~? в котором часу заходит, садится солнце?; 3. (give task) ставить, perf поставить [with acc aim цель, task задачу]; he ~ himself the task of writing a page a day он поставил себе задачу писать по одной странице в день; ~ a problem выдвинуть проблему; 4. (fix) устанавливать (65), perf установить (168)[with acc limits границы, time время, date дату]; they asked me to ~ a date for the meeting они попросили меня назначить день собрания; **5.** (*start*) приниматься (64), *perf* приняться (232) [за *with acc* to work за работу]; ~ **aside** (*reserve*) откладывать (65), *perf* отложить (175) (*with acc*); the money had been ~ aside for a definite purpose деньги были отложены для определённой цели; ~ **in** наступать (64), *perf* наступить (169); winter has ~ in наступила зима; rain ~ in наступила дождливая погода; { устанавливаться (65), *perf* установиться (147); fine weather has ~ in установилась хорошая, ясная погода; ~ **out** (*start*, *depart*) отправляться (223), *perf* отправиться (168); ~ out on a journey отправиться в путешествие; ~ **up** 1) (*establish*) создавать (63), *perf* создать (214) [*with acc* committee комитет, government правительство]; 2) (*erect*) ставить, *perf* поставить [*with acc* monument памятник, statue статую]; ◇ ~ **at liberty**, ~ **free** освобождать (64), *perf* освободить (153) (*with acc*); they ~ the country / all the prisoners free они освободили страну / всех пленных; ~ **fire to**, ~ **on fire** поджигать (64), *perf* поджечь (145); *see* fire; ~ **the table** накрывать (64) на стол, *perf* накрыть (209) на стол; *see* table; ~ **in order** приводить (152)

в порядок, *perf* привести (219) в порядок (*with acc*); ~ **eyes on** увидеть (155) (*with acc*); ~ **an example** подавать (63) пример, *perf* подать (214) пример.

settle *v* 1. (*take up residence*) поселяться (223), *perf* поселиться (158); we have ~d in a village мы поселились в деревне; **2.** (*sit down*) усаживаться (65), *perf* усесться (239); he ~d himself comfortably in the arm-chair / on the couch он удобно уселся в кресле / на диване; the bird ~d on a branch птичка уселась на ветке; { the dust ~d быль улеглась; the rain ~d the dust дождь прибил пыль; **3.** (*fix, decide*) решать (64), *perf* решить (171) (*with acc*); that ~s the matter это решает вопрос; there's nothing ~d ещё ничто не решено; that's ~d! решено!; { (*bring to satisfactory conclusion*) улаживать (65), *perf* уладить (155) [*with acc* quarrel ссору, case дело, difficulty затруднение, one's affairs свои дела]; ~ **doubts** рассеять (224) сомнения; ~ **down** (*of occupation*) приниматься (64), *perf* приняться (232) (to — за *with acc*); he ~d down to work он принялся за работу.

settlement (*small town, village*) посёлок *m* (4d); build a ~ построить посёлок; live in a ~ жить в посёлке.

seven семь (39c); *see* eight.

seventeen семнадцать (39c); *see* eight.

seventy семьдесят (39d); *see* eight, thirty.

several несколько (*with gen*); ~ (of the) men / children несколько человек / детей; I told them ~ times я говорил им несколько раз; I shall need ~ more people мне понадобится ещё несколько человек; ~ years passed прошло несколько лет.

severe 1. (*stern, harsh*) суровый (31b) [climate климат, frost мороз; character характер; sentence приговор]; суровая [winter зима, beauty красота]; суровое [test испытание, punishment наказание]; **2.** (*strict*) строгий (33b) [look взгляд; teacher учитель, master хозяин]; строгая [discipline дисциплина, criticism критика]; he was too ~ with his son он слишком строго обращался со своим сыном; **3.** (*intense, serious*) серьёзный (31b); серьёзная [illness болезнь]; ~ pain острая боль.

sew шить (180), *perf* сшить (181) [*with acc* dress платье, shirt рубашку, coat пальто]; she ~s all her children's things herself она сама шьёт все вещи своим детям; ~ **on** пришивать (64), *perf* пришить (180) (*with acc*); she ~ed the button on она пришила пуговицу; ~ **up** зашивать (64),

perf зашить (180) (*with acc*); she ~ed up the sleeve она зашила рукав.

shade *sb* **1.** (*shadow*) тень *f* (29c) [1) cool прохладная, deep густая; 2) *with gen* of a tree дерева, from a building здания; 3) give давать]; they sat down to rest in the ~ они сели отдохнуть в тени; there isn't much ~ here здесь мало тени; remain / lie in the ~ оставаться / лежать в тени; **2.** (*colour variant*) оттенок *m* (4d) [pleasant приятный, dark тёмный, lighter более светлый]; the same colour in a lighter ~ тот же цвет более светлого оттенка; different ~s of red различные оттенки красного (цвета); I don't like this ~ of green мне не нравится этот оттенок зелёного (цвета); there was a ~ of irony in his answer он ответил с оттенком иронии.

shadow *sb* (*patch of shade*) тень *f* (29c) [1) deep густая, long длинная; 2) *with gen* of a tree дерева, of a person человека, of a building здания; 3) falls across the road падает на дорогу, deepens сгущается, disappears исчезает]; cast, throw a ~ бросать тень; he looked up when my ~ fell on his newspaper когда моя тень упала на его газету, он поднял глаза; the child was afraid of his own ~ ребёнок боялся своей тени; he followed ner like a ~ он следовал за нёю как тень; in ~ в тени; her face was in ~ её лицо было в тени.

shake *v* **1.** (*pull and push*) трясти (221) [1] *with acc* tree дерево, blanket одеяло, clothes одежду, table-cloth скатерть; 2) violently сильно, thoroughly тщательно, carefully осторожно]; he shook him by the shoulders он потряс его за плечи; he shook the rain / snow off his coat он стряхнул с пальто капли дождя / снег; ~ (up) a bottle of medicine взбалтывать лекарство; ⊙ ~ **hands** пожать (82) руку, руки, здороваться (65) за руку, *perf* поздороваться (65) за руку; he shook hands with everybody он со всеми поздоровался за руку; they shook hands они поздоровались (за руку); let's ~ hands and be friends пожмём руки и помиримся; ~ one's **finger at** грозить (191) пальцем, *perf* погрозить (191) пальцем (*with dat*); **2.** (*cause to move*) качать (64); the wind shook the trees ветер качал деревья; ⊙ ~ one's **head** качать головой, *perf* покачать (64) головой; he shook his head in answer to my question он в ответ на мой вопрос он (отрицательно) покачал головой; **3.** (*vibrate, rock*) качаться (64) [up and down вверх и вниз, from side to side из

стороны в сторону]; the chair / table ~s стул / стол качается; **4.** (*shiver, tremble*) дрожать (46), *no perf* [1] от *with gen* with cold от холода, with excitement от возбуждёния, with fear от страха, with fright от испуга, from, with weakness от слабости; 2) from head to foot с ног до головы]; his hands were shaking у него дрожали руки; she was shaking all over она вся дрожала; his voice shook when he began to speak его голос задрожал, когда он начал говорить; **5.** (*make weak, less firm*) колебать (86), *perf* поколебать (86) [*with acc* determination решимость, courage мужество, faith веру]; nothing could ~ his decision ничто не могло поколебать его решёния; they were much ~n at, by the news они были сильно потрясены этим известием; ~ **off** стряхивать (65), *perf* стряхнуть (130) [*with acc* sleep сон, drowsiness дремоту]; ~ **off** one's cares стряхнуть с себя заботы.

shall I *aux of future tense* буду (*sg 1st pers*), будем (*pl 1st pers*), будете (*pl 2nd pers*) *followed by imperf inf*; I / we ~ travel in the South in summer летом я буду / мы будем путешествовать по югу; I ~ be waiting for you я буду вас ждать; tomorrow we ~

work till four o'clock за́втра
мы бу́дем рабо́тать до четырёх часо́в; ~ you live in
the country all summer? вы
бу́дете жить на да́че всё
ле́то?; I / we ~ be here till
five я бу́ду / мы бу́дем здесь
до пяти́ (часо́в); ~ you
be at the theatre tonight?
вы бу́дете сего́дня ве́чером
в теа́тре?; we ~ be very
glad to see you мы бу́дем
о́чень ра́ды вас ви́деть; {
*not translated if Russian
verb is in perf aspect*: I ~
see him tomorrow я уви́жу
его́ за́втра; we ~ do it next
week мы э́то сде́лаем на
сле́дующей неде́ле; ~ you
come back tomorrow or the
next day? вы вернётесь
за́втра и́ли послеза́втра?;
II *modal, not translated*: ~
I translate / repeat the sentence / answer the ques-
tion? мне переводи́ть / по-
втори́ть предложе́ние / от-
ве́тить на вопро́с?; ~ I come
again tomorrow? мне прий-
ти́ ещё раз за́втра?; ~ I
wait for you? мне подо-
жда́ть вас?; ~ I telephone
before coming? мне позво-
ни́ть перед те́м, как прий-
ти́?

shallow *a* ме́лкий (33b)
[stream ручей, lagoon за-
ли́в]; ме́лкая [water вода́,
river река́; dish таре́лка];
ме́лкое [lake о́зеро].

shame *sb* 1. (*painful feeling of having done wrong*)
стыд *m, no pl* (1c); feel ~
at the thought of... испы́ты-

вать чу́вство стыда́ при мы́с-
ли о (*with abl*)...; he has no
sense of ~ у него́ нет чу́вства
стыда́; ~! сты́дно!; ~ on you!
стыди́тесь!; for ~! как не
сты́дно!, стыди́тесь!; he was
filled with ~ at having told
a lie / failed in the examination ему́ бы́ло сты́дно,
что он сказа́л непра́вду /
провали́лся на экза́мене;
flush with ~ покрасне́ть от
стыда́; 2. (*disgrace, dis-
honour*) позо́р *m, no pl* (1f);
bring ~ on smb опозо́рить
(*with acc*) кого́-л.; put smb
to ~ срами́ть (*with acc*)
кого́-л.; ⊙ what a ~! ка-
ко́й позо́р!; 3. (*pity*): what
a ~ I did not know be-
fore! как жаль, что я не
зна́л(а) об э́том ра́ньше!

shape *sb* (*form*) фо́рма *f*
(19c) [1] oblong продолго-
ва́тая, well-proportioned
пропорциона́льная; grace-
ful изя́щная, unusual не-
обы́чная; 2) *with gen* of a
thing ве́щи, of a mountain
горы́, of a tower ба́шни, of
a hat шля́пы]; what ~ is
the table, round or square?
како́й фо́рмы стол — кру́г-
лый и́ли квадра́тный?;
hasn't that cloud a strange
~? не пра́вда ли, у э́того
о́блака стра́нная фо́рма?;
they are of a similar / different
~ они́ одина́ковы / раз-
ли́чны по фо́рме; assume
the ~ of принима́ть фо́рму,
вид (*with gen*); be out of
~ быть бесфо́рменным, по-
теря́ть фо́рму; get out of

~ теря́ть фо́рму; { (*outline*) очерта́ние *n* (18c); *usu pl* очерта́ния [dim нея́сные, distinct чёткие, vague 'расплы́вчатые]; we could not make out the ~ of the house in the dark в темноте́ мы не могли́ разобра́ть очерта́ния до́ма; ⊙ in ~ по фо́рме; in ~ it was like an egg по фо́рме э́то напомина́ло яйцо́; the first sputnik was round in ~ пе́рвый спу́тник был кру́глым по фо́рме; in the ~ of в фо́рме, в ви́де (*with gen*); a mark in the ~ of the letter S знак в ви́де бу́квы S.

share I *sb* 1. (*part*) часть *f* (29b) [fair справедли́вая, proper до́лжная, large больша́я, small небольша́я]; demand / get, receive one's ~ тре́бовать / получи́ть свою́ часть; { (*due part*) до́ля *f* (20e); equal ~ ра́вная до́ля; fall to one's ~ приходи́ться на чью-л. до́лю; this is your ~ э́то ва́ша до́ля; everybody ought to have his proper ~ ка́ждый до́лжен получи́ть причита́ющуюся ему́ до́лю; what is my ~ of the expenses? кака́я часть расхо́дов прихо́дится на мою́ до́лю?; 2. (*part of responsibility*) уча́стие *n*, *no pl* (18c) [в *with abl* in a business в де́ле, in the work в рабо́те]; I had no ~ in the matter я не принима́л(а) уча́стия в э́том де́ле; 3. (*stock*) а́кция *f* (23c); hold / buy / sell ~s

держа́ть / покупа́ть / продава́ть а́кции; the ~s have fallen, dropped а́кции упа́ли.

share II *v* 1. (*divide, distribute*) дели́ть (156) [*with acc* meal еду́, money де́ньги, property со́бственность]; they ~d their troubles and joys они́ дели́ли го́ре и ра́дость; they decided to ~ the expense они́ реши́ли подели́ть расхо́ды ме́жду собо́й, по́ровну; { (*sympathize with*) разделя́ть (223) (*with acc*); he ~d my feelings / my opinion он разделя́л мои́ чу́вства / моё мне́ние; 2. (*use, have, own together*): she ~d the bench with two girls она́ сиде́ла на одно́й скаме́йке с двумя́ де́вушками; they ~d a room они́ вме́сте нанима́ли ко́мнату, они́ жи́ли в одно́й ко́мнате; 3. (*take part*) принима́ть (64) уча́стие, *perf* приня́ть (232) уча́стие (в *with abl*); he offered to ~ in the expenses он предложи́л приня́ть уча́стие в расхо́дах.

sharp I *a* 1.(*not blunt*) о́стрый (31b) [knife нож, edge край, pencil каранда́ш, end коне́ц; о́страя [razor бри́тва, pin була́вка]; { *fig* о́стрый [mind ум, ear слух]; ~ eyes о́строе зре́ние; 2. (*severe, intense*) о́стрый, ре́зкий (33b); ~ wind ре́зкий ве́тер; ~ pain о́страя боль; ~ frost си́льный моро́з; he felt a sudden ~ pain in his heart / in his chest внеза́пно он почу́вствовал о́струю боль в се́рдце / в груди́; ~ attack of a disease / pain о́стрый при́ступ боле́зни / бо́ли; { (*sudden and considerable*) ре́зкий, значи́тельный (31b); there has been a ~ rise / fall in the temperature during the night но́чью температу́ра ре́зко подняла́сь / упа́ла; 3. (*rude*) ре́зкий, гру́бый (31b) [tone тон, answer отве́т, voice го́лос]; ре́зкая, гру́бая [manner мане́ра]; ре́зкие [movements движе́ния, words слова́]; 4. (*loud*) ре́зкий [knock стук, cry крик, sound звук].

sharp II *adv* ро́вно; he came at three o'clock ~ он пришёл ро́вно в три часа́; the lecture begins at six (o'clock) ~ ле́кция начина́ется ро́вно в шесть (часо́в).

sharpen точи́ть (173), *perf* наточи́ть (173) [*with acc* knife нож]; { чини́ть (156), *perf* очини́ть (156) [*with acc* pencil каранда́ш]; { заостря́ть (223), *perf* заостри́ть (158) [*with acc* stick па́лку, point ко́нчик].

sharply 1. (*abruptly, suddenly*) кру́то; the road turned ~ to the left доро́га кру́то повора́чивала, свора́чивала нале́во; 2. (*rudely*) ре́зко [answer, reply отве́тить, speak разгова́ривать, ask спроси́ть].

shave *v* **1.** брить (195), *perf* побри́ть (195) [*with* *instr* with a razor бри́твой]; he has ~d (off) his beard он сбрил (себе́) бо́роду; 2.: ~ (oneself) бри́ться (195), *perf* побри́ться (195).

she *pron pers* она́ (*3d pers sg f*) (40b); it is ~ э́то она́; ~ is a doctor / teacher / actress она́ врач / учи́тельница / арти́стка; ~ works hard она́ мно́го рабо́тает; ~ will do it herself она́ сде́лает э́то сама́; ~ was here yesterday она́ была́ здесь вчера́; ~ may be late она́, возмо́жно, опозда́ет; ~ has many friends у неё мно́го друзе́й; ~ and I мы с не́ю; ~ and her brother она́ с бра́том; ~ liked the play пье́са ей понра́вилась; ~ wanted to go to the country for the summer ей хоте́лось пое́хать на да́чу на ле́то; *also see* her **II**.

shed I *sb* сара́й *m* (13c) [large большо́й, spacious просто́рный, half-ruined полуразвали́вшийся]; keep smth in a ~ храни́ть что-л. в сара́е.

shed II *v* лить (180); ~ tears лить, пролива́ть (64) слёзы.

sheep овца́ *f* (21b); raise, breed ~ разводи́ть ове́ц; flock of ~ ста́до ове́ц.

sheet *sb* **1.** (*flat, broad piece*) лист *m* (1c) [1) thin то́нкий, broad широ́кий, smooth гла́дкий, square квадра́тный; 2) *with gen* of paper бума́ги, of iron желе́за]; he took a clean ~ of paper

он взял чи́стый лист бума́-
ги; he wrapped the books
in a ～ of paper он заверну́л
кни́ги в лист бума́ги; 2.
(*linen*) простыня́ *f* (*sg* 20a,
pl про́стыни, просты́нь, про-
стыня́м, про́стыни, простыня́-
ми, простыня́х) [*fresh*
све́жая, clean чи́стая]; spread
/ change a ～ стели́ть / сме-
ни́ть простыню́.

shelf по́лка *f* (22d) [1)
small, little ма́ленькая, long
дли́нная, narrow у́зкая, wide
широ́кая, empty пуста́я,
wooden деревя́нная; 2) hangs
виси́т, shakes кача́ется];
make / hang / fix up a ～ сде́-
лать / пове́сить / прикре-
пи́ть по́лку; keep smth on
the ～ держа́ть что-л. на
по́лке; take smth off the
～ снять что-л. с по́лки; fill
the ～ with books заста́вить
по́лку кни́гами.

shell *sb* 1. (*of sea animal*)
ра́ковина *f* (19c), раку́шка
f (22f); open a ～ раскры́ть
ра́ковину; gather / look for
～s on the beach собира́ть
/ иска́ть ра́ковины, ра-
ку́шки на берегу́; 2. (*of egg,
etc.*) скорлупа́ *f* (19g) [*with
gen* of an egg яйца́, of a nut
оре́ха]; break the ～ раз-
би́ть скорлупу́; 3. (*explosive*) снаря́д *m* (1f) [explodes
взрыва́ется, hits smth попа-
да́ет во что-л., falls па́дает];
fire ～s at smth обстре́ливать
что-л. снаря́дами.

shelter I *sb* 1. (*anything
that protects, covers*) прию́т
m (1f) [look for иска́ть,

find найти́, give дава́ть];
{ (*sanctuary*) убе́жище *n*
(17a) [1) excellent прекра́с-
ное, safe надёжное; poor
ненадёжное; 2) от *with gen*
from rain от дождя́, from
wind от ве́тра]; we found ～
from the rain in an old
barn мы нашли́ себе́ убе́-
жище от дождя́ в ста́ром
сара́е; ⊙ **air-raid** ～ бомбо-
убе́жище *n* (17a); 2. (*place
of safety*) укры́тие *n* (18c)
[strong про́чное, safe на-
дёжное]; under the ～ of
под прикры́тием (*with gen*),
под защи́той (*with gen*); ⊙
take ～ укры́ться (209); we
took ～ under a rock / in
a cave / under a tree мы
укры́лись под скало́й / в
пеще́ре / под де́ревом; take
～ from the sun / rain ук-
ры́ться от (*with gen*) со́лнца /
дождя́.

shelter II *v* 1. (*protect*)
защища́ть (64), *perf* за-
щити́ть (161) (*with acc*); the
deep trenches ～ed the soldiers from the enemy's fire
глубо́кие око́пы защища́ли
солда́т от (*with gen*) огня́
проти́вника; the trees ～ed
the field from the north
wind дере́вья защища́ли по́-
ле от се́верных ве́тров; 2.
(*give secure place*) дава́ть
(63) прию́т, *perf* дать (214)
прию́т (*with dat*); he gave
us ～ for the night он дал
нам прию́т, приюти́л нас
на́ ночь; 3. (*hide*) укрыва́ть-
ся (64), *perf* укры́ться (209)
[1) от *with gen* from the sun

от со́лнца, from the rain от дождя́, from the storm от бу́ри; 2) behind a rock за скало́й, under a tree под де́ревом, in the shed в сара́е].

shepherd пасту́х *m* (4e).

shift I *sb* (*period c,ᶜ work*) сме́на *f* (19c) [night ночна́я, day дневна́я, seven-hour семичасова́я]; two ~s две сме́ны; he works in the night ~ он рабо́тает в ночно́й сме́не.

shift II *v* **1.** (*change place*) перемени́ть (156) [*with acc* place ме́сто, position положе́ние]; { переложи́ть (175) (*with acc*); he ~ed the burden from one shoulder to the other он переложи́л но́шу с одного́ плеча́ на друго́е; ~ responsibility on, to smb переложи́ть отве́тственность на (*with acc*) кого́-л.; **2.** (*change*) перемени́ться (156); the wind ~ed to the north ве́тер перемени́лся на се́верный.

shilling ши́ллинг *m* (4d); *see* dollar.

shine *v* **1.** (*give light*) свети́ть (192), *no perf* [brightly я́рко, faintly нея́рко]; the sun / the moon / the lamp is shining brightly я́рко све́тит со́лнце / луна́ / ла́мпа; a lonely star was shining in the sky на не́бе сия́ла одино́кая звезда́; a light was shining in the window в окне́ горе́л свет; **2.** (*glitter*) блесте́ть (105), сверка́ть (64) [in the light

на свету́, in the light of the moon при све́те луны́, in the sun на со́лнце]; the snow / ice shone in the sun снег / лёд сверка́л, блесте́л на со́лнце; her eyes were shining with pleasure её глаза́ блесте́ли, сия́ли от удово́льствия; **3.** (*polish*) чи́стить (193), *perf* почи́стить (193) [*with acc* shoes ту́фли, boots боти́нки, silver серебро́].

ship *sb* парохо́д *m* (1f) [1] comfortable комфорта́бельный, fast быстрохо́дный, big, large большо́й, special осо́бый, foreign иностра́нный; 2) goes плывёт, идёт, arrives, comes прибыва́ет, leaves отча́ливает, отхо́дит, stops остана́вливается]; catch the ~ успе́ть, попа́сть на парохо́д; miss the ~ опозда́ть на парохо́д; go by ~ е́хать на парохо́де; leave the ~ покида́ть парохо́д; get aboard a ~ сесть на парохо́д; the ~ sailed yesterday парохо́д ушёл вчера́; which ~ did you come on? на како́м парохо́де вы прие́хали?; aboard the ~ на борту́ парохо́да; when does the next ~ leave for Odessa? когда́ отхо́дит сле́дующий парохо́д в Оде́ссу?; the ~ was far out at sea парохо́д был далеко́ в мо́ре.

shirt руба́шка *f* (22f) [1] clean чи́стая, fresh све́жая, dirty гря́зная, cheap дешёвая, simple проста́я, light лёгкая, warm тёплая, white бе́лая, coloured цветна́я, striped полоса́тая, checked кле́тчатая; cotton хлопчато-бума́жная, silk шёлковая, nylon нейло́новая; 2) wears well хорошо́ но́сится, is torn разорвала́сь]; put on / take off / mend / wear / wash / iron a ~ наде́ть / снять / што́пать / носи́ть / стира́ть / гла́дить руба́шку; change one's ~ переоде́ть руба́шку; he always wears a white ~ он всегда́ в бе́лой руба́шке; this ~ is too small / big for me э́та руба́шка мне сли́шком мала́ / велика́; what colour is your ~? како́го цве́та ва́ша руба́шка?

shiver (*tremble*) дрожа́ть (46) [от *with gen* with cold от хо́лода, with excitement от возбужде́ния]; he was ~ing from head to foot он дрожа́л с головы́ до ног; we were all ~ing when we came out of the water мы все дрожа́ли, когда́ вы́шли из воды́; she ~ed at the thought of the coming examination она́ дрожа́ла при мы́сли о предстоя́щем экза́мене.

shock *sb* уда́р *m* (1f); she never got over the ~ of her son's death она́ так и не смогла́ опра́виться от уда́ра, кото́рый ей нанесла́ смерть сы́на; her refusal was a terrible ~ to him её отка́з был для него́ стра́шным уда́ром.

shoe *sb* (*footwear*) ту́фля *f* (20f, *gen pl* ту́фель); *usu*

pl ~s ту́фли [1) good хоро́шие, beautiful, nice краси́вые, new но́вые, expensive дороги́е, cheap дешёвые, fashionable мо́дные, dirty, muddy гря́зные, wet мо́крые, narrow у́зкие, wide широ́кие, comfortable удо́бные, worn out поно́шенные, heavy тяжёлые, light лёгкие, tight те́сные, summer ле́тние; leather ко́жаные; 2) wear well хорошо́ но́сятся; 3) buy покупа́ть, clean, polish чи́стить, mend чини́ть, put on надева́ть, take off снима́ть, change смени́ть, tear порва́ть, wear носи́ть, try on примеря́ть]; these ~s hurt э́ти ту́фли жмут; these ~s are too big / small / narrow for me э́ти ту́фли мне сли́шком велики́ / малы́ / узки́; my ~s need repairing, mending мне ну́жно починить ту́фли; I want to have my ~s repaired, mended / polished мне ну́жно починить / почи́стить ту́фли; I'd like to see / buy a pair of ~s я хоте́л(а) бы посмотре́ть / купи́ть па́ру ту́фель; how much is this pair of ~s, how much does this pair of ~s cost? ско́лько сто́ят э́ти ту́фли?; what size ~s do you wear? како́й разме́р ту́фель вы но́сите?; { (*ankle-high*) боти́нок *m* (4d, *gen pl* боти́нок); a pair of ~s па́ра боти́нок, боти́нки.

shoot *v* 1. (*use weapon*) стреля́ть (223) [1) well хорошо́, ме́тко, badly пло́хо; 2) в *with acc* at a bird в пти́цу, at a wolf в во́лка, at a target в мише́нь]; ~ a gun / revolver стреля́ть из (*with gen*) ружья́ / револьве́ра; learn to ~ учи́ться стреля́ть; he shot into the air он вы́стрелил в во́здух; 2. (*kill*) застрели́ть (166) [*with acc* bird пти́цу, beast зве́ря]; ~ dead застрели́ть; 3. (*rush, dash*) промча́ться (46); the car shot past, by автомоби́ль промча́лся ми́мо; the meteor shot across the sky метео́р пролете́л по не́бу; 4. (*of motion pictures*) снима́ть (64), *perf* снять (232) (*with acc*); ~ a film снима́ть фильм, кинокарти́ну.

shop *sb* 1. (*large establishment for selling goods*) магази́н *m* (1f) [1] good хоро́ший, big, large большо́й, special специа́льный; 2) opens at eight o'clock открыва́ется в во́семь часо́в, closes закрыва́ется; 3) open откры́ть, close закры́ть]; buy smth at a ~ покупа́ть что-л. в магази́не; go to a ~ идти́ в магази́н; go, come into a ~ войти́ в магази́н; a flower ~ цвето́чный магази́н; the ~ is open now сейча́с магази́н откры́т; the ~ sells clothes / furniture в э́том магази́не продаётся оде́жда / ме́бель; the ~ sells toys в э́том магази́не продаю́тся игру́шки; { (*small establishment*) ла́вка *f* (22d); he owns a small ~ он вла-

де́ет небольшо́й ла́вкой; 2. (*part of factory*) цех *m* (4c); fitting, assembly ~ сбо́рочный цех.

shopping: go ~ пойти́ в магази́н, по магази́нам; she likes to go ~ она́ лю́бит ходи́ть по магази́нам; my sister is out ~ моя́ сестра́ ушла́ в магази́н; I have some ~ to do this afternoon сего́дня днём мне ну́жно ко́е-что купи́ть.

shore *sb* бе́рег *m* (4h) [1] stony камени́стый, sand песча́ный, steep круто́й, low ни́зкий, sloping поло́гий, rocky скали́стый; 2) *with gen* of a lake о́зера, of the sea мо́ря]; come (close) to the ~ подойти́, подъе́хать (бли́зко) к бе́регу; approach the ~ прибли́зиться к бе́регу; reach the ~ дости́чь бе́рега; go / walk along the ~ идти́ / гуля́ть по бе́регу; on the ~ на берегу́; a boy swam to the ~ ма́льчик доплы́л до бе́рега; the ship sails to the ~ парохо́д плывёт к бе́регу; the island is far from / close to, near the ~ о́стров нахо́дится далеко́ / недалеко́ от бе́рега; they pulled the boat up on the ~ они́ вы́тащили ло́дку на бе́рег; ⊙ on ~ 1) (*of place*) на берегу́; 2) (*of direction*) на бе́рег; we were happy to be on ~ again мы бы́ли ра́ды сно́ва верну́ться на бе́рег; come, go on ~ сойти́ на бе́рег.

short *a* 1. (*of size*) коро́ткий (33b) [story расска́з,

report доклад, way путь]; короткая [stick палка, grass трава; chapter глава, article статья, note записка; skirt юбка]; короткое [introduction введение, letter письмо; distance расстояние; dress платье]; короткие [hair волосы, arms руки, fingers пальцы, legs ноги]; ~ answer краткий ответ; ~ man человек невысокого роста; it is a ~ distance away это отсюда недалеко; this is the ~est road to the village это самая короткая, кратчайшая дорога в деревню; ⊙ in ~ коротко говоря, вкратце; 2. (*of time*) короткий [day день, interval перерыв, антракт, rest отдых]; короткая [pause пауза, night ночь, life жизнь]; короткое [meeting собрание, journey, trip путешествие]; the day seemed ~ день казался коротким; the days are getting ~er дни становятся короче; his life was ~ он прожил недолгую жизнь; for a ~ while, for a ~ time недолго, ненадолго; a ~ time ago не так давно; ◇ be ~of не хватать (*with gen*); I am ~ of money у меня не хватает денег; run ~ of израсходовать (65) (*with acc*); I've run ~ of money я израсходовал(а) все деньги.

shortly (*in a short time*) вскоре; ~ after his arrival... вскоре после (*with gen*) своего приезда...; ~ after

sunset вскоре после захода солнца; ~ after that, ~ afterwards вскоре после этого; ~ before that happened незадолго до того, как это случилось; ⟨ (*soon*) скоро; I shall be seeing him ~ я скоро его увижу; ~ before his departure / death незадолго до (*with gen*) своего отъезда / своей смерти.

shot *sb* выстрел *m* (1f) [distant отдалённый, sharp резкий]; fire a ~ сделать выстрел, выстрелить; several ~s were heard in the distance вдали послышалось несколько выстрелов.

should I *aux of future-in-the-past, see* shall I; II *modal*: you ~ be more careful / more tactful вы должны быть более осторожны / более тактичны; you ~ not do that вы не должны этого делать; what ~ I answer? что я должен, должна ответить?; he ~ have done it long ago он должен был давно это сделать, ему следовало бы давно (уже) это сделать; you ~n't have waited so long вам не следовало ждать так долго; III *aux of conditional* 1. *in "real" conditions, rendered by Russian verb in future, usu perf aspect*: if you ~ see him, please ask him to call me если вы его увидите, то попросите, пожалуйста, позвать меня; ⟨ *in "unreal"* *c*

onditions, rendered by Russian verb in past, usu perf aspect with particle бы: if I had seen him yesterday, I ~ have invited him too если бы я ви́дел(а) его́ вчера́, я бы его́ то́же пригласи́л(а); *in your place* I ~ have been frightened to death на ва́шем ме́сте я бы испуга́лся до́ сме́рти; *without you, we* ~ *never have got here* без вас мы сюда́ никогда́ бы не добра́лись; ☉ ~ **like** (о́чень) хоте́лось бы; I / we ~ like to meet him again мне / нам (о́чень) хоте́лось бы опя́ть с ним встре́титься; I ~ like you to start early мне (о́чень) хоте́лось бы, что́бы вы отпра́вились пора́ньше.

shoulder *sb* плечо́ *n* (17b); *often pl* ~s пле́чи [square квадра́тные, round кру́глые, broad широ́кие, narrow у́зкие]; he felt a pain in his ~ он почу́вствовал боль в плече́; he put the bundle on his ~ он взял у́зел на плечо́; he carried the child on his ~s он нёс ребёнка на плеча́х; a camera hung from his ~ фотоаппара́т висе́л у него́ че́рез плечо́; ☉ ~ **to** ~ плечо́м к плечу́; they fought ~ to ~ они́ сража́лись плечо́м к плечу́.

shout I *sb* крик *m* (4c) [loud гро́мкий, distant отдалённый, terrible ужа́сный]; give a ~ вскри́кнуть;

he gave a ~ of pain он вскри́кнул от бо́ли; he ran forward with a ~ с кри́ком он побежа́л вперёд; we heard a ~ of warning мы услы́шали предостерега́ющий во́зглас; ~s of laughter could be heard in the next room в сосе́дней ко́мнате слы́шались взры́вы сме́ха.

shout II *v* 1. (*speak in loud voice*) крича́ть (46), *perf* закрича́ть (46) [1) angrily серди́то, loudly гро́мко, at the top of one's voice во весь го́лос; 2) at the boy на ма́льчика, to him ему́, to the girl де́вушке, in smb's ear кому́-л. на́ ухо]; don't ~, I can hear you quite well не кричи́те, я вас хорошо́ слы́шу; 2. (*give loud cry*) крича́ть [от with gen with pain от бо́ли]; the children ~ed with, for joy де́ти ра́достно крича́ли.

show I *sb* 1. (*exhibition*) вы́ставка *f* (22d); dog ~ вы́ставка соба́к; flower ~ вы́ставка цвето́в; { (*demonstration*) пока́з *m* (1f); демонстра́ция *f* (29c); fashion ~ пока́з мод; ☉ **be on** ~ быть вы́ставленным; his pictures are on ~ in Leningrad this month в э́том ме́сяце его́ карти́ны вы́ставлены в Ленингра́де; 2. (*performance*) спекта́кль *m* (3c); it was a magnificent ~ э́то был великоле́пный спекта́кль; { (*of cinema*) сеа́нс *m* (1f); we managed to get tickets for the last ~ нам удалóсь достáть билéты на послéдний сеáнс.

show II *v* **1.** (*let see*) покáзывать (65), *perf* показáть (48); ~ smth to smb, ~ smb smth покáзывать что-л. комý-л.; she ~ed the picture to éverybody онá всем показáла картúну; ~ me what you have in your hand! покажúте, что у вас в рукé!; ~ good resúlts показáть хорóшие результáты; ~ a film покáзывать, демонстрúровать фильм; **2.** (*display*) проявля́ть (223), *perf* проявúть (156) [*with acc* kindness доброту́, displeasure неудовóльствие]; he didn't ~ any signs of joy / surprise он не прояви́л никакúх прúзнаков рáдости / удивлéния; ⁞ покáзывать; his answer ~ed that he knew the subject well егó отвéт показáл, что он хорошó знáет предмéт; ~ one's real cháracter показáть своё úстинное лицó; the future will ~ будущее покáжет; **3.** (*explain*, *demonstrate*) покáзывать, *perf* показáть (*with acc*); can you ~ me the way to (the) Red Square? не мóжете ли вы показáть мне дорóгу на Крáсную плóщадь?; he ~ed me how to play the game / what to do он показáл мне, как игрáть в э́ту игрý / что дéлать; will you ~ me where to go? не покáжете ли вы мне, кудá идтú?; can you ~ me how to do it? не мóжете

ли вы мне показáть, как э́то дéлается?; the árticle / the book / the film ~s... в статьé / в кнúге / в фúльме покáзывается...; it ~s that I was right э́то докáзывает, что я был(á) прав(á); **4.** (*guide*, *go with*) провожáть (64), *perf* проводúть (152) (*with acc*); she ~ed me into the room онá провелá меня́ в кóмнату; she ~ed me to the door онá проводúла меня́ до двéри; I was ~n to the door by the host хозя́ин проводúл меня́ до двéри; ~ in вводúть (152), *perf* ввестú (219) (*with acc*); the sécretary ~ed him in секретáрь ввёл егó; ~ out провожáть, *perf* проводúть (*with acc*); ~ round покáзывать, *perf* показáть [*with acc* museum музéй, town гóрод]; ~ up (*appear*) появля́ться (223), *perf* появúться (156); he didn't ~ up at the party на вéчере он не появúлся.

shower *sb* **1.** (*rainfall*) лúвень *m* (3f) [unexpected неожúданный, heavy сúльный, refreshing освежáющий]; **2.** (*bath*) душ *m* (6c) [hot горя́чий, cold холóдный, cool прохлáдный]; take a ~ принимáть (64) душ, *perf* приня́ть (232) душ.

shudder *v* (*shake with fear or disgust*) содрогáться (64), *perf* содрогнýться (130) (at — при *with abl*); he ~ed at the thought of seeing him again он содрогнýлся при мы́сли о том, что опя́ть его́ уви́дит; she ~ed at the sight of blood она́ содрогну́лась при ви́де кро́ви.

shut 1. (*close*) закрыва́ть (64), *perf* закры́ть (209) [1] *with acc* door дверь, window окно́, drawer я́щик, bag портфе́ль; one's mouth рот, one's eyes глаза́; 2) softly ти́хо, with a bang с шу́мом, easily легко́, with great difficulty с больши́м трудо́м]; who ~ the gate? кто закры́л воро́та?; will you~the door, please? вы не закро́ете дверь?, закро́йте, пожа́луйста, дверь!; ~ the door after you! закро́йте за собо́й дверь!; he ~ the door behind him but forgot to lock it он закры́л за собо́й дверь, но забы́л её запере́ть; her eyes were ~ её глаза́ бы́ли закры́ты; 2. (*become closed*) закрыва́ться (64), *perf* закры́ться (209); the box ~ quite easily / with difficulty я́щик закры́лся совсе́м легко́ / с трудо́м; the door won't ~ дверь ника́к не закрыва́ется; ~ **up** (*lock*) закрыва́ть, *perf* закры́ть, запира́ть (64), *perf* запере́ть (118) [*with acc* house дом, shop магази́н]; the boy was ~ up in the room ма́льчика за́перли в ко́мнате.

shy *a* (*timid*) ро́бкий (33b), засте́нчивый (31b)[person челове́к, child ребёнок, glance взгляд, answer отве́т]; ро́бкая, засте́нчивая [smile

улы́бка, request про́сьба]; the child felt very ~ in the presence of the strangers ребёнок чу́вствовал себя́ о́чень смущённым в прису́тствии незнако́мых люде́й; don't be~! не стесня́йтесь!

sick (*ill*) больно́й (31a) [child ребёнок]; больна́я [woman же́нщина]; he was an old ~ man он был ста́рым, больны́м челове́ком; the ~ man had to be taken to hospital immediately больно́го на́до бы́ло неме́дленно отвезти́ в больни́цу; a ~ person больно́й *m*, больна́я *f* (31a); fall ~ заболе́ть (98); ⊙ be ~ and tired надое́сть; *see* tired.

side *sb* 1. (*surface, part*) сторона́ *f* (19j) [1) r light пра́вая, left ле́вая, opposite противополо́жная, outer нару́жная, inner вну́тренняя; 2) *with gen* of a house до́ма, of a box я́щика, of a room ко́мнаты, of a wall стены́, of a road доро́ги, of a street у́лицы]; on both ~s с обе́их сторо́н; he lives on the other ~ of the street / road / river / field он живёт на той стороне́ у́лицы / доро́ги / реки́ / по́ля; he crossed to the other ~ of the street он перешёл на другу́ю сто́рону у́лицы; write on one ~ of the paper only! пиши́те то́лько на одно́й стороне́ бума́ги!; the east ~ of the city восто́чная сторона́ го́рода; the right ~ of the cloth лицева́я сторона́ матéрии; the wrong ~ of the cloth изна́нка; **2.** (*direction*) сторона́; on all ~s во все сто́роны; people were running from all ~s to see what had happened со всех сторо́н бежа́ли лю́ди узна́ть, что произошло́; ⊙ **from ~ to ~** из стороны́ в сто́рону; the boat was thrown from ~ to ~ by the waves во́лны броса́ли ло́дку из стороны́ в сто́рону; **3.** (*of body*) бок *m* (4h) [right пра́вый, left ле́вый]; lie / swim on one's ~ лежа́ть / плыть на боку́; he felt a sharp pain in his ~ он почу́вствовал в боку́ о́струю боль; he was wounded in the left ~ он был ра́нен в ле́вый бок; ⊙ ~ **by** ~ ря́дом, бок о́ бок; they were standing ~ by ~ они́ стоя́ли ря́дом; **by the ~ of** ря́дом с (*with instr*); she looked small by the ~ of her companion она́ вы́глядела ма́ленькой ря́дом со свои́м спу́тником; he was walking by her ~ он шёл ря́дом с ней; **4.** (*aspect*) сторона́; we must study the problem from every ~ мы должны́ изучи́ть э́ту пробле́му со всех сторо́н; not much is known about this ~ of the question об э́той стороне́ вопро́са изве́стно о́чень немно́гое; **5.** (*party*, *group*) сторона́ [interested заинтересо́ванная]; which ~ are you on? на чьей вы стороне́?; win smb over to one's ~ пере

тяну́ть кого́-л. на свою́ сто́рону; take somebody's ~ стать на чью-л. сто́рону; he was on our ~ он был на на́шей стороне́.

sigh I *sb* вздох *m* (4c) [deep глубо́кий]; give a ~ of relief вздохну́ть с облегче́нием; heave a ~ тяжело́ вздохну́ть.

sigh II *v* вздыха́ть (64), *perf* вздохну́ть (130) [with tiredness от уста́лости, with relief с облегче́нием]; he only ~ed in reply в отве́т он то́лько вздохну́л.

sight *sb* **1.** (*ability to see*) зре́ние *n* (18c) [1) keen о́строе, poor, bad плохо́е, good хоро́шее; 2) lose теря́ть, recover восстанови́ть]; his ~ began to fail его́ зре́ние ста́ло сдава́ть; his ~ is not very good у него́ не о́чень хоро́шее зре́ние; **2.** (*range of vision*) по́ле (*n* 15a) зре́ния; out of ~ вне по́ля зре́ния; the ship was soon out of ~ парохо́д вско́ре скры́лся из виду; be in ~, within ~ быть в по́ле зре́ния; there was nobody in ~ никого́ не́ бы́ло ви́дно; there was not a tree in ~ не́ бы́ло ви́дно ни одного́ де́рева; ⊙ **catch** ~ уви́деть (109) (*of* — *with acc*); we caught ~ of him when he was crossing the square мы уви́дели его́, когда́ он пересека́л пло́щадь; **come into** ~ показа́ться (48), появи́ться (156); a strange figure came into ~ появи́лась кака́я-то

Cтра́нная фигу́ра; lose ~ потеря́ть (223) из виду (of — with acc); we watched them till we lost ~ of them мы следи́ли за ни́ми, пока́ не потеря́ли их и́з виду; at (the) ~ of при ви́де (with gen); at the ~ of the stranger she stopped при ви́де незнако́мца она́ останови́лась; at first ~ с пе́рвого взгля́да; they fell in love at first ~ они́ влюби́лись друг в дру́га с пе́рвого взгля́да; at first ~ it seemed quite easy с пе́рвого взгля́да э́то каза́лось совсе́м легко́; know smb by ~ знать (64) кого́-л. в лицо́; I know him by ~ but I've never spoken to him я зна́ю его́ в лицо́, но никогда́ с ним не разгова́ривал(а); 3. (view, spectacle) вид m (1f) [beautiful краси́вый, picturesque живопи́сный]; { зре́лище n (17a) [grand вели́чественное, memorable па́мятное]; it was a sad ~ э́то бы́ло печа́льное зре́лище; the ships in the bay were a beautiful ~ корабли́ в зали́ве представля́ли собо́й краси́вое зре́лище; 4. pl ~s достопримеча́тельности (29c); see the ~s осма́тривать достопримеча́тельности.

sightseeing sb осмо́тр (m 1f) достопримеча́тельностей; go ~ осма́тривать достопримеча́тельности.

sign I sb 1. (mark) знак m (4c); he made a ~ to us

to leave the room он сде́лал нам знак, что́бы мы вы́шли из ко́мнаты; what does this ~ mean? что означа́ет э́тот знак?; give a ~ пода́ть знак; he draw several ~s он нарисова́л не́сколько зна́ков; use ~s по́льзоваться зна́ками; by means of ~s при по́мощи зна́ков; ⊙ as a ~ of в знак (with gen); he sent her some flowers as ~ of his gratitude он посла́л ей цветы́ в знак благода́рности; traffic ~s зна́ки у́личного движе́ния; 2. (proof, evidence) при́знак m (4c); a dark cloud is a ~ of гаіптёмная ту́ча — при́знак дождя́; show ~s of life / growth подава́ть при́знаки жи́зни / ро́ста; he didn't show any ~s of joy / pleasure он не прояви́л никаки́х при́знаков ра́дости / удово́льствия; the weather shows no ~ of improving нет никаки́х при́знаков улучше́ния пого́ды; 3. (board) вы́веска f (22d); hotel ~ вы́веска гости́ницы; 4. (indication, trace) след m (1k); we noticed ~s of suffering on her face на её лице́ мы заме́тили следы́ страда́ний.

sign II v 1. (write one's name on) подпи́сывать (65), perf подписа́ть (57) [with acc application заявле́ние, document докуме́нт, order прика́з, paper бума́гу, letter письмо́]; ~ an agreement / treaty подписа́ть соглаше́ние / догово́р; he has forgotten to ~ his name он забыл подписа́ться; who is the letter ~ed by? кем подпи́сано письмо́?; **2.** (*affix signature*) подпи́сываться (65), *perf* подписа́ться (57); ~ at the bottom of the page! подпиши́тесь в конце́ страни́цы!; she refused to ~ она́ отказа́лась подписа́ться; I want all of you to ~ я хочу́, что́бы вы все подписа́лись.

signal *sb* сигна́л *m* (1f); a red light is a danger ~ кра́сный свет — сигна́л опа́сности; give, make a ~ дать сигна́л.

signature по́дпись *f* (29c); there is no ~ on this document на э́том докуме́нте нет по́дписи; can you read / make out the ~? вы мо́жете прочита́ть / разобра́ть э́ту по́дпись?; he put his ~ on, to the paper он поста́вил свою́ по́дпись на (*with abl*) докуме́нте.

significant 1. (*important*) ва́жный (31b) [question вопро́с; contribution вклад]; ва́жная [problem пробле́ма, feature черта́]; ва́жное [matter де́ло]; { суще́ственный (31b); ~ changes суще́ственные измене́ния; **2.** (*expressive*) многозначи́тельный (31b) [look, glance взгляд]; многозначи́тельная [pause па́уза, phrase фра́за]; многозначи́тельное [silence молча́ние, remark замеча́ние].

silence *sb* **1.** (*absence of noise*) тишина́ *f* (19d) [1)

complete по́лная, deep глубо́кая, strained напряжённая; 2) falls наступа́ет]; there was complete ~ была́ по́лная тишина́; break the ~ нару́шить тишину́; not a single sound broke the ~ of the night ни оди́н звук не наруша́л тишины́ но́чи; dead ~ мёртвая тишина́; in ~ в тишине́; **2.** (*absence of talk*) молча́ние *n* (18c); ~, please! ти́ше!; his speech was received in ~ его́ речь была́ встре́чена молча́нием; I don't understand his ~ не понима́ю, почему́ он молчи́т; he listened in ~ он мо́лча слу́шал; several minutes of complete ~ followed после́довало не́сколько мину́т по́лного молча́ния; ⊙ **keep** ~ молча́ть (46), *perf* промолча́ть (46), храни́ть (158) молча́ние.

silent молчали́вый (31b) [person челове́к, reproach упрёк]; молчали́вое [consent согла́сие]; you are very ~ today вы сего́дня о́чень молчали́вы; he is very ~ by nature он о́чень молчали́в по нату́ре; be ~ молча́ть (46); he remained ~ он молча́л; ⊙ **keep** ~ молча́ть (46); ~ **film** немо́й фильм *m* (1f).

silk шёлк *m* (4h) [1) real натура́льный, artificial иску́сственный, thin то́нкий, heavy, thick пло́тный, bright я́ркий, coloured цветно́й; 2) wear носи́ть, buy покупа́ть, make изготовля́ть, produce выпускáть, производи́ть]; made of ~ сдéланный из шёлка; ~ dress шёлковое плáтье; ~ stockings / things шёлковые чулки / вéщи.

silly *a* глу́пый (31b) [boy мáльчик; answer отвéт, question вопрóс]; глу́пая [joke шу́тка, idea мысль]; глу́пое [remark замечáние]; don't be ~! не глупи́(те)!

silver *sb* серебрó *n, no pl* (14a); it is made of ~ э́то сдéлано из серебрá; ~ coin / spoon серéбряная монéта / лóжка; ⊙ ~ **wedding** серéбряная свáдьба.

similar (*alike*) одинáковый (31b); somewhat ~ почти́ одинáковые; all the houses were ~ in appearance все домá вы́глядели одинáково; a ~ story was told by all the children все дéти рассказáли однó и тó же; I need a ring ~ to this one мне ну́жно кольцó такóе же, как э́то.

simple **1.** (*not difficult*) простóй (31a) [plan план, question вопрóс]; простáя [task задáча, work рабóта, game игрá]; простóе [rule прáвило, explanation объяснéние, solution решéние]; that's very ~! (э́то) óчень прóсто!; the answer is very ~ отвéт óчень простóй; it is very ~, you'll be able to do it without any difficulty э́то óчень прóсто, вы смóжете сдéлать э́то безо вся́кого трудá; a dress like that is ~ to make такóе плáтье легкó сшить; **2.** (*plain*) простóй [dinner обéд, style стиль]; простáя [food пи́ща, едá, clothes одéжда, furniture мéбель]; простóе [dress плáтье]; everything in the house was ~ в дóме всё бы́ло прóсто; they are ~ people они́ просты́е лю́ди; in ~ language простым языкóм; the ~st way to get there is by tram тудá прóще всегó добрáться на трамвáе.

simultaneously одновремéнно, в однó и то же врéмя; they both began to speak ~ они́ óба начáли говори́ть одновремéнно.

sin грех *m* (4g).

since I *adv* с тех пóр; I haven't seen him ~ с тех пóр я егó не ви́дел(а).

since II *prep* (*beginning from*) *with gen*: I have been here ~ early morning / 10 o'clock / Monday я здесь с рáннего утрá / десяти́ часóв / понедéльника; I have lived in Moscow ~ 1948 я живу́ в Москвé с ты́сяча девятьсóт сóрок восьмóго гóда; I have known him ~ childhood я егó знáю с дéтства; ~ I left England... с тех пóр, как я уéхал(а) из Áнглии...; ~ yesterday со вчерáшнего дня; ~ then с тех пóр.

since III *conj* **1.** (*from the time when*) с тех пóр, как; it is a long time ~ I saw him last прошлó мнóго врéмени с тех пор, как я видел(а) его в последний раз; nothing has happened ~ we met с момента нашей встречи ничего не произошло; what have you been doing ~ I saw you last? что вы делали с тех пор, как я видел(а) вас в последний раз?; 2. (as) так как, поскольку; ~ we hadn't much money, we decided not to buy any souvenirs так как у нас было мало денег, мы решили не покупать подарков.

sincere искренний (32) [answer, reply ответ]; искренняя [friendship дружба]; искреннее [attitude отношение, feeling чувство, respect уважение, regret сожаление].

sing петь (250), *perf* спеть (250) [1] *with acc* song песню; 2) badly плохо, well хорошо, in a loud voice громко, softly тихо; 3) over the radio по радио, at a concert на концерте, at a party на вечере]; learn to ~ учиться петь; she likes to ~ она любит петь; the birds were ~ing in the garden в саду пели птицы; ~ us a song! спой(те) нам (песню)!; the boy walked past us, ~ing merrily мальчик, весело распевая, прошёл мимо нас; she ~s in "Carmen" она поёт в «Кармен».

singer певец *m* (9a), певица *f* (21a).

single *a* 1. (*only one*) один *m*, одна *f*, одно *n* (39a); there wasn't a ~ room free

не было ни одной свободной комнаты; he didn't say a ~ word он не сказал ни единого слова; not a ~ sound was heard не было слышно ни одного звука; 2. (*unmarried*; *of men*) холостой (31a), одинокий (33b); he remained ~ он остался холостяком; { (*of women*) незамужняя (32), одинокая.

sink *v* 1. (*go to the bottom*) тонуть (129), *perf* утонуть (129), потонуть (129); wood does not ~ in water дерево в воде не тонет; the ship sank пароход потонул; the boat sank лодка потонула, пошла ко дну; 2. (*go down slowly*) погружаться (64), *perf* погрузиться (190) (into — в *with acc*); he sank deeper and deeper into the water он погружался в воду всё глубже и глубже; ~ into a deep sleep погрузиться в глубокий сон; 3. (*lower*) опускаться (64), *perf* опуститься (152) [into an arm-chair в кресло, on the couch на диван, to the ground на землю]; his heart sank at the thought of the danger при мысли об этой опасности он упал духом; 4. (*cause to sink, drown*) топить (156), *perf* потопить (156) [*with acc* boat лодку, ship корабль, пароход, submarine подводную лодку]; five of the enemy's ships were sunk было потоплено пять вражеских кораблей; they decided to ~ their ship они́ реши́ли потопи́ть свой кора́бль; **5.** (*go slowly towards the horizon*) клони́ться (156), *no perf*; the sun was ∼ing со́лнце клони́лось к горизо́нту; **6.** (*become less in degree*) затиха́ть (64), *perf* зати́хнуть (125); her voice sank to a whisper её го́лос пони́зился до шё́пота; ∼ **in** вва́ливаться (65), *perf* ввали́ться (156); his eyes / cheeks had sunk in у него́ ввали́лись глаза́ / щёки.

sir сэр *m* (1e); ⟨ (*as address*) господи́н *m* (1n).

sister сестра́ *f* (19e, *gen pl* сестёр); two ∼s две сестры́; five ∼s пять сестёр; younger / elder / married ∼ мла́дшая / ста́ршая / заму́жняя сестра́; he always helped his ∼s он всегда́ помога́л свои́м сёстрам; my ∼ and I мы с сестро́й.

sit (*be seated*) сиде́ть (107), *no perf* [1] quietly ти́хо, споко́йно, still споко́йно, неподви́жно, straight пря́мо, motionless неподви́жно; 2) at a table за столо́м, at home до́ма, by the fire у костра́, у огня́, in the sun на со́лнце, in the shade в тени́, in the open air на све́жем во́здухе, out-of-doors на у́лице, in a room в ко́мнате, at, near the window у окна́, near smb ря́дом с кем-л., in front of smb пе́ред кем-л., opposite smb напро́тив кого́-л.; 3) on a chair на сту́ле, on a bench на скамье́, on a couch на дива́не, in an arm-chair в кре́сле, on the ground на земле́, on the floor на полу́, on the bank на берегу́, under a tree под де́ревом]; ∼ over a book / over one's work сиде́ть над кни́гой / за рабо́той; he was ∼ting all alone он сиде́л совсе́м оди́н; ∼ by me, with me! ся́дь(те), посиди́(те) со мно́й!; there was a bird ∼ting on a branch на ве́тке сиде́ла пти́чка; ∼ **down** сади́ться (152), *perf* сесть (239) [at a table за стол, on a chair на стул, on a couch на дива́н; 2) at smb's side ря́дом с кем-л.]; let's ∼ down, I'm tired ся́дем(те), я уста́л(а); ∼ down! сади́(те)сь!; won't you ∼ down? сади́тесь, пожа́луйста!; ∼ **up** (*not go to bed*): don't allow the children to ∼ up after ten! не разреша́йте де́тям сиде́ть по́сле десяти́!; they sat up all night playing cards они́ просиде́ли всю ночь за ка́ртами, за игро́й в ка́рты.

situation 1. (*position, place*) расположе́ние *n* (18c); the ∼ of the town was very convenient for the development of trade расположе́ние го́рода бы́ло о́чень удо́бным для разви́тия торго́вли; **2.** (*state of affairs, condition*) положе́ние *n* (18c) [1) awkward, embarrassing нело́вкое, delicate щекотли́вое, tense напряжё́нное, difficult тру́дное; 2) changes изменя́ется]; international ~ междунаро́дное положе́ние, urgent measures were taken to improve the ~ бы́ли при́няты сро́чные ме́ры для улучше́ния положе́ния; they gathered to discuss the ~ они́ собрали́сь, что́бы обсуди́ть созда́вшееся положе́ние; he was master of the ~ он был хозя́ином положе́ния; { ситуа́ция f (23c) [complicated сло́жная, unpleasant неприя́тная]; ⊙ **save the** ~ спасти́ (221) положе́ние; see save.

six шесть (39c); see eight.

sixteen шестна́дцать (39c); see eight.

sixty шестьдеся́т (39d); see eight, thirty.

size sb 1. (of articles of clothing) разме́р m (1f) [large, big большо́й, small небольшо́й, ма́ленький]; what ~ shoe(s) do you wear? како́й разме́р ту́фель, боти́нок вы но́сите?; ~ five / thirty-six shoes ту́фли но́мер пять / три́дцать шесть; I want a hat a ~ smaller / larger мне нужна́ шля́па на но́мер ме́ньше / бо́льше; gloves of all ~s перча́тки всех разме́ров; ⊙ **take one's** ~ снима́ть (64) ме́рку, perf снять (232) ме́рку; 2. (dimensions) разме́р m (1f), often pl разме́ры [1) tremendous огро́мные, vast обши́рные; 2) with gen of the ship корабля́, of the construction site строи́тельства, of the building зда́ния; 3)

determine определя́ть]; what is the ~ of the desk? каковы́ разме́ры пи́сьменного стола́?; this book is the same ~ э́та кни́га тако́го же форма́та; a stadium vast in ~ стадио́н огро́мных разме́ров; the new machine is smaller in ~ но́вая маши́на ме́ньше по разме́рам; this will give you some idea of the ~ of the task э́то даст вам како́е-то представле́ние о разме́рах стоя́щей пе́ред на́ми зада́чи.

skate I sb конёк m (4f); usu pl ~s коньки́ [1) sharp о́стрые; 2) buy покупа́ть, put on надева́ть, take off снима́ть, sharpen точи́ть]; a pair of ~s па́ра конько́в.

skate II v ката́ться (64) на конька́х [1) well хорошо́, fast бы́стро, slowly ме́дленно; 2) on with abl on the skating-rink на катке́]; learn to ~ учи́ться ката́ться на конька́х; teach smb to ~ учи́ть кого́-л. ката́ться на конька́х; can, do you ~? вы уме́ете ката́ться на конька́х?; he ~d to me / to the bench он подъе́хал ко мне / к скаме́йке.

skating-rink като́к m (4f) [1) good хоро́ший, big большо́й; 2) make де́лать]; go to the ~ идти́ на като́к; skate on the ~ ката́ться на катке́; be at the ~ быть на катке́.

ski I sb лы́жа f (25a); usu pl ~s лы́жи [put on

надеть, take off снять, fasten закрепить]; a pair of ~s пара лыж; ~ suit лыжный костюм; ~ competition лыжные соревнования.

ski II v ходить (152) на лыжах [1] well хорошо, badly плохо, fast быстро; 2) in the forest в лесу, in the field по полю]; learn to ~ учиться ходить на лыжах; can you ~? вы умеете ходить на лыжах?; let's go ~ing on Sunday! поедем (-те) в воскресенье на лыжах!

skill мастерство n (14e) [wonderful удивительное, great большое, unusual необыкновенное]; the dance was performed with great ~ танец был исполнен с большим мастерством.

skin sb 1. (human) кожа f (25a) [delicate нежная, smooth гладкая, brown, tanned загорелая, fair светлая, dark тёмная, смуглая, dry сухая]; her ~ is very delicate у неё очень нежная кожа; she is nothing but ~ and bone она — кожа да кости; 2. (of animals) шкура f (19c) [thick толстая, glossy лоснящаяся, soft мягкая]; take the ~ off, strip the ~ off... снимать шкуру с (with gen)...; a tiger ~ тигровая шкура; ◇ save one's ~ спасать (64) свою шкуру, perf спасти (113) свою шкуру.

skirt sb (garment) юбка f (22d) [1) woollen шерстяная, cotton хлопчатобумажная, silk шёлковая; narrow узкая, wide широкая, bright яркая, striped полосатая, checked клетчатая; 2) hangs висит, lies лежит, fits well хорошо сидит]; put on / take off / try on a ~ надевать / снимать / примерять юбку; make / mend / wash a ~ шить / штопать, чинить / стирать юбку; she was wearing a black ~ она была в чёрной юбке; this ~ is too small / big for me эта юбка мне слишком мала / велика; { (lower part of a dress) подол m (1f).

sky небо n (sg 14d, pl небеса, небес, небесам, небеса́, небесами, небесах) [blue голубое, синее, gray серое, dark тёмное, bright ясное, starlit звёздное]; in the ~ на небе; there were no clouds in the ~ на небе не было ни облачка; the ~ was overcast небо было покрыто облаками; high in the ~ высоко в небе; the sun was bright in the ~ на небе ярко светило солнце.

slave раб m (1a).

sleep I sb сон m, no pl (1f) [deep, profound глубокий, sound крепкий, light чуткий, лёгкий]; she talks in her ~ она разговаривает во сне; { often rendered by verb спать (77), perf поспать (77); I didn't get much ~ мне не удалось как следует поспать; she needs eight hours' ~ a day ей нужно спать во́семь часо́в в су́тки; I managed to get a short ~ during the journey мне удало́сь немно́го поспа́ть, пока́ мы е́хали; I shall try to get two or three hours' ~ попро́бую поспа́ть два — три часа́; ⊙ go to ~ засыпа́ть (64), *perf* засну́ть (130); they soon went to ~ вско́ре они́ засну́ли; **put smb to** ~ заста́вить (168) кого́-л. усну́ть; the soft music put her to ~ ти́хая му́зыка усыпи́ла её.

sleep II *v* (*be asleep*) спать (77) [1] well хорошо́, badly пло́хо, quietly споко́йно, lightly чу́тко, soundly кре́пко; 2) on one's back на спине́, on one's right side на пра́вом боку́; 3) on a bed на крова́ти, on a couch на дива́не, on the floor на полу́, in an arm-chair в кре́сле; in the open air на све́жем во́здухе, in the forest в лесу́]; I could not ~ all night я всю ночь не мог(ла́) засну́ть, я всю ночь не спал(а́); we were so tired that we slept (for) twelve hours мы так уста́ли, что проспа́ли двена́дцать часо́в; did you ~ well? вы хорошо́ спа́ли?; she is still ~ing она́ всё ещё спит.

sleeping-car спа́льный ваго́н *m* (1f).

sleeve *sb* рука́в *m* (*sg* 1c, *pl* 1l); *usu pl* ~s рукава́ [long дли́нные, short коро́ткие, narrow у́зкие, wide широ́кие, loose свобо́дные]; turn up, roll up one's ~s засучи́ть рукава́.

slender (*slim*) стро́йный (31b); ~ figure / girl стро́йная фигу́ра / де́вушка; ~ legs стро́йные но́ги; ~ fingers то́нкие па́льцы.

slice I *sb* ломо́ть *m* (2b) [1) thick то́лстый; 2) *with gen* of bread хле́ба]; { ло́мтик *m* (4d) [1) thin то́нкий; 2) *with gen* of lemon лимо́на, of ham ветчины́, of cheese сы́ра, of sausage колбасы́]; two ~s of bread два ло́мтика хле́ба.

slice II *v* ре́зать (49) ло́мтиками, *perf* наре́зать (49) ло́мтиками (*with acc*); she ~d the bread / sausage она́ наре́зала хлеб / колбасу́ (ло́мтиками).

slight *a* (*insignificant, not serious*) небольшо́й (31a), незначи́тельный (31b); ~ delay / fatigue небольша́я заде́ржка / уста́лость; ~ difference / doubt / difficulty / increase небольшо́е разли́чие / сомне́ние / затрудне́ние / увеличе́ние; ~ drop in temperature незначи́тельное пониже́ние температу́ры; I have a ~ cold у меня́ небольшо́й на́сморк; the difference is very ~ ра́зница о́чень небольша́я, незначи́тельная; to a very ~ degree в о́чень небольшо́й сте́пени; I understood him without the ~est difficulty я по́нял(а) его́ без мале́йшего труда́; there won't be the ~est difficulty / trouble не бу́дет ни мале́йших затрудне́ний / хлопо́т; I haven't the ~est idea where they are я не име́ю ни мале́йшего представле́ния, где они́; have you any objection to my waiting here? — Not the ~est вы не возража́ете, е́сли я здесь подожду́? — Ничу́ть.

slightly немно́го; it is ~ more difficult э́то немно́го трудне́е; the temperature had fallen ~ температу́ра немно́го сни́зилась; she was ~ worried она́ была́ немно́го, слегка́ обеспоко́ена.

slip I *sb* **1.** (*mistake; of speech*) огово́рка *f* (22d); a ~ of the tongue огово́рка; I'm afraid I made a bad ~ when I was talking to him бою́сь, что я сказа́л(а) что́-то не то, когда́ разгова́ривал(а) с ним; { (*in writing*) опи́ска *f* (22d); a ~ of the pen, a ~ in spelling опи́ска; that wasn't really a mistake, it was only a ~ э́то не оши́бка, э́то была́ про́сто опи́ска; **2.** (*piece*) листо́к *m* (4f) [*with gen* of paper бума́ги]; I am writing these words / notes on ~s я запи́сываю э́ти слова́ / заме́тки на листка́х бума́ги.

slip II *v* **1.** (*miss one's footing, fall*) поскользну́ться (130) [на *with abl* on the ice на льду́, on the parquet на парке́те]; his foot ~ped and he fell down он поскользну́лся и упа́л; **2.** (*move*

quickly and smoothly) скользи́ть (176), *no perf*; the boat was ~ping easily through the water ло́дка легко́ скользи́ла по воде́; **3.** (*slide*) соска́льзывать (65), *perf* соскользну́ть (130); the newspaper ~ped off his knees газе́та соскользну́ла у него́ с коле́н; ~ **off** (*of clothes*) сбра́сывать (65), *perf* сбро́сить (149) (*with acc*); he ~ped off his clothes and jumped into the water он сбро́сил с себя́ оде́жду и пры́гнул в во́ду; ~ **on** (*of clothing*) наки́дывать (65), *perf* наки́нуть (126) (*with acc*); ~ something on come with me! наки́ньте что́-нибудь и пойдёмте со мной!; ~ **out** выска́льзывать (65), *perf* вы́скользнуть (130); the fish ~ped out of his hand ры́ба вы́скользнула у него́ из рук; she ~ped out of the room она́ вы́скользнула из ко́мнаты.

slogan ло́зунг *m* (4c).

slow I *a* **1.** (*not fast*) ме́дленный (31b) [growth рост, dance та́нец]; ме́дленная [reaction реа́кция, speech речь]; ме́дленное [development разви́тие, movement движе́ние]; he is a ~ walker он ме́дленно хо́дит; why are you so ~? Hurry up! почему́ вы так ме́длите? Поторопи́тесь!; ~ but steady ме́дленно, но ве́рно; **2.** (*taking a long time*) медли́тельный (31b) [person челове́к]; медли́тельная [speech речь,

walk похо́дка]; медли́тельные [movements движе́ния];
⊙ be — (of clock) отстава́ть (64), perf отста́ть (51); my watch is five minutes ~ мои́ часы́ отстаю́т на пять мину́т; the clock is ~ часы́ отстаю́т.

slow II v (also ~ down, ~ up) замедля́ть (223) ход, perf заме́длить (157) ход; he ~ed down at the crossing он заме́длил ход на перекрёстке; the road is slippery, you'd better ~ down доро́га ско́льзкая, вам лу́чше заме́длить ход; ~ up when you go through the village! заме́длите ход, когда́ бу́дете проезжа́ть че́рез дере́вню!

slowly ме́дленно [answer отвеча́ть, dress одева́ться, grow расти́, go идти́, ёхать, fall па́дать, speak говори́ть, work рабо́тать, drive ёхать]; please, speak more ~! говори́(те), пожа́луйста, ме́дленнее!; events were developing very ~ собы́тия развива́лись о́чень ме́дленно.

small a 1. (of size) ма́ленький (33b), небольшо́й (34a) [box я́щик, hall зал, park парк, garden сад, house дом, town го́род, forest лес, spring ручёй, object предме́т, table стол]; ма́ленькая, небольша́я [room ко́мната, river река́, речка, thing вещь, boat ло́дка, factory фа́брика, country страна́, station ста́нция, village дере́вня, bird

пти́ца]; ма́ленькое, небольшо́е [window окно́, opening отве́рстие, field по́ле, tree де́рево, animal живо́тное]; ма́ленькие [eyes глаза́, гла́зки, feet но́ги, hands ру́ки, ears у́ши]; a ~ sum of money небольша́я су́мма де́нег; ~ farm / exhibition, fair небольша́я фе́рма / вы́ставка; this room is too ~ э́та ко́мната сли́шком мала́; this town is much ~er э́тот го́род намно́го ме́ньше; 2. (of age) ма́ленький [boy ма́льчик, child ребёнок]; he is too ~ to go to school он ещё сли́шком мал, что́бы ходи́ть в шко́лу; 3. (of number) небольшо́й; ~ choice небольшо́й вы́бор; ~ family / group небольша́я семья́ / гру́ппа; ~ number / quantity небольшо́е число́ / коли́чество; 4. (not big enough) short form мал m, мала́ f, мало́ n, малы́ pl; this dress / coat is too ~ on, for her э́то пла́тье / пальто́ ей сли́шком мало́; these shoes are ~ on, for me э́ти ту́фли мне малы́; 5. (insignificant): I've no time for such ~ matters у меня́ нет вре́мени для таки́х мелоче́й; ◇ ~ change ме́лочь f, collect (30b); I have no ~ change about me у меня́ нет при себе́ ме́лочи.

smell I sb (odour) за́пах m (4c) [1] pleasant, nice прия́тный, strong си́льный, horrible ужа́сный, nasty отвратительный, bad дурной; 2) *with gen* of flowers цветов, of gas газа, of hay сена, of lime-trees in bloom цветущей липы]; I like the ~ мне нравится этот запах.

smell II *v* **1.** (*give off a smell*) пахнуть (127) [good хорошо, bad плохо, nice, pleasant приятно]; the apples / flowers ~ very pleasant яблоки / цветы очень приятно пахнут; these flowers don't ~ эти цветы не пахнут; it ~s nice / good / bad это приятно / хорошо / плохо пахнет; it ~s like spring пахнет (*with instr*) весной; the house ~s of paint в доме пахнет краской; **2.** (*inhale*) нюхать (65), *perf* понюхать (65) [*with acc* flowers цветы, medicine лекарство, liquid жидкость, meat мясо]; the dog smelt the ground собака понюхала, обнюхала землю; ~ this, what is it? понюхайте, что это такое?; ⟨ (*catch scent*) чувствовать (65) запах, *perf* почувствовать (65) запах (*with gen*); do you ~ gas? вы чувствуете запах газа?; I don't ~ anything я не чувствую никакого запаха; she could ~ something burning она почувствовала запах горелого.

smile I *sb* улыбка *f* (22d) [pleasant приятная, charming обаятельная, tender ласковая, cheerful, gay весёлая, bitter горькая, shy застенчивая, timid робкая, broad широкая, sarcastic саркастическая, cruel жестокая]; "Yes", she said with a ~ „Да",— сказала она с улыбкой; with a kind ~ с любезной улыбкой; there was a pleasant ~ on his face на его лице была приятная улыбка; a ~ appeared on her face на её лице появилась улыбка; without a ~ без улыбки.

smile II *v* улыбаться (64), *perf* улыбнуться (130) [*with dat* at him ему, at the child ребёнку, at the joke шутке]; she ~d at his words она улыбнулась его словам; I had to ~ when he said it я не мог не улыбнуться, когда он это сказал; he never ~s он никогда не улыбается; what are you smiling at? чему, почему вы улыбаетесь?; she ~d at the thought она улыбнулась при этой мысли.

smoke I *sb* **1.** (*of fire*) дым *m*, *no pl* (1f) [1] dense, thick густой, black чёрный; 2) rises поднимается, disperses рассеивается, thickens сгущается]; the room was full of ~ комната была полна дыма; the ~ hurt my eyes дым ел мне глаза; a cloud / pillar of ~ облако / столб дыма; **2.** (*of tobacco*): have a ~ покурить (156); we stopped for a ~ мы остановились покурить; (will you) have a ~? вы не хотите покурить?

smoke II *v* **1.** (*give out smoke*) дыми́ться (164), *no perf*; the fire was smoking костёр дыми́лся; **2.** (*of tobacco*) кури́ть (156) [*with acc* cigarette папиро́су, сигаре́ту, pipe тру́бку]; you ~ very much вы о́чень мно́го ку́рите; don't ~ in the room! не кури́те в ко́мнате!; you mustn't ~ here здесь нельзя́ кури́ть; do you mind if I ~? вы не возража́ете, е́сли я закурю́?; do you ~? вы ку́рите?; **3.** (*of food*) копти́ть (176) [*with acc* fish ры́бу, ham ветчину́].

smooth *a* (*even*) гла́дкий (33b) [forehead лоб]; гла́дкая [surface пове́рхность, board доска́, paper бума́га, skin ко́жа]; гла́дкие [hair во́лосы]; ~ road ро́вная доро́га; the cloth is very ~ to the touch на о́щупь мате́рия о́чень гла́дкая; the sea / lake was ~ мо́ре / о́зеро бы́ло споко́йно.

snake змея́ *f* (23d) [1) poisonous ядови́тая, dangerous опа́сная, harmless безвре́дная; 2) crawls ползёт, coils свёртывается в клубо́к, stings жа́лит]; the boys caught a ~ in the grass ма́льчики пойма́ли в траве́ змею́; the ~ stung his foot змея́ ужа́лила его́ в (*with acc*) но́гу.

snap *v* **1.** (*break with a crack*) тре́снуть (125); a twig ~ped under his feet ве́тка тре́снула у него́ под нога́ми; **2.** (*produce sudden short sound*) щёлкнуть (125); the whip ~ped кнут щёлкнул; ~ one's fingers щёлкнуть па́льцами; **3.** (*bite*) ца́пнуть (125); the dog ~ped at his leg соба́ка ца́пнула его́ за (*with acc*) но́гу.

snatch *v* (*seize*) схва́тывать (65), *perf* схвати́ть (152) [*with acc* hat шля́пу, bag су́мку, sheet of paper листо́к бума́ги]; the boy ~ed an apple from the table ма́льчик схвати́л со стола́ я́блоко; he ~ed at the purse он схвати́лся за (*with acc*) кошелёк; he ~ed at the chance он ухвати́лся за э́тот слу́чай; ~ out выхва́тывать (65), *perf* вы́хватить (152) (*with acc*); the boy ~ed the ball out of the girl's hands ма́льчик вы́хватил мяч из рук де́вочки.

snow I *sb* снег *m* (4h) [1) clean чи́стый, deep глубо́кий, soft мя́гкий, wet мо́крый, сыро́й; 2) covers the ground покрыва́ет зе́млю, falls па́дает, melts та́ет, lies лежи́т]; the ~ is deep снег лежи́т то́лстым сло́ем; something black was lying in the ~ на снегу́ лежа́ло что́-то чёрное; the ground was covered with ~ земля́ была́ покры́та сне́гом; ~ lay on the roofs and trees снег лежа́л на кры́шах и дере́вьях; we shall have ~ пойдёт снег; heavy ~ си́льный снег; he shook the ~ off his coat он стряхну́л снег с пальто́; we have had much

/ little ~ this winter э́той зимо́й (бы́ло) мно́го / ма́ло сне́га.

snow II *v*: it ~s идёт снег; it is ~ing сейча́с идёт снег; it seldom / often ~s there in winter зимо́й там ре́дко / ча́сто идёт снег; it began to ~, ~ing пошёл снег; it is ~ing hard идёт си́льный снег; it began to ~ last night снег пошёл вчера́ но́чью.

so I *adv* **1.** (*in this way*) так, таки́м о́бразом; I think / hope / suppose so я ду́маю / наде́юсь / полага́ю, что (э́то) так; and he did so так он и сде́лал; is that so? так ли э́то?; he said so он так сказа́л; but it is so но э́то так; why so? почему́ так?; **2.** (*to that degree*) так; she was so happy она́ была́ так сча́стлива; I am so glad to see you я так ра́д(а) вас ви́деть; it is so simple э́то так про́сто; he speaks so slowly он так ме́дленно гово́рит; we have so little time у нас так ма́ло вре́мени; I have so much to do мне так мно́го ну́жно сде́лать, у меня́ так мно́го дел; she was so angry that she couldn't speak она́ так рассерди́лась, что не могла́ говори́ть; we didn't expect you so soon мы не жда́ли вас так ско́ро; **3.** (*too*) та́кже, то́же; you are a student and so am I вы студе́нт и я то́же; you will learn Russian and so shall I вы бу́дете из-

уча́ть ру́сский язы́к и я то́же, та́кже; **4.** (*thus*) ита́к, таки́м о́бразом; so you are going to the South ита́к, вы е́дете на юг; ◇ so far as наско́лько; *see* far **II**; so far *see* far **II**; and so on, and so forth и так да́лее (*abbreviation* и т. д.); the first, third, fifth and so on пе́рвый, тре́тий, пя́тый и так да́лее; January, February, March and so on until July янва́рь, февра́ль, март и так да́лее до ию́ля; so **much the better** тем лу́чше; or so и́ли о́коло э́того; I was away three weeks or so меня́ не́ было три неде́ли и́ли о́коло э́того; so to say, speak так сказа́ть.

so II *conj* (*therefore*) по́этому; there was no train that day, so we had to wait в тот день не́ было по́езда, по́этому нам пришло́сь ждать; it was late, so I went home бы́ло по́здно, по́этому я пошёл, пошла́ домо́й.

so III: so... as *conj* (*with adjectives*) тако́й... как; the day in winter is not so long as in summer зимо́й день не тако́й дли́нный, как ле́том; the film was not so good as I expected фильм оказа́лся не таки́м хоро́шим, как я ожида́л(а); { (*with adv and short form adjectives*) так... как; it is not so easy as you think э́то не так про́сто, как вы ду́маете; she was not so much angry as disappointed она́ была́ не так рассе́ржена, как разоча́рована, огорчена́.

so IV: so... that *conj* так... что; I was so frightened that I could not answer я так испуга́лся, что не мог отве́тить; she spoke so fast that I could not understand она́ так бы́стро говори́ла, что я не мог(ла́) её поня́ть.

soap *sb* мы́ло *n* (14d); wash your hands with ~! вы́мой(те) ру́ки (с) мы́лом!; a cake, bar of ~ кусо́к(че)к мы́ла; liquid, soft ~ жи́дкое мы́ло; ~ powder мы́льный порошо́к.

sob I *sb* рыда́ние *n* (18c); *usu pl* ~s рыда́ния; ~s choked her её ду́ши́ли рыда́ния; she shook with ~s она́ содрога́лась от рыда́ний; she gave a ~ она́ всхли́пнула.

sob II *v* рыда́ть (64), *no perf*; she was ~bing bitterly она́ го́рько рыда́ла.

so-called так называ́емый (31b); many ~ sea-plants are animals in reality мно́гие так называ́емые морски́е во́доросли на са́мом де́ле явля́ются живо́тными органи́змами.

social социа́льный (31b); социа́льная [problem пробле́ма, reform рефо́рма]; { обще́ственный (31b) [system строй]; обще́ственная [life жизнь, work рабо́та]; обще́ственные [duties обя́занности].

socialism социали́зм *m* (1f); scientific ~ нау́чный социали́зм; build ~ стро́ить социали́зм; the way, road to ~ путь к социали́зму; ~ means peace социали́зм — э́то мир.

socialist *a* социалисти́ческий (33b) [system строй, city го́род]; социалисти́ческая [country страна́, party па́ртия, industry промы́шленность, republic респу́блика, revolution револю́ция]; социалисти́ческое [building строи́тельство, agriculture се́льское хозя́йство, production произво́дство, competition соревнова́ние].

society 1. (*group of people*) о́бщество *n* (14c); socialist ~ социалисти́ческое о́бщество; communist ~ коммунисти́ческое о́бщество; bourgeois ~ буржуа́зное о́бщество; **2.** (*club, organization*) о́бщество; sports ~ спорти́вное о́бщество; scientific ~ нау́чное о́бщество; belong to a sports ~ быть чле́ном спорти́вного о́бщества; co-operative ~ коопера́тив *m* (1f); **3.** (*of social rank*) о́бщество [high вы́сшее, privileged привилегиро́ванное].

sock носо́к *m* (4f); *usu pl* ~s носки́ [1) woollen шерстяны́е, silk шёлковые, nylon нейло́новые, cotton хлопчатобума́жные; warm тёплые; 2) wear носи́ть, buy покупа́ть, mend што́пать, knit вяза́ть, wash стира́ть]; a pair of ~s па́ра носко́в; put on / take off one's ~s надеть / снять носки; a hole in a ~ дыра на носке.

soft *a* 1. (*not hard*) мягкий (33b) [chair стул, couch диван, piece кусок, pencil карандаш, snow снег, bread хлеб]; мягкая [pillow подушка, bed постель, brush щётка, cloth материя, leather кожа, grass трава]; мягкое [arm-chair кресло, seat сиденье; meat мясо]; the wool is very ~ to the touch эта шерсть очень мягкая на ощупь; which cushion is ~ег? какая подушка мягче?; { (*smooth*) нежный (31b); нежная [skin кожа, hand рука]; ~ hair мягкие волосы; as ~ as silk мягкий как шёлк; 2. (*low*) тихий (33b) [sound звук, voice голос]; тихая [music музыка]; in a ~ voice тихим голосом; she burst into ~ laughter она тихо рассмеялась; { (*of light, colour*) мягкий; ~ light мягкий свет; ~ colour неяркий цвет; 3. (*tender*) нежный [voice голос]; нежная [smile улыбка]; { (*of character*) мягкий; ~ heart мягкое сердце; ~ nature мягкий характер.

softly (*not loudly*) тихо [answer отвечать, laugh смеяться, say smth сказать что-л., sing петь, speak говорить]; she came into the room ~ она тихо вошла в комнату.

soil *sb* (*top layer of ground*) почва *f* (19c) [dry сухая, poor плохая, productive, fertile плодородная, rich жирная].

soldier солдат *m* (1e); become a ~ стать солдатом.

solemn торжественный (31b) [voice голос, moment момент]; торжественная [music музыка, ceremony церемония, oath клятва]; торжественное [occasion событие, face лицо, expression выражение].

solid *a* 1. (*not liquid*) твёрдый (31b); ~ rock твёрдый камень; ~ ice твёрдый лёд; 2. (*firm, massive*) прочный (31b) [foundation фундамент]; прочная [basis основа]; прочное [building здание, construction сооружение].

some 1. *with uncountables, not translated, sb usu translated in gen*: give me ~ water / milk / bread! дай (-те) мне воды / молока / хлеба!; can I have ~ cold water? можно мне взять холодной воды?; may I give you ~ tea? вам (можно) налить чаю?; will you have ~ cake? можно вам отрезать (кусок) пирога?; I need ~ money мне нужны деньги; I have ~ work to do у меня есть работа; ⊙ ~ **more** ещё; give me ~ more tea / soup! дай(те) мне ещё чаю / супу!; 2. (*any*) какой-нибудь *m*, какая-нибудь *f*, какое-нибудь *n*, какие-нибудь *pl* (33a); give me ~ work, I have nothing to do!

да́йте мне каку́ю-нибудь рабо́ту, мне не́чего де́лать!; **3.** (*several*) не́сколько (*with gen*); he brought ~ apples / chairs / sandwiches он принёс не́сколько я́блок / сту́льев / бутербро́дов; he stayed there for ~ days он остава́лся там не́сколько дней; **4.** (*a number of*) не́которые (31b); ~ of my friends не́которые из мои́х друзе́й; ~ people like it не́которым э́то нра́вится; ~ trees are green the whole year не́которые дере́вья кру́глый год зелёные; I saw ~ people I knew я ви́дел(а) ко́е-кого из знако́мых; I stayed there for ~ time я там про́был, пробыла́ не́которое вре́мя; **5.** (*certain*) како́й-то (33a); ~ man wants to speak to you како́й-то челове́к хо́чет с ва́ми поговори́ть; I must have read that in ~ book наве́рное, я чита́л(а) об э́том в како́й-то кни́ге; he went to ~ place in the South он пое́хал куда́-то на юг; ᴐ ~ **day** когда́-нибудь; I must go there ~ day мне на́до пое́хать туда́ когда́-нибудь, ка́к-нибудь; ~ **other day** в друго́й раз; we shall do it ~ other day мы сде́лаем э́то в друго́й раз, когда́-нибудь ещё; we shall speak about it ~ other time мы поговори́м об э́том ка́к-нибудь в друго́й раз.

somebody кто́-то (41a); ~ is knocking at the door кто́-то стучи́тся в дверь; there is ~ in the room в ко́мнате кто́-то есть; ~ has taken my pencil кто́-то взял мой каранда́ш; I saw ~ at the window я уви́дел кого́-то у окна́; { кто́-нибудь (41a); ~ must go with him кто́-нибудь до́лжен с ним пойти́; ~ else кто́-нибудь ещё; I want ~ to help me я хочу́, что́бы кто́-нибудь мне помо́г.

somehow ка́к-нибудь; don't worry, we shall get home ~ не беспоко́йтесь, мы ка́к-нибудь доберёмся домо́й; { каки́м-то о́бразом, ка́к-то; he found out the address ~ каки́м-то о́бразом он узна́л а́дрес; we must find him ~ ка́к-то мы должны́ его́ разыска́ть.

someone кто́-то (41a); кто́-нибудь (41a); *see* somebody.

something что́-то (41a); there is ~ in the box в я́щике что́-то есть; I saw ~ dark in the garden в саду́ я уви́дел(а) что́-то тёмное; there is ~ wrong here здесь что́-то не так, непра́вильно; there is ~ nice about her в ней есть что́-то прия́тное; I have ~ (that) I want to show you я хочу́ вам что́-то, ко́е-что показа́ть; there seems to be ~ the matter что́-то всё-таки не так; we must do ~ что́-то на́до де́лать; { что́-нибудь (41a); give me ~ to read / to eat! да́йте мне что́-нибудь почита́ть / пое́сть!; ~ else что́-нибудь ещё; give me ~ else! да́й(те) мне что-нибудь ещё!; ask me ~ else! спроси(те) меня о чём-нибудь ещё!

sometimes иногда; I ~ go there, I go there ~ иногда я хожу туда; he is ~ at home in the morning иногда он бывает дома по утрам; I have ~ thought that I should like to live in the country иногда я думаю, что мне лучше было бы жить за городом.

somewhere 1. (*denoting position, place*) где-то; he lives / works ~ near our house он живёт / работает где-то около нашего дома; I read / saw it ~ я где-то это читал(а) / видел(а); ~ here / there где-то здесь / там; ~ near here где-то недалеко отсюда; { (*some place or other*) где-нибудь; we want to live ~ near the river мы хотим жить где-нибудь около реки; ~ else где-нибудь ещё; **2.** (*denoting direction*) куда-то; they sent him ~ они куда-то послали его; they went away ~ они куда-то ушли; { куда-нибудь; put it ~! положи(те) это куда-нибудь!; I want to go ~ for the summer я хочу на лето куда-нибудь поехать; from ~ откуда-то.

son сын *m* (*sg* 1i, *pl* сыновья, сыновей, сыновьям, сыновей, сыновьями, сыновьях) [little маленький, big большой, eldest старший, only единствен-

ный, grown-up взрослый, married женатый]; she has two ~s / five ~s у неё два сына / пять сыновей.

song песня *f* (20f) [1) new новая, beautiful красивая, old старинная, well-known известная, sad печальная, грустная, merry весёлая, cheerful бодрая, folk народная, Russian русская, familiar знакомая; 2) is heard слышится, dies away замирает вдали]; know / learn a ~ знать / разучивать песню; sing / recognize / remember a ~ петь / узнать / запомнить песню; tune of a ~ мотив песни; that is my favourite ~ это моя любимая песня; who wrote that ~? кто написал эту песню?

soon 1. (*in a short time, before long*) скоро; we shall be there ~ мы скоро будем там; he will be back ~er than you think он вернётся скорее, чем вы думаете; in this way we shall finish the work much ~er так, таким образом мы закончим работу гораздо скорее; we are going to the South ~ скоро мы поедем на юг; how ~ can you come? как скоро вы сможете прийти?; as ~ as possible при первой возможности, как можно скорее; { (*shortly*) вскоре; ~ I began to understand what he meant вскоре я начал, начала понимать, что он имел в виду; ~ afte

(that) he went away вскóре
пóсле э́того он ушёл; I hope
to see you ~ (я) надéюсь
вскóре вас увидеть; ⊙ as
~ as как тóлько; see as III;
2. (*early*) рáно; the train
was late so I could not come
~er пóезд опоздáл, поэ́тому
я не мог(лá) приéхать рáньше; what made you come
so ~? что застáвило вас так
рáно прийти́?; you spoke
too ~ вы слишком рáно
вы́ступили; ⊙ ~er or later
рáно или пóздно; **the** ~er
the better чем рáньше, тем
лýчше.

sore *a* (*painful*) больнóй
(31a) [finger пáлец]; { *often conveyed by verb* болéть
(98); she has a ~ finger /
throat у нéё боли́т пáлец /
гóрло; my shoulder is still
~ у меня́ всё ещё боли́т
плечó.

sorrow *sb* (*grief*) гóре *n*,
no pl (15a) [deep глубóкое,
great большóе]; share ~s and
joys дели́ть гóре и рáдость,
дели́ть рáдости и печáли;
{ (*sadness*) печáль *f* (29c).

sorry: be, feel ~ for smb
жалéть (98) когó-л., *perf*
пожалéть (98) когó-л.; we
felt ~ for him нам бы́ло
жаль егó; you will be ~
for this some day вы когдá-
-нибудь пожалéете об э́том;
{ be ~ сожалéть (98), *no
perf* (about — о *with abl*);
I was ~ to do it я о́чень со-
жалéл(а), что мне при-
шлóсь дéлать э́то; I am ~ I
can't come сожалéю, что не

смогý прийти́; I am really
~ for what I have done
я действи́тельно óчень
сожалéю о том, что я сдé-
лал(а); ⊙ ~! прости́те!,
виновáт!

sort *sb* (*kind, class*) род
m (*sg* 1f); different ~s of
things / stamps / people
разли́чные, разнообрáзные
вéщи / мáрки / лю́ди; all
~s of dresses / shoes всевоз-
мóжные плáтья / тýфли;
he is not the ~ of man
to do a cruel thing like
that он не такóй человéк,
котóрый мóжет сдéлать та-
кýю жестóкую вещь; ⊙
what ~ **of?** что за?, какóй?;
what ~ of plant is that?
что э́то за растéние?, какóе э́то растéние? what ~
of people go there? каки́е
лю́ди, что за лю́ди бывáют
там?; what ~ of books do
you like? каки́е кни́ги вам
нрáвятся?; **a** ~ **of** какóй-то;
нéчто врóде (*with gen*); a ~
of fruit каки́е-то фрýкты;
it is a ~ of box э́то нéчто
врóде я́щика; **nothing of the**
~ ничегó подóбного; *see*
nothing.

so-so тáк себе; the weather was ~ погóда былá тáк
себе, невáжная; he speaks
English ~ он говори́т по-
-англи́йски тáк себе, не-
вáжно; how do you feel? —
So-so как вы себя́ чýвству-
ете? — Тáк себе; how was
the concert? — So-so как
вам понрáвился концéрт? —
Тáк себе.

soul душа́ *f* (25c); be the ~ of the company / party быть душо́й о́бщества / ве́чера; he puts his heart and ~ into his work он вкла́дывает в рабо́ту всю ду́шу.

sound I *sb* звук *m* (4c) [1) sharp ре́зкий, distant отдалённый, distinct отчётливый, dull глухо́й, low ни́зкий, shrill пронзи́тельный, loud гро́мкий, faint сла́бый, strange стра́нный; 2) is heard слы́шится, dies away замира́ет, becomes louder стано́вится гро́мче; 3) hear услы́шать, pronounce произнести́, make изда́ть]; we heard the ~ of firing мы услы́шали зву́ки стрельбы́; at the ~ of his voice... при зву́ке его́ го́лоса...; what is that ~? что э́то за звук?; we heard ~s of music мы услы́шали зву́ки му́зыки; not a ~ came from the room ни оди́н звук не доноси́лся из ко́мнаты; he did not utter a ~ он не изда́л ни еди́ного зву́ка.

sound II *v* звуча́ть (46), *no perf*; her voice ~ed loud in the empty room её го́лос гу́лко звуча́л в пусто́й ко́мнате; his voice ~ed strange его́ го́лос ка́к-то стра́нно звуча́л; how sweet the music ~s! как прия́тно звучи́т му́зыка!; that does not ~ English э́то звучи́т не по-англи́йски; it ~s funny э́то звучи́т стра́нно; it doesn't ~ convincing э́то звучи́т неубеди́тельно; it ~ed

like the cry of a child э́то бы́ло похо́же на крик ребёнка; { (*seem*) каза́ться (48), *perf* показа́ться (48); the idea ~s interesting э́та мысль ка́жется интере́сной.

soup суп *m* (*sg* 1f, *pl* 1c) [1) cold холо́дный, hot горя́чий, nice, delicious вку́сный, thick густо́й, thin жи́дкий; pea горо́ховый, meat мясно́й, vegetable овощно́й; 2) eat есть, make приго́товить, cook гото́вить, boil кипяти́ть, heat подогрева́ть]; a plate of ~ таре́лка су́пу; chicken ~ кури́ный бульо́н; ⊙ **cabbage** ~ щи *no sg; see* cabbage.

sour 1. ки́слый (31b) [juice сок, lemon лимо́н; taste вкус]; ки́слое [medicine лека́рство, apple я́блоко wine вино́]; ки́слые [berries я́годы, fruit фру́кты]; **2.:** turn ~ прокиса́ть (64), *perf* проки́снуть (127); the soup turned ~ суп проки́с; { (*of milk*) скиса́ть (64), *perf* ски́снуть (127); the milk turned ~ молоко́ ски́сло.

source исто́чник *m* (4c) [*with gen* of knowledge зна́ний, of information информа́ции, сведе́ний]; I know it from a reliable ~ я зна́ю э́то из надёжного, достове́рного исто́чника.

south *sb* юг *m* (4c); the South Pole Ю́жный по́люс; South America Ю́жная Аме́рика; *see* east.

southern *a* ю́жный (31b); *see* eastern.

Soviet I *sb* совет *m* (1f); city, town ~городской совет; village ~ сельский совет; the Supreme ~ of the USSR Верхо́вный Сове́т СССР; session of the Supreme ~ сессия Верхо́вного Сове́та; deputy to the Supreme ~ депута́т Верхо́вного Сове́та.

Soviet II *a* советский (33b) [people наро́д; theatre теа́тр; scientist учёный, writer писа́тель]; советская [power власть]; industry промы́шленность, literature литерату́ра, music му́зыка]; советское [government прави́тельство, country госуда́рство; cinema кино́, art иску́сство].

Soviet Union, the Сове́тский Сою́з *m* (1f).

sow *v* се́ять (224), *perf* посе́ять (224) [*with acc* seeds семена́, wheat пшени́цу, rye рожь]; ~ a field with, to wheat засе́ять по́ле пшени́цей; it is too early, soon to ~ ещё сли́шком ра́но начина́ть сев.

space *sb* 1. (*of place*) простра́нство *n* (14c) [broad широ́кое, empty пусто́е, vast обши́рное, infinite бесконе́чное, cosmic косми́ческое]; open ~s откры́тые простра́нства; flight into ~ полёт в ко́смос; rays from, out of ~ косми́ческие лучи́; { (*room*) ме́сто *n* (14d), простра́нство; that table occupies too much ~ э́тот стол занима́ет сли́шком мно́го ме́ста; there is no

~ for this couch для э́того дива́на нет ме́ста; is there any ~ left for these things? оста́лось ли ме́сто для э́тих веще́й?; a ~ between two houses простра́нство ме́жду двумя́ дома́ми; leave some ~ at the bottom of the page! оста́вьте (свобо́дное) ме́сто в конце́ страни́цы]; **2.** (*interval*) промежу́ток *m* (4d); a ~ of three years промежу́ток (вре́мени) в три го́да; in a short ~ of time че́рез коро́ткий промежу́ток вре́мени; in the ~ of an hour че́рез час.

Spaniard испа́нец *m* (10b), испа́нка *f* (22c).

Spanish I *sb* испа́нский язы́к *m* (4g).

Spanish II *a* испа́нский (33b).

spare I *a* (*extra*) ли́шний (32) [ticket биле́т, copy экземпля́р, pencil каранда́ш]; have you a ~ notebook? нет ли у вас ли́шней тетра́ди?; ⊙ ~ time свобо́дное вре́мя (15b); he spent all his ~ time playing chess всё своё свобо́дное вре́мя он проводи́л за ша́хматами; I have no ~ time now сейча́с у меня́ нет свобо́дного вре́мени.

spare II *v* 1. (*give*) уделя́ть (223), *perf* удели́ть (158) (*with acc*); can you ~ me a few minutes? вы не могли́ бы удели́ть мне не́сколько мину́т?; have you got a minute to ~? у вас есть свобо́дная мину́та?; we

haven't a minute to ~ у нас
е ни одной свободной ми-
у́ы; ⊙ ~ **no pains** де́лать
(65) всё возмо́жное, *perf*
сде́ла ь **(65)** всё возмо́жное;
2. (*h w mercy*) щади́ть (153),
per| пощади́ть (153) (*with
acc*); he didn't ~ her feelings
он не щади́л её чувств.

speak 1. говори́ть **(158)**
[1] well хорошо́, badly пло́-
хо, fast бы́стро, slowly ме́д-
ленно, with difficulty с тру-
до́м, in a whisper шёпотом,
in a loud voice гро́мко, quietly ти́хо, споко́йно, angrily серди́то; English по-ан-
гли́йски, Russian по-ру́с-
ски, many languages на мно́-
гих языка́х; 2) о *with abl*
about, of the children о де́-
тях, about what had happened о случи́вшемся, of the
events of the day о собы́тиях
дня, of modern literature
о совреме́нной литерату́ре,
about different things о ра́з-
ных веща́х, about somebody
о ком-л.; 3) с *with instr*
with, to him с ним, with, to
the teacher с учи́телем,
with, to one's parents с роди́-
телями, with, to one's friend
с прия́телем, с дру́гом; 4)
по *with dat* over the telephone по телефо́ну, over the
radio по ра́дио]; ~ louder!
говори́(те) гро́мче!; he
can ~ Russian but he can't
read it он говори́т по-ру́с-
ски, но не уме́ет чита́ть;
he refused to ~ он отказа́л-
ся говори́ть; she ~s very
much / very little она́ о́чень

мно́го / о́чень ма́ло гово-
ри́т; they spoke for two
hours они́ говори́ли два часа́;
who was that man you were
~ing to? с кем э́то вы раз-
гова́ривали?, что э́то за че-
лове́к, с кото́рым вы разго-
ва́ривали?; what was he
~ing to you about? о чём
он с ва́ми говори́л?; we
have often spoken about it
мы ча́сто об э́том говори́-
ли; I shall ~ to him tomorrow я поговорю́ с ним за́вт-
ра; may I ~ to you? могу́
я с ва́ми поговори́ть?; they
decided to ~ to the director
first of all они́ реши́ли
пре́жде всего́ поговори́ть с
дире́ктором; nothing could
make her ~ ничто́ не могло́
заста́вить её говори́ть; he
spoke for ten minutes он
говори́л де́сять мину́т; she
was so surprised / frightened that she could not ~ она́
была́ так удивлена́ / испу́-
гана, что не могла́ говори́ть;
⊙ **generally** ~ing вообще́
говоря́; *see* generally; **properly** ~ing со́бственно го-
воря́; **so to ~** так сказа́ть;
nothing to ~ of пустяки́;
2. (*make speech*) выступа́ть
(64), *perf* вы́ступить **(170)**
[1] over the radio по ра́дио,
at a meeting на собра́нии,
at a congress на съе́зде; 2)
о *with abl* on the events о
собы́тиях, on the international situation о междуна-
ро́дном положе́нии; 3) for
smth в защи́ту чего́-л., за
что-л., against smth про́тив

чего́-л.]; he spoke against
the plan он вы́ступил
про́тив э́того пла́на; Mr. N.
was the next to ~ сле́дующим
выступа́л ми́стер Н.; who's
going to ~ at the meeting
this evening? кто собира́ется
вы́ступить сего́дня ве́чером
на собра́нии?; she had never
before spoken in public она́
никогда́ ра́ньше не выступа́-
ла публи́чно; ~ out (give
one's opinion) выска́зывать-
ся (65) открове́нно, perf вы́-
сказаться (59) открове́нно;
he spoke out boldly / without fear он сме́ло/ без стра́ха
вы́сказал своё мне́ние.

speaker ора́тор m (1e)
[good хоро́ший, bad, poor
плохо́й, brilliant блестя́-
щий, born прирождённый];
the former ~ предыду́щий
ора́тор; who was the main
~? кто де́лал докла́д?

special a 1. (particular)
осо́бый (31b) [kind, sort
сорт, вид; interest интере́с];
осо́бая [food пи́ща, diet
дие́та; difficulty тру́дность];
осо́бое [place ме́сто, task
зада́ние, dish блю́до]; I have
~ reasons for thinking so
у меня́ име́ются осо́бые при-
чи́ны так ду́мать; he comes
here only on ~ occasions он
приезжа́ет, прихо́дит сюда́
то́лько в осо́бых слу́чаях;
this is a very ~ case э́то
осо́бый слу́чай; { (not usual)
осо́бенный (31b); nothing ~
happened yesterday вчера́
ничего́ осо́бенного не случи́-
лось; 2. (singled out) спе-

циа́льный (31b) [shop мага-
зи́н, train по́езд, plane самолёт, order зака́з, instrument прибо́р]; специа́льная
[book кни́га, article статья́,
commission коми́ссия]; спе-
циа́льное [medicine лека́р-
ство, device приспособле́ние].

specialist специали́ст m
(1e) [experienced о́пытный,
good хоро́ший, young мо-
лодо́й, real настоя́щий, great
большо́й, well-known из-
ве́стный]; a ~ in agriculture / literature специали́ст
по (with dat) се́льскому хо-
зя́йству / литерату́ре; a ~
in art специали́ст в о́бласти
иску́сства; he is a ~ in the
field / in many fields он
специали́ст в э́той о́бласти
/ во мно́гих областя́х.

speciality (branch of work)
специа́льность f (29c) [im-
portant ва́жная, rare ре́д-
кая]; what is his ~? кто он
по специа́льности?; choose
a ~ выбира́ть специа́ль-
ность; he made agriculture
his ~ он специализи́ровал-
ся по (with dat) се́льскому
хозя́йству; he made this
branch of physics / medicine
his ~ он специализи́ровал-
ся в (with abl) э́той о́бласти
фи́зики / медици́ны.

spectacles pl очки́ no sg (4g)
[1) thick си́льные; 2) put on
наде́ть, take off снять, wear
носи́ть, break разби́ть]; a
pair of ~ очки́, па́ра очко́в;
I can't see anything without
my ~ я ничего́ не ви́жу без
очко́в.

speech 1. (*language*) речь
f (30b) [colloquial разговóрная, literary литератýрная];
{ (*manner of speaking*) речь
[distinct чёткая, slow медлúтельная]; his ~ was so
rapid that it was difficult
to follow him он говорúл
так быстро, что было трýдно следúть за егó рéчью;
his ~ is not very clear он говорúт не óчень ясно; **2.**
(*address*) речь [1) short, brief
крáткая, long длúнная, brilliant блестящая, inspiring
вдохновляющая; 2) broadcast передавáть по рáдио,
listen to слýшать, begin начáть, close, finish закóнчить]; deliver, make a ~
произносúть речь; he made
a very good ~ он произнёс
óчень хорóшую речь; the
chairman made a short ~
of welcome to the delegates
председáтель приветствовал
делегáтов крáткой рéчью;
he concluded his ~ with the
following words... он закóнчил свою речь следýющими
словáми...; in his speech he
said... в своéй рéчи он сказáл...

speed *sb* скóрость *f* (29b)
[1) ordinary обычная, great
большáя, increasing увелúчивающаяся; 2) increase
увелúчить, slow down замéдлить]; develop a high
~ развúть большýю скóрость; at full ~ на пóлной
скóрости; he drove at a very
high ~ он éхал на óчень
большóй скóрости; they were

driving at a ~ of over a
hundred kilometres an hour /
at top ~ онú éхали со
скóростью бóлее ста киломéтров в час / на предéльной скóрости; he exceeded
the ~ limit он превысил скóрость; he reduced ~ to thir
ty miles an hour он снúзил
скóрость до (*with gen*) тридцатú миль в час; with the ~
of lightning, with lightning
~ с быстротóй мóлнии,
молниенóсно.

spell *v* называть (64) по
бýквам, *perf* назвáть (67) по
бýквам (*with acc*); ~ a
word / name назвáть слóво
/ фамúлию по бýквам; {
how do you ~ the word?
как пúшется это слóво?

spelling орфогрáфия *f*
(23c); is the ~ of the word
correct? слóво напúсано прáвильно?; what is the ~ of
the word? как пúшется это
слóво?

spend 1. (*use*) трáтить
(177), *perf* истрáтить (177),
потрáтить (177) [1) *with acc*
money дéньги, time врéмя,
two dollars два дóллара;
2) на *with acc* on clothes на
одéжду, on a trip на поéздку]; I spent two hours on
this work я потрáтил(а) два
часá на эту рабóту; I spent
half my money on books я
истрáтил(а) половúну своúх дéнег на кнúги; **2.** (*pass*)
проводúть (152), *perf* провестú (219) [*with acc* summer лéто, one's free time
своё свобóдное врéмя, holi-

day кани́кулы, leave о́тпуск]; we want to ~ the day in the country мы хоти́м провести́ день за́ го́родом; we spent three hours there мы провели́ там три часа́; he spent his childhood in a small village де́тство он провёл в ма́ленькой дере́вушке; how do you ~ your time? как вы прово́дите своё вре́мя?; she spent a sleepless night она́ провела́ бессо́нную ночь.

spirit *sb* 1. (*moral condition*) дух *m, no pl* (4c); the ~ of the army дух а́рмии; the ~ of the times / age дух вре́мени / ве́ка; the ~ of the law дух зако́на; 2. *pl* ~s (*mood*) настрое́ние *n* (18c) [high хоро́шее, excellent отли́чное, low плохо́е]; be in low ~s быть в плохо́м, пода́вленном настрое́нии; his ~s rose его́ настрое́ние улу́чшилось; his ~s fell, sank у него́ упа́ло настрое́ние, он упа́л ду́хом; raise smb's ~s подня́ть чьё-л. настрое́ние; out of ~s не в настрое́нии.

spite: in ~ of несмотря́ на (*with acc*); in ~ of all difficulties... несмотря́ на все тру́дности...; they set out in ~ of the bad weather они́ отпра́вились несмотря́ на плоху́ю пого́ду; in ~ of the fact that... несмотря́ на то, что...; we decided to continue in ~ of the fact that the first attempt had been unsuccessful мы реши́ли продолжа́ть несмотря́ на то, что пе́рвая попы́тка была́ неуда́чной; in ~ of him / everything вопреки́ (*with dat*) ему́ / всему́.

splendid великоле́пный (31b) [house дом, garden сад, shop магази́н, city го́род]; великоле́пная [furniture ме́бель, обстано́вка; weather пого́да; idea иде́я, opportunity возмо́жность]; великоле́пное [clothes оде́яние, sight зре́лище, construction сооруже́ние]; the palace was ~ дворе́ц был великоле́пен; ~ prospect(s) блестя́щие перспекти́вы; it was a ~ place for a camp э́то бы́ло прекра́сное ме́сто для ла́геря; (that's) ~! прекра́сно!

split *v* 1. (*break from end to end*) коло́ть (202) [*with acc* wood дрова́, logs поле́нья]; ‡ раска́лывать (65), *perf* расколо́ть (202) (*with acc*); the explosion had ~ the great rock into a number of pieces взрыв расколо́л большу́ю скалу́ на (*with acc*) мно́жество куско́в; the lightning ~ the old tree in half мо́лния расколо́ла ста́рое де́рево попола́м; 2. (*burst into parts*) раска́лываться (65), *perf* расколо́ться (202); the bottle ~ буты́лка раскололась; the tourists ~ into three groups тури́сты разби́лись на три гру́ппы.

spoil *v* 1. (*ruin*) по́ртить (177), *perf* испо́ртить (177)

[1) *with acc* book кни́гу, clock часы́, clothes оде́жду, machine маши́ну; game игру́, party ве́чер, trip пое́здку, day день, holiday пра́здник, smb's mood чьё-л. настрое́ние; one's appetite аппети́т; everything всё; 2) completely по́лностью], partly части́чно]; be careful not to ~ your new clothes! осторо́жнее, не испо́ртите своё но́вое пла́тье!; our trip was spoiled by bad weather на́ша прогу́лка была́ испо́рчена плохо́й пого́дой; it ~ed her mood completely э́то оконча́тельно испо́ртило ей настрое́ние; ~ a child балова́ть ребёнка; 2. (*become bad*) по́ртиться (177), *perf* испо́ртиться (177); the butter / milk / medicine has ~ed ма́сло / молоко́ / лека́рство испо́ртилось; fruit ~s easily фру́кты легко́ по́ртятся.

spoon *sb* ло́жка *f* (22f) [big больша́я, little ма́ленькая; wooden деревя́нная, silver сере́бряная]; eat / take smth with a ~ есть / брать что-л. ло́жкой; he held the ~ in his right hand он держа́л ло́жку в пра́вой руке́; take your ~ out of your cup! вы́нь(те) ло́жку из ча́шки!

sport *sb* (*physical exercise*) спорт *m*, *no pl* (1f) [winter зи́мний, summer ле́тний, water во́дный]; what is your favourite ~? како́й ваш люби́мый вид спо́рта?; be interested in ~ интере-

сова́ться спо́ртом; he is fond of ~ он лю́бит спорт; ⊙ go in for ~s занима́ться (64) спо́ртом; he went in for many kinds of ~s он занима́лся мно́гими ви́дами спо́рта.

spot *sb* 1. (*mark, stain*) пятно́ *n* (14a) [dark тёмное, dirty гря́зное]; a ~ of mud гря́зное пятно́; a ~ of oil ма́сляное пятно́; a ~ of ink, an ink ~ черни́льное пятно́; a ~ on the paper / cloth / one's dress пятно́ на (*with abl*) бума́ге / мате́рии / пла́тье; 2. (*place*) ме́сто *n* (14d) [convenient удо́бное, dangerous опа́сное, quiet ти́хое, lonely уединённое]; we know an ideal ~ for a summer camp мы зна́ем замеча́тельное ме́сто для ле́тнего ла́геря; this is the very ~ where the accident took place э́то то са́мое ме́сто, где произошёл несча́стный слу́чай; ⊙ on the ~ тут же, на ме́сте.

spread *v* 1. (*distribute*) распространя́ть (223), *perf* распространи́ть (164) [*with acc* rumour слух, news изве́стия, но́вости, knowledge зна́ния]; 2. (*be circulated, scattered*) распространя́ться (223), *perf* распространи́ться (164); the news ~ like lightning но́вость распространи́лась с быстрото́й мо́лнии; his fame ~ all over the country его́ сла́ва распространи́лась по всей стране́, он стал изве́стен всей стране́; rumours

~ quickly слухи быстро распространяются; **3.** (*also* ~ out; *cover*) расстилать (64), *perf* расстелить (расстелю, расстелешь, расстелет, расстелем, расстелете, расстелют, *past* расстелил) [1] *with acc* table-cloth скатерть, blanket одеяло, sheet простыню; 2) на *with abl* on the table на столе, on the couch на диване]; he ~ newspapers on the grass он расстелил газеты на траве; **4.** (*extend, lie*) расстилаться (64), *no perf*, простираться (64), *no perf*; a wide stretch of land ~ in front of us перед нами расстилалась широкая полоса земли; **5.** (*reach out*): the bird ~ its wings птица расправила свои крылья; the trees ~ their branches to the light ветви деревьев тянулись к свету; he ~ his hands to the fire он протянул руки к огню.

spring *sb* (*season*) весна *f* (19i) [1) cold холодная, warm тёплая, wet дождливая, early ранняя, late поздняя, запоздалая; 2) begins in March начинается в марте, has come наступила, lasts for three months длится три месяца]; spend the ~ in the South проводить весну на юге; at the beginning / end of ~ в начале / конце весны; in (the) ~ весной; let's wait until ~ подождём до весны; by ~ к весне; this / next ~ весной этого /

будущего года; last ~ прошлой весной, весной прошлого года; one ~ однажды весной; ~ day / month весенний день / месяц; ~ weather весенняя погода; ~ sun весеннее солнце; ~ flowers / showers весенние цветы / дожди.

spy *sb* шпион *m* (1e).

square I *sb* **1.** квадрат *m* (1f); a side of a ~ сторона квадрата; divide smth into ~s разделить что-л. на квадраты; in the form of a ~ в форме квадрата; **2.** (*of city*) площадь *f* (29b) [1) beautiful красивая, big, large большая, little, small маленькая, central центральная, main главная; 2) cross пересекать]; meet smb in the ~ встретить кого-л. на площади; go, walk across the ~ идти через площадь; gather in the ~ собираться на площади; on the other side of the ~ на той стороне площади; there was a large crowd in the ~ на площади была большая толпа; what is the name of this ~? как называется эта площадь?

square II *a* квадратный (31b) [table стол, box ящик; chin подбородок]; квадратная [room комната]; four ~ miles / kilometres четыре квадратных мили / километра.

stage I *sb* (*point, period of development*) стадия *f* (23c), ступень *f* (*sg* 29b, *pl* 29c); at this ~ of development на э́той ступе́ни разви́тия; initial / final ~ нача́льная / коне́чная ста́дия.

stage II *sb* (*of theatre*) сце́на *f* (19c); on the ~ на сце́не; our seats were near the ~ на́ши места́ бы́ли недалеко́ от сце́ны; the audience moved towards the ~ зри́тели напра́вились к сце́не; ⊙ **go on the** ~ стать (51) актёром; **be on the** ~ быть актёром, арти́стом; **leave the** ~ уйти́ (206) со сце́ны.

stage III *v* ста́вить (157), *perf* поста́вить (157) (*with acc*); ~ a play / comedy / ballet ста́вить пье́су / коме́дию / бале́т; the play was ~d by a famous producer пье́са была́ поста́влена знамени́тым режиссёром; the film was ~d badly / well кинокарти́на была́ пло́хо / хорошо́ поста́влена; I don't like the way the comedy is ~d мне не нра́вится как поста́влена коме́дия, постано́вка коме́дии.

stain *sb* (*dirty mark*) пятно́ *n* (14a) [large большо́е, dirty гря́зное, faded вы́цветшее, old ста́рое]; make a ~ сде́лать, посади́ть пятно́; take out a ~ вы́вести пятно́; ink / blood ~ черни́льное / крова́вое пятно́; ~ on one's reputation пятно́ на репута́ции.

stairs *pl* ле́стница *f* (21c) [broken сло́манная, nar-

row у́зкая, wide широ́кая, wooden деревя́нная, marble мра́морная, steep крута́я, winding винтова́я]; come / walk / run up the ~ поднима́ться / идти́ / бежа́ть вверх по ле́стнице; down the ~ вниз по ле́стнице; ascend, go up / descend, go down the ~ поднима́ться / спуска́ться по ле́стнице; fall down the ~ упа́сть с ле́стницы; I passed him on the ~ я обогна́л, обогнала́ его́ на ле́стнице, я прошёл, прошла́ ми́мо него́ на ле́стнице; he slipped on the ~ он поскользну́лся на ле́стнице; ⊙ **a flight of** ~ марш (*m* 6c) ле́стницы.

stamp *sb* (*of post*) ма́рка *f* (22d) [rare ре́дкая, foreign иностра́нная]; postage ~ почто́вая ма́рка; stick a ~ on a letter / envelope накле́ить ма́рку на письмо́ / конве́рт; collect ~s собира́ть ма́рки; a collection of ~s колле́кция ма́рок; exchange ~s обме́ниваться ма́рками; a four-copeck ~ четырёхкопе́ечная ма́рка.

stand *v* 1. (*be in upright position*) стоя́ть (222), *no perf* (1) still споко́йно, неподви́жно, straight пря́мо, motionless неподви́жно; 2) on both feet на обе́их нога́х, with one's back to the window спино́й к окну́, leaning against the wall прислони́вшись к стене́; 3) at the door у две́ри, in the doorway в дверя́х, in a corner в углу́, at the corner на углу́, at the window у окна́, in the middle of the room посереди́не ко́мнаты, in the garden в саду́, in the street на у́лице; in a line, queue в о́череди]; he was too weak to ~ от сла́бости он не мог стоя́ть; there are no chairs so we'll have to ~ здесь нет сту́льев, так что нам придётся стоя́ть; he could hardly ~ on his feet он едва́ мог стоя́ть на нога́х; why are you all ~ing here, doing nothing? почему́ вы все стои́те здесь и ничего́ не де́лаете?; { fig: his hair stood on end у него́ во́лосы ста́ли ды́бом; { (remain in the same position) стоя́ть, простоя́ть (222); he stood for two hours он простоя́л два часа́; I have been ~ing on my feet all day я простоя́л(а) весь день; the building has stood for over five hundred years э́то зда́ние стои́т, простоя́ло бо́лее пятисо́т лет; 2. (be, be situated) стоя́ть; the house / town ~s on the bank of the river дом / го́род стои́т на берегу́ реки́; an old tree ~s near the lake ста́рое де́рево стои́т о́коло о́зера; the chairs stood by the wall сту́лья стоя́ли у стены́; 3. (bear) выноси́ть (148), perf вы́нести (114) [with acc heat жару́, pain боль, test испыта́ние]; fruit-trees cannot ~ the cold фрукто́вые дере́вья не выно́сят хо́лода; I

can't ~ his jokes / him я не выношу́ его́ шу́ток / его́; she didn't ~ the climate well она́ пло́хо переноси́ла э́тот кли́мат; I can't ~ it any longer я не могу́ бо́льше э́того выноси́ть; I wonder that you can ~ it я удивля́юсь, что вы э́то те́рпите, как вы э́то те́рпите; ~ apart стоя́ть в стороне́, находи́ться (152) пода́ль; he stood apart from the others он стоя́л в стороне́ от остальны́х; ~ aside отойти́ (206) в сто́рону; ~ aside! отойди́те в сто́рону!; ~ out выделя́ться (223), no perf; the outline of the house stood out clearly against the evening sky очерта́ния до́ма чётко выделя́лись, вырисо́вывались на фо́не вече́рнего не́ба; ~ up встава́ть (63), perf встать (51) [quickly бы́стро, slowly ме́дленно, at once сра́зу же]; she stood up the moment she saw him она́ вста́ла, как то́лько уви́дела его́; he stood up and left the room он встал и вы́шел из ко́мнаты; ~ up! вста́нь(те)!; the pupils stood up when the guests entered the room ученики́ вста́ли, когда́ го́сти вошли́ в класс; ◇ ~ in smb's way меша́ть (64) (with dat) кому́-л.

star sb 1. звезда́ f (19g) [1) bright я́ркая, early ра́нняя, evening вече́рняя; shooting па́дающая; 2) twinkles мерца́ет, shines сия́ет]; { fig:

under a lucky ~ под счастли́вой звездо́й; 2. (of actors) звезда́; film ~ кинозвезда́.

stare v при́стально смотре́ть (101), perf посмотре́ть (101) (at — на with acc); she - d and ~d она́ смотре́ла и смотре́ла; he ~d at the newcomer он при́стально посмотре́л на воше́дшего; { уста́виться (157) (at — на with acc); she ~d at me in amazement она́ в изумле́нии уста́вилась на меня́; the children ~d at the elephant in wonder де́ти изумлённо уста́вились на слона́.

start v 1. (begin to move) тро́гаться (65), perf тро́нуться (126); the train ~ed по́езд тро́нулся; 2. (leave, set out) отправля́ться (223), perf отпра́виться (157) [1] at once сра́зу же, early in the morning ра́но у́тром, late at night по́здно но́чью, at nine o'clock в де́вять часо́в, in time во́время; 2) в with acc for the mountains в го́ры, on a trip в путеше́ствие, for Odessa в Оде́ссу]; (at) what time did you ~? когда́ вы вы́ехали?, вы́шли?; we shall ~ as soon as he returns мы отпра́вимся как то́лько он придёт; 3. (begin smth) начина́ть (64), perf нача́ть (87) [with acc work рабо́ту, business де́ло, conversation разгово́р]; when did you ~ work? когда́ вы на́чали рабо́тать?; she ~ed crying она́ начала́

пла́кать; he ~ed to study French он на́чал изуча́ть францу́зский язы́к; you have ~ed well вы хорошо́ на́чали; 4. (begin) начина́ться (64), perf нача́ться (87); where / how did the fire ~? где / как(и́м о́бразом) нача́лся пожа́р?; how did the quarrel ~? из-за чего́ нача́лась ссо́ра?; 5. (set into motion) заводи́ть (152), perf завести́ (219) [with acc car маши́ну, автомоби́ль, watch часы́]; ~ a motor запуска́ть мото́р; 6. (make sudden movement) вздра́гивать (65), perf вздро́гнуть (126); he ~ed at the sudden noise он вздро́гнул от неожи́данного шу́ма.

starve голода́ть (64), no perf жить (194) впро́голодь; she was actually starving факти́чески она́ голода́ла.

state I sb 1. (country) госуда́рство n (14c) [powerful могу́щественное, independent незави́симое; bourgeois буржуа́зное, democratic демократи́ческое, socialist социалисти́ческое]; ~ bank госуда́рственный банк; ~ papers, documents госуда́рственные докуме́нты; 2. (part of country) штат m (1f); there are now 50 ~s in the United States в Соединённые Шта́ты тепе́рь вхо́дят пятьдеся́т шта́тов.

state II sb (condition) состоя́ние n (18c) [1) bad плохо́е, satisfactory удовлетворѝтельное, excellent прекра́сное, terrible ужа́сное, poor жа́лкое; 2) *with gen of affairs* дел, *of one's health* здоро́вья]; one's ~ of mind душе́вное состоя́ние; things were in a rather bad ~ дела́ бы́ли в дово́льно плохо́м состоя́нии; everything was in a ~ of disorder всё бы́ло в беспоря́дке; he tried to conceal the real ~ of his affairs он стара́лся скрыть и́стинное состоя́ние, положе́ние свои́х дел; the building was in a half-ruined ~ зда́ние бы́ло полуразру́шено.

statement 1. (*announcement*) заявле́ние *n* (18c), сообще́ние *n* (18c); the ~ of the Peace Congress was received with enthusiasm заявле́ние Конгре́сса сторо́нников ми́ра бы́ло встре́чено с энтузиа́змом; make a ~ сде́лать сообще́ние; official ~ официа́льное сообще́ние; in the ~ в заявле́нии; 2. (*assertion*) утвержде́ние *n* (18c) [false неве́рное, непра́вильное, correct пра́вильное, unfounded необосно́ванное].

station *sb* (*stop*) ста́нция *f* (23c) [big, large больша́я, small небольша́я, important ва́жная, next сле́дующая, last после́дняя]; railway ~ железнодоро́жная ста́нция; junction ~ узлова́я ста́нция; an underground ~ ста́нция метро́; come to a ~ прие́зжа́ть на ста́нцию; meet

smb at the ~ встреча́ть кого́-л. на ста́нции; the ~ is rather far from here ста́нция отсю́да дово́льно далеко́; the train stops at every ~ / at the following ~s... по́езд остана́вливается на всех ста́нциях / на всех сле́дующих ста́нциях...; the train passed the ~ without stopping по́езд прое́хал ста́нцию не остана́вливаясь; { (*building*) вокза́л *m* (1f) [1) big большо́й, old ста́рый, spacious просто́рный; 2) build стро́ить, repair ремонти́ровать]; go / hurry to the ~ идти́, е́хать / спеши́ть на вокза́л; take smb to the ~ проводи́ть кого́-л. на вокза́л; ring up the ~ позвони́ть (по телефо́ну) на вокза́л; the ~ waiting-room зал ожида́ния на вокза́ле.

statue ста́туя *f* (23b) [marble мра́морная, wooden деревя́нная, ancient дре́вняя]; carve a ~ out of stone вы́сечь ста́тую из ка́мня; the ~ of a girl ста́туя де́вушки.

stay *v* 1. (*remain*) остава́ться (63), *perf* оста́ться (51) [1) at home до́ма, at school в шко́ле, in the country на да́че, in town в го́роде, in the room в ко́мнате, in England в А́нглии, after work по́сле рабо́ты; 2) for two months (на) два ме́сяца, for a long time (на) до́лгое вре́мя, for a few moments (на) не́сколько мину́т]; ~ here! оставайтесь, побу́дьте здесь!; don't ~ long! не задёрживайтесь (до́лго)!; I'm in a hurry, I can't ~ я спешу́, я не могу́ задёрживаться; will you ~ for dinner? не оста́нетесь ли вы обе́дать?; ~ where you are! оставайтесь на ме́сте!; 2. (*put up at*) остана́вливаться (65), *perf* останови́ться (156) [at a hotel в гости́нице, at one's parents' у роди́телей]; where did you ~ when you went to Leningrad? где вы остана́вливались, когда́ бы́ли в Ленингра́де?; I'm not ~ing at a hotel, I am ~ing with friends я останови́лся, останови́лась не в гости́нице, а у (*with gen*) знако́мых; { (*be on visit*) гости́ть (187), *perf* погости́ть (187); they ~ed with us for only a week они́ погости́ли у (*with gen*) нас всего́ то́лько неде́лю; ~ away отсу́тствовать (245), *no perf*, не приходи́ть (152), *perf* не прийти́ (206); he ~ed away from the meeting он отсу́тствовал на (*with abl*) собра́нии, он не пришёл на (*with acc*) собра́ние; he ~ed away from school он не пришёл в шко́лу; why does N. ~ away? Is he offended? почему́ не прихо́дит Н.? Он оби́делся?; ~ in остава́ться до́ма, *perf* оста́ться до́ма; the doctor advised her to ~ in for a few days врач посове́товал ей побы́ть до́ма не́сколько дней; I think I'll ~ in this

evening я ду́маю оста́ться сего́дня ве́чером до́ма; ~ **up** не ложи́ться (175) (спать); we ~ed up until 2 a. m. мы не ложи́лись спать до двух часо́в но́чи; you must not ~ up late мы не должны́ по́здно ложи́ться спать; she ~ed up until her son returned home она́ не ложи́лась спать, пока́ её сын не верну́лся домо́й.

steady *a* 1. (*firm*) усто́йчивый (31b); what shall I do to make this chair ~? что мне сде́лать, что́бы э́тот стул не кача́лся?; put something under the leg of the table to make it ~! положи́те что́-нибудь под но́жку стола́, что́бы он не кача́лся!; with a ~ hand твёрдой руко́й; 2. (*regular*) равноме́рный (31b); ~ speed равноме́рная ско́рость; his pulse was rapid but ~ его́ пульс был учащённым, но ро́вным; { (*constant*) непреры́вный (31b) [rain дождь, wind ве́тер; growth рост]; непреры́вное [increase увеличе́ние, improvement улучше́ние]; ~ income постоя́нный дохо́д; ~ job постоя́нная рабо́та; ~ rise in industrial output непреры́вный рост промы́шленной проду́кции; he is making ~ progress in his work / studies он постоя́нно де́лает успе́хи в рабо́те / учёбе.

steal (*take unlawfully*) красть (55), *perf* укра́сть

(55) [1) *with acc* money
деньги, purse кошелёк, documents докуме́нты, jewels
драгоце́нности, watch ча-
сы́; 2) у *with gen* from me у
меня́, from my neighbour у
моего́ сосе́да]; someone has
stolen my money кто́-то
укра́л мои́ де́ньги, кто́-то
укра́л у меня́ де́ньги; ~
away незаме́тно ускольза́ть
(64), *perf* незаме́тно усколь-
зну́ть (130), исчеза́ть (64),
perf исче́знуть (126); he stole
away while everybody was
discussing the news пока́ все
обсужда́ли но́вость, он не-
заме́тно исче́з; ~ **in, into**
(*come in furtively*) входи́ть
(152) кра́дучись, *perf* войти́
(206) кра́дучись; he stole
into the room он кра́дучись
вошёл в (*with acc*) ко́мна-
ту; ~ **out** (*go out furtively*)
выходи́ть (152) кра́дучись,
perf вы́йти (208) кра́ду-
чись; he stole out of the
room он кра́дучись вы́шел
из (*with gen*) ко́мнаты.

steam *sb* пар *m* (1k) [hot
горя́чий]; a cloud of ~ о́б-
лако па́ра; the machine is
driven by ~ э́та маши́на
приво́дится в движе́ние па́-
ром; the house was heated by
~ в до́ме бы́ло парово́е ото-
пле́ние.

steel *sb* сталь *f*(29c) [stain-
less нержаве́ющая, bright
блестя́щая]; made of ~ сде́-
ланный из ста́ли; ~ mill
сталелите́йный заво́д.

steep *a* круто́й (31a), от-
ве́сный (31b) [bank бе́рег,

hill холм, descent спуск,
склон, ascent подъём]; кру-
та́я [mountain гора́, rock
скала́, stairs ле́стница]; the
road became ~er and ~er
доро́га станови́лась всё кру́-
че и кру́че.

step I *sb* 1. (*pace*) шаг *m*
(*sg* 4c, *pl* 4f); *often pl* ~s
шаги́ [heavy тяжёлые,
light лёгкие, firm твёрдые,
tired уста́лые]; he walked
with quick ~s он шёл бы́-
стрым ша́гом; her slow ~s
showed that she was tired
её ме́дленные шаги́ выдава́-
ли её уста́лость; he took,
made a few ~s forward and
then stopped он сде́лал не́-
сколько шаго́в вперёд и
останови́лся; I'm too tired
to walk another ~ я так
уста́л(а), что не могу́ сде́-
лать, ступи́ть и ша́га; it's
only a few ~s further э́то
отсю́да всего́ в не́скольких
шага́х; we heard ~s outside
снару́жи мы услы́шали ша-
ги́; { *fig* шаг; this is a great
~ in the development of
science э́то огро́мный шаг в
разви́тии нау́ки; ⊙ **turn
one's ~s towards** поверну́ть
(130) к (*with dat*); he
turned his ~s towards the
river он поверну́л к реке́;
walk in ~ / out of ~ идти́
в но́гу / не в но́гу; they
were walking in ~ они́ шли
в но́гу; ~ **by** ~ шаг за ша́-
гом, постепе́нно, ~ **by** ~
they reached the top посте-
пе́нно они́ дости́гли верши́-
ны; 2. (*action*) шаг [careless

неосторо́жный, dangerous опа́сный, reckless опроме́тчивый]; what's the next ~? что де́лать да́льше?; ⊙ **take** ~s принима́ть (64) ме́ры, *perf* приня́ть (232) ме́ры; take immediate ~s неме́дленно приня́ть ме́ры; we must take ~s to prevent this from happening again мы должны́ приня́ть ме́ры, чтобы э́то не повтори́лось вновь; what ~s are you taking in the matter? каки́е ме́ры вы принима́ете в э́том отноше́нии?; **take, make a false** ~ сде́лать (65) ло́жный шаг; **3.** (*of staircase*) ступе́нь *f* (29c), ступе́нька *f* (22f) [top ве́рхняя, bottom ни́жняя]; he was sitting on the bottom ~ он сиде́л на ни́жней ступе́ньке; { *pl* ~s ле́стница *f* (21c); he fell down the ~s он упа́л на ле́стнице; go up the ~s подня́ться по ле́стнице; go down the ~s спусти́ться по ле́стнице.

step II *v*: he ~ped over, across the stream он перешагну́л че́рез руче́й; he ~ped into the boat он шагну́л в ло́дку; sorry! Did I ~ on your foot? извини́те, я не наступи́л(а) вам на́ ногу?; he ~ped forward / backward он сде́лал шаг, шагну́л вперёд / наза́д; ~ aside отходи́ть (152) в сто́рону, *perf* отойти́ (206) в сто́рону, посторони́ться (158); ~ aside, please! посторони́тесь, пожа́луйста!,

отойди́те, пожа́луйста, в сто́рону!; ~ **off** (*get off*) сходи́ть (152), *perf* сойти́ (206); [c *with gen* the train с по́езда, the plane с самолёта].

stern *a* суро́вый (31b) [man челове́к, character хара́ктер, look взгляд]; суро́вая [nature приро́да]; суро́вое [face лицо́]; ~ parents суро́вые роди́тели.

stick I *sb* (*thin piece of wood*) па́лка *f* (22d) [big больша́я, thick то́лстая, thin то́нкая, straight пряма́я, heavy тяжёлая]; break / pick up / throw a ~ слома́ть / подня́ть / бро́сить па́лку; lean on a ~ опере́ться на па́лку; walk with a ~ идти́, ходи́ть с па́лкой; hit / beat with a ~ уда́рить / бить па́лкой.

stick II *v* **1.** (*push into, through*) втыка́ть (64), *perf* воткну́ть (130) [1] *with acc* needle иго́лку, knife нож, pin була́вку; 2) в *with acc* into the wood в де́рево, into the ground в зе́млю]; he stuck his fork into a potato он воткну́л ви́лку в карто́фелину, он подцепи́л карто́фелину ви́лкой; 2. *colloq* (*put in specified position*) сова́ть (84), *perf* су́нуть (126) (*with acc*); she stuck a flower into her hair она́ су́нула, воткну́ла цвето́к в во́лосы; he stuck his pen behind his ear он су́нул ру́чку за́ ухо; he stuck his hands in(to) his pockets он су́нул ру́ки в карма́ны; **3.** (*fasten by means of gum, etc.*) накле́ивать (65), *perf* накле́ить (224), прикле́ивать (65), *perf* прикле́ить (224) [1) *with acc* stamp ма́рку, picture карти́нку; 2) на *with acc* on an envelope на конве́рт, on a sheet of paper на лист бума́ги]; what can I ~ this on with? чем мне э́то прикле́ить?; ~ the pieces / parts together скле́ить куски́ / ча́сти вме́сте; **4.** (*get fastened by means of gum, etc.*) прикле́иваться (65), *perf* прикле́иться (224); the stamp won't ~ э́та ма́рка ника́к не прикле́ивается; this stuff ~s to my fingers э́та ма́сса прикле́ивается к па́льцам; { скле́иваться (65), *perf* скле́иться (224); two pages / two stamps are stuck together, I can't separate them две страни́цы / две ма́рки скле́ились вме́сте, я не могу́ их раздели́ть, разъедини́ть; **5.** (*remain in the same place, relation, etc.*): whatever happens we must ~ together что́ бы ни случи́лось, мы должны́ держа́ться вме́сте; you must ~ to your word вы должны́ быть верны́ своему́ сло́ву, вы не должны́ отступа́ться от своего́ сло́ва; he ~s to his ideals он твёрдо приде́рживается свои́х идеа́лов; ~ to business! бли́же к де́лу!; **6.** (*become fixed, be unable to move*) застрева́ть (64), *perf* застря́ть (228); the pin stuck

in the cloth була́вка застря́ла в (*with abl*) мате́рии, тка́ни; the key stuck in the lock ключ застря́л в замке́; a fish-bone stuck in his throat у него́ в го́рле застря́ла ры́бная ко́сточка; the car stuck in the mud and couldn't move маши́на застря́ла в грязи́ и не могла́ сдви́нуться; ~ out 1) (*cause to protrude*) высо́вывать (65), *perf* вы́сунуть (128) (*with acc*); the boy stuck his tongue out ма́льчик вы́сунул язы́к; don't ~ your head out (of the train window)! не высо́вывайтесь (из окна́ по́езда)!; 2) (*protrude, stand out*) торча́ть (46), *no perf*; his head stuck out of the window его́ голова́ торча́ла из окна́; there was a letter ~ing out of his pocket из карма́на у него́ торча́ло письмо́.

stiff *a* **1.** (*rigid*) негну́щийся (35); ~ cardboard негну́щийся карто́н; ~ collar туго́й, жёсткий воротничо́к; **2.** (*not graceful*) свя́занный (31b); ~ movements свя́занные движе́ния; **3.** (*not moving easily*) онеме́вший (34b); ~ neck / arm онеме́вшая ше́я / рука́; ~ joints онеме́вшие суста́вы; after sleeping in that uncomfortable position he felt ~ по́сле сна в неудо́бном положе́нии всё его́ те́ло онеме́ло, одеревене́ло; { (*cold*) окочене́вший (34b), закочене́вший (34b); my hands were so ~ that I could hardly light a match у меня так закоченéли, окоченéли рýки, что я едвá мог(лá) зажéчь спи́чку; **4.** (*of manners, behaviour*) натя́нутый (31b); in a ~ manner óчень сдéржанно; there's nothing about him он дéржит себя́ óчень непринуждённо; I found him very ~, evidently displeased я нашёл егó óчень сдéржанным и я́вно недовóльным.

still I *a* (*quiet, motionless*) ти́хий (33b), неподви́жный (31b); the evening / forest was ~ вéчер / лес был тих; the lake was ~ óзеро бы́ло неподви́жно; how ~ everything is! как всё ти́хо вокрýг!; keep ~ не шумéть; stand / lie / sit ~ стоя́ть / лежáть / сидéть неподви́жно; sit ~! сиди́(те) спокóйно!, не шевели́(те)сь!

still II *adv* **1.** (*to this time*) всё ещё; he is ~ busy он всё ещё зáнят; he ~ makes mistakes он всё ещё дéлает оши́бки; is she ~ reading? онá всё ещё читáет?; does he ~ live in Leningrad? он всё ещё живёт в Ленингрáде?; was he ~ there when you came? он всё ещё был там, когдá вы пришли́?; **2.** (*even, yet*) ещё; his brother is ~ taller егó брат ещё вы́ше; ~ more ещё бóльше; ~ further ещё дáльше; ~ less, fewer ещё мéньше; there were a few people there yesterday, today there are

fewer ~ вчерá там бы́ло мáло нарóду, сегóдня — ещё мéньше; **3.** (*all the same, nevertheless*) всё же, тем не мéнее; ~, you ought to help him всё же вам слéдует помóчь емý; the pain was bad; ~ he did not complain боль былá си́льной, тем не мéнее он не жáловался; but ~ но всё же.

stir *v* **1.** (*move*) дви́гаться (65), *perf* дви́нуться (126); nobody was ~ring in the house в дóме никтó не дви́гался; { шевели́ться (156), *perf* пошевели́ться (156); he did not ~ся не шевели́лся, не шевельнýлся (126); **2.** (*arouse*) возбуждáть (64), возбуди́ть (153); the story ~red the boy's curiosity э́та истóрия возбуди́ла любопы́тство мáльчика; it ~red his imagination э́то взбудорáжило егó воображéние.

stocking чулóк *m* (4f); *usu pl* ~s чулки́ [1] silk шёлковые, woollen шерстя́ные, cotton просты́е; thin тóнкие, thick тóлстые, warm тёплые, sheer прозрáчные; 2) buy купи́ть, mend штóпать, put on надéть, take off снять, tear порвáть, wash стирáть, wear носи́ть]; a pair of ~s пáра чулóк; a hole in a ~ дырá на чулкé.

stomach желýдок *m* (4d); a pain in the ~ боль в желýдке.

stone (*rock*) кáмень *m* (3g) [1] big большóй, little, small мáленький, heavy тяжёлый, hard твёрдый, precious драгоце́нный; 2) falls па́дает, lies лежи́т; 3) carгу тащи́ть, нести́, pick up подня́ть, throw бро́сить]; the field was full of ~s по́ле бы́ло покры́то камня́ми; throw a ~ at smb бро́сить в кого́-л. ка́мнем; a heap of ~s ку́ча, гру́да камне́й; a road covered with ~s доро́га, покры́тая камня́ми; he was sitting on a large ~ он сиде́л на большо́м ка́мне; made of ~ сде́ланный из ка́мня; build / make smth of ~ стро́ить / де́лать что-л. из ка́мня; a ~ bridge / house / foundation ка́менный мост / дом / фунда́мент; a ~ wall ка́менная стена́; a ~ building ка́менное зда́ние.

stop I *sb* остано́вка *f* (22d); are you getting off at the next ~? вы сойдёте на сле́дующей остано́вке?; we went from Moscow to N. without a ~ мы прое́хали от Москвы́ до Н. без остано́вок; the tram / bus ~ is close to my house трамва́йная / авто́бусная остано́вка бли́зко от моего́ до́ма; at the tram ~ на трамва́йной остано́вке; ⊙ **come to a ~** останови́ться (147); the train came to a sudden ~ по́езд неожи́данно останови́лся; **put a ~ to** положи́ть (175) коне́ц (*with dat*); we must put a ~ to this мы должны́ положи́ть э́тому коне́ц.

stop II *v* 1. (*bring to a standstill*) остана́вливать (65), *perf* останови́ть (147) [*with acc* car (авто)маши́ну, train по́езд, clock часы́, machine маши́ну, стано́к; person челове́ка]; he could not ~ the car quickly enough он не смог доста́точно бы́стро останови́ть маши́ну; 2. (*cease, discontinue*) прекраща́ть (64), *perf* прекрати́ть (161) [*with acc* game игру́, work рабо́ту, noise шум, fight дра́ку, struggle борьбу́]; ~ a fire (при-)останови́ть пожа́р; the game was ~ped due to rain игра́ прекрати́лась из-за нача́вшегося дождя́; ~ talking / shouting! переста́ньте разгова́ривать / крича́ть!; don't ~! продолжа́йте!; 3. (*halt, come to rest*) остана́вливаться (65), *perf* останови́ться (147); the train / tram / bus ~ped по́езд / трамва́й / авто́бус останови́лся; he ~ped in front of me он останови́лся передо мной; we waited until he ~ped мы подожда́ли, пока́ он не останови́лся; the train ~s at the following stations... / at every station по́езд остана́вливается на сле́дующих ста́нциях... / на всех ста́нциях; the tram does not ~ here трамва́й здесь не остана́вливается; the bus went by without ~ping авто́бус прое́хал ми́мо не остана́вливаясь; my watch has ~ped у меня́ останови́лись часы́;

I shall ~ at nothing я ни перед чём не остановлю́сь; { (*pause*) остана́вливаться; he began to speak but suddenly ~ped он на́чал говори́ть, но внеза́пно останови́лся; ⊙ ~ **dead**, **short** внеза́пно, кру́то остановиться; 4. (*cease*, *come to end*) прекраща́ться (64), *perf* прекрати́ться (161), конча́ться (64), *perf* ко́нчиться (172); game / music / work ~ped игра́ / му́зыка / рабо́та прекрати́лась; it rained all morning but at last it ~ped всё у́тро шёл дождь, но, наконе́ц, он ко́нчился; 5. (*put up*, *stay*) остана́вливаться, *perf* останови́ться [at a hotel в гости́нице, with one's friends у друзе́й]; I am ~ping for a few days with some distant relatives я останови́лся, останови́лась на не́сколько дней у свои́х да́льних ро́дственников.

store I *sb* 1. (*large shop*) магази́н *m* (1f); *see* shop 1; 2. *pl* ~s универса́льный магази́н, универма́г *m* (4c); *see* shop 1; 3. (*provision*, *supply*) запа́с *m* (1f); emergency ~ неприкоснове́нный запа́с; a ~ of food / water / materials запа́с(ы) проду́ктов / воды́ / материа́лов; have in ~ име́ть в запа́се, про запа́с; we must have some food in ~ нам ну́жно име́ть про запа́с проду́кты; 4. (*warehouse*) склад *m* (1k) [big, large большо́й, small небольшо́й]; there is

a ~ behind the shop за магази́ном име́ется склад.

store II *v* (*keep*) храни́ть (158), *no perf* (*with acc*); the things were ~d in large boxes ве́щи храни́лись в больши́х я́щиках; all these facts were ~d in his memory э́ти фа́кты он храни́л в свое́й па́мяти.

storm *sb* бу́ря *f* (20e) [1) terrible ужа́сная, heavy, fierce, bad си́льная; 2) begins начина́ется, is over конча́ется]; we're going to have a ~ бу́дет бу́ря; the ~ broke (out) разрази́лась бу́ря; the ~ did a lot of harm бу́ря причини́ла мно́го вреда́; the house was destroyed in a ~ дом был разру́шен, уничто́жен во вре́мя бу́ри; the ~ caused little damage бу́ря не причини́ла большо́го уще́рба; the train was held up by the ~ по́езд был заде́ржан бу́рей; { (*on sea*) шторм *m* (1f); the ship sank in the ~, during the ~ кора́бль затону́л во вре́мя бу́ри, што́рма; { *fig* бу́ря; a ~ of applause бу́ря, взрыв аплодисме́нтов.

stormy бу́рный (31b); бу́рная [weather пого́да, night ночь]; the sky looks ~ не́бо предвеща́ет бу́рю; { *fig* бу́рный; we have had a number of ~ discussions over the question мы не́сколько раз бу́рно обсужда́ли э́тот вопро́с.

story 1. (*tale*) расска́з *m* (1f) [1) good хоро́ший, interesting интере́сный, thrill-ing захва́тывающий, dull скучный, funny заба́вный, смешно́й, sad гру́стный, long дли́нный, short коро́ткий; 2) begins начина́ется, contin-ues продолжа́ется; 3) read чита́ть, write писа́ть, know знать, remember по́мнить, translate переводи́ть, under-stand поня́ть]; the contents / thread of the ~ содержа́-ние / нить расска́за; a true ~ расска́з, опи́сывающий и́стинное происше́ствие, со-бы́тие; at the beginning / end of the ~ в нача́ле / конце́ расска́за; in the mid-dle of the ~ в середи́не расска́за; the characters in the ~ де́йствующие ли́ца расска́за; the main character in, of the ~ гла́вный ге-ро́й расска́за; the main idea of the ~ is... основна́я мысль э́того расска́за...; stories by Chekhov расска́зы Че́хова; the rest of the ~ остальна́я часть расска́за; the ~ is about animals / two young girls э́тот расска́з о живо́тных / о двух де́вуш-ках; the ~ of how America was discovered расска́з о том, как была́ откры́та Аме́-рика; I like the ~ мне нра́-вится э́тот расска́з; the ~ gives us a true picture of life э́тот расска́з даёт нам реа́ль-ную карти́ну жи́зни; the ~ is full of humour расска́з по́лон ю́мора; an adventure ~ приключе́нческая по́-весть; detective ~ детекти́в-

ный рома́н; 2. (account of events) исто́рия f (23c); it was a sad / strange, queer ~ э́то была́ печа́льная / стра́н-ная исто́рия; one of them told us the ~ of the expedi-tion оди́н из них рассказа́л нам исто́рию экспеди́ции; she told them the ~ of her life она́ рассказа́ла им исто́-рию свое́й жи́зни; tell us a ~! расскажи́те нам что́-нибудь!

stout a (fat) по́лный (31b) [man мужчи́на]; по́лная [woman же́нщина, figure фигу́ра, lady да́ма].

stove sb печь f (30b), пе́ч-ка f (22f); heat a ~ топи́ть печь, пе́чку; { (for cooking) плита́ f (19c); put smth on the ~ поста́вить что-л. на плиту́; take smth off the ~ снять что-л. с плиты́.

straight I a (not crooked, curved) прямо́й (31a) [cor-ridor коридо́р, way путь]; пряма́я [line ли́ния, road доро́га, street у́лица, stick па́лка]; прямо́е [tree де́-рево]; прямы́е [hair во́-лосы, legs но́ги]; { (honest, sincere) прямо́й [answer от-ве́т].

straight II adv пря́мо [hang smth пове́сить что-л., sit сиде́ть, stand стоя́ть]; the road leads ~ to the vil-lage доро́га ведёт пря́мо в дере́вню; { (without delay, hesitation) пря́мо; he came ~ home from school он при-шёл домо́й пря́мо из шко́-лы; we went ~ to the station мы пошли́ пря́мо на вокза́л;

⊙ ~ **ahead** пря́мо (вперёд) [walk идти́, look смотре́ть, go е́хать, идти́]; the post-office is ~ ahead по́чта пря́мо перед ва́ми; do you see that big tree ~ ahead? вы ви́дите вон там, пря́мо, большо́е де́рево?; go ~ ahead about two kilometres! иди́ (-те) пря́мо, не свора́чивая, о́коло двух киломе́тров!

strain *sb* (*great effort*) напряже́ние *n* (18c) [physical физи́ческое, mental у́мственное, nervous не́рвное]; it was a great ~ on the nerves э́то бы́ло больши́м напряже́нием для не́рвов; the ~ of the past few days made him nervous and irritable напряже́ние после́дних дней сде́лало его́ не́рвным и раздражи́тельным.

strange 1. (*unusual*) стра́нный (31b) [fact факт, answer отве́т, question вопро́с, story расска́з, object предме́т, way спо́соб, person челове́к]; стра́нная [habit привы́чка, idea мысль, thing вещь, mistake оши́бка, meeting встре́ча, work рабо́та, appearance вне́шность]; стра́нное [behaviour, conduct поведе́ние, event собы́тие, adventure приключе́ние, beginning нача́ло, letter письмо́, place ме́сто, coincidence совпаде́ние, combination сочета́ние, creature существо́, desire жела́ние]; it's ~ that we should meet here стра́нно, что мы встре́тились и́менно здесь;

he is very ~ он о́чень стра́нный; how ~! как стра́нно!; that is ~! стра́нно!; it is ~ but true хотя́ э́то стра́нно, но э́то так; there is nothing ~ about it в э́том нет ничего́ стра́нного; there was something ~ about her в ней бы́ло что́-то стра́нное; ⊙ ~ **to say** как э́то ни стра́нно; he fell twenty feet, but, ~ to say, he was not hurt он упа́л с высоты́ в два́дцать фу́тов, но, как э́то ни стра́нно, не уши́бся; **2.** (*unfamiliar, unknown*) незнако́мый (31b); he heard a ~ voice in the next room в сосе́дней ко́мнате он услы́шал незнако́мый го́лос; he saw ~ faces around him вокру́г себя́ он уви́дел незнако́мые ли́ца; { чужо́й (34a); the house he had lived in now seemed ~ to him дом, в кото́ром он жил, тепе́рь каза́лся ему́ чужи́м.

stranger (*not acquaintance, not friend*) незнако́мец *m* (10b), незнако́мка *f* (22c); a ~ came to the door како́й-то незнако́мец подошёл к две́ри; he is a ~ to me я его́ не зна́ю, он мне незнако́м; I'm a ~ here, can you tell me the way to... я незнако́м с э́тими места́ми, вы не пока́жете мне доро́гу в...?

straw соло́ма *f*, *no pl* (19c); ~ hat соло́менная шля́па.

stream *sb* **1.** (*swift river*) пото́к *m* (4c) [swift бы́стрый]; a mountain ~ гор-ный поток; { *fig* поток; a ~, ~s of tears потоки слёз; ~s of people толпы людей; **2.** (*current*) течение *n, no pl* (18c); go with the ~ плыть по течению; go against the ~ плыть против течения; **3.** (*spring, brook*) ручей *m* (11b) [small маленький, небольшой, swift быстрый, clear прозрачный, cool холодный]; up / down the ~ вверх / вниз по течению ручья; a small ~ ran by the side of the road маленький ручеёк бежал вдоль дороги; we crossed several ~s мы пересекли несколько ручейков; **4.** (*flow*) струя *f* (23a); a ~ of water струя воды.

street улица *f* (21c) [1) wide широкая, narrow узкая, straight прямая, main главная, long длинная, большая, quiet тихая, busy оживлённая, noisy шумная; 2) begins начинается, leads to the square ведёт к площади, crosses another ~ пересекает другую улицу, turns to the right сворачивает направо]; crowded ~s улицы, полные народу; this is the main ~ in the town это главная, центральная улица города; cross / find the ~ пересечь / найти улицу; go down / up the ~ ехать, идти вниз / вверх по улице; walk along the ~ идти по улице; he hurried along the ~ он торопливо шёл по улице; in the ~ на улице;

what, which ~ does he live in? на какой улице он живёт?; he lives in Gorky Street он живёт на улице Горького; she lives across the ~, on the other side of the ~ она живёт на той, противоположной стороне улицы; at the corner of the ~ на углу улицы; the name of the ~ название улицы; I forgot the name of the ~ я забыл(а) название улицы.

strength сила *f* (19c) [physical физическая, moral моральная, immense огромная]; gather ~ накапливать силы; save / recover one's ~ беречь / восстановить свои силы; with all one's ~ изо всех сил; he was a man of remarkable physical ~ он был человеком огромной физической силы; I have no ~ left у меня нет больше сил; we went back to our work with renewed ~ с новыми силами мы вновь принялись за работу; { *fig* сила; the ~ of her love / feeling сила её любви / чувства; ~ of will сила воли; our ~ lies, is in our unity наша сила в единстве.

strengthen 1. (*make stronger*) усиливать (65), *perf* усилить (157) [*with acc* control контроль, guard охрану]; { укреплять (223), *perf* укрепить (158) [*with acc* position позицию, building сооружение; one's health здоровье]; **2.** (*become stronger*) усиливаться (65), *perf* усилиться (157); the wind has ~ed ветер усилился.

stretch v 1. (make longer) вытягивать (65), perf вытянуть (128) (with acc); ~ one's neck вытягивать шею; ~ one's legs размять ноги; ~ oneself размяться; { (make wider) растягивать (65), растянуть (129) [with acc shoes туфли, gloves перчатки]; 2. (make tight) натягивать (65), perf натянуть (129) [with acc rope верёвку, wire проволоку]; ~ the rope between these two trees!натяните верёвку между этими двумя деревьями!; 3. (extend) тянуться (129), no perf; the mountains ~ to the sea горы тянутся до моря; the plain ~ed for miles on all sides равнина простиралась на много миль вокруг; ~ out протягивать (65), perf протянуть (129) (with acc); he ~ed out his hand он протянул руку.

strict строгий (33b) [teacher учитель, father отец; order порядок; examination экзамен]; ~ rule строгое правило; ~ instructions строгие указания; she is very ~ about it она очень строга на этот счёт.

strike I sb забастовка f (22d) [political политическая; long продолжительная, длительная, short короткая, непродолжительная, successful успешная, general всеобщая; 2) begins начинается, is over окончилась, fails проваливается, is successful проходит успешно]; win / lose a ~ одержать победу / потерпеть поражение в забастовке; join a ~ присоединиться к забастовке; lead a ~ возглавить забастовку; take part in a ~ принимать участие в забастовке; ~ committee стачечный комитет; ⊙ **be on** ~ бастовать (243); the workers of this plant are on ~ рабочие этого завода бастуют; go on ~ забастовать (243); they went on ~ они забастовали.

strike II v 1. (hit, give blow) ударять (223), perf ударить (178) [1) with acc the enemy противника; 2) with instr with a hammer молотком, with one's fist кулаком, with one's foot ногой]; he struck him in the chest он ударил его в грудь; why did he ~ her? почему он её ударил?; he struck the table angrily он сердито ударил по столу; ~ a blow нанести удар; 2. (of clock) бить (180), perf пробить (181); the clock struck five часы пробили пять; I didn't hear the clock ~ я не слышал(а), как пробили часы; 3. (get hurt or damaged) ударяться (223), perf удариться (178); he struck his head against the door он ударился головой о дверь; I struck my foot on a stone я ударил(а) ногу о камень;

the ship struck a rock паро-
хо́д уда́рился о подво́дную
скалу́; 4. (*astonish*) пора-
жа́ть (64), *perf* порази́ть
(191); her beauty struck me
её красота́ порази́ла меня́;
he was struck by her beauty
он был поражён (*with
instr*) её красото́й; we were
struck by the similarity of
the two paintings нас пора-
зи́ло схо́дство э́тих двух
карти́н; 5. (*light*) зажига́ть
(64), *perf* заже́чь (144) [*with
acc* match спи́чку, light
ого́нь]; 6.: an idea suddenly
struck him неожи́данно в
го́лову ему́ пришла́ мысль.

striking   рази́тельный
(31b) [contrast контра́ст, example приме́р]; рази́тельная
[change переме́на]; рази́-
тельное [resemblance схо́д-
ство].

string *sb* 1. (*twine*) верёвка
f (22d), бечёвка *f* (22d) [thin
то́нкая, paper бума́жная,
strong про́чная]; a piece of
~ кусо́к верёвки; the parcel was tied with ~ свёрток
был перевя́зан бечёвкой; I
want some ~ to tie (up)
these books мне нужна́ бечёвка, что́бы связа́ть э́ти
кни́ги; 2. ни́тка *f* (22d); a ~
of beads / pearls ни́тка бус /
же́мчуга.

strip *sb* полоса́ *f* (19j) [1)
narrow у́зкая, long дли́нная;
2) *with gen* of land земли́]; {
поло́ска *f* (22d); ~ of paper /
of cloth поло́ска (*with gen*)
бума́ги / мате́рии.

strong *a* 1. (*full of strength*)

си́льный   (31b)   [person
челове́к, enemy враг, op-
ponent проти́вник; character
хара́ктер; wind ве́тер]; си́ль-
ная [hand рука́; army а́р-
мия, party па́ртия, country
страна́,   guard   охра́на];
си́льное [animal живо́тное;
weapon ору́жие; resistance
сопротивле́ние]; he is much
~er than his brother он на-
мно́го сильне́е своего́ бра́-
та; { (*healthy*): she is not
feeling very ~ yet она́ ещё
слаба́; my father feels quite
~ again мой оте́ц уже́
совсе́м попра́вился; have ~
nerves име́ть кре́пкие не́р-
вы; 2. (*intense, deeply-root-
ed*) си́льный; си́льная [dis-
like неприя́знь]; си́льное
[desire   жела́ние,   feeling
чу́вство, influence влия́ние];
he has a ~ sense of duty у
него́ си́льно ра́звито чу́вство
до́лга; I have ~ reasons
for believing this to be
true у меня́ весьма́ ве́ские
причи́ны ве́рить э́тому, ду́-
мать, что э́то пра́вда; ~
objection серьёзное возра-
же́ние;   3.   (*firm,   well-
-built*) про́чный (31b) [box
я́щик]; про́чная [founda-
tion осно́ва; thread ни́тка,
wall стена́]; ~ rope верёвка,
горе верёвка, wall стена́];
4.   (*powerfully   affecting
senses*) си́льный [smell за́пах,
odour арома́т]; a ~ taste
of salt си́льный при́вкус со́-
ли; ~ medicine / remedy
си́льное   лека́рство / сре́д-
ство; 5. (*not weak, not diluted*) кре́пкий (33b) [tea

чай, coffee кófe, tobacco табáк]; do you like your tea ~? вы любите крéпкий чай?

struggle I sb борьбá f (19h) [1) revolutionary революцио́нная, political полити́ческая, heroic герои́ческая, fierce, bitter ожесточённая, difficult тяжёлая, stubborn, hard упóрная, short корóткая, constant постоя́нная; 2) за with acc for peace за мир, for a better future за лýчшее бýдущее, for one's rights за свои́ правá, for independence за незави́симость; 3) прóтив with gen against war прóтив войны́; с with instr against the disease с болéзнью, against the enemy с врагóм]; class ~ клáссовая борьбá; lead the ~ вести́ борьбý; continue the ~ продолжáть борьбý; win / lose the ~ одержáть побéду / потерпéть пораже́ние в борьбé; continue the ~ продолжáть борьбý; give up ~ отказáться от борьбы́.

struggle II v борóться (203); see fight II.

stubborn 1. (obstinate) упрямый (31b) [person человéк]; don't be ~! не упрямьтесь!; **2.** (resolute) упóрный (31b) [person человéк]; упóрная [defence оборóна, struggle, fight борьбá]; упóрное [resistance сопротивлéние].

student студéнт m (1e) [1) good хорóший, brilliant спосóбный, excellent прекрáсный; 2) studies, works hard мнóго занимáется, prepares for classes готóвится к заня́тиям, attends lectures посещáет лéкции, takes examinations дéржит экзáмены, passes examinations сдаёт экзáмены, fails провáливается, graduates окáнчивает]; university / college ~ студéнт университéта / институ́та; { студéнтка f (22c).

studies pl заня́тия (18c); begin one's ~ начáть заня́тия, начáть занимáться; he always received good marks in his ~ он всегдá получáл хорóшие отмéтки (за учéние).

study v 1. (acquire knowledge) изучáть (64), perf изучи́ть (173) [1) with acc agriculture сéльское хозя́йство, facts фáкты, problem проблéму, question вопрóс, Russian ру́сский язы́к, history истóрию, mathematics матемáтику]; he is ~ing music он занимáется мýзыкой; **2.** (learn, be student) учи́ться (173), no perf [1) abroad за грани́цей; at an institute, college в институ́те, at a university в университéте, at school в шкóле, at home дóма; 2) well хорошó, badly плóхо]; ~ hard мнóго занимáться; they always ~ together они́ всегдá занимáются вмéсте; she is ~ing to be a physician онá у́чится, чтóбы стать врачо́м; he went to Moscow to ~ он пое́хал в Москву́ учи́ться.

stumble спотыка́ться (64), *perf* споткну́ться (130); he ~d over a stone / over a root он споткну́лся о (*with acc*) ка́мень / о ко́рень.

stupid *a* (*foolish*) глу́пый (31b) [answer отве́т, question вопро́с]; глу́пая [mistake оши́бка, joke шу́тка]; глу́пое [face лицо́; remark замеча́ние; situation положе́ние].

subject *sb* **1.** (*theme*) те́ма *f* (19c) [interesting интере́сная, dull скучная, familiar знако́мая]; let's drop the ~! оста́вим э́ту те́му!; keep to the ~ держа́ться те́мы; wander from the ~ отклони́ться от те́мы; change the ~ перемени́ть те́му (разгово́ра); we have different opinions on that ~ у нас ра́зные мне́ния по э́тому вопро́су; { (*plot*) сюже́т *m* (1f) [*with gen* of a book кни́ги, of a play пье́сы, of a picture карти́ны]; what a strange ~ for a picture! како́й стра́нный сюже́т для карти́ны!; **2.** (*of school*) предме́т *m* (1f) [difficult тру́дный, complicated сло́жный, interesting интере́сный]; what ~s are you studying? каки́е предме́ты вы изуча́ете?; he has a thorough knowledge of the ~ он глубоко́ зна́ет э́тот предме́т; what ~s does N. teach? каки́е предме́ты преподаёт Н.?

submit (*surrender*) подчини́ться (223), *perf* подчини́ться (158) (*with dat*); he ~ted unwillingly не́хотя он подчини́лся; the colonial peoples refuse to ~ to foreign rule наро́ды коло́ний отка́зываются подчиня́ться иностра́нному госпо́дству.

substitute I *sb* заме́на *f* (19c); find a ~ найти́ заме́ну; { замени́тель *m* (3c); leather ~ замени́тель ко́жи.

substitute II *v* заменя́ть (223), *perf* замени́ть (156); to ~ smth for smth замени́ть что-л. (*with instr*) чём-либо; we had no potatoes, so we had to ~ them by other vegetables у нас не́ было карто́феля, и нам пришло́сь замени́ть его́ други́ми овоща́ми; Mary ~d John who was ill Мэ́ри замени́ла Джо́на, кото́рый был бо́лен; who will ~ Tom? кто заме́нит То́ма?

succeed (*be successful*) удава́ться (63), *perf* уда́ться (214); we finally ~ed in reaching the shore нам, наконе́ц, удало́сь дости́чь бе́рега; he ~ed in getting what he wanted ему́ удало́сь получи́ть, доста́ть то, что ему́ хоте́лось; they ~ed in overcoming all the difficulties им удало́сь преодоле́ть все тру́дности; I hope you'll ~ in your efforts наде́юсь, что ва́ши стара́ния увенча́ются успе́хом; the

attack ~ed атáка увенчá-
лась успéхом, былá успéш-
ной.

success успéх *m* (4c) [great
большóй, complete пóл-
ный, unexpected неожúдан-
ный]; she was a great ~ at
her first concert онá имéла
большóй успéх на своём
пéрвом концéрте; the per-
formance was a ~ спек-
тáкль имéл успéх; the plan
was a ~ план удáлся; they
achieved ~ by hard work
онú добúлись успéха упóр-
ным трудóм; he dreamed of
~ and fame он мечтáл об ус-
пéхе и слáве; I wish you
~! желáю вам успéха!; we
have little hope of ~ у нас
мáло надéжды на успéх.

successful успéшный (31b)
[result исхóд, end конéц,
year год]; успéшная [at-
tempt попытка]; успéшное
[beginning начáло; cure,
treatment лечéние]; the
concert / film / plan was
~ концéрт / фильм / план
имéл успéх; it was ~ э́то
прошлó успéшно, с успé-
хом; he was ~ емý э́то удá-
лóсь; his efforts were ~ егó
усúлия увенчáлись успé-
хом; he was ~ in every-
thing, he undertook емý
удавáлось всё, за что бы
он ни брáлся.

such такóй *m*, такáя *f*, такóе *n*, такúе *pl* (33a); it is
~ an interesting film! э́то
такóй интерéсный фильм!;
how could you leave him
at ~ a time / on ~ a day?

как вы моглú остáвить егó
в такóе врéмя / в такóй
день?; ~ people are al-
ways very boring такúе лю́-
ди всегдá óчень скучны; I
never say ~ things я никогдá не говорю́ такúх вещéй;
we have had many ~ cases
у нас бы́ло мнóго такúх
слýчаев.

sudden I *sb*: (all) of a ~
неожúданно, внезáпно; *see*
suddenly.

sudden II *a* неожúданный
(31b), внезáпный (31b)
[noise шум, blow удáр]; не-
ожúданная, внезáпная [at-
tack атáка, death смерть,
change перемéна]; неожú-
данное, внезáпное [fall по-
нижéние, appearance по-
явлéние, disappearance ис-
чезновéние]; there was a ~
change in the weather погода неожúданно переменú-
лась; there was a ~ turn in
the road дорóга дéлала неожúданный поворóт.

suddenly. неожúданно, внезáпно; the train stopped ~
внезáпно пóезд остановúл-
ся; ~ he stood up and left
the room неожúданно он
встал и вышел из кóмнаты;
all this happened so ~ that
we had no time to think
всё случúлось так неожú-
данно, что у нас нé было
врéмени на размышлéния.

suffer 1. (*experience*)
страдáть (64), *no perf* [*with gen* from cold от хóло-
да, from hunger от гóлода,
from sleeplessness от бессóн-

ницы]; she ~s from frequent headaches у неё ча́сто быва́ют головны́е бо́ли; he was ~ing from a bad cold у него́ был си́льный на́сморк; ~ punishment понести́ наказа́ние; ~ pain испы́тывать боль; ~ defeat потерпе́ть пораже́ние; { (experience grief, sorrow) страда́ть; she has ~ed a lot in her life в жи́зни ей приходи́лось мно́го страда́ть; 2. (be injured) пострада́ть (64); your interests will not ~ ва́ши интере́сы не пострада́ют; ⊙ ~ (heavy) losses потерпе́ть (101) (больши́е) убы́тки, понести́ (больши́е) поте́ри.

suffering страда́ние *n* (18c); all this caused him much ~ всё э́то причини́ло ему́ мно́го страда́ний; he told me about his ~s он рассказа́л мне о свои́х страда́ниях; their ~s during the war were terrible их страда́ния во вре́мя войны́ бы́ли ужа́сны.

sufficient *a* доста́точный (31b) [supply запа́с, experience о́пыт]; доста́точная [preparation подгото́вка, sum су́мма]; доста́точное [quantity коли́чество, amount коли́чество, number число́, коли́чество]; доста́точные [knowledge зна́ния]; that's quite ~ э́того вполне́ доста́точно.

sugar *sb* са́хар *m* (1f); take ~ in one's tea пить чай с са́харом; a lump of ~ кусо́чек са́хару; powdered ~ са́харная пу́дра; granulated ~ са́харный песо́к; as sweet as ~ сла́дкий как са́хар.

suggest (*propose*) предлага́ть (64), *perf* предложи́ть (175) [*with acc* game игру́, plan план, trip пое́здку, idea иде́ю, мысль, topic те́му]; I ~ed that we should begin at once / go there / wait a little я предложи́л(а) нача́ть сра́зу же / пойти́ туда́ / немно́го подожда́ть.

suit I *sb* (*clothes*) костю́м *m* (1f) [1] warm тёплый, light лёгкий, woollen шерстяно́й, stylish мо́дный, simple просто́й, elegant элега́нтный, expensive дорого́й; 2) fits well хорошо́ сиди́т, is becoming идёт; 3) buy покупа́ть, try on примеря́ть, iron, press гла́дить, make шить, put on надева́ть, take off снима́ть]; the ~ looks nice on her костю́м хорошо́ на ней сиди́т; he wore a black ~ он был в чёрном костю́ме; I must have a ~ made мне ну́жно сшить костю́м; travelling ~ доро́жный костю́м; I want this ~ cleaned я хочу́ отда́ть э́тот костю́м в (хим-) чи́стку.

suit II *v* 1. (*be satisfactory*) годи́ться (152), *no perf*; this will ~ э́то годи́тся; { (*be convenient*) быть удо́бным; will six o'clock ~ you? в шесть часо́в вас устра́ивает, вам удо́бно?; that arrangement will ~ me perfectly это меня вполне устраивает; 2. (*be becoming*) идти (207), *no perf* (*with dat*); that colour / that hat doesn't ~ her этот цвет / эта шляпа ей не идёт.

suitable подходящий (35) [house дом]; подходящая [flat квартира]; подходящее [place место]; ~ clothing подходящее платье; do you think this present is ~ for a little boy? вы думаете это подходящий подарок для (маленького) мальчика?; the book is not ~ for children это неподходящая для детей книга.

suitcase чемодан *m* (1f); *see* bag.

sum I *sb* сумма *f* (19c) [large, big большая, small небольшая, considerable значительная, definite определённая]; a certain ~ of money некоторая сумма денег.

sum II *v*: ~ **up** (*summarize*) суммировать (65) (*with acc*).

summer лето *n* (14d) [1) hot жаркое, dry сухое, wet дождливое, cold холодное, short короткое; 2) begins in June начинается в июне, has come наступило, lasts three months длится три месяца]; spend the ~ in the country / at the sea / in the South проводить лето на даче, в деревне / на берегу моря / на юге; we had a nice ~ this year в этом

году мы хорошо провели лето; I haven't yet decided where to go for the ~ я ещё не решил(а), куда поехать летом; at the beginning / end of ~ в начале / конце лета; in (the) ~ летом; during the ~ в течение лета; by ~ к лету; this / next ~ летом этого / будущего года; last ~ прошлым летом, летом прошлого года; one ~ однажды летом; ~ day / month летний день / месяц; ~ weather / clothes летняя погода / одежда; ~ dress / coat летнее платье / пальто; ~ holidays / sports / shoes летние каникулы / виды спорта / туфли; ⊙ Indian ~ бабье лето.

sun солнце *n* (16a) [1) bright яркое, morning утреннее, southern южное, winter зимнее, dazzling ослепительное; 2) appeared from behind the clouds появилось из-за туч, rises восходит, sets заходит, shines сияет; the ~ has set солнце зашло; be / sit / lie in the ~ быть / сидеть / лежать на солнце; the ~ is bright today сегодня ярко светит солнце; we had much ~ last summer прошлым летом было много солнечных дней.

Sunday воскресенье *n* (18b); this / next / last ~ в это / следующее / прошлое воскресенье; the ~ after next через воскресенье; on ~ в воскресенье; (on) ~

night в ночь с воскресéнья на понедéльник; (on) ~ morning / afternoon / evening в воскресéнье ýтром / днём / вéчером; every ~ по воскресéньям; by ~ к воскресéнью; from ~ to Wednesday с воскресéнья до средý; I haven't seen him since ~ я его́ не ви́дел(а) с воскресéнья; beginning with ~ начинáя с воскресéнья; ~ is a holiday воскресéнье — нерабóчий день, прáздник; ~ clothes прáздничное плáтье.

superior *a* (*excellent*) лýчший (34b), превосхóдный (31b); this is ~ cloth э́то ткань лýчшего кáчества; this cloth is ~ to that э́та матéрия бóлее высóкого кáчества, чем та; goods of ~ quality товáры лýчшего кáчества.

supper ýжин *m* (1f) [1] tasty вкýсный, excellent прекрáсный, cold холóдный, early рáнний; 2) is ready готóв, is on the table на столé; 3) order заказáть, eat съесть, make (при)готóвить, bring принести́, serve подáть]; it's time for ~ (ужé) врéмя ýжинать; before ~ пéред ýжином; after ~ пóсле ýжина; during ~ во врéмя ýжина; at ~ за ýжином; what will you have for ~? что вы хоти́те на ýжин; we invited him to ~ мы пригласи́ли его́ на ýжин; ⊙ **have** ~ ýжинать (65), *perf* поýжинать (65);

when / at what time do you have ~? когдá / в какóе врéмя вы ýжинаете?; have you had ~? вы (ужé) ýжинали?; they had ~ in a restaurant / at home они́ поýжинали в ресторáне / дóма.

supply I *sb* (*store*, *stock*) запáс *m* (1f) [1] sufficient достáточный, small небольшóй, large большóй, steady постоя́нный; 2) increase увели́чить, exhaust исчéрпать]; they had a large ~ of coal у них большóй запáс ýгля; food and medical supplies запáсы продовóльствия и медикамéнтов.

supply II *v* (*furnish*, *provide*) снабжáть (64), *perf* снабди́ть (153) [*with instr* with water водóй, with electric power электроэнéргией; with all the necessary information всéми необходи́мыми свéдениями]; the secretary will ~ you with all the information you need секретáрь даст вам все необходи́мые свéдения; we supplied them with money and clothes мы снабди́ли (*with acc*) их деньгáми и одéждой; Australia supplies England with food Австрáлия снабжáет Áнглию продýктами питáния; { (*deliver*) поставля́ть (223), *perf* постáвить (168) (*with acc*); the firm / the factory supplies medical equipment э́та фи́рма / э́тот завóд поставля́ет медици́нское оборýдование.

support I *sb* поддéржка *f* (22f); give ~ оказáть поддéржку (to — *with dat*); I hope to have your ~ я рассчи́тываю на вáшу поддéржку; he didn't give me much ~ он не оказáл мне большóй поддéржки; we turned to him for ~ мы обрати́лись к нему́ за поддéржкой; the suggestion met with ~ предложéние встрéтило поддéржку; ⊙ in ~ of в защи́ту (*with gen*); he spoke in ~ of the plan он вы́ступил в защи́ту плáна.

support II *v* 1. (*help, promote*) поддéрживать (65), *perf* поддержáть (47) [*with acc* government прави́тельство, party пáртию, proposal предложéние]; no one ~ed him / his suggestion никтó не поддержáл егó / егó предложéние; 2. (*maintain, provide for*) содержáть (47), *no perf* [*with acc* family семью́, parents роди́телей]; his father refused to ~ him any longer отéц отказáлся содержáть егó в дальнéйшем.

suppose 1. (*assume*) предполагáть (64), *perf* предположи́ть (175); let us ~ that it is really so / you are right предполóжим, что э́то действи́тельно так / что вы прáвы; let us ~ that we had done it предполóжим, что мы э́то сдéлали; ⊙ be ~d: everybody is ~d to know it предполагáется, что все э́то знáют; he is ~d to

come every day at eight o'clock предполагáется, что он кáждый день дóлжен приходи́ть в вóсемь часóв; 2. (*think*) ду́мать (65), *no perf*; what do you ~ happened next? как вы ду́маете, что случи́лось дáльше?; what do you ~ he will do? как вы ду́маете, что он сдéлает?; I ~ so ду́маю, полагáю, что так; I ~ not ду́маю, что нет; I don't ~ I shall be back until eight o'clock я не ду́маю, что вернýсь рáньше восьми́ часóв; 3.: ~ you go there now and speak to them! не пойти́ ли вам тудá сейчáс и поговори́ть с ни́ми?; ~ we meet at the post-office at six o'clock встрéтимся на пóчте в шесть часóв?

supreme верхóвный (31b); ~ power верхóвная власть.

sure *a* 1. (*convinced*) увéренный (31b); be ~ of быть увéренным в (*with abl*); I am ~ of it / of him я в э́том / в нём увéрен(а); I am ~ you will like the film я увéрен(а), что вам понрáвится э́тот фильм; I am ~ everybody will agree я увéрен(а), что все соглася́тся; you may be ~ вы мóжете быть увéрены; I am not so ~, I am not quite ~ я не совсéм увéрен(а); they were not ~ whether they could come or not они́ нé были увéрены, смóгут ли прийти́; are you ~? вы увéрены?; she was ~ that she had seen him somewhere она́ была́ уве́рена, что где́--то его́ ви́дела; I am far from ~ я далеко́ не уве́рен(а); ⊙ make ~ (find out) прове́рить (178) (with acc); I think there is a train at 10.40, but you'd better make ~ я ду́маю, что есть по́езд в де́сять со́рок, но вы лу́чше прове́рьте; make ~ (that) you haven't forgotten to pack everything! прове́рьте, всё ли вы уложи́ли!; you'd better make ~ he doesn't object на́до убеди́ться в том, что он не возража́ет; **2.** (certain): he is ~ to come он наверняка́, несомне́нно придёт; you are ~ to like the book вам, безусло́вно, понра́вится э́та кни́га; ⊙ for ~ наверняка́; I know it for ~ я э́то зна́ю наверняка́.

surely наве́рное, наверняка́; we can do something to help him, ~ мы наве́рное мо́жем чем-нибудь ему́ помо́чь; ~ I've met you before мы наверняка́ встреча́лись ра́ньше.

surface sb пове́рхность f (29c) [1) smooth гла́дкая, rough шерохова́тая, flat пло́ская, hard твёрдая; 2) with gen of the sea мо́ря, of the table стола́]; the submarines rose to the ~ подво́дные ло́дки подняли́сь, всплы́ли на пове́рхность; the ~ of the table was polished пове́рхность стола́ была́ полиро́ванной.

surpass превосходи́ть (152), perf превзойти́ (206) (with acc); the result ~ed all our expectations результа́т превзошёл все на́ши ожида́ния; he has ~ed himself он превзошёл самого́ себя́; { превыша́ть (64), perf превы́сить (149) (with acc).

surprise I sb **1.** (astonishment) удивле́ние n (18c); with a look of ~ on his face с выраже́нием удивле́ния на лице́; she did not show much ~ at the sight of him при ви́де его́ она́ не прояви́ла большо́го удивле́ния; he showed very little ~ at what he saw and heard он ма́ло удивля́лся тому́, что ви́дел и слы́шал; in ~ с удивле́нием; she looked at him in ~ она́ с удивле́нием посмотре́ла на него́; to everybody's ~ he didn't say anything ко всео́бщему удивле́нию он ничего́ не сказа́л; to my great ~ к моему́ большо́му удивле́нию; **2.** (unexpected action) неожи́данность f (29c) [complete по́лная]; ⊙ by ~ враспло́х; take by ~ захвати́ть враспло́х (with acc); the enemy was taken by ~ враг был захва́чен враспло́х; I took him by ~ я захвати́л(а) его́ враспло́х; her question took me by ~ её вопро́с заста́л меня́ враспло́х; **3.** (smth unexpected) сюрпри́з m (1f); I have a pleasant ~ for you у меня́ для (with gen) вас прия́тный сюрпри́з; what a ~! како́й сюрпри́з!

surprise II *v* 1. (*astonish*) удивля́ть (223), *perf* удиви́ть (164) (*with acc*); her answer ~d everybody её отве́т всех удиви́л; he's not easily ~d его́ нелегко́ удиви́ть; the news ~d me / us greatly э́та но́вость о́чень меня́ / нас удиви́ла; 2. (*come upon suddenly*) заставáть (64) враспло́х, *perf* заста́ть (51) враспло́х (*with acc*); we ~d the enemy мы заста́ли неприя́теля враспло́х.

surprised удивлённый (31b) [look взгляд]; удивлённое [face лицо́]; be ~ удивля́ться (223), *perf* удиви́ться (164) [*with dat* at his behaviour его́ поведе́нию, at the results результа́там, at the news изве́стию]; I am ~ at you! вы меня́ удивля́ете!; I was very much ~ at what he said я о́чень удиви́лся, удиви́лась тому́, что он сказа́л; he was ~ to meet us there / to learn that / to see it он удиви́лся, встре́тив нас там / узна́в э́то / уви́дев э́то; he was rather ~ он был не́сколько удивлён; she was so ~ that she couldn't say a word она́ была́ так удивлена́, что не могла́ сказа́ть ни сло́ва.

surrender *v* 1. (*capitulate*) сдава́ться (63), *perf* сда́ться (214); the enemy ~ed неприя́тель сда́лся; at last he ~ed наконе́ц, он сда́лся;

we shall never ~ to the enemy мы никогда́ не сдади́мся (*with dat*); 2. сдава́ть (63), *perf* сдать (214) [*with acc* city го́род, fortress кре́пость].

surround *v* окружа́ть (64), *perf* окружи́ть (171) (*with acc*); the children ~ed their father де́ти окружи́ли отца́; the old teacher was ~ed by his former pupils ста́рый учи́тель был окружён свои́ми бы́вшими ученика́ми; the village was ~ed by the enemy дере́вня была́ окружена́ неприя́телем; the garden was ~ed by, with a high wall сад был окружён высо́кой стено́й.

suspect подозрева́ть (64), *no perf*; ~ smb подозрева́ть кого́-л. (of — в *with abl*); he was ~ed of theft его́ подозрева́ли в кра́же; she ~ed nothing она́ ничего́ не подозрева́ла; I ~ he is a liar, I ~ him of being a liar я подозрева́ю, что он лгун; we ~ed that it was she who had done it мы подозрева́ли, что и́менно она́ сде́лала э́то.

suspicion подозре́ние *n* (18c) [arouse вызыва́ть, strengthen уси́лить, remove рассе́ять]; above ~ вы́ше подозре́ния; under ~ под подозре́нием; his manner aroused ~ его́ поведе́ние вызыва́ло подозре́ние

swallow I *sb* (*bird*) ла́сточка *f* (22e).

swallow II *v* глота́ть (64) [hurriedly поспе́шно, greed-ily жа́дно]; { прогла́тывать (65), *perf* проглоти́ть (192) (*with acc*); ~ an insult проглоти́ть оби́ду.

swamp *sb* боло́то *n* (14d); in the ~ на боло́те.

swear 1. (*promise solemnly*) кля́сться (229), *perf* покля́сться (229); he swore to speak the truth он покля́лся говори́ть пра́вду; I believe it is true but I can't ~ to it я ду́маю, что э́то пра́вда, но не могу́ в (*with abl*) э́том покля́сться; he swore to do it он покля́лся, что сде́лает э́то; **2.** (*of oath*) присяга́ть (64), *perf* присягну́ть (130); ~ an oath дава́ть прися́гу; **3.** (*use bad language*) руга́ться (64); he's always ~ing он всегда́ руга́ется; stop ~ing! переста́нь(те) руга́ться!

sweet I *sb* конфе́та *f* (19c); *usu pl* ~s конфе́ты (1) delicious, nice вку́сные, expensive дороги́е; 2) buy покупа́ть, eat есть, offer предлага́ть; a box of ~s коро́бка конфе́т; please, have another ~! возьми́те, пожа́луйста, ещё конфе́ту!

sweet II *a* **1.** (*tasting like sugar*) сла́дкий (33b) [tea чай, cake пиро́г, juice сок, honey мёд]; сла́дкая [melon ды́ня]; сла́дкое [apple я́блоко, cake пиро́жное]; сла́дкие [fruit фру́кты, berries я́годы]; ~ to the taste сла́дкий на вкус; she likes ~ things она́ лю́бит сла́дости; the tea is too ~ чай сли́ш-

ком сла́дкий; ~ butter несолёное ма́сло; **2.** (*having pleasant sound*) не́жный(31b), мелоди́чный (31b) [voice го́лос]; ~ music мелоди́чная му́зыка; **3.** (*kind, gentle*) не́жный; ~ smile не́жная улы́бка; ~ words не́жные слова́; ~ girl ми́лая де́вушка; ~ face ми́лое лицо́.

swift *a* бы́стрый (31b) [glance взгляд, stream пото́к, deer оле́нь]; бы́страя [river река́]; бы́строе [current тече́ние, movement движе́ние].

swim *v* (*in no particular direction*) пла́вать (65), *no perf* [1) in a river в реке́, in the sea в мо́ре, in a lake в о́зере, under water под водо́й; 2) well хорошо́, badly пло́хо, fast бы́стро, slowly ме́дленно; on one's back на спине́, on one's side на боку́]; she can't ~ at all она́ совсе́м не уме́ет пла́вать; learn to ~ учи́ться пла́вать; he ~s like a fish он пла́вает как ры́ба; I am fond of ~ming я люблю́ пла́вать; can you ~? вы уме́ете пла́вать?; { *sometimes rendered by* купа́ться (64); I like to ~ in the morning / in the sea я люблю́ купа́ться по утра́м / в мо́ре; let's go ~ming пойдёмте купа́ться!; { (*in a definite direction*) плыть (217), *no perf* [up the river вверх по реке́, down the river вниз по реке́, with the current по тече́нию, against the current про́тив тече́ния, to the bank, shore к бе́регу, to the boat к ло́дке]; how far can you ~? куда́ вы мо́жете доплы́ть?; { (*in a direction across*) переплыва́ть (64), *perf* переплы́ть (217) (*with acc*); he swam the river easily он легко́ переплы́л (че́рез) ре́ку.

switch *v*: ~ **on** включа́ть (64), *perf* включи́ть (171) [*with acc* radio ра́дио, light свет, gas газ, TV set телеви́зор, engine мото́р]; ~ **off** выключа́ть (64), *perf* вы́ключить (172) [*with acc* radio ра́дио, light свет, gas газ, TV set телеви́зор, engine мото́р].

sympathize сочу́вствовать (245), *perf* посочу́вствовать (245) (with — *with dat*); I can ~ with you but I cannot help you я сочу́вствую вам, но ниче́м не могу́ помо́чь.

sympathy сочу́вствие *n*, *no pl* (18c) [arouse вы́звать, show прояви́ть, express вы́-

рази́ть]; you have my ~ я вам сочу́вствую; he has no ~ with, for such people он не сочу́вствует таки́м лю́дям.

system 1. (*plan*) систе́ма *f* (19c) [complicated сло́жная, simple проста́я, simplified упрощённая]; work out / accept / reject / improve / propose a ~ разраба́тывать / приня́ть / отклони́ть / улучша́ть / предлага́ть систе́му; introduce a new ~ ввести́ но́вую систе́му; a good ~ of teaching Russian хоро́шая систе́ма обуче́ния ру́сскому языку́; ~ of education систе́ма образова́ния; railway ~ сеть желе́зных доро́г; 2. (*organization*) строй *m* (13a). систе́ма; ~ of government госуда́рственный строй; capitalist ~ капиталисти́ческий строй; socialist ~ социалисти́ческий строй; countries with different political ~s стра́ны с разли́чными полити́ческими систе́мами.

T

table *sb* **1.** (*furniture*) стол *m* (1c) [1) wooden деревя́нный, low ни́зкий, round кру́глый, square квадра́тный, broken сло́манный; 2) stands стои́т]; sit at (the) ~ сиде́ть за столо́м; sit down at the ~ сесть за стол; get up from the ~ встать из-за

стола́; take everything off the ~! убери́(те) всё со стола́!; he put the box on / under the ~ он поста́вил я́щик на / под стол; the dog was lying under the ~ соба́ка лежа́ла под столо́м; a lamp hung above the ~ ла́мпа висе́ла **над столо́м**; ⊙ set,

lay the ~ накрыва́ть (64) на стол, *perf* накры́ть (209) на стол; the ~ was laid for four стол был накры́т на четы́ре персо́ны; **2.** (*figures, data*) табли́ца *f* (21c); multiplication ~s табли́ца умноже́ния; ~ of weights and measures табли́ца мер и весо́в.

tail *sb* хвост *m* (1c) [1] long дли́нный, short коро́ткий, bushy пуши́стый; 2) *with gen* of an animal живо́тного, of a bird пти́цы, of a plane самолёта, of a comet коме́ты]; the dog was wagging his ~ соба́ка маха́ла хвосто́м.

tailor *sb* портно́й *m* (31a) [1] good хоро́ший, dear, expensive дорого́й, cheap дешёвый; 2) makes coats шьёт пальто́, makes suits шьёт костю́мы]; gentlemen's / ladies', women's ~ мужско́й / да́мский портно́й; ~ shop ателье́ *n indecl.*

take 1. (*get hold of*) брать (42), *perf* взять (236) [1] *with acc* book кни́гу, one's things свои́ ве́щи, bag портфе́ль, chair стул, hat шля́пу; 2) off the table со стола́, from the shelf с по́лки, from under the desk из-под пи́сьменного стола́, from the child у ребёнка; 3) *with instr* with both hands обе́ими рука́ми, with a stick па́лкой, with a fork ви́лкой, with one's fingers па́льцами]; who took my pen? кто взял мою́ ру́чку?; ~ this! возьми́(те) э́то!; ~ some

money with you! возьми́(те) с собо́й де́ньги!; { (*clutch*) взять [1] *with acc* boy ма́льчика; 2) за *with acc* by the arm, hand за́ руку, by the ear за́ ухо, by the collar за воротни́к]; **2.** (*require*): it will ~ a long time э́то займёт мно́го вре́мени; it ~s me ten minutes / an hour to get to my office мне ну́жно де́сять мину́т / час, что́бы добра́ться до ме́ста рабо́ты; it took him two hours / two days to finish the work ему́ пона́добилось два часа́ / два дня, что́бы зако́нчить э́ту рабо́ту; how long does it ~ to go to London by plane? ско́лько вре́мени ну́жно лете́ть на самолёте до Ло́ндона?; it ~s patience / a lot of money э́то тре́бует терпе́ния / больши́х де́нег; **3.** (*use as transport*) е́хать (71), *perf* пое́хать (71) [на *with acc* bus на авто́бусе, tram на трамва́е, train на по́езде]; **4.** (*capture*) брать, *perf* взять [*with acc* town го́род, fortress кре́пость, fort укрепле́ние]; **5.** (*escort*) провожа́ть (64), *perf* проводи́ть (152) (*with acc*); ~ a guest home проводи́ть го́стя домо́й; please ~ me home! проводи́(те) меня́, пожа́луйста, домо́й!; { (*conduct*): ~ smb / smth home / to the forest / to the theatre взять кого́-л. / что́-л. домо́й / в лес / в теа́тр; ~ me with you! возьми́те меня́ с собо́й!; **6.** (*carry*) относи́ть

'148), *perf* отнести (113) *with acc*); ~ the letter to the post! отнеси(те) это письмо на (*with acc*) почту!; he took the bag to the station / into the house он отнёс чемодан на вокзал / в дом; 7. (*eat, drink*) принимать (64), *perf* принять (232) [*with acc* food пищу, medicine лекарство, poison яд]; will you ~ tea or coffee? вы будете пить чай или кофе?; 8. (*choose, select*) выбирать (64), *perf* выбрать (43) (*with acc*); which road shall we ~? какую дорогу мы выберем?; he always took the side of the winner он всегда вставал на сторону победителя; ~ after (*resemble*) походить (152) на (*with acc*); he took after his father он походил на отца; ~ along захватить (192) с собой (*with acc*); ~ your camera along! захватите с собой фотоаппарат!; ~ apart разбирать (64) (на части), *perf* разобрать (44) (на части) [*with acc* watch часы, mechanism механизм]; ~ aside отводить (152) в сторону, *perf* отвести (219) в сторону (*with acc*); he took me aside and told me the news он отвёл меня в сторону и сообщил новость; ~ away 1) (*carry off*) уносить (148), *perf* унести (113) [*with acc* things вещи, furniture мебель]; 2) (*lead away*) уводить (152), *perf* увести (219) [*with acc* children детей,

prisoner пленного]; 3) (*remove*) убирать (64), *perf* убрать (42) (*with acc*); ~ these things away! уберите эти вещи!; 4) (*seize*) отбирать (64), *perf* отобрать (44), отнимать (64), *perf* отнять (232) [1] *with acc* rights права; 2) у *with gen* from smb у кого-л.]; he took the cigarettes away from the boy он отнял у мальчика папиросы; ~ back брать обратно, *perf* взять обратно (*with acc*); he took back his words он взял свои слова обратно; ~ for принимать (64) за, *perf* принять (232) за (*with acc*); I took him / her for a doctor я принял, приняла его / её за врача; ~ off 1) (*remove*) снимать (64), *perf* снять (232) [*with acc* one's coat пальто, dress платье, one's clothes одежду, shoes туфли, ботинки]; ~ smth off the gas / stove снять что-л. с газа / с плиты; 2) (*start off*): the plane ~s off in five minutes самолёт отправляется через пять минут; the plane took off самолёт взлетел; ~ out вынимать (64), *perf* вынуть (128) [1] *with acc* ticket билет, handkerchief носовой платок, money деньги, papers документы, бумаги; 2) из *with gen* of a box из ящика, of one's pocket из кармана, of a drawer из ящика (стола), из стола]; ~ to (*begin to like*) привязаться (48) к (*with dat*); the children took to their new teacher immediately дети сразу привязались к своей новой учительнице; ◇ ~ into account принимать во внимание, *perf* принять во внимание (*with acc*); *see* account; ~ aim целиться (157), *perf* прицелиться (157); ~ advantage воспользоваться (244) (of — *with instr*); *see* advantage; ~ advice послушаться (65) (*with gen*); ~ my advice and don't go there! послушайтесь меня и не ходите туда!; he took her advice он послушался её; ~ (up) arms взяться (236) за оружие; ~ to (one's) bed слечь (249) в постель; be ~n ill заболеть (98); ~ care *see* care I; ~ the floor брать слово, *perf* взять слово; ~ for granted считать само собой разумеющимся (*with acc*); ~ smth to heart принимать что-л. близко к сердцу; *see* heart; ~ hold of схватить (192) (*with acc*); he took hold of my hand он схватил меня за руку; ~ an interest интересоваться (243) (in — *with instr*), проявлять (223) интерес, *perf* проявить (166) интерес (in — к *with dat*); *see* interest I; ~ a journey предпринять (232) путешествие; ~ measures принимать меры, *perf* принять меры; ~ notice обращать (64) внимание, *perf* обратить (161) внимание (of — на *with acc*); he took no notice of me он не

обратил на меня внимания; she took no notice of what I said она не обратила никакого внимания на то, что я сказал(а); ~ an examination держать (47) экзамен, сдавать (63) экзамен; ~ part принимать участие, *perf* принять участие (in — в *with abl*); *see* part I; ~ pictures фотографировать (245), *perf* сфотографировать (245); *see* picture; ~ place происходить (152), *perf* произойти (206); *see* place I; ~ by surprise захватить врасплох (*with acc*); *see* surprise I; ~ a seat (*sit down*) садиться (152), *perf* сесть (239); *see* seat I; ~ the upper hand одержать (47) верх (of — над *with instr*); *see* upper; ~ a walk пройтись (206); *see* walk I.

tale (*story*) рассказ *m* (1f) [long длинный, short короткий, true правдивый, thrilling захватывающий, amusing забавный]; ~s of adventure приключенческие рассказы; make up a ~ сочинить рассказ; fairy ~ сказка *f* (22d); tell ~s рассказывать сказки.

talent 1. (*gift*) талант *m*, no pl (1f) [1) great большой, outstanding выдающийся, acknowledged признанный; 2) show проявить, recognize признать]; man of great ~ талантливый человек; **2.** (*ability*) способность *f* (29c); *usu pl* способности; she has a ~ for drawing /

singing у неё большие способности к (*with dat*) рисованию / пению.

talented *a* талантливый (31b) [actor артист, writer писатель, painter художник, scientist учёный]; талантливая [actress актриса].

talk I *sb* **1.** (*conversation*) разговор *m* (1f) [long долгий, interesting интересный]; there is too much ~ about it об (*with abl*) этом слишком много разговоров; have a ~ with smb (по-) говорить с (*with instr*) кём-либо; I had an interesting ~ with him yesterday вчера у меня был с ним интересный разговор; **2.** (*lecture*, *speech*) беседа *f* (19c); a ~ on astronomy / on modern music беседа по (*with abl*) астрономии / о современной музыке; Mr. N. will give a ~ on modern literature мистер Н. выступит с лекцией о современной литературе; **3.** (*negotiations*) переговоры *no sg* (1f) [conduct вести]; take part in the ~s принимать участие в переговорах.

talk II *v* **1.** (*converse*) разговаривать (65), *no perf* (with, to — с *with instr*; about — о *with abl*); she was ~ing over the telephone with, to her friend она разговаривала по телефону со своей подругой; ~ about children / many things / one's work разговаривать о детях / о разных вещах / о своей работе; stop ~ing! перестань(те) разговаривать!; **2.** (*speak*) говорить (158), поговорить (158); what were you ~ing about, of? о чём вы говорили?; I want to ~ to you about your request я хочу поговорить с вами о вашей просьбе; the child is learning to ~ ребёнок учится говорить; he ~s too much он слишком много говорит; { говорить, *no perf*; ~ nonsense / business говорить чепуху / дело; politics говорить о политике; I was ~ing about you to N. this morning я сегодня утром говорил о (*with abl*) вас с (*with instr*) Н.; it is much ~ed of об этом много говорят; ~ French / German говорить по-французски / по-немецки; ~ over (*discuss*) обсуждать (64), *perf* обсудить (152) (*with acc*); we must ~ the matter over мы должны обсудить этот вопрос; we have already ~ed it over мы это уже обсудили; ◇ ~ing of говоря о (*with abl*); ~ing of films, I liked N.'s latest film very much если говорить о фильмах, то мне очень понравился последний фильм, поставленный Н.

tall высокий (33b) [man человек, boy мальчик]; высокая [woman женщина]; высокое [tree дерево, building здание]; she is rather ~ она довольно высокого роста; how ~ are you? какóго вы рóста?; I am a metre and a half~ мой рост полторá мéтра; I am a head ~er than my brother я на гóлову вы́ше своегó брáта.

tame *a* (*not wild*) ручнóй (31a) [deer олéнь]; ручнáя [bird птица, squirrel бéлка, monkey обезья́на]; ручнóе [animal живóтное].

task задáча *f* (25a) [1] easy лёгкая, difficult трýдная, great большáя, important вáжная, serious серьёзная, special осóбая]; carry out a ~ вы́полнить задáчу; give one of the members the ~ of collecting money дать (*with dat*) одномý из члéнов задáние собрáть дéньги; we have serious ~s before us пéред нáми стоя́т серьёзные задáчи; the ~ is to find the necessary transport задáча заключáется в том, чтóбы найти необходимый трáнспорт; the ~ remained undone / was completed задáча остáлась невыполненной / былá вы́полнена; undertake the ~ of convincing him взять на себя́ задáчу убедить егó; { задáние *n* (18c) [home домáшнее]; give the pupils a ~ дать ученикáм задáние.

taste I *sb* 1. (*flavour*) вкус *m* (1f) [bitter гóрький, sweet слáдкий, sour кислый, pleasant прия́тный, nasty проти́вный]; the apple has a sour ~, the apple is sour

to the taste я́блоко кислое на вкус; the food had no ~ едá былá невкýсной; 2. (*esthetic sense*) вкус [good хорóший, bad плохóй]; she has very good ~ in clothes онá одевáется со вкýсом; she has no ~ у неё нет вкýса; she was dressed with ~ онá былá одéта со вкýсом; it's a matter of ~ э́то дéло вкýса; ~s differ вкýсы расхóдятся, о вкýсах не спóрят; it's not at all to my ~ э́то мне совсéм не по вкýсу.

taste II *v* 1. (*eat, drink*) прóбовать (244), *perf* попрóбовать (244) [*with acc* food пищу, soup суп, wine винó]; ~ this jam! попрóбуйте э́то варéнье!; 2. (*have flavour*) имéть (98) вкус; the apple ~s good / sweet я́блоко вкýсное / слáдкое.

tax *sb* налóг *m* (4c) [1] income подохóдный; heavy большóй, small небольшóй; 2) pay платить]; collect ~es собирáть налóг(и).

taxi *sb* такси *n indecl*; call / take / get into / get out of a ~ позвáть, вы́звать / наня́ть / сесть в / вы́йти из такси; pay for the ~ заплатить за такси; ~ driver водитель такси.

tea 1. (*drink*) чай *m* (12b) [1] hot горя́чий, strong крéпкий, weak слáбый, fresh свéжий, sweet слáдкий; 2) becomes cold остывáет, smells good хорошó пáхнет; 3) drink пить, make (при-)

гото́вить]; pour out ~ на-
ли́ть ча́ю; ~ with milk /
with a slice of lemon чай с
молоко́м / с лимо́ном; take
sugar in one's ~ класть cá-
хар в чай; a cup / glass of
~ ча́шка / стака́н ча́ю; we
have ~ in the morning / at
breakfast у́тром / за за́втра-
ком мы пьём чай; won't
you have some ~? не вы́-
пьете ли вы ча́шку ча́ю?;
2. (*meal*) чай; ask, invite
smb to ~ пригласи́ть кого́-л.
на чай.

   teach (*give instruction*)
преподава́ть (63) [1] *with
acc* Russian ру́сский язы́к,
history исто́рию, music му́-
зыку, foreign languages ино-
стра́нные языки́; 2) в *with
abl* at school в шко́ле, at an
institute в институ́те, at a
university в университе́те,
in the fifth form, grade в
пя́том кла́ссе; 3) *with dat*
schoolchildren шко́льникам,
students студе́нтам, children
де́тям, adults взро́слым];
who taught you physics? кто
преподава́л вам, у вас фи́-
зику?; where does he ~?
где он преподаёт?; what subjects are taught at your college? каки́е предме́ты пре-
пода́ются у вас в институ́-
те?; { *if followed by inf* учи́ть
(173), *perf* научи́ть (173)
[1] *with acc* children дете́й,
adults взро́слых, son сы́на,
daughter дочь; 2) to read
чита́ть, to swim пла́вать,
to sew шить, to sing петь];
she taught them to speak

French она́ научи́ла их го-
вори́ть по-францу́зски; he
taught the boy how to drive
a car он научи́л ма́льчика
води́ть маши́ну.

   teacher учи́тель *m* (3b),
преподава́тель *m* (3a) [1)
strict стро́гий, excellent пре-
кра́сный, poor, bad плохо́й,
favourite люби́мый, former
пре́жний; 2) explains объяс-
ня́ет, corrects mistakes ис-
правля́ет оши́бки, gives lessons даёт уро́ки, works at
school рабо́тает в шко́ле];
history / geography ~ учи́-
тель исто́рии / геогра́фии;
English / Russian ~ учи́-
тель англи́йского / ру́сско-
го языка́; he wants to be /
to become a ~ он хо́чет
быть / стать учи́телем; who
is your ~? кто ваш учи́тель?;
{ учи́тельница *f* (21c)`, пре-
подава́тельница *f* (21c)].

   team *sb* кома́нда *f* (19c)
[1) strong си́льная, best
лу́чшая, first пе́рвая, favourite люби́мая; 2) wins вы́-
и́грывает, loses прои́гры-
вает, leads лиди́рует]; football / basket-ball / volley-
-ball ~ футбо́льная / бас-
кетбо́льная / волейбо́льная
кома́нда.

   tear I *sb* слеза́ *f* (19f);
usu pl ~s слёзы [1) bitter
го́рькие, hot горя́чие; 2)
with gen of anger гне́ва, of
pity жа́лости]; ~s rolled
down her cheeks / face слёзы кати́лись по её щека́м /
лицу́; shed / keep back ~s
пролива́ть / уде́рживать

слёзы; her eyes filled with ~s её глаза наполнились слезами; ~s came to her eyes у неё на глазах навернулись слёзы; his story moved her to ~s его рассказ тронул её до слёз; ⊙ burst into ~s расплакаться (90).

tear II v 1. (*pull apart*) рвать (50), разорвать (50) [1] *with acc* clothes одежду, dress платье, letter письмо, paper бумагу; 2) into two parts на две части, in, to pieces на куски, apart на части, in half пополам]; be careful, don't ~ your dress on that nail! осторожно, не порви(те) платье об этот гвоздь!; I've torn my coat я разорвал, разорвала себе пальто; ~ a page out of a notebook вырвать страницу из тетради; he tore the letter open он разорвал конверт; ⊙ ~ one's hair рвать на себе волосы; he tore his hair он рвал на себе волосы; 2. (*become torn*) рваться (50), разорваться (50); this cloth ~s easily эта материя легко рвётся; ~ oneself away оторваться (50) (from — от *with gen*); he couldn't ~ himself away from the book он не мог оторваться от книги; the children couldn't ~ themselves away from the toys дети не могли оторваться от игрушек; ~ off срывать (64), *perf* сорвать (50) (*with acc*); the wind tore off the roof ветер сорвал крышу;

~ **up** порвать (50) (*with acc*); he tore up the letter он порвал письмо.

tee th *pl* зубы (1j) [1) good хорошие, bad плохие, sound здоровые, white белые, yellow жёлтые, strong крепкие, front передние; 2) clean чистить, examine осматривать]; *also see* tooth.

telegram телеграмма *f* (19c) [1] short короткая, important важная, urgent срочная; 2) от *with gen* from one's parents от родителей]; send / receive a ~ посылать / получать телеграмму; the ~ said, read... в телеграмме говорилось...

telegraph I *sb* телеграф *m*, *no pl* (1f); where is the ~ (office)? где телеграф?

telegraph II *v* телеграфировать (245), посылать (64) телеграмму, *perf* послать (61) телеграмму (*with dat*); he ~ed from London он телеграфировал из (*with gen*) Лондона.

telephone I *sb* телефон *m* (1f); the ~ rang зазвонил телефон; the ~ is out of order телефон испорчен; may I use the ~? можно позвонить (по телефону)?; speak over the ~ говорить по телефону; call smb to the ~ позвать кого-л. к телефону; answer the ~! подойди(те) к телефону!; you are wanted on the ~ вас просят к телефону; he sent the message by ~ он передал по телефону.

telephone II *v* звони́ть (158) по телефо́ну, *perf* позвони́ть (158) по телефо́ну (*with dat*); he ~d his friend / his wife он позвони́л прия́телю / (свое́й) жене́.

television телеви́дение *n*, *no pl* (18c); colour ~ цветно́е телеви́дение; ~ program програ́мма переда́ч по телеви́дению; a ~ show телевизио́нная переда́ча; watch, view ~ смотре́ть телеви́зор.

television-set телеви́зор *m* (1f) [1) new но́вый, excellent превосхо́дный; 2) turn on включи́ть, turn off вы́ключить].

tell 1. (*inform*) сказа́ть (48) [1) *with dat* smb кому́-л., everybody всем; 2) *with acc* one's name своё и́мя, the reason причи́ну, the truth пра́вду, a lie непра́вду, the results результа́ты, the price це́ну; 3) beforehand зара́нее]; who told you that? кто вам э́то сказа́л?; ~ me what you want / where you live скажи́те мне, что вы хоти́те / где вы живёте; I told him that it was too late / that I was coming я ему́ сказа́л, что сли́шком по́здно / что я иду́; can you ~ me the way to (the) Red Square? вы не ска́жете мне, как пройти́ на Кра́сную пло́щадь?; can you ~ me the time? не ска́жете ли вы, кото́рый час?; I'll ~ you why я вам скажу́, почему́; ~ him how to do it / when to come

скажи́те ему́, как э́то (с)де́лать / когда́ прийти́; I / she was told мне / ей сказа́ли; so I have been told так мне сказа́ли; nobody told me anything мне никто́ ничего́ не сказа́л; { говори́ть (158) (*with dat*); don't ~ anyone! никому́ (об э́том) не говори́(те)!; don't ~ him about it! не говори́ (-те) ему́ об (*with abl*) э́том!; don't ~ me, let me guess! не говори́(те), я попро́бую угада́ть; I told you so я вам э́то говори́л(а); **2.** (*order, ask*) веле́ть (100) (*with dat*); she told me to come at once она́ веле́ла мне сра́зу же прийти́; he told us not to wait for him он веле́л нам не ждать его́; who told you to do that? кто вам веле́л де́лать э́то?; { сказа́ть; ~ him to come on Monday! скажи́(те) (ему́), что́бы он пришёл в понеде́льник!; ~ her to bring the children! скажи́(те) (ей), что́бы она́ привела́ дете́й!; **3.** (*relate*) расска́зывать (65), *perf* рассказа́ть (48) [1) *with dat* one's friends свои́м друзья́м; one's children свои́м де́тям, him ему́; 2) *with acc* news но́вости, story исто́рию, secret секре́т; 3) о *with abl* about oneself о себе́, about one's life о свое́й жи́зни, about, of one's difficulties о свои́х затрудне́ниях, about, of one's misfortunes о свои́х несча́стьях; 4) in detail подро́бно, briefly кра́тко]; ~ one's adventures расска́зывать о свои́х приключе́ниях; little by little he told us the whole story постепе́нно он расска́зал нам всю исто́рию; I told them everything I knew я рассказа́л(а) им всё, что знал(а); ~ us something else / something new! расскажи́(те) нам что́-нибудь ещё / что́-нибудь но́вое!; he believed everything his friend told him он пове́рил всему́ тому́, что рассказа́л его́ друг; the book / the film ~s us about... в кни́ге, в фи́льме расска́зывается о (with abl)...; ~ me all about it / about what you have been doing расскажи́те мне об э́том всё / (о том), что вы де́лали; **4.** (have an effect) ска́зываться (65), perf сказа́ться (48) (on— на with abl); the long strain was ~ing on his health дли́тельное напряже́ние ска́зывалось на его́ здоро́вье.

temper sb (mood) настрое́ние n (18c); he was in a very bad ~ он был в о́чень плохо́м настрое́нии; we found him in a good ~ мы нашли́ его́ в хоро́шем настрое́нии; ◇ **lose one's** ~ выходи́ть (152) из себя́, perf вы́йти (208) из себя́; he lost his ~ он вы́шел из себя́; don't lose your ~ не выходи́те из себя́!

temperature температу́ра f (19c) [1] high высо́кая, low ни́зкая, normal норма́льная, average сре́дняя;

2) with gen of the air во́здуха, of the room ко́мнаты, of the body те́ла; 3) rises повыша́ется, falls па́дает, снижа́ется, remains the same де́ржится]; ⊙ **have, run a** ~ име́ть (98) повы́шенную температу́ру; he has a ~ у него́ повы́шенная температу́ра; **take smb's** ~ (из-) ме́рить (with dat) кому́-л. температу́ру.

temporary вре́менный (31b) [bridge мост, success успе́х, address а́дрес]; вре́менная [job, work рабо́та]; вре́менное [measure мероприя́тие, employment заня́тие, condition усло́вие]; this is a ~ arrangement э́то вре́менно; all of this is, of course, ~ всё э́то, коне́чно, вре́менно.

ten де́сять (39c); ~ times as big / good в де́сять раз бо́льше / лу́чше; ~ times worse в де́сять раз ху́же; see eight.

tendency тенде́нция f (23c) [marked заме́тная, slight незначи́тельная]; the ~ to, towards improvement in the relations between the two countries тенде́нция к (with dat) улучше́нию отноше́ний ме́жду э́тими двумя́ стра́нами.

tender a не́жный (31b) [look взгляд, voice го́лос]; не́жная [care забо́та]; не́жное [heart се́рдце]; не́жные [parents роди́тели, feelings чу́вства]; he was very ~ to her он к ней отно-сился с большой нёжностью.

tennis тéннис *m* (1f); play ~ игрáть в тéннис; I like ~ мне нрáвится тéннис; let us play a game of ~! давáйте сыгрáем пáртию в тéннис!; be good / bad at ~ хорошó / плóхо игрáть в тéннис; win / lose a game of ~ вы́играть / проигрáть пáртию в тéннис.

term *sb* 1. (*condition*) услóвие *n* (18c) [acceptable, satisfactory приéмлемое, difficult трýдное, unacceptable неприéмлемое]; ~s of an agreement / treaty услóвия (*with gen*) соглашéния / договóра; I won't do it on any ~s я не сдéлаю э́того ни при каки́х услóвиях; according to the ~s соглáсно услóвиям; 2. *pl* ~s (*relations*) отношéния (18c); be on good / friendly / bad ~s with smb быть в хорóших / дрýжеских / плохи́х отношéниях с (*with instr*) кéм-либо; I am not on speaking ~s with him я с ним не разговáриваю.

terrible 1. (*frightening, dreadful*) ужáсный (31b) [fire пожáр, moment момéнт, man человéк]; ужáсная [news нóвость, storm бýря, disease болéзнь, wound рáна]; ужáсное [event собы́тие, disaster бéдствие, scene зрéлище, suffering страдáние, crime преступлéние]; ~ enemy страшный враг; 2. *colloq* (*excess-*

ive) стрáшный (31b) [cold нáсморк, wind вéтер, frost морóз, noise шум]; стрáшная [pain боль, heat жарá]; стрáшное [accusation обвинéние]; 3. *colloq* (*very bad*) ужáсный [day день, climate кли́мат]; ужáсная [mistake оши́бка, weather погóда, rainstorm грозá, crowd толпá]; ужáсное [place мéсто, mood настроéние, disappointment разочарование, behaviour поведéние]; how ~! как ужáсно!

terrify (*frighten*) приводи́ть (152) в ýжас, *perf* привести́ (219) в ýжас (*with acc*); the mere thought / sight of the man terrified her однá мысль об э́том человéке приводи́ла / оди́н вид э́того человéка приводи́л её в ýжас; she was terrified when she thought she might be left all alone онá приходи́ла в ýжас при мы́сли, что мóжет остáться совсéм однá.

terror (*extreme fear*) ýжас *m* (1f); feeling of ~ чýвство ýжаса; I've never felt such ~ in all my life никогдá в жи́зни я не испы́тывал(а) такóго ýжаса; ~ seized him егó обуя́л ýжас; he was filled with ~ он был пóлон ýжаса; his ~ was so great that he could do nothing егó ýжас был так вели́к, что он ничегó не мог (с)дéлать.

test I *sb* 1. (*trial*) испытáние *n* (18c) [1] severe

суро́вое, serious серьёзное; 2) *with gen* of an engine мото́ра; of character хара́ктера, of courage му́жества, of endurance выно́сливости]; stand the ~ of time вы́держать испыта́ние вре́менем; 2. (*check up*) контро́льная рабо́та (19c); students will be given a short ~ in this subject студе́нтам бу́дет дана́ небольша́я контро́льная рабо́та по (*with dat*) э́тому предме́ту; { (*examination*) экза́мен *m* (1f); *see* examination.

test II *v* (*try*) испы́тывать (65), *perf* испыта́ть (64) [*with acc* motor мото́р, plane самолёт, car автомаши́ну]; { (*examine*) проверя́ть (223), *perf* прове́рить (178) [*with acc* abilities спосо́бности, knowledge зна́ния].

textbook уче́бник *m* (4c); Russian ~ уче́бник ру́сского языка́; geography / history ~ уче́бник геогра́фии / исто́рии.

than *conj* чем; you know him better ~ I (do) вы зна́ете его́ лу́чше, чем я; he came sooner ~ we expected он пришёл ра́ньше, чем мы ожида́ли; he could do it better ~ anyone else он мог э́то сде́лать лу́чше, чем кто́-либо друго́й; the light here is brighter ~ in the other room здесь свет я́рче, чем в той ко́мнате; we have more / less books ~ they (have) у нас бо́льше / ме́нь-

ше книг, чем у них; { *after adjectives often not translated, Russian sb in gen*: he is taller ~ his sister он вы́ше свое́й сестры́; this room is better ~ the others э́та ко́мната лу́чше други́х.

thank *v* благодари́ть (158), *perf* поблагодари́ть (158) [1) *with acc* one's friend дру́га; 2) за *with acc* for the gift за пода́рок, for attention за внима́ние, for help, assistance за по́мощь, for advice за сове́т]; I want to ~ you for your kindness я хочу́ поблагодари́ть вас за ва́шу любе́зность; he ~ed me again and again он благодари́л меня́ мно́го раз; I forgot to ~ him я забы́л(а) его́ поблагодари́ть; there's no need to ~ me меня́ не́ за что благодари́ть; ⊙ ~ you спаси́бо; ~ you so much большо́е вам спаси́бо; will you have some more tea? No, ~ you не хоти́те ли ещё ча́ю? Нет, спаси́бо.

thanks I спаси́бо; ~ very much, very many ~ большо́е спаси́бо; по, ~ спаси́бо, нет.

thanks II: ~ to *prep* благодаря́ (*with dat*): ~ to your help / his efforts благодаря́ ва́шей по́мощи / его́ стара́ниям; ~ to you благодаря́ вам.

that I *pron dem* (*followed by sb*) тот (41b), э́тот (41b) [table стол, man челове́к, way, road путь, way (*manner*) спо́соб]; та, э́та [hat

шля́па, girl де́вушка, idea
мысль, half полови́на]; то,
э́то [window окно́, statement заявле́ние, suggestion
предложе́ние]; do you see
~ house at the end of the
street? вы ви́дите (вот) тот
дом в конце́ у́лицы?; I don't
like this tie, give me ~ one!
мне не нра́вится э́тот га́л-
стук, да́йте мне тот!; do
you know ~ man? вы зна́ете
э́того челове́ка?; look at ~
woman! посмотри́те на э́ту
же́нщину!; { (referring to
time): ~ summer в то ле́то;
~ winter / spring / autumn
в ту зи́му / весну́ / о́сень;
the harvest was rich ~
year в тот год был бога́-
тый урожа́й; { if not followed by sb э́то; ~ is his room
/ our train / her new coat
э́то его́ ко́мната / наш
по́езд / её но́вое пальто́; ~
happened long ago э́то слу-
чи́лось давно́.

that II *pron rel* кото́рый
(31b); this is the best story
~ I have ever read э́то лу́ч-
ший расска́з, кото́рый я
когда́-либо чита́л(а); this
is the first book ~ he read
in Russian э́то пе́рвая кни́-
га, кото́рую он прочита́л
по-ру́сски; the window ~
overlooks the garden окно́,
кото́рое выхо́дит в сад.

that III *conj* что; I know
~ you were there я зна́ю,
что вы бы́ли там; he said
~ he would come on сказа́л,
что (он) придёт; the
night was so dark ~ we

couldn't make out anything
была́ така́я тёмная ночь, что
мы ничего́ не могли́ раз-
личи́ть; ⊙ so ~ с тем, что́-
бы; we got everything
ready, so ~ we could start
early мы всё пригото́вили
с тем, чтобы мо́жно бы́ло
отпра́виться пора́ньше; we
sat closer so ~ we could
hear better мы се́ли побли́-
же с тем, чтобы лу́чше слы́-
шать; now ~ тепе́рь когда́;
see now II.

the *adv*: ~... ~...чем...,
тем...; ~ sooner you start,
~ sooner you will be there
чем скоре́е вы отпра́витесь,
тем скоре́е вы там бу́дете;
~ sooner ~ better чем ско-
ре́е, тем лу́чше; ~ further
we went, ~ more difficult
the road became чем да́ль-
ше мы шли, тем трудне́е
станови́лась доро́га; ~ longer we lived there, ~ more
we liked the place чем до́ль-
ше мы там жи́ли, тем бо́ль-
ше нам нра́вилось э́то ме́сто.

theatre (*playhouse*) теа́тр
m (1f) [1) famous знамени́-
тый, favourite люби́мый,
modern совреме́нный; 2) like
люби́ть]; children's ~ де́т-
ский теа́тр; go to the ~ хо-
ди́ть в теа́тр; I was at the
~ yesterday вчера́ я был(а́)
в теа́тре; ticket to the
~ биле́т в теа́тр; return
from the ~ возвраща́ться
из теа́тра.

their *pron poss* их (40b)
[house дом, sister сестра́,
family семья́, things ве́щи,

friends друзья́; voyage путеше́ствие; attitude отноше́ние, right пра́во, position положе́ние]; those are ~ books, not ours э́то их кни́ги, а не на́ши; all ~ things все их ве́щи; I took ~ tickets by mistake я по оши́бке взял(а́) их биле́ты; one of ~ friends оди́н из их това́рищей; { *when pers of subject coincides with pers of poss pron* свой, своя́, своё, свои́ (40d); they finished ~ work они́ зако́нчили свою́ рабо́ту; they did not hide ~ feelings они́ не скрыва́ли свои́х чувств; { свой *is often omitted in Russian*: they took off ~ coats они́ сня́ли пальто́; they had no place to put ~ things им не́куда бы́ло положи́ть ве́щи.

theirs *absolute pron poss* их (40b); I met a friend of ~ yesterday вчера́ я встре́тил их прия́теля; are these magazines yours or ~? э́ти журна́лы ва́ши и́ли их?

them *pron pers* их (40b), *after prep* них *gen*; we don't know ~ мы их не зна́ем; we can't go without ~ мы не мо́жем пое́хать без них; please, do it for ~! сде́лай(те) э́то, пожа́луйста, для них!; we have no news from ~ мы не име́ем от них никаки́х изве́стий; besides / except ~ поми́мо / кро́ме них; { им, *after prep* ним *dat*; I gave ~ four tickets, I gave four tickets to ~ я им дал(а́) четы́ре биле́та; I envy ~ я им зави́дую; we have explained everything to ~ мы им всё объясни́ли; show ~ our books! покажи́(те) им на́ши кни́ги!; it seemed to ~ им показа́лось; help ~! помоги́(те) им!; she said to ~, she told ~ она́ им сказа́ла; it was easy for ~ to do it им бы́ло легко́ э́то сде́лать; we went up to ~ мы подошли́ к ним; I was running towards ~ я бежа́л(а) (по направле́нию) к ним; { их, *after prep* них *acc*; we met / saw / found ~ at the station мы их встре́тили / ви́дели / нашли́ на ста́нции; don't bother ~! не беспоко́й(те) их!; I put ~ on the table я положи́л(а) их на стол; I didn't notice ~ я их не заме́тил(а); we'll take ~ with us мы возьмём их с собо́й; { и́ми, *after prep* ни́ми *instr*; he was very displeased with ~ он был о́чень недово́лен и́ми; with ~ с ни́ми; don't laugh at ~! не сме́йтесь над ни́ми!; { них *abl*; don't think / speak about ~! не ду́май(те) / не говори́(те) о них!; we were disappointed in ~ мы в них разочарова́лись; { *conveyed in Russian by nom*: let ~ do it themselves! пусть они́ сде́лают э́то са́ми!; I am surprised at ~ они́ меня́ удивля́ют; we were invited by ~ они́ нас пригласи́ли.

themselves I *emphatic pron* **1.** са́ми (41d); they saw it ~ они́ са́ми э́то ви́дели; they wanted it ~ они́ са́ми э́того хоте́ли; they were able to go there ~ они́ са́ми смогли́ туда́ пойти́; **2.** (*alone, without help from others*) са́ми (41d), одни́ (39a); they managed to finish everything ~ они́ суме́ли зако́нчить всё са́ми, одни́; ⊙ **(all) by** ~ **1)** са́ми; **2)** одни́; they were all by ~ они́ бы́ли совсе́м одни́; II *pron refl* **1.** себя́ *gen*; they never forget ~ они́ никогда́ себя́ не забыва́ют; { себе́ *dat*; they made ~ dinner они́ пригото́вили себе́ обе́д; they bought new clothes for ~ они́ купи́ли себе́ но́вое пла́тье; { себя́ *acc*; they pulled ~ together они́ взя́ли себя́ в ру́ки; { собо́й *instr*; they were not satisfied with ~ они́ бы́ли недово́льны собо́й; { себе́ *abl*; they told many stories about ~ они́ мно́го расска́зывали о себе́; **2.** *often conveyed by* -сь, -ся *attached to verb*: they calmed ~ они́ успоко́ились; they dressed ~ quickly они́ бы́стро оде́лись; they like to wash ~ with cold water они́ лю́бят умыва́ться холо́дной водо́й.

then *adv* **1.** (*at that time*) тогда́; we were still at school ~ тогда́ мы ещё учи́лись в шко́ле; he was little known as a writer ~ тогда́ он был ма́ло изве́стен как писа́тель; ⊙ **by** ~ к тому́ вре́мени; **just** ~ как раз в то вре́мя; **since** ~ с тех пор; **before** ~ до того́ вре́мени; **till** ~ до того́ вре́мени, до тех пор; **2.** (*next, afterwards*) зате́м, пото́м; I shall go to the library and ~ home я пойду́ в библиоте́ку, а зате́м домо́й; ~ he began to tell me about it зате́м он на́чал расска́зывать мне об э́том; **3.** (*in that case*) тогда́; ~ I'll come a bit later тогда́ я приду́ немно́го по́зже; ~ why didn't she wait for me? тогда́ почему́ она́ меня́ не подожда́ла?; ~ you should have said so тогда́ вам сле́довало бы сказа́ть об э́том; what ~? ну и что тогда́?; ◇ **now and** ~ иногда́, вре́мя от вре́мени; I go to see him now and ~ вре́мя от вре́мени я его́ навеща́ю.

theory тео́рия *f* (23c) [1] new но́вая, modern совреме́нная, scientific нау́чная, well-known изве́стная, well-founded обосно́ванная, widely current распространённая; 2) *with gen* of a subject предме́та, of navigation навига́ции]; his ~ was confirmed его́ тео́рия подтверди́лась; found / elaborate / develop / overthrow / reject a ~ обоснова́ть / разрабо́тать / разви́ть / опрове́ргнуть / отве́ргнуть тео́рию; the connection between ~ and practice связь тео́рии с пра́ктикой; in ~ теорети́чески.

there 1. (*of place*) там; I'll be ~ till six o'clock я бу́ду там до шести́ часо́в; he stayed ~ a month он был там в тече́ние ме́сяца; he isn't ~ его́ там нет; there were many people ~ там бы́ло мно́го наро́ду; who is ~? кто там?; I saw nothing ~ я ничего́ там не ви́дел(а); ⊙ **here and** ~ тут и там; **2.** (*of direction*) туда́; look / go ~! посмотри́(те) / иди́(те) туда́!; put it ~! положи́ (-те) э́то туда́!; I hope to go ~ next summer я наде́юсь пое́хать туда́ бу́дущим ле́том; I'm on my way ~ я е́ду, иду́ туда́; from ~ отту́да; **3.** (*in exclamations*) вот; ~ he is! вот он!; ~ he comes! вот он идёт!; ~ it is! вот оно́!; ◇ ~ **is, are** *in present tense usually not translated:* ~ is only one window in the room в ко́мнате то́лько одно́ окно́; ~ is a big forest near our village о́коло на́шей дере́вни большо́й лес; ~ is something heavy in this box в э́том я́щике (лежи́т) что́-то тяжёлое; ~ is no other train there туда́ нет друго́го по́езда; ~ is no doubt that he will agree нет сомне́ний в том, что он согласи́тся, безусло́вно он согласи́тся; ~ isn't much left to do оста́лось сде́лать немно́го; ~ aren't many such writers таки́х писа́телей немно́го; ~ can't be more than two or three hotels in this town в э́том го́роде вряд ли бо́льше двух—трёх гости́ниц; { *often rendered by* есть, име́ется; ~ are many people who don't like jazz music есть мно́го люде́й, кото́рым не нра́вится джаз, джа́зовая му́зыка; are ~ any other questions? есть ли ещё (каки́е-либо) вопро́сы?; is ~ a post-office in the hotel? при гости́нице есть по́чта?; ~ is one serious obstacle име́ется одно́ серьёзное затрудне́ние; { *in past and future tenses rendered by Russian verb* быть; ~ was a garden behind the house за до́мом был сад; ~ were two people in the room в ко́мнате бы́ло два челове́ка; ~ was nobody there там никого́ не́ было; ~ have been similar suggestions подо́бные предложе́ния уже́ бы́ли; ~ will be five of us нас бу́дет пять челове́к; was ~ a newspaper today? сего́дня была́ газе́та?; was ~ anything about me in the letter? в письме́ бы́ло что́-нибудь обо мне́?; how many speakers will ~ be? ско́лько бу́дет выступле́ний?

therefore *conj* (*that's why*) поэ́тому; there is ~ little doubt... поэ́тому не подлежи́т сомне́нию...; we may ~ say... поэ́тому вполне́ мо́жно сказа́ть...; { (*consequently*) сле́довательно; it would ~ be a mistake to suppose... сле́довательно, бы́ло бы оши́бочно полага́ть...

these *pron dem pl* э́ти (41b) [houses дома́, people лю́ди, problems пробле́мы, fields поля́, trees дере́вья, decisions реше́ния]; I like ~ flowers мне нра́вятся э́ти цветы́; I shall take ~ three magazines я возьму́ э́ти три журна́ла; take one of ~ shirts! возьми́(те) одну́ из э́тих руба́шек!; { *if not followed by sb* э́то (41b); ~ are my friends / his old textbooks э́то мои́ друзья́ / его́ ста́рые уче́бники; one of ~ days на дня́х; *also see* this.

they I *pron pers* они́ (40b) (*3d pers pl*); ~ are here они́ здесь; ~ are great friends они́ больши́е друзья́; ~ will come tomorrow они́ приду́т за́втра; ~ both они́ о́ба (*m, n*), они́ о́бе (*f*); ~ all speak Russian very well они́ все о́чень хорошо́ говоря́т по-ру́сски; ~ liked the performance спекта́кль им понра́вился; ~ wanted to go there им хоте́лось пойти́ туда́; ~ thought it would be easy им показа́лось, что э́то бу́дет легко́; *also see* them; II *pron indef not translated, verb translated in 3d pers pl*: ~ say говоря́т; ~ say it will be cold this winter говоря́т, что э́та зима́ бу́дет холо́дной.

thick *a* 1. (*not thin, not slender*) то́лстый (31b) [slice of bread кусо́к хле́ба, ice лёд, layer слой]; то́лстая [book кни́га, paper бума́га,

wall стена́, board доска́, neck ше́я, skin ко́жа]; то́лстое [blanket одея́ло, glass стекло́]; a ~ door тяжёлая дверь; the snow lay two metres ~ снег был толщино́й в два ме́тра; 2. (*dense*) густо́й (31a) [forest лес; soup суп, syrup сиро́п; fog тума́н, smoke дым]; густа́я [grass трава́; mass ма́сса]; густы́е [hair во́лосы].

thief вор *m* (1g); catch / arrest a ~ пойма́ть / арестова́ть во́ра.

thin *a* 1. (*not thick*) то́нкий (33b) [layer слой, sheet лист, slice кусо́к]; то́нкая [book кни́га, paper бума́га, branch ве́тка, wall стена́, thread ни́тка, cloth мате́рия, string верёвка]; то́нкое [blanket одея́ло, glass стекло́]; this cloth is ~ner э́та мате́рия то́ньше; I want some ~ner paper мне нужна́ бо́лее то́нкая бума́га; a ~ dress лёгкое пла́тье; ~ shoes лёгкие ту́фли; 2. (*not fat, stout*) худо́й (31a) [man челове́к, child ребёнок]; худа́я [figure фигу́ра, girl де́вушка]; худо́е [face лицо́]; худы́е [arms, hands ру́ки, fingers па́льцы, legs но́ги]; ~ as a lath худо́й, как ще́пка; he was very ~ он был о́чень худы́м; he's getting ~ он худе́ет; her illness left her ~ она́ похуде́ла по́сле боле́зни; 3. (*watery*) жи́дкий (33b) [soup суп]; жи́дкое [wine вино́]; 4. (*not dense*) ре́дкий (33b) [forest лес, mist тума́н]; ре́дкие [hair во́лосы].

thing 1. (*object*) вещь *f* (30b) [old ста́рая, rare ре́дкая, useful поле́зная, useless нену́жная, бесполе́зная]; what do you call this ~? как называ́ется э́та вещь?; all the ~s in the room все ве́щи в ко́мнате; he has many ~s in his bag у него́ в чемода́не мно́го веще́й; gather one's ~s собра́ть свои́ ве́щи; put one's ~s in order привести́ свои́ ве́щи в поря́док; put ~s into their places положи́ть ве́щи на ме́сто; keep one's ~s on a shelf / in a wardrobe держа́ть свои́ ве́щи на по́лке / в шкафу́; don't leave your ~s everywhere! не оставля́й(те) повсю́ду свои́х веще́й!; { with adjectives often not translated: there are many interesting ~s in this museum в э́том музе́е мно́го интере́сного; we saw many interesting ~s at the exhibition на вы́ставке мы ви́дели мно́го интере́сного; I never heard / saw such а ~ я никогда́ не ви́дел(а) / не слы́шал(а) ничего́ подо́бного; I must say one more ~ я до́лжен ещё ко́е-что́ сказа́ть; she is fond of eating sweet ~s она́ о́чень лю́бит сла́дкое; **2.** (*matter*) де́ло *n* (14d) [important ва́жное, dangerous опа́сное, great большо́е, difficult тру́дное, necessary необходи́мое]; it is a difficult ~ to do э́то

тру́дно сде́лать; I have many ~s to do у меня́ мно́го дел; the main ~ is that... гла́вное в том, что́бы...; the most important ~ is... са́мое гла́вное, э́то...; the best ~ to do is... лу́чше всего́...; the first ~ to do is... пе́рвое, что на́до сде́лать, э́то...; I thought of the same ~ я поду́мал(а) о то́м же са́мом; he always says the right / wrong ~ он всегда́ говори́т то / не то, что ну́жно; { *pl* ~s (*circumstances*): that only makes ~s worse / more complicated э́то то́лько ухудша́ет / усложня́ет де́ло; you take ~s too seriously вы всё воспринима́ете сли́шком серьёзно; ~s are getting worse and worse / better and better дела́ стано́вятся всё ху́же и ху́же / всё лу́чше и лу́чше; there are many ~s worrying me меня́ мно́гое беспоко́ит; ⊙ the ~ is... де́ло в том, что...; the ~ is (that) I must hurry де́ло в том, что мне на́до спеши́ть; **3.** (*of people*): poor ~ бедня́га *f, m* (22a), бедня́жка *f, m* (22e); little ~ малю́тка *f, m* (22 c); **4.** *pl* ~s (*clothes, belongings*) ве́щи *no sg* (30b); where are my ~s? где мои́ ве́щи?; have you packed your ~s? вы уложи́ли свои́ ве́щи?; take off one's ~s разде́ться; put on one's ~s оде́ться.

think 1. (*conceive, reflect*) ду́мать (65), *perf* поду́мать (65) [1] aloud вслух, to oneself про себя́; 2) о *with abl* about, of the trip о пое́здке, about the future о бу́дущем; about, of one's family о семье́] I shall ~ about it я поду́маю об э́том; ~ a little! поду́май(те) немно́го!; he always said what he thought он всегда́ говори́л то, что ду́мал; he was ~ing hard он напряжённо ду́мал; what made you ~ of that? почему́ вы вдруг поду́мали об э́том?; ~ much of oneself мно́го о себе́ ду́мать; let me ~ a moment! да́йте мне немно́го поду́мать!; ~ of the danger! поду́майте об опа́сности!; 2. (*consider*) счита́ть (64), *no perf*; I ~ he is right я счита́ю, что он прав; I thought her very clever я счита́л её о́чень у́мной; { ду́мать; I ~ she didn't understand your question я ду́маю, что она́ не поняла́ ва́шего вопро́са; I ~ I can help you (я) ду́маю, что могу́ вам помо́чь; where do you ~ he went? как вы ду́маете, куда́ он пошёл?; what do you ~ it means? как вы ду́маете, что э́то зна́чит?; who do you ~ did it? как вы ду́маете, кто э́то сде́лал?; when do you ~ you can come? как вы ду́маете, когда́ вы смо́жете прийти́?; how many tickets do you ~ we need? как вы ду́маете, ско́лько нам ну́жно биле́тов?; it is a great mistake to ~ that...

серьёзная оши́бка ду́мать, что...; you have no reason to ~ so у вас нет основа́ний так ду́мать; I ~ so ду́маю, что (э́то) так; I don't ~ so ду́маю, что нет; ~ of (*remember*) вспо́мнить (179) (*with acc*); I can't ~ of his name / of the word at the moment я ника́к не могу́ сейча́с вспо́мнить его́ и́мя / э́то сло́во; ~ over обду́мывать (65), *perf* обду́мать (65) (*with acc*); ~ it over and then come to me again обду́майте э́тот вопро́с и тогда́ приходи́те ко мне́ ещё раз.

third I *sb* треть *f* (29b); two ~s две тре́ти.

third II *num (after second)* тре́тий (32) [time раз, month ме́сяц, year год]; тре́тья [week неде́ля, stop остано́вка]; тре́тье [act де́йствие]; the ~ time в тре́тий раз; on the ~ of July тре́тьего ию́ля; today is the ~ сего́дня тре́тье (число́); he lives on the ~ floor он живёт на четвёртом этаже́.

thirsty: be ~ хоте́ть (133) пить, *perf* захоте́ть (133) пить; I am very ~ я о́чень хочу́ пить; they were hungry and ~ им хоте́лось пить и есть.

thirteen трина́дцать (39c); *see* eight.

thirty три́дцать (39c); ~-one days три́дцать оди́н (*with nom sg*) день; ~-two / -three / -four days три́дцать два / три / четы́ре (*with gen sg*) дня; ~-five / -six days тридцать пять / шесть (*with gen pl*) дней; she was about ~ ей было около тридцати лет; *also see* eight.

this *pron dem* (*followed by sb*) этот (41b) [house дом, train поезд, subject предмет, question вопрос, man человек]; эта [hat шляпа, book книга, river река, village деревня]; это [window окно, coat пальто, dress платье, tree дерево, attitude отношение, decision решение]; ~ time на этот раз; ~ city is very old этот город очень старый; ~ way is the best этот способ самый хороший; ~ coat will do это пальто подойдёт; { (*referring to time*): ~ summer этим летом; ~ winter / autumn / spring этой зимой / осенью / весной; ~ week на этой неделе; month / year в этом месяце / году; ~ April / June в апреле / июне этого года; they came ~ morning / evening / afternoon они приехали сегодня утром / вечером / днём; { *if not followed by sb* это; ~ is my pen / my new coat / my house это моя ручка / моё новое пальто / мой дом; ~ might have happened to anyone это могло случиться с каждым; I don't like ~ мне это не нравится; instead of ~ вместо этого; do / say it like ~! сделайте / скажите это так!

those *pron dem pl* те (41b), эти (41b) [few exceptions не-

многие исключения, old ideas старые представления]; will you bring ~ dishes to the table? принесите, пожалуйста, эти тарелки на стол!; can you see ~ boats on the river? вы видите эти лодки на реке?; { *if not followed by sb* это; ~ are my children это мои дети; ~ were his words это его слова; *also see that* I.

though *conj* хотя; he finished first ~ he began last он кончил первым, хотя начал последним; we went farther, ~ it was already quite dark мы пошли дальше, хотя уже стало темно; she is an experienced worker ~ she is still quite young она опытный работник, хотя ей ещё совсем немного лет.

thought *sb* 1. (*meditation*) размышление *n* (18c), *often pl* размышления; after long ~ после долгих размышлений; he was deep in ~, he was lost in ~ он был погружён в (глубокие) размышления; 2. (*idea*) мысль *f* (29c); at the ~ of his children... при мысли о (*with abl*) детях...; gloomy ~s мрачные, невесёлые мысли; the ~ of seeing her son soon made her happy мысль о том, что она скоро увидит своего сына, делала её счастливой; such a ~ never entered my mind такая мысль никогда не приходила мне в голову.

thousand тысяча *f* (25a, *instr sg* тысячью); a, one ~ (одна) тысяча; two / three / four ~ две / три / четыре тысячи; five / ten ~ пять / десять тысяч; several / many ~несколько / много тысяч; more / less than a ~ больше / меньше тысячи; about a ~ около тысячи; ~s of people / kilometres тысячи людей / километров; five ~ two hundred пять тысяч двести; in 1960 в тысяча девятьсот шестидесятом году.

thread *sb* нитка *f* (22d) [cotton хлопчатобумажная, silk шёлковая, woollen шерстяная; thin тонкая, thick толстая, strong прочная]; spool of ~ катушка ниток; bind smth with ~ завязать что-л. нитками; { *fig* нить *f* (29c); I've lost the ~ of the argument / story я потерял(а) нить (*with gen*) спора / рассказа.

threaten 1. грозить (191), *perf* погрозить (191) [1) *with dat* smb кому-л.; 2) *with instr* with a stick палкой]; they ~ed to kill him / to punish him они грозили убить его / наказать его; **2.** угрожать (64), *no perf* (*with dat*); they ~ed him with death / torture / punishment они ему угрожали (*with instr*) смертью / пытками / наказанием; { грозить, *no perf*; they didn't realize the danger that ~ed them они не знали, какая

опасность грозила (*with dat*) им.

three три (39b) (*with sb in gen sg*); ~ years / weeks / windows три года / недели / окна; after ~ months in the country... после трёх месяцев (,проведённых) в деревне...; *see* eight.

throat горло *n* (14c); I have something stuck in my ~ у меня что-то застряло в горле; the words stuck in my ~ слова застряли у меня в горле; his ~ is sore, he has a sore ~ у него болит горло; diseases of the ~ болезни горла.

through *prep* **1.** (*from one end to the other*) *with acc*: he walked ~ the forest / village / room он прошёл **через** весь лес / всю деревню / всю комнату; the road runs ~ some beautiful country дорога идёт через красивую местность; the train goes ~ Kiev поезд идёт через Киев; he passed ~ many dangers / trials он прошёл через многие опасности / большие испытания; { (*by way of*): he came in ~ the door он вошёл в (*with acc*) дверь; he climbed in ~ the window он влез в окно; you can see it ~ the telescope / glasses / window вы можете увидеть это в телескоп / бинокль / окно; I could not see him ~ the smoke / mist я не мог его видеть **сквозь** (*with acc*) дым / туман; **2.** (*during*): he kept nodding all ~ the lesson / speech он клева́л но́сом **во вре́мя** (*with gen*) всего́ уро́ка / всей ре́чи; we talked about it all ~ dinner мы говори́ли об э́том **в тече́ние** (*with gen*) всего́ обе́да; all ~ the night в тече́ние всей но́чи; **3.** (*because of, on account of*): the accident came about ~ his negligence несча́стный слу́чай произошёл **из-за** (*with gen*) его́ небре́жности; they didn't meet ~ a mistake in the telegram они́ не встре́тились из-за оши́бки в телегра́мме; it happened ~ no fault of mine э́то случи́лось не **по** (*with dat*) мое́й вине́; { (*by means of*): we learned about it ~ an advertisement мы узна́ли об э́том **по** (*with dat*) объявле́нию; you can do it ~ an agent вы мо́жете сде́лать э́то **че́рез** (*with acc*) аге́нта.

throughout *prep* (*in*): ~ the whole book **по** (*with dat*) всей кни́ге; he travelled ~ the whole of Europe он путеше́ствовал по всей Евро́пе; ~ the country по все́й стране́; ~ the world **во** (*with abl*) всём ми́ре; { (*all through*) *with gen*: ~ the night **в тече́ние** всей но́чи / the eighteenth century в тече́ние всей но́чи / всего́ восемна́дцатого ве́ка; ~ his life в тече́ние всей его́ жи́зни.

throw *v* **1.** броса́ть (64), *perf* бро́сить (149) [1] *with acc* ball мяч, stone ка́мень;

light свет, shadow тень, look, glance взгляд; **2)** far далеко́, near недалёко; hard с си́лой, with difficulty с трудо́м, quickly бы́стро; **3)** at smb в кого́-л., smb, to smb кому́-л., at smth во что-л.; into the water в во́ду, into a box в я́щик, into the air в во́здух; on the chair на стул, on the ground на зе́млю, on the floor на пол, on the table на стол; under the bench под скаме́йку, under the table под стол; out of the window из окна́]; he threw the ball to me он бро́сил мне мяч; he threw the ball / stone at me он бро́сил в меня́ мячо́м / ка́мнем; he threw the bone to the dog он бро́сил соба́ке кость; she threw a glance at the picture она́ бро́сила взгляд на (*with acc*) карти́ну; the trees threw long shadows дере́вья броса́ли дли́нные те́ни; he threw the ball over the wall / fence он перебро́сил мяч че́рез сте́ну / забо́р; ⊙ ~ **open** распа́хивать (65), *perf* распахну́ть (130) (*with acc*); he threw the door open он распахну́л дверь; all the windows were thrown open все о́кна бы́ли распа́хнуты; ~ **one's arms around** smb обнима́ть (64) (*with acc*) кого́-л., *perf* обня́ть (232) кого́-л.; ~ **one's arms round smb's neck** бро́ситься (149) (*with dat*) кому́-л. на ше́ю; she threw her

arms round her father's neck
она бросилась отцу на шею;
2.: ~ oneself бросаться (64),
perf броситься (149) [на
with acc on the ground на
землю, on the bed на кровать, on the grass на траву]; ~ **away** (*get rid of*) выбрасывать (65), *perf* выбросить (150) [*with acc* trash
мусор, **an** old thing старую
вещь]; ~ **off** (*remove*) сбрасывать (65) с себя, *perf*
сбросить (149) с себя (*with acc*); he threw off his burning clothes он сбросил с себя
горящую одежду.

thunder *sb* гром *m*, *no pl*
(1k) [1) deafening оглушительный, rolling раскатистый, distant отдалённый; 2)
crashes гремит, comes nearer
приближается, rolls off,
moves off удаляется]; be
afraid of ~ бояться грома;
~ and lightning гром и молнии; a ~ of applause гром
аплодисментов.

thunderstorm гроза *f* (19g)
[1) heavy, severe сильная,
terrible ужасная, distant
отдалённая; 2) threatens собирается, comes near приближается, passes away уходит, is over прошла]; a ~
broke out разразилась гроза; we are going to have a
~ будет гроза; take shelter
from a ~ спрятаться от грозы; be afraid of a ~ бояться
грозы; during the ~ во
время грозы; there was a ~
and we couldn't leave, была
гроза и мы не могли уйти.

Thursday четверг *m* (4g);
see Monday.

ticket билет *m* (1f) [1) expensive дорогой, cheap дешёвый; railway железнодорожный, children's детский, season сезонный; 2)
to, for the concert на концерт, to, for the theatre в
театр, to the cinema в кино, to a football game на
футбол; 3) costs one dollar
стоит один доллар; 4) buy,
book покупать, take брать,
forget забыть, lose потерять,
offer предложить, produce
предъявить, show показать,
take out вынимать]; bus /
plane / tram / train ~ билет на автобус / самолёт /
трамвай / поезд; return ~
обратный билет; single, one-way ~ билет в один конец;
how much does a ~ to Leningrad cost? сколько стоит
билет до Ленинграда?; ~s
are free билеты бесплатные;
we have taken two ~s for
the ballet мы взяли два билета на балет.

tide *sb* (*rise of water*)
прилив *m* (1f) [strong, high
сильный, low небольшой];
the ~ comes in, rises вода
прибывает; high ~ высшая
точка прилива; { (*fall of
water*) отлив *m* (1f); the ~
goes out, falls вода спадает;
low ~ низшая точка отлива; { *pl* ~s приливы и отливы.

tie I *sb* **1.** (*necktie*) галстук (4c) [1) blue синий
silk шёлковый, nice кра-

си́вый; 2) put on наде́ть, take off снять, tie завяза́ть, wear носи́ть]; he was wearing a black ~ он был в чёрном га́лстуке; 2. *pl* ~s (*bond*) у́зы *no sg* (1f); ~s of friendship у́зы дру́жбы.

tie II *v* (*fasten in knot*) завя́зывать (65), *perf* завяза́ть (48) [1] *with acc* kn᷍t у́зел, scarf шарф, tie га́лстук; 2) thoroughly тще᷍.но, tightly кре́пко, loosely свобо́дно]; { (*fasten together*) свя́зывать (65), *perf* связа́ть (48) (*with acc*); she ~d the ends together она́ связа́ла о́ба конца́; he ~d his books / things together он связа́л свои́ кни́ги / ве́щи; ~ feet / hands (together) связа́ть но́ги / ру́ки; { *fig*: my hands are ~d y меня́ свя́заны ру́ки; { (*fasten to*) привя́зывать (65), *perf* привяза́ть (48) [1] *with acc* horse ло́шадь, dog соба́ку; 2) к *with dat* to a tree к де́реву, to a post, pole к столбу́; 3) *with instr* with a string бечёвкой, with a rope верёвкой]; ~ (up) one's shoes зашнуро́вывать боти́нки, ту́фли; ~ up свя́зывать, *perf* связа́ть [в *with acc* into a bundle в у́зел].

tiger тигр *m* (1e).

tight I *a* 1. (*too small*) те́сный (31b) [suit костю́м]; те́сные [shoes ту́фли, боти́нки]; he was wearing an old coat that was too ~ for him он был в ста́ром паль-

то́, кото́рое бы́ло ему́ сли́шком те́сно, мало́; 2. (*firm, not loose*) туго́й (33a) [knot у́зел, collar воротничо́к]; туга́я [spring пружи́на]; ~ rope (ту́го) натя́нутая верёвка.

tight II *adv* 1. (*not loosely*) ту́го [stretch, pull натяну́ть, tie завяза́ть, screw завинти́ть]; pack a sack ~ ту́го наби́ть мешо́к; tie it as ~ as possible завяжи́(те) э́то как мо́жно ту́же; 2. (*firmly*) кре́пко [hold держа́ть, grip схвати́ть]; pull it ~ег тяни́(те) сильне́е!

till I *prep* 1. (*up to*) *with gen*: we shall stay here ~ Monday / five o'clock / the end of the month / summer мы остаёмся здесь до понеде́льника / пяти́ часо́в / конца́ ме́сяца / ле́та; ~ today / tomorrow до сего́дняшнего / за́втрашнего дня; ~ now до сих пор; ~ then I knew nothing about it до тех пор я ничего́ об э́том не знал(а); from three ~ five с трёх до пяти́; 2. *in translating neg sentences, Russian verb is in affirm combined with* то́лько: he did not come ~ today он прие́хал то́лько сего́дня; he did not finish his work ~ five o'clock он ко́нчил рабо́ту то́лько к пяти́ часа́м.

till II *conj* (до тех пор) пока́ (*Russian clause is often neg with verb in perf aspect*); wait ~ I come / have finished this work подожди́те, пока́ я (не) приду́ / (не) ко́нчу рабо́ту; they waited ~ he had gone они́ жда́ли (до тех пор), пока́ он не ушёл; go straight on ~ you come to a large red building иди́те пря́мо, пока́ не дойдёте до большо́го кра́сного зда́ния.

time *sb* **1.** (*quantity of minutes, hours, etc.*) вре́мя *n* (15b) [1) free свобо́дное, long до́лгое, продолжи́тельное, short коро́ткое, lost поте́рянное; 2) flies лети́т, passes прохо́дит, drags on тя́нется, comes прихо́дит; 3) have име́ть, find найти́, lose теря́ть, spend тра́тить, waste тра́тить зря]; I'll find ~ for it на э́то я найду́ вре́мя; a long period of ~ дли́тельный пери́од вре́мени; we have no ~ to lose нам нельзя́ теря́ть вре́мени; we were pressed for ~ у нас совсе́м не́ было вре́мени; for a short ~ недо́лго, ненадо́лго; I have little / plenty of, much / enough ~ у меня́ ма́ло / мно́го / доста́точно вре́мени; all the ~ всё (э́то) вре́мя; it rained all the ~ всё (э́то) вре́мя шёл дождь; gain ~ вы́играть вре́мя; it will take a lot of ~ э́то займёт мно́го вре́мени; he was busy most of the ~ он был за́нят бо́льшую часть вре́мени; half (of) / part of the ~ полови́на / часть вре́мени; we have no ~ left у нас не оста́лось вре́мени; at that ~ в

э́то вре́мя; at the same ~ в то же са́мое вре́мя; in no ~ мгнове́нно; for some ~ не́которое вре́мя; during this ~ в тече́ние э́того вре́мени; I need more ~ мне ну́жно ещё вре́мя; ~ will show вре́мя пока́жет; in due ~ в своё вре́мя; it's a matter, question of ~ э́то вопро́с вре́мени; **2.** (*o'clock*) вре́мя *n*, *no pl* (15b) [convenient удо́бное, suitable подходя́щее]; you may come any ~ вы мо́жете прийти́ в любо́е вре́мя; will that ~ suit you? подхо́дит ли вам э́то вре́мя?; ask the ~ спроси́ть, кото́рый час; what ~ is it?, what is the ~? ско́лько сейча́с вре́мени, кото́рый час?; can you tell me the right ~? не ска́жете ли мне то́чно, ско́лько сейча́с вре́мени?; it was almost ~ for dinner приближа́лось вре́мя обе́да; **3.** *often pl* ~s (*epoch*) времена́ (15b) [ancient дре́вние, hard тяжёлые, difficult тру́дные, happy счастли́вые]; in the good old ~s в до́брые ста́рые времена́; Shakespeare's ~ времена́ Шекспи́ра; peace / war ~ ми́рное / вое́нное вре́мя; in those ~s в те времена́; it was a ~ when... э́то бы́ло вре́мя, когда́...; in my ~ в моё вре́мя; **4.** (*occasion*) раз *m* (1k) [first пе́рвый, every ка́ждый, only еди́нственный]; two / three / four ~s два / три / четы́ре ра́за; five / ten / many

/ several ~s пять / де́сять / мно́го / не́сколько раз; three ~s a week / a month три ра́за в неде́лю / в ме́сяц; another ~ в друго́й раз; last / next ~ в про́шлый / в сле́дующий раз; for the first / last ~ в пе́рвый / в после́дний раз; this ~ на э́тот раз; that ~ в тот раз; how many ~s? ско́лько раз?; at a ~ за оди́н раз; five ~s as big / fast в пять раз бо́льше / быстре́е; ◇ **once upon a ~** когда́-то; once upon a ~ there lived an old man... жил-был когда́-то стари́к...; **for a long ~** 1) (beginning far in past) (уже́) давно́; I haven't seen him for a long ~ я его́ (уже́) давно́ не ви́дел(а); we have lived here for a long ~ мы живём здесь уже́ давно́; I've been waiting for you for a long ~ я вас уже́ давно́ жду; 2) (for considerable period) до́лго; for a long ~ I didn't understand how important it was я до́лго не понима́л(а), как э́то ва́жно; he was ill for a long ~ он до́лго боле́л; for a long ~ there was no change whatever in his condition в его́ состоя́нии до́лгое вре́мя не́ было никаки́х измене́ний; **have a good, nice ~** хорошо́ проводи́ть (152) вре́мя, perf хорошо́ прове́сти (219) вре́мя; we had a very good ~ at the party мы о́чень хорошо́ прове́ли вре́мя на ве́чере; **in ~** 1) (not late) во́время [be-

gin нача́ть, come прийти́, find out узна́ть, stop останови́ться]; just in ~ как раз во́время; 2) (sooner or later) со вре́менем; you will understand it better in ~ со вре́менем вы э́то поймёте лу́чше; **at ~s** иногда́, времена́ми; at ~s the plan seemed hopeless иногда́ план каза́лся безнадёжным; **from ~ to ~** вре́мя от вре́мени; from ~ to ~ he got up and looked out of the window вре́мя от вре́мени он встава́л и смотре́л в окно́; **take (up) smb's ~** занима́ть (64) чьё-л. вре́мя; I shan't take up your ~ with unimportant details я не бу́ду занима́ть ва́ше вре́мя несуще́ственными деталя́ми; **it is ~** пора́; it is ~ to return пора́ возвраща́ться; it is high ~ you knew your duties better вам уже́ давно́ пора́ лу́чше знать свои́ обя́занности; **~ and (~) again** ещё и ещё раз.

time-table расписа́ние n (18c); consult the ~ све́риться с расписа́нием; look it up in the ~! посмотри́те расписа́ние!

tip I sb (end) ко́нчик m (4c) [with gen of one's tongue языка́, of a finger па́льца, of one's nose но́са]; ⊙ **on the ~ of one's tongue:** his name was on the ~ of my tongue его́ и́мя верте́лось у меня́ на языке́.

tip II sb (money) чаевы́е no sg (31a).

tired *a* уста́лый (31b) [man челове́к, voice го́лос]; уста́лая [woman же́нщина, walk похо́дка]; уста́лое [face лицо́, expression выраже́ние]; уста́лые [eyes глаза́]; feel / look ~ чу́вствовать себя́ / вы́глядеть уста́лым; she looked quite ~ она́ вы́глядела совсе́м уста́лой; he came home ~ он пришёл домо́й уста́лый; be ~ устава́ть (63), *perf* уста́ть (51); I am ~ я уста́л(а); I was very ~ yesterday я вчера́ о́чень уста́л(а); ◇ be (sick and) ~ надое́сть (212); I am (sick and) ~ of it мне э́то надое́ло; I am ~ of your complaints ва́ши жа́лобы мне надое́ли.

to *prep* **1.** (*direction or movement towards*): go to the window / door / table / wall / fence / house идти́ к (*with dat*) окну́ / две́ри / столу́ / стене́ / забо́ру / до́му; go to the sea е́хать к мо́рю; the road leads / will take you to the lake / to the river доро́га ведёт / приведёт вас к о́зеру / к реке́; go / run to smb идти́, е́хать / бежа́ть к кому́-л.; he ran / turned to me он бежа́л / поверну́лся ко мне; come to my place, house! приходи́(те) ко мне!; on the way to the house по доро́ге к до́му; Kiev lies to the south of Moscow Ки́ев лежи́т, нахо́дится к ю́гу от Москвы́; come / go / send smb to the forest / cinema / theatre / church / museum / park / village / London / city, town прийти́ / идти́ / посла́ть кого́-л. в (*with acc*) лес / кино́ / теа́тр / це́рковь / музе́й / парк / дере́вню / Ло́ндон / го́род; the road leads / will take you to the village / mountains доро́га ведёт/ приведёт вас в дере́вню/ го́ры; invite smb to the theatre пригласи́ть кого́-л. в теа́тр; on the way to the museum по доро́ге в музе́й; go to school ходи́ть в шко́лу; go / come to the concert / lecture / meeting / lesson / work / station / post-office / factory идти́ / прийти́ **на** (*with acc*) конце́рт / ле́кцию / собра́ние / уро́к / рабо́ту / ста́нцию / по́чту / фа́брику, заво́д; go to the south / north е́хать на юг / се́вер; fall to the ground упа́сть на зе́млю; on the way to the station по доро́ге на вокза́л; invite smb to a party / dinner пригласи́ть кого́-л. на ве́чер / обе́д; get to the station / theatre / place / house добра́ться **до** (*with gen*) ста́нции / теа́тра / ме́ста / до́ма; go to the country е́хать **за** город; **2.** *in combination with indirect object, noun translated in dat*: she said to them она́ им сказа́ла; he explained / wrote to us он нам объясни́л / написа́л; give / bring / sell / send / lend smth to smb дать / принести́ / прода́ть / посла́ть / одолжи́ть что-л.

кому́-л.; the idea belongs to him э́та иде́я принадлежи́т ему́; it's very important / necessary to me мне э́то о́чень ва́жно / ну́жно; I'm very grateful to you я вам о́чень благода́рен, благода́рна; don't open the door to anyone! никому́ не открыва́й(те) дверь!; 3. (as far as, denoting limit) with gen: it is two kilometres from here to the camp отсю́да **до** ла́геря два киломе́тра; from (the) beginning to (the) end с нача́ла до конца́; from two to four students in a room от двух до четырёх студе́нтов в ка́ждой ко́мнате; fight to the last боро́ться до после́днего; to the last moment до после́днего моме́нта; from one o'clock to three с ча́су до трёх; it will last from ten to twenty minutes э́то продли́тся от десяти́ до двадцати́ мину́т; we got to the top / end мы добра́лись до верши́ны / конца́; to this, to the present day до э́того дня, до настоя́щего вре́мени; 4. (of time) with gen: it is a quarter / twenty minutes to ten (сейча́с) **без** че́тверти / двадцати́ мину́т де́сять; 5. (denoting comparison, proportion, etc.): one to three оди́н **к** (with dat) трём; it is ten chances to one де́сять ша́нсов **про́тив** (with gen) одного́; 6. (in combination denoting result, resultant state): to my surprise / disappointment / sor-

row **к** (with dat) моему́ удивле́нию / разочарова́нию / огорче́нию; to sentence to death приговори́ть к сме́рти; fall / break to pieces развали́ться / разби́ться **на** (with acc) куски́; 7. in various phrases: it does not matter to me / him для (with gen) меня́ / него́ э́то не име́ет никако́го значе́ния; it happened to him two years ago э́то произошло́ с (with instr) ним два го́да тому́ наза́д; listen to me / to the speaker! (по)слу́шайте (with acc) меня́ / ора́тора!; drink to smb's health пить **за** (with acc) чьё-л. здоро́вье; compare to smth сра́внивать с (with instr) чем-л.; be kind / cruel / attentive to smb быть до́брым / жесто́ким / внима́тельным (**по отноше́нию**) **к** (with dat) кому́-л.; in answer to this question / your letter в отве́т **на** (with acc) э́тот вопро́с / ва́ше письмо́; what do you say to that? что вы на э́то ска́жете?; go to the right / left идти́ напра́во / нале́во; I prefer planes to travelling by train я предпочита́ю самолёт е́зде на по́езде; sit down to table сесть за стол.

today adv 1. (on this day) сего́дня; I haven't seen him ~ я его́ сего́дня не ви́дел(а); ~ we shall go to the theatre сего́дня мы пойдём в теа́тр; what is the date ~? како́е сего́дня число́?; ~ is the 19th of June сего́дня девятна́дцатое ию́ня; what day is ~? како́й сего́дня день?; ~ is Friday сего́дня пя́тница; it's very cold ~ сего́дня о́чень хо́лодно; 2. (at the present) в настоя́щее вре́мя; ~ we can speak about travelling to the moon в настоя́щее вре́мя мы мо́жем говори́ть о путеше́ствии на луну́.

toe па́лец (m 10c) (ноги́).

together (with each other) вме́сте [walk идти́, work рабо́тать, be быть, live жить, do smth де́лать что-л., spend time проводи́ть вре́мя]; let's go ~! пойдём(те) вме́сте!; keep, hold ~ держа́ться вме́сте; bring people ~ собра́ть люде́й вме́сте; put smth ~ положи́ть что-л. вме́сте; all ~ все вме́сте; they came ~ они́ пришли́ вме́сте.

tomorrow adv за́втра; I shall come ~ я приду́ за́втра; you will know the results ~ результа́ты вы узна́ете за́втра; by ~ к за́втрашнему дню; for ~ на за́втра; ~ morning / evening / night за́втра у́тром / ве́чером / но́чью; ⊙ **the day after** послеза́втра.

ton то́нна f (19c); two / three / four ~s две / три / четы́ре то́нны; five ~s пять тонн.

tone sb 1. (sound) звук m (4c) [1] soft ти́хий, clear чи́стый, loud гро́мкий, high высо́кий, low ни́зкий; 2) with gen of a violin скри́пки, of the piano роя́ля, of the voice го́лоса]; 2. (of quality of sound) тон m (1j); speak in a sharp / decisive ~ разгова́ривать ре́зким / реши́тельным то́ном; she spoke in an angry / serious ~ она́ говори́ла серди́то/серьёзно.

tongue 1. (in mouth) язы́к m (4g) [swollen распу́хший, red кра́сный, coated бе́лый]; bite one's ~ прикуси́ть язы́к; the doctor looked at his ~ до́ктор посмотре́л его́ язы́к; stick out one's ~ вы́сунуть язы́к; ⊙ **hold one's ~** держа́ть (47) язы́к за зуба́ми; 2. (language) язы́к [native, mother родно́й]; see language.

tonight (this evening) сего́дня ве́чером; I shall be at home ~ сего́дня ве́чером я бу́ду до́ма; what is on ~? что сего́дня (ве́чером) идёт в теа́тре, в кино́?; { (at night) сего́дня но́чью; he is going to work ~ он бу́дет рабо́тать сего́дня но́чью; he is leaving ~ он уезжа́ет сего́дня но́чью.

too I adv (also) то́же, та́кже; I shall be there ~ я то́же бу́ду там; I spoke to the others ~ с остальны́ми я то́же говори́л(а); you ~ вы то́же; { (in addition) та́кже; she plays the piano and sings ~ она́ игра́ет на роя́ле, а та́кже поёт; he was tired and hungry ~ он уста́л, а та́кже был го́лоден.

too II adv (excessively) сли́шком; it is ~ early /

late слишком рано / поздно; this hat is ~ large for me эта шляпа мне слишком велика; ~ much, many / little, few слишком много / мало; go ~ far зайти слишком далеко.

tool *sb* инструмент *m* (1f); carpenter's ~s плотнические инструменты; { *fig* орудие *n* (18c); he was a ~ in their hands он был орудием в их руках.

tooth зуб *m* (1j); I must have a ~ pulled (out) / filled мне нужно удалить / запломбировать зуб; break / lose a ~ сломать / потерять зуб; one of my ~ is loose у меня шатается зуб; *also see* teeth.

toothache зубная боль *f* (29c); I have a bad ~ у меня сильно, очень болят зубы.

top *sb* вершина *f* (19c) [1) distant далёкая, very самая, snow-covered покрытая снегом; 2) *with gen* of a mountain горы; of a tree дерева]; we reached the ~ at noon в полдень мы достигли вершины; he was standing at the ~ of the hill он стоял на вершине холма; { (*upper part*) верхняя часть *f* (29b) [*with gen* of a house дома; of a map карты]; { (*concerning upper part of objects*) верх *m* (*sg* 4c, *pl* 4f) [*with gen* of the box ящика, of the stairs лестницы]; at the ~ of the page в начале страницы;

the ~ shelf / branch верхняя полка / ветка; the ~ floor верхний этаж; ⊙ **from ~ to bottom** сверху донизу.

torture I *sb* пытка *f* (22d) [terrible ужасная, cruel жестокая]; the conversation was ~ to her этот разговор был для неё пыткой; every day brought her new ~ каждый день приносил ей новые мучения.

torture II *v* (*cause pain*) мучить (174) (*with acc*); they were ~d by the heat они мучились от жары; he was ~d by doubts его мучили сомнения.

touch *v* 1. (*be in contact*) касаться (64), *perf* коснуться (130) (*with gen*); the branches of the tree ~ed the water / the wall ветви дерева касались воды / стены; 2. (*place hand, foot on*) дотрагиваться (65), *perf* дотронуться (126) [1) до *with gen* thing до вещи; 2) *with instr* with one's hand рукой, with a stick палкой, with one's foot ногой]; he ~ed me on the shoulder / arm он дотронулся до моего плеча / моей руки; please don't ~ anything! пожалуйста ничего не трогайте!; 3. (*affect the feelings*) растрогать (65) (*with acc*); her story ~ed us deeply / greatly её рассказ нас глубоко/сильно растрогал; 4. (*speak, refer to*) затрагивать (65), *perf* затронуть (126) [*with acc* on, upon a subject тему, upon a matter вопрóс]; he ~ed on a number of questions он затрóнул ряд вопрóсов.

tourist турист *m* (1e); a group of foreign ~s грýппа инострáнных турис́тов; he went there as a ~ он поéхал тудá в кáчестве турис́та, как турис́т.

toward(s) *prep* **1.** (*in the direction of*) *with dat*: walk / run ~ the shore / river / village / sea идти́ / бежáть (по направлéнию) к бéрегу / рекé / дерéвне / мóрю; a step ~ reconciliation шаг к примирéнию; **2.** (*just before*) *with dat*: ~ morning / evening / end of the month к утрý / вéчеру / концý мéсяца; ~ six o'clock к шести́ часáм; **3.** (*with regard to*) *with dat*: he was very kind / attentive ~ her / me он был к ней / ко мнé óчень добр / внимáтелен.

towel *sb* полотéнце *n* (16a) [dry сухóе, clean чис́тое]; dry, wipe one's hands / face on a ~ вы́тереть рýки / лицó полотéнцем.

tower *sb* бáшня *f* (20f) [ancient стари́нная, high высóкая, ruined развали́вшаяся]; ~s of a castle / the Kremlin бáшни зáмка / Кремля́.

town гóрод *m* (1l) [1] big, large большóй, small, little мáленький, небольшóй, quiet ти́хий, well-known извéстный, industrial промы́шленный, important вáжный; [2] build стрóить, de-

stroy разрушáть]; live in (a) ~ жить в гóроде; leave (a) ~ уезжáть из гóрода; attack a ~ нападáть на гóрод; live in the ~ of N. жить в гóроде Н.; the people, inhabitants of the ~ населéние гóрода; how far is it to the nearest ~? как далекó до ближáйшего гóрода?; go down ~ éхать в гóрод; he's not in ~ now егó сейчáс нет в гóроде.

toy *sb* игрýшка *f* (22f) [children's дéтская, expensive дорогáя, cheap дешёвая]; buy ~s покупáть игрýшки; play with ~s игрáть в игрýшки; a ~ house / plane игрýшечный дом / самолёт; ~ railway игрýшечная желéзная дорóга.

trace *sb* (*marks, signs*) след *m* (1k) [1] clear замéтный; 2) remains остаётся; 3) leave оставля́ть, discover обнарýжить]; they disappeared without leaving a ~ они́ исчéзли, не остáвив и следá; there was not the slightest ~ of fear / anxiety in her face нé было ни малéйшего следá стрáха / волнéния.

track *sb* **1.** (*marks*) след *m* (1k) [1] distinct отчётливый, ясный; 2) *with gen* of an animal живóтного, of a car маши́ны; 3) leave оставля́ть; 4) in the snow на снегý, in the sand на пескé]; it was easy to follow the animal's ~ бы́ло легкó идти́ по сле́ду живо́тного; **2.** (*road, path*) тропа́ *f* (19g, *dat pl* тропа́м) [1] narrow у́зкая, hardly visible незаме́тная; 2) through the field че́рез по́ле, through the forest че́рез лес] ; along a beaten ~ по прото́птанной тропе́.

tractor тра́ктор *m* (1f) [big мо́щный, heavy тяжёлый]; drive a ~ рабо́тать на тра́кторе.

trade *sb* **1.** (*commerce*) торго́вля *f* (20e) [extensive больша́я, lively оживлённая]; keep up, maintain / restrict / develop ~ подде́рживать / ограни́чивать / развива́ть торго́влю; foreign ~ вне́шняя торго́вля; ~ with many countries торго́вля со мно́гими стра́нами; ~ agreement торго́вое соглаше́ние; **2.** (*profession*) профе́ссия *f* (23c); by ~ по профе́ссии; what's your ~? кто вы по профе́ссии?; several ~s are taught in the school в э́той шко́ле обуча́ют не́скольким профе́ссиям; ⊙ ~ **union** профессиона́льный сою́з *m* (1f), *usu* профсою́з *m* (1f); *see* union.

tradition тради́ция *f* (23c) [old ста́рая, ancient дре́вняя]; keep up the ~ подде́рживать тради́цию; it has become a ~ э́то ста́ло тради́цией.

traffic (у́личное) движе́ние *n* (18c) [control регули́ровать, stop останови́ть,

hold up задержа́ть]; there is a great deal of, much ~ in this street на э́той у́лице большо́е движе́ние.

train *sb* (*railway*) по́езд *m* (1*l*) [1] fast ско́рый, special специа́льный, freight това́рный, passenger пассажи́рский; 2) is approaching Moscow / the station приближа́ется к Москве́ / к ста́нции, leaves Moscow at five o'clock отхо́дит из Москвы́ в пять часо́в, comes to N. прибыва́ет в Н., stops at the following stations остана́вливается на сле́дующих ста́нциях, is late опа́здывает]; direct ~ по́езд прямо́го сообще́ния; take a ~, go by ~ е́хать на по́езде; get on the ~ сесть в по́езд, get off the ~ сойти́ с по́езда; catch the five-o'clock ~ попа́сть на пятичасово́й по́езд; come by the morning / eleven-o'clock ~ прие́хать у́тренним / одиннадцатичасо́вым по́ездом; miss the ~ опозда́ть на по́езд; when does the ~ start? когда́ отхо́дит по́езд?; ⊙ **electric** ~ электри́чка *f* (22f).

training подгото́вка *f* (22d) [sound, good хоро́шая, special специа́льная]; receive ~ получи́ть подгото́вку; be in ~ проходи́ть подгото́вку; a short period of ~ краткосро́чная подгото́вка; { (*of sports*) трениро́вка *f* (22d).

traitor преда́тель *m* (3a); he turned out to be a ~ он

оказа́лся преда́телем; un-mask / punish a ~ разобла́чить / наказа́ть преда́теля.

tram трамва́й *m* (13c) [1] empty пусто́й, full по́лный, (over)crowded перепо́лненный; 2) goes to идёт в, starts тро́гается]; wait for a ~ ждать трамва́я; catch the last ~ попа́сть на после́дний трамва́й; get on the ~ сесть в трамва́й; get off the ~ сойти́ с трамва́я; go by ~ е́хать трамва́ем.

translate переводи́ть (152), *perf* перевести́ (219) [1] with acc newspaper article газе́тную статью́, novel рома́н, book кни́гу, play пье́су, word сло́во, sentence предложе́ние, poem стихотворе́ние; 2) with difficulty с трудо́м, without any difficulty без труда́; well хорошо́, word for word досло́вно, exactly то́чно; 3) from English into Russian с англи́йского (языка́) на ру́сский, from a foreign language into one's own с иностра́нного языка́ на родно́й]; ~ with the assistance, help of a dictionary переводи́ть с по́мощью словаря́; I can't ~ this sentence я не могу́ перевести́ э́то предложе́ние.

travel *v* (*journey*) путеше́ствовать (245) [1] abroad за грани́цей, everywhere повсю́ду, in England по Англии, in many countries по мно́гим стра́нам, all

over Europe по всей Евро́пе, in the mountains в гора́х; 2) by sea мо́рем, by air по во́здуху, on foot пешко́м, by car на маши́не; 3) for two months два ме́сяца, for many years в тече́ние мно́гих лет, for a long time до́лго]; they ~ every year они́ путеше́ствуют ка́ждый год; he has ~led in many foreign countries он побыва́л во мно́гих стра́нах; I'm fond of ~ling я о́чень люблю́ путеше́ствовать.

traveller путеше́ственник *m* (4a); he was a great ~ он о́чень люби́л путеше́ствовать.

treasure сокро́вище *n* (17a) [great большо́е, immense огро́мное]; art ~s сокро́вища иску́сства; ⊙ **buried** ~ клад *m* (1f); look for / find buried ~ иска́ть / найти́ клад.

treat *v* 1. (*behave towards smb*) обраща́ться (64), *no perf* [1] с *with instr* friends с друзья́ми, the visitors с посети́телями; 2) well хорошо́, badly пло́хо, cruelly жесто́ко]; they ~ed the children very well они́ о́чень хорошо́ обраща́лись с детьми́; he was ~ed very well с ним хорошо́ обраща́лись; 2. (*give medical aid*) лечи́ть (173), *no perf* [1] with acc patient больно́го; wound ра́ну, disease боле́знь; 2) от with gen for tuberculosis от туберкулёза, for rheumatism от ревма-

тизма, for cancer от ра́ка;
3) *with instr* with various
drugs разли́чными ка́плями,
with penicillin пеницилли́-
ном, with X-rays рентге́но-
выми луча́ми]; what doc-
tor is ~ing you? како́й
до́ктор, кто вас ле́чит?, у
кого́ вы ле́читесь?

treatment 1. (*attitude*)
обраще́ние *n* (18c) [rough
гру́бое, kind хоро́шее]; we
couldn't complain of the
~ мы не могли́ жа́ловаться
на обраще́ние; he suffered
from the bad ~ он страда́л
от плохо́го обраще́ния; 2.
(*medical aid*) лече́ние *n* (18c)
[1) new но́вое, effective
эффекти́вное, long дли́тель-
ное; 2) apply применя́ть,
try про́бовать]; a new ~
for pneumonia но́вое лече́ние
(*with gen*) воспале́ния лёгких; undergo ~. проходи́ть
курс лече́ния.

treaty догово́р *m* (1f)
[sign подписа́ть, make, conclude заключи́ть, ratify
ратифици́ровать]; terms of
the ~ усло́вия догово́ра;
peace / trade ~ ми́рный /
торго́вый догово́р; according
to the ~ согла́сно догово́ру.

tree де́рево *n* (*sg* 14d, *pl*
14g) [1) tall высо́кое, low
ни́зкое, dead засо́хшее,
spreading ветви́стое; 2) grows
растёт, falls па́дает, lies
лежи́т, sways кача́ется, dies
засыха́ет; 3) climb влезть
на, cut down сруби́ть, destroy уничто́жить, plant по-
сади́ть, shake трясти́]; in,

on the ~ на де́реве; in the
branches of the ~ на ветвя́х
де́рева; among the ~s сре-
ди́ дере́вьев; he climbed
down from the ~, out of the
~ он слез с де́рева; the top
of a ~ верши́на де́рева;
sit / lie / rest under a ~
сиде́ть / лежа́ть / отдыха́ть
под де́ревом.

tremble *v* дрожа́ть (46);
her hands / lips ~d у неё
дрожа́ли ру́ки / гу́бы; she
was trembling with fear /
cold / nervousness / eager-
ness она́ дрожа́ла от (*with
gen*) стра́ха / хо́лода / вол-
не́ния / нетерпе́ния; her
voice was trembling with
anger её го́лос дрожа́л от
гне́ва; at the sight of the
man / at the sound of his
voice she began to ~ при
(*with abl*) ви́де э́того чело-
ве́ка / при зву́ке его́ го́лоса
она́ задрожа́ла.

tremendous огро́мный
(31b) [plane самолёт, factory заво́д]; огро́мная [crowd
толпа́, wave волна́, dif-
ference ра́зница]; огро́м-
ное [sea мо́ре, population
населе́ние, quantity ко-
ли́чество]; огро́мные [dif-
ficulties тру́дности, obstacles препя́тствия, sums of
money су́ммы де́нег]; these
changes are of ~ signifi-
cance э́ти измене́ния име́ют
огро́мное значе́ние; the
difference was ~ ра́зница
была́ огро́мной.

trial (*in court of law*) суд
m (1c); bring smb to ~,

put smb on ~ привлекать кого-л. к суду; he was on ~ for theft его судили за (*with acc*) кражу.

trick *sb* 1. (*mischievous action*) проделка *f* (22d) [*amusing* забавная, *foolish* глупая, *harmless* безобидная]; children are always up to all kinds of ~s дети всегда готовы на разные проделки; ⊙ **play a ~ on smb** сыграть (64) с (*with instr*) кем-л. шутку; *see* play II; 2. (*cunning action*) хитрость *f* (29c); he won the fight by a clever ~ он выиграл борьбу благодаря хитрости.

trip *sb* 1. (*short journey*) поездка *f* (22d) [1) long длительная, short непродолжительная, interesting интересная, dangerous опасная, pleasant приятная; 2) to the seaside к берегу моря, to London в Лондон, abroad за границу, to the South на юг]; arrange / take, make a ~ устраивать /предпринимать поездку; come back from a ~ вернуться из поездки; prepare for the ~ готовиться к поездке; ~ (a)round the world путешествие вокруг света; ⊙ **business ~** командировка *f* (22d); go on a business ~ (y)ехать в командировку; he is on a business ~ now сейчас он находится в командировке; 2. (*excursion*) экскурсия *f* (23c); go on a ~ to London поехать на экскурсию в Лондон.

troop *sb* 1. (*unit*) отряд *m* (1f); 2. *pl* ~s войска(14d) [1) armoured бронетанковые; 2) send послать]; enemy ~s вражеские войска; pass ~s in review производить смотр войскам.

trouble I *sb* 1. (*worry*) беспокойство *n* (14c); give, make ~ причинять беспокойство; his son is a great ~ to him его сын причиняет ему много беспокойства; 2. (*distress*) беда *f* (19g); be in ~ быть в беде; { неприятности *pl* (29c); I am in great ~ у меня большие неприятности; cause smb ~ доставить кому-л. неприятности; get smb into ~ навлечь на кого-л. неприятности; ask, look for ~ напрашиваться на неприятности; ⊙ **get into ~** попасть (55) в беду; иметь (98) неприятности; 3. (*pains, effort*) хлопоты *no sg* (19c); it will be no ~ это не доставит (никаких) хлопот; did it give you much ~? это доставило вам много хлопот?; it gave him a lot of / a world of ~ это доставило ему много / массу хлопот; I don't want to be a ~ to you я не хочу доставлять вам хлопот; thank you for all the ~ you've taken благодарю вас за все ваши хлопоты; I'm sorry to put you to so much ~ мне жаль, что я вам доставляю столько хлопот; I hope you won't have any ~ with the child надеюсь, что ребёнок не доста́вит вам никаки́х хлопо́т; will it be much ~ to you to do this? вас не о́чень затрудни́т сде́лать э́то?; ⊙ **take (the) ~** потруди́ться (152); he didn't even take the ~ to read my letter он да́же не потруди́лся проче́сть моё письмо́; 4. (*ill health*): he has heart / liver / stomach ~ у него́ больно́е се́рдце / больна́я пе́чень / больно́й желу́док.

trouble II *v* 1. (*disturb, make anxious*) беспоко́ить (151), *no perf* (*with acc*); what is troubling you? что вас беспоко́ит?; he was ~d about his son's behaviour его́ беспоко́ило поведе́ние сы́на; don't ~ him now! не беспоко́й(те) его́ сейча́с!; 2. (*in polite requests*): may I ~ you to post this letter / to shut the window? не могу́ ли я попроси́ть вас опусти́ть э́то письмо́ / закры́ть окно́?; may I ~ you for a match / the salt? не могу́ ли я попроси́ть у вас спи́чку / соль?; 3. (*bother, feel anxious*) беспоко́иться (151), *no perf*; don't ~, I'll do it myself не беспоко́йтесь, я э́то сде́лаю сам(а́); don't ~ to look for it now не беспоко́йтесь, не ищи́те сейча́с.

trousers *pl* брю́ки *no sg* (4c, *gen* брюк) [1] old ста́рые, worn out поно́шенные, long дли́нные, short коро́ткие, narrow у́зкие, fashionable мо́дные, pressed разгла́женные, wrinkled мя́тые; dark тёмные, light све́тлые; 2) hang вися́т, cost ten roubles сто́ят де́сять рубле́й; 3) to buy покупа́ть, to try on примеря́ть, to brush чи́стить, to press гла́дить, to put on надева́ть, to take off снима́ть, to wear носи́ть, to tear разорва́ть; change one's ~ переоде́ть брю́ки; these ~ are too small / wide for him э́ти брю́ки ему́ сли́шком малы́ / широки́.

truck *sb* (*lorry*) грузови́к *m* (4g) [load нагружа́ть, unload разгружа́ть]; drive a ~ вести́ грузови́к; ride in a ~ е́хать на грузовике́.

true 1. (*faithful, loyal*) настоя́щий (35), ве́рный (31b) [friend друг, comrade това́рищ]; настоя́щая [friendship дру́жба, love любо́вь]; he was always ~ to her / to his friends он был всегда́ ве́рен (*with dat*) ей / свои́м друзья́м; 2. (*correct*) пра́вильный (31b); is that ~? э́то пра́вда?; it is not ~ э́то непра́вда, э́то не так; it is strange but ~ хотя́ э́то и стра́нно, но э́то так; is it ~ that he has left London? пра́вда, что он уе́хал из Ло́ндона?; а ~ story и́стинное происше́ствие; the picture / book / film is ~ to life карти́на / кни́га / фильм правди́во отража́ет жизнь; ⊙ **come ~** сбыва́ться (64), *perf* сбы́ться (210); *see* come.

trunk I *sb* ствол *m* (1c)
[thick то́лстый, hollow по́лый]; ~ of a tree ствол
де́рева.

trunk II *sb* (*big suit-case*)
большо́й чемода́н (1f); pack
a ~ упако́вывать чемода́н;
put things into a ~ укла́дывать ве́щи в чемода́н; *see*
bag.

trust *v* 1. (*believe*, *have*
confidence in) ве́рить (157),
perf пове́рить (157) (*with*
dat); he says he will come
early but I don't ~ him он
говори́т, что придёт ра́но,
но я ему́ не ве́рю; I ~ him
more than I ~ his brother
ему́ я ве́рю бо́льше, чем
его́ бра́ту; I don't ~ his story я не ве́рю его́ исто́рии;
2. (*entrust*) доверя́ть (223),
perf дове́рить (157) [1) *with*
dat smb, to smb кому́-л.;
2) *with acc* (with) money
де́ньги, work рабо́ту, secret
секре́т]; I would never ~
him with my money я бы
никогда́ не дове́рил(а) ему́
свои́х де́нег; he's not a man
to be ~ed он не тот челове́к,
кото́рому мо́жно ве́рить.

truth пра́вда *f* (19c) [bitter го́рькая]; tell / find out,
learn / conceal / know the ~
сказа́ть / узна́ть / скрыть
/ знать пра́вду; he always
speaks, tells the ~ он всегда́
говори́т пра́вду; I've told
you the whole ~ я вам
сказа́л(а) всю пра́вду; there
is much ~ in what he says
в том, что он говори́т, мно́го
пра́вильного; there may be
some ~ in that мо́жет быть
в э́том и есть до́ля пра́вды;
⊙ to tell (you) the ~ по
пра́вде говоря́; to tell (you)
the ~, I don't really know
по пра́вде говоря́, я действи́тельно не зна́ю.

try *v* 1. (*make attempt*)
пыта́ться (64), *perf* попыта́ться (64); he didn't even
~ to do it он и не пыта́лся
сде́лать э́то; he tried but
didn't succeed он пыта́лся,
но безрезульта́тно; it's no
good, no use ~ing пыта́ться
бесполе́зно; I shall ~ again
я попыта́юсь, попро́бую ещё
раз; the man tried to stand
up, but he fell again челове́к
попыта́лся встать, но сно́ва
упа́л; { (*endeavour*) стара́ться (64), *perf* постара́ться
(64) [hard о́чень]; I shall
~ to help you я постара́юсь
вам помо́чь; ~ not to forget! постара́йтесь не забы́ть!; ~ and come! постара́йтесь прийти́!; ~ your
best! постара́йтесь сде́лать
всё возмо́жное!; he promised to ~ to get everything
we needed он обеща́л постара́ться доста́ть всё, что нам
бы́ло ну́жно; 2. (*test*) испы́тывать (65), *perf* испыта́ть (64) [*with acc* one's
strength свою́ си́лу]; ~ the
door! попро́буйте дверь,
закры́та ли она́?; 3. (*taste*)
про́бовать (244), *perf* попро́бовать (244) [*with acc*
cake пиро́г, medicine лека́рство]; ~ my pen! попро́буйте мою́ ру́чку!; ~ on

примеря́ть (223), *perf* приме́рить (178) [*with acc* dress пла́тье, coat пальто́, suit костю́м, shoes ту́фли].

Tuesday вто́рник *m* (4c); *see* Monday.

tune *sb* (*melody*) моти́в *m* (1f) [gay весёлый, lively прия́тный, popular популя́рный]; ~ of a song моти́в пе́сни; sing / whistle / play the ~ петь / насви́стывать / наи́грывать моти́в.

turn I *sb* **1.** (*rotation*) оборо́т *m* (1f) [*with gen* of a wheel колеса́, of a handle ру́чки]; the wheel made a full ~ колесо́ сде́лало по́лный оборо́т; { *fig*: matters took an unexpected ~ дела́ при́няли неожи́данный оборо́т; **2.** (*bend, change of direction*) поворо́т *m* (1f); ~ to the right / left поворо́т напра́во / нале́во; the road made a sudden ~ доро́га неожи́данно де́лала поворо́т; we came to a ~ in the road / river / path мы подошли́ к тому́ ме́сту, где доро́га / река́ / тропи́нка свора́чивала; **3.** (*change*) переме́на *f* (19c); hope for a favourable ~ наде́яться на переме́ну к лу́чшему; take a ~ for the better / worse измени́ться к лу́чшему / к ху́дшему; **4.** (*one's place, time*) о́чередь *f* (29b); it is your ~ now тепе́рь ва́ша о́чередь; wait for your ~! подожди́те свое́й о́череди!; by ~s, in ~ по о́череди; out of ~ вне о́череди; whose ~

is next? чья о́чередь сле́дующая?; is it my ~ now? тепе́рь моя́ о́чередь?

turn II *v* I **1.** (*change direction*) повора́чивать (65), *perf* поверну́ть (130) [to the right напра́во, to the left нале́во, back наза́д, (round) the corner за́ угол, to the bank к бе́регу, to the house к до́му]; the car / the horse ~ed into a narrow street маши́на / ло́шадь сверну́ла в у́зкую у́лицу; the road / street ~s to the left near the park о́коло па́рка доро́га / у́лица свора́чивает нале́во; { повёртывать (65), *perf* поверну́ть [1] *with acc* one's face лицо́, one's head го́лову; the boat ло́дку, the car маши́ну, the handle ру́чку, the key ключ; 2) quickly бы́стро, slowly ме́дленно, with difficulty с трудо́м, easily легко́, suddenly неожи́данно]; ~ one's back to smb поверну́ться к (*with dat*) кому́-л. спино́й; ~ the page / leaf переверну́ть страни́цу / лист; **2.** (*face in other direction*) поверну́ться (130); he ~ed to her / to me / to the window он поверну́лся к (*with dat*) ней / ко мне́ / к окну́; he ~ed and left the room он поверну́лся и вы́шел из ко́мнаты; **3.** (*move, rotate*) враща́ться (64), *no perf*; the wheels were ~ing swiftly колёса бы́стро враща́лись; the wheels stopped ~ing колёса переста́ли враща́ться; the earth ~s round the sun земля́ враща́ется вокру́г со́лнца; II *as link-verb* (*become*) станови́ться (156), *perf* стать (51); the weather is ~ing much colder пого́да стано́вится намно́го холодне́е; ¦ *with some adjectives conveyed by verb in perf aspect formed from adj*: ~ pale побледне́ть (98); ~ red покрасне́ть (98); ~ gray поседе́ть (98); ~ (a)round поверну́ться; ~ around, so I can see your face! повернитесь (так), что́бы я мог (-ла́) ви́деть ва́ше лицо́!; ¦ оберну́ться (130); when he heard the noise he ~ed around он оберну́лся, когда́ услы́шал шум; ~ away отверну́ться (130); he ~ed away without saying a word он отверну́лся, не сказа́в ни сло́ва; he ~ed away in disgust он с отвраще́нием отверну́лся; ~ into превраща́ться (64), *perf* преврати́ться (161) в(о) (*with acc*); the water ~ed into ice вода́ преврати́лась в лёд; ~ off 1) (*switch off*) выключа́ть (64), *perf* вы́ключить (172) [*with acc* gas газ, light свет, machine маши́ну, radio ра́дио, water во́ду, lamp ла́мпу, TV телеви́зор]; 2) (*branch off*) свора́чивать (65), *perf* сверну́ть (130); where does the road ~ off to N.? где доро́га свора́чивает к Н.?; this is where we ~ off здесь мы свернём; ~ on (*switch on*) включа́ть (64), *perf* включи́ть (171) [*with acc* gas газ, light свет, machine маши́ну, radio ра́дио, water во́ду, lamp ла́мпу, TV телеви́зор]; ~ out (*prove to be*) оказа́ться (48); he ~ed out to be an actor он оказа́лся (*with instr*) арти́стом; as it ~ed out... как оказа́лось...; the day ~ed out to be fine день вы́дался я́сный; ~ over 1) (*roll over*) перевора́чивать (65), *perf* переверну́ть(130)[*with acc* box я́щик, everything всё]; she ~ed the book over and looked at the price она́ переверну́ла кни́гу и посмотре́ла на це́ну; 2) перевора́чиваться (65), *perf* переверну́ться (130); the boat ~ed over ло́дка переверну́лась; 3) (*think about*) обду́мывать (65) (*with acc*); he ~ed the suggestion over and over in his mind он вновь и вновь обду́мывал предложе́ние; ~ to (*apply to*) обраща́ться (64), *perf* обрати́ться (161) к (*with dat*); we ~ed to him for help / money / advice / support мы обрати́лись к нему́ за (*with instr*) по́мощью / деньга́ми / сове́том / подде́ржкой; ~ up (*appear*) появля́ться (223), *perf* появи́ться (169); he suddenly ~ed up when the party was almost over он нео́жиданно появи́лся, когда́ ве́чер почти́ уже́ ко́нчился; he hasn't ~ed up yet он ещё не появля́лся.

T.V. телеви́зор *m* (1f);
see television-set.

twelve двена́дцать (39c);
see eight.

twenty два́дцать (39c);
~-one days два́дцать оди́н
день (*with sb in sg*); ~-two
/-three /-four trees два́-
дцать два / три / четы́ре де́-
рева; ~-five /-nine pupils
два́дцать пять / де́вять учени-
ко́в; she was about ~
ей бы́ло о́коло двадцати́ лет;
also see eight, thirty.

twice (*two times*) два́жды;
do / repeat / write smth ~
сде́лать / повтори́ть / напи-
са́ть что́-л. два́жды; ~
a week / month два ра́за
в (*with acc*) неде́лю / в ме́сяц;
I was there ~ я был(а́) там
два ра́за; once or ~ два—три
ра́за; { (*in comparison*)
вдво́е; ~ as good / long /
high / big, large вдво́е лу́ч-
ше / длинне́е / вы́ше / бо́ль-
ше; I need ~ as many,
much мне ну́жно вдво́е
бо́льше.

twilight су́мерки *no sg*
(22d) [short коро́ткие]; ~

fell наступи́ли су́мерки; at
~, in the ~ в су́мерки.

two два (39b) (*with masculine and neuter sb in gen
sg*); ~ hours / times / letters два часа́ / ра́за / пись-
ма́; { две (*with feminine sb
in gen sg*); ~ books / weeks
/ girls две кни́ги / неде́ли
/ де́вочки; into ~ equal
parts на две ра́вные ча́сти;
in ~ copies в двух экзем-
пля́рах; with ~ companions
с двумя́ това́рищами; for
~ reasons по двум причи́-
нам; *also see* eight.

type I *sb* тип *m* (1f); a
person of that ~ челове́к
тако́го ти́па.

type II *v* печа́тать (65) на
маши́нке, *perf* напеча́тать
(65) на маши́нке [*with acc*
letter письмо́, page страни́-
цу, a few lines не́сколько
стро́чек].

typical типи́чный (31b)
[representative представи́-
тель, example приме́р,
character персона́ж]; that
is ~ of him э́то для (*with
gen*) него́ типи́чно.

U

ugly (*not beautiful*) не-
краси́вый (31b) [house дом,
colour цвет, child ребёнок,
man челове́к]; некраси́вая
[picture карти́на, room ко́м-
ната, thing вещь, shape
фо́рма]; некраси́вое [build-
ing зда́ние, clothes пла́тье,

face лицо́, place ме́сто, animal живо́тное]; she looks ~
in that dress она́ вы́глядит
некраси́вой в э́том пла́тье;
she had grown old and ~
она́ ста́ла ста́рой и некра-
си́вой; how ~ he is! како́й
он некраси́вый!

umbrella зо́нтик *m* (4c) [1) man's мужско́й, woman's же́нский; 2) forget забы́ть, leave оста́вить, open откры́ть, close закры́ть, take взять]; I don't like to walk about with an ~ я не люблю́ ходи́ть с зо́нтиком.

unable: be ~ не мочь, быть не в состоя́нии; he was ~ to stand / to walk он не мог стоя́ть / ходи́ть; *see* able.

uncle дя́дя *m* (28a); I have two ~s у меня́ два дя́ди; we were at my ~'s мы бы́ли у моего́ дя́ди.

under *prep* **1.** (*below, denoting position*) *with instr*: ~ the table / tree / house / water под столо́м / де́ревом / до́мом / водо́й; **2.** (*below, denoting direction*) *with acc*: put smth ~ the table / tree / book положи́ть что-л. под стол / де́рево / кни́гу; the glove fell ~ the chair перча́тка упа́ла под стул; **3.** (*less than*) *with gen*: ~ 100 degrees ни́же ста гра́дусов; ~ 100 dollars / kilograms / kilometres / ме́ньше ста до́лларов / килогра́ммов / километров; you can't buy such a coat ~ 100 roubles тако́е пальто́ нельзя́ купи́ть ме́ньше чем за́ сто рубле́й; the child is ~ seven ребёнку ещё нет семи́ лет; ⊙ ~ age несовершенноле́тний (32); **4.** (*indicating some condition*): ~ pressure / guard / threat / cover под (*with instr*) давле́нием / стра́жей / угро-

зой / прикры́тием; ~ one's breath шёпотом; I was ~ the impression that you didn't want to go мне показа́лось, что вам не хо́чется идти́; ~ the circumstances / condition при (*with abl*) э́тих обстоя́тельствах / (э́том) усло́вии; **5.** *in various phrases*: ~ the direction / control / influence под (*with instr*) управле́нием / контро́лем / влия́нием; ~ the name of Smith под и́менем Смит; ~ the pretence of needing help под предло́гом того́, что нужна́ по́мощь; study ~ Professor X. учи́ться у (*with gen*) профе́ссора X.; ~ George V / British rule / capitalism при (*with abl*) Гео́рге Пя́том / Брита́нском влады́честве / капитали́зме; ~ the rule of the Stuarts при Стю́артах; ~ repair в ремо́нте; the proposal is ~ discussion предложе́ние обсужда́ется; ⊙ **from** ~ *with gen*: take smth from ~ the table / books / arm-chair / heap of papers взять что-л. из-под стола́ / книг / кре́сла / гру́ды бума́г.

underground *sb* (*subway*) метро́ *n indecl*; ~ train по́езд метро́; ~ station ста́нция метро́; go by ~ е́хать на метро́; it takes me fifteen minutes to get there by ~ мне ну́жно пятна́дцать мину́т, что́бы добра́ться туда́ на метро́.

understand (*comprehend*) понима́ть (64), *perf* поня́ть (233) [1) *with acc* idea мысль, meaning значе́ние, one's mistake свою́ оши́бку, question вопро́с, joke шу́тку, one's conduct чьё-л. поведе́ние; art иску́сство, music му́зыку; 2) at once сра́зу, well хорошо́, with difficulty с трудо́м]; he ~s Russian quite well он хорошо́ понима́ет по-ру́сски; as far as I ~ наско́лько я понима́ю; excuse me, I didn't ~ (you) / what you said извини́те, я не по́нял (вас) / что вы сказа́ли; it is hard / easy to ~ э́то тру́дно / легко́ поня́ть; I could hardly ~ him я едва́ мог(ла́) его́ поня́ть; did you ~ what I said? вы по́няли, что я сказа́л(а)?; what didn't you ~? что вам непоня́тно?; try to ~ the difficulty of my position постара́йтесь поня́ть моё затрудни́тельное положе́ние; ~ one another, each other понима́ть друг дру́га.

understanding *sb* 1.(*knowledge*) понима́ние *n* (18c); a clear ~ of the problem я́сное понима́ние (*with gen*) вопро́са; it is beyond my ~ э́то вы́ше моего́ понима́ния; have a good / excellent / poor / insufficient ~ of the subject хорошо́ / прекра́сно / пло́хо / недоста́точно понима́ть предме́т; 2. (*intelligence*) ум *m*, *no pl* (1c); a person of great ~

челове́к большо́го ума́; 3. (*agreement*) соглаше́ние *n* (18c); come to an ~ прийти́ к соглаше́нию; reach an ~ доби́ться соглаше́ния; the ~ was that we were all to meet at the station мы договори́лись, что встре́тимся на ста́нции, на вокза́ле; ⊙ on the ~ при усло́вии; I agreed on the ~ that you would join me я согласи́лся при усло́вии, что вы присоедини́тесь ко мне.

underwear *sb* (ни́жнее) бельё *n*, *collect* (18a) [1) woollen шерстяно́е, silk шёлковое, light лёгкое, clean чи́стое; 2) put on наде́ть, take off снять, change смени́ть].

unemployed I *sb* безрабо́тный *m* (31b); the ~ безрабо́тные.

unemployed II *a* безрабо́тный (31b); ~ miner безрабо́тный шахтёр; ~ miners безрабо́тные шахтёры.

unemployment безрабо́тица *f* (21c); ~ is increasing / decreasing безрабо́тица (всё) возраста́ет / уменьша́ется; ~ has been completely eliminated in the USSR в СССР безрабо́тица по́лностью ликвиди́рована.

unfortunate *a* 1. (*unhappy*) несча́стный (31b) [man челове́к]; the ~ parents could do nothing to help their child несча́стные роди́тели ниче́м не могли́ помо́чь своему́ ребёнку; 2. (*unlucky*) неуда́чный (31b) [day день]; неуда́чная [attempt попы́тка]; неуда́чное [enterprise предприя́тие]; it was most ~ э́то бы́ло кра́йне неуда́чно.

unfortunately к сожале́нию; ~ we learned about it too late к сожале́нию, мы узна́ли об э́том сли́шком по́здно; ~, the weather was bad к сожале́нию, пого́да была́ плоха́я.

unhappy 1. (*sad*) печа́льный (31b) [end коне́ц, laugh смех]; печа́льное [face лицо́, event собы́тие]; **2.** (*unlucky*) неуда́чный (31b) [marriage брак, choice вы́бор, day день]; { (*joyless*) несчастли́вый (31b); ~ life несчастли́вая жизнь; ~ childhood несчастли́вое де́тство.

uniform sb (*military dress*) (вое́нная) фо́рма f (19c); he was in ~ он был в (вое́нной) фо́рме; he wore the ~ of a lieutenant он был в фо́рме лейтена́нта; school ~ (шко́льная) фо́рма.

union (*alliance*) сою́з m (1f); ~ of two states сою́з двух госуда́рств; other countries can join the ~ други́е госуда́рства мо́гут примкну́ть к э́тому сою́зу; ⊙ trade ~ профессиона́льный сою́з m (1f), *usu* профсою́з m (1f); be a member of a trade ~ быть чле́ном профсою́за; join the trade ~ вступи́ть в профсою́з; the longsharemen's trade ~ профсою́з гру́зчиков.

Union of Soviet Socialist Republics, the (the USSR) Сою́з Сове́тских Социалисти́ческих Респу́блик (СССР).

unite 1. (*join*) объединя́ть (223), *perf* объедини́ть (158) [*with acc* efforts уси́лия, forces си́лы, peoples наро́ды]; we are ~d in the struggle for peace нас объединя́ет борьба́ за мир; long friendship ~d the two families до́лгая дру́жба свя́зывала э́ти две семьи́; **2.** (*become joined*) объединя́ться (223), *perf* объедини́ться (158); they ~d against the common enemy они́ объедини́лись про́тив о́бщего врага́; workers of the world, ~! пролета́рии всех стран, соединя́йтесь!

university университе́т m (1f); enter a ~ поступа́ть в университе́т; graduate from a ~ око́нчить университе́т; study / work at a ~ учи́ться / рабо́тать в университе́те; after four years at the ~ ... по́сле четырёх лет обуче́ния в университе́те...; a ~ student студе́нт университе́та; ~ graduate выпускни́к (m 4e) университе́та; ~ education университе́тское образова́ние; ~ fees пла́та за обуче́ние в университе́те; ~ town университе́тский го́род.

unknown a неизве́стный (31b) [painter худо́жник, writer писа́тель, singer певе́ц]; неизве́стная [cause причи́на]; неизве́стное [name и́мя]; the election results were still ~ результа́ты вы́боров бы́ли всё ещё неизве́стны; what happened afterwards is ~ что случи́лось· по́сле э́того, неизве́стно; the handwriting is ~ to me э́тот по́черк мне незнако́м.

unless *conj* (*if not*) е́сли не; we shall go there tomorrow ~ it rains е́сли не бу́дет дождя́, мы пойдём туда́ за́втра; don't do it ~ you want to не де́лайте э́того, е́сли вы не хоти́те.

unpleasant неприя́тный (31b) [question вопро́с, conversation разгово́р, person челове́к]; неприя́тная [task зада́ча, weather пого́да]; неприя́тное [matter, affair де́ло, place ме́сто].

until I *prep see* till **I**.

until II *conj* (до тех пор) пока́; *see* till **II**.

unusual (*striking*) необы́чный (31b) [colour цвет, shade отте́нок, sound звук]; необы́чная [price цена́, manner мане́ра]; необы́чное [number коли́чество, expression выраже́ние]; необы́чные [circumstances обстоя́тельства]; there was nothing ~ in his appearance / attitude / manner в его́ вне́шности / отноше́нии / поведе́нии не́ было ничего́ необы́чного; { (*uncommon*) необыкнове́нный (31b) [person челове́к, day день]; необыкнове́нная [strength си́ла, beauty красота́].

unwillingly неохо́тно, не́хотя; he agreed very ~ он согласи́лся о́чень неохо́тно.

up I *adv* **1.** (*denoting direction*) вверх; he looked up and saw the plane он посмотре́л вверх и уви́дел самолёт; hands up! ру́ки вверх!; { наве́рх; we all went up to the third floor мы все пошли́ наве́рх на четвёртый эта́ж; up and down вверх и вниз; the lift went up and down several times лифт подня́лся вверх и спусти́лся вниз не́сколько раз; **2.** (*denoting position*) наверху́; up on top of the cupboard / on the roof наверху́ на буфе́те / на кры́ше; my room is up there моя́ ко́мната там наверху́; ⊙ **be up** (*awake*): he wasn't up when we came когда́ мы пришли́, он ещё не встал; I was up all night я всю ночь не ложи́лся спать; **3.** *in combination with verbs, denoting completion of action; not translated, Russian verb is used in perf:* break up разби́ть; burn up сжечь; buy up скупи́ть; drink up вы́пить; dry up вы́сушить; eat up съесть; fill up запо́лнить; finish up зако́нчить; light up заже́чь; pack up уложи́ть; tear up разорва́ть; tie up привяза́ть.

up II *prep* **1.** (*upwards*): walk / run up the street / stairs идти́ / бежа́ть **вверх по** (*with dat*) у́лице / лестнице; go / travel up the river éхать / путешествовать вверх по реке; go up the hill идти в (*with acc*) гору; **2.** (*further*) *with abl*: the village is up the hill деревня (**выше**) **на** холме.

up III: up to *prep* (*close*) *with dat*: he came, walked / ran up to her / the young man он подошёл / подбежал к ней / молодому человеку; he swam up to the boat он подплыл к лодке; he came up to me он подошёл ко мне; ⊙ **up to now** до сих пор; **it is up to...**: it is up to him to decide теперь он должен решать; it isn't up to me это не от меня зависит.

upon *prep see* on II; once ~ a time однажды.

upper верхний (32) [floor, storey этаж, layer слой]; верхняя [room комната, lip губа]; верхнее [window окно]; ⊙ **have, take, get the ~ hand** одержать (47) верх (of—над *with instr*).

upset *v* **1.** (*overturn*) опрокидывать (65), *perf* опрокинуть (126) [*with acc* cup чашку, chair стул, boat лодку, lamp лампу]; **2.** (*interfere with*) расстраивать (65), *perf* расстроить (151) (*with acc*); it ~ all my plans это расстроило все мои планы; **3.** (*distress*) огорчать (64), *perf* огорчить (171) (*with acc*); the news will ~ her / father это известие огорчит её / отца; be

~ огорчаться (64), *perf* огорчиться (171); you shouldn't be ~ by such small things не стоит огорчаться из-за таких пустяков; { *in past, often translated by short form of participle* огорчён *m*, огорчена *f*, огорчены *pl*; we were all ~ over the news / her refusal мы все были огорчены (*with instr*) этой новостью / её отказом.

upstairs 1. (*denoting position*) наверху, на верхнем этаже; are you ~? вы наверху?; he lived ~ он жил наверху, на верхнем этаже; **2.** (*denoting direction*) вверх (по лестнице); go / run / climb ~ идти / бежать / взбираться вверх (по лестнице); you must go ~ to the third floor вам нужно подняться вверх по лестнице на четвёртый этаж.

urge (*persuade*) (настойчиво) убеждать (64), *perf* убедить (153) (*with acc*); everyone ~d her to agree / to take a decisive step все (настойчиво) убеждали её согласиться / сделать решительный шаг; I'm not urging you я вас не принуждаю.

urgent срочный (31b); [question вопрос]; срочное [matter дело]; срочные [measures меры]; the matter is ~ дело срочное.

us *pron pers* нас *gen*; he doesn't know us он нас не знает; you'll soon receive a letter from us вы скоро получите от нас письмо;

you can easily do it without us вы э́то легко́ мо́жете сде́лать без нас; besides / except us поми́мо / кро́ме нас; { нам *dat*; he gave us two tickets, he gave two tickets to us он дал нам два биле́та; she was running towards us она́ бежа́ла (по направле́нию) к нам; you can help us вы мо́жете нам помо́чь; she said to us, she told us она́ нам сказа́ла; { нас *acc*; he didn't notice us он нас не заме́тил; you'll see us there вы нас там уви́дите; { на́ми *instr*; will you go with us? вы пойдёте с на́ми?; we'll take her with us мы возьмём её с собо́й; { нас *abl*; they wrote you about us они́ вам писа́ли о нас; ⊙ let's, let us *usu conveyed by Russian verb in imperative (1st pers pl form) of perf aspect*: let's do it together! сде́лаем э́то вме́сте!; let's talk about smth else! поговори́м о чём--ли́бо друго́м!; let's go to the theatre tonight! пойдём сего́дня в теа́тр!; *when addressing more than one person or to express politeness suffix* -те *is added*: пойдёмте сего́дня в теа́тр!

use I *sb* **1.** (*employment*) употребле́ние *n* (18c) [const ant постоя́нное, daily ежедне́вное, frequent ча́стое]; be in ~ быть в употребле́нии; be, fall out of ~ вы́йти из употребле́ния; { (*application*) примене́ние

n (18c); I can't find any ~ for this thing я не могу́ найти́ примене́ния (*with dat*) э́той ве́щи; the ~ of electricity / atomic power / chemical fertilizers примене́ние (*with gen*) электри́чества / а́томной эне́ргии / хими́ческих удобре́ний; **2.** (*advantage*) по́льза *f*, *no pl* (19c) [great больша́я]; it was of much / little ~ to him э́то принесло́ (*with dat*) ему́ мно́го / ма́ло по́льзы; it was of no ~ to him э́то не принесло́ ему́ никако́й по́льзы; ⊙ what's the ~? како́й смысл?; what's the ~ (of) going there now? како́й смысл идти́ туда́ сейча́с?; it's no ~ беспо́лезно; it's no ~ trying to change him / convince him беспо́лезно пыта́ться его́ измени́ть / его́ убеди́ть; is there any ~? сто́ит ли?; is there any ~ buying such a dress? сто́ит ли покупа́ть тако́е пла́тье?

use II *v* **1.** (*employ*) по́льзоваться (244), *no perf* [*with instr* pen ру́чкой, machine станко́м, tools инструме́нтами, dictionary словарём]; do you often ~ your car? вы ча́сто по́льзуетесь свое́й маши́ной?; do you know how to ~ a tape--recorder? вы зна́ете, как по́льзоваться магнитофо́ном?; he ~d every opportunity он по́льзовался любо́й возмо́жностью; may I ~ your telephone? разреши́те позвони́ть?: **2.** (*con*-

sume) испо́льзовать (244) [*with acc* coal у́голь, iron желе́зо, much flour мно́го муки́]; **3.**: ~d *to conveyed by Russian verb in past imperf and* обы́чно; he ~d to come at ten o'clock / to have dinner early он обы́чно приходи́л в де́сять часо́в / обе́дал ра́но; they ~d to sit talking for hours они́, быва́ло, часа́ми сиде́ли и разгова́ривали.

used *a*: be ~ привыка́ть (64), *perf* привы́кнуть (125) (to—к *with dat*); she is ~ to hard work / to hot weather она́ привы́кла к тяжёлой рабо́те / к жа́ркой пого́де; get ~ привы́кнуть (to—к *with dat*); the children soon got ~ to him / to the noise of the city де́ти ско́ро привы́кли к нему́ / к шу́му большо́го го́рода; you soon get ~ to it к э́тому ско́ро привыка́ешь.

useful (*beneficial*) поле́зный (31b) [advice сове́т]; поле́зная [book кни́га, thing вещь, habit привы́чка, criticism кри́тика]; поле́зное [animal живо́тное]; the book is ~ for students э́та кни́га поле́зна студе́нтам; it's ~ to remember поле́зно запо́мнить; ☉ **be, come in** ~ пригоди́ться (153); his knowledge of Russian came in very ~ ему́ о́чень пригоди́лось зна́ние ру́сского языка́; the money will be very ~ де́ньги о́чень пригодя́тся.

useless бесполе́зный (31b) [argument спор, talk разгово́р]; бесполе́зная [attempt попы́тка, waste of time тра́та вре́мени]; it was ~ to speak to him говори́ть с ним бы́ло бесполе́зно; I'm afraid my advice will be ~ бою́сь, что мой сове́т бу́дет бесполе́зным; { нену́жный (31b); нену́жная [thing вещь, purchase поку́пка].

usual обы́чный (31b) [result результа́т, answer отве́т]; обы́чная [price цена́, pay пла́та, manner мане́ра]; обы́чное [number коли́чество, expression выраже́ние]; I got up at my ~ time я вста́л(а) в обы́чное вре́мя; as ~ как обы́чно; we got up at 7 o'clock as ~ как обы́чно, мы вста́ли в семь часо́в; he came home later / earlier than ~ он пришёл домо́й по́зже / ра́ньше обы́чного; she was more excited than ~ она́ была́ бо́лее взволно́вана, чем обы́чно.

usually обы́чно (*verb following is usu in imperf aspect*); he ~ got up at 7 o'clock / doesn't work in the morning / spent the summer in the South обы́чно он встава́л в семь часо́в / не рабо́тает по утра́м / проводи́л ле́то на Ю́ге; she is ~ here in the evening обы́чно она́ быва́ет здесь ве́чером; it is ~ hot in July в ию́ле обы́чно быва́ет жа́рко.

utterly соверше́нно [useless бесполе́зный].

V

vacation 1. (*school holidays*) кани́кулы *no sg* (19c) [1] Christmas рожде́ственские, winter зи́мние, summer ле́тние; 2) begins in July начина́ются в ию́ле, is over око́нчились, lasts a fortnight для́тся две неде́ли]; spend one's ~ in the country / at home проводи́ть кани́кулы в дере́вне / до́ма; during the ~ во вре́мя кани́кул; **2.** (*leave*) о́тпуск *m* (1*l*) [1) long продолжи́тельный, short коро́ткий, annual ежего́дный, two weeks' двухнеде́льный; 2) lasts four weeks продолжа́ется четы́ре неде́ли, is over око́нчился; 3) spend проводи́ть, get получи́ть, take взять, give дать]; a month's ~ ме́сячный о́тпуск; she went to the South for her ~ на вре́мя о́тпуска она́ пое́хала на Юг; he is away on ~ now сейча́с он в о́тпуске; he had a pleasant ~ at the seashore он прия́тно провёл о́тпуск на берегу́ мо́ря; go on ~ уйти́ в о́тпуск; ~ with pay о́тпуск с сохране́нием содержа́ния.

vain: in ~ напра́сно [argue спо́рить, hope наде́яться, look for smth / smb иска́ть что-л. / кого́-л., try пыта́ться, urge smb убежда́ть кого́-л.]; all his efforts / attempts were in ~ все его́ уси́лия / попы́тки были напра́сны; everything was in ~ всё бы́ло напра́сно.

valley доли́на *f* (19c) [1) fertile плодоро́дная, narrow у́зкая; 2) narrows су́живается, extends простира́ется; live in a ~ жить в доли́не; up / down the ~ вверх / вниз по доли́не; the ~ is bounded by high mountains доли́на окружена́ высо́кими гора́ми.

valuable це́нный (31b) [metal мета́лл]; це́нная [picture карти́на, sort of wood поро́да де́рева, thing вещь]; це́нное [ring кольцо́; suggestion предложе́ние]; це́нные [information све́дения, materials материа́лы]; his opinion is very ~ to me я о́чень ценю́ его́ мне́ние.

value I *sb* **1.** (*worth*) це́нность *f, no pl* (29c) [great, considerable больша́я, little незначи́тельная]; his work is of much / some / particular / doubtful ~ его́ рабо́та представля́ет (собо́й) большу́ю / не́которую / осо́бую / сомни́тельную це́нность; it is of no ~ at all э́то не представля́ет собо́й никако́й це́нности; the book will be of great ~ to history students кни́га предста́вит большу́ю це́нность для студе́нтов-исто́риков; **2.** (*price*) сто́имость *f, no pl* (29c) [1] real настоя́щая true и́стинная; 2) *with gen* of a coin моне́ты; of Rubens' picture карти́ны Ру́бенса]; the picture has doubled in ~ сто́имость карти́ны возросла́ вдво́е.

value II *v* (*esteem*) цени́ть (156), *perf* оцени́ть (156) [highly высоко́, above all вы́ше всего́, greatly о́чень]; I ~ your friendship / advice highly я высоко́ ценю́ (*with acc*) ва́шу дру́жбу / ва́ши сове́ты; he was ~d as a good worker его́ цени́ли как хоро́шего рабо́тника.

vanish исчеза́ть (64), *perf* исче́знуть (127) [1) in the air в во́здухе, in(to) the darkness в темноте́, in the distance вдали́, in the crowd в толпе́; 2) from view, out of sight из по́ля зре́ния]; every trace of fatigue immediately ~ed from her face все следы́ уста́лости мгнове́нно исче́зли с её лица́.

variety 1. (*change*) разнообра́зие *n*, *no pl* (18c) [great большо́е]; life full of ~ жизнь, по́лная разнообра́зия; lack of ~ отсу́тствие разнообра́зия; for the sake of ~ ра́ди разнообра́зия; **2.** (*a number of*) ряд *m* (1k); his failure was due to a ~ of causes его́ неуда́ча объясня́лась ря́дом причи́н; ~ of opinions / ways ряд мне́ний / спо́собов; **3.** (*specimen*) разнови́дность *f* (29c) [rare ре́дкая, well-known хорошо́ изве́стная]; this

plant is a ~ of lilac э́то расте́ние — разнови́дность сире́ни; { (*kind*) вид *m* (1f); different varieties of plants / animals разли́чные ви́ды расте́ний / живо́тных.

various 1. (*of several kinds*) разли́чные *pl* (31b) [flowers цветы́, plants расте́ния, kinds ви́ды, sorts сорта́, things ве́щи]; there are ~ ways of solving the question э́тот вопро́с мо́жно реши́ть разли́чными путя́ми; { (*different*) ра́зные *pl* (31b); there are ~ opinions on the subject существу́ют ра́зные мне́ния по э́тому вопро́су; at ~ times в ра́зное вре́мя; **2.** (*many*): for ~ reasons по мно́гим причи́нам.

vast обши́рный (31b) [continent контине́нт]; обши́рная [plain равни́на, territory террито́рия, desert пусты́ня]; обши́рное [construction строи́тельство, field по́ле, sea мо́ре, space простра́нство]; knowledge обши́рные зна́ния; а ~ sum of money грома́дная су́мма де́нег; to the ~ surprise of the boys к велича́йшему удивле́нию ма́льчиков; ~ amounts огро́мное коли́чество; ~ difference огро́мная ра́зница.

vegetables *pl* о́вощи (30b) [1) early ра́нние, fresh све́жие, cooked пригото́вленные, raw сыры́е; 2) grow расту́т, spoil по́ртятся; 3) buy покупа́ть, grow, raise выра́щивать, plant сажа́ть, clean чи́стить, wash мыть, keep храни́ть, boil вари́ть, stew туши́ть, cook гото́вить, eat есть]; meat and ~ мя́со с овоща́ми.

velvet *a* ба́рхатный (31b) [suit, costume костю́м, curtain за́навес]; ба́рхатная [cloth мате́рия, cushion поду́шка]; ба́рхатное [dress пла́тье, cover покрыва́ло]; ба́рхатные [hangings, drapes што́ры].

very I *a* (*exactly*) тот са́мый *m*, та са́мая *f*, то са́мое *n*, те са́мые *pl* (31b); you are the ~ man I wanted to see вы тот са́мый челове́к, кото́рого я хоте́л(а) повида́ть; at that ~ moment в тот са́мый моме́нт; that ~ day в тот же са́мый день; that is the ~ picture we read about э́то та са́мая карти́на, о кото́рой мы чита́ли; the ~ first / last са́мый пе́рвый / после́дний; { (*alone*) оди́н *m*, одна́ *f* (39a); the ~ thought of going there frightens me меня́ пуга́ет одна́ (то́лько) мысль о том, что на́до пойти́ туда́.

very II *adv* о́чень [1] good хоро́ший, big большо́й, cold холо́дный, rich бога́тый, beautiful краси́вый, tired уста́лый, interesting интере́сный, doubtful сомни́тельный; 2) much, many мно́го, few, little ма́ло; well хорошо́, badly пло́хо, quickly, fast бы́стро, soon ско́ро, late по́здно, carefully осторо́жно]; I don't understand you ~ well я не о́чень хорошо́ вас понима́ю; it is not ~ interesting / difficult э́то не о́чень интере́сно / тру́дно; it is not ~ warm today сего́дня не о́чень тепло́; I am ~ sorry мне о́чень жаль; he was ~ angry он о́чень рассерди́лся; I am ~ glad to see you я о́чень ра́д(а) вас ви́деть; ~ much о́чень; I am ~ much afraid я о́чень бою́сь; I am ~ much interested / surprised / dissatisfied я о́чень заинтересо́ван(а) / удивлён, удивлена́ / недово́лен, недово́льна; I liked the picture ~ much мне о́чень понра́вилась э́та карти́на; do you want to go ~ much? вам о́чень хо́чется пойти́?; I need it ~ much, badly мне э́то о́чень ну́жно; they loved each other ~ much, dearly они́ о́чень люби́ли друг дру́га; ☉ ~ good (*I am satisfied*) о́чень хорошо́; ~ well (*I agree*) хорошо́.

victim же́ртва *f* (19c) [*with gen* of war войны́, of, to one's own negligence со́бственной небре́жности, of tyranny тирани́и, of oppression угнете́ния]; { пострада́вший *m* (34b); ~s in, of a fire / accident / earthquake пострада́вшие от (*with gen*) пожа́ра / катастро́фы / землетрясе́ния.

victory побе́да *f* (19c) [great больша́я, complete по́лная, easy лёгкая]; gain a

~ over the enemy одержа́ть побе́ду над враго́м; bring / win / celebrate a ~ принести́ / одержа́ть / пра́здновать побе́ду; be sure of ~ быть уве́ренным в побе́де.

view *sb* **1.** (*range of vision*) по́ле (*n* 15a) зре́ния; be / remain in, within ~ быть, находи́ться / остава́ться в по́ле зре́ния; come into ~ появля́ться (в по́ле зре́ния); **2.** (*scene*) вид *m* (1f) [1) beautiful прекра́сный, lovely краси́вый; 2) на *with gen* over, of the lake на о́зеро, over the sea на мо́ре, over the surrounding country на окре́стности; a fine ~ from the upper windows / from the top of a hill прекра́сный вид из ве́рхних о́кон / с верши́ны холма́; **3.** (*idea, opinion*) взгляд *m* (1f) [strange стра́нный, original оригина́льный, unusual необы́чный]; explain / give one's ~s on the question объясня́ть / выска́зывать свои взгля́ды по да́нному вопро́су; hold the same ~s приде́рживаться тех же взгля́дов; { *pl* ~s (*convictions*) убежде́ния (18c); his political / religious ~s его́ полити́ческие / религио́зные убежде́ния; share smb's ~s разделя́ть чьи-л. убежде́ния; disapprove of smb's ~s не одобря́ть (*with gen*) чьих-л. убежде́ний; ⊙ **point of** ~ то́чка (*f* 22f) зре́ния; from my / his point of ~ с (*with gen*) мое́й / его́ то́чки

зре́ния; from the point of ~ of medicine с то́чки зре́ния медици́ны; from every point of ~ со всех то́чек зре́ния; in ~ of принима́я во внима́ние (*with acc*); in ~ of his age / the state of his health принима́я во внима́ние его́ во́зраст / состоя́ние здоро́вья.

village (*small settlement*) дере́вня *f* (20f, *gen pl* дереве́нь) [1) poor бе́дная, neighbouring сосе́дняя; 2) stands on a hill стои́т на холме́, has greatly changed си́льно измени́лась]; live / be born in a ~ жить / роди́ться в дере́вне; come / go to a ~ приезжа́ть / е́хать в дере́вню; the road leads to the ~ of N. э́та доро́га ведёт в дере́вню Н.; the people of the ~ жи́тели дере́вни; what is the name of the ~? как называ́ется э́та дере́вня?; { (*large settlement*) село́ *n* (14f) [large большо́е, rich бога́тое, well-to-do зажи́точное]; a ~ school сельская шко́ла.

violent 1. (*furious*) свире́пый (31b) [person челове́к]; свире́пая [storm бу́ря]; ~ wind о́чень си́льный ве́тер; **2.** (*severe*) ужа́сный (31b); ужа́сная [headache головна́я боль, toothache зубна́я боль, pain боль].

violin скри́пка *f* (22d); play the ~ игра́ть на скри́пке; I am fond of the ~ я о́чень люблю́ скри́пку.

visit I *sb* **1.** (*excursion*) посеще́ние *n* (18c) [*with gen* to a plant заво́да, to a museum музе́я, to a collective farm колхо́за]; { (*formal call*) визи́т *m* (1f); make, pay a ~ to smb нанести́ визи́т (*with dat*) кому́-л., *less formal*: навести́ть (*with acc*) кого́-л.; return a ~ отда́ть визи́т; come on a ~ прие́хать с визи́том, *less formal*: прие́хать в го́сти; I was on a ~ to my uncle's я гости́л у (*with gen*) своего́ дя́ди; a ~ of friendship визи́т дру́жбы; 2. (*trip, journey*) пое́здка *f* (22d); a ~ to London / the seaside пое́здка в Ло́ндон / к мо́рю.

visit II *v* 1. (*go to*) посеща́ть (64), *perf* посети́ть (161) [*with acc* exhibition вы́ставку, factory фа́брику, plant заво́д, farm фе́рму, museum музе́й, city го́род]; have you ever ~ed Paris? вы бы́ли когда́-нибудь в Пари́же?; I hope to ~ Leningrad я наде́юсь побыва́ть в Ленингра́де; 2. (*call on*) навеща́ть (64), *perf* навести́ть (161) [*with acc* neighbour сосе́да, friend дру́га, подру́гу, relations ро́дственников]; I was just going to ~ N. я как раз собира́лся, собира́лась навести́ть Н.; he ~ed me several times while I was ill он был у меня́ не́сколько раз, пока́ я боле́л(а).

visitor (*guest*) гость *m* (3e); we had a ~ yesterday вчера́ у нас был гость; { (*to public place*) посети́тель

m (3a); ~s to the museum посети́тели (*with gen*) музе́я.

voice го́лос *m* (1l) [1) angry серди́тый, sad гру́стный, calm споко́йный, beautiful краси́вый, deep ни́зкий, high высо́кий, loud гро́мкий, quiet, soft ти́хий, pleasant прия́тный, hoarse хри́плый; 2) has changed измени́лся, trembled, shook (за-) дрожа́л]; speak in a low, quiet / loud ~ говори́ть ти́хо / гро́мко; she said it in a cheerful / sad ~ она́ сказа́ла э́то бо́дрым / гру́стным го́лосом; talk at the top of one's ~ говори́ть о́чень гро́мко; lose one's ~ потеря́ть го́лос; she heard her father's ~ она́ услы́шала го́лос отца́; the sound of men's ~s зву́ки мужски́х голосо́в; raise one's ~ повы́сить го́лос; I didn't recognize your ~ я не узна́л(а) ва́шего го́лоса.

volley-ball волейбо́л *m*, *no pl* (1f); play ~ игра́ть в волейбо́л; like, be fond of ~ люби́ть волейбо́л; a ~ game игра́ в волейбо́л, волейбо́льный матч; ~ team волейбо́льная кома́нда.

volume (*book*) том *m* (1l); a new edition of Shakespeare in three ~s но́вое изда́ние (произведе́ний) Шекспи́ра в трёх тома́х; Volume One том пе́рвый.

vote I *sb* 1. (*ballot*) го́лос *m* (1l); count the ~s счита́ть голоса́; give one's ~ to N.

отда́ть свой го́лос за Н.; have the right to ~ име́ть пра́во го́лоса; cast a ~ голосова́ть; get all the ~s получи́ть все голоса́; the majority of the ~s большинство́ голосо́в; he was elected by a majority of the ~s он был и́збран большинство́м голосо́в; the motion was passed by a majority ~ предложе́ние бы́ло при́нято большинство́м голосо́в; 2. (*process of voting*) голосова́ние *n* (18c) [secret та́йное]; put to the ~ ста́вить на голосова́ние; the question was decided by ~ вопро́с был решён голосова́нием.

vote II *v* голосова́ть (243), *perf* проголосова́ть (243) [for the motion, suggestion за (*with acc*) предложе́ние, against the plan про́тив (*with gen*) пла́на]; abstain from voting воздержа́ться от голосова́ния.

voyage *sb* путеше́ствие *n* (18c) [long дли́тельное]; a week's / month's ~ неде́льное / ме́сячное путеше́ствие; a ~ to the Far East / to distant countries, lands / up the Volga путеше́ствие на Да́льний Восто́к / в да́льние стра́ны / вверх по Во́лге; make a ~ соверши́ть путеше́ствие; set out on a ~ отпра́виться в путеше́ствие; in the course of, during the ~ во вре́мя путеше́ствия; return from a ~ верну́ться из путеше́ствия.

W

wages *pl* за́работная пла́та *f*, *no pl* (19c), *often* зарпла́та *f* (19c); receive, get high / low ~ получа́ть высо́кую, большу́ю / ни́зкую, ма́ленькую зарпла́ту; raise / increase / reduce, cut down ~ повыша́ть / увели́чивать / снижа́ть зарпла́ту; his ~ are 80 dollars a week он получа́ет во́семьдесят до́лларов в неде́лю; they paid him his ~ ему́ вы́дали зарпла́ту, жа́лованье.

wag(g)on (*cart*) пово́зка *f* (22d); hire a ~ нанима́ть пово́зку; a ~ (load) of hay воз се́на.

wait *v* ждать (82) [1) *with gen* for guests госте́й, for one's friend прия́теля; for the train по́езда, for an answer отве́та, for a letter письма́, for the results результа́тов; 2) for a long time до́лго, (for) two hours два часа́, (for) three days три дня, (for) four weeks четы́ре неде́ли; till five o'clock до пяти́ часо́в, till Monday до понеде́льника, till the first до пе́рвого]; don't ~ for me! не жди́те меня́!; she was

~ing for her friend oна
ждалá (свою) подрýгу;
until I'm ready! подождúте,
покá я бýду готóв(а)!; ~ a
minute, moment! (подо-
ждúте) однý минýту!; I'll ~
for you downstairs / in the
cloak-room я вас подождý
внизý / в гардерóбе; I told
the driver to ~ я попро-
сúл(а) шофёра подождáть;
how long have you been
~ing? скóлько врéмени вы
ждёте?; ☉ keep smb ~ing
заставлять (223) (with gen)
когó-л. ждать; excuse me
for keeping you ~ing изви-
нúте, что я застáвил(а) вас
ждать.

waiter официáнт m (1e)
[1] good хорóший, fast быстрый, slow медлúтельный;
2) takes an order принимáет
закáз, brings the soup при-
нóсит суп; lays, sets the
table накрывáет на стол;]
he called the ~ он позвáл
официáнта; have the ~
bring dessert! пусть офи-
циáнт принесёт слáдкое!

waiting-room (at station)
зал (m 1f) ожидáния; the
station· ~ was crowded в
зáле ожидáния на вокзáле
было мнóго нарóду.

waitress официáнтка f
(22c).

wake v (also ~ up) 1. (become awake) просыпáться
(64), perf проснýться (130)
[early рáно, late пóздно, at
seven o'clock в семь часóв,
at the slightest noise при
малéйшем шýме]; I usu-

ally ~ (up) at seven я
обычно просыпáюсь в семь
часóв; ~ up! проснúтесь!;
2. (rouse) будúть (152), perf
разбудúть (152) (with acc);
please, ~ me (up) at seven
разбудúте меня, пожáлуй-
ста, в семь часóв; what time
do you want to be ~d?
в какóе врéмя вас разбу-
дúть?; the noise woke me
(up) меня разбудúл (этот)
шум; don't ~ him, it's
still early не будú(те) егó,
ещё рáно.

walk I sb 1. (stroll) прогýлка f (22d) [long длú-
тельная, short непродол-
жúтельная, pleasant при-
ятная, tiring утомúтельная];
take smb for a ~ взять
когó-л. на прогýлку; the
~ tired her прогýлка её
утомúла; we enjoyed our ~
мы получúли удовóльствие
от прогýлки; we had a five-
-mile ~ мы прошлú (пешкóм)
пять миль; ☉ go for a ~,
take a ~ пройтúсь (206),
идтú (207) на прогýлку;
we took a ~ along the seashore мы прошлúсь по бé-
регу мóря; 2. (act of walking) ходьбá f, no pl (19g);
I live ten minutes' ~ from
the theatre я живý в десятú
минýтах ходьбы от теáтра.

walk II v 1. (go) идтú
(207) [1] fast, quickly быстро, slowly мéдленно,
with difficulty с трудóм;
2) back назáд, обрáтно,
straight ahead прямо впе-
рёд, along the street по

у́лице, along the road по до-
ро́ге, up the street вверх по
у́лице, towards the square
по направле́нию к пло́-
щади, across the field че́рез
по́ле, through the forest
через лес, to the station на
вокза́л, to the park в парк,
home домо́й]; he ~ed by
me / the building он про-
шёл ми́мо меня́ / зда́ния;
{ (go on foot) идти́ пешко́м,
ходи́ть (152) пешко́м]; it is
too far to ~ (туда́) сли́ш-
ком далеко́ идти́ пешко́м;
he was ~ing up and down
он ходи́л взад и вперёд;
she is fond of ~ing она́
лю́бит ходи́ть; shall we ~ or
take a bus? мы пойдём
пешко́м и́ли пое́дем на ав-
то́бусе?; we ~ed ten kilometres мы прошли́ пешко́м
де́сять киломе́тров; I ~ed
all the way я всю доро́гу
шёл, шла пешко́м; let us ~
a little! пройдёмся немно́го!;
I'll ~ with you as far as
the station я пройду́сь с
ва́ми до вокза́ла; 2. (go for
stroll) гуля́ть (223), perf по-
гуля́ть (223) [about the
town по го́роду, in the park
в па́рке].

wall sb стена́ f (19g, acc sg
сте́ну) [high высо́кая, long
дли́нная, whitewashed по-
белённая, thick то́лстая,
outside нару́жная; stone ка́-
менная, brick кирпи́чная];
the ~s of a house / room
сте́ны до́ма / ко́мнаты, city
~ городска́я стена́; garden
~ садо́вая огра́да;

build / break down / de-
stroy a ~ стро́ить / лома́ть
/ разруша́ть сте́ну; there is
a picture on the ~ на стене́
(виси́т) карти́на; hang the
picture on the ~! пове́сьте
карти́ну на́ стену!; he climbed the ~ он зале́з на́ стену;
they climbed over the ~ они́
перелезли через сте́ну.

wander 1. (rove) броди́ть
(152), no perf [from place
to place с ме́ста на ме́сто,
in the forest в лесу́]; 2. (be
not concentrated) отвлека́ть-
ся (64), perf отвле́чься (103);
don't ~ from the subject,
point не отвлека́йтесь от
(with gen) те́мы; his mind
was ~ing его́ мы́сли блуж-
да́ли; her attention was ~ing
её внима́ние рассе́ивалось.

want v 1. (wish) хоте́ть
(133), perf захоте́ть (133);
she ~s to learn Russian / to
ask you a question она́ хочет изучи́ть ру́сский язы́к
/ зада́ть вам вопро́с; I ~
very much to go there я
о́чень хочу́ пое́хать, пойти́
туда́; what do you ~ to do /
to see / to buy? что вы хо-
ти́те де́лать / посмотре́ть
/ купи́ть?; what do you ~?
что вы хоти́те?; I ~ you to
do it at once я хочу́, что́бы
вы сде́лали э́то сра́зу же;
when do you ~ him to
come? когда́ вы хоти́те, что́-
бы он пришёл?; I don't ~
you to wait я не хочу́, что́бы
вы жда́ли; we ~ to be friends
мы хоти́м быть друзья́ми;
2. (need) нужда́ться (64),

no perf; if you ~ anything, say so если вам что-нибудь нужно, скажите об этом; that is all I ~ это всё, что мне нужно; { (*require*) трéбовать (244), *perf* потрéбовать (244) (*with acc*); the house ~s painting этот дом трéбует покрáски, этот дом нýжно покрáсить; you are ~ed on the telephone вас прóсят к телефóну.

war войнá *f* (19g) [1) long длительная, terrible страшная, atomic áтомная, civil граждáнская; 2) for independence за независимость; 3) lasted two years продолжáлась два гóда, is over окóнчилась]; begin / lose / win / stop / wage / unleash / declare ~ начáть / проигрáть / выиграть / (при)остановить / вести / развязáть / объявить войнý; take part in a ~ учáствовать в войнé; fight in a ~ сражáться на войнé; be / fight against ~ выступáть / борóться прóтив войны; we do not want ~ мы не хотим войны; preparations for ~ подготóвка к войнé; ~ broke out between the two countries между этими двумя странáми началáсь войнá; during the ~ во врéмя войны; the First / Second World War, World War One / Two пéрвая / вторáя мировáя войнá; he was killed in the ~ он был убит на войнé; end ~ покóнчить с войнóй;

⊙ cold ~ холóдная (31b) войнá; ~ prisoner, prisoner of ~ (военно)плéнный *m* (31b).

wardrobe гардерóб *m* (1f) [1) convenient удóбный, spacious вместительный; 2) lock заперéть, close закрыть, open открыть]; she has a ~ full of dresses у неё пóлный гардерóб плáтьев.

warm I *a* 1. (*not cold*) тёплый (31b) [day день, month мéсяц, wind вéтер, climate климат]; тёплая [water водá, room кóмната, clothes одéжда, country странá, weather погóда, night ночь]; тёплое [coat пальтó, dress плáтье, place мéсто, season врéмя гóда, summer лéто]; it is very ~ today сегóдня óчень теплó; it is ~ in the sun на сóлнце теплó; I am, feel ~ мне теплó; put on ~ clothes теплó одéться; it was much ~er yesterday вчерá было значительно теплéе; I can't get ~ я не могý согрéться; 2. (*kind*) тёплый [reception приём]; тёплая [meeting встрéча]; { сердéчный (31b) [welcome приём]; сердéчная [friendship дрýжба].

warm II *v* 1. (*make warm*) греть (98), *perf* согрéть (98) [*with acc* water вóду]; he was ~ing his hands at the fire он грел рýки у кострá; { подогревáть (64), *perf* подогрéть (98) (*with acc*); please, ~ the milk / soup / meat! подогрéй(те), пожá-

луйста, молоко́/суп/мя́со!;
2.: ~ oneself гре́ться (98),
perf согре́ться (98); we went
into the house to ~ our-
selves мы пошли́ в дом, что́-
бы согре́ться.

warn предупрежда́ть (64),
perf предупреди́ть (153)
[о, об *with abl* of danger of
опа́сности]; he ~ed me not
to go there он предупреди́л
меня́, чтобы я туда́ не хо-
ди́л(а); don't say I didn't ~
you не говори́те, что я вас
не предупреди́л(а) (об э́том).

warning *sb* (*notice*) пре-
дупрежде́ние *n* (18c); he did
it without any ~ он сде́лал
э́то без вся́кого предупреж-
де́ния; { (*admonition*) пре-
достереже́ние *n* (18c); let
this be a ~ to you пусть э́то
послу́жит вам предостере-
же́нием; he paid no attention to my ~s он не обра-
ти́л никако́го внима́ния на
моё предостереже́ние; give
~ to smb предостерега́ть
(*with acc*) кого́-л.

wash *v* **1.** (*make clean*)
мыть (209), *perf* вы́мыть
(235) [*with acc* plate та-
ре́лку, window окно́, floor
пол; fruit фру́кты; hands
ру́ки, face лицо́]; ~ one's
hair мыть го́лову; { (*of
linen*) стира́ть (64), *perf*
вы́стирать (64) [*with acc*
clothes оде́жду, linen бельё,
shirt руба́шку]; **2.** (*also* ~
oneself) умыва́ться (64),
perf умы́ться (209); I must
~ before dinner мне на́до
умы́ться пе́ред обе́дом; he

doesn't like to ~ in cold
water он не лю́бит умыва́ть-
ся холо́дной водо́й; ~ off
смыва́ть (64), *perf* смыть
(235) (*with acc*); I can't ~
the paint off my hands / the
wall я не могу́ смыть кра́ску
с рук / со стены́.

waste I *sb* (бесполе́зная)
тра́та *f* (19c); it's a ~ of
time / energy / money / labour э́то бесполе́зная тра́та
(*with gen*) вре́мени / сил /
де́нег / труда́.

waste II *v* тра́тить (177)
(зря), *perf* потра́тить (177)
(зря) [*with acc* time вре́мя,
money де́ньги]; his efforts
were ~d его́ уси́лия бы́ли
напра́сны; we decided to ~
no more time мы реши́ли
бо́льше не тра́тить вре́мени
зря.

watch I *sb* часы́ *no sg* (1k)
[1] beautiful краси́вые, expensive дороги́е, broken
сло́манные; 2) is ten minutes
slow отстаю́т на де́сять ми-
ну́т, is five minutes fast
спеша́т на́ пять мину́т; 3)
break слома́ть, drop уро-
ни́ть, look at смотре́ть на,
repair чини́ть, put on на-
де́ть, take off снять, wind
заводи́ть, set ста́вить]; pocket / wrist ~ карма́нные /
ручны́е часы́; it is two o'clock
by my ~ по мои́м часа́м
два часа́; your ~ is wrong
ва́ши часы́ иду́т неве́рно;
my ~ has stopped у меня́
останови́лись часы́; I must
have my ~ repaired мне
ну́жно почини́ть часы́.

watch II *v* 1. (*observe*) следить (153), *no perf* [1] carefully, closely внимательно, intently пристально, anxiously озабоченно; 2) за *with instr* the boy за мальчиком, the game за игрой]; we ~ed them do it мы следили, как они это делали; { (*look at*) наблюдать (64), *no perf* (*with acc*); we ~ed the sunset from the balcony мы наблюдали заход солнца с балкона; 2. (*guard*) охранять (223), *no perf* (*with acc*); one man was left behind to ~ the equipment один человек был оставлен для охраны снаряжения; ~ out! ~ out! осторожно!

water *sb* вода *f* (19d) [cold холодная, hot горячая, clean чистая, clear прозрачная, boiled кипячёная, fresh пресная, salt солёная, mineral минеральная, drinking питьевая]; drink / pour / warm ~ пить / наливать / греть воду; turn on / turn off the ~ открыть / закрыть кран; a glass / bottle of ~ стакан / бутылка воды; give me some ~! дайте мне (немного) воды!; they gave her a drink of ~ они дали ей пить; fall into the ~ упасть в воду; under / above ~ под / над водой; the ~ was deep / shallow there там было глубоко / мелко; ~ sports водный спорт; ~ polo водное поло *n indecl.*

wave I *sb* волна *f* (19c) [great большая, high высо-кая, huge огромная]; sea ~s морские волны; the ~s rolled over the deck волны перекатывались через палубу; ~ of enthusiasm / indignation волна энтузиазма / негодования; a ~ of anger прилив гнева.

wave II *v* 1. (*flutter*) развеваться (64), *no perf*; flags ~d in the wind флаги развевались на ветру; 2. (*signal*) махать (69), *perf* помахать (69); ~ one's hand / handkerchief / hat to smb помахать кому-л. (*with instr*) рукой / платком / шляпой; he ~d me aside / away он махнул мне, чтобы я отошёл в сторону / ушёл.

way 1. (*road*) дорога *f* (22b); the ~ from N. to M. дорога из Н. в М.; know / forget / show the ~ знать / забыть / показать дорогу; there is a narrow ~ between the houses между этими домами есть узкий проход; there is no ~ through здесь нет прохода; 2. (*route, direction*) путь *m* (29b) [right правильный, wrong неверный, shortest кратчайший]; ask the ~ to the village / to the square спросить, как пройти к деревне / к площади; can you tell / show me the ~ to the exhibition / to the park? вы не скажете / покажете мне, как пройти на выставку / в парк?; are you coming my ~? вам со мной по пути?; on the ~ to the village / to the station / to the theatre / to the river / home по доро́ге в дере́вню / на вокза́л / в теа́тр / к реке́ / домо́й; on his ~ to the cinema / from the theatre / from the meeting he met N. по доро́ге в кино́ / из теа́тра / с собра́ния он встре́тил Н.; it's on your ~ э́то вам по пути́; it is out of my ~ э́то мне не по пути́; the post-office is on the ~ to the hotel по́чта нахо́дится по доро́ге в гости́ницу; he is on the ~ он нахо́дится в пути́; this ~, please! сюда́, пожа́луйста!; he lead the ~ он шёл впереди́; he went this ~ он пошёл в э́том направле́нии; ⊙ be in one's ~ меша́ть (64), *perf* помеша́ть (64) (*with dat*); I'm afraid I shall be in your ~ бою́сь, что я бу́ду вам меша́ть; lose one's ~ заблуди́ться (152) [in a forest в лесу́, in town в го́роде, in the dark в темноте́]; 3. (*distance*): we walked all the ~ мы всю доро́гу шли пешко́м; the rest of the ~ остальна́я часть пути́; it is a long ~ from here to the station отсю́да до ста́нции далеко́; 4. (*method*) спо́соб *m* (1f) [1] new но́вый, original оригина́льный, easy лёгкий, simple просто́й, strange стра́нный; 2) find найти́, suggest предложи́ть]; there are many ~s / two ~s / different ~s of doing it э́то мо́жно сде́лать мно́гими

спо́собами / двумя́ спо́собами / разли́чными спо́собами; in what ~ can I help you? как я могу́ вам помо́чь?; that is the ~ I did it вот как я э́то сде́лал(а); the best / simplest ~ is to write them a letter лу́чше всего́ / про́ще всего́ написа́ть им письмо́; there is no other ~ to do it э́то нельзя́ сде́лать ина́че; he did it in his own ~ он сде́лал э́то по-сво́ему; in this, that ~ таки́м о́бразом; in this ~ we shall do the work much faster таки́м путём мы вы́полним рабо́ту гора́здо скоре́е; ◇ by the ~ кста́ти; a ~ out вы́ход (*m* 1f) (из положе́ния); I see no other ~ out я не ви́жу друго́го вы́хода; have it your own ~! пусть бу́дет по-ва́шему!

we *pron pers* мы (*1st pers pl*) (40a); we are great friends мы больши́е друзья́; we shall be back at three o'clock мы вернёмся в три часа́; we both мы о́ба, о́бе; we all want to see her мы все хоти́м её повида́ть; we know / love this writer мы зна́ем / лю́бим э́того писа́теля; *also see* us.

weak 1. (*not strong or healthy*) сла́бый (31b) [child ребёнок; man челове́к; voice го́лос]; сла́бая [woman же́нщина; country страна́]; сла́бое [health здоро́вье, heart се́рдце, eyesight зре́ние]; сла́бые [eyes глаза́, lungs лёгкие]; he was too ~ to

stand от слáбости он не мог
стоя́ть; he felt very ~ after
his illness он чýвствовал
себя́ óчень слáбым пóсле
болéзни; 2. (diluted) слáбый
[tea чай, coffee кóфе, solution
раствóр]; 3. (not energetic)
нереши́тельный (31b) [char-
acter харáктер]; нереши́-
тельная [attempt попытка];
~ defence слáбая защи́та; ~
resistance слáбое сопротив-
лéние; 4. (poor): he / she is
~ in arithmetic / history он
/ онá слаб / слабá в ариф-
мéтике / истóрии; he has one
~ point у негó однó слáбое
мéсто.

wealth богáтство n (14c)
[great большóе, consider-
able значи́тельное, immense
огрóмное]; man of ~ бо-
гáтый человéк; he had in-
herited great ~ он полу-
чи́л в наслéдство большóе
богáтство.

weapon орýжие n, no pl
(18c) [1] powerful мóщное,
modern совремéнное, dan-
gerous опáсное; atomic áтом-
ное; 2) carry носи́ть].

wear v 1. (have on) носи́ть
(148), no perf [with acc
clothes одéжду, dress плáтье,
hat шля́пу, shoes тýфли,
ботинки, glasses очки́, socks
носки́; black чёрное, gray
сéрое]; he wore a winter
coat он был в зи́мнем пальтó; I have nothing to ~ мне
нéчего надéть; which dress
are you going to ~ today?
какóе плáтье вы собирáе-
тесь сегóдня надéть?; she

~s her hair short у неё
кóротко подстри́жены вó-
лосы; 2. (endure continued
use) носи́ться (148), no perf
[badly плóхо, well хорошó];
good leather / this cloth will
~ for years хорóшая кóжа
/ э́та матéрия бýдет но-
си́ться годáми; ~ out 1) из-
нáшивать (65), perf изно-
си́ть (148) [with acc shoes
тýфли, suit костю́м]; my
shoes are worn out мои́
тýфли износи́лись; 2) fig
(exhaust) истощáть (64),
perf истощи́ть (171): his
patience was worn out егó
терпéние истощи́лось; he
felt worn out он чýвствовал
себя́ измýченным.

weather sb погóда f, no pl
(19c) [1] good хорóшая, bad
плохáя, fine, excellent, beautiful прекрáсная, wet сы-
рáя, rainy дождли́вая, dry
сухáя, hot жáркая, cold
холóдная, cool прохлáд-
ная, pleasant прия́тная,
beastly отврати́тельная,
summer лéтняя; 2) changes
меня́ется, lasts дéржит-
ся, has improved улýчши-
лась]; in good / bad ~ в
хорóшую / плохýю погóду;
in all sorts of ~ в любýю
погóду; we have had good
~ the whole month весь
мéсяц стои́т хорóшая погóда; what was the ~ like? какáя былá погóда?; the ~ was
so-so погóда былá невáжная,
тáк себе; ~ forecast прогнóз
погóды; depending on the ~
в зави́симости от погóды;

in spite of the rainy / bad ~ несмотря́ на дождли́вую / плоху́ю пого́ду; on account of the bad ~ из-за плохо́й пого́ды; the ~ turned cold / hot suddenly неожи́данно пого́да ста́ла холо́дной / жа́ркой.

wedding сва́дьба *f* (19c); be present at a ~ прису́тствовать на сва́дьбе; invite to a ~ приглаша́ть на сва́дьбу; ~ anniversary годовщи́на сва́дьбы; ⊙ **silver / golden** ~ серебряная / золота́я сва́дьба.

Wednesday среда́ *f* (19g); *see* Friday.

week неде́ля *f* (20e); this / last / next ~ на э́той / про́шлой / сле́дующей неде́ле; a ~ from today че́рез неде́лю (счита́я с сего́дняшнего дня); a ~ / two ~s / five ~s ago неде́лю / две неде́ли / пять неде́ль тому́ наза́д; I have been here for a whole ~ я (нахожу́сь) здесь це́лую неде́лю; I spent the whole ~ there я провёл, провела́ там це́лую неде́лю; once / twice a ~ раз / два ра́за в неде́лю; during the ~ в тече́ние неде́ли; the ~ after next че́рез неде́лю; in two ~s че́рез две неде́ли; two ~s later две неде́ли спустя́; at the beginning / end of the ~ в нача́ле / конце́ неде́ли; the days of the ~ дни неде́ли; what day of the ~ is it? како́й э́то день неде́ли?; for the last three ~s (за) после́дние три

неде́ли; he earned 20 dollars a ~ он зараба́тывал два́дцать до́лларов в неде́лю.

week-day бу́дний день *m* (2c); *usu pl* бу́дни (3f); on ~s в бу́дни.

week-end коне́ц неде́ли, суббо́та и воскресе́нье; spend the ~ in the country провести́ суббо́ту и воскресе́нье за́ городом; where are you going for the ~? куда́ вы пое́дете на суббо́ту и воскресе́нье?

weekly *a* еженеде́льный (31b) [magazine, journal журна́л]; еженеде́льная [newspaper газе́та].

weigh 1. (*have weight*) ве́сить (149), *no perf* [little ма́ло, five kilograms пять килогра́ммов]; how much does the box ~? ско́лько ве́сит э́тот я́щик?; how much, what do you ~? ско́лько вы ве́сите?; 2. (*determine weight*) взве́шивать (65), *perf* взве́сить (149) [*with acc* box я́щик, fruit фру́кты, luggage бага́ж]; 3. (*find out one's own weight*) взве́шиваться (65), *perf* взве́ситься (149); do you often ~ yourself? вы ча́сто взве́шиваетесь?; 4. (*consider*) взве́шивать, *perf* взве́сить [*with acc* the consequences после́дствия, the pros and cons за и про́тив, one's words свои́ слова́].

weight вес *m*, *no pl* (1f) [considerable значи́тельный, great большо́й]; what is the ~ of this box? како́в вес э́того я́щика?; sell smth by ~ продава́ть что-л. на вес; this box is smaller in size but greater in ~ э́тот я́щик ме́ньше по разме́рам, но бо́льше по ве́су; ⊙ **put on, gain** ~ поправля́ться (223), *perf* попра́виться (168); she was afraid of gaining ~ она́ боя́лась пополне́ть; **lose** ~ худе́ть (98), *perf* похуде́ть (98); he has lost a lot of ~ он си́льно похуде́л.

welcome I *a*: your visit will be ~ to all of us мы все бу́дем о́чень ра́ды ва́шему посеще́нию; you're ~ to any book I have вы мо́жете взять любу́ю из мои́х книг; a ~ guest, visitor жела́нный гость; ~! добро́ пожа́ловать!; ⊙ **you are** ~! (*answer to* "thank you") пожа́луйста!

welcome II *v* приве́тствовать (245) (*with acc*); the delegation was ~d by the president of the Academy делега́цию приве́тствовал президе́нт акаде́мии; they ~d the idea / suggestion они́ приве́тствовали э́ту мысль / э́то предложе́ние.

well I *a* (*in good health*): I am, feel ~ я чу́вствую себя́ хорошо́; I hope you will be, get ~ soon (я) наде́юсь, что вы ско́ро попра́витесь; you don't look very ~ вы не о́чень хорошо́ вы́глядите; I don't feel ~ я нехорошо́ себя́ чу́вствую.

well II *adv* хорошо́ (*comp* лу́чше, *superl* лу́чше всего́)

[know знать, speak говори́ть, sing петь, work рабо́тать, do smth (с)де́лать что-л.]; I didn't understand very ~ я не о́чень хорошо́ по́нял, поняла́; I don't know Russian ~ enough я недоста́точно хорошо́ зна́ю ру́сский язы́к; did you sleep ~? вы хорошо́ спа́ли?; very ~! (*I agree*) хорошо́!; I hope everything will go ~ (я) наде́юсь, что всё бу́дет хорошо́, в поря́дке; ⊙ **go ~ with** подходи́ть (152), *perf* подойти́ (206) к (*with dat*); does this hat go ~ with my green coat? подхо́дит э́та шля́па к моему́ зелёному пальто́?; **as ~** 1) не то́лько..., но и...; she can read Russian and speak as ~ она́ не то́лько чита́ет, но и говори́т по-ру́сски; 2) (*too*) та́кже; I have spoken to the others as ~ с други́ми я та́кже поговори́л(а).

well III: as ~ as *conj* как..., так и...; he is well--known abroad as ~ as in his own country он хорошо́ изве́стен как за грани́цей, так и у себя́ на ро́дине; the adults as ~ as the children were enjoying the performance как взро́слые, так и де́ти получа́ли удово́льствие от спекта́кля.

well-to-do *a* зажи́точный (31b) [collective farm колхо́з]; зажи́точная [family семья́].

west *sb* за́пад *m* (1f); *see* east.

western за́падный (31b); *see* eastern.

wet *a* мо́крый (31b) [floor пол, snow снег]; мо́края [clothes оде́жда, grass трава́]; мо́крое [dress пла́тье]; мо́крые [shoes ту́фли, feet но́ги, hands ру́ки, hair во́лосы, streets у́лицы]; get ~ промо́кнуть (127); did you get ~? вы промо́кли?; I was ~ through я наскво́зь промо́к(ла); she was ~ to the skin она́ промо́кла до ни́тки; { сыро́й (31a) [climate кли́мат]; сыра́я [ground земля́, weather пого́да]; сыро́е [summer ле́то, place ме́сто].

what I *pron inter* 1. что (41a); ~ is that? что э́то (тако́е)?; ·~ has happened? что случи́лось?; ~ is on tonight? что идёт сего́дня ве́чером (в теа́тре, в кино́)?; ~ is your first name? как вас зову́т?; ~ is your name? как ва́ша фами́лия?; { чего́ *gen*; ~ is it made of? из чего́ э́то сде́лано?; ~ is that used for? для чего́ э́то употребля́ется?; { чему́ *dat*; ~ did it lead to? к чему́ э́то привело́?; ~ does it correspond to in Russian? чему́ э́то соотве́тствует в ру́сском языке́?; { что *acc*; ~ does he want / say? что он хо́чет / говори́т?; ~ else can you say? что ещё вы мо́жете сказа́ть?; ~ are you looking at? на что вы смо́трите?; { чем *instr*; ~ are you laughing at? над чем вы

смеётесь?; ~ are you interested in? чем вы интересу́етесь?; ~ do you open it with? чем вы э́то открыва́ете?; { чём *abl*; ~ are you talking about / thinking of? о чём вы говори́те / ду́маете?; { ~ do you think? как вы ду́маете?; ~ do you think he did? как вы ду́маете, что он сде́лал?; 2. како́й (33a); ~ questions did he ask you? каки́е вопро́сы он вам за́дал?; ~ day is (it) today? како́й сего́дня день?; ~ time is it? кото́рый час?; ~ plays do you like best? каки́е пье́сы вы предпочита́ете?; I don't know ~ train he will go by я не зна́ю, каки́м по́ездом он пое́дет; ~ kind of person is he? что он за челове́к? ⊙ ~ **about...?** как насчёт...?; ·~ about the others? как насчёт остальны́х?; ~ about going there now? (*gerund in this case is rendered by inf perf introduced by* того́, что́бы) как насчёт того́, чтобы пойти́ туда́ сейча́с?; ~ **if...** а что е́сли...; ~ if he doesn't come at all? а что е́сли он совсе́м не придёт?; II *as conjunctive word* что; he told us ~ he had seen there он рассказа́л нам о том, что там ви́дел; ~ happened after that was not interesting то, что случи́лось пото́м, бы́ло неинтере́сно; III *in exclamatory sentences* како́й; ~ a beautiful city! како́й краси́вый го́род!; ~ cold weather! какая холодная погода!; ~ nonsense! какая чепуха!; ~ an idea! что за мысль!

whatever что бы ни; he was successful in ~ he undertook to do ему удавалось всё, за что бы он ни брался; don't change your mind, ~ happens что бы ни случилось, не меняйте своего решения.

wheat пшеница *f, no pl* (21c); summer / winter ~ яровая / озимая пшеница; grow / sow / harvest ~ выращивать / сеять / убирать пшеницу; ~ field, field of ~ пшеничное поле; ~ harvest, crop урожай пшеницы; ~ flour пшеничная мука.

wheel *sb* 1. (*of cart, machine, etc.*) колесо *n* (14f) [1) front переднее, rear заднее, iron железное, broken сломанное; 2) goes round, turns крутится]; 2. (*for steering*) руль *m* (2b); be at the ~ быть за рулём.

when I *adv* когда; ~ can you get here? когда вы сможете приехать сюда?; ~ did you see him last? когда вы его видели в последний раз?; since ~? с каких пор?; II *as conj in clauses* когда; I don't know ~ he will be back я не знаю, когда он вернётся; ~ you see him, ask him когда вы его увидите, спросите его; ~ we were in the country we used to take long walks когда мы были в деревне,

мы много ходили; he was busy ~ I got there когда я пришёл, приехал, он был занят.

whenever когда; come ~ you can приходите, когда вы сможете; you must rest ~ you begin to feel tired вы должны отдохнуть, когда почувствуете усталость; { когда бы ни; ~ he speaks everyone listens with interest когда бы он ни говорил, его все слушают с интересом.

where I *adv* 1. (*denoting direction*) куда; ~ are you going (to)? куда вы идёте?; ~ can I put this bag? куда я могу положить этот чемодан?; ~ from? откуда?; ~ are you from? вы откуда?; ~ shall we start from? откуда мы отправимся?; ~ do you think they went? как вы думаете, куда они пошли?; 2. (*denoting place*) где; ~ is my bag? где мой портфель?; ~ do you live? где вы живёте?; ~ did you buy it? где вы это купили?; ~ is it? где это?; that must be far from ~ we were это должно быть далеко от того места, где мы были.

where II *pron rel* 1. (*denoting direction*) куда; the place ~ we are going место, куда мы едем; I can see it from ~ I am я это вижу и отсюда; I don't know ~ I've put my ticket / ~ this road leads я не знаю, куда я положил(а) билет / куда ведёт э́та доро́га; **2.** (*denoting place*) где; this is a house ~I used to live э́то тот дом, где я жил(а́) ра́ньше; this is ~ I live вот где я живу́; stay ~ you are остава́йтесь там, где вы сейча́с; that's ~ you are mistaken в э́том вы ошиба́етесь.

wherever 1. (*denoting direction*) куда́ бы ни; ~ he went people immediately recognized him куда́ бы он ни пошёл, лю́ди сейча́с же его́ узнава́ли; put your things ~ you like положи́те ве́щи, куда́ хоти́те; **2.** (*denoting place*) где бы ни; ~ he is, he must be found его́ на́до найти́, где бы он ни́ был.

whether (*in indirect questions*) ли; I asked him ~ he had been there я спроси́л (его́), был ли он там; I don't know ~ it's right / ~ he has been there or not я не зна́ю, пра́вильно ли э́то / был он там и́ли нет; find out ~ the excursion is to be in the morning or in the afternoon узна́йте, бу́дет ли экску́рсия у́тром и́ли днём; I wonder ~ there'll be many people there интере́сно, мно́го ли там бу́дет наро́ду; I doubt ~ he can manage everything in time сомнева́юсь, смо́жет ли он всё устро́ить во́время.

which I *pron inter* како́й (33a); ~ bag / city do you like best? како́й портфе́ль / го́род вам бо́льше (всего́) нра́вится?; ~ room are they

in? в како́й они́ ко́мнате?; ~ window is yours? како́е окно́ ва́ше?; ~ is the right road? по како́й доро́ге идти́?; { кто (41a); ~ of you кто из вас?; ~ of them is Tom? кто из них Том?; ~ of you is going with us? кто из вас пойдёт с на́ми?; **II** *pron rel* како́й; I don't know ~ play you are talking about я не зна́ю, о како́й пье́се вы говори́те; { кото́рый (31b); the house in ~ he lives дом, в кото́ром он живёт; I need the book ~ he gave you мне нужна́ кни́га, кото́рую он вам дал; this is the poem of ~ I was speaking вот стихотворе́ние, о кото́ром я вам говори́л.

while I *sb* не́которое вре́мя; he stopped writing after a ~ че́рез не́которое вре́мя он переста́л писа́ть; we shall wait a ~ мы немно́го подождём; for a ~ she felt quite well в тече́ние не́которого вре́мени она́ чу́вствовала себя́ совсе́м хорошо́; I stayed there (for) a short, little ~ я там остава́лся, остава́лась недо́лго; a little ~ ago не́которое вре́мя тому́ наза́д; ⊙ once in a ~ и́зредка; he comes to see us once in a ~ и́зредка он навеща́ет нас.

while II *conj* пока́; finish the work ~ there is light! конча́йте рабо́ту, пока́ светло́!; they did nothing ~ I was away пока́ меня́ не́ было, они́ ничего́ не де́лали;

{ в то время как, в то время когда; he came ~ we were having supper / ~ I was out он пришёл в то время, когда мы ужинали / в то время, когда меня не было.

whisper I sb шёпот m, no pl (1f); answer / speak in a ~ отвечать / говорить шёпотом.

whisper II v шептать (70), perf прошептать (70), говорить (158) шёпотом, perf сказать (48) шёпотом; don't ~, speak up! не шепчите, говорите громко!; "I'm afraid", she ~ed „Я боюсь",— сказала она шёпотом.

whistle v свистеть (134) [loudly громко, merrily весело]; he ~d to his dog он свистнул собаку; { насвистывать (65), no perf [with acc tune мелодию, песенку].

white a **1.** белый (31b) [suit костюм, colour цвет, flower цветок, bear медведь, house дом, snow снег, sand песок]; белая [shirt рубашка, ribbon лента, wall стена, paint краска, horse лошадь]; белое [building здание, dress платье, face лицо, wine вино]; белые [shoes туфли]; paint smth ~ покрасить что-л. в белый цвет; in ~ в белом; she was wearing ~ она была в белом; become ~ бледнеть (98); her face went ~ её лицо побелело, побледнело; ⊙ as ~ as a sheet белый как полотно;

2. (gray-haired) седой (31a); седая [head голова]; седые [hair волосы]; woman with ~ hair седая женщина.

who I pron inter кто (41a); ~ wrote the letter? кто написал это письмо?; ~ did that? кто это сделал?; ~ is there? кто там?; ~ is that man? кто этот человек?; ~ else wants to go? кто ещё хочет идти, пойти?; also see whom; II pron rel который (31b); the man ~ was here is my brother человек, который был здесь,— мой брат; { often after pronouns кто; anybody ~ thinks so is mistaken те, кто так думает, ошибаются; everyone ~ went there liked the place всем, кто там был, нравится это место.

whoever (everyone who) кто (41a); ~ wants to may leave now кто хочет, может уйти сейчас; { (anyone who) кто бы ни; ~ said that was mistaken кто бы это ни сказал, он ошибся; ~ came to the exhibition liked it выставка нравилась всем, кто бы ни пришёл на неё.

whole I sb: as a ~ в целом; let us discuss the plan as a ~ обсудим план в целом; ⊙ on, upon the ~ в общем; it was a very interesting excursion on the ~ в общем, это была очень интересная экскурсия; on the ~ we enjoyed the concert в общем, концерт нам понравился.

whole II *a* 1. (*from beginning to end*) весь (41e) [day день, year год, town город, world мир]; вся [book книга, country страна]; всё [summer лето]; tell me the ~ story / truth расскажите мне всю историю / правду; he fixed his ~ attention upon the subject он сконцентрировал всё своё внимание на этом предмете; { целый (31b); we had to wait a ~ hour нам пришлось ждать целый час; we shall need two ~ days нам понадобится целых два дня; a ~ week passed прошла целая неделя; 2. (*undivided*) целый [glass стакан, cake пирог, торт]; целая [plate тарелка, cup чашка]; целое [apple яблоко].

whom I *pron inter* кого *gen*; from ~ did you receive those flowers? от кого вы получили эти цветы?; { кому *dat*; ~ did you show the letter? кому вы показывали (это) письмо?; to ~ did you apply? к кому вы обратились?; { кого *acc*; ~ did you meet / see in the park? кого вы встретили / видели в парке?; ~ are you waiting for? кого вы ждёте?; { кем *instr*; with ~ were you at the theatre? с кем вы были в театре?; ~ are you laughing at? над кем вы смеётесь?; { ком *abl*; about ~ are you speaking / thinking? о ком

вы говорите / думаете?; II *pron rel*: this is the man ~ we saw yesterday / with, to ~ we spoke / about ~ I was speaking / of ~ we heard so much / without ~ we can't go there вот человек, которого мы вчера видели / с которым мы говорили / о котором я говорил(а) / о котором мы так много слышали / без которого мы не можем туда пойти; the girl about ~ I told you has come девушка, о которой я вам говорил, пришла; *also see* who.

whose I *pron poss* чей *m*, чья *f*, чьё *n*, чьи *pl* (41c); ~ house / table is that? чей это дом / стол?; ~ car is this? чья это машина?; ~ pen did you take? чью ручку вы взяли?; ~ work are you talking about? о чьей работе вы говорите?; ~ coat is that? чьё это пальто?; ~ is this? чьё это?; II *pron rel* которого *m, n*, которой *f*, которых *pl* (31b); this is the girl ~ brother was here yesterday это девушка, брат которой вчера был здесь; a scientist will speak ~ name is known all over the world сейчас выступит учёный, имя которого известно во всём мире.

why (*of reason*) почему; ~ did you go there / do that? почему вы туда поехали, пошли / сделали это?; ~ did you not answer my letter? почему вы не отве́тили на моё письмо́?; ~ do you think so? почему́ вы так ду́маете?; ~ not? почему́ бы нет?, почему́ бы не сде́лать э́то?; ~ not go there today? почему́ бы не пое́хать туда́ сего́дня?; ~ not take him with us? почему́ бы не взять его́ с собо́й?; I can't understand ~ he is late я не могу́ поня́ть, почему́ он опа́здывает; { (*for what purpose*) заче́м; ~ go there? заче́м идти́ туда́?; ~ did he do it? заче́м он э́то сде́лал?; ⊙ **that's** ~ поэ́тому; he was ill, and that's ~ he couldn't come он был бо́лен (и) поэ́тому не мог прийти́.

wide I *a* 1. (*not narrow*) широ́кий (33b) [bridge мост, corridor коридо́р, interval промежу́ток]; широ́кая [street у́лица, river река́, stairs ле́стница; skirt ю́бка]; широ́кое [window окно́; field по́ле]; the river is not very ~ here в э́том ме́сте река́ не о́чень широка́; a window two metres ~ окно́ шириной в два ме́тра; how ~ is the room? какова́ ширина́ э́той ко́мнаты?; { *fig*: ~ experience большо́й о́пыт; ~ interests широ́кие интере́сы; 2. (*too big*) широ́к *m*, широка́ *f*, широко́ *n*, широки́ *pl*; the suit is too ~ for him (э́тот) костю́м ему́ сли́шком широ́к; the dress / coat is too ~ for me (э́то) пла́тье / пальто́ мне сли́шком широко́; the skirt is too ~ for

her ю́бка ей сли́шком широка́; the trousers / shoes are too ~ брю́ки / ту́фли сли́шком широки́; the coat is too ~ in the shoulders пальто́ сли́шком широко́ в плеча́х.

wide II *adv* широко́; her eyes were ~ open её глаза́ бы́ли широко́ откры́ты; fling the window / door ~ open широко́ распахну́ть окно́ / дверь.

widow вдова́ *f* (19b); she became a ~ она́ овдове́ла.

wife жена́ *f* (19b) [young молода́я, beautiful краси́вая, wedded, lawful зако́нная, faithful ве́рная]; he has a very nice ~ у него́ о́чень ми́лая жена́; he thought of his ~ and children он поду́мал о жене́ и де́тях; he left his ~ он бро́сил свою́ жену́.

wild *a* 1. (*not tame, cultured or civilized*) ди́кий (33b) [beast зверь; flower цвето́к]; ди́кая [duck у́тка, bird пти́ца; country ме́стность]; ди́кое [animal живо́тное, plant расте́ние]; ди́кие [berries я́годы; tribes племена́]; 2. (*disorderly*) бу́йный (31b) [child ребёнок, man челове́к]; { (*of speech, etc.*) ди́кий (33b), исступлённый (31b) [laughter хо́хот, смех]; ~ cries исступлённые кри́ки]; 3. (*greatly excited*) безу́мный (31b) [look взгляд]; безу́мные [words слова́, ре́чи, eyes глаза́]; be ~ with anger / fright обезу́меть от (*with gen*) гнéва / стрáха; the anxiety / the pain almost drove her ~ онá чуть не сошлá с умá от беспокóйства / бóли; be ~ about smth быть без умá от чегó-л.; she is ~ about dancing онá без умá от тáнцев.

will I sb 1. (*determination*) вóля *f*, *no pl* (20e) [strong си́льная, weak слáбая, firm твёрдая, iron желéзная]; ~ power си́ла вóли; a man of strong ~ человéк си́льной вóли; he has no ~ of his own у негó нет вóли; 2. (*wish*) вóля; the ~ of the people вóля нарóда; he did it against his ~ / against his father's ~ / of his own free ~ он сдéлал э́то прóтив своéй вóли / вопреки́ вóле отцá / по своéй сóбственной вóле; ⊙ with a ~ с охóтой; work with a ~ рабóтать с охóтой; 3. (*document*) завещáние *n* (18c) [write написáть, make дéлать, draw up состáвить, leave остáвить, change измени́ть, carry out испóлнить]; according to the ~ по завещáнию; he left everything to his wife in his ~ по завещáнию он всё остáвил своéй женé.

will II *v* I *aux of future tense* бýдешь (*sg 2nd pers*), бýдет (*sg 3d pers*), бýдете (*pl 2nd pers*), бýдут (*pl 3d pers*) *followed by imperf inf*; what ~ you be doing tomorrow? что ты бýдешь, вы бýдете дéлать зáвтра?; you ~ write to me often, won't you? вы бýдете мне чáсто писáть, не прáвда ли?; he ~ be working at home tomorrow зáвтра он бýдет рабóтать дóма; tomorrow ~ be Friday зáвтра бýдет пя́тница; they ~ be glad to see you они́ бýдут рáды вас ви́деть; dinner ~ be ready in half an hour обéд бýдет готóв чéрез полчасá; { *not translated if Russian verb is in perf aspect*: he ~ meet you at·the station он встрéтит вас на вокзáле; you ~ do it tomorrow ты сдéлаешь, вы сдéлаете э́то зáвтра; ~ he help us? он нам помóжет?; you / they / he ~ not have to wait long вам / им / емý не придётся дóлго ждать; you ~ like the place вам понрáвится э́то мéсто; II *modal, not translated in affirm, Russian verb is in perf aspect*: all right, I'll do it хорошó, я э́то сдéлаю; lend me your book, I'll bring it back in two days дáйте мне вáшу кни́гу, я принесý её через дⁿа дня́; { *in neg is translaeⁱ by* бýду, бýдем, *Russian verb in imperf aspect*; I / we won't do it any more я не бýду / мы не бýдем бóльше э́того дéлать; I / we promise you я / мы вам обещáю / обещáем; { *in neg sentences, expressing refusal, not translated, Russⁱaⁱ verb translated in present imperf, often* никáк *is added*:

this window / door won't
open это окно / эта дверь
(ника́к) не открыва́ется;
this machine won't work
э́тот стано́к (ника́к) не ра-
бо́тает; the boy won't listen
to, obey anyone ма́льчик
никого́ не хоте́л слу́шаться;
{ *in questions conveying
requests not translated, Russian verb translated in imperative,* пожа́луйста *is added*: ~ you (please) open
the window? откро́йте, по-
жа́луйста, окно́!; { *greater
politeness is expressed by
negative verb*: ~ you, won't
you open the window? вы
не откро́ете окно́?; ~ you
please help me? вы не по-
мо́жете мне?, помоги́те мне,
пожа́луйста!

willing *a* (*ready*): be ~
*in present tense sentences con-
veyed by adv* охо́тно *and verb
in future or present*; she
is ~ to go with us она́ охо́т-
но пойдёт с на́ми; he is ~
to do everything in his
power он охо́тно сде́лает
всё, что в его́ си́лах;
I am ~ to believe that you
have done your best (я)
охо́тно ве́рю, что вы сде́-
лали всё, что могли́; { *in
past tense sentences conveyed
by a short form* гото́в; everyone was ~ to help все
бы́ли гото́вы помо́чь; { /
she said he / she was ~
to wait all day он / она́
сказа́л(а), что он / она́
был(а́) гото́в(а) ждать весь
день.

willingly охо́тно [do
smth де́лать что-л., agree
согласи́ться, obey повино-
ва́ться, слу́шаться, help по-
мо́чь]; I shall do it ~ я
охо́тно это сде́лаю.

win 1. (*be victorious*) вы-
и́грывать (65), *perf* вы́иг-
рать (64a) [*with acc* battle
сраже́ние, competition со-
ревнова́ние, game игру́,
strike забасто́вку, war вой-
ну́]; ~ the case вы́играть
де́ло; { (*take prize*) победи́ть
(153) [в *with abl* in a competition в соревнова́нии, а
гасе в го́нках]; who won?
кто победи́л, вы́играл?; ~
by 3 to 2 вы́играть со счётом
три—два; ~ a prize полу-
чи́ть приз, пре́мию; { (*gain*)
выи́грывать, *perf* вы́играть
[1] *with acc* money де́ньги,
watch часы́, car автомаши́ну;
2) at cards в ка́рты, in a
lottery в лотере́е, at a horse-
-гасе на ска́чках]; 2. (*attain*)
завоева́ть (247) [*with acc*
freedom свобо́ду, peace мир,
fame сла́ву]; ~ a victory
одержа́ть побе́ду; their team
won the cup их кома́н-
да завоева́ла ку́бок; ~
smb's heart покори́ть чьё-л.
се́рдце.

wind I *sb* ве́тер *m* (1f)
[1] cold холо́дный, warm тёплый, light лёгкий, strong,
high си́льный, fresh све́-
жий, piercing прони́зыва-
ющий; east восто́чный; from
the north с се́вера; 2) blows
ду́ет, has changed измени́лся,
increased уси́лился, ceased,

died down прекратился]; walk against the ~ идти против ветра; there was a strong ~ blowing дул сильный ветер; there isn't much ~ today сегодня нет сильного ветра; a gust of ~ порыв ветра.

wind II *v* **1.** (*form into a ball*) сматывать (65), *perf* смотать (64) (*with acc*); ~ (up) yarn / wool into a ball смотать пряжу / шерсть в клубок; { (*twist round*) наматывать (65), *perf* намотать (64) (*with acc*); ~ thread on a spool / round one's finger намотать нитки на катушку / на палец; **2.** (*make mechanism go*) заводить (152), *perf* завести (219) [*with acc* clock, watch часы]; he forgot to ~ (up) his watch он забыл завести часы.

window 1. (*of dwelling house*) окно *n* ˈ(14b) [1) wide широкое, narrow узкое, clean чистое, broken разбитое, open открытое; 2) break разбить, throw, fling open распахнуть, open открыть, close, shut закрыть, climb through влезть в, knock at постучать в, wash, clean мыть]; the ~s were closed окна были закрыты; sit at the ~ сидеть у, около окна; look out of the ~ смотреть из окна, выглянуть в окно; the room has two ~s в комнате два окна; the ~ two metres high and three metres wide окно вы-

сотой в два (метра) и шириной в три метра; the ~s face the street / east окна выходят на улицу / на восток; throw smth out of the ~ выбросить что-л. из окна; would you mind my opening the ~? вы не возражаете, если я открою окно?; will you please open the ~? откройте, пожалуйста, окно!; **2.** (*of shop*) витрина *f* (19c); goods in the ~ товары, выставленные на витрине.

wine *sb* вино *n* (14b, *gen pl* вин) [1) dry сухое, white белое, strong крепкое, light лёгкое, old старое; 2) drink пить, taste пробовать, pour (out) наливать]; glass / bottle of ~ рюмка, стакан / бутылка вина.

wing *sb* **1.** крыло ɑ (14g) [*with gen* of a bird птицы, of an insect насекомого, of an aeroplane самолёта, of a windmill ветряной мельницы]; flap one's ~s махать крыльями; spread / fold one's ~s расправить / сложить крылья; **2.** (*of building*) крыло [1] right правое, east восточное; 2) *with gen* of a house дома, of a hospital больницы]; a new ~ has been added было выстроено новое крыло; **3.** *mil* фланг *m* (4c) [left левый, right правый, threatened находящийся под угрозой].

winter *sb* зима *f* (19g) [1) cold холодная, warm тёплая, mild мягкая, severe суро́вая, long до́лгая, short коро́ткая; 2) begins in December начина́ется в декабре́, has come наступи́ла, lasts three months дли́тся три ме́сяца, is over ко́нчилась]; at the beginning / end of ~ в нача́ле / конце́ зимы́; in (the) ~ зимо́й; during the ~ в тече́ние зимы́; this / next ~ зимо́й э́того / бу́дущего го́да; last ~ про́шлой зимо́й, зимо́й про́шлого го́да; spend the ~ in warm places проводи́ть зи́му в тёплых края́х; ~ is early this year в э́том году́ зима́ наступи́ла ра́но; we have had much snow this ~ э́той зимо́й (бы́ло) мно́го сне́га; ~ day / month / sports зи́мний день / ме́сяц / спорт; ~ clothes зи́мняя оде́жда; ~ coat зи́мнее пальто́; ~ holidays зи́мние кани́кулы.

wipe *v* (*dry*) вытира́ть (64), *perf* вы́тереть (122) [1] *with acc* hands ру́ки, face лицо́, eyes глаза́; dishes посу́ду; 2) *with instr* on a towel полоте́нцем, on, with one's sleeve рукаво́м]; ~ smth dry вы́тереть что-л. до́суха; ~ **away**, ~ **off** стира́ть (64), *perf* стере́ть (124) [*with acc* dust пыль]; ~ away a tear смахну́ть слезу́; ~ **out** 1) (*remove*) смыва́ть (64), *perf* смыть (209) [*with acc* stain пятно́; disgrace позо́р, insult оби́ду; 2) (*destroy*) уничтожа́ть (64),

perf уничто́жить (174) [*with acc* enemy проти́вника]; illiteracy has been ~d out негра́мотность была́ ликвиди́рована.

wire I *sb* 1. (*metal strand*) про́волока *f*, *no pl* (22d) [iron желе́зная, copper ме́дная; barbed колю́чая, fine то́нкая]; 2. (*transmitter*) про́вод *m* (1f) [1] bare, naked неизоли́рованный; telegraph телегра́фный, telephone телефо́нный, electric электри́ческий; 2) stretch, hang проводи́ть, tear down сорва́ть].

wire II *v* телеграфи́ровать (245); ~ to smb телеграфи́ровать кому́-л.; he ~d us from London он телеграфи́ровал нам из Ло́ндона; he ~d for money он телеграфи́ровал, что́бы ему́ вы́слали де́ньги.

wireless *sb* ра́дио *n indecl*; ~ operator ради́ст *m* (1e); *see* radio.

wise 1. (*very intelligent*) му́дрый (31b) [counsel сове́т]; му́дрое [decision реше́ние, remark замеча́ние; ~ man мудре́ц *m* (9a); 2. (*prudent*) благоразу́мный (31b); it would be ~ to agree благоразу́мнее согласи́ться; is it ~ to go there alone? (благо)разу́мно ли идти́ туда́ одному́, одно́й?; I don't think that would be ~ (я) не ду́маю, что э́то бу́дет разу́мно.

wish I *sb* 1. жела́ние *n* (18c) [1] strong си́льное,

ardent стра́стное; 2) has
come true испо́лнилось; 3)
have име́ть, fulfil, grant
испо́лнить, anticipate пред-
восхи́тить]; limit one's ~es
ограни́чивать свои́ жела́-
ния; he has a great ~ to
travel у него́ большо́е же-
ла́ние путеше́ствовать; 2. pl
~es (regards) пожела́ния
(18c); my best ~es to your
family (мои́) наилу́чшие по-
жела́ния ва́шей семье́.

wish II v 1. (want) же-
ла́ть (64), perf пожела́ть
(64) (with acc); she had everything (any)one, a person
could ~ for у неё бы́ло всё,
что то́лько мо́жно пожела́ть;
I don't ~ for more мне
бо́льше ничего́ не на́до;
I don't ~ for better мне
лу́чшего не на́до; { хоте́ть
(133); do you ~ to stay / to
wait? не хоти́те ли оста́ться
/ подожда́ть?; { with complex object хоте́ть followed by
object clause with чтобы, Russian verb in past; what do
you ~ me to do? что вы
хоти́те, чтобы я сде́лал(а)?;
she ~ed him to write to her
она́ хоте́ла, чтобы он ей
(на)писа́л; { with that-clause
хоте́л(а) бы; I ~ I knew
what is happening хоте́л(а)
бы я знать, что происхо́дит;
I ~ I had been there хо-
те́л(а) бы я там быть;
2. (express hope) жела́ть,
perf пожела́ть (with dat);
she ~ed him success она́
пожела́ла ему́ (with gen) ус-
пе́ха; I ~ you luck жела́ю

вам уда́чи; ~ smb good
night пожела́ть кому́-л.
споко́йной но́чи.

wit (clever expression) ост-
роу́мие n, no pl (18c); the
play is full of ~ and hu-
mour пье́са полна́ остроу́мия
и ю́мора.

with prep 1. (together)
with instr: I shall go ~ you
я пойду́ с ва́ми; take /
bring the book ~ you! возь-
ми́те / принеси́те с собо́й
кни́гу!; I saw him ~ his
sister я ви́дел(а) его́ с сест-
ро́й; he lives / is travelling
~ his brother он живёт /
путеше́ствует со свои́м бра́-
том; will you have dinner
~ me? вы (не) пообе́даете
со мной?; 2. (by means of)
prepositional phrase translated in instr: cut ~ a knife
ре́зать ножо́м; write ~ a
pencil писа́ть карандашо́м;
he saw it ~ his own eyes
он ви́дел э́то (свои́ми) со́б-
ственными глаза́ми; 3.
(characterized by, having)
with instr: the girl ~ the
flowers де́вушка с цвета́ми;
a woman ~ gray hair /
blue eyes же́нщина с седы́ми
волоса́ми / голубы́ми гла-
за́ми; a coat ~ three pockets пиджа́к, жаке́т с
тремя́ карма́нами; a knife
~ a bone handle нож с ко-
стяно́й ру́чкой; have you any
money ~ you? у вас есть
с собо́й де́ньги?; 4. (indicating manner) with instr: ~
joy / pleasure / difficulty
/ great speed / a light heart

/ a smile / an effort / interest с ра́достью / удово́льствием / трудо́м / большо́й ско́ростью / лёгким се́рдцем / улы́бкой / уси́лием / интере́сом; { *adverbial phrases often conveyed by adv*: ~ energy энерги́чно; ~ emotion растро́ганно; ~ care осторо́жно, тща́тельно; ~ patience терпели́во; 5. (*as result of*) with gen: die ~ thirst / hunger умира́ть **от** жа́жды / го́лода; shiver ~ fright / cold дрожа́ть от стра́ха / хо́лода; cry ~ pain / joy пла́кать от бо́ли / ра́дости; her face was wet ~ tears / green ~ envy / white ~ rage её лицо́ бы́ло мо́кро от слёз / позеленело от за́висти / побеле́ло от я́рости; 6. (*as to*) with instr: it is different ~ me **со** мно́й де́ло обстои́т ина́че; that's always the way ~ you **с** ва́ми всегда́ так; { (*with gen*): it's always a question of money ~ him **что каса́ется** его́, то для него́ э́то всегда́ вопро́с де́нег; his family / work comes first ~ him что каса́ется его́, то семья́ / рабо́та явля́ется для него́ са́мым гла́вным; 7. (*in spite of*) with gen: ~ all his faults I like him он мне нра́вится, **несмотря́ на** все его́ недоста́тки; ~ all his money he is unhappy несмотря́ на все его́ де́ньги, он несча́стлив; 8. *in passive constructions*, *sb translated in* instr: rugs may be cleaned ~ snow ковры́ мо́жно чи́стить сне́гом; some words had been crossed out ~ a pencil не́которые слова́ бы́ли вы́черкнуты карандашо́м; the mountains are covered ~ snow го́ры покры́ты сне́гом; 9. *in various phrases*: agree / quarrel ~ smb согласи́ться / поссо́риться с (*with instr*) кем-л.; be at war ~ smb воева́ть с кем-л.; make peace ~ smb помири́ться с кем-л.; we have little in common ~ them у нас с ни́ми ма́ло о́бщего; leave smth ~ smb оставля́ть что-л. у (*with gen*) кого́-л.; we left the key ~ the charwoman мы оста́вили ключи́ у убо́рщицы; I am pleased, satisfied ~ you / ~ the results я дово́лен (*with instr*) ва́ми / результа́тами; go on ~ your work продолжа́йте (*with acc*) свою́ рабо́ту; the exception **за** исключе́нием (*with gen*); ☉ **along** ~ (вме́сте) с (*with instr*); come along ~ me пойдёмте (вме́сте) со мно́й; **together** ~ вме́сте с (*with instr*); I bought the chairs together ~ the table я купи́л(а) сту́лья вме́сте со столо́м.

withdraw 1. (*draw back*) отдёргивать (65), *perf* отдёрнуть (126) (*with acc*); ~ one's hand отдёрнуть ру́ку; **2.** (*remove*) выводи́ть (152), *perf* вы́вести (220) (*with acc*); ~ troops from a country вы́вести войска́ из страны́; **3.** (*take back*) брать (42) наза́д, *perf* взять (236) наза́д [*with acc* one's words свои́ слова́, promise обеща́ние]; **4.** (*leave*) удаля́ться (223), *perf* удали́ться (156); the jury withdrew суд удали́лся.

wither вя́нуть (132), *perf* завя́нуть (132); the flowers / leaves / plants ~ed цветы́ / ли́стья / расте́ния завя́ли.

within *prep* **1.** (*inside*) *with abl*: ~ the four walls в четырёх стена́х; ~ the cave в пеще́ре; his name is well-known ~ his country его́ и́мя хорошо́ изве́стно в (его́) стране́; **2.** (*not beyond*) *with gen*: ~ the city limits в **преде́лах** черты́ го́рода; ~ the boundaries of the district / country в преде́лах (грани́ц) райо́на / страны́; be ~ reach быть в преде́лах досяга́емости; ~ hearing в преде́лах слы́шимости; ~ a few miles of the city в не́скольких ми́лях **от** го́рода; live ~ one's means жить **по** сре́дствам; **3.** (*of time*) *with gen*: ~ a few days / a week / an hour / a year **в тече́ние** не́скольких дней / неде́ли / ча́са / го́да; I can be there ~ an hour я смогу́ быть там в тече́ние ча́са.

without *prep* **1.** (*lacking*) *with gen*: ~ money / ticket / friends / hat / coat / doubt **без** де́нег / биле́та / друзе́й / шля́пы / пальто́ / сомне́ния; ~ exception без

исключе́ния; he did it ~ any help он сде́лал э́то без вся́кой по́мощи; ~ any hope **безо** вся́кой наде́жды; ~ success безуспе́шно; ~ fear бесстра́шно; ⊙ ~ **fail** наверняка́; do ~ **smth** обходи́ться (152) без (*with gen*) чего́-л., *perf* обойти́сь (206) без чего́-л.; can you do ~ me for a few minutes? вы не могли́ бы обойти́сь без меня́ не́которое вре́мя?; **2.** *with gerunds usu conveyed by* **ne** *and verbal adverb*: she left ~ thanking him / ~ looking at him / ~ telling him the truth она́ ушла́, не поблагодари́в его́ / не посмотре́в на него́ / не сказа́в ему́ пра́вды; he sat there ~ saying a word он сиде́л не говоря́ ни сло́ва.

witness I *sb* (*person who can give evidence*) свиде́тель *m* (3a); be a ~ of, to smth быть свиде́телем (*with gen*) чего́-л.; are there any ~es of the accident? есть ли свиде́тели э́того несча́стного слу́чая?

witness II *v* (*see, observe*) быть свиде́телем (*with gen*); ~ an accident / an event быть свиде́телем несча́стного слу́чая / собы́тия.

witty остроу́мный (31b) [man, person челове́к]; остроу́мная [conversation бесе́да]; ~ remark остро́та, остроу́мное замеча́ние.

wolf волк *m* (4i) [gray се́рый, hungry голо́дный];

⊙ a ~ in sheep's clothing волк в овечьей шкуре.

woman жёнщина *f* (19a) [beautiful красивая, pretty хорошенькая, young молодая, single незамужняя, married замужняя, modest скромная, attractive привлекательная, active деятельная, intelligent умная]; a middle-aged ~ жёнщина средних лет; ~'s coat / clothes жёнское пальто / платье; ⊙ old ~ старуха *f* (22a); **International Woman's Day** Международный жёнский день.

wonder I *sb* 1. (*amazement*) удивлёние *n* (18c); he was filled with ~ он был очень удивлён; he looked at me in ~ он с удивлёнием посмотрёл на меня; ⊙ **no ~ (that)** неудивительно, что; no ~ he didn't understand / got angry / fell ill / hasn't heard from them неудивительно, что он не понял / рассердился / заболёл / не имёет от них извёстий; 2. (*miracle*) чудо *n* (14d, *pl* чудеса, чудёс, чудесам, чудеса, чудесами, чудесах); do, work ~s творить чудеса; television is one of the ~s of modern science телевидёние — одно из чудёс современной науки.

wonder II *v* 1. (*feel amazed*) удивляться (223), *perf* удивиться (164) (at — *with dat*); I don't ~ at his attitude я не удивляюсь его отношёнию; I ~ why he didn't speak to me first я удивляюсь, почему он не поговорил сначала со мной; I ~ at his doing it / saying it (*gerund translated by object-clause, Russian verb in past perf aspect*) удивляюсь, что он это сдёлал / сказал; 2. (*be curious*): I ~ if, whether it is true хотёл(а) бы я знать, правда ли это; I ~ what he is doing now хотёл(а) бы я знать, что он (сейчас) дёлает; I ~ what happened to him хотёл(а) (бы) я знать, что с ним случилось.

wonderful чудёсный (31b) [day день, view вид]; чудёсная [weather погода, book книга, music музыка, machine машина, picture картина, trip поёздка]; чудёсное [building здание, poem стихотворёние, morning утро]; we have had a ~ time мы чудёсно провели врёмя; the most ~ thing in the world самая удивительная вещь на свёте; you look ~ вы чудёсно выглядите; we all felt ~ мы все прекрасно себя чувствовали.

wood 1. (*forest*) лес *m* (1l); see forest; 2. (*fuel*) дрова *no sg* (14d) [1) dry сухие, damp, wet сырые; 2) burns well хорошо горят; 3) chop колоть, saw пилить]; put some ~ on the fire подложить дров в огонь; we haven't much ~ left у нас осталось мало дров; 3. (*construction material*) дёрево *n*, *no pl* (14a); box made of ~ я́щик, сде́ланный из де́рева; house made of ~ деревя́нный дом.

wooden (*made of wood*) деревя́нный (31b) [floor пол, house дом, box я́щик, bridge мост, table стол]; деревя́нная [bed крова́ть, bench скамья́, shelf по́лка, stairs ле́стница, wall стена́, handle ру́чка].

wool шерсть *f, no pl* (29c) [pure чи́стая, artificial иску́сственная]; made of ~ сде́ланный из ше́рсти; sheep's, lamb's ~ ове́чья шерсть; ⊙ **cotton** ~ ва́та *f, no pl* (19c).

wool(l)en шерстяно́й (31a) [jacket жаке́т, suit костю́м]; шерстяна́я [cloth ткань, sweater ко́фта, cap ша́п(оч)ка]; шерстяно́е [dress пла́тье, blanket одея́ло, underwear бельё]; шерстяны́е [stockings чулки́, socks носки́, gloves перча́тки, things ве́щи].

word 1. (*unit of language*) сло́во *n* (14d) [1] foreign иностра́нное, international интернациона́льное, difficult, hard тру́дное, necessary ну́жное, unfamiliar незнако́мое, simple просто́е, colloquial разгово́рное, literary литерату́рное, rare ре́дкое, common, much used употреби́тельное, improper неприли́чное; 2) is spelled пи́шется, is pronounced произно́сится, means означа́ет, is used in poetry употребля́ется в поэ́зии; 3) explain объясни́ть, forget забы́ть, know знать, remember по́мнить, pronounce произнести́, repeat повтори́ть, say сказа́ть, spell назва́ть по бу́квам, translate перевести́, write написа́ть, read прочита́ть, look up in a dictionary посмотре́ть в словаре́, use употреби́ть; the meaning of the ~ значе́ние сло́ва; what does the ~ mean? что означа́ет э́то сло́во?; how do you spell / pronounce the ~? как вы пи́шете / произно́сите э́то сло́во?; how many Russian ~s do you know? ско́лько ру́сских слов вы зна́ете?; put one's thought into ~s вы́разить свою́ мысль слова́ми; I have no ~s to express my astonishment / gratitude я не могу́ найти́ слов, что́бы вы́разить своё удивле́ние / свою́ благода́рность; ⊙ **in a** ~ коро́тко говоря́; **say a good, kind** ~ **for smb** замо́лвить (168) за (*with gen*) кого́-л. слове́чко; ~ **for** ~ сло́во в сло́во; she repeated the conversation ~ for ~ она́ сло́во в сло́во переда́ла (весь) разгово́р; **in other** ~s други́ми слова́ми; **2.** (*utterance*) сло́во; he didn't say a ~ он не сказа́л ни сло́ва; I don't believe a ~ you say я не ве́рю ни одному́ ва́шему сло́ву; ∤ *often pl* слова́ (14d) [empty пусты́е, kind до́брые, remarkable значительные, clever умные]; his last ~s were... его последними словами были...; I want to say / add a few ~s я хочу сказать / добавить несколько слов; { (*talk*): may I have a ~ with you? можно мне поговорить с вами?; **3.** (*promise*) слово *no pl* [give дать, keep сдержать]; man of his ~ человек слова; **4.** (*message*) известие *n* (18c); I have had / received no ~ from him yet я ещё не имею / не получил(а) от него никаких известий; send me ~ as soon as possible известите меня как можно скорее.

work I *sb* **1.** (*activity, job*) работа *f, no pl* (19c) [difficult трудная, easy лёгкая, hard тяжёлая, dangerous опасная, important важная, social общественная, exhausting изнурительная, useful полезная, well paid хорошо оплачиваемая]; do / continue / resume / carry out / stop / finish / look for / find / get ~ делать / продолжать / возобновить / выполнять / (при)остановить / закончить / искать / найти / получить работу; be interested in one's ~ интересоваться своей работой; he had little / much ~ that day в этот день у него было мало / много работы; pay for ~ платить за работу; go to ~ идти, ходить на работу; be at ~

находиться на работе; can you do this ~ alone? можете ли вы один, одна справиться с этой работой? { труд *m, no pl* (1c) [physical физический, manual ручной, mental умственный]; the right to ~ право на труд; earn money / one's living by hard / honest ~ зарабатывать деньги / на жизнь тяжёлым / честным трудом; ⊙ out of ~ безработный (31b); he was out of ~ for two years он был безработным два года; **2.** (*piece of art*) произведение *n* (18c) [1] excellent прекрасное, ordinary заурядное, outstanding выдающееся; 2) with gen of art искусства]; literary ~ литературное произведение; the ~s of Beethoven / Raphael / Shakespeare произведения Бетховена / Рафаэля / Шекспира; { (*of books*) сочинение *n* (18c); Shakespeare's ~s сочинения Шекспира; complete ~s полное собрание сочинений.

work II *v* **1.** (*labour, toil*) работать (65) [1) hard, much много, little мало, slowly медленно, fast, quickly быстро, quietly тихо, спокойно, efficiently умело; 2) in, at a factory на заводе, на фабрике, at, in an office в учреждении, at home дома, in the fields на полях, on a farm на ферме, in a garden в саду; for smb на (*with acc*) кого-л.;

3) all day весь день, from morning till night с утра́ до ве́чера, for many years мно́го лет]; ~ at a new invention / at one's role рабо́тать над(*with instr*) но́вым изобрете́нием / над ро́лью; how long have you been ~ing here? ско́лько вре́мени вы уже́ здесь рабо́таете?; he ~s for the N. Company он рабо́тает в компа́нии Н.; **2.** (*operate, function*) рабо́тать; the machine / lift / bell doesn't ~ маши́на / лифт / звоно́к не рабо́тает; I can't make this machine ~ я не могу́ запусти́ть э́тот стано́к; ~ **out** (*draw up*) разраба́тывать (65), *perf* разрабо́тать (65) [*with acc* scheme, project прое́кт, plan план].

worker 1. (*of profession*) рабо́чий *m* (35) [excellent прекра́сный, experienced о́пытный, skilled квалифи́цированный, efficient уме́лый]; farm ~ сельскохозя́йственный рабо́чий; ~s' party рабо́чая па́ртия; **2.** (*of qualification*) рабо́тник *m* (4a) [excellent прекра́сный, inexhaustible неутоми́мый]; he is an indefatigable ~ in education он неутоми́мый рабо́тник в о́бласти просвеще́ния.

world мир *m*, *no pl* (1f); the whole ~ весь мир; all over the ~ во всём ми́ре; ~ events мировы́е собы́тия; { свет *m*, *no pl* (1f); in the whole ~ на всём све́те;

round the ~ вокру́г све́та; ⊙ **not for the** ~ ни за что на све́те; I wouldn't do such a thing for the ~ ни за что на све́те я бы не сде́лал(а) э́того; a ~ of ма́сса *f* (19c) (*with gen*); it gave me a ~ of trouble э́то доста́вило мне ма́ссу хлопо́т.

worry *v* **1.** (*be troubled*) беспоко́иться (151) (about — о *with abl*); she is very worried about her son's health она́ о́чень беспоко́ится о здоро́вье сы́на; what are you ~ing about? о чём вы беспоко́итесь?; don't ~ about that! не беспоко́йтесь об э́том!; there's nothing to ~ about беспоко́иться не́ о чем; don't ~ if I am a little late не беспоко́йтесь, е́сли я немно́го опозда́ю; tell them not to ~ скажи́те, что́бы они́ не беспоко́ились; **2.** (*cause trouble*) беспоко́ить (151) (*with acc*); what is ~ing you? что вас беспоко́ит?; don't let that ~ you пусть э́то вас не беспоко́ит; don't ~ him with such foolish questions! не беспоко́йте его́ (*with instr*) таки́ми глу́пыми вопро́сами!

worse I *a* **1.** (*inferior in quality*) ху́же (*comp of* плохо́й); this coat / hat / suit is ~ than the other э́то пальто́ / э́та шля́па / э́тот костю́м ху́же, чем то / та / тот; much ~ намно́го ху́же; grow ~ ухудша́ться (64), *perf* уху́дшиться (174); the weather grew ~ пого́да уху́дшилась; m ke ~ уху́дшать (64), *perf* уху́дшить (174) (*with acc*); you will only make things ~ вы то́лько уху́дшите положе́ние дел; that makes things ~ э́то ухудша́ет де́ло; ⊙ none the ~ (ничу́ть) не ху́же; *see* none II; to make matters ~, to make it ~ в доверше́ние всего́; to make matters ~ we lost our way в доверше́ние всего́ мы заблуди́лись; so much the ~ тем ху́же; so much the ~ for you / us тем ху́же для (*with gen*) вас / нас; **2.** (*more ill*) ху́же; he's much ~ today ему́ сего́дня значи́тельно ху́же; feel ~ чу́вствовать себя́ ху́же; his health became ~ его́ здоро́вье уху́дшилось; the next day his condition grew ~ на сле́дующий день его́ состоя́ние уху́дшилось; he is getting ~ ему́ стано́вится ху́же; I hope he is not feeling ~ наде́юсь, что ему́ не ху́же.

   worse II *adv* ху́же (*comp of* пло́хо); you're playing ~ than ever вы игра́ете ху́же, чем когда́-либо; he sings much ~ than he did before он поёт намно́го ху́же, чем ра́ньше.

   worst I *sb* (наи)ху́дшее *n*, *no pl* (34b); know the ~ знать (наи)ху́дшее; expect the ~ ожида́ть (наи)ху́дшего; ⊙ the ~ of it ху́же всего́; the ~ of it is, we can't get in touch with them ху́же всего́ то, что

мы не мо́жем с ни́ми связа́ться; at (the) ~, if the ~ comes to the ~ в ху́дшем слу́чае; we can always return home, if the ~ comes to the ~ в ху́дшем слу́чае мы всегда́ мо́жем верну́ться домо́й.

   worst II *a* (наи)ху́дший (34b) (*superl of* плохо́й) [variant вариа́нт]; наиху́дшие [results результа́ты, consequences после́дствия]; { са́мый плохо́й (33a); that's the ~ thing that could have happened э́то са́мое плохо́е, что могло́ случи́ться; the ~ thing is that we don't know where he lives ху́же всего́ то, что мы не зна́ем, где он живёт.

   worst III *adv* ху́же всего́ (*superl of* пло́хо); of all the women, she dressed / cooks ~ из всех же́нщин она́ одева́лась / гото́вит ху́же всех; ~ of all 1) ху́же всех; he played ~ of all он игра́л ху́же всех; 2) ху́же всего́; that evening he sang ~ of all в э́тот ве́чер он пел ху́же всего́.

   worth *a* **1.** (*deserving*): is the play ~ seeing? сто́ит ли смотре́ть э́ту пье́су?; the book is not ~ reading э́ту кни́гу не сто́ит чита́ть; he isn't ~ the trouble он не сто́ит того́, что́бы о нём беспоко́ились; **2.** (*having certain value*) сто́ить (151), *no perf*; how much is the picture ~? ско́лько сто́ит (э́та) карти́на?; this is ~

£ 5 это сто́ит пять фу́нтов; the picture isn't ~ what you paid for it карти́на не сто́ит тех де́нег, кото́рые вы за неё заплати́ли; ⊙ ~ while сто́ит; the whole thing isn't ~ while всё это (де́ло) ничего́ не сто́ит; it wasn't ~ while going there не сто́ило туда́ е́здить.

worthy a (*deserving*) досто́йный (31b); he wanted to be ~ of his father он хоте́л быть досто́йным (*with gen*) своего́ отца́; be ~ of praise / reward / respect быть досто́йным похвалы́ / награ́ды / уваже́ния.

would I *aux of future-in-the-past, see* will I; II *modal, not translated in affirm, Russian verb in perf aspect*: I said I ~ do it / ~ come soon я сказа́л(а), что я это (обяза́тельно) сде́лаю / ско́ро приду́; { *in neg translated* бу́ду, бу́дем, *Russian verb in imperf aspect*: I / we promised I / we ~n't do it any more я / мы обеща́л(а) / обеща́ли, что я / мы не бу́ду / бу́дем бо́льше этого де́лать; { *in neg sentences not translated, Russian verb in past imperf aspect*, ника́к *is often added*: the door ~n't open / close дверь (ника́к) не открыва́лась / не закрыва́лась; the boy ~n't listen to his mother ма́льчик (ника́к) не слу́шался ма́тери; { *in requests and invitations, not translated, Russian verb n future, commonly neg*: ~

you open the window? не откро́ете ли вы окно́?; ~ you mind my opening the window? вы не бу́дете возража́ть, е́сли я откро́ю окно́?, ничего́, е́сли я откро́ю окно́?; if you ~ be so kind... не бу́дете ли так любе́зны...; ~ you like a cup of tea / some more cake? не хоти́те ли ча́шку ча́ю / ещё пирога́?; III *aux of conditional, conveyed by particle* бы, *Russian verb in past, usu perf aspect*: if she knew his address, she ~ write to him е́сли бы она́ зна́ла его́ а́дрес, она́ бы ему́ написа́ла; they ~ help you if they could / if they had time они́ бы вам помогли́, е́сли бы могли́ / е́сли бы у них бы́ло (сейча́с) вре́мя; he ~ come tomorrow if there were a morning train он прие́хал бы за́втра, е́сли бы был у́тренний по́езд; he ~ not have caught cold if he had put on his warm coat он не простуди́лся бы, е́сли бы наде́л тёплое пальто́; if he knew Russian better he ~ have had no difficulty in translating the article е́сли бы он знал ру́сский язы́к лу́чше, он без труда́ перевёл бы эту статью́; ⊙ ~ rather предпочёл бы *m*, предпочла́ бы *f*, предпочли́ бы *pl*; I ~ rather stay at home / go there now я предпочёл бы оста́ться до́ма / пойти́ туда́ сейча́с; ~ like (о́чень) хоте́лось бы; they ~ like to see the performance им (о́чень) хоте́лось бы посмотре́ть э́тот спекта́кль; IV (*used to*) быва́ло *followed by Russian verb in past imperf aspect*; he ~ sit for hours motionless он, быва́ло, часа́ми сиде́л не дви́гаясь; she ~ take a book and go off by herself она́, быва́ло, брала́ кни́гу и уходи́ла куда́-либо одна́.

wound *sb* ра́на *f* (19c) [1) bad тяжёлая, serious серьёзная, slight, light лёгкая, dangerous опа́сная, mortal сме́ртельная; 2) in the leg на ноге́, in the chest в груди́; 3) is bleeding кровото́чит, hurts боли́т, is healing зажива́ет]; bind up, bandage, dress / take care of, tend / irritate / sew up a ~ перевя́зывать / лечи́ть / растрево́жить / заши́ть ра́ну; he died of the ~s he received он у́мер от (полу́ченных) ран; bullet / knife ~ огнестре́льная / ножева́я ра́на.

wounded I *sb*: the ~ ра́неные *pl* (31b); the ~ were taken to the hospital ра́неных доста́вили в го́спиталь.

wounded II *a* ра́неный (31b) [man челове́к]; ра́неная [hand рука́, leg нога́]; pride го́рдость]; the ~ soldiers were taken to hospital ра́неных солда́т доста́вили в го́спиталь.

wrap *v* завёртывать (65), *perf* заверну́ть (130) (in — в *with acc*); she ~ped (up)

the bread / the cloth / dress in a piece of paper она́ заверну́ла (*with acc*) хлеб / мате́рию / пла́тье в бума́гу; { (*of living beings*) заку́тывать (65), *perf* заку́тать (65) (in — в *with acc*); she ~ped the child / the girl in a shawl / blanket она́ заку́тала (*with acc*) ребёнка / де́вочку в шаль / одея́ло; the baby was ~ped in a blanket ребёнок был заку́тан в одея́ло.

wreck *v*: be ~ed разбива́ться (64), *perf* разби́ться (182); the ship / plane was ~ed парохо́д / самолёт разби́лся; { терпе́ть (120) круше́ние, *perf* потерпе́ть (120) круше́ние; the train was ~ed по́езд потерпе́л круше́ние; { *fig*: his hopes were ~ed его́ наде́жды ру́хнули.

wrinkled 1. (*lined*) морщи́нистый (31b) [forehead лоб]; морщи́нистая [hand рука́]; морщи́нистое [face лицо́]; 2. (*crumpled*) мя́тый (31b) [jacket жаке́т, пиджа́к, suit костю́м, handkerchief плато́к]; мя́тое [dress пла́тье, (over)coat пальто́].

write писа́ть (57), *perf* написа́ть (57) [1) well хорошо́, slowly ме́дленно, quickly бы́стро, with difficulty с трудо́м, hurriedly, in haste торопли́во, illegibly неразбо́рчиво; 2) *with acc* answer отве́т, book кни́гу, letter письмо́, poem стихотворе́ние, music му́-

зыку, story рассказ, one's name своё имя, letters буквы, sentence предложение, note, message записку; 3) on a piece, sheet of paper на листе бумаги, in a notebook в тетради; 4) *with instr* with a pen ручкой, чернилами, with a pencil карандашом, with (a piece of) chalk мелом]; ~ seldom / regularly / every week писать редко / регулярно / каждую неделю; ~ smth to smb писать (*with acc*) что-л. (*with dat*) кому-либо; he wrote a very nice letter to me он мне написал очень милое письмо; please, ~ to me! (на)пишите мне, пожалуйста!; I haven't written my report yet я ещё не написал(а) (своего) доклада; don't forget to ~ me all the news! не забудьте написать мне все новости!; I'll ~ to you as soon as I get to Moscow я напишу вам, как только приеду в Москву; ~ about, on smth писать о (*with abl*) чём-л.; he has written a book about life in the North / about children / on music / on modern literature / on history / on mathematics он написал книгу о жизни на Севере / о детях / по музыке / о современной литературе / по истории / по математике; ~ **down** записывать (65), *perf* записать (57) [1] *with acc* address адрес, telephone number номер те-

лефона, name имя; 2) on a sheet of paper на листке бумаги]; ~ it down, please! запишите это, пожалуйста!; he wrote down everything they said он записал всё, что они говорили.

writer писатель *m* (3a) [1] excellent превосходный, foreign иностранный, Russian русский, great великий, modern современный, well-known известный, famous знаменитый, prominent выдающийся, talented талантливый, favourite любимый, brilliant блестящий, children's детский; 2) writes about пишет о, criticizes критикует, describes описывает]; a 19th century ~ писатель девятнадцатого века; become a ~ стать писателем; he wants to be a ~ он хочет стать писателем; a ~s' congress съезд писателей.

wrong *a* 1. (*incorrect*) неправильный (31b) [answer ответ, calculation расчёт, number номер, way путь; неправильное [idea представление, statement утверждение]; be ~ ошибаться (64), *perf* ошибиться (201); he was ~ when he said I wasn't there он ошибся, сказав, что меня там не было; you are quite ~ вы совершенно неправы; I admit, I was ~ признаю, что я был неправ; you are ~ in thinking that he can't do it вы ошибаетесь, ду́мая, что он не смо́жет э́того сде́лать; it was ~ of you not to let him try вы поступи́ли непра́вильно, не разреши́в ему́ попро́бовать; my watch is ~ мои́ часы́ иду́т неве́рно; ⊙ all ~ абсолю́тно неве́рно; you're all ~ вы абсолю́тно непра́вы; 2. (not the one intended) не тот (41b) [man челове́к; train по́езд, house дом, number но́мер]; не та [book кни́га, page страни́ца, side сторона́, street у́лица, road доро́га]; не то [word сло́во, name и́мя, назва́ние]; take the ~ road пойти́ не по той доро́ге; you are going the ~ way / in the ~ direction вы идёте непра́вильно / не в том направле́нии; I got out at the ~ station / stop

я сошёл, сошла́ не на той ста́нции / остано́вке; 3. (unsuitable) неподходя́щий (35); come at the ~ time прийти́ в неподходя́щее вре́мя, не во́время; laugh in the ~ place смея́ться невпопа́д; you are wearing the ~ clothes for cold weather like this вы наде́ли неподходя́щий костю́м для тако́й холо́дной пого́ды; ◇ what's ~? что случи́лось?; there's something ~ with что́-то случи́лось с (with instr); there's something ~ with my watch что́-то случи́лось с мои́ми часа́ми; there is something ~ with him с ним что́-то случи́лось; there is nothing ~ with him с ним ничего́ плохо́го не случи́лось.

X

Xmas рождество́ n (14e); see Christmas.

X-ray I sb 1. рентге́новы лучи́ no sg (7b) [cures certain diseases излечи́вают не́которые боле́зни, is much used in surgical and medical practice широко́ применя́ются в хирурги́и и терапи́и]; ~s penetrate through solids рентге́новы лучи́ проника́ют че́рез твёрдые тела́; examine by means of ~s просве́чивать (65) (with acc); an ~ photograph рентге́новский сни́мок; an ~

examination of one's lungs / teeth / kidneys просве́чивание (n 18c) (with gen) лёгких / зубо́в / по́чек; an ~ room рентге́новский кабине́т; 2. (photograph) рентге́новский сни́мок m (4d) [with gen of one's lungs лёгких].

X-ray II v 1. (light up) просве́чивать (65) (рентге́новыми луча́ми), perf просвети́ть (177) (рентге́новыми луча́ми) [with acc one's lungs лёгкие, one's stomach желу́док]; 2. (take photo) де́лать (65) (рентге́-

новский) сни́мок, *perf* с де́лать (65) (рентге́новский) сни́мок; I must have my chest/ lungs ~ed мне ну́жно сде́лать сни́мок грудно́й кле́тки / лёгких.

Y

yard I *sb* (*courtyard*) двор *m* (1c) [1) big, large большо́й, просто́рный, small ма́ленький, небольшо́й, clean чи́стый, quiet ти́хий, shady тени́стый; 2) is fenced around обнесён забо́ром]; go to, into the ~ идти́, пойти́ во двор; go through, across the ~ пройти́ через двор; the children play in the ~ де́ти игра́ют во дворе́; keep smth in the ~ держа́ть что-л. во дворе́; the ~ gate(s) кали́тка, воро́та во двор; the front ~ двор пе́ред до́мом; the back ~ за́дний двор.

yard II *sb* ярд *m* (1f) (*about 91 centimetres*); two ~s long / wide длино́й / ширино́й в два я́рда; a few ~s away на расстоя́нии не́скольких я́рдов.

yawn *v* зева́ть (64), *perf* зевну́ть (130) [1) frankly бесцеремо́нно; 2) от *with gen* with boredom от ску́ки, with fatigue от утомле́ния]; the audience ~ed through the performance зри́тели зева́ли во вре́мя представле́ния; he sat ~ing over the book он зева́л над кни́гой; he ~ed, stretched and opened his eyes он зевну́л, потяну́лся и откры́л глаза́.

YCL (Young Communist League) коммунисти́ческий сою́з молодёжи, комсомо́л *m, no pl* (1f); the ~ committee комите́т комсомо́ла; ~ meeting комсомо́льское собра́ние; ~ member, member of the ~ комсомо́лец *m* (10b), комсомо́лка *f* (22c); he joined the ~, became a ~ member in 1957 он вступи́л в комсомо́л в ты́сяча девятьсо́т пятьдеся́т седьмо́м году́.

year 1. (*period of time*) год *m* (1f, *gen pl* лет) [1) old ста́рый, new но́вый, coming наступа́ющий, next бу́дущий, leap високо́сный; dry засу́шливый, hard тяжёлый, happy счастли́вый; 2) begins начина́ется, is over (o)ко́нчился, passed прошёл]; this / last / next ~ в э́том / про́шлом / бу́дущем году́; in the ~ 1924 в ты́сяча девятьсо́т два́дцать четвёртом году́; the ~ after next через год; at that time of ~ в э́то вре́мя го́да; a ~ ago год тому́ наза́д; two / three / four ~s ago два / три / четы́ре го́да тому́ наза́д; five / twenty ~s ago пять

/ два́дцать лет тому́ наза́д; half a ~ полго́да; a ~ and a half полтора́ го́да; in two ~s че́рез два го́да; in ten ~s че́рез де́сять лет; three / five ~s later че́рез три го́да / пять лет; once / four times a ~ раз / четы́ре ра́за в год; for (many) ~s в тече́ние мно́гих лет; every ~ ка́ждый год, ежего́дно; the whole ~ весь год; a whole ~ це́лый год; during, in recent ~s за после́дние го́ды; during the past ~ за проше́дший год; the happiest ~s in his life са́мые счастли́вые го́ды его́ жи́зни; for the first time in many ~s впервы́е за мно́го лет; almost a ~ has passed прошёл почти́ год; in the next three / ten ~s в ближа́йшие три го́да / де́сять лет; it is just a ~ since he came to Moscow испо́лнился ро́вно год с тех пор, как он прие́хал в Москву́; this ~'s harvest урожа́й э́того го́да; you've done a great deal in one ~ вы мно́гое сде́лали за́ год; I haven't seen him for ~s я его́ не ви́дел мно́гие го́ды; she is a ~ older она́ на́ год ста́рше; a ~'s income годово́й дохо́д; ☉ **New Year(s' Day)** Но́вый год; see the New Year in встреча́ть Но́вый год; Happy New Year! с Но́вым го́дом!; **all the ~ round** кру́глый год; **~ after ~** из го́да в год, год за го́дом; **2.** (*of age*) год; the baby is

one ~ old ребёнку (оди́н) год; she is two / three / four ~s old ей два / три / четы́ре го́да; he is twenty ~s old ему́ два́дцать лет; she looks young for her ~s она́ вы́глядит моло́же свои́х лет.

yellow жёлтый(31b) [flower цвето́к, light свет]; жёлтая [cloth ткань, мате́рия, ribbon ле́нта, paint кра́ска]; жёлтое [butter ма́сло, dress пла́тье, apple я́блоко]; жёлтые [leaves ли́стья, walls сте́ны, thread ни́тки]; bright ~ я́рко-жёлтый; pale ~ бле́дно-жёлтый; light ~ светло-жёлтый; turn ~ пожелте́ть (98); turn ~ with age пожелте́ть от вре́мени; a shade of ~ отте́нок жёлтого.

yes да; is it difficult? Yes, it is э́то тру́дно? Да; can you swim? Yes (I can) вы уме́ете пла́вать? Да; do you speak English? Yes, I do вы говори́те по-англи́йски? Да; are you going or not? Yes, I am вы идёте и́ли нет? Да, иду́.

yesterday *adv* вчера́; I was very busy ~ вчера́ я был о́чень за́нят; I saw a very interesting film ~ вчера́ я ви́дел(а) о́чень интере́сный фильм; what day was ~? како́й вчера́ был день?; ~ was Sunday вчера́ бы́ло воскресе́нье; have you ~'s newspaper? у вас есть вчера́шняя газе́та?; ~ morning / evening вчера́ у́тром

/ ве́чером; ⊙ **the day before**
~ позавчера́; I saw him the
day before ~ я его́ ви́дел(а)
позавчера́.

yet I *adv* (*so far*) ещё; she
cannot read Russian books
~ она́ ещё не мо́жет чи-
та́ть ру́сские кни́ги; I have
not ~ told him my plans
я ещё не сообщи́л(а) ему́
о свои́х пла́нах; she is not
completely well ~ она́ ещё
не совсе́м здоро́ва; { (*up to
now*) (пока́) ещё; we have
not done it ~ мы ещё не
сде́лали э́того; I know nothing about it ~ я об э́том
пока́ ещё ничего́ не зна́ю;
not ~ (пока́) ещё нет; {
(всё) ещё; she is not at
home ~ её (всё) ещё нет
до́ма; hasn't he come ~?
он (всё) ещё не пришёл?;
haven't you finished ~?
вы ещё не ко́нчили?; ⊙ as
~ пока́ ещё; we have re-
ceived no answer as ~ мы
пока́ ещё не получи́ли от-
ве́та; we haven't decided as
~ мы пока́ ещё не реши́ли.

yet II *conj* всё же; he
didn't promise, ~ I think
he'll do it он не обеща́л,
(но) всё же я ду́маю, что
он сде́лает э́то; you promised, and ~ you've done
nothing вы обеща́ли, и всё-
-таки ничего́ не сде́лали.

you I *pron pers* **1.** (*2nd
pers sg; in familiar address
to children, friends, relatives*) ты (40a); no, it wasn't
~ нет, э́то был(а́) не ты;
~ can easily do it yourself

ты э́то легко́ мо́жешь сде́-
лать сам(а́); { тебя́ *gen*; I
didn't see ~ there я тебя́
там не ви́дел(а); I can't go
there without ~ я не могу́
пойти́ туда́ без тебя́; everybody was there except ~ все,
кро́ме тебя́, бы́ли там; we
didn't receive any letters
from ~ мы не получа́ли
от тебя́ никаки́х пи́сем; I
have something for ~ у ме-
ня́ для тебя́ что́-то есть;
who was there besides ~?
кто там был, кро́ме тебя́?;
{ тебе́ *dat*; did he give ~ my
book? он дал тебе́ мою́ кни́-
гу?; I told ~ what to do я
тебе́ сказа́л(а), что (на́до)
де́лать; she will explain
everything to ~ herself
она́ всё объясни́т тебе́ сама́;
is it difficult for ~? тебе́
э́то тру́дно?; { тебя́ *acc*;
everybody saw ~ there все
тебя́ там ви́дели; I'll meet
~ at the station я тебя́
встре́чу на вокза́ле; we
all love ~ мы все тебя́
лю́бим; { тобо́й *instr*; nobody is laughing at ~ никто́
над тобо́й не смеётся; I
am going with ~ я иду́ с
тобо́й; { тебе́ *abl*; we often
spoke about ~ мы ча́сто
говори́ли о тебе́; I missed
~ я скуча́л(а) о тебе́; { it
was foolish of ~ not to
follow his advice с твое́й
стороны́ бы́ло глу́по не
послу́шаться его́ сове́та;
bring the books with ~!
принеси́ с собо́й кни́ги!; ~
and I must help them мы

с тобóй должны́ им помóчь; **2.** (*2nd pers pl*) вы (40a); children, where are ~? дéти, где вы?; ~ speak English quite well вы говори́те по-англи́йски совсéм хорошó; ~ can do it easily yourselves вы легкó мóжете сдéлать э́то сáми; were ~ at the theatre yesterday? вы бы́ли вчерá в теáтре?; ~ all, all of ~ вы все; ~ must all go there вы все должны́ тудá пойти́; ~ both, both of ~ вы óба; { вас *gen*; everybody is ready except ~ все готóвы, крóме вас; without ~ без вас; from ~ от вас; I'm doing it for ~ я дéлаю э́то для вас; among ~ среди́ вас; there are three of ~ вас трóе; the rest of ~ may stay here остальны́е (из вас) мóгут остáться здесь; any / one of ~ любóй / оди́н, однá из вас; { вам *dat*; I give ~ five minutes (я) даю́ вам пять мину́т; I gave the book to ~, not to them я дал(á) кни́гу вам, а не им; is that clear to ~? вам э́то поня́тно?; it won't be difficult for ~ to understand this article вам нетру́дно бу́дет поня́ть э́ту статью́; I envy ~ я вам зави́дую; let me, may I help ~? мóжно вам помóчь?; { вас *acc*; I asked ~ to come at 5 o'clock я проси́л(а) вас прийти́ в пять часóв; I didn't see ~ there я вас там не ви́дел(а); we hope to see ~

soon again мы надéемся скóро снóва уви́деть вас; { вáми *instr*; he is very pleased with ~ он вáми óчень довóлен; with ~ с вáми; { вас *abl*; about ~ о вас; { ~ and I мы с вáми; **3.** (*2nd pers sg*; *in polite or formal address*) Вы (*declined as* вы 2); ~ can see it yourself Вы сáми (с)мóжете э́то уви́деть; ⊙ **it is up to ~** дéло за тобóй, вáми; it is up to ~ whether we go there or not решáйте вы, решáй ты, идём мы тудá и́ли нет; **thank ~** спаси́бо; **II** *pron indef*: ~ never can tell никогдá нельзя́ сказáть зарáнее; ~ can see many interesting things there там мóжно уви́деть мнóго интерéсного; ~ never know what he is thinking of никогдá не знáешь, о чём он ду́мает.

young молодóй (31a) [man человéк, teacher учи́тель, worker рабóчий, doctor врач]; молодáя [girl дéвушка, woman жéнщина, teacher· учи́тельница]; молодóе [tree дéрево, plant растéние, face лицó]; молоды́е [parents роди́тели]; a ~er brother млáдший брат; a ~er sister млáдшая сестрá; when he was ~... в мóлодости он...; he is quite ~ он ещё совсéм молодóй человéк; he is a year ~er than his brother он нá год молóже своегó брáта; she is the ~est child in the family онá сáмый мла́дший ребёнок в семье́; she has a sister much ~er than she is у неё есть сестра́, намно́го моло́же её само́й; she looks very ~ for her years, age она́ вы́глядит о́чень мо́лодо для свои́х лет; ⊙ ~ **people** молодёжь f, collect (30a).

your pron poss 1. (2nd pers sg) твой (40c) [brother брат, house дом, table стол]; твоя́ [mother мать, sister сестра́, work рабо́та, family семья́]; твоё [coat пальто́, dress пла́тье, letter письмо́]; твои́ [watch часы́, books кни́ги, parents роди́тели, friends друзья́]; this is ~ notebook э́то твоя́ тетра́дь; all ~ things are on the table все твои́ ве́щи (лежа́т) на столе́; how old is ~ sister? ско́лько лет твое́й сестре́?; I took ~ bag by mistake по оши́бке я взял(а́) твою́ су́мку; it was ~ own fault ты сам(а́) был(а́) винова́т(а); is this ~ own car? э́то твоя́ (со́бственная) маши́на?; one of ~ friends оди́н из твои́х това́рищей; { when pers of subject coincides with pers of poss pron свой m, своя́ f, своё n, свои́ pl (40c); do you understand ~ mistake? ты по́нял свою́ оши́бку?; where did you spend ~ holidays last year? где ты провёл (свой) о́тпуск, (свои́) кани́кулы в про́шлом году́?; come with ~ friends! приходи́ со свои́ми това́рища-ми!; { свой is often omitted in Russian: put it in(to) ~ pocket! положи́ (к себе́) в карма́н!; take off ~ coat! сними́ пальто́!; 2. (2nd pers pl) ваш (40d) [house дом, town го́род, garden сад, plant заво́д, ticket биле́т]; ва́ша [request про́сьба, school шко́ла, help по́мощь, work рабо́та, room ко́мната, sister сестра́]; ва́ше [attention внима́ние, attitude отноше́ние, anxiety беспоко́йство, place, seat ме́сто, health здоро́вье]; ва́ши [friends друзья́, things ве́щи, efforts уси́лия, achievements успе́хи, достиже́ния]; give me ~ bags! да́йте мне ва́ши чемода́ны!; he will bring ~ things tomorrow он принесёт ва́ши ве́щи за́втра; { when pers of subject coincides with pers of poss pron свой, своя́, своё, свои́, often omitted in Russian; have you got ~ passports with you? у вас паспорта́ с собо́й?; you may leave ~ things here вы мо́жете оста́вить свои́ ве́щи здесь; 3. (2nd pers sg; in polite or formal address) Ваш, Ва́ша, Ва́ше, Ва́ши; свой, своя́, своё, свой; see your 2; I highly appreciate ~ help я о́чень ценю́ Ва́шу по́мощь; put on ~ black dress! наде́ньте своё чёрное пла́тье!

yours absolute pron poss 1. (2nd pers sg) твой m, твоя́ f, твоё n, твои́ pl (40c); is this coat ~? э́то пальто́ твоё?; I met a friend of ~ yesterday вчера́ я встре́тил твоего́ прия́теля; **2.** (*2nd pers pl*) ваш *m*, ва́ша *f*, ва́ше *n*, ва́ши *pl* (40d); are these magazines ~ or theirs? э́ти журна́лы ва́ши и́ли их?; **3.** (*2nd pers sg*) Ваш *m*, Ва́ша *f*, Ва́ше *n*, Ва́ши *pl*; *see* yours 2; S. is a friend of ~, isn't he? С.— Ваш друг, не пра́вда ли?; I have broken my pencil, give me ~, please я слома́л(а) свой каранда́ш, да́йте мне, пожа́луйста, Ваш; ~ truly / sincerely (*in letters*) (остаю́сь) и́скренне Ваш.

yourself I *emph pron* **1.** *with verbs 2nd pers sg* сам(а́) (41d); you ~ said so ты сам(а́) э́то сказа́л(а); do it ~ сде́лай э́то сам(а́); { *with verbs 2nd pers pl in polite address* са́ми; you can see it ~ Вы са́ми (с)мо́жете э́то уви́деть; **2.** (*alone, without help from others*) сам(а́) (41d), оди́н *m*, одна́ *f* (39a); you can do it ~ ты сам(а́) мо́жешь э́то сде́лать; finish it (by) ~ ко́нчи сам(а́); { *in polite address* са́ми; did you do it ~? Вы са́ми э́то сде́лали?; ⊙ **(all) by** ~ 1) (*2nd pers sg*) сам(а́); (*polite address*) са́ми; 2) оди́н, одна́; were you all by ~? ты был (совсе́м) оди́н?, ты была́ (совсе́м) одна́?, Вы бы́ли (совсе́м) одни́?; do you live all by ~? ты живёшь (совсе́м) оди́н?, Вы живёте

одни́?; why are you sitting by ~ почему́ ты сиди́шь оди́н, в одино́честве?, почему́ Вы сиди́те одни́?; II *pron refl* **1.** себя́ *gen*; you forget ~ ты забыва́ешь себя́, (*polite*) Вы забыва́ете себя́; you will have to do everything for ~ тебе́, Вам само́му, само́й всё придётся сде́лать для себя́; { себе́ *dat*; make ~ a cup of tea! завари́(те) себе́ ча́ю!; ask ~ the question! зада́й(те) себе́ э́тот вопро́с!; { себя́ *acc*; put ~ in my position! поста́вь(те) себя́ на моё ме́сто!; look at ~ in the mirror! посмотри́(те) на себя́ в зе́ркало!; pull ~ together! возьми́(те) себя́ в ру́ки!; you must force ~ to be calm на́до заста́вить себя́ быть споко́йным; { собо́й *instr*; why are you not satisfied with ~? почему́ ты не дово́лен, Вы не дово́льны собо́й?; { себе́ *abl*; think of ~! поду́май (-те) о себе́!; don't talk so much about ~! не гово́ри(те) так мно́го о себе́!; **2.** *often conveyed by* -ся, -сь *attached to verb*; did you hurt ~? ты (не) уши́бся?, Вы (не) уши́блись?; calm ~! успоко́йся!, успоко́йтесь!

yourselves I *emph pron* **1.** *with verbs 2nd pers pl* са́ми (41d); you did it ~ вы са́ми э́то сде́лали; you can go there ~ вы са́ми мо́жете пойти́ туда́; **2.** (*alone, with-*

ut help from others) сами 41d), одни (39a); you can finish it ~ вы сами, одни можете это закончить; can you manage ~? вы справитесь сами?; II *pron refl* 1. себя *gen*; you didn't count ~ вы не считали себя; { себе *dat*; you will do ~ much harm вы очень себе повредите; order theatre tickets for ~! закажите себе билеты в театр!; { себя *acc*; you may consider ~ lucky вы можете считать себя счастливыми; put ~ in his position! поставьте себя на его место!; look at ~! посмотрите на себя!; { собой *instr*; are you satisfied with ~? вы довольны собой?; { себе *abl*; don't talk so much about ~! не говорите так много о себе! 2. *often conveyed by* -сь *attached to verb*; wash ~! умойтесь!; be careful, don't cut ~! осторожно, не порежьтесь!

youth 1. (*young years*) молодость *f, no pl* (29a); he had been an excellent skater in his ~ в молодости он был прекрасным конькобежцем; the friends of one's ~ друзья молодости, юности; a woman no longer in her first ~ женщина не первой молодости; keep one's ~ сохранить свою молодость; **2.** (*young people*) молодёжь *f, collect* (30a) [1) progressive прогрессивная; 2) unites объединяется, fights for борется за]; the ~ of today нынешняя молодёжь; the ~ of our country молодёжь нашей страны; the ~ movement молодёжное движение; he loves to be surrounded by ~ он любит, когда его окружает молодёжь.

youthful 1. юный (31b) [appearance вид]; **2.** юношеский (33b) [enthusiasm энтузиазм]; ~ vigour энергия молодости.

Z

zero 1. *math* ноль, нуль *m* (2b); from ~ to one hundred от нуля до ста; **2.** (*of temperature*) нуль; the temperature fell to ~ температура упала до нуля; it is ~ on the thermometer термометр показывает нуль; ten degrees below / above ~ десять градусов ниже / выше нуля; —32°F corresponds to ~ С минус тридцать два градуса по Фаренгейту соответствуют нулю по Цельсию.

zone 1. *geogr* пояс *m* (1l); the north / south frigid ~ северный / южный полярный пояс; the temperate / tropic ~ умеренный /

тропический пояс; { зо́на *f* (19c); climatic ~ климати́ческая зо́на; the permafrost ~ зо́на ве́чной мерзлоты́; { (*region*) полоса́ *f* (19d); live in a mild ~ жить в мя́гкой полосе́; forest ~ лесна́я полоса́; 2. (*district*) зо́на [dangerous опа́сная, closed запре́тная]; war ~ зо́на вое́нных де́йствий; border ~ пограни́чная зо́на; divide into ~s дели́ть на зо́ны, райо́ны; administrative ~ зо́на управле́ния.

zoo зоопа́рк *m* (4c) [1] big, large большо́й, well--known изве́стный; 2) go to идти́ в, visit посети́ть]; there are many rare animals in the Moscow ~ в моско́вском зоопа́рке мно́го ре́дких живо́тных; we were at the ~ yesterday вчера́ мы бы́ли в зоопа́рке; we walked about the ~ мы прошли́сь по зоопа́рку; I liked the ~ very much мне о́чень понра́вился зоопа́рк; visitors to the ~ посети́тели зоопа́рка.

GRAMMAR TABLES AND LISTS OF SUFFIXES

The Tables and Lists that follow present the most important grammatical information about Russian words. They are intended to aid the user in producing the correct Russian forms and in analyzing Russian forms into their component parts. The Tables contain the inflectional paradigms of the major word classes. The Lists of Suffixes are divided into two parts: The first part contains the inflectional endings (case, gender, number and person); the second part, the most important suffixes used in the formation of Russian words.

Table 1

Masculine nouns with stem ending in hard consonants (with the exception of г, к, х, ж, ш, щ, ц)

| | With ending stressed | | | | With ending unstressed | |
| | Animates | | Inanimates | | Animates | Inanimates |
	a)	b)	c)	d)	e)	f)
	Singular					
Nom	вол	орёл	стол	у́гол	негр	забо́р
Gen	вола́	орла́	стола́	угла́	не́гра	забо́ра
Dat	волу́	орлу́	столу́	углу́	не́гру	забо́ру
Acc	вола́	орла́	стол	у́гол	не́гра	забо́р
Instr	воло́м	орло́м	столо́м	угло́м	не́гром	забо́ром
Abl	(о) воле́	(об) орле́	(о) столе́	(об) угле́	(о) не́гре	(о) забо́ре
	Plural					
Nom	волы́	орлы́	столы́	углы́	не́гры	забо́ры
Gen	воло́в	орло́в	столо́в	угло́в	не́гров	забо́ров
Dat	вола́м	орла́м	стола́м	угла́м	не́грам	забо́рам
Acc	воло́в	орло́в	столы́	углы́	не́гров	забо́ры
Instr	вола́ми	орла́ми	стола́ми	угла́ми	не́грами	забо́рами
Abl	(о) вола́х	(об) орла́х	(о) стола́х	(об) угла́х	(о) не́грах	(о) забо́рах

Table 1, continued

| | Animates | | Mixed | | Inanimates | | | |
	g)	h)	i)	j)	k)	l)		m)
Singular								
Nom	вор	до́ктор	брат	зуб	шар	дом	прут	сук
Gen	во́ра	до́ктора	бра́та	зу́ба	ша́ра	до́ма	пру́та (прута́)	сука́
Dat	во́ру	до́ктору	бра́ту	зу́бу	ша́ру	до́му	пру́ту	суку́
Acc	во́ра	до́ктора	бра́та	зуб	шар	дом	прут	сук
Instr	во́ром	до́ктором	бра́том	зу́бом	ша́ром	до́мом	пру́том	суко́м
Abl	(о) во́ре	(о) до́кторе	(о) бра́те	(о) зубе	(о) шаре	(о) до́ме	(о) пру́те	(о) суке́
Plural								
Nom	во́ры	доктора́	бра́тья	зу́бы	шары́	дома́	пру́тья	су́чья
Gen	воро́в	докторо́в	бра́тьев	зубо́в	шаро́в	домо́в	пру́тьев	су́чьев
Dat	вора́м	доктора́м	бра́тьям	зуба́м	шара́м	дома́м	пру́тьям	су́чьям
Acc	воро́в	докторо́в	бра́тьев	зу́бы	шары́	дома́	пру́тья	су́чья
Instr	вора́ми	доктора́ми	бра́тьями	зуба́ми	шара́ми	дома́ми	пру́тьями	су́чьями
Abl	(о) вора́х	(о) доктора́х	(о) бра́тьях	(о) зуба́х	(о) шара́х	(о) дома́х	(о) пру́тьях	(о) су́чьях

Table 1. continued

Masculine nouns ending in the suffixes -ин, -анин, -янин

Singular

	п)	о)	р)	q)	г)
Nom	господи́н	граждани́н	крестья́нин	дворяни́н	хозя́ин
Gen	господи́на	граждани́на	крестья́нина	дворяни́на	хозя́ина
Dat	господи́ну	граждани́ну	крестья́нину	дворяни́ну	хозя́ину
Acc	господи́на	граждани́на	крестья́нина	дворяни́на	хозя́ина
Instr	господи́ном	граждани́ном	крестья́нином	дворяни́ном	хозя́ином
Abl	(о) господи́не	(о) граждани́не	(о) крестья́нине	(о) дворяни́не	(о) хозя́ине

Plural

	п)	о)	р)	q)	г)
Nom	господа́	гра́ждане	крестья́не	дворя́не	хозя́ева
Gen	госпо́д	гра́ждан	крестья́н	дворя́н	хозя́ев
Dat	господа́м	гра́жданам	крестья́нам	дворя́нам	хозя́евам
Acc	госпо́д	гра́ждан	крестья́н	дворя́н	хозя́ев
Instr	господа́ми	гра́жданами	крестья́нами	дворя́нами	хозя́евами
Abl	(о) господа́х	(о) гра́жданах	(о) крестья́нах	(о) дворя́нах	(о) хозя́евах

Table 2

Masculine nouns with stem ending in soft consonants (with the exception of ч, щ) and with ending stressed

	Animates	Inanimates		
	a)	b)	c)	d)
Singular				
Nom	вождь	руль	кисель	день	ремéнь	гвоздь
Gen	вождя́	руля́	киселя́	дня	ремня́	гвоздя́
Dat	вождю́	рулю́	киселю́	дню	ремню́	гвоздю́
Acc	вождя́	руль	кисель	день	ремéнь	гвоздь
Instr	вождём	рулём	киселём	днём	ремнём	гвоздём
Abl	(о) вождé	(о) рулé	(о) киселé	(о) дне	(о) ремнé	(о) гвоздé
Plural				
Nom	вожди́	рули́	кисели́	дни	ремни́	гвозди
Gen	вождéй	рулéй	киселéй	дней	ремнéй	гвоздéй
Dat	вождя́м	руля́м	киселя́м	дням	ремня́м	гвоздя́м
Acc	вождéй	рули́	кисели́	дни	ремни́	гвозди
Instr	вождя́ми	руля́ми	киселя́ми	дня́ми	ремня́ми	гвоздя́ми
Abl	(о) вождя́х	(о) руля́х	(о) киселя́х	(о) дня́х	(о) ремня́х	(о) гвоздя́х

Table 3

Masculine nouns with stem ending in soft consonants (with the exception of ч, щ) and with ending unstressed in oblique-cases singular

	Animates		Inanimates	
	Singular			
	a)	b)	c)	d)
Nom	де́ятель	учи́тель	спекта́кль	то́поль
Gen	де́ятеля	учителя́	спекта́кля	то́поля
Dat	де́ятелю	учителю́	спекта́клю	то́поло
Acc	де́ятеля	учителя́	спекта́кль	то́поль
Instr	де́ятелем	учителе́м	спекта́клем	то́полем
Abl	(о) де́ятеле	(об) учи́теле	(о) спекта́кле	(о) то́поле
	Plural			
Nom	де́ятели	учителя́	спекта́кли	тополя́
Gen	де́ятелей	учителе́й	спекта́клей	тополе́й
Dat	де́ятелям	учителя́м	спекта́клям	тополя́м
Acc	де́ятелей	учителе́й	спекта́кли	тополя́
Instr	де́ятелями	учителя́ми	спекта́клями	тополя́ми
Abl	(о) де́ятелях	(об) учителя́х	(о) спекта́клях	(о) тополя́х

Table 3, c continued

	Animates		Inanimates		
	e)		f)	g)	h)
Singular					
Nom	парень	зверь	гребень	камень	ноготь
Gen	парня	зверя	гребня	камня	ногтя
Dat	парню	зверю	гребню	камню	ногтю
Acc	парня	зверя	гребень	камень	ноготь
Instr	парнем	зверем	гребнем	камнем	ногтем
Abl	(о) парне	(о) звере	(о) гребне	(о) камне	(о) ногте
Plural					
Nom	парни	звери	гребни	камни	ногти
Gen	парней	зверей	гребней	камней	ногтей
Dat	парням	зверям	гребням	камням	ногтям
Acc	парней	зверей	гребни	камни	ногти
Instr	парнями	зверями	гребнями	камнями	ногтями
Abl	(о) парнях	(о) зверях	(о) гребнях	(о) камнях	(о) ногтях

Table 4

Masculine nouns with stem ending in back consonants (г, к, х)

	With ending unstressed			
	Animates		Inanimates	
	S i n g u l a r			
	a)	b)	c)	d)
Nom	ма́льчик	ребёнок	флаг	ры́нок
Gen	ма́льчика	ребёнка	фла́га	ры́нка
Dat	ма́льчику	ребёнку	фла́гу	ры́нку
Acc	ма́льчика	ребёнка	флаг	ры́нок
Instr	ма́льчиком	ребёнком	фла́гом	ры́нком
Abl	(о) ма́льчике	(о) ребёнке	(о) фла́ге	(о) ры́нке
	P l u r a l			
Nom	ма́льчики	ребя́та	фла́ги	ры́нки
Gen	ма́льчиков	ребя́т	фла́гов	ры́нков
Dat	ма́льчикам	ребя́там	фла́гам	ры́нкам
Acc	ма́льчиков	ребя́т	фла́ги	ры́нки
Instr	ма́льчиками	ребя́тами	фла́гами	ры́нками
Abl	(о) ма́льчиках	(о) ребя́тах	(о) фла́гах	(о) ры́нках

Table 4, continued

	With ending stressed			Mixed	
	Animates	Inanimates		Inanimates	Animates
	e)	f)	g)	h)	i)
Nom	враг	бело́к	табак	бе́рег	волк
Gen	врага́	белка́	табака́	бе́рега	во́лка
Dat	врагу́	белку́	табаку́	бе́регу	во́лку
Acc	врага́	бело́к	табак	бе́рег	во́лка
Instr	враго́м	белко́м	табако́м	бе́регом	во́лком
Abl	(о) враге́	(о) белке́	(о) табаке́	(о) бе́реге	(о) во́лке
Nom	враги́	белки́	табаки́	берега́	во́лки
Gen	враго́в	белко́в	табако́в	берего́в	волко́в
Dat	врага́м	белка́м	табака́м	берега́м	волка́м
Acc	враго́в	белки́	табаки́	берега́	волко́в
Instr	врага́ми	белка́ми	табака́ми	берега́ми	волка́ми
Abl	(о) врага́х	(о) белка́х	(о) табака́х	(о) берега́х	(о) волка́х

Table 5

Masculine nouns with stem ending in hard sibilants (ж, ш) and with ending stressed

	Animates	Inanimates
	Singular	
	a)	b)
Nom	ёж	нож
Gen	ежá	ножá
Dat	ежý	ножý
Acc	ежá	нож
Instr	ежóм	ножóм
Abl	(о) ежé	(о) ножé
	Plural	
Nom	ежú	ножú
Gen	ежéй	ножéй
Dat	ежáм	ножáм
Acc	ежéй	ножú
Instr	ежáми	ножáми
Abl	(о) ежáх	(о) ножáх

Table 6

Masculine nouns with stem ending in hard sibilants (ж, ш) and with ending unstressed

	Animates		Inanimates
	Singular		
	a)	b)	c)
Nom	подкúдыш	стóрож	экипáж
Gen	подкúдыша	стóрожа	экипáжа
Dat	подкúдышу	стóрожу	экипáжу
Acc	подкúдыша	стóрожа	экипáж
Instr	подкúдышем	стóрожем	экипáжем
Abl	(о) подкúдыше	(о) стóроже	(об) экипáже
	Plural		
Nom	подкúдыши	сторожá	экипáжи
Gen	подкúдышей	сторожéй	экипáжей
Dat	подкúдышам	сторожáм	экипáжам
Acc	подкúдышей	сторожéй	экипáжи
Instr	подкúдышами	сторожáми	экипáжами
Abl	(о) подкúдышах	(о) сторожáх	(об) экипáжах

Table 7

Masculine nouns with stem ending in soft sibilants (ч, ш) and with ending stressed

	Animates	Inanimates
	a)	b)
Singular		
Nom	врач	мяч
Gen	врача́	мяча́
Dat	врачу́	мячу́
Acc	врача́	мяч
Instr	врачо́м	мячо́м
Abl	(о) враче́	(о) мяче́
Plural		
Nom	врачи́	мячи́
Gen	враче́й	мяче́й
Dat	врача́м	мяча́м
Acc	враче́й	мячи́
Instr	врача́ми	мяча́ми
Abl	(о) врача́х	(о) мяча́х

Table 8

Masculine nouns with stem ending in soft sibilants (ч, ш) and with ending unstressed

	Animates	Inanimates
	a)	b)
Singular		
Nom	товáрищ	матч
Gen	товáрища	мáтча
Dat	товáрищу	мáтчу
Acc	товáрища	матч
Instr	товáрищем	мáтчем
Abl	(о) товáрище	(о) мáтче
Plural		
Nom	товáрищи	мáтчи
Gen	товáрищей	мáтчей
Dat	товáрищам	мáтчам
Acc	товáрищей	мáтчи
Instr	товáрищами	мáтчами
Abl	(о) товáрищах	(о) мáтчах

Table 9

Masculine nouns with stem ending in ц and with ending stressed

| | Animates | | Inanimates |
	(with e dropped) a)	(with shift e to й) b)	(with e dropped) c)
Singular			
Nom	отец	боец	резец
Gen	отца	бойца	резца
Dat	отцу	бойцу	резцу
Acc	отца	бойца	резец
Instr	отцом	бойцом	резцом
Abl	(об) отце	(о) бойце	(о) резце
Plural			
Nom	отцы	бойцы	резцы
Gen	отцов	бойцов	резцов
Dat	отцам	бойцам	резцам
Acc	отцов	бойцов	резцы
Instr	отцами	бойцами	резцами
Abl	(об) отцах	(о)бойцах	(о) резцах

Table 10

Masculine nouns with stem ending in ц and with ending unstressed

| | Animates (with vowel dropped) | | Inanimates (with vowel not dropped) | |
	a)	b)	c)	d)
Singular				
Nom	владелец	немец	палец	месяц
Gen	владельца	немца	пальца	месяца
Dat	владельцу	немцу	пальцу	месяцу
Acc	владельца	немца	палец	месяц
Instr	владельцем	немцем	пальцем	месяцем
Abl	(о) владельце	(о) немце	(о) пальце	(о) месяце
Plural				
Nom	владельцы	немцы	пальцы	месяцы
Gen	владельцев	немцев	пальцев	месяцев
Dat	владельцам	немцам	пальцам	месяцам
Acc	владельцев	немцев	пальцы	месяцы
Instr	владельцами	немцами	пальцами	месяцами
Abl	(о) владельцах	(о) немцах	(о)пальцах	(о) месяцах

Table 11

Masculine nouns ending in -й and with ending stressed

| | Animates | Inanimates | |
| | Singular | | |
	a)	b)	c)
Nom	соловей	ручей	лишай
Gen	соловья	ручья	лишая
Dat	соловью	ручью	лишаю
Acc	соловья	ручей	лишай
Instr	соловьём	ручьём	лишаём
Abl	(о) соловье	(о) ручье	(о) лишае
	Plural		
Nom	соловьи	ручьи	лишаи
Gen	соловьёв	ручьёв	лишаёв
Dat	соловьям	ручьям	лишаям
Acc	соловьёв	ручьи	лишаи
Instr	соловьями	ручьями	лишаями
Abl	(о) соловьях	(о) ручьях	(о) лишаях

Table 12

Masculine nouns ending in -ий and with ending unstressed

| | Animates | Inanimates |
| | Singular | |
	a)	b)
Nom	пролетарий	санаторий
Gen	пролетария	санатория
Dat	пролетарию	санаторию
Acc	пролетария	санаторий
Instr	пролетарием	санаторием
Abl	(о) пролетарии	(о) санатории
	Plural	
Nom	пролетарии	санатории
Gen	пролетариев	санаториев
Dat	пролетариям	санаториям
Acc	пролетариев	санатории
Instr	пролетариями	санаториями
Abl	(о) пролетариях	(о) санаториях

Table 13

Masculine nouns ending in -й

	With stress shifted to ending in plural	With no stress-shift in plural		
	Inanimates	*Animates*	*Inanimates*	
	a)	b)	c)	

Singular

	a)	b)	c)	
Nom	рой	геро́й	урожа́й	слу́чай
Gen	ро́я	геро́я	урожа́я	слу́чая
Dat	ро́ю	геро́ю	урожа́ю	слу́чаю
Acc	рой	геро́я	урожа́й	слу́чай
Instr	ро́ем	геро́ем	урожа́ем	слу́чаем
Abl	(о) ро́е	(о) геро́е	(об) урожа́е	(о) слу́чае

Plural

	a)	b)	c)	
Nom	рои́	геро́и	урожа́и	слу́чаи
Gen	роёв	геро́ев	урожа́ев	слу́чаев
Dat	роя́м	геро́ям	урожа́ям	слу́чаям
Acc	рои́	геро́ев	урожа́и	слу́чаи
Instr	роя́ми	геро́ями	урожа́ями	слу́чаями
Abl	(о) роя́х	(о) геро́ях	(об) урожа́ях	(о) слу́чаях

Table 14

Neuter nouns with stem ending in hard consonants (with the exception of ж, ш, ц)

| | (e inserted in genitive plural) | (o inserted in genitive plural) |
	a)	b)
	S i n g u l a r	
Nom	число́	окно́
Gen	числа́	окна́
Dat	числу́	окну́
Acc	число́	окно́
Instr	число́м	окно́м
Abl	(о) числе́	(об) окне́
	P l u r a l	
Nom	чи́сла	о́кна
Gen	чи́сел	о́кон
Dat	чи́слам	о́кнам
Acc	чи́сла	о́кна
Instr	чи́слами	о́кнами
Abl	(о) чи́слах	(об) о́кнах

Table 14, continued

(no vowel inserted in genitive plural)

Singular

	c)	d)	e)	f)	g)
Nom	чу́вство,	ме́сто	вещество́	село́	перо́
Gen	чу́вства	ме́ста	вещества́	села́	пера́
Dat	чу́вству	ме́сту	веществу́	селу́	перу́
Acc	чу́вство	ме́сто	вещество́	село́	перо́
Instr	чу́вством	ме́стом	вещество́м	село́м	перо́м
Abl	(о) чу́встве	(о) ме́сте	(о) веществе́	(о) селе́	(о) пере́

Plural

	c)	d)	e)	f)	g)
Nom	чу́вства	места́	вещества́	сёла	пе́рья
Gen	чу́вств	мест	веще́ств	сёл	пе́рьев
Dat	чу́вствам	места́м	вещества́м	сёлам	пе́рьям
Acc	чу́вства	места́	вещества́	сёла	пе́рья
Instr	чу́вствами	места́ми	вещества́ми	сёлами	пе́рьями
Abl	(о) чу́вствах	(о) места́х	(о) вещества́х	(о) сёлах	(о) пе́рьях

Table 15

Neuter nouns with stem ending in soft consonants (with the exception of the sound [j] and sibilants) and with stem ending in -мя

	Singular a)	Singular b)
Nom	поле	время
Gen	поля	времени
Dat	пóлю	времени
Acc	поле	время
Instr	пóлем	временем
Abl	(о) поле	(о) времени

	Plural a)	Plural b)
Nom	поля	времена
Gen	полей	времён
Dat	полям	временам
Acc	поля	времена
Instr	полями	временами
Abl	(о) полях	(о) временах

Table 16

Neuter nouns with stem ending in ц and hard sibilants (ж, ш)

	Without stress-shift a)	With stress-shift b)	With stress-shift c)
	Singular		
Nom	полотéнце	лóже	кольцó
Gen	полотéнца	лóжа	кольцá
Dat	полотéнцу	лóжу	кольцý
Acc	полотéнце	лóже	кольцó
Instr	полотéнцем	лóжем	кольцóм
Abl	(о) полотéнце	(о) лóже	(о) кольцé

	a)	b)	c)
	Plural		
Nom	полотéнца	лóжа	кóльца
Gen	полотéнец	лóж	колéц
Dat	полотéнцам	лóжам	кóльцам
Acc	полотéнца	лóжа	кóльца
Instr	полотéнцами	лóжами	кóльцами
Abl	(о) полотéнцах	(о) лóжах	(о) кóльцах

Table 17

Neuter nouns with stem ending in soft sibilants (ч, щ)

	Singular		Plural	
	a)	b)	a)	b)
Nom	жилúще	плечó	жилúща	плéчи
Gen	жилúща	плечá	жилúщ	плеч
Dat	жилúщу	плечý	жилúщам	плечáм
Acc	жилúще	плечó	жилúща	плéчи
Instr	жилúщем	плечóм	жилúщами	плечáми
Abl	(о) жилúще	(о) плечé	(о) жилúщах	(о) плечáх

Table 18

Neuter nouns with stem ending in the sound [j]

Singular

	a)	b)	c)	d)
Nom	копьё	ущéлье	занятие	плáтье
Gen	копья́	ущéлья	занятия	плáтья
Dat	копью́	ущéлью	занятию	плáтью
Acc	копьё	ущéлье	занятие	плáтье
Instr	копьём	ущéльем	занятием	плáтьем
Abl	(о) копьé	(об) ущéлье	(о) занятии	(о) плáтье

Plural

	a)	b)	c)	d)
Nom	кóпья	ущéлья	занятия	плáтья
Gen	кóпий	ущéлий	занятий	плáтьев
Dat	кóпьям	ущéльям	занятиям	плáтьям
Acc	кóпья	ущéлья	занятия	плáтья
Instr	кóпьями	ущéльями	занятиями	плáтьями
Abl	(о) кóпьях	(об) ущéльях	(о) занятиях	(о) плáтьях

Table 19

Feminine nouns and nouns of common gender with stem ending in hard consonants
(with the exception of г, к, х, ж, ш, щ, ц)

| | Animates | | Inanimates | Animates |
	a)	b)	c)	d)	e)

Singular

Nom	рыба	сирота	буква	гора	коза
Gen	рыбы	сироты	буквы	горы	козы
Dat	рыбе	сироте	букве	горе	козе
Acc	рыбу	сироту	букву	гору	козу
Instr	рыбой	сиротой	буквой	горой	козой
Abl	(о) рыбе	(о) сироте	(о) букве	(о) горе	(о) козе

Plural

Nom	рыбы	сироты	буквы	горы	козы
Gen	рыб	сирот	букв	гор	коз
Dat	рыбам	сиротам	буквам	горам	козам
Acc	рыб	сирот	буквы	горы	коз
Instr	рыбами	сиротами	буквами	горами	козами
Abl	(о) рыбах	(о) сиротах	(о) буквах	(о) горах	(о) козах

Table 19, continued

		Inanimates			
		Singular			
	i)	g)	h)	i)	j)
Nom	слеза́	беда́	черта́	сосна́	сторона́
Gen	слезы́	беды́	черты́	сосны́	стороны́
Dat	слезе́	беде́	черте́	сосне́	стороне́
Acc	слезу́	беду́	черту́	сосну́	сто́рону
Instr	слезо́й	бедо́й	черто́й	сосно́й	стороно́й
Abl	(о) слезе́	(о) беде́	(о) черте́	(о) сосне́	(о) стороне́
		Plural			
Nom	слёзы	бе́ды	черты́	со́сны	сто́роны
Gen	слёз	бед	черт	со́сен	сторо́н
Dat	слеза́м	бе́дам	чертя́м	со́снам	сторона́м
Acc	слёзы	бе́ды	черты́	со́сны	сто́роны
Instr	слеза́ми	бе́дами	чертя́ми	со́снами	сторона́ми
Abl	(о) слеза́х	(о) бе́дах	(о) чертя́х	(о) со́снах	(о) сторона́х

Table 20

Feminine nouns with stem ending in soft consonants (with the exception of ч, щ)

	Ending stressed	Mixed			Ending unstressed	
	Inanimates		Animates		Inanimates	
	a)	b)	c)	d)	e)	f)

Singular

	a)	b)	c)	d)	e)	f)
Nom	клешня́	земля́	ня́ня	ца́пля	ги́ря	пе́сня
Gen	клешни́	земли́	ня́ни	ца́пли	ги́ри	пе́сни
Dat	клешне́	земле́	ня́не	ца́пле	ги́ре	пе́сне
Acc	клешню́	зе́млю	ня́ню	ца́плю	ги́рю	пе́сню
Instr	клешнёй	землёй	ня́ней	ца́плей	ги́рей	пе́сней
Abl	(о) клешне́	(о) земле́	(о) ня́не	(о) ца́пле	(о) ги́ре	(о) пе́сне

Plural

	a)	b)	c)	d)	e)	f)
Nom	клешни́	зе́мли	ня́ни	ца́пли	ги́ри	пе́сни
Gen	клешне́й	земе́ль	ня́нь	ца́пель	гирь	пе́сен
Dat	клешня́м	зе́млям	ня́ням	ца́плям	ги́рям	пе́сням
Acc	клешни́	зе́мли	ня́нь	ца́пель	ги́ри	пе́сни
Instr	клешня́ми	зе́млями	ня́нями	ца́плями	ги́рями	пе́снями
Abl	(о) клешня́х	(о) зе́млях	(о) ня́нях	(о) ца́плях	(о) ги́рях	(о) пе́снях

Table 21

Feminine nouns with stem ending in ц

	Animates	Inanimates	Animates	Inanimates	Animates
		a)	b)	c)	
			Singular		
Nom	птица	столица	овца́	у́лица	рабо́тница
Gen	птицы	столицы	овцы́	у́лицы	рабо́тницы
Dat	птице	столице	овце́	у́лице	рабо́тнице
Acc	птицу	столицу	овцу́	у́лицу	рабо́тницу
Instr	птицей	столицей	овцой	у́лицей	рабо́тницей
Abl	(о) птице	(о) столице	(об) овце́	(об) у́лице	(о) рабо́тнице
			Plural		
Nom	птицы	столицы	о́вцы	у́лицы	рабо́тницы
Gen	птиц	столиц	овец	у́лиц	рабо́тниц
Dat	птицам	столицам	о́вцам	у́лицам	рабо́тницам
Acc	птиц	столицы	овец	у́лицы	рабо́тниц
Instr	птицами	столицами	о́вцами	у́лицами	рабо́тницами
Abl	(о) птицах	(о) столицах	(об) о́вцах	(об) у́лицах	(о) рабо́тницах

Table 22

Feminine nouns with stem ending in back consonants (г, к, х)

	Ending unstressed						Ending stressed
	(no vowel inserted in genitive plural)		(o inserted in genitive plural)		(e inserted in genitive plural)		(no vowel inserted)
	a) *Animates*	b) *Inanimates*	c) *Animates*	d) *Inanimates*	e) *Animates*	f) *Inanimates*	g) *Inanimates*
	Singular						
Nom	мýха	кнúга	гáлка	пáлка	дóчка	пáчка	ногá
Gen	мýхи	кнúги	гáлки	пáлки	дóчки	пáчки	ногú
Dat	мýхе	кнúге	гáлке	пáлке	дóчке	пáчке	ногé
Acc	мýху	кнúгу	гáлку	пáлку	дóчку	пáчку	нóгу
Instr	мýхой	кнúгой	гáлкой	пáлкой	дóчкой	пáчкой	ногóй
All	о) мýхе	(о) кнúге	(о) гáлке	(о) пáлке	(о) дóчке	(о) пáчке	(о) ногé
	Plural						
Nom	мýхи	кнúги	гáлки	пáлки	дóчки	пáчки	нóги
Gen	мух	книг	гáлок	пáлок	дóчек	пáчек	ног
Dat	мýхам	кнúгам	гáлкам	пáлкам	дóчкам	пáчкам	ногáм
Acc	мух	кнúги	гáлок	пáлки	дóчки	пáчки	нóги
Instr	мýхами	кнúгами	гáлками	пáлками	дóчками	пáчками	ногáми
Abl	(о) мýхах	(о) кнúгах	(о) гáлках	(о) пáлках	(о) дóчках	(о) пáчках	(о) ногáх

Table 23

Feminine nouns ending in the sound [j] preceded by vowel

	a)	b)	c)	d)
	S i n g u l a r			
Nom	струя́	ста́я	ли́ния	змея́
Gen	струи́	ста́и	ли́нии	змеи́
Dat	струе́	ста́е	ли́нии	змее́
Acc	струю́	ста́ю	ли́нию	змею́
Instr	струёй	ста́ей	ли́нией	змеёй
Abl	(о) струе́	(о) ста́е	(о) ли́нии	(о) змее́
	P l u r a l			
Nom	стру́и	ста́и	ли́нии	зме́и
Gen	стру́й	ста́й	ли́ний	зме́й
Dat	стру́ям	ста́ям	ли́ниям	зме́ям
Acc	стру́и	ста́и	ли́нии	зме́й
Instr	стру́ями	ста́ями	ли́ниями	зме́ями
Abl	(о) стру́ях	(о, ста́ях	(о) ли́ниях	(о) зме́ях

Table 24

Feminine and masculine nouns ending in the sound [j] preceded by consonant

	a)	b)	c)	
	S i n g u l a r			
Nom	свинья́	статья́	семья́	судья́
Gen	свиньи́	статьи́	семьи́	судьи́
Dat	свинье́	статье́	семье́	судье́
Acc	свинью́	статью́	семью́	судью́
Instr	свинье́й	статье́й	семье́й	судье́й
Abl	(о) свинье́	(о) статье́	(о) семье́	(о) судье́
	P l u r a l			
Nom	сви́ньи	статьи́	сёмьи	су́дьи
Gen	свине́й	стате́й	семе́й	суде́й
Dat	сви́ньям	статья́м	сёмьям	су́дьям
Acc	сви́ньи	статьи́	сёмьи	су́дьи
Instr	сви́ньями	статья́ми	сёмьями	су́дьями
Abl	(о) сви́ньях	(о) статья́х	(о) сёмь-ях	(о) судь-ях

Table 25

Feminine nouns with stem ending in sibilants

	Singular				
		a)	b)	c)	d)
Nom		лы́жа	межа́	душа́	свеча́
Gen		лы́жи	межи́	души́	свечи́
Dat		лы́же	меже́	душе́	свече́
Acc		лы́жу	межу́	ду́шу	свечу́
Instr		лы́жей	межо́й	душо́й	свечо́й
Abl		(о) лы́же	(о) меже́	(о) душе́	(о) свече́

	Plural				
Nom		лы́жи	ме́жи	ду́ши	свечи́
Gen		лыж	меж	душ	свече́й (свеч)
Dat		лы́жам	межа́м	ду́шам (душа́м)	свеча́м
Acc		лы́жи	ме́жи	ду́ши	свечи́
Instr		лы́жами	межа́ми	ду́шами (душа́ми)	свеча́ми
Abl		(о) лы́жах	(о) межа́х	(о) ду́шах (душа́х)	(о) свеча́х

Table 26

Masculine nouns and nouns of common gender with stem ending in hard sibilants

	Masculine	Common gender
	a)	b)
	Singular	
Nom	юноша	левша
Gen	юноши	левши
Dat	юноше	левше
Acc	юношу	левшу
Instr	юношей	левшой
Abl	(о) юноше	(о) левше
	Plural	
Nom	юноши	левши
Gen	юношей	левшей
Dat	юношам	левшам
Acc	юношей	левшей
Instr	юношами	левшами
Abl	(о) юношах	(о) левшах

Table 27

Masculine nouns and nouns of common gender with stem ending in back consonants (г, к, х)

	Masculine	Common gender
	a)	b)
	Singular	
Nom	дедушка	неряха
Gen	дедушки	неряхи
Dat	дедушке	неряхе
Acc	дедушку	неряху
Instr	дедушкой	неряхой
Abl	(о) дедушке	(о) неряхе
	Plural	
Nom	дедушки	неряхи
Gen	дедушек	нерях
Dat	дедушкам	неряхам
Acc	дедушек	нерях
Instr	дедушками	неряхами
Abl	(о)дедушках	(о) неряхах

Table 28

Masculine and feminine nouns with stem ending in consonants

	Masculine	Feminine
	a)	b)
	Singular	
Nom	дядя	тётя
Gen	дяди	тёти
Dat	дяде	тёте
Acc	дядю	тётю
Instr	дядей	тётей
Abl	(о) дяде	(о) тёте
	Plural	
Nom	дяди	тёти
Gen	дядей	тётей
Dat	дядям	тётям
Acc	дядей	тётей
Instr	дядями	тётями
Abl	(о) дядях	(о) тётях

Table 29

Feminine nouns ending in -ь (preceded by sounds other than sibilants)

Singular

	a)	b)	c)
Nom	ло́шадь	степь	боль
Gen	ло́шади	сте́пи	бо́ли
Dat	ло́шади	сте́пи	бо́ли
Acc	ло́шадь	степь	боль
Instr	ло́шадью	сте́пью	бо́лью
Abl	(о) ло́шади	(о) степи	(о) бо́ли

Plural

	a)	b)	c)
Nom	ло́шади	сте́пи	бо́ли
Gen	лошаде́й	степе́й	бо́лей
Dat	лошадя́м	степя́м	бо́лям
Acc	лошаде́й	сте́пи	бо́ли
Instr	лошадьми́ (лошадя́ми)	степя́ми	бо́лями
Abl	(о) лошадя́х	(о) степя́х	(о) бо́лях

Table 30

Feminine nouns ending in -ь (preceded by sibilants)

Singular

	a)	b)
Nom	мышь	ночь
Gen	мы́ши	но́чи
Dat	мы́ши	но́чи
Acc	мышь	ночь
Instr	мы́шью	но́чью
Abl	(о) мы́ши	(о) но́чи

Plural

	a)	b)
Nom	мы́ши	но́чи
Gen	мыше́й	ноче́й
Dat	мыша́м	нoчáм
Acc	мыше́й	но́чи
Instr	мыша́ми	ночáми
Abl	(о) мыша́х	(о) ночáх

Table 31

Adjectives with stem ending in hard consonants (with the exception of г, к, х, ж, ш, ц)

Singular

	With ending stressed — a)			With ending unstressed — b)		
	Masculine	*Feminine*	*Neuter*	*Masculine*	*Feminine*	*Neuter*
Nom	молодóй	молодáя	молодóе	стáрый	стáрая	стáрое
Gen	молодóго	молодóй	молодóго	стáрого	стáрой	стáрого
Dat	молодóму	молодóй	молодóму	стáрому	стáрой	стáрому
Acc	молодóй, молодóго	молодýю	молодóе	стáрый, стáрого	стáрую	стáрое
Instr	молод**ы́**м	молодóй	молод**ы́**м	стáрым	стáрой	стáрым
Abl	(о) молодóм	(о) молодóй	(о) молодóм	(о) стáром	(о) стáрой	(о) стáром

Plural

Nom	молод**ы́**е	стáрые
Gen	молод**ы́**х	стáрых
Dat	молод**ы́**м	стáрым
Acc	молод**ы́**е, молод**ы́**х	стáрые, стáрых
Instr	молод**ы́**ми	стáрыми
Abl	(о) молод**ы́**х	(о) стáрых

Table 32

Adjectives with stem ending in soft consonants (with the exception of г, к, х, ч, щ)

Singular

	Masculine	Feminine	Neuter
Nom	сре́дний	сре́дняя	сре́днее
Gen	сре́днего	сре́дней	сре́днего
Dat	сре́днему	сре́дней	сре́днему
Acc	сре́дний, сре́днего	сре́днюю	сре́днее
Instr	сре́дним	сре́дней	сре́дним
Abl	(о) сре́днем	(о) сре́дней	(о) сре́днем

Plural

Nom	сре́дние	
Gen	сре́дних	
Dat	сре́дним	
Acc	сре́дние, сре́дних	
Instr	сре́дними	
Abl	(о) сре́дних	

Table 33

Adjectives with stem ending in back consonants (г, к, х)

	With ending stressed a)			With ending unstressed b)		
Singular	Masculine	Feminine	Neuter	Masculine	Feminine	Neuter
Nom	дорогóй	дорогáя	дорогóе	тíхий	тíхая	тíхое
Gen	дорогóго	дорогóй	дорогóго	тíхого	тíхой	тíхого
Dat	дорогóму	дорогóй	дорогóму	тíхому	тíхой	тíхому
Acc	дорогóй, дорогóго	дорогýю	дорогóе	тíхий, тíхого	тíхую	тíхое
Instr	дорогúм	дорогóй	дорогúм	тíхим	тíхой	тíхим
Abl	(о) дорогóм	(о) дорогóй	(о) дорогúм	(о) тíхом	(о) тíхей	(о) тíхом

Plural	a)			b)		
Nom	дорогúе			тíхие		
Gen	дорогúх			тíхих		
Dat	дорогúм			тíхим		
Acc	дорогúе, дорогúх			тíхие, тíхих		
Instr	дорогúми			тíхими		
Abl	(о) дорогúх			(о) тíхих		

Table 34

Adjectives with stem ending in hard sibilants (ж, ш)

	With ending stressed a)			With ending unstressed b)		
	Masculine	Feminine	Neuter	Masculine	Feminine	Neuter
	Singular					
Nom	чужо́й	чужа́я	чужо́е	све́жий	све́жая	све́жее
Gen	чужо́го	чужо́й	чужо́го	све́жего	све́жей	све́жего
Dat	чужо́му	чужо́й	чужо́му	све́жему	све́жей	све́жему
Acc	чужо́й, чужо́го	чужу́ю	чужо́е	све́жий, све́жего	све́жую	све́жее
Instr	чужи́м	чужо́й	чужи́м	све́жим	све́жей	све́жим
Abl	(о) чужо́м	(о) чужо́й	(о) чужо́м	(о) све́жем	(о) све́жей	(о) све́жем
	Plural					
Nom	чужи́е			све́жие		
Gen	чужи́х			све́жих		
Dat	чужи́м			све́жим		
Acc	чужи́е, чужи́х			све́жие, све́жих		
Instr	чужи́ми			све́жими		
Abl	(о) чужи́х			(о) све́жих		

Table 35
Adjectives with stem ending in soft sibilants (ч, щ)

	Singular			Plural
	Masculine	*Feminine*	*Neuter*	
Nom	горя́чий	горя́чая	горя́чее	горя́чие
Gen	горя́чего	горя́чей	горя́чего	горя́чих
Dat	горя́чему	горя́чей	горя́чему	горя́чим
Acc	горя́чий, горя́чего	горя́чую	горя́чее	горя́чие, горя́чих
Instr	горя́чим	горя́чей	горя́чим	горя́чими
Abl	(о) горя́чем	(о) горя́чей	(о) горя́чем	(о) горя́чих

Table 36
Adjectives with stem ending in ц

	Singular			Plural
	Masculine	*Feminine*	*Neuter*	
Nom	ку́цый	ку́цая	ку́цее	ку́цые
Gen	ку́цего	ку́цей	ку́цего	ку́цых
Dat	ку́цему	ку́цей	ку́цему	ку́цым
Acc	ку́цый, ку́цего	ку́цую	ку́цее	ку́цые, ку́цых
Instr	ку́цым	ку́цей	ку́цым	ку́цыми
Abl	(о) ку́цем	(о) ку́цей	(о) ку́цем	(о) ку́цых

Table 37
Possessive adjectives ending in -ий, -ья, -ье

	Singular			Plural
	Masculine	*Feminine*	*Neuter*	
Nom	во́лчий	во́лчья	во́лчье	во́лчьи
Gen	во́лчьего	во́лчьей	во́лчьего	во́лчьих
Dat	во́лчьему	во́лчьей	во́лчьему	во́лчьим
Acc	во́лчий, во́лчьего	во́лчью	во́лчье	во́лчьи, во́лчьих
Instr	во́лчьим	во́лчьей	во́лчьим	во́лчьими
Abl	(о) во́лчьем	(о) во́лчьей	(о) во́лчьем	(о) во́лчьих

Table 38
Possessive adjectives ending in -ин, -ын, -ов, -ев

	Singular			Plural
	Masculine	*Feminine*	*Neuter*	
Nom	ма́мин	ма́мина	ма́мино	ма́мины
Gen	ма́мина	ма́миной	ма́мина	ма́миных
Dat	ма́мину	ма́миной	ма́мину	ма́миным
Acc	ма́мин,	ма́мину	ма́мино	ма́мины,
	ма́мина			ма́миных
Instr	ма́миным	ма́миной	ма́миным	ма́миными
Abl	(о) ма́мином	(о) ма́миной	(о) ма́мином	(о) ма́миных

Table 39
Numerals

a)

Nom	оди́н	одна́	одно́	одни́
Gen	одного́	одно́й	одного́	одни́х
Dat	одному́	одно́й	одному́	одни́м
Acc	оди́н,	одну́	одно́	одни́,
	одного́			одни́х
Instr	одни́м	одно́й	одни́м	одни́ми
Abl	(об) одно́м	(об) одно́й	(об) одно́м	(об) одни́х

b)

Nom	два	две	три	четы́ре
Gen	двух	двух	трёх	четырёх
Dat	двум	двум	трём	четырём
Acc	два,	две,	три,	четы́ре,
	двух	двух	трёх	четырёх
Instr	двумя́	двумя́	тремя́	четырьмя́
Abl	(о) двух	(о) двух	(о) трёх	(о) четырёх

	c)	d)		e)
Nom	пять	пятна́дцать	пятьдеся́т	пятьсо́т
Gen	пяти́	пятна́дцати	пяти́десяти	пятисо́т
Dat	пяти́	пятна́дцати	пяти́десяти	пятиста́м
Acc	пять	пятна́дцать	пятьдеся́т	пятьсо́т
Instr	пятью́	пятна́дцатью	пятью́де- сятью	пятьюста́- ми
Abl	(о) пяти́	(о) пятна́дца- ти	(о) пяти́де- сяти	(о) пятиста́х

	f)	g)	h)	
Nom	сто	две́сти	полтора́, полторы́	полтора́ста
Gen	ста	двухсо́т	полу́тора	полу́тораста
Dat	ста	двумста́м	полу́тора	полу́тораста
Acc	сто	две́сти, двухсо́т	полтора́, полторы́	полтора́ста
Instr	ста́ми	двумяста́ми	полу́тора	полутора- ста́ми
Abl	(о) ста	(о) двухста́х	(о) полу́то- ра	(о) полу́то- раста

	i)			
Nom	дво́е	пя́теро	о́ба	о́бе
Gen	двои́х	пятеры́х	обо́их	обе́их
Dat	двои́м	пятеры́м	обо́им	обе́им
Acc	дво́е, двои́х	пя́теро, пятеры́х	о́ба, обо́их	о́бе, обе́их
Instr	двои́ми	пятеры́ми	обо́ими	обе́ими
Abl	(о) двои́х	(о) пятеры́х	(об) обо́их	(об) обе́их

Table 40

Personal, reflexive and possessive pronouns

	a)			
Nom	я	ты	мы	вы
Gen	меня́	тебя́	нас	вас
Dat	мне	тебе́	нам	вам
Acc	меня́	тебя́	нас	вас
Instr	мной	тобо́й	на́ми	ва́ми
Abl	(обо) мне́	(о) тебе́	(о) нас	(о) вас

	b)			
Nom	он, оно́	она́	они́	—
Gen	его́, него́	её, неё	их, них	себя́
Dat	ему́, нему́	ей, ней	им, ним	себе́
Acc	его́, него́	её, неё	их, них	себя́
Instr	им, ним	ей, ней	и́ми, ни́ми	собо́й
Abl	(о) нём	(о) ней	(о) них	(о) себе́

	c)		
Nom	мой, моё (твой, твоё, свой, своё)	моя́ (твоя́, своя́)	мои́ (твои́, свои́)
Gen	моего́	мое́й	мои́х
Dat	моему́	мое́й	мои́м
Acc	мой, моего́, моё	мою́	мои́, мои́х
Instr	мои́м	мое́й	мои́ми
Abl	(о) моём	(о) мое́й	(о) мои́х

	d)		
Nom	наш, на́ше (ваш, ва́ше)	на́ша (ва́ша)	на́ши (ва́ши)
Gen	на́шего	на́шей	на́ших
Dat	на́шему	на́шей	на́шим
Acc	наш, на́шего, на́ше	на́шу	на́ши, на́ших
Instr	на́шим	на́шей	на́шими
Abl	(о) на́шем	(о) на́шей	(о) на́ших

Table 41

Interrogative, relative, negative, demonstrative, determinative pronouns

a)

Nom	кто (никто́)	что (ничто́)	—
Gen	кого́	чего́	не́чего
Dat	кому́	чему́	не́чему
Acc	кого́	что	не́чего
Instr	ке́м	чем	не́чем
Abl	(о) ком (ни о ко́м)	(о) чём (ни о чём)	не́ о чем —

b)

Nom	э́тот, э́то (тот, то)	э́та (та)	э́ти	те
Gen	э́того	э́той	э́тих	тех
Dat	э́тому	э́той	э́тим	тем
Acc	э́того, э́тот, э́то	э́ту	э́ти, э́тих	те, тех
Instr	э́тим	э́той	э́тими	те́ми
Abl	(об) э́том	(об) э́той	(об) э́тих	(о) тех

c)

Nom	чей	чьи
Gen	чьего́	чьих
Dat	чьему́	чьим
Acc	чей	чьи
Instr	чьим	чьи́ми
Abl	(о) чьём	(о) чьих

d)

Nom	сам, само́	сама́	са́ми
Gen	самого́, само́	само́й	сами́х
Dat	самому́	само́й	сами́м
Acc	сам, самого́, само́	само́ё (саму́)	са́ми, сами́х
Instr	сами́м	само́й	сами́ми
Abl	(о) само́м	(о) само́й	(о) сами́х

e)

Nom	весь, всё	вся	все
Gen	всего́	всей	всех
Dat	всему́	всей	всем
Acc	весь, всего́, всё	всю	все, всех
Instr	всем	всей	все́ми
Abl	(обо) всём	(обо) всей	(обо) всех

Table of

№ №	Infinitive	Present tense imperfective aspect and future tense perfective aspect		
		Singular		Plural
		1st person	*2nd person*	*3d person*
42	брать	беру́	берёшь	беру́т
43	вы́брать	вы́беру	вы́берешь	вы́берут
44	разобра́ть	разберу́	разберёшь	разберу́т
45	бры́згать	⎰ бры́зжу ⎱ бры́згаю	бры́зжешь бры́згаешь	бры́зжут бры́згают
46	брюзжа́ть	брюзжу́	брюзжи́шь	брюзжа́т
47	держа́ть	держу́	держишь	де́ржат
48	вяза́ть	вяжу́	вя́жешь	вя́жут
49	отре́зать	отре́жу	отре́жешь	отре́жут
50	взорва́ть	взорву́	взорвёшь	взорву́т
51	встать	вста́ну	вста́нешь	вста́нут
52	вы́держать	вы́держу	вы́держишь	вы́держат
53	вы́звать	вы́зову	вы́зовешь	вы́зовут
54	вы́пасть	вы́паду	вы́падешь	вы́падут
55	класть	кладу́	кладёшь	кладу́т
56	вы́писать	вы́пишу	вы́пишешь	вы́пишут
57	писа́ть	пишу́	пи́шешь	пи́шут
58	вы́рвать	вы́рву	вы́рвешь	вы́рвут
59	вы́сказать	вы́скажу	вы́скажешь	вы́скажут
60	вы́слать	вы́шлю	вы́шлешь	вы́шлют
61	отосла́ть	отошлю́	отошлёшь	отошлю́т
62	вы́сыпать	вы́сыплю	вы́сыплешь	вы́сыплют
63	дава́ть	даю́	даёшь	даю́т
64	купа́ть(ся)	купа́ю(сь)	купа́ешь(ся)	купа́ют(ся)
64a	вы́купать(ся)	вы́купаю(сь)	вы́купаешь(ся)	вы́купают(ся)
65	рабо́тать	рабо́таю	рабо́таешь	рабо́тают
65a	вы́работать	вы́работаю	вы́работаешь	вы́работают
66	дрема́ть	дремлю́	дре́млешь	дре́млют
67	отозва́ть	отзову́	отзовёшь	отзову́т
68	звать	зову́	зовёшь	зову́т
69	маха́ть	машу́	ма́шешь	ма́шут
70	мета́ть	мечу́	ме́чешь	ме́чут
71	е́хать	е́ду	е́дешь	е́дут
72	вы́ехать	вы́еду	вы́едешь	вы́едут
73	трепета́ть	трепещу́	трепе́щешь	трепе́щут

Verb Forms

Past tense			Imperative
Singular		Plural	Singular
Masculine	Feminine		
брал	брала́	бра́ли	бери́
вы́брал	вы́брала	вы́брали	вы́бери
разобра́л	разобрала́	разобра́ли	разбери́
бры́згал	бры́згала	бры́згали	{ бры́зжи { бры́згай
брюзжа́л	брюзжа́ла	брюзжа́ли	брюзжи́
держа́л	держа́ла	держа́ли	держи́
вяза́л	вяза́ла	вяза́ли	вяжи́
отре́зал	отре́зала	отре́зали	отре́жь
взорва́л	взорвала́	взорва́ли	взорви́
встал	вста́ла	вста́ли	встань
вы́держал	вы́держала	вы́держали	вы́держи
вы́звал	вы́звала	вы́звали	вы́зови
вы́пал	вы́пала	вы́пали	вы́пади
клал	кла́ла	кла́ли	клади́
вы́писал	вы́писала	вы́писали	вы́пиши
писа́л	писа́ла	писа́ли	пиши́
вы́рвал	вы́рвала	вы́рвали	вы́рви
вы́сказал	вы́сказала	вы́сказали	вы́скажи
вы́слал	вы́слала	вы́слали	вы́шли
отосла́л	отосла́ла	отосла́ли	отошли́
вы́сыпал	вы́сыпала	вы́сыпали	вы́сыпь
дава́л	дава́ла	дава́ли	дава́й
купа́л(ся)	купа́ла(сь)	купа́ли(сь)	купа́й(ся)
вы́купал(ся)	вы́купала(сь)	вы́купали(сь)	вы́купай(ся)
рабо́тал	рабо́тала	рабо́тали	рабо́тай
вы́работал	вы́работала	вы́работали	вы́работай
дрема́л	дрема́ла	дрема́ли	дремли́
отозва́л	отозвала́	отозва́ли	отзови́
звал	звала́	зва́ли	зови́
маха́л	маха́ла	маха́ли	маши́
мета́л	мета́ла	мета́ли	мечи́
е́хал	е́хала	е́хали	(поезжа́й)
вы́ехал	вы́ехала	вы́ехали	выезжа́й
трепета́л	трепета́ла	трепета́ли	трепещи́

№ №	Infinitive	Present tense imperfective aspect and future tense perfective aspect		
		Singular		Plural
		1st person	2nd person	3d person
74	бежа́ть	бегу́	бежи́шь	бегу́т
74a	вы́бежать	вы́бегу	вы́бежишь	вы́бегут
75	пря́тать	пря́чу	пря́чешь	пря́чут
76	слы́шать	слы́шу	слы́шишь	слы́шат
77	спать	сплю	спишь	спят
78	вы́карабкаться	вы́карабкаюсь	вы́карабкаешься	вы́карабкаются
79	жать	жму	жмёшь	жмут
80	разжа́ть	разожму́	разожмёшь	разожму́т
81	вы́жать	вы́жму	вы́жмешь	вы́жмут
82	жать	жну	жнёшь	жнут
83	иска́ть	ищу́	и́щешь	и́щут
84	кова́ть	кую́	куёшь	кую́т
85	клева́ть	клюю́	клюёшь	клюю́т
86	колеба́ть	коле́блю	коле́блешь	коле́блют
87	нача́ть	начну́	начнёшь	начну́т
88	ржать	ржу	ржёшь	ржут
89	скака́ть	скачу́	ска́чешь	ска́чут
90	ты́кать	ты́чу	ты́чешь	ты́чут
91	лгать	лгу	лжёшь	лгут
92	сы́пать	сы́плю	сы́плешь	сы́плют
93	стона́ть	стону́	сто́нешь	сто́нут
94	гнать	гоню́	го́нишь	го́нят
95	вы́гнать	вы́гоню	вы́гонишь	вы́гонят
96	обогна́ть	обгоню́	обго́нишь	сбго́нят
97	разогна́ть	разгоню́	разго́нишь	разго́нят
98	белѣ́ть	белѣ́ю	белѣ́ешь	белѣ́ют
99	обесси́леть	обесси́лею	обесси́леешь	обесси́леют
100	велѣ́ть	велю́	вели́шь	веля́т
101	смотрѣ́ть	смотрю́	смо́тришь	смо́трят
102	бере́чь	берегу́	бережёшь	берегу́т
103	печь	пеку́	печёшь	пеку́т
104	вы́течь	вы́теку	вы́течешь	вы́текут
105	блестѣ́ть	блещу́	{ блести́шь { блѣ́щешь	блестя́т блѣ́щут
106	вертѣ́ть	верчу́	ве́ртишь	ве́ртят

Continued

Past tense			Imperative
Singular		Plural	Singular
Masculine	*Feminine*		
бежа́л	бежа́ла	бежа́ли	беги́
вы́бежал	вы́бежала	вы́бежали	вы́беги
пря́тал	пря́тала	пря́тали	прячь
слы́шал	слы́шала	слы́шали	—
спал	спала́	спа́ли	спи
вы́караб-	вы́карабка-	вы́караба-	вы́караб-
кался	лась	лись	кайся
жал	жа́ла	жа́ли	жми
разжа́л	разжа́ла	разжа́ли	разожми́
вы́жал	вы́жала	вы́жали	вы́жми
жал	жа́ла	жа́ли	жни
иска́л	иска́ла	иска́ли	ищи́
кова́л	кова́ла	кова́ли	куй
клева́л	клева́ла	клева́ли	клюй
колеба́л	колеба́ла	колеба́ли	коле́бли
на́чал	начала́	на́чали	начни́
ржал	ржа́ла	ржа́ли	ржи
скака́л	скака́ла	скака́ли	скачи́
ты́кал	ты́кала	ты́кали	тычь
лгал	лгала́	лга́ли	лги
сы́пал	сы́пала	сы́пали	сыпь
стона́л	стона́ла	стона́ли	стони́
гнал	гнала́	гна́ли	гони́
вы́гнал	вы́гнала	вы́гнали	вы́гони
обогна́л	обогнала́	обогна́ли	обгони́
разогна́л	разогнала́	разогна́ли	разгони́
беле́л	беле́ла	беле́ли	—
обесси́лел	обесси́лела	обесси́лели	—
веле́л	веле́ла	веле́ли	вели́
смотре́л	смотре́ла	смотре́ли	смотри́
берёг	берегла́	берегли́	береги́
пёк	пекла́	пекли́	пеки́
вы́тек	вы́текла	вы́текли	вы́теки
блесте́л	блесте́ла	блесте́ли	блести́
верте́л	верте́ла	верте́ли	верти́

№ №	Infinitive	Present tense imperfective aspect and future tense perfective aspect		
		Singular		Plural
		1st person	2nd person	3d person
107	гляде́ть	гляжу́	гляди́шь	глядя́т
108	вы́глядеть	вы́гляжу	вы́глядишь	вы́глядят
109	оби́деть(ся)	оби́жу(сь)	оби́дишь(ся)	оби́дят(ся)
110	висе́ть	вишу́	виси́шь	вися́т
111	влезть	вле́зу	вле́зешь	вле́зут
112	вы́лезти	вы́лезу	вы́лезешь	вы́лезут
113	нести́	несу́	несёшь	несу́т
114	вы́нести	вы́несу	вы́несешь	вы́несут
115	греме́ть	гремлю́	греми́шь	гремя́т
116	деть	де́ну	де́нешь	де́нут
117	зави́сеть	зави́шу	зави́сишь	зави́сят
118	замере́ть	замру́	замрёшь	замру́т
119	кряхте́ть	кряхчу́	кряхти́шь	кряхтя́т
120	терпе́ть	терплю́	те́рпишь	те́рпят
121	тере́ть(ся)	тру(сь)	трёшь(ся)	тру́т(ся)
122	вы́тереть	вы́тру	вы́трешь	вы́трут
123	растере́ть	разотру́	разотрёшь	разотру́т
124	стере́ть	сотру́	сотрёшь	сотру́т
125	воскли́кнуть	воскли́кну	воскли́кнешь	воскли́кнут
126	дви́нуть(ся)	дви́ну(сь)	дви́нешь(ся)	дви́нут(ся)
127	зя́бнуть	зя́бну	зя́бнешь	зя́бнут
128	вы́глянуть	вы́гляну	вы́глянешь	вы́глянут
129	втяну́ть	втяну́	втя́нешь	втя́нут
130	гну́ть(ся)	гну(сь)	гнёшь(ся)	гну́т(ся)
131	дуть	ду́ю	ду́ешь	ду́ют
132	вя́нуть	вя́ну	вя́нешь	вя́нут
133	хоте́ть	хочу́	хо́чешь	хотя́т
134	хрусте́ть	хрущу́	хрусти́шь	хрустя́т
135	кише́ть	—	—	киша́т
136	вы́здороветь	вы́здоровлю	вы́здоровишь / вы́здоровеешь	вы́здоровеют
137	вы́лететь	вы́лечу	вы́летишь	вы́летят
138	вы́честь	вы́чту	вы́чтешь	вы́чтут
139	уче́сть	учту́	учтёшь	учту́т

Continued

Past tense			Imperative
Singular		Plural	Singular
Masculine	*Feminine*		
гляде́л	гляде́ла	гляде́ли	гляди́
вы́глядел	вы́глядела	вы́глядели	вы́гляди
оби́дел(ся)	оби́дела(сь)	оби́дели(сь)	оби́дь(ся)
висе́л	висе́ла	висе́ли	виси́
влез	вле́зла	вле́зли	влезь
вы́лез	вы́лезла	вы́лезли	вы́лези
нёс	несла́	несли́	неси́
вы́нес	вы́несла	вы́несли	вы́неси
греме́л	греме́ла	греме́ли	греми́
дел	де́ла	де́ли	день
зави́сел	зави́села	зави́сели	зави́сь
за́мер	замерла́	за́мерли	замри́
кряхте́л	кряхте́ла	кряхте́ли	кряхти́
терпе́л	терпе́ла	терпе́ли	терпи́
тёр(ся)	тёрла(сь)	тёрли(сь)	три(сь)
вы́тер	вы́терла	вы́терли	вы́три
растёр	растёрла	растёрли	разотри́
стёр	стёрла	стёрли	сотри́
воскли́кнул	воскли́кнула	воскли́кнули	воскли́кни
дви́нул(ся)	дви́нула(сь)	дви́нули(сь)	дви́нь(ся)
зяб, зя́бнул	зя́бла	зя́бли	зя́бни
вы́глянул	вы́глянула	вы́глянули	вы́гляни
втяну́л	втяну́ла	втяну́ли	втяни́
гну́л(ся)	гну́ла(сь)	гну́ли(сь)	гни(сь)
дул	ду́ла	ду́ли	дуй
вял	вя́ла	вя́ли	—
хоте́л	хоте́ла	хоте́ли	—
хрусте́л	хрусте́ла	хрусте́ли	хрусти́
—	—	кише́ли	—
вы́здоровел	вы́здоровела	вы́здоровели	вы́здоровь
вы́летел	вы́летела	вы́летели	вы́лети
вы́чел	вы́чла	вы́чли	вы́чти
учёл	учла́	учли́	учти́

№№	Infinitive	Présent tense Imperfective aspect and future tense perfective aspect		
		Singular		Plural
		1st person	2nd person	3d person
140	реве́ть	реву́	реве́шь	реву́т
141	опере́ться	обопру́сь	обопрёшься	обопру́тся
142	отпере́ть	отопру́	отопрёшь	отопру́т
143	напря́чь	напрягу́	напряжёшь	напрягу́т
144	жечь	жгу	жжёшь	жгут
145	обже́чь	обожгу́	обожжёшь	обожгу́т
146	ка́яться	ка́юсь	ка́ешься	ка́ются
147	торопи́ть	тороплю́	торо́пишь	торо́пят
148	беси́ть(ся)	бешу́(сь)	бе́сишь(ся)	бе́сят(ся)
149	бро́сить	бро́шу	бро́сишь	бро́сят
150	вы́бросить	вы́брошу	вы́бросишь	вы́бросят
151	беспоко́ить	беспоко́ю	беспоко́ишь	беспоко́ят
152	броди́ть	брожу́	бро́дишь	бро́дят
153	возроди́ть	возрожу́	возроди́шь	возродя́т
154	вы́городить	вы́горожу	вы́городишь	вы́городят
155	гла́дить	гла́жу	гла́дишь	гла́дят
156	вали́ть	валю́	ва́лишь	ва́лят
157	це́лить(ся)	це́лю(сь)	це́лишь(ся)	це́лят(ся)
158	укоре-ни́ть(ся)	укореню́(сь)	укоре-ни́шь(ся)	укоре-ня́т(ся)
159	вы́яснить	вы́ясню	вы́яснишь	вы́яснят
160	дразни́ть	дразню́	дра́знишь	дра́знят
161	возврати́ть	возвращу́	возврати́шь	возвратя́т
162	впусти́ть	впущу́	впу́стишь	впу́стят
163	вы́пустить	вы́пущу	вы́пустишь	вы́пустят
164	возобнови́ть	возобновлю́	возобнови́шь	возобновя́т
165	вы́прямить	вы́прямлю	вы́прямишь	вы́прямят
166	восстанови́ть	восстановлю́	восстано-вишь	восстано́вят
167	вы́править	вы́правлю	вы́правишь	вы́правят
168	вста́вить	вста́влю	вста́вишь	вста́вят
169	купи́ть	куплю́	ку́пишь	ку́пят
170	вы́купить	вы́куплю	вы́купишь	вы́купят
171	воору-жи́ть(ся)	вооружу́(сь)	воору-жи́шь(ся)	воору-жа́т(ся)
172	вы́ключить	вы́ключ у	вы́ключишь	вы́ключат

Continued

Past tense			Imperative
Singular		Plural	Singular
Masculine	Feminine		
ревёл	ревёла	ревёли	реви́
опёрся	оперла́сь	опёрлись	обопри́сь
о́тпер	отперла́	о́тперли	отопри́
напря́г	напрягла́	напрягли́	напряги́
жёг	жгла	жгли	жги
обжёг	обожгла́	обожгли́	обожги́
ка́ялся	ка́ялась	ка́ялись	ка́йся
торопи́л	торопи́ла	торопи́ли	торопи́
беси́л(ся)	беси́ла(сь)	беси́ли(сь)	беси́(сь)
бро́сил	бро́сила	бро́сили	брось
вы́бросил	вы́бросила	вы́бросили	вы́брось
беспоко́ил	беспоко́ила	беспоко́или	беспоко́й
броди́л	броди́ла	броди́ли	броди́
возроди́л	возроди́ла	возроди́ли	возроди́
вы́городил	вы́городила	вы́городили	вы́городи
гла́дил	гла́дила	гла́дили	гладь
вали́л	вали́ла	вали́ли	вали́
це́лил(ся)	це́лила(сь)	це́лили(сь)	це́ль(ся)
укорени́л(ся)	укорени́ла(сь)	укорени́ли(сь)	—
вы́яснил	вы́яснила	вы́яснили	вы́ясни
дразни́л	дразни́ла	дразни́ли	дразни́
возврати́л	возврати́ла	возврати́ли	возврати́
впусти́л	впусти́ла	впусти́ли	впусти́
вы́пустил	вы́пустила	вы́пустили	вы́пусти
возобнови́л	возобнови́ла	возобнови́ли	возобнови́
вы́прямил	вы́прямила	вы́прямили	вы́прями
восстанови́л	восстанови́ла	восстанови́ли	восстанови́
вы́правил	вы́правила	вы́правили	вы́правь
вста́вил	вста́вила	вста́вили	вставь
купи́л	купи́ла	купи́ли	купи́
вы́купил	вы́купила	вы́купили	вы́купи
вооружи́л(ся)	вооружи́ла(сь)	вооружи́ли(сь)	вооружи́(сь)
вы́ключил	вы́ключила	вы́ключили	вы́ключи

№№	Infinitive	Present tense imperfective aspect and future tense perfective aspect		
		Singular		Plural
		1st person	2nd person	3d person
173	учи́ть	учу́	у́чишь	у́чат
174	грани́чить	грани́чу	грани́чишь	грани́чат
175	доложи́ть	доложу́	доло́жишь	доло́жат
176	вскипяти́ть	вскипячу́	вскипяти́шь	вскипятя́т
177	встре́тить	встре́чу	встре́тишь	встре́тят
178	дежу́рить	дежу́рю	дежу́ришь	дежу́рят
179	по́мнить	по́мню	по́мнишь	по́мнят
180	вить	вью	вьёшь	вьют
181	сбить	собью́	собьёшь	собью́т
182	разби́ть	разобью́	разобьёшь	разобью́т
183	обли́ть	оболью́	обольёшь	обольют
184	отби́ть	отобью́	отобьёшь	отобью́т
185	оби́ть	обобью́	обобьёшь	обобью́т
186	вы́бить	вы́бью	вы́бьешь	вы́бьют
187	гости́ть	гощу́	гости́шь	гостя́т
188	вы́разить	вы́ражу	вы́разишь	вы́разят
189	гре́зить	гре́жу	гре́зишь	гре́зят
190	увози́ть	увожу́	уво́зишь	уво́зят
191	грози́ть	грожу́	грози́шь	грозя́т
192	кати́ть	качу́	ка́тишь	ка́тят
193	чи́стить	чи́щу	чи́стишь	чи́стят
193а	вы́чистить	вы́чищу	вы́чистишь	вы́чистят
194	жить	живу́	живёшь	живу́т
195	брить	бре́ю	бре́ешь	бре́ют
196	гнить	гнию́	гниёшь	гнию́т
197	пои́ть	пою́	пои́шь	поя́т
198	затаи́ть	затаю́	затаи́шь	затая́т
199	огласи́ть	оглашу́	огласи́шь	оглася́т
200	стричь	стригу́	стрижёшь	стригу́т
201	ушиби́ть	ушибу́	ушибёшь	ушибу́т
202	моло́ть	мелю́	ме́лешь	ме́лют
203	боро́ться	борю́сь	бо́решься	бо́рются
204	толо́чь	толку́	толчёшь	толку́т
205	дости́чь	дости́гну	дости́гнешь	дости́гнут
206	зайти́	зайду́	зайдёшь	зайду́т
207	идти́	иду́	идёшь	иду́т

Continued

Past tense			Imperative
Singular		Plural	Singular
Masculine	Feminine		
учи́л	учи́ла	учи́ли	учи́
грани́чил	грани́чила	грани́чили	—
доложи́л	доложи́ла	доложи́ли	доложи́
вскипяти́л	вскипяти́ла	вскипяти́ли	вскипяти́
встре́тил	встре́тила	встре́тили	встреть
дежу́рил	дежу́рила	дежу́рили	дежу́рь
по́мнил	по́мнила	по́мнили	по́мни
вил	вила́	ви́ли	вей
сбил	сби́ла	сби́ли	сбей
разби́л	разби́ла	разби́ли	разбе́й
о́блил	облила́	о́блили	обле́й
отби́л	отби́ла	отби́ли	отбе́й
оби́л	оби́ла	оби́ли	обе́й
вы́бил	вы́била	вы́били	вы́бей
гости́л	гости́ла	гости́ли	гости́
вы́разил	вы́разила	вы́разили	вы́рази
гре́зил	гре́зила	гре́зили	—
увози́л	увози́ла	увози́ли	увози́
грози́л	грози́ла	грози́ли	грози́
кати́л	кати́ла	кати́ли	кати́
чи́стил	чи́стила	чи́стили	чи́сти
вы́чистил	вы́чистила	вы́чистили	вы́чисти
жил	жила́	жи́ли	живи́
брил	бри́ла	бри́ли	брей
гнил	гнила́	гни́ли	—
пои́л	пои́ла	пои́ли	пой
затаи́л	затаи́ла	затаи́ли	затаи́
огласи́л	огласи́ла	огласи́ли	огласи́
стриг	стри́гла	стри́гли	стриги́
уши́б	уши́бла	уши́бли	ушиби́
моло́л	моло́ла	моло́ли	мели́
боро́лся	боро́лась	боро́лись	бори́сь
толо́к	толкла́	толкли́	толки́
дости́г	дости́гла	дости́гли	дости́гни
зашёл	зашла́	зашли́	зайди́
шёл	шла	шли	иди́

№№	Infinitive	Present tense imperfective aspect and future tense perfective aspect		
		Singular		Plural
		1st person	2nd person	3d person
208	вы́йти	вы́йду	вы́йдешь	вы́йдут
209	вскрыть	вскро́ю	вскро́ешь	вскро́ют
210	быть	бу́ду	бу́дешь	бу́дут
211	вы́быть	вы́буду	вы́будешь	вы́будут
212	есть	ем	ешь	едя́т
213	грызть	грызу́	грызёшь	грызу́т
214	дать	дам	дашь	даду́т
215	вы́дать	вы́дам	вы́дашь	вы́дадут
216	красть	краду́	крадёшь	краду́т
216a	вы́красть	вы́краду	вы́крадешь	вы́крадут
217	плыть	плыву́	плывёшь	плыву́т
218	грести́	гребу́	гребёшь	гребу́т
219	вести́	веду́	ведёшь	веду́т
220	вы́вести	вы́веду	вы́ведешь	вы́ведут
221	запасти́	запасу́	запасёшь	запасу́т
222	боя́ться	бою́сь	бои́шься	боя́тся
223	валя́ть(ся)	валя́ю(сь)	валя́ешь(ся)	валя́ют(ся)
224	се́ять	се́ю	се́ешь	се́ют
225	вы́смеять	вы́смею	вы́смеешь	вы́смеют
226	ка́шлять	ка́шляю	ка́шляешь	ка́шляют
227	смея́ться	смею́сь	смеёшься	смею́тся
228	застря́ть	застря́ну	застря́нешь	застря́нут
229	клясть(ся)	кляну́(сь)	клянёшь(ся)	кляну́т(ся)
230	изъя́ть	изыму́	изы́мешь	изы́мут
231	мять	мну	мнёшь	мнут
232	подня́ть	подниму́	подни́мешь	подни́мут
233	наня́ть	найму́	наймёшь	найму́т
234	стыть	сты́ну	сты́нешь	сты́нут
235	вы́мыть	вы́мою	вы́моешь	вы́моют
236	взять	возьму́	возьмёшь	возьму́т
237	везти́	везу́	везёшь	везу́т
238	вы́везти	вы́везу	вы́везешь	вы́везут
239	сесть	ся́ду	ся́дешь	ся́дут
240	расти́	расту́	растёшь	расту́т
241	вы́расти	вы́расту	вы́растешь	вы́растут
242	цвести́	цвету́	цветёшь	цвету́т

Continued

Past tense			Imperative
Singular		Plural	Singular
Masculine	*Feminine*		
вы́шел	вы́шла	вы́шли	вы́йди
вскрыл	вскры́ла	вскры́ли	вскрой
был	была́	бы́ли	будь
вы́был	вы́была	вы́были	вы́будь
ел	е́ла	е́ли	ешь
грыз	гры́зла	гры́зли	грызи́
дал	дала́	да́ли	дай
вы́дал	вы́дала	вы́дали	вы́дай
крал	крала́	кра́ли	кради́
вы́крал	вы́крала	вы́крали	вы́кради
плыл	плыла́	плы́ли	плыви́
грёб	гребла́	гребли́	греби́
вёл	вела́	вели́	веди́
вы́вел	вы́вела	вы́вели	вы́веди
запа́с	запасла́	запасли́	запаси́
боя́лся	боя́лась	боя́лись	бо́йся
валя́л(ся)	валя́ла(сь)	валя́ли(сь)	валя́й(ся)
се́ял	се́яла	се́яли	сей
вы́смеял	вы́смеяла	вы́смеяли	вы́смей
ка́шлял	ка́шляла	ка́шляли	ка́шляй
смея́лся	смея́лась	смея́лись	смейся
застря́л	застря́ла	застря́ли	застря́нь
кля́л(ся)	кляла́(сь)	кляли́(сь)	кляни́(сь)
изъя́л	изъя́ла	изъя́ли	изыми́
мял	мя́ла	мя́ли	мни
по́днял	подняла́	по́дняли	подними́
на́нял	наняла́	на́няли	найми́
стыл	сты́ла	сты́ли	стынь
вы́мыл	вы́мыла	вы́мыли	вы́мой
взял	взяла́	взя́ли	возьми́
вёз	везла́	везли́	вези́
вы́вез	вы́везла	вы́везли	вы́вези
сел	се́ла	се́ли	сядь
рос	росла́	росли́	расти́
вы́рос	вы́росла	вы́росли	вы́расти
цвёл	цвела́	цвели́	цвети́

№ №	Infinitive	Present tense imperfective aspect and future tense perfective aspect		
		Singular		Plural
		1st person	*2nd person*	*3d person*
243	голосова́ть	голосу́ю	голосу́ешь	голосу́ют
244	тре́бовать	тре́бую	тре́буешь	тре́буют
245	регистри́ро-вать	регистри́рую	регистри́-руешь	регистри́ру-ют
246	ночева́ть	ночу́ю	ночу́ешь	ночу́ют
247	воева́ть	вою́ю	вою́ешь	вою́ют
248	мочь	могу́	мо́жешь	мо́гут
249	лечь	ля́гу	ля́жешь	ля́гут
250	петь	пою́	поёшь	пою́т

Continued

Past tense			Imperative
Singular		Plural	Singular
Masculine	*Feminine*		
голосова́л	голосова́ла	голосова́ли	голосу́й
тре́бовал	тре́бовала	тре́бовали	тре́буй
регистри́ро-вал	регистри́ро-вала	регистри́ро-вали	регистри́руй
ночева́л	ночева́ла	ночева́ли	ночу́й
воева́л	воева́ла	воева́ли	вою́й
мог	могла́	могли́	—
лёг	легла́	легли́	ляг
пел	пе́ла	пе́ли	пой

LISTS OF SUFFIXES

A. Inflectional Endings

I. THE NOUN

1. Masculine and Neuter

Singular

Case	Indication	Examples
Nom	see Dictionary	
Gen	see Dictionary	
Dat	-у, -ю	Дай э́ту кни́гу ма́льчику. Give this book to the boy. Он гуля́ет по́ полю. He is walking in the field.
Acc	same as Nom for inanimate nouns and as Gen for animate	
Instr	-ом, -ем	За заво́дом лес. There's a forest behind the works. Они́ дово́льны э́тим санато́рием. They are pleased with this sanatorium. Она́ прие́дет днём по́зже. She'll come in a day.
Pr	-е, -и	Твои́ очки́ в чемода́не. Your spectacles are in the suit-case. Он сейча́с на собра́нии. He is at a meeting now. Мы говори́ли о его́ бра́те. We spoke about his brother.

Plural

Case	Indication	Examples
Nom	-ы, -и (*m*) -а, -я (*n**)	Э́ти столы́ недороги́е. These tables are not expensive. Где его́ ученики́? Where are his pupils? Как дела́? How are things? Поля́ покры́ты сне́гом. The fields are covered with snow.
Gen	see Dictionary	
Dat	-ам, -ям	Э́тим заво́дам нужны́ рабо́чие. These plants need workers. Я обеща́л де́тям пода́рки. I promised presents to the children.
Acc	same as Nom or Gen	
Instr	-ми	Он лю́бит чай с пирога́ми. He likes tea with pies. Она́ занима́ется це́лыми дня́ми. She studies all days long.
Pr	-х	Мы говори́ли о его́ дела́х. We discussed his affairs. Подъе́хало не́сколько челове́к на лошадя́х. Several people on horseback rode up.

* The few cases of masculine nouns having this ending are indicated in the Dictionary.

2. Masculine Ending in -а, -я and Feminine

Singular

Case	Indication	Examples
Nom	see Dictionary	
Gen	see Dictionary	
Dat	-е, -и	Стране́ нужны́ квалифици́рованные рабо́чие. The country needs skilled workers. К пло́щади прилега́ет парк. A park adjoins the square. Я дал журна́л э́тому ю́ноше. I gave the magazine to this youngster. Он пое́хал к дя́де. He went to his uncle's.
Acc	-у, -ю or same as Nom	Мы уви́дели пряму́ю доро́гу. We saw a straight road. Я люблю́ их семью́. I like their family. Я люблю́ своего́ де́душку. I love my grandfather. Ко́шка пойма́ла мышь. The cat caught a mouse.
Instr	-й, -ю	Она́ взяла́ каранда́ш пра́вой руко́й (руко́ю). She took the pencil with her right hand. Он уе́хал с семьёй. He went with his family. По́ле засе́яно ро́жью. The field is sown with rye.
Pr	-е, -и	Они́ говори́ли об э́той же́нщине. They were talking about that woman. Ско́лько домо́в на пло́щади? How many houses are there on the square? Мы заяви́ли об э́том при судье́. We said it in the judge's presence.

Plural

Case	Indication	Examples
Nom	-ы, -и	Э́ти стра́ны располо́жены в Áфрике. These countries are situated in Africa. Э́ти ю́ноши — студе́нты. These youngsters are students.
Gen	see Dictionary	
Dat	-ам, -ям	Он всегда́ уступа́ет доро́гу же́нщинам. He always makes way for women. Су́дьям бы́ло тру́дно приня́ть реше́ние. It was difficult for the judges to come to a decision.
Acc	same as Nom for inanimate nouns and as Gen for animate	
Instr	-ми	Мно́гие пти́цы лета́ют ста́ями. Many birds fly in flocks. Он сде́лал э́то свои́ми рука́ми. He made it with his own hands.
Pr	-х	В э́тих деревня́х мно́го охо́тников. There are many hunters in these villages. Э́та обя́занность лежи́т на ста́ростах. It is the duty of the monitors.

II The Adjective

3. Feminine, Neuter, and Plural Endings in Relation to the Masculine Form

Masculine	Feminine	Neuter	Plural (m, f, n)
-ый	**-ая**	**-ое**	**-ые**
краси́вый лес a beautiful forest	краси́вая карти́на a beautiful picture	краси́вое зда́ние a beautiful building	краси́вые зда́ния beautiful buildings
-ий*	**-яя**	**-ее**	**-ие**
весе́нний день a spring day	весе́нняя пого́да spring weather	весе́ннее у́тро a spring morning	весе́нние дни spring days
-ой	**-ая**	**-ое**	**-ые**
больно́й ма́льчик a sick boy	больна́я де́вочка a sick girl	больно́е дитя́ a sick baby	больны́е де́ти sick children

---

* For feminine, neuter, and nominative plural forms of adjectives ending in -ий preceded by г, к, х, ж, ш, ч, щ see Dictionary.

4. Declension

a. *Masculine and Neuter*

Case	Indication	Examples
Nom	see Dictionary	
Gen	-го	У меня́ нет кра́сного каранда́ша. I have no red pencil. Где протоко́л после́днего собра́ния? Where are the minutes of the last meeting?
Dat	-му	Мы подошли́ к большо́му до́му. We approached a big house. По си́нему не́бу плы́ли облака́. Clouds were floating along the blue sky.
Acc	same as Nom; for adjectives modifying animate nouns same as Gen	
Inst	-ым, -им	Ма́льчик разма́хивал кра́сным флажко́м. The boy was swinging a little red flag. Она́ всегда́ пи́шет си́ним карандашо́м. She always writes ith a blue pencil.
Pr	-ом, -ем	Я мно́го слы́шал об э́том интере́сном спекта́кле. I have heard much about this interesting play. Ты был на после́днем собра́нии? Were you present at the last meeting?

b. *Feminine*

Case	Indication	Examples
Gen Dat Pr	-ой, -ей	У неё нет кра́сной косы́нки. She has no red kerchief. Дай мне немно́го хоро́шей бума́ги. Give me some good paper. Ско́лько лет э́той ма́ленькой де́вочке? How old is this little girl? Они́ сиде́ли на краси́вой лужа́йке. They were sitting on a beautiful lawn. Он сошёл на после́дней остано́вке. He got off at the last stop.
Acc	-ую, -юю	Он чита́ет ру́сскую кни́гу. He is reading a Russian book. Она́ сде́лала себе́ зи́мнюю ша́пку. She made herself a winter cap.
Instr	-ой (-ою) -ей (-ею)	На скаме́йке сиде́ла де́вочка с кра́сной су́мочкой. A girl with a red handbag was sitting on the bench. Мы наслажда́лись хоро́шей пого́дой. We were enjoying fine weather.

c. *Plural*

Case	Indication	Examples
Gen Pr	-x	В э́той кни́ге мно́го смешны́х расска́зов. This book has many funny stories. В э́том го́роде ма́ло больши́х домо́в. There are few big houses in this town. Мы говори́ли о но́вых карти́нах. We spoke about new pictures. Он никогда́ не говори́т о чужи́х дела́х. He never talks about other people's affairs.
Dat	-ым, -им	Э́то де́ло мо́жно дове́рить то́лько серьёзным лю́дям. Only serious people can be trusted with this matter. Хоро́шим ученика́м преподнесли́ кни́ги. Good pupils were presented with books.
Acc	same as Nom; for adjectives modifying animate nouns same as Gen	
Instr	-ми	Он увлека́ется арифмети́ческими зада́чами. He takes a great interest in sums. Столы́ бы́ли покры́ты бе́лыми листа́ми бума́ги. The tables were covered with white sheets of paper.

5. Degrees of Comparison

Comparative	Superlative
-ee ста́рый old → старе́е older	a. **-айш, -ейш** + adjective ending: вели́кий great → велича́йший the greatest ва́жный important → важне́йший the most important b. with the help of "са́мый": краси́вый beautiful → са́мый краси́вый the most beautiful

III The Verb

A. 6. Present Tense (imperfective aspect), Future Tense (perfective aspect)

Person and Number	Indication	Examples
1st person sing	see Dictionary	
2nd person sing	see Dictionary	
3rd person sing	**-ет, -ит**	Что он де́лает? What is he doing? Он лю́бит ката́ться на лы́жах. He likes to ski. Он сде́лает э́то за́втра. He'll do it tomorrow. Он разбу́дит тебя́ в семь. He'll wake you at seven. Он пойдёт туда́ со мной. He'll go there with me.

Person and Number	Indication	Examples
1st person pl	-м	Мы у́чим ру́сский язы́к. We study Russian. Мы ча́сто де́лаем таки́е упражне́ния. We often do such exercises. Мы поговори́м за́втра. We'll speak tomorrow. Мы изу́чим э́ту пробле́му. We'll study this problem.
2nd person pl	-те	Что вы ви́дите? What do you see? Заче́м вы идёте туда́? What are you going there for? Когда́ вы пойдёте туда́? When will you go there? Вы уви́дите его́ за́втра. You'll see him tomorrow. Вы пое́дете авто́бусом? Will you take a bus?
3rd person pl	-ут, -ют, -ат, -ят	Они́ ча́сто беру́т э́ти журна́лы. They often take these magazines. Они́ гуля́ют по́сле у́жина. They go for a walk after supper. Они́ ча́сто смо́трят ру́сские фи́льмы. They often see Russian films. Почему́ они́ крича́т? Why are they shouting? Когда́ они́ возьму́т э́ти газе́ты? When will they take these newspapers? Они́ не опозда́ют. They won't be late. Они́ просмо́трят статьи́ в суббо́ту. They'll look through the articles on Saturday. Они́ полу́чат телегра́мму сего́дня. They'll get the telegram today.

Note: The future imperfective is formed with the help of the verb "быть" in the future tense plus the infinitive of the finite verb:

Он бýдет читáть. He will be reading.

7. Past Tense

	Suffix	Ending	Examples
m		—	Он был там. He was there.
f		-a	Онá былá там. She was there.
n	-л	-o	Письмó бы́ло там. The letter was there.
pl		-и	Они́ бы́ли там. They were there.

8. Conditional-Subjunctive Mood

Past tense forms + particle "бы" or conjunction "чтóбы":

Я бы пошёл тудá. I would go there. Я хочý, чтóбы они́ пошли́ тудá. I want them to go there.

9. Imperative Mood

Singular: -и, -й, -ь
Plural: -те

Говори́(те) по-рýсски. Speak Russian. Отдыхáй(те) регуля́рно. Rest regularly. Встáнь(те)! Stand up!

10. The Participle

Active Voice

Present Tense	щ + adjective ending	чита́ющий слýшающая
Past Tense	ш + adjective ending	ви́девший нёсший

Passive Voice

Present Tense	м + adjective	ending	чита́емый люби́мая
Past Tense	нн + adjective	ending	ви́денный
	т + adjective	ending	взя́тый

Note: Participle declensions and degrees of comparison as for corresponding adjectives.

11. The Verbal Adverb

Imperfective Aspect	Perfective Aspect
-а, -я	-в
стуча́	прочита́в
конча́я	

Note: Verbal adverbs derived from perfective verbs ending in -ся are formed with the help of -(в)ши: познако́мившись.

B. 12. Verbs Ending in -ся in the Infinitive

-ся is added to the regular ending if preceded by a consonant, or -сь if preceded by a vowel: спаса́ться, спасти́сь.

B. Word-forming Suffixes

In this List the suffixes are given in boldface type and the endings, if at all, in standard type. The italicized words immediately following the suffix (or the ending) denote the part of speech formed with its help, e. g.:

-а-ть, -я-ть *imperf verbs*...
[*Read*: -а-ть, -я-ть forming imperfective verbs...]
-аж *m nouns*...
[*Read*: -аж forming masculine nouns...]

-а-ть, **-я-ть**	*imperf verbs, derived from prefixed verbs of the perfective aspect:* залеза́ть [zəlᵇiᵉzátᵇ] (← зале́з|ть ← лезть) get (*into*), penetrate (*into*); выселя́ть [vɨsᵇiᵉlᵇátᵇ] (← вы́сел|ить ← сели́ть) evict (*tenants*).
-аж	*m nouns, denoting* 1. *an action:* трена́ж [trᵇiᵉnásh, -zh] (← трен|ирова́ть) training; 2. *a quantity:* километра́ж [kᵇiləmᵇiᵉtrásh, -zh] (← киломе́тр) distance in kilometres; the number of kilometres.
-анец	*see* -ец I.
анин	*see* -ин.
-ант, **-янт,** **-ент**	*m nouns, denoting a person who does the action expressed by the basal word or is in some relation to what is expressed by the basal word:* квартира́нт [kvərtᵇiránt, -d] (← квартир|ова́ть) lodger; оккупа́нт [ʌkupánt, -d] (← оккуп|и́ровать) invader, occupationist; апелля́нт [ʌpᵇiᵉlᵇánt, -d] (← апелл|и́ровать) applicant; оппоне́нт [ʌpʌnᵇént, -d] (← оппон|и́ровать) opponent (*in a debate, etc*).

-аст-ый	*a augm with the meaning* 'having in abundance, in excess' *the quality expressed by the basal word*: глаза́стый [glʌzástɨy] (← глаз) big-eyed; goggle-eyed; sharp-sighted.
-ат-ый	*a, possessing or characterized by a certain quality*: борода́тый [bərʌdátɨy] (← бород|á) bearded; кле́тчатый [klʰétʰchʰətɨy] (← клётк|а) checked.
-атор	*see* -тор.
-аци-я	*f abstract nouns, denoting an action*: коллективиза́ция [kəlʰɪktʰivʰizáts̬ɨyə] (← коллективиз|и́ровать ← коллекти́в) collectivization.
-ач-ий	*see* -уч-ий.
-ва-ть	*imperf verbs, derived from prefixed verbs of the perfective aspect*: узнава́ть [uznʌvátʰ] (← узна́|ть ← знать) 1) learn, get to know; 2) find out (*smb's address*); *imperf also* inquire (*about*); 3) recognize (*an old friend, etc*).
-ев-ой	*see* -ов-ый.
-ев-ый	*see* -ов-ый.
-еват-ый	*see* -оват-ый.
-евск-ий	*see* -овск-ий.
-ёк	*see* -ок.
-емость	*see* -мость.
-ени-е	*see* -ни-е.
-ёнк-а	*see* -онк-а.
-енн-ый	*a rel*: иму́щественный [imúshʰːɪsʰtʰvʰɪnnɨy] (← иму́ществ|о) property (*attr*).

-енск-ий,
-илск-ий   *a, meaning* 'of *or* from a place, district, village, etc':

    пе́нзенский [pᵇénᵇzᵇɪnskᵇiy]   (← Пе́нз|а) Penza *(attr)*;

    дереве́нский [dᵇɪrᵇiᵉvᵇénskᵇiy] (← дере́в|ня) rural; village *(attr)*;

    я́лтинский [yáltᵇinskᵇiy] (← Я́лт|а) Yalta *(attr)*.

-ент   *see* -ант.

-ень-е   *see* -ни-е.

-еньк-а   *see* -оньк-а.

-еньк-ий   *a augm & dim, also expressing endearment*:

    сла́бенький [slábᵇɪnᵇkᵇiy] (← сла́б|ый) rather weak; on the weak side;

    си́ненький [sᵇínᵇɪnᵇkᵇiy] (← си́н|ий) blue.

-еств-о   *see* -ств-о.

-есть   *see* -ость.

-ец I,
-анец,
-овец   *m nouns, denoting a person* 1. *coming from, or residing in, a country, city, place, etc*:

    ленингра́дец [lᵇɪnᵇingrádᵇɪts, -dz] (← Ленингра́д) Leningradian, inhabitant of Leningrad;

    перуа́нец [pᵇɪruánᵇɪts, -dz] (← Пе́ру) Peruvian;

2. *belonging to some organization, party, etc, or working at some department*:

    исполко́мовец [ispʌkóməvᵇɪts, -dz] (← исполко́м) worker of an executive committee;

    республика́нец [rᵇɪspublᵇikánᵇɪts, -dz] (← республик|а) republican.

-ец II   *m nouns dim, expressing smallness in size, endearment, sympathy, or derision*:

    хле́бец [khlᵇébᵇɪts, -dz] (← хлеб) small loaf of bread;

    бра́тец [brátᵇɪts, -dz] (← брат) 1) brother; 2) old man / chap *(form of address)*.

-ечк-а   *see* -очк-а.

-ечк-о   *n nouns dim*:

    коле́чко [kʌlᵇéchᵇkə] (← коль|цо́) ringlet,

-и-е,
-ь-е

n nouns, denoting a state, condition, or quality expressed by the basal word:

остроу́мие [ʌstrʌúmᵇiyə] (← остроу́м|ный) wit;

нена́стье [nᵇiᵉnásᵇtᵇyə] (← нена́ст|ный) rainy / foul weather;

бесси́лие [bᵇiᵉsᵇsᵇílᵇiyə] (← бесси́ль|ный) impotence.

-ива-ть,
-ыва-ть

imperf verbs, derived from prefixed verbs of the perfective aspect:

засе́ивать [zʌsᵇéivətᵇ] (← засе́|ять ← се́ять) sow;

подпи́сывать [pʌtpᵇísivətᵇ] (← подпис|а́ть ← писа́ть) sign (*a letter, etc*).

-изм

m abstract nouns, denoting a doctrine, system, or practice; an action, condition, or quality:

реали́зм [rᵇɪʌlᵇízm] (← реал|и́ст) realism;

оптими́зм [ʌptᵇimᵇízm] (← оптим|и́ст) optimism;

тури́зм [turᵇízm] (← тур|и́ст) tourism; hiking.

-ик I

m nouns, denoting 1. *a person who does the action or follows the occupation expressed by the basal word:*

хи́мик [khᵇímᵇik, -g] (← хи́м|ия) chemist;

глазни́к [glʌzᵇnᵇík, -g] (← глазн|о́й) oculist;

2. *a person characterized by the quality expressed by the basal word:*

озорни́к [ʌzʌrnᵇík, -g] (← озорн|о́й) mischievous person, mischievous boy;

отли́чник [ʌtlᵇíchᵇnᵇik, -g] (← отли́чн|ый) excellent pupil; excellent student;

3. *things the characteristic feature of which is expressed by the basal word:*

тупи́к [tupᵇík, -g] (← туп|о́й) blind alley;

грузови́к [gruzʌvᵇík, -g] (← грузов|о́й) lorry; *US* truck.

-ик II,
-чик

m nouns dim:

 до́мик [dómᵇik, -g] (← дом) small house;
 гво́здик [gvózᵇdᵇik, -g] (← гвоздь) tack, small nail;
 бли́нчик [blᵇínᵇchᵇik, -g] (← блин) small pancake; fritter;
 колоко́льчик [kəlʌkólᵇchᵇik, -g] (← ко́локол) handbell, bell.

-ин,
-анин,
-янин,
-лянин,
-чанин

m nouns with the meaning 'of a certain nationality; residing in, or coming from, a certain country, city, place':

 осети́н [ʌsᵇiᵉtᵇín] (← Осе́т|ия) Osset;
 горожа́нин [gərʌzhánᵇin] (← го́род) townsman, city-dweller;
 египтя́нин [yıgᵇiptᵇánᵇin] (← Еги́пет) Egyptian;
 киевля́нин [kᵇiyiᵉvlᵇánᵇin] (← Ки́ев) inhabitant of Kiev;
 харьковча́нин [khərᵇkʌfchᵇánᵇin] (← Ха́рьков) inhabitant of Kharkov.

ин-а

f nouns, denoting the result of an action:

 цара́пина [tsʌɡápᵇinə] (← цара́п|ать) scratch, graze.

-инк-а

f nouns dim, denoting individual objects:

 пыли́нка [pɨlᵇínkə] (← пыль) speck of dust;
 песчи́нка [pᵇiᵉshᵇ;ínkə] (← песо́к) grit, grain of sand.

-инск-ий

see -енск-ий.

-ист

m nouns, denoting 1. *a person connected with or devoted to some specific occupation, profession, etc:*

 карикатури́ст [kərᵇikəturᵇíst, -zd] (← карикату́р|а) caricaturist, cartoonist;
 портрети́ст [pərtrᵇiᵉtᵇíst, -zd] (← портре́т) portrait-painter;
2. *an adherent or supporter of some doctrine, custom, practice, etc:*

 коммуни́ст [kəmunᵇíst, -zd] (← коммун|и́зм) communist;
 гумани́ст [gumʌnᵇíst, -zd] (← гуман|и́зм) humanist.

-ист-ый	*a, having or characterized by the qualities expressed by the basal word*:

те́нистый [t^bi^en^bístⁱy] (← тень) shadowy;
гори́стый [gʌr^bístⁱy] (← гор|а́) mountainous, hilly;
азо́тистый [ʌzót^bistⁱy] (← азо́т) nitrous.

-иц-а I	*f nouns* 1. *forming feminine from masculine nouns denoting a person's occupation*:

мастери́ца [məs^bt^bi^er^bíts̪ə] (← ма́стер) seamstress; milliner;
певи́ца [p^bi^ev^bíts̪ə] (← пев|е́ц) singer (*a woman*);
2. *denoting the female sex of animals*:
льви́ца [l^bv^bíts̪ə] (← лев) lioness.

-иц-а II	*f nouns dim*:

ка́шица [kʌshíts̪ə] (← ка́ш|а) thin gruel;
части́ца [ch^bi^es^bt^bíts̪ə] (← часть) fraction, particle.

-иц-е	*see* -ц-е.
-ическ-ий	*a* 1. *having or characterized by the quality expressed by the basal word*:

материалисти́ческий [mət^bir^biʌl^bis^bt^bích^bisk^biy] (← материали́ст) materialist(ic);
2. *pertaining to the science, art, etc, expressed by the basal word*:
географи́ческий [g^biʌgrʌf^bích^bisk^biy] (← геогра́ф|ия) geographical.

-ичк-а	*f nouns dim, also expressing endearment*:

сестри́чка [s^bi^estr^bích^bkə] (← сестр|а́) little sister; (my) dear sister.

-ишк-а	*m & f nouns dim*:

мальчи́шка [mʌl^bch^bíshkə] (← ма́льч|ик) urchin, boy;
сыни́шка [sɨn^bíshkə] (← сын) sonny;
земли́шка [z^bi^eml^bíshkə] (← земл|я́) a small plot of poor land.

-ишк-о	*m & n nouns dim*:

городи́шко [gərʌd^bíshkə] (← го́род) (god-forsaken) little town;
письми́шко [p^bis^bm^bíshkə] (← письм|о́) short letter; unimportant letter.

-ищ-а

f nouns augm:

ручи́ща [ruchᵇíshᵇːə] (← рук|а́) huge hand;
гря́зи́ща [grᵇiᵉzᵇíshᵇːə] (← грязь): на у́лице
грязи́ща it's terribly muddy outside.

-ищ-е

m & n nouns augm:

доми́ще [dʌmᵇíshᵇːə] (← дом) huge house;
письми́ще [pᵇisᵇmᵇíshᵇːə] (← письм|о́) very
long letter.

-к-а I

f nouns **1.** *forming feminine from masculine
nouns denoting a person's occupation, a representative of a nation, nationality, etc*:

испа́нка [ispánkə] (← испа́н|ец) Spanish
woman;
армя́нка [armᵇánkə] (← армя́н|и́н) Armenian
woman;
скрипа́чка [skrᵇipáchᵇkə] (← скрипа́ч) vio-
linist (*a woman*);
комсомо́лка [kəmsʌmólkə] (← комсомо́л|ец)
member of the Komsomol (*a girl*);
2. *denoting a process or action*:
ва́рка [várkə] (← вар|и́ть) cooking;
3. *denoting an instrument, tool, etc*:
тёрка [tᵇórkə] (← тер|е́ть) grater;
4. *denoting the result of an action*:
вы́думка [vídumkə] (← вы́дум|ать) inven-
tion; device.

-к-а II

f nouns dim:

ко́мнатка [kómnətkə] (← ко́мнат|а) small
room;
доро́жка [dʌróshkə] (← доро́г|а) path,
walk.

-к-ий

a **1.** *having the sense of* 'suitable for the
action' *expressed by the basal word*:

ко́вкий [kófkᵇiy] (← ков|а́ть) malleable,
ductile;
2. *having, possessing the natural qualities
expressed by the basal word*:
зво́нкий [zvónkᵇiy] (← звон) ringing, clear
(*voice, etc*).

-лив-ый   *a* 1. *with the meaning* 'having a tendency to' *what is expressed by the basal word*:
ворчли́вый   [vʌrchᵇlᵇívɨy]   (← ворч|а́ть) grumbling, peevish;
засу́шливый   [zʌsúshlᵇivɨy]   (← за́сух|а) droughty, arid;
2. *denoting the presence of a large degree of what is expressed by the basal word*:
дождли́вый   [dʌzhᵇːlᵇívɨy]   (← дождь) rainy;
тала́нтливый   [tʌlánᵇtᵇlᵇívɨy]   (← тала́нт) talented.

-льн-ый   *a, denoting suitability for the purpose expressed by the meaning of the basal word*:
копирова́льный [kəpᵇirʌválᵇnɨy]   (← копи́рова|ть) copying;
суши́льный   [sushílᵇnɨy]   (← суши́|ть) drying.

-льщик   *see* -щик.

-льщиц-а   *see* -щиц-а.

-лянин   *see* -ин.

-мость,
 -емость   *f abstract nouns, denoting possibility of, predisposition to, or the degree of what is expressed by the basal word*:
раствори́мость   [rəstvʌrᵇíməsᵇtᵇ,   -zᵇdᵇ] (← раствори́|ть) dissolubility;
заболева́емость   [zəbəlᵇieⱽáyəməsᵇtᵇ, -zᵇdᵇ] (← заболева́|ть) sick rate;
сопротивля́емость   [səprətᵇivlᵇáyəməsᵇtᵇ, -zᵇdᵇ] (← сопротивля́|ться) resistability; *electr* resistivity.

-н-ий   *a, denoting relation to time or place*:
вече́рний [vᵇieⱽchᵇérnᵇiy]   (← ве́чер) evening (*paper, dress, etc*);
ве́рхний [vᵇérkhnᵇiy]   (← верх) upper.

-н-ый   *a, having, possessing, or characterized by the quality expressed by the basal word*:
привы́чный   [prᵇivɨ́chᵇnɨy]   (← привы́ч|ка) habitual, usual;
семе́йный [sᵇieⱽmᵇéynɨy] (← семь|я́) domestic, family (*attr*).

-ни-е,
-нь-е,
-ени-е,
-ень-е

n abstract nouns, denoting **1.** *an action or process:*

преподава́ние [prʲɪpədʌvánʲiyə] (← препода|ва́|ть) teaching;

обмеле́ние [ʌbmʲiᵉlʲᵉénʲiyə] (← обмеле́|ть) shallowing;

кривля́нье [krʲivlʲánʲyə] (← кривля́|ться) wriggling; making faces;

приобрете́ние [prʲiəbrʲiᵉtʲᵉénʲiyə] (← приобрет|а́ть) acquisition, acquiring;

гла́женье [glázhənʲyə] (← гла́д|ить) ironing, pressing;

2. *the result of an action:*

приказа́ние [prʲikʌzánʲiyə] (← приказа́|ть) order;

3. *mechanisms, devices:*

зажига́ние [zəzhiɡánʲiyə] (← зажига́|ть) igniter.

-ник

m nouns, denoting **1.** *a person following some occupation or possessing certain qualities:*

мясни́к [mʲiᵉsᵇnʲik, -ɡ] (← мяс|о) butcher; зави́стник [zʌvʲísᵇnʲik, -ɡ] (← за́висть) an envious person;

2. *objects connected with the meaning expressed by the basal word (sometimes with the prefixes* на-, над-, под-*):*

гра́дусник [grádusᵇnʲik, -ɡ] (← гра́дус) thermometer;

подоко́нник [pədʌkónᵇnʲik, -ɡ] (← окн|о́) window-sill;

3. *vessels, containers:*

ча́йник [chᵇáynʲik, -ɡ] (← чай) tea-kettle; tea-pot.

-ниц-а

f nouns, denoting a woman following some occupation:

писа́тельница [pʲisátᵇɪlᵇnᵇitsə] (← писа́тель) lady writer, authoress;

колхо́зница [kʌlkhózᵇnᵇitsə] (← колхо́з) collective farmer (*a woman member of a collective farm*).

-ность	*f abstract nouns, denoting a quality, state, or condition*:

радиоакти́в**ность** [ràdᵇiʌʌktᵇívnəsᵇtᵇ, -zᵇdᵇ] (← радиоакти́в|ный) radioactivity;

небре́ж**ность** [nᵇiᵉbrᵇézhnəsᵇtᵇ, -zᵇdᵇ] (← небре́ж|ный) carelessness.

-ну-ть	*perf verbs, derived from imperfective verbs without prefixes and denoting a momentaneous action*:

зев**ну́ть** [zᵇiᵉvnútᵇ] (← зев|а́ть) yawn (*in sleepiness*);

тро́**нуть** [trónutᵇ] (← тро́|гать) touch (*with the hand*);

кри́к**нуть** [krᵇíknutᵇ] (← крич|а́ть) give a cry.

-нь-е	*see* -ни-е.
-ов-о́й	*see* -ов-ый.

-ов-ый,
  -ов-о́й,
  -ев-ый,
  -ев-о́й
	a, having the quality characteristic of what is expressed by the basal word:

дуб**о́вый** [dubóviy] (← дуб) oak;

мех**ово́й** [mᵇɪkhʌvóy] (← мех) fur (*attr*);

заро́дыш**евый** [zʌróḋshəvɪy] (← заро́дыш) embryonic;

пол**ево́й** [pəlᵇiᵉvóy] (← по́л|е) field (*attr*).

-оват-ый, **-еват-ый**	*a with the meaning* 1. 'possessing to some extent' *the qualities expressed by the basal word*:

дорог**ова́тый** [dərəgʌvátɪy] (← дорог|о́й) a little too expensive;

син**ева́тый** [sᵇinᵇiᵉvátɪy] (← си́н|ий) bluish;

2. 'having, in accordance with' *the natural qualities expressed by the basal word*:

сук**ова́тый** [sukʌvátɪy] (← сук) branchy, with many boughs;

молодц**ева́тый** [mələttsᵇiᵉvátɪy] (← молоде́ц) dashing, sprightly.

-овец	*see* -ец.
-овск-ий, **-евск-ий**	*a, having, possessing, or characterized by the qualities typical of what is expressed by the basal word*:

старик**о́вский** [stərᵇikófskᵇiy] (← стари́к) senile;

корол**е́вский** [kərʌlᵇéfskᵇiy] (← коро́ль) royal, king's; queen's.

-ок, **-ёк**	*m nouns dim, also expressing endearment*: листо́к [lᵇistók, -g] (← лист) small leaf; петушо́к [pᵇ₁tushók, -g] (← петýх) cockerel; ручеёк [ruchᵇiᵉyók, -g] (← ручé|й) tiny brook, streamlet.
-онк-а, **-ёнк-а**	*f nouns dim, expressing* **1.** *derision, contempt*: душо́нка [dushónkə] (← душ|á) (mean) soul; **2.** *endearment*: сестрёнка [sᵇiᵉstrᵇónkə] (← сестр|á) little sister; (my) dear sister.
-оньк-а, **-еньк-а**	*f nouns dim, also expressing endearment*: берёзонька [bᵇiᵉrᵇózənᵇkə] (← берёз|а) little beautiful birch; дýшенька [dúshənᵇkə] (← душ|á) my dear.
-ость, **-есть**	*f abstract nouns, denoting quality, state, or condition*: пла́новость [plánəvəsᵇtᵇ, -zᵇdᵇ] (← пла́нов|ый) planned character; development according to a plan; зре́лость [zrᵇéləsᵇtᵇ, -zᵇdᵇ] (← зрéл|ый) maturity, ripeness; све́жесть [sᵇvᵇézhəsᵇtᵇ, -zᵇdᵇ] (← свéж|ий) freshness; coolness.
-от-а	*f abstract nouns, denoting quality, state, or condition*: краснота́ [krəsnʌtá] (← крáсн|ый) redness; пестрота́ [pᵇ₁strʌtá] (← пёстр|ый) diversity of colours.
-очк-а, **-ечк-а**	*f nouns dim*: ле́нточка [lᵇéntəchᵇkə] (← лéнт|а) narrow ribbon; short ribbon; ко́шечка [kóshəchᵇkə] (← кóш|ка) pussy-cat.
-ск-ий, **-ск-ой**	*a* **1.** *having, possessing, or characterized by the qualities typical of what is expressed by the basal word*: бра́тский [brátskᵇiy] (← брат) fraternal; городско́й [gərʌtskóy] (← гóрод) urban, town (*attr*), city (*attr*); municipal; **2.** *with the meaning* 'of *or* from a place, district, village, etc': сара́товский [sʌrátəfskᵇiy] (← Сарáтов) Saratov (*attr*).

-ск-ой	*see* -ск-ий.

-ств-о,
-еств-о
n abstract & collective nouns, denoting a quality, state, or occupation:
а́вторство [áftərstvə] (← а́втор) authorship;
учени́чество [uchᵇiᵉnᵇíchᵇıstvə] (← учени́к) pupilage; apprenticeship;
студе́нчество [studᵇénᵇchᵇıstvə] (← студе́нт) 1) the students; 2) student days;
воровство́ [vərʌ́stvó] (← воров|а́ть) stealing, thieving;
кова́рство [kʌvárstvə] (← кова́р|ный) insidiousness, perfidity.

-ся
perf & imperf verbs 1. *denoting an action directed at the subject:*
умыва́ться [umiváttsə] (← умыва́ть себя́) wash (oneself);
2. *denoting a reciprocal action of two or more people or things:*
встре́титься [fstrᵇétᵇittsə] (← встре́тить) meet (*of people, lines, etc*);
3. *that are passive forms of transitive verbs:*
стро́иться [s tróittsə] (← стро́ить) be built.

-тель
m nouns, denoting a person's occupation:
воспита́тель [vəspᵇitátᵇılᵇ] (← воспита́|ть) educator;
мечта́тель [mᵇiᵉchᵇtátᵇılᵇ] (← мечта́|ть) day-dreamer.

-тельн-ый
a, denoting 1. *the presence of the quality expressed by the basal word:*
одобри́тельный [ʌdʌbrᵇítᵇılᵇnɨy] (← одобри|ть) approving;
употреби́тельный [upətrᵇiᵉbᵇítᵇılᵇnɨy] (← употреби́|ть) widely used, in common use;
2. *suitability for the purpose expressed by the meaning of the basal word:*
освети́тельный [ʌsᵇvᵇiᵉtᵇítᵇılᵇnɨy] (← освети́|ть) illuminating.

-тор,
-атор
m nouns, denoting the agent or doer of an action:
дире́ктор [dᵇirᵇéktər] (← дире́к|ция) director, manager;
агита́тор [ʌgᵇitátər] (← агит|а́ция) propagandist; canvasser.

-ун   *m nouns, denoting the agent or doer of an action:*
     болту́н [bʌltún] (← болт|а́ть) talker, chatterer; gossip, tattler.

-ун-ья   *f nouns, denoting the agent or doer of an action:*
     ворчу́нья [vʌrchᵇúnᵇyə] (← ворч|а́ть) grumbler (*a woman*).

-ур-а   *f abstract & collective nouns, denoting an occupation, science, art, or a group of persons following some profession:*
     адвокату́ра [ʌdvəkʌtúrə] (← адвока́т) 1) legal profession, the bar; 2) the lawyers, the bar;
     архитекту́ра [ʌrkhᵇitᵇiᵉktúrə] (← архите́кт|ор) architecture.

-уч-ий,
** -юч-ий,**
** -ач-ий,**
** -яч-ий**   *a with the meaning 'having, possessing, or characterized by' the quality expressed by the meaning of the basal word:*
     паху́чий [pʌkhúchᵇiy] (← па́х|нуть) smelly;
     горю́чий [gʌrᵇúchᵇiy] (← гор|е́ть) combustible;
     лежа́чий [lᵇiᵉzháchᵇiy] (← леж|а́ть) lying (*of position*);
     вися́чий [vᵇisᵇáchᵇiy] (← вис|е́ть) suspended.

-ушк-а,
** -юшк-а**   *m & f nouns dim, also expressing endearment:*
     де́душка [dᵇédushkə] (← дед) granddad;
     тётушка [tᵇótushkə] (← тёт|я) aunty;
     дя́дюшка [dᵇádᵇushkə] (← дя́д|я) (my dear) uncle.

-ущ-ий,
** -ющ-ий**   *a augm:*
     больши́щий [bʌlᵇshúshᵇ:iy] (← больш|о́й) huge, great big;
     злю́щий [zᵇlᵇúshᵇ:iy] (← зл|ой) very angry.

-ц-е,
** -ц-о,**
** -иц-е**   *n nouns dim:*
     зе́ркальце [zᵇérkəlᵇtsə] (← зе́ркал|о) small looking-glass;
     дереву́о [dᵇɪrᵇiᵉftsó] (← де́рев|о) small tree;
     пла́тьице [plátᵇitsə] (← пла́ть|е) dress for a little girl.

-ц-о   *see* -ц-е.

-чанин   *see* -ин.

-чат-ый   *a augm with the meaning* 'made of, looking like' *what is expressed by the basal word*:

бреве́нчатый [brʰiᵉvʰénʰchʰətɨy] (← бревн|о́) timbered;

узо́рчатый [uzórchʰətɨy] (← узо́р) figured, patterned.

-чив-ый   *a with the meaning* 'tending to, inclined to the action' *expressed by the basal word*:

заду́мчивый [zʌdúmchʰivɨy] (← заду́м|аться) thoughtful, pensive; melancholy.

-чик I   *see* -щик.

-чик II   *see* -ик II.

-чиц-а   *see* -щиц-а.

-ш-а   *f nouns, denoting* 1. *a woman following some occupation*:

секрета́рша [sʰɪkrʰiᵉtárshə] (← секрета́рь) secretary (*a woman*);

2. *the wife of the person expressed by the basal word*:

генера́льша [gʰɪnʰiᵉrálʰshə] (← генера́л) general's wife.

-щик,   *m nouns, denoting* 1. *a person's occupation*:
-чик,
-льщик   конто́рщик [kʌntórshʰ:ik, -g] (← конто́р|а) clerk;

пулемётчик [pulʰiᵉmʰótʰchʰik, -g] (← пулемёт) machine-gunner;

перево́зчик [pʰɪrʰbʰiᵉvóshʰ:ik, -g] (← перевоз|и́ть) ferryman; boatman;

подпи́счик [pʌtpʰíshʰ:ik, -g] (← подпи́с|ываться) subscriber (*to a newspaper, etc*);

забасто́вщик |zəbʌstófshʰ:ik, -g] (← забастов|а́ть) striker;

боле́льщик [bʌlʰélʰshʰ:ik, -g] (← боле́|ть) *sport* fan;

2. *instruments, mechanisms, devices*:

бомбардиро́вщик |bəmbərdʰirófshʰ:ik, -g] (← бомбардиров|а́ть) bomber;

счётчик [shʰ:ótʰchʰik, -g] (← счёт) *technol* counter.

-щин-а	*f abstract nouns, denoting certain social phenomena, trends, often derisive, negative*: обыва́тельщина [ʌbɨvátʰɨlʰshʰ:inə] (← обыва́тель) Philistinism.
-щиц-а, **-чиц-а,** **-льщиц-а**	*f nouns, denoting a woman occupied in some trade, profession*: гардеро́бщица [gərdʰiᵉrópshʰ:itsə] (← гардеро́б) cloak-room attendant (*a woman*); буфе́тчица [bufʰétʰchʰitsə] (← буфе́т) barmaid; подава́льщица [pədʌválʰshʰ:itsə] (← подава́|ть) waitress (*at a dining establishment*).
-ыва-ть	*see* -ива-ть.
-ышк-о	*n nouns dim, also expressing endearment*: зёрнышко [zʰórnɨshkə] (← зернˈó) small grain.
-ь-е I	*see* -и-е.
-ь-е II	*n nouns, denoting a place, region (with the prefixes* вз-, за-, по-, под-, пред-, при-*)*; взмо́рье [vzmórʰyə] (← мóр|е) seaside; seashore; beach (*of a sea*); побере́жье [pəbʰiᵉrʰézhyə] (← бéрег) (sea) coast, seaboard; предго́рье [prʰiᵉdgórʰyə] (← горˈá) foothills.
-юч-ий	*see* -уч-ий.
-юшк-а	*see* -ушк-а.
-ющ-ий	*see* ущ-ий.
-я-ть	*see* -а-ть.
-янин	*see* -ин.
-янт	*see* ант.
-яч-ий	*see* уч-ий.

A GUIDE TO RUSSIAN PRONUNCIATION

by *V. A. VASSILYEV*
Lecturer in English Phonetics
Moscow State Institute
of Foreign Languages

The Type of Pronunciation Represented

The pronunciation represented in this dictionary is typical of educated Russian speech in its not too rapid colloquial and not too slow public discourse styles.

The Phonetic Alphabet

The phonetic alphabet employed consists mostly of those Latin letters and their combinations which, in certain English words spelt conventionally, stand for speech-sounds similar to Russian sounds.

English-speaking users of the dictionary should bear in mind, however, that although there is similarity of varying degree between certain Russian and English sounds, there is not, as a matter of fact, a single sound in Russian quite identical with any English sound. Therefore it should always be remembered that Russian and English sounds denoted by the same Latin letters and their combinations are actually different. These points of difference are described in this Guide and should be observed by English-speaking learners of Russian as closely as possible.

Those Russian sounds which bear no resemblance to any English sounds whatsoever are denoted by special symbols, most of which are taken from the alphabet of the International Phonetic Association (IPA).

Comparison with English Pronunciation

Russian pronunciation is compared in this Guide mainly with Southern English, or Received, Pronunciation (RP), General American (GA) and Eastern American (EA) Pronunciation.

Key to Phonetic Symbols of Russian Sounds

A. Consonants

	I. Voiceless				II. Voiced (Non-Sonorants)			
	(a) Non-palatalized	(b) Palatalized	Approximate pronunciation (a)	(b)	(a) Non-palatalized	(b) Palatalized	Approximate pronunciation (a)	(b)
1. Plosives (Stops)								
	$[p]$	$[p^b]$	helper	spurne	$[b]$	$[b^b]$	about	abuse
	$[t]$	$[t^b]$	star	astute	$[d]$	$[d^b]$	width	with due
	$[k]$	$[k^b]$	skulk	skew	$[g]$	$[g^b]$	agasp	argue
2. Fricatives (Spirants)								
	$[f]$	$[f^b]$	fine	few	$[v]$	$[v^b]$	lever	review
	$[s]$	$[s^b]$	sun	sue	$[z]$	$[z^b]$	ozone	Zeus
	$[sh]$	$[sh^{b\cdot}]$	shore	ash chute	$[zh]$	$[zh^{b\cdot}]$	azure	regime
	$[kh]$	$[kh^b]$	loch (*Scottish*)	huge	$[gh]$	—	aha!	—

	I. Voiceless				II. Voiced (Non-Sonorants)			
	(a) Non-palatalized	(b) Palatalized	(a)	(b)	(a) Non-palatalized	(b) Palatalized	(a)	(b)
3. Affricates	$[ts]$ —	$[ch^b]$ —	chintz	cheese	$[dz]$ —	$[j^b]$ —	adze	ajar
III. Sonorants					$[m]$ $[n]$ $[l]$ $[r]$ —	$[m^b]$ $[n^b]$ $[l^b]$ $[r^b]$ $[y]$	man month health very —	amuse onion million barrier yes

B. Vowels

Continued

Unob-scured	Obscured (un-stressed)	Approximate pronunciation	
(a)	(b)	(a)	(b)
[a]	[ʌ]	father (in EA) aye (without y, in RP)	quite unknown
[o]	[ə]	November (without u)	sofa ago
[u]	—	pulley	—
[ɨ]	—	chintzes	—
[i]	—	police	—
[e]	—	bell	
	[iᵉ]	—	intermediate between [i] and [e]
	[ɨᵉ]	—	intermediate between [ɨ] and [e]
	[ɪ]	—	city (in RP)

Russian Unobscured Vowel Sounds
Represented by the Letters a [a], o [o], y [u], ы [ɨ], э [e]

As far as the distinctness of vowel quality is concerned vowel sounds in Russian, as in English, fall into two classes: strong, distinct, unobscured vowels, which occur mostly in stressed syllables, and weakened, obscured vowels, which can only occur in unstressed syllables. However, some unobscured vowel sounds in Russian, as in English, can also occur in unstressed syllables.

Both an unobscured and an obscured vowel sound is represented in Russian spelling, as in English, by one and the same letter. Table 1 deals with unobscured vowels, some of which occur in unstressed syllables as well.

The unobscured vowel sound of a Russian vowel letter represents its sound value 1, which always coincides with the vowel sound pronounced in the alphabetical name of the letter, e.g. a[1] is [a], o[1] is [o], y[1] is [u], ы[1] is [ɨ], э[1] is [e].

Table 1

Russian letters	Their sound values	Pronunciation and reading rules
Aa = *A a* [a]	1. [a]	Like the first element of the RP diphthong [au], as in *now*, the EA [a] in *father*, or the RP [ʌ] in *cut* (but a little broader than [ʌ]).

Shorter than [a] in *father*, but longer than [ʌ]*.
a = [a] only under stress.

E.g. Aa'	[a]	The Russian letter **a**
a	[a]	and, but
a!	[a:]	ah!, eh!

Oo = *O o* [o]	1. [o]	Like *o* in *obey*, *November*, *molest* (when no [u] is pronounced after it and when not obscured to [ə]). Preceded in Russian by a faint [u] — glide.

o = [o] only under stress.

E.g. Oo	[o]	The Russian letter **o**
o	[o]	about *prep*
o!	[o:]	oh!

Note. In a few loan-words o = [o] in an unstressed syllable as well.

Уy = *У y* [u]	1. [u]	Like *u* in *full*, *put*, *pulley*, but a little higher and more back. The lips in Russian are more rounded and protruded.

y = [u] both in stressed and unstressed syllables.

E.g. Уy	[u]	The Russian letter **y**
y	[u]	by, with, at *prep*
y!	[u:]	*int*

---

* Variations in the length of Russian vowel sounds never distinguish words otherwise alike. Russian vowels are considerably lengthened only in emotional speech, as in interjections (the length-mark used in this dictionary is [:]).

Continued

Russian letters	Their sound values	Pronunciation and reading rules
ы = *ее* [ɨ]	1. [ɨ]	No English sound even remotely resembles this characteristically Russian vowel. In pronouncing [ɨ] the central part of the tongue (the one opposite the middle of the roof of the mouth) is raised high in the form of a hunch, and the lips are spread. Keeping the lips in this position, aim at pronouncing a vowel intermediate in quality between the sound [u] in *pull* and the sound [ɪ] in *pill*, but nearer to the latter.

ы = [ɨ] both in stressed and unstressed syllables.

E.g. ы [ɨ] The Russian letter ы

Ээ = *Э э* [e]	1. [e]	Like *e* in *well, bell*. Still more like the Russian [e] is the first element of the RP diphthong [ɛə] as in *where, bare*.

э = [e] both in stressed and unstressed syllables.

E.g. Ээ [e] The Russian letter э
      эl [e:] eh!

Sonorous Consonants (Sonorants) [m], [n], [l], [r], [y]

Represented by the Letters м [em], н [en], л [el], р [er], й

The Russian [m], [n], [l], [r] and [y] are similar to their English counterparts, as in *man, month, health, very* and *yes* respectively.

But the Russian [m], [n] and [l] are never so long as their English counterparts after a stressed short vowel in word-final position (cf English *mum* with Russian мам [mam] *fem, gen, pl* of the noun meaning *mamma, mammy*).

Sound value 1 of a Russian consonant letter is always the consonant sound pronounced in its alphabetical name.

Thus sound value 1 of the letter м [em] is [m] (м = [m]), н [en] is [n], etc.

The letters м [em], н [en], л [el] and р [er] have their sound value 1, i.e. are pronounced as [m], [n], [l] and [r] respectively, in the following positions:

(a) before the letters а, о, у, ы, э;
(b) at the end of a word;
(c) after any vowel letter;
(d) before a non-palatalized consonant;
(e) after both non-palatalized and palatalized consonants (for palatalization, see p. XLVII).

The letters м, н, л and р are pronounced as *sonorous* consonants in *all* positions.

Table 2

Russian letters	Their sound values	Pronunciation and reading rules
Мм = *Мм* [em]	1. [m]	Practically the same, and as short in all positions, as *m* in *map*, *famous*.

E.g.			
	М м	[em]	The Russian letter м
	ум	[um]	mind, intellect
	ума	[umá]	of the mind (*gen*, *sing*)
	уму	[umú]	to the mind (*dat*, *sing*)
	умом	[umóm]	by the mind (*instr*, *sing*)
	умы	[umÍ]	minds (*nom*, *acc*, *pl*)
	умам	[umám]	to the minds (*dat*, *pl*)
	мы	[mÍ]	we
	мамы	[mámÍ]	mammies (*nom*, *pl*)
	мамы	[mámÍ]	of mammy (*gen*, *sing*)
	у мамы	[u mámÍ]	at mammy's (place) (*gen*, *sing*)
	маму	[mámu]	mammy (*acc*, *sing*)
	мам	[mam]	mammies (*gen*, *acc*, *pl*)

Note 1. For the position of **word accent** in Russian, as in English, there are no invariable rules: the accent in different words may fall on any syllable (initial, final, penultimate,

etc.). Therefore it is necessary for the foreign student to learn the accent of every word individually. Since the accent is not marked, as a rule, in the conventional spelling of Russian words, in this dictionary it is indicated in the transcription of words of more than one syllable by the acute and grave stress marks placed above the vowel letters, i.e. ['] for primary stress and ['] for secondary stress. Stress in monosyllables pronounced in isolation is taken for granted and not marked.

Note 2. **Syllable division** in Russian differs in many cases from English syllable division. The principal difference consists in the following.

When there is only one consonant between two Russian vowels, the point of syllable division is always between the first vowel and the consonant, e.g. ума [u-má] *of the mind, intellect* (*m, gen, sing*). Syllable division after or within an intervocalic consonant characteristic of English words with a short stressed vowel separated from a following vowel by one consonant sound (e.g. *Spanish, very, city, honest, study*) is foreign to Russian. Cf мамы [má-mɨ] with its English equivalents *mammies, mummies*. Syllable division is marked in this dictionary, where necessary, by a hyphen, e.g. [u-má].

Continued

Russian letters	Their sound values	Pronunciation and reading rules
Нн = *Н н* [en]	1. [n]	Like **n** before *th* in *month, tenth*. The Russian [n] is a *dental* consonant, i.e. it is articulated by the blade of the tongue touching the back of the upper teeth while the tip of the tongue is lowered and passive.
E.g. Н н он	[en] [on]	The Russian letter **н** he

у Анны*	[u ánnɨ]	at Anna's
он у Анны	[on u ánnɨ]	he is at Anna's (place)
Анну	[ánnu]	*acc of Anna*
на	[na]	on *prep*
нам	[nam]	to us
но	[no]	but
мну	[mnu]	(I) crumple
умна	[umná]	(she is) clever
умно	[umnó]	it is clever
умны	[umnɨ]	(we, you, they) are clever

Лл = *Л л* [el]	1. [l]	Like *l* before **th** in *health, although*, i.e. articulated by the tongue-tip against the back of the upper teeth. Care should be taken not to replace the non-palatalized very "dark" Russian [l] by the "clear" English [l] which in RP occurs before vowels, as in *last, learn*, etc.
	E.g. Л л	[el]	The Russian letter **л**
	мал	[mal]	small (*sh f of a, m*)
	мол	[mol]	pier
	молу	[mólu]	to the pier (*dat, sing*)
	молы	[mólɨ]	piers (*nom, acc, pl*)
	луна	[luná]	moon
	луны	[lunɨ]	of the moon (*gen, sing*)
	луну	[lunú]	moon (*acc, sing*)
	луны	[lúnɨ]	moons (*nom, pl*)
	лун	[lun]	of moons (*gen, pl*)
	мыл	[mɨl]	(I, he) washed

---

* Double consonant letters in some Russian words are pronounced as a single short consonant sound like *nn* in *announce*, whereas in others as a single but prolonged consonant sound, as *nn* in *unnatural, unnamed* or *mm* in *room-mate* (and not as *mm* in *rummage*).

Prolonged geminated consonant sounds are shown in transcription by doubling the corresponding phonetic symbol. Cf **он у Анны** [on u ánnɨ] (*gen*) *he is at Anna's* (*place*).

Continued

Russian letters	Their sound values	Pronunciation and reading rules
Рр = *Р р* [er]	1. [r]	There is no consonant in RP or GA and EA like this Russian sound. The closest approximation to it is the rolled, or trilled, Scottish [r], i.e. a consonant articulated by a rapid succession of taps of the tongue-tip against the teeth-ridge

A semi-rolled, or one-tap [r], similar to the Russian intervocalic [r], is used between vowels by many RP speakers, as in *marry, very, sorry, hurry.*

The Russian [r], unlike its RP counterpart, is pronounced in all positions, i.e. before consonants and at the end of words as well. In word-final position it is usually devoiced, especially after a voiceless consonant.

E.g.
Р р	[er]	The Russian letter р
рамы	[rámɨ]	frames
раны	[ránɨ]	wounds
ура!	[urá:]	hurrah!
Урал	[urál]	the Urals
ром	[rom]	rum
эры	[érɨ]	eras
мэр	[mer]	mayor
Рур	[rur]	Ruhr

Йй = *Й й*	1. [y]	Like *y* in *yield, yes, boy, employ.*

E.g.
май	[may]	May
мой	[moy]	my, mine
мой!	[moy]	(thou) wash!
мной	[mnoy]	by me
лай	[lay]	barking
рай	[ray]	paradise
рой	[roy]	swarm
рой!	[roy]	(thou) dig!
луной	[lunóy]	by the moon (*instr, sing*)
умный	[úmnɨy]	clever

Palatalization of Consonants in Russian

Palatalization is caused by raising the front of the tongue to the height of the [y] or [i] sound at the **same** time when the other organs of speech are held in position for the primary articulation of the consonant, e.g. while the lips are closed for [m] or the tongue-tip is pressed against the back of the upper teeth for [n] or [l].

In RP, slightly, or semi-, palatalized consonants are the sound of the letter l in *value, million* and the sounds of the letter s in *sure* and *pleasure*. However, in pronouncing Russian palatalized consonants the front of the tongue is raised still higher.

A close enough English approximation to a fully palatalized consonant is the sound of the letter n before y and i in the words *vineyard* and *onion*.

A palatalized consonant occurs in Russian not only before a vowel of the same word, but also in word-final position and before a consonant. This presents great difficulty to the English-speaking learner.

Most consonant letters in Russian denote both non-palatalized and palatalized sounds. Whether a consonant letter represents (and should therefore be pronounced as) a non-palatalized or palatalized sound is indicated by the letter that follows. Thus a consonant letter followed by the vowel letters а, о, у, ы, э dealt with in Table 1 represents, as a rule, a non-palatalized sound.

That a consonant letter in word-final position or before a consonant represents a palatalized sound is indicated in Russian spelling principally by the letter ь (the "soft" sign). A small-type "soft" sign placed above the line and after a consonant symbol is used in this dictionary to indicate a palatalized consonant sound in any position, e.g. моль [molᵇ] (*clothes-*)*moth*, льна [lᵇna] *of flax* (*gen, sing*).

Most consonant letters pronounced as palatalized sounds are considered in this Guide to have sound value 2. Cf

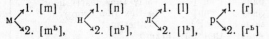

Palatalization plays a significant role in Russian: a non-palatalized consonant and its palatalized counterpart distinguish from each other words otherwise alike. Cf мол [mol] *pier*, моль [molᵇ] *clothes-moth*.

It is, therefore, extremely important for the English-speaking learner to master Russian palatalization, which is extremely difficult for him in word-final position, as in моль [mol^ь] (clothes-)moth, лань [lan^ь] doe, roe(-deer) and before a consonant (except [y]), as in льна [l^ьna] of flax. To master palatalization in these positions the following hints might prove helpful.

Pronounce the English consonants [l], [n] in the words *million*, *vineyard* pressing the tongue-tip against the back of the upper teeth (and not against the teeth-ridge) and simultaneously raising the front of the tongue still higher than for [y], prolong the [l] and [n] sounds, then stop at the end of the first syllable before beginning the [y] sound of the following syllable. Thus the syllables [mil^ь-] and [vin^ь] will be pronounced. Then say the Russian words моль [mol^ь] *moth*, лань [lan^ь] *doe*, льна [l^ьna] *of flax* as if they were followed by the [y] sound, but do not actually pronounce the latter.

Table 3

Russian letters	Their sound values	Pronunciation and reading rules
м =	2. [m^ь]	(1) Before ь;
н =	2. [n^ь]	(2) Before a palatalizing letter
л =	2. [l^ь]	(see examples in Table 4).
р =	2. [r^ь]	

E.g.

Омь	[om^ь]	The river *Om*
лань	[lan^ь]	doe
рань	[ran^ь]	early time, early hour
льну	[l^ьnu]	to flax (*dat, sing*)
моль	[mol^ь]	clothes-moth
ноль	[nol^ь] } {	zero
нуль	[nul^ь] } {	nought
руль	[rul^ь]	rudder; steering-wheel
ларь	[lar^ь]	chest, bin, box

Unobscured Vowel Sounds Represented by the Palatalizing Letters я [ya], е [ye], ё [yo], и [i], ю [yu]

In Russian spelling, each of these letters performs simultaneously two functions. Its first function is to represent a vowel sound, e. g. [a], [e], [o], [i] and [u] respectively, when the letter has sound value 1. Thus the first sound values of the palatalizing and non-palatalizing letters are the same (except ы and и). Cf

$$
\left.\begin{array}{l} \overset{1}{а} \ [a] \\ \overset{1}{я} \ [ya] \end{array}\right\} = [a] \qquad \left.\begin{array}{l} \overset{1}{э} \ [e] \\ \overset{1}{е} \ [ye] \end{array}\right\} = [e] \qquad \left.\begin{array}{l} \overset{1}{о} \ [o] \\ \overset{1}{ё} \ [yo] \end{array}\right\} = [o]
$$

$$
\left.\begin{array}{l} \overset{1}{у} \ [u] \\ \overset{1}{ю} \ [yu] \end{array}\right\} = [u] \qquad \text{But:} \quad \begin{array}{l} \overset{1}{ы} \ [i] = [i] \\ \overset{1}{и} \ [i] = [i] \end{array}
$$

The second function of each of the letters я, е, ё and ю is to indicate at the same time that the preceding consonant letter represents a palatalized consonant sound (hence the term "palatalizing" vowel letters) *.

It is extremely difficult for English-speaking learners of Russian to pronounce a palatalized consonant correctly before a vowel sound. They should bear in mind that when a Russian consonant letter is immediately followed by a palatalizing vowel letter, no [y] or [i] sound should be inserted between them. Thus the word лён *flax* should be pronounced [lᵇon] and not [lᵇyon].

A very close English approximation to a palatalized consonant not followed by a [y] sound before a vowel is the sound [n] in *new* which is pronounced almost as [n͡ᵇu:] and not [n͡ + yu:], as in *when you* [wén + y͡u]. Thus the pronunciation of the syllables ня, ню, as in няню [n͡ᵇánᵇu] *acc sing of nurse* can be represented as [n͡ᵇa] + [n͡ᵇu] and not [n͡ + ya] + [n͡ + yu].

The consonant [y] is, however, pronounced between a palatalized consonant and a vowel sound when the consonant letter is followed by ь, e. g. бульон [bulᵇyón] *broth*.

Table 4

Russian letters	Their sound values	Pronunciation and reading rules
Яя = *Я я* [ya]	1. [ᵇa]	After a palatalized consonant more advanced (fronted) than [a] denoted by the letter a, and resembles the first element of the RP diphtong [aɪ], as in *ice, aye* (=yes) .Between

two palatalized consonants [a] is still more front and resembles the RP vowel sound [æ], as in *man*.
я = [ᵇa] only in stressed syllables.

E.g.

тля	[tlᵇa]	plant-louse
руля	[rulᵇá]	of the rudder, steering- -wheel (*gen, sing*)
руля	[rulᵇá]	while steering with the rudder
рулям	[rulᵇám]	to rudders (*dat, pl*)
ныряй!	[nɪrᵇáy]	(thou) dive!

Еe = *Е e* [ye]	1. [ᵇe]	After a palatalized consonant a little closer than [e] represented by э and resembles [e] in *men*. Cf мэры [mérɪ] *mayors* and меры

[mᵇérɪ] *measures*. Between two palatalized consonants the Russian [e] is still closer, e.g мель [mᵇelᵇ] *shoal*.
e = [ᵇe] only in stressed syllables (with the exception of some loan-words in which e = [e] after a hard consonant and in unstressed syllables).

E.g.

мел	[mᵇel]	chalk
мель	[mᵇelᵇ]	shoal (*nom, acc, pl*)
меры	[mᵇérɪ]	measures
мер	[mᵇer]	of measures (*gen, pl*)
он нем	[on nᵇem]	he is dumb
мне	[mnᵇe]	to me
лей!	[lᵇey]	(thou) pour!
луне	[lunᵇé]	to the moon (*dat, sing*)
уме	[umᵇé]	about the mind (*pr, sing*)
рулей	[rulᵇéy]	of the rudders (*gen, pl*)

Continued

Russian letters	Their sound values	Pronunciation and reading rules
Ёё = *Ё ё* [yo]	1. [ᵇo]	After a palatalized consonant more advanced (fronted) than [o] denoted by the letter o. Between two palatalized consonants [o] is still more front and resembles the RP vowel sound in *learn* (cf лён [lᵇon] *flax*).

ё can only occur in a stressed syllable.*

E.g.

он умён	[on umᵇón]	he is clever
лён	[lᵇon]	flax
рулём	[rulᵇóm]	by (with) the rudder, steering-wheel (*instr, sing*)
мнём	[mnᵇom]	(we) crumple
лён мы	[lᵇón mɨ	flax is scutched
мнём	mnᵇóm]	(we scutch flax)

Russian letters	Their sound values	Pronunciation and reading rules
Ии = *И и* [i]	1. [i]	Like the RP vowel [i] represented by e in *eve* and i in *police*. Care should be taken, however, not to finish the Russian [i] with a faint [y] sound, as is done by some

English speakers in pronouncing the English [i], as in *me* [miy], *see* [siy], etc. Nor should the Russian vowel [i] be replaced by the English vowel [ɪ] represented by the letter i in *if, ill, did*.

и = [i] both in stressed and unstressed syllables and occurs with this sound value not only after a palatalized consonant of the same word but also at the beginning of a word pronounced in isolation or when a preceding word ends in a palatalized consonant and both words are pronounced without the slightest pause between them.

---

* In ordinary printing and handwriting the letter ё is usually replaced by the letter e whose pronunciation as [ᵇo] is then inferred from the meaning of the words.

Continued

E.g.	И и	[i]	The Russian letter и
	и	[i]	and *cj*
	им	[ím]	to them
	ими	[ímʲi]	by (with) them
	ил	[il]	silt
	или	[ílʲi]	or *cj*
	рули	[rulʲí]	rudders, steering-wheels (*nom, acc, pl*)
	рули!	[rulʲí]	(thou) steer!
	мели	[mʲélʲi]	shoals (*nom, acc, pl*)
	имели	[imʲélʲi]	(we, you, they) had
	имел	[imʲél]	(I, he) had
	милый	[mʲíliy]	nice, sweet
	он мил	[on mʲíl]	he is nice
	милы	[mʲíli]	(we, you, they) are nice
	мили	[mʲílʲi]	miles (*nom, acc, pl*)
	мир	[mʲir]	world; peace
	миры	[mʲirí]	worlds (*nom, acc, pl*)
	минимум	[mʲínʲimum]	minimum
	мель и мол	[mʲélʲ i mól]	the shoal and the pier
	рулями	[rulʲámʲi]	by (with) the rudders (*instr, pl*)

Russian letters	Their sound values	Pronunciation and reading rules
и =	2. [ɨ]	When и occurs after a non-palatalized consonant belonging to the same word or to the preceding word and there is no pause between the two words.

E.g.	он и мы	[ón ɨ mí]	he and we
	он мил и умён	[on mʲíl ɨ umʲón]	he is nice and clever
	им и нам	[ím ɨ nám]	to them and to us
	мэр и мы	[mér ɨ mí]	the mayor and we
	мол и мель	[mól ɨ mʲél]	the pier and the shoal

Continued

Russian letters	Their sound values	Pronunciation and reading rules
Ю ю = *Ю ю* [yu]	1. [ᵇu]	After a palatalized consonant more advanced (fronted) than [u] denoted by the Russian letter y Between palatalized consonants the Russian [u] is still more front and

resembles the English vowel [u] (without the preceding [y]) in *mutiny*.

ю = [ᵇu] both in stressed and unstressed syllables.

E.g. люминал	[lᵇumᵇinál]	luminal (*a sedative*)
нюни	[nᵇúnᵇi]	snivel (*col*)
няню	[nᵇánᵇu]	nurse (*acc, sing*)
рулю	[rulᵇú]	to the rudder (*dat, sing*)
мирю	[mᵇirᵇú]	(I) reconcile (*smb*)

Sound Value 2 of the Letters я, е, ё, ю

When я, е, ё and ю are not preceded by a consonant letter, each of them represents a combination of two sounds: [y] plus the vowel sound of the alphabetical name of the letter, i.e. я² = [ya], е² = [ye], ё² = [yo], ю² = [yu].

Table 5

Russian letters	Their sound values	Pronunciation and reading rules
я =	2. [ya]	(1) At the beginning of a word;
е =	2. [ye]	(2) After a vowel letter;
ё =	2. [yo]	(3) After the "soft" sign ь;
ю =	2. [yu]	(4) After the "hard" sign ъ.*

---

* ъ performs a purely disjunctive function, i.e. indicates that a following vowel is preceded by the syllable-initial sound [y]. As to the consonant letter before ъ, it is pronounced in most words as a palatalized sound, e.g. изъян [izᵇyán] *flaw, defect*. Only in some words does it indicate that the preceding consonant is hard.

Continued

E.g. Я я	[ya]	The Russian letter я
я	[ya]	I
ямы	[yámɨ]	pits, holes (*in the ground*)
яр	[yar]	steep river bank
Илья	[ilʰyá]	Elijah
буян	[buyán]	rowdy, ruffian
изъян	[izʰyán]	flaw, defect
Е е	[ye]	The Russian letter е
ем	[yem]	(I) eat
ел	[yel]	(I, he) ate
ель	[yelʰ]	fir(-tree)
ели	[yélʰi]	(we, you, they) ate; firs
Ё ё	[yo]	The Russian letter ё
льём	[lʰyom]	(we) pour
Ю ю	[yu]	The Russian letter ю
юла	[yulá]	whirligig; a fidget(-ing person)
юн(-ый)	[yún(-ɨy)]	young, youthful
он юн	[on yún]	he is young
рою	[róyu]	(I) dig
мою	[móyu]	(I) wash
имею	[imʰéyu]	(I) have
лью	[lʰyu]	(I) pour

Hard and Soft Voiceless and Voiced Consonants
Represented by the Letters п [pe], б [be],

т [te], д [de], к [ka], г [ge], ф [ef], в [ve], с [es], з [ze],
ш [sha], щ [shʰ:a], ж [zhe], х [kha], ц [tse], ч [chʰe]

Most of these letters represent both non-palatalized and palatalized consonant sounds in the same positions in which the hard [m], [n], [l] and [r] and the soft [mʰ], [nʰ], [lʰ] and [rʰ] are denoted by the letters м, н, л and р respectively.

Therefore sound value 2 of the letters listed above,

is the *palatalized* counterpart of the consonant pronounced in the alphabetical name of the letter, e.g. п[2] = [p[b]], [pe]

б[2] = [b[b]], etc.
[be]

However, some of the above letters represent, irrespective of their positions, either only hard consonants (ш[1,2] [sha] = [sh], ж[1,2] [zhe] = [zh], ц[1,2] [tse] = [ts̱]) or only soft ones (щ[1,2] [sh[b]:a] = [sh[b]:], ч[1,2] [ch[b]e] = [ch[b]]).

Peculiarities of Russian
Voiced and Voiceless Consonants

One and the same of the above-listed letters in different positions can be pronounced both as a voiceless and as a voiced sound, which in its turn can be hard or soft (with the above exceptions). This adds two more sound values to Russian consonant letters. Thus most consonant letters in Russian have four sound values, which can be examplified by the letters б and п:

б [be] →	1. [b] 2. [b[b]] 3. [p] 4. [p[b]]	
п [pe] →	1. [p] 2. [p[b]] 3. [b] 4. [b[b]]	

A consonant letter with a *voiced* non-sonorant in its alphabetical name (e.g. б [be]) is pronounced as the latter's *voiceless* (hard or soft) cognate (i.e. has its sound value 3 or 4, e.g. б [be] = 3. [p] and 4. [p[b]], з [ze] = 3. [s], 4. [s[b]]) in the following positions:

(1) Inside a word before a voiceless consonant, e.g. зубки[3] [zúpk[b]i] (*pretty*) *little teeth*;

(2) At the end of a word:

(a) before a pause, e.g. зуб[3] [zup] *tooth*, лоб[3] [lop] *forehead*, глубь[4] [glup[b]] *depth*, луг[3] [luk] *meadow*, глаз[3] [glas̱] *eye*;

(b) when an immediately following word begins with a voiceless consonant, e.g. луг купи́ли [lúk kup^ьíl^ьi] *they bought the meadow;*

(3) At the end of a word when an immediately following word (except a preposition) begins with a vowel, a sonorant (м, н, л, р, й) or в and both words are pronounced without the slightest pause between them, e.g. луг у ре́чки [lúk u r^ьéch^ьk^ьi] *the meadow is near the (little) river,* луг мал [lúk mál] *the meadow is small,* луг вы купи́ли [lúk vi kup^ьíl^ьi] *you bought the meadow.*

But: из ре́чки [iz r^ьéch^ьk^ьi] *out of the river,* в нём [v n^ьom] *in him.*

In all other positions such a consonant retains its voiced sound values (i.e. 1 and 2, e.g. б [be] = 1. [b], 2. [b^ь], г [ge] = 1. [g], 2. [g^ь]). Cf.

луг мал [lúk mál] *the meadow is small,* луг был мал [lúg bɨl mál] *the meadow was small,* лбы [lbɨ] *foreheads,* зу́бы [zúbɨ] *teeth.*

A consonant letter with a *voiceless* sound in its alphabetical name (e.g. п [pe]) is pronounced as the latter's *voiced* (hard or soft) cognate (i.e. has its sound values 3 and 4, e.g. п [pe] = 3. [b] and 4. [b^ь], с [es] = 3. [z], 4. [z^ь]) before a voiced consonant both of the same and of an immediately following word when both words are pronounced without the slightest pause between them, e.g. суп был вку́сным [súb bɨl fkúsnɨm] *the soup was tasty,* степь зимо́й [s^ьt^ьéb^ь z^ьimóy] *the steppe in winter,* с гор [z gor] *from the mountains,* про́сьбы [próz^ьbɨ] *requests.*

In all other positions such a consonant retains its voiceless sound values (i.e. 1 and 2).

English-speaking learners must pay particular attention to the above peculiarities in the use of voiceless consonants and voiced non-sonorants in Russian speech.

Firstly, in contrast with English, a voiced non-sonorant can never occur at the end of a Russian word before a pause: it is replaced by its voiceless cognate. Cf the English word *snob* with its Russian equivalent сноб [snop]. Secondly, when a voiced non-sonorant and a voiceless consonant come together inside a word or at the junction of words pronounced without a pause between them, the first sound must become assimilated to the second in the matter of voice, e.g. [b] + [p] → [p] + [p], [p] + [b] → [b] + [b], [z] + [p] → [s] + [p], [s] + [b] → [z] + [b], etc. This type of assimilation is very rare in English, whereas in Russian it is a general phonetic law. It affects not only a single consonant but two and more. Cf просьбы [próz^{4}ʰbɨ] *requests* and просьб к нам нет [pros^{2}ʰ^{3}p k nam n^{ʰ}ét] *there are no requests to us.* *

Peculiarities of Russian Plosives (Stops)

Unlike the English voiceless plosives, their Russian counterparts ([p, pʰ, t, tʰ, k, kʰ]) are never *aspirated* and are pronounced in this respect like the English [p, t, k] after [s] or before an unstressed vowel.

When a Russian stop ([p, pʰ, b, bʰ, t, tʰ, d, dʰ, k, kʰ, g, g ʰ]) occurs immediately before another stop, a nasal ([m, mʰ, n, nʰ]) or an affricate ([chʰ, ts]) which has a *different* point of articulation, this stop is *fully exploded*, i.e. the articulating organ is quickly removed from the point of articulation before the closure for the second consonant has been formed, whereas an English stop in this position remains unexploded, i.e. the articulating organ is removed from the point of articulation only after the closure for the second consonant has already been formed or, in other words, during the stop-stage of the second consonant. Cf *soup-kitchen* and суп-консоме [supkonsomé] *consommé*; *lag behind* and луг был мал [lúg bɨl mál] *the meadow was small*; *football* and футбол [fudból].

---

* The following device is used in this dictionary as a reminder to replace a word-final voiceless consonant by its voiced cognate or vice versa wherever required by this phonetic law: лоб [lop, -b] *forehead*, рябь [r^{4}ʰарʰ, -bʰ] *ripple s*, суп [sup, -b]^{1} *soup*, степь [sʰt^{4}ерʰ, -bʰ] *steppe*, с [s, -z]^{2} *with, from.*

Table 6

Russian letters	Their sound values	Pronunciation and reading rules
П п == *П п* [pe]	1. [p] 2. [pᵇ] 3. [b] 4. [bᵇ]	The Russian [p] and [b] are respectively like the English *un-aspirated* [p] in *sport*, *helper* and the intervocalic [b] in *about*.
Б б == *Б б* [be]	1. [b] 2. [bᵇ] 3. [p] 4. [pᵇ]	

E.g.

П п	[pe]	The Russian letter **п**
он упал	[on upál]	he fell down
пол	[pol]	floor; sex
пыль	[pɨlᵇ]	dust
пил	[pᵇil]	(I, he) drank
пила	[pᵇilá]	(she) drank
пили	[pᵇílᵇi]	(we, you, they) drank
пэр	[per]	peer (*lord*)
ламп	[lamp]	of lamps (*gen, pl*)
Б **б**	[be]	The Russian letter **б**
бал	[bal]	(dance-)ball
был	[bɨl]	(I, he) was
бил	[bᵇil]	(I, he) beat
была	[bᵇɨlá]	(she) was
были	[bɨlᵇi]	(we, you, they) were
били	[bᵇílᵇi]	(we, you, they) beat
рубль	[rublᵇ]	rouble
рубли	[rublᵇí]	roubles
люблю	[lᵇublᵇú]	(I) love
бью	[bᵇyu]	(I am) beating
бюро	[bᵇyuró]	bureau
лоб	[lop]	forehead
рябь	[rᵇapᵇ]	ripple/s
суп был	[súb bɨl]	it was fish soup
рыбный	ríbnɨy]	

Continued

Russian letters	Their sound values	Pronunciation and reading rules
Т т = *𝒯 m* [te]	1. [t] 2. [tᵇ] 3. [d] 4. [dᵇ]	
Д д = *𝒟 g ∂* [de]	1. [d] 2. [dᵇ] 3. [t] 4. [tᵇ]	The Russian [t] and [d] are *dental* consonants, similar to the voiceless *unaspirated* [t] in eigh[t]th and voiced [d] in *width*, *breadth* respectively.

E.g. Т т	[te]		The Russian letter т
там	[tam]		there (*place*)
та	[ta]		that (*fem, nom*)
то	[to]		that (*n nom*)
ты	[tɨ]		thou
три	[tri]		three
нет	[nᵇet]		no
тот	[tot]		that (*m, nom*)
брат	[brat]		brother
мнёт	[mnᵇot]		(he, she, it) crumples
бьёт	[bᵇyot]		(he, she, it) beats
мнут	[mnut]		(they) crumple
бьют	[bᵇyut]		(they) beat
моют	[móyut]		(they) wash
мять	[mᵇatᵇ]		to crumple
мыть	[mɨtᵇ]		to wash
быть	[bɨtᵇ]		to be
бить	[bᵇitᵇ]		to beat
уйти	[uytᵇí]		to go away
пять	[pᵇatᵇ]		five
эти	[étᵇi]		these
те	[tᵇe]		those
тёти	[tᵇótᵇi]		aunts (*nom, pl*)
Д д	[de]		The Russian letter д
да	[da]		yes
дом	[dom]		house

Continued

буду	[búdu]	(I) shall be
дым	[dɨm]	smoke
для	[dlᵇa]	for *prep*
дни	[dᵇnᵇi]	days
день	[dᵇenᵇ]	day
дети	[dᵇétᵇi]	children
идёт	[idᵇót]	(he, she, it) goes
дяди	[dᵇádᵇi]	uncles (*nom, pl*)
он отбыл	[on ódbɨl]	he (has) left
мне быть бы там	[mnᵇè bɨdᵇ bɨ tám]	I should (have) be(en) there
он рад там быть	[on rát tàm bɨtᵇ]	he is glad to be there
будь там	[búdᵇ tám]	(thou) be there
идти	[itᵇtᵇí]	to go

Russian letters	Their sound values	Pronunciation and reading rules
К к = *К к* [ka]	1. [k] 2. [kᵇ] 3. [g] 4. [gᵇ]	The Russian [k] and [g] are practically the same as the *unaspirated* [k] in *skulk*, *marker* and the intervocalic [g] in *agasp* respectively.
Г г = *Г г* [ge]	1. [g[2. [gᵇ] 3. [k] 4. [kᵇ]	The palatalized counterparts of [k] and [g] are formed by pressing the central part of the tongue against the middle of the roof of the mouth (somewhat like [k]⁻ in *skew* and [g] in *argue*).

E.g.

К к	[ka]	The Russian letter к
как	[kak]	how
куда	[kudá]	where (to)
рука	[ruká]	hand; arm
ткать	[tkatᵇ]	to weave
ткут	[tkut]	(they) weave
кто	[kto]	who
кем	[kᵇem]	by whom
ткёт	[tkᵇot]	(he, she, it) weaves
кино	[kᵇinó]	cinema

Continued

Г г	[ge]	The Russian letter г
луга	[lugá]	meadows
год	[got]	year
г оды	[gódɨ]	years
горы	[górɨ]	mountains
где	[gdᵇe]	where (*place*)
глубь	[glupᵇ]	depth
гид	[gᵇit]	guide (of tourists)
мог	[mok]	(I, he) could
луг	[luk]	meadow
как быть?	[kág bítᵇ]	what am I (are we) to do?
где мог он быть?	[gdᵇé mòk on bítᵇ]	where could he (have) be(en)?
луг мал	[lúk mál]	the meadow is small

Russian letters	Their sound values	Pronunciation and reading rules
Ф ф = *Ф ф* [ef]	1. [f] 2. [fᵇ] 3. [v] 4. [vᵇ]	The Russian [f] and [v] are practically the same as [f] in *fine*, *life* and [v] in *lever* respectively. E.g. Ф ф [ef] The Russian letter ф
В в = *В в* [ve]	1. [v] 2. [vᵇ] 3. [f] 4. [fᵇ]	факт [fakt] fact фунт [funt] pound лифт [lᵇift] lift, elevator риф [rᵇif] reef Руфь [rufᵇ] Ruth

В в	[ve]	The Russian letter в
в	[v, -f]	in, at *prep*
вы, Вы	[vɨ]	you
вам, Вам	[vam]	to you
вид	[vᵇit]	view, sight
улов	[ulóf]	catch *noun*
кровь	[krofᵇ]	blood
лифт был внизу	[lᵇívd bɨl vnᵇizú]	the lift was downstairs
Руфь была в кино	[rúvᵇ bɨlá f kᵇinó]	Ruth was at the cinema
улов был мал	[ulóv bɨl mál]	the catch was small
кровь дал он	[króvᵇ dàl ón]	it was he who gave (the) blood

Continued

Russian letters	Their sound values	Pronunciation and reading rules
C c = *C c* [es]	1. [s] 2. [sᵇ] 3. [z] 4. [zᵇ]	The Russian [s] and [z] are *dental* consonants, respectively similar to [s], [z] immediately before or after *th*, as in *sixth*, *with*stand, *who's*[z] *there*?
З з = *З з з* [ze]	1. [z] 2. [zᵇ] 3. [s] 4. [sᵇ]	

E.g. С с	[es]	The Russian letter с
с	[s, -z]	with, from *prep*
сад	[sat]	garden
сам	[sam]	(I, he) -self
я приду сам	[ya prᵇidú sám]	I shall come myself
он придёт сам	[on prᵇidᵇót sám]	he will come himself
сами	[sámᵇi]	(we, you, they) -selves
дети придут сами	[dᵇétᵇi prᵇidút sámᵇi]	the children will come themselves
соль	[solᵇ]	salt
сыр	[sɨr]	cheese
суп	[sup]	soup
сэр	[ser]	sir
степь	[sᵇtᵇepᵇ]	steppe
семь	[sᵇemᵇ]	seven
силы	[sᵇílɨ]	forces
нас	[nas]	us
вас	[vas]	you (*acc, sing, pl*)
весь	[vᵇesᵇ]	(the) whole, all
сядь!	[sᵇatᵇ]	(thou) sit down!
сюда	[sᵇudá]	here (*direction*)

З з	[ze]	The Russian letter з
за	[za]	for *prɛp*
звать	[zvatᵇ]	to call
зоны	[zónɨ]	zones
зуб	[zup]	tooth
зубы	[zúbɨ]	teeth
розы	[rózɨ]	roses
зима	[zᵇimá]	winter
земли	[zᵇémlᵇi]	lands
здесь	[zᵇdᵇesᵇ]	here (*place*)
изюм	[izᵇúm]	raisins
зять	[zᵇatᵇ]	son-in-law
воз	[vos]	cart(-load)
сквозь	[skvosᵇ]	through
воз был мал	[vóz bɨl mál]	the cart(-load) was small
сквозь дым	[skvozᵇ dɨm]	through (the) smoke
с гор	[z ɡor]	from the mountains
просьбы	[prózᵇbɨ]	requests
весь день	[vᵇezᵇ dᵇénᵇ]	the whole day

Russian letters	Their sound values	Pronunciation and reading rules
Ш ш = *Ш ш* [sha] Ж ж = *Ж ж* [zhe]	1. [sh] 3. [zh] 1. [zh] 3 [sh]	The Russian [sh] and [zh] are respectively like the sounds of s in *sure* and z in *azure* or sh in *ship* and s in *pleasure*, but they are quite hard, whereas their English counterparts are slightly palatalized.

This dark colouring of the Russian [sh] and [zh] is due to raising the back of the tongue towards the hard palate while the front is lowered and the tongue-tip is pressed against the teeth-ridge.

ш = [sh] and ж = [zh] before all vowels, including и, (which is pronounced as [ɨ] after them) as well as е, ё and ю.

Continued

E.g.	Ш ш	[sha]	The Russian letter ш
	шаг	[shak]	step
	шум	[shum]	noise
	шок	[shok]	shock *noun*
	шелк	[sholk]	silk
	шесть	[shesᵇtᵇ]	six
	уши	[úshɨ]	ears
	наш	[nash]	our(s)
	ваш, Ваш	[vash]	your(s)
	брошь	[brosh]	brooch
	куда ты идёшь?	[kudá tɨ idᵇósh]	where are you (art thou) going?
	Ж ж	[zhe]	The Russian letter ж
	жать	[zhatᵇ]	to press, to squeeze
	я жму Вам (Вашу)руку	[ya zhmú vam (váshu) rúku]	I shake your hand
	ждать	[zhdatᵇ]	to wait
	жезл	[zhezl]	rod, baton
	жёлтый	[zhóltɨy]	yellow
	жизнь	[zhɨzᵇnᵇ]	life
	жить	[zhɨtᵇ]	to live
	он живёт здесь	[on zhɨvᵇód zᵇdᵇesᵇ]	he lives here
	жёлудь	[zhólutᵇ]	acorn
	журнал	[zhurnál]	magazine, journal
	жюри	[zhurᵇí]	jury
	ружьё	[ruzhyó]	(shot)gun
	рожь	[rosh]	rye
	режь!	[rᵇesh]	(thou) cut!
	нож	[nosh]	knife
	брошь здесь	[brózh zᵇdᵇésᵇ]	the brooch is here
	нож был туп	[nózh bɨl túp]	the knife was blunt
	рожь густа	[rózh gustá]	the rye is thick

Russian letters	Their sound values	Pronunciation and reading rules
Щ щ = *Щ щ* [sh^ь:a]	1. } [sh^ь:] 2. } 3. } [zh^ь:] 4. }	The Russian [sh^ь:] and [zh^ь:] are respectively like the sound of **s** in *sure* and **z** in *azure*, but they are still more palatalized and pro- longed, i.e. in articulating [sh^ь:]

and [zh^ь:] the front of the tongue is raised still higher than in the case of their English counterparts.

щ = [zh^ь:] only at the end of a word before a voiced non-sonorant (except в).

Besides, **жж** before **и** has a variant pronunciation [zh^ь:].

E.g. Щ щ	[sh^ь:a]	The Russian letter **щ**
щедрый	[sh^ь:édriy]	generous
щи	[sh^ь:i]	cabbage soup
плащ	[plash^ь:]	raincoat
борщ	[borsh^ь:]	beetroot and cabbage soup, borshch
мощь	[mosh^ь:]	might *noun*
борщ был вкусным	[borzh^ь: bɨl fkúsnɨm]	the borshch was tasty
вожжи	[wózh^ь:i]	the rein(s)
дрожжи	[drózh^ь:i]	yeast

Russian letters	Their sound values	Pronunciation and reading rules
X x = *X x* [kha]	1. [kh] 2. [kh^ь] 3. [gh]	The Russian [kh] is the same as the Scottish sound of the letter combination **ch** in *loch*. It is artic- ulated by the back of the tongue

raised towards the soft palate as in the case of [k], but so as to form, instead of the complete closure of [k], a narrow slit-like passage through which the air from the lungs is forced with a sound of friction.

The consonant [gh] has the same place and manner of articulation as [kh], except that it is voiced.

x = [gh] only at the end of a word before a voiced non-sonorant (except в).

The palatalized counterpart of [kh], namely· [khᵇ], has the same place of articulation as [kᵇ] and sounds like the **h** which many English speakers pronounce in *huge, human* (the IPA phonetic symbol is [ç]).

E.g. X x		The Russian letter **x**
хаки	[kha]	khaki
	[khákᵇi]	khaki
холл	[khol]	(entrance) hall
худой	[khudóy]	thin, lean
хлеб	[khlep]	bread, loaf
их	[ikh]	their(s)
в умах	[v umákh]	in the minds
в руках	[v rukákh]	in the hands
в рублях	[v rublᵇákh]	in roubles
хитрый	[khᵇítrɨy]	sly, cunning
он хитёр	[on khᵇitᵇór]	he is sly
химик	[khᵇímᵇik]	chemist (*not druggist*)
в сильных крепких руках	[f sᵇílᵇnikh krᵇépkᵇikh rukákh]	in strong firm hands
вот их дом	[vòt igh dóm]	here is their house
их дети здесь	[igh dᵇétᵇi zᵇdᵇésᵇ]	their children are here

Russian letters	Their sound values	Pronunciation and reading rules
Ч ч = *Ч ч* [chᵇe]	1. } [chᵇ] 2. } 3. } [jᵇ] 4. }	The Russian [chᵇ] and [jᵇ] are respectively like **ch** in *cheese* and **j** in *ajar*, but they are more palatalized than their English counterparts, which is due to a higher position of the front of the tongue.

ч = [jᵇ] only at the end of a word before a voiced non-sonorant (except в).

Continued

E.g. Ч ч	[ch^be]	The Russian letter ч	
час	[ch^bas]	hour	
чей	[ch^bey]	whose (*m nom, acc, sing*)	
чья	[ch^bya]	whose (*fem nom, sing*)	
чьё	[ch^byo]	whose (*n nom, sing*)	
чьи	[ch^byi]	whose (*nom, acc, pl*)	
ночь	[noch^b]	night	
дочь	[doch^b]	daughter	
ключ	[kluch^b]	key	
где ключ?	[gd^bé klúch^b]	where is the key?	
ключ здесь	[klúj^b z^bd^bés^b]	the key is here	
ночь была сырой	[nój^b bilà sïróy]	it was a damp night	

Russian letters	Their sound values	Pronunciation and reading rules
Ц ц = *Ц ц* [tse]	1. [t͟s] 3. [d͟z]	The Russian [t͟s] and [d͟z] are respectively like **ts** in *tsetse* (*fly*) and **dz** in *adze*, but they are not combinations of two separately pronounced sounds ([t+s] and [d+z]); they are each a single sound (an affricate).

ц = [t͟s] even before **и**, which ⹂s pronounced as [ɨ] after it.

ц = [d͟z] only at the end of a word before a voiced non-sonorant (except **в**).

E.g. Ц ц	[tse]	The Russian letter ц	
цель	[t͟sel^b]	aim, purpose	
центр	[t͟sentr]	centre	
цирк	[t͟sïrk]	circus (*show*)	
цыган	[t͟sïgán]	gipsy (*man*)	
цвет	[t͟sv^bet]	colour	
чтец	[ch^bt^bets]	reader, reciter	
чтец здесь	[ch^bt^bédz z^bd^bés^b]	the reader (reciter) is here	

Obscured Russian Vowel Sounds
Represented by the Letters а, о, е, я

The obscured Russian vowel sounds, which can only occur in unstressed syllables, are [ʌ], [ə], [iᵉ], [ɨ̵] and [ɪ]. They are represented in spelling only by the letters **а, о,е,** and **я.**

The meanings of unstressed morphemes with these letters in them remain the same as under stress.

Table 7

Russian letters	Their sound values	Pronunciation and reading rules
а⎫ о⎬ =	2. [ʌ]	Like the RP [ʌ] represented by the letter **u,** as in the phrase *quite **u**nknown* pronounced with no stress

on **un** [ʌn]. Thus [ʌ] is an [a]-like sound, but weaker, shorter and a little closer (higher) than the stressed [a]. Cf сама [sʌmá] *(she) herself* with [sʌmɑ̀:] in *some are* and она [ʌná] *she* with [ʌnɑ̀:] in *quite unarmed.*

а⎫ = [ʌ]:⠀⠀(1) In the first pretonic syllable when pre-
о⎬⠀⠀⠀⠀⠀⠀⠀⠀⠀ceded by a hard consonant;
⠀⠀⠀⠀⠀⠀⠀⠀⠀(2) At the beginning of a word, i. e. when not preceded by any consonant and no matter how far removed from the stressed syllable.

E.g.	сама	[sʌmá]	(she) herself
	мала	[mʌlá]	small, little *(sh f of a)*
	какой	[kʌkóy]	what kind, which
	шаги	[shʌgᵇí]	steps
	жара	[zhʌrá]	heat(-wave)
	царизм	[tsʌrᵇízm]	tsarism
	дома	[dʌmá]	houses
	гора	[gʌrá]	mountain
	нога	[nʌgá]	foot; leg
	ножи	[nʌzhɨ̵]	knives
	когда	[kʌgdá]	when
	который	[kʌtórɨy]	which *(m nom, sing)*
	аппарат	[ʌpʌrát]	apparatus
E.g.	она	[ʌná]	she
	они	[ʌnᵇí]	they
	обыкновенный	[ʌbɨknʌvᵇénnɨy]	usual, customary

Russian letters	Their sound values	Pronunciation and reading rules
a o } =	3. [ə]	Like the RP neutral vowel [ə] represented by the letters **a** in *again*, *cadet* and **o** in *concurrent*. In pretonic syllables (i. e. those which precede the stressed syllable) the Russian [ə] has a faint shade of the [ɨ] sound, like the English [ə] between [k] and [g] in *back again*. At the end of a word it has a faint shade of [ʌ], like the RP word-final [ə] in *sofa* [sóufə] and *runner* [rʌ́nə]. Cf *runner* [rʌ́nə] with рана [ránə] *wound* and рано [ránə] *early*, and *concurrent* [kənkʌ́rənt] with конкурент [kənkurᵇént] *competitor*.

a o } =[ə]:
(1) In the second and other pretonic syllables (except the 1st) when preceded by a hard consonant;
(2) In post-tonic syllables after:
(a) a hard consonant;
(b) the soft consonants represented by the letters **ч** and **щ**.

E.g.
самолет	[səmʌlᵇót]	airplane
пароход	[pərʌkhót]	steamship
молоко	[məlʌkó]	milk
хорошо	[khərʌshó]	good, well
мама	[mámə]	mammy
Анна	[ánnə]	Anna
рана	[ránə]	wound
рано	[ránə]	early
эта	[étə]	this (*fem nom, sing*)
это	[étə]	this (*n nom, acc sing*)
плохо	[plókhə]	bad(ly)
комната	[kómnətə]	room
начат	[náchᵇət]	(is) begun (*m*)
роща	[róshᵇːə]	grove

Continued

Russian letters	Their sound values	Pronunciation and reading rules
а=	5. [iᵉ]*	Unlike any English sound. It is a single vowel (not a diphthong), intermediate in quality between [i]

and [e]. There is a strong tendency in Modern Russian, especially in the speech of the younger generation, to pronounce [iᵉ] very much like [i].

а=[iᵉ] in the 1st pretonic syllable after ч and щ.

E.g.
часы	[chᵇiᵉsɨ]	hours; clock
частица	[chᵇiᵉsᵇtᵇítsə]	particle
щадить	[shᵇ:iᵉdᵇítᵇ]	to spare (*life*)

Russian letters	Their sound values	Pronunciation and reading rules
а=	7. [ɪ]	Like the English [ɪ] represented by the letters **a** in *tonnage*, **e** in *begin* and *pocket*, **i** in

porridge and **y** in *many*. It is a little more open (lower) and retracted as compared with [i].

а=[ɪ]: (1) In the second and other pretonic syllables (except the 1st) after ч and щ.

(2) In a non-final post-tonic syllable after ч.

E.g.
часовой	[chᵇɪsʌvóy]	hour-long, hourly
частота	[chᵇɪstʌtá]	frequency
пощажена	[pəshᵇ:ɪzhiᵉná]	(she is) spared
начаты	[náchᵇɪtɨ]	(they are) begun
начали	[náchᵇɪlᵇi]	(we, you, they) began

---

* The omission of a number indicating a sound value means that the letter in question is devoid of the sound value with this number, which other letters have. See sound values 4,6 and 8 of the letter **e**.

a=	9. [ɨᵉ]	Unlike any English sound It is a single vowel, intermediate in quality between [ɨ] and [e], but tending

slightly more to [e].

a=[ɨᵉ] in the 1st pretonic syllable after **ш, ж** and **ц** (usually before a soft consonant). In some words [ʌ] may be pronounced after these letters instead of [ɨᵉ], in others [ɨᵉ] is the only norm.

E.g.

лошадей нет	[ləshɨᵉdᵇéy nᵇét]	there are no horses
жалеть	[zhɨᵉlᵇétᵇ]	to pity, to be sorry for...
с двадцатью рублями	[z dvəttsɨᵉtᵇyú rublᵇámᵇi]	with twenty roubles

Russian letters	Their sound values	Pronunciation and reading rules
e=	3. [ə]	(1) After **ш, ж** and **ц**:

(a) in the second and other pretonic syllables;
(b) in post-tonic syllables;
(2) In a final post-tonic syllable in nouns *n, nom, sing* after a soft consonant.

E.g.

шептуны	[shəptunɨ́]	whisperers
в жёлудях	[v zhəludᵇákh]	in acorns
целовать	[tsəlʌvátᵇ]	to kiss
он вышел	[on vɨ́shəl]	he went out
с мужем	[s múzhəm]	with the husband
с птицей	[s ptᵇítsəy]	with the bird
море	[mórᵇə]	sea

Continued

Russian letters	Their sound values	Pronunciation and reading rules
e=	4. [уə]	In a post-tonic syllable after:
		(a) a vowel; (b) the "soft" sign ь;

E.g.

доброе дело	[dóbrəyə dᵇélə]	a good (kind) deed
у неё двое	[u nᵇiᵉуó dvóyə	she has two (three)
(трое) детей	(tróyə) dᵇiᵉtᵇéy]	children
у неё нет братьев	[u nᵇiᵉуó nᵇét brátᵇуəf]	she has no brothers

Russian letters	Their sound values	Pronunciation and reading rules
e=	5. [iᵉ]	In the first pretonic syllable after a palatalized consonant.

E.g.

меня	[mᵇiᵉnᵇá]	me (acc)
тебя	[tᵇiᵉbᵇá]	you (thou) (acc)
она вела	[ʌnà vᵇiᵉlá	she was leading (the)
детей	dᵇiᵉtᵇéy]	children
почему	[pəchᵇiᵉmú]	why
щека	[shᵇ:iᵉká]	cheek

Russian letters	Their sound values	Pronunciation and reading rules
e=	6. [yiᵉ]	In the first pretonic syllable:
		(a) at the beginning of a word; (b) after a vowel; (c) after ь; (d) after ъ.

E.g.

еда	[yiᵉdá]	food, meal
воевать	[vəyiᵉvátᵇ]	to wage war
съедобный	[sᵇyiᵉdóbnɨy]	edible
объективный	[ʌbyiᵉktᵇívnɨy]	objective
Пьеро	[pᵇyiᵉró]	Pierrot

Continued

Russian letters	Their sound values	Pronunciation and reading rules
е=	7. [ɪ]	After a soft consonant:

(a) in the second and other pretonic syllables (except the 1st);
(b) in post-tonic syllables.

E.g.	речь переведена	[rʲéchʲ pʲɪrʲɪvʲɪdʲiʲená]	the speech is (has been) translated
	где телефон?	[gdʲé tʲɪlʲiʲefón]	where is the telephone?

	в четырёх деревнях	[f chʲɪtɪrʲógh dʲɪrʲiʲevnʲákh]	in four villages
	щекотать	[shʲ:ɪkʌtátʲ]	to tickle
	в доме	[v dómʲɪ]	in the house
	восемь	[vósʲɪmʲ]	eight
	идите!	[idʲítʲɪ]	(you) go!, come!

Russian letters	Their sound values	Pronunciation and reading rules
е=	8. [ɣɪ]	In the second and other pretonic syllables (except the 1st):

(a) at the beginning of a word;
(b) after a vowel;
(c) after ъ.

E.g.	единица	[ɣɪdʲinʲʲítsə]	unit
	европеец	[ɣɪvrʌpʲéyəts]	European (man)
	Елизавета	[ɣɪlʲizʌvʲétə]	Elizabeth
	наедине	[nəɣɪdʲinʲé]	in private
	объективизм	[ʌbɣɪktʲiʲevʲízm]	objectivism

Russian letters	Their sound values	Pronunciation and reading rules
е=	9. [iᵉ]	After ш, ж and ц:

(a) in the first pretonic syllable;
(b) at the end of unstressed flexions of *pr sing* of all genders, *dat sing fem* and the *comp* degree.

E.g.   шептать   [shiᵉptátᵇ]   to whisper
      жена   [zhiᵉná]   wife
      цена   [tsiᵉná]   price
      в чаше   [f chᵇáshiᵉ]   in the cup
      о муже   [ʌ múzhiᵉ]   about the husband
      в ситце   [f sᵇíttṣiᵉ]   in chintz
      в ложе   [v lózhiᵉ]   in the (theatre) box
      на улице   [nʌ úlᵇitsiᵉ]   in the street
      меньше   [mᵇénᵇshiᵉ]   less, smaller
      ближе   [blᵇízhiᵉ]   nearer

| я= | 3. [ᵇə] | In post-tonic syllables after a soft consonant. |

E.g.   няня   [nᵇánᵇə]   nurse
      имя   [ímᵇə]   (first) name
      дядя   [dᵇádᵇə]   uncle
      тётя   [tᵇótᵇə]   aunt
      о дядях   [ʌ dᵇádᵇəkh]   about uncles
      тётям   [tᵇótᵇəm]   to (the) aunts
      с нянями   [s nᵇánᵇəmᵇi]   with nurses
      они любят   [ʌnᵇì lᵇúbᵇət]   they love

Continued

я=	4. [уə]	In post-tonic syllables:

(a) after a vowel;
(b) after ь.

E.g.
большая комната   [bʌlᵇsháyə kómnətə]   a large room
братья   [brátᵇyə]   brothers
ружья   [rúzhyə]   (shot) guns
роя землю   [róyə zᵇémlᵇu]   (while) digging the ground

я=	5. [ᵇiᵉ]	In the first pretonic syllable, after a soft consonant.

E.g.
пятак   [pᵇiᵉták]   five-copeck coin
мясной бульон   [mᵇiᵉsnóy bulᵇyón]   broth, beef tea

я=	6. [yiᵉ]	In the first pretonic syllable:

(a) at the beginning of a word;

(b) after a vowel;
(c) after ь;
(d) after ъ.

E.g.
язык   [yiᵉzík]   language; tongue
январь   [yiᵉnvárᵇ]   January
он заявил   [òn zəyiᵉvᵇíl]   he stated
пьянеть   [pᵇyiᵉnᵇétᵇ]   get drunk
он объявил   [òn ʌbyiᵉvᵇíl]   he announced

Continued

Я=	7. [ᵇɪ]	(1) In the second and other pretonic syllables (except the 1st) after a soft consonant;
		(2) In a non-final post-tonic syllable;
		(3) In a final post-tonic syllable before a soft consonant.

E.g.	пятилетка	[pᵇɪtᵇilᵇétkə]	five-year plan
	мясники	[mᵇɪsᵇnᵇikᵇí]	butchers
	планы приняты	[plánɨ prᵇínᵇɪtɨ]	the plans are accepted
	рыбаки вытянули сеть	[rɨbʌkᵇí vítᵇɪnulᵇi sᵇétᵇ]	the fishermen drew out the net
	память	[pámᵇɪtᵇ]	memory
	девять	[dᵇévᵇɪtᵇ]	nine
	десять	[dᵇésᵇɪtᵇ]	ten

Я=	8. [yɪ]	In the second and other pretonic syllables (except the 1st):
		(a) at the beginning of a word;
		(b) after a vowel;
		(c) after ь;
		(d) after ъ.

E.g.	языки	[yɪzɨkᵇí]	languages; tongues
	языковой	[yɪzɨkʌvóy]	linguistic
	это ими уяснено	[ètə imᵇi uyɪsᵇnᵇiᶜnó]	this has been understood by them
	это было им объяснено	[ètə bɨlə im ʌbyɪsᵇnᵇiᶜnó]	this was explained to them
	она была опьянена	[ʌnà bɨlà ʌpᵇyɪnᵇiᶜná]	she was intoxicated

Combinations of Vowel Letters in Unstressed Syllables

Table 8

aa ao oa oo } =	[ʌʌ]	на автобусе на окне за обед наоборот до аптеки	[pʌ ʌftóbusᵇı] [pʌ ʌknᵇéʾ] [zʌ ʌbᵇét] [pʌʌlʌrót] [dʌ ʌptᵇékᵇı]	by bus on the window sill for (the) dinner on the contrary as far as the drug-store
		по одному	[pʌ ʌdnʌmú]	one by one, one after another
		зоология вообще	[zʌʌlógᵇiye] [vʌʌpshᵇːé]	zoology in general
ea eo } =	[ᵇʌ]	это неаппетитно это необязательно	[éta nᵇɪʌpᵇɪᵗᵇítna] [éta nᵇɪʌbᵇɪᵉzátᵇɪlᵇ-nə]	it is not appetizing it is not obligatory
еи =	[ᵇɪi]	это неизбежно	[éta nᵇɪiz ᵇbᵇézhnə]	it is inevitable
ее =	[ᵇɪyĭ] *(in pretonic syl)*	это неестественно	[éta nᵇɪyïsᵇtᵇésᵗᵇ-vᵇnnə]	it is unnatural

Continued

ау ⎱ = [əu] оу ⎰ (*in pretonic syl*)	научить по уговору	[nəuchʲitʲ] [pə ugʌvóru]	to teach *smb* (*perf*) by agreement
уа ⎱ = [uʌ] уо ⎰ (*in pretonic syl*)	у аптеки у огня	[u ʌptʲékʲi] [u ʌgnʲá]	at (near) the drug- store by (near) the fire
аи ⎱ = [əi] ои ⎰ (*in pretonic syl*)	наизусть поиграть	[nəizusʲtʲ] [pəigrátʲ]	by heart to play (a little)

Combinations of Consonant Letters

Table 9

сш ⎱ = [sh:] зш ⎰	бесшумный без шапки	[bʲisshúmnɪy] [bʲisshápkʲi]	noiseless without his hat (on), hatless
сж ⎱ = [zh:] зж ⎰	сжаться безжалостный	[zhːáttsə] [bʲizhːáləsnɪy]	shrink, contract pitiless

зж=	[zhʲ:] (*as a variant of* [zh:] *in some words*)	визжать позже	[vʲizhʲ:átʲ] [pózhʲːɪ]	to scream, to squeak later (on)
сч=	[shʲ:]	счастье подписчик	[shʲːásʲtʲyə] [pʌtpʲíshʲːːik]	happiness subscriber
сч=	[shʲchʲ]	бесчисленный	[bʲeˈshʲchʲisʲlʲɪnnɪy]	countless
тся ться } =	[ttsə] (*endings of refl v: 3 sing pres & inf*)	он умывается он хочет побриться	[ón umiváyəttsə] [on khóchʲːrt pʌbrʲítsə]	he is washing (himself) he wants to shave himself (*or* to have a shave)
тц дц } =	[ts]	с отцом двадцать	[s ʌttsóm] [dváttsətʲ]	with (one's) father twenty
тч дч } =	[tʲchʲ]	лётчик падчерица	[lʲótʲchʲːik] [pátʲchʲrʲitsə]	flyer, pilot stepdaughter

Continued

чн=	[shn] (*only in some words including fem patronymics*)	конечно нарочно Анна Никитична	[kʌnʲбésɪna] [nʌróshna] [ánnɐ nʲikʲitʲɪshna]	certainly, of course on purpose Anna Nikitichna
чт=	[sht] (**only in** что & *its* **derivatives**)	что это? ничто что-нибудь потому что	[shtó eta] [nʲishtó] [shtónʲibutʲ] [pəlʌmú shta]	what is this? nothing some-(any-)thing because
гк=	[khk] (*in some words*)	легко мягко	[lʲiʲkhkó] [mʲákhka]	easily softly
гч=	[khchʲ] (*in some words*)	легче мягче	[lʲéʲkhchʲɪ] [mʲákhchʲɪ]	easier, more easily softer, more softly

Silent Letters

Table 10

стн=	[sn]	честно местность	[chʲésna] [mʲésnəsʲtʲɪ]	honestly locality

Continued

здн=	[zn] (*in some words*)	поздно праздник	[póznə] [prázʲnʲik]	late holiday
стл=	[sl] (*in some words*)	счастливо	[shʲːiʲsʲlʲivə]	happily
рдц=	[rts]	сердце	[sʲértsə]	heart
лнц=	[nts]	солнце	[sóntsə]	sun
вов=	[vv] (*with the first cons made syllabic; at the end of a, v, nouns*)	сливовый пудинг шествовать царствование	[sʲlʲivvɨy púdʲink] [shéstvvatʲ] [tsárstvvənʲiyə]	plum-pudding to march reign
лал=	[ll] (*in v, p*)	она это сделала	[ʌná etə zʲdʲéjlə]	she did it

Combinations of Vowel Letters with Consonant Letters in Certain Terminations
Table 11

Termination		Condition	Russian	Transcription	English
-ый =	{[ïy]} {[ey]}	(*flex a, m, nom, sing*)	белый дом	[bʲélïy dóm] [bʲélǝy dóm]	a white house
-ий =	{[ïy]} {[ey]} {[ïy]} {[ey]}	(*the same after* к, г & х)	широкий поток	[shirók-ʲïy (-ïy, -ǝy) patók]	a wide (broad) stream
			долгий день	[dólg-ʲïy (-ïy, -ǝy) dʲénʲ]	a long day
			ветхий дом	[vʲétkh-ʲïy (-ïy, -ǝy) dóm]	a dilapidated house
-го } =	[-va] [-vó]	(*in flex pron m, n, gen, a, m, sing; a, m, gen, n, sing*)	вот его дом	[vót yiʲevò dóm]	here is his house
			кого вам нужно?	[kavó vam núzhne]	whom do you want (to see)?
			дайте нам чёрного кофе, пожалуйста	[dáytʲï, nam chʲórneve kófʲe, pǝzhálïʲstǝ]	give us some black coffee, please
-сся -зся } =	[-ssǝ]	(*flex of refl v, p, m, 3 sing*)	он спасся	[òn spássǝ]	he saved himself (he was saved)
			пиджак разлезся по швам	[pʲidzhák rʌzlʲéssǝ pʌ shvám]	the coat (jacket) has gone (got torn) to pieces (along the seams)

Words with Two Stresses

Words with two stresses (primary and secondary) are, in contrast with English, rather rare in Russian. They are long compound words, mostly technical and scientific terms, like радиолокация [ràdᵇіəlʌkátsɨyə] *radar*, the so-called compound-contracted words, like партбилет [pàrdbᵇilᵇét] *party (membership) card*, and words with certain prefixes, like послевоенный [pòsᵇlᵇɪvʌуénnɨy] *post-war (a, m, nom, sing)*, трансатлантический [trànsʌtlʌnᵇtᵇíchᵇɪskᵇiy] *transatlantic*.

English-speaking learners must avoid giving secondary stress to the second or third pretonic syllable of a long Russian word, as they do in pronouncing long English words. Cf *demonstration* [dèmənstréɪʃn] with its Russian equivalent демонстрация [dᵇɪmʌnstrátsɨyə] or *electrification* [ɪlèktrɪfɪkéɪʃn] with электрификация [elᵇɪktrᵇifᵇikátsɨyə].

Sentence Stress

The following are some of the most important points of difference between Russian and English sentence stress.

Personal and possessive pronouns very often bear a primary or secondary stress in a Russian sentence, especially when followed by unstressed syllables. Cf мы передавали последние известия [mɨ pᵇɪrᵇɪdʌválᵇi pʌsᵇlᵇédᵇnᵇiyə izᵇvᵇésᵇtᵇiyə] with *you've been listening to the news*.

Some monosyllabic prepositions, like на [na] *on, for, up*, из [iz, -s] *out of, from* are stressed before certain nouns while the noun itself is not stressed, and both words are pronounced like a single word with the vowels of the noun obscured, e.g. на гору [nágəru] *uphill*, из лесу [ízᵇlᵇɪsu] *out of the forest*.

Some words, such as the relative pronoun который [kʌtórɨy] *which (m, nom, sing)*, usually bear secondary stress.

Some words, such as the conjunctions но [no] *but*, то... то... [to... to...] *now... now*, are never stressed but their vowels remain unobscured, e.g. но было поздно [no bɨlə póznə] *but it was (too) late*, то дождь, то солнце [to dóshᵇ:, to sóntsə] *now wet (rain), now fine (sunshine)*.

Intonation

Russian differs from English not only in the form of its speech-tones, but also in their uses. Thus the fall in pitch in the falling tone is less sharp and starts from a lower level in Russian than in English, and this tone is used not only in sentences expressing categoric assertions, special questions*, commands and exclamations (the same as in English), but also in those expressing polite requests or invitations, which are pronounced in English with the rising or the falling-rising tone. Cf

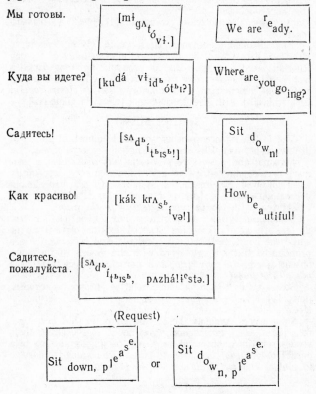

Мы готовы. [mɨgʌtóvɨ.]

We are ready.

Куда вы идете? [kudá vɨidʰótʰɪ?]

Where are you going?

Садитесь! [sʌdʰítʰɪsʰ!]

Sit down!

Как красиво! [kák krʌsʰívə!]

How beautiful!

Садитесь, пожалуйста. [sʌdʰítʰɪsʰ, pʌzhálɪᶜstə.]

(Request)

Sit down, please. or Sit down, please.

---

* i. e. those beginning with an interrogative pronoun or adverb, e. g. who, what, when, where, etc.

The rising tone used in Russian interrogative sentences expressing ordinary, matter-of-fact general questions* is quite different in form from the rising tone used in English sentences of the same type. The Russian rise is steep, rapid and reaches a very high level in the last stressed syllable of the word in which it takes place. The English rise in this case usually starts from a low level, begins in the second half of the last stressed syllable and is rather slow. Cf

(Мне) читать? [chᵇitáᵗᵇ?]   Shall I ᵣₑₐd?

If the word in which the rise takes place ends in an unstressed syllable (or syllables), the steep and high Russian rise is followed by a slow descent in the final unstressed syllable(s). In an English word of this type the last stressed syllable is pronounced on a low level pitch while the rise occurs in the final unstressed syllable(s). Cf

Вы готовы? [vɨ gʌtóvɨ?]   Are youᵣₑₐdy?

This English rise, typical of ordinary *yes* or *no* questions in English, may be used in a Russian general question only when it implies at the same time perplexity, doubt or surprise, e.g.

(Мне) читать? [chᵇitáᵗᵇ?]   (Do you really mean) I must read?

---

* i. e. those requiring *yes* or *no* for the answer.

Вы готовы? (Do you really mean to say) you are ready?

English-speaking learners must take special care not to use this type of rise in an ordinary general question in Russian, because it is likely to sound strange, and even comic, to the Russian ear.

Both types of rise may be used, however, in a non-final sense-group in a Russian sentence, e.g.

После обеда он гуляет.

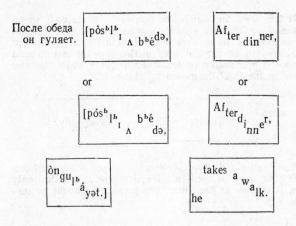

The falling-rising tone, as in the second variant of the first sense-group in the above sentence, should also be avoided in speaking Russian.

Any more detailed description or a more exact representation of Russian intonation, as, indeed, of the whole sound system of Russian, would be beyond the scope of the present work.

ESSAY ON THE RELATIONSHIP BETWEEN
RUSSIAN SOUNDS AND LETTERS

By Morris Halle

As is well known, Russian, unlike English, has an orthography that consists of a small number of general rules to which there are few exceptions. Learning to read Russian is, therefore, only a minor hurdle for the Russian first grader. In certain cases, however, this very regular orthography tends to obscure the grammatical structure of the words. It both hides true connections among certain forms and suggests false connections among others. Since the foreigner learning Russian inevitably is heavily dependent on the written word, he is all too frequently misled by this regular orthography, and his time is needlessly wasted. It is my hope that the comments below will help the learner avoid at least some of these false paths.

Many Russian consonants appear in two distinct varieties, palatalized and nonpalatalized. Palatalized consonants are produced by placing the tongue in a position that is appropriate for the sound [y] as in "you" or [i] as in "ski," while the rest of the vocal tract is simultaneously made to assume the primary articulation of the consonant in question. In producing nonpalatalized consonants, the primary consonant articulation is accompanied by a retraction of the tongue somewhat like that in producing the sounds [w] as in "water" or [u] as in "tune." We shall call consonants that appear in both varieties before all vowels *paired* consonants and distinguish them from *unpaired* consonants, which appear in only one variety before a given vowel. Russian has 24 paired consonants:[1]

p	b	f	v	m		t	d	s	z	n		l	r
p^b	b^b	f^b	v^b	m^b		t^b	d^b	s^b	z^b	n^b		l^b	r^b

[1] The symbols employed in this essay are those in "A Guide to Russian Pronunciation," immediately preceding.

and 9 unpaired consonants:

k g kh   chᵇ sh zh shᵇ: [2]   t͜s y

A. The Orthography of Paired Consonants

The Russian alphabet does not possess separate consonant letters to distinguish palatalized from nonpalatalized paired consonants. Instead, palatalization or its absence in a paired consonant is signaled by the following letter. If the consonant stands before a vowel, palatalization or its absence is indicated by the following vowel letter, and for this reason the Russian alphabet has twice as many vowel letters as there are distinct vowels in the language. The five letters а э ы [3] о у indicate that a preceding paired consonant is nonpalatalized; the letters я е и [3] ё [4] ю that it is palatalized. E.g., вял "billow" — вял "limp"; нос "nose" — нёс "(he) carried"; пыл "ardor" — пил "(he) drank." If the paired consonant is not before a vowel — i.e., if it stands before a consonant or at the end of a word — palatalization is signaled by a special letter, the "soft-sign" ь, which is written after the consonant. The absence of a "soft-sign" in this position indicates that the paired consonant is nonpalatalized. E.g., пыль "dust" — пыл "ardor"; весь "all" — вес "weight"; горька "bitter" — горка "little mountain" (pej.)

An immediate consequence of this spelling convention is that suffixes beginning with a vowel will appear in two graphic forms, one after stems ending in palatalized consonants and the other after stems ending in nonpalatalized consonants. Moreover, Russian has grammatical forms in which the stem appears with-

---

[2] It would have been more correct to regard shᵇ: as the phonetic reflex of the sequence shchᵇ. To motivate this departure from strict correspondence with the spelling system would take us too far afield, and we shall, therefore, regard shᵇ: as a single unit.

[3] The letters и and ы represent the (single) vowel /i/, in spite of rather striking phonetic differences in the reflexes of this vowel in position after palatalized and nonpalatalized consonants.

[4] The diaeresis is written only when the vowel is stressed and even then is frequently omitted. More on the spelling of /o/ will be given later.

out suffix — or in more technical language, in which the stem appears before a zero suffix. The zero suffix will be represented by the "soft-sign" if the stem ends in a palatalized consonant, but will remain unrepresented in the orthography if the stem ends in a nonpalatalized consonant.[5] It is, therefore, not surprising that the Russian declension, which consists primarily in adding vocalic suffixes to consonantal stems, should present a highly varied picture at first sight. Once the way in which Russian is spelled is taken into account, however, much of the variety in the spellings is revealed as a reflection of a much simpler underlying system.

As shown in the following table, the case suffixes of a masculine noun ending in a nonpalatalized consonant such as стол "table" are (with the exception of the gen. pl.) exactly identical with those of a masculine noun ending in a palatalized consonant such as руль "steering wheel." The same holds true (without exception) of the case suffixes of feminine nouns with palatalized and nonpalatalized stems; e.g., рыба "fish" and няня "nurse."

	Singular		*Plural*	
Nom. Acc.	стол	руль	столы́	рули́
Gen.	стола́	руля́	столо́в	руле́й
Dat.	столу́	рулю́	стола́м	руля́м
Instr.	столо́м	рулём	стола́ми	руля́ми
Prep.	столе́	руле́	стола́х	руля́х
Nom.	ры́ба	ня́ня	ры́бы	ня́ни
Gen.	ры́бы	ня́ни	рыб	нянь
Dat.	ры́бе	ня́не	ры́бам	ня́ням
Acc.	ры́бу	ня́ню	ры́б	нянь
Instr.	ры́бой	ня́ней	ры́бами	ня́нями
Prep.	ры́бе	ня́не	ры́бах	ня́нях

The preceding table requires two further comments. (1) It will be observed that the suffix /e/ of the prep. sg. and of the dat. sg. fem. has one, instead of the expected two representations.

---

[5] In the gen. pl. masc., nouns with stems ending in a palatalized consonant take a different suffix than nouns with stems ending in a nonpalatalized consonant.

Rather than the expected столб and рыбэ we get столé and рыбе. This is because in Russian words only palatalized paired consonants can appear before the vowel /e/.[6] (2) In the instr. sg. suffix of fem. (second declension) nouns, the suffix –ой is paralleled by –ей instead of the expected –ёй. This is due to the fact that Russian spelling does not distinguish unaccented /o/ and /e/ in position after palatalized consonants.[7] This explains also the appearance of the letter e in the nom./acc. sg. suffix of neuter nouns with stems ending in a palatalized consonant, e.g., пóле "field," мóре "sea." The letter e here represents unaccented /o/ as is clear by comparing it with neuter nouns such as бельé "laundry," and окнó "window," where the suffix is accented, and мéсто "place," where the stem ends in a nonpalatalized consonant.[8]

B. The Orthography of the Unpaired Consonants

1. The Transcription of /y/

At the end of a word and in position between a vowel and a consonant, /y/ is transcribed by the letter й, e.g., герóй "hero," кофéйня "coffee house."

At the beginning of a word, where /y/ is obligatorily followed by a vowel, the vowel letter represents both the vowel and the preceding /y/. The letter used to represent the two sounds is the vowel letter which elsewhere signals palatalization in the preceding paired consonant, e.g., ёлка "Christmas tree," яд

---

[6] The vowel /e/ follows nonpalatalized consonants in foreign words, but in most of these the letter e, rather than the expected э is written; e.g., кабарé "cabaret," кашнé "scarf." The letter э appears in only a few words, of which сэр "Sir" and мэр "mayor" are the most common.

[7] If the suffix is accented, the expected –ёй is written; e.g., землёй "land," клешнёй "claw" (of shellfish).

[8] Russian orthography has always had difficulty with the vowel /o/ after palatalized consonants. As was remarked by Academician A. I. Sobolevskij: "The Old Russian scribe did not know how to transcribe o after these consonants (just as we still do not know how to transcribe it)." Лекции по истории русского языка (Moscow, 1907), p. 61. On further difficulties with this vowel, see below.

"poison," éду "(I) travel," юг "South," also даю "(I) give," даём "(we) give," стоят "(they) stand," их "their." [9]

In position between a consonant and a vowel, /y/ is represented by either the "hard-sign" ъ or the "soft-sign" ь. The former is used after prefixes (Russian as well as foreign), the latter is used elsewhere; e.g., подъём "rise," объект "object," but льёт "pours," статья "article," белью "laundry" (dat. sg.).[10]

Taking these conventions into consideration the exact parallelism between the case forms of nouns with stems ending in /y/ and other nouns becomes immediately apparent:

	army	fish		hero	table
Nom. Sg.	а́рмия	ры́ба	Nom. Sg.	геро́й	сто́л
Gen. Sg.	а́рмии	ры́бы	Gen. Sg.	героя́	стола́
Acc. Sg.	а́рмию	ры́бу	Dat. Sg.	геро́ю	столу́
Instr. Sg.	а́рмией	ры́бой	Instr. Sg.	геро́ем	столо́м
Gen. Pl.	а́рмий	ры́б	Nom. Pl.	геро́и	столы́

	singing	place
Nom. Sg.	пе́ние	ме́сто
Gen. Sg.	пе́ния	ме́ста
Dat. Sg.	пе́нию	ме́сту
Instr. Sg.	пе́нием	ме́стом
Gen. Pl.	пе́ний	ме́ст

At the end of Russian words certain consonant sequences are not admitted, and a vowel (either /e/ or /o/) is inserted before the last consonant. Thus, for instance, in place of the expected gen. pl. су́дьб (cf. nom. sg. судьба́), we have су́деб "fate," instead of о́кн, о́кон "window," or instead of ко́зл, козёл "billy goat." Among the consonant clusters that require the insertion of a vowel before the zero suffix are those ending in /y/. Hence, the gen. pl. forms of статья́ (= /statʰyá/) "article,"

[9] Certain foreign words do not follow this rule. In these words, /y/ is transcribed by the letter й; e.g., йод "iodine," Нью Йо́рк "New York," rather than ёд and Нью Ёрк.

[10] Since /y/ is always palatalized, the vowel following it is usually transcribed by the letters signaling palatalization in paired consonants. Exceptions to this rule are found in the spelling of foreign words; cf., ftn. 9.

семья́ (= /sᵇemᵇyá/) "family," and свинья́ (= /svᵇinᵇya/) "pig" are, respectively, not стати́ (= /statᵇy/), семи́ (= /sᵇemᵇy/), свини́ (= /svᵇinᵇy/), but стате́й, семе́й, свине́й; [11] i.e., forms that parallel exactly the above-mentioned су́деб, о́кон, козё́л.

2. *The Transcription of Vowels after Unpaired Consonants*

The rules for the spelling of vowels after unpaired consonants are poorly motivated from the point of view of modern Russian. This is the area where Russian schoolmasters lord it over their pupils, who in these cases have only their memory to fall back on.

After /k/ /g/ /kh/, the vowels are represented by и, е, а, о, у.

After /y/, the vowels are normally represented by и, е, я, ё, ю. In a few foreign words we find also о; e.g., Нью Йо́рк, "New York," йо́д "iodine," компаньо́н "partner."

After the remaining unpaired consonants /chᵇ sh zh shᵇ: t͜s/, /a/ /e/ /u/ are represented by the letters a e y; e.g., карандаша́ "pencil" (gen. sg.), об отце́ "concerning father" (prep. sg.), това́рищу "comrade" (dat. sg.)

The vowel /i/ is represented by the letter и after /chᵇ sh zh shᵇ/; e.g., молчи́ "be silent," ши́ть "to sew," жи́ть "to live," щи́т "shield." After /t͜s/ the vowel /i/ is represented by ы in declensional suffixes; e.g., куцый "docktailed," молодцы́ "good fellows," певцы́ "singers," whereas in stems both и and ы appear; e.g., ци́рк "circus," but цыга́н "gypsy"; ци́фра "figure," but цырю́льник "barber." In any event, this is a purely arbitrary convention that must be learned by rote since the consonant [t͜s] is always nonpalatalized and the following /i/ is pronounced [ɨ].

The most complicated rule governs the representation of /o/ after /chᵇ sh zh shᵇ: t͜s/. At the beginning of a declensional suffix which adjoins a stem ending in any of these five consonants, o is written if the suffix is accented, e is written if the suffix is unaccented. As a result, in the declension of the comparative degree of the adjective бо́льший "bigger" the suffixes are spelled

---

[11] A somewhat special spelling rule requires that when the stress does not fall on the last syllable, the inserted vowel be transcribed by и, hence го́стий "(woman) guest" (gen. pl.).

with e, while in the declension of the positive degree большо́й
the suffixes are spelled with o:

Gen. Sg.	бо́льшего	большо́го
Dat. Sg.	бо́льшему	большо́му
Prep. Sg.	бо́льшем	большом

Similarly, in the declension:

плечо́	"shoulder"
лицо́	"face"
лицо́м	"face" (instr. sg.)
ножо́м	"knife"
борщо́м	"beet soup"
ве́че	"common council" (in old Novgorod)
се́рдце	"heart"
се́рдцем	"heart" (instr. sg.)
му́жем	"husband" (instr. sg.)
това́рищем	"comrade" (instr. sg.)

This rule holds only for the declensional suffixes; it is not observed in the conjugation of the verbs where /o/ in accented
suffixes is represented by ë, and by e in unaccented suffixes;
e.g., ведём "(we) lead," печём "(we) bake," мо́жем "(we) can,"
ле́зем "(we) crawl."

In the majority of roots, o is written after ж, ш, щ, ц, ч, if
the stress falls on the /o/ in all derived and inflected forms; if
the stress is not fixed on the /o/, ë or e is written. Hence, we
find o in чо́каться "to clink glasses," шо́рох "rustle," but e
and ë in жёлтый "yellow," adj., желте́ть "yellow," vb., шёпот
"whispers," noun, шепта́ть "whisper," vb., жёны "women,"
nom. pl., жёны́ "woman," gen. sg.[12]

3. The "soft-sign" after ш ж ч щ

After ш ж ч щ the "soft-sign" ь is written in forms with
a zero suffix of 3rd declension feminine nouns to distinguish
these from forms with zero suffix of other nouns, e.g.,

---

[12] In foreign words, this convention does not hold; e.g.,
шокола́д "chocolate," шоссе́ "highway," шофёр "chauffeur."

	3rd Declension		2nd Declension
мы́шь	"mouse"	кры́ш	"roof" (gen. pl.)
ло́жь	"lie"	ко́ж	"skin" (gen. pl.)
но́чь	"night"	ту́ч	"cloud" (gen. pl.)
ве́щь	"thing"	ро́щ	"grove" (gen. pl.)

1st Declension

камы́ш	"reed"
но́ж	"knife"
вра́ч	"physician"
бо́рщ	"beet soup"

The "soft-sign" thus functions as a purely grammatical, rather than as a phonetic marker. It appears in this function also in the infinitive forms in чь and in the 2 sg. pres.; e.g., бере́чь "save," пе́чь "bake," помо́чь "help," везёшь "(you) carry, drive," ви́дишь "(you) see," хо́чешь "(you) want."